LOI DE 1881

SUR

LA PRESSE

2470

CORBEIL. — TYP. ET STÉR. CRÉTÉ.

LOI DE 1881

SUR

LA PRESSE

ACCOMPAGNÉE

DES TRAVAUX DE RÉDACTION

SAVOIR

Le Rapport de la Commission d'initiative
qui a préparé la loi pour la Chambre des Députés
Les trois délibérations de cette Chambre avec les rapports supplémentaires
Le Rapport au Sénat et la délibération

LE TOUT CONFORME

AU COMPTE RENDU IN EXTENSO DU *Journal officiel*

ET SUIVIE

De la Circulaire ministérielle du 9 Novembre 1881

AVEC OBSERVATIONS ET TABLE ALPHABÉTIQUE

PAR MM.

HENRY **CELLIEZ**   ET   CHARLES **LE SENNE**

AVOCATS A LA COUR D'APPEL DE PARIS.

PARIS

LIBRAIRIE A. MARESCQ AÎNÉ

A. CHEVALIER-MARESCQ, SUCCESSEUR

20, RUE SOUFFLOT, 20

Au coin de la rue Victor-Cousin

—

1882

PRÉFACE

A M. Charles LE SENNE

Mon cher ami,

Voici quelques années que je vous ai rencontré, vous le fils d'un ancien et aimé confrère aujourd'hui magistrat. Vous m'avez fourni l'occasion de connaître vos travaux et entre autres votre *Code du Théâtre*, en tête duquel j'ai signé un témoignage que vous méritiez. Voilà comment est née l'amitié entre deux confrères, l'un ancien et l'autre jeune, oui jeune encore pour moi malgré votre talent déjà mûr, car si j'étais votre père vous seriez le cadet de mes enfants.

Et c'est ainsi que je vous ai naturellement proposé de collaborer avec moi à un ouvrage que je me crois obligé d'entreprendre et pour l'exécution duquel je serai plus sûr de moi si je suis aidé par un jeune esprit qui pense comme moi sur la Presse.

On vient en effet de terminer une loi sur la Presse afin d'y introduire un peu de cette liberté pour laquelle j'ai écrit l'un de mes premiers ouvrages, *Code annoté de la presse en* 1835, qui a paru en même temps que les lois hostiles connues sous le nom, devenu pour elles une flétrissure, de Lois de Septembre.

Je serai heureux, à la distance de près d'un demi-siècle, de faire connaître à nos contemporains, jeunes et vieux, cette loi de 1881 qui devra être un commencement de réparation envers l'esprit humain, auquel de tous temps les pouvoirs gouvernant ont cherché à fermer la communication avec les hommes.

Nous sommes bien d'accord ; nous ne voulons pas faire un livre pour montrer notre science, qui doit nous servir vis-à-vis de nos clients, mais à laquelle le public est certainement indifférent.

Nous voulons lui montrer la loi, avec tous les éléments qui ont servi à la construire.

Depuis quelques années il a été déposé plusieurs projets dans le monde officiel. Nous ne nous lancerons pas dans l'étude de ces diverses tentatives, qui nous prendrait trop de place et qui risquerait d'entraîner nos lecteurs en dehors de l'examen de la loi actuelle formant désormais la seule règle de la pratique, puisqu'elle abroge toutes les lois précédentes.

Cela nous sera d'autant plus facile que toutes les propositions ont abouti à une commission de 22 membres nommée par la Chambre des députés, dont le travail s'est résumé dans un rapport rédigé par M. Lisbonne, comprenant à la fois l'histoire de la législation spéciale depuis la Révolution et la discussion de toutes les parties de cette législation que la Commission a cru devoir conserver pour les faire entrer dans un code en 70 articles.

Cette œuvre considérable, qui a conquis l'estime de tous ceux qui l'ont lue, a servi à guider le débat de la Chambre des députés.

Nous ne pourrions mieux faire que d'en former aussi la base de notre livre. Nous reproduirons donc tout entier le rapport de M. Lisbonne en y intercalant, à l'occasion de chaque subdivision de la loi :

1° La délibération de la Chambre des députés après la première lecture du projet ;

2° La délibération après la deuxième lecture ;

3° La délibération du Sénat, précédée de la fraction y relative du rapport de M. Eugène Pelletan ;

4° Nos observations, qui formeront le texte personnel de notre livre.

Il me paraît que cette méthode donnera au lecteur la satisfaction de trouver réunis, sans interruption, à propos de chaque article formant l'objet de son étude, — le rapport général qui remplit le double office d'exposé des motifs et de rapport à la Chambre des députés, — le passage du rapport spécial au Sénat, — et les débats des deux chambres qui éclairent la rédaction de chaque article.

Il arrive rarement qu'un sujet se présente dans ces conditions, qui résultent de la création de la loi par une grande commission mandataire de la Chambre des députés.

Ceux qui voudront connaître la loi la verront donc croître et se développer, depuis son origine, qui est expliquée en tête du lumineux rapport de M. Lisbonne, jusqu'à sa promulgation par le Président de la République après les débats de la Chambre des députés et du Sénat. Et ils seront certains qu'aucun des éléments de cette œuvre législative ne leur échappera, car ils les trouveront tous réunis, sans qu'il puisse en exister aucun autre.

Quant à ceux qui voudraient apprécier la loi à l'aide d'opinions ou d'autres documents, nous ne pouvons pas écrire pour eux ; car nous nuirions à la simplicité de notre ouvrage dont le seul but est la concentration complète des travaux qui ont produit la loi nouvelle et qui ont servi aux législateurs.

Henry CELLIEZ.

HISTORIQUE DE LA LOI

A quelque époque de notre histoire législative que l'on se place, quels que soient les orateurs que l'on voit se succéder à la tribune, toujours un même cri se fait entendre, toujours le même principe est solennellement proclamé.

La presse libre ! C'est-à-dire le droit de penser, de chercher la vérité, de la discuter sans entraves, de la transmettre sans détour, en un mot, selon la juste expression de M. Jules Simon, d'allumer les âmes l'une à l'autre comme des flambeaux.

Il appartenait à la Révolution de réaliser dans nos lois le vœu des philosophes qui l'avaient si bien préparée.

Pour la première fois cette grande vérité éclate au sein de l'Assemblée constituante, elle devient une réalité, et sa formule se traduit par l'article 11 de la Déclaration des Droits de l'homme.

« La libre communication des pensées et des opinions est un des droits les plus précieux de l'homme ; tout citoyen peut donc parler, écrire, imprimer librement, sauf à répondre de l'abus de cette liberté dans les cas déterminés par la loi. »

L'œuvre était incomplète.

La constitution de 1791 ajouta : « La liberté à tout homme de parler, d'écrire, d'imprimer et publier ses pensées *sans que les écrits puissent être soumis à aucune censure ni inspection avant leur publication...* »

A côté de ces grands principes, la loi du 17 mars 1791 établissait la liberté commerciale pour toutes les industries, en supprimant tous les privilèges de profession sous quelque dénomination que ce fût.

La justice et la raison se faisaient jour enfin.

On pouvait croire désormais à la liberté de l'industrie et à celle de la presse.

Malheureusement les gouvernements changent et ne se ressemblent pas.

Bientôt sous la forme de mesures provisoires, le Directoire promulgua contre la presse de véritables lois répressives.

L'exemple allait être suivi.

Le consulat rétablit la censure.

Et cependant c'est au nom des principes de 1789 qu'on le voit rétablir les lois des anciens jours :

« *Pour assurer la liberté de la Presse*, dit l'arrêté du 4 vendémiaire an XII, aucun libraire ne pourra vendre un ouvrage avant de l'avoir présenté à une commission de révision laquelle le rendra s'il n'y a pas lieu à censure. »

A dater de ce jour il n'y a plus, pour les écrits quels qu'ils soient, d'autre loi que le bon plaisir du pouvoir.

Le décret de 1810 réglemente ce bon plaisir.

« A partir du 1er janvier 1811 les libraires seront brevetés et assermentés, et ces brevets ne seront accordés qu'aux personnes qui auront justifié de leurs bonne vie et mœurs et de leur attachement à la patrie et au souverain. »

Celui qui fut le premier consul ne cherche même plus à s'abriter derrière les principes de la Constituante.

Arbitraire, tyrannie, étouffement des légitimes aspirations du pays vers la liberté, tel est le programme scrupuleusement exécuté jusqu'au jour où la charte constitutionnelle de 1814, reprenant le grand principe de la Constituante, vient de nouveau promettre aux Français « le droit de publier et faire imprimer leurs opinions en se conformant aux lois qui doivent réprimer l'abus de cette liberté. »

Mais ce n'était là qu'une promesse et rien de plus.

La nécessité du brevet pour les imprimeurs et libraires est maintenue ; l'odieuse institution de la censure est conservée. Le décret de 1810 devient la loi du 21 octobre 1814.

On le voit, la Restauration continuait l'œuvre de ses devancières.

Aussi, lorsqu'en 1830 il reprenait à son tour le texte même de la Charte de 1814, pour affirmer une fois encore le droit sacré de ceux qui pensent, M. Dupin s'écriait : « Nous avons cru devoir supprimer les expressions : *qui doivent réprimer les abus de cette liberté*, parce que pendant de longues années une administration malveillante y a trouvé le prétexte de toutes les lois d'exception qui ont entravé la presse ou qui l'ont opprimée. »

Le principe recevait sa véritable formule : « Les Français ont le droit de publier et de faire imprimer leur opinion en se conformant aux lois. »

Et cependant, quelques jours plus tard, le même orateur faisait repousser le libre exercice de la profession d'imprimeur et de libraire, logiquement revendiqué par Benjamin Constant.

« Il faut, disait-il, attendre un moment plus prospère pour donner à l'imprimerie toute la liberté que nous souhaitons pour elle. Nous savons d'ailleurs que le gouvernement se propose de vous présenter une loi sur cet objet important, et nous formons des vœux pour qu'il le fasse dans le moment le plus propice à cette importante mesure. »

Est-il besoin de rappeler que ce moment se fit longtemps attendre.

La monarchie de Juillet expira sans avoir exaucé les vœux de M. Dupin. La république de 1848 ne devait pas être plus heureuse.

Seule la presse vit s'ouvrir l'ère de l'émancipation, bientôt réprimée, sous prétexte d'abus, par les mesures les plus rigoureuses et et les plus injustes.

Cautionnement, droit de timbre, autorisation préalable, droit de suspension et de suppression, l'Assemblée législative prévoit tout; rien ne manqua au formidable arsenal des lois répressives déjà existantes.

La législation du second empire crut devoir ajouter encore à ce faisceau, pourtant si compact, l'abolition du jury et le renvoi de tous les délits commis par la voie de la presse devant la juridiction correctionnelle, en même temps que le gouvernement organisait le système préventif des avertissements.

Jusqu'en 1868 les écrivains durent se soumettre sans protestation à cette rigoureuse tutelle. Malgré les revendications énergiquement formulées au corps législatif dès 1860 par les membres de l'opposition, malgré l'opinion publique qui, elle aussi, sollicitait le gouvernement de renoncer au pouvoir arbitraire que lui conférait la législation de 1852, ce fut seulement le 11 mai 1868 que la presse se vit affranchie de quelques entraves.

Mais si l'on accordait quelque immunité à la presse, on ne s'en réservait pas moins contre les imprimeurs et les libraires l'application du décret de 1810, dans le but d'atténuer prudemment les effets dangereux du libéralisme impérial.

En 1870, un des premiers actes du gouvernement de la Défense nationale fut de rendre la liberté à l'imprimerie et à la librairie.

Mais cette mesure était manifestement insuffisante.

Il aurait fallu du même coup abroger la détestable loi de 1849, relative au colportage, et revenir aux véritables principes en matière de presse.

Pourquoi la réalisation de ce vœu s'est-elle fait si longtemps attendre?

Faut-il en rejeter la faute sur une autre préoccupation momentanément plus urgente?

Nous laissons à ceux qui écriront l'histoire de ces dernières années le soin de répondre à ces questions.

Quoi qu'il en soit, il convient de rendre justice à ceux qui, par leurs efforts persévérants, ont essayé de restituer à la presse et à la librairie, l'affranchissement et la liberté si outrageusement méconnus par les régimes précédents.

L'historique du projet de loi, si vivement attendu, n'est plus à faire.

M. Lisbonne, dans son scrupuleux rapport, a pris soin d'en indiquer lui-même les diverses phases.

Nos lecteurs trouveront plus loin, in-extenso, ce très remarquable travail.

Nous nous proposons uniquement ici de retracer à grands traits la physionomie des débats et de faire connaître l'esprit de la loi nouvelle avant d'en réunir les éléments.

CHAMBRE DES DÉPUTÉS. PREMIÈRE DÉLIBÉRATION.
Séance du 24 janvier 1881.

Après une longue attente, la discussion générale, en première lecture, s'ouvrit enfin le 24 janvier 1881, par un discours de M. Lisbonne qui explique rapidement l'économie du travail de la commission.

D'après l'orateur, en élaborant le projet (qui ne contenait pas moins de 70 articles), la commission n'a entendu faire qu'une *codification*. Ce qu'elle a voulu avant tout, c'est abroger en masse les 325 articles des 43 lois précédentes, que l'on croit tombées en désuétude jusqu'au moment où un gouvernement arbitraire leur donne une vie et une vigueur nouvelles.

Malgré les efforts de M. Agniel, autre membre de la commission, qui lui succède à la tribune, pour démontrer le progrès réalisé, il faut bien reconnaître que le pas franchi n'est pas grand.

Au lieu d'une série d'innombrables et inextricables dispositions l'administration n'aura plus à l'avenir qu'un arsenal restreint il est vrai, rangé dans un ordre parfait, et qui évitera certainement les contradictions et les doubles emplois.

Mais est-ce bien là le progrès tant souhaité ? Et M. Lisbonne était-il autorisé à dire du haut de la tribune : « Si vous votez le projet, demain la Presse pourra dire : « Je suis absolument libre. »

Nous éprouvons quelque difficulté à nous ranger du côté de l'affirmative.

Puisque la Commission détruisait d'un coup tout ce système de répression rigoureuse et injuste, il fallait s'en tenir là, et décider uniquement, avec la Déclaration des Droits de l'homme, que : « Tout citoyen peut parler, écrire, imprimer librement, sauf à répondre de l'abus de cette liberté dans les cas déterminés par la loi. »

Cependant nul ne se lève pour soutenir les principes du droit commun. La clôture de la discussion générale est prononcée, et la Chambre s'empresse de passer à l'examen des articles.

Aussitôt apparaissent les défauts du travail de la commission. Les articles 1 et 2 du projet qui spécifient les textes abrogés et ceux conservés sont lus par le Président.

Sur l'observation de M. Ribot, la Chambre et la commission se trouvent dans la nécessité d'en réserver la discussion jusqu'à l'examen des dispositions de fond qui sont contenues dans le reste de la loi.

On passe immédiatement au chapitre Ier : *De l'imprimerie et de la librairie*. L'article 3 du projet devient l'article 1er.

Les articles 1, 2, 3 et 4 sont adoptés sans discussion.

Désormais l'imprimerie et la librairie sont libres, à la charge par l'imprimeur de porter sur chaque imprimé l'indication de ses noms et domicile, et d'effectuer le dépôt, destiné aux collections nationales, de deux exemplaires pour les imprimés en tous genres, et de trois exemplaires pour les estampes et la musique.

Les deux premiers articles du chapitre II : *De la presse périodique*,

— qui deviennent les articles 5 et 6, sont également adoptés sans difficulté.

L'art. 5 consacre la suppression de l'autorisation préalable et abolit le cautionnement.

Mais l'article 6 maintient l'institution incompréhensible du gérant pour tout journal ou écrit périodique.

La discussion de l'article 7 (article 9 du projet), qui prétendait astreindre les propriétaires de journaux et écrits périodiques à joindre à leur déclaration leurs titres de propriété, comme garantie de leur responsabilité civile, fait subir un premier échec à la commission.

Sur les observations de MM. de Marcère, Naquet et Lorois, qui font ressortir que le dépôt des titres équivaut au cautionnement aboli par l'article 5, la Commission renonce à sa rédaction.

La déclaration préalable faite au parquet ne doit donc plus contenir que le titre du journal, son mode de publication, les noms et demeure du propriétaire, ceux du gérant, l'indication de l'imprimerie, à la charge par les déclarants de faire connaître toute mutation dans les cinq jours qui suivront.

Une nouvelle difficulté s'élève sur l'article 8 (article 10 du projet).

La Commission demandait que la déclaration préalable fût signée par le gérant et par les propriétaires fondateurs ou leurs successeurs, et qu'il en fût donné récépissé ainsi que du dépôt des titres de propriété.

Par 263 voix contre 162 la Chambre repousse cette demande en ce qui concerne les propriétaires fondateurs ou leurs successeurs.

Seul le gérant doit signer la déclaration préalable.

La suite du débat amène l'examen des articles 9, 10 et 11 (11, 12 et 13 du projet) qui sont adoptés sans discussion sérieuse. Ils sont relatifs aux formalités à remplir par l'imprimeur.

En cas de contravention aux dispositions prescrites par les articles 6, 7 et 8, le propriétaire, le gérant, ou à défaut l'imprimeur sont passibles d'une amende de 50 francs à 500 francs.

Le journal ou écrit périodique ne peut continuer sa publication qu'après l'accomplissement des formalités prescrites par les articles 6, 7 et 8, à peine d'une amende de 100 francs pour chaque numéro publié.

Les deux exemplaires déposés doivent être revêtus de la signature du gérant, dont le nom doit également figurer au bas de tous les exemplaires, à peine contre l'imprimeur de 100 francs d'amende, par chaque numéro publié en contravention.

La Chambre aborde l'examen du § 2, *Des rectifications et annonces judiciaires.* — L'article 12 (article 14 du projet), mis aux voix est adopté sans discussion.

Il a pour objet de contraindre le gérant à insérer gratuitement, dans le plus prochain numéro et en tête du journal ou écrit périodique, toutes les rectifications qui lui sont adressées par un dépositaire de l'autorité publique, au sujet des actes de sa fonction qui auront été inexactement rapportés par ledit journal ou écrit périodique.

Malgré les efforts de M. Sourigues, tendant à faire modifier l'article 13 (15 du projet), cet article est également accepté sans difficulté.

Le gérant est tenu d'insérer, dans le plus bref délai, à la même place et en les mêmes caractères que l'article qui les aura provoquées, les rectifications de toute personne nommée ou désignée dans le journal ou écrit périodique sous peine d'une amende de 50 à 500 francs, sans préjudice des autres peines et dommages-intérêts auxquels l'article incriminé pourrait donner lieu.

L'article 13 ajoute que cette insertion sera gratuite, lorsque les rectifications ne dépasseront pas le double de la longueur de l'article, et que, si elles le dépassent, le prix en sera dû pour le surplus seulement, calculé au prix des annonces judiciaires.

Séance du mardi 25 janvier 1881.

La suite de la discussion appelle l'examen de l'article 14 (article 16 du projet), qui est adopté avec un paragraphe additionnel présenté par M. Trarieux.

Le vote de la Chambre porte un coup funeste au privilège exorbitant accordé par le décret de 1852, aux préfets, de désigner les journaux qui auraient le monopole des annonces juciciaires; en effet il est décidé qu'à l'avenir les annonces légales judiciaires pourront être insérées, au choix des parties, dans l'un des journaux publiés en langue française, dans le département, à la condition cependant que toutes celles relatives à une même procédure de vente seront insérées dans le même journal.

L'amendement Trarieux avait pour objet de mettre un terme à certains abus, en décidant que les frais d'insertions des jugements autorisées par les tribunaux seraient désormais remboursés par la partie condamnée, d'après le tarif des annonces judiciaires.

La Chambre n'hésite pas à l'accepter.

Le débat porte ensuite sur deux questions importantes qui sont résolues dans le sens le plus libéral.

On règle d'abord celle relative *aux journaux ou écrits périodiques étrangers.* — Après une assez vive discussion, qui amène M. le ministre de l'Intérieur à la tribune, l'article 15 (article 17 du projet) est adopté.

L'introduction et la circulation en France des journaux étrangers est libre, sauf interdiction spéciale de la part du gouvernement, laquelle doit être portée à la connaissance du public, par arrêté du ministre de l'Intérieur inséré au *Journal officiel.*

Toutefois cette interdiction ne peut être prononcée que contre les publications obscènes.

Ce point réglé, la Chambre aborde le chapitre III du projet. — *De l'affichage, du colportage et de la vente sur la voie publique.*

Aux termes de l'article 16 (article 18 du projet), c'est au maire qu'il appartient de désigner, par arrêté, les lieux exclusivement destinés à recevoir les affichages des lois et autres actes de l'autorité.

Il est interdit d'y placarder des affiches particulières, et seules les affiches des actes émanés de l'autorité peuvent être imprimées sur papier blanc.

Ce qui concerne les professions de foi, circulaires et affiches électorales, est réglé sans débat par l'article 17 (article 19 du projet). Ces affiches peuvent être placardées, à l'exception des lieux réservés par l'article précédent, sur tous les édifices publics.

L'article 18 (article 20 du projet), qui édicte les pénalités contre l'enlèvement ou l'altération des affiches administratives ou électorales, est mis aux voix et accepté dans les termes du travail de la Commission.

Le § 2, — *Du colportage et de la vente sur la voie publique,* donne lieu à une assez longue discussion.

La commission s'était bornée à reproduire dans son travail les cinq articles de la loi du 2 avril 1877 sur cette matière.

C'était remettre la loi en question.

La Chambre saisit l'occasion pour la modifier sensiblement par les articles 19, 20, 21, 22 et 24 (articles 21, 22, 23, 24 et 25 du projet).

Ainsi elle supprime l'obligation pour le colporteur de justifier qu'il est Français et qu'il n'a pas été privé par une condamnation de ses droits civils et politiques, ainsi que l'obligation d'avoir sur un livret, visé à l'avance par le préfet ou le sous-préfet, un catalogue indiquant les objets qu'il vend.

Nous voici loin, on le voit, de la loi de 1849.

Après le vote des articles, la Chambre arrive à la délibération du Chapitre VI, — *Des crimes et délits commis par la voie de la presse ou par tout autre moyen.*

Sur ce point, on le comprend aisément, devaient se produire les controverses les plus vives, car la question de la liberté de la presse se lie intimement à ces autres questions : Existe-t-il des crimes et délits spéciaux de presse ? Quels sont ces crimes et ces délits ? Quelle en sera la répression ?

Le débat est en effet très animé de part et d'autre.

La commission avait ainsi divisé son travail.

§ 1. — Provocation aux crimes et délits (art. 26, 27, 28 du projet).

§ 2. — Délits contre la chose publique. Outrages envers les pouvoirs publics, cris séditieux, fausses nouvelles, outrages aux bonnes mœurs (articles 29, 30, 31 et 32 du projet).

§ 3. — Délits contre les personnes (articles 33, 34, 35, 36, 37, 38 du projet).

§ 4. — Délits contre les chefs d'État et agents diplomatiques étrangers (articles 39 et 40 du projet).

A cette longue énumération M. Floquet vient opposer un amendement, signé par vingt-deux députés, ainsi conçu : « Remplacer les articles 24, 25, 26, 27, 28, 29, 37, 38 par la disposition suivante. Il n'y a pas de délits spéciaux de la presse, quiconque fait usage de la presse ou de tout autre moyen de publication est responsable selon le droit commun. »

C'était le retour à l'article 11 de la déclaration des Droits de l'homme, c'est-à-dire au bon sens, à la justice et à l'équité.

Cependant l'éloquence de MM. Floquet et Gatineau est impuissante à faire triompher de nouveau ce grand principe. M. Agniel, au nom de la commission, et M. le garde des sceaux, au nom du gouvernement, combattent vivement la thèse du droit commun.

Il faut pourtant bien le reconnaître, l'impression qui se dégage de la discussion est que de part et d'autre on entend nettement assurer l'entière liberté des opinions.

Même sur les bancs de la droite tous sont unanimes à déclarer qu'il ne peut et ne doit pas exister de délit d'opinion.

Les orateurs qui soutiennent le système de la commission reconnaissent sans difficulté que la loi nouvelle ne doit atteindre que les infractions de droit commun, mais ils essayent de démontrer qu'il existe une lacune dans le Code pénal en ce qui touche le mode de perpétration de ces crimes et délits par la voie de la presse.

Ils prétendent, à l'appui de cette théorie, que le Code pénal édicté à une époque où les journaux étaient soumis à la censure préalable, n'a pas prévu les crimes et délits commis par la voie de la presse et ils concluent, de cet état de choses, que la presse se trouverait ainsi indirectement soustraite au régime du droit commun lui-même.

Et M. le garde des sceaux, allant plus loin, et cherchant à établir les conditions auxquelles peut se reconnaître un délit de droit commun, dit : « Y a-t-il eu chez l'agent une intention perverse ? Le fait qui a été commis a-t-il causé un préjudice à la société ? Enfin le fait qu'il s'agit d'incriminer est-il susceptible d'une définition rigoureuse, ne laissant aucune place à l'arbitraire ? »

A en croire M. le ministre, quand ces trois conditions sont réunies, il y a délit de droit commun et, par conséquent, des poursuites peuvent avoir lieu contre le journal qui se trouve avoir ainsi commis, non pas un délit d'opinion, mais un délit de droit commun.

La bonne foi de M. le garde des sceaux était évidemment manifeste, mais il était trop facile d'affirmer que cette énumération, quelque complète qu'elle fût, ne saurait en aucune façon embarrasser un gouvernement illibéral, désireux de poursuivre les délits d'opinion.

Aussi l'on comprend que MM. Floquet et Gatineau se soient montrés soucieux de chercher les garanties de la presse ailleurs que dans d'aussi vagues préceptes.

Bien entendu il ne s'agissait pour personne de soustraire l'écrivain à toute responsabilité et de proclamer l'impunité absolue pour les délits qui peuvent être commis par la voie de la presse, tels que l'injure, la calomnie, la diffamation, l'excitation à la guerre civile, etc..., mais les adversaires de la commission estimaient que la répression de ces crimes et délits trouvait une sanction suffisante dans la combinaison des articles 1382 du Code civil et 60 du Code pénal qui oblige celui par la faute duquel un préjudice a été causé, à le réparer, et qui punit la complicité.

Malgré cet accord apparent la discussion ne put se terminer et fut remise au 27 janvier 1881.

Séance du jeudi 27 janvier 1881.

Ce que la discussion du 25 avait eu d'un peu confus (ce qui n'a rien de surprenant lorsqu'il s'agit d'une question qui, en tout temps, a soulevé de si ardentes controverses), prend dans cette séance un caractère plus précis.

Assurer la liberté de la presse, telle était bien la pensée dominante.

On ne différait que sur les mesures à employer pour atteindre ce résultat.

Dans ces conditions il ne pouvait y avoir un long et sérieux dissentiment.

Aussi la séance du 27 réservait-elle au projet un avertissement significatif.

En dépit des efforts vigoureux, tentés contre l'amendement Floquet par MM. Agniel et Lelièvre, pour démontrer toute la belle ordonnance du projet, malgré l'insistance de M. de Marcère, pour qui le travail de la commission réalisait précisément le vœu de M. Floquet, la Chambre est d'avis que, s'il était indispensable de viser les délits que le code n'atteint pas, tels que la diffamation et l'outrage au président de la République, il n'est pas moins nécessaire de faire disparaître les délits d'opinion.

Aussi par 255 voix contre 209, sur 474, prend-elle en considération l'amendement Floquet, qui est renvoyé à l'examen de la commission, malgré la commission même.

Cette décision entraînant l'ajournement de la discussion, le débat est renvoyé au samedi 29 janvier.

La commission se réunit le lendemain pour examiner ce qu'il convenait de faire. Le débat s'est circonscrit entre deux propositions de MM. Agniel et Léon Renault.

Le premier prétendait que la commission devait persister dans son œuvre et rejeter l'amendement. M. Léon Renault affirmait, au contraire, qu'il ne fallait pas repousser le vote de la veille par une fin de non recevoir. D'après l'éminent orateur, ce vote exprimait le désir bien caractérisé de la Chambre d'entrer dans une voie plus libérale que celle de la commission.

Sur l'invitation à lui faite, M. Floquet se présente devant la commission et explique que sa proposition a pour objet d'effacer les délits suivants :

1° La provocation à commettre un crime ou un délit, suivie d'effet.

2° La provocation à commettre un crime ou un délit, non suivie d'effet.

3° La provocation à des militaires dans le but de les détourner de leurs devoirs.

4° L'outrage envers la République, le président de la République, le Sénat ou la Chambre des députés.

5° Les cris séditieux proférés dans les lieux publics.

6° La publication de fausses nouvelles faites de mauvaise foi et de nature à troubler la paix publique.

7° L'outrage envers les chefs d'État étrangers.

8° L'outrage envers les représentants des puissances étrangères.

Il ajoute qu'en ce qui touche le premier cas la suppression avait pour effet de renvoyer à l'article 60 du Code pénal, qui atteint la provocation suivie d'effet comme acte de complicité, qu'à l'égard du troisième cas la suppression a pour effet de renvoyer à l'article du Code pénal, qui punit l'embauchage, et qu'enfin relativement au quatrième cas, il le supprime pour rentrer dans les conditions du droit commun en autorisant la poursuite d'office, par le président de la République.

A l'égard du colportage, le député de la Seine propose d'augmenter la peine proposée par la commission contre les publications obscènes, et il demande que les particuliers soient désormais autorisés à faire la preuve de la diffamation lorsque le plaignant y consentira.

Quelque précises que soient ces explications, M. Agniel maintient sa thèse sur la nécessité d'une législation répressive spéciale pour les crimes et délits de presse. L'opinion contraire est soutenue très énergiquement et avec beaucoup d'autorité par M. Léon Renault ; mais l'éloquent orateur ne peut rallier entièrement la commission qui invite M. Floquet à formuler par une rédaction définitive le texte de ses propositions.

Le lendemain, la rédaction soumise par M. Floquet est repoussée ; toutefois, sur la proposition de M. Léon Renault, de procéder dans un sens libéral à la révision des articles dont l'amendement demandait la suppression, la commission fait une promesse, et c'est sur cette base nouvelle que la discussion est reprise le samedi 29 janvier.

Il faut constater tout d'abord qu'à cette séance, malgré l'opposition de la veille, la question fait un pas marqué. La commission, en effet, avait introduit dans son projet certaines modifications se rapprochant très sensiblement de celles réclamées par M. Floquet. La délibération devait s'en ressentir.

La discussion porte sur les articles 24 à 30 (articles 26 à 32 du projet). Aux termes de l'article 24, le projet proposait de punir, comme complices d'une action qualifiée crime ou délit, ceux qui, soit par des discours, cris ou menaces proférés dans des lieux ou réunions publics, soit par des écrits, des imprimés, *des dessins, des gravures, des peintures* ou *emblèmes* vendus ou distribués, mis en vente ou exposés dans des lieux ou réunions publics, soit par des placards ou affiches exposés aux regards du public, auraient directement provoqué à la commettre, si la provocation a été suivie d'effet.

L'article ajoutait que cette disposition serait également applicable lorsque la provocation n'aurait été suivie que d'une tentative de crime ou de délit, conformément aux articles 2 et 3 du Code pénal.

La commission avait retranché de ce texte les mots « dessins, emblèmes et gravures ». Cette rédaction différait de l'amendement, en ce que M. Floquet considérait comme inutile une disposition spéciale, et renvoyait la répression de la provocation suivie d'effet à l'article 60 du Code pénal qui vise la complicité.

Après une très vive discussion, l'article 24 ainsi modifié est voté, par 240 voix contre 223 sur 463 votants, et la suite de la délibération renvoyée à une autre séance.

L'article 25 (article 27 du projet), qui punissait la provocation non suivie d'effet, sur lequel pendant trois jours les efforts de la discussion s'étaient portés, avait été supprimé par la commission. Sur ce grand point, l'accord était fait avec l'amendement Floquet, et c'est en vain que M. Ribot essaye de le remettre en question sous la forme d'un amendement, qui est repoussé par 339 voix contre 112.

Le nouvel article 25 (ancien 28 du projet) avait été maintenu par la commission, contrairement au désir de M. Floquet qui en demandait la suppression.

Cet article, qui vise toute provocation par l'un des moyens énoncés en l'article précédent, adressée à des militaires de terre ou de mer dans le but de les détourner de leurs devoirs militaires et de l'obéissance qu'ils doivent à leurs chefs, fut adopté à une grande majorité.

Quant à l'article 29 du projet qui avait pour but de punir l'outrage commis envers le président de la République et les Chambres, M. Floquet avait demandé à la commission de ne conserver que la disposition relative à l'outrage au président de la République.

La Chambre, allant plus loin, rejette l'article entier par 254 voix contre 205.

Séance du mercredi 1er février 1881.

En conséquence de ce vote, l'article 30 du projet devient l'article 26 à discuter. Il a pour objet la répression de tous cris ou chants séditieux proférés dans des lieux ou réunions publics. La Chambre l'adopte sans débat.

Il en est de même de l'article 27 (ancien 31 du projet), qui vise la publication ou reproduction de nouvelles fausses, de pièces fabriquées, falsifiées ou mensongèrement attribuées à des tiers, « lorsque la publication ou reproduction aura troublé la paix publique et qu'elle aura été faite de mauvaise foi ».

M. Émile de Girardin demande la suppression des mots « nouvelles fausses », mais le texte de la commission est accepté sans modification.

Après un long débat sur un amendement de M. Marcou, tendant à rétablir le délit d'outrage à la République repoussé la veille par la Chambre, l'article 28 (ancien 32 du projet) concernant l'outrage aux bonnes mœurs, est adopté avec quelques modifications.

A partir de ce moment la discussion marche si rapidement qu'à six heures la Chambre vote le dernier article.

Les articles 29, 30, 31, 32, 33 et 34 (anciens 33, 34, 35, 36, 37 et 38 du projet), concernant le délit de diffamation et d'injure contre les particuliers, les corps constitués, les ministres, etc., sont adoptés sans difficulté.

Seuls les articles 31 et 34 donnent lieu à quelque débat.

Sur l'article 31 M. Trarieux propose un amendement (relatif aux diffamations dirigées contre les candidats aux fonctions électives) qui, malgré son importance, est repoussé.

Plus heureux, M. Bardoux propose et fait admettre, sur l'article 34, un amendement disposant qu'il sera sursis à la poursuite et au jugement du délit de diffamation, lorsque le fait imputé se trouvera être l'objet de poursuites commencées à la requête du ministère public.

A peu de chose près, le texte de ces derniers articles reproduit les dispositions de la loi du 17 mai 1819, à laquelle l'amendement Bardoux constitue la seule innovation importante.

Après une légère opposition de M. Ballue, les articles 35 et 36 (anciens 39 et 40 du projet), visant l'outrage envers les chefs d'État et agents diplomatiques étrangers sont adoptés à l'unanimité.

Ainsi engagée dans la voie rapide, la Chambre des députés ne s'arrête plus. Sauf le renvoi à la commission de l'article 48 (ancien 52 du projet) et d'un article additionnel à l'article 59 (ancien 63 du projet) présenté par M. Lorois, aucun incident sérieux ne vient arrêter le vote des 29 articles restant à adopter.

Nous ne saurions, sans faire double emploi avec la suite de ce travail, analyser ici, même rapidement, le texte de ces dernières dispositions de la loi.

Nous indiquons seulement la division adoptée primitivement par la commission, et maintenue par les législateurs.

Les articles 37 à 40 (anciens 41 à 44 du projet) ont pour objet l'interdiction de publier certains documents tels que les actes d'accusation et tous autres actes de procédure criminelle ou correctionnelle, avant qu'ils aient été lus en audience publique, et le compte rendu des procès en diffamation, l'interdiction d'ouvrir certaines souscriptions. — Ils sanctionnent également les immunités de la défense.

Sous le chapitre IV, *Des poursuites et de la répression*, les articles 41 à 45 (anciens 45 à 40 du projet) énumèrent les personnes responsables des crimes et délits commis par la voie de la presse, et fixent la compétence des diverses juridictions appelées à en connaître.

La procédure à suivre est établie dans les articles 46 à 64 (anciens 50 à 68 du projet), et les deux derniers articles, 65 et 66 (anciens 69 et 70 du projet) contiennent certaines dispositions transitoires relatives à l'exécution de la loi nouvelle lors de sa promulgation.

Après le vote de ces divers articles, et avant d'ajourner l'examen des articles 1 et 2, réservés lors de la discussion générale, la Chambre adopte sans opposition deux amendements ayant pour objet de rendre la loi nouvelle applicable à l'Algérie et aux Colonies.

Sur la demande de M. le président, la discussion d'un article additionnel, présenté par M. Villiers et proposant qu'une amnistie soit accordée pour tous les délits politiques commis par la voie de la presse, est ajournée à la seconde délibération.

Séance du samedi 5 février 1881.

En prévision de cette séance la commission se réunit le 4 février 1881 pour arrêter définitivement le texte des articles restant à discuter.

Ces articles, qui étaient au nombre de quatre, sont réduits à trois par la suppression du dernier.

Le nouveau texte adopté concerne des questions très importantes. Il est ainsi conçu :

Art. 48. — Immédiatement après le réquisitoire, le juge d'instruction pourra, mais seulement en cas d'omission du dépôt prescrit par les articles 3 et 10 ci-dessus, ordonner la saisie de quatre exemplaires de l'écrit, du journal ou du dessin incriminé.

Cette disposition ne déroge en rien à ce qui est prescrit par l'article 30 de la présente loi.

Si le prévenu est domicilié en France, il ne pourra être arrêté préventivement, sauf en cas de crime.

En cas de condamnation, le jugement ou arrêt pourra ordonner la saisie et la suppression ou destruction de tous les exemplaires qui seront mis en vente, distribués ou exposés aux regards du public.

Toutefois, la suppression ou la destruction pourra ne s'appliquer qu'à certaines parties des exemplaires saisis.

A l'article 52 qui exige un délai de cinq jours pour la communication par le ministère public ou le plaignant à la personne poursuivie en diffamation, la commission ajoute le paragraphe suivant :

Art. 52. — Toutefois, en cas de diffamation ou d'injure pendant la période électorale contre un candidat à une fonction·élective, le délai de la citation sera réduit à 24 heures outre les délais de distance.

Ensuite la commission rédige de la manière suivante l'article 67 et dernier du projet de loi.

Art. 67. — Sont abrogés les lois, décrets, ordonnances, arrêtés, règlements, déclarations, les édits généralement quelconques relatifs à l'imprimerie, la librairie, à la presse périodique ou non périodique, au colportage, à l'affichage, à la vente sur la voie publique et aux crimes et délits prévus par les lois sur la presse et les autres moyens de publication, sans que puissent revivre les dispositions abrogées par les lois antérieures.

La Chambre n'avait donc plus à délibérer que sur les articles 1er et 2e réservés et sur les articles ci-dessus, renvoyés à la Commission.

Après quelques explications du rapporteur de la loi, les articles 48 et 59 (articles 52 et 63 du projet) sont adoptés avec les modifications indiquées par la Commission.

L'ancien article 1er du projet devient l'article 67. Sa rédaction, conçue de façon à ne laisser planer aucune incertitude sur l'étendue de l'abrogation des lois antérieures, rend l'article 2 inutile.

L'article 67 est adopté, et l'ensemble de la loi est voté, en première lecture, par 405 voix contre 1 sur 406 votants.

CHAMBRE DES DÉPUTÉS. DEUXIÈME DÉLIBÉRATION.

M. le président consulte la Chambre pour savoir si elle entend passer à une deuxième délibération.

A l'unanimité, moins une voix, la Chambre adopte.

Aussitôt après ce vote la commission s'empresse de faire imprimer le texte du projet de loi adopté en première délibération.

Il est distribué le 9 février 1881 aux membres de la Chambre.

Dans la séance du samedi 12 février 1881, M. Lisbonne demande à la Chambre de mettre à son ordre du jour le plus prochain la seconde lecture.

Aux termes de l'article 50 du règlement de la Chambre des députés, il doit s'écouler un délai de cinq jours au moins entre les deux lectures. M. Lisbonne fait remarquer que la première ayant été terminée le samedi 5 février le délai prévu par le règlement est écoulé.

L'ordre du jour est réglé en conséquence et annonce pour la

séance du lundi 14 février 1881 la seconde délibération, afin qu'il soit permis de renvoyer le projet au Sénat, qui aura encore la possibilité de le voter avant l'expiration du mandat de la Chambre des députés.

S'il n'en eût pas été ainsi, en effet, le projet serait tombé de plein droit, car il n'émanait pas de l'initiative du gouvernement, mais de celle de la Chambre, et le Sénat a décidé qu'il se désaisissait de toutes les propositions émanant d'une Chambre dont le mandat serait expiré avant qu'il ait pu statuer à leur égard.

Séance du lundi 14 février 1881.

Au début de la séance M. Lisbonne informe la Chambre que la commission a essayé de coordonner les dispositions du projet et modifié certaines d'entre elles dans un sens de plus en plus favorable à la liberté.

Il donne lecture de quelques observations que ces modifications ont rendues nécessaires.

Nos lecteurs, devant trouver in-extenso le texte de ces observations dans le corps du livre, au cours de la discussion, nous nous contenterons d'indiquer qu'elles touchent aux articles 7, 23 combinés avec les articles 41, 34, 35, 42, 43, 44, 62, 2, et à l'article additionnel proposé par M. Villiers relatif à l'amnistie.

Après cette lecture il est procédé, par M. le président, à la deuxième lecture des articles, avec leur nouveau numérotage.

L'article 1er est maintenu.

Sur l'article 2, M. Logerotte propose un amendement tendant à ce que « les ouvrages dits de ville ou bilboquets » ne soient pas nécessairement revêtus de l'indication des noms et domicile de l'imprimeur.

L'article ainsi modifié est adopté.

Les articles 3 et 4 ne subissent aucune modification nouvelle, malgré un amendement de M. Sourrigues qui demande que : « pour tous imprimés, sous quelque forme qu'ils se produisent, mais à poids égal avec celui des journaux, le service de la poste soit fait aux mêmes prix et conditions que pour ces derniers ».

Les articles 5 et 6 sont maintenus sans protestation.

Sur la demande de M. Clémenceau l'ajournement des articles 7 et 9 est prononcé jusqu'au vote de l'article 43.

L'article 8 est maintenu.

M. de Janzé propose un amendement sur l'article 10. L'orateur demande que, outre le dépôt de 2 exemplaires au parquet et à la mairie, pareil dépôt soit fait pour le service de la presse au ministère de l'intérieur pour Paris et le département de la Seine, et pour les autres départements à la préfecture ou à la sous-préfecture, ou à la mairie dans les villes qui ne sont ni chefs-lieux de département ni chefs-lieux d'arrondissement.

La commission accepte l'amendement, et l'article 10 ainsi modifié est accepté par la Chambre.

L'article 11 est maintenu sans discussion.

M. Lockroy demande qu'à l'article 12 on ajoute ces mots: « Toutefois ces rectifications ne dépasseront pas le triple de l'article auquel elles répondront. »

Le renvoi à la Commission est prononcé.

La Chambre maintient ensuite les articles 13 et 14, sans tenir compte d'un amendement présenté par M. Beauquier.

L'article 15, relatif à la circulation en France des écrits périodiques publiés à l'étranger, est supprimé par la Chambre, sur la demande de M. Lockroy.

M. Anisson-Duperron demande que, pour remplacer cet article, la Chambre reprenne les quatre premières lignes de ce même article, qui permettent la circulation en France, sans autorisation préalable, des journaux et écrits périodiques publiés à l'étranger, afin de ne pas rester sous le régime de la législation qu'elle veut abroger.

M. le ministre de l'Intérieur, de son côté, prie la Chambre d'examiner s'il y a lieu, à la place de l'article 15, d'insérer non pas une disposition identique, mais une réglementation qui ne crée pas une situation de faveur exceptionnelle à la presse étrangère.

Enfin la proposition suivante, présentée sous forme d'amendement par M. René Goblet, est prise en considération et renvoyée à l'examen de la commission : « La circulation des journaux ou écrits périodiques publiés à l'étranger ne pourra être interdite que par décision spéciale délibérée en conseil des ministres. »

Aucun débat ne s'élève, au sujet des articles 16, 17 et 18, relatifs à l'affichage. Ils sont maintenus sans discussion.

De même à l'égard des articles 19, 20, 21, 22 et 23, relatifs au colportage.

L'article 24 est maintenu.

M. Ballue demande la suppression de l'article 25, concernant la

provocation adressée aux militaires, dans le but de les détourner
de leurs devoirs.

Après une longue discussion, à laquelle prennent part MM. Rouvier, Clémenceau, Agniel, Paul de Cassagnac, de Baudry-d'Asson,
Bourgeois, Abbatucci, Gatineau, Lockroy, Georges Perin et Guichard, une demande de scrutin se produit.

L'article 25 est adopté par 283 contre 137.

Après le vote, M. Ballue propose une disposition additionnelle,
qui est acceptée par la commission et admise ensuite par la Chambre.

L'article 26, concernant les cris et chants séditieux, donne lieu à
une proposition de MM. Marcou, Rouvier et Fourat, ayant pour
objet de punir l'outrage à la République, aux Chambres, et au
président de la République.

M. Marcou développe longuement cette proposition, qui est combattue par M. Clémenceau, et défendue de nouveau par M. Jules
Maigne.

L'amendement divisé est mis aux voix.

La Chambre rejette ce qui concerne l'outrage envers la République et les Chambres et par 269 voix contre 190 adopte le paragraphe
qui punit l'outrage envers le président de la République.

Séance du mardi 15 février 1881.

Au début de la séance, M. Lisbonne demande la parole sur l'article 12, qui avait été renvoyé à la commission pour qu'elle exami-
nât l'amendement proposé par M. Lockroy.

L'orateur informe la Chambre que la commission maintient sa
rédaction.

Sur les observations présentées par M. Lockroy, la Chambre adopte
l'amendement.

La Chambre revient ensuite sur l'article 15, supprimé par elle
dans la précédente séance, et malgré les énergiques protestations
de MM. Naquet et Floquet, adopte par 243 voix contre 129 l'amendement proposé la veille par M. René Goblet et renvoyé à l'examen de la commission, qui l'avait accepté d'accord avec M. le ministre de l'Intérieur.

Les articles 26, 27, 28, 29, 30, 31, 32 sont maintenus.

L'article 33, relatif à l'injure, et qui visait la double peine de
l'emprisonnement et de l'amende, est adopté avec cette modification : « ou de l'une des peines seulement ».

Un amendement proposé par M. Ballue sur l'article 34 est rejeté, et l'article maintenu sans autre discussion.

La Chambre maintient également sans discussion les articles 35, 36, 37, 38, 39 et 40 qui visent les délits contre les chefs d'État et agents diplomatiques étrangers, les publications interdites et les immunités de la défense.

Il en est de même des articles 41 et 42.

M. Floquet demande la suppression de l'article 43 qui déclare les propriétaires des journaux ou écrits périodiques civilement responsables des condamnations pécuniaires prononcées en vertu des articles 41 et 42.

Une vive discussion s'élève à ce sujet entre MM. Floquet, Ganivet, Agniel, Paul de Cassagnac et Clémenceau.

Sur une demande de scrutin public la Chambre maintient l'article 43 par 241 voix contre 212.

La suite des débats ramène la discussion des articles 7 et 9 qui avaient été réservés sur l'observation de M. Clémenceau, jusqu'à ce qu'il eût été statué sur le sort de l'article 43 (séance du 14 février 1881).

M. le président fait remarquer que l'article 43 ayant été adopté, il n'y a plus lieu à délibération sur les articles 7 et 9.

En conséquence la Chambre maintient ces deux articles.

Elle adopte également, malgré un remarquable discours de M. Madier de Montjau, l'article 44.

Séance du jeudi 17 février 1881.

Quelques instants suffisent à la Chambre pour adopter les derniers articles de la loi.

Sans que personne demande la parole, les articles 45 à 61 inclusivement sont acceptés sans débat.

Ils embrassent la procédure devant la cour d'assises, devant la police correctionnelle et la simple police, et les pourvois en cassation.

La suite de la discussion amène l'examen du § 3, relatif aux *Récidives, circonstances atténuantes et prescriptions.*

Sur l'article 62, M. Lorois propose un amendement, qui est accepté par la commission, et adopté par la Chambre.

Après le maintien de l'article 63, l'article 64 est l'objet d'un amendement de M. Cunéo d'Ornano, qui est repoussé purement et simplement.

Les articles 65 et 66 sont maintenus sans débat.

Sur l'article 67, qui vise l'abrogation de tous les textes antérieurs, après quelques paroles de M. Freppel, M. Marcel Barthe propose un amendement tendant à l'abrogation du second paragraphe de l'article 31 de la loi du 10 août 1871 sur l'appréciation par les journaux des discussions des conseils généraux.

La commission accepte l'amendement, qui, après une protestation de M. Bonnet-Duverdier, est adopté par la Chambre.

Aucune discussion ne s'élève sur l'article 68 qui déclare la loi nouvelle applicable à l'Algérie et aux Colonies.

L'article 69, qui proclame l'amnistie, fait l'objet d'une discussion de la part de M. Villiers qui, au nom de M. Godelle et du sien, propose un amendement tendant à exclure de l'amnistie « l'outrage aux bonnes mœurs ».

MM. Lockroy et Clémenceau proposent un amendement plus extensif que le précédent; il est repoussé et celui proposé par M. Villiers est mis aux voix et adopté.

La Chambre vote ensuite, sans autre débat, l'ensemble de l'article 69.

M. Floquet présente quelques observations pour expliquer dans quel sens il entend donner son adhésion à la loi nouvelle, et M. le président annonce qu'une demande de scrutin a été déposée sur le vote d'ensemble de la loi.

Par 444 voix contre 4, c'est-à-dire à la presque unanimité, la loi, si discutée dans ses détails, est adoptée par la Chambre.

SÉNAT.

Séance du 9 juillet 1881.

Personne ne demandant la parole dans la discussion générale, M. le président donne lecture des articles.

Les articles 1, 2, 3, sont adoptés sans débat. Sur l'article 4, M. Bozérian propose un amendement relatif au nombre des exemplaires à déposer pour les estampes et la musique.

L'article ainsi que l'amendement est adopté.

Il en est de même des articles 5 à 11 inclusivement, qui ne donnent lieu à aucun débat.

Après quelques observations de M. Bozérian, les articles 12 et 13 sont également adoptés sans modifications.

L'article 14, relatif aux journaux ou écrits périodiques étrangers, est maintenu, sans opposition.

Le chapitre III, concernant l'*affichage*, donne lieu à un amendement de M. Batbie, relatif à l'affichage des placards électoraux sur les édifices religieux.

L'amendement est adopté, avec les articles 15, 16 et 17.

Le § 2 (articles 18 à 22), touchant le colportage, est maintenu sans débat.

Une longue et brillante discussion s'engage entre MM. Lenoël, Ninard et Bozérian, au sujet de l'article 23 (*provocation aux crimes et délits*).

Sur la demande de M. Bozérian, l'amendement, proposé par M. Lenoël, est renvoyé à la commission ainsi que l'article 23.

Séance du lundi 11 juillet 1881.

Au début de la séance, la commission fait savoir qu'à l'égard de l'amendement, proposé par M. Lenoël sur l'article 23, elle a arrêté les principes de ses résolutions mais sans avoir pu encore les formuler.

Il est, en conséquence, sursis à la discussion des articles 23 et 24, et passé outre à l'examen des articles 25 et suivants.

Le Sénat maintient les articles 25 à 27 inclusivement, malgré les observations de M. de Gavardie.

Le § 3 (*délits contre les personnes*) fait l'objet d'un long débat entre MM. Jules Simon, Griffe, Ninard, Bozérian et Bertauld.

M. Jules Simon propose, en effet, un amendement à l'article 31, amendement qui est repoussé par 130 voix contre 79.

Les articles 28 à 34 sont adoptés sans modification.

Il en est de même des articles 34 et 35 (*délits contre les chefs d'État et agents diplomatiques étrangers*), des articles 36 à 38 inclusivement (*publications interdites, immunités de la défense*).

Sur les observations de M. le garde des sceaux, l'article 39, relatif aux comptes rendus faits de mauvaise foi, est renvoyé à la commission.

Le Sénat vote ensuite, sur simple lecture, les articles 40 à 44 (*des personnes responsables*), et 45 à 58 (*procédure devant la cour d'assises, la police correctionnelle et la simple police*).

Après l'adoption de ces articles, l'Assemblée revient à la discussion de l'article 26 qui avait été réservé (*nouvelles fausses*).

M. Jules Simon demande la suppression de ces mots « nouvelles fausses ».

Une longue discussion s'engage entre l'orateur et le rapporteur de la commission.

Le Sénat, consulté, décide le maintien des mots « nouvelles fausses ».

Séance du vendredi 15 juillet 1881.

Sur l'invitation de M. le Président, le rapporteur fait connaître qu'au nom de la commission il est prêt à soutenir la discussion sur les articles réservés précédemment.

La discussion s'engage aussitôt entre MM. Robert de Massy, Lenoël et Bozérian, au sujet de l'article 23.

L'amendement qui avait été proposé, dans la séance du 9 juillet 1881, par M. Lenoël, est mis aux voix et repoussé par 149 voix contre 68.

Il est ensuite procédé au vote et à l'adoption de l'article 23, dans les termes proposés par la commission.

L'article 24, relatif à la provocation adressée à des militaires, est également adopté.

Un long débat surgit à l'égard de l'article 39 qui avait été renvoyé à la commission. Au débat prennent part MM. de Larcy, Pâris, Dupouy, Ninard, de Lareinty, Griffe et Le Royer.

Le résultat de cette discussion est le renvoi nouveau, par le Sénat, de l'article 39 à la commission.

Les articles 59 et 60, concernant le pourvoi en cassation, sont maintenus.

Il en est de même des articles 61 à 67 inclus.

Le Sénat repousse ensuite un amendement présenté par M. Jules Simon, sur l'article 68 relatif à l'amnistie, et adopte le texte de cet article tel qu'il est présenté par la commission.

Séance du samedi 16 juillet 1881.

Les quelques instants de cette séance, consacrés à la discussion de la loi sur la presse, permettent au Sénat d'examiner les articles 39, 27 et 43 réservés et renvoyés précédemment à la commission.

Après un débat rapide entre MM. Robert de Massy, Cazot, garde des sceaux, Le Royer, Pâris, Ninard, Audren de Kerdrel, Parent et Griffe, l'article 39, mis aux voix, est adopté.

La discussion s'élève ensuite entre MM. Pâris, Audren de Kerdrel et Jules Simon sur l'article additionnel, proposé par ce dernier relativement à la suppression de l'impôt sur le papier (article 7 de la loi du 4 septembre 1871).

Devant les dispositions manifestement contraires du Sénat, M. Jules Simon déclare ne pas insister et retire sa proposition.

M. Robert de Massy, président de la commission, propose ensuite quelques modifications aux articles 27 et 43, modifications qui sont mises aux voix et adoptées.

L'ensemble de la loi est enfin soumis au vote du Sénat et adopté sans autre débat.

CHAMBRE DES DÉPUTÉS.
Séance du jeudi 21 juillet 1881.

Au cours de cette séance, M. Lisbonne dépose et fait connaître le rapport supplémentaire de la commission chargée d'examiner le projet de loi, adopté par la Chambre des députés, et modifié par le Sénat.

Après cette lecture la Chambre, consultée, passe immédiatement à la discussion des articles qui sont tous adoptés définitivement.

Un amendement à l'article 70, proposé par M. Gatineau, est repoussé par 229 voix contre 95, et l'ensemble du projet de loi est adopté par la Chambre.

Comme complément, la Chambre des députés vote, le 29 juillet 1881, la loi suivante relative à l'amnistie des crimes et délits de la presse.

Article unique. — L'amnistie prévue par la loi sur la liberté de la presse sera appliquée à tous les crimes et délits commis antérieurement au 21 juillet 1881.

Le décret de promulgation a été inséré dans le *Journal officiel* du 30 juillet 1881.

CHARLES LE SENNE.

RAPPORT GÉNÉRAL

Fait le 5 juillet 1880

AU NOM DE LA COMMISSION* CHARGÉE D'EXAMINER LES DIVERSES PROPOSITIONS DE LOI RELATIVES A LA LIBERTÉ DE LA PRESSE.

PAR M. LISBONNE

DÉPUTÉ.

ORIGINE DU PROJET DE LOI

I. — Considérations générales.

Messieurs, en 1876, l'honorable M. Naquet présenta une proposition composée d'un seul article abrogeant toutes les lois, tous les décrets, tous les règlements qui restreignent et réglementent la liberté de la presse.

La Chambre repoussa la prise en considération (1).

Mais, sur la proposition de M. Lisbonne et le rapport de l'honorable M. Spuller, la Chambre décida qu'il y avait lieu de reviser, dans un sens libéral, et de codifier les divers éléments dont se compose cette partie si confuse de notre législation.

La Chambre nomma une commission de 22 membres dont l'honorable M. Albert Grévy fut élu président.

---

* Cette Commission est composée de MM. Émile de Girardin, *président ;* Lisbonne, *vice-président ;* Lelièvre, *secrétaire ;* Léon Renault, Maunoury, Versigny, Noirot, Hérisson, Le Vavasseur, Seignobos, Papon, Germain Casse, Buyat, Beaussire, Ninard, Agniel, Thomson, Sallard, Noël-Parfait, Tallon, Bouchet.

(1) M. Lisbonne, rapporteur.

1

CHAMBRE DES DÉPUTÉS.

Cette Commission se mit à l'œuvre. Nous lui devons un groupe de rapports qui ont pour objet la revue juridique et critique des textes encore en vigueur, dans ce dédale, ce fouillis de dispositions qui s'abrogent ou se maintiennent successivement, sans dédaigner parfois de se contredire.

Cette étude rétrospective avait été confiée, par périodes distinctes, à MM. Gatineau, Spuller, Martin-Feuillée, Sallard et Lisbonne, dont les travaux nous ont été récemment distribués.

La Commission de 1876 se rendit compte, dès le début, des difficultés de sa tâche ; elle aborda certaines questions relatives à la presse périodique et elle résolut, entre autres, la question du cautionnement des journaux. Elle pressentait si bien qu'à raison du long délai que nécessitait son entreprise, elle aurait souvent à compter avec l'impatience de la Chambre, qu'elle se prêta aux exigences de l'initiative parlementaire. Elle consentit à se laisser devancer et à détacher d'urgence certaines parties de l'œuvre générale qu'elle avait à accomplir.

C'est ainsi que nos prédécesseurs votèrent, sur la proposition de M. Madier de Montjau, l'abrogation du décret du 17 février 1852, si digne de son voisinage avec le 2 décembre 1851, et, sur l'initiative de M. Cuneo d'Ornano, après un éloquent discours de M. Albert Grévy, l'abrogation du titre 2 de la loi du 29 décembre 1875.

La dissolution qui vint frapper, en l'honorant, la Chambre de 1876, prorogea la dernière heure du décret du 17 février 1852 et de la loi du 29 décembre 1875, qui nous régit encore aujourd'hui, bien qu'elle ait été qualifiée de provisoire.

II

Le 5 novembre 1878, M. Naquet déposa sur le bureau de la Chambre une nouvelle proposition, c'est celle qui nous saisit en ce moment.

Notre honorable collègue n'a pas repris sa proposition primitive ; se bornant à cet égard à de simples réserves, il s'est contenté de demander l'abrogation d'un certain nombre de dispositions qui lui ont paru restreindre plus particulièrement et plus tyranniquement la liberté de la Presse.

C'est le jurisconsulte, c'est le légiste plus encore que le philosophe dont le rôle a tenté cette fois notre éminent collègue. Il a mieux aimé faire une loi qu'une thèse.

Votre 8e Commission d'initiative parlementaire fut d'avis de prendre cette proposition en considération, et vous adoptâtes, dans la séance du 18 février 1879, les conclusions du rapport de M. Lisbonne, lesquelles sont ainsi conçues :

DU PROJET DE LOI.

« Votre 8ᵉ Commission d'initiative parlementaire vous propose à l'unanimité de prendre en considération la proposition de l'honorable M. Naquet.

« Et, à raison de la nature complexe de cette même proposition, votre Commission exprime l'avis que la Commission qui sera chargée de son examen soit composée de vingt-deux membres.

« La Chambre pourra, dans un but de centralisation et d'uniformité, renvoyer à cette Commission spéciale les divers projets ou propositions de loi sur la législation relative à la liberté de la Presse et de la parole, que pourrait nous soumettre le Gouvernement ou l'initiative de nos collègues. »

Vingt-deux membres furent élus.

Vous caractérisiez, par le nombre des commissaires, la nature du mandat que vous veniez de leur donner.

Déjà, et avant que M. Naquet eût présenté sa proposition, nos honorables collègues MM. Seignobos et Boissy d'Anglas en avaient déposé une tendant à l'abrogation de la loi du 29 décembre 1875, proposition qu'avait votée, le 15 mai précédent, la Chambre dissoute.

MM. Cunéo d'Ornano, le baron Eschasseriaux, Robert Mitchell, Ernest Dréolle et René Eschasseriaux présentèrent également une proposition analogue. Votre commission de 22 membres se trouva, par ce fait, saisie de ces trois propositions, dont la dernière, mais beaucoup plus large, était celle de M. Alfred Naquet.

Vous nous en avez, depuis lors, renvoyé une quatrième, celle de M. Cunéo d'Ornano, réclamant la juridiction du jury pour le jugement des délits commis par la voie de la presse, et une cinquième de MM. Noirot, Versigny et Lelièvre, sur les afficheurs et crieurs publics.

MM. Spuller, Sallard, de la Porte et Lesguillon ont fait les rapports sur ces dernières propositions.

L'œuvre de votre Commission consistait donc à faire une loi complète, unique, un véritable code se substituant aux bigarrures législatives de cette partie de notre droit public et répondant le plus largement possible à vos intentions républicaines.

Votre commission a résolument abordé cette entreprise considérable, qu'avant le 4 septembre 1870, aucun parlement n'avait cru devoir tenter.

Tout aussi libérale, mais plus heureuse que sa devancière de 1876, votre commission vient de l'accomplir.

J'ai l'honneur insigne et périlleux d'être aujourd'hui son rapporteur, à défaut de l'honorable M. Fallières, nommé récemment sous-secrétaire d'État au ministère de l'intérieur. Je lui succède sans avoir la prétention de le remplacer. Il me permettra de consigner ici que je dois à sa confraternelle obligeance la communication de nombreux documents qu'il avait déjà recueillis.

Votre Commission eut d'abord à se prononcer sur une sorte de question préalable que souleva son honorable président, M. Émile de Girardin. Selon lui : « La presse sans l'impunité ce n'est pas la presse libre, c'est la presse ayant pour juges l'arbitraire, l'ignorance et l'intolérance, ainsi que, pendant des siècles, ils le furent universellement et souverainement de la magie et de l'hérésie, ainsi qu'ils continuent de l'être dans les pays barbares. »

Il n'admet donc aucune loi limitant et réglementant la pensée parlée, écrite ou imprimée. La conséquence de cette opinion, ce serait l'abrogation, sans aucune exception, de toutes les lois encore existantes.

Les deux seules transactions qu'il admette, sont celles-ci :

Obligation imposée, sous peine de saisie, à tout imprimé d'être signé du véritable nom, soit de l'auteur, soit de l'éditeur, soit de l'imprimeur;

Application aux excès commis par la voie de la parole ou de la presse, de l'article 1382 du Code civil : « Tout fait quelconque de l'homme qui cause à autrui un dommage, oblige celui par la faute duquel il est arrivé à le réparer. »

Quoiqu'elle prétendît être le résultat de cinquante années d'expérience, cette opinion allant jusqu'à fonder l'impunité de la parole et de la presse par leur impuissance de nuire, est demeurée isolée.

Vous aviez en effet, vous-mêmes, Messieurs, résolu la question en sens contraire, d'accord en cela avec vos prédécesseurs de 1876, qui avaient refusé de prendre en considération la première proposition de l'honorable M. Naquet.

Vous aviez, disions-nous, résolu la question.

En effet, par la seule nomination d'une Commission de vingt-deux membres, vous avez implicitement, mais très nettement, décidé qu'il fallait faire une loi.

C'est en ce sens que votre Commission s'est prononcée, à la presque unanimité, dans sa séance du 19 février 1879.

Cette loi devait embrasser, dans ses dispositions, non seulement la presse périodique, dont se préoccupent exclusivement les adversaires d'une loi spéciale en matière de presse, mais tous les modes de publication, par l'imprimerie, par la librairie, par l'affiche et par la parole.

Cette loi ne devait pas se borner à renvoyer à l'article 1382 du Code civil en exigeant la signature de l'auteur de l'écrit.

L'article 1382 pose un principe, celui de la responsabilité des fautes.

« Tout fait quelconque de l'homme, dit cette disposition, qui cause à autrui un dommage, oblige celui par la faute de qui il est arrivé à le réparer. »

C'est là une règle de droit commun, purement théorique, dont le droit commun lui-même s'est chargé de faire l'application.

Cette application, en quoi consiste-t-elle ?

Elle consiste dans la réparation du préjudice causé.

Or, cette réparation varie selon la nature, selon la gravité du préjudice lui-même.

Elle est civile ou pénale, ou pénale et civile, tout à la fois.

Le Code civil la fait consister en des dommages-intérêts.

Le Code pénal, en des sanctions pécuniaires ou corporelles.

Le Code civil a en vue l'intérêt privé.

Le Code pénal a en vue l'intérêt public, solidaire de l'intérêt privé (C. pén., art. 84).

Les deux systèmes de réparation ont pour base, pour raison unique, la responsabilité humaine.

L'article 1382 n'exclut donc pas, il implique au contraire, au point de vue de son application, la nécessité d'une loi.

III

Cette loi, nous vous l'apportons.

C'est une loi d'affranchissement et de liberté.

Si le principe de liberté n'est pas formulé dans une de ces déclarations qui d'ordinaire, comme dans le projet de M. Naquet, sont placées en tête, comme une sorte de programme que la loi vient ensuite plus ou moins réaliser, ce sont les dispositions pratiques de celles-ci qui tiendront lieu du programme lui-même.

La liberté de la presse, vous la trouverez dans les dispositions qui abrogent comme dans celles qui maintiennent. Les unes et les autres ne seront que l'application la plus libérale possible des règles du droit commun, en ce sens qu'elles ne refuseront au libre arbitre que la faculté de nuire. C'est rendre hommage au principe de liberté que de poser pour limite à la liberté de chacun la liberté d'autrui.

IV

La célèbre Déclaration des droits n'allait pas au delà. Quand fut discutée par l'Assemblée nationale cette charte immortelle, qui brisait avec le passé, avec les ordonnances, avec les édits, tous ces textes d'asservissement intellectuel qui avaient fait dire à Voltaire : « Sans l'agrément du roi, vous ne pouvez penser », le 6e bureau apporta à la séance du 24 août 1789, sur la liberté de la presse, une rédaction conçue en ces termes : « Art. 19. *La libre communication des pensées étant un droit du citoyen, elle ne doit être restreinte qu'autant qu'elle nuit au droit d'autrui.* »

Telle était la règle, telle était l'exception, le droit d'autrui *restreignant* la liberté.

Cette expression rencontra des résistances énergiques ; cela devait être.

La restriction n'est pas la répression. Elle suppose la possibilité de l'acte qu'elle a en vue, elle le prévient pour ne pas le réprimer, elle usurpe sur la liberté.

La rédaction du 6ᵉ bureau donna lieu à une discussion assez vive à laquelle prirent part le duc de Lévis, le duc de Larochefoucauld, Rabaud-Saint-Étienne, Barrère de Vieusac, Robespierre et Mirabeau.

Diverses formules furent proposées :

L'une par le duc de Levis, l'autre par le duc de Larochefoucauld, une autre par Target.

La première était ainsi conçue :

« Tout homme ayant le libre exercice de sa pensée a le droit de manifester ses *opinions sous la seule condition de ne pas nuire à autrui.* »

La seconde s'exprimait en ces termes :

« La libre communication des pensées et des opinions est un des droits les plus précieux à l'homme ; tout citoyen peut donc parler, écrire, imprimer librement, sauf à répondre des abus de cette liberté, dans les cas prévus par la loi. »

La troisième disait ;

« Tout homme a le droit de manifester ses opinions, par la pensée, la parole et l'impression ; celui qui, usant de ses droits, blesse le droit d'autrui, doit en répondre suivant les formes prescrites par la loi. »

A l'appui de son amendement qui, ainsi que celui présenté par le duc de Lévis, mais plus nettement, substituait la répression de *l'abus* à la restriction de *l'usage*, M. de Larochefoucauld fit énergiquement valoir les avantages de la presse :

C'est elle, dit-il, qui a détruit le despotisme ; c'est elle qui, précédemment, avait détruit le fanatisme. »

Rabaud-Saint-Étienne s'éleva avec beaucoup de vivacité contre la rédaction du 6ᵉ bureau, critiquant cependant plutôt la forme que le fond :

« Placer à côté de la liberté les bornes que l'on voudrait y mettre, ce serait faire une déclaration *des devoirs* au lieu d'une déclaration *des droits*. Si, de quelque article rédigé dans le tumulte, il en résultait l'esclavage d'un seul, il en résulterait bientôt l'esclavage de tous ; la servitude est une contagion qui se communique avec rapidité. »

L'orateur adhéra à l'amendement du duc de Larochefoucauld, en y mettant la dernière phrase du duc de Levis : «…. *sauf à ne pas nuire, etc…* »

Barrère fut encore plus insistant, tout en adoptant la même conclusion :

« Conservez, dit-il, à la Déclaration des droits, l'énergie et la pureté qui doivent caractériser le premier acte de la législation ; ne la surchargez pas de ces modifications destructives, de ces idées secondaires qui absorbent le sujet, de ces précautions serviles qui atténuent le droit, de ces prohibitions subtiles qui ne laissent plus de la liberté que le nom. Il est temps d'effacer de la législation française les absurdités qui la déshonorent depuis longtemps. Réprimer ou craindre la liberté de la presse, c'est un vain projet... »

Barrère semblait aller plus loin que l'amendement du duc de Lévis, du duc de Larochefoucauld et de Target... Il n'en était rien, car il ajoutait :

« ... *Réparer les droits d'autrui est la seule modification que la morale des États apporte à la liberté.* Tout homme a le droit de communiquer et de publier ses pensées ; la liberté de la presse, nécessaire à la liberté publique, ne peut être réprimée, *sauf à répondre des abus de cette liberté, dans les cas et suivant les formes déterminées par la loi.* »

Robespierre ne fut pas plus radical :

« Vous ne devez pas balancer, dit-il, à déclarer franchement la liberté de la presse. Il n'est jamais permis à des hommes libres de prononcer leurs droits d'une manière ambiguë. *Toute modification doit être renvoyée dans la Constitution.* »

C'est à Mirabeau que revint l'honneur de fermer la discussion.
Il demanda à faire un amendement à toutes ces rédactions.
Toutes portent le mot *restreindre*, il proposa d'y mettre *réprimer :*

« On vous laisse, dit-il, un écritoire pour écrire une lettre calomnieuse, une presse pour un libelle ; il faut que vous soyez puni quand le délit est consommé : or, ceci est *répression* et non *restriction*. C'est le délit que l'on punit, et l'on ne doit pas gêner la liberté des hommes *sous le prétexte qu'ils veulent commettre des délits.* »

Mirabeau ne faisait que suivre l'idée qu'il avait déjà développée, avant la discussion en assemblée générale, et qu'il avait formulée en ces termes :

« Libre dans ses pensées, et même dans ses manifestations, le citoyen a le droit de les répandre par la parole, par l'écriture, par l'impression, sous la réserve expresse de ne pas donner atteinte aux droits d'autrui. »

L'article 19 du projet du 6ᵉ bureau fut rejeté. La rédaction de M. de Larochefoucauld fut adoptée. (Madival et Laurent, *Archives parlementaires*, t. VIII.)
Cette rédaction devint l'article 11 de la Constitution de 1791 ; elle ne faisait que compléter l'article 10.
L'article 10 est ainsi conçu :

« Nul ne doit être inquiété pour ses opinions, même religieuses, pourvu que leur manifestation ne trouble pas l'ordre public établi par la loi. »

L'article 11 (rédaction de M. de Larochefoucauld) voté le 24 août :

« La libre communication des pensées et des opinions est un des droits les plus précieux de l'homme ; tout citoyen peut donc parler, écrire, imprimer librement, *sauf à répondre de l'abus de cette liberté dans les cas déterminés par la loi.* »

Cette même Constitution de 1791 considérait comme un droit naturel,

« La liberté de parler, d'écrire, d'imprimer et publier ses pensées. »

Elle garantissait à tout individu la liberté de parler, d'écrire, d'imprimer et publier ses pensées sans que ses écrits pussent être soumis à aucune censure ni inspection avant leur publication.

« Le pouvoir législatif ne pourra faire aucune loi, disait-elle, qui porte atteinte et mette obstacle à l'exercice de ce droit.

« Mais comme la liberté ne consiste qu'à pouvoir faire tout ce qui ne nuit ni aux droits d'autrui, ni à la sécurité publique, la loi peut établir des peines contre les actes qui, attaquant ou la sécurité publique ou les droits d'autrui, seraient nuisibles à la société. »

La Déclaration des droits de l'an III, qui se substitua à la Constitution éphémère de 1773, posa les mêmes limites à la liberté de la presse, que la Constitution de 1791 :

« Nul ne peut être empêché de dire, écrire, imprimer et publier sa pensée. Les écrits ne peuvent être soumis à *aucune censure avant la publication.* » Elle ajoutait : « Nul ne peut être responsable de ce qu'il écrit ou publie que dans les cas prévus par la loi. »

Ces déclarations de principes, dont le projet soumis à vos délibérations n'est que la plus exacte application, ces déclarations n'eurent plus qu'un intérêt traditionnel sous le premier Empire ; elles furent en quelque sorte rajeunies, plus tard, sous le Gouvernement provisoire qui précéda Louis XVIII, et elles servirent de texte à l'article 8 de la Charte de 1814 :

« Les Français ont le droit de publier et de faire imprimer leurs pensées, en se conformant aux lois qui doivent réprimer les abus de cette liberté. »

L'expression « prévenir » qui se trouvait dans les rédactions primitives « *prévenir* et *réprimer* » fut supprimée sur les observations de Boissy d'Anglas. « Réprimer un abus, dit-il, c'est empêcher qu'il ne se reproduise ; le prévenir, c'est empêcher de le commettre. Or, le moyen d'empêcher, en fait de presse, à moins de rétablir la censure ? Le droit de publier et de faire imprimer ses pensées, dans ce cas, n'existe plus (1).

L'Empire du lendemain avait mis à profit les leçons de la veille. L'Acte additionnel vint puiser aux sources des déclarations de 1789, son article 64 :

(1) Hatin, *Liberté de la presse*, t. I, p. 87.

« Tout citoyen a le droit d'imprimer et de publier ses pensées en les *signant*, sans aucune censure préalable, sauf la responsabilité légale, après la publication, par jugement par jurés, quand même il n'y aurait lieu qu'à l'application d'une peine correctionnelle. »

Nous prenons à tâche, vous le voyez, de ne demander des enseignements qu'aux époques de notre histoire qu'a favorisées le plus largement la liberté; c'est là le meilleur moyen de mettre en pleine lumière le caractère essentiellement libéral du projet que nous avons l'honneur de vous soumettre.

Jusqu'à présent nous n'avons rencontré, à vrai dire, qne des déclarations de principes, des formules générales ne se traduisant pas en textes de loi. C'est l'année 1819 qui va nous fournir une législation véritable.

Dans la séance du 29 mars, M. de Serres présenta trois projets de lois sur la répression des crimes et délits commis par la voie de la presse ou tout autre moyen de publication.

Le premier de ces projets contenait les dispositions pénales ;

Le second, la procédure ;

Le troisième était relatif aux journaux et écrits périodiques.

L'un fut voté le 17 mai, les deux autres le 26 mai et le 9 juin 1819.

C'est dans l'exposé des motifs du premier de ces projets que le garde des sceaux d'alors posa des règles, formula des déclarations moins abstraites que celles de Larochefoucauld, de Barère et de Mirabeau, et qui peuvent encore aujourd'hui donner satisfaction aux partisans les plus passionnés de la liberté de la presse.

« Le premier projet, disait M. de Serres, repose sur ce principe fort simple ou plutôt sur un fait : c'est que la presse dont on peut se servir comme d'un instrument pour commettre un crime ou un délit ne donne lieu cependant à la création ni à la définition d'aucun crime ou délit particulier et nouveau. De même, en effet, que l'invention de la poudre a fourni aux hommes de nouveaux moyens de commettre le meurtre, sans créer pour cela un crime nouveau à inscrire dans les lois pénales, de même l'invention de l'imprimerie n'a rien fait de plus que leur procurer un nouvel instrument de sédition, de diffamation, d'injure et d'autres délits de tous les temps connus et réprimés par les lois. Ce qui rend une action punissable, c'est l'intention de son auteur, et le mal qu'il a fait ou voulu faire à un individu ou à la société ; qu'importe que pour accomplir cette intention et causer ce mal, il ait employé tel ou tel moyen ? La prévoyance des lois pénales atteindrait le crime quand même l'instrument mis en usage par le coupable aurait été jusqu'alors complètement ignoré.

« De ce fait, qui est évident par lui-même, découle une conséquence également évidente, c'est qu'il n'y a pas lieu à instituer pour la presse une législation pénale distincte. Le Code pénal contient l'énumération et la définition de tous les actes reconnus nuisibles à la société et partant punissables ; que l'un de ces actes ait été commis ou tenté par la voie de la presse, l'auteur doit être puni, à raison du fait ou de la tentative, sans que la nature de l'instrument qu'il a employé soit pour lui, ni contre lui, d'aucune considération.

« En d'autres termes, il n'y a point de délits particuliers de la presse ; mais quiconque fait usage de la presse est responsable, selon la loi commune, de tous les actes auxquels elle peut s'appliquer... La presse rentre, comme tout autre instrument d'action, dans le droit commun, et en y rentrant, elle n'obtient aucune faveur qui lui soit propre, elle ne rencontre aucune hostilité qui lui soit particulière...

« ... De quoi s'agit-il ? ajoutait *l'exposé des motifs*, ce n'est plus de dresser l'inventaire de toutes les pensées humaines pour rechercher et déclarer d'avance lesquelles en se manifestant seront déclarées coupables.

« Il s'agit uniquement de recueillir, dans les lois pénales, les actes déjà incriminés auxquels la presse peut servir d'instrument, et d'appliquer à ces actes lorsqu'ils auront été commis ou tentés par la voie de la presse, la pénalité qui leur convient ; et comme la presse n'est pas le seul instrument par lequel de tels actes puissent avoir lieu, elle ne sera pas, même sous ce point de vue, l'objet d'une législation particulière ; on lui assimilera tous les autres moyens de publication, par lesquels un homme peut agir sur l'esprit des hommes, car, ici, encore, *c'est dans le fait de la publication et non dans le moyen que réside le délit* (1). »

C'était là un véritable programme de liberté.

Réprimer et non prévenir. — Réprimer les actes délictueux en laissant libre carrière aux opinions.

Ce programme allait même au delà de toutes les doctrines d'alors, en distinguant d'une façon absolue l'opinion de l'action, en innocentant la première et en ne réprimant que la seconde. Benjamin Constant était moins avancé, sous ce rapport, que M. de Serres.

« La manifestation d'une opinion, a dit Benjamin Constant, peut, dans un cas particulier, produire un effet tellement infaillible qu'elle doive être considérée comme une action. Alors si cette action est coupable, la parole doit être punie. Il en est de même des écrits. Les écrits, comme la parole, comme les mouvements les plus simples, peuvent faire partie d'une action. Ils doivent être punis comme partie de cette action, si elle est criminelle (2). »

On le voit, l'exposé des motifs des lois de 1819 n'était pas exempt de radicalisme ; seulement il avait le tort grave, signe de l'infirmité des temps, sinon des intentions, de ne pas se renfermer dans les limites qu'il avait posées.

Il en sortait évidemment quand il édictait l'article 4, et les § 3 et 4 de l'article 5, l'article 6, l'article 8 dans la partie qui punit l'outrage à la morale publique ou religieuse.

Ces dispositions ne se rapportent qu'à des délits d'opinion, et c'est vainement qu'on chercherait dans le Code pénal, dans le droit commun, rien qui puisse y être assimilé.

Il en sortait lorsque, confondant la prévention et la répression, il édictait pour la première fois le cautionnement des journaux.

(1) Madival et Laurent, t. XXIII, p. 318.
(2) *Les Constitutions et les Garanties*, ch. VIII.

Les auteurs des lois postérieures, nous ne parlons ici que de celles que virent naître les régimes de liberté, obéissant aux mêmes tendances que le législateur de 1819, se laissèrent aller aux mêmes écarts de logique et de raisonnement.

Ils ne résistèrent pas en effet à admettre les délits d'opinion ; aussi ne firent-ils qu'ajouter des textes à la série de ces dispositions qui, se préoccupant de la manifestation des opinions plutôt que des actes, ne vécurent successivement que de la vie éphémère des gouvernements qu'elles cherchaient à fortifier.

Il en fut ainsi de la loi du 8 octobre 1830, du décret du 11 août 1848 (art. 1er, 3, 4, 7), de la loi du 27 juillet 1849 (art. 3, 6), de la loi du 16 juillet 1850, (art. 3 et 4).

Le dernier décret-loi, du 17 février 1852, ne fit grâce ni à la loi de 1850, ni au décret du 11 août 1848, ni à la loi du 8 octobre 1830, ni même à celle du 26 mai 1819, qui, en matière de juridiction, adoptait celle du jury et dérogeait, dans un sens favorable à la presse, aux règles du droit commun en matière de poursuite criminelle ou correctionnelle.

Il fallut qu'un jour l'Empire voulût essayer d'être libéral pour amender son œuvre de 1852.

Cette résolution inattendue donna naissance à la loi du 11 mai 1868. Si ce fut là un effort, il fut singulièrement discret et réservé.

L'article 10, qui maintient la compétence correctionnelle, l'article 11, qui fait un délit de la publication de tout fait de la vie privée quelque insignifiant et inoffensif qu'il puisse être, les articles 12 et 13 surtout, qui édictent la suspension, suppression même du journal par voie judiciaire, couronnaient dignement l'édifice impérial dont le décret du 17 février 1852 ne cessait pas d'être la base (1).

Le monument impérial est demeuré presque intact. Il est encore debout ; il n'a été l'objet que d'attaques partielles, qu'ont essayées les lois des 15 avril 1871 et 20 décembre 1875.

C'est au projet de loi qu'a délibéré votre Commission qu'il était réservé de déblayer le terrain sur lequel le passé a pris à tâche d'accumuler ses œuvres de réaction. Ce projet de loi ne couronne aucun édifice, il en crée un nouveau sur un sol devenu libre.

(1) La statistique a, paraît-il, relevé dans les six premiers mois qui suivirent la promulgation de cette loi à intentions libérales, un total de condamnations qui s'élève à 121,919 francs d'amende et 7 années, 6 mois, 21 jours de prison (Larousse, v° *Presse*).

V

L'œuvre de votre Commission est aussi large que la Déclaration du 14 août 1789. Nous n'avons fait qu'appliquer cette Déclaration, que M. Naquet s'est d'ailleurs appropriée dans l'article premier de sa proposition : *La presse et la parole sont libres.*

Nous ne proclamons pas la liberté, nous faisons mieux, nous la réalisons.

En effet, nous ne reproduisons aucune des dispositions préventives qui discréditent les lois actuelles, sans excepter celles de 1819.

Nous ne confondons pas la restriction avec la répression.

« La liberté de la presse, dit Blackstone, consiste à ne pas permettre de restrictions antérieures aux publications et non à les exempter de poursuites criminelles quand la publication a eu lieu. ».

La proposition de M. Naquet part du même principe quand elle déclare dans son article premier :

« La presse et la parole sont libres, *sauf la répression des crimes, délits et contraventions prévus et punis par la loi.* »

La répression c'est là ce que le projet se borne à retenir.

La répression a, d'ailleurs, dans le système de votre Commission, son objectif et ses limites. Elle ne s'attache qu'aux actes que le rédacteur de l'exposé des motifs de la loi du 17 mai 1819 considérait comme des délits de droit commun.

Ce sont les actes inspirés par l'intention de troubler l'ordre social, c'est-à-dire, de nuire à la sécurité de la collectivité des citoyens, de porter atteinte à l'intérêt privé, actes que le droit commun incrimine, abstraction faite des moyens à l'aide desquels leur auteur a pu les accomplir.

Le projet laisse, par conséquent, libre carrière aux opinions.

Il ne donne asile, dans ses dispositions nouvelles, à aucun délit de doctrine, de tendance, à aucun délit purement politique.

Le projet réalise ainsi la pensée et les vœux qu'ont de tous temps exprimés les orateurs les plus avancés du parti républicain ou qu'ont formulés, dans leurs déclarations de principes, les Constitutions votées sous l'influence de leur parole et de leur autorité.

Vous n'aurez, pour vous convaincre de cette vérité, après avoir pris connaissance de notre projet de loi, qu'à vous souvenir des débats mémorables auxquels donna lieu la discussion de l'article premier de la Constitution du 10 novembre 1848 et du projet présenté par le Gouvernement impérial en février 1870.

C'est la responsabilité des actes que nous avons seule prévue, la responsabilité des actes qui portent *atteinte à la liberté d'autrui et à la sécurité publique* (Constitution du 10 novembre 1848).

« Sans doute, disait Louis Blanc, avant même le 10 novembre, le 7 août 1848, sans doute, il faut des garanties contre les abus possibles de la liberté de la presse; je dirai plus, il semble que les garanties seraient particulièrement nécessaires sous un régime républicain, parce que la République, par sa nature même, tend à donner de plus vives allures à la liberté... Je ne vois vraiment pas d'inconvénients à ce qu'on fasse mettre la signature de l'auteur au bas de l'article qui sera envoyé au procureur de la République, afin que chacun soit admis à répondre de son œuvre, ce qui est juste, ce qui est moral, ce qui est conforme à la dignité de l'homme. »

Nous sommes d'accord avec l'éminent orateur, sur le principe de la responsabilité; mais nous n'irons pas aussi loin que lui, dans l'application qu'il proposait d'en faire en 1848. Le projet sera moins sévère, il tiendra compte du progrès qu'ont fait depuis lors les mœurs publiques et la pratique de la liberté.

En somme, on a le droit de dire que la presse et la parole sont libres, quand la presse, quand la parole ne sont soumises qu'à la condition de réparer le préjudice causé par l'exercice individuel de la liberté.

VI. — Principales divisions du projet.

La loi que nous avons l'honneur de vous proposer est un code complet, qui pourrait avoir pour titre : CODE DES CRIMES ET DÉLITS COMMIS PAR LA VOIE DE LA PRESSE ET DE LA PAROLE.

Il se compose de cinq chapitres.

Le chapitre premier est relatif à tout ce qui concerne l'imprimerie et la librairie. Il a quatre articles (3 à 6).

Le chapitre second traite de la presse périodique, il se subdivise en trois paragraphes.

Le paragraphe premier, sous le titre : *Du droit de publication, de la gérance, de la déclaration et du dépôt au parquet*, définit les formalités qui précèdent l'émission des journaux et écrits périodiques français.

Ce paragraphe a sept articles (7 à 13).

Le paragraphe second règle les rectifications et annonces judiciaires. Il a trois articles (14 à 16).

Le paragraphe troisième et dernier du chapitre est relatif aux journaux ou écrits périodiques étrangers. Un seul article (17).

Le chapitre III du projet règle l'affichage, le colportage et la vente sur la voie publique de toutes sortes d'écrits. Il se divise en deux paragraphes.

Le paragraphe premier est relatif à l'affichage. Tout est réglé en trois articles (18 à 20).

Le paragraphe second concerne le colportage et la vente sur la voie publique. Il a 5 articles (21 à 25) (1).

Toute cette partie du projet intéresse la période qui précède la publication d'un écrit.

C'est dans cette partie surtout que se réalise l'intention, à laquelle votre Commission a obéi, de n'admettre aucune mesure préventive de nature à restreindre la liberté.

Les seules formalités qu'elle a prescrites, auxquelles elle n'a d'ailleurs ajouté que des pénalités en rapport avec l'importance qu'elle attachait aux formalités elles-mêmes, n'ont pas pour but de prévenir la possibilité de l'infraction, mais l'impossibilité de l'impunité.

Le chapitre IV du projet de loi est le début des dispositions relatives à la période qui suit la publication, c'est-à-dire à la manifestation de l'acte répréhensible.

C'est dans ce chapitre IV que se trouvent les seuls actes, commis par voie de la presse ou par tout autre moyen de publication, que le projet considère comme susceptibles d'incrimination.

Il se divise en quatre paragraphes :

Le paragraphe premier traite de la provocation aux crimes et délits ; il a trois articles (26, 27, 28).

Le paragraphe deuxième, qui rappelle les locutions employées par le droit commun en matière criminelle, est relatif aux délits contre la chose publique. Il comprend quatre articles (29 à 32).

Le paragraphe troisième traite des délits contre les personnes publiques et privées. Il a six articles (33 à 38).

Le paragraphe quatrième est relatif aux délits commis envers les chefs d'États et diplomates étrangers ; il a deux articles (39 à 40).

Le paragraphe cinquième et dernier du chapitre IV, traite des publications interdites et des immunités de la défense. Il a quatre articles (41 à 44).

Le chapitre V s'occupe des poursuites et de la répression. Il se divise en cinq paragraphes :

Le premier paragraphe détermine les responsabilités ; il indique, avec le plus de clarté possible, quelles sont les personnes que la répression doit atteindre à raison des crimes et délits commis par la voie de la presse. Il a trois articles (45, 46, 47).

Le second paragraphe du chapitre V traite de la juridiction. Il n'a qu'un seul article (48) en trois alinéas, et pour ne rien laisser à l'arbitraire ou à la controverse, ces trois alinéas spécifient, en les désignant ex-

_____

(1) C'est la loi votée par la Chambre et par le Sénat.

-plicitement, les délits justiciables du jury, les délits justiciables des tribunaux de police correctionnelle et les contraventions justiciables du juge de simple police.

Un article spécial (49) a pour objet de lier l'action civile à l'action publique dans des cas déterminés.

Le troisième paragraphe de ce chapitre traite de la procédure. Il est divisé en trois parties.

La première organise la procédure devant la cour d'assises. Elle comprend onze articles (50 à 60).

La deuxième règle la procédure devant les tribunaux de police correctionnelle et de simple police. Elle n'a qu'un seul article (61).

La troisième traite des pourvois en cassation. Elle a deux articles (62 et 63).

Le quatrième paragraphe du chapitre V est relatif à la récidive, aux circonstances atténuantes et à la prescription. Il a trois articles (64 à 66).

Le projet débute par deux dispositions préliminaires dont la première abroge les lois relatives à tous les faits et moyens de publication ; la seconde réserve les dispositions qui s'y rapportent bien aussi, mais qui se trouvent dans des lois communes ou spéciales.

Il se termine par deux dispositions transitoires, conséquences de la nouvelle loi.

Le projet de loi sur lequel vous avez à délibérer ne laisse donc rien dans l'ombre. Vous aurez réalisé, en l'adoptant, ce que les législateurs qui vous ont précédés n'ont pas cru pouvoir aborder.

« Si ce projet de loi, disait l'exposé des motifs du projet du 4 février 1870, relatif au jugement des délits commis par la voie de la presse, si ce projet ne veut rien laisser en dehors, en ce qui concerne le mode d'instruction et du jugement, il n'a pas l'intention de proposer une législation complète sur la presse. Toute législation sur la presse comporte : 1° la loi sur la qualification et la répression des délits ; 2° la loi sur les formes de la poursuite ; 3° la loi sur les conditions de certaines publications. C'est ainsi que l'on a procédé pour les lois de 1819.

« Cette loi, disait le rapporteur, complète en elle-même, fait partie d'un ensemble de législation qui aura sans doute besoin d'être revu pour former un Code homogène. »

Ce n'était là, il faut le reconnaître, qu'une insuffisante innovation contre laquelle s'éleva, dans un magnifique langage, Eugène Pelletan, dans la séance du 7 avril 1870 :

« Pour affranchir la presse, disait l'orateur républicain, suffit-il de changer le juge sans changer en même temps l'ordre des délits que le juge aura à punir ? Pour moi, les deux questions sont indissolublement liées, et l'on ne peut résoudre l'une sans résoudre l'autre en même temps. Pour peu qu'il y ait dans les lois pénales de la presse, dans ces alluvions successives que tous les gouvernements ont déposées sur le sol judiciaire comme autant de vestiges de leur colère et de leur impuissance contre la pensée, pour peu, dis-je qu'il y ait des délits artificiels, des délits imaginaires, pour répéter l'expression de M. le garde des sceaux, qu'importe qu'on les transporte d'une juridiction à une autre, de la police correctionnelle au jury ! Le jury pourra sans doute les acquitter comme il pourrait les condamner ; mais ils n'en seront pas moins des délits arbitraires, et vous n'aurez pas détruit une injustice, vous n'aurez fait que la déplacer.

« .... La loi que nous discutons, ajoutait-il, indique de toute nécessité et exige impérieusement une seconde loi, une loi complémentaire qui vienne vous apporter une meilleure classification et une meilleure définition des délits. »

On ne peut trouver un plus éclatant témoignage en faveur de l'œuvre qui vous est soumise, en ce qu'elle a de complet et d'absolument homogène.

NOTA. — Les suites de ce Rapport sont réparties dans tout le cours de l'ouvrage, au fur et à mesure qu'elles s'appliquent aux discussions de la Chambre des députés sur les divers articles du projet de loi. L'annexe au Rapport sur les législations étrangères est à la fin du livre.

RAPPORT AU SÉNAT

Fait le 18 juin 1881

AU NOM DE LA COMMISSION * CHARGÉE D'EXAMINER LA PROPO-
SITION DE LOI, ADOPTÉE PAR LA CHAMBRE DES DÉPUTÉS
SUR LA LIBERTÉ DE LA PRESSE,

Par M. EUGÈNE PELLETAN

.SÉNATEUR

(*Urgence déclarée.*)

Messieurs. — La Commission que vous avez chargée d'examiner la proposition de loi sur la presse, votée par la Chambre des Députés, avait deux devoirs à remplir : le premier, d'une étude consciencieuse, le second, d'une prompte solution.

La Chambre des Députés touche à l'expiration de son mandat.

Il nous fallait gagner de vitesse la clôture de session.

Votre Commission a siégé fréquemment, longuement, et aujourd'hui elle vous apporte son travail, assez à temps, elle l'espère du moins, pour que le Sénat puisse le mettre utilement en délibération. Le projet, d'ailleurs, proclame une amnistie ; elle ne saurait rester plus longtemps en suspens.

Il y a autant de lois de la presse qu'il y a eu de gouvernements en France depuis cinquante ans ; quelques-uns même en ont édicté plusieurs pour corriger celles de la veille par celle du lendemain; tous les ont soigneusement adaptées à leur principe et les ont subordonnées à ce qu'ils regardaient comme leur salut.

* Cette commission est composée de MM. Robert de Massy, *président ;* Édouard Millaud, *secrétaire ;* Demole, Balbie, Émile Lenoël, Laboulaye, Griffe, Eugène Pelletan, Ninard.

2

Le premier Empire n'a pas fait à la presse l'honneur de la connaître. La Constitution de l'an VIII ne la nomme nulle part; l'Empereur avait soumis la pensée, qu'il appelait l'idéologie, au régime de la censure; pendant toute la durée de son règne le canon eut seul la parole; il suffisait au peuple français de lire de temps à autre un bulletin de victoire.

La Restauration rendit à la France la liberté de la presse; mais, au lieu de la rendre sans restriction, elle l'érigea en monopole, pour en faire la symétrie du privilège électoral. A côté de la classe censitaire, elle établit une presse censitaire, par le chiffre élevé du cautionnement.

On écartait de l'urne la masse de la nation, à plus forte raison devait-on la tenir éloignée du journal; il ne pouvait lui inspirer qu'une curiosité déplacée, sinon dangereuse. La Charte la désintéressait du sort de la France et par conséquent de son propre sort; il y avait générosité à faire de son ignorance de la politique la consolation de son incapacité.

La Restauration n'en a pas moins le mérite d'avoir donné à notre pays la loi de 1819, la plus libérale qu'il ait encore, nous ne dirons pas possédée, mais essayée. Cette loi était à peine appliquée depuis un an qu'elle était retirée pour faire place à une loi de colère, surprise à la surexcitation qu'avait produite l'assassinat du duc de Berry.

La Révolution de Juillet reprit la loi de 1819 qui paraissait alors le dernier mot du libéralisme. Mais, cinq ans après, le Gouvernement perdit le sang-froid sous le coup de l'attentat de Fieschi et recula jusqu'aux lois de Septembre.

La Révolution de Février abolit d'un trait de plume les lois de Septembre, et cinq mois ne s'étaient pas écoulés que, dans le trouble d'esprit et à travers la fumée des journées de Juin, la République effrayée à son tour allait demander un refuge momentané à ces mêmes lois de Septembre plus ou moins modifiées.

Le Deux-Décembre n'a pas eu, à proprement parler, de loi sur la presse; le décret de février n'était pas une loi; il était un fait, un ordre sous peine de mort; il fallait plaire ou disparaître. Plus tard l'Empire sentit la faiblesse de la force, il essaya de rentrer en grâce avec le droit; il appela la liberté à son secours: il l'avait trop méconnue pour qu'elle pût le sauver.

C'est ainsi que le code de la presse, presque toujours rédigé sous la dictée des événements et variable comme eux, tantôt libéral, tantôt repentant et toujours retouché au hasard des crises ou des peurs du moment, représente tour à tour, selon l'heure ou la circonstance, deux esprits contraires, qu'on a vainement tenté d'amalgamer: l'esprit de liberté et l'esprit de compression.

Pour tous ces gouvernements peu sûrs d'eux-mêmes, la presse avait le tort de critiquer leur politique et de douter de leur génie; par le seul fait qu'elle était irrévérencieuse à leur égard et souvent injuste, elle était à

leurs yeux une ennemie, une accusée, évidemment coupable, nécessairement responsable de tous les attentats qu'on pouvait commettre ; et,
chaque fois que le sang coulait dans la rue, c'était invariablement la presse
qu'on offrait le lendemain en victime expiatoire à la sûreté de l'État.

La monarchie constitutionnelle placée en face de la contradiction d'une
charte qui proclamait la liberté de la presse et la frayeur que le Gouvernement avait de cette liberté, la monarchie, disons-nous, n'osait ni la
maintenir, ni la supprimer tout à fait, et elle avançait et reculait la
limite du droit d'écrire, cherchant toujours et ne trouvant jamais la ligne
mathématique qui sépare ce qu'elle supposait la liberté et ce qu'elle appelait la licence.

De là, ce pêle-mêle de lois éparses à côté les unes des autres, diverses
d'origine, contradictoires entre elles ; les unes inspirées de l'esprit de liberté, les autres de l'esprit de réaction ; les unes définitives en apparence
et qui n'étaient que temporaires ; les autres provisoires, au contraire, et
qui étaient définitives en réalité, puisqu'elles ont survécu aux gouvernements de passage qu'elles avaient la prétention de sauver.

Il était du devoir de la République, désormais en paix avec elle-même
et forte de l'expérience acquise, il était de son honneur de mettre l'ordre
dans ce chaos et de donner au pays une loi de la presse conformée à son
principe. Qui dit peuple souverain dit peuple libre ; or, un peuple n'est
libre qu'autant qu'il est en possession des libertés indispensables à l'exercice de sa souveraineté. De toutes les libertés, la plus nécessaire sera toujours la liberté de discussion.

C'est pour répondre au besoin d'une codification de la presse mieux
coordonnée, mieux appropriée à un régime de démocratie, que la Chambre
des Députés a élaboré, qu'elle a voté le projet de loi dont nous sommes
saisis. Pour en bien comprendre l'esprit, il suffirait de lire le savant rapport de M. Lisbonne qui en est le lumineux commentaire ; nous croyons
devoir néanmoins vous en signaler les principales dispositions.

Le cautionnement est supprimé ; il était un obstacle à la multiplication
des journaux ; or, c'est précisément cette multiplication que la loi doit faciliter, dans l'intérêt de la conservation aussi bien que de la liberté :

De la conservation, car elle dissémine l'influence d'une presse trop con-
centrée qui faisait quelquefois d'un seul journal le rendez-vous de tout un
parti ;

De la liberté, car elle permet à toute opinion et à toute nuance d'opinion, fût-elle individuelle, d'avoir dans le pays son tour de parole.

Le timbre est aboli ; il l'était déjà, mais il avait été remplacé par l'impôt
sur le papier. Cet impôt a le même inconvénient que le timbre ; il en-
chérit le prix du journal.

La presse à bon marché est une promesse tacite de la République au
suffrage universel. Ce n'est pas assez que tout citoyen ait le droit de voter.

Il importe qu'il ait la conscience de son vote, et comment l'aurait-il, si une presse à la portée de tous, du riche comme du pauvre, ne va chercher l'électeur jusque dans le dernier village? Le citoyen qui ne vote pas en connaissance de cause n'est pas un électeur, il n'est que le commissionnaire de son bulletin.

Or la presse, et surtout la presse à bon marché, cette parole présente à la fois partout et à la même heure, grâce à la vapeur et à l'électricité, peut seule tenir la France tout entière assemblée comme sur une place publique et la mettre, homme par homme et jour par jour, dans la confidence de tous les événements et au courant de toutes les questions; et ainsi, de près comme de loin, le suffrage universel forme un vaste auditoire invisible qui assiste à nos débats, entend nos discours, suit de l'œil les actes du Gouvernement et les pèse dans sa conscience.

Tout ce qui a pu être dans le passé délit d'opinion disparaît du projet. La loi ne punit que l'acte; la pensée n'est pas un acte. Mais la parole, nous dit-on, en est un; pas plus que la pensée elle-même dont elle n'est que la forme. La pensée, ou ce qui est la même chose, la parole ne peut être un délit qu'autant qu'elle est associée à un acte et qu'elle en est partie intégrante, soit pour l'avoir déterminé, soit pour l'avoir dirigé.

Quand une intelligence parle à une autre intelligence, lui impose-t-elle son opinion? non; elle ne fait que la proposer; on est toujours libre de l'accepter ou de la rejeter. Parler et convaincre sont deux choses distinctes. Si celui qui parle n'a pas converti celui qui écoute, pourquoi le punir? et s'il l'a converti, est-ce que l'adhésion de l'auditeur n'est pas alors une présomption de vérité? Cette vérité présumée cependant pourrait bien être une erreur. Mais dans ce cas qui donc pourrait oser faire la police du cerveau humain?

La croyance aux délits d'opinion repose sur ce préjugé que la raison est toute-puissante quand elle parle, et purement passive quand elle écoute ; mais, qu'elle parle ou qu'elle écoute, elle est toujours la même raison et l'unique autorité qui ait juridiction sur la vérité. Elle a l'orgueil de croire qu'elle saura toujours mieux la protéger que n'importe quel réquisitoire.

Il était temps enfin de reconnaître qu'en fait d'opinions particulières il n'y a qu'un tribunal possible, le bon sens public; c'est devant lui que toutes viennent comparaître, que toutes viennent plaider, parce que tous reconnaissent qu'il a seul compétence en pareille matière. Et pourquoi donc a-t-on confié au jury le soin de juger les délits de parole, si ce n'est parce que le juré est précisément le juge le plus près de l'opinion publique, et qu'il peut en être le meilleur interprète?

Donc, plus de délit d'excitation à la haine ou au mépris du Gouvernement. Le mépris, pas plus que la haine, n'est un délit. Comment ce qui n'est pas un délit en soi pourrait-il en devenir un par voie d'excitation?

La popularité d'un Gouvernement ne dépend pas, d'ailleurs, d'un coup de plume ; elle ne dépend que de lui-même ; qu'il gouverne bien et sa politique sera son escorte d'honneur ; elle saura bien écarter de lui la haine ou le mépris.

Plus de poursuite pour apologie de faits qualifiés crimes ou de délits. Si cette disposition de loi eût existé au siècle dernier, elle eût frappé Turgot pour avoir soutenu la légitimité du prêt à intérêt alors qualifié crime, et, de notre temps, elle eût atteint un homme d'État éminent pour avoir fait l'apologie du duel, qualifié tantôt crime, tantôt délit, selon la gravité de la blessure.

Plus de délit d'attaque à la propriété ; rassurons-nous sur son compte, elle ne court aucun danger. La charrue du paysan l'a écrite si avant dans le sol que le vent d'aucune utopie ne saurait effacer son titre de propriétaire.

Plus de délit d'attaque à la famille ; pour en retirer le culte du cœur de l'homme, c'est le cœur de l'homme lui-même qu'il faudrait arracher. Quand une institution repose sur la première de toutes les lois, sur une loi de nature, il est inutile de la croire menacée pour avoir le prétexte de la venger.

Plus de délit d'attaque à la morale. Oui sans doute il y a une morale, ou il n'y aurait plus de société ; la morale est sa première condition d'existence, mais si elle est impérissable dans son principe, elle n'en est pas moins progressive comme toute chose humaine, et par conséquent matière à controverse.

On ne fera plus désormais aux institutions fondamentales, constitutives de toute civilisation, l'injure de les défendre à coups d'amendes ; elles sauront se défendre elles-mêmes par leur propre évidence, sans avoir besoin d'aller plaider leur cause devant un tribunal de police et réclamer à un attendu de jugement un supplément de vérité.

Le projet écarte résolument tous ces dangers imaginaires, tous ces délits arbitraires, qui n'étaient que des réminiscences du moyen âge égarées dans la législation moderne ; il fait le bon sens public seul juge des doctrines ; il soulage le juge ordinaire du fardeau passablement embarrassant de décider du haut de son siège si une idée est une erreur et si cette erreur est un danger.

Il ne suffisait pas d'avoir affranchi la pensée, il fallait encore affranchir l'instrument de la pensée.

Le premier Empire avait chassé du droit commun l'imprimerie et la librairie ; elles étaient, au milieu des autres industries, deux professions déclassées, soumises à un régime particulier souvent inique, toujours vexatoire. Pour avoir le droit d'imprimer un ouvrage ou de le débiter, il était nécessaire de justifier d'un permis de la police sous forme de brevet, et le pouvoir avait toujours la faculté de le retirer ne fût-ce que pour une simple infraction.

DISCUSSION GÉNÉRALE.

Quand un auteur avait commis un délit, l'imprimeur en était coupable aussi bien que l'éditeur, et la condamnation de l'ouvrage pouvait les atteindre l'un et l'autre, non seulement dans leur personne, mais encore dans leur industrie. Il était toujours loisible de les déclarer déchus de leur brevet et, par conséquent, de leur profession. Cette solidarité obligatoire de l'imprimeur avec l'écrivain faisait de l'imprimeur, bon gré mal gré, le censeur rigoureux de tous les manuscrits qui demandaient son concours. On en était ainsi arrivé à mettre la pensée à la discrétion de la machine. A quoi pouvait servir alors de congédier la censure du Ministère de l'Intérieur ? Elle n'en sortait par une porte que pour entrer dans un atelier d'imprimerie.

Le Gouvernement de la Défense nationale avait aboli les brevets. La loi actuelle ne pouvait que confirmer son œuvre, mais elle a fait quelque chose de plus : elle limite la responsabilité des imprimeurs et des éditeurs. La justice y trouve son profit aussi bien que la pensée.

Telle est la loi ; elle marque un pas de plus dans la voie de la liberté. Elle ouvre une ère nouvelle.

Votre Commission a examiné le projet de la Chambre dans l'esprit de libéralisme qui l'avait inspiré ; elle l'adopte dans son ensemble ; elle a pu y introduire quelques modifications de détail, mais nous osons affirmer que ce n'est pas au détriment de la liberté.

Les voici, article par article.

NOTA. — Les suites de ce rapport et son annexe sont répartis dans le cours de l'ouvrage, au fur et à mesure qu'ils s'appliquent aux discussions du Sénat sur les divers articles du projet de loi.

DISCUSSION GÉNÉRALE

CHAMBRE DES DÉPUTÉS : PRÉSIDENT, M. GAMBETTA.

Première délibération, séance du 24 janvier 1881.

M. le président. L'ordre du jour appelle la première délibération sur les diverses propositions de loi relatives à la liberté de la presse.

Quelqu'un demande-t-il la parole sur la discussion générale ?

M. Lisbonne, *rapporteur.* Je demande la parole.

M. le président. M. le rapporteur a la parole.

M. le rapporteur. Messieurs, ce n'est pas sans une très vive émotion que j'aborde cette tribune, préoccupé que je suis de l'importance et des difficultés du sujet qui m'y amène. Je sais cependant que je puis compter sur votre bienveillante attention, et c'est ce qui me rassure.

La commission que vous avez chargée d'élaborer le projet qui vous est soumis a pensé qu'il était utile de faire précéder cette discussion d'un exposé général qui en fît ressortir les principaux caractères et la véritable portée. Elle y tenait d'autant plus que, dans sa conviction, ce projet de loi, accepté par le Gouvernement, donne satisfaction aux intentions libérales de la Chambre et répond aux exigences actuelles des mœurs publiques et du régime républicain.

Il était difficile qu'il en fût autrement à raison de ses origines et des circonstances qui l'ont provoqué.

Vous savez, Messieurs, que le projet sur lequel vous avez à délibérer est né de diverses propositions dues à l'initiative parlementaire. La plus large de ces propositions, c'est l'honorable M. Naquet qui en a été l'auteur ; et voici comment il s'exprimait au début de sa proposition de loi :

« En 1876, j'avais eu l'honneur de proposer à la Chambre précédente l'abrogation de toutes les lois et décrets qui restreignent et réglementent la liberté de la presse. Je croyais alors, et je crois encore, qu'en fait de presse, comme en fait de liberté de réunion et d'association, la meilleure des lois est l'absence de loi ; ou plutôt, adoptant l'idée qu'exposait dernièrement M. Louis Blanc, dans un remarquable discours prononcé hors de cette enceinte, qu'il faudrait pour toute loi une disposition constitutionnelle consacrant le principe de la liberté, — liberté qu'il serait interdit au pouvoir législatif lui-même de restreindre, ainsi que c'est le cas en Amérique.

« La Chambre, en 1876, ne voulut pas me suivre sur ce terrain ; mais, sur la proposition de M. Lisbonne, elle élut une commission qu'elle chargea de réviser et de codifier notre législation sur la presse.

« Le travail était trop considérable pour aboutir, ou tout au moins pour aboutir assez rapidement.

« On le comprit si bien que, quelque temps plus tard, la Chambre votait des propositions plus restreintes : celle de M. Madier de Montjau, demandant l'abrogation du décret-loi du 17 février 1852, et celle de M. Cuneo d'Ornano, demandant l'abrogation du titre II de la loi du 29 décembre 1875.

« Mais ces votes furent rendus nuls par la dissolution, et l'œuvre est actuellement à recommencer.

« Tel est le but que je me propose aujourd'hui. Je me bornerai pour le moment, et sauf à reprendre plus tard ma proposition générale, à vous demander l'abrogation des textes les plus manifestement contraires à l'esprit de liberté qui vous anime, sans cependant restreindre autant le cadre de ces abrogations que l'avaient fait M. Madier de Montjau et M. Cuneo d'Ornano. »

La proposition qui a provoqué le projet qui vous est soumis en ce moment, cette proposition se bornait à vous demander l'abrogation de certaines lois relatives à la liberté de la presse ; et je signale que l'abrogation proposée par l'honorable M. Alfred Naquet était totale quant à certaines lois et partielle quant à certaines autres. Il demandait l'abrogation totale du décret-loi du 17 février 1852, des lois du 1er mars 1822, du 16 juillet 1850, du 22 décembre 1875, et l'abrogation partielle des lois des 17 janvier 1819, 10 juillet 1828, 27 juillet 1849, 11 mai 1848.

Eh bien, le projet de loi que nous vous apportons abroge d'une façon absolue toute la législation relative à la liberté de la presse et de la parole.

Cette abrogation est absolue et intégrale. Si le projet, par la nouvelle œuvre que la commission a élaborée, fait revivre certains monuments de cette législation, il est des dispositions dont M. Naquet proposait le maintien et que la commission a purement et simplement abrogées.

Donc le projet de loi, c'est là son premier caractère, c'est par là qu'il vaut, abroge absolument toute la législation relative à la liberté de la presse et de la parole. Tout est abrogé par cette nouvelle loi.

Dans le sein de notre commission, une question s'est posée tout d'abord. Fallait-il faire une loi ? N'était-ce pas le cas, au contraire, de s'en référer purement et

DISCUSSION GÉNÉRALE.

simplement au droit commun pour toutes les lois relatives à la liberté de la presse et de la parole ?

Cette question a été examinée au sein de la commission, la commission n'a pas hésité à la résoudre négativement.

Messieurs, ceux qui proposent, pour toute législation, les principes, les règles du droit commun, n'émettent cette idée qu'en faveur de la presse périodique. Ils ne songent pas, quand ils émettent cette idée, à la presse ordinaire et surtout à la parole. Ils ne visent que la presse périodique ; et ils oublient que le droit commun serait la mort de la presse périodique.

M. Lelièvre. Parfaitement !

M. le rapporteur. A cet égard, j'invoque quelques souvenirs que j'emprunte aux travaux de la commission de 1876 que présidait l'honorable M. Albert Grévy. Dans le sein de cette commission, cette question du droit commun s'est posée et l'honorable M. Lelièvre s'exprimait ainsi dans la séance du 8 mars 1877 :

« M. Lelièvre pense, dit le procès-verbal, que la commission s'égare dans son travail et qu'elle n'aboutira qu'à un résultat qui ne satisfera ni l'État, ni les tiers, ni les journaux eux-mêmes. Que veulent ces derniers ? une législation de droit commun ; ils veulent que la propriété des journaux soit une propriété comme une autre. Pourquoi dès lors inventer pour la gestion de cette propriété un homme spécial qui le plus souvent n'est qu'une fiction et ne possède aucune solvabilité ? Le droit commun que l'on revendique pour les journaux place la responsabilité sur la tête des propriétaires. Donc, il faut supprimer les fonctions de gérant et rendre les propriétaires responsables des crimes, délits et quasi-délits commis par les journaux. »

L'honorable M. Lockroy répondait alors en faisant observer qu'en adoptant ce système, on ne trouverait plus un seul capitaliste disposé à fonder un journal.

« Ce serait, disait M. Lockroy, avec le sens pratique que nous lui connaissons, la mort de la presse. »

La discussion continua, et M. Spuller, à son tour, fit la déclaration que voici :

« M. Spuller, dit le procès-verbal, nie que la presse doive être régie par le droit commun. »

La discussion fut close par les explications que voici de l'honorable M. Jules Ferry. Il s'exprima en ces termes :

« M. Jules Ferry examine ce que serait le droit commun appliqué à la presse. Dans cette hypothèse, en cas de délit, les coupables seraient : d'abord l'imprimeur, puis l'éditeur responsable si l'écrit délictueux n'était pas périodique ; puis l'auteur de l'article, alors même qu'il n'aurait pas signé ; car la preuve devrait être admise pour le faire découvrir et reconnaître. Enfin, il faudrait poursuivre comme complices le propriétaire du journal, le financier qui le fait vivre, le directeur politique qui en a la surveillance ; on pourrait même aller jusqu'à discuter la complicité du commanditaire. Tel serait le droit commun appliqué à la presse. Il est cent fois plus dur que les régimes spéciaux que nous trouvons déjà trop sévères et que, dans son intérêt même, nous voulons adoucir. »

Aussi la solution ne fut-elle pas longtemps douteuse. La question fut vite tranchée dans le sens négatif : pas de droit commun en matière de presse, sauf les réserves que je ferai connaître tout à l'heure ; en principe général, pas de droit commun en matière de presse, et cela dans l'intérêt de la presse périodique surtout.

Une seconde question s'est posée au sein de la commission. Il faut une loi sur la presse, oui, mais laquelle ? Une loi d'une simplicité extrême, dit-on, et qui pourtant serait suffisante. Notre président formula ainsi cette opinion : Les articles seront signés et l'article 1382 du Code civil sera la seule sanction qui doive être appliquée.

La commission ne s'est pas arrêtée non plus à cette proposition, dont elle reconnaissait cependant la séduisante simplicité, ce qui l'aurait recommandée si elle avait été pratique.

La signature! Messieurs, l'expérience en est faite depuis longtemps; ce n'est pas seulement du 16 juillet 1850 que date l'exigence de la signature au bas des articles; une résolution des Cinq Cents du 28 germinal an IV la rendait obligatoire, sous des peines presque draconiennes. Cette résolution, on l'avait fait revivre, en l'adoucissant, le 16 juillet 1850, par le vote de l'amendement de M. Tinguy. La désuétude a vengé la liberté. Ces dispositions n'ont pu être longtemps appliquées, parce qu'il était très facile de les éluder. Voilà pour la signature.

La responsabilité purement civile! Ici plusieurs réponses.

La première est que cette responsabilité serait illusoire la plupart du temps, par suite de l'insolvabilité de l'auteur, s'il était connu.

En second lieu, la responsabilité civile, en matière de législation dont l'objectif est la répression de délits, la responsabilité civile, de droit commun, la réparation que définit l'article 1382, n'est pas la seule édictée par la loi ordinaire; il y a, en droit commun, deux sortes de réparations : la réparation pénale et la réparation civile, l'une ou l'autre, et quelquefois toutes les deux à la fois. Que deviendrait, je vous demande, Messieurs, l'arme de la responsabilité civile, consistant en des dommages-intérêts aux mains de la vindicte publique? Ce serait une arme d'un usage impossible. La réparation, prévue par l'article 1382, ne peut s'appliquer qu'à des intérêts privés.

En troisième lieu, l'application pure et simple et exclusive de l'article 1382, en la matière qui nous occupe, serait contradictoire avec les principes mêmes du droit commun.

En effet, le type de notre législation pénale, c'est le Code de 1810, qui renferme des dispositions telles que celles des articles 222, 223, 224; aux termes de ces dispositions, l'outrage envers des magistrats ou des jurés est punissable, alors que l'outrage se produit au moyen d'écrits ou de dessins qui n'ont pas été rendus publics.

Voyez donc quelles seraient les conséquences! Quand il s'agirait d'outrages non rendus publics, la pénalité ordinaire serait applicable, et quand il s'agirait d'outrages publics, il n'y aurait lieu qu'à des réparations purement civiles, en supposant qu'elles fussent possibles. En dernière analyse, l'application pure et simple et exclusive de cet article 1382 amènerait cette conclusion, qu'il y aurait lieu d'être plus indulgent en matière de délits commis par la voie de la presse, qu'en matière de délits commis par la voie de la parole, plus indulgent en faveur des délits commis publiquement qu'en faveur des délits commis non publiquement!

C'est le contraire qui est absolument la vérité. Aussi, la loi anglaise, qui est considérée comme le modèle des législations libérales, la loi anglaise est-elle plus sévère en matière de diffamation écrite et d'outrages écrits qu'elle ne l'est quand il s'agit de diffamations ou d'outrages purement verbaux. Et, à cet égard, l'auteur éminent du *Traité des délits et contraventions de la parole et de la presse*, M. Chassan, s'associe absolument à la distinction que fait la loi anglaise.

En résumé, il fallait faire une loi qui ne se bornât pas à prescrire la signature des articles et à appliquer l'article 1382 du Code civil, une loi qui ne fût pas le droit commun d'une façon absolue.

Il y a cependant une distinction à faire ici, dans l'intérêt de la presse elle-même.

Quand il s'agira des définitions des délits, la législation devra se conformer, autant que possible, aux règles du droit commun; quand il s'agira, au contraire, de définir les responsabilités, quand il s'agira de déterminer les juridictions, la procédure, la durée de la prescription, alors, dans l'intérêt de la presse elle-même, en faveur de la liberté de la presse, au lieu de se rapprocher du droit commun, il faudra s'en éloigner essentiellement.

DISCUSSION GÉNÉRALE.

Messieurs, cette distinction, nous pouvions d'autant mieux l'établir que nous faisons une loi complète. Nous ne nous bornons pas, en effet, à l'étude d'un des côtés de la législation, nous vous présentons une loi d'une généralité, d'une coordination absolue — à ce point de vue, l'œuvre de la commission s'écarte de tous les précédents législatifs qui ont réglé la matière qui nous occupe.

Avant nous, la tentative a été faite et jamais elle n'a abouti. Cela a été tenté en 1819, mais non réalisé. Trois monuments de législation se trouvèrent à cette époque juxtaposés : le 17 mai 1819, le 26 mai 1819 et le 9 juin 1819 ; trois lois, au lieu d'une seule. Profitant de cette trilogie législative, les régimes qui se sont succédé ont entassé dispositions sur dispositions.

En 1870, une nouvelle tentative fut faite.

A cette époque, un projet de loi avait été présenté par le Gouvernement. Ce projet de loi se bornait à régler les questions de compétence. Dans le cours de la discussion, l'honorable M. Pelletan protesta en ces termes :

« Pour affranchir la presse, suffit-il de changer le juge sans changer en même temps l'ordre des délits que le juge aura à punir ? Pour moi, les deux questions sont indissolublement liées, et l'on ne peut résoudre l'une sans résoudre l'autre en même temps. Pour peu qu'il y ait dans les lois pénales de la presse, dans ces alluvions successives que tous les gouvernements ont déposées sur le sol judiciaire comme autant de vestiges de leur colère et de leur impatience contre la pensée, pour peu, dis-je, qu'il y ait des délits imaginaires, pour répéter l'expression de M. le garde des sceaux, qu'importe qu'on les transporte d'une juridiction à une autre, de la police correctionnelle au jury ! Le jury pourra sans doute les acquitter, comme il pourra les condamner ; mais ils n'en seront pas moins des délits arbitraires, et vous n'aurez pas détruit une injustice, vous n'aurez fait que la déplacer.

« ... La loi que nous discutons, ajoutait-il, indique de toute nécessité et exige impérieusement une seconde loi, une loi complémentaire qui vienne vous apporter une meilleure classification et une meilleure définition des délits. »

Nous sommes entrés dans la voie ouverte par l'éminent orateur de l'opposition ; nous avons fait une loi unique. Cette loi, dans sa forme, prévoit tous les modes de publication au moyen desquels peut se manifester une pensée criminelle ou délictueuse : la parole et l'écriture.

Cette loi embrasse l'imprimerie, la librairie, la presse périodique, l'affichage, le colportage, la vente sur la voie publique ; cette loi détermine les juridictions et elle organise la procédure ; c'est ce qui explique le nombre de ses dispositions.

Au fond, — et ici j'arrive au caractère essentiel de la loi proposée, — elle concilie deux principes généraux : la liberté et la responsabilité ; la liberté, principe de droit naturel ; la responsabilité, principe d'ordre social. Ces deux principes se reflètent dans notre loi. Elle est une application des doctrines les plus avancées ; elle s'est impressionnée avant tout des déclarations de 1789 et de 1791 ; elle a puisé dans toutes les chartes qu'a le plus animées le souffle de la liberté.

La liberté ! en quoi peut-elle consister ici ? Elle ne peut consister que dans l'affranchissement de toutes les mesures qui la restreignent, c'est-à-dire de toutes les mesures purement préventives. La loi projetée les supprime toutes ; il n'en reste pas une seule.

En fait d'imprimerie, elle supprime la déclaration exigée par l'article 14 de la loi du 21 octobre 1814 ; en matière de colportage, dans la loi votée par la Chambre et par le Sénat, une seule disposition pouvait avoir ce caractère, et elle nous est venue du Sénat lui-même : c'est l'obligation pour le colporteur d'être pourvu d'un catalogue.

En matière de dessins et gravures, la loi supprime l'autorisation et la censure qu'exigeait le décret du 17 février 1852.

En fait de presse périodique, la loi supprime l'autorisation, en ce sens qu'elle

DISCUSSION GÉNÉRALE.

ne la fait pas revivre : elle supprime l'obligation de la signature ; elle supprime le timbre ; elle supprime le cautionnement des journaux.

C'était là une grave question ! Le cautionnement, supprimé en 1830, et ensuite rétabli ; supprimé en 1848, puis rétabli ; supprimé en 1870 et rétabli le 6 juillet 1871. C'est la dernière des mesures préventives dont fait justice la loi que nous vous proposons. La commission ne pouvait la maintenir. En effet, le cautionnement constitue un cens incompatible avec le suffrage universel, une précaution incompatible avec la liberté, ou un moyen d'assurer l'exécution des condamnations, moyen absolument inique, en ce qu'on l'impose aux journaux qui pourraient ne pas commettre de délits.

Le cautionnement est donc supprimé comme il l'est en Belgique, en Suisse, en Italie, en Hollande. Il existe cependant en Angleterre.

Voilà les satisfactions données au premier principe de la loi nouvelle, le principe de liberté.

Le second principe est celui de la responsabilité.

La responsabilité, en matière pénale, implique la classification des délits, la détermination des personnes responsables, la détermination des juridictions et les règles de la procédure.

La responsabilité implique, disons-nous, la définition, la classification des délits.

Ici, la loi qui vous est proposée prend pour règle le droit commun. Je disais tout à l'heure que, s'il y avait lieu de déroger essentiellement, dans l'intérêt de la liberté de la presse, au droit commun, quand il s'agit de déterminer quelles sont les personnes responsables, il y a lieu, au contraire, de s'en rapprocher quand il s'agit de la classification des délits.

Quels sont les délits que devait réprimer la loi que nous vous proposons? (Bruit de conversations.)

M. le président. Veuillez faire silence, messieurs !

M. Émile de Girardin. Il s'agit d'une liberté au nom de laquelle on a fait quatre révolutions. On pourrait bien écouter pendant un quart d'heure !

M. le rapporteur. En 1819, M. de Serre donna, des délits de droit commun commis par la voie de la presse, des définitions qui se recommandent encore aujourd'hui à la faveur des jurisconsultes.

C'est à cette source, messieurs, que la loi soumise à vos délibérations en ce moment a puisé la définition, la classification des délits:

Délits de droit commun, c'est-à-dire délits qui, comme le disait la Constitution du 10 novembre 1848, portent atteinte à la sécurité publique ou à la liberté d'autrui et qui impliquent nécessairement une intention coupable.

Ne doivent pas être considérés comme délits de droit commun les délits d'opinion, de doctrine, les délits de tendance ; ce seraient là non plus des délits commis par la voie de la presse, mais des délits de presse. Ce sont là les délits que ne veut pas maintenir la loi nouvelle.

L'exposé des motifs de 1819 traçait un programme qui ne fut pas exactement suivi par le législateur lui-même. C'est ainsi que la loi du 17 mai 1819, qui ne devait prévoir aucun délit spécial de presse, qui ne devait punir que les délits définis dans l'exposé des motifs, cette loi, par son article 6, prévoit la provocation à la désobéissance aux lois ; par son article 8, l'outrage à la morale publique ou religieuse.

A la suite de la loi du 17 mai 1819, les législateurs de 1822, de 1830, de 1848, de 1849, de 1875, ont prévu et puni non pas seulement des délits auxquels se référait exclusivement l'exposé des motifs de 1819, mais des délits qui étaient véritablement des délits d'opinion, de doctrine, de tendance.

La loi nouvelle, fidèle à son programme, supprime tous les délits d'opinion, tous les délits de doctrine, tous les délits de tendance. Elle ne retient que ce qui constitue des actes criminels ou délictueux, des actes portant atteinte à la sécurité publique ou à la liberté d'autrui commis par la voie de la presse ou de la parole.

Les délits supprimés sont, notamment :

La provocation à la désobéissance aux lois ;

L'outrage à la morale publique ou religieuse ;

L'outrage aux religions reconnues par l'État ;

L'attaque contre la liberté des cultes ;

L'attaque contre la Constitution ;

L'excitation à la haine ou au mépris du Gouvernement ;

L'apologie de faits qualifiés crimes ou délits par la loi ;

L'infidélité ou la mauvaise foi dans les comptes rendus des séances des Chambres ou des audiences de cours et tribunaux.

Tous ces délits sont supprimés. Que reste-t-il ?

Il reste les actes qui se différencient essentiellement des doctrines, des tendances, des opinions. C'est là le droit commun ; ce qui ne veut pas dire que ces actes sont prévus spécialement par le code pénal.

Le code pénal, en effet, n'est pas la seule source où se puise la détermination des délits de droit commun. Le code pénal de 1810 était en effet trop voisin du décret du 5 février 1810 pour qu'on s'y préoccupât de la définition de délits commis par la voie de la presse, car il n'y avait pas alors, à proprement parler, de liberté de presse.

Ce n'est pas seulement dans le code pénal, qu'il faut rechercher les délits qui peuvent être considérés comme des délits de droit commun.

Quels sont ceux que nous avons retenus ?

(L'orateur se tourne vers M. le président et lui adresse quelques paroles à voix basse.)

M. le président. M. le rapporteur se trouve indisposé ; je propose à la Chambre de suspendre la séance pendant quelques instants. (Assentiment.)

(La séance est suspendue à trois heures dix minutes ; elle est reprise à trois heures vingt minutes.)

M. le rapporteur. Je remercie la Chambre de sa bienveillance et je continue.

Je disais, messieurs, il y a un instant, qu'un des caractères essentiels de la loi que nous vous proposons, au point de vue de la responsabilité, de la définition et de la classification des délits, est celui-ci : La loi nouvelle distingue essentiellement ce qui est l'expression d'une opinion, d'une doctrine, d'une tendance, de ce qui est un acte pouvant amener un trouble social, pouvant porter atteinte à la sécurité publique ou à la liberté d'autrui ; tout ce qui ne constituerait pas un acte de cette nature est exclu de la loi nouvelle.

Quels sont donc les délits qui, selon le projet de loi que nous vous soumettons, constituent des actes répréhensibles ?

C'est, tout d'abord, la provocation à commettre un crime ou un délit.

C'est bien là du droit commun, messieurs.

En effet, la provocation, par paroles ou par écrits, à commettre un délit ou un crime avait, dès 1791, fait l'objet des préoccupations du législateur. Les articles 1 et 2 d'une loi du 18 juillet 1791 sont ainsi conçus :

Art. 1er. — Toutes personnes qui auront provoqué le meurtre, l'incendie, le pillage ou qui conseillent formellement la désobéissance à la loi, soit par des placards, des affiches, soit par des écrits publics et colportés, soit par des discours tenus dans les lieux ou assemblées publics, seront regardées comme séditieuses et perturbatrices, et, en conséquence, les officiers de police sont tenus de les faire arrêter sur-le-champ et de les remettre aux tribunaux pour être punies suivant la loi.

Art. 2. — Tout homme qui, dans un attroupement ou émeute, aura fait entendre un cri de provocation au meurtre sera puni de trois ans de la chaîne, si le meurtre ne s'est pas commis, et comme complice du crime s'il a eu lieu.

Ainsi, la provocation, que nous regardons comme criminelle ou délictueuse, était prévue dans une loi de 1791.

Le code pénal de 1810 ne s'est pas abstenu non plus de prévoir ce genre de méfait; indépendamment des articles 59 et 60 qui prévoient une sorte de provocation par complicité, le code pénal dans des dispositions spéciales, telles que celles des articles 202, 203 et 293, prévoit formellement la provocation. Nous allons rencontrer dans ces dispositions la signification que nous avons donnée nous-mêmes à la provocation par parole ou par écrit rendu public.

Ils sont en effet ainsi conçus :

« Art. 202. — Si le discours (prononcé par un ministre du culte) contient une provocation directe à la désobéissance aux lois ou autres actes de l'autorité publique, ou s'il tend à soulever ou armer une partie des citoyens contre les autres, le ministre des cultes qui l'aura prononcé sera puni d'un emprisonnement de deux à cinq ans si la provocation n'a été suivie d'aucun effet.

« Art. 203. — Lorsque la provocation aura été suivie d'une sédition ou révolte dont la nature donnera lieu contre l'un ou plusieurs des coupables à une peine plus forte que celle du bannissement, cette peine sera appliquée au ministre coupable de la provocation.

« Art. 293. — Si par discours, exhortations, invocations ou prières, en quelque langue que ce soit, ou par lettres, affiches, publication ou distribution d'écrits quelconques, il a été fait, dans les assemblées, quelque provocation à des crimes ou à des délits, la peine sera de 100 fr. à 300 fr. d'amende, et de trois mois à deux ans d'emprisonnement contre les chefs, directeurs et administrateurs de ces associations. »

M. Cuneo d'Ornano. Tous les délits de presse sont des provocations.

M. le rapporteur. Tous les délits de presse ne sont pas des provocations.

M. Lelièvre. Ce sont des provocations, mais non des délits.

M. le rapporteur. Je m'en tiens là. Ce que je veux constater, c'est que la loi élaborée par la commission ne retient, en fait de délits punissables, que de véritables délits de droit commun. Le premier de ceux-là est la provocation.

Nous la punissons, mais à cette condition qu'elle soit directe, condition exigée par les dispositions du code pénal, que nous venons de citer.

Nous reproduisons la loi du 17 mai 1819 dans ses articles 1, 2 et 3, en l'améliorant, c'est-à-dire en exigeant que la provocation soit directe.

Cette exigence n'était pas formulée dans le texte de cette loi, ce qui avait donné lieu à la théorie de la complicité morale. L'article 26 de la loi nouvelle prévoit la provocation, mais la provocation directe.

La loi nouvelle considère comme délit les cris séditieux.

Ici encore une assimilation peut être faite avec le droit ordinaire ; c'est l'aggravation de ce que le code pénal considère, par exemple, comme un tapage injurieux.

La publication de fausse nouvelle est encore un délit ; mais, dans le système de notre loi, la publication de fausse nouvelle n'est délictueuse qu'autant qu'elle réunit ces deux conditions: qu'elle ait troublé la paix publique et qu'elle ait été faite de mauvaise foi.

L'outrage aux mœurs, la loi le retient encore ; à cet égard, le projet est moins sévère que les législations les plus favorables à la liberté, moins sévère que la législation anglaise, moins sévère que la législation des États-Unis.

Voici comment s'exprime la loi anglaise en fait d'outrage aux bonnes mœurs :

« Quant à la législation anglaise, — dit M. Bertrand, auteur du Régime légal de la presse en Angleterre, — un obstacle retarda quelque temps la punition de l'écrit obscène, dans lequel les bonnes mœurs étaient seules engagées. En vertu du principe de loi commune, qu'aucun écrit n'est considéré comme libelle s'il n'est dirigé contre une personne déterminée, on décida pendant longtemps qu'un écrit rempli

DISCUSSION GÉNÉRALE.

d'obscénités n'était pas punissable d'après la loi commune, mais que l'auteur pouvait être contraint à donner caution de sa bonne conduite future, comme étant une personne de mauvaise renommée.

« Cette jurisprudence, ajoute l'auteur, fut abandonnée dans la première année du règne de Georges II. La cour du banc du roi décida dans une espèce qui lui était soumise, que la publication d'un écrit constituait un délit (Tomlin, v° *Libel*). Aujourd'hui, d'après la loi commune, la mise en vente ou l'exploitation publique d'écrits, imprimés, dessins, etc., obscènes est punie de l'amende ou de l'emprisonnement, avec travail forcé à la discrétion de la cour, ou de ces peines réunies. »

Quant à la loi des États-Unis : l'acte du 5 mars 1873 punit d'un emprisonnement avec travail forcé, de six mois à cinq ans, pour chaque délit, ou d'une amende de 100 à 2,000 dollars la distribution, la vente, le colportage ou l'annonce de toutes publications obscènes, par dessins ou impressions, de tout objet d'un usage immoral ou de toutes drogues destinées à prévenir la conception ou à procurer l'avortement. »

La loi nouvelle ne pouvait pas être indulgente en fait d'outrage aux bonnes mœurs.

Si elle eût été indulgente, elle eût été dépassée par les journaux les moins sévères ; c'est ainsi que, tout récemment, dans la *France* du 17 octobre 1880, était rapporté un passage du journal l'*Intransigeant ;* voici comment dans ce passage s'exprime M. Rochefort :

Il s'agissait de la condamnation d'un nommé Blain :

« Ce Blain, dit M. Rochefort, ce Blain, que personne ne connaît, est doublement et même triplement coupable : d'abord, d'enfanter et de publier des feuilletons où la bêtise aggrave encore la saleté ; en second lieu, de fournir aux ennemis de la liberté d'écrire un argument qui, tout déloyal qu'il puisse être, n'en pèsera pas moins d'un grand poids dans la discussion qui va s'ouvrir à ce sujet ; enfin, d'intituler *Petit Républicain* la pelure d'oignon où il insère ses dévergondages. »

La loi nouvelle ne pouvait pas être plus tolérante ; sans insister trop longtemps sur les détails et, comme il s'agit ici d'un simple exposé général, la loi nouvelle punit la diffamation. Elle a emprunté sa doctrine à celle de la loi du 17 mai 1819. D'une façon absolue les mêmes caractères constitueront le délit, les mêmes pénalités seront conservées ; la loi du 17 mai 1819 interdit la preuve des faits diffamatoires, le projet de loi renferme la même interdiction ; il y fait deux exceptions. La première, c'est quand il s'agit de faits imputés à des fonctionnaires publics, à raison de leurs fonctions ; la seconde, c'est quand le fait diffamatoire constitue un délit punissable selon la loi, à la condition que le diffamateur soit lésé par le fait imputé.

Nous maintenons enfin le droit de rectification au Gouvernement et à ses agents, à la condition qu'il s'agira, pour eux, de rectifications de faits inexacts ; nous reconnaissons aussi ce droit aux particuliers dans les termes des lois existantes.

Le droit de réponse tient essentiellement au droit de légitime défense ; ce n'est pas d'aujourd'hui, ce n'est même pas de la législation que nous abrogeons, que date la protection de ce droit légitime. C'est ainsi que, le 6 prairial an XII, Dulaure, devant le conseil des Cinq-Cents, proposait de sauvegarder par les dispositions suivantes le droit de réponse ou de rectification :

« Tous propriétaires ou rédacteurs de journaux ou d'ouvrages périodiques qui y auraient inséré un article attentatoire à la réputation d'un citoyen seront tenus d'y insérer la réponse à cet article dans les cinq jours qui suivront la réception de ladite réponse, sous peine de voir leurs journaux ou ouvrages périodiques supprimés, et d'être en outre condamnés aux frais d'impression et de poste de 3,000 exemplaires de ladite réponse. »

Tels sont, messieurs, les délits que punit la loi nouvelle. C'est là une partie de la codification des règles de la responsabilité pénale.

Il fallait se préoccuper aussi de définir, de déterminer quelles seraient les personnes responsables.

S'il s'agit de délits commis par la voie de la parole, pas de difficultés, il n'y a qu'à appliquer la loi commune. Mais s'il s'agit de délits commis par la voie de la presse périodique, messieurs, nous édictons un droit spécial en faveur de la liberté.

Par les articles 45, 46, 47 du projet, les personnes responsables, comme auteurs principaux, sont les gérants ou éditeurs ; à défaut des gérants ou éditeurs, les auteurs ; à défaut des auteurs, les imprimeurs ; à défaut des imprimeurs, les vendeurs ou distributeurs ; mais jamais cumulativement ; sont responsables, comme complices, l'auteur, quand il y a un gérant en cause, ou tous autres s'ils se trouvent dans les cas prévus par les articles 59 et 60 du code pénal.

A côté de cette responsabilité directe, nous plaçons la responsabilité civile des propriétaires, comme moyen d'exécution des condamnations.

Nous avons suivi, à cet égard, les errements de la commission de 1876. Nous avons suivi les errements de la loi anglaise qui admet elle aussi le principe de la responsabilité civile des propriétaires de journaux.

Ce n'est là, messieurs, qu'une analogie, qu'une application interprétative, qu'une sorte d'extension analogique des dispositions de l'article 1384 du code civil. Comme conséquence des dispositions qui définissent quelles seront les personnes responsables, la loi nouvelle a dû maintenir la gérance ; le gérant, c'est l'éditeur responsable, c'est la personnification du journal, c'est le nom du délinquant ; nous avons dû exiger la déclaration du titre du journal, du nom, du domicile du gérant, des noms des propriétaires, l'indication du nom de l'imprimeur, et enfin le dépôt au parquet de deux exemplaires de chaque numéro du journal signés par le gérant.

Moyennant ces dispositions, ces responsabilités que trois dispositions déterminent et codifient, plus de suppression, plus de suspension. Nous avons fait disparaître de la nouvelle loi ces moyens excessifs d'exécution, dérogeant en cela aux dispositions des lois des 18 juillet 1828, 27 juillet 1849, 17 février 1852, 11 mai 1868, 6 juillet 1871 ; ni suppressions, ni suspensions.

Que restait-il à prévoir ou à déterminer ? La juridiction et la procédure. Quelle sera la juridiction ? Nous rencontrions ici une certaine difficulté et elle provenait de ce que, dans le système de la loi nouvelle, il n'y avait plus de délit de presse, mais seulement des délits ordinaires commis par la voie de la presse ; il n'y avait plus de délits politiques. Nous ne pouvions pas alors, dans la classification des juridictions, attribuer au jury les délits de presse ou les délits politiques puisqu'il n'en existait plus. Il fallait donc suivre une autre règle, moins générale, moins doctrinale, mais plus certaine, plus claire et plus pratique. A quelle idée nous sommes-nous rattachés ? Considérant l'institution du jury comme une magistrature populaire prise au sein du peuple, nous lui avons attribué la connaissance des délits qui intéressent directement la chose publique ; nous avons placé la chose publique sous sa sauvegarde.

Procédant ensuite par voie d'attribution spéciale et de manière à exclure l'arbitraire, les controverses doctrinales ou jurisprudentielles, nous avons précisé que tel délit ressortirait du jury, tel autre de la police correctionnelle. Quand viendra la discussion des articles, nous aurons à justifier cette distribution.

Maintenant que reste-t-il ? La procédure, devant la cour d'assises et devant les tribunaux de police. Nous avons résumé, à cet égard, les dispositions des lois du 26 mai 1819, du 27 juillet 1849, des 15 avril 1871 et 29 décembre 1875 ; nous avons codifié, en rétablissant de cette procédure ce qu'elle contenait de favorable à la liberté. Voici les dispositions nouvelles que j'ai particulièrement à vous signaler.

Nous avons décidé que les fonctionnaires publics diffamés ou outragés auraient l'action directe. Jusqu'à présent, ils n'ont pas la liberté de mettre en mouvement les actions judiciaires qui peuvent leur appartenir. Ils n'ont pas la faculté de poursuivre la réparation à laquelle ils peuvent prétendre. Nous leur avons donné cette liberté et cette faculté avec le droit de citation directe.

Nous avons encore amendé la procédure au point de vue des dommages-intérêts.

Quand il y a partie civile en cause et que c'est la cour d'assises qui juge, si le jury rend un verdict négatif, la partie civile peut obtenir de la part de la cour des dommages-intérêts. Nous avons amendé cette partie de la législation, et décidé qu'en cas d'acquittement, s'il y a partie civile, cet acquittement soustrait le prévenu à toute espèce de réparation.

Nous avons également modifié, dans un sens favorable à la liberté de la presse, l'article 463 du code pénal, en décidant qu'en matière de délits commis par la voie de la presse ou de la parole, si le jury admet les circonstances atténuantes, la peine prononcée ne pourra excéder la moitié de celle édictée par la loi.

Enfin, nous préoccupant des pourvois en cassation, nous avons encore décidé, par égard pour la liberté, qu'en cette matière, il y aurait dispense de consignation d'amende et de mise en état, si la peine encourue est celle de l'emprisonnement.

Restait un dernier point à régler : la prescription.

Ici encore, la loi renferme un amendement dans un sens libéral ; la prescription, soit de l'action publique, soit de l'action civile, sera de trois mois, — c'est la dernière des dérogations que nous avons imposées au droit commun.

Telles sont les dispositions de la loi qui vous est proposée. Elles se résument toutes en ceci :

La loi ne réprime absolument que les actes ; libre carrière est laissée à la manifestation de toute opinion, de toute doctrine, de toute tendance.

Et, en ce qui concerne les actes eux-mêmes, en s'abstenant de toutes mesures préventives, la loi les réprime sans les asservir !

Messieurs, la presse pourra dire demain, si vous votez le projet de loi : Je suis absolument libre ! (Applaudissements à gauche et au centre.)

M. le président. Personne ne demande la parole ?...

Je vais consulter la Chambre sur la clôture de la discussion générale...

M. Agniel. Pardon, monsieur le président, j'aurais quelques observations à présenter.

M. le président. Oui, mais vous êtes inscrit pour, et comme personne n'est inscrit contre, il va s'en suivre que vous allez parler dans le même sens que M. le rapporteur. Personne n'attaque la proposition de loi.

A gauche. Parlez, monsieur Agniel ! parlez !

M. Cuneo d'Ornano. Monsieur le président, j'ai déposé un contre-projet. Je pourrais présenter quelques observations dans la discussion générale. Mon intervention donnerait ainsi à la Chambre le plaisir d'entendre M. Agniel.

M. le président. Parfaitement !

M. Agniel. Monsieur le président, je reprendrai ensuite mon tour de parole.

M. le président. Je vous donnerai la parole après M. Cuneo d'Ornano.

M. Cuneo d'Ornano. Messieurs, j'ai déposé un contre-projet très court ; je vous demande la permission de le développer très brièvement ; d'ailleurs je prends la parole en ce moment non pas pour attaquer le projet de la commission, mais afin de fournir à la Chambre l'occasion d'entendre M. Agniel, qui voudra peut-être répondre à mes observations. (Interruptions sur quelques bancs à gauche.)

M. le président. Écoutez, messieurs ! Je crois qu'il faut savoir gré à M. Cuneo d'Ornano de l'offre qu'il fait à la Chambre ; seulement je lui ferai une observation : c'est qu'il va prendre la parole sur le contre-projet qu'il a déposé, qui a sa valeur, — j'en ai pris connaissance, — et qu'il voudra sans doute le soumettre à un vote. Or, je ne pourrais consulter la Chambre, puisque nous sommes encore dans la discussion générale. Au contraire, si la discussion générale était close, M. Cuneo d'Ornano pourrait développer les idées qui sont formulées dans son contre-projet, et la Chambre pourrait également émettre son vote. (Marques générales d'approbation.)

Je vais consulter la Chambre sur la clôture de la discussion générale.

(La clôture de la discussion générale est prononcée.)

M. le président. Je consulte la Chambre sur la question de savoir si elle entend passer à la discussion des articles.

(La Chambre, consultée, décide qu'elle passe à la discussion des articles.)

M. le président. Voici le contre-projet de M. Cuneo d'Ornano :

« Supprimer les 70 articles du projet... (Rires à gauche.)

Ne riez pas, messieurs ; écoutez.

«... et les remplacer par cet article unique :

« La loi du 29 décembre 1875 est et demeure abrogée. La loi du 15 avril 1871 est remise en vigueur. »

La parole est à M. Cuneo d'Ornano.

M. Cuneo d'Ornano. Messieurs, la Chambre a aperçu, à la simple lecture de ce contre-projet très court, qu'il soulève uniquement la question de juridiction, et ne porte, à l'opposé du vaste projet de loi que l'on soumet à nos discussions, ni sur la nature ou la classification des délits, ni sur la législation de l'imprimerie et de la librairie.

En effet, je ne demande que l'abrogation pure et simple, mais immédiate, de la loi du 29 décembre 1875, restrictive de la compétence du jury, et, en le faisant, je me trouve en conformité avec un vote antérieur de la Chambre qui, avant le 16 mai, avait déjà, sur ma proposition, voté l'abrogation de cette loi.

Je propose ainsi de revenir immédiatement au système de la loi du 15 avril 1871 qui, au contraire, avait étendu la juridiction du jury à presque tous les délits de presse. Cette loi de 1871 me paraît meilleure et plus facile à reprendre, en temps utile, que le vaste projet de loi en 70 articles que la commission vous demande d'examiner.

Aussi bien, j'estime qu'en matière de liberté de la presse tout est dans le juge ; le délit de presse est un délit d'opinion, délit essentiellement mobile comme elle, délit qui peut avoir sa gravité aujourd'hui, et qui demain peut ne présenter aucun péril.

Il faut donc, pour frapper ces délits essentiellement mobiles de la plume ou de la parole, une juridiction mobile comme l'opinion elle-même, une juridiction qui sorte incessamment du peuple et qui y rentre, reflétant ainsi les impressions diverses de l'opinion publique.

Il ne m'appartient pas de faire l'éloge du jury en matière de presse ; notre éloquent rapporteur, M. Lisbonne, tout en restreignant la compétence du jury par le projet en discussion, l'a fait avec pleine autorité dans son rapport, en citant notamment l'opinion de M. Faustin Hélie.

Mais pourquoi, pensant ainsi, donnez-vous, par votre projet, à la juridiction du jury moins d'étendue que ne lui en donnait le législateur de 1871 ?

Ah ! c'est que l'honorable rapporteur, dans le système de la commission, objecte et répond que le projet de loi actuel ne relève aucun délit d'opinion, aucun délit politique ; dès lors le jury n'a désormais plus rien à faire en matière de presse, ou peu s'en faut.

Eh bien, messieurs, c'est là une erreur de la commission et de M. le rapporteur lui-même.

Dans le projet de loi en discussion, il y a, en effet, des délits qui sont maintenus, qui sont frappés de peines correctionnelles et qui sont essentiellement politiques. Je citerai notamment le délit d'outrage au Président de la République ; le délit de cris séditieux ; enfin le délit si élastique de provocation à des délits qui sont et peuvent être des délits essentiellement politiques et des délits d'opinion.

DISCUSSION DES ARTICLES.

Le cri séditieux, par exemple, est essentiellement un délit d'opinion. Ce n'est pas un délit de droit commun. Pourquoi le cri séditieux est-il puni? Parce qu'il provoque à la sédition. Or, qu'est-ce que la sédition, sinon une tentative de renversement du gouvernement établi? C'est donc là évidemment un délit politique.

L'outrage au Président de la République, ou la provocation à cet outrage, est aussi un délit politique. L'écrivain qui, dans l'excès de la passion politique — et nous voyons ces excès se produire dans tous les camps, dans tous les partis — se laisse entraîner à proférer un outrage à l'égard du chef de l'État, adresse-t-il réellement cet outrage à la personnalité privée du chef d'État, couverte par la fonction de la Présidence? Non, c'est le gouvernement lui-même qu'il vise en réalité en s'attaquant à cette personnalité, s'il attaque le personnage qui représente le gouvernement, et s'il lui adresse un outrage, il est évidemment inspiré par des considérations essentiellement politiques.

Que notre éloquent rapporteur n'essaye donc pas de persister à soutenir que le projet actuel supprime les délits d'opinion et les délits politiques. Non, il ne les supprime pas; il en maintient au contraire un grand nombre, et je dis que, admettant en particulier celui de provocation aux délits, il maintient presque tous les délits politiques. Qu'est-ce qu'un article de journal? Je ne veux pas rappeler le discours de M. de Serres, ni les classifications qu'il a établies et qui ont quelque chose de peu logique, mais enfin, M. de Serres, chacun le sait, avait essayé d'englober tous les délits de presse sous cette rubrique de provocation aux délits. Il est évident qu'un journal qui attaque le gouvernement provoque à des délits qui sont de nature à ébranler le gouvernement, incite à la perpétration d'actes qui sont des délits politiques. Eh bien, la provocation à ces délits sera punie, par votre projet, de peines correctionnelles!

Par conséquent, c'est encore un délit d'opinion que vous continuez de soumettre à la juridiction correctionnelle, tandis que la législation de 1871, que je préfère, en attribuait la connaissance au jury.

Vous persistez donc à introduire dans le prétoire de la justice des discussions politiques, et c'est pourtant ce que vous déclariez vouloir éviter! Vous voulez avoir, dites-vous, une magistrature qui se trouve dans une sphère sereine, qui ne s'occupe que de la justice et du droit. Mais en maintenant à la juridiction correctionnelle, comme le veut votre projet de loi, le jugement d'affaires qui ont, vous l'avez vu, un caractère politique, vous exposez la magistrature à éveiller sans cesse les inquiétudes de l'opinion, à provoquer les griefs de ses adversaires, vous la jetez elle-même dans l'arène politique, et lorsqu'elle s'y jette, parce que la loi l'y contraint, vous venez incriminer ses intentions et vous essayez de vous en faire une arme contre l'institution tout entière!...

Aussi bien, messieurs, je viens vous dire: ne vous engagez pas, à cette heure, dans la discussion et bornez-vous, comme je vous le propose, à relever les dispositions plus libérales de la loi de 1871, qui place la presse sous la juridiction du jury.

J'ajoute que le projet de la commission a, en outre, un grand défaut; ce grand défaut, le voici: — je ne veux pas aborder de nouveau la question que j'ai traitée à l'ouverture de nos séances, — mais il est bien certain que dans cette dernière législature vous ne disposez pas, et le Sénat lui-même ne dispose pas, de beaucoup de temps pour étudier une loi aussi complète que celle-ci; il est bien certain que cette loi n'arrivera, en ordre utile, au Sénat que très tard, au moment où il sera occupé de discussions financières et à la veille de notre séparation définitive.

Une loi en 70 articles, qui soulève toutes ces questions, non seulement de la presse périodique, mais encore de l'imprimerie, de la librairie et de tout ce qui touche aux manifestations de la parole et de la plume, mérite un examen sérieux et long; n'avons-nous pas mis nous-mêmes trois ans à la préparer? . . . .

DE M. CUNEO D'ORNANO.

Le Sénat n'aura sans doute pas le temps d'arriver au terme de ce débat, et nous risquerons alors de ne rien avoir pour avoir voulu trop étreindre.

M. Émile de Girardin. La discussion ne sera pas longue au Sénat; ce qui vous le prouve, c'est ce qui vient de se passer ici.

M. Cuneo d'Ornano. Je ne sais pas si le Sénat aura la même impatience...

M. Émile de Girardin. Faisons d'abord ce qui nous regarde!

M. Cuneo d'Ornano. Ce n'est pas moi qui ai introduit ici l'argument tiré des travaux ou des préoccupations de la Chambre haute, mais j'ai souvent entendu dire : « Ne votons pas cette loi, parce que le Sénat ne la votera pas! » Et, aujourd'hui, je crois que nous ne devons voter que des lois que le Sénat puisse voter en temps utile, c'est-à-dire avant l'expiration de notre mandat législatif.

Moi qui voudrais arriver à un résultat pratique, moi qui voudrais voir voter quelque chose de réel, de tangible, et non pas seulement un projet qui pourra rester dans les cartons de l'une des deux Chambres, je vous dis : Reprenons la proposition plus brève que vous avez déjà votée ; revenons à la loi du 15 avril 1871; abrogeons seulement la loi du 29 décembre 1875, que M. Dufaure, son inventeur, avait déclarée provisoire; abrogeons cette loi qui a inventé des délits nouveaux et une procédure nouvelle, et revenons bien vite à la juridiction plus libérale établie par la loi du 15 avril 1871.

M. Lelièvre. C'est une loi qui règle les compétences; elle ne s'occupe pas des délits.

M. Cuneo d'Ornano. Non, je le reconnais.

M. Lelièvre. Alors, expliquez-vous sur les délits.

M. Cuneo d'Ornano. J'ai eu l'honneur de dire que je ne parlais que de la question de compétence et de juridiction. Quant aux délits eux-mêmes, le projet de loi peut être excellent, mais il ne vient pas en temps utile pour être discuté et voté par les deux Chambres.

M. Lelièvre. Alors, nous retombons sous la législation impériale!

M. Cuneo d'Ornano. Permettez! Après la loi de 1868, qui est la dernière loi impériale, il y a eu celle du 15 avril 1871, votée à l'Assemblée nationale par un grand nombre d'entre vous et qui donnait à la presse une liberté étendue et suffisante, surtout au point de vue de la compétence et de la juridiction.

M. Lelièvre. Je demande la parole.

M. Cuneo d'Ornano. Messieurs, je compte être très bref, et j'ai, d'ailleurs, fini. Vous voyez que je me hâte pour ne pas mettre votre patience à une trop longue épreuve.

Messieurs, je ne demande pas à revenir au régime de 1852...

M. Lelièvre. Il en subsiste encore quelque chose.

M. Cuneo d'Ornano. Je demande le retour à la loi du 15 avril 1871, dont, pendant cinq ans, la presse s'est contentée. On a fait en 1875 une loi nouvelle beaucoup moins libérale; cela prouve qu'on n'a pas toujours marché dans la voie du progrès depuis 1870, et M. Dufaure, l'un des fondateurs de la République actuelle, a cru nécessaire d'en protéger le berceau par des dispositions répressives que les régimes précédents n'avaient pas encore imaginées.

Je crois donc que nous devrions nous borner à supprimer la loi de 1875 pour revenir à la législation du 15 avril 1871.

J'estime que, si la Chambre, avant de se séparer, fait cela, elle aura fait réellement un pas dans le sens de la liberté de la presse. Si elle peut faire davantage, si elle peut voter utilement, avant sa séparation, la loi tout entière qui vous est proposée, elle fera peut-être une bonne œuvre; mais je ne crois pas qu'elle puisse y parvenir, et, comme je désire lui voir faire quelque chose de pratique, je lui propose d'adopter le contre-projet aux termes duquel la loi de 1875, que vous aviez déjà abrogée, mais qui a subsisté à cause de la dissolution, est définitivement abrogée; de sorte que la presse revienne sous le régime...

DISCUSSION DES ARTICLES.

M. Émile de Girardin. Du décret de 1852!

M. Lelièvre. La loi de 1875 n'a trait qu'à la compétence, à la procédure. Parlez-nous des délits !

M. Gatineau. Le décret de 1852 reste debout, dans votre système.

M. le président. N'interrompez pas, messieurs ! Vous répondrez !

M. Cuneo d'Ornano. Je ne me suis pas proposé de discuter devant la Chambre une question sur laquelle je suis en grande partie de l'avis de la commission, au point de vue des délits. J'ai demandé l'adoption de mon contre-projet, parce qu'il y a là quelque chose de pratique. Il ne vise que la question de compétence, je le reconnais, mais je crois que, à l'heure où nous sommes, la Chambre n'a pas le temps de faire une œuvre plus complète.

Je le répète, si la Chambre peut arriver au vote définitif et à la promulgation de la loi entière, j'en serai ravi, mais je crois que je lui suggère quelque chose de pratique, tandis que nous n'obtiendrons pas, en temps utile, le vote définitif d'un projet en 70 articles.

Sous le bénéfice de ces rapides et courtes observations, je demande à la Chambre d'adopter mon contre-projet. (Très bien ! très bien ! à droite.)

M. Agniel. Messieurs, je voudrais vous démontrer qu'en adoptant notre projet de loi et en rejetant le contre-projet de l'honorable préopinant, non seulement vous réaliserez une amélioration, un progrès considérable sur les législations antérieures, mais vous ferez une œuvre républicaine, utile, et qui aura cet avantage considérable de mettre en harmonie parfaite vos déclarations antérieures, quand vous étiez dans l'opposition, et vos actes aujourd'hui que vous êtes au Gouvernement.

Le contre-projet de M. Cuneo d'Ornano se présente dans des conditions de restriction excessive, et son honorable auteur ne s'est pas suffisamment rendu compte des résultats auxquels on aboutirait, si le projet était adopté.

Il vous propose purement et simplement de supprimer les conditions de la poursuite et de la compétence. Je comprends cette restriction de la part de cet honorable collègue ; il doit avoir en effet pour la législation antérieure, et notamment pour la législation impériale, une prédilection qui ne lui permettait pas de pousser plus loin son œuvre de réforme en matière de loi sur la presse.

M. Cuneo d'Ornano. Qu'en savez-vous ? Je puis fort bien ne pas accepter tout entière la législation de l'empire, que, vous, vous acceptez depuis dix ans et conservez encore en grande partie.

M. le président. N'interrompez pas, monsieur Cuneo d'Ornano, et veuillez garder le silence que j'ai réclamé pour vous quand vous étiez à la tribune.

M. Agniel. Je crois, mon honorable collègue, pouvoir vous démontrer dans un instant que non seulement nous n'acceptons pas les lois impériales, comme vous le supposez, mais que nous proposons aujourd'hui à la Chambre de les supprimer dans toutes les parties où ces lois sont absolument contraires à la liberté de la presse, telle qu'une république doit la proclamer et l'organiser.

Je disais donc, messieurs, que le projet de M. Cuneo d'Ornano avait cet inconvénient considérable de restreindre d'une manière excessive les modifications à introduire dans les législations antérieures, puisque — et il ne peut y avoir désaccord sur ce point — toutes les législations antérieures resteraient en vigueur, que la modification ne porterait que sur le choix du juge.

Le projet de M. Cuneo d'Ornano a cet inconvénient considérable de restreindre d'une manière excessive les modifications à introduire dans les législations antérieures, qui resteraient en vigueur, et la modification ne porterait que sur le choix du juge.

Eh bien, puisque nous avons été amenés à vérifier dans quelles conditions on devait légiférer sur la presse, je crois que l'œuvre qui peut être faite par une Chambre républicaine doit avoir une autre portée, et je suis convaincu, très loyalement convaincu, que le projet de loi qui est aujourd'hui soumis à l'appréciation de la Chambre offre à la liberté, et j'ajouterai à la dignité de la presse, un tel ensemble de garanties, qu'une Chambre républicaine doit l'accepter sans hésitation. C'est ce que je vous demande la permission de démontrer rapidement.

Il serait parfaitement inutile de vous rappeler les trop nombreuses déclarations de liberté de la presse inscrites dans toutes les chartes et dans toutes les constitutions des gouvernements qui ont régi la France depuis 1789. Mais il n'est peut-être pas inutile de rechercher par suite de quels procédés ces déclarations favorables à la liberté de la presse ont eu pour résultat constant de rendre cette liberté purement nominale, et trop souvent, pour ne pas dire toujours, de la transformer en pièges tendus aux citoyens généreux qui, au détriment de leur intérêt personnel, se préoccupaient des choses politiques.

Quand on étudie la législation si compliquée de la presse, on demeure convaincu que tous les gouvernements sont arrivés à supprimer l'exercice de cette liberté en recourant à un ensemble de combinaisons que je dois vous signaler : d'abord en assujettissant la presse à certaines charges, à certaines conditions pécuniaires, telles qu'autorisation préalable, censure, timbre, cautionnement ; ensuite, en soumettant l'exercice de la liberté de la presse à une législation qui, dans une série d'articles mal rédigés, habituellement obscurs, contenait une foule de délits que les jurisconsultes les plus habiles et les plus expérimentés ne pouvaient dégager qu'à la suite d'études approfondies, en punissant ces délits de peines arbitraires, excessives, et enfin en déférant leur appréciation non pas à la juridiction du jury, mais à la juridiction des tribunaux correctionnels.

C'est à l'aide de ces mesures combinées que la liberté de la presse, toujours proclamée dans les Constitutions, a été, je le répète, transformée en liberté nominale, et trop souvent en pièges tendus sous les pas des écrivains.

Est-ce qu'il n'est pas évident que la liberté de la presse n'existait pas, lorsque le journal ne pouvait être abordé que par celui qui avait l'autorisation préalable ? Est-ce que cette liberté ne cessait pas d'exister, ou plutôt est-ce qu'elle n'était pas refusée à celui qui n'avait pas dans sa caisse les capitaux suffisants pour fonder un journal ? Et, lorsque quelques personnalités exceptionnelles étaient pourvues de l'autorisation et avaient les capitaux nécessaires, quelle était donc la liberté dont l'usage leur était permis ? La liberté de se heurter quotidiennement à des délits que les plus habiles ne pouvaient parvenir à éviter.

Si un écrivain traitait une question de morale ou de philosophie, son étude pouvait être presque arbitrairement transformée en délit d'outrage à la morale publique et religieuse. S'il discutait avec quelque passion généreuse — et la passion, on la comprend dans ces cas — les actes du Gouvernement, c'était alors le délit d'excitation à la haine et au mépris du Gouvernement qu'il commettait et pour lequel il était poursuivi. Et lorsque, ayant sans s'en douter commis ces délits, il était condamné, de quelle peine arbitraire, de quelle peine excessive n'était-il pas atteint ! Et qui était chargé de déclarer s'il avait, ou non, commis un délit, s'il s'était, ou non, renfermé dans les limites de ses droits d'écrivain ? Ce n'était que fort rarement le jury, et, d'habitude, le tribunal correctionnel.

Comment la liberté de la presse aurait-elle pu résister à cet ensemble de mesures agressives ?

Aussi, lorsque votre commission a dû organiser la liberté de la presse, elle s'est placée en présence de la situation qui résultait des lois antérieures. En supprimant ces lois, elle a supprimé toutes les entraves qui liaient la presse : autorisation préalable, censure, cautionnement. Elle a permis à tous d'user de cette liberté. Dorénavant nulle voix ne pourra s'élever rappelant l'interjection célèbre : « Silence aux pauvres ! » La presse est donc libre, je le répète, ce qui ne veut pas dire qu'elle sera et doit être irresponsable.

Je sais bien que, sur cette question de responsabilité, au sein de la commission,

DISCUSSION DES ARTICLES.

nous n'avons pas été d'un avis unanime; nous avons examiné, avec la déférence qui était due à notre honorable président, à ce représentant si vaillant du journalisme, la théorie qu'il soutenait de l'impunité de la presse; mais nous ne pouvons adopter une opinion qui non seulement affranchirait la presse de l'application du droit commun, mais lui donnerait des immunités particulières, que ma raison se refuse à comprendre. Comment! en serions-nous arrivés à ce point de ne pouvoir comprendre la liberté que non escortée de la responsabilité, et ne serait-il plus vrai de dire que, en morale et en législation, non seulement la liberté entraîne la responsabilité, mais que la responsabilité en est le prix et en constitue la véritable grandeur?

Liberté et responsabilité ne sont pas deux termes inconciliables; la liberté engendre la responsabilité, et si, en droit commun, chacun est responsable parce qu'il est libre, si chacun est libre parce qu'il est responsable, à quel titre pourrions-nous revendiquer au profit de celui qui parle ou de celui qui écrit une irresponsabilité que le sentiment de sa dignité devrait certainement l'engager à répudier si cette offre lui était faite? (Très bien!)

Donc l'irresponsabilité ne peut exister, et je crois bien que nul de nous ne pensera que là où la liberté sera suivie de la responsabilité, la liberté subira des entraves. J'entends parler des entraves illégitimes, car je ne considère pas comme entraves ces restrictions qui résultent du respect des lois de notre pays, du respect du droit d'autrui, du respect qui est dû à la volonté nationale; et j'ajoute que, abstraction faite des cas dans lesquels la responsabilité de l'écrivain ou de celui qui parle peut être engagée, les dispositions de la loi sont assez larges pour que la liberté de l'écrivain ou de l'orateur puisse se manifester.

C'est ainsi que vous comprendrez la liberté de la presse avec la responsabilité organisée par une loi libérale, affranchie de ces pénalités excessives qui en rendraient l'usage impossible, substituant une œuvre claire et précise à une série de dispositions ambiguës et contradictoires, et se bornant à réprimer des infractions dont le caractère délictueux est manifeste.

Ces délits que devait retenir la loi nouvelle, quels peuvent-ils être?

Permettez-moi, pour mettre en relief l'œuvre de la commission, d'indiquer rapidement quels étaient les délits qui étaient punis par les législations antérieures, quels sont ceux qui ont été supprimés, et quels sont ceux qui ont été maintenus.

Nous nous trouvions en présence d'une législation qui, sous le nom de délit de la presse ou de la parole, ou bien encore de délits commis par la voie de la presse et de la parole, punissait notamment le délit d'outrage à la morale publique et religieuse, le délit d'excitation à la haine et au mépris des citoyens les uns contre les autres, le délit de provocation à la désobéissance aux lois, le délit d'attaque à la Constitution, au Gouvernement, etc., le délit d'atteinte portée aux droits de la famille, aux droits de la propriété, le délit d'infidélité de compte rendu. J'abrège l'énumération, elle est déjà assez longue, et il suffit de cette simple citation pour reconnaître que tous ces prétendus délits n'étaient en réalité que des délits d'opinion.

Et c'est par ce motif que la commission n'a pas hésité à les supprimer.

Quels sont les délits qui ont été conservés par le projet de loi? Ils ne sont pas nombreux : délits contre la chose publique; provocation à commettre des crimes ou des délits; provocation des militaires des armées de terre ou de mer à la désobéissance aux ordres de leurs chefs; outrages envers le Président de la République, la République et les Chambres; cris séditieux; fausses nouvelles de nature à troubler la paix publique et propagées de mauvaise foi; outrages aux bonnes mœurs; diffamations, injures publiques.

Or si, après avoir énuméré ces délits, vous étudiez notre législation de *droit commun*, notre Code pénal, vous constaterez qu'il n'en est pas un seul qui ne soit puni, si, dans des conditions et avec un caractère analogues, il est commis autrement que par la voie de la presse.

Pour répondre à une objection qui repose plutôt sur une théorie philosophique que sur une application, sur une étude exacte de notre droit criminel, permettez-moi de mettre rapidement en regard de chacun des délits punis par le projet de loi l'état de notre législation antérieure.

Nous trouvons d'abord la provocation à commettre des crimes ou des délits. Est ce qu'il a fallu notre projet de loi pour créer ce délit? Est-ce que nous ne le retrouvons pas dans toutes les législations pénales qui se sont succédé depuis 1791, et non pas dans les législations pénales s'appliquant spécialement à la presse, mais dans toutes les législations pénales de droit commun?

Je ne ferai que citer rapidement la loi de 1791 et celle de 1793, qui punissaient de mort la provocation à la perpétration de certains crimes ou de certains délits. Si je voulais feuilleter devant vous le Code pénal, je vous citerais des cas multiples et dans lesquels ces provocations non seulement sont qualifiées crimes ou délits, mais sont punies avec une énergie que, à tort ou à raison, nous ne connaissons pas, nous autres législateurs de 1881.

Ainsi, messieurs, l'article 89 du Code pénal ne punit-il pas la provocation au complot, abstraction faite de la réalisation du complot lui-même? Les articles 205, 206, 208 ne punissent-ils pas les écrits des ministres des cultes provoquant à la désobéissance aux lois, alors même que cette provocation n'a pas été suivie d'effet? L'article 293 ne punit-il pas la provocation à commettre certains crimes ou délits?

Il est donc vrai que la provocation au crime ou au délit constitue une infraction de droit commun; cette infraction perdra-t-elle ce caractère si elle est commise par la voie de la parole ou de la presse?

Serait-ce en retenant comme délit la provocation non suivie d'effet que le projet de loi violerait les règles du droit commun? Et serait-il vrai que le projet crée une complicité spéciale, contraire aux règles posées par l'article 60, notamment, du Code pénal?

En matière de provocation, puisqu'on invoque le droit commun, il faut l'accepter dans toutes ses dispositions, et le Code pénal démontre qu'en matière de complots, d'écrits pastoraux, etc., le délit existe bien que la provocation n'ait pas été suivie d'effet.

Le projet de loi ne contient donc pas une innovation.

Et l'outrage au Président de la République, aux pouvoirs publics, peut-il, à un titre quelconque, être considéré comme un délit spécial, n'ayant aucun des caractères des infractions de droit commun?

Si, après avoir supprimé tous les délits d'opinion, nous avons retenu ce délit, c'est que nous savions qu'il y avait là une infraction sur la nature de laquelle il n'est pas permis d'équivoquer, dont le caractère est fixé par une législation de droit commun remontant à plus de cinquante ans, et parce qu'en définitive, en retenant le délit d'outrage, nous nous bornions à extraire ce même délit de droit commun du Code pénal et à restituer à ceux qui étaient protégés par la loi commune le bénéfice d'une protection que les vicissitudes de la législation leur avaient enlevée.

Est-ce en effet la commission qui a découvert ce délit d'outrage? est-ce que l'ancien Code pénal, jusqu'en 1819, n'avait pas puni le délit d'outrage commis par paroles, gestes ou menaces, lui donnant toujours le même caractère, bien qu'il pût se produire sous une triple manifestation?

Mais ce dont il faut tenir compte, c'est de la modification qui fut apportée à la législation de droit commun, au Code pénal, par la législation spéciale sur la presse de 1819 et de 1822.

Qu'advint-il alors? C'est que les législateurs de cette époque détachèrent du

DISCUSSION DES ARTICLES.

droit commun, du Code pénal, le délit d'outrage en tant que ce délit résultait de la parole publique, et qu'ils le transformèrent en délit nouveau puni par une loi spéciale plus douce que la loi ancienne.

Aujourd'hui notre projet de loi supprime toutes les lois antérieures sur la presse ; par suite, il supprime les lois de 1819 et de 1822 qui punissaient le délit d'outrage. Mais veuillez remarquer qu'il ne suffit pas que le projet supprime les lois sur la presse pour que, au point de vue spécial de l'outrage, la situation légale redevienne ce qu'elle était antérieurement, la suppression des lois de 1819 et de 1822 n'ayant pas pour résultat de faire revivre la législation antérieure du droit commun.

C'est en présence de cette situation ; en présence d'un Code pénal qui punit l'outrage par gestes, par menaces, par écrits non rendus publics, à l'encontre de jurés, de magistrats de l'ordre administratif ou judiciaire et de diverses catégories de personnes, que nous avons introduit l'article qui punit l'outrage commis par la presse et par la parole.

N'est-ce pas un emprunt au droit commun ? Cet emprunt est-il blâmable ? Lorsque le droit commun punit l'outrage non public adressé à un juré ou à un officier ministériel, fallait-il absoudre l'outrage adressé publiquement aux pouvoirs constitués ?

Veuillez bien remarquer, messieurs, que je ne me préoccupe pas, en ce moment, de justifier le délit en lui-même ; je venge seulement la rédaction du reproche qui paraît lui être adressé d'avoir créé, en dehors du droit commun, un délit qui n'existerait, à titre de délit, que parce qu'il aurait été commis par la voie de la presse, trouvant, pour ainsi dire, dans cette circonstance, une aggravation des législations antérieures, alors au contraire que, dans l'esprit des auteurs du projet de loi, c'est une atténuation de l'application de ces législations.

Continuons notre examen : A-t-il fallu une loi spéciale sur la presse pour qualifier délit la propagation de la fausse nouvelle ? Le Code pénal ne punit-il pas la fausse nouvelle inventée dans le but d'agir sur les fonds publics ? Cependant, permettez-moi de dire que, dans un pays comme le nôtre surtout, je ne crois pas que tout repose sur la sécurité de l'argent ; la marche régulière des fonds publics peut avoir, sans doute, un intérêt considérable, mais la tranquillité du pays, abstraction faite de son intérêt matériel, cette tranquillité se rattache à certaines questions morales de la plus haute importance, et qu'il est certainement tout aussi essentiel de protéger.

Eh quoi ! lorsque le Code pénal punira la fausse nouvelle qui n'a d'autre influence que d'exercer un mouvement illégitime sur la hausse ou la baisse des fonds publics à la Bourse, vous proclamerez inoffensive la fausse nouvelle qui pourra porter atteinte à la sécurité et à la tranquillité du pays ? Non ! lorsque la fausse nouvelle est retenue dans notre projet de loi, je puis le dire, elle ne se présente pas avec un caractère de délit nouveau, elle se présente avec un caractère de délit, je ne dirai pas consacré, mais déjà prévu et puni par une législation de droit commun ?

Faut-il parler du délit de cris séditieux ? Les cris séditieux, est-ce que, par hasard, c'est encore une invention de votre commission ? Est-ce un délit qui, d'une manière absolue, soit sans analogie avec les délits de droit commun, punis par le Code pénal ? Ne suffira-t-il pas de faire remarquer que, à titre de contravention, le Code pénal punit les cris constituant un bruit, un tapage injurieux ou nocturne ? Eh quoi ! tandis que celui qui, par une chanson absolument inoffensive, aura troublé le sommeil de quelques citoyens, est exposé à être poursuivi, non pas en police correctionnelle, tout est proportionné, mais en simple police, et frappé d'une peine de droit commun, à raison d'une contravention de droit commun, celui qui, au lieu de pousser des cris nocturnes, aura, en plein jour, poussé des cris séditieux portant ou pouvant porter atteinte, surtout dans les temps que nous traversons encore, à la sécurité publique, ne serait exposé à aucune pénalité, et le fait qu'il aurait commis serait considéré comme étant en dehors du droit commun? Cela n'est pas admissible.

En présence de quels délits nous trouvons-nous encore? En présence de délits qui sont retenus non plus dans l'intérêt public, mais dans l'intérêt privé, c'est-à-dire de délits de diffamation et d'injures publiques.

On m'accordera, sans difficulté, que, en ce qui concerne ces délits, nous ne sortons pas du droit commun, mais que nous subissons la situation qui nous est faite par leur nature même.

Messieurs, il est presque de mode aujourd'hui de dire qu'il n'y a pas de délits de presse. Au point de vue juridique, je l'admets d'une manière générale, mais pas d'une manière absolue. Il y a des délits, quoi que puissent en dire les partisans les plus favorables de la liberté de la presse ou de la parole, il y a des délits qui ont, pour instrument nécessaire, la parole ou la presse. Ainsi, je voudrais qu'on pût signaler une hypothèse dans laquelle il y aurait délit de diffamation ou d'injures, abstraction faite de la parole ou de la presse. Or s'il est vrai de remarquer que, en ce qui concerne ces deux délits spéciaux, ils ne peuvent être commis qu'avec cet instrument nécessaire, la parole ou la presse, sans doute, il sera vrai de dire qu'il n'y a pas de délit de presse en tant qu'on entend proclamer cette vérité qu'il n'y a pas de délit d'opinion; mais il ne sera pas absolument vrai de dire qu'il n'y a aucun délit qui soit, par son essence, un délit de presse ou de parole, car, en ce qui concerne les délits commis contre des particuliers, la presse ou la parole sont, je ne dirai pas les instruments possibles, les instruments les plus usuels, mais les instruments nécessaires de la perpétration de ces délits. J'en ai fini de ce qui concerne cette énumération des délits.

Que reste-t-il, messieurs, pour achever notre œuvre? Nous nous trouvions, je l'ai dit, en présence d'une législation dont les peines sont excessives. Je n'ai pas à feuilleter les 71 articles de notre projet de loi, mais je suis dans le vrai en affirmant, — et il suffit de rapprocher les textes, — que nulle part les pénalités proposées par le projet de loi ne sont supérieures, et que, dans la plupart des cas, elles sont notablement inférieures aux peines prononcées par la législation en vigueur. Et ne croyez pas, messieurs, qu'au point de vue, non pas de la concession ou de la reconnaissance de la liberté, mais de l'exercice de la liberté de la presse ou de la parole, ce soit une chose inutile et sans importance que cette réduction des peines prononcées.

Enfin, tandis que nous nous trouvions en présence d'une législation qui, dans des cas exceptionnels, toujours trop rares, accorde la juridiction du jury, nous avons, comme règle générale, posé la juridiction du jury, et, dans des cas exceptionnels seulement, renvoyé les délits devant le tribunal correctionnel.

Permettez-moi d'ajouter que, lorsque nous attribuions aux tribunaux correctionnels la connaissance de certains délits, nous n'ignorions pas le projet de loi qui, en ce moment, est discuté dans une des commissions de la Chambre, et qui a pour but l'institution du jury correctionnel. De telle sorte que, à vrai dire, lorsque cette réforme législative sera accomplie, les délits de presse ou de parole seront nécessairement attribués à l'un ou à l'autre jury, et il n'y aura de différence que dans la qualification du jury criminel ou de jury correctionnel.

Voilà, messieurs, le parallèle que je voulais vous soumettre entre la situation résultant de la législation ancienne et celle qui serait faite à la presse par notre projet de loi, s'il avait la bonne fortune d'obtenir votre assentiment. Tandis que l'ancienne législation créait l'autorisation préalable, la censure, le cautionnement, c'est-à-dire des entraves à la liberté de la presse, notre projet de loi les supprime. Tandis que l'ancienne législation multipliait les délits, notre projet de loi les réduit à leur plus simple expression; tandis que l'ancienne législation consacrait des délits véritables d'opinion, le projet de loi les supprime; tandis que l'ancienne

DISCUSSION DES ARTICLES.

législation frappait les infractions de peines exagérées, le projet de loi réduit la pénalité dans des proportions considérables; tandis que, enfin, l'ancienne législation proclamait comme juge normal la police correctionnelle, le projet de loi proclame comme juge normal le jury, c'est-à-dire le jugement des prévenus par leurs pairs.

Voilà l'œuvre que la commission vous convie à sanctionner par votre vote; et je crois avoir le droit de dire que non seulement cette œuvre constitue une amélioration considérable sur la législation antérieure, mais qu'elle constitue une œuvre se présentant avec un tel ensemble de garanties qu'une Chambre républicaine — et je tiens à terminer en reproduisant les paroles que j'ai prononcées en montant à la tribune — peut et doit s'y associer sans crainte de démentir ses revendications anciennes, et avec la certitude qu'elle aura cette bonne fortune de faire à la fois une œuvre patriotique, et de mettre ses actes en harmonie avec ses paroles. (Applaudissements au centre et à gauche.)

M. Cuneo d'Ornano. Je demande à répondre un seul mot à l'honorable M. Agniel.

M. le président. Vous avez la parole.

M. Cuneo d'Ornano. Je répète que mon contre-projet ne porte que sur la question de juridiction, tandis que l'on vous propose de voter un projet de loi en soixante-dix articles, qui remanie toute notre législation en matière d'imprimerie, de colportage, d'affichage, etc.

Ce projet de loi pourra-t-il être voté en temps utile, c'est-à-dire avant la fin de notre législature, dans cette Assemblée et au Sénat? S'il peut l'être dans ces conditions, il sera fait à la presse, je le reconnais, une situation meilleure que celle dans laquelle elle se trouve actuellement. Mais si vous craignez, comme moi, que ce grand projet de loi ne puisse pas être voté définitivement dans le cours de cette session, il serait pratique d'adopter mon contre-projet; autrement vous laisseriez la presse dans une situation très funeste en maintenant le régime de la loi de 1875 dont je demande l'abrogation.

Voilà, messieurs, tout ce que j'avais à dire.

M. le président. Je consulte la Chambre sur le contre-projet de M. Cuneo d'Ornano.

(La Chambre, consultée, n'adopte pas le contre-projet.)

OBSERVATION.

Bien que le contre-projet de M. Cunéo d'Ornano n'ait point été porté à l'ordre du jour et qu'il se soit produit à l'improviste, alors que personne n'avait demandé la parole pour répondre à l'exposé du projet de loi de la Commission, nous avons pensé devoir placer ici cette discussion. M. le président la jugeait utile quand il a trouvé une forme qui la rendît régulière.

Elle présente en effet, quoique placée en tête de la discussion des articles, les caractères d'une discussion générale. En répondant au contre-projet de M. Cunéo d'Ornano, M. Agniel, l'un des membres de la commission, a exposé l'ensemble du projet, et il a ainsi détruit ce qu'on pouvait considérer comme une tentative pour ajourner le résultat du travail considérable de la commission, pour retourner à la loi du 15 avril 1871 et pour maintenir, pendant un temps indéterminé, l'application des lois anciennes si contraires à la liberté.

De plus ces explications, tout en faisant valoir les avantages du projet de loi au point de vue de la liberté, ont mis en relief les dispositions qui se perpétuent dans une partie de la Chambre pour continuer à ne pas traiter la presse de la même manière que les autres manifestations de l'activité humaine. Le discours de M. Agniel, au nom de la commission, semble lui-même empreint du souvenir des lois qui ont toujours considéré la presse comme un danger dans la société moderne, après l'émancipation née en 1791. Malgré la liberté que l'on consent à proclamer, on réserve à la presse certaines formes qui demeureront toujours à l'état de menace. On ne veut pas que l'homme qui a écrit sa pensée soit libre de communiquer son écrit aux autres hommes, tout simplement, comme il est libre de marcher au milieu d'eux.

La discussion de ces difficultés créées à la presse a divisé la Chambre en deux grandes fractions, et c'est leur débat qui va remplir les séances jusqu'au jour où la loi sera votée à l'unanimité avec quelques explications qui feront connaître les motifs politiques réunissant, pour l'ensemble, les votes constamment divisés dans plusieurs grandes questions.

Première suite du rapport général.

VII

Exposé et justification des articles de la loi.

DISPOSITIONS PRÉLIMINAIRES. — (Art. 1, 2.)

Jusqu'à présent toutes les lois relatives à la presse et à la parole, conformément d'ailleurs à un usage plus commode que logique et précis, se sont terminées par une disposition qui réserve, dans les textes antérieurs, ceux qui n'auraient rien de contraire aux nouvelles dispositions.

Cette formule générale, sorte de cliché législatif, est d'ordinaire ainsi conçue :

« Sont abrogées les dispositions des lois antérieures, contraires à la présente loi. »

Votre commission n'a pas cru devoir imiter cet exemple.

Par l'article 1er elle édicte une abrogation intégrale, absolue; et si elle y fait des exceptions, ces exceptions n'ont trait qu'à des dispositons qui sont bien, il est vrai, inhérentes au droit de publication, mais qui se trouvent ou dans le Code pénal ordinaire, ou dans des lois spéciales indépendantes de la législation que vous nous avez donné mandat de reviser et de codifier.

Votre commission a tenu néanmoins à ne rien omettre, à ne rien laisser à l'interprétation de la jurisprudence ou aux disputes de la controverse. Elle a, dans l'article 2 du projet, spécifié par l'indication des articles mêmes, les dispositions auxquelles nous n'avons pas cru pouvoir toucher.

Pour manifester tout d'abord avec le plus d'évidence possible le libéralisme du projet, la majorité de votre commission a pensé qu'il était utile de placer en tête la disposition générale d'abrogation, et d'en faire ainsi le premier article de la loi nouvelle.

Article 1er. — Sont abrogés, sauf les exceptions contenues en l'article 2, les lois, décrets, ordonnances, arrêtés, règlements, déclarations, articles ou dispositions généralement quelconques, relatives à l'imprimerie, à la librairie, à la presse périodique ou non périodique, au colportage, à l'affichage, à la vente sur la voie publique, et aux crimes et délits commis par la parole, la presse, ou tout autre moyen de publication.

Ces matières ne seront plus soumises qu'aux prescriptions de la présente loi et des articles mentionnés en l'article 2.

Art. 2. — Sont formellement exceptées de l'abrogation prononcée par l'article précédent les 1, 3 et 4 de la loi du 18 germinal an X (publications des bulles, rescrits, etc., etc.); — l'article 36 de la loi du 21 germinal an XI et l'article 1er du 29 pluviôse an XIII (annonces ou affiches de remèdes non autorisés); — les articles 1 et 2 du décret du 7 germinal an XIII (impression des livres d'Église); les articles 1 et 2 du décret du 20 février 1809 (impression des manuscrits de l'État); l'article 4 de la loi du 21 mai 1836 (distributions des billets de loteries interdites), l'article 9 de la loi du 24 mai 1834 et l'article 6 de la loi du 7 juin 1848 (provocation à des attroupements); l'article 2 de la loi du 27 juillet 1849 (provocation aux militaires pour les détourner de leurs devoirs); les articles 7 et 8 de la loi du 27 juillet 1879 (provocation à un rassemblement sur la voie publique ayant pour objet la discussion, la rédaction ou l'apport de pétition aux Chambres); l'article 45 du décret du 2 février 1852 (outrages envers les bureaux électoraux); le § 5 de l'article 5 de la loi du 25 mai 1838 (action civile pour injure ou diffamation en justice de paix); les articles 201, 202, 203, 204, 205, 206 du Code pénal (attaques émanées des ministres des cultes); les articles 222 à 227 du même Code (outrages envers les dépositaires de l'autorité et de la force publique dans l'exercice de leurs fonctions); les articles 260 à 264 du même Code (entraves au libre exercice des cultes); les articles 419 et 420 du même Code (fausses nouvelles de nature à troubler les marchés publics); les lois et dispositions législatives aux sociétés civiles et commerciales, à la propriété industrielle, littéraire ou artistique, et aux droits du fisc, et les dispositions du Code d'instruction criminelle qui ne sont pas contraires au chapitre V de la présente loi.

CHAMBRE DES DÉPUTÉS : PRÉSIDENT M. GAMBETTA.

Première délibération. Suite de la séance du 24 janvier 1881.

M. le président. Nous passons à l'article 1er de la loi. Il est ainsi conçu :

« Art. 1er. — Sont abrogés, sauf les exceptions contenues en l'article 2, les lois, décrets, ordonnances, arrêtés, règlements, déclarations, articles ou dispositions généralement quelconques relatifs à l'imprimerie, à la librairie, à la presse périodique ou non périodique, au colportage, à l'affichage, à la vente sur la voie publique et aux crimes et délits commis par la parole, la presse ou tout autre moyen de publication.

« Ces matières ne seront plus soumises qu'aux prescriptions de la présente loi et des articles mentionnés en l'article 2. »

M. Ribot. Je demande la parole.

M. Émile de Girardin. Je demande la parole.

M. le président. Vous l'aurez après M. Ribot, qui l'a demandée avant vous.

M. Ribot. Messieurs, je pense qu'il y aurait intérêt à réserver la discussion des articles 1 et 2 jusqu'à ce que la Chambre ait pu examiner les dispositions de fond qui sont contenues dans le reste de la loi.

Ce n'est pas une simple question de logique...

M. le rapporteur. La commission est d'accord.

M. Ribot. Mais puisque je suis à la tribune, je me permettrai de signaler à la commission une question soulevée par l'article 2 ; c'est la question de savoir quelle sera la juridiction compétente pour statuer sur les délits réservés par l'article 2, et qui, néanmoins, ne figurent pas dans le texte de la loi. Il y a, en ce qui concerne ces délits, une lacune que je me permets de signaler à la commission ; c'est, à mon sens, une raison de plus pour que nous ajournions la discussion de l'article 2.

M. le rapporteur. La commission accepte la réserve.

OBSERVATION.

L'idée exprimée dans le rapport et formulée dans les deux premiers articles du projet donnait satisfaction au désir, souvent manifesté par les jurisconsultes, de voir énoncer clairement, dans chaque loi nouvelle, l'effet d'abrogation produit sur les lois antérieures.

L'occasion était bonne surtout dans une loi qui devait être entièrement nouvelle.

Placer les articles énonciatifs de l'abrogation au commencement de la loi paraissait très convenable pour les lecteurs de la loi, qui n'auraient point de préoccupation en prenant connaissance des autres articles qu'ils sauraient dégagés de toute interprétation par les lois anciennes. Mais cela a paru moins convenable aux législateurs qui voulaient étudier les soixante-dix articles de la loi nouvelle avant de se prononcer sur les abrogations.

Deuxième suite du rapport général.

VIII

CHAPITRE PREMIER (Art. 3 a 6).

DE L'IMPRIMERIE ET DE LA LIBRAIRIE.

La première disposition de ce chapitre proclame la liberté de l'imprimerie et de la librairie. Si votre commission a cru devoir formuler ici cette déclaration, c'est en quelque sorte pour protester contre les vexations qu'eut à subir, sous le régime du 17 mai 1819, l'exercice de la profession de libraire.

A cet égard le projet ne distingue pas entre la librairie permanente et la librairie accidentelle. Il édicte la liberté absolue de la librairie et de l'imprimerie sans aucune espèce de restriction.

« L'imprimerie, disait Pierre Leroux lors de la discussion de l'article 8 de la « Constitution de 1848, l'imprimerie ne peut être soumise à aucun monopole; le « monopole de l'imprimerie est une censure préalable de la plus forte espèce. »

Le projet de loi fait plus ou fait mieux que de déclarer que l'imprimerie et la librairie sont libres; il le prouve et par les nombreuses dispositions qu'il abroge et par la seule disposition qu'il formule.

Il abroge par son article 1er toutes celles dont se compose la législation actuelle et que l'article 2 ne réserve pas.

Le projet supprime en conséquence la déclaration du 10 mai 1728, et l'arrêt du conseil du 10 septembre 1735, le décret du 5 février 1810, titres II et IV; celui du 6 juillet 1810, celui du 18 novembre 1810, le titre II de la loi du 21 octobre 1814, art, 11, 12, 13, 15 et 18.

Se trouvent encore abrogés l'ordonnance du 24 octobre 1814, rendue en exécution de la loi du 21 octobre, celle du 20 février 1817, celle du 2 janvier 1828 et les deux décrets du 22 mars 1852.

La plupart de ces dispositions avaient été effacées déjà par le décret du gouvernement de la Défense nationale du 10 septembre 1870 qui rendait la liberté aux professions d'imprimeur et de libraire.

Mais ce décret, tout en proclamant par son article 1er que les professions d'imprimeur et de libraire deviennent libres, les soumet par son article 2 à l'obligation de faire une déclaration au ministère de l'intérieur.

Le décret du 10 septembre 1870 n'a pas trouvé grâce devant la commission ; elle l'a compris implicitement dans l'abrogation générale, absolue, qu'édicte l'article 1er du projet de loi.

Des innombrables dispositions relatives à l'imprimerie, elle n'en a retenu que deux.

La première, renouvelée de l'article 3 du décret du 10 septembre 1870, exige seulement que tout imprimé rendu public porte le nom et le domicile de l'imprimeur.

Cette disposition n'a pour but ni pour résultat de restreindre la liberté de l'imprimerie.

Elle ne peut en effet empêcher la perpétration d'un crime ou d'un délit, elle ne fait qu'en assurer, dans la mesure du possible, la responsabilité.

Votre commission n'a d'ailleurs attaché qu'une importance très secondaire à cette disposition. Répudiant les pénalités antérieures que prononçaient la loi du 21 octobre 1814, art. 13 (10,000 fr, d'amende et 6 mois de prison), la loi du 27 juillet 1849, art. 7 §§ 1, 2, 3 (100 à 500 fr. supplémentairement à l'article 13 de la loi du 21 octobre 1814), ainsi que l'article 283 du Code pénal (six jours à six mois de prison), votre commission a réduit la pénalité encourue pour contravention à l'article 4, à des peines de simple police.

La seconde disposition empruntée aux art. 4 et 8 de l'ordonnance du 24 octobre 1814 et à l'article 1er de celle du 9 janvier 1828, n'exige, en fait de dépôt, contrairement aux dispositions antérieures, que celui de deux exemplaires, au ministère de l'intérieur pour Paris, à la préfecture pour les chefs-lieux de département, à la sous-préfecture pour les chefs-lieux d'arrondissement, et pour les autres villes à la mairie.

L'intérêt de cette disposition se révèle par la destination des exemplaires déposés.

Ils sont destinés, dit le projet, aux collections nationales, ce qui justifie la pénalité plus sévère de 16 à 300 fr. d'amende édictée par l'article 5.

Il allait de soi que le dépôt dont le but était ainsi indiqué ne pouvait s'entendre des bulletins de vote, des circulaires commerciales ou industrielles ainsi que des ouvrages *de ville* ou des *bilboquets*.

Votre commission a pensé qu'il était utile de s'en expliquer. Elle a pris pour texte de l'exception les décisions de la jurisprudence (notamment Metz, 31 août 1833 ; C. c., 5 juillet 1845 ; circ. min. justice, 1er août 1810).

L'article 6, qui termine le chapitre Ier, rend applicables les articles 4 et 5 à tous les genres d'impression ou de reproduction destinés à être publiés. Cette disposition générale a paru préférable à une nomenclature. Deux dispositions remplacent donc, dans le projet de loi, les dispositions diverses de douze lois ou ordonnances. Elles font la clarté, en même temps que la liberté.

M. le président, sur une observation de M. ÉMILE BEAUSIRE, répond : Le nouveau numérotage, que pourra nécessiter la réserve des articles 1 et 2, sera fait en seconde lecture ; c'est pour l'ordre de la discussion que je procède ainsi. Je ne puis pas soumettre au vote de la Chambre une loi commençant par l'article 3.

L'ancien article 3, qui devient l'article 1er, est ainsi conçu :

« L'imprimerie et la librairie sont libres. »

Je mets aux voix cet article.
(L'article 1er, mis aux voix, est adopté.)

« Art. 2. — Tout imprimé rendu public portera l'indication du nom et du domicile de l'imprimeur, à peine, contre lui, d'une amende de 5 à 15 francs et d'un emprisonnement de un à cinq jours, ou de l'une de ces deux peines seulement.

« La peine de l'emprisonnement sera nécessairement prononcée si, dans les douze mois précédents, l'imprimeur a été condamné pour contravention de même nature. »

(Adopté.)

« Art. 3. — Au moment de la publication de tout imprimé, il en sera fait par l'imprimeur, sous peine d'une amende de 16 à 300 fr., un dépôt de deux exemplaires, destinés aux collections nationales.

« Ce dépôt sera fait, au ministère de l'Intérieur, pour Paris ; à la préfecture, pour les chefs-lieux de département ; à la sous-préfecture, pour les chefs-lieux d'arrondissement ; et, pour les autres villes, à la mairie.

« Sont exceptés de cette disposition les bulletins de vote, les circulaires commerciales ou industrielles, et les ouvrages dits de ville ou bilboquets. »

(Adopté.)

« Art. 4. — Les dispositions qui précèdent sont applicables à tous les genres d'impression ou reproduction destinés à être publiés. »

M. Fallières, sous-secrétaire d'État de l'Intérieur. Je demande la parole.
M. le président. La parole est à M. le sous-secrétaire d'État de l'Intérieur.
M. Fallières, *sous-secrétaire d'État de l'Intérieur.* Messieurs, je viens demander à la Chambre de vouloir bien adopter une disposition additionnelle à l'article 4, ancien article 6.

Cette disposition serait ainsi conçue :

« Toutefois, le dépôt prescrit par l'article précédent sera de trois exemplaires pour les estampes et la musique. »

M. le rapporteur. La commission accepte.

M. le sous-secrét ire d'État. J'ai déjà indiqué à la commission quel était le motif, non pas de cette innovation, mais de ce paragraphe additionnel, qui n'est purement et simplement que la consécration de ce qui existe aujourd'hui.

La commission, en décidant, dans l'article précédent, qu'un certain nombre d'exemplaires serait destiné aux collections nationales, n'a pas entendu, d'après les explications échangées entre nous, restreindre le dépôt qui est aujourd'hui effectué.

En fait, en ce qui concerne les imprimés autres que les estampes et la musique, on ne dépose que deux exemplaires : l'un d'eux est envoyé par le ministre de l'Intérieur à la Bibliothèque nationale, le second au ministère de l'Instruction publique. Pour les estampes et la musique, on dépose trois exemplaires, dont voici la destination : pour les estampes, la Bibliothèque nationale reçoit deux exemplaires, parce qu'elle fait deux collections. Les estampes étant fréquemment communiquées au public, il fallait tenir compte de l'usure et conserver une réserve. Le troisième exemplaire est remis au ministère de l'Instruction publique.

Pour la musique on dépose trois exemplaires dont voici également la destination : un exemplaire pour le ministère de l'Instruction publique, un exemplaire pour la Bibliothèque nationale, un troisième enfin est déposé aux archives du Conservatoire de musique. Dans ces conditions, je crois avoir suffisamment justifié la disposition additionnelle dont j'ai l'honneur de demander l'adoption à la Chambre. (Marques d'assentiment).

M. le rapporteur. Je répète que la commission accepte la disposition additionnelle.

M. le président. Voici le texte de la disposition additionnelle soumise au vote de la Chambre et acceptée par la commission :

« Toutefois le dépôt prescrit par l'article précédent sera de trois exemplaires pour les estampes et la musique. »

Je mets aux voix l'article 4 et la disposition additionnelle ci-dessus.

(La Chambre, consultée, adopte l'article 4, y compris la disposition additionnelle.)

SÉNAT. PRÉSIDENT M. LÉON SAY.

Première suite du rapport du 18 juin 1881.

ART. 2. — Premier paragraphe. L'amende nous a paru suffisante pour cette contravention. — Supprimer la fin du paragraphe depuis les mots : *et d'un empris onnement.*

Dans le second paragraphe nous avons trouvé trop rigoureuse l'injonction : *La peine de l'emprisonnement sera nécessairement prononcée,* et nous lui avons préféré la formule : *Pourra être prononcée.*

ART. 3. — Nous avons ajouté au second paragraphe cette disposition : *L'acte de dépôt mentionnera le titre et le chiffre du tirage.*

4

On pourrait dire, pour expliquer cette disposition, que le titre d'un ouvrage constitue une propriété ; qu'il importait de fixer le droit de priorité par l'acte de dépôt ; qu'il importait non moins de constater le chiffre du tirage. Quand un auteur vend une édition à un éditeur, il la vend tirée à un nombre déterminé d'exemplaires : si l'acte de dépôt ne le constate pas authentiquement, quel sera le moyen de vérifier en cas de litige que ce nombre a été ou n'a pas été dépassé ? Mais la Commission n'avait pas à s'occuper de la propriété littéraire ; elle s'est surtout placée au point de vue de la répression ; elle a pensé que l'importance du tirage serait, en certains cas, un motif déterminant de la poursuite ; une publication tirée à quelques exemplaires pourrait ne présenter aucun danger, tandis qu'elle pourrait en offrir un si le tirage était considérable.

Annexe au rapport de M. E. Pelletan au Sénat du 18 juin 1881.

Proposition adoptée par la Chambre des députés.

Texte proposé par la commission du Sénat.

CHAPITRE PREMIER

DE L'IMPRIMERIE ET DE LA LIBRAIRIE

ARTICLE PREMIER.

L'imprimerie et la presse sont libres.

ARTICLE 2.

Tout imprimé rendu public, à l'exception des ouvrages dits de ville ou bilboquets, portera l'indication du nom et du domicile de l'imprimeur, à peine, contre celui-ci, d'une amende de 5 francs à 15 francs, et d'un emprisonnement de un à cinq jours, ou de l'une de ces deux peines seulement.

La peine de l'emprisonnement sera nécessairement prononcée, si, dans les douze mois précédents, l'imprimeur a été condamné pour contravention de même nature.

ARTICLE 3.

Au moment de la publication de

CHAPITRE PREMIER

DE L'IMPRIMERIE ET DE LA LIBRAIRIE

ARTICLE PREMIER.

Sans changement.

ARTICLE 2.

Tout imprimé rendu public, à l'exception des ouvrages dits de ville ou bilboquets, portera l'indication du nom et du domicile de l'imprimeur, à peine, contre celui-ci, d'une amende de 5 francs à 15 francs.

La peine de l'emprisonnement *pourra être prononcée* si, dans les douze mois précédents, l'imprimeur a été condamné pour contravention de même nature.

ARTICLE 3.

Au moment de la publication de

tout imprimé, il en sera fait, par l'imprimeur, sous peine d'une amende de 16 francs à 300 francs, un dépôt de deux exemplaires, destinés aux collections nationales.

Ce dépôt sera fait, au ministère de l'Intérieur, pour Paris ; à la Préfecture, pour les chef-lieux de département ; à la Sous-Préfecture, pour les chef-lieux d'arrondissement ; et, pour les autres villes, à la Mairie.

Sont exceptés de cette disposition les bulletins de vote, les circulaires commerciales ou industrielles et les ouvrages dits de ville ou bilboquets.

tout imprimé, il en sera fait, par l'imprimeur, sous peine d'une amende de 16 francs à 300 francs, un dépôt de deux exemplaires, destinés aux collections nationales.

Ce dépôt sera fait, au ministère de l'Intérieur, pour Paris ; à la Préfecture, pour les chefs-lieux de département ; à la Sous-Préfecture pour les chefs-lieux d'arrondissement ; et, pour les autres villes, à la Mairie.

L'acte de dépôt mentionnera le titre de l'imprimé et le chiffre du tirage.

Sont exceptés de cette disposition les bulletins de vote, les circulaires commerciales ou industrielles et les ouvrages dits de ville ou bilboquets.

ARTICLE 4.

Les dispositions qui précèdent sont applicables à tous les genres d'imprimés ou de reproductions destinés à être publiés.

Toutefois le dépôt prescrit par l'article précédent sera de trois exemplaires pour les estampes et la musique.

ARTICLE 4.

Sans changement.

Séance du samedi 9 juillet 1881.

M. le président. L'ordre du jour appelle la discussion de la proposition de loi, adoptée par la Chambre des députés, sur la liberté de la presse.

Quelqu'un demande-t-il la parole dans la discussion générale ?...

Personne ne demandant la parole dans la discussion générale, je consulte le Sénat sur la question de savoir s'il entend passer à la discussion des articles.

Il n'y a pas d'opposition ?

Je donne lecture des articles :

« Art. 1er. — (Comme ci-dessus à la Chambre des députés.) »

(L'article 1er, mis aux voix, est adopté.)

M. le président. « Art. 2. — (Comme ci-dessus texte de la commission.) »

(Adopté.)

« Art. 3. — (Comme ci-dessus texte de la commission.) »

M. de Rozière. Messieurs, je n'ai pas demandé la parole pour combattre l'article 3, ni même pour discuter les dispositions ; je viens seulement faire, à propos de cet article, une déclaration, formuler une réserve et appeler d'avance l'attention du Sénat sur les développements et sur les améliorations que le principe qui s'y trouve posé me paraît susceptible de recevoir.

L'article 3 consacre le principe du dépôt légal, c'est-à-dire de l'obligation imposée aux imprimeurs de déposer entre les mains des autorités désignées un certain nombre d'exemplaires de tout ce qui sort de leurs presses.

Ce principe est excellent ; ses fruits devraient également être excellents. Malheureusement, il n'a, à mon avis du moins, produit jusqu'ici que des fruits assez médiocres. Cela tient à ce que, dans les différentes lois relatives au régime de la presse, on s'est contenté d'insérer le principe sans chercher à étudier profondément, tant au point de vue théorique qu'au point de vue pratique, les conséquences qu'on en pouvait tirer.

J'avais donc conçu le projet de remplacer le texte de l'article 3 par une série de dispositions qui me paraissaient de nature à rendre le dépôt légal plus efficace ; mais j'ai réfléchi qu'une discussion de cette nature convenait mal à l'époque où nous sommes, c'est-à-dire au moment où la session des Chambres est à la veille de prendre fin et où le Sénat n'a plus que le nombre d'instants suffisant pour résoudre plusieurs questions d'une importance majeure et d'une urgence incontestable.

Je ne doute pas, en effet, que le Sénat, s'il eût été saisi de la question que j'avais l'intention de lui soumettre, n'eût voulu l'étudier en détail. Il eût voulu très probablement entendre M. le ministre de l'intérieur, M. le ministre de l'instruction publique, les conservateurs de nos principales collections nationales, les délégués des associations formées par les auteurs, les représentants de l'imprimerie et de la librairie. Évidemment le temps n'est pas favorable pour une pareille enquête. D'un autre côté, le caractère de la loi que nous discutons est essentiellement politique, tandis que les dispositions au moyen desquelles j'espérais arriver à perfectionner le dépôt légal, ont un caractère administratif, scientifique, littéraire et même commercial. Il me semble donc qu'elles trouveront mieux leur place dans un instrument législatif spécial.

En conséquence, je renonce, pour le moment, à mon projet, mais je ne veux pas que l'adhésion que je vais donner, par mon vote, à l'article 3 soit considérée comme un aveu que les dispositions contenues dans cet article donnent une satisfaction suffisante aux différents intérêts qui s'agitent autour du dépôt légal. Je demande au Sénat la permission de faire mes réserves et d'annoncer, dès aujourd'hui, que, dans le cours de la session prochaine, j'aurai l'honneur de lui soumettre une proposition de loi, à laquelle j'espère qu'il daignera faire bon accueil.

M. le président. Je consulte le Sénat sur l'article 3.

(L'article 3 est adopté.)

M. le président. « Art. 4. — Les dispositions qui précèdent sont applicables à tous les genres d'imprimés ou de reproductions destinés à être publiés.

« Toutefois le dépôt prescrit par l'article précédent sera de trois exemplaires pour les estampes et la musique. »

Je mets aux voix le paragraphe 1er de l'article.

(Le paragraphe 1er est adopté.)

M. le président. Sur le paragraphe 2 il y a un amendement de M. Bozérian. Il est ainsi conçu :

« Toutefois le dépôt prescrit par l'article précédent sera de trois exemplaires pour les estampes, la musique et en général les reproductions autres que les imprimés. »

M. Bozérian. Messieurs, l'amendement que je vous propose d'adopter a pour but de prévenir une difficulté qui pourra se produire, et que vous allez comprendre.

La commission oblige les auteurs d'imprimés et de reproductions quelconques à faire un dépôt légal. Combien d'exemplaires faudra-t-il déposer ? D'après le projet de loi, le nombre n'est pas le même.

Effectivement, dans l'état antérieur de la législation, une différence a été faite entre les estampes et la musique, et les imprimés ordinaires : pour ceux-ci, on n'exige le dépôt que de deux exemplaires ; pour les autres, pour les estampes et la musique, il faut en déposer trois. Pourquoi cette différence ?

C'est que la formalité est un moyen peu dispendieux d'enrichir nos collections nationales.

Lorsqu'il s'agit d'ouvrages souvent considérables, on n'a pas voulu imposer un sacrifice qui serait trop dur pour les éditeurs, les auteurs ou les imprimeurs ; mais comme, ordinairement, les estampes et la musique sont d'une valeur beaucoup moindre, on a pensé que l'on pouvait, sans que le sacrifice fût trop lourd, imposer l'obligation du dépôt à triple exemplaire.

Cependant, en dehors des estampes et de la musique, on publie encore beaucoup d'autres choses destinées à être reproduites, les dessins, par exemple. Vous me direz, je le sais bien, que les dessins pouvant être compris dans les estampes sont une même chose ; mais j'aime assez qu'une loi soit claire. Il y a encore d'autres reproductions : les gravures, les photographies, les photogravures, etc. Pour ces sortes de reproductions, combien faudra-t-il déposer d'exemplaires ? Sera-ce deux ? sera-ce trois ? Faudra-t-il les assimiler aux imprimés ? Faudra-t-il les assimiler aux estampes ?

Pour faire disparaître toute difficulté, voici ce que je propose. Si, par hasard, nous sommes d'accord sur le fond, il ne s'agira que d'une légère modification dans la forme. Je demande que l'on rédige ainsi le dernier paragraphe :

« Toutefois le dépôt prescrit par l'article précédent sera de trois exemplaires pour les estampes, la musique et, en général, les reproductions autres que les imprimés. »

Ainsi, tout ce qui sera imprimé devra être déposé à deux exemplaires ; tout ce qui ne sera pas imprimé, devra être déposé à trois exemplaires. Il me semble que par cette rédaction nous éviterons des difficultés qui pourront se produire et qui peuvent avoir une importance considérable au point de vue des droits des auteurs.

Encore une fois, si nous étions d'accord sur le fond, il suffirait d'accepter cette légère addition.

M. Eugène Pelletan, *rapporteur*. Messieurs, la commission ne peut accepter l'amendement de M. Bozérian par une raison bien simple que vous allez comprendre tout de suite. Il l'a, du reste, lui-même indiquée. Il a fait remarquer que si l'on a exigé trois exemplaires pour les estampes et pour la musique, c'était parce qu'il s'agissait seulement d'ouvrages à bon marché et qu'on ne grevait pas ainsi les éditeurs en demandant ces trois exemplaires. Pour les imprimés, c'est tout autre chose, et c'est la considération qui a frappé la commission. Vous savez tous qu'il y a des ouvrages, comme l'ouvrage de M. Le Bastard, qui coûtent plus de 20,000 francs ?

M. Bozérian. Je ne demande pas trois exemplaires pour les imprimés.

M. le rapporteur. Alors, je ne comprends pas l'amendement.

Vous demandez trois exemplaires pour toutes les espèces d'imprimés ?..

M. Bozérian. Mais pas du tout ! Je demande deux exemplaires pour les imprimés et trois exemplaires pour tout ce qui n'est pas imprimé.

M. le rapporteur. Alors, vous demandez comme la commission trois exemplaires pour les reproductions autres que les imprimés ?

M. Bozérian Parfaitement !

M. le rapporteur. Nous sommes d'accord ; mais c'est tout le contraire !

M. le président. Afin qu'il n'y ait pas de confusion, je donne de nouveau lecture de l'amendement :

« Rédiger ainsi le deuxième paragraphe de l'article 4 :

« Toutefois le dépôt prescrit par l'article précédent sera de trois

exemplaires pour les estampes, la musique et en général les reproductions autres que les imprimés. »

(L'amendement, mis aux voix, est adopté.)

M. le président. M. Bozérian propose qu'on ajoute à ce même article, un
paragraphe additionnel...

M. Bozérian. La même considération qui a déterminé notre honorable collègue M. de Rozière à ne pas proposer son amendement, me détermine à retirer
celui-ci. Il s'agit d'une question qui touche plus à la propriété littéraire qu'au régime de la presse. Par conséquent, mon honorable collègue devant présenter
ultérieurement une proposition dans ce sens, j'aurai sans doute l'occasion de me
joindre à lui pour faire accepter cette disposition.

M. le président. L'amendement étant retiré, je consulte le Sénat sur
l'article 4.

(L'article 4 est adopté.)

Troisième suite du rapport général.

IX

CHAPITRE DEUXIÈME (Art. 7 a 13).

DE LA PRESSE PÉRIODIQUE.

De tous les temps le législateur a distingué la presse périodique de la
presse ordinaire, les journaux des écrits en général.

Un journal, à vrai dire, n'a rien de commun avec un livre, ni même avec
un écrit.

« Qu'est-ce, en effet, qu'un écrit ? Une parole qui dure, a dit Louis Blanc. Les
livres la font durer dix ans, vingt ans, un siècle, dix siècles; ils suffisent à l'époque où l'humanité pense lentement et n'a pas besoin de parler vite. Mais quand le
cerveau de l'humanité bout, quand le cœur de chacun bat avec violence, quand
sur toutes les lèvres, les passions agitées viennent se traduire en mots brûlants,
quand pour tout le monde, pressé de vivre, *aujourd'hui* dévore *hier* et doit être
dévoré par *demain*, l'ère des livres est fermée, c'est l'ère des journaux qui
s'ouvre (1). »

Le projet de loi ne pouvait confondre ce qui se ressemble si peu !

Le chapitre Ier a traité de l'imprimerie et de la librairie, c'est-à-dire
de la presse en général ; le chapitre qui suit traite des journaux, c'est-à-
dire de la presse périodique en particulier.

Il se divise en trois paragraphes. Le premier est relatif au droit de publication, à la gérance, à la déclaration et au dépôt au parquet. Il règle la
période qui précède la publication du journal.

(1) *Histoire de la Révolution*, t. III, p. 122.

Le second paragraphe organise à nouveau le droit de rectification de la part des personnes publiques et le droit de réponse de la part des personnes privées.

Il vulgarise les annonces judiciaires et légales.

Le troisième paragraphe concerne la presse périodique étrangère.

X

§ 1er. — *Du droit de publication, de la gérance, de la déclaration du dépôt au parquet.*

Les différentes conditions que les lois antérieures ont imposées à la publication des journaux ou écrits périodiques se divisent, suivant leur nature et leur effet, en deux catégories distinctes.

Les unes ont été créées pour subordonner la liberté de la presse au bon plaisir du Pouvoir et entraver le développement des feuilles publiques.

Les autres n'ont été établies que pour faciliter la surveillance et assurer la répression des délits.

Les premières sont : l'*autorisation préalable*, la *censure*, le *timbre* et le *cautionnement*.

Les secondes comprennent : la *gérance,* la *déclaration,* le *dépôt au parquet et à la préfecture,* la *signature des articles.*

L'autorisation préalable, qui est l'arme nécessaire des pouvoirs despotiques et discrétionnaires, a été léguée à la Restauration par le premier Empire. Supprimée en 1819, elle reparaît quelques mois après, dans la loi du 1er avril 1820. Abolie le 23 juillet 1828, nominalement rétablie par les ordonnances de juillet 1830, elle n'est effectivement réintégrée dans notre législation que par le décret dictatorial du 17 février 1852.

Liée au sort de l'Empire autoritaire, elle a définitivement disparu en 1868 (1). Elle n'est plus aujourd'hui qu'un souvenir.

La *censure* ne serait, elle non plus, qu'un souvenir, si elle n'avait été partiellement maintenue sous un nom d'emprunt, et si l'on n'était pas obligé en 1880, comme en 1822, 1835 et 1852, de soumettre à l'approbation préalable du ministre de l'Intérieur à Paris, et des préfets dans les départements, les dessins, gravures, lithographies ou estampes qu'on se propose de publier, d'exposer ou de mettre en vente (2).

(1) Article 1er de la loi du 11 mai 1868.

(2) La censure des dessins, gravures, lithographies ou estampes, établie primitivement par la loi temporaire du 30 mars 1820, avait été définitivement maintenue et consacrée par l'article 12 de la loi du 25 mars 1822. Abolie par la loi du 2 octobre 1830 (art. 5), elle a été rétablie par l'article 20 de la loi du 9 septembre 1835 ; abolie une seconde fois, en 1848, par le décret qui abroge la loi de 1835, elle reparaît dans l'article 22 du décret du 17 février 1852, dont les dispositions sont encore en vigueur.

PUBLICATION, GÉRANCE, DÉCLARATION, DÉPOT.

Le *timbre* a été supprimé par un décret du 5 septembre 1870; mais il a été remplacé par la surtaxe à laquelle la loi du 4 septembre 1871 (art. 7) a cru devoir soumettre le papier employé à l'impression des journaux et autres publications assujetties au cautionnement (1).

Enfin, le *cautionnement*, œuvre du législateur de 1819, qui a disparu quelques semaines en 1848, et quelques semaines après le 4 septembre 1870 (2), a été remis en vigueur par la loi du 6 juillet 1871 (art. 3). Depuis lors, sont soumis à ses effets tous les journaux politiques, sans exception, et tous les journaux où écrits périodiques non politiques, paraissant plus d'une fois par semaine.

Le taux en est fixé de la manière suivante :

Dans le département de la Seine il est de 24,000 francs, si le journal ou écrit périodique paraît plus de trois fois par semaine, et de 18,000 francs si la publication n'a lieu que trois fois par semaine au plus.

Dans tous les autres départements, il est de 12,000 francs, pour les écrits paraissant plus de trois fois par semaine, si la publication a lieu dans une ville de 50,000 âmes et au-dessus, et de 6,000 francs si elle a lieu dans toute autre ville.

Si les écrits paraissent trois fois par semaine seulement ou à des intervalles plus éloignés, il n'est plus que de moitié, et se trouve, par conséquent, porté à 6,000 francs, si la publication a lieu dans une ville de 50,000 âmes et au-dessus, et à 3,000 francs si elle a lieu dans toute autre ville.

XI

De ces trois mesures préventives, l'*autorisation pour les dessins et gravures*, la *surtaxe sur le papier* et le *cautionnement*, il en est une, la seconde, dont il nous était impossible de nous occuper. Elle se rattache en effet plutôt à notre législation financière qu'à la législation de la presse, et à ce point de vue, elle échappait naturellement à notre examen. La Commission du budget de 1880 l'avait comprise dans ses projets de dégrèvement; la Chambre a préféré suivre le gouvernement dans une autre voie, et il ne nous appartient que d'émettre le vœu que, dans un avenir prochain, on puisse renoncer à une surtaxe qui, malgré les apparences, n'est autre chose que cet impôt du timbre que le décret du 5 septembre 1870 avait frappé comme une des plus sérieuses entraves à la liberté de la presse.

Quant à la *censure*, sous le régime de laquelle vit encore la presse illustrée, ce qui empêche la libre publication des dessins ou gravures de toutes sortes, comment en justifier également le maintien ?

Si toute restriction antérieure à la manifestation de la pensée doit être

(1) La surtaxe est de 20 francs par 100 kilos.
(2) Le décret d'abolition est du 10 octobre 1870.

sévèrement proscrite, si le journaliste n'a plus à soumettre ses articles aux ciseaux de la censure, il n'y a que l'arbitraire qui puisse maintenir une différence entre la plume de l'écrivain et le crayon du dessinateur.

Nous avons cru répondre à votre pensée en ne renouvelant aucune des dispositions relatives à cette autorisation, qui se trouve, dès lors, directement atteinte par l'article premier de la loi.

Nous espérons que le *cautionnement* ne trouvera pas plus de faveur auprès de vous que cette mesure vexatoire et surannée.

Quel que soit le caractère qu'on veuille donner au cautionnement, qu'on le considère, ainsi qu'en 1819, comme un véritable cens pécuniaire imposé à l'écrivain ou qu'il ne soit plus que la simple garantie des condamnations pécuniaires qui peuvent être prononcées contre lui, il n'en constitue pas moins une dérogation absolue aux principes les plus élémentaires du droit commun.

« Le droit commun, disait Benjamin Constant à la Chambre de 1819, veut que celui qui abuse d'un instrument, pour commettre un délit ou un crime, soit puni. Mais le droit commun ne veut pas que celui qui se sert d'un instrument donne caution qu'il n'en abusera pas... On répond qu'il faut aux citoyens une garantie contre la diffamation et la licence. Mais il faut aux citoyens une garantie contre tous les crimes. Demandez-vous à chacun un cautionnement contre tous les crimes qu'il pourra commettre ?... »

Nous croyons inutile de faire remarquer ce qu'il y a d'étrange à modifier le chiffre de la garantie suivant qu'on écrit à Paris ou en province, et par une subdivision que rien ne justifie, à le subordonner au chiffre de la population de la ville dans laquelle l'écrit périodique est publié.

Le délit change-t-il donc de nature, suivant qu'il est commis dans un lieu ou dans un autre ? Le maximum de l'amende est-il sujet à quelques variations ? Le plus ou moins de solvabilité du délinquant dépend-il de l'importance de la ville où il réside ?

Rien ne peut justifier ces dispositions arbitraires.

Mais ce sont là des considérations de second ordre ; ce qu'il importe de dire, c'est que, d'origine essentiellement censitaire, le cautionnement est un non-sens dans un pays de suffrage universel. Qui a le droit de voter doit avoir la liberté d'écrire ainsi que la liberté de parler ; aucun obstacle préventif ne doit y être apporté.

Contraire au droit, à la raison, aux principes même de nos institutions politiques, ce dernier vestige du régime préventif doit disparaître de notre législation.

Le cautionnement n'existe ni en Belgique, ni en Italie, ni en Hollande, ni en Espagne, ni en Bavière, ni en Suède, ni en Norwège, ni en Danemark, etc. (1). (Larousse, v. *Presse à l'étranger*, p. 107.)

(1) Le cautionnement n'est pas absolument exclu des lois anglaises. On lit dans la monographie de M. Bertrand, *Régime légal de la Presse en Angleterre*, p. 51,

PUBLICATION, GÉRANCE, DÉCLARATION, DÉPOT.

Le cautionnement que votre Commission vous propose de supprimer, n'avait pas été maintenu par la Commission de vingt-deux membres nommée en 1876. C'est une des questions que cette Commission avait résolues. Elle avait espéré que la Chambre la suivrait dans cette voie ; nous ne pouvons avoir moins de confiance que nos devanciers, dans vos libérales résolutions. La raison dominante de toutes ces entraves passées, de toutes ces précautions restrictives ou préventives, qui se trouvent encore dans la loi et qui sont toutes également contraires à la liberté, n'est autre qu'un sentiment de crainte ou de méfiance que le journalisme inspirait aux législateurs qui vous ont précédés.

Le résultat que poursuivait cette législation soupçonneuse, c'est la diminution du nombre des journaux, espérant par là amoindrir leur influence.

Ainsi, à propos de la question du cautionnement que notre projet repousse, Chateaubriand avait écrit : « Quant aux journaux, qui sont l'arme la plus dangereuse, il est d'abord utile d'en diminuer l'abus, en obligeant les propriétaires de feuilles publiques, comme les notaires et autres agents publics, à fournir un cautionnement (1). »

M. Guizot, commissaire du roi, le 9 juin 1819, obéissant à la même préoccupation, — diminuer l'abus du journalisme en diminuant le nombre des journaux, — disait à propos du cautionnement :

« L'objet du cautionnement est *non seulement de pourvoir au paiement des*

§ 42 : — Acte 60, Georg. III et 1, Georg. IV, ch. ix. Quiconque se propose d'imprimer ou de publier, pour être vendue, une publication périodique, un pamphlet ou une feuille quelconque, qui doit contenir des nouvelles publiques, des renseignements, des faits divers (*occurrence*), ou des commentaires et des observations à leur sujet, ou traiter des matières touchant à l'Église ou à la politique, doit, sous peine de 20 livres sterling d'amende, souscrire une obligation (*recognizance* ou *Bond*), garantie par deux ou trois cautions suffisantes, de 300 livres sterling, si l'impression a lieu à Londres, à Westminster, à Dublin ou dans un rayon de 20 milles autour de Londres ; de 200 livres sterling, si l'impression a lieu dans la province. La somme ainsi promise et cautionnée est affectée au paiement des amendes et autres pénalités qui pourront être prononcées contre l'impression ou publication d'un libelle séditieux ou blasphématoire.

L'acte 11 Georg IV et 1 Will. IV, chap. lxxiii, augmente le chiffre du cautionnement, qu'il porte à 400 livres sterling pour Londres, à 300 livres sterling pour la province. Il dispose, en outre, que désormais le montant du cautionnement sera affecté, non plus seulement au paiement des amendes prononcées et des pénalités infligées, mais encore à celui des dommages et intérêts et dépens auxquels les éditeurs et les imprimeurs seront condamnés envers des particuliers.

Ces particuliers ne peuvent se faire ainsi payer sur le cautionnement qu'en dernier recours, et après avoir inutilement épuisé toutes les voies d'exécution.

(1) *Monarchie selon la Charte.*

Chateaubriand, qui devançait ainsi en 1816 la loi du 9 juin 1819, dans le sens de la réaction, a dit plus tard : « La liberté de la presse n'est redoutable qu'aux médiocrités et aux mauvaises consciences. L'État, si l'on veut, peut être troublé par ce que disent les journaux ; mais il ne peut punir pour ce qu'ils ne disent pas. » (*Mémoires d'outre-tombe.*)

amendes, mais surtout de ne placer l'influence des journaux qu'entre les mains d'hommes qui donnent à la société quelques gages de leur existence sociale et lui puissent inspirer quelque confiance. »

D'autres ont dit avec plus de vérité que, s'il y avait à craindre l'influence du journalisme, la pression qu'il peut exercer sur l'opinion publique, ce n'est pas en diminuant le nombre des journaux que l'on atténuerait cette pression, c'est en facilitant le résultat contraire.

« Le seul moyen de neutraliser les journaux est de multiplier leur nombre, a dit l'auteur de la *Démocratie en Amérique* (1). »

« L'oppression que la presse exerce sur l'esprit public, a dit encore Lamartine, tient à son monopole et non à sa liberté. »

« Donnez à une opinion dominante un journal, disait Louis Blanc, dans la séance du 7 août 1848 ; que ce journal soit seul et qu'il ait une grande liberté, vous aurez créé la tyrannie la plus formidable qui fut jamais. La décentralisation de la presse, voilà donc la route dans laquelle il faut entrer, le cautionnement nous en éloigne. »

« Moins les journaux sont nombreux, disait à son tour Jules Grévy, lors de la discussion de la loi du 27 juillet 1849, plus ils sont puissants et redoutables. «... Disséminez les forces de la presse, vous affaiblirez sa puissance. Donnez-lui la liberté, vous lui ôterez le pouvoir de nuire. »

Vous penserez avec nous, Messieurs, qu'un Gouvernement républicain a tout à gagner, rien à perdre, à ce que la presse soit libre.

XII

En débarrassant la presse périodique des diverses restrictions qui ont trop souvent arrêté son essor, nous n'avons pas cru devoir la soustraire aux obligations de la gérance, de la déclaration et du dépôt au parquet.

Le maintien de *la gérance* ne pouvait donner lieu à de sérieuses difficultés au sein de la Commission.

On a bien fait observer qu'il y a quelque inconvénient à faire déterminer d'avance la personne sur laquelle doit peser, en quelque sorte d'office, la responsabilité des délits qui se peuvent commettre à l'aide d'un journal, et l'on s'est demandé si la loi n'avait pas créé une fiction à laquelle il serait sage de renoncer. Mais l'objection ne résiste pas à l'examen.

En matière de presse, quel est l'auteur principal du délit? C'est l'auteur de la publication, l'écrivain n'est que son complice.

S'il s'agit d'un journal, celui qui le publie assume donc la responsabilité de ce qu'il contient.

Or, que demande la loi ? Qu'on fasse connaître celui qui assume cette responsabilité. Celui-là, elle l'a primitivement appelé éditeur responsable,

(1) T. I, p. 12.

plus tard gérant responsable. Elle l'appelle aujourd'hui gérant, qu'importe le nom ?

Impose-t-elle le choix de la personne ? Non. Elle n'exige que certaines conditions de nationalité, d'âge, de sexe et de capacité civile (1). Sous ces conditions, le gérant peut être ou le propriétaire du journal, ou son directeur politique, ou l'un de ses rédacteurs ou un administrateur de l'entreprise, ou toute autre personne.

Prescrit-elle la durée de la fonction ? Non. Le gérant d'aujourd'hui peut n'être pas celui de demain.

Il ne s'agit, en définitive, que d'une simple constatation de fait.

Sans doute, il y a eu et il y aura encore des gérants fictifs. Mais la fiction n'est pas organisée par la loi. Elle est l'œuvre de ceux qui cherchent, en la violant, à échapper à ses prescriptions.

Ce qu'a voulu la loi, c'est que le journal se personnifiât en quelqu'un.

Le gérant, c'est le répondant auquel on s'adresse tout d'abord, quand un délit est commis ou un préjudice causé. Sa présence empêche les recherches de s'égarer, comme elle prévient les mesures de rigueur, que pourrait, à son défaut, nécessiter la découverte de la vérité.

Telles sont les raisons qui nous ont déterminé à maintenir une institution dont le fonctionnement est facile et régulier, à laquelle tout le monde est habitué, et dont la presse pourrait être la première à regretter la suppression.

Nous ne changeons rien aux conditions actuellement exigées de ceux qui veulent être gérants. Ils doivent être Français, majeurs, avoir la jouissance de leurs droits civils, et n'être privés de leurs droits civiques par aucune condamnation judiciaire.

Il ne nous a pas paru nécessaire de reproduire les dispositions, qui interdisent à un membre du Sénat ou de la Chambre des députés, de devenir le gérant responsable d'un journal (2).

La *déclaration*, qui doit précéder la publication de tout écrit périodique, constitue comme l'établissement même de son état civil.

Elle sera faite, non plus comme le prescrit l'article 2 de la loi du 11 mai 1868 à Paris à la préfecture de police, et dans les départements à la Préfecture, mais d'une manière générale et uniforme, au parquet du lieu où se publiera le journal.

Ainsi le comporte le régime dans lequel la presse ne relève que de la loi.

Elle ne devra plus précéder de quinze jours la publication de l'écrit. Tout délai est supprimé, et la publication pourra suivre immédiatement le dépôt de la déclaration, ce qui fait disparaître le caractère préventif de cette formalité.

---

(1) Capacité civile et non politique, par dérogation à l'article 1er de la loi du 11 mai 1868.

(2) Voir articles 9 de la loi du 27 juillet 1849, et 8 de la loi du 11 mai 1868.

Que contiendra-t-elle ?

1° Le titre du journal et le mode de sa publication, c'est-à-dire, l'indication des époques auxquelles il doit paraître;

2° Le nom et la demeure du propriétaire ou des propriétaires, suivant qu'il appartient à un seul ou à plusieurs, étant bien entendu que toutes les formes de société consacrées par le droit civil et le droit commercial continueront à se prêter à la fondation d'un journal, et que les indications à fournir dépendront en ce cas des prescriptions de la loi ;

3° Le nom et la demeure du gérant.

4° L'indication de l'imprimerie où il doit être imprimé.

Enfin, cette déclaration sera accompagnée du dépôt des titres de propriété, lorsque celle-ci sera constatée par des actes ; et toute mutation dans les conditions ci-dessus devra être déclarée dans les cinq jours qui suivront.

La suppression de tout délai entre le dépôt et la déclaration a pour effet de soustraire la déclaration à l'examen préalable du parquet. S'il lui était permis d'exiger, à ce moment, la preuve de la sincérité des énonciations qu'elle contient, on comprend à quels abus pourraient conduire son hostilité ou même ses plus honorables scrupules. Le parquet doit la recevoir telle quelle, et il doit se borner à en constater le dépôt par la délivrance d'un simple récépissé.

Tel est le sens de l'article 10, qui prescrit que la déclaration sera faite par écrit et signée par le gérant et le propriétaire fondateur.

Il faut une sanction aux dispositions qui précèdent. Toute infraction sera punie d'une amende unique de 50 à 500 francs, à laquelle seront condamnés solidairement le propriétaire et l'imprimeur, si le journal a été publié sans gérant, ou ces trois personnes ensemble s'il n'a été satisfait aux prescriptions du § 1er de l'article 8.

Une nouvelle amende de 100 francs, par chaque numéro paru depuis cette première condamnation, sera prononcée contre les mêmes et dans les mêmes conditions, si la publication irrégulière continue.

Il n'y a pas, ce nous semble, à insister sur ces dispositions préliminaires, dont l'application ne saurait susciter ni de graves difficultés, ni de fréquentes poursuites.

Au nombre des infractions se trouvent les fausses déclarations : est-il besoin de l'exprimer textuellement ?

Nous nous bornerons enfin à mentionner qu'il n'est en rien dérogé aux règles du droit commun, en ce qui concerne la preuve des infractions, et qu'elle demeure à la charge du ministère public.

Le journal est fondé : il a son gérant, la déclaration est faite, il va paraître : à quelles formalités particulières sera soumise la publication de chacun de ses numéros?

Voici l'état de la législation :

1º Aux termes de l'article 3 de la loi du 16 juillet 1850, les articles doivent être signés par leur auteur.

2º Aux termes de l'article 9 de la loi du 11 mai 1868 qui reproduit en partie les dispositions de l'article 21 du décret du 17 février 1852, il est défendu de publier des articles signés par une personne privée de ses droits civils et politiques, ou à laquelle le territoire de France est interdit.

3º Le gérant est obligé de déposer, au moment de la publication, quatre exemplaires (art. 7 de la loi du 11 mai 1868 maintenu par l'article 6 de la loi du 6 juillet 1871).

4º Enfin, le nom du gérant doit être imprimé au bas de tous les exemplaires (§ 3 de l'art. 8 de la loi du 18 juillet 1828).

De ces quatre formalités, la première n'était que le résultat d'une fausse appréciation de l'un des caractères distinctifs de la presse périodique. En contraignant le journal à cesser d'être l'organe d'un parti pour devenir un recueil d'opinions individuelles, elle a pu lui faire perdre de son autorité, sans lui imposer cette modération et cette réserve, dont il ne faut chercher la garantie que dans le caractère et l'indépendance de l'écrivain. Précaution illusoire, puisque rien n'était plus facile que de cacher, sous une signature d'emprunt, le vrai nom du journaliste. Cette mesure est tombée en désuétude. Notre devoir était tout tracé. En la frappant d'abrogation, nous n'avons fait que consacrer un état de choses dont personne ne pourrait signaler le péril (1).

Il n'est pas possible de laisser subsister la prescription qui défend de publier des articles signés par les personnes privées de leurs droits civils et politiques, ou auxquelles le territoire de France est interdit. Faite pour des circonstances et des situations qui n'existent plus aujourd'hui, cette disposition, dont l'origine remonte au décret du 17 février 1852 (art. 21), ne saurait se concilier avec le régime de la liberté. Ou l'article est coupable, et alors il faut le poursuivre ; ou il est innocent, et alors on ne comprend plus que la signature puisse entraîner une condamnation.

On sait, du reste, avec quelle facilité la loi peut être tournée. Mieux vaut son abrogation que le spectacle répété de son impuissance.

Nous n'exigeons, par les articles 12 et 13 du projet, que le dépôt de deux exemplaires, au lieu de quatre de chaque feuille ou livraison de l'écrit périodique, et l'impression, au bas de tous les exemplaires, du nom du gérant.

Le *dépôt* doit être fait par le gérant au parquet du procureur de la République seulement, ou à la mairie dans les villes où il n'y a pas de tribunal de première instance.

---

(1) Votre commission n'a pas cru devoir remplacer la signature de l'auteur au bas de l'article livré au public par la signature au bas de l'article déposé au parquet, précaution que Louis Blanc indiquait lors de la discussion de la loi du 9 août 1848, comme une des garanties qui pouvaient tenir lieu du cautionnement.

Nous dispensons du dépôt à la préfecture parce que la formalité du dépôt n'a à nos yeux d'autre utilité que de mettre à même le chef du parquet de première instance de vérifier par lui-même si l'écrit déposé ne renferme rien de délictueux. La préfecture n'a nullement à intervenir ; si le projet exige le dépôt à la mairie dans les villes où il n'y a pas de tribunal de première instance, c'est, d'une part, pour faciliter l'accomplissement de la formalité, et, d'autre part, c'est parce que le maire n'est pas seulement fonctionnaire administratif, il est encore officier de police judiciaire (Code d'instruction criminelle, art. 9 et 14) (1).

L'impression du nom du gérant au bas de chaque exemplaire, que nous continuons à exiger, n'est qu'une mesure d'ordre, qui, d'ailleurs, est dans l'intérêt du gérant lui-même.

L'obligation du dépôt a pour sanction, d'après l'article 7 de la loi du 6 juillet 1871, une amende de 500 à 2,000 francs et un emprisonnement de six jours à six mois. Le gérant et l'imprimeur sont responsables de l'amende. L'art. 12 du projet y substitue la peine de 50 francs d'amende contre le gérant.

L'obligation d'imprimer le nom du gérant au bas de chaque exemplaire a pour sanction, d'après l'art. 8, §. 3 de la loi du 18 juillet 1828, une amende de 500 francs contre l'imprimeur. L'article 13 du projet y substitue la peine de 100 francs d'amende contre le gérant seul, qui seul doit veiller à l'accomplissement de la formalité prescrite.

CHAMBRE DES DÉPUTÉS. PRÉSIDENT M. GAMBETTA.

Première délibération. Suite de la séance du 24 janvier 1881.

M. le président lit les articles 5 et 6.

« Art. 5. — Tout journal ou écrit périodique peut être publié, sans autorisation préalable et sans dépôt de cautionnement, après la déclaration prescrite par l'article 7.

« Art. 6. — Tout journal ou écrit périodique aura un gérant.

« Le gérant devra être Français, majeur et avoir la jouissance de ses droits civils, et n'être privé de ses droits civiques par aucune condamnation judiciaire. »

Ces deux articles mis, aux voix, sont adoptés sans discussion.

(1) Le dépôt à la mairie, là où il n'y a pas de tribunal de première instance, était prescrit par une circulaire ministérielle de l'Intérieur du 3 juin 1868.

SÉNAT. PRÉSIDENT M. LÉON SAY.

Suite de la séance du samedi 9 juillet 1881.

M. le président lit les articles 5 et 6 dont le texte est ci-dessus dans la Chambre des députés. Adoptés sans discussion.

Deuxième suite du rapport du 18 juin 1881.

L'art. 6 prescrit *que le gérant doit être Français, majeur, avoir la jouissance de ses droits civils et n'être privé de ses droits civiques par aucune condamnation judiciaire.* Cette disposition n'exclut [pas les femmes de la gérance d'un journal.

OBSERVATION.

Il y a lieu de s'étonner que la disposition formulée comme un principe absolu : « *Tout journal aura un gérant,* » ait été adoptée sans aucune discussion dans les deux Chambres, sans aucune réclamation dans le rapport au Sénat.

L'institution du gérant est la cause principale de la difficulté qu'on rencontre dans la constitution de la loi actuelle.

En effet, à chaque instant on répète dans les débats ces mots : qu'il ne peut pas exister de liberté sans responsabilité. On a raison de vouloir que l'écrivain soit responsable s'il prétend être libre d'écrire ; et la loi doit régler les conditions de cette responsabilité, ainsi que les formalités à remplir pour en garantir l'efficacité.

Mais, quand il s'agit de fixer les conditions de la responsabilité, pourquoi le projet de loi déclare-t-il qu'il y aura *nécessairement pour tout journal* un personnage dont la fonction sera d'être responsable, sous le nom de gérant, des fautes ou des délits et des crimes qui pourront être commis par le journal, c'est-à-dire par la rédaction des articles ?

Quand on voudra que la presse soit exempte des abus, principalement financiers, qu'on lui reproche, il faudra procéder à l'inverse de l'article 6 du projet ; on devra *défendre* que le journal se personnifie par un fonctionnaire dont on n'exigera rien autre chose, sinon qu'il soit Français et pourvu de ses droits civils.

Celui qui est vraiment responsable de chaque écrit, c'est l'auteur, car on ne peut pas publier l'écrit sans consentement, aux termes de notre loi civile. C'est donc une erreur de dire, comme le fait le rapport, en se conformant du reste à l'habitude constante des tribunaux, que la responsabilité vient du fait de la publication, c'est-à-dire de la communication au public. Le publicateur n'est qu'un entrepreneur. Quand, en cette qualité, il a publié un écrit, il a agi sur l'œuvre de l'auteur, d'après l'ordre ou le consentement de l'auteur.

Si l'auteur n'est pas là pour obéir à son devoir de responsabilité, on pourra s'adresser au publicateur, qui est le complice de l'auteur. Mais aucun principe de droit n'autorise la loi à prescrire la désignation, par les intéressés, d'un gérant qui prendra une responsabilité fictive.

La commission a voulu maintenir, ainsi que le dit le rapport, une institution au fonctionnement facile et régulier, à laquelle tout le monde est habitué, et dont la presse pourrait être la première à regretter la suppression.

Cette institution a été, sous les régimes divers précédents, le procédé au moyen duquel les gouvernements ont facilité leur domination sur la presse. Ce serait un motif pour la supprimer. On a raison d'exiger la responsabilité correspondant à la liberté; mais il faut dans le règlement de cette correspondance une sincérité absolue; il faut que ce soit l'écrivain libre qui soit responsable; il faut que ce soit l'entrepreneur libre qui soit responsable. Tant qu'il y aura, sous le nom de gérant ou autre, un homme responsable, qui n'aura figuré ni dans la rédaction, ni dans la publication, la liberté de la presse ne sera point assurée, parce que la responsabilité ne sera point sincère.

CHAMBRE DES DÉPUTÉS. PRÉSIDENT M. GAMBETTA.

Première délibération. Suite de la séance du 24 janvier.

M. le président lit l'article 7 :

« Art. 7. — Avant la publication de tout journal ou écrit périodique, il sera fait au parquet du procureur de la République, une déclaration contenant :

« 1° Le titre du journal ou écrit périodique et son mode de publication ;

« 2° Le nom et la demeure des propriétaires ;

« 3° Le nom et la demeure du gérant ;

« 4° L'indication de l'imprimerie où il doit être imprimé.

« Cette déclation sera accompagnée du dépôt des titres de propriété du journal ou écrit périodique.

« Toute mutation dans les conditions ci-dessus énumérées sera déclarée dans les cinq jours qui suivront. »

PUBLICATION; GÉRANCE, DÉCLARATION, DÉPOT.

M. le président. Sur cet article, M. de Janzé a déposé un amendement ainsi conçu :

« Rédiger ainsi le premier paragraphe de l'article 7 :

« Cinq jours avant la publication de tout journal ou écrit périodique, il sera fait, à Paris, à la préfecture de police, et, dans les départements, à la préfecture, une déclaration contenant... (le reste comme au projet). »

M. de Janzé a la parole.

M. le baron de Janzé. Je crois savoir que la commission n'a pas encore examiné mon amendement, et je ne me doutais pas qu'il viendrait aujourd'hui en discussion, en sorte que je ne puis deviner par quelles raisons la commission le repoussera.

La commission propose de transporter la déclaration de la préfecture au parquet, c'est-à-dire d'un agent d'information comme le préfet, à un agent de poursuite comme le procureur de la République.

Comme il n'y a plus aucun caractère préventif dans la formalité de la déclaration, je ne vois aucune raison de faire le changement proposé par la commission.

Il y a, au contraire, un certain intérêt à maintenir l'ancien système ; en effet, la préfecture a un service organisé pour recevoir les déclarations, et chacun des services des préfectures se trouve centralisé au ministère de l'intérieur. N'est-ce pas ce ministère qui est le plus intéressé à connaître la création des nouveaux organes de publicité ?

Vous voulez que le procureur de la République reçoive les déclarations, mais le parquet n'est pas organisé pour faire ce service et il faudrait créer un service de centralisation au ministère de la justice pour cet objet.

Je ne vois, en réalité, aucune raison pour transférer cette déclaration de la préfecture au parquet; c'est pourquoi je demande le maintien de la législation actuelle. Le projet de loi porte qu'on a cinq jours pour modifier sa déclaration ; j'avais trouvé dans cette disposition la justification de la proposition que je faisais de mettre cinq jours entre la déclaration et la publication. La commission, estimant que faire suivre immédiatement la déclaration de la publication est le seul moyen de retirer tout caractère préventif à cette formalité ; je retire cette partie de mon amendement.

Mais j'insiste pour le maintien de ce qui existe, c'est-à-dire pour que le préfet reste chargé de recevoir les déclarations et d'en donner récépissé.

M. Lelièvre. Messieurs, l'amendement qui vous est soumis par l'honorable M. de Janzé porte sur deux points : il a pour but, tout d'abord, de prescrire un délai entre le dépôt de la déclaration et la publication du journal.

M. de Janzé vient de déclarer à la tribune qu'il renonce à cette partie de son amendement ; je n'ai donc pas à m'en occuper.

Je serai bref sur la seconde partie. Cette deuxième partie de l'amendement substitue au parquet la préfecture comme lieu de dépôt de la déclaration. La commission n'accepte pas cette substitution.

Elle a entendu soustraire, d'une façon absolue, la presse au régime administratif. Dans notre pensée, il ne faut pas que l'administration puisse, à un moment donné, apporter des entraves à la publication d'un journal.

Si cette déclaration contient des inexactitudes donnant ouverture à des contraventions, c'est au ministère public qu'il incombe d'en poursuivre la répression. C'est donc à lui seul qu'il appartient de donner connaissance de cette déclaration, pour qu'il puisse la contrôler et la déférer, s'il y a lieu, aux tribunaux respectifs.

Voilà, Messieurs, la raison qui nous a fait admettre le texte du projet, et qui nous décide à repousser celui de l'amendement de l'honorable M. de Janzé.

M. le baron de Janzé. Messieurs, si la déclaration devait être une occasion de poursuites, je comprendrais le raisonnement de l'honorable M. Lelièvre ; mais ce n'est pas la déclaration qui provoquera des poursuites. M. Lelièvre veut que le ministère public fasse son œuvre, ne sera-t-il pas nécessairement averti de la création du journal, alors qu'on doit lui faire le dépôt de tous les numéros publiés par le nouveau journal, depuis le premier jusqu'au dernier !

Eh bien, le jour où il recevra un numéro délictueux, pouvez-vous prétendre qu'il n'apprendra pas à temps l'existence du journal qu'il poursuivra ! Donc, il n'y a aucune espèce de raison de lui donner la déclaration à lui, tandis qu'il y a une raison d'administration à la laisser à la préfecture.

En outre, comme je le disais tout à l'heure, il n'y a pas de service organisé au parquet pour recevoir les déclarations.

Où voyez-vous, dans le maintien de l'état de choses actuel, une ingérence de l'administration, un danger pour la liberté de la presse ? On ne peut refuser votre dépôt à la préfecture pas plus qu'au parquet et l'on est obligé de vous donner un récépissé. Pourquoi changer ce qui existe ?

Je persiste donc dans ma proposition et je demande à M. le président de vouloir bien mettre mon amendement aux voix.

M. le comte de Douville-Maillefeu. Il nous est impossible, à un certain nombre de nos amis et à moi, de voter cet article.

M. le président. Nous en sommes à l'amendement de M. de Janzé.

Vous aurez la parole tout à l'heure sur l'article.

Je consulte la Chambre sur l'amendement de M. de Janzé.

(L'amendement, mis aux voix, n'est pas adopté.)

M. Ribot. Je demande la parole pour un autre amendement à l'article 7, que je dépose au cours de la discussion. J'en remets le texte à M. le président.

M. le président. M. Ribot propose, dans le paragraphe 3, d'ajouter aux mots « le nom et la demeure des propriétaires », ces mots : « autres que les commanditaires ».

M. Ribot a la parole.

M. Ribot. La loi de 1868 exige qu'on déclare le nom du propriétaire, mais elle excepte formellement celui du simple commanditaire.

Un membre à gauche. Parfaitement !

M. Ribot. Tout le monde comprend que les personnes qui mettent de l'argent dans un journal ne veulent pas s'exposer à ce que leur nom soit communiqué à la préfecture de police, — ce qui ne serait encore qu'un petit inconvénient, — mais, — ce qui est plus grave, — à tomber sous le coup de l'article 47 de la présente loi qui rend les propriétaires de journaux civilement responsables.

Un membre au banc de la commission. Il est de droit que les commanditaires ne sont pas responsables.

M. Ribot. La question est très sérieuse, et je vous en signale l'importance. Quelquefois, il est difficile de fonder un journal, surtout quand il est fondé uniquement pour défendre une opinion politique ; les personnes qui consentent à apporter leurs souscriptions peuvent habiter dans différentes parties de la France, elles ne veulent ni ne peuvent être astreintes à surveiller la rédaction quotidienne du journal auquel elles s'intéressent. Si vous exigez qu'on déclare les noms des simples commanditaires...

Au banc de la commission. Mais ils ne sont pas propriétaires !

M. le président. Messieurs, vous êtes vingt-deux membres dans la commission, vous viendrez répondre à M. Ribot quand vous le voudrez... (On rit), mais ne l'interrompez pas continuellement. (Très bien, très bien !)

M. Ribot. Je saisis la réponse qu'on me fait. Si nous sommes d'accord sur le fond, la commission n'aura aucune objection à faire à l'adjonction que je propose et qui aura pour effet d'éviter des difficultés devant les tribunaux. Quand on est commanditaire dans une société à qui appartient un journal, on peut être considéré comme ayant une part dans la propriété du journal. Cette question est douteuse en droit civil. Le commanditaire d'un journal en est le propriétaire *lato sensu*...

(Interruptions diverses.)

PUBLICATION, GÉRANCE, DÉCLARATION, DÉPOT.

M. le président. Messieurs, vous voulez la liberté de la presse ; il faudrait vouloir aussi la liberté de la parole. (Rires et marques d'assentiment.)

M. Ribot. En tout cas, il ne faut laisser aucune équivoque. Le rapport, que j'ai lu avec attention, n'a motivé en aucune façon la suppression de ces mots : « autres que les commanditaires » que le législateur de 1868 avait cru indispensables. Dans ces conditions, sans doute, les déclarations échangées à la tribune auraient leur valeur, mais je crois beaucoup plus net de rétablir le texte de la loi de 1868 qui n'est ni long ni compliqué ; je vous demande donc de voter mon amendement.

M. Lelièvre. Nous sommes d'accord.

M. Cuneo d'Ornano. Pour les journaux fondés par les sociétés anonymes, on exige aussi la liste de tous les membres de la société anonyme !

M. le président. Présentez un amendement.

M. Cuneo d'Ornano. Je me réserve de le faire à la seconde lecture.

M. le président. Je mets aux voix l'amendement de M. Ribot, qui porte sur le paragraphe 3 de l'article 7. Il consiste à ajouter aux mots : « le nom et la demeure des propriétaires », ceux-ci : « autres que les commanditaires. »

(L'amendement de M. Ribot, mis aux voix, est adopté.)

M. le président. Sur l'ensemble de l'article 7, M. de Douville-Maillefeu a la parole.

M. le comte de Douville-Maillefeu. Messieurs, nous croyons que l'article 7 nouveau, ancien article 9, n'a absolument pour but, sous une autre forme et en employant d'autres vocables, que de rétablir textuellement le cautionnement pour la presse ; c'est pour cela que nous sommes contre cet article. Avant de le discuter à fond je demanderai des explications à la commission, car le quatrième paragraphe est suivi d'un autre paragraphe qui n'a pas de numéro et qui est ainsi conçu :

« Cette déclaration sera accompagnée du dépôt des titres de propriété du journal. »

De quel droit voulez-vous demander à quelqu'un qui fonde un journal sous une forme ou sous une autre, comme commanditaire, par exemple, comme le disait l'honorable M. Ribot, de quel droit voulez-vous lui demander le dépôt de ses titres de propriété ? C'est une inquisition que rien n'explique. (Très bien ! très bien ! sur plusieurs bancs à gauche.) Et je ne m'explique pas dans quel but on a ajouté ce paragraphe aux quatre autres. Avant d'aller plus loin je demanderai à la commission de vouloir bien nous expliquer ce qu'elle entend par là.

M. le rapporteur Lisbonne. Messieurs, dans le système de la loi qui vous est proposée, nous définissons la responsabilité ; nous disons qui doit être responsable. Parmi les personnes responsables, se trouvent les propriétaires des journaux ; il s'agit ici de la responsabilité purement civile, qui ne s'entend pas des amendes, qui ne peut s'entendre que des dommages-intérêts. Nous avons donc édicté la responsabilité civile des propriétaires. Pourquoi ? parce que nous avons supprimé le cautionnement et qu'il faut raisonnablement, si une condamnation intervient, qu'elle puisse être exécutée.

Il fallait trouver, en quelque sorte, des garanties réelles d'exécution des décisions judiciaires. Nous les avons trouvées dans la responsabilité du gérant ; à son défaut, dans celle de l'auteur ; à son défaut, dans celle de l'imprimeur ; à son défaut, dans celle des distributeurs. Voilà le responsabilité pleine, entière et absolue, pénale et civile. Nous nous sommes préoccupés du point de savoir si, ayant supprimé le cautionnement, ainsi que toute suspension d'un journal condamné qui n'exécuterait pas la condamnation, nous devions laisser à l'abri de toute recherche le propriétaire ou les propriétaires de ce journal. Nous avons dit : non.

Il existe dans plusieurs de nos lois spéciales des assimilations, des analogies avec la responsabilité civile que nous vous proposons de voter. Nous trouvons ces analogies dans les lois forestières, dans les lois en matière de contributions indirectes, etc.

Votre commission de 1876 l'avait admise absolument ; la loi anglaise l'admet aussi. Oui, la libre Angleterre admet dans sa législation la responsabilité civile des propriétaires.

Vous aurez à décider, quand viendra la discussion de l'article 47, s'il n'y a pas lieu pour nous de l'accepter également.

Ce point-là est réglé dans l'article 47, qui pose le principe dans les termes suivants :

« Art. 47. — Les propriétaires des journaux ou écrits périodiques seront civilement responsables des condamnations pécuniaires prononcées contre les personnes désignées dans les deux articles précédents. »

Tel est le principe. Si vous acceptez cet article, — ce que nous examinerons plus tard, — il faut bien qu'il y ait des moyens de réalisation de cette responsabilité spéciale.

Quels peuvent-ils être ? C'est l'article 7 (ancien 9) qui répond. Vous en avez entendu la lecture.

Tout ce qu'il contient me paraît absolument nécessaire. Pourquoi ? Parce que la justification de l'identité du propriétaire doit être nécessairement fournie. Il faut que le propriétaire soit connu d'une façon permanente ; elle ne peut l'être si la déclaration n'est pas accompagnée du dépôt de certaines pièces. Peut-être pourrait-on remplacer le dépôt des titres de propriété par celui de leur ampliation. Mais ce que nous recherchons, c'est l'exécution normale, loyale et franche des dispositions de l'article 47 : il faut qu'il puisse être appliqué.

Quels seront les propriétaires ? Le rapport fait connaître ce que nous avons entendu par « les propriétaires ». Cette partie du rapport répondait d'avance à l'observation de l'honorable M. Ribot. Le rapport dit que la qualification de « propriétaires » doit être entendue dans le sens où l'entend la loi générale, où l'entend le droit civil ou commercial. Le propriétaire peut être unique ; alors il n'y a pas de difficulté. Le propriétaire peut aussi être collectif. La collectivité peut résulter d'une association. Or la loi ordinaire reconnaît plusieurs sortes de sociétés : la société en nom collectif : ce sont les associés en nom qui seront responsables ; la société en commandite : ce ne sont pas les commanditaires qui seront responsables ; la société anonyme : ce ne sont pas les actionnaires qui seront responsables. (Interruptions à gauche.)

Le rapport dit les cas de responsabilité....

M. Cantagrel. Qu'on nous ramène au cautionnement ! je demande qu'on nous ramène au cautionnement ! (Très bien ! très bien ! sur divers bancs à gauche.)

M. le rapporteur. Comment ! mais notre projet de loi a précisément pour but de supprimer tout cautionnement ! Ce n'est donc pas la même chose !

A droite. Non ! c'est bien pis !

M. le rapporteur. Le cautionnement est une mesure préventive, préalable, tandis que la responsabilité civile est une mesure répressive, subordonnée à l'événement d'une condamnation. Voilà la différence.

Le cautionnement, en tant que mesure préventive, restreint la liberté de la presse, la responsabilité civile ne la restreint pas le moins du monde ; elle n'est qu'un moyen de réalisation de la responsabilité effective. (Marques d'approbation sur divers bancs à gauche et au centre.)

M. Lorois. Je demande la parole.

M. le président. Vous avez la parole.

M. Lorois. Messieurs, je voulais demander la suppression de ce dernier paragraphe qui n'est pas numéroté ; j'aurai l'honneur de vous faire observer que la responsabilité du propriétaire est parfaitement engagée, et que l'article 47 sera toujours facile à appliquer puisque l'article 7 prescrit formellement l'indication de nom et des qualités du propriétaire.

PUBLICATION, GÉRANCE, DÉCLARATION, DÉPOT.

L'article 8 porte, en outre : « Les déclarations seront faites par écrit, sur papier timbré, et signées par les gérants et les propriétaires fondateurs ou leurs successeurs. »

Les déclarations ont donc bien été signées par les propriétaires, et par conséquent, s'il y a des amendes ou une condamnation pécuniaire encourue, on saura à qui s'adresser. Je demande donc à quoi sert ce paragraphe : « Cette déclaration sera accompagnée du dépôt des titres de propriété du journal ou écrit périodique. » Il peut n'y avoir aucune espèce de titre, car, enfin, si demain je fonde un journal, où est mon titre ? D'où sort-il ? Où voulez-vous que j'aille le prendre pour le déposer ?

Mon titre, c'est simplement la déclaration que je peux faire.

A gauche. C'est évident !

M. Lorois. Supposez maintenant que je veuille faire une publication périodique, je ne peux pas donner de titre, je n'en ai pas ; je ne peux en avoir qu'autant que j'achèterai cette publication à un prédécesseur ; mais si je fonde une société, si je fonde moi-même le journal, je n'ai et ne peux avoir à ce moment aucune espèce de titre.

Un membre à gauche. Mais si vous n'avez pas de titre, alors vous n'en déposerez pas !...

M. Lorois. Il y a à cela un grave inconvénient : c'est que, si la déclaration n'est pas complète, on encourt des pénalités assez sévères, assez considérables, on est passible d'une amende de 50 à 500 francs. Ainsi, je vais au parquet faire la déclaration que je fonde un journal ; je n'ai pas de titre à déposer, puisqu'il s'agit d'un journal nouveau, et pourtant le parquet peut me faire un procès aux termes de ce paragraphe, qui exige le dépôt de titres ! Cela n'est pas admissible. Ce paragraphe me paraît donc très dangereux et tout à fait inutile.

Il est dangereux parce que, toutes les fois que je fonde un journal à moi, je n'ai pas de titre ; et il est tout à fait inutile, puisque l'article 7 combiné avec l'article 8 fait connaître le nom du propriétaire qui a signé la déclaration et par suite engagé sa responsabilité. L'obligation de produire un titre ne change donc absolument rien à sa situation. Je demande donc à la Chambre de repousser ce paragraphe sans numéro, qui est tout à la fois inutile et dangereux. (Très bien ! très bien !)

M. le président. M. Naquet a la parole.

M. Alfred Naquet. Je voudrais présenter à la Chambre une simple observation. L'article qui est en ce moment en discussion n'est que la conséquence de l'ancien article 47 qui devient l'article 45. Dès lors, il me paraîtrait naturel de ne nous prononcer sur cet article qu'après la discussion de l'article 45.

M. le président. Il me semble que nous nous engageons dans une mauvaise voie, si à chaque fois que nous rencontrons une difficulté, au lieu de la résoudre, nous la renvoyons à la fin de la loi ; autant vaudrait commencer par le dernier article. (On rit.)

La Chambre est saisie d'une question extrêmement claire et simple : il s'agit purement et simplement de la suppression ou du maintien de l'avant-dernier paragraphe de l'article 7. Que cette question soit résolue dans le sens de l'affirmative ou dans le sens de la négative, le reste du texte subsiste. Donc, il importe, pour le bon ordre de la discussion, que nous ne fassions pas une loi de Pénélope, et je demande à la Chambre de statuer d'abord sur le maintien ou la suppression du paragraphe de l'article 7 qui est maintenant en discussion. (Très bien ! très bien !)

M. Clémenceau. Je demande à dire un mot pour répondre à l'argumentation de notre honorable président.

Je comprends très bien qu'il ne faut pas éluder les difficultés lorsqu'elles se présentent, mais il est incontestable que, dans le cas présent, en votant sur l'avant-dernier paragraphe de l'article 7, nous allons nous prononcer en même temps sur l'article 47.

M. Ribot. Pas du tout !

M. Clémenceau. Alors, voulez-vous me permettre, mon cher collègue, de vous adresser une question : Que deviendra ce paragraphe si l'article 47 est repoussé ?

M. Lelièvre. Il tombera tout naturellement !

Un membre. Il y a une seconde lecture !

M. Clémenceau. Il n'y a donc aucune raison de statuer dès maintenant sur ce paragraphe, puisqu'il n'est que la conséquence de l'article 47.

M. Laroche-Joubert. Votons tout de suite l'article 47 !

M. Clémenceau. Selon moi, le bon sens veut qu'on renvoie la conséquence après le principe, et il me semble qu'ajourner le vote sur ce paragraphe jusqu'après le vote sur l'article 47, ce ne serait pas éluder la difficulté, mais suivre un mode de discussion rationnel. (Très bien ! à gauche.)

M. le président. La difficulté que prévoit M. Clémenceau a sa solution dans un article du règlement, aux termes duquel, lorsque la Chambre discute une loi en plusieurs articles et qu'elle a maintenu — comme vous l'avez sagement fait ici — la nécessité d'une seconde délibération, il doit être établi un travail de coordination qui se fait entre la première et la seconde, un travail de coordination qui a précisément pour but d'obvier à cet inconvénient résultant de ce qu'une disposition votée dans un article est devenue caduque par suite de l'adoption d'un article suivant.

Par conséquent, je ne crois pas qu'il y ait lieu d'ajourner le vote sur ce paragraphe au sujet duquel il a été déposé une demande de scrutin. Seulement je dois d'abord mettre aux voix les cinq premiers paragraphes dont je donne une nouvelle lecture :

« Avant la publication de tout journal ou écrit périodique, il sera fait, au parquet du procureur de la République, une déclaration contenant :

« 1° Le titre du journal ou écrit périodique ;

« 2° Le nom et la demeure des propriétaires autres que les commanditaires ;

« 3° Le nom et la demeure du gérant ;

« 4° L'indication de l'imprimerie où il doit être imprimé. »

(Ces paragraphes sont mis aux voix et adoptés.)

M. le président. Il va maintenant être procédé au scrutin...

M. de Marcère. Je demande la parole.

M. le président. Vous avez la parole.

M. de Marcère. Messieurs, je suis tout à fait de l'avis de M. le président ; je crois, comme lui, qu'il n'y a aucun inconvénient à voter sur un article qui peut offrir quelques difficultés dans sa relation avec des articles ultérieurs, puisqu'on pourra, lors de la seconde lecture, établir une coordination complète de tous les articles qui auront été votés successivement.

Mais, avant de procéder au vote sur le paragraphe en question, je crois qu'il serait utile, — au moins c'est mon sentiment, — que la commission voulût bien s'expliquer sur ce qu'il faut entendre par le dépôt des titres de propriété. (Très bien ! très bien ! à gauche.)

Si le dépôt des titres a la valeur d'un gage...

M. Clémenceau *et d'autres membres à l'extrême gauche.* C'est cela ! Très bien !

M. de Marcère..... il est bien évident alors que l'observation faite par l'un de nos collègues a une certaine valeur, et que ce dépôt ressemblera singulièrement à un cautionnement. (Très bien ! très bien ! à gauche.)

S'il n'a pas la valeur d'un gage, quelle en est l'utilité ? Au point de vue de la responsabilité, l'utilité du dépôt ne peut ressortir que de la nature même du dépôt.

Si ce dépôt constitue un engagement de la part du propriétaire vis-à-vis des

PUBLICATION, GÉRANCE, DÉCLARATION, DÉPOT.

personnes envers lesquelles il aura encouru une responsabilité, à la bonne heure! mais, si ce n'est pas cela, à quoi sert le dépôt puisqu'on connaît le propriétaire et qu'on pourra toujours exercer contre lui toutes les poursuites qui pourront être la conséquence d'une faute commise et d'une responsabilité encourue?

M. le rapporteur. Et si la déclaration est inexacte?

M. de Marcère. Alors le dépôt des titres prend une autre valeur, et c'est là-dessus que je demande à la commission de vouloir bien s'expliquer; car, avant de prendre un parti sur la disposition proposée, encore faut-il qu'elle soit claire et qu'on en puisse apprécier la portée, afin que si plus tard les tribunaux ont à apprécier un différend sur ce point, ils puissent juger en connaissance de cause. (Très bien! très bien!)

M. le rapporteur de la commission. Je demande la parole.

M. le président. La parole est à M. le rapporteur.

M. le rapporteur. Ce n'est pas un gage qu'exige l'article en discussion, c'est une simple mesure qui assure l'exécution du principe de la responsabilité. (Interruptions à gauche.)

M. le comte de Douville-Maillefeu. C'est un cautionnement alors!

M. le rapporteur. Je vous demande pardon, je m'entends très bien, il ne peut y avoir ici d'équivoque.

Un membre. Alors, c'est une précaution!

M. le rapporteur. Les propriétaires sont civilement responsables, admettons-le pour un instant; il faut nécessairement, loyalement, que cette responsabilité soit sérieuse, il faut qu'elle puisse se réaliser. Or, comment peut-elle se réaliser? De deux façons, et à deux conditions: la première, c'est que ces propriétaires soient connus; et la seconde, c'est que la déclaration qui les fera connaître puisse être contrôlée dans son exactitude. Le seul moyen de contrôle, c'est la production des titres; le seul moyen de contrôle de la loyauté de la déclaration, c'est la connaissance, l'appréciation du titre.

Comment les titres peuvent-ils être connus et appréciés, s'ils ne sont pas produits? Je me sers du mot le moins offensif; quand nous exigeons le dépôt, cela veut dire la production; cela n'a pas d'autre sens.

A gauche. Aux voix! aux voix!

M. le rapporteur. Messieurs, je vais bientôt terminer; vous aurez l'obligeance de me prêter un moment d'attention, car je suppose que vous voulez être éclairés.

Je reconnais pour tout concilier et bien marquer la signification de l'article 7, que le dépôt de l'ampliation du titre suffira; il ne sera pas nécessaire de déposer les titres originaux eux-mêmes, car la loi ne veut pas en priver le propriétaire ou la société. (Interruptions.)

En somme, il n'y a pas de pire loi que celle qu'on ne peut pas exécuter; il vaudrait mieux ne pas la faire. Une loi n'a de mérite et de valeur que dans la possibilité, la réalité, la loyauté de son exécution. (Aux voix! aux voix!)

M. le président. M. Lorois a la parole.

M. Lorois. Messieurs, j'avoue que la déclaration de M. le rapporteur me fait paraître la disposition en question plus dangereuse encore.

Il vous dit en effet: il faut ce dépôt des titres pour qu'on puisse contrôler la déclaration et les titres; de telle manière qu'on aura le droit d'entrer dans vos affaires et de dire: Vous avez déposé des titres de propriété, mais vous n'êtes pas propriétaire, et j'ai la prétention de contrôler d'avance vos déclarations. C'est absolument impossible! (Très bien! très bien!)

Avant toute décision, **M. Émile de Girardin** *président de la commission,* déclare qu'elle renonce à sa rédaction.

M. le président. La commission renonce-t-elle également au paragraphe suivant?

ARTICLE DE LA LOI 7.

M. le rapporteur. Nous consentons à la suppression de l'avant-dernier paragraphe, mais non pas du dernier.

M. le président. Alors je mets aux voix le dernier paragraphe ainsi conçu :
« Toute mutation dans les conditions ci-dessus énumérées sera déclarée dans les cinq jours qui la suivront. »

(Le paragraphe est mis aux voix et adopté. — L'ensemble de l'article est ensuite mis aux voix et adopté en ces termes :

Art. 7. — Avant la publication de tout journal ou écrit périodique, il sera fait, au parquet du procureur de la République, une déclaration contenant :

1° Le titre du journal ou écrit périodique et son mode de publication ;

2° Le nom et la demeure des propriétaires autres que les commanditaires ;

3° Le nom et la demeure du gérant ;

4° L'indication de l'imprimerie où il doit être imprimé ;

Toute mutation dans les conditions ci-dessus énumérées sera déclarée dans les cinq jours qui suivront.

CHAMBRE DES DÉPUTÉS : DEUXIÈME DÉLIBÉRATION DÉCIDÉE LE 5 FÉVRIER 1881.

Séance du lundi 14 février 1881.

M. Lisbonne, *rapporteur.* Messieurs, votre commission a cru devoir employer les quelques jours qui ont séparé la première délibération de la seconde, à une nouvelle étude du projet de loi qui vous a été soumis; elle en a coordonné les dispositions et modifié certaines autres dans un sens de plus en plus favorable à la liberté, que nous cherchons, avec votre concours, à réaliser le plus largement possible.

Voici, messieurs, les courtes observations que ces modifications rendent nécessaires.

L'article 7 du projet est le premier de ceux que nous avons amendés.

Cet article est relatif à la période qui précède la publication du journal ou écrit périodique ; il exige une déclaration de la part du gérant. La déclaration doit mentionner le nom et la demeure des propriétaires autres que les commanditaires.

Notre rédaction primitive était ainsi formulée : « Les noms des propriétaires » sans l'addition des mots « autres que les commanditaires ». Sur l'observation de l'honorable M. Ribot, vous avez ajouté : « autres que les commanditaires » ; ce sont les expressions dont se servait la loi du 18 juillet 1828 par son article 6, et la loi du 11 mai 1868 par son article 2.

Sous l'empire de ces deux lois, une question avait surgi : celle de savoir s'il y avait lieu de mentionner dans la déclaration les noms des associés anonymes ; la question était très fortement controversée, mais cependant la doctrine inclinait vers la négative. C'est cette solution que votre commission vous propose par sa nouvelle rédaction, pour que désormais aucun doute ne puisse s'élever sur l'interprétation de la loi ; par conséquent l'article 7 sera ainsi rédigé dans son paragraphe 2 :

« ... Les noms et les demeures des propriétaires autres que les commanditaires ou actionnaires. »

Les commanditaires ou actionnaires ne sont pas en effet les propriétaires du journal ou écrit périodique.

M. le président. Je mets aux voix l'addition à l'article 7 des mots : *ou actionnaires.* Adopté.

SÉNAT : PRÉSIDENT M. LÉON SAY.

Troisième suite du rapport du 18 juin 1881.

L'art. 7 exige qu'avant la publication d'un journal, *la déclaration faite au parquet contienne le nom ou la demeure des propriétaires autres que les commanditaires ou actionnaires.* La Chambre des députés, en supprimant le cautionnement, a voulu mettre à la place le cautionnement vivant du propriétaire. Votre Commission, cependant, n'a pas maintenu l'obligation de déclarer le nom du propriétaire. Il serait à craindre que le déclarant ne portât des noms de propriétaires apparents et, dans ce cas, le poursuivant serait en présence d'une double difficulté, car il aurait à prouver non seulement que la déclaration est fausse mais à démontrer quel est le vrai propriétaire.

Annexe au rapport du 18 juin 1881.

CHAPITRE II

DE LA PRESSE PÉRIODIQUE.

§ Ier. — *Du droit de publication, de la gérance, de la déclaration et du dépôt au parquet.*

Proposition adoptée par la Chambre des députés.	Texte proposé par la commission du Sénat.
ARTICLE 5.	ARTICLE 5.
Tout journal ou écrit périodique peut être publié sans autorisation préalable et sans dépôt de cautionnement après la déclaration prescrite par l'article 7.	*Sans changement.*
ARTICLE 6.	ARTICLE 6.
Tout journal ou écrit périodique aura un gérant.	*Sans changement.*

ARTICLE DE LA LOI 7.

Le gérant devra être Français, majeur, avoir la jouissance de ses droits civils et n'être privé de ses droits civiques par aucune condamnation judiciaire.

ARTICLE 7.

Avant la publication de tout journal ou écrit périodique, il sera fait, au parquet du procureur de la République, une déclaration contenant :

1° Le titre du journal ou écrit périodique et son mode de publication ;

2° Le nom et la demeure des propriétaires autres que les commanditaires ou actionnaires ;

3° Le nom et la demeure du gérant ;

4° L'indication de l'imprimerie où il doit être imprimé.

Toute mutation dans les conditions ci-dessus énumérées sera déclarée dans les cinq jours qui suivront.

ARTICLE 8.

Les déclarations seront faites par écrit, sur papier timbré, et signées des gérants. Il en sera donné récépissé.

ARTICLE 9.

En cas de contravention aux dispositions prescrites par les articles 6, 7, 8, le propriétaire, le gérant, ou, à défaut, l'imprimeur, seront punis d'une amende de 50 francs à 500 francs.

Le journal ou écrit périodique ne pourra continuer sa publication qu'après avoir rempli les formalités ci-dessus prescrites, à peine, si la

ARTICLE 7.

Avant la publication de tout journal ou écrit périodique, il sera fait, au parquet du procureur de la République, une déclaration contenant :

1° Le titre du journal ou écrit périodique et son mode de publication ;

2° Le nom et la demeure du gérant ;

3° L'indication de l'imprimerie où il doit être imprimé.

Toute mutation dans les conditions ci-dessus énumérées sera déclarée dans les cinq jours qui suivront.

ARTICLE 8.

Sans changement.

ARTICLE 9.

Sans changement.

publication irrégulière continue, d'une amende de 500 francs, prononcée solidairement contre les mêmes personnes, pour chaque numéro publié à partir du jour de la prononciation du jugement de condamnation, si ce jugement est contradictoire, et du troisième jour qui suivra sa notification, s'il a été rendu par défaut; et ce nonobstant opposition ou appel, si l'exécution provisoire est ordonnée.

Le condamné, même par défaut, peut interjeter appel. Il sera statué par la Cour dans le délai de trois jours.

Suite de la séance du samedi 9 juillet 1881.

M. le président lit l'article 7, proposé par la commission.

« Art. 7 — Avant la publication de tout journal ou écrit périodique, il sera fait, au parquet du procureur de la République, une déclaration contenant:

« 1° Le titre du journal ou écrit périodique et son mode de publication;

« 2° Le nom et la demeure du gérant;

« 3° L'indication de l'imprimerie où il doit être imprimé.

« Toute mutation dans les conditions ci-dessus énumérées sera déclarée dans les cinq jours qui suivront. » — (Adopté) (1).

OBSERVATION.

Comment se fait-il que cet article 7, augmenté des mots *ou actionnaires*, ait été adopté par la Chambre après le rapport supplémentaire de la commission lu à la séance du 14 février 1881, sans qu'aucun député ait présenté une objection ?

Ce que venait de dire M. le rapporteur que « les commanditaires ou actionnaires ne sont point les propriétaires du journal », est une hérésie absolue.

Dans une société en commandite, ou par actions, ceux des associés qui ont fourni, ou doivent fournir, le capital sous la forme de commandite ou sous la forme anonyme, sont copropriétaires de

(1) Ce texte est exactement celui compris dans le compte rendu in extenso du *Journal officiel* du 10 juillet. Il est conforme, bien qu'il n'ait été fait aucune remarque, à celui qui est inséré à la suite du Rapport, avec la suppression expliquée dans la partie de ce rapport ci-dessus transcrite, page 73.

l'objet social; cela est enseigné par le Code de commerce et par la loi du 24 juillet 1867 sur les sociétés anonymes.

L'article 7 même, auquel on faisait en ce moment l'addition des mots « *ou actionnaires* », le dit implicitement, quand il ordonne la déclaration des noms et des propriétaires *autres* que les commanditaires ou actionnaires.

Quand on empruntait cette rédaction, comme le dit le rapport, aux lois qu'on allait abroger du 18 juillet 1828 et du 11 mai 1868, on était inspiré par le même sentiment qui cherche à éviter la responsabilité pécuniaire aux financiers spéculant au moyen des journaux dont ils sont propriétaires en qualité de commanditaires ou d'actionnaires.

Cela était, dit-on, dans les lois anciennes; c'était une raison pour éviter de le dire dans la loi nouvelle, qui devrait être exempte des vices du passé.

La surprise est encore plus grande quand on voit le rapporteur au Sénat, M. Eugène Pelletan, qui n'obéissait certainement pas aux mêmes inspirations, provoquer, page 74, la suppression de toute désignation des *propriétaires*, par ce seul motif qu'il serait « *à craindre que le déclarant ne portât les noms de propriétaires apparents* ». Comme si l'absence de toute déclaration ne permettra bien plus facilement aux propriétaires des journaux d'échapper à toute responsabilité !

Le régime de la presse, avec l'absence de déclaration des propriétaires, avec l'institution forcée du gérant, avec l'omission des signatures des rédacteurs, effacera, s'il peut durer, la responsabilité réelle de ceux qui font les journaux, pour la remplacer entièrement par la responsabilité fictive du gérant.

CHAMBRE DES DÉPUTÉS. PRÉSIDENT M. GAMBETTA.

Première délibération. — Suite de la séance du 24 janvier 1881.

M. le président lit l'article 8.

« Art. 8. — Les déclarations seront faites par écrit, sur papier timbré et signées par les gérants *et les propriétaires fondateurs ou leurs successeurs*. Il en sera donné récépissé, *ainsi que du dépôt des titres de propriété*. »

Les mots « ainsi que du dépôt des titres de propriété » se trouvent supprimés par suite du vote qui a été rendu sur un paragraphe de l'article 7.

M. le rapporteur. Parfaitement.

M. Ribot. Je demanderai à la commission pourquoi elle a ajouté à la signature du gérant, qui est seule exigée par la législation existante, la signature des propriétaires fondateurs.

Quelle utilité y a-t-il à cela ?

PUBLICATION, GÉRANCE, DÉCLARATION, DÉPOT.

M. Jules Ferry, *président du conseil, ministre de l'instruction publique et des beaux-arts.* C'est une conséquence de l'article 47.

M. Ribot. Pardon, ce n'est pas une conséquence de l'article 47, attendu que la loi de 1868, qui exigeait également la déclaration et sur laquelle la loi actuelle est calquée, admet — c'est une jurisprudence qui a été appliquée dans une affaire qui intéressait notre collègue M. Duportal, — la loi de 1868 admet que la déclaration du gérant suffit.

Je comprends qu'à l'origine, lors de la fondation d'un journal, on exige la signature des propriétaires ; mais, si on change d'imprimeur par exemple, allez-vous exiger la signature de tous les propriétaires ? Est-ce que la signature du gérant ne vous suffit pas ?

J'estime qu'il faut se contenter de la signature du gérant, sauf, s'il néglige de faire la déclaration, à recourir contre les propriétaires du journal, civilement responsables de l'infraction commise par leur gérant, et en conséquence je demande la suppression des mots « et les propriétaires-fondateurs ou leurs successeurs », parce qu'ils sont inutiles. (Marques d'assentiment.)

M. le président. La parole est à M. Lelièvre, au nom de la commission.

M. Lelièvre. Messieurs, il y a en effet deux cas à distinguer : le cas où on fait la déclaration initiale, et le cas où on fait une déclaration de changement dans les conditions de la première déclaration. Nous comprenons parfaitement que s'il survient un changement autre que celui des propriétaires, on ne force pas ces derniers à signer cette déclaration de changement ; elle ne les touche pas. Mais quant à la déclaration première, qui comprend le nom et la demeure du ou des propriétaires, je ne comprendrais pas qu'on la supprimât.

M. Ribot. C'est votre thèse.

M. Lelièvre. En conséquence, si on voulait donner satisfaction au désir de M. Ribot, il faudrait remanier le texte de l'article et dire que la déclaration initiale sera signée par le gérant et le propriétaire. Quant aux changements qui surviendront, à moins qu'il ne s'agisse du changement du nom même du propriétaire, cette déclaration sera signée exclusivement par le gérant.

Voilà ce que veut M. Ribot, et c'est conforme à la pensée qui inspire son amendement ; je ne vois pas l'utilité de cette rectification. M. Ribot tient-il, pour le plaisir de supprimer une formalité qui n'a rien de bien désagréable, à ce que le texte soit remanié et allongé de moitié ? La commission n'y voit pas d'inconvénient.

M. Ribot. Quelle utilité voyez-vous à exiger, même au début, la signature du propriétaire ?

M. Lelièvre. Parce que cette déclaration émanant des propriétaires sera plus assurée, plus véridique, plus certaine.

M. Lorois. Vous savez mieux que moi, messieurs, qu'on peut avoir besoin de changer d'imprimerie d'un jour à l'autre : quand une imprimerie ne peut pas fonctionner, on va chez le voisin.

M. Lelièvre. On aura cinq jours alors pour faire la déclaration, c'est dit dans l'article précédent. Il faudrait d'ailleurs voter sur un texte, et il n'y en a pas. (Aux voix ! aux voix !

M. le président. Soyez tranquille, nous voterons sur des textes.

Je consulte la Chambre...

« Les déclarations seront faites par écrit, sur papier timbré, et signées par les gérants... »

Je consulte la Chambre sur cette première partie de l'article 8, puisqu'on a demandé la division.

(La Chambre, consultée, adopte cette première partie de l'article 8.)

M. le président. Deuxième partie de l'article 8 : « ... et les propriétaires fondateurs ou leurs successeurs. »

ARTICLE DE LA LOI 8.

M. Ribot. S'il y en a un qui soit aux colonies, la déclaration deviendra impossible.

M. le président. Je consulte la Chambre sur la deuxième partie de l'article 8 dont je viens d'indiquer les termes.

(Deux épreuves successives, l'une par mains levées et l'autre par assis et levé ont lieu et sont déclarées douteuses.)

M. le président. Il va être procédé au scrutin.

(Le scrutin est ouvert et les urnes circulent.)

M. Lorois. Le renvoi de l'article à la commission mettrait tout le monde d'accord.

M. le président. Le scrutin est commencé.

(MM. les secrétaires procèdent au dépouillement des votes qui ont été déposés dans les urnes.)

M. le président. Voici le résultat du dépouillement du scrutin :

Nombre des votants...................... 425
Majorité absolue........................, 213
Pour l'adoption.................. 162
Contre........................... 263

ONT VOTÉ POUR :

MM. Agniel. Amat. Andrieux.

Balhaut. Barbedette. Bardoux. Barthe (Marcel). Bastid (Adrien). Baury. Beaussire. Bel (François). Belle. Belon. Bernier. Bethmont. Bienvenu. Binachon. Bizot de Fonteny. Blanc (Pierre) (Savoie). Blandin. Borriglione. Bouthier de Rochefort. Bresson. Brice (René). Bruneau. Buyat.

Carnot (Sadi). Casimir-Perier (Paul) (Seine-Inférieure). Chaley. Chanal (général de). Charpentier. Chavoix. Chevandier. Chiris. Choiseul (Horace de). Choron. Cochery. Constans. Costes. Couturier.

Danelle-Bernardin. Deniau. Desseaux. Devade. Devaux. Devès. Diancourt. Dreux. Drumel. Duchasseint. Durand (Ille-et-Vilaine).

Fallières. Faure (Hippolyte). Ferry (Jules). Fouquet. Fourot. Fousset.

Gagneur. Galpin. Ganne. Garrigat. Germain (Henri). Gévelot. Giraud (Henri). Girerd. Girot-Pouzol. Giroud. Goblet. Godin (Jules). Grollier. Gros-Gurin. Guichard. Guillemin.

Horteur.

Jametel. Jeanmaire. Jenty.

Labadié (Bouches-du-Rhône). Labitte. Lanel. Langlois. Lasserre. Latrade. Laurençon. Lebaudy. Lecherbonnier. Lecomte (Mayenne). Legrand (Louis) (Valenciennes, Nord). Legrand (Pierre) (Nord). Lelièvre (Adolphe). Le Maguet. Le Monnier. Lepouzé. Leroux (Aimé) (Aisne). Lisbonne. Logerotte. Lombard. Loubet.

Magniez. Marcère (de). Martin-Feuillée. Maunoury. Mayet. Méline. Mercier. Mestreau. Mingasson. Moreau. Morel (Haute-Loire). Morel (Hippolyte) (Manche). Mougeot.

Noël-Parfait.

Osmoy (comte d'). Oudoul.

Papon. Parry. Paulon. Penicaud. Péronne. Perras. Peulevey. Picart (Alphonse) (Marne). Pinault. Plessier. Ponlevoy (Frogier de). Pouliot.

Rameau. Raynal. Récipon. Renault-Morlière. Riban. Riotteau. Roux (Honoré). Salomon. Sarrien. Scrépel. Sée (Camille). Seignobos. Senard. Sentenac. Sonnier (de). Souchu-Servinière. Sourigues. Soye.

Tallon (Alfred). Tassin. Teilhard. Teissèdre. Tézenas. Thomas. Tirard. Tondu. Trarieux. Trouard-Riolle. Truelle. Turquet.

DE LA PRESSE PÉRIODIQUE.

Vaschalde. Vignancour. Villain.
Waddington. (Richard). Waldeck-Rousseau. Wilson.

ONT VOTÉ CONTRE :

MM. Abbatucci. Achard. Allain-Targé. Allègre. Allemand. Ancel. André Jules.
Anisson-Duperron. Anthoard. Arenberg (prince d'). Ariste (d'). Armez. Arnoult.
Arrazat. Audiffred. Aulan (marquis d').

Ballue. Bamberger. Barodet. Baudry-d'Asson (de). Beauchamp (de). Bélizal
(vicomte de). Bergerot. Bernard. Bertholon. Bianchi. Biliais (de La). Bizarelli.
Blachère. Blanc (Louis) (Seine). Blin de Bourdon (vicomte). Bonnet-Duverdier.
Bosc. Bouchet. Boudeville. Boullart (Landes). Bouquet. Bourgeois. Bousquet.
Bouteille. Boysset. Brame (Georges). Bravet. Brelay. Breteuil (marquis de).
Brierre. Brisson (Henri). Brossard.

Caduc. Cantagrel. Casse (Germain). Castaignède. Caurant. Cavalié. Cazeaux.
Cesbron. Chaix (Cyprien). Chalamet. Charlemagne. Chauveau (Franck). Chavanne.
Chevallay. Clémenceau. Colbert-Laplace (comte de). Combes. Corentin-Guyho.
Corneau. Cossé-Brissac (comte de). Cotte. Crozet-Fourneyron.

Daguilhon-Pujol. Daron. Datas. Daumas. David (Jean) (Gers). Debuchy. Dela-
fosse. Deluns-Montaud. Deschanel. Desloges. Douville-Maillefeu (comte de). Dréo.
Dréolle (Ernest). Du Bodan. Dubois (Côte-d'Or). Ducroz. Du Douët. Dufour (baron)
(Lot). Dupont. Duportal. Durfort de Civrac (comte de).

Escanyé. Escarguel. Eschasseriaux (baron). Eschasseriaux (René). Espeuilles
(comte d'). Even.

Favand. Ferrary. Flandin. Fleury. Floquet. Folliet. Forné. Franconie. Frébault.
Fréminet. Freppel.

Ganivet. Gaslonde. Gatineau. Gaudin. Gaudy. Gautier (René). Gent (Alphonse).
Gilliot. Ginoux de Fermon (comte). Girault (Cher). Godissart. Gonidec de Traissan
(comte le). Granier de Cassagnac (Georges). Granier de Cassagnac (Paul). Greppo.
Guillot (Louis).

Haentjens. Hamille (Victor). Harcourt (duc d'). Harispe. Havrincourt (marquis d'). Hérisson. Hermary. Hugot. Huon de Penanster.

Janvier de la Motte (père) (Eure). Janzé (baron de). Joigneaux. Jolibois. Joubert.
Jouffrault. Juigné (comte de).

Keller. Kermenguy (vicomte de). Klopstein (baron de).

Labadié (Aude). La Bassetière (de). Labat. Lacretelle (Henri de). Ladoucette
(de). Laffite de Lajoannenque (de). La Grange (baron de). Laisant. Lanauve.
Laporte (de). Largentaye (de). La Rochefoucauld, duc de Bisaccia. Laroche-Joubert.
La Rochette (Ernest de). Lasbaysses. Leconte (Indre). Legrand (Arthur) (Manche).
Le Marois (comte). Léon (prince de). Lepère. Le Provost de Launay (Calvados).
Le Provost de Launay (Côtes-du-Nord). Leroy (Arthur). Levêque. Levert. Levet
(Georges). Livois. Lockroy. Loqueyssie (de). Lorois (Morbihan). Loustalot.

Madier de Montjau. Maigne (Jules). Maillé (d'Angers). Maillé (comte de). Margue.
Marmottan. Marquiset. Mas. Masure (Gustave). Mathé. Mathieu. Maze (Hippolyte).
Médal. Ménard-Dorian. Mention (Charles). Michaut. Mir. Mitchell (Robert).
Montané.

Nadaud (Martin). Naquet (Alfred). Nédellec. Neveux. Niel. Noirot.

Ollivier (Auguste). Ordinaire (Dionys). Ornano (Cuneo d').

Partz (marquis de). Pascal-Duprat. Passy (Louis). Pellet (Marcellin). Perin
(Georges). Perrien (comte de). Petitbien. Picard (Arthur) (Basses-Alpes). Plichon.
Poujade. Pradal. Prax-Paris. Proust (Antonin).

Raspail (Benjamin). Rathier (Yonne). Rauline. Réaux (Marie-Émile). Reille (le
baron). Reymond (Francisque) (Loire). Reyneau. Ribot. Richarme. Rivière.
Roissard de Bellet (baron). Rollet. Rotours (des). Roudier. Rougé. Rouvier. Roy
de Loulay (Louis). Rubillard.

Saint-Martin (Vaucluse). Sallard. Sarlande. Sarrette. Savoÿe. Septenville (baron de). Serph (Gusman). Simon (Fidèle). Soland (de). Soubeyran (baron de). Spuller. Swiney.

Taillefer. Tardieu. Telliez-Béthune. Thirion-Montauban. Thoinnet de la Turmelière. Thomson. Tiersot. Trubert. Trystram. Turigny.

Vacher. Valon (de). Varambon. Vendeuvre (général de). Vernhes. Versigny. Viette. Villiers.

N'ONT PAS PRIS PART AU VOTE :

MM. Azémar. Baduel d'Oustrac. Barascud. Beauquier. Bellissen (de). Benazet. Benoist. Berger. Bert (Paul). Boissy d'Anglas (baron). Bonnaud. Boulard (Cher). Bouville (comte de). Boyer (Ferdinand). Cadot (Louis). Casabianca (vicomte de). Casimir-Perier (Aube). Caze. Chantemille. Chevreau (Léon). Christophle (Albert) (Orne). Cibiel. Cirier. Clercq (de). Cornil. David (baron Jérôme). Defoulenay. Desbons. Dethou. Deusy. Develle (Meuse). Dreyfus (Ferdinand). Dubost (Antonin). Duclaud. Durieu. Feltre (duc de). Gambetta. Gasconi. Gassier. Gasté (de). Gastu. Gavini. Girard (Alfred). Girardin (Émile de). Godelle. Guyot (Rhône). Guyot-Montpayroux. Haussmann (baron). Hovius. Jacques. Janvier de la Motte (père). Jozon. La Caze (Louis). Lalanne. Lamy (Étienne). Larrey (baron). Lavergne (Bernard). La Vieille. Lenglé. Le Peletier d'Aunay (comte). Le Vavasseur. Mackau (baron de). Mahy (de). Malézieux. Marcou. Maréchal. Marion. Menier. Murat (comte Joachim). Padoue (duc de). Perrochel (comte de). Philippe (Jules). Riondel. Roques. Rouher. Saint-Martin (de). Savary. Thiessé. Tron.

N'ONT PAS PRIS PART AU VOTE :

Comme ayant été retenus à la commission du budget :
MM. Duvaux. Farcy. Liouville. Renault (Léon).

N'ONT PAS PRIS PART AU VOTE :

Comme ayant été retenus à la commission d'enquête sur les actes de M. le général de Cissey pendant son ministère :
MM. Berlet. Le Faure. Margaine. Patissier. Philippoteaux. Roger. Royer. Roys (comte de). Talandier. Valfons (marquis de).

ABSENTS PAR CONGÉ :

MM. Dautresme. David (Indre). Descamps (Albert). Fauré. Guilloutet (de). Hémon. Hérault. Labuze. Laumond. Monteils. Rouvre.

La Chambre n'a pas adopté.

En conséquence, ces mots : « ... et les propriétaires fondateurs ou leurs successeurs », disparaissent de l'article 8.

M. le président. Je mets aux voix l'ensemble de l'article 8, qui est alors ainsi conçu :

« Art. 8. — Les déclarations seront faites par écrit sur papier timbré et signées par les gérants. Il en sera donné récépissé. »

(L'ensemble de l'article 8 est mis aux voix et adopté.)

« Art. 9. — En cas de contravention aux dispositions prescrites par les articles 6, 7 et 8, le propriétaire, le gérant ou, à défaut, l'imprimeur, seront punis d'une amende de 50 à 500 fr.

PUBLICATION, GÉRANCE, DÉCLARATION, DÉPOT.

« Le journal ou écrit périodique ne pourra continuer sa publication qu'après avoir rempli les formalités ci-dessus prescrites, à peine, si la publication irrégulière continue, d'une amende de 100 fr., prononcée solidairement contre les mêmes personnes, pour chaque numéro publié à partir du jour de la prononciation du jugement de condamnation, si ce jugement est contradictoire, et du troisième jour qui suivra sa notification, s'il a été rendu par défaut, et ce, nonobstant opposition ou appel, si l'exécution provisoire est ordonnée.

« Le condamné, même par défaut, peut *immédiatement* interjeter appel. Il sera statué par la cour dans le délai de trois jours. »

M. Cuneo d'Ornano. Je demande la parole.

M. le président. Sur cet article, M. de Janzé a déposé un amendement.

M. de Janzé a la parole.

Plusieurs voix. A demain !

M. le président. Pourquoi, à demain ?

M. le comte de Douville-Maillefeu. Parce qu'il est six heures !

M. le président. Je vous ferai observer que nous sommes en nombre et qu'il n'est que six heures. La loi en discussion est urgente, la Chambre a décidé qu'il y aurait deux lectures, et je ne m'expliquerais pas le renvoi à demain.

M. Laroche-Joubert. Il est l'heure normale de la clôture des séances.

M. le président. M. Laroche-Joubert, si vous voulez vous en aller...

M. Laroche-Joubert. Je ne m'en vais jamais que lorsque la séance est levée, et j'arrive toujours pour son ouverture.

M. le président. Eh bien, ayez le mérite de votre courage, et restez jusqu'au bout sans protester.

M. Laroche-Joubert. Je resterai, mais je protesterai.

M. le président. Vous n'avez pas le droit de protester.

M. Laroche-Joubert. Pardon, monsieur le président, j'ai le droit de protester si, sans une nécessité sérieuse, on veut faire travailler la Chambre et son personnel plus que de raison !

M. le président. Faire trop travailler la Chambre ! Voilà un reproche que je voudrais bien encourir.

La parole est à M. de Janzé.

M. le baron de Janzé. Messieurs, actuellement, l'auteur de toute publication est obligé de faire un double dépôt, l'un au parquet, l'autre à la préfecture pour le ministère de l'intérieur ; le projet de la commission supprime le dépôt du ministère de l'intérieur.

Pour justifier cette suppression, la commission dit : « Cette formalité du dépôt n'a à nos yeux d'autre utilité que de mettre à même le parquet de première instance de vérifier par lui-même si l'écrit déposé ne renferme rien de délictueux; la préfecture n'a nullement à intervenir. »

Cette allégation de la commission est erronée; le service de la presse n'est chargé en aucune façon de rechercher s'il y a quelque chose de délictueux dans les journaux publiés chaque jour pour se faire le pourvoyeur des parquets.

Non, ce travail journalier du service de la presse, vous ne le supprimerez pas en supprimant le dépôt des publications, car ce travail est une condition nécessaire du Gouvernement.

Le service de la presse tous les matins fait la lecture et le dépouillement des nombreux organes de publicité de Paris et de la province, organes qui vont devenir encore plus nombreux après la loi que vous discutez. Pourquoi fait-il le dépouillement? Afin de voir dans chaque feuille qu'il examine quels sont les actes de tel ou tel fonctionnaire local, qui sont incriminés, afin de prévenir des accusations portées. De cette manière, le ministre de qui relève ce fonctionnaire peut aviser au mal, si mal il y a réellement, et cela sans retard, ce qui est la condition d'une bonne administration.

Dans un ordre d'idées plus général, ce travail d'informations fait par le service de la presse permet aux hommes qui sont au pouvoir de s'assurer que tel courant d'opinion s'établit sur telle ou telle mesure prise par le Gouvernement ou même sur la politique générale du ministère. Un gouvernement d'opinion ne peut faire autrement que de s'informer ainsi journellement de ce que pense le pays, de tâter à chaque instant le pouls de l'opinion publique.

En outre, le Gouvernement peut être appelé à répondre à des interpellations venant soit du Sénat, soit de la Chambre sur des questions soulevées par des journaux de province. S'il n'avait pas ces journaux en même temps que les abonnés, ces questions lui seraient complètement étrangères au moment où on les porterait à la tribune. Est-ce une bonne chose de mettre le Gouvernement dans la nécessité de déclarer qu'il ne peut répondre parce qu'il n'est pas informé? Ce serait le moyen de le déconsidérer ou tout au moins de diminuer son autorité morale aux yeux du public.

Si vous supprimez le dépôt, supprimerez-vous le travail de dépouillement qui est fait tous les matins par le service de la presse, non pas dans un but préventif, mais, je le répète, dans un but d'informations, et d'informations nécessaires? En aucune façon. Comme je le disais, ce travail est une condition de gouvernement. Et alors que faites-vous en supprimant ce dépôt? Vous obligez le Gouvernement, le ministre de l'intérieur, à s'abonner à toutes les feuilles de province et de Paris; c'est-à-dire que vous inscrirez à notre budget une dépense considérable, dépense dont je ne saurais dire le chiffre, mais qui sera certainement beaucoup plus importante que vous ne le supposez, surtout après que la nouvelle loi aura été votée par la Chambre et le Sénat.

En conséquence, je crois devoir demander le maintien du double dépôt. C'est une charge absolument insignifiante pour un journal d'envoyer deux exemplaires au ministère de l'intérieur. Au contraire, par suite de la suppression du dépôt, le Gouvernement étant obligé de s'abonner à tous les journaux, vous ne faites autre chose que d'inscrire au budget une dépense considérable; j'espère donc que la Chambre votera mon amendement.

M. le président. Je mets aux voix l'amendement de M. de Janzé.

(Il est procédé au vote, et l'épreuve est déclarée douteuse par le bureau.)

M. Cuneo d'Ornano. Je crois que le vote n'a pas été compris, monsieur le président!

Je demande une explication...

M. le président. On ne peut pas parler entre deux épreuves!

M. Tiersot. Il faudrait relire l'amendement!

M. le président. Voici en quoi consiste l'amendement :

A côté du dépôt prescrit par l'article de la commission au parquet, ou à la mairie dans la ville où il n'y a pas de parquet, M. de Janzé demande que l'on continue à faire le dépôt pour le service de la presse au ministère de l'intérieur à Paris.

M. Cuneo d'Ornano. Cela a lieu!

M. Lelièvre. Même par la poste, et les propriétaires de journaux seraient rendus responsables des erreurs de la poste!

M. le président. J'explique l'amendement, je ne le juge pas!

Je consulte la Chambre par assis et levé.

PUBLICATION, GÉRANCE, DÉCLARATION, DÉPOT.

(La Chambre, consultée de nouveau, n'adopte pas l'amendement.)

M. Cuneo d'Ornano. Je demande la parole.

M. le président. M. Cuneo d'Ornano a la parole.

M. Cuneo d'Ornano. Je demande la suppression dans le dernier paragraph du mot « immédiatement », à moins qu'on n'en donne la raison.

Le dernier paragraphe de l'article porte : « Le condamné, même par .défaut peut immédiatement interjeter appel... » Il va de soi qu'il peut interjeter appe dans les délais ; je crois donc que le mot « immédiatement » est inutile ; il pour rait même être dangereux.

Au banc de la commission. En effet, il est inutile. L'appel est toujours de droit.

M. le président. Je mets aux voix l'article 9, en en retranchant le mot « immédiatement ».

(L'article 9 est mis aux voix et adopté avec cette modification.)

M. le président lit l'article 10 :

« Art. 10. — Au moment de la publication de chaque feuille ou livraison du journal ou écrit périodique, il sera remis au parquet du procureur de la République, ou à la mairie dans les villes où il n'y a pas de tribunal de première instance, deux exemplaires signés du gérant. Ce dépôt sera effectué sous peine de 50 francs d'amende contre le gérant. »

L'article 10 est adopté.

M. Cuneo d'Ornano. Je demande à faire une observation pour préciser le sens de cet article.

M. le président. Il est voté.

M. Cuneo d'Ornano. Je voudrais adresser une question à la commission.

Il est bien entendu que le double dépôt auquel les journaux sont soumis actuellement, le dépôt de l'imprimeur à la préfecture et celui du gérant au parquet, n'existe plus. Les journaux ne sont plus assujettis qu'au dépôt fait par le gérant au parquet.

M. Lorois. Et le dépôt pour les collections nationales ?

M. le président lit l'article 11.

« Art. 11. — Le nom du gérant sera imprimé au bas de tous les exemplaires, à peine, contre l'imprimeur, de 100 francs d'amende par chaque numéro publié en contravention de la présente disposition. »

(L'article 11 est mis aux voix et adopté.)

SÉNAT. PRÉSIDENT M. LÉON SAY.

Quatrième suite du rapport du 18 juin 1881.

Art. 10. Pareil dépôt, dit le second paragraphe, sera fait *pour le service de la presse.* Ce service est aboli en partie et pourra l'être plus tard tout à fait. Nous avons effacé ce passage.

Art. 11. Il édicte la peine de 100 francs d'amende par chaque numéro de journal publié sans le nom du gérant. Cette amende nous a paru exagérée ; nous l'avons ramenée au chiffre de 16 francs au minimum et de 100 francs au maximum.

Annexe au rapport du 18 juin 1881.

ART. 10.

Au moment de la publication de chaque feuille ou livraison du journal ou écrit périodique, il sera remis au parquet du procureur de la République, ou à la mairie dans les villes où il n'y pas de tribunal de première instance, deux exemplaires signés du gérant.

Pareil dépôt sera fait *pour le service de la presse*, au Ministère de l'Intérieur, pour Paris et le département de la Seine, et, pour les autres départements, à la préfecture, ou à la sous-préfecture, ou à la mairie dans les villes qui ne sont ni chefs-lieux de département, ni chefs-lieux d'arrondissement.

Chacun de ces dépôts sera effectué sous peine de 50 francs d'amende contre le gérant.

ART. 10.

Supprimé les mots : *pour le service de la presse*.

ART. 11.

Le nom du gérant sera imprimé au bas de tous les exemplaires, à peine, contre l'imprimeur, de 100 francs d'amende par chaque numéro publié en contravention de la présente disposition.

ART. 11.

Le nom du gérant sera imprimé au bas de tous les exemplaires, à peine, contre l'imprimeur, de 16 *francs* à 100 *francs* d'amende par chaque numéro publié en contravention de la présente disposition.

Sénat, suite de la séance du samedi 9 juillet 1881.

M. le président lit les articles 8 et 9 suivant le texte adopté ci-dessus dans la Chambre des députés, page 81. — Ils sont adoptés sans débat.

M. le président lit les articles 10 et 11, proposés par la Commission.

« Art. 10. — Au moment de la publication de chaque feuille ou livraison du journal ou écrit périodique, il sera remis au parquet du procureur de la République, ou à la mairie dans les villes où il n'y a pas de tribunal de première instance, deux exemplaires signés du gérant.

« Pareil dépôt sera fait au ministère de l'Intérieur, pour Paris et le départemen de la Seine et, pour les autres départements, à la préfecture, à la sous-préfecture ou à la mairie dans les villes qui ne sont ni chefs-lieux de département, ni chef-lieux d'arrondissement.

« Chacun de ces dépôts sera effectué sous peine de 50 fr. d'amende contre le gérant. » — (Adopté.)

« Art. 11. — Le nom du gérant sera imprimé au bas de tous les exemplaires, à peine, contre l'imprimeur, de 16 fr. à 100 fr. d'amende par chaque numéro publié en contravention de la présente disposition. » — (Adopté.)

Quatrième suite du rapport général.

XIII

§ 2. — *Des rectifications et annonces judiciaires.*

A. — *Des rectifications.*

Les rectifications que peut provoquer un article de journal tiennent au droit de la défense.

Légitimes en principe, elles ne doivent pas devenir excessives. Votre commission a pris à tâche de les renfermer dans de justes limites.

Nous avons cherché à concilier la liberté de l'assertion et la liberté de la réponse.

Il nous a paru utile de distinguer, par deux dispositions différentes, les rectifications émanées de l'autorité publique et celles émanées des personnes privées. Cette partie du projet de loi devait y gagner en logique et en clarté. C'est ainsi que l'article 11 a pour objet les premières, et l'article 12 les secondes.

Le droit de réponse est inscrit depuis fort longtemps dans la législation relative à la presse périodique.

La multitude des textes qui le régissent sera remplacée par ces deux seules dispositions.

C'est la loi du 9 juin 1819 qui, par son article 8, inaugura le droit à la rectification.

Il n'était attribué qu'au Gouvernement et il ne consistait que dans l'insertion des publications officielles que le Gouvernement adressait au journal. Cette insertion devait avoir lieu le lendemain de l'envoi des pièces sous la seule condition du paiement des frais d'insertion.

Ce n'était pas encore le droit de réponse ou de rectification.

Mais c'est dans cette disposition que la loi du 25 mars 1822 en a trouvé le principe.

L'article 11 de cette loi a donné à toute personne nommée ou désignée dans un journal ou écrit périodique le droit d'y faire insérer sa réponse dans les trois jours de la réception, ou dans le plus prochain numéro s'il

n'en était pas publié dans ce délai. L'insertion doit être gratuite et la réponse peut avoir le double de la longueur de l'article qui y donne
lieu.

Le refus d'insertion encourt une amende de 50 à 500 francs, indépendamment des autres peines et des dommages-intérêts auxquels l'article
incriminé peut donner lieu.

C'est la seule innovation de la loi de 1822 qui n'ait pas réagi au détriment de la liberté.

Dès l'an XII, ainsi que le fait remarquer M. Hatin, t. 1er, p. 578, Dulaure avait réclamé le droit de réponse devant le Conseil des Cinq
Cents.

Dans la séance du 6 prairial, ce député soumit au Conseil une proposition ainsi conçue :

« Tous propriétaires ou rédacteurs de journaux ou d'ouvrages périodiques qui
y auraient inséré un article *attentatoire à la réputation* d'un citoyen seront tenus
d'y insérer la réponse à cet article dans les cinq jours qui suivront la réception
de ladite réponse, sous peine de voir leurs journaux ou ouvrages périodiques supprimés, et d'être en outre condamnés aux frais d'impression et de poste de trois
mille exemplaires de ladite réponse. »

Le Conseil des Cinq Cents n'accepta pas la proposition, par trop exorbitante, du député du Puy-de-Dôme.

Le législateur de 1819 et de 1822 la recueillit en l'amendant.

Elle ne fut plus négligée.

Les lois de septembre 1835 maintinrent cette disposition en la modifiant.

La réponse devait être insérée dans le numéro qui suivrait le jour de sa
réception ; elle pouvait avoir le double de l'article qui y aurait donné lieu ;
seulement l'excédant devait être payé suivant le tarif des annonces judiciaires.

Les lois de septembre subirent le sort que les révolutions réservent aux
régimes tyranniques.

Mais le droit de réponse trouva grâce devant le législateur de 1849.

L'article 13 de la loi du 27 juillet vint rajeunir le droit de rectification
défini par l'article 11 de la loi du 25 mars 1822. Cette disposition y consacre deux paragraphes.

Le premier, rappelant l'article 8 de la loi du 9 juin 1819, avait trait au
droit de réponse de la part des agents de l'autorité publique. Le second,
reflet de l'article 11 de la loi du 25 mars 1822, s'occupait des simples particuliers.

Le décret du 17 février 1852 est venu aggraver le premier paragraphe,
sans toucher au second.

La loi du 27 juillet 1849 avait dit, au paragraphe premier :

RECTIFICATIONS, ANNONCES, JOURNAUX ÉTRANGERS.

« Tout gérant sera tenu d'insérer en tête du journal les documents officiels, relations authentiques, renseignements et rectifications, qui lui seront adressés par tout dépositaire de l'autorité publique. La publication devra avoir lieu le lendemain de la réception des pièces, *sous la seule condition du paiement des frais d'insertion.* Toute autre insertion réclamée par le Gouvernement, par l'intermédiaire des préfets, sera faite de la même manière, sous la même condition, dans le numéro qui suivra le jour de la réception des pièces. Les contrevenants seront punis, par les tribunaux de police correctionnelle, d'une amende de 50 à 500 francs. »

Le décret du 17 février 1852, article 19, a dit :

« Tout gérant sera tenu d'insérer en tête du journal les documents officiels, relations authentiques, renseignements, *réponses et rectifications* qui lui seront adressés par un dépositaire de l'autorité publique.

« La publication devra avoir lieu *dans le plus prochain numéro qui paraître après le jour de la réception des pièces.*

« *L'insertion sera gratuite.*

En cas de contravention, les contrevenants seront punis d'une amende 50 à 1,000 francs. En outre le journal pourra être suspendu *par voie administrative pendant quinze jours au plus.* »

On sait que, par son article 16, la loi du 11 mai 1868 n'attribue qu'à l'autorité judiciaire le droit de prononcer la suspension du journal.

En dehors de cette dernière disposition, le surplus de l'article 19 du décret du 17 février 1852 est encore debout.

C'est depuis lors que les rectifications adressées par l'autorité publique ont pris le nom de *communiqués;* il a fallu à l'abus du droit de répression une expression nouvelle (1).

La partie conservée de l'article 19 du décret de 1852, et le paragraphe 2 de l'article 13 de la loi du 27 juillet 1849, combinés avec l'article 11 de celle du 25 mars 1822, présentent l'état actuel de la législation sur le droit de rectification de la part de toute personne.

Le paragraphe 2 de l'article 13 de la loi du 27 juillet 1849 est ainsi conçu :

L'insertion sera gratuite pour les réponses et rectifications prévues par l'article 11 de la loi du 25 mars 1822 lorsqu'elles ne dépasseront pas le double de la longueur des articles qui les auront provoquées. Dans le cas contraire, le prix d'insertion sera dû pour le surplus seulement. »

L'article 11 de la loi du 25 mars 1822 est modifié en ce sens que la lon-

_____

(1) Le décret du 17 février 1852 avait introduit dans le dictionnaire juridique une autre expression, celle d'*avertissement.* D'après l'article 32, un journal pouvait être suspendu par décision ministérielle lors même qu'il n'avait été l'objet d'aucune condamnation, après deux avertissements motivés et pendant un temps qui ne pouvait excéder deux mois ; ceci était indépendant de la suppression que pouvait décréter par mesure de sûreté générale le président de la République. La loi du 11 mai 1868 a effacé ces dispositions.

gueur de la réponse est illimitée. L'excédant seul doit le prix d'insertion.

Quel est ce prix ? La loi se tait.

Votre Commission a maintenu en principe le droit de rectification et de réponse pour toute personne publique ou privée.

Elle l'a fait sans hésitation, parce qu'elle le considère comme un droit naturel.

Les législations les plus libérales l'ont d'ailleurs édicté.

« Toute personne, citée dans un journal, soit nominativement, soit indirectement, dit la loi belge, aura le droit d'y faire insérer une réponse pourvu qu'elle n'excède pas *mille lettres d'écriture* ou le *double de l'espace* occupé par l'article qui l'aura provoqué. Cette réponse sera insérée au plus tard le surlendemain du jour où elle a été déposée au bureau du journal, à peine contre l'auteur de *vingt florins d'amende* POUR CHAQUE JOUR DE RETARD. » (Article 13 du décret du 10 juillet 1831, adopté purement et simplement par le Code pénal de 1867.)

Votre Commission, tout en acceptant le principe du droit de réponse, le limite, quand il s'agit des représentants de l'autorité publique, aux rectifications qui ont trait aux actes de la fonction *qui auraient été inexactement rapportés*.

Elle abroge le *communiqué* inauguré par l'article 19 du décret du 17 février 1852, en n'autorisant le droit de réponse de la part des fonctionnaires publics que lorsqu'il s'agit de faire justice d'une assertion inexacte se rapportant à la fonction.

Elle entend par *fonctionnaire* tout dépositaire de l'autorité publique dans le sens juridique de l'expression. Enfin la réponse, dans l'hypothèse prévue par l'article 14, est gratuite quelle qu'en soit l'étendue.

Cette disposition est ainsi conçue :

« Le gérant sera tenu d'insérer gratuitement en tête du journal ou écrit périodique toutes les rectifications qui lui seront adressées par un dépositaire de l'autorité publique, au sujet des actes de sa fonction qui auraient été inexactement rapportés par ledit journal ou écrit périodique.

« Ces rectifications devront être insérées dans le plus prochain numéro qui paraîtra après leur réception.

« En cas de contravention, le *gérant* sera puni d'une amende de 100 à 1,000 francs, sans préjudice des autres peines et dommages-intérêts auxquels l'article incriminé pourrait donner lieu. »

L'article 15 est relatif, avons-nous dit, aux rectifications ou réponses réclamées par les simples particuliers.

Il est ainsi conçu :

« Le gérant sera tenu d'insérer *dans les trois jours* de leur réception ou dans le plus prochain numéro, s'il n'en était pas publié avant l'expiration des trois jours, les rectifications de toute personne nommée ou désignée dans le journal ou écrit périodique, sous peine d'une amende de 50 à 500 francs, sans préjudice des autres peines et des dommages-intérêts auxquels l'article incriminé pourrait donner lieu.

« Cette insertion devra être faite à la même place et en les mêmes caractères que l'article qui l'aura provoquée.

« Elle sera gratuite, lorsque les rectifications ne dépasseront pas le double de la longueur dudit article. Si elles le dépassent, le prix d'insertion sera dû pour le surplus seulement. Il sera calculé au prix des annonces judiciaires. »

Votre Commission a pensé qu'il y avait lieu de poser des règles différentes quand il s'agit des rectifications réclamées par l'autorité publique et quand il s'agit de celles réclamées par les particuliers ou par les fonctionnaires dont les réclamations n'auraient pas pour objet des actes de leur fonction.

L'intérêt public est plus ou moins engagé dans le premier cas, l'intérêt privé dans le second.

— Insertion gratuite en tête du journal dans le plus prochain numéro qui suit la réception de la réponse à peine de 50 à 1,000 francs d'amende, quand la rectification émane d'un dépositaire de l'autorité publique.

— Dans les autres cas, insertion gratuite à concurrence du double de la longueur de l'article, avec payement pour l'excédant, en tête ou non en tête du journal, mais *à la même place et en les mêmes caractères* que l'article objet de la rectification, le tout à peine de 50 à 500 francs d'amende.

Pour ne rien laisser à l'arbitraire, soit des journaux, soit des magistrats, nous avons arrêté que le prix de l'insertion, dans le cas prévu par l'article 15, serait celui des annonces judiciaires.

C'est une faveur que nous avons cru devoir donner à quiconque se trouve obligé de rectifier, de répondre ou de répliquer; car il va de soi que le droit de se défendre persiste tant que dure la provocation.

B. — *Des annonces judiciaires.*

Le décret du 17 février 1852, qui semble avoir revendiqué le monopole des dispositions réactionnaires, ne s'était pas fait scrupule de porter la main sur les annonces judiciaires. Les attribuer exclusivement aux journaux amis du pouvoir, c'était presque ruiner les autres. Double profit pour le despotisme.

L'article 23 de ce décret est ainsi conçu :

« Les annonces judiciaires exigées par les lois pour la validité ou la publicité des procédures ou des contrats seront insérées, *à peine de nullité de l'insertion*, dans le journal ou les journaux de l'arrondissement qui seront désignés, chaque année, par le préfet.

« A défaut de journal dans l'arrondissement, le préfet désignera un ou plusieurs journaux du département.

« Le préfet réglera en même temps le tarif de l'impression de ces annonces »

Il est difficile de rien imaginer de plus hardi dans le genre oppressif.

Décréter, en dehors du pouvoir législatif, une mesure dont l'inobserva-
tion doit entraîner la nullité des procédures et des contrats pour la validité desquels certaine publicité est exigée par la loi générale, dépasse les
limites les plus extrêmes de l'arbitraire et du bon plaisir.

Le pouvoir impérial se garda bien, même aux jours de ses tardives concessions, de revenir sur cette disposition maîtresse. Il y persista si bien
que, lorsque dans le cours de la discussion de la loi du 11 mai 1868, Jules
Brame et autres proposèrent de laisser aux parties le choix des journaux
pour l'insertion des annonces légales, leur amendement fut repoussé au
scrutin public par 186 voix contre 47.

Berryer ne fit pas mieux réussir l'amendement par lequel il attribuait
ce choix à l'autorité judiciaire. Le scrutin en fit justice par 126 voix contre 103.

La discussion fut des plus animées, la résistance des orateurs de la majorité, des plus énergiques. Y prirent part les plus dévoués et les plus
éloquents d'entre eux : MM. Jolibois, Nogent-Saint-Laurens, Rouher.

L'auteur de la lettre du 18 janvier 1868 ne tenait pas à amender, sur ce
point capital, son œuvre personnelle du 17 février 1852.

Il a fallu, pour que l'article 23 de ce dernier décret tombât en désuétude,
que les préfets nommés à la suite du 4 septembre se soient chargés de
l'effacer en abrogeant le monopole et l'inégalité.

Votre Commission a suivi cette voie.

L'article 16, qui termine le § 2 du chapitre XI, fait cesser législativement l'inégalité et le monopole.

« Les annonces judiciaires et légales, dit cette disposition, pourront être insérées, au choix des parties, dans l'un des journaux publiés en langue française
dans le département. »

L'article ne met à cette règle d'autre restriction que celle qu'exige l'uniformité des procédures intéressées dans la publication.

« Néanmoins, ajoute le projet, toutes les annonces judiciaires relatives à une
même procédure de vente seront insérées dans le même journal, à peine de
nullité.

XIV

§ 3. — *Des journaux ou écrits périodiques étrangers.*

Nous rencontrons encore ici le décret du 17 février 1852.

L'auteur du Coup d'État, aux prises avec la presse française qu'il était
en voie de bâillonner, devait prendre souci de la presse publiée sur le sol
étranger que foulaient les proscrits de Décembre.

Conséquent avec l'article 1er, qui soumettait à l'autorisation préalable du Gouvernement tout journal ou écrit périodique traitant de matières politiques ou d'économie sociale, publié en France, l'article 2 du décret décide :

« Que les journaux politiques ou d'économie sociale publiés à l'étranger ne pourront circuler qu'en vertu d'une autorisation du Gouvernement. »

La peine, en cas d'infraction, est celle d'un emprisonnement d'un mois à un an et d'une amende de 100 à 5,000 francs contre les introducteurs ou distributeurs.

C'est là, dans le système du décret, une contravention punissable, abstraction faite de toute intention coupable, ainsi que l'a jugé la Cour de cassation les 15 septembre 1854 et 7 août 1869 (1).

La date de ce dernier arrêt indique à elle seule que la loi, dite libérale, du 11 mai 1868, n'a pas abrogé la disposition de l'article 2 du décret malgré qu'elle ait abrogé l'article 1er (Circulaire ministérielle du 7 juin 1868). Un amendement contraire, présenté par les députés de l'opposition, avait été en effet rejeté.

La République n'a à redouter la liberté où qu'elle existe ni d'où qu'elle vienne.

Votre Commission vous propose en conséquence, à l'égard des journaux étrangers, la disposition suivante ; elle fait l'objet de l'article 17.

« Art. 17. Les journaux ou écrits périodiques publiés à l'étranger pourront circuler en France sans autorisation préalable, sauf interdiction spéciale de la part du Gouvernement, qui sera portée à la connaissance du public par arrêté du ministre de l'intérieur, inséré au *Journal officiel*.

« Si leur circulation est interdite par le Gouvernement, ceux qui, au mépris de cette interdiction, les auront mis en vente ou distribués, seront punis d'une amende de 100 à 3,000 francs. »

Autre chose est soumettre la circulation des journaux étrangers à une autorisation préalable et absolue, autre chose est autoriser, en principe, leur circulation, en réservant au Gouvernement la faculté de l'interdire par mesure spéciale, sous sa responsabilité devant l'opinion et les Pouvoirs publics.

CHAMBRE DES DÉPUTÉS : PRÉSIDENT M. GAMBETTA.

Première délibération. — Suite de la séance du lundi 24 janvier 1881.

M. le président lit l'article 12.

« Art. 12. — Le gérant sera tenu d'insérer gratuitement, en tête du journal ou écrit périodique, toutes les rectifications qui lui sont

(1) *Bulletin manuel.*

adressées par un dépositaire de l'autorité publique, au sujet des actes de sa fonction, qui auront été inexactement rapportés par ledit journal ou écrit périodique.

« Ces rectifications devront être insérées dans le plus prochain numéro qui paraîtra après leur réception.

« En cas de contravention, le gérant sera puni d'une amende de 100 fr. à 1,000 fr. »

M. Allain-Targé. Je pense que la jurisprudence actuelle du Gouvernement restera en vigueur, c'est-à-dire qu'aucun dépositaire de l'autorité publique ne pourra envoyer de communiqué aux journaux sans l'autorisation de ses supérieurs hiérarchiques et, au besoin, du ministre.

M. Lelièvre. C'est une affaire d'administration.

M. le président. Je mets aux voix l'article 12.

(L'article 12 est mis aux voix et adopté.)

M. le président lit l'article 13.

« Art. 13. — Le gérant sera tenu d'insérer, dans les trois jours de leur réception ou dans le plus prochain numéro, s'il n'en était pas publié avant l'expiration des trois jours, les *rectifications* de toute personne nommée ou désignée dans le journal ou écrit périodique, sous peine d'une amende de 50 fr. à 500 fr., sans préjudice des autres peines et dommages-intérêts auxquels l'article *incriminé* pourrait donner lieu.

« Cette insertion devra être faite à la même place et en les mêmes caractères que l'article qui l'aura provoquée.

« Elle sera gratuite, lorsque les rectifications ne dépasseront pas le double de la longueur dudit article. Si elles les dépassent, le prix d'insertion sera dû pour le surplus seulement. Il sera calculé au prix des annonces judiciaires. »

M. le président. M. Sourigues a déposé sur cet article un amendement en trois parties.

Je donne la parole à M. Sourigues.

M. Sourigues. Il faut d'abord que je donne lecture de mon amendement.

« Premièrement. — Modifier le 1er alinéa de l'article 13 en y introduisant les parties imprimées en italique dans le texte que voici :

« Le gérant sera tenu d'insérer, dans les trois jours de leur réception ou dans le plus prochain numéro, s'il n'en était pas publié avant l'expiration des trois jours, les *réponses*, rectifications et *répliques* de toute personne nommée ou désignée dans le journal ou écrit périodique, sous peine d'une amende de 50 à 500 fr., *et, au profit de ladite personne, par chaque jour de retard apporté volontairement à l'insertion demandée, d'une indemnité de :*

« 1° 50 *francs par mille exemplaires de tirage ou au-dessous, du numéro dans lequel aura paru l'article incriminé ;*

« 2° 1 *franc par chaque centaine d'exemplaires tirés en sus des premiers mille, sans que le produit de cette indemnité puisse être cumulé au delà de 20 jours.* »

« Secondement. — Entre le 2e et le 3e alinéa, en introduire un nouveau ainsi conçu :

« Elle, — l'insertion, — ne pourra être refusée que dans le cas où *réponse*, rectification ou *réplique* contiendrait quelque injure ou diffamation à l'égard de tiers, sauf à reconnaître au journaliste le droit de poursuivre à son tour l'auteur des injures ou calomnies qui seraient contenues à son égard dans la réponse ou réplique rendue publique par son insertion dans le journal en cause. »

Un membre à droite. C'est l'affaire des tribunaux.

M. Sourigues. « Troisièmement. — Terminer l'article par la disposition que voici :

« En tout état de cause, si l'article nommant ou désignant un ou plusieurs individus, sans se borner à discuter ou critiquer leurs actes, s'attaque à leur personne, le gérant du journal, au cas où ledit article ne serait pas signé d'un vrai nom, sera tenu, sous peine d'une amende de 1,000 à 3,000 francs, d'en faire connaître immédiatement le rédacteur à n'importe quel des individus mis en cause ou de ses parents qui en ferait la demande. »

Messieurs, puisque la Chambre le désire, je vais dès ce soir développer mon amendement.

Quelques voix au centre. A demain !

A gauche. Non ! non ! parlez !

M. Sourigues. Je ferai en sorte d'être bref, et je me bornerai à vous présenter quelques considérations à l'appui de mon amendement.

Je ne crois pas à l'impuissance de la presse, et je suis persuadé que bien des journaux sont de mon avis, sans quoi les journalistes n'attacheraient pas tant de prix à pouvoir publier leurs articles par cette voie. Quant aux propriétaires des journaux, ils savent mieux que personne combien la presse est puissante, surtout en matière de publications financières, et en matière d'énonciations de faits concernant le marché des fonds publics et des valeurs mobilières. S'il en était autrement, le concours qu'ils donnent aux banquiers et aux lanceurs d'affaires, ils ne le feraient pas payer un prix aussi exorbitant que celui dont maint procès a révélé l'existence. (Aux voix ! aux voix !)

Sans doute la presse n'est pas assez puissante pour que les journalistes puissent établir à tout jamais la réputation de moralité, de vertu et de savoir qu'il leur conviendrait de faire à un individu qui n'en serait pas digne ; mais, en agissant en sens inverse, ils pourraient faire beaucoup de mal, et, dans certains cas, un mal tellement rapide qu'il deviendrait irréparable avant qu'on n'ait eu la possibilité de chercher à le combattre. Ainsi, par exemple, supposez qu'il s'agisse d'un banquier, d'un commerçant, d'un industriel, il est certain que la diffamation et la calomnie pourraient causer leur ruine avant qu'ils n'aient eu le temps ni la possibilité de se défendre. Maints exemples pourraient être cités où de semblables résultats ont été produits.

Si la diffamation et la calomnie peuvent exercer une influence quand elles se produisent simplement devant quelques individus, à plus forte raison cette influence s'exerce-t-elle plus grandement, d'une manière plus efficace, quand elles se produisent par la voie d'un journal qui arrive à plusieurs milliers de lecteurs à la fois.

Je crois donc qu'il est des actes, tels que ceux de diffamation et de calomnie, pour lesquels une législation particulière à la presse est nécessaire et justifiée. Dans ce cas-là, les lois de droit commun peuvent être appliquées quant à la définition du délit, mais elles ne sauraient l'être quant à l'application des peines.

En bonne justice, l'importance de la peine et la grandeur de la réparation doivent être proportionnées à l'importance du mal accompli. Or, il est incontestable que la diffamation sera d'autant plus puissante à frapper la victime que le journal qui l'aura commise sera plus répandu. Dès lors, il est légitime, naturel et juste que la réparation soit dans une certaine mesure proportionnée au tirage du journal. Mon amendement vise précisément à atteindre ce résultat.

Mais ce n'est pas tout que de pouvoir punir l'auteur du mal ; il faut tâcher, autant que possible, d'en empêcher les effets.

Je crois qu'en principe, comme en fait, la loi doit tendre à donner à la presse la plus large liberté possible, mais à condition cependant que la liberté du journaliste ne portera pas atteinte à la liberté d'autrui ; que tout individu qui aura été attaqué pourra se défendre à armes égales, qu'il pourra surtout le faire dans un moment opportun ; enfin que la loi le protégera contre les conséquences des attaques injustes, des provocations sans motifs, et surtout de la calomnie.

Le premier acte à faire en ce sens, c'est donc d'assurer à l'individu attaqué les moyens de se défendre le plus vite possible et autant que possible devant les personnes qui auraient été témoins de la diffamation ou de la calomnie. Le progrès du mensonge et de la calomnie est très rapide et le mal qu'ils produisent pourrait, dans certain cas, devenir très vite irréparable, pour peu qu'on tardât à opposer un obstacle à leur action. En effet, les lecteurs du jour, pour un journal, ne sont pas toujours ceux de la huitaine et encore moins de la quinzaine suivante. Dès lors, il importe que la défense puisse se produire immédiatement après l'attaque. C'est à quoi une clause de mon amendement cherche à pourvoir.

Le journaliste trouverait-il trop forte l'indemnité stipulée contre le journal qui retarderait volontairement l'insertion de la défense ? Pourquoi se plaindrait-il de cette peine, puis qu'il dépendrait de lui de ne pas s'y exposer ? Or, il est certain que plus le journal sera répandu, plus son attaque sera efficace et son mal sérieux. Par conséquent, plus il importe que l'indemnité à stipuler soit proportionnelle au tirage du journal.

La critique ou l'attaque a d'autant plus de poids qu'elle tombe de plus haut. Pourquoi donc ne pas permettre à la personne attaquée de renverser le piédestal sur lequel s'est juché l'auteur de cette critique ou de cette attaque ? Celui-ci pourrait-il se plaindre qu'on le fît connaître ? Pourquoi ne voudrait-il pas qu'on lui appliquât la loi que lui-même a volontairement fait subir à autrui ?

Messieurs, c'est à ces réflexions que j'ai cédé en introduisant dans mon amendement le mot « réponse », qui figurait déjà dans un projet qui nous avait été distribué, non pas officiellement, mais officieusement, par les soins de M. Fallières, sous-secrétaire d'État de l'intérieur, alors qu'il était rapporteur de la Commission chargée de préparer le projet de loi actuel. Et j'y ai ajouté le mot « réplique », comme étant plus explicite et exprimant mieux le but que je voudrais atteindre.

Si vous n'admettiez pas ces droits-là, autant vaudrait dire que vous voulez aiguiser l'arme du journaliste et forger le bouclier dont il se couvre pour parer les coups de son adversaire. Ce ne serait pas là l'égalité : ce serait l'injustice.

Quant à la peine édictée contre le journal qui, ayant publié un article contenant de la diffamation et de la calomnie contre une personne, refuserait de faire connaître le nom de l'auteur, je n'ai pas besoin d'un discours pour la défendre : la conscience de tout honnête homme déclare évidemment que le gérant doit le faire connaître.

Messieurs, je me borne à ces simples observations et je vous prie de vouloir bien adopter mon amendement, en votant divisément sur chacun des trois paragraphes dont il se compose.

M. le président. Je vais consulter la Chambre.

(Les trois paragraphes de l'amendement de M. Sourigues, successivement mis aux voix, ne sont pas adoptés.)

M. le président. Je mets aux voix l'article 13.

M. Cuneo d'Ornano. Je demande la parole, monsieur le président.

RECTIFICATIONS, ANNONCES, JOURNAUX ÉTRANGERS.

M. le président. Vous avez la parole.

M. Cuneo d'Ornano. La législation antérieure sur le droit de réponse ne portait pas le mot de rectification, mais mettait dans la loi le mot « réponse ». La Commission a modifié sous ce rapport la rédaction de l'article et, au lieu de dire : « la *réponse de toute personne* », la Commission dit : « la *retification de toute personne* »; il est évident qu'il y a plus qu'une nuance entre ces deux rédactions.

Un membre de la commission. C'est à dessein que la substitution a été faite. Il faut que la réponse soit une rectification.

M. Cuneo d'Ornano. Le mot semble indiquer alors que la réponse doit se borner au redressement d'un fait erroné : mais il peut y avoir dans un article autre chose qu'une articulation de fait, il peut s'y trouver des réflexions, des considérations d'ordre purement moral, qui touchent à l'honneur de la personne nommée ou désignée.

Ne faut-il pas alors que cette personne ait droit non seulement à une simple rectification de fait, mais à une réponse plus générale ? C'est pour cela que le mot « réponse » de l'ancienne législation me paraît meilleur ; et je demande qu'il soit rétabli dans la loi nouvelle.

M. Noël-Parfait. Vous avez raison.

M. le rapporteur. La Commission accepte l'amendement de M. Cuneo d'Ornano.

M. le président. Je mets aux voix l'article 13 avec la modification *réponses* au lieu de *rectifications* proposée par M. Cuneo d'Ornano, et acceptée par la commission.

(La Chambre, consultée, adopte l'article 13 ainsi modifié par l'amendement de M. Cuneo d'Ornano.)

M. le président. L'article 14 aborde la question des annonces : nous suspendons ici la discussion, pour la reprendre demain.

Séance du mardi 25 janvier 1881.

M. le président. La Chambre s'est arrêtée, dans la séance d'hier, à l'article 14, ancien article 16.

Je donne lecture de l'article 14.

« Art. 14. — Les annonces judiciaires et légales pourront être insérées, au choix des parties, dans l'un des journaux publiés en langue française dans le département.

« Néanmoins, toutes les annonces judiciaires relatives à une même procédure de vente seront insérées dans le même journal, à peine de nullité. »

M. Trarieux a déposé un paragraphe additionnel.

La parole est à M. Trarieux.

M. Trarieux. Je me suis mis d'accord avec la Commission sur le fond de mon amendement, mais nous en avons modifié les termes, et voici la formule sur laquelle notre accord a porté :

« Les frais d'insertions de jugements autorisées par les tribunaux seront remboursés par la partie condamnée à la partie plaignante, d'après le tarif des annonces judiciaires, s'il n'en a été autrement ordonné. »

Je ne crois pas utile de justifier cette disposition; je me réserve de la défendre si l'intérêt en était contesté.

M. Jolibois. Pourquoi mettez-vous : s'il n'en a été autrement ordonné ?

M. Trarieux. Il pourrait en être décidé autrement par le tribunal. Il s'agit ici d'insertions ordonnées par les tribunaux.

M. le président. Quelle est l'opinion de la Commission sur la rédaction que M. Trarieux vient de lire ?

M. Lelièvre. Elle l'adopte.

M. Jolibois. Je demande à faire une simple observation.

Messieurs, un amendement s'est produit au cours de la discussion, il faut que la rédaction en soit nette et précise ; et celle qui vient de nous être lue me paraît manquer de ces qualités. Je comprends très bien que la loi décide, d'une manière générale et absolue, que quand une insertion aura été ordonnée elle devra être payée d'après le tarif des annonces judiciaires ; mais je n'admets pas qu'on puisse ajouter : « à moins qu'il n'en ait été autrement ordonné ».

En effet, vous savez comment, chaque année, il est procédé à la désignation des journaux destinés à recevoir les annonces judiciaires, et vous savez aussi qu'il est établi en même temps un tarif pour le prix d'insertion de ces annonces.

Il résulte de là que quand une insertion est ordonnée, elle ne peut être imposée à un journal qu'à la condition de la payer selon les règles de ce tarif.

Pourquoi dès lors ajouterait-on les mots proposés par M. Trarieux : « à moins qu'il n'en soit autrement ordonné » ? Cette adjonction donnerait lieu à de nombreuses équivoques ; elle aurait pour conséquence que le tribunal pourrait taxer l'insertion à un chiffre plus petit ou plus élevé que celui porté au tarif ; dans l'un et l'autre cas, il y aurait de graves inconvénients, et ce serait de l'arbitraire.

Je considère donc qu'il y a lieu de rejeter les mots : « à moins qu'il n'en ait été autrement ordonné ».

M. Trarieux. L'observation que vient de faire l'honorable M. Jolibois est à côté du but que poursuit mon amendement. Dans l'amendement primitif, je demandais que les insertions fussent obligatoires de la part des journaux désignés pour les faire. Cette partie de l'amendement primitif disparaît : nous maintenons simplement la disposition qui a pour but de faire régler par la partie condamnée à la partie plaignante, les insertions ordonnées d'après le tarif des annonces judiciaires, s'il n'en a été autrement ordonné.

On me demande quelle est l'utilité de cette disposition ?

Elle a pour but de remédier à des inconvénients graves que la législation actuelle a pu permettre. Je rappellerai deux exemples :

Dans une affaire en diffamation, soutenue par M. le duc d'Aumale, si je ne me trompe, contre un journal du département du Loiret, des insertions furent autorisées ; elles furent faites, et la partie contre laquelle elles avaient été autorisées eut à payer pour leur règlement une somme d'environ 20,000 francs.

Quelque temps après, un autre journal, *la Gironde*, fut obligé de régler également un chiffre exorbitant pour des insertions qui furent tarifées au prix de 12 et 13 fr. la ligne.

Évidemment il y avait eu, dans ces deux cas, surprise. Il est permis de penser que les magistrats mêmes qui avaient participé aux décisions ne furent pas les derniers à ressentir le regret d'un résultat qu'ils n'avaient certainement pas prévu.

Je veux éviter ces surprises : je veux que quand des tribunaux auront autorisé des insertions, sans déterminer le chiffre à concurrence duquel elles pourront être faites, ces insertions soient réglées sur le pied des annonces légales.

Je me borne à réserver cette faculté pour les tribunaux d'en ordonner autrement. J'explique ma pensée par un exemple.

Au lieu de s'en référer au tarif des annonces légales, les tribunaux pourront dire : Il sera fait des insertions à concurrence de tel chiffre. C'est ce qui se rencontre dans un grand nombre de décisions. Les tribunaux conserveront leur liberté d'appréciation et d'action. S'ils ordonnent des insertions sans en fixer le prix, elles seront réglées d'après le tarif des annonces judiciaires. Dans le cas contraire, s'ils ont déterminé un chiffre, c'est ce chiffre qui sera dû. J'aurais

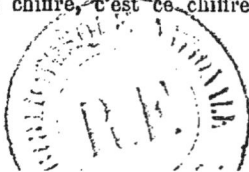

7

ANNONCES, JOURNAUX ÉTRANGERS.

souhaité davantage, mais cela suffira, au moins, pour prévenir l'abus que je vous signalais tout à l'heure, et dont j'ai cité deux exemples qui ont dû frapper vos esprits.

M. Cuneo d'Ornano. Je demande la parole.

M. le Président. M. Cunéo d'Ornano a la parole.

M. Cuneo d'Ornano. Messieurs, il me paraît légitime et nécessaire que les propriétaires d'un journal soient libres d'insérer ou de ne pas insérer...

M. Trarieux. C'est entendu.

M. Cuneo d'Ornano..... les documents qu'on leur communique et d'en débattre le prix, d'être maîtres non seulement du fait même de l'insertion, mais du prix qui sera payé pour cette insertion.

Il me semble que l'amendement de M. Trarieux viendrait en contradiction avec ce principe puisqu'il fixerait un tarif obligatoire.

M. Trarieux. Non! Vous ne voyez que la formule primitive de mon amendement.

M. Cuneo d'Ornano. Votre amendement actuel a pour objet de décider qu'à moins qu'il n'en soit autrement ordonné le coût des insertions judiciaires ordonnées par jugement ne dépassera pas le tarif des annonces.

M. Lisbonne, *rapporteur.* Ce n'est pas du tout le texte.

M. Cuneo d'Ornano. J'ajoute que l'article sur lequel nous sommes en discussion, l'article 14, porte uniquement sur les annonces et non pas sur les insertions requises par les tribunaux.

M. le Président. C'est une proposition additionnelle.

M. Cuneo d'Ornano. Cet article additionnel aurait été mieux placé à la suite de l'article précédent. L'annonce est une insertion spéciale. L'insertion des jugements n'entre pas précisément dans la question des annonces.

Si on ne veut pas rendre obligatoire soit le fait de l'insertion, soit le prix de l'insertion, je ne comprends pas sur quoi porte l'amendement de M. Trarieux.

M. Trarieux. On nous demande si les insertions seront obligatoires pour les journaux. Nous avons déjà répondu, et la rectification de mon amendement primitif ne laisse, d'ailleurs, aucun doute.

Il est hors de doute que les journaux étrangers à l'affaire sont absolument libres d'insérer ou de ne pas insérer, à plus forte raison, de débattre le prix des insertions. Il n'est pas touché à leur situation. Tout ce que notre projet a pour but de proposer ne pourra avoir d'effet qu'entre la partie plaignante et la partie condamnée.

M. Cuneo d'Ornano. Alors vous imposez un prix au journal!

M. Trarieux. C'est le contraire que j'indique.

Par conséquent, messieurs, mon amendement a pour but unique de garantir les justiciables contre des surprises regrettables, dont l'hypothèse n'est point gratuite puisqu'elle est justifiée par plusieurs précédents. On ne voit pas, du reste, les inconvénients qui pourraient s'y rattacher, et j'ai l'espoir que vous en reconnaîtrez l'esprit pratique.

M. Jolibois. Messieurs, je répète que l'improvisation des amendements a toujours quelque chose de dangereux, et ce qui se passe en ce moment en est la preuve.

En effet, lorsque nous sommes saisis inopinément, il peut surgir dans notre esprit un grand nombre d'objections, et nous ne pouvons pas avoir la prétention de les formuler immédiatement et de suppléer utilement à un examen préalable.

Quant à l'amendement qui nous occupe, l'idée principale qui s'en dégage, c'est que, en principe, l'insertion sera payée suivant le tarif des annonces légales. Or, tous les journaux ne sont pas désignés pour l'insertion des annonces légales. (Bruit à gauche.)

M. le rapporteur. C'est une erreur ! Lisez l'article !

Un membre à gauche. On peut s'adresser au journal que l'on veut !

M. Allain-Targé. Même à un journal qui n'aurait qu'un numéro !

M. Jolibois. Quand le tribunal n'aura rien dit, ce sera le tarif légal. Mais pourquoi ajouter ces mots : « à moins qu'il en soit autrement ordonné » ?

M. Trarieux. Pour ne pas lier les tribunaux !

M. Jolibois. Monsieur Trarieux, vous voulez que j'admette l'amendement sans discussion ! Si j'y vois des inconvénients, j'ai bien le droit de les signaler.

Je comprendrais que, dans votre rédaction, vous disiez : « à moins qu'il en soit ordonné autrement, et dans ce cas jamais le prix ne pourrait dépasser celui des annonces judiciaires ». Mais votre amendement ne dit pas cela ; je répète qu'au contraire il semble donner aux tribunaux la faculté de fixer une somme même plus considérable. Votre rédaction n'est pas nette ; elle a besoin d'être précisée. Voilà ce que je dis, et je le maintiens.

M. Trarieux. Ce que vous venez de dire est précisément dans l'intention de l'amendement.

M. Jolibois. L'intention ne suffit pas, même si la Chambre partage votre opinion ; il faut que la rédaction le dise nettement et clairement.

M. Trarieux. J'ai déjà dit et je répète que le but de l'amendement est précisément de réserver au tribunal la faculté d'accorder une somme supérieure au chiffre des annonces judiciaires, s'il le juge nécessaire. (Exclamations à droite.)

J'ai donné un exemple ; j'en puis citer un autre. Supposons qu'un tribunal ordonne que la publicité sera faite en lettres d'impression autres que celles qui sont consacrées aux annonces légales, et dans la première colonne d'un journal ; ce sera parfaitement licite, et alors le tarif des annonces légales n'aura pas d'applicabilité.

Nous n'enchaînons pas, en un mot, la liberté des tribunaux, nous les plaçons seulement en présence d'une réglementation à laquelle ils pourront se référer, mais qu'ils pourront aussi ne pas suivre.

M. Jolibois. Alors, c'est un supplément de pénalité !

M. Cuneo d'Ornano. Puisque vous reconnaissez que le journal ne peut être contraint d'insérer le jugement, pourquoi cherchez-vous le moyen de lui imposer un prix ? (Interruptions.)

Le journal fera son prix, puisqu'il a la faculté de refuser toute insertion, et tout ce que vous ferez pour fixer le prix n'aboutira pas.

M. Jolibois. Monsieur le président, je demande qu'on dise que le prix des annonces légales sera un maximum.

M. Ribot. Nous pouvons adopter l'amendement sous réserve d'un nouvel examen à la seconde délibération.

M. le rapporteur. La commission accepte la rédaction proposée par M. Trarieux...

M. de Marcère. Cela ne peut être qu'un paragraphe additionnel à l'article.

M. le Président. Là n'est pas la question. S'il y avait moins d'interruptions on suivrait la discussion, et on saurait parfaitement que l'amendement de M. Trarieux est présenté comme une proposition additionnelle à l'article.

Maintenant, cet amendement proposé par M. Trarieux...

M. le rapporteur. Et accepté par la commission !

M. le président. C'est ce que j'ai déjà dit... et accepté par la commission avant la séance, cet amendement, M. Jolibois propose de le modier ainsi : « Les frais des insertions de jugements autorisées par les tribunaux seront remboursés par la partie condamnée à la partie plaignante d'après le tarif des annonces judiciaires, sans que le maximum puisse en être dépassé. »

M. Lelièvre. Ce n'est pas possible !

M. le président. Que ce soit possible, ou non, c'est la proposition dont vous êtes saisis et sur laquelle je dois consulter la Chambre.

Je la mets aux voix.

(La rédaction proposée par M. Jolibois est mise aux voix et n'est pas adoptée.)

(L'amendement présenté par M. Trarieux, d'accord avec la commission, est ensuite mis aux voix et adopté.)

M. Ribot. Je demande la parole sur l'article.

M. le président. Vous avez la parole.

M. Ribot. Je voudrais appeler l'attention de la commission sur l'inconvénient qu'il peut y avoir à insérer dans une loi sur la presse la disposition qui constitue le paragraphe premier de cet article.

Je suis absolument d'accord avec la commission pour abroger la disposition du décret de 1852 qui avait conféré aux préfets, dans un but politique, le droit exorbitant de désigner les journaux qui auraient le monopole des annonces judiciaires. Nous abrogeons, par le fait même que nous ne la reproduisons pas, cette disposition du décret de 1852.

Mais est-il utile, et est-il sans inconvénient de traiter dans une loi sur la presse, qui est une loi d'ordre politique, une matière qui touche à la procédure civile ? Permettez-moi de vous faire toucher du doigt cet inconvénient.

Le Code de procédure civile a organisé la publicité de certaines procédures ; il a en général désigné pour cette publicité, non pas un journal quelconque du département, mais le journal qui se publie dans la ville où siège le tribunal, notamment en matière de séparation de biens, en matière de saisie-exécution, et dans d'autres cas encore.

Votre article permet de faire l'insertion dans un journal quelconque du département, et il donne à la partie qui fait l'insertion le droit de choisir à son gré et à sa fantaisie ce journal. Or, souvent la partie poursuivante a intérêt à ce que la publicité soit le plus étendue possible. (C'est vrai !)

En tout cas, je vous demande quel intérêt vous avez à toucher ainsi, dans une loi sur la presse, au Code de procédure civile.

Je prie la commission d'examiner si l'abrogation pure et simple du décret de 1852 ne serait pas préférable. (Très bien ! très bien ! sur divers bancs.)

M. le président. Je mets aux voix l'article 14, qui, avec le paragraphe additionnel proposé par M. Trarieux et déjà adopté par la Chambre, se trouve ainsi rédigé :

« Art. 14. — Les annonces judiciaires et légales pourront être insérées, au choix des parties, dans l'un des journaux publiés en langue française dans le département.

« Néanmoins toutes les annonces judiciaires relatives à une même procédure de vente seront insérées dans le même journal, à peine de nullité.

« Les frais d'insertions des jugements autorisées par les tribunaux seront remboursés par la partie condamnée à la partie plaignante d'après le tarif des annonces judiciaires, s'il n'en a pas été autrement ordonné. »

(L'article 14 est mis aux voix et adopté.)

M. le président. La discussion est ouverte sur l'article 15 (ancien 17) du projet de loi, relatif à la faculté pour le gouvernement d'interdire aux journaux étrangers la circulation en France.

« Art. 15. — Les journaux ou écrits périodiques publiés à l'étranger pourront circuler en France sans autorisation préalable, sauf interdiction spéciale de la part du Gouvernement, qui sera portée à la connaissance du public par arrêté du ministre de l'intérieur inséré au *Journal officiel*.

« Si leur circulation est interdite par le Gouvernement, ceux qui, au mépris de cette interdiction, les auront sciemment mis en vente ou distribués, seront punis d'une amende de 100 fr. à 3,000 fr. »

M. le président. M. Perin a la parole.

M. Georges Perin. Je viens demander à la Chambre de vouloir bien repousser cet article 15.

Ce n'est pas sans étonnement, sans un grand étonnement, je vous l'avoue, que je l'ai trouvé dans la loi actuelle. Il est, en effet, en désaccord absolu avec le principe de cette loi. C'est ce que je veux me borner à démontrer, sans essayer même — ce qui cependant pourrait faciliter ma tâche — de tirer argument des dispositions de la législation antérieure sur cette matière.

M. le rapporteur vous disait hier, et il résumait, il caractérisait par ces mots l'idée qui avait dirigé les membres de la commission : « Nous avons voulu en finir avec le système de la prévention. » Or, messieurs, l'article 15 rétablit absolument, dans la réalité, ce système de la prévention, condamné en paroles, système détestable que j'appellerai, si vous le voulez bien, de son vrai nom, le système de la censure. (Très bien ! à gauche.)

Que va-t-il se passer, en effet, si vous adoptez cet article 15 ? En quoi la situation actuelle faite aux journaux étrangers, situation que la commission a trouvée très mauvaise, qu'elle n'a pas hésité à critiquer vivement, en rappelant avec une grande indignation que le régime préventif auquel la presse étrangère est soumise était le fait de la législation impériale ; en quoi cette situation sera-t-elle changée? En quoi le système nouveau va-t-il différer de l'ancien ? En rien, je le déclare, et je vais l'établir.

M. le rapporteur, au reste, se borne à dire qu'il y a une différence, mais il ne le démontre aucunement. De plus, il néglige de vous dire pourquoi, dans cette circonstance, la commission n'a pas cru devoir agir à l'égard des journaux étrangers comme à l'égard des journaux français, puisqu'elle continuait à soumettre les premiers au régime qu'elle condamnait pour les seconds.

Je vous disais tout à l'heure qu'il n'y avait aucune différence entre le nouveau système et l'ancien, car je ne peux pas prendre au sérieux l'amélioration apparente proposée par la commission. Il m'importe peu que M. le rapporteur, en examinant le décret de 1852 consacré par la loi de 1868, s'écrie : « Il était naturel que l'empire, qui ne pouvait vivre avec la liberté, voulût empêcher l'entrée en France de journaux étrangers qui lui en auraient apporté le souffle, étouffé en France, et qui auraient fait sur sa politique détestable une lumière que nous ne pouvions plus faire en France. » Et il m'importe peu — si ce ne sont là que des mots — qu'il conclue en s'écriant fièrement : « La République n'a à redouter la liberté où qu'elle existe, ni d'où qu'elle vienne. »

Ce n'est pas que je n'applaudisse à ces paroles, mais c'est parce que j'y applaudis et que nous y applaudissons tous, que je vous demande de les sanctionner en repoussant l'art. 15. Si vous l'acceptez, voici ce qui va se passer :

Aujourd'hui les journaux ne peuvent entrer qu'avec une autorisation préalable du ministre ; demain les journaux étrangers pourront entrer, à moins que M. le ministre ne s'y oppose, ce qu'il aura le droit absolu de faire, à la seule condition d'en avertir la France par la voie du *Journal officiel*. Et vous trouvez que c'est une garantie suffisante ?

ANNONCES, JOURNAUX ÉTRANGERS.

M. Noël Parfait. C'est qu'on ne peut pas les poursuivre en France.

M. Georges Perin. Je vais répondre à cet argument dans un moment.

On vous dit, il est vrai, que ce droit exorbitant le ministre ne pourra l'exercer que sous « sa responsabilité devant l'opinion et les pouvoirs publics ». Mais, messieurs, en toutes choses, dans tous les cas, nos ministres agissent sous leur responsabilité devant l'opinion et devant les pouvoirs publics.

Laissons de côté, si vous le voulez, l'opinion, et voyons les pouvoirs publics. Le ministre doit répondre devant les pouvoirs publics, c'est-à-dire devant le Parlement, de l'interdiction faite à un journal étranger d'entrer en France.

Je vous ferai observer tout d'abord que, malgré notre ardeur au travail, qui est très grande, je le reconnais, nous prenons quelquefois des vacances et même des vacances très longues. Pendant ce temps, le ministre n'aura donc à répondre que devant l'opinion publique. C'est une responsabilité tout à fait platonique. Et j'ajoute que c'est précisément pendant les vacances des Chambres, quand la tribune est muette, qu'il est nécessaire que la presse parle et que la liberté la plus grande soit laissée aux journaux étrangers, aussi bien qu'aux journaux français.

Mais le Parlement est en session, la responsabilité du ministre devient effective. Que va-t-il se passer ? Nous interpellons le ministre. Eh bien, messieurs, voyons, soyons de bonne foi et reconnaissons immédiatement ce qui arrivera.

Ne vous souvient-il plus de ce qui s'est passé ici lorsque des journaux, des journaux français, entendez-le bien, ayant été fort maltraités par le Gouvernement s'appuyant sur les lois de l'empire, nous avons interpellé le ministre responsable ? La majorité s'est montré pleine de bienveillance envers le ministre, et toujours les interpellateurs ont été renvoyés à leur place sans aucune espèce de succès ! Et vous croyez que quand M. le ministre viendra vous dire que tel journal étranger a outragé la France — je prends cet exemple — et que, pour ce fait, il n'a pas cru pouvoir lui permettre de passer la frontière, vous croyez, dis-je, qu'un vote de blâme sera infligé au ministre, dont le patriotisme se sera ému, et qu'on voudra, par respect pour la doctrine de la liberté de la presse, s'exposer à créer une de ces crises ministérielles que vous redoutez tant et à bon droit ? On répondra que ce sont là des vétilles, on ne voudra pas aller au fond des choses, et voir pour quel motif le journal aura été réellement arrêté.

Messieurs, la responsabilité de M. le ministre, je le dis bien haut, sera une responsabilité dérisoire ; la situation faite à la presse étrangère restera ce qu'elle est aujourd'hui. M. le ministre sera toujours libre d'interdire ou de permettre, suivant son bon plaisir, l'entrée en France des journaux étrangers.

Examinons donc si un tel droit ne crée pas, outre l'entorse donnée aux principes, un véritable danger ? Je le crois et il me sera facile de le démontrer.

Mais auparavant, voyons s'il présente réellement quelque avantage sérieux. A cet égard, la commission s'est montrée d'une discrétion absolue. Heureusement mon honorable collègue, M. Noël Parfait, est venu au secours de la commission en disant : « Dans votre système on ne pourrait pas poursuivre les journaux étrangers. » C'est une erreur, car, de deux choses l'une : ou les journaux ne contiendront aucun de ces délits que vous entendez punir quand ils sont commis par des journaux français, et alors pourquoi les arrêter à la frontière ? ou ils en contiendront, et alors vous pourrez poursuivre ceux qui sciemment les auront mis en vente et distribués, comme vous entendez le faire, dans le système de votre article, lorsqu'un journal interdit par le ministre aura été introduit en France.

Je vois mon honorable collègue M. Bethmont me faire un signe de dénégation ; j'attends alors qu'il me démontre pourquoi et comment le Gouvernement sera désarmé.

Je crois donc, messieurs, avoir démontré que l'article proposé par la commission ne donne aucune garantie de plus à la répression, ne présente aucun avantage.

Voyons maintenant ses inconvénients. Quand il plaira au ministre, nous serons sevrés de journaux étrangers, et cela pourra quelquefois présenter de graves inconvénients, des dangers même.

Il faut, messieurs, croyez-moi, que la presse étrangère entre en France facilement, qu'elle y entre toujours. Pour le démontrer et pour combattre le système de la commission, je pourrais me borner à vous rappeler que c'est depuis l'empire seulement que le Gouvernement a songé à s'arroger un tel droit. Mais je veux ajouter que chez les nations étrangères, dans la libre Angleterre, par exemple, dont M. le rapporteur parlait hier avec une sympathie à laquelle je m'associe, on n'a jamais songé à empêcher l'entrée d'aucun journal étranger. Enfin, je veux surtout vous démontrer — sans m'occuper plus longtemps ni de ce qui se passait sous l'empire, ni de ce qui se passe chez nos voisins — les inconvénients, les dangers, comme je vous le disais tout à l'heure, d'une telle interdiction. (Approbation à l'extrême gauche.)

Les journaux étrangers nous apportent quelquefois, souvent même, des renseignements d'une grande et incontestable importance. C'est surtout dans les questions de politique étrangère qu'ils peuvent nous rendre de grands services. Nous en avons eu la preuve dernièrement encore, quand la presse étrangère nous a fait connaître une circulaire dont on peut critiquer la forme, dont on peut même critiquer certains passages, mais dont le fond, dont l'idée générale ont été approuvés par tous, qui a procuré un grand soulagement en France, en rassurant l'opinion publique justement inquiétée. (Très bien ! à gauche.)

Vous voyez donc que la presse étrangère peut rendre de grands services, et qu'elle les rend souvent.

Considérez, en outre, messieurs, que la presse étrangère est très peu lue en France. Je le déplore, quant à moi, mais je trouve dans ce fait un argument nouveau contre l'article que je combats. Les partisans d'une liberté partielle de la presse, ceux qui se refusent à accorder la liberté aux écrits périodiques, mais qui l'accordent au livre, sont nombreux. Je dirai même qu'à cet égard il y a toujours un accord presque unanime. On considère que le livre ne s'adresse qu'à un nombre restreint de lecteurs, à des lettrés, à des esprits sérieux, à des hommes qui ne se laissent pas entraîner facilement, à qui une grande culture intellectuelle, l'habitude de réfléchir, permet de peser le pour et le contre, et de distinguer la vérité de l'erreur, tandis que le journal, au contraire, lu par tous, s'adresse à des hommes parfois ignorants, gens de premier mouvement, faciles à entraîner et à tromper. Cela se disait couramment autrefois pour garotter la presse, en laissant quelque liberté de mouvement au livre.

Eh bien, permettez-moi d'appliquer ce raisonnement aux journaux étrangers, qui malheureusement peuvent être assimilés aux livres, quant à leur petit nombre de lecteurs. La presse étrangère n'est lue en France que par un nombre infime de citoyens. Or, de deux choses l'une : ou ceux qui lisent les journaux étrangers ne les traduisent pas pour la presse française, ils les lisent comme étude, pour leur seule instruction personnelle, et ils rentrent alors dans la catégorie de ces lettrés, dont je parlais tout à l'heure, et à qui de tout temps nos lois ont fait un traitement spécial, accordé une sorte de privilège, que vous n'oseriez pas, je crois, leur enlever aujourd'hui ; ou ces lecteurs de journaux étrangers ne les lisent que pour les traduire et en livrer le texte au journal français ; et alors si dans ce texte vous relevez un délit, est-ce que vous ne pouvez pas poursuivre le journal français qui aura reproduit l'article punissable !

Ainsi donc, messieurs, je dirai, pour me résumer, que cet article 15 est en contradiction formelle avec le principe de votre loi, que, de plus, il ne saurait être pour le pouvoir d'aucune utilité, et qu'enfin il donnerait lieu dans son application aux abus les plus graves et les plus préjudiciables à la chose publique.

Pour ce triple motif, je propose à la Chambre de le repousser. (Vive approbation à l'extrême gauche.)

M. le président. La parole est à M. le ministre de l'intérieur.

M. Constans, *ministre de l'intérieur et des cultes.* Messieurs, je désire présenter quelques observations, non pour faire cesser un dissentiment entre M. Perin et nous, mais seulement pour dissiper un malentendu.

L'article 15 du projet n'a pas pour but de fermer l'entrée de notre territoire aux journaux étrangers ; ni la commission, ni le Gouvernement n'ont jamais eu cette pensée ; ils ne l'ont certainement pas. Seulement, il a semblé à la commission comme à nous qu'il ne fallait pas faire à la presse étrangère une condition plus favorable que celle qui est faite à la presse française.

Vous avez déjà voté l'article 7 du projet qui exige le dépôt des noms des imprimeurs, des propriétaires et des gérants. Pourquoi demandez-vous les noms ? Pour pouvoir, en cas de délits commis par les journaux, poursuivre les gérants ou les imprimeurs. Or, pour les journaux étrangers, il ne peut être question des formalités prévues et prescrites par l'article 7 ; vous n'aurez aucun moyen de répression possible, vous ne pourrez pas exercer de poursuites contre des personnes qui vivent au dehors, et vous serez par conséquent désarmés. Est-ce que le point de vue politique peut nous préoccuper ? Évidemment non. Cette préoccupation n'est pas entrée dans mon esprit, vous le savez bien, messieurs, pas plus qu'elle ne s'est présentée aux vôtres ; mais il importe de mettre un terme aux excès d'une presse...

Plusieurs membres à l'extrême gauche. Mais pas du tout ! (Exclamations sur divers bancs.)

M. le ministre. Vous m'interrompez sans me permettre d'expliquer ma pensée.

Messieurs, on m'a demandé souvent dans cette Chambre d'empêcher la publication et la vente des journaux pornographiques, et c'est de cette presse surtout que j'entends parler.

Il peut arriver qu'un journal publié à l'étranger, en Belgique, en Suisse, entre France et y apporte des publications outrageantes pour les mœurs, que vous vouliez le poursuivre et que vous ne le puissiez pas. Quel moyen préventif nous restera si vous supprimez l'article 15 ? Si vous voulez faire une rédaction telle que vous ne prévoyiez que ces faits, je suis absolument avec vous... (Interruptions sur quelques bancs à gauche), mais laissez-nous au moins le moyen de prévenir les délits commis par la voie de la presse contre les personnes ou contre les mœurs. Si vous trouvez une autre rédaction, nous ne demanderons pas mieux que de l'accepter, mais dans l'hypothèse où nous sommes, et à défaut de tout autre moyen de répression contre les journaux étrangers, la suppression de l'article 15 est de nature à nous créer des difficultés insurmontables. (Marques d'approbation à gauche et au centre.)

M. Georges Perin. Je demande la parole.

M. le président. La parole est à M. Perin.

M. Georges Perin. Messieurs, je tiens à répondre d'abord au dernier argument de M. le ministre de l'intérieur. Personne, dans cette Chambre, ne défend la presse pornographique, personne ne considère comme articles de journal ces outrages odieux commis contre les mœurs et contre la morale publique, personne ne donne le nom de journalistes aux gens sans aveu qui composent et publient ces ignominies. Nous devons donc les écarter de la discussion. (Exclamations sur divers bancs.)

C'est, messieurs, ce qu'a fait la commission, car il n'apparaît pas, si l'on recherche les raisons qui l'ont poussée à rédiger cet article 15, qu'elle ait entendu viser les journaux dont M. le ministre vient de nous parler, à la stupéfaction générale. Relevez le rapport de la commission, et vous resterez convaincus qu'elle n'a eu en vue que la presse politique, puisqu'elle s'est préoccupée de remédier à la situation précaire que les décrets de 1852 avaient faite à la presse. Or, les décrets de 1852 ne se préoccupaient pas, que je sache, d'empêcher l'entrée en France des journaux pornographiques. Ils visaient la presse politique, la presse exclusivement et essentiellement politique. Cela n'est pas contestable.

J'ai donc été très surpris, je le répète, — et je crois que ma surprise a été partagée par tous les membres de la commission, — en voyant M. le ministre de l'intérieur venir, pour les besoins de la cause, apporter à cette tribune un argument auquel lui-même ne songeait peut-être pas quelques instants auparavant.

M. le ministre de l'intérieur ne veut pas que des journaux pornographiques publiés à l'étranger entrent en France. Nous ne le voulons pas plus que lui, mais nous lui répondons que cet article 15 ne nous semble pas fait pour les arrêter à la frontière. Nous croyons qu'il peut s'en passer, nous croyons que le droit commun lui fournit les moyens de punir ceux qui les auront introduits et les vendront en France. S'il n'est pas suffisamment armé contre les méprisables propagateurs de pareils écrits, qu'il nous apporte une loi spéciale ; la Chambre tout entière la votera.

Mais je répète ce que je disais tout à l'heure, que l'on ne vienne pas introduire dans une loi sur la presse, sur la presse politique, la presse de doctrine que nous respectons tous, des dispositions qui ne viseraient que ces écrits obscènes, immondes, auxquels M. le ministre de l'intérieur faisait allusion tout à l'heure.

Ceci dit, j'examinerai les autres raisons invoquées par l'organe du Gouvernement pour vous faire voter cet article 15.

M. le ministre nous a affirmé que le but de cet article n'était pas — ainsi que je l'avais prétendu — d'empêcher arbitrairement l'entrée en France des journaux politiques étrangers. Si ce n'est pas le but de cet article, ce sera certainement son résultat. La responsabilité du ministre étant dérisoire, ainsi que je vous l'ai démontré tout à l'heure, la presse étrangère sera, en réalité, soumise chez nous au régime de l'arbitraire et du bon plaisir.

C'est, messieurs, ce que vous ne pouvez permettre. Vous devez vous y opposer, sans tenir compte des craintes exprimées par le Gouvernement, qui se prétend désarmé vis-à-vis du journal étranger, une fois entré en France, puisque, en cas de délit, il n'a pas en face de lui, pouvant les poursuivre, comme dans le cas du journal français, l'auteur, le gérant et l'imprimeur.

Je répète qu'il poursuivra ceux qui ont introduit ces journaux délictueux, ceux qui les vendent, comme il poursuivrait, dans le cas prévu par l'article, des journaux prohibés par avis inséré à l'Officiel, et entrés au mépris de cette prohibition. Pourquoi les moyens de répression, suffisants dans un cas, ne le seraient-ils pas dans l'autre ?

Enfin, messieurs, et c'est par là que je termine, en y insistant, il s'agit de savoir si vous voulez qu'il soit fait aux journaux étrangers en France une situation autre que celle qui est faite à nos journaux dans tous les pays civilisés, où ils entrent et circulent librement, vous ne l'ignorez pas ! (Très bien ! à l'extrême gauche.)

M. le président. M. Naquet a demandé la parole.

M. Alfred Naquet. M. le ministre de l'intérieur vient de nous dire que le but du Gouvernement, en insérant dans la loi sur la presse l'article 15, qui permet d'interdire l'entrée en France des journaux étrangers, a surtout visé les journaux connus sous le nom de journaux pornographiques.

L'article 15 ne le dit pas, et il est incontestable que si le ministre d'aujourd'hui interprète ainsi cet article, demain un autre ministre pourra l'interpréter autrement. Pour éviter que les choses ne se passent ainsi, — car nous savons bien que ce qui se dit à cette tribune ne fait pas foi devant la justice, et que la

ANNONCES, JOURNAUX ÉTRANGERS.

jurisprudence n'est tenue que par le texte de la loi, — je demande qu'il soit ajouté à l'article 15 la phrase suivante :

« Toutefois, cette interdiction ne pourra être prononcée que contre les publications contraires aux bonnes mœurs. (Mouvements divers.)

M. le président. M. Lelièvre a la parole au nom de la commission.

M. Lelièvre. Messieurs, la commission se joint à M. le ministre de l'intérieur pour vous demander d'adopter purement et simplement la rédaction qui vous est soumise. Elle ne veut pas revenir sur des arguments qui ont été présentés tout à l'heure, mais elle tient à répondre à une objection qui s'est produite.

On vous a dit en vous demandant la suppression de cet article, qu'il serait toujours loisible à M. le ministre de l'intérieur de poursuivre les distributeurs et les colporteurs des journaux étrangers qui contiendraient des délits.

Remarquez qu'il s'agit ici de journaux étrangers et que poursuivre les distributeurs de ces journaux, c'est poursuivre le plus souvent des gens qui ne savent pas ce qu'ils distribuent. La plupart de ces journaux en effet sont rédigés en langue étrangère, et dès lors, comment voulez-vous, lorsqu'un journal aura franchi la frontière, qu'un distributeur puisse se rendre compte des délits qui peuvent se trouver dans le journal qu'il distribue ? Il est incontestable que l'on arriverait ainsi à commettre une injustice et cela ne peut pas entrer dans la pensée de la Chambre.

M. Naquet vous propose une addition à l'article en discussion pour limiter l'interdiction aux journaux pornographiques.

Mais n'y a-t-il pas d'autres journaux qui, introduits en France, pourraient contenir des délits ou des choses condamnables ? Si, par exemple, il s'y trouvait des articles renfermant des diffamations, des outrages, des attaques à des personnages publics ou à des personnes privées, pourriez-vous admettre que ces articles, qui seraient poursuivis s'ils étaient publiés en France, échappassent au contraire, parce qu'ils seraient publiés dans des journaux étrangers, à toute espèce de condamnation et même de poursuite ? (Approbation sur plusieurs bancs.)

Nous pourrions multiplier les exemples.

Même au point de vue politique, je le demande à la conscience de la Chambre, n'est-il pas telles circonstances — et j'en pourrais citer de nombreuses — où il y a intérêt d'ordre public, intérêt pour la sécurité nationale, à ne pas laisser pénétrer dans notre pays des excitations venant de l'étranger ? (Réclamations sur plusieurs bancs.)

MM. Cuneo d'Ornano, Abbatucci *et plusieurs membres à droite.* C'est le décret de 1852 !

M. Lelièvre. Vous me parlez du décret de 1852 ; je vous ferai remarquer que moins que personne vous devriez en parler...

A droite. Nous le trouvons bon !

M. Lelièvre. Vous l'avez érigé en règle générale, tandis que nous, nous n'en faisons qu'une rare exception... (Exclamation à droite), et cette exception même nous la soumettons au contrôle du Parlement. Nous obligeons M. le ministre de l'intérieur à publier dans le *Journal officiel* le nom des journaux étrangers qu'il frappe d'interdiction ; cette insertion faite, il pourra venir dégager sa responsabilité devant le Parlement, qui prononcera en dernier ressort. (Rumeurs ironiques à droite.)

On vous le faisait remarquer tout à l'heure, messieurs, les journaux étrangers, par les conditions dans lesquelles ils se publient, échappent aux formalités qui sont imposées aux journaux français. C'est là, ce nous semble, un privilège suffisant, et il ne paraît pas à la commission et au Gouvernement qu'il doive en être ajouté d'autre. (Très bien ! très bien ! sur plusieurs bancs à gauche.)

M. Clémenceau. C'est le maintien du décret de 1852. (Oui ! oui ! sur divers bancs.)

M. Lelièvre. C'est son abrogation !

M. Clémenceau. C'est le maintien du décret de 1852, moins la franchise !

M. Édouard Lockroy. Il se passe ici, messieurs, une chose assez curieuse. Notre honorable ami et collègue, M. Perin, monte tout à l'heure à cette tribune pour protester contre l'article 15 et l'interdiction faite aux journaux étrangers de pénétrer en France alors qu'il plaira à M. le ministre de l'intérieur. Aussitôt, M. le ministre de l'intérieur lui succède et dit : Ne vous méprenez pas sur nos intentions ; nous ne voulons interdire les journaux étrangers que dans le cas où ils contiendront des articles contraires aux bonnes mœurs. (Interruptions.)

Ce n'est pas niable. Je crois que c'est bien là ce que M. le ministre de l'intérieur a dit.

Après cela, M. Naquet monte à son tour à la tribune et dépose un amendement aux termes duquel les seuls journaux étrangers qui ne pourront pas pénétrer en France seront ceux qui, suivant les expressions mêmes de M. le ministre, contiendront des articles contraires aux bonnes mœurs.

M. Lelièvre vient alors répondre au nom de la commission, et il se dérobe ! Il dit : « Nous repoussons l'amendement ! » (Rires à droite. — Rumeurs en sens divers.)

C'est une confession. M. Lelièvre avoue ce qu'il veut ; c'est bien, en effet, ce que voulait le législateur de 1852, c'est-à-dire la faculté pour le ministre de l'intérieur d'arrêter, comme il lui plaira, comme il l'entendra, les journaux qui se présentent à la frontière. (Applaudissements sur divers bancs.) Eh bien, messieurs, aucun gouvernement, jusqu'à l'empire, n'avait voulu, n'avait osé défendre l'entrée des journaux étrangers à la frontière. La Restauration, le gouvernement de Louis-Philippe, la seconde République, ont vécu en laissant pleine et entière liberté aux journaux étrangers d'entrer en France.

C'est l'empire qui, après avoir supprimé la liberté de la presse française, n'a pas voulu que les journaux étrangers pussent venir dire en France ce qu'on interdisait de dire aux journaux français. (Interruptions à droite. — Approbation à gauche.)

M. le président. N'interrompez pas, messieurs.

M. Édouard Lockroy. Alors il a empêché la circulation des journaux étrangers ; il leur signifie ceci : Vous ne pénétrerez en France qu'autant que vous direz ce qui me plaît, ce que je permets aux journaux français de dire. Et voilà, messieurs, ce que vous nous proposez de répéter aujourd'hui ! (Très bien ! très bien !)

Vous savez pourtant que, pendant toute la durée de l'empire, l'opposition républicaine a protesté, avec autant d'énergie que d'éloquence, contre cette mesure arbitraire. Je vous rappellerai les discours faits en 1868, notamment celui de l'honorable M. Jules Simon, qui, à cette tribune même, est venu protester contre une mesure arbitraire qui lui semblait « inconciliable avec les droits les plus élémentaires de la liberté ». Je pense qu'il n'a pas changé d'opinion. (Sourires à gauche.)

Voilà donc ce que vous voulez faire. Vous voulez revenir aux traditions de l'empire, vous voulez nous rendre le décret de 1852 et porter ainsi une atteinte grave à la liberté !

Vous voulez reconnaître que le gouvernement de la République ne peut pas vivre sous le régime avec lequel ont vécu le gouvernement de la Restauration, le gouvernement de Louis-Philippe et le gouvernement de la seconde République ! Vous voudrez le reconnaître ; vous ressuscitez une loi coercitive et injustifiable, et vous la ressuscitez sans motifs, sans raisons, sans excuses ! (Très bien ! très bien ! et applaudissements à l'extrême gauche.)

DES RECTIFICATIONS ET ANNONCES.

M. le président. Je mets aux voix le premier paragraphe de l'article 15, dont voici les termes :

« Les journaux ou écrits périodiques publiés à l'étranger pourront circuler en France sans autorisation préalable, sauf interdiction spéciale de la part du Gouvernement, qui sera portée à la connaissance du public par arrêté du ministre de l'intérieur inséré au *Journal officiel*. »

(Le premier paragraphe de l'article 15 est mis aux voix et adopté.)

M. le président. M. Naquet a déposé un amendement ainsi conçu, modifiant sa rédaction primitive : « Toutefois cette interdiction ne pourra être prononcée que contre les publications obscènes. »

Je mets aux voix cet amendement.

(L'amendement est mis aux voix et adopté.)

M. le président. Je mets aux voix maintenant la seconde partie de l'art. 15, ainsi conçue :

« Si leur circulation est interdite par le Gouvernement, ceux qui, au mépris de cette interdiction, les auront sciemment mis en vente ou distribués, seront punis d'une amende de 100 fr. à 3,000 fr. »

(La seconde partie de l'article est mise aux voix et adoptée.)

(L'ensemble de l'article 15 est ensuite mis aux voix et adopté.)

SÉNAT. PRÉSIDENT M. LÉON SAY.

Cinquième suite du rapport du 18 juin 1881.

Art. 12. *Les rectifications*, dit-il, *ne dépasseront pas le triple de l'article auquel elles répondront.* Nous avons réduit au double l'étendue du droit de rectification pour assimiler le droit du particulier au droit de l'autorité.

Art. 13. Le mot *incriminé* est effacé. On ne saurait dire d'un article qui ne donne lieu qu'à une rectification qu'il est incriminé ; il est tout au plus erroné.

Art. 14. Supprimé. La question des annonces judiciaires et légales est une question de procédure beaucoup plus qu'une question de presse ; nous l'avons renvoyée à la loi spéciale que le ministre de la justice prépare sur la matière.

Suite de la séance du samedi 9 juillet 1881.

M. le président lit les articles 12 et 13.

« Art. 12. — Le gérant sera tenu d'insérer gratuitement, en tête du plus prochain numéro du journal ou écrit périodique, toutes les rectifications qui lui seront adressées par un dépositaire de l'autorité publique, au sujet des actes de sa fonction qui auront été inexactement rapportés par ledit journal ou écrit périodique.

« Toutefois ces rectifications ne dépasseront pas le double de l'article auquel elles répondront.

« En cas de contravention, le gérant sera puni d'une amende de 100 fr. à 1,000 fr. » — (Adopté.)

« Art. 13. — Le gérant sera tenu d'insérer, dans les trois jours de leur réception ou dans le plus prochain numéro, s'il n'en était pas publié avant l'expiration des trois jours, les réponses de toute personne nommée ou désignée dans le journal ou écrit périodique, sous peine d'une amende de 50 fr. à 500 fr., sans préjudice des autres peines et dommages-intérêts auxquels l'article pourrait donner lieu. »

M. le président. Je mets aux voix tout d'abord ce 1er paragraphe de l'article 13.

Il y a, sur le second paragraphe, un amendement de M. Bozérian.

(Le 1er paragraphe de l'article 13 est adopté).

M. le président. Voici maintenant le 2e paragraphe de l'article :

« Cette insertion devra être faite à la même place et en mêmes caractères que l'article qui l'aura provoquée.

« Elle sera gratuite, lorsque les réponses ne dépasseront pas le double de la longueur dudit article. Si elles le dépassent, le prix d'insertion sera dû pour le surplus seulement. Il sera calculé au prix des annonces judiciaires ».

M. Bozérian demande que ce deuxième paragraphe soit ainsi rédigé :

« Cette insertion devra, si cette personne le demande, être faite à la même place. »

La suite comme à l'article.

M. Bozérian. Je demande la parole.

M. le président. La parole est à M. Bozérian.

M. Bozérian. Messieurs, je prie instamment la commission d'ajouter ces quelques mots, qui ne peuvent pas compromettre la loi, mais qui, en revanche, peuvent prévenir des difficultés, que je vais vous indiquer brièvement.

L'article 13 s'occupe du droit de réponse. Toute personne nommée dans un journal peut répondre. Comment la réponse doit-elle être imprimée ? Où doit-elle être insérée ? C'est la question qui est résolue par le paragraphe 2. D'après ce paragraphe, cette insertion devra être faite à la même place et en mêmes caractères que l'article qui a provoqué la réponse. Si cela n'a pas lieu, c'est-à-dire si la réponse n'est pas insérée à la même place que l'article, si elle est imprimée en caractères différents, le journaliste commet une contravention ; il est passible d'une amende.

Ainsi, si une personne a été nommée à la première page du journal, sa réponse devra nécessairement être insérée à la première page. Peu importe que par suite de certaines circonstances, l'insertion soit difficile et impossible à cette page ; il faudra absolument que le journaliste trouve le moyen de trancher ces difficultés, de résoudre ces impossibilités : si l'insertion est faite à la seconde page, alors même qu'il n'en résulterait aucun préjudice appréciable pour l'auteur de la réponse, le journaliste commet une contravention ; il peut être poursuivi par le ministère public.

Ce n'est pas tout. Si l'article a été imprimé en caractère 8, il faut que la réponse soit imprimée en caractère 8.

M. Poriquet. C'est très juste.

M. Bozérian. Je trouve avec vous que c'est absolument juste, mais qu'est-ce que je demande ?

Si la personne qui fait insérer sa réponse n'est pas aussi exigeante que les honorables collègues qui me font l'honneur de m'interrompre...

M. Paris. Elle s'arrangera avec l'imprimeur.

M. Bozérian. Si elle ne tient pas absolument à ce que sa réponse soit insérée à la même place et en mêmes caractères que l'article, le journaliste pourra cependant être poursuivi, et il devra être condamné.

Je demande donc, pour prévenir la possibilité de ces infractions, quelquefois forcées, et de ces condamnations souvent inévitables, de modifier de la façon suivante le paragraphe en discussion :

« Cette insertion devra, *si cette personne le demande*, être faite à la même place et en mêmes caractères. »

M. Oudet. Non ! si l'imprimeur l'obtient, je n'ai pas besoin de le demander !
Que l'imprimeur s'arrange avec la personne qui fait la réponse.

M. Laboulaye. Messieurs, en demandant que la réponse ait lieu à la même
place, nous avons voulu prévenir un inconvénient qui s'est souvent présenté dans
le journalisme ; nous avons voulu mettre l'attaque et la réponse dans la même
situation.

Il est arrivé souvent que lorsque le journal avait attaqué dans un grand article
à la première page, il mettait la réponse à la troisième page, dans un endroit
perdu. C'était pour ainsi dire dénaturer déjà la réponse ; nous avons voulu établir l'égalité complète entre l'attaque et la défense. Vous attaquez dans tel endroit,
on répondra au même endroit, cela me paraît être de la justice élémentaire. On
dit : Ce sera peut-être amener des contraventions ! Messieurs, nous devons établir
la franchise dans la presse ; vous avez le droit de l'attaque ; que la réponse ait
les mêmes droits que l'attaque ! (Très bien ! très bien !)

M. le président. M. Bozérian demande qu'on ajoute ces mots : « si cette
personne le demande. »

M. Bozérian. Je retire mon amendement, je vois qu'il n'a pas d'accueil.

M. le président. L'amendement étant retiré, je consulte le Sénat sur le
second paragraphe de la commission.

(Le second paragraphe, mis au voix, est adopté.)

M. le président. Troisième paragraphe :

« Elle sera gratuite lorsque les réponses ne dépasseront pas le double de la
longueur dudit article. Si elles le dépassent, le prix d'insertion sera dû pour
le surplus seulement. Il sera calculé au prix des annonces judiciaires. » — (Adopté.)

(L'ensemble de l'article 13, mis aux voix, est adopté.)

M. le président. L'article 14 a été supprimé par la commission (p. 108), mais
comme il s'agit d'une proposition de loi, adoptée par la Chambre des députés,
je dois mettre aux voix l'article de la Chambre des députés dont la commission demande la suppression :

« Art. 14. — Rédaction conforme à celle ci-dessus à la Chambre des députés (p. 100). »

M. le rapporteur. Messieurs, la commission a supprimé les articles concernant les annonces judiciaires, parce que M. le garde des sceaux, ministre de la
justice, doit présenter prochainement à la Chambre un projet de loi spécial à ces
matières, qui ne se rattachent, du reste, que d'une façon très indirecte à la loi sur
la presse.

M. le président. Je suis obligé néanmoins de consulter le Sénat.

(L'article 14 est supprimé.)

M. le président. Par conséquent, l'amendement additionnel de M. Bozérian
n'a plus de raison d'être.

M. Bozérian. Non, monsieur le président.

M. le président. L'article 14 de la Chambre des députés ayant été supprimé,
l'article qui suit prend le numéro 14. J'en donne lecture :

« Art. 14. — La circulation en France des journaux ou écrits périodiques publiés
à l'étranger ne pourra être interdite que par une décision spéciale délibérée en
conseil des ministres.

« La circulation d'un numéro peut être interdite par une décision du ministre
de l'intérieur.

« La mise en vente ou la distribution, faite sciemment au mépris de l'interdiction, sera punie d'une amende de 50 fr. à 500 fr. » — (Adopté.)

OBSERVATION.

Nous admettons sans difficulté le droit de réponse conféré par les articles 12 et 13 de la loi aux dépositaires de l'autorité publique ainsi qu'aux particuliers.

On ne saurait, en effet, comprendre le droit qui appartient à la presse d'appeler la publicité sur tous les faits d'intérêt général et privé, si les rectifications et réponses ne pouvaient se produire aussi librement.

Nous reconnaissons également que la loi nouvelle s'est montrée moins rigoureuse à l'égard des délinquants que ne l'étaient la loi du 8 juin 1819 et le décret du 17 février 1852, mais il faut bien constater que les modifications apportées à l'ancienne législation sont insuffisantes.

En effet, que doit-on entendre par les mots *dépositaires de l'autorité publique* ?

A ne consulter que les termes vagues de l'article 12, il faut les entendre dans le sens le plus large, et s'en rapporter sur ce point à la jurisprudence établie.

Lors de la discussion de la loi du 17 mai 1819, M. de Serre émit l'opinion que les mots *fonctionnaires publics* ont la même signification que ceux-ci : *dépositaires ou agents de l'autorité publique.*

Et presque unanimement la jurisprudence a décidé dans ce sens que ceux-là seuls doivent être considérés comme dépositaires ou agents de l'autorité publique qui, par délégation médiate ou immédiate du gouvernement, exercent, dans un intérêt public, une portion de son autorité ou font exécuter ses ordres.

On voit combien cette distinction est vague et incertaine.

Le seul point sur lequel on a toujours été d'accord, c'est qu'il ne faut pas confondre avec les dépositaires de l'autorité publique les *personnes revêtues d'un caractère public.*

La loi nouvelle nous laisse donc en présence des difficultés que soulevait sans cesse l'ancienne législation. Nous aurions voulu qu'elle employât des expressions moins générales et précisât nettement ce que nous devons entendre par les mots *dépositaires de l'autorité publique.*

Elle n'a pas cru devoir le faire, nous ne pouvons que le regretter, alors surtout que, dans le texte de l'article 31, nous la voyons établir une distinction entre ces derniers et les fonctionnaires publics.

Une autre critique non moins grave est permise contre l'article 12.

Qui sera juge d'apprécier l'opportunité et la vérité des rectifications? Qui pourra décider que les actes auront été inexactement rapportés par le journal?

La loi ne s'explique en aucune façon sur ce point, qui méritait cependant une explication, si brève qu'elle fût.

Comme par le passé, c'est au seul intéressé qu'il appartiendra de trancher cette grave question, sans que le journal incriminé puisse établir qu'il a exactement rapporté les actes, et démontrer la vérité de ses allégations.

Il lui faudra tout d'abord publier la rectification, sous peine de se voir condamner puisqu'il s'agit de contravention, sauf à faire reconnaître ultérieurement que la vérité était de son côté.

N'eût-il pas été plus conforme à l'esprit général de la loi de livrer cette appréciation à la sagesse des tribunaux, en classant cette infraction au nombre des délits?

Les journaux auraient pu ainsi démontrer leur bonne foi et le principe de la libre discussion, arbitrairement méconnu par les pouvoirs déchus, aurait désormais trouvé une sauvegarde efficace.

Ce que nous disons, sur ce point, de l'article 12, s'applique également à l'article 13.

La loi admet que le droit de réponse appartiendra à toute personne nommée ou *désignée* dans un journal.

Ainsi il n'est pas nécessaire qu'une personne soit nominativement indiquée, il suffit qu'elle soit ou se croit désignée pour pouvoir contraindre un journal à insérer sa réponse et non pas seulement une rectification, sauf à ce journal à faire reconnaître ultérieurement qu'il ne s'était jamais préoccupé de cette personne.

Une telle doctrine, digne assurément d'un pouvoir discrétionnaire, devait-elle trouver place dans une législation libérale?

Tel n'est pas notre avis.

S'il est vrai, et nous l'entendons ainsi, que la presse doit être responsable de ses publications, le corollaire indispensable est qu'elle puisse éclairer le public sans entraves et démontrer la vérité de ce qu'elle avance.

A cette condition seulement elle sera libre.

Sinon elle risquera de n'être qu'un instrument timoré indigne de la mission qui lui incombe.

OBSERVATION
Sur la presse étrangère.

Lorsqu'on rapproche l'article 14 de la loi nouvelle (15 du débat à la Chambre) des articles 5 et suivants, on est frappé de voir à quel degré la presse étrangère est plus favorisée que la presse française.

En proclamant le principe de liberté, le législateur a entendu qu'il eût pour corollaire la responsabilité.

Tout esprit judicieux et sensé ne peut qu'admettre cette théorie si conforme à nos mœurs actuelles.

Mais lorsqu'on voit de quelles précautions est entourée encore la publication des écrits périodiques français, il faut bien reconnaître que la loi a créé une inégalité choquante et dangereuse en faveur de la presse étrangère.

L'article 2 du décret du 17 février 1852 la soumettait à l'agrément du Ministre de l'Intérieur dont le pouvoir discrétionnaire était à cet égard sans recours et sans contrôle.

Lors de la discussion de la loi du 11 mai 1868, un amendement signé par les membres de l'opposition, demandait l'abrogation de cet article, mais le Corps législatif repoussa cette proposition.

Nos lecteurs ont vu que, au début de la discussion de la loi nouvelle, la Chambre des députés, signalant l'abus qui avait été fait de cette législation, rejeta purement et simplement la disposition du projet, sauf à l'égard des publications obscènes.

Au lendemain de ce vote, l'étonnement fut grand, de voir que les écrits publiés à l'étranger pourraient se dérober ainsi aux prescriptions édictées contre la presse française.

On se rendit compte que c'était permettre à chacun d'éluder la loi elle-même, sous la seule condition que l'éditeur résiderait en pays étranger.

Aussi la Chambre s'empressa-t-elle de revenir sur son vote en accueillant l'article additionnel, proposé par M. Goblet, et qui, fortement appuyé par M. le Ministre de l'Intérieur, est devenu l'article 14 de la loi.

C'était un retour à l'égalité, une concession si l'on veut, mais cette concession nous la considérons comme insuffisante, comme contraire à l'esprit général de la loi, et nous ne craignons pas d'affirmer qu'elle ne comporte aucune sanction efficace.

Tout d'abord on ne peut s'empêcher de constater la contradiction qui éclate dans les paragraphes premier et deuxième de l'article 14.

D'une part, en effet, il édicte que la libre circulation des écrits étrangers ne pourra être arrêtée que par une décision spéciale délibérée en conseil des ministres, et d'autre part, il autorise aussitôt le Ministre de l'Intérieur, à interdire la circulation d'un numéro.

Pour qui sait lire, la conséquence de cette double prescription est que la garantie donnée par le paragraphe premier devient illusoire puisqu'il suffit de l'appréciation plus ou moins discrétionnaire du Ministre de l'Intérieur pour arrêter la circulation d'un seul numéro, il est vrai, mais en réalité du journal, chaque numéro étant exposé au même péril, sans contrôle et sans secours d'aucune espèce.

La loi nouvelle en est donc revenue purement et simplement à la législation de 1852, qu'elle nous paraît avoir aggravée en permettant à la presse étrangère d'éluder les obligations multiples imposées à la presse française.

C'est en quoi nous trouvons que l'article 14 est contraire à l'esprit général de la loi.

En effet la loi entière est basée sur le principe de la liberté absolue correspondant à une responsabilité proportionnée.

Or cette responsabilité nous la voyons bien inscrite à chaque page, lorsqu'il s'agit des écrits français, nous voyons bien les pénalités édictées contre les crimes et les délits qu'un Français peut commettre, mais nous n'apercevons rien d'analogue lorsqu'il s'agit de la presse étrangère.

Ainsi telle provocation, telle diffamation, telle offense, fut-elle même adressée au chef de l'État, n'entraînera contre son auteur aucune responsabilité, par le seul fait qu'elle sortira d'une plume étrangère, alors que l'écrivain français serait, dans les mêmes cas, soumis à toutes les sévérités de la loi.

Bien plus, la traduction faite par un journaliste français d'un article étranger, pourra entraîner contre lui une pénalité rigoureuse alors que le journal qui en aura publié et fait circuler librement l'original sera uniquement menacé de la dérisoire et tardive interdiction d'un numéro.

Il faut donc bien reconnaître que la responsabilité n'existe pas pour la presse étrangère.

A la vérité le paragraphe premier de l'article 14 permettra au Conseil des ministres d'interdire désormais l'introduction et la circulation de ce journal en France.

Mais le mal n'en aura pas été moins fait, le crime n'en aura pas été moins commis, et l'on est dans la nécessité de constater que ce mal restera sans remède et ce crime sans punition.

Allant plus loin, si nous prenons l'hypothèse où le Conseil des Ministres aura interdit en France la circulation d'un journal publié à l'étranger, quelle sera la conséquence de cette décision ?

Elle est évidente. Tant que subsistera la nouvelle législation, ce journal ne pourra plus être introduit ni circuler sur le territoire français, à quelque époque que ce soit.

En effet l'article 14 détermine exactement le pouvoir du Conseil des Ministres, celui d'interdire la circulation purement et simplement sans fixation de délai, l'interdiction temporaire et momentanée appartenant au seul Ministre de l'Intérieur.

L'autorisation préalable étant supprimée, ce serait la rétablir implicitement que d'autoriser le Conseil des Ministres a revenir sur sa décision.

L'esprit général de la loi s'opposerait formellement à une telle interprétation.

Nous avons donc raison de dire que, sur ce point, la loi est défectueuse et dangereuse, et qu'elle ne comporte aucune sanction efficace.

Le paragraphe troisième de l'article 14 édicte, il est vrai, une pénalité infime contre ceux qui auront mis en vente ou distribué, sachant que l'écrit était interdit.

Mais par quelle voie ceux-ci seront-ils informés ? Comment sera portée à la connaissance du public l'interdiction prononcée par le Conseil des Ministres ou par le Ministre de l'Intérieur ?

Telle est la double question qui se pose immédiatement et que l'article 14 a négligé de résoudre.

En outre cette pénalité, applicable à l'infraction particulière de la mise en vente ou de la distribution de l'écrit interdit, peut-elle être considérée comme la sanction du fait commis par le journaliste étranger ?

Assurément non. L'article 14 énonce deux ordres de faits bien distincts, qui visent deux personnalités différentes. Il est remarquable que la seule sanction édictée le soit précisément contre les agents français.

· Nous entendons bien que l'interdiction totale ou momentanée de l'écrit pourra quelquefois reposer sur des considérations purement politiques, sans que cet écrit contienne en lui-même des énonciations qui, sous la plume d'un journaliste français, pourraient constituer un délit ou un crime, et que par suite l'infraction prévue par le troisième paragraphe subsistera cependant.

Mais, en ce cas, ne sommes-nous pas autorisés à dire que la garantie promise à la libre circulation deviendra un vain mot, que l'arbitraire sera le plus souvent appelé à jouer son rôle, qu'en un mot l'article 14 est en contradiction avec l'esprit général de la loi?

Nous constatons les inconvénients graves de cet article, qui démontre une fois de plus que la liberté sans responsabilité n'existe pas.

Cinquième suite du rapport général.

XV

CHAPITRE III

DE L'AFFICHAGE, DU COLPORTAGE ET DE LA VENTE SUR
LA VOIE PUBLIQUE.

§ 1er. *De l'affichage* (art. 18 à 20).

·De même que les journaux diffèrent essentiellement des écrits en général, de même les affiches diffèrent et des écrits et des journaux.

·L'affiche est un mode spécial, caractéristique, de la manifestation publique de la pensée.·

« La première feuille quotidienne datait de 1777 seulement, dit Louis Blanc. Elle s'était intitulée *Journal de Paris;* et que contenait le numéro d'apparat? Un article sur l'Almanach des Muses, une lettre échappée à Voltaire, une annonce de librairie, l'indication des spectacles, deux faits et un bon mot.

« A cette publicité naïve, la Révolution en substitua une autre, variée et saillante, forte et redoutable comme elle. La pensée voulut éclater en vives figures, elle se peignit de toutes les couleurs du prisme, elle provoqua le regard et le fascina. Ce fut le tour des placards, ce fut le règne des affiches. Une âme fut en quelque sorte soufflée aux édifices, les pierres mêmes se couvrirent d'idées et les murailles parlèrent. »

Les affiches, comme les écrits, comme les journaux, ont donc droit à la liberté ! Interrogeons la tradition législative, elle a encore ici son intérêt.

L'affichage a fait l'objet, jusqu'à ce jour, de plusieurs dispositions législatives distinctes.

Le régime qui le concerne, déterminé tout d'abord par le décret du 22 mai 1791, a été successivement modifié par l'arrêté du Gouvernement provisoire des 7-13 avril 1814, et par les lois des 10 décembre 1830 et 16 juillet 1850.

A l'origine l'affichage est libre.

Il n'est soumis qu'à certaines mesures d'ordre et à certaines prescriptions que semblent exiger les nécessités politiques du moment, mais qui n'altèrent, en rien, le fond même du droit.

« Dans les villes et dans chaque municipalité, porte l'article 12 du décret de 1791, il sera, par les officiers municipaux, désigné des lieux exclusivement destinés à recevoir les affiches des lois et des actes de l'autorité publique. Aucun citoyen ne pourra faire des affiches particulières dans lesdits lieux sous peine d'une amende de 100 livres. »

Les articles 13 et 14 ajoutent :

Art. 13. — « Aucun citoyen et aucune réunion de citoyens ne pourront rien afficher sous le titre d'arrêté, de délibération, ni sous toute autre forme obligatoire ou impérative. »

Art. 14. — « Aucune affiche ne pourra être faite sous un nom collectif. Tous les citoyens qui auront coopéré à une affiche seront tenus de la signer. »

Voilà le régime établi par la Constituante.

Une première atteinte lui fut portée par l'arrêté du 13 avril 1814, qui soumit l'affichage, dans Paris, au pouvoir discrétionnaire du préfet de police.

« Aucun placard ni affiche ne pourra être apposé dans les rues ou places publiques sans avoir été préalablement présenté à la préfecture de police, qui donnera le *vu* pour afficher. » (Art. 1.)

La monarchie de Juillet devait aller plus loin. La loi du 10 décembre 1830 fit une distinction entre les affiches qui ont trait à l'intérêt privé, et celles qui touchent à la politique. En laissant subsister le droit des premières, elle prononça l'interdiction absolue des secondes, à l'exception, toutefois, des actes de l'autorité publique. (Art. 1.)

Cette mesure ne parut pas suffisante pour rassurer le Pouvoir contre les dangers de l'affichage, et l'article 2 de la loi impose à quiconque voudrait exercer, *même temporairement*, la profession d'afficheur, l'obligation d'en faire la déclaration préalable devant l'autorité municipale et d'indiquer son domicile.

La loi, disons-nous, ne frappait d'interdiction que les affiches politiques ; mais, en restant muette sur l'application des articles 3 et 4 de la loi des 16-24 août 1790 et de l'article 46 de la loi des 19-22 juillet 1791 relatifs à la police des lieux publics. elle laissait aux municipalités le droit de régler le mode et les conditions même de l'affichage permis. Les tribunaux ont reconnu dans quelques circonstances la légalité des arrêtés par lesquels l'autorité municipale avait subordonné à son autorisation et à son visa préalable toutes les affiches non politiques et interdit l'affichage à toutes personnes autres que les afficheurs commissionnés par elle (1).

Les affiches politiques proscrites, le sort des affiches non politiques livré à l'arbitraire des municipalités, que restait-il de la liberté fondée par le décret de 1791 ?

Nous vivrions encore sous l'empire de cette législation, si l'établissement du suffrage universel n'avait amené le législateur de 1850 à consacrer le droit d'afficher sans autorisation tous les placards électoraux, et si le progrès des mœurs publiques n'avait aidé à faire le reste. Il y a de longues années déjà que les dispositions prohibitives de la loi de 1830 sont tombées en désuétude, et il a fallu que le régime du 16 mai passât sur la France, pour que l'on vit condamner, en septembre 1877, des libraires qui avaient exposé à l'intérieur des devantures de leurs magasins des gravures et des écrits politiques.

Votre commission ne pouvait hésiter à vous proposer l'abrogation de dispositions législatives qui n'ont vraiment plus de raison de subsister aujourd'hui. L'expérience n'a-t-elle pas montré leur inutilité et leur danger ? Il y a plus de trente ans qu'en période électorale, c'est-à-dire en pleine effervescence des esprits, les candidats et les électeurs s'adressent à leurs concitoyens par voie d'affiches et de placards, sans que jamais la sécurité de la rue s'en soit trouvée menacée. Pourquoi, dès lors, ne mettrions-nous pas nos lois en harmonie avec l'état de nos mœurs, et ne ferions-nous pas disparaître des règles surannées qu'on s'expose à voir appliquer à des situations pour lesquelles le législateur ne les a pas édictées ?

Désormais, il n'y aura donc aucune différence à faire entre les affiches politiques et celles qui ne le sont pas. Les unes et les autres pourront être affichées sans autorisation de personne, sous la responsabilité de ceux qui en seront les auteurs ou qui les auront placardées, et qui seront poursuivis si les affiches sont criminelles ou délictueuses.

Est-il besoin d'ajouter qu'en déclarant, dans l'article premier, que la matière de l'affichage ne sera soumise qu'aux prescriptions de la présente loi, nous faisons tomber le droit de réglementation que les municipalités avaient cru pouvoir puiser dans les lois de 1790 et de 1791, dont nous avons parlé plus haut.

(1) Cass. 3 janvier et 13 février 1834; 12 novembre 1847. — V. Ravelet, *Code manuel de la Presse*, 2e édition, page 77.

Par là tombent aussi et la formalité de la déclaration préalable exigée de ceux qui veulent exercer la profession d'afficheur, mesure incompatible avec le régime que nous établissons, et les prescriptions des articles 13 et 14 du décret du 22 mai 1791, utiles peut-être à l'origine, mais qui sont tombées en désuétude et qu'il n'y a aucun intérêt à faire revivre.

Telles sont les considérations qui ont dicté les articles 18 et 19 du projet.

Art. 18. — « Dans chaque commune le maire désignera par arrêté les lieux exclusivement destinés à recevoir les affiches des lois et autres actes de l'autorité publique.

« Il est interdit d'y placarder des affiches particulières.

« Les affiches des actes émanés de l'autorité seront seules imprimées en blanc. Toutes contraventions aux dispositions du présent article seront punies des peines portées en l'art. 4 (1).

Art. 19. — « Les professions de foi, circulaires et affiches électorales pourront être placardées, à l'exception des lieux réservés par l'article précédent, sur tous les édifices publics et particulièrement aux abords de la salle du scrutin. »

C'est la liberté absolue de l'affichage que nous avons voulu adopter. Le projet de loi ne soumet pas même l'afficheur à faire la déclaration qu'exige l'article 2 de la loi du 10 décembre 1830, déclaration qu'admettait la proposition de loi de nos honorables collègues MM. Noirot, Versigny et Lelièvre, et que vous nous avez renvoyée.

L'affiche est par elle-même délictueuse ou elle ne l'est pas.

Si elle ne l'est pas, elle ne peut être privée du droit d'être rendue publique.

Si elle est délictueuse, la répression en fera justice.

Nous avons dû seulement, mais expressément, réserver aux maires le droit de désigner les lieux où pourraient être exclusivement affichés les actes de l'autorité publique.

Ce droit leur est attribué par des lois organiques qui ont institué les municipalités en France, telles que celles des 19-22 juillet 1791 et 18 juillet 1837 ; il n'a rien d'ailleurs d'attentatoire à la liberté, pourvu que l'exercice n'en soit pas abusif.

Le projet ne pouvait le contester.

Nous avons cru ne pas devoir nous borner à légiférer ainsi la liberté de l'affichage, nous avons voulu la protéger en protégeant l'affiche elle-même.

C'est l'objet de l'article 20.

Art. 20. — « Ceux qui auront enlevé, déchiré, recouvert ou altéré par un procédé quelconque, de manière à les travestir ou à les rendre illisibles, des affiches de l'administration, seront punis d'une amende de 5 à 15 francs.

(1) Amende de 5 à 15 francs ou un jour à 5 jours d'emprisonnement; en cas de récidive dans l'année, la peine d'emprisonnement sera nécessairement prononcée.

« Si le fait a été commis par un fonctionnaire ou un agent de l'autorité publique, la peine sera d'une amende de 16 à 100 francs et d'un emprisonnement de six jours à un mois ou de l'une de ces deux peines seulement.

« Seront punis d'une amende de 5 à 15 francs ceux qui auront enlevé, déchiré, recouvert ou altéré par un procédé quelconque, de manière à les travestir ou à les rendre illisibles, des affiches électorales émanant de simples particuliers, apposées ailleurs que sur les propriétés de ceux qui auront commis cette lacération ou altération.

« La peine sera d'une amende de 16 à 100 francs et d'un emprisonnement de six jours à un mois ou de l'une de ces deux peines seulement, si le fait a été commis par un fonctionnaire ou un agent de l'autorité publique, à moins que les affiches n'aient été apposées dans des lieux réservés, comme il est dit à l'article 18. »

Les dispositions de cet article 20 ne constituent une innovation ni au point de vue des principes généraux de la responsabilité, ni même au point de vue du droit pénal ordinaire.

Enlever, déchirer ou altérer une affiche, le faire volontairement, dans le but de nuire, c'est commettre un fait préjudiciable à autrui, c'est engager sa responsabilité (C. civ., 1382).

Indépendamment de l'atteinte portée au droit de propriété, du dommage causé à une propriété mobilière, il y a dans le fait d'anéantir une affiche, l'intention de compromettre le résultat souvent très important, que l'affiche a pour but d'obtenir ou de réaliser. L'atteinte seule au droit de propriété trouverait, par analogie, sa sanction dans l'article 479, n° 1 du Code pénal (1 à 15 francs d'amende).

Le projet de loi ne fait, sous ce rapport, qu'interpréter l'article 479 et le rendre applicable, en principe, au fait d'endommager une affiche régulièrement placardée.

La pénalité prévue par l'article 20 est même inférieure à celle qu'édicte l'article 479, qui ne prononce cependant que des peines de simple police.

Le fait ne devient un délit passible de peines correctionnelles, que lorsqu'il est commis par un fonctionnaire ou un agent de l'autorité publique.

Cette aggravation, prise de la qualité de l'auteur du méfait, a sa raison d'être ; elle trouve des analogies dans de nombreuses dispositions du Code pénal, notamment dans les articles 111 et 112, en matière de falsification, soustraction ou altération de bulletins de vote ; 145, 146, en matière de faux ; 241, en matière de bris de scellés ; 255, en matière de violation de dépôt, etc. On pourrait multiplier les exemples où la peine s'aggrave en raison de la responsabilité spéciale de celui qui a charge de surveillance ou autorité.

Le projet de loi laisse dans le droit commun les affiches autres que celles de l'administration. Le fait d'y porter dommage ne constitue, aux yeux de votre Commission, qu'une faute, un acte répréhensible, mais qui n'excède pas la gravité de ce qu'en droit commun la doctrine et la législ-

lation appellent un quasi-délit et que règle l'article 1382 du Code civil.
Il ne pouvait cependant en être ainsi des affiches électorales.

Le fait de les anéantir d'une manière quelconque revêt un caractère particulier de culpabilité. Nous les avons assimilées à celles de l'administration ; elles ont en effet un intérêt général de premier ordre, puisqu'elles constituent un des actes par lesquels s'exerce publiquement le suffrage universel.

L'article 20, en assimilant les affiches électorales aux affiches de l'autorité publique, assure aux unes et aux autres la même protection ; il édicte une même pénalité, il prévoit les mêmes causes d'aggravation.

Votre Commission ne pouvait oublier, à cet égard, les abus auxquels s'étaient livrés les agents dont le régime du 16 mai avait surexcité le zèle. Les affiches électorales étaient classées en deux catégories : faveur spéciale aux unes, guerre aux autres.

L'expérience du despotisme rend ingénieux l'esprit de liberté. De là l'article 20 du projet qui vous est soumis.

Il est bien entendu que l'infraction prévue par cette disposition n'existe plus si l'affiche, enlevée, déchirée, recouverte ou altérée a fait son temps ; c'est-à-dire si l'acte, si l'opération qu'elle a en vue sont tombés dans le domaine des faits accomplis.

L'intention de l'agent est ici un des éléments essentiels du délit. Le mot *méchamment* avait été introduit dans la rédaction primitive de l'article. La Commission ne l'a pas maintenu, mais uniquement parce qu'elle l'a jugé inutile. Il est donc évident que si une affiche n'a plus d'utilité, le fait d'y avoir porté atteinte n'est plus répréhensible. Ceci rentre dans l'appréciation des moyens de défense du prévenu.

Vous remarquerez qu'aucune peine n'est encourue quand la lacération ou l'altération des affiches électorales a été commise par ceux sur la propriété desquels les affiches ont été apposées.

Cette réserve du § 3 de l'article 20 n'est qu'un hommage rendu au droit de propriété lui-même.

2. — *Du colportage et de la vente sur la voie publique* (Art. 21 à 25).

Le colportage et la vente sur la voie publique ont fait déjà l'objet de vos délibérations.

Le 2 mars et le 2 avril de l'année dernière vous avez abrogé l'article 6 de la loi du 27 juillet 1849, et proclamé la liberté du colportage, d'abord pour les journaux et écrits périodiques, ensuite pour les livres, brochures, lithographies et autres genres d'imprimés.

Renvoyées au Sénat, les diverses dispositions que vous aviez séparément adoptées furent l'objet d'un seul et même projet dans lequel elles furent confondues et modifiées en partie.

Saisis par le renvoi qui vous en a été fait, vous les avez votées telles que le Sénat les a adoptées. C'est donc une œuvre accomplie.

AFFICHAGE. COLPORTAGE.

Nous ne pouvons que nous en référer aux rapports de MM. Millaud, Pelletan et Paul Legrand, que vous connaissez déjà. Leurs travaux la mettent en lumière.

Des six articles, dont se compose la loi votée, le dernier fait double emploi avec le texte de l'article premier de notre projet, en ce sens qu'il déclare abrogés l'article 6 de la loi du 27 juillet 1849, l'article 2 de la loi du 20 décembre 1875 et la loi du 29 mars 1878, toutes dispositions qu'abroge d'une façon générale et absolue notre article premier.

Les autres cinq articles forment les 21, 22, 23, 24 et 25 de la loi nouvelle. (Voir ces articles au texte du projet de loi.)

CHAMBRE DES DÉPUTÉS : PRÉSIDENT, M. GAMBETTA.

Première délibération. — Suite de la séance du mardi 25 janvier 1881.

M. le président donne lecture de l'article 16.

Art. 16. — Dans chaque commune, le maire désignera, par arrêté, les lieux exclusivement destinés à recevoir les affiches des lois et autres actes de l'autorité publique.

« Il est interdit d'y placarder des affiches particulières.

« Les affiches des actes émanés de l'autorité seront seules imprimées sur papier blanc.

« Toutes contraventions aux dispositions du présent article seront punies des peines portées en l'article 4. »

(L'article 16 est mis aux voix et adopté.)
M. le président donne lecture de l'article 17.

« Art. 17. — Les professions de foi, circulaires et affiches électorales pourront être placardées, à l'exception des lieux réservés par l'article précédent, sur tous les édifices publics et particulièrement aux abords des salles de scrutin. »

(L'article 17 est mis aux voix et adopté.)

« Art. 18. — Ceux qui auront enlevé, déchiré, recouvert ou altéré par un procédé quelconque, de manière à les travestir ou à les rendre illisibles, des affiches apposées par ordre de l'administration, seront punis d'une amende de 5 à 15 francs.

« Si le fait a été commis par un fonctionnaire ou un agent de l'autorité publique, la peine sera d'une amende de 16 à 100 francs et d'un emprisonnement de six jours à un mois, ou de l'une de ces deux peines seulement.

« Seront punis d'une amende de 5 à 15 francs ceux qui auront enlevé, déchiré, recouvert ou altéré par un procédé quelconque, de manière à les travestir ou à les rendre illisibles, des affiches électorales émanant de simples particuliers, apposées ailleurs que sur les propriétés de ceux qui auront commis cette lacération ou altération.

« La peine sera d'une amende de 16 à 100 francs et d'un emprisonnement de six jours à un mois ou de l'une de ces deux peines seulement, si le fait a été commis par un fonctionnaire ou agent de l'autorité publique, à moins que les affiches n'aient été apposées dans les lieux réservés par l'article 16. »

M. le président. Sur le paragraphe 3 de cet article, M. Lorois a déposé un amendement ainsi conçu :

« Seront punis d'une amende de 5 à 15 francs ceux qui auront enlevé, déchiré, recouvert ou altéré par un procédé quelconque, de manière à les travestir ou à les rendre illisibles, des affiches électorales émanant de simples particuliers, apposées ailleurs que sur les propriétés ou l'habitation de ceux qui auront commis cette lacération ou altération. »

L'amendement consiste dans l'addition des mots « ou l'habitation. »

La parole est à M. Lorois.

M. Lorois. Je voudrais faire observer à la Chambre que la commission ayant fait une réserve seulement pour les propriétaires, il pourrait en résulter qu'un candidat, qui habiterait une maison dont il ne serait pas propriétaire, mais simple locataire, se verrait exposé à ce qu'on couvrît sa porte et toute son habitation d'affiches qui l'attaqueraient. Comme il s'agit ici d'une disposition pénale dont les termes doivent être stricts et obligatoires, et qu'une exception n'est faite à l'application de la peine qu'autant que la personne qui lacère les affiches est propriétaire de la maison sur laquelle elles sont apposées, le simple locataire ou habitant d'une maison n'aurait pas le droit d'enlever une affiche et serait puni d'une amende s'il le faisait.

Je crois que vous reconnaîtrez, messieurs, combien il serait pénible pour les habitants de voir la maison qu'ils habitent, mais dont ils ne sont pas propriétaires, couverte d'affiches qui les attaquent, ou qui attaquent le parti auquel ils appartiennent.

J'espère que la commission ne fera pas de difficulté pour accepter la modification que je propose et qu'elle pourra rédiger, en deuxième lecture, en d'autres termes que ceux dont je me suis servi, si elle le juge convenable. C'est le principe surtout que j'ai voulu poser, et que je crois parfaitement acceptable. (Approbation sur divers bancs.)

M. Lelièvre. Messieurs, la commission s'oppose à l'adoption de l'amendement.

Nous avons fort bien compris qu'il n'était pas possible d'obliger le propriétaire d'une maison à respecter les affiches qui se trouvent sur sa propriété ; aussi le projet de loi lui accorde-t-il la faculté d'enlever celles qu'on aurait apposées contre sa volonté.

Mais l'honorable M. Lorois voudrait qu'on accordât le même bénéfice aux locataires, et qu'on leur permît d'enlever les affiches électorales des murs de la maison qu'ils habitent.

Veuillez bien remarquer, messieurs, que si la maison était habitée par vingt locataires, il suffirait que l'affiche déplût à l'un d'eux pour qu'il pût l'enlever ; or si, dans chaque maison d'une ville, il se trouvait qu'un locataire éprouvât ce déplaisir, les affiches disparaîtraient complètement de tous les murs de toutes les maisons de cette ville. (Approbation sur un grand nombre de bancs.)

Je n'ai pas besoin d'insister davantage pour démontrer le danger de la proposition qui vous est faite.

M. le président. Je mets aux voix l'amendement présenté par M. Lorois.

(L'amendement de M. Lorois, mis aux voix, n'est pas adopté.)

M. Cuneo d'Ornano. Je demande la parole.

M. le président. Vous avez la parole.

AFFICHAGE. COLPORTAGE.

M. Cuneo d'Ornano. Messieurs, il n'est question dans cet article que des affiches électorales ; mais il n'y a pas que des affiches électorales, il y a aussi, par exemple, les affiches pour la publication d'un journal ; or, il y a six ou sept mois, nous avons pu voir que l'apposition d'affiches de cette espèce a été interdite par M. le préfet de police. Eh bien, je le demande, les dispositions qui sont en ce moment soumises à la Chambre seront-elles applicables à l'affichage de l'annonce d'un journal ?

C'est une question que je me permets de poser à la commission, pour qu'une réponse de sa part vienne expliquer, à cet égard, le sens et la portée de la loi nouvelle qui nous est proposée.

M. le rapporteur. Veuillez préciser.

M. Cuneo d'Ornano. Je répète que dans l'article en discussion il s'agit des affiches électorales, et je vous fais remarquer qu'il y a d'autres affiches que celles-là, notamment des affiches apposées dans le but de faire connaître la publication d'un journal nouveau.

Je rappelle qu'il y a environ six mois, un journal qui allait se fonder voulut faire apposer des affiches pour annoncer sa publication, et que l'autorisation d'apposer ces affiches lui fut refusée en vertu des dispositions des lois existantes...

Une voix au centre. C'était dans un intérêt privé que ces affiches devaient être apposées !

M. Cuneo d'Ornano. Parfaitement, mais en vertu du principe général on a empêché l'affichage.

M. Lelièvre. Le visa était exigé par la loi.

M. Émile Beaussire. Nous supprimons le visa.

M. le rapporteur. Ces dispositions spéciales sont comprises dans l'abrogation générale des lois antérieures sur le colportage.

Plusieurs voix à droite. Il fallait le dire.

M. le président. Je mets aux voix l'article 18.

« Art. 18. — Ceux qui auront enlevé, déchiré, recouvert ou altéré par un procédé quelconque, de manière à les travestir ou à les rendre illisibles, des affiches apposées par ordre de l'administration, seront punis d'une amende de 5 à 15 francs.

« Si le fait a été commis par un fonctionnaire ou un agent de l'autorité publique, la peine sera d'une amende de 16 à 100 francs et d'un emprisonnement de six jours à un mois, ou de l'une de ces deux peines seulement.

« Seront punis d'une amende de 5 à 15 francs ceux qui auront enlevé, déchiré, recouvert ou altéré par un procédé quelconque, de manière à les travestir ou à les rendre illisibles, des affiches électorales émanant de simples particuliers, apposées ailleurs que sur les propriétés de ceux qui auront commis cette lacération ou altération.

« La peine sera d'une amende de 16 à 100 francs et d'un emprisonnement de six jours à un mois ou de l'une de ces deux peines seulement, si le fait a été commis par un fonctionnaire ou agent de l'autorité publique, à moins que les affiches n'aient été apposées dans les lieux réservés par l'article 16.

(L'article 18 est mis aux voix et adopté.)

M. le président. Nous arrivons au paragraphe 2 : « Du colportage et de la vente sur la voie publique. »

« Art. 19. — Quiconque voudra exercer la profession de colporteur ou de distributeur sur la voie publique ou en tout autre lieu public ou privé, de livres, écrits, brochures, journaux, dessins, gravures, lithographies et photographies, sera tenu d'en faire la déclaration à la préfecture du département où il a son domicile et de justifier qu'il est Français et qu'il n'a pas encouru une condamnation pouvant entraîner privation de ses droits civils et politiques.

« Toutefois, en ce qui concerne les journaux et autres feuilles périodiques, la déclaration pourra être faite soit à la mairie de la commune dans laquelle doit se faire la distribution, soit à la sous-préfecture. Dans ce dernier cas, la déclaration produira son effet pour toutes les communes de l'arrondissement. »

M. Lelièvre. Messieurs, nous arrivons à la discussion du paragraphe 2 du chapitre 3, qui a pour titre : « Du colportage et de la vente sur la voie publique. »

Ce paragraphe 2 comprend une série de cinq articles qui vont de l'ancien article 21, article 19 nouveau, à l'ancien article 25, article 23 nouveau. Ces cinq dispositions ne sont que la reproduction textuelle d'une loi que le Parlement, Sénat et Chambre des députés, a votée dans le courant de 1879, au mois d'avril, si je ne me trompe. La commission n'a pas pensé que, en présence de ce vote tout récent, il lui appartienne de modifier les dispositions de cette loi; elle ne les a pas examinées à nouveau; elle s'est bornée simplement, dans un but d'unité facile à comprendre, à insérer les cinq articles de cette loi récente dans le corps du projet qui vous est soumis, sans entamer leur discussion à nouveau sur le fond.

Nous vous demandons, en conséquence, s'il vous convient que la discussion soit rouverte sur les cinq articles de cette loi toute récente, — nous sommes prêts à nous y soumettre, — ou si, au contraire, vous pensez que nous devrions immédiatement, adoptant sans débat ces cinq articles tels qu'ils résultent du vote du Parlement, aborder la discussion du chapitre 4, qui traite des crimes et des délits commis par la voie de la presse.

La commission est à la disposition de la Chambre. (Très bien ! très bien !)

M. Cuneo d'Ornano. Messieurs, vous faites œuvre de codification, ou vous ne faites pas œuvre de codification. Il a été dit qu'on avait repoussé, hier, mon contre-projet parce qu'il ne portait que sur un point et qu'on voulait remanier toute la législation de la presse, faire un code complet et nouveau dans lequel on insérerait toutes les dispositions qui paraîtraient être aujourd'hui les meilleures à la Chambre des députés.

Cependant on vient de nous dire que la législation du colportage et de la vente sur la voie publique a été faite tout récemment, l'an dernier, et qu'il est inutile d'y revenir.

Pourquoi, si nous pouvons y apporter des améliorations?

M. Lelièvre. J'ai simplement indiqué à la Chambre quelle était la situation.

M. le rapporteur. Nous ne voulons pas préjuger la question.

M. Cuneo d'Ornano. Permettez-moi, messieurs, de vous faire observer...

M. le président. Il est inutile, monsieur Cuneo d'Ornano, que vous insistiez sur ce point; la Chambre, en aucune manière, ne peut supprimer une discussion sur des articles qui lui sont soumis. Vous pouvez développer l'amendement que vous avez présenté sur l'article 19. (Très bien ! très bien !)

M. Cuneo d'Ornano. La commission l'accepte-t-elle?

AFFICHAGE. COLPORTAGE.

Au banc de la commission. Non ! non !

M. Cuneo d'Ornano. Eh bien, je persiste à croire que la commission l'acceptera.

Voici mon amendement :

Dans le paragraphe 1er de l'article 21 (nouveau 19), après ces lignes :

« Quiconque voudra exercer la profession de colporteur ou de distributeur sur la voie publique ou en tout autre lieu public ou privé, de livres, écrits, brochures, journaux, dessins, gravures, lithographies et photographies... »

Le projet ajoute : « sera tenu d'en faire la déclaration à la préfecture du département où il a son domicile, et de justifier qu'il est Français et qu'il n'a pas encouru une condamnation pouvant entraîner privation de ses droits civils et politiques. »

C'est sur la nécessité de faire préalablement cette justification, impossible, selon moi, de nationalité que j'appelle l'attention de la Chambre.

Je ne suis pas le premier à trouver que cette justification est impossible : il y a deux ans, on s'en était déjà préoccupé, et les auteurs mêmes de la proposition sur le colportage étaient d'avis qu'il était impossible au colporteur de justifier de sa nationalité, car il est parfois très difficile de justifier d'une nationalité.

Un membre à gauche. Comment ?

M. Cuneo d'Ornano. Il est souvent, il est généralement très difficile de justifier de sa nationalité ; le lieu de naissance, l'acte de naissance, ne prouvent pas la nationalité.

On cite le tirage au sort. Mais, pour un homme, encore faut-il qu'il soit majeur ; et, pour les femmes qui veulent exercer la profession de colporteur, comment pourront-elles justifier de leur nationalité ?

Remarquez qu'il s'agit là d'une question de rapidité. On propose à une personne de colporter certains journaux, elle va à la préfecture, elle est souvent fort empêchée : comment peut-elle justifier de sa nationalité ? Et alors vous autorisez le préfet à dire : Quand vous aurez fait votre justification nous vous donnerons le récépissé, mais comme vous ne l'avez pas faite, allez vous-en, nous vous le refusons.

Messieurs, la rédaction que je propose a été votée plusieurs fois par la Chambre. C'est au Sénat que l'on réclama et qu'on fit introduire dans la loi l'obligation de cette justification préalable.

En le faisant, le Sénat obéissait à certaines préoccupations assez sérieuses. Il voulait que les individus de nationalité étrangère ne pussent faire de colportage en France. C'est une préoccupation très juste. Exigez donc la nationalité française, mais n'exigez pas la justification préalable, puisque vous avez un article qui dit que toute déclaration mensongère sera poursuivie à la requête des parquets.

Un membre à gauche. Vous avez raison !

M. Cuneo d'Ornano. Donc, s'il y a une déclaration mensongère, vous la réprimerez. Votre loi n'est pas une loi préventive, elle est une loi répressive.

M. Lisbonne. Il faut bien poser le principe.

M. Cuneo d'Ornano. Voici donc comment je vous propose de rédiger l'article :

« Quiconque voudra exercer la profession de colporteur ou de distributeur doit appartenir à la nationalité française... »

M. Haentjens. Pourquoi cela ? C'est une puérilité ! Pourquoi un Suisse, par exemple, ne pourrait-il pas être colporteur en France ?

M. Cuneo d'Ornano..... « et justifier qu'il n'a pas encouru une condamnation pouvant entraîner privation de ses droits civils et politiques. »

J'estime que le vœu du Sénat, voulant exiger des candidats colporteurs la nationalité française, est un vœu légitime. Je ne proteste pas contre cette exigence en elle-même, mais contre cette nécessité que vous imposez aux candidats colpor-

teurs de la justification préalable de leur nationalité. Je vous propose de supprimer
la justification préalable, et je vous dis : Adoptez mon amendement, qui exige la
nationalité française et qui s'en rapporte à la déclaration ; sauf au parquet, si la
déclaration est inexacte et mensongère, à la faire poursuivre en vertu des articles
suivants. La déclaration est tenue pour sincère, et, s'il y a une déclaration mensongère, vous la poursuivrez en vertu de l'ancien article 24, qui devient l'article 22.

En adoptant mon amendement, vous laisserez à la loi nouvelle son caractère
purement préventif, vous lui imprimerez un caractère d'unité et j'espère que la
commission sera de mon avis. (Approbation sur plusieurs bancs.)

M. le président. M. Lelièvre a la parole.

M. Lelièvre. Messieurs, l'auteur de l'amendement et la commission sont
d'accord sur un point : c'est que tout colporteur doit être Français. (C'est cela !
c'est cela !)

Il n'est pas besoin, je crois, de justifier cette exigence : les faits qui se sont
passés, antérieurement à la guerre de 1870, nous ont suffisamment prouvé que
nous devions montrer de la défiance à cet égard.

Donc, tout colporteur devra être Français.

Mais l'auteur de l'amendement diffère d'avis avec la commission sur un autre
point : tandis que l'honorable M. Cuneo d'Ornano n'exige du colporteur qu'une
simple déclaration de la qualité de Français, laissant à la charge de l'administration ou du ministère public, s'il y a lieu, le soin de vérifier la sincérité de cette
déclaration, la commission exige davantage ; elle veut la justification préalable par
l'intéressé de la possession de cette qualité de Français.

Nous persistons dans cette exigence.

En effet, comment serait-il possible à l'administration ou au parquet de vérifier
l'exactitude d'une déclaration qui consisterait en ceci : « Je suis Français. » Ne
faut-il pas, pour s'assurer de sa sincérité, qu'on connaisse non seulement le lieu
de domicile, mais surtout le lieu d'origine. Si le colporteur ne faisait pas connaître
à l'administration son lieu d'origine, — ce qui est déjà une présomption très forte
en faveur de sa qualité de Français, ce qui permettra, au besoin, de vérifier en
entier la déclaration, — comment, je le répète, l'administration, ou le parquet,
parviendrait-il à vérifier la sincérité de la déclaration ?

Voilà les motifs qui font que la commission persiste à maintenir son texte. (Très
bien ! très bien !)

M. Gatineau. Je viens, messieurs, en réponse à la commission, vous présenter quelques courtes observations sur la fin du premier paragraphe de l'article
en discussion.

La première partie du paragraphe ne peut soulever aucune objection. Il s'agit,
pour exercer la profession de colporteur, de faire une simple déclaration ; mais la
seconde partie de ce même paragraphe a provoqué de la part de notre collègue,
M. Cuneo d'Ornano, un amendement que je vous demande de repousser absolument comme la partie même de l'article qui a motivé cet amendement.

En effet, le paragraphe 1er *in fine* oblige le colporteur, ou celui qui se destine
au colportage, à justifier qu'il est Français et qu'il n'a pas encouru de condamnation
entraînant la privation des droits civils et politiques.

L'amendement de M. Cuneo d'Ornano adoucit cette prescription, et n'obligerait
plus le colporteur à justifier qu'il est Français et qu'il n'a pas encouru de condamnation emportant la privation des droits civils et politiques. Mais le colporteur
devrait déclarer qu'il est Français et n'a point encouru le genre de condamnations
indiquées.

Plus de justifications donc, mais une déclaration qui, si elle est trouvée fausse,
sera punissable, aux termes des dispositions subséquentes. Je trouve que l'obligation imposée par le projet de la commission au colporteur ne peut guère se défendre.

AFFICHAGE. COLPORTAGE.

Le colportage est un métier comme un autre. Et depuis quand s'avise-t-on, en France, d'interdire aux étrangers le droit de travailler, d'exercer leur profession ! Il y a là quelque chose d'excessif qui ne fait point honneur à cette nouvelle loi et j'espère que la Chambre repoussera cette disposition.

Ce que je viens de dire s'applique aussi bien à la rédaction de la commission qu'à l'amendement de l'honorable M. Cuneo d'Ornano ; mais je reconnais que son amendement est moins mauvais que le texte de la commission. Cependant, je ne le trouve pas excellent, parce qu'il contient l'exclusion basée sur la nationalité, en interdisant à ceux qui n'appartiennent pas à la nationalité française d'exercer la profession de colporteur. (Très bien ! très bien ! à gauche.)

Est-ce que les meilleurs colporteurs, par exemple, n'appartiennent pas à la Suisse, à cette nation voisine et sympathique ? Est-ce que cette exclusion n'est pas en désaccord avec les sentiments de cette Chambre ? Ne présente-t-elle pas quelque chose de révoltant pour une Chambre qui prépare une loi libérale ?

Ce que je viens vous demander, c'est non seulement de repousser la disposition défendue par la commission, mais de repousser, en même temps, l'amendement de notre honorable collègue, M. Cuneo d'Ornano, c'est de supprimer toute la portion du premier paragraphe dont je rappelle le texte : « et de justifier qu'il est Français, qu'il n'a pas encouru de condamnation pouvant entraîner privation des droits civils et politiques ». La difficulté de justifier de sa nationalité, l'obligation de faire venir son casier judiciaire, sont des entraves qui n'ont aucune raison d'être ni aucune utilité. (Marques nombreuses d'approbation.)

M. Andrieux. Messieurs, je voudrais appuyer les observations qui viennent d'être présentées par l'honorable M. Gatineau. Il me semble, en effet, qu'il n'y a aucun intérêt à exiger la qualité de Français et la jouissance des droits civils de la part du colporteur ; il me semble même qu'il y a un inconvénient grave à obliger l'administration, surtout dans les grandes villes, à recevoir, sans aucun profit, des déclarations très compliquées, très nombreuses et à exiger des déclarants la justification préalable de leurs qualités.

Je veux vous faire remarquer que l'article 21 du projet de loi, sur lequel j'appelle votre attention, détruit d'ailleurs complètement la précaution qu'on a cru devoir prendre dans les articles 19 et 20, et que, en réalité, les trois articles combinés proclament, en fait, la liberté absolue du colportage. L'article 21 dit, en effet : « La distribution et le colportage accidentels ne sont assujettis à aucune déclaration. »

Quand les agents de l'autorité arrêteront un colporteur qui n'aura pas fait la déclaration préalable, qui ne jouira pas de ses droits civils et politiques, il répondra : Je colporte accidentellement. (Rires approbatifs.) C'est, je le répète, la destruction des dispositions qui précèdent : il me paraîtrait plus sage de déblayer le terrain de ces entraves inutiles, et de faire une législation sincèrement libérale. (Très bien ! très bien !)

M. Gatineau. Je ferai, messieurs, une observation de ma place. Il y a, implicitement, dans la partie du paragraphe dont je demande la suppression, l'interdiction aux femmes d'exercer le métier de colporteur. (Dénégations.) Et, en effet, on dit, dans l'article en discussion, que le colporteur devra : « justifier qu'il n'a pas encouru une condamnation pouvant entraîner privation de ses droits civils et politiques. »

Or, comme les femmes ne peuvent point être privées des droits politiques qu'elles n'ont point, il se trouvera des casuistes qui verront dans ce texte une interdiction pour les femmes d'exercer la profession de colporteur. (Exclamations diverses et rires.)

M. le président. M. le rapporteur a la parole.

M. le rapporteur. Messieurs, les articles 19, 20, 21, 22 et 23 du projet de loi sont purement et simplement la reproduction littérale de la loi que la Chambre et le Sénat ont votée il y a quelques mois.

La commission n'a pas cru devoir faire de ces dispositions l'objet de ses propres délibérations, parce qu'elles venaient d'être votées par vous.

M. le président. Nous avons tranché ce point là, monsieur Lisbonne.

M. le rapporteur. Il est bien entendu que, dès l'instant que ces dispositions sont intercalées dans le projet de loi, la Chambre peut en délibérer d'elle-même.

M. le président. Elle ne peut pas ne pas en délibérer.

M. le rapporteur. C'est évident. Seulement, nous tenions à dégager la responsabilité de la commission. Voilà l'objet de mon observation. La commission n'a pas délibéré sur les articles 19, 20, 21, 22 et 23. Ce n'est pas son œuvre, c'est l'œuvre du Sénat et de la Chambre.

Un membre à droite. C'est la vôtre.

M. le rapporteur. Les articles dont il s'agit sont purement et simplement intercalés par voie d'ordre dans le projet qui vous est soumis.

M. le président. Vous en faites l'abandon ?

M. le rapporteur. La commission s'en désintéresse complètement; je tenais à le constater pour dégager la responsabilité de la commission au sujet d'une œuvre qui est la vôtre et non la sienne.

M. le président. Monsieur Cuneo d'Ornano, vous retirez maintenant votre amendement?

M. Cuneo d'Ornano. Oui, mon amendement n'a plus d'objet, mais il faudrait y substituer un article qui dise que la loi du 18 juin 1880, si je ne me trompe pas de date, est et demeure abrogée et l'ajouter à la liste des abrogations.

M. le président. Nous ne restons plus, par conséquent, qu'en présence de la proposition de suppression des mots « et de justifier qu'il est Français et qu'il n'a pas encouru, etc. »

M. Ribot. Je demande la parole.

M. le président. Vous avez la parole.

M. Ribot. Messieurs, il me semble, même après les observations que vient de présenter l'honorable préfet de police, qu'il y aurait une distinction à faire. J'admets très bien, pour ma part, qu'exiger la qualité de Français de tous ceux qui veulent se livrer au colportage est peut-être excessif. Mais il me semble aussi, qu'accorder à une personne, qui a été frappée d'une peine infamante et afflictive entraînant la privation des droits civils et politiques, la permission de colporter dans les campagnes des écrits que nous ne connaissons pas, et non seulement des écrits politiques, mais surtout des publications malsaines et ordurières, il me semble, dis-je, que nous ne pouvons pas voter une semblable disposition sans y réfléchir.

M. Jolibois. On connaît ce que vendent les colporteurs. Il leur faut un catalogue.

M. Ribot. Je demande donc à la Chambre de voter par division et je déclare que pour ma part je supprimerais l'exigence relative à la qualité de Français, mais que je maintiendrais l'interdiction relative aux individus privés des droits civils et politiques par des condamnations.

M. le président. M. Ribot demande la division : elle est de droit.

M. Cuneo d'Ornano. On avait proposé la suppression radicale des cinq articles; vous venez d'entendre, sur ce point, M. le préfet de police !

M. le président. Personne n'a demandé cette suppression que vous, monsieur Cuneo d'Ornano, et encore l'avez-vous fait à l'état d'insinuation très timide. Vous avez dit : il s'ensuivrait l'abrogation de votre loi du 18 juin 1880. Mais vous n'avez pas fait de proposition ferme. Et, d'ailleurs, je ne pourrais mettre aux voix une pareille proposition, puisque nous délibérons sur des articles dont le texte figure dans une proposition de loi et dans votre projet même. Il faudrait voter successivement sur chaque article.

AFFICHACE. COLPORTAGE.

M. Émile Beaussire. Messieurs, l'honorable M. Ribot consent à supprimer l'exigence de la qualité de Français, mais il voudrait maintenir l'interdiction pour ceux qui auraient encouru des condamnations civiles ou politiques. Si vous acceptiez cette distinction, vous créeriez une situation privilégiée à la presse étrangère qui, dans de telles conditions, ne serait pas soumise aux mêmes lois pénales que les Français.

C'est la seule observation que je voulais présenter. Il faut ou tout maintenir, ou tout supprimer.

Un membre à gauche. La conclusion, c'est la suppression !

M. le président. Je vais consulter la Chambre, et j'explique le vote. Ceux qui voudront tout supprimer voteront contre tous les articles ; ceux qui voudront une suppression partielle voteront pour l'adoption d'une partie et rejetteront le reste. Mais je ne peux pas consulter la Chambre sur une abrogation *in globo.* (C'est évident.) Plusieurs orateurs ont exprimé à la tribune l'opinion qu'il était nécessaire que le colporteur fît connaître son lieu d'origine. L'article 20 répond à cette nécessité ; il exige que la déclaration porte la mention du lieu de naissance.

Je vais donner successivement lecture des articles ; je m'arrêterai après chaque paragraphe à voter.

« Quiconque voudra exercer la profession de colporteur ou de distributeur sur la voie publique ou en tout autre lieu public ou privé de livres, écrits, brochures, journaux, dessins, gravures, lithographies et photographies, sera tenu d'en faire la déclaration à la préfecture du département où il a son domicile... »

(Cette première partie du paragraphe est mise aux voix et adoptée.)

M. le président. Je consulte la Chambre sur ces mots : « et de justifier qu'il est Français. » Je mets aux voix ces mots eux-mêmes et non leur suppression, parce que c'est le règlement.

(La Chambre, consultée, n'adopte pas cette partie du paragraphe.)

M. le président. Maintenant je consulte la Chambre sur la dernière partie de cet alinéa. Elle est ainsi conçue :

« Et qu'il n'a pas encouru une condamnation pouvant entraîner privation de ses droits civils et politiques. »

(Une première épreuve a lieu et est déclarée douteuse par le bureau.)

Plusieurs membres à droite. On n'a pas compris !

M. le président. Nous allons recommencer le vote.

(Une seconde épreuve a lieu, et la Chambre n'adopte pas cette dernière partie du paragraphe.)

Le second paragraphe de l'article 19 est adopté dans les termes suivants :

« Toutefois, en ce qui concerne les journaux et autres feuilles périodiques, la déclaration pourra être faite, soit à la mairie de la commune dans laquelle doit se faire la distribution, soit à la sous-préfecture. Dans ce dernier cas, la déclaration produira son effet pour toutes les communes de l'arrondissement. »

(L'ensemble de l'article 19 est mis aux voix et adopté :)

Art. 19. — Quiconque voudra exercer la profession de colporteur ou de distributeur sur la voie publique, ou en tout autre lieu public ou privé, de livres, écrits, brochures, journaux, dessins, gravures, lithographies et photographies, sera tenu d'en faire la déclaration à la préfecture du département où il a son domicile.

Toutefois, en ce qui concerne les journaux et autres feuilles périodiques, la déclaration pourra être faite, soit à la mairie de la commune dans laquelle doit se faire la distribution, soit à la sous-

préfecture. Dans ce dernier cas, la déclaration produira son effet
pour toutes les communes de l'arrondissement.

M. le président lit l'article 20.

« Art. 20. — La déclaration contiendra les nom, prénoms, profession, domicile, âge et lieu de naissance du déclarant.

« Il sera délivré immédiatement et sans frais au déclarant un récépissé de sa
déclaration.

« Tout colporteur ou distributeur devra être, en outre, muni d'un catalogue
qui contiendra l'indication des objets énumérés à l'article 1ᵉʳ, destinés à la vente.
Ce catalogue sera dressé sur un livret qui sera coté, visé et paraphé à l'avance
par le préfet ou le sous-préfet.

« Pour le colportage et la distribution des journaux dans une commune, le
livret pourra être visé par le maire.

« Le récépissé et le catalogue devront être présentés par le colporteur, à toute
réquisition de l'autorité compétente qui aura toujours le droit de vérifier si les
objets colportés ou distribués sont mentionnés au catalogue.

« Les objets mentionnés au catalogue pourront seuls être colportés ou distribués. »

M. Naquet a la parole.

M. Naquet. Tout à l'heure la commission nous invitait à accepter ce principe,
que si nous ne pouvions pas adopter *in globo* tous les articles qui ont été extraits
de notre récente loi sur le colportage, du moins nous ne devions pas les combattre
pour ne pas nous déjuger.

La Chambre vient d'adopter une jurisprudence différente en modifiant l'article 19 tel que l'avait proposé la commission.

M. Lisbonne. La commission n'a pas dit cela.

M. Naquet. Je viens vous proposer, persévérant dans cette même jurisprudence, d'apporter une amélioration considérable aux dispositions relatives au colportage, en modifiant l'article 20, par la suppression des quatre derniers paragraphes. (Très bien ! à gauche.)

Les quatre derniers paragraphes obligent le colporteur à avoir un livret qui
indique la nature des objets colportés, et s'opposent au colportage de tous les
objets qui ne seraient pas inscrits sur ce livret.

Vous vous rappelez, Messieurs, que l'Assemblée nationale avait adopté un
amendement de M. de Janzé qui proclamait la liberté du colportage ; et que c'est
avec des dispositions semblables à celles que l'on vous propose que le 16 mai a
interdit le colportage de tous nos journaux pendant cette période néfaste.

Nous ne devons pas vouloir que de pareils faits se reproduisent, et c'est pourquoi nous ne devons pas introduire, dans la loi que nous élaborons en ce moment,
un article qui permettrait à un ministère peu scrupuleux de la tourner. (Très
bien ! très bien ! à gauche.)

M. le rapporteur. Ce ne sont pas les trois derniers paragraphes, ce sont les
quatre derniers. Retournez la page.

M. Naquet, *en regagnant sa place.* Oui, les quatre derniers, c'est ce que
je voulais dire.

M. le président. Est-ce que la commission ne s'oppose pas à cette suppression ?

M. le rapporteur. La commission se désintéresse dans cette question.
(Rires à droite.)

M. Lelièvre. C'est la Chambre qui a fait cette œuvre, c'est à elle à la défendre. La commission s'en désintéresse et ne s'oppose pas à cette suppression,
je le répète, ce n'est pas son œuvre, c'est celle de la Chambre.

Plusieurs voix. Et du Sénat.

M. le président. Je mets l'article 20 aux voix par division. D'abord les deux paragraphes ainsi conçus :

« La déclaration contiendra les nom, prénoms, profession, domicile, âge et lieu de naissance du déclarant.

« Il sera délivré immédiatement et sans frais au déclarant un récépissé de sa déclaration. »

(Les deux premiers paragraphes, mis aux voix, sont adoptés.)

M. le président. Je consulte la Chambre sur les quatre derniers paragraphes dont j'ai donné lecture.

(Les quatre derniers paragraphes, mis aux voix, ne sont pas adoptés.)

« Art. 21. — La distribution et le colportage accidentels ne sont assujettis à aucune déclaration. »

(L'article 21, mis aux voix, est adopté.)

« Art. 22. — L'exercice de la profession de colporteur ou de distributeur sans déclaration préalable, ou après déclaration faite par un individu incapable en vertu de l'article 23 ci-après, la fausseté de la déclaration, l'absence de catalogue, la détention par le colporteur ou distributeur d'objets non mentionnés au catalogue, le défaut de présentation à toute réquisition du récépissé ou du catalogue, constituent des contraventions.

« Les contrevenants seront punis d'une amende de 5 à 15 francs, et pourront l'être en outre d'un emprisonnement de un à cinq jours.

« En cas de récidive, de déclaration mensongère ou de déclaration faite par un individu incapable en vertu de l'article 23 ci-après, l'emprisonnement sera nécessairement prononcé.

« L'article 463 du Code pénal pourra être appliqué. »

M. Gatineau. Il faut supprimer ce qui a trait au catalogue.

M. le président. La parole est à M. Drumel.

M. Drumel. Sur cet article 22, je n'ai qu'une très courte observation à présenter, relativement au dernier alinéa qui est ainsi conçu : « L'article 463 du Code pénal, sur les circonstances atténuantes, pourra être appliqué. »

Je crois que cette disposition est inutile en présence de l'article 67 du projet de loi soumis à vos délibérations qui dispose, d'une façon générale, que l'article 463 du Code pénal est applicable dans tous les cas prévus par la présente loi.

Puisque la commission doit remanier le texte de l'article 22 pour supprimer les mots : « le catalogue... » et d'autres expressions, je demande qu'elle supprime également la dernière phrase.

M. le président. Alors voici comment nous lirons cet article en lui faisant subir les suppressions nécessitées par les votes précédents.

« Art. 22. — L'exercice de la profession de colporteur ou de distributeur sans déclaration préalable, ou après déclaration faite par un individu incapable en vertu de l'article 23 ci-après, la fausseté de la déclaration, le défaut de présentation à toute réquisition du récépissé, constituent des contraventions.

« Les contrevenants seront punis d'une amende de 5 à 15 francs, et pourront l'être en outre d'un emprisonnement d'un à cinq jours.

« En cas de récidive, de déclaration mensongère ou de déclaration faite par un individu incapable en vertu de l'article 23 ci-après, l'emprisonnement sera nécessairement prononcé. »

Nous avons fait disparaître tout ce qui est relatif au catalogue, ainsi que le dernier paragraphe.

M. Émile Beaussire. Monsieur le président, il faudrait d'abord voter l'article 23, car si on supprime l'incapacité édictée par cet article, il faudra nécessairement modifier l'article 22.

M. le président. Je vous demande pardon, monsieur Beaussire, il n'est pas nécessaire de voter sur la fin avant de voter sur le commencement, par cette raison que si l'article 25 devenu l'article 23 n'est pas adopté, dans le travail de coordination qui se fera entre les deux lectures, on mettra les deux textes d'accord.

(L'article 22, ainsi modifié, mis aux voix, est adopté.)

M. le président lit l'article 23.

« Art. 23. — Les colporteurs et distributeurs pourront être poursuivis conformément au droit commun s'il ont sciemment colporté ou distribué des livres, écrits, présentant un caractère délictueux.

« Les tribunaux pourront prononcer l'interdiction de l'exercice de la profession de colporteur ou de distributeur à tout individu condamné en vertu du présent article. »

M. Trarieux a déposé un amendement tendant à la suppression de ce dernier paragraphe.

M. Trarieux. Messieurs, mon amendement a pour but d'obtenir la suppression de ce second paragraphe. Tout me porte à penser que la commission est sympathique à cet amendement; mais elle n'a pas cru pouvoir l'accueillir et vous en connaissez les raisons qu'elle nous a données, il y a quelques instants.

La commission est enchaînée par son respect pour une œuvre qui est récemment sortie de nos mains; elle ne croit pouvoir toucher à la loi sur le colportage que nous avons votée, il y a quelques mois à peine. Ses scrupules me paraissent un peu exagérés, mais je n'ai point à les combattre, car vous m'avez montré que vous n'étiez pas d'accord avec elle, en modifiant, comme vous venez de le faire, les articles 21 et 22 qui sont sortis transformés de vos mains.

Le principe m'est acquis, et je le constate : puisque nous délibérons, nous avons la faculté de remanier notre œuvre, et l'exercice de ce droit devient un devoir, lorsque les circonstances qui pouvaient légitimer cette œuvre n'existent plus, et lorsqu'un nouvel ordre de choses en semble rendre le maintien impossible.

Comment, Messieurs, était-il jusqu'à ce jour possible de justifier, pour les tribunaux, ce droit d'interdire, aux colporteurs et aux distributeurs condamnés comme complices d'un délit de presse, l'exercice de leur profession de colportage et de distribution? Une pareille faculté ne pouvait s'expliquer que par un besoin d'harmonie, parce qu'on était sous l'empire d'une législation de la presse qui per-

COLPORTAGE.

mettait la suppression des écrits condamnés. Il y avait une loi qui autorisait à suspendre ou à supprimer les journaux qui avaient été l'objet d'une poursuite; de là à supprimer la profession de colporteur, agent de complicité, il n'y avait qu'un pas; la pénalité était sans doute extrême, mais on pouvait encore la comprendre.

Or, aujourd'hui, tout change; la loi que vous faites ouvre une ère nouvelle; elle ne permet plus ces suppressions, elle les abolit; elle abandonne toutes mesures de suspicion et de prévention; elle ne fait plus que réprimer et ne vise plus à prévenir. Cette nouvelle conception du droit de la presse ne doit-elle pas entraîner des modifications au régime rigoureux sous lequel est placé le colportage?

Quoi! il serait possible que l'auteur principal du délit, le journaliste continuât, au lendemain d'une condamnation, la rédaction de son journal, conservât la liberté de son industrie, et l'infortuné complice, le simple comparse, le colporteur serait atteint dans son droit au travail! (Très bien! très bien!) Ce serait un disparate qui ne pourrait s'expliquer! (Vives marques d'approbation à gauche et au centre.)

Ce n'est pas parce qu'on est moins coupable qu'on doit être plus sévèrement frappé. Il y a là plus qu'un défaut de logique; il y a une question d'élémentaire équité.

Je n'hésite donc pas à penser que vous voudrez bien rétablir l'homogénéité dans les dispositions d'une loi, dont il faut écarter toute tache en faisant disparaître une prescription qui, non seulement dans la situation nouvelle manquerait à nos intentions libérales, mais qui ne pourrait plus paraître qu'excessive et barbare (Très bien! très bien! à gauche et au centre.)

M. le président. — Je mets d'abord aux voix le premier paragraphe de l'article 23, qui n'est pas contesté.

(Le premier paragraphe est mis aux voix et adopté.)

M. le président. Je mets maintenant aux voix le second paragraphe, dont M. Trarieux demande la suppression, et j'en relis les termes :

« Les tribunaux pourront prononcer l'interdiction de l'exercice de la profession de colporteur ou de distributeur à tout individu condamné en vertu du présent article. »

(Le second paragraphe est mis aux voix et n'est pas adopté.)

CHAMBRE DES DÉPUTÉS : DEUXIÈME DÉLIBÉRATION DÉCIDÉE LE 5 FÉVRIER 1881.

Séance du lundi 14 février 1881.

M. Lisbonne continuant son rapport spécial (voir le commencement page 73) :
Nous avons ensuite coordonné l'article 23 avec l'article 41, en y ajoutant les mots « sans préjudice des cas prévus au n° 4 de l'article 41 ».

L'article 23 nouveau est donc ainsi conçu :

« Les colporteurs ou distributeurs pourront être poursuivis conformément au droit commun, s'ils ont sciemment colporté ou distribué des livres, écrits, etc., présentant un caractère délictueux, sans préjudice des cas prévus au n° 4 de l'article 41.

Je n'ai pas d'autres observations à faire sur cet article 23. C'est une simple reprise, par voie de corrélation, que nous avons voulu exprimer.

M. le président met aux voix cette rédaction, qui est adoptée.

SÉNAT. PRÉSIDENT M. LÉON SAY.

Suite de la séance du samedi 9 juillet 1881.

M. le président donne lecture de l'article 16, devenu 15, rédaction conforme à celle portée ci-dessus à la Chambre des députés.

Art. 15. — « Dans chaque commune, le maire désignera, par arrêté, les lieux exclusivement destinés à recevoir les affiches des lois et autres articles de l'autorité publique.

« Il est interdit d'y placarder des affiches particulières.

« Les affiches des actes émanés de l'autorité, seront seules imprimées sur papier blanc.

« Toutes contraventions aux dispositions du présent article seront punies des peines portées en l'article 4. »

Cet article est mis aux voix et adopté.

M. le président donne lecture de l'article 17, devenu 16, rédaction conforme à celle de la Chambre des députés.

Art. 16. — « Les professions de foi, circulaires et affiches électorales pourront être placardées à l'exception des lieux réservés par l'article précédent, sur tous les édifices publics et particulièrement aux abords des salles de scrutin. »

Sixième suite du rapport du 18 juin 1881.

Art. 17. — L'honorable M. Batbie a proposé d'ajouter à ces mots : *sur tous les édifices*, la disposition restrictive : *autres que les édifices consacrés aux cultes.* Le clergé, quelle que soit sa communion, a plus ou moins la police extérieure du temple ou de l'église ; ne serait-il pas convenable de lui laisser la faculté d'interdire ou de refuser l'affichage d'une profession de foi qui pourrait lui sembler offensante pour sa croyance ?

Mais, a-t-il été répondu, si le ministre d'un culte refusait à un candidat la permission qu'il accorderait à un autre, il descendrait par cela même dans l'arène électorale, il prendrait parti pour une candidature ; l'amendement tournerait ainsi contre son intention ; au lieu de servir un intérêt religieux, il ne pourrait que le compromettre.

Il vaudrait mieux dans ce cas interdire à tous les candidats sans exception l'affichage de leurs placards sur les murs des édifices religieux ; mais alors qu'arrivera-t-il ? Il arrivera que l'affichage deviendra quelquefois impossible. La mairie est réservée aux affiches officielles et en dehors de l'église que restera-t-il aux candidats ? La propriété privée ? Le propriétaire n'aime pas en général à voir son propre vote écrit d'avance sur le mur de sa maison ; en permettant l'affichage il craint de paraître adhérer à l'opinion de l'affiche et d'encourir l'animosité d'une partie de la population.

M. Batbie. Je demande la parole.

M. le président. M. Batbie a la parole.

M. Batbie. Messieurs, l'article 16 du projet de loi contient une innovation grave sur laquelle j'appelle l'attention du Sénat.

AFFICHAGE. COLPORTAGE.

D'après cet article « les professions de foi, circulaires et affiches électorales pourront être placardées, à l'exception des lieux réservés par l'article précédent, sur tous les édifices publics et particulièrement aux abords des salles de scrutin. »

Cet article, messieurs, confère, par sa généralité, le droit d'afficher les circulaires électorales, les professions de foi sur les murs des églises et autres édifices consacrés au culte.

J'avais demandé à la commission de restreindre l'article 16 par un amendement ainsi conçu : « ... pourront être affichés sur tous les édifices autres que les édifices consacrés au culte ».

Cette exception a été repoussée par la commission ; mais j'espère être plus heureux auprès de la majorité du Sénat.

Ainsi, il est bien certain, et cela résulte aussi clairement que possible du rejet de mon amendement, que dans la pensée des rédacteurs du projet de loi, les candidats auraient le droit d'afficher des professions de foi sur les murs des édifices consacrés au culte et particulièrement sur les églises. C'est un changement à la législation en vigueur et, à mon avis, ce changement n'est pas justifié.

Je commencerai par bien établir quelles dispositions régissent cette matière. Elles se réduisent à un seul article de loi. C'est l'article 11 de la loi des 18-22 mai 1791 qui est ainsi conçu :

« Dans les villes et dans chaque municipalité on désignera les lieux qui seront destinés à recevoir les affiches des lois et autres actes de l'autorité publique. »

Cette disposition se trouve, du reste, reproduite par la commission, dans l'article 15 du projet en discussion.

On s'est demandé si l'autorité municipale avait le droit de désigner une maison particulière. Il a, sans difficulté, été reconnu qu'une maison appartenant à un particulier ne pouvait être désignée qu'avec le consentement du propriétaire ; sans ce consentement, il y aurait une atteinte portée à la propriété privée.

On s'est demandé, d'un autre côté, si le presbytère pouvait être désigné par l'autorité municipale ; il a été reconnu aussi que le presbytère était un domicile privé, le domicile d'un citoyen ; que par conséquent on ne pouvait pas, sans porter atteinte à ce domicile, mettre des affiches, même des affiches officielles, sur la maison curiale.

On s'est demandé enfin — et c'est là que la discussion commence — si on pouvait ordonner que les affiches seraient placées sur les murs des églises et autres édifices consacrés au culte. On s'est trouvé, à ce sujet, en présence d'une propriété d'une espèce particulière. En effet, la question de savoir si la propriété des églises appartenait aux communes ou bien aux fabriques a longtemps été débattue.

Après de longues controverses, il a été décidé que c'était une propriété d'une espèce particulière, qu'elle appartenait sans doute à la commune, en ce sens que la commune en avait la nue propriété, mais qu'elle était affectée au culte d'une manière permanente, et que la surveillance de ces édifices appartenait à la fabrique.

Aussi a-t-il été reconnu que l'on ne pouvait ordonner l'affichage, même des actes de l'autorité publique, sur les murs des édifices consacrés au culte, qu'à la condition qu'il y aurait entente, concert entre les ayant droit, c'est-à-dire entre la commune et l'autorité municipale qui représente la nue propriété et l'autorité ecclésiastique, les fabriques qui représentent la surveillance et la jouissance du temple.

C'est là une doctrine qui est incontestée depuis le 7 juillet 1840, époque à laquelle le droit de propriété des édifices consacrés au culte a été parfaitement déterminé par une jurisprudence désormais constante de la Cour de cassation. Aussi toutes les fois que la question d'affichage s'est produite, on a exigé, à toutes les époques, le concours de l'autorité municipale et le concours de l'autorité ecclésiastique. Voici, en particulier, comment la question se trouvait tranchée par une circulaire du 25 juin 1850 :

« En règle générale, disait cette circulaire du ministre des cultes, les affiches ne doivent pas être apposées sur les murs et sur les portes des églises. Elles entravent la circulation par les rassemblements et les attroupements de personnes qu'elles attirent; enfin elles donnent lieu à des conversations bruyantes, à des discussions plus ou moins vives, qui troublent le prêtre et les fidèles dans l'exercice du culte. Il en résulte même quelquefois des désordres qui portent atteinte au principe de la liberté des cultes que la Constitution garantit à tous les citoyens.

« Le moyen le plus sûr d'obvier à ces graves inconvénients qui ont motivé les plaintes que j'ai reçues, c'est de ne plus permettre qu'à l'avenir les affiches soient placardées sur les murs et les portes des églises. On peut choisir soit la mairie, soit tout autre local disponible pour y afficher les actes de l'autorité publique.

« Dans les communes où il n'existe pas de bâtiment affecté à la mairie, s'il n'y a point un autre endroit favorable à la publicité, il sera facile d'élever, sur la place même de l'église, une potence ou un pilier sur lequel on placera un tableau destiné à recevoir des affiches. »

Messieurs, ce n'est pas seulement en 1850 que cette solution a été adoptée. Je la trouve à une autre époque, sous la signature d'hommes qui étaient animés de sentiments politiques autres que ceux de l'auteur de la circulaire que je viens de citer. Je la trouve dans une lettre, adressée en 1877 par M. le préfet des Bouches-du-Rhône, M. Tirmann, aujourd'hui conseiller d'État, qui, après avoir consulté les ministres compétents, répondait ainsi au maire qui lui avait soumis la question :

« Monsieur le maire, des difficultés se sont élevées tout récemment entre les conseils municipaux et les conseils de fabrique de quelques communes, au sujet des inscriptions à placer sur le fronton ou à l'intérieur des églises.

« J'ai dû consulter, à cette occasion, MM. les ministres de l'intérieur et des cultes sur la question de savoir si ces inscriptions peuvent être autorisées et par qui elles doivent l'être.

« Il résulte d'instructions concertées entre les deux ministères que les communes, *bien que propriétaires de leurs églises, n'ont pas sur ces édifices affectés à une destination spéciale et dont les fabriques sont en quelque sorte usufruitières,* les mêmes droits que sur les autres bâtiments municipaux; que les autorités civiles et religieuses doivent dès lors toujours se concerter, lorsqu'il s'agit de travaux, quels qu'ils soient, à exécuter aux églises; et enfin que les dispositions de l'article 73 du décret du 30 décembre 1809 étant applicables aux inscriptions à placer tant à l'intérieur qu'à l'extérieur des églises, aucune inscription ne peut être apposée sur ces monuments sans une autorisation spéciale de M. le ministre des cultes.

« Cette autorisation est d'ailleurs subordonnée, ainsi qu'il vient d'être dit, à une entente préalable, soit entre les administrations municipales et les fabriques, soit entre l'autorité préfectorale et l'autorité diocésaine. »

Telle est, messieurs, la législation en vigueur; telle est la jurisprudence administrative qui l'a interprétée; en résumé, même les affiches officielles de l'autorité publique ne peuvent être placées sur les murs des édifices consacrés au culte, qu'en vertu d'une entente entre l'autorité municipale et l'autorité ecclésiastique. Eh bien, je dis qu'à plus forte raison vous ne devez pas autoriser des particuliers, en vertu d'une disposition de votre loi, à faire cet affichage sans la permission, sans l'autorisation de qui que ce soit. Je vais plus loin, il doit y avoir interdiction d'une manière complète, absolue. On ne doit permettre à aucun candidat, même avec l'agrément de l'autorité ecclésiastique, avec celle de la fabrique si elle voulait la donner, d'apposer des affiches dont souvent l'effet serait de porter atteinte à la liberté des cultes. (Approbation à droite.)

Je sais bien que la loi est souveraine; je sais bien que vous avez le pouvoir de décider que les affiches pourront être placées sur les murs des édifices consacrés

au culte. Oui, vous avez le pouvoir de le faire; mais je crois qu'il serait injuste de
le faire, et que lorsque l'autorité municipale elle-même ne peut pas choisir les
murs des édifices consacrés au culte pour y faire afficher des affiches officielles, à
plus forte raison, ne devez-vous pas autoriser les particuliers à y apposer des professions de foi exprimant leurs opinions personnelles.

On peut, à la vérité, citer des exceptions qui ont été faites par quelques lois.
En effet, la loi sur l'expropriation pour cause d'utilité publique, notamment la loi
du 3 mai 1841, dispose exceptionnellement que certains actes concernant l'expropriation pour cause d'utilité publique seront affichés à la porte principale de
l'église. Cette exception a été faite sans doute, mais il faut reconnaître qu'elle ne
présente pas le danger qui était signalé dans la circulaire du 25 juin 1850. On n'a
pas à craindre que les actes relatifs à l'expropriation pour cause d'utilité publique
amènent des rassemblements, des conversations bruyantes et même des désordres.

Ce sont là des actes très calmes et qui ne peuvent pas exciter les populations.

En sera-t-il de même, messieurs, des circulaires et des professions de foi? Je
n'ai pas besoin de vous dire que, pendant la période électorale, il y a une très
grande liberté de langage, non seulement une grande liberté de parler, mais encore une grande liberté d'écrire, et que les circulaires et professions de foi contiennent souvent, en matière religieuse, des développements qui ne seront peut-
être pas à leur place sur les murs des édifices consacrés au culte. (Marques
d'approbation et sourires à droite.)

C'est pour cela que je vous demande de restreindre la disposition de l'article 16
de la commission.

Vous avez voulu, — vous avez poursuivi ce but, — diminuer autant que possible la situation du clergé, en limitant son action aux offices du culte; vous avez
voulu, suivant votre expression, le renfermer dans le temple. Eh bien, puisque vous
avez, à mon sens, poussé beaucoup trop loin cette pensée, puisque vous l'avez
poursuivie avec beaucoup trop de persévérance et trop de succès, permettez-moi
de vous dire qu'il serait juste de ne pas au moins troubler l'intérieur du temple
en rapprochant le bruit de nos luttes politiques jusqu'aux portes de l'édifice consacré au culte. Et puisque la vie du prêtre doit se passer principalement à l'intérieur de l'église, je voudrais qu'il y pût entrer et qu'il pût en sortir sans être
offensé par des affiches et des circulaires qui attaqueront peut-être ce qu'il ensei-
gne et qui quelquefois outrageront ce qu'il respecte. (Très bien! très bien! —
Applaudissements à droite.)

Ainsi, messieurs, je demande d'introduire dans l'article 16 cette restriction:
« ... à l'exception des édifices consacrés au culte. » (Nouvelles marques d'approbation sur les mêmes bancs.)

M. Griffe. Messieurs, je suis chargé au nom de la commission de répondre aux
arguments de l'honorable M. Batbie, et de vous dire qu'elle repousse sa proposition et son amendement.

C'est une question de principe qui se pose devant le Sénat. Ce n'est point par
un sentiment mesquin contre la religion, mais par un sentiment élevé que la
commission a voulu, dans l'article 16 de la loi, édicter une mesure générale. Sous
le régime de la loi actuelle, que le projet en discussion est appelé à remplacer,
l'affichage n'est point libre; il doit être autorisé et les afficheurs ne peuvent exercer librement leur profession. C'est cette loi que le projet actuel en discussion
veut abroger; à la place de l'autorisation arbitraire, c'est la liberté absolue qu'elle
veut inscrire.

Voilà donc un changement dans les principes.

Autrefois, messieurs, quand on voulait afficher n'importe où, il fallait l'autorisation de l'administration, et l'administration pouvait imposer telle restriction qui
lui plaisait à l'autorisation qu'elle concédait en vertu de son bon plaisir.

Si le projet actuel est voté, ce sera le régime de la liberté substitué à celui de l'autorisation ; sous un tel régime, il est naturel et logique d'admettre que les affiches électorales peuvent être apposées sur tous les édifices publics.

Nulle restriction ne doit être apportée à cette faculté. L'autorité doit seulement assurer par des mesures que la loi met à sa disposition, la conservation de ces édifices publics.

Le projet de loi soumis au Sénat n'entend porter aucune atteinte à ce droit.

Sur quels principes l'honorable M. Batbie base-t-il son amendement ?

Sur la nature toute particulière du droit de propriété des églises.

D'après lui, la jurisprudence de la Cour de cassation, depuis 1840, consacre que les églises sont la propriété des communes pour la nue propriété, et, pour le domaine utile, la propriété des fabriques.

C'est une propriété d'une nature toute particulière, à laquelle il ne peut être porté atteinte sans le commun consentement de la commune et de la fabrique.

Eh bien, messieurs, tel n'est pas le droit ; il est aujourd'hui de jurisprudence constante, au contraire, que les communes sont propriétaires des églises.

Deux avis du conseil d'État du 3 nivôse et du 3 pluviôse an XIII avaient consacré jadis cette doctrine. Elle a été confirmée par une série d'arrêts. Je ne veux pas apporter à la tribune du Sénat une discussion juridique ; je me contente de lui faire connaître le texte d'une annotation rapportée dans Dalloz, volume 76, en suite d'un arrêt de la cour de Montpellier.

Voici ce texte :

« Il est aujourd'hui de jurisprudence constante que la propriété des églises appartient aux communes. » (Voyez Rouen, 28 avril 1866, Dalloz, 66, 2, 160, et jurisprudence générale. Voyez Cultes, nos 479 et suivants.)

Telle est aussi la doctrine des auteurs Henrion de Pansey, Toullier, Vuillefroy, Dufour.

Il n'est donc pas exact de dire que la propriété des églises est d'une nature toute spéciale, que les communes sont nu-propriétaires, que les fabriques ont le domaine utile ; disons, ce qui est aujourd'hui de jurisprudence incontestable et incontestée, que les églises sont la propriété des communes.

M. le duc de Broglie. Elles ne peuvent pas être désaffectées.

M. Griffe. Il est incontestable que le culte se célèbre dans les églises, qui sont la propriété des communes, et que l'on ne doit rien faire qui puisse porter atteinte à l'exercice de ce culte.

Mais lorsque le législateur élabore une loi de liberté, lorsque nous admettons que l'affichage est libre, devons-nous y apporter des restrictions et distinguer entre les divers édifices publics sur lesquels pourra se faire l'affichage en matière électorale ?

Devons-nous ainsi faire brèche à l'article précédemment voté par le Sénat ? (Interruptions à droite.)

Est-il convenable, je vous le demande, de faire toujours des exceptions en matière de ce que mon très honorable collègue appelle le *droit religieux ?*

Non ; ne faisons pas d'exception en cette matière, n'ayons pas l'air de placer les édifices religieux dans une situation exceptionnelle : maintenons-les dans le droit commun, ne faisons pas à la religion une situation pire, mais gardons-nous de lui faire une situation privilégiée et exceptionnelle. (Protestations sur les mêmes bancs.)

Ce que je dis n'est qu'un principe de bon sens et de raison. (Très bien ! à gauche.) Ne faisons pas d'exceptions en cette matière, ne consacrons pas un principe qui serait un privilège au profit des édifices religieux. (Nouvelles protestations à droite.) Mais, messieurs, je m'étonne qu'il soit impossible d'exprimer une pensée aussi raisonnable sans être interrompu. Je le répète, les églises sont la propriété des communes, elles doivent rester la propriété des communes. (Très bien ! à gauche.)
— Interruptions et bruit à droite.)

M. le comte Desbassayns de Richemont. Les communes ne peuvent pas les affecter à un autre usage.

M. Griffe. Ce que nous devons faire, c'est qu'aucune atteinte ne soit portée à la liberté du culte. Or, je vous le demande, en quoi et comment sera-t-il porté atteinte à la liberté du culte, à l'exercice du culte dans l'église, parce que, exceptionnellement, des affiches électorales pourront être placées sur les murs extérieurs de l'église.

M. Poriquet. Pourquoi pas à l'intérieur?

M. Griffe. Il est temps, messieurs, de rentrer dans le droit commun (Interruptions à droite) et c'est ce que vous propose la commission dans l'article en discussion. Les dispositions exceptionnelles se comprenaient sous la législation que nous voulons abroger ; elles ne se comprendraient pas dans la législation que nous voulons créer.

Voilà quelles sont les idées générales qui ont conduit la commission à vous proposer la disposition de l'article 16, en écartant l'amendement que l'honorable M. Batbie lui avait soumis.

Elle persiste encore aujourd'hui dans son sentiment.

Je vais plus loin. Lorsque l'autorité municipale aura indiqué, par un arrêté qu'elle pourra prendre en vertu de l'article 16 que vous avez voté, l'édifice public sur lequel doivent être affichés les actes de l'autorité publique, lorsqu'elle aura pris les précautions nécessaires pour que nul obstacle ne soit apporté à l'exercice de ce droit, je me demande à certains moments si l'on pourra apposer les affiches électorales. Est-ce qu'il n'est pas certaines communes, certains hameaux qui n'ont pas d'édifice public autre que l'église? Il en est beaucoup dans ces conditions-là. (Bruit à droite.) Où pourra-t-on, dans ces cas, apposer les affiches électorales?

L'article 16 consacre un principe de droit commun, qui n'a rien d'exagéré, rien d'excessif; il ne porte aucune espèce d'atteinte au libre exercice du culte, par la faculté que la loi concède d'afficher sur les murs des églises. Le législateur a, du reste, consacré cette faculté, ou mieux, imposé cette obligation dans divers cas.

La loi de 1841 sur l'expropriation pour cause d'utilité publique indique que les affiches qui annoncent le jugement d'expropriation et les divers actes de cette poursuite doivent être apposées sur la porte principale de l'église. Il en est de même de la loi de 1848, relative au jury. La liste du jury doit être affichée sur la porte de l'église.

En quoi l'application de ces dispositions a-t-elle porté atteinte et trouble au libre exercice du culte? En aucune façon. Eh bien, les affiches électorales pourront être et seront placées sur les murs des églises, lorsque la nécessité l'exigera. Et ne croyez pas que ce soit un moyen d'arriver à porter atteinte à l'exercice du culte.

Je prie donc le Sénat de vouloir bien repousser l'amendement de M. Batbie. (Très bien! à gauche.)

M. le président. Je mets aux voix l'amendement de M. Batbie.

M. de Gavardie. Je demande que M. Batbie réponde à des arguments qui ne peuvent pas se soutenir.

A gauche. Eh bien, alors!

M. Batbie. Je n'ai, messieurs, que peu de mots à dire en réponse aux observations de M. Griffe.

M. Griffe a commencé par dire que la loi actuelle établissait la liberté de la profession d'afficheur et qu'il fallait, comme conséquence, consacrer la liberté d'afficher partout, car je crois que c'est bien ainsi qu'il a formulé son premier argument: Nous déclarons que la profession d'afficheur est libre; par conséquent, on doit avoir le droit d'afficher en tous lieux.

M. Griffe reconnaîtra bien que cette liberté de la profession ne doit pas aller jusqu'à permettre d'afficher sur les murs des particuliers quand ils n'y consentent pas ; il reconnaîtra bien également qu'on ne doit pas pouvoir afficher sur les murs du presbytère, si le prêtre n'y consent pas, parce qu'on ne peut pas violer le domicile du citoyen.

Il s'agit donc de savoir si l'interdiction d'afficher spécialement sur les édifices publics consacrés au culte est une atteinte à la liberté de l'affichage.

Ce n'est pas une atteinte à la liberté de la profession d'afficheur que l'impossibilité d'afficher sur les murs d'un particulier sans le consentement de celui-ci. M. Griffe vous a dit, en citant plusieurs arrêts et plusieurs auteurs, que la propriété des églises appartenait aux communes.

Je ne l'ai point nié ; je reconnais que la propriété des églises, en général, appartient aux communes. Mais l'honorable M. Griffe ne niera pas non plus que ces églises sont affectées à une destination particulière, et que cette affectation est placée sous la surveillance de la fabrique et de l'autorité ecclésiastique. La question est donc celle-ci : Quand une propriété appartient à une commune, et qu'en même temps la fabrique et l'autorité ecclésiastique ont sur elle un droit résultant de l'affectation, pouvez-vous en disposer sans le concours des deux autorités : l'autorité municipale et l'autorité ecclésiastique ?

Vous ne le devez pas, et c'est la conséquence forcée de ce que le temple, l'église est sans doute une propriété communale, mais aussi une propriété affectée ; et comme il y a deux autorités concurrentes sur la même propriété, il faut le concours des deux ayant droit pour en disposer. La loi peut en disposer, c'est vrai, car vous êtes souverains et le pouvoir législatif peut tout faire. Mais, de ce que vous pouvez tout faire, il ne faut pas conclure que vous ayez le droit et qu'il soit juste de tout faire. Voici donc la situation : d'après la loi en vigueur, l'autorité municipale n'a pas le droit de désigner les édifices consacrés au culte pour les affiches de l'autorité publique.

M. Griffe *et plusieurs sénateurs à gauche.* C'est une erreur absolue!

M. Batbie. Ce n'est pas une erreur : c'est une doctrine qui se trouve dans une circulaire du 25 juin 1850 et dans une circulaire du préfet des Bouches-du-Rhône de l'année 1877, circulaire qui avait été faite en vertu d'instructions données par le ministère des cultes, après concert entre les ministres de l'intérieur et des cultes.

Eh bien, messieurs, si l'autorité municipale elle-même n'a pas, d'après la législation en vigueur, le droit de désigner les édifices consacrés au culte pour les affiches de l'autorité publique, à plus forte raison les particuliers ne peuvent-ils pas avoir ce droit pour leurs affiches personnelles.

Si vous le leur donniez, vous commettriez une injustice et vous méconnaîtriez la situation des intéressés. (Très bien ! — Aux voix ! à droite.)

M. Griffe. Je demande la parole.

M. le président. La parole est à M. Griffe.

M. Griffe. Messieurs, il n'est pas exact de prétendre que, sous la législation actuelle, l'autorité municipale, en vertu de la loi de 1791, n'aurait pas le droit de désigner l'église ou les murs de l'église pour recevoir les affiches des actes de l'autorité.

M. Bertauld. C'est évident. Il y a un arrêt de cassation de cette année.

M. Griffe. Seulement, jusqu'ici, comme l'administration donnait l'autorisation d'afficher, on comprend très bien qu'elle apportât des restrictions à la faculté qu'elle concédait, qu'elle n'usât même pas de son droit. C'est ainsi que s'explique la circulaire du 25 juin 1850, émanant du ministre de l'instruction publique et des cultes, qui n'admettait que les exceptions consacrées par la loi de 1811 et par la loi de 1848, dont nous avons parlé.

Mais en vertu de quel principe et de quel texte dénie-t-on à l'autorité municipale, sous la législation actuelle, le droit de faire ce que disait M. Batbie tout à l'heure ? Quel est le texte ? Il n'en existe aucun. Il ne faut donc pas s'autoriser de ce que l'administration n'a pas usé de son droit pour en nier l'existence ; cela me paraît évident ; mais aujourd'hui que nous changeons la législation préexistante et que nous créons une législation plus libérale, est-il possible de méconnaître qu'on peut aller jusqu'à autoriser l'affichage en matière électorale sur tous les édifices publics et spécialement sur les églises? Je ne le pense pas. Mais ne craignez pas que le prêtre sortant de l'église se trouve en présence des rassemblements de la nature de ceux dont parlait M. Batbie, pouvant gêner l'exercice de son ministère.

Les citoyens, en usant du droit que le projet de loi leur confère, sauront en user avec modération et réserve. Chaque candidat, quelle que soit sa nuance politique, aura recours à la même faculté, et nul désordre n'en sera la conséquence; s'il devait en être autrement, si vous craigniez que la mise en pratique du droit en discussion pût avoir de tels inconvénients, oh! alors vous devriez aller jusqu'à défendre d'afficher sur les casernes... (Oui! oui! à droite) ....sur les maisons d'école, sur les hôpitaux.

Je le comprends, c'est logique, mais alors dites-le dans la loi ; faites un amendement et proclamez qu'on ne pourra apposer les affiches électorales sur aucun édifice public.

Mais, je vous en conjure, ne faites pas une exception spéciale en faveur des églises, car le motif que vous invoquez se retourne contre votre argumentation et vous conduit à généraliser la disposition prohibitive.

Je n'insiste pas. Il est évident que l'article 17, que vous propose la commission, est nécessaire pour le libre exercice des droits électoraux, dans bien des cas ; qu'il n'a rien d'excessif et ne peut faire craindre qu'une atteinte quelconque soit apportée au libre exercice du culte que chacun respecte, et que nous voulons tous respecter (Exclamations ironiques à droite); le principe posé par cet article, se comprend et s'explique très bien, et j'espère que le Sénat le sanctionnera. (Très bien! très bien! à gauche.)

M. **Audren de Kerdrel.** Messieurs, je désire poser une simple question à la commission.

Je demande si, dans la pensée de la commission, il serait possible, il serait permis d'afficher à la porte d'une caserne des choses injurieuses pour l'armée ?

Un sénateur à gauche. Il y a pour cela un article spécial dans la loi !

M. **Audren de Kerdrel.** Attendez !... Je demande si l'on peut afficher à la porte d'une caserne des injures contre l'armée? — Évidemment, non ! — Eh bien, je demande aussi si l'on peut afficher à la porte d'une église des injures contre les ministres du culte? (Très bien ! très bien ! à droite. Rumeurs à gauche.)

M. **le président.** La parole est à M. le rapporteur.

M. **le rapporteur.** Messieurs, je n'ai qu'un mot à répondre à notre honorable collègue, M. Audren de Kerdrel. D'après la loi, on ne peut jamais commettre un délit. On ne peut pas afficher à la porte d'une caserne une excitation à l'insurrection ou une insulte à l'armée, pas plus qu'on ne peut commettre un acte analogue à la porte d'une église. La loi a prévu la diffamation et l'injure, et elle les punit. (Vive approbation à gauche.)

M. **Batbie.** Je n'ai qu'un mot à répondre. Je ferai observer au Sénat que, d'après le projet de loi qui lui est soumis, le délit d'outrage à la morale religieuse est supprimé.

A droite. Il faut le maintenir !

M. **Batbie.** Donc, ce genre d'outrage étant impuni, on pourra l'afficher sur les murs de l'église, dans une circulaire électorale. (Très bien ! à droite. — Dénégations à gauche.)

M. **le président.** Je consulte le Sénat sur l'amendement de M. Batbie. J'ai reçu une demande de scrutin ; elle est signée de MM. Schœlcher, Griffe, Ribière, Parent, Corbon, Vivenot, H. Martin, Vigarozy, Bernard, Hérold, Tolain.

(Il est procédé au scrutin. — MM. les secrétaires en opèrent le dépouillement.)

M. **le président.** Voici le résultat du scrutin sur l'amendement de M. Batbie :

ONT VOTÉ POUR :

MM. Adnet. Alexandry (baron d'). Ancel. Audigné (général marquis d'). Arnaudeau (général). Audiffret-Pasquier (duc d') Audren de Kerdrel.

Baragnon (Louis-Numa). Barante (baron de). Barrot (Ferdinand). Batbie. Béraldi. Bertrand. Bocher. Boffinton. Boisse. Bondy (comte de). Boresdon (de). Brémond d'Ars (général marquis de). Broglie (duc de). Brun (Lucien). Brunet (Joseph). Buffet.

Caillaux. Canrobert (maréchal). Carayon-Latour (Joseph de). Carné (marquis de). Cazalas. Chabaud La Tour (général baron de). Chadois (colonel de). Champagny (vicomte Henri de). Chantemerle (de). Chesnelong. Cissey (général de). Corne. Cornulier (comte de). Cornulier-Lucinière (comte de).

Daguenet. Dauphinot. Daussel. Delbreil (Isidore). Delsol. Denis (Gustave). Desbassayns de Richemout (comte). Dieudé-Defly. Dompierre-d'Hornoy (amiral de). Douhet (comte de). Duboys-Fresney (général). Dubrulle. Du Chaffaut (comte). Dufournel. Dumon. Dupuy de Lôme. Duval.

Espinasse. Espivent de la Villesboisnet (général comte).

Flers (comte de). Forsanz (vicomte de). Fourichon (amiral). Fournier (Henry) (Cher). Fournier (Indre-et-Loire). Fourtou (de). Fresneau.

Gailly. Galloni d'Istria. Gaudineau. Gaulthier de Rumilly. Gavardie (de). Gontaut-Biron (vicomte de). Gouin. Granier (Vaucluse).

Halgan (Stéphane). Haussonville (comte d')
Joubert (Achille). Jouin.
Kolb-Bernard. Krantz.
Lacave-Laplagne. Ladmirault (général de). Lambert de Sainte-Croix. Larcy (baron de). Lareinty (baron de). La Sicotière (de). Lasteyrie (Jules de). Lavraignais (de). Le Guay (baron). Lemoinne (John). Lestapis (de). Lorgeril (vicomte de). Luro.

Maleville (marquis de). Mangini. Massiet du Biest. Mayran. Mérode (comte de). Michel. Monjaret de Kerjégu. Monneraye (comte de la). Monnet. Montaignac (amiral marquis de).

Pajot. Parieu (de). Paris. Paulmier. Perret. Piétri. Poriquet. Pouyer-Quertier. Preissac (comte de).

Rainneville (vicomte de). Raismes (de). Rampon (comte). Ravignan (baron de). Rivière (duc de). Robert (général). Rosamel (de). Roy de Loulay.

Saisy (Hervy de). Simon (Jules). Soubigou.

Tailhand. Taillefert. Talhouët (marquis de). Théry. Toupet des Vignes. Tréveneuc (comte de). Tréville (comte de). Tribert.

Vallée (Oscar de). Vast-Vimeux (baron). Veauce (baron de). Vétillart. Viellard-Migeon. Voisins-Lavernière (de).
Waddington. Wallon.

ONT VOTÉ CONTRE :

MM. Anglade. Arago (Emmanuel). Arbel.

Barne. Barthélemy Saint-Hilaire. Bazille (Gaston). Bernard. Bertauld. Bonnet. Bozérian. Brun (Charles).

Callen. Camparan. Carnot. Cazot (Jules). Chabron (général de). Challemel-Lacour. Chardon. Charton (Edouard). Chaumontel. Chavassieu. Claude. Combescure (Clément). Corbon.

Delacroix. Delord. Demôle. Denormandie. Deschanel. Desmazes. Didier (Henri). Duclerc (E.). Dufay. Dumesnil. Dupouy. Dutilleul (Jules).

Faidherbe (général). Farre (général). Faye. Ferrouillat. Foucher de Careil. Fourcand. Fournier (Casimir). Freycinet (de).

AFFICHAGE. COLPORTAGE.

Garnier (Joseph). Gayot (Emile). Gazagne. George. Gibert–Boucher. Grévy (Albert). Grévy (général). Griffe. Guiffrey (Georges). Guillemaut (général). Guinot. Guyot-Lavaline.

Hébrard. Hérold. Honnoré. Huguet (A.). Humbert.

Issartier (Henri).

Jobard.

Labiche (Emile). Labiche (Jules). Lacomme. Lafayette (Edmond de). Lagache (Célestin). Laget. Lamorte. Laserve. Laurent-Pichat. Le Bastard. Le Blond. Le Lièvre. Lenoël (Emile). Lucet. Lur-Saluces (comte Henri de).

Magnin. Melens. Martin (Henri). Massé-Masson de Morfontaine. Mathey (Alfred) Mazeau. Meinadier (colonel). Merlin (Charles). Michal-Ladichère. Millaud (Edouard). Ninard.

Oudet.

Palotte. Pelletan (Eugène). Peyrat. Pin (Elzéar). Pomel.

Rampont (Yonne). Ribière. Robert de Massy. Robin. Roger Marvaise. Ronjat. Salneuve. Scherer. Scheurer-Kestner. Schœlcher.

Tenaille-Saligny. Testelin. Thurel. Tolain.

Vallier. Varroi. Victor Hugo. Vigarosy. Vissaguet. Vivenot.

N'ONT PAS PRIS PART AU VOTE :

MM. Adam (Seine-et-Marne). Andlau (général comte d'). Billot (général). Blanc (Xavier). Calmon. Chanzy (général). Cherpin. Cordier. Cuvinot. Dauphin. Dufresne. Eymard-Duvernay. Foubert. Gresley (général). Jauréguiberry (amiral). Jaurès (amiral). Laboulaye. Lefranc (Victor). Le Royer. Martel. Martenot. Parent (Savoie). Pélissier (général). Pons. Pothuau (amiral). Rémusat (Paul de). Roques. Roussel (Théophile). Rozière (de). Say (Léon). Teisserenc de Bort.

ABSENTS PAR CONGÉ :

MM. Béranger. Clément (Léon). Fayolle. Feray. Frébault (général). Grandperret. Lafond de Saint-Mür (baron de). La Jaille (général vicomte de). Saint-Pierre (vicomte de). Saint-Vallier (comte de).

Nombre de votants........	252
Majorité absolue..	127
Pour...........................	136
Contre.............................	116

Le Sénat a adopté.

M. Griffe. Monsieur le président, il faudrait supprimer de l'article 16, modifié par l'adoption de l'amendement de M. Batbie, les mots : « à ce ».

M. Batbie. Je crois qu'il me suffira de signaler à la commission que la rédaction de l'article 16, si elle n'était pas corrigée, serait amphibologique.

On lit en effet :

« Les professions de foi, circulaires et affiches électorales pourront être placardées, à l'exception des lieux à ce réservés par l'article précédent, etc. »

Le mot « lieux » me paraît devoir être remplacé par le mot « places » ou le mot « endroits » ; car lorsqu'on a désigné spécialement la mairie pour les affiches de l'autorité publique, rien n'empêche qu'on affiche les professions de foi sur les murs de la mairie, sauf la partie où se trouve la place réservée par l'autorité municipale. Le texte serait obscur s'il était maintenu tel que la commission le propose, et je crois que rien n'empêche qu'on affiche les professions de foi sur les murs de la mairie, sauf la partie où se trouve la place réservée par l'autorité municipale. Le texte serait obscur s'il était maintenu tel que la commission le propose, et je crois qu'il serait beaucoup plus clair si l'on mettait : « à l'exception des places réservées par l'article précédent sur tous les édifices publics ».

Un sénateur à droite. Dans la plupart des communes il n'y a pas d'autre endroit que les murs de la mairie pour apposer les affiches électorales.

M. le président. L'amendement de M. Batbie porte sur les mots : « autres que les édifices consacrés au culte ».

Je ne vois pas, d'ailleurs, d'obstacle à ce que le Sénat se prononce en outre sur une modification de rédaction destinée à éclaircir le sens de la loi.

M. Paris. Il vaudrait mieux se servir du mot « emplacements » que de celui de « places ». De cette manière, on ne pourrait pas confondre les endroits en question avec les places publiques.

M. le président. On propose le mot « emplacements ».

Il n'y a pas d'objection ?

M. le rapporteur. La commission accepte ce changement, monsieur le président.

M. le président. Voici, par conséquent, comment l'article 16 serait définitivement rédigé :

« Les professions de foi, circulaires et affiches électorales pourront être placardées, à l'exception des emplacements réservés par l'article précédent, sur tous les édifices publics autres que les édifices consacrés au culte, et particulièrement aux abords des salles de scrutin. »

Il n'y a pas d'opposition ?...

L'article 16 est adopté dans ces termes.

M. le général Robert. Monsieur le président, je désire proposer un article additionnel pour les casernes.

M. le président. M. le général Robert demande l'insertion d'un paragraphe additionnel.

M. le général Robert. Messieurs, je demande à la commission de vouloir bien examiner — car je m'en rapporte à elle, — s'il n'y aurait pas une opportunité vraiment certaine à empêcher que des affiches électorales puissent être, sans l'assentiment préalable du commandement militaire, apposées sur les murs des casernes. (Interruptions diverses à gauche.) Voici, messieurs, ce qui motive mon observation. Une consigne générale, qui date de très loin, et qui est donnée pour l'exécution des règlements sur le service des places et sur le service intérieur des corps, veut que les sentinelles et les postes de police préposés à la garde des casernes empêchent tous rassemblements autour et à proximité immédiate de ces bâtiments; c'est une mesure de prévoyance, une question d'ordre public. Ces prescriptions ont précisément pour but d'empêcher des troubles extérieurs que peuvent amener les rassemblements et les inconvénients qui en résulteraient, soit pour l'ordre intérieur des casernes, soit pour l'exécution extérieure des ordres reçus. Il peut, d'ailleurs, résulter de ces rassemblements un empêchement matériel pour les officiers, sous-officiers et soldats d'entrer et sortir librement. Or, admettez que des affiches électorales soient librement apposées par tous les candidats aux murs et aux portes des casernes, c'est risquer évidemment et presque inévitablement, dans certaines circonstances, de provoquer des rassemblements qui pourront, sans doute, ne pas être d'abord tumultueux, mais qui pourront le devenir aussi sous l'influence des émotions que produisent de temps en temps les luttes politiques provoquées par les élections.

On m'a dit tout à l'heure : Mais les rassemblements sont interdits, et quand il s'en formera, le commandant de la caserne les fera dissiper. Je réponds que si on est obligé d'en venir là, l'affichage aura eu pour résultat un conflit entre la force publique et les citoyens, et c'est ce résultat que je voudrais empêcher. Je prie la commission de tenir compte de ces observations.

Je n'ai pas dans la main un article additionnel, déjà rédigé, parce que c'est à l'instant même que la pensée de cette observation m'a été suggérée par la discussion que nous venons d'entendre, mais je vous assure qu'il n'y a pas ici, parmi ceux d'entre nous qui ont eu l'honneur de faire partie de l'armée, un seul collègue qui ne reconnaisse comme moi qu'il y a véritablement un inconvénient très grave à permettre que des affiches électorales soient apposées à la porte d'une caserne. (Très bien ! à droite.)

M. le président. Est-ce que vous proposez une rédaction ?

M. le général Robert. Je demande à la commission de vouloir bien introduire dans son texte cette exception relativement aux casernes.

M. le président. Vous demandez le renvoi de l'article à la commission ?

M. le général Robert. Oui, monsieur le président.

Voix nombreuses à droite. Proposez quelque chose.

M. le général Robert. La commission pourrait faire un paragraphe additionnel ou simplement ajouter un mot à l'article qui vient d'être adopté.

A droite. Ajoutez : « les casernes ». Faites comme pour l'amendement de M. Batbie.

M. Tolain. Supprimez les affiches.

M. le général Robert. Je demande à la commission elle-même si elle veut bien admettre la nécessité d'empêcher qu'on affiche sur les casernes sans autorisation des chefs militaires. Si elle admet cela en principe, elle trouvera bien le moyen d'exprimer cette idée dans son texte.

Notez, messieurs, que les casernes sont dans les grandes villes, c'est-à-dire dans les communes où se trouvent toutes sortes d'autres endroits où l'on peut afficher. (Très bien ! à droite.)

A droite. Ajoutez un mot.

M. le président. Il n'y a pas d'amendement; je ne puis faire voter une pensée. (Rires.)

M. le général Robert. Eh bien, voici, monsieur le président, un amendement écrit et en quels termes il est rédigé :

« Ajouter à l'exception contenue dans l'article 16, tel qu'il vient d'être adopté, le mot « les casernes ».

M. le rapporteur. Messieurs, je viens au nom de la commission repousser la prise en considération de l'amendement du général Robert. D'exclusion en exclusion on arriverait à ne pouvoir afficher sur aucun monument public, car les raisons qu'il fait valoir pour les casernes, la magistrature les ferait valoir pour les tribunaux.

Un sénateur à droite. Très justement !

M. le rapporteur. Très justement ! Alors ce que vous voulez, c'est que l'affichage ne puisse se faire sur aucun monument public.

M. le baron de Ravignan. A l'exception de la mairie ! C'est le *forum*.

M. le rapporteur. Permettez ! Si le maire a réservé la mairie pour les affiches officielles, si avec l'amendement de M. Batbie on ne peut plus apposer d'affiches sur l'église, il n'y aura plus qu'un emplacement insuffisant. Vous voulez, vous partisans de la liberté électorale, je suppose, vous voulez qu'au moment des élections on ne trouve pas d'autre endroit pour afficher que les propriétés particulières, sur lesquelles on aura toujours le droit d'empêcher l'affichage. Non seulement les propriétaires en ont le droit, mais ils en ont usé.

Nous savons, en effet, que lors des dernières élections, des candidats n'ont pas trouvé dans les villages un seul mur pour afficher leur profession de foi.

C'est pour remédier à ces inconvénients, c'est au nom de la liberté, que nous avons voulu que l'on pût afficher sur les monuments publics, pour le grand acte public qui s'appelle une élection dans ce pays. En conséquence, nous repoussons l'amendement de M. le général Robert.

M. le président. Il s'agit de la prise en considération de l'amendement de M. le général Robert.

Je consulte le Sénat.

(L'amendement n'est pas pris en considération.)

(Marques d'approbation ironiques à droite.)

A droite. Faites du désordre tant que vous voudrez !

M. le rapporteur. D'après l'amendement de l'honorable M. Batbie qui a été adopté, et qui s'applique également à l'article 17, il faut aussi modifier l'article 15 et à la place du mot : « lieux », mettre le mot « emplacements ».

M. Paris. Très bien !

M. le baron Le Guay. C'est évident !

M. le président. Il n'y a pas d'opposition ?

La rectification sera faite.

M. le président lit l'article 18 devenu le 17, rédaction conforme à celle ci-dessus à la Chambre en ajoutant après par ordre de l'administration, le mot : *dans les emplacements à ce réservés.* (Page 124.)

M. le président lit les articles 19, 20, 21, 22, 23 devenus 18, 19, 20, 21, 22, même rédaction que ci-dessus à la Chambre des députés, sauf que dans le dernier article (23-22) le *etc.* après le mot *écrits* est remplacé par les mots : *brochures, journaux, dessins, gravures, lithographies et photographies.* (Pages 130 à 134.)

Ces articles sont successivement adoptés.

OBSERVATION.

Lorsqu'on jette les yeux sur les articles ci-dessus qui sont devenus les articles 15 à 22 de la loi, on est tenté de croire que la profession d'afficheur est désormais libre de toute entrave.

En effet, à la différence des professions de colporteur ou vendeur public, les afficheurs ne sont plus astreints à la déclaration préalable.

Ils sont exclusivement tenus de se conformer aux arrêtés des maires qui désignent, dans leurs communes, les lieux destinés à recevoir les affiches des lois et autres actes de l'autorité publique.

A ce point de vue, il est incontestable que la loi de 1881 a réalisé un progrès sur celle du 10 décembre 1830, et principalement sur le décret anti-légal du 25 août 1852 qui rétablissait arbitrairement la nécessité de l'autorisation préalable,

De même le visa, imposé par l'arrêté du 13 avril 1814, et qui conférait à l'autorité un véritable droit de veto, a disparu.

La loi actuelle supprime également la prohibition d'afficher les nouvelles politiques ou ce qui concerne les objets politiques.

A l'égard de la profession de colporteur et de vendeur public, on a vu que la Commission de la Chambre des députés s'était désintéressée de la question par le motif que ce chapitre n'était que la reproduction textuelle de la loi spéciale votée en 1879.

Mais les Chambres ont, comme c'était leur devoir, examiné les articles du projet qui leur était soumis; elles se sont demandé s'il y avait un *intérêt* réel à exiger des colporteurs la qualité de Français et la jouissance des droits civils et politiques.

M. Andrieux, alors préfet de police, était d'avis qu'il n'y aurait aucun profit pour l'administration à recevoir les déclarations complexes nécessitées par ces justifications préalables, d'autant plus que le colportage accidentel en est formellement dispensé.

La Chambre des députés estima, comme lui, qu'il était sage d'écarter ces entraves inutiles et elle dispensa les colporteurs de l'obligation non moins inutile d'avoir un catalogue.

On a donc manifestement fait disparaître l'une des atteintes les plus graves qui aient été portées à la liberté de la presse.

A ce point de vue, on ne peut qu'admettre l'œuvre du législateur de 1881.

Mais ce qui appelle nécessairement les protestations, c'est le renvoi de l'article 22 à l'article 42 qui rend les vendeurs, distributeurs ou afficheurs passibles, comme auteurs principaux des peines constituant la répression des crimes et délits commis par la voie de la presse. (*Voir l'observation qui suit l'article 42.*)

Sixième suite du rapport général.

XVI

CHAPITRE IV

DES CRIMES ET DÉLITS COMMIS PAR LA VOIE DE LA PRESSE OU PAR TOUT AUTRE MOYEN DE PUBLICATION.

Nous arrivons à la partie la plus importante du projet de loi soumis à vos délibérations : la qualification des délits.

Quand nous avons, dès le début, cherché à caractériser l'œuvre de votre Commission, nous avons affirmé que le projet de loi réalise le programme de la liberté la plus large, en ce sens qu'il ne pose à la liberté d'autre limite que l'interdiction de nuire ; qu'il laisse au libre arbitre toute sa latitude ; qu'il n'empêche, par aucune mesure restrictive ou préventive, l'acte, même coupable, de s'accomplir, se contentant de le réprimer.

Nous avons affirmé que, par actes coupables, nous n'entendions faire allusion qu'à ceux qu'incrimine le droit commun, ceux qui portent atteinte à l'intérêt public ou à l'intérêt privé.

Nous avons affirmé que le projet ne range dans cette catégorie la manifestation d'aucune opinion, quelle qu'elle soit.

Nous avons dit : plus de délit d'opinion, de doctrine, de tendance.

Les actes seuls seront désormais réprimés, ceux que le droit commun réprouve et condamne.

A. — *Dispositions pénales supprimées* (1).

Le projet supprime en effet, implicitement, par cela seul qu'après avoir tout abrogé par son article 1er, il ne les rétablit pas explicitement par son article 7, les délits ci-après :

1re *suppression*. — La provocation à la désobéissance aux lois, que prévoit l'article 6 de la loi du 17 mai 1819.

On comprend que la provocation à commettre un crime ou un délit puisse être punie sans que l'expiation porte atteinte au droit d'être libre ; la provocation, dans ce cas, est une sorte de participation à l'acte criminel ou délictueux, surtout quand cet acte a été commis. On ne peut en dire autant de la provocation à la désobéissance aux lois.

Désobéir n'est pas un acte, c'est le contraire d'un acte ; et d'ailleurs la désobéissance aux lois, blâmable en principe, n'a jamais été considérée en droit général ni comme un crime, ni comme un délit. La provocation à cette désobéissance ne saurait avoir un caractère plus répréhensible que la désobéissance elle-même.

Rien de plus vague, d'ailleurs, que la provocation à la désobéissance aux lois ; où commencera la provocation, où s'arrêteront la discussion, la critique permise d'une loi imparfaite, vicieuse ou tyrannique.

La Cour de Paris, par son mémorable arrêt du 27 mars 1827 (affaire Isambert), décida que la proclamation du droit de résistance contre des agents de la force publique, dans un journal, si elle a été faite sans intention de provoquer à la rébellion ou à la désobéissance aux lois, ne constitue pas de délit.

Nul ne pourrait nous garantir que cet arrêt fît aujourd'hui jurisprudence !

C'est pourquoi nous n'avons pas maintenu dans le projet l'article 6 de la loi du 17 mai 1819.

---

(1) Voir à la fin du livre l'annexe au Rapport général.

CRIMES ET DÉLITS COMMIS PAR LA VOIE DE PRESSE.

2e *Suppression.* — L'outrage à la morale publique et religieuse (art. 8 de la loi du 17 mai 1819).

3e *Suppression.* — L'outrage aux religions reconnues par l'État (art. 1er de la loi du 25 mars 1822), deux délits qui se confondaient avant que la loi du 25 mars 1822 en eût fait deux dispositions pénales distinctes.

Tout a été dit, et merveilleusement dit, sur ces deux prétendues infractions qui existent encore dans nos lois spéciales.

Délits d'opinion s'il en fut, délits insaisissables au point de vue de l'intention, délits stériles au point de vue de l'effet qu'ils peuvent produire.

Qui n'a conservé le souvenir des plaidoiries de Dupin aîné, défendant Béranger sous la seconde Restauration, des discours de Pelletan et de Jules Simon défendant la liberté de conscience lors de la discussion du projet de loi de 1870, sous le second Empire !

« Si l'on en croit l'accusation, disait Dupin, M. Béranger aurait outragé Dieu lui-même !

« ... C'est une étrange manie que celle des hommes qui prétendent se constituer les vengeurs de la divinité !

« ... Les anciens, qui n'avaient pas le bonheur de connaître le vrai Dieu, avaient dans leur philosophie mondaine une maxime plus sage, à mon avis. Ils pensaient qu'il faut laisser aux dieux le soin de se venger eux-mêmes : *Deorum injurias diis curæ esse*, maxime que les lois romaines ont adoptée : *Jurisjurandi contempta religio salis deum habet ullorem...*

« ... La morale publique n'est pas la morale particulière de certains hommes, de certaines classes, de certains intérêts : c'est cette raison supérieure qui nous éclaire sur le juste et sur l'injuste ; c'est cette voix qui n'est que le cri de la bonne conscience, ces vérités éternelles, immuables, indélébiles que Dieu a gravées dans le cœur de tous les hommes, qui, dans tous les temps, comme dans tous les pays, servent à régler leur conduite et à les diriger vers le bien, qui prescrivent la fidélité dans les engagements, le respect de tous les devoirs et constituent à proprement parler, le droit naturel. »

— « Tout outrage à la morale publique et religieuse sera puni...

« Il y a donc deux morales, disait Pelletan (séance du 6 avril 1870), la morale publique et la morale religieuse.

« Mais si un écrivain vient prendre parti pour la morale publique contre la morale religieuse, car si elles peuvent concorder, elles peuvent aussi différer puisque vous les mettez sous deux titres différents, — alors pour laquelle le ministère public prendra-t-il parti ?

« L'hypothèse pourra être une réalité et en sera une nécessairement, surtout quand le *Syllabus* qu'on prépare à Rome sera devenu le dogme de l'Église et quand la liberté de conscience sera niée. » (Mavidal et Laurent, *Annales,* t. XXIII, p. 336.)

— « La liberté de conscience, les temples, les objets du culte, les cérémonies, les ministres des religions sont garantis par des lois existantes, disait à son tour Jules Simon. Que reste-t-il en dehors ? Une seule chose, le dogme, la doctrine ; cela n'est en effet garanti que par la loi dont je demande l'abrogation. Eh bien oui, c'est là ma thèse, je demande pour les religions le droit à l'outrage.

« Nous sommes trois qui montons successivement à la tribune et tous les trois, l'un après l'autre, nous demandons qu'il n'existe plus de délit de la pensée.

« Nous sommes trois ici, mais soyez sûrs que quiconque a réfléchi dans le monde, quiconque a vécu par la force de la raison, quiconque la regarde comme l'unique étoile vers laquelle il doit diriger les mouvements de sa pensée et de sa volonté, est avec nous dans cette revendication : soyez sûrs que nous sommes suivis, non seulement en France, mais en Europe, par toutes les universités, par tous les professeurs, par tous ceux qui s'honorent du nom de philosophe, par tous ceux pour lesquels le titre de libre penseur est regardé comme un honneur et comme une gloire. Eh bien, grâce à Dieu le nombre en est grand. (Très bien ! très bien !)

« Je sais bien, continuait l'orateur de l'opposition, je sais bien ce que l'on peut répondre à notre revendication : ce n'est pas, dit-on, la discussion qui est défendue et punie par l'article 8 de la loi du 17 mars 1889, c'est l'outrage..... Je me demande qui sera juge entre l'outrage et la discussion, et si j'avais voulu apporter des arrêts je vous aurais montré une foule de cas où l'on a puni comme outrage ce qui était une discussion, et une discussion sévère et sérieuse.....

« Au XVIIIᵉ siècle, ajoutait Jules Simon, il y avait beaucoup de lois qu'on n'appliquait pas ; *et c'est un grand malheur pour un peuple que d'avoir des lois qu'on n'applique pas.* Il faut peu de lois, il faut qu'elles soient bien faites, et qu'elles soient strictement appliquées. Au XVIIIᵉ siècle, dis-je, on avait des lois qu'on n'appliquait pas, on avait des pouvoirs qu'on n'exerçait pas. Si la loi dont je parle et dont je me plains avait existé au commencement du XVIIIᵉ siècle, nous y aurions perdu, Messieurs, la moitié, oui la moitié des chefs-d'œuvre de notre littérature : Voltaire tiendrait dans une de mes mains ; Rousseau tiendrait dans l'autre ; et l'Encyclopédie, qui a tant de volumes, je pourrais aisément la déposer sur le coin de cette tribune (1). »

— « On n'accusait pas, dans le principe, Paul-Louis Courier, disait son avocat Berville, d'outrage à la morale publique ; d'autres textes avaient été essayés... L'outrage à la morale publique est resté seul parce que le sens de ces termes fixé à la vérité aux yeux des jurisconsultes, offre pourtant aux personnes qui n'ont pas étudié la législation une sorte de latitude et d'arbitraire dont l'accusation peut profiter (2). »

Rappelant une circulaire du garde des sceaux de 1870, aux procureurs généraux, circulaire qui les invitait à distinguer les actes des opinions, les orateurs de la minorité avaient beau jeu contre les délits d'outrages à la morale publique et religieuse et contre celui d'outrage aux religions reconnues par l'État.

L'outrage aux religions reconnues par l'État, est-ce un acte, est-ce une opinion ? lui demandait-on. La réponse était difficile. C'était là un de *ces délits d'un vague exceptionnel, absolu, que le garde des sceaux, M. Emile Ollivier, consentait à attribuer au jury, par opposition aux délits qui avaient une précision suffisante* et que l'orateur du Gouvernement réservait à la police correctionnelle (3).

Nous, Messieurs, nous n'exceptons de l'abrogation générale qu'édicte notre projet de loi, aucun délit d'opinion, *aucun délit d'un vague exceptionnel.* Il suffit que tel ou tel délit soit vague pour qu'il soit aboli. Nous ne conservons que les délits qui ont un caractère défini, une précision

(1) Séance du 6 avril 1870, *Annales*, t. XXIII, p. 335.
(2) Paul-Louis Courier, procès.
(3) Séance du 6 avril 1870, *Annales*, t. XXIII, p. 354.

suffisante, ceux qu'incrimine, d'accord avec le droit commun, la conscience universelle.

Il nous a semblé que les temps, entrevus par le ministre de 1870, que ces temps-là sont arrivés :

« De la difficulté de définir certains délits de presse sont nées deux opinions, disait-il, dans la séance du 7 avril. La première est qu'il faut les supprimer (*Oui, oui, très bien* à gauche). *C'est ce qui aura lieu avec le progrès du temps et des idées et je désire qu'il puisse en être ainsi le plus tôt possible.* C'est la thèse que j'ai soutenue et dans laquelle je persiste ; mais tant que cette réforme ne sera pas opérée, tant que certains délits de presse existeront, il y a lieu d'établir exceptionnellement la compétence du jury (1). »

Il n'y a pas de juge possible pour des délits qui résistent à la définition. C'est ce qu'a pensé votre commission. La réforme absolue que nous vous proposons ne pouvait s'adapter à l'Empire, quelque libéral qu'il prétendît être devenu. Elle s'adapte à la République.

4e *Suppression.* — Nous supprimons, fidèles à notre principe, qui est exclusif de tout délit de la pensée, de tout délit de doctrine ou de tendance, nous supprimons les délits d'attaque contre la liberté des cultes, le principe de la propriété et les droits de la famille, délits prévus par l'article 3 du décret du 11 août 1848.

« J'ai toujours regardé la propriété comme une loi de nature et la condition première de la société », disait Pelletan, dans le cours de cette discussion dont nous rappelions tout à l'heure certains passages et qu'il faut entièrement relire : « La propriété c'est la providence terrestre du capital qui n'est pour moi que la somme du travail à faire dans le présent, réduite de toute la somme déjà faite dans le passé ; c'est en vérité la rançon de l'intelligence, puissance créatrice de toutes les industries, de toutes les richesses... Que la propriété vienne à disparaître... — oh ! elle ne disparaîtra pas en fait, n'ayez pas d'inquiétude ; — que la propriété vienne à disparaître elle-même disparaît du même coup... ; mais enfin le principe de la propriété n'est pas un dogme immuable, probablement, qui soit scellé sous le sceau de l'infaillibilité... Je pourrais rappeler, par exemple, que l'esclavage a été inscrit parmi les droits de propriété. Le principe de la propriété soulève donc des questions qui tombent, comme toutes les autres, sous le coup de la controverse. »

Les articles 379 et suivants du Code pénal garantissent à nos yeux, dans les conditions suffisantes, le droit de propriété.

Quant à la liberté des cultes, ses adeptes sont toujours sûrs de la retrouver dans la fermeté de leur foi religieuse.

5° *Suppression.* — Nous supprimons le délit d'attaque à la Constitution, au principe de la souveraineté du peuple et du suffrage universel, délit prévu par l'article premier du décret du 11 août 1848 et premier de la loi du 29 décembre 1875.

(1) Séance du 7 avril 1870, *Annales*, t. XXIII.

La perfectibilité de la Constitution, perfectibilité que suppose le droit de révision, rend l'attaque inutile, puisque la discussion suffit. Quant à la souveraineté du peuple et au suffrage universel, ces deux principes sont aujourd'hui tellement enracinés dans les mœurs politiques, tellement immuables, que leur pérennité n'a à redouter ni la discussion ni l'attaque.

Ce seraient là d'ailleurs des délits d'opinions et non pas des actes incriminables rentrant dans les principes généraux du droit commun.

6e *Suppression.* — Nous supprimons le délit d'excitation à la haine et au mépris du Gouvernement, délit prévu par l'article 4 du décret du 11 août 1848. — Délit d'opinion, délit de tendance, qu'il serait d'autant plus difficile de maintenir que le § 2 de ce même article 4, en réduit tellement l'application que l'hypothèse en devient problématique.

« La présente disposition, dit en effet le § 2, ne peut porter atteinte au droit de discussion et de censure des actes du pouvoir exécutif et des ministres. »

Le décret du 11 août 1848 a emprunté ce délit à la loi du 25 mars 1822.

L'article 4 de cette loi, œuvre de réaction suprême, était plus compréhensible toutefois que la disposition qui s'y est substituée en la modifiant.

« Quiconque, disait la loi de 1822, par l'un des mêmes moyens, aura excité à la haine ou au mépris du Gouvernement *du roi*, sera puni, etc... La présente disposition ne peut pas porter atteinte *au droit de discussion et de censure des actes des ministres.* »

Chose interdite, excitation à la haine ou au mépris du Gouvernement du roi. — Chose permise, discussion et censure des actes des ministres.

La même opposition, et par conséquent la même lueur, nous ne disons pas la même clarté, ne se retrouve pas dans l'article 4 du décret du 11 août 1848, puisque le § 2 autorise la discussion et la censure des actes non seulement des ministres, mais encore du Pouvoir exécutif.

Que reste-t-il, du *Gouvernement*, qui ne puisse être l'objet de l'excitation au mépris ou à la haine ?

Censurer les actes, n'est-ce pas exciter au mépris pour peu que la censure soit vive ou passionnée ?

Rien d'indéfini comme ce délit depuis longtemps suranné et que ne veut plus comprendre le jury moderne !

Haïr n'est pas un délit.

Mépriser encore moins ; comment donc l'excitation à l'un ou à l'autre de ces sentiments pourrait-elle être délictueuse ?

« La force du Gouvernement, a dit Boissy-d'Anglas, est dans lui-même, dans sa conduite, dans ses principes, et non dans l'opinion mensongère de tels ou tels hommes. »

Le délit d'excitation à la haine ou au mépris du Gouvernement ne devait pas trouver grâce devant votre Commission (1).

7e *Suppression.* — Nous supprimons le délit qui consiste à troubler la paix publique en excitant le mépris ou la haine des citoyens les uns contre les autres, délit prévu par l'article 7 du décret du 11 août 1848.

Ce délit a encore été emprunté à la loi du 25 mars 1822.

Le décret y a fait une variante : l'excitation au mépris et à la haine des citoyens les uns contre les autres a remplacé l'excitation au mépris ou à la haine des citoyens contre une ou plusieurs classes de personnes.

Encore ici, les termes dont se servait la loi de 1822 étaient plus clairs ; la définition avait quelque chose de plus précis, c'est le mépris ou la haine contre *les classes* qu'avait pour objet le législateur.

L'une et l'autre définitions sont d'ailleurs exclusives de tout acte matériel, de toute provocation à des actes matériels, criminels ou délictueux.

Nous avons dû supprimer ce nouveau délit, avec d'autant moins d'hésitation que le caractère en est insaisissable. Dans le système de la loi de 1822, comme aussi du décret de 1848, il ne suffit pas, pour qu'il y ait délit, de l'excitation à la haine ou au mépris des citoyens, il faut encore que par cette excitation on ait, non pas nécessairement troublé, mais cherché à troubler la paix publique. Quelle est la conscience que ne troublerait pas l'obligation de se livrer à une aussi délicate appréciation !

Voilà pour quelle raison cette disposition a été d'une application extrêmement rare. Les mœurs publiques font justice de ces excitations si elles n'y font obstacle.

Ces dispositions législatives n'auraient pas empêché la sédition de juin 1848 contre laquelle le décret du 11 août eut pour objet de réagir.

8e *Suppression.* — Nous supprimons le délit d'attaque contre le respect dû aux lois et l'inviolabilité des droits qu'elles ont consacrés. Nous supprimons le délit d'apologie de faits qualifiés crimes ou délits par la loi, délits prévus par l'article 3 de la loi du 27 juillet 1849.

Le délit d'attaque contre le respect dû aux lois et l'inviolabilité des droits qu'elles ont consacrés, a plus d'une analogie avec le délit de provocation à la désobéissance aux lois.

Sans doute, ce dernier délit n'avait pas paru suffisant pour calmer les appréhensions du législateur de 1849, puisqu'il crut devoir le doubler du

(1) « Le délit prévu par l'article 3 de notre loi de 1822, dit Chassan, est une nouvelle modification de l'infraction de provocation au renversement du Gouvernement, mais il faut avouer qu'il est moins caractérisé que quelques-uns de ceux énoncés dans les paragraphes précédents et qu'il pourrait prêter singulièrement à d'arbitraires et funestes interprétations. »

délit d'attaque contre le respect dû aux lois et contre l'inviolabilité des droits qu'elles consacrent.

Le législateur de 1822 avait été moins soupçonneux ou plus rassuré, moins réactionnaire dans tous les cas ; votre Commission n'a pas pensé que vous seriez moins rassurés, plus soupçonneux, ou plus réactionnaires que le législateur de 1822.

La disposition de l'article 3 de la loi du 27 juillet 1849 s'est même chargée de démontrer que, dans la voie des délits d'opinion, l'arbitraire, le vague, n'ont pas de bornes. On en vient à faire des délits nouveaux en employant, pour légiférer dans des circonstances identiques, des locutions nouvelles. C'est la chasse à la pensée ; selon que la pensée semble revêtir une forme différente pour commettre ce que le législateur a considéré comme un délit, il recourt lui-même et à l'instant à une forme nouvelle pour saisir le même fait délictueux.

Le délit d'apologie de faits qualifiés crimes ou délits par la loi devait disparaître du projet, par la même raison que le délit d'attaque contre le respect dû aux lois.

Ni l'apologie de faits qualifiés crimes, ni l'attaque contre le respect dû aux lois ne sont des actes ; ce ne sont que des appréciations, des discussions sous une forme plus ou moins vive, plus ou moins aggressive, plus ou moins blâmable en soi.

Ce ne sont que des opinions.

« Voici le duel, disait Pelletan, dans la séance du 6 avril 1870 ; c'est un fait qualifié délit par la loi et crime dans certaines circonstances, et cependant si un écrivain venait à proclamer que le duel est un acte parfaitement honorable, — je n'ai pas à juger la thèse en elle-même ; mais M. Guizot l'a soutenue à cette tribune... je demande à M. le garde des sceaux (qui, dans la circonstance, absoudrait les opinions), si l'apologie du duel est une opinion, non un acte. »

Qu'est d'ailleurs l'apologie ? En quoi diffère-t-elle d'une appréciation plus ou moins exaltée ? Quelle analogie, même la plus éloignée, l'apologie de faits qualifiés crimes ou délits, a-t-elle avec les crimes et les délits de droit commun ? Quel trouble effectif peut-elle causer à la paix publique ?

Le fait qualifié crime ou délit aujourd'hui sera-t-il considéré comme crime ou comme délit, demain ?

L'attaque contre le respect dû aux lois, par exemple, n'était pas un délit avant le 27 juillet 1849 ; ce n'est donc que depuis le 27 juillet 1849 que l'apologie de ce délit serait devenue un délit elle-même !

On s'est demandé si l'apologie d'un fait qualifié contravention est délictueuse. Non, dit de Grattier (t. II, p. 318). Cependant elle sera délictueuse, si la contravention, objet de l'apologie, est passible de peines correctionnelles, dit le même auteur, quelques lignes plus bas !

CRIMES ET DÉLITS COMMIS PAR LA VOIE DE PRESSE.

Est-ce-là de la législation ? Est-ce là surtout de la raison ?

Nous supprimons le délit puni par l'article 3 de la loi du 27 juillet 1849.

9e *Suppression*. — Nous supprimons le délit d'infidélité et mauvaise foi dans le compte rendu des séances des Chambres ainsi que des audiences des cours et tribunaux, délit prévu par l'article 7 de la loi du 25 mars 1822, § 1, aggravé par le § 2, si le compte rendu est de plus injurieux.

La désuétude a fait justice de cette disposition.

Il était difficile d'imaginer rien qui fût plus arbitraire. Ce n'est pas l'inexactitude qui constitue le délit, c'est *l'infidélité et la mauvaise foi*, et encore faut-il, pour qu'il y ait délit punissable, que le compte rendu infidèle et de mauvaise foi ait été fait dans un journal ou écrit périodique. Quel est donc le motif de cette distinction ?

Ce qui ajoute à l'anomalie, c'est la juridiction que l'article 16 de la loi du 25 mars 1822 a appelée à connaître de ce délit de compte rendu infidèle.

Les Chambres doivent appliquer la peine relative au compte rendu de leurs séances ; les tribunaux, celle relative au compte rendu de leurs audiences, de sorte que le tribunal de simple police, s'il s'agit du compte rendu d'une des siennes, appliquera, par le fait, une peine de 1,000 à 6,000 francs d'amende et celle d'un mois à trois ans de prison, si le compte rendu est injurieux. Le même tribunal pourra, en vertu du paragraphe 3 de l'article 7, interdire à l'éditeur du journal de rendre compte des débats judiciaires ! Est-il rien de plus exorbitant en matière de juridiction ?

On se demande même si ces décisions pourraient être frappées d'appel, puisque c'est le tribunal, c'est le juge désigné qui seul doit apprécier. Comment le juge du degré supérieur substituerait-il son appréciation, ses susceptibilités à l'appréciation, aux susceptibilités intimes et personnelles du magistrat froissé du degré inférieur ?

Nous avons supprimé le délit prévu par l'article 7 de la loi du 25 mars 1822.

10e *Suppression*. — Nous supprimons l'interdiction de rendre compte des procès pour délits de presse. Cette mesure imaginée par l'article 17 du décret du 17 février 1852 est attentatoire au principe de la publicité des débats judiciaires, principe proclamé par la loi du 24 avril 1810, article 7, sur l'organisation de la justice en France et le Code de procédure civile, article 87. Elle se comprenait sous le régime qui suivit le coup d'État. Le despotisme redoutait ceux qu'il frappait de ses rigueurs. Les poursuites des parquets augmentaient la considération des écrivains en délit. La foule sympathique affluait dans les prétoires et, par la popularité qu'elle faisait au condamné, elle le vengeait de la condamnation qui venait de l'atteindre.

Nous avons effacé du projet de loi l'article 17 du décret du 17 février 1852. Nous avons également supprimé les dispositions qui restreignent la liberté des comptes rendus des séances des conseils municipaux et des conseils généraux (Lois des 4 mai 1855 et 10 août 1871). — Ces dispositions sont demeurées à l'état purement théorique.

Nota. — Nous avons conservé, en le modifiant, l'article 11 de la loi du 27 juillet 1849 que le décret de 1852 avait amendé par le même article 17, paragraphe 2 (v. l'art. 42 de la loi nouvelle).

11e *Suppression.* — Nous supprimons le délit de provocation à commettre un délit, quand cette provocation n'a pas été suivie d'effet.

Les raisons de cette suppression seront données avec celles qui nous ont fait maintenir le délit de provocation, non suivi d'effet, à commettre un crime. (Renvoi aux art. 26 et 27 du projet.)

12e *Suppression.* — Nous supprimons le délit d'enlèvement ou dégradation des signes publics de l'autorité, opéré en haine ou au mépris de cette autorité, délit prévu en dernier lieu, par l'article 6, § 1 du décret du 11 août 1848.

Ce délit avait été introduit dans la loi du 17 mai 1819, article 5. M. de Serres, pour le faire rentrer dans sa théorie des délits de droit commun que l'exposé des motifs voulait seul atteindre, le qualifiait de provocation au délit.

« Seront réputés provocation au délit et punis des peines portées à l'article 3, disait l'article 5, l'enlèvement ou la dégradation des signes publics de l'autorité opéré en haine ou au mépris de cette autorité. »

L'assimilation est on ne peut plus forcée. Il serait d'ailleurs bien difficile de déterminer quel est le délit auquel provoque le fait de cet enlèvement ou de cette dégradation.

La loi du 25 mars 1822, article 9, à laquelle le décret du 11 août 1848 l'a emprunté, y a mis plus de franchise ; elle considère comme un délit spécial cet enlèvement ou cette dégradation opérée en haine ou au mépris du Gouvernement, et elle le punit d'une peine spéciale, 15 jours à deux mois de prison et 100 à 1,000 francs d'amende.

Ce n'est là que la reproduction du délit d'excitation à la haine ou au mépris du Gouvernement que nous n'avons pas cru devoir maintenir dans la loi nouvelle.

La haine ou le mépris sont les éléments essentiels de ce délit ; or la haine ou le mépris sont des sentiments dont la manifestation même publique échappe à la responsabilité pénale.

On ne décrète pas l'estime ou l'affection, on ne saurait interdire le mépris ou la haine.

13e *Suppression.* — Nous supprimons également le délit de port public de tous les signes extérieurs de ralliement non autorisés par la loi ou par

CRIMES ET DÉLITS COMMIS PAR LA VOIE DE PRESSE.

des règlements de police, délit emprunté par l'article 6, § 3, du décret du 11 août 1868 à l'article 9 de la loi du 25 mars 1822 et à l'article 5 de la loi du 17 mai 1819, dans les mêmes conditions que le délit que nous venons de viser.

C'est un des délits dont Béranger eut à se défendre.

« Cette disposition, disait Marchangy dans son réquisitoire, s'applique formellement au sieur Béranger, qui dans sa chanson intitulée *le Vieux Drapeau*, excite à déployer le *drapeau tricolore*, que de nombreux exploits ont sans doute illustré, mais qu'on ne saurait arborer *sans se rendre coupable de rébellion*. »

Notre projet de loi proclame l'innocence absolue du poète et de sa chanson !

14e *Suppression.* — Nous supprimons enfin le délit d'exposition dans des lieux ou réunions publics, la distribution ou la mise en vente de tous signes ou symboles propres à propager l'esprit de rébellion ou à troubler la paix publique, délit prévu par le même article 6, § 4 du décret du 11 août 1848.

C'est encore là un de ces délits dont la définition pratique est à peu près impossible, et qui est en quelque sorte prescrit par le *non usage* comme une des *servitudes de la liberté*. Depuis bien longtemps, en effet, les tribunaux ne l'ont pas appliqué.

On cite un arrêt de la Cour de cassation du 16 aout 1833, un dernier du 18 novembre 1854, qui firent rentrer dans le cas prévu par le § 4 de l'article 6 du décret du 11 aout 1848, l'exposition, dans une cérémonie publique et religieuse, de fleurs de lys et de bannières blanches.

Nous n'avons à prendre ombrage aujourd'hui ni des fleurs de lys de la légitimité, ni des violettes du bonapartisme.

Il suffit du bulletin de vote pour prévenir les révoltes et les séditions et du Code pénal ordinaire pour les réprimer.

Le projet de loi que nous vous soumettons peut, sans compromettre l'ordre à l'intérieur, ne maintenir aucun de ces délits prévus par les lois actuelles, qui n'impliquent que la manifestation d'une opinion, d'une doctrine, d'une tendance. Quelque blâmable que puisse être cette doctrine, quelque anti-républicaine que soit cette tendance, elle a toute liberté, pourvu qu'elle ne dégénère pas en actes attentatoires aux droits, à la liberté, à l'intérêt d'autrui, ou à la sécurité publique, c'est-à-dire en un de ces délits prévus dans le chapitre suivant.

15° *Suppression.* — Indépendamment des abrogations que nous venons d'énumérer et qui s'appliquent généralement à des délits intentionnels, nous avons abrogé précédemment certaines infractions qui participent en quelque sorte tout à la fois du délit et de la contravention.

Il en est ainsi de celles que prévoient les articles 3 de la loi du 16 juillet 1850 et 21 du décret du 17 février 1852.

Il est une autre infraction spéciale aux journaux, que nous avons également supprimée. L'article 11 de la loi du 11 mai 1868 défend toute publication, dans un écrit périodique, relative à un fait de la vie privée, sous peine d'une amende de 500 francs. L'article ajoute que la poursuite ne pourra être exercée que par la partie intéressée.

Cette disposition fut introduite dans la loi par voie d'amendement dû à l'initiative d'un de nos honorables collègues, M. Guilloutet.

L'expédient était loyal et généreux, mais la pratique ne l'a pas assez accrédité pour que nous ayons cru devoir maintenir dans notre loi ce genre de contravention.

On ne comprendrait pas, si cette disposition avait une utilité réelle, qu'elle ne fût pas applicable aux écrits en général, aussi bien qu'aux écrits périodiques.

Et d'ailleurs si la publication d'un fait de la vie privée va jusqu'à la diffamation ou seulement jusqu'à l'injure, elle tombe sous le coup des dispositions pénales qui répriment ce genre de méfaits ; si elle ne fait que causer un préjudice sans être délictueuse, la personne lésée a la ressource de saisir les tribunaux civils d'une action civile en dommages-intérêts ; si elle est au contraire tout à fait insignifiante et inoffensive, il n'y a qu'à ne pas en tenir compte. Nous avons cru devoir supprimer la contravention définie par l'article 11 de la loi du 11 mai 1868.

XVII

Plus logiques, plus conséquents avec nous-mêmes, que ne le fut M. de Serres avec les principes développés dans son exposé des motifs des trois lois de 1819, nous ne considérons comme punissables que les actes qui engagent la responsabilité de leurs auteurs, quel que soit le moyen à l'aide duquel ces actes ont pu être perpétrés.

Ce n'est pas une raison d'être plus indulgents, parce que ce moyen consistera dans la publication à l'aide de la parole ou de la presse.

Ce n'est pas non plus le cas d'être plus tolérants, parce que le fait coupable se commettra sous la République.

« Il semble que les garanties soient particulièrement nécessaires sous un régime républicain, parce que la République, par sa nature même, tend à donner de plus vives allures à la liberté. » (Louis Blanc, séance du 2 août 1848, *Moniteur universel*, p. 940, col. 2.)

La liberté ne saurait être invoquée comme circonstance atténuante de la responsabilité.

« Je veux, disait Jules Grévy, lors de la discussion de la loi du 27 juillet 1849, je veux que tous les citoyens puissent exercer le droit que leur garantit la Constitution d'exprimer leurs pensées... Je veux, à cause de cela, que *chacun soit res-*

ponsable. Je veux, en outre, un système de répression complet, et en cela je me rapproche de M. Thiers. Quand la presse sera sans entraves, vous pourrez demander des lois de répression, et pour mon compte, je ne vous les refuserai jamais. » (*Moniteur universel*, 27 juillet 1849, p. 124, col. 2).

Nous venons de délivrer la Presse de toutes ses entraves ; tous ses liens sont tombés, elle est libre ; elle devient dès lors responsable, comme la parole, ni plus ni moins.

XVIII

B. — Dispositions pénales maintenues.

§ 1er. — *Provocation aux crimes et aux délits*.

Quiconque provoque à commettre une action en partage la responsabilité avec celui qui la commet.

Le provocateur d'un crime ou d'un délit doit donc être puni comme complice de ce crime ou de ce délit ; c'est un principe de droit commun fondé sur la raison et l'équité, et qui a trouvé place dans toutes les législations.

L'article 60 du Code pénal en a fait une juste application en énumérant les actes par lesquels ce genre de complicité peut habituellement se manifester : ce sont *les dons, les menaces, les promesses, les abus d'autorité ou de pouvoir, les machinations ou artifices coupables*.

Il faut convenir que l'influence de la parole publique ou de la presse ne se fera guère sentir dans ces sortes de provocations. Ce n'est pas à elle que l'on aura recours, si l'on veut s'assurer quelques chances d'impunité. Mais, comme l'article est conçu dans des termes généraux, il faut bien reconnaître qu'il s'appliquerait, si l'analogie était permise en matière pénale, à celles que produiraient exceptionnellement un discours entendu sur la place publique, la lecture d'un placard ou d'un article de journal. Le projet de loi ne fait autre chose qu'édicter l'analogie. L'analogie est dans le résultat obtenu par la presse ou par la parole.

Il est en effet, en matière de provocation, des excitations publiques, qui, pour produire leur effet, n'ont besoin de recourir à aucun des moyens indiqués par l'article 60 ; qui les répudient même, et qui s'adressent à la passion des hommes, sans chercher à exploiter ni leur cupidité, ni leur faiblesse, ni leur crédulité. S'il fallait des exemples, nous citerions l'appel direct à la guerre civile qui peut sortir, dans une réunion publique, de la bouche enflammée d'un orateur, l'appel direct au renversement violent de nos institutions que contiennent un journal ou des affiches placardées sur les murs dans la cité, le cri qui, dans un attroupement, détermine à l'improviste, une action criminelle ou délictueuse.

La loi du 18 juillet 1791 punissait ces provocations, qu'elles fussent ou non suivies d'effet (1). Il eût été bien étrange que le Code pénal n'en eût pas fait l'objet de quelque disposition particulière.

L'article 60 les prévoit formellement, et c'est dans ces termes que l'article 102 punissait la provocation aux crimes et délits contre la sûreté intérieure ou extérieure de l'État :

« Seront punis comme coupables des crimes et complots mentionnés dans la présente section, tous ceux qui, soit par des discours tenus dans des lieux ou réunions publics, soit par placards affichés, soit par des écrits imprimés, auront excité directement les citoyens ou habitants à les commettre.

« Néanmoins, dans les cas où lesdites provocations n'auraient été suivies d'aucun effet, leurs auteurs seront simplement punis du bannissement. ».

Cet article, qui fait du provocateur un co-auteur et non un complice de l'auteur du crime, et qui, comme la loi de 1791, punit la provocation, même non suivie d'effet, a été abrogé et remplacé par les articles 1, 2 et 3 de la loi du 17 mai 1819 : ce sont les textes qui régissent aujourd'hui cette importante matière.

Cette loi a rendu à la provocation suivie d'effet son véritable caractère, celui de complicité. Elle a, de plus, étendu à tous les crimes et à tous les délits la règle que le législateur de 1810 avait arbitrairement restreinte aux crimes attentatoires à la sûreté intérieure et extérieure de l'Etat.

Jusque-là rien à reprendre, et nous aurions accepté sans modification les articles précédents ; mais, cédant à une fâcheuse inspiration, les auteurs de la loi de 1819 ont rédigé de telle façon leur article 1er qu'il a été possible de soutenir, au préjudice de la liberté de parler et d'écrire, que cet article contenait une dérogation formelle au droit commun, et que, depuis sa promulgation, il y avait deux sortes de complicité punissables : celle de l'article 60 du Code pénal et celle de la loi de 1819.

Pour punir la première, il faut nécessairement qu'il y ait entre elle et le crime commis, le rapport intime qui existe entre la cause et l'effet ; il faut qu'il soit clairement démontré que l'auteur de la provocation a eu l'intention de provoquer au fait qui a été commis ; c'est là une complicité

(1) 18 juillet 1791. — *Article premier.* — Toutes personnes qui auront provoqué le meurtre, l'incendie, le pillage ou conseillé formellement la désobéissance à la loi, soit par des placards ou affiches, soit par des écrits publiés ou colportés, soit par des discours tenus dans les lieux ou assemblées publiques, seront regardées comme séditieuses ou pertubatrices de la paix publique : et en conséquence les officiers de police sont tenus de les faire arrêter sur-le-champ et de les remettre aux tribunaux pour être punies suivant la loi.

Art. 2. — Tout homme qui, dans un attroupement ou émeute, aura fait entendre un cri de provocation au meurtre sera puni de trois ans de chaîne, si le meurtre ne s'en est pas suivi, et comme complice du crime s'il a eu lieu. (*Anc. Moniteur*, t. IX, p. 167.)

réelle, effective ; c'est, en un mot, la complicité du droit commun.

Quant à l'autre, c'est moins une complicité véritable qu'une assimilation à la complicité. Pour que celle-ci entraîne un châtiment, il n'est pas indispensable que le crime se rattache par un lien indissoluble à l'intention de celui qui l'a provoqué.

« Il se peut même, dit Chassan, qu'il n'ait pas eu l'intention que la provocation fût suivie d'effet ; mais il n'en sera pas moins réputé complice et puni comme tel, alors même que le crime ou le délit réalisé n'aura pas été présent à son esprit, pourvu qu'il soit démontré que la publication, quoique faite seulement dans le but criminel de remuer les passions, a été cependant le véhicule du crime ou du délit, car la loi n'exige pas, comme élément de cette complicité ni comme élément de l'intention, l'espérance immédiate de la réalisation expresse du crime ou du délit qui a été la suite de la provocation (1).

Et pour appuyer cette doctrine sur le texte, il ajoute :

« Aussi l'article 1er de la loi de 1819 ne déclare-t-il pas l'auteur d'une pareille publication complice du crime ou du délit auquel cette publication a provoqué ; la loi dit seulement qu'il est *réputé complice,* tandis que l'article 60 du Code pénal déclare positivement complice celui qui, par machination ou artifices coupables, a provoqué à une action qualifiée crime ou délit. »

C'est la théorie de la complicité morale, de ce que l'on pourrait appeler la complicité indirecte.

Sans doute elle ne rencontrerait pas grande faveur devant un jury, dont on ne surprendra jamais les décisions avec les subtilités de l'école. Mais il suffit que la difficulté existe pour qu'il-faille la faire disparaître, et pour éviter à l'avenir toute controverse, nous vous proposons de rédiger l'article 26 dans des termes qui établiront, sans contradiction possible, qu'il n'est qu'une application des principes de l'article 60 du Code pénal, auquel nous empruntons même une partie de la rédaction.

La provocation ne sera donc punie des peines de la complicité que lorsqu'elle sera *directe et spéciale,* c'est-à-dire lorsqu'elle consistera dans les efforts directs d'un individu pour que d'autres individus exécutent un crime déterminé et prévu par la loi pénale.

La loi n'admettant pas de complicité en matière de contraventions, il ne saurait y avoir à leur égard de provocation à réprimer.

La provocation aux crimes et aux délits est donc la seule dont il faille se préoccuper.

Quand elle est suivie d'effet, on lui applique les peines de la complicité.

Quand elle est restée sans résultat, il ne saurait en être de même, puisqu'il n'y a pas de fait principal auquel on puisse la rattacher.

(1) *Traité des délits et contraventions de la parole et de la presse,* 2ᵉ édit, t. Iᵉʳ, p. 336.

Ne faudrait-il pas cependant la punir ?

Comme on l'a vu plus haut, la loi du 18 juillet 1791, l'art. 102 du Code pénal la punissaient dans certains cas déterminés. La loi de 1819, sous l'empire de laquelle nous vivons aujourd'hui, a généralisé l'exception, et elle est punie de peines particulières.

Nous avons pensé, à cet égard, qu'il fallait faire une distinction entre la provocation à commettre un crime et la provocation à commettre un délit.

La provocation à commettre un crime sera punissable, qu'elle ait été ou non suivie d'effet.

Si elle a été suivie d'effet, c'est-à-dire si le crime a été commis ou tenté dans le sens que le Code pénal attache à la tentative (art. 2), le provocateur sera considéré et traité comme complice de l'auteur principal.

La provocation à commettre un délit sera punissable si elle a été suivie d'effet, c'est-à-dire si le délit a été commis, ou si, en cas de tentative, il s'agit d'un de ces délits dont la tentative est punissable selon le droit commun (art. 3 du Code pénal). Le provocateur sera considéré et traité comme l'auteur principal de ce délit.

Ce sont là les dispositions de l'article 26 du projet.

Mais si le crime n'a pas été commis, c'est-à-dire si la provocation directe à commettre ce crime n'a pas été suivie d'effet, la provocation n'en sera pas moins punissable. Il n'y aura pas lieu, dans ce cas là, de considérer le provocateur comme complice, puis qu'il n'y a pas d'auteur, pas de fait principal; il n'y aura pas lieu non plus de le considérer comme coupable de tentative, puisque la tentative suppose un commencement d'exécution, et qu'elle ne résulte pas même d'actes simplement préparatoires (C. pén., art. 2), ce qu'a négligé, selon nous, l'auteur de l'exposé des motifs de la loi du 17 mai 1819.

Nous ne pouvons cependant pas vous proposer de laisser, dans cette hypothèse, le fait de la provocation impuni.

La provocation est, dans cette hypothèse, comme dans celle où elle a été suivie d'effet, un acte et non pas l'expression d'une opinion, la manifestation d'une doctrine ou d'une tendance; elle est une véritable menace à la sécurité publique, elle cause un trouble, c'est-à-dire un dommage appréciable à la société ou à l'individu ; elle tombe, à ce titre, sous l'application des principes les moins contestables du droit commun, dans les les dispositions duquel elle trouve plus d'une analogie (C. pén., 202).

La provocation à commettre un crime, quand elle n'a pas été suivie d'effet, est, dans le système de la loi nouvelle, une infraction à la loi générale, un délit que notre article 27 punit d'un emprisonnement de trois mois à deux ans, et d'une amende de 100 à 3,000 francs, ou de l'une de ces deux peines seulement.

Nous n'avons pas cru devoir aller plus loin dans l'assimilation, avec les articles 1, 2 et 3 de la loi du 17 mai 1819.

Nous ne vous proposons pas en effet de consacrer une disposition pénale à la provocation à commettre un délit, quand elle n'a pas été suivie d'effet.

Bien que nous ne confondions pas la provocation non suivie d'effet avec la tentative, ainsi que l'a fait le législateur de 1819, nous ne pouvons nier qu'entre ces deux actes, ces deux exercices de la liberté, il n'y ait une certaine analogie, et comme le droit commun exclut en général la répression de la tentative en matière de délit, qu'il ne la punit que par exception et par disposition expresse (C. pén., art. 3), nous avons cru devoir laisser la provocation à commettre un délit qui n'a pas été effectué, dans le sens juridique, à l'occasion duquel il n'y a pas d'auteur principal punissable, dans la catégorie des actions qui ne donnent lieu qu'à la réparation civile du préjudice causé; c'est en dernier lieu que nous nous sommes arrêtés à cette détermination.

En conséquence, l'article 27 du projet ne réprime la provocation non suivie d'effet que lorsque l'action, objet de cette provocation, est qualifiée crime par la loi.

Le § 1er du chapitre IV prévoit, en terminant, un genre de provocation spéciale, c'est celle qui, par l'un des moyens de publication énoncés dans l'article 27, est adressée à des militaires des armées de terre ou de mer, dans le but de les détourner de leurs devoirs militaires et de l'obéissance qu'ils doivent à leurs chefs.

C'est là un délit aux termes de l'article 4 de la loi du 27 juillet 1849.

« Vous avez créé des peines pour la provocation à la *désobéissance de l'armée,* pour la fabrication de pièces ou nouvelles, disait Jules Grévy lors de la discussion de cette loi, *vous avez eu raison.* Si votre projet ne renfermait que des articles pareils, ils ne m'auraient pas pour adversaire. Ce sont des faits criminels qui étaient, à tort, restés impunis, que vous avez bien fait de réprimer... »

Nous réprimons ce méfait, avec moins de sévérité toutefois que le législateur de 1848, encore ému des journées de juin 1848, c'est-à-dire d'un emprisonnement d'un mois à six mois et d'une amende de 16 à 100 francs au lieu d'un emprisonnement d'un mois à deux ans, et d'une amende de 25 à 4,000 francs (art. 28).

Notre article réserve, ainsi que le faisait la loi de 1849, les peines plus graves prononcées par la loi, lorsque le fait constituera une tentative d'embauchage ou une provocation à une action qualifiée crime. (L'embauchage est prévu par les articles 208 de la loi du 9 juin 1857, code de justice militaire pour l'armée de terre et 265 de la loi du 4 juin 1858, code de justice militaire pour l'armée de mer. Ces dispositions prononcent la peine capitale.)

ARTICLES DE LA LOI 23 A 25.

La provocation prévue par les articles 26, 27 et 28 n'est punissable que si elle a eu lieu par l'un des moyens énoncés dans l'article 26 lui-même c'est-à-dire, soit par des discours, cris ou menaces, proférés dans des lieux ou réunions publics, soit par des écrits, des imprimés, des dessins, des gravures, des peintures ou emblèmes vendus ou distribués, mis en vente ou exposés dans des lieux ou réunions publics, soit par des placards ou affiches exposés aux regards du public.

Nous avons reproduit les termes dont se sert la loi du 17 mai 1819 art. 1er et que la doctrine des auteurs et la jurisprudence des tribunaux expliquent ou appliquent depuis plus d'un demi-siècle. L'interprétation est fixée depuis longtemps.

OBSERVATION.

Les trois premiers chapitres du rapport général ont réglé ce qu'on pourrait appeler la police de la presse, c'est-à-dire les conditions suivant lesquelles les écrits en tous genres pourront être produits et distribués pour la communication entre les auteurs et les autres hommes.

Le chapitre IV dont on vient de lire le commencement traite « des crimes et délits commis par la voie de la presse ou par tout autre « moyen de publication. »

Ici la discussion va prendre un caractère spécial. Le projet de loi, qui vient de déterminer comment la presse devra exister, suppose que, par la publication, il pourra être commis des crimes et des délits particuliers. C'est toujours la suite de la lutte qui s'est établie, depuis qu'on fait des publications, — entre les hommes qui veulent publier afin d'étendre, avec tous les hommes que la parole ne peut pas atteindre, la communication des idées essentielles à la vie humaine, — et ceux qui veulent restreindre cette communication. Il semble qu'aujourd'hui, sous le régime d'une république dont la devise est liberté, égalité, fraternité, et qui se gouverne par le suffrage universel, la loi ne puisse pas poser en principe que le fait de la communication par voie de publication serve à commettre des crimes ou délits particuliers, résultant du fait seul de la communication de certaines idées et de leur expression. Sans doute cet instrument puissant pourra servir, comme tout autre, dans la main des hommes, à commettre des crimes et délits du droit commun, et les auteurs devront trouver dans la loi commune les règles de la répression de ces crimes ou délits. Mais la loi spéciale ne devra

stipuler que les dispositions nécessaires pour se raccorder, dans
l'exécution, avec la loi générale.

Il y avait sur ce point dans la Chambre deux courants d'opinions :
celui qui est exprimé par le projet de loi reconnaissant que la presse
pourra être sujette à des délits sous diverses formes, indépendamment de ceux auxquels elle pourra se trouver mêlée comme complice par des écrits qualifiés de provocations, et celui qui est
exprimé par un amendement d'une forme hardie, signé de vingt-
trois membres et développé par M. Charles Floquet en ces termes :
« Il n'y a pas de délits spéciaux de la presse. Quiconque fait usage
« de la presse ou de tout autre moyen de publication est respon-
« sable suivant le droit commun. »

Sur cet amendement s'est engagée une discussion importante,
dans laquelle ont été énoncés ou développés les divers arguments,
et qui a occupé les séances du 25 et du 27 janvier.

D'une part, le ministère et les orateurs de la commission demandaient le rejet pur et simple de l'amendement proposé ; d'autre part,
les défenseurs de l'amendement, tout en insistant sur l'adoption
du système, reconnaissaient qu'il pouvait difficilement être adopté
tel quel puisqu'il nécessitait un remaniement de plusieurs articles.
Il est résulté de là que la question posée à la fin de la séance du 27
a porté sur le renvoi à la commission. Le vote au scrutin a donné
464 votants, 255 voix pour le renvoi à la commission et 209 voix
contre. Cette proportion montre bien que la question du mode
d'exercice de la liberté de la presse divisait presque également les
esprits à la Chambre, ainsi que nous le verrons d'ailleurs sur divers
points.

Avant de lire la discussion qui s'est développée sur l'amendement
de M. Floquet, il importe d'étudier le passage du rapport général
transcrit aux pages ci-dessus 149 à 159 expliquant les dispositions
pénales des lois anciennes qui sont supprimées dans la loi nouvelle
par l'abrogation générale prononcée à l'article 68. On comprendra
mieux la discussion qui s'efforce de ne point laisser peser sur la
presse la totalité des dispositions pénales conservées ou instituées
dans le projet de loi de la commission.

CHAMBRE DES DÉPUTES : PRÉSIDENT, M. GAMBETTA.

Première délibération. — Suite de la séance du 25 janvier 1881.

M. le président. Nous arrivons au chapitre IV.

« Art. 24. Seront punis comme complices d'une action qualifiée crime ou délit, ceux qui, soit par des discours, cris ou menaces proférés dans des lieux ou réunions publics, soit par des écrits, des imprimés, des dessins, des gravures, des peintures ou emblèmes vendus ou distribués, mis en vente ou exposés dans des lieux ou réunions publics, soit par des placards ou affiches exposés aux regards du public, auront directement provoqué à la commettre, si la provocation a été suivie d'effet.

« Cette disposition sera également applicable lorsque la provocation n'aura été suivie que d'une tentative de crime ou délit, conformément aux articles 2 et 3 du Code pénal. »

MM. Floquet, comte de Douville-Maillefeu, Clémenceau, Bouchet, Marion, Jouffrault, Marcelin Pellet, Germain Casse, Bertholon, Margue, E. Leconte, Lelièvre, Antonin Proust, Georges Périn, Allain-Targé, Ménard-Dorian, Brelay, Cantagrel, Lockroy, Bouquet, Audiffred, Thomson et Bastid ont déposé un amendement ainsi conçu :

« Chapitre IV, §§ 1, 2, 4.

« Remplacer les articles 24, 25, 26, 27, 28, 29, 37, 38 par la disposition suivante :

« Art. 26. Il n'y a pas de délits spéciaux de la presse. Quiconque fait usage de la presse ou de tout autre moyen de publication est responsable selon le droit commun. » (Mouvements divers.)

Il y a un second amendement qui ne viendra en discussion que sur l'article 32, mais qui est le complément du système présenté par M. Floquet, et dont je donne immédiatement lecture, pour en faire connaître l'ensemble :

« Art. 32. L'exposition, vente, distribution, colportage ou annonce de tout objet ou publication obscène sera punie d'un emprisonnement d'un mois à deux ans et d'une amende de 16 à 2,000 fr.

« Les exemplaires exposés aux regards du public, mis en vente, distribués ou colportés, seront saisis et détruits. »

La parole est à M. Floquet.

M. Charles Floquet. Messieurs, nous arrivons, si je ne me trompe, à l'un des points les plus essentiels de la loi qui est soumise à vos délibérations. Je n'entends pas soulever ici une discussion sur le principe même de la liberté de la presse ; il n'y a plus de discours à faire sur la liberté de la presse. Toutes les thèses, dans tous les sens, ont été soutenues à cette tribune par les orateurs éloquents qui l'ont illustrée sous tous les régimes que nous avons traversés depuis 1789. Je n'ai donc pas l'intention de faire un discours ; je vous demande seulement la permission de vous présenter quelques observations à l'appui de l'amendement dont vous venez d'entendre la lecture et de répondre en quelques mots à ce qui a été dit devant vous par les orateurs qui ont défendu l'ensemble du projet de la commission.

Et d'abord, messieurs, je ne me présente pas comme un adversaire de la commission que vous avez élue et qui rapporte le projet actuel. Loin d'attaquer ses intentions, je suis tout disposé à leur rendre l'hommage le plus complet ; loin de nier les résultats de son travail, je les constate et je les proclame.

PROVOCATION AUX CRIMES ET DÉLITS.

Il est incontestable que la commission en complétant la liberté de l'imprimerie et de la librairie, déjà établie par le décret du 4 septembre 1870, a affranchi l'instrument de la pensée humaine et qu'ainsi, elle a fait une grande chose. Il est certain qu'en supprimant le cautionnement, qu'en indiquant qu'au point de vue juridique elle n'a aucune objection à faire à la suppression du timbre, qui ne reste dans nos lois que comme un régime fiscal que nous ferons, je l'espère, disparaître prochainement, et que la Chambre, en supprimant certaines dispositions préventives, qui avaient été maintenues dans le projet de la commission; il est certain, dis-je, qu'on a mis l'instrument affranchi de la pensée humaine à la portée et à la disposition de tous. Enfin, par sa doctrine, lorsque la commission a déclaré qu'elle entendait ne poursuivre aucun délit d'opinion, aucun délit de pensée, qu'elle n'entendait poursuivre que des délits de droit commun; il est certain que si la commission n'a pas, ou si elle a incomplètement réalisé l'idéal, elle a, au moins, entrevu cet idéal de la liberté républicaine de la presse.

Je rends donc hommage aux intentions de la commission, et je proclame les résultats qu'elle a acquis pour la France.

Je ne ferai pas à la commission l'injure de comparer le régime contenu dans son projet au régime inavouable qui existait sous le premier et sous le second empire.

Sous le premier et sous le second empire, il n'y avait pas de liberté de presse.

Sous le premier il y avait la censure préalable et absolue; le décret de février 1810, lorsqu'il parlait de la presse, disait simplement : « Il est défendu de rien écrire contre l'intérêt de l'État et contre l'intérêt de l'empereur. »

Et cette censure, quand l'empereur lui-même l'interprétait, il le faisait de telle sorte que toute espèce d'hésitation sur le degré de liberté qui existait alors disparût pour tout le monde ; car, au sein du conseil d'État, lorsque pendant plusieurs mois et plusieurs années on discuta le régime à donner à ce pays, savez-vous sur quoi on discuta? Sur la question de savoir si la censure serait facultative ou obligatoire, mais toujours avec cette condition que le Gouvernement était maître de laisser circuler ou d'arrêter les écrits. Et lorsqu'on disait que la censure était insuffisante, lorsque quelques-uns des conseillers d'État s'écriaient que, sous l'ancien régime la censure et les censeurs avaient été impuissants, l'empereur répondait par ces paroles caractéristiques : « Oui, sous l'ancien régime la censure a été impuissante parce que le Gouvernement était faible, mais sous mon gouvernement, qui est fort, la censure sera forte; » et il citait une anecdote qui est caractéristique, il leur disait : « Il y a quelque temps, j'ai appris qu'une brochure, qu'un bulletin circulait en France et à l'étranger contenant contre le gouvernement impérial des accusations, des imputations. J'ai fait venir l'auteur et je lui ai dit : « S'il paraît un second bulletin semblable au premier, je vous enverrai au Temple. » Et il n'y a eu ni second ni troisième bulletin ! (Rires ironiques à gauche.)

Tel était le régime de la presse sous l'empire, interprété par l'empereur lui-même.

M. Cuneo d'Ornano. Demandez à Camille Desmoulins !

M. Charles Floquet. Il ne faudrait donc pas se vanter d'avoir fait un grand progrès dans la liberté de la presse uniquement parce qu'on aurait réalisé un progrès sur le régime impérial... (Très bien ! à gauche), pas plus qu'il ne faudrait s'en vanter parce qu'on aurait accompli un progrès sur le régime impérial de 1852. Car si, en 1852 et dans les années qui ont suivi, la censure officielle n'existait pas, nous savons quel était le régime de ces années fatales. Nous savons que la censure officielle était remplacée par un cautionnement énorme, par la nécessité de l'autorisation préalable, non pas de l'autorisation préalable seulement pour la constitution du journal, mais de l'autorisation préalable personnelle au directeur du journal, personnelle au rédacteur en chef, personnelle au gérant;

autorisation nécessaire chaque fois qu'un de ces agents du journalisme changeait ou voulait transférer à un autre son droit ; enfin les avertissements, la suspension, la suppression, et cet homme noir, agent officiel du ministère de l'intérieur, qui circulait dans les bureaux des journaux indiquant ce qu'il fallait dire, ce qu'il fallait taire, ce qu'il fallait atténuer pour la sécurité du régime impérial. (Applaudissements à gauche.)

Et, messieurs, si je ne craignais pas d'abuser de vos instants...

Voix à gauche. Parlez ! parlez !

M. Charles Floquet... je vous lirais — et peut-être n'est-il pas inutile de caractériser le régime dont nous sortons au moment où nous votons une loi pour inaugurer un régime nouveau — si je ne craignais d'abuser de votre attention, je vous lirais quelques lignes écrites par un homme qui connaissait le système de la presse sous l'Empire, par un homme qui a été dans son temps un des plus vaillants adversaires de l'Empire ; qui n'avait pas pu écrire ces paroles en France, mais qui avait pu les prononcer dans un de ces congrès où nous allions respirer l'air de la liberté. En 1863, à Bruxelles, M. Lavertujon caractérisait, dans un discours admirable et dont je ne vous relirai que les dernières lignes, ce que c'était que le régime de la presse sous l'Empire.

« On s'étonne parfois du petit nombre d'écrivains qui se sont fait remarquer par des essais de résistance. On devrait s'étonner plutôt que ces essais aient pu se produire. J'ai parlé de martyre ; le rechercher fut toujours chose rare ; c'est chose impossible, lorsqu'en le bravant on n'a pas l'espoir de donner un fructueux exemple, de jeter une semence d'imitateurs. Le vers du poète latin

> Exoriare aliquis nostris ex ossibus ultor

n'est pas fait pour les écrivains de ce temps. Le genre de persécution qu'ils subissent est combiné de façon à ne leur susciter ni vengeurs, ni émules. Ils ne peuvent pas, comme les hommes d'un autre temps, crier en succombant : « Vive la République » ou « Vive le roi », selon l'opinion qu'ils professent. Ils disparaissent comme Edgar Ravenswood dans le roman de Walter Scott ; ils enfoncent peu à peu, lentement, sans convulsion, sans résistance ; le public circule autour d'eux et ne s'aperçoit pas que la mort les gagne ; et lorsque tout est fini, les choses se sont passées avec tant de gradation, avec des préparations si savantes, avec une adresse si raffinée, que nul ne pense à s'émouvoir. Je me trompe... il se trouve des gens pour admirer l'habileté consommée des tourmenteurs et pour railler le patient. »

Sous ce régime, messieurs, ainsi caractérisé, toute réforme eût été bien accueillie ! Alors qu'on étouffait ainsi sous ce silence impérial, sous ce régime d'arbitraire, tout ce que nous pouvions demander, tout ce que nous demandions, c'était : les uns, qu'on nous donnât de discuter l'avertissement avant qu'il fût prononcé ; les autres, qu'on nous donnât des juges même correctionnels pour prononcer contradictoirement les peines que nous aurions méritées ; qu'on nous enlevât à ce martyre silencieux qui consiste à n'avoir ni juge administratif ni juge judiciaire et à subir en silence toutes les conséquences de ce régime d'arbitraire absolu. (Très bien ! très bien ! à gauche.)

Et j'en appelle à celui qui est le doyen du journalisme français, qui est le président de la commission de la presse, en ce moment, il se souviendra qu'il assistait à ce congrès de 1863 dont je parlais tout à l'heure.

Il y soutenait déjà l'opinion à laquelle il est resté fidèle, la thèse de l'impunité absolue de la presse, et il pourra vous dire dans quel isolement il restait alors et à quelle distance il laissait alors les plus audacieux d'entre nous.

La réforme qui vous est proposée par la commission actuelle est certes un immense progrès sur la législation du premier et du second empire ; mais est-ce

PROVOCATION AUX CRIMES ET DÉLITS.

qu'il est permis de comparer un régime, même sévère, de répression, avec un régime de pure prévention ? Ce n'est donc pas par cette comparaison que la commission peut justifier son œuvre. J'ajoute qu'il est vrai aussi que l'œuvre de la commission est supérieure aux lois antérieures à l'empire.

Oui, je le reconnais, l'œuvre de la commission est supérieure aux lois de 1819, de 1822, de 1835, de 1848, de 1849 ; oui, l'œuvre de la commission a supprimé une série de délits d'opinions qui existaient dans les différentes lois que je viens d'énoncer devant vous. Mais lorsque nous lisons ces dates, lorsque nous regardons ces lois, lorsque nous regardons l'œuvre de la commission elle-même, quelle est la conclusion que nous devons tirer ? Est-ce que toutes ces lois, répondant à des événements passagers, inaugurées dans des circonstances particulières, ne se sont pas succédé sans avoir aucune d'elles l'utilité et sans produire l'effet qu'on en attendait ? Les lois libérales, elles ont été inutiles contre les coups d'État. Les lois répressives elles ont été inutiles contre les révolutions. (Très bien ! très bien ! à gauche.)

Ce n'est donc pas par comparaison ni avec les lois impériales, ni avec les lois de 1819, de 1822 et autres que cette Chambre doit procéder, car il s'agit de savoir si nous voulons continuer à entasser les unes sur les autres ces lois inutiles dont je vous ai parlé, inutiles contre les coups d'État, inutiles contre les révolutions... (Approbation sur les mêmes bancs), si nous voulons enrichir d'une loi nouvelle le dictionnaire de toutes les lois de la presse, ou si nous voulons entrer dans une voie nouvelle. (Applaudissements à gauche.)

Cette voie nouvelle que nous vous proposons, c'est celle qui conduit au droit commun, le droit commun non pas fondé sur l'impuissance de la presse, je me hâte de le dire, en contradiction avec l'honorable président de la commission, je ne crois pas à l'impuissance de la presse...

M. Emile de Girardin. La loi en est la preuve !

M. Charles Floquet. ... mais le droit commun fondé sur l'impuissance de toutes les répressions et de toutes les préventions. (Très bien ! très bien ! à gauche.)

Qu'est-ce que c'est que le droit commun ? Je vais vous le dire en deux mots.

Le droit commun que nous demandons, c'est, en matière préventive, nulle entrave pour le citoyen qui veut écrire périodiquement ou non périodiquement sur les affaires de son pays, nulle entrave différente de celles qui entourent tous les autres citoyens de ce pays. En matière répressive, le droit commun, c'est, au point de vue civil, l'article 1382 du Code civil qui rend chacun responsable de son fait, de sa faute, et l'oblige à réparer le dommage qu'il a causé.

En matière criminelle, c'est la complicité, non pas, messieurs, la complicité morale dont on a parlé jadis et qu'on a justement flétrie, mais la complicité matérielle, joignant l'intention et le fait, caractérisée par l'article 60 du Code pénal, la complicité ayant les caractères mêmes qui sont définis par le Code pénal. (Marques d'approbation à gauche.) Voilà quel est le droit commun.

Et à côté de cette complicité, la culpabilité directe pour les délits directs contre les personnes, c'est-à-dire pour la diffamation ou l'injure et pour le fait particulier à propos duquel j'ai proposé un amendement, fait qui, d'ailleurs, ne rentre en aucune façon dans les délits et les crimes de la presse, amendement qui pourra être inséré dans le Code pénal, et dont la rédaction, je vous le démontrerai quand nous la discuterons, est une rédaction de droit commun, qui n'implique en aucune façon l'œuvre de la pensée ou l'œuvre de l'écrivain.

Voilà, messieurs, le droit commun que nous vous demandons, et quand je vous disais tout à l'heure que j'appuyais cette demande sur cette expérience constatée par vous tous de l'impuissance de la répression en matière de presse, je me rappelais une parole qui a été prononcée par un des ministres de l'Empire.

Ce ministre disait : Il faut choisir entre la liberté absolue, complète de la presse ou le pouvoir discrétionnaire aux mains de l'administration.

Messieurs, ce ministre et l'Empire, je vous l'ai montré, avait choisi le pouvoir discrétionnaire de l'administration. La Révolution française avait opté pour la liberté absolue de la presse.

Un jour, au sein de la Convention nationale, au mois d'octobre 1792, quelques semaines après l'établissement de la République, d'un nouveau gouvernement, issu d'une révolution ; au moment où la France était envahie et où l'étranger était sur le sol national, au moment où les factions acharnées se déchiraient, factions de toutes sortes et de tous ordres, le 27 octobre, au nom d'une commission de l'Assemblée, Buzot monta à la tribune et demanda que l'Assemblée édictât une loi qui punirait de peines sévères quiconque par affiche, par écrit, ou par tout autre moyen de publication, provoquerait au meurtre ou à la sédition.

Messieurs, les hommes qui étaient visés par cette loi étaient peu favorables, peu sympathiques à la Convention nationale : néanmoins, des murmures éclatèrent à la lecture de ce décret. Il fut vivement attaqué par les plus modérés, comme Ducos ; puis un homme se leva qui avait été membre de la grande Constituante, qui avait joué un rôle actif dans le comité de législation et de judicature, qui connaissait admirablement la question, qui aurait été un des serviteurs les plus illustres de la Révolution, s'il n'avait succombé quelques jours après sous le poignard d'un assassin royaliste. Le Pelletier de Saint-Fargeau se leva et s'exprima en ces termes :

« Nous tendons tous au même but ; nous désirons tous le bonheur de la République et la punition des hommes audacieux qui commettent le meurtre ou qui provoquent à l'assassinat et à la sédition ; quiconque voit de sang-froid couler le sang de ses concitoyens, quiconque n'est pas saisi d'horreur au milieu des cris du carnage, celui-là est une exception à la nature humaine, c'est un monstre.

« Mais voyons si la loi qui nous est proposée pour réprimer ces provocations atteint et si elle remplit efficacement son objet. De grandes difficultés s'élèvent ; ce projet de loi atteint la liberté de la presse. Il serait sans doute très à souhaiter que cette liberté ne dégénérât jamais en licence, mais la route par laquelle il faut poursuivre ces abus est difficile à trouver ; il est difficile en ce point de faire une loi répressive qui ne porte pas en même temps atteinte à la liberté des écrits et des discours. Au premier instant, à la vérité, la question paraît simple ; il est facile, se dit-on, de faire une loi sévère contre des hommes qui provoquent au meurtre ; mais, lorsque l'on descend dans les détails de cette loi, alors les difficultés se multiplient ; lorsqu'on l'approfondit, le problème me paraît insoluble. »

Il développait cette idée que le problème était insoluble, et il terminait en ces termes :

« Voilà ce qui rend infiniment délicate toute loi à faire relativement à la licence de la presse ; voilà ce qui a déterminé les rédacteurs de votre Code pénal à n'y insérer que cette disposition : « que lorsqu'un crime aura été commis, quiconque l'aura conseillé en sera réputé complice, et par conséquent puni des mêmes peines ; quant à l'homicide, dans le cas même où il n'aura pas été consommé s'il y a eu un commencement d'exécution, celui qui l'a conseillé est puni de mort, comme celui qui effectue une attaque à dessein de tuer. »

« Voilà ce que nous avons fait après y avoir beaucoup réfléchi, et c'est la seule loi qui soit restée dans notre législation ; je dis qui soit restée, car une autre avait été faite dans le but de réprimer les abus de la presse ; mais je dois vous dire à quelle époque ; cette anecdote est remarquable... »

Il s'agissait de la loi du 18 juillet 1791 qui fut supprimée par la Constituante elle-même.

Ainsi, au milieu de ces circonstances tragiques, une loi est présentée, contenant des dispositions spéciales contre ceux qui provoqueraient à un crime d'assassinat.

PROVOCATION AUX CRIMES ET DÉLITS.

ou de sédition, quand même l'assassinat ou la sédition ne se seraient pas produits ; et la Convention nationale refusa de voter cette loi.

Voilà les traditions de la Révolution française; voilà les traditions auxquelles vous devez revenir en votant ce que nous vous demandons sous le nom du droit commun. Ce droit commun, c'est la responsabilité de l'article 1382 au point de vue civil, et, au point de vue criminel, la responsabilité de la complicité aux termes de l'article 60 du Code pénal. (Très bien ! à l'extrême gauche.)

Après toutes les conceptions juridiques qui ont été imaginées jusqu'à cette heure pour concilier une suffisante liberté de la presse et une sécurité suffisante pour ceux que la presse trouble tant, il ne vous reste plus que cette règle à proclamer dans votre loi définitive, dans la loi républicaine.

Disciple très fidèle du philosophe qui disait à cette tribune en 1868 : « Je suis partisan absolu de la liberté absolue de la presse », je vous demande, messieurs, la liberté absolue de la presse. (Très bien ! très bien ! sur plusieurs bancs à gauche.) Vous, messieurs, en hommes d'État, je crois que vous devez la décréter et la proclamer.

Jamais les circonstances ne furent plus favorables. La loi, telle que je vous la demande, si elle répond aux exigences des principes, est aussi, je l'assure, conforme aux nécessités de la situation.

Si vous examinez, en effet, la presse en elle-même, la presse actuelle, que voyez-vous ? Vous voyez de grandes organisations financières installées pour accaparer la pensée humaine, la pensée politique tout au moins; comme frontispice, comme surface, est un journal dans lequel l'écrivain est libre de soutenir l'opinion qui lui convient; mais derrière cette surface il y a des entreprises qu'on favorise... (Très bien ! et applaudissements à l'extrême gauche), constituant ainsi des privilèges collectifs, des influences puissantes pour diriger dans tel ou tel sens l'épargne de notre pays, pour faire sur cette épargne des prélèvements que je ne qualifie pas, qui peuvent être et que je crois très légitimes, mais qui sont comme une sorte de droit du seigneur. (Très bien !)

Eh bien, moi je vous demande que par la liberté absolue de la presse, nous sortions de cette situation qui est le résultat du régime de la presse depuis les temps anciens, c'est-à-dire du régime du cautionnement, de l'autorisation préalable, de tout ce qui constituait la nécessité de ressources énormes pour créer des journaux.

Je vous demande de détruire tous les privilèges, de constituer la liberté complète, absolue du citoyen, et, en face de ces collectivités habiles et puissantes, de constituer le droit de chacun et le droit de tout le monde d'écrire librement sur les affaires publiques. (Très bien ! Très bien ! à l'extrême gauche.)

Dans la situation de la presse je vois une autre transformation qui s'est opérée lentement, mais qui, dans ces dernières années, a été plus active.

Assurément, messieurs, il y a encore beaucoup de journaux de doctrine, des journaux qui traitent largement les grandes questions; mais la presse en général est devenue une presse d'informations, de nouvelles.

Je ne critique pas; tel est le caractère de la presse américaine.

Contre cette presse — j'ai tort de dire contre — vis-à-vis de cette presse d'informations et de nouvelles, le droit commun, c'est-à-dire les lois sur la diffamation, les lois sur les écrits obscènes, suffisent largement.

Accordez-nous la liberté la plus complète pour que la presse de doctrine se développe à son tour... (Marques [d'approbation à gauche), pour que les hommes parlent plus librement, quand même ils soutiendraient des doctrines que nous n'aimons pas. Laissons la liberté à ces ardeurs de doctrines pour qu'elles étouffent les scandales de l'injure et des personnalités. (Applaudissements sur plusieurs bancs à gauche.)

Enfin, messieurs, si vous interrogez l'esprit public de notre pays en ce moment avez-vous jamais vu conjectures plus favorables pour faire cette grande expérience de la liberté complète de la presse.

Après l'avoir proclamée, tous les gouvernements ont fait des lois de restriction en s'appuyant successivement sur des nécessités de salut public, sur des nécessités d'ordre public.

C'est ainsi que la Révolution française, après avoir proclamé le droit commun, a élevé quelquefois l'échafaud en face des écrivains; que le Directoire a armé la police contre la presse; que l'Empire a établi la censure; que la Restauration a relevé souvent aussi la censure et les mesures discrétionnaires.

C'est ainsi qu'après les promesses libérales de 1819, la tentative de Louvel, dont le poignard, disait-on, avait été conduit par une idée libérale, viennent ces lois de 1822, lois restrictives.

C'est ainsi qu'en 1835, ce fut en remuant les souvenirs sanglants de l'attentat de Fieschi qu'on déchira les promesses de 1830 et qu'on vota les édits de septembre 1835.

C'est ainsi qu'en 1848 ce fut à la suite du tumulte du 15 mai, au bruit du canon de juin 1848, qu'on vota les dispositions funestes de la loi du 11 août 1848.

C'est ainsi enfin que fut votée la loi de mars 1849. Alors, messieurs, ne l'oubliez pas, jetant un regard sur la situation de ce pays, un homme, qui était le porte-paroles ardent et souvent éloquent de la coalition monarchiste de ce temps-là, M. de Montalembert, montrait la France à la merci d'un coup de main; il signalait cette situation terrible, et disait qu'en juin 1848 Paris seul était dans l'insurrection, et que la province tout entière s'était armée contre la ville révolutionnaire, tandis qu'en juin 1849, au moment de la manifestation du 13 juin, la province était prête à marcher avec Paris. Et alors, parlant au nom de tous ses amis, de toutes les oppositions libérales qui étaient alors montées au pouvoir, des Odilon Barrot, des Léon Faucher, de tous ceux qui formaient la majorité de l'Assemblée législative, il faisait leur confession générale : il disait qu'ils avaient eu tort de défendre la liberté, de faire de l'opposition aux gouvernements; et il demandait à l'Assemblée de voter cette loi de 1849, qui ne laissa que bien peu de choses à faire au décret dictatorial de 1852. (Très bien ! très bien ! — Applaudissements à l'extrême gauche.)

Nous, messieurs, nous sommes en face d'un autre tableau. Nous voyons Paris et la province unis dans un même sentiment : l'amour de la démocratie, l'amour de la légalité républicaine dont la France, — Paris et la province — attend le progrès politique et social. (Nouveaux applaudissements.)

En face de la tolérance appliquée à la presse vous avez vu comment la nation a su résister aux suggestions de tous les fanatismes, sans chanceler dans l'énergie de ses convictions et de ses revendications républicaines. (Très bien ! très bien !) Eh bien ! messieurs, que ne transformez-vous cette tolérance en liberté absolue, donnant ainsi aux écrivains la dignité qui ne peut résulter que de la liberté, qui est un droit, et non de la tolérance qui est une permission révocable, enlevant au Gouvernement les responsabilités, le défendant contre tous ceux qui viennent l'assiéger, au nom de leur vanité, au nom de leur amour-propre, au nom de leurs terreurs, pour lui demander des répressions qu'il refuse quelquefois, mais qu'il se croit quelquefois, bien à tort selon nous, obligé d'accorder. (Applaudissements sur plusieurs bancs à gauche.)

Eh bien, nous, messieurs, dans cette situation, plus clairvoyants, ou, si nous ne voulons pas nous vanter, plus fermes dans les opinions que nous avons apportées dans cette enceinte, nous messieurs, nous ne sommes pas obligés à ces confessions, à ces rétractations, à ces palinodies dont on se vantait en 1849, et nous avons le droit, nous avons le devoir d'accomplir, dans le triomphe, toutes les promesses que nous faisions quand nous étions dans la défaite, l'opposition, (Applaudissements sur divers bancs à gauche et à l'extrême gauche.)

PROVOCATION AUX CRIMES ET DÉLITS.

Oui, messieurs, la coalition monarchique de 1849, qui luttait contre le suffrage universel qu'elle dénonçait comme l'envahissement démagogique, la coalition de 1849 était obligée à la politique de résistance, à la politique de défiance, naturellement suivies de tumultes désordonnés, de conflits et enfin de la dictature.

Nous, messieurs, l'union des républicains de 1880, qui n'avons pas à lutter contre le suffrage universel...

M. Edouard Lockroy. Très bien ! Très bien.

M. Charles Floquet.... puisque nous avons été portés deux fois par lui dans cette enceinte, nous, nous pouvons nous livrer à la politique de confiance, à la politique de progrès, qui nous conduira à l'affermissement définitif et au développement de la Républiaue démocratique.

C'est par sa considération que je vous demande, messieurs, de voter la liberté de la presse fondée sur le droit commun, et d'adopter l'amendement que j'ai l'honneur de vous proposer. (Vifs applaudissements à l'extrême gauche et sur divers bancs de la gauche.)

M. le président. La parole est à M. Agniel.

M. Agniel. Messieurs, s'il est un collègue avec qui je regrette profondément de me trouver en désaccord d'opinion, c'est l'orateur qui descend de cette tribune. J'aurais été heureux de pouvoir m'incliner devant la doctrine qu'il vous a proposée dans l'intérêt de la République. Soyez-en convaincus, si j'avais le moindre doute sur l'inexactitude de cette doctrine, tout au moins aurais-je estimé qu'il était convenable de ne pas participer à la discussion ! mais que mon collègue me permette de le lui dire, — et il ne m'en voudra certainement pas de ce sentiment d'indépendance, — je suis absolument convaincu que sa théorie généreuse repose sur des erreurs juridiques qui n'aboutissent à aucune conclusion et qu'il est absolument impossible de transformer en une loi praticable. C'est ce que je vous demande la permission de vous démontrer rapidement.

L'honorable préopinant semblait vous demander, d'une manière absolue, la liberté de la presse, je crois que cette liberté est plutôt dans ses aspirations intérieures que dans la proposition qu'il a formulée, car il a parfaitement compris que la liberté de la presse ne pouvait pas être confondue avec l'irresponsabilité ou l'impunité ; et lorsqu'il réclamait au nom de la liberté de la presse, la liberté absolue, je me demandais en quoi pouvait consister cette liberté, plus considérable que celle qui résulte du projet de loi soumis à votre appréciation, alors que nous sommes tous d'accord pour reconnaître que toutes les entraves que les législations antérieures avaient apportées à l'exercice de la liberté de la presse, sont et demeurent irrévocablement supprimées.

Donc, la liberté de la presse est organisée en ce sens que, dorénavant, nul citoyen ne sera en rien gêné ni paralysé dans le désir qu'il pourra avoir de participer aux choses publiques par les études des grands problèmes sociaux, et de communiquer sa pensée. Désormais, nul ne subira, à cet égard, aucune entrave, seulement chacun sera responsable, et c'est uniquement sur ce terrain de la responsabilité que la commission et l'honorable M. Floquet sont en désaccord.

Messieurs, ce qu'a fait la commission quand elle a organisé la responsabilité, vous le savez déjà : elle l'a organisée en se préoccupant, non pas, — car il ne faut pas jouer sur les mots, — non pas d'atteindre, par des dispositions pénales, des délits déjà punis par le Code pénal ordinaire, mais en se proposant d'atteindre des infractions au droit pénal commun ayant le caractère incontestable d'infractions de cette nature. La commission a répudié tout ce qui, d'après les législations antérieures, pouvait être considéré comme délit d'opinion, — et c'est ainsi qu'elle a supprimé ces séries de délits que j'énumérais à la séance d'hier, — pour ne retenir que des délits de droit commun, et, quant à ces délits, je n'hésite pas à affirmer que, pour être réprimés, ils doivent être atteints par les dispositions spéciales du projet de loi ; dans un instant, j'en dirai la raison décisive.

Il ne faut pas, en effet, oublier dans quelles conditions nous sommes aujourd'hui appelés à réglementer la responsabilité de la presse. Nous disons que les délits d'opinion n'existent pas, mais nous ne disons pas et nous ne pouvions pas dire d'une manière absolue qu'il n'y a pas de délits de presse ; et il est si vrai qu'on ne peut pas dire d'une manière générale qu'il n'y a pas de délit de presse, que vous
• êtes obligés de reconnaître en ce qui concerne les deux infractions pénales commises contre les personnes, — je veux dire la diffamation et l'injure publique, — que la presse ou la parole ne sont pas des instruments facultatifs de la perpétration de l'un et de l'autre de ces délits, mais qu'elles en sont les instruments nécessaires. Je défie un logicien quelconque de comprendre la possibilité de diffamer ou d'injurier publiquement, abstraction faite du concours, essentiel et nécessaire, de la parole ou de la presse.

Il ne faut donc pas se trop habituer à dire en termes absolus, qu'il n'y a pas de délits de presse ; il y a des délits de presse. Ce qui est vrai, c'est qu'il n'y a pas et qu'il ne peut y avoir de délits d'opinion. Je crois que sur ce terrain nous devons nous rencontrer, et c'est précisément pour ne pas avoir à atteindre ces délits d'opinion que nous avons répudié tous les délits qui, de près ou de loin, dans les législations antérieures, présentaient ce caractère et que nous n'avons retenu que ceux dont le caractère de délits de droit commun est indiscutable.

Ceci étant démontré, comment ces délits doivent-ils être punis, car l'honorable M. Floquet ne revendique pas pour eux l'irresponsabilité, mais l'application du droit commun ; soit, recherchons alors comment ce droit commun leur serait applicable, et quelle serait la possibilité de les réprimer par des pénalités puisées dans le Code pénal.

Il y a, messieurs, un fait qu'on perd trop facilement de vue : c'est que notre Code pénal, et surtout le Code pénal de 1810, ne contient pas, à lui seul, l'énumération de tous les délits de droit commun qui sont punis et qui sont atteints par les peines du droit commun ; et la commission n'aura pas menti au programme qu'elle revendique lorsque, pour atteindre les délits commis par la voie de la presse, mais ayant un caractère incontestable de délits de droit commun, elle invoquera ou promulguera une législation nouvelle comblant des lacunes anciennes.

En voici la raison :

Le Code pénal de 1810... (Interruptions à l'extrême gauche.)

Vous parlez de droit commun : permettez-moi de vous mettre en présence du droit commun que vous revendiquez.

Le droit commun, en pareille matière, c'est le Code pénal. Ouvrez le code de 1810 : vous y trouverez successivement punis, comme délits ou crimes de droit commun, toutes les infractions ayant, je ne dirai pas une analogie profonde avec les délits que retient le projet de loi, mais participant du même caractère essentiel, à tel point qu'entre les délits de droit commun que punit le Code de 1810 et les délits de droit commun, à notre sens, que punit le projet de loi, il n'y a absolument que cette différence qu'ils sont commis à l'aide d'instruments particuliers. Mais abstraction faite du mode d'exécution de ces crimes ou délits, les caractères essentiels qui, en droit criminel, indiquent si une infraction rentre ou non dans le droit commun, ces caractères se rencontrent dans des conditions, je ne dirai pas d'analogie, mais de similitude absolue.

Ainsi, si vous voulez me permettre de ne prendre qu'un exemple, le premier article qui serait supprimé par le contre-projet ou l'amendement de l'honorable M. Floquet, est la provocation aux actes qualifiés crimes ou délits. Ouvrez le Code pénal de 1810, vous y trouverez une série de dispositions, notamment les articles 203, 205, 206, 207 et 208 qui punissent la provocation aux crimes et délits lorsque cette provocation résulte soit d'écrits pastoraux, soit d'instructions pastorales émanées d'un ministre du culte dans l'exercice de ses fonctions.

PROVOCATION AUX CRIMES ET DÉLITS.

Les conditions de perpétration des délits sont absolument les mêmes, et si, commis par la voie de la presse, les délits de droit commun ne sont pas punis par le Code pénal, c'est qu'à raison de circonstances particulières, il ne pouvait pas se préoccuper, il ne devait pas se préoccuper... (C'est cela ! au banc de la commission) de réprimer les délits de droit commun qui, au lieu d'être commis par des instruments ordinaires de perpétration, étaient commis par la voie de la presse. Lors de la promulgation du Code pénal, la presse n'existait pas. Pour comprendre ce silence du Code, il suffit de rapprocher deux dates : la date du décret de février 1810 qui confisque ou supprime la presse, et la date de la promulgation du Code pénal ; c'est, en effet, quelques jours après le décret qui supprimait la presse et tout ce qui, directement ou indirectement, pouvait tenir à la publication de la pensée, que le Code pénal était promulgué.

Dans ces conditions, vous demanderez-vous et chercherez-vous encore pourquoi, dans ce Code pénal qui vise les délits de droit commun, le législateur n'a pas à se préoccuper de punir, non pas les délits de presse, mais les délits de droit commun, commis par la voie de la presse : pour le législateur pénal de 1810, la presse existait-elle, alors qu'elle n'était qu'une seule esclave docile du pouvoir, mais qu'elle ne se mouvait, ne fonctionnait, sous la direction du pouvoir impérial, que dans les limites qu'il plaisait à ce pouvoir de lui assigner.

Comment, dans ces conditions, le législateur qui venait, je ne dirai pas de créer l'assujettissement, la servitude de la presse, mais de la mettre sous sa domination directe et exclusive, se serait-il préoccupé de réglementer et de punir les délits de droit commun commis ou qui pourraient être commis par la voie de la presse ?

C'eût été un travail inutile. Et veuillez remarquer qu'il ne faut pas supposer que c'est là une lacune accidentelle, exceptionnelle, dans le Code pénal de 1810, car, enfin, si vous jetez les yeux sur la législation antérieure, et aussi sur l'œuvre de la Révolution, vous trouverez les lois de 1791 et de 1793 qui, à propos de délits de droit commun, non pas de délits de presse, mais de délits de droit commun par la voie de la presse, édictaient des pénalités exceptionnelles, terribles, des pénalités qu'on regrette même d'être obligé de rappeler aujourd'hui.

Mais, pour en revenir au Code pénal de 1810, oui, c'est très vrai, il n'a pas mentionné les délits commis par la voie de la presse, il ne pouvait pas les mentionner ni les réprimer, parce que, à ses yeux, la presse n'existait pas ; qu'a-t-il fait ? Il a puni les délits absolument similaires commis par toute autre voie que la voie de la presse, et il les a punis comme infractions de droit commun. Et je comprendrais que l'on pût et que l'on dût se récrier si, aujourd'hui, on vous proposait de punir comme délits de droit commun commis par la voie de la presse des délits qui n'auraient pas, à vrai dire, ce caractère de droit commun. Mais, je vous l'ai démontré, ces délits ont ce caractère de droit commun : aussi, lorsque a cessé le régime exceptionnel de 1810, ils devaient nécessairement être atteints.

Que s'est-t-il, en effet, produit ?

Permettez-moi, messieurs, de ne pas arriver jusqu'à la loi de 1822. La loi de 1822, je le reconnais, est une œuvre de vengeance, de ressentiments politiques, œuvre née de circonstances douloureuses, mais exceptionnelles ; mais arrêtez-vous à la loi de 1819. La loi de 1819, que je sache, n'a jamais été considérée comme une loi de représailles politiques ou de réaction ; la loi de 1819 a été présentée et soutenue par les esprits les plus généreux et, en 1819, lorsque le législateur apportait à la presse la loi nouvelle, il avait le droit de lui dire qu'il lui faisait un don de joyeux avènement. Que s'est-il donc produit lors de 1819 ? Et c'est ce qu'il faut examiner pour arriver à vérifier sur quel fondement repose cette théorie qui revendique pour la presse le droit commun.

La loi de 1819 qui a statué sur les délits commis par la voie de la presse a fait une œuvre de trop peu d'étendue et dont une partie, mensongère à son principe, devait nécessairement disparaître un jour.

Lisez, messieurs, les considérations si éloquemment développées à cette époque par M. de Serre, et vous constaterez qu'aux yeux de M. de Serre la loi ne devait atteindre que les délits de droit commun commis par la voie de la presse ; la presse, disait cet éminent orateur, n'est pas la source, la cause essentielle de la perpétration de certains délits, pas plus que la poudre, ou tel ou tel engin de destruction, lorsqu'elle est employée dans un but meurtrier, n'a pas pour résultat de constituer un délit particulier. Et alors, ajoutait-il, lorsque nous légiférons sur les infractions qui peuvent être commises par la voie de la presse, il faut avoir le soin jaloux de ne retenir et de ne punir que les délits qui ont le caractère de droit commun.

Les prémisses étaient irréprochables, mais les déductions furent absolument vicieuses, car le législateur de 1819 se laissa, involontairement et de très bonne foi — on en est convaincu quand on lit la discussion — glisser sur une pente perfide, et successivement il introduisit dans les dispositions de son projet une série de prescriptions qui visaient non seulement des délits qui avaient le caractère incontestable de délits de droit commun, mais encore des délits qui, à vrai dire, n'étaient et ne devaient être que des délits d'opinion.

Aujourd'hui, cette loi, vous la supprimez : c'est très bien ; vous ne la supprimez pas uniquement pour vous en affranchir, mais parce que vous considérez que dans ses prescriptions il est des éléments qui ne sauraient être retenus ; mais dans cette loi de 1819, il y a deux parties distinctes et qu'il ne faut pas confondre.

Il y a cette partie qui vise les délits d'opinion ; celle-là, il faut la supprimer. Mais il y a aussi cette partie qui vise les délits de droit commun commis par la voie de la presse, et celle-là il faut la retenir. Pourquoi ? Parce que, bien que cette qualification des délits et que leur répression se produisent dans une loi spéciale, il n'en est pas moins vrai que ces dispositions de la loi ne visent et n'atteignent que des délits de droit commun. Or, supposez qu'aujourd'hui vous supprimiez toutes les lois antérieures, — et, remarquez-le, en supprimant la loi de 1819, vous supprimez ce qui, dans cette loi, atteint les délits de droit commun commis par la voie de la presse, — si, après avoir fait table rase, vous vous bornez à vous retourner vers le Code pénal de 1810, vous allez vous trouver en présence d'une législation qui punira des délits de droit commun commis dans des conditions bien moins graves que lorsqu'ils sont commis par la voie de la presse et ne punira pas ces derniers, et vous accorderiez ainsi à la presse, — que cependant vous ne voulez pas irresponsable, dont ses amis ne revendiquent pas l'irresponsabilité, — vous lui accorderiez une immunité particulière, puisque vous la replaceriez au point de vue de la répression — et c'est là le vice du système que je combats, — vous la replaceriez, dis-je, au même état où elle se trouvait en 1810, alors cependant qu'il n'y a rien de commun entre le régime actuel de la presse et le régime auquel elle était soumise en 1810. Qu'en 1810, le législateur n'ait pas été obligé de vérifier, d'atteindre et de punir les délits spéciaux d'une presse qui n'existait qu'à sa volonté, la raison en est facile à comprendre ; mais si, aujourd'hui, vous voulez rétablir la législation de 1819, demandez-vous si la presse existe et fonctionne dans les mêmes conditions où elle existait et fonctionnait en 1819. (Très bien ! très bien ! au banc de la commission.)

Eh bien, poser cette question, c'est la résoudre dans un sens négatif. Et que vous demandons-nous ? Nous ne vous demandons pas de créer des délits de presse ; il suffit, pour s'en convaincre, de lire les articles 26, 27 et suivants du projet de loi.

Nous nous bornons à retenir certains délits qui d'après nous et d'après les principes les plus certains du droit criminel, — il ne saurait y avoir discussion sur ce point, — ont le caractère incontestable de délits de droit commun : la provocation au crime, l'outrage, etc. Ces délits de droit commun sont punis par le Code pénal, c'est-à-dire par le droit commun criminel ; ils sont punis lorsqu'ils

12

PROVOCATION AUX CRIMES ET DÉLITS.

sont commis dans les conditions ordinaires, lorsqu'ils sont commis par un mode de perpétration bien moins grave que la presse ou la parole; voulez-vous leur assurer l'impunité parce qu'ils auront été commis par la parole ou par la presse? Ce ne serait pas alors soumettre la presse au droit commun; ce serait, à vrai dire, en matière pénale, l'affranchir du droit commun. (Très bien! sur divers bancs à gauche.)

Voilà la vérité. Non, nous n'avons pas commis cette erreur, en proclamant en principe la liberté de la presse, de soumettre son exercice à des conditions qui altéreraient sa dignité et son indépendance. Si nous avions commis cette erreur, nous le regretterions profondément et, en ce qui me concerne, je m'empresserais, non seulement de proclamer l'erreur commise, mais de solliciter d'être admis à participer à sa réparation. Mais nous avions la conviction que nous avons été parfaitement logiques. Nous avons voulu la presse libre et nous l'avons affranchie de toutes les entraves.

Nous l'avons voulue responsable comme elle doit vouloir l'être, pour sa dignité et sa légitime influence. Et, comme nous l'avons voulue responsable, nous ne l'avons pas placée en dehors du droit commun, ni à son détriment, ni à son bénéfice. C'est le droit commun que nous lui avons appliqué.

On ne saurait le méconnaître, alors que nous plaçons la responsabilité de la peine non pas en présence de ces délits spéciaux, vagues, arbitraires, qui constituent des délits d'opinion, mais en présence de ces délits restreints, qui seraient atteints s'ils étaient commis autrement que par la parole ou la presse, et qui ne sauraient être affranchis de la responsabilité parce qu'ils émanent d'un journaliste malveillant ou d'un orateur de mauvaise foi : c'est donc le droit commun que nous avons voulu appliquer, que nous avons appliqué; et c'est dans ces conditions que je persiste, au nom de la commission, à vous demander le maintien de ces articles 24, 25 et suivants qui ont, — il ne faut pas se le dissimuler, — un intérêt d'ordre public considérable. (Très bien! très bien! sur quelques bancs.)

Messieurs, veillez considérer dans quelles condition la commission a rempli la tâche dont vous l'aviez chargée.

Il y avait, lorsqu'elle a abordé les sujets que réglementent les articles 24 et suivants, un ordre d'idées considérable qui touchait aux questions les plus graves et les plus délicates de l'ordre public.

Elle n'a nullement hésité, en abordant cette étude, à engager sa responsabilité. Mais elle a la conviction qu'en agissant ainsi, elle n'a pas fait plus qu'elle ne devait faire. Et au moment où je vais descendre de cette tribune, je n'oublie pas que le projet de loi, et notamment le chapitre en discussion, sont l'œuvre commune de la commission et du Gouvernement.

Si donc, messieurs, un des membres de la commission est à cette tribune pour défendre une œuvre collective, c'est avec la certitude que ses efforts individuels seront, si la nécessité l'exige, appuyés et sanctionnés par les déclarations formelles du Gouvernement dont nous nous honorons d'avoir été les collaborateurs. (Vive approbation et applaudissements au centre et à gauche.)

M. le président. La parole est à M. Floquet.

M. Charles Floquet. Deux mots seulement de réponse à M. le rapporteur de la commission.

Il a dit d'abord que les délits de provocation étaient des délits de droit commun, parce qu'il y avait des délits de provocation prévus dans le Code pénal. Je lui ferai, à ce sujet, deux réponses. La première, c'est que les délits de provocation dont il a parlé sont des délits de provocation commis par des ministres du culte : évêques, archevêques, curés, etc., qui sont justement insérés dans la partie qui a trait aux délits commis par des fonctionnaires publics : c'est à titre d'abus d'autorité, c'est sous la rubrique d'abus d'autorité, que ces actes sont punis, ce n'est pas à titre de délits de presse, de délits de discours ou de paroles. Ils sont punis, vis-à-vis de fonctionnaires publics réglementés par l'acte solennel du Concordat qui venait d'être publié. Par conséquent, ce sont des délits absolument particuliers, rentrant, je le dis encore, dans la rubrique générale : d'abus d'autorité.

M. le rapporteur. C'est l'article 293.

M. Floquet. Mais voulez-vous dire que tout délit qui se trouve dans le Code pénal est un délit de droit commun, et que tout délit qui ne s'y trouve pas n'est pas un délit de droit commun? Ce n'est pas du tout ce que j'ai soutenu à la tribune. Il est certain que si, comme le disait tout à l'heure l'honorable rapporteur, sous l'empire n'avait pas existé ce régime dont il a fait et dont j'avais fait aussi la peinture, c'est-à-dire l'absence de toute liberté, il y aurait eu, selon les idées du jour, une loi sur les délits de presse ; on aurait pu les mettre dans le Code pénal ; ils n'en auraient pas été pour cela davantage des délits de droit commun.

La question qui s'agite en ce moment devant vous est celle-ci : la presse est un instrument ou un moyen d'aggravation d'un délit ; elle ne saurait être la cause constitutive d'un délit. (Très bien ! très bien ! à gauche.)

J'ai placé cette discussion au titre des provocations, parce que c'est là qu'elle vient de la façon la plus topique.

Provoquer, c'est-à-dire parler ou écrire sur une question quelconque, c'est un acte de la pensée humaine, c'est l'expression d'une opinion. Elle peut être détestable, criminelle aux yeux de la morale, fatale, elle peut avoir tous les caractères que vous voudrez, elle ne devient criminelle ou délictueuse que si vous décidez que vous frapperez, dans une mesure quelconque, les délits d'opinion. (Applaudissements à l'extrême gauche. — Protestations sur plusieurs bancs.)

M. Edouard Lockroy. Voilà la vérité.

M. Charles Floquet. Si vous décidez que vous ne frappez pas les délits d'opinion, vous ne pouvez pas frapper la provocation, qui est une opération de l'esprit humain. (Exclamations sur plusieurs bancs à gauche et au centre.)

Messieurs, toute la question est là. Nous ne sommes pas d'accord, je le sais, mais permettez-moi d'exprimer mon opinion. (Parlez ! parlez !)

Et c'est là que vient ma doctrine sur le droit commun. Je dis ceci : la provocation sera délictueuse, elle constituera la complicité, oui, à une condition : c'est de constituer véritablement la complicité, c'est-à-dire d'être revêtue des formes qui sont prévues dans l'article 60 : « Quiconque par promesses, menaces, abus d'autorité, aide, assistance, etc. », à la condition que cette provocation contiendra une de ces formes, une de ces prévisions de l'article 60 du Code pénal ; à cette condition, elle sera punie parce qu'alors elle s'attache à l'acte criminel commis par d'autres, elle en devient l'accessoire ; à ce moment, la provocation devient criminelle, ce n'est plus une opération de la pensée, c'est l'aide, c'est l'assistance offerte à un acte criminel ou délictueux qui a été accompli. (Marques d'assentiment sur plusieurs bancs à gauche.)

Les lois de la Révolution française avaient introduit dans le Code pénal de 1791, dans la définition de la complicité, un article, un paragraphe particulier qui assimilait, quand le crime avait été commis, la simple provocation par écrits, discours, etc., à la complicité, mais qui ne punissait jamais cette provocation quand l'acte n'était pas accompli.

Moi, je vais plus loin, je vous dis : Il faut vous renfermer dans l'article 60, et examiner, en renvoyant à la commission, si vous devez faire rentrer dans l'article du Code pénal ce qui existait dans la loi de 1791, et alors la provocation, si l'acte a été accompli, deviendra une complicité. Ce sera bien dangereux, car apprécier les provocations, c'est une chose grave, quand elles ne revêtent pas un caractère de complicité par l'article 60 lui-même.

PROVOCATION AUX CRIMES ET DÉLITS.

Permettez-moi de vous dire que c'est si bien la complicité qu'on veut atteindre en réalité que, lorsqu'en 1835, au moment où l'on a fait les lois de septembre, on a assimilé à la complicité la simple provocation à un attentat contre le Gouvernement. Qu'est-ce qu'on a dit?

L'un de ceux qui défendaient la loi et la soutenaient avec la plus grande énergie, M. de Barante, disait, — et vous allez bien voir qu'il s'agissait de la complicité — :

« Il n'est pas une sédition, pas un trouble public où l'action directe des journaux ennemis ne soit pour quelque chose. Toujours vous avez trouvé des rapports directs et habituels entre la rédaction factieuse et l'entreprise factieuse.

« Le bureau du journal a été ou un quartier général, ou un conseil de guerre. On y est venu prendre l'ordre. Pour parler avec justice, on y a même parfois reçu des conseils de prudence.

« L'excitation s'est troublée, voyant qu'on lui obéissait trop tôt et que les chances de succès n'étaient pas encore suffisantes. La France ne veut plus endurer ce désordre. »

Vous voyez bien, messieurs, que dans l'esprit de ceux-là mêmes qui introduisaient dans les lois de septembre cette complicité indirecte, cette simple provocation érigée à l'état de complicité, dans leur esprit, c'était la complicité selon le Code pénal; c'était bien elle qui était la cause et le motif de cette modification lamentable de la législation.

Eh bien, messieurs, je vous propose ceci : renvoyez votre loi à la commission; peut-être introduirez-vous — ce serait contre mon opinion — dans le Code pénal, à l'article 60, votre article 24 :

« Seront punis, comme complices d'une action qualifiée crime ou délit, ceux qui, soit par des discours, cris ou menaces proférés dans des lieux ou réunions publics, soit par des écrits, des imprimés, des dessins, des gravures, des peintures ou emblèmes vendus ou distribués, mis en vente ou exposés dans des lieux ou réunions publics, soit par des placards ou affiches exposés aux regards du public, auront directement provoqué à la commettre, si la provocation a été suivie d'effet. »

Assurément, vous rejetterez les articles 27, 28 et les autres articles, car, enfin, vous avez dit que vous vouliez seulement punir les faits de droit commun.

Vous me permettrez de vous demander, lorsqu'il y a eu simple provocation, et qu'aucun acte n'a été commis, sur quoi vous vous baserez, sur quoi vous vous appuierez, pour dire qu'il y a, en fait, quelque autre chose qu'un délit d'opinion.

Vous avez le droit, comme législateurs, de frapper les délits d'opinion, mais ne dites pas alors que vous changez le caractère et l'esprit des législations antérieures. (Vifs applaudissements sur plusieurs bancs à gauche.)

M. Gatineau. Je crois, messieurs, qu'il serait sage de renvoyer l'amendement de notre honorable collègue M. Floquet à la commission. Il a été présenté au cours de la discussion, il a un caractère extrêmement sérieux, et j'ai, pour ma part, la conviction qu'il peut être adopté par la commission sans que son travail soit sensiblement détruit. (Exclamations diverses.)

Ce qui sera détruit et ce que la majorité de la Chambre a l'intention de détruire, ce sont les délits de presse. Or, dans les articles qui ont été examinés tout à l'heure par notre honorable collègue M. Floquet, il est certain que le délit spécial de presse se trouve rétabli dans la rédaction de la commission, et alors je viens vous demander, la chose étant à mes yeux d'une extrême gravité, que la commission ayant, dans cette partie de son travail, manqué au programme qu'elle a développé maintes fois à cette tribune... (Réclamations)..., je viens vous demander le renvoi à la commission, afin qu'elle prenne une décision avec maturité. (Très bien! très bien! sur plusieurs bancs à gauche. — Aux voix! aux voix!)

M. Cazot, *garde des sceaux, ministre de la justice.* Je demande la parole.

M. le président. Il s'agit d'une demande de renvoi. M. le garde des sceaux a la parole.

M. Cazot, *garde des sceaux, ministre de la justice.* Messieurs, au nom du Gouvernement, je viens déclarer qu'il s'oppose au renvoi demandé par l'honorable préopinant... (Très bien ! très bien !) et qu'il demande que le contre-projet qui est soumis à vos délibérations par l'honorable M. Floquet soit repoussé d'ores et déjà.

L'honorable M. Agniel faisait appel tout à l'heure au Gouvernement et à la responsabilité qui le liait à la commission. Oui, nous avons collaboré ; oui, c'est ensemble que nous avons adopté les incriminations formulées dans le projet de loi, et c'est avec la commission que nous vous demandons, à l'heure qu'il est, de continuer votre délibération sur les articles relatifs aux incriminations dont il s'agit.

A l'heure où en est arrivée la discussion, je n'entrerai pas dans de longs développements, qui seraient assurément hors de propos, après les observations si nettes et, à mon sens, si décisives, qui ont été présentées à cette tribune par l'honorable M. Agniel. Dans les débats relatifs au régime de la presse, dans les débats qui se sont produits, soit dans les assemblées, soit parmi les publicistes, nous avons souvent et à cette séance même, entendu formuler cette proposition, qui est devenue, pour ainsi dire, un lieu commun, à savoir qu'il n'y a pas de délits spéciaux de presse, et qu'il n'y a que des délits de droit commun.

Il me semble, messieurs, qu'il règne sur cette question quelque confusion, une équivoque que je vous demande la permission de dissiper brièvement.

Si l'on veut dire qu'il n'y a pas de délits spéciaux de presse, en ce sens qu'il n'y a pas de délits d'opinion, on a parfaitement raison ; c'est notre avis, c'est le vôtre, c'est celui de la commission, c'est celui du pays tout entier, à qui le Gouvernement est jaloux, comme vous tous, d'assurer la liberté qu'il a méritée par sa sagesse, ses efforts et sa patience. (Très bien ! très bien !)

Mais, si l'on veut dire qu'il n'y a d'autres délits de droit commun commis par la voie de la presse que ceux qui se trouvent dans le Code pénal, il y a là une erreur profonde et qu'il importe de ne pas laisser s'accréditer. (Marques d'assentiment.)

Pour qu'un fait soit considéré comme un délit de droit commun, il n'est pas nécessaire qu'il soit prévu dans telle ou telle partie de notre législation pénale, il suffit qu'il réunisse tous les caractères, toutes les conditions exigées par le droit, et j'ajoute par la raison, pour les incriminations.

Au banc de la commission. C'est cela !

M. le garde des sceaux. Quelles sont ces conditions ? Il n'est pas difficile de les formuler. Lorsqu'on se trouve en présence d'un fait, voici les questions qu'il faut se poser : Y a-t-il eu chez l'agent une intention perverse ? Le fait qui a été commis a-t-il causé un préjudice à la société ? Enfin, le fait qu'il s'agit d'incriminer est-il susceptible d'une définition rigoureuse, ne laissant aucune place à l'arbitraire ? (Marques nombreuses d'assentiment.)

Si l'une ou l'autre de ces conditions fait défaut, vous n'avez pas le droit d'incriminer le fait. Si toutes ces conditions, si tous ces caractères se trouvent réunis, vous avez le droit de l'incriminer et d'affirmer hautement que c'est là une incrimination de droit commun. Peu importe que vous le fassiez figurer dans la législation pénale de droit commun ou que vous la fassiez figurer dans une loi particulière. (Marques d'approbation au centre.) Est-ce que par hasard — permettez-moi cette comparaison — les délits de chasse ne sont pas des délits de droit commun, parce qu'ils figurent dans une loi particulière ?

M. Allain-Targé. Ce sont des contraventions !

M. le garde des sceaux. Est-ce que le délit de contrefaçon n'est pas un

PROVOCATION AUX CRIMES ET DÉLITS.

délit de droit commun, bien qu'il soit formulé dans la loi de 1844 ? Eh bien ! les faits délictueux qui sont commis par la voie de la presse et qui réunissent les conditions et les caractères dont j'ai parlé tout à l'heure, sont également des délits de droit commun, soit qu'ils figurent dans le Code pénal, soit qu'ils figurent dans la loi spéciale sur la presse.

On parlait tout à l'heure spécialement de la provocation. Je ne veux pas examiner, à l'heure qu'il est, la question de savoir dans quelles circonstances ni dans quelles conditions la provocation, commise par la voie de la presse, peut être incriminée ; c'est l'objet de certains articles qui viendront en discussion plus tard ; je me réserve le droit d'exprimer mon opinion et celle du Gouvernement sur tous ces articles. Je prends ici la provocation en général.

Voilà un fait, une provocation directe : est-ce que ce fait n'accuse pas chez son agent une intention coupable ? Est-ce que cette provocation n'a pas pour but et pour conséquence de produire dans la société un trouble profond, d'alarmer des intérêts ? Eh oui ! si vous laissez la provocation impunie, lorsqu'elle a pour but de porter à un crime défini par le droit commun, défini par le Code pénal de 1810, que l'on veut faire considérer comme le type idéal des délits de droit commun, est-ce qu'il n'y a pas là un mal profond causé à la société ?

Est-ce que les intérêts ne sont pas alarmés ? Et si les pouvoirs de répression restent inactifs, si l'auteur de la provocation reste impuni, par la multiplicité même des provocations qui pourraient se produire, est-ce que l'alarme n'ira pas toujours croissant ? Est-ce que les citoyens qui se voient dans l'impuissance de se protéger eux-mêmes ne seraient pas dans une alarme continuelle en ne sentant plus la main tutélaire de la société qui les protège ? (Interruptions à l'extrême gauche. — Applaudissements à gauche et au centre.)

M. Gatineau. Je demande la parole.

M. le garde des sceaux, *se tournant vers les interrupteurs.* Mais, messieurs, vous me paraissez méconnaître à quelles conditions la législation pénale doit intervenir.

Voilà un fait, un fait dommageable, causant préjudice à autrui...

M. Allain-Targé. Je demande la parole.

M. le garde des sceaux... Si l'individu, si le particulier, si le citoyen peut se protéger lui-même, le législateur pénal n'a pas à intervenir ; la voie civile est ouverte à la victime du fait, elle n'a qu'à demander la réparation du dommage qui lui a été causé. Mais il y a de ces faits contre lesquels les simples particuliers, par leur prévoyance ordinaire, par leur prévoyance habituelle, ne peuvent pas se prémunir ; eh bien, je dis que les crimes de droit commun qui sont l'objectif de certaines provocations appartiennent à cette classe de faits qui troublent profondément les intérêts et qui, je le disais tout à l'heure, laissant à chacun la conscience de son impuissance, causent dans la société une alarme profonde, parce que les citoyens ne se sentent pas suffisamment protégés par la société. (Mouvements en sens divers.)

Et maintenant, lorsque le législateur vient vous dire : — Voilà un fait, une provocation qui accuse chez son auteur une intention coupable ; voilà l'objet de cette provocation, c'est un crime, un délit de droit commun ; il y a un lien entre la provocation et le crime de droit commun. — Dans ces conditions, je vous le demande, est-ce qu'il y a place pour l'arbitraire ? Est-ce que quelqu'un peut redouter le danger de ces interprétations capricieuses, que nous trouvons dans le martyrologe et dans l'histoire de la presse ?

Mais, poser cette question, c'est la résoudre ! Voilà un fait, une provocation à un crime, à un délit de droit commun, définie et caractérisée par le Code pénal ordinaire. Qu'y a-t-il donc d'arbitraire là-dedans ?

Est-ce que toutes les conditions de l'incrimination ne se trouvent pas réunies : perversité de l'agent, mal social, etc...? Est-ce qu'il y a place à l'arbitraire, quand on vient vous dire : Vous ne punirez qu'à la condition que vous reconnaîtrez qu'il y a un lien intime, indissoluble entre la provocation et tel ou tel fait qui est défini par la loi pénale ?

Encore une fois, messieurs, je n'insiste pas sur ces considérations. L'honorable M. Agniel vous disait tout à l'heure que le Code pénal prévoyait certaines provocations, et que, s'il gardait le silence sur les provocations commises par la voie de la presse, c'est que la liberté de la presse n'existait pas à cette époque-là, 1810 ; en effet, c'était l'époque de la censure, 1810, c'était l'époque de la mort sans phrases pour les journaux qui déplaisaient au maître ; 1810, c'était l'époque...

M. Alfred Naquet. Je demande la parole.

M. le garde des sceaux ...où la pensée humaine était traitée d'idéologie, comme si la persécution ne suffisait pas et qu'il fallût y ajouter le mépris ! La liberté de la presse n'existant pas à ce moment-là, le Code pénal ne pouvait évidemment pas prévoir les incriminations qui ont été prévues par des lois postérieures et qui le sont dans le projet qui vous est soumis.

Je prie la Chambre de vouloir bien repousser le contre-projet présenté par l'honorable M. Floquet et de passer à la discussion des articles dont il s'agit. (Applaudissement à gauche et au centre.)

M. le président. La parole est à M. Gatineau.

M. Gatineau. Messieurs, je ne viens pas répondre aux considérations éloquentes qu'a fait valoir à la tribune M. le garde des sceaux. Ces considérations, elles ont été produites devant les Parlements toutes les fois qu'il s'est agi de leur demander des lois répressives de la liberté. (Très bien ! très bien ! à gauche.)

Un membre à gauche. C'est toujours le même air.

M. Gatineau. Je veux rentrer dans ce que j'appellerai les termes exacts et précis de la discussion, et pour cela je suis obligé de ramener la Chambre aux textes eux-mêmes ; de l'examen de ces textes, qui sera d'ailleurs très rapide, résultera pour elle la preuve la plus convaincante que les raisons de M. le garde des sceaux ont un caractère absolument général, et qu'elles ne s'appliquent pas le moins du monde à l'objet en discussion. (Très bien ! à gauche.)

Les deux premiers articles visés par l'amendement de M. Floquet et qui portent les numéros 24 et 25, n'appartiennent pas au droit commun ; ils sont en dehors des principes du droit commun, et je mets au défi le contradicteur autorisé auquel j'ai la témérité de répondre, de trouver, soit dans le Code pénal, soit dans le Code criminel, quoi que ce soit pour justifier sa thèse et en faire l'application aux articles dont je viens de parler.

M. le garde des sceaux. Le Code pénal n'est pas tout le droit commun !

M. Gatineau. Je ne dis pas que le Code pénal soit tout le droit commun, je dis que les articles dont nous nous occupons en ce moment sont en dehors du droit commun, quelles que soient les sources où on aille rechercher le droit commun.

Le Code pénal définit la tentative en matière de crime et en matière de délit dans deux articles dont je mettrai le texte sous vos yeux, parce que je tiens à apporter dans la discussion une précision qui, je l'espère, sera décisive.

Voici l'article 2 du Code pénal : « Toute tentative de crime — entendez-le bien, de crime seulement, — qui aura été manifestée par un commencement d'exécution, si elle n'a été suspendue, ou n'a manqué son effet que par des circonstances indépendantes de la volonté de son auteur, est considérée comme le crime même.

« Art. 3. — Les tentatives de délit ne sont considérées comme délits que dans les cas déterminés par une disposition spéciale de la loi. » (Très bien ! à l'extrême gauche.)

Or, que rencontre-t-on dans votre loi, dans cette loi de liberté, de laquelle vous avez prétendu avoir expulsé toute espèce de délit spécial ? Il y a le contraire de

PROVOCATION AUX CRIMES ET DÉLITS.

ces principes, il y en a la violation ! (Applaudissements sur plusieurs bancs à gauche.) Et, en effet, le Code pénal définit la tentative, il définit la complicité, et cela d'une manière générale. Vous, vous donnez une définition spéciale dans l'article 24, vous procédez par une énumération toute pleine de périls, parce qu'elle n'est pas limitée, malgré l'énumération qu'elle renferme, et que le juge l'a toujours considérée comme illimitée dans la pratique. (Très bien ! à l'extrême gauche.)

Mais ce n'est pas la partie la plus choquante du chapitre 4 du projet de loi ; la partie la plus choquante, elle est dans l'article 25, dont vous rapprochez les deux textes du Code pénal que je viens de rappeler à vos souvenirs. Voici comment est conçu l'article 25 du projet :

« Si la provocation n'est pas suivie d'effet... » vous entendez bien : n'est pas suivie d'effet ! (Exclamations) « ...son auteur sera puni d'un emprisonnement de trois mois à deux ans et d'une amende de 100 francs à 3,000 francs, ou de l'une de ces deux peines seulement, lorsque l'action à laquelle il aura provoqué est qualifiée crime. » (Mouvements divers.)

A droite. C'est très libéral.

A gauche. Changez le Code pénal, alors !

M. Gatineau. Or, la provocation qui n'est suivie d'aucun effet n'a jamais constitué une tentative ; une provocation qui n'est suivie d'aucun effet n'a jamais rien constitué, soit au point de vue du délit, soit au point de vue du crime. (Très bien ! très bien ! à gauche.)

Et, quand on vient nous parler de rassurer les citoyens, ma réponse consiste à rapprocher tous ces textes pour montrer ce qu'il y a d'excessif dans cette disposition anormale qui n'appartient qu'à cette loi sur la presse, loi mauvaise qui s'applique à ce qui n'est ni crime, ni délit, ni tentative de crime ou de délit. Il s'agit non pas de rassurer la société, mais de rassurer la liberté ! (Vifs applaudissements à l'extrême gauche.)

M. le président. M. Agniel a la parole au nom de la commission.

Sur divers bancs. A jeudi ! à jeudi !

M. Agniel. Messieurs, je ne vous demande que quelques minutes de bienveillante attention.

Je comprends à merveille qu'à cette heure il serait souverainement déplacé de rentrer dans la discussion. (Exclamations à gauche.)

M. Allain-Targé. Mais la discussion n'est pas finie.

M. Émile de Girardin. Elle commence !

De divers côtés. A jeudi ! à jeudi !

M. Allain-Targé. Le côté politique n'a pas été abordé !

M. Édouard Lockroy. La question de droit politique reste à traiter.

Voix nombreuses. A jeudi ! à jeudi !

M. Cuneo d'Ornano. Nous demandons le renvoi à jeudi.

M. Agniel. Quant à moi, messieurs, je ne demande pas le renvoi ; je suis à la disposition de la Chambre et prêt à discuter. J'ajoute qu'en ce qui me concerne spécialement, je n'en ai que pour quelques minutes. (Parlez ! — Non ! non ! — A jeudi ! — Bruit.)

M. le président. Messieurs, je vais poser la question. L'orateur ne demande que quelques minutes pour s'expliquer ; mais un nombre assez considérable de nos collègues demandent le renvoi de la discussion à jeudi. (Interruptions.)

Comme il est bien simple ou de lever la séance ou d'écouter en silence, je vais consulter la Chambre en la priant de respecter la décision qui sera rendue, quelle qu'elle soit.

(La remise de la discussion à jeudi est mise aux voix et prononcée.)

OBSERVATION.

A remarquer le discours de M. Cazot, garde des sceaux, répondant à M. Floquet sur la question de renvoi de l'amendement à la commission. Son but est de résoudre la difficulté résultant de l'assimilation d'un délit de presse aux délits de droit commun.

« Pour qu'un fait, dit-il, soit considéré comme un délit de droit « commun, il n'est pas nécessaire qu'il soit prévu dans telle ou telle « partie de notre législation pénale, il suffit qu'il réunisse tous les « caractères, toutes les conditions exigées par le droit, et j'ajoute « par la raison, pour les incriminations.

« Quelles sont ces conditions? Il n'est pas difficile de les for- « muler. Lorsqu'on se trouve en présence d'un fait voici les ques- « tions qu'il faut se poser :

« Y a-t-il eu chez l'agent une intention perverse ?

« Le fait qui a été commis a-t-il causé un préjudice à la société ?

« Enfin le fait qu'il s'agit d'incriminer est-il susceptible d'une « définition rigoureuse ne laissant aucune place à l'arbitraire ? »

Ces conditions posées comme un principe par M. le garde des sceaux ont-elles été relevées dans le débat de manière à s'introduire dans le texte de la loi? Heureusement non. Elles restent dans les documents comme une partie du débat et non comme une source du texte de la loi.

Quand le *fait* qu'il s'agit d'examiner n'est pas, comme le dit M. le garde des sceaux dans son raisonnement, celui auquel se rapporte l'écrit qu'il s'agit d'incriminer, mais quand le *fait* dont on poursuit l'incrimination est *l'écrit lui-même*, alors la règle qu'il établit n'a plus qu'une application vague et qui dépend entièrement de la disposition d'esprit des juges.

Aussi il nous semble que ce n'est pas dans l'argumentation de ce discours qu'il conviendrait de chercher la règle à soumettre au juge par l'accusateur ou par le défenseur dans un procès intenté à un écrit, indépendamment du concours de l'écrit à d'autres faits.

La théorie du ministre a été contredite par M. Floquet dans sa réponse à la fin de la séance du 27 janvier. Il est utile de la lire après le discours de M. Cazot.

PROVOCATION AUX CRIMES ET DÉLITS.

CHAMBRE DES DÉPUTÉS ; PRÉSIDENT M. GAMBETTA.

Première délibération. Séance du jeudi 27 janvier 1881.

M. le président. L'ordre du jour appelle la suite de la 1re délibération sur les diverses propositions relatives au régime de la presse.

La chambre s'est arrêtée, mardi, à l'amendement présenté par M. Floquet et plusieurs autres collègues sur l'article 24.

La parole est à M. Agniel.

M. Agniel. Messieurs, en renvoyant à la séance de ce jour la continuation de la discussion sur le contre-projet de l'honorable M. Floquet, vous avez suffisamment attesté la sollicitude que vous inspirait la gravité du problème soumis à vos méditations. Adversaires ou partisans de ce contre-projet, tous nous devons nous féliciter de notre résolution et du sentiment qui l'a dictée, et je crois répondre à vos désirs en rentrant, mais brièvement, dans la discussion et dans l'examen de ce contre-projet.

Je ne méconnais pas, messieurs, tant s'en faut, la gravité des questions qu'il soulève, mais à raison même de cette gravité, je crois que la Chambre doit désirer que la discussion soit complète et que le pays puisse juger par lui-même où est la vérité.

C'est donc pour répondre à ce que je crois être le désir de la Chambre, que je rouvre cette discussion. Et permettez-moi, messieurs, tout d'abord, de vous citer un exemple frappant de la nécessité d'une étude approfondie. Il est certaines erreurs, difficiles à comprendre, qui sont en train de faire leur chemin. (Rumeurs et bruits de conversations.)

M. le président. Monsieur Agniel, veuillez attendre le silence.

M. Agniel. J'avais l'honneur de vous dire, messieurs, que certaines erreurs, fort difficiles à comprendre, étaient en train de faire leur chemin. Permettez-moi de vous en citer un exemple. J'ai reçu hier soir, et chacun de vous a certainement reçu, un article de journal de Paris, intitulé : *Le Droit commun*, et qui, nous étant adressé individuellement, a certainement l'intention d'appeler notre attention spéciale sur la question qui est soulevée.

Or, messieurs, à l'occasion de cette théorie de droit commun, savez-vous quelle est la revendication formulée par l'écrivain ?

Je préfère vous citer textuellement que rappeler.

Un membre à gauche. Cela n'a aucune importance.

M. Agniel. Voici à quel point de vue spécial ceci a de l'importance :

« La presse ne comprend pas qu'un délit change de caractère ou de qualification pour avoir été commis au moyen de l'écriture au lieu de l'être au moyen de la voix.

« Une diffamation, une calomnie, un outrage, une provocation à la haine et au mépris des citoyens ou du Gouvernement, un appel à l'insurrection, etc, etc., — en un mot, tous les attentats contre les droits publics et privés ne sont et ne peuvent pas être une chose diverse quand c'est un écrivain qui s'en rend coupable dans un journal, ou quand c'est un individu qui les commet dans une réunion publique.

« La presse n'est que la parole imprimée.

« Qu'on la punisse, comme on punirait la parole, qu'on puisse même lui appliquer le maximum de la peine, à cause de sa portée et de son retentissement, cela se justifie, mais ce qui ne se justifie pas, c'est qu'on crée pour elle des délits spéciaux et des pénalités exceptionnelles. »

Cet article vous prouve suffisamment combien est mal comprise cette question de revendication de droit commun (Interruption), puisque voilà un organe important de la publicité parisienne qui ne s'est pas aperçu que le projet de loi visait à la fois les délits commis par la voie de la presse et par la voie de la parole et qui entend le droit commun en ce sens — si c'était là le contre-projet nous serions vite d'accord — que des délits commis par la voie de la presse doivent être punis comme les délits commis par la voie de la parole.

Il est bien évident, messieurs, que ce n'est que le contre-projet auquel je dois répondre. Et, pour me placer en présence de ce contre-projet, permettez-moi d'en mettre le texte sous vos yeux.

En voici les termes, qu'il est essentiel de rappeler (Nouvelles interruptions) :

« Art. 1er. — Remplacer les articles 24, 25, 26, 27, 28, 29, 37, 39, par la disposition suivante :

« Art. 26. — Il n'y a pas de délits spéciaux de la presse.

« Quiconque fait usage de la presse ou de tout autre moyen de publication est responsable selon le droit commun. »

Vous remarquerez que ce contre-projet n'a pas pour but de supprimer tous les délits qui sont visés par notre projet de loi et notamment il maintient les délits de cris séditieux, fausses nouvelles, outrages aux bonnes mœurs, diffamation. Lorsque le contre-projet est dans la nécessité de reconnaître qu'il y a là cinq délits qui, à raison de leur caractère particulier, doivent être maintenus, est-il absolument vrai de dire comme il est dit au paragraphe 2 : Il n'y a pas de délits spéciaux de presse, et n'est-il pas plus exact de reconnaître que, s'il n'y a pas de délits spéciaux de la presse à proprement parler, il y a des délits de droit commun qui, commis par la voie de la presse ou de la parole et n'étant pas atteints par les dispositions de droit commun, doivent être atteints par les dispositions pénales d'une loi spéciale ? Voilà, messieurs, une exception considérable que l'honorable auteur du contre-projet est obligé d'introduire dans sa théorie. J'examine son contre-projet tel qu'il se résume dans la demande de suppression de certains articles, et ce que je voudrais alors vous démontrer, c'est que sous prétexte de revenir au droit commun, c'est-à-dire de placer la presse sous l'empire du droit commun pénal, le contre-projet aurait ce résultat fatal : ou de créer à la presse des immunités particulières, le privilège d'une irresponsabilité exceptionnelle, ou de la placer sous le coup de certaines dispositions pénales de droit commun qui seraient beaucoup plus sévères, beaucoup plus dures que les dispositions de notre projet de loi.

Pourquoi, messieurs, ce résultat étrange? C'est que le projet de loi qui est soumis à vos délibérations n'a retenu que des délits de droit commun, punis à l'origine par la loi pénale de droit commun, qui a été successivement abrogée, en 1819 et 1822, de telle sorte... (Bruit de conversations.)

M. Fouquet. Il est déplorable, dans une loi aussi grave, de ne pas pouvoir suivre l'orateur.

M. le président. Veuillez écouter, messieurs.

M. Agniel. J'avais l'honneur de vous dire que je serais aussi bref que possible; je ne tiens pas à m'imposer à l'attention de la Chambre.

Voix à gauche. Parlez! parlez!

M. le président. Personne ne vous demande d'être bref, monsieur Agniel, mais la majorité de vos collègues supplie la minorité de vous écouter. (Très-bien ! au centre et à gauche.)

M. Agniel. J'avais l'honneur de signaler quel devait être le résultat fatal, pratique, du contre-projet présenté par l'honorable M. Floquet : ou impunité de la presse et de la parole, ou condamnation exagérée.

Impunité de la presse ou de la parole, parce que les délits de droit commun qui, dans le code pénal de 1810, étaient frappés par les dispositions de droit commun, ont été supprimés par des lois spéciales qu'abroge à son tour notre projet de loi. De telle sorte que si aujourd'hui notre projet abroge les lois anté-

PROVOCATION AUX CRIMES ET DÉLITS.

rieures sur la presse, et ne supplée en rien aux conséquences de cette abrogation, lorsqu'il faudra atteindre les délits de droit commun commis par la presse ou la parole, vous vous trouverez en présence du néant le plus absolu. (Très-bien ! très-bien !)

Voilà, messieurs, ce que je vous demande la permission de démontrer. Il me semble que c'est là une question qui peut être traitée sans passion aucune, avec la sécurité la plus absolue. Et j'ajoute que, dans l'étude des problèmes de cette nature, si l'esprit peut s'élever à la sérénité la plus complète, il sera dans les meilleures conditions pour arriver à dégager ce qui doit être la vérité. (Très-bien ! très-bien) !

J'ai posé la thèse ; j'en entreprends immédiatement la démonstration. Je vous rappelle tout d'abord que le contre-projet de l'honorable M. Floquet est bien obligé de vous faire cette concession, qu'il y a des délits ayant un caractère particulier tout en étant des délits de droit commun, qui sont commis par la presse et par la parole, et qui ne peuvent ni ne doivent rester impunis, puisque son contre-projet laisse subsister le délit de cris séditieux, le délit de fausses nouvelles, le délit d'outrage aux bonnes mœurs, le délit de diffamation.

M. Charles Floquet. Je ne voudrais pas vous laisser continuer sans rectifier cette erreur.

Dans le *Journal officiel*, il y a l'article 37, je ne l'ai pas abordé. Ce que j'ai supprimé, ce sont les délits contre la chose publique, les articles 29 et 31. J'ai fait un article 32, j'ai supprimé les articles 39 et 40, les délits contre le chef de l'État, c'est-à-dire tout ce qui est politique.

J'ai réservé pour une discussion ultérieure les délits contre les personnes. C'est là que nous nous expliquerons sur la diffamation et l'injure. Mais je supprime tous les délits d'opinion. L'article 31 est supprimé comme les autres.

M. Agniel. Je prenais la proposition telle qu'elle était formulée, et comme dans cette proposition je voyais qu'il n'était pas question de supprimer les articles qui vont du numéro 30 au numéro 36, j'étais autorisé à croire que ces articles étaient maintenus. Sur l'explication de M. Floquet, je laisse de côté cette partie de la proposition, et j'aborde ma démonstration.

Est-il vrai ou non que les délits retenus dans notre projet de loi, et constituant, d'après le code pénal, des infractions de droit commun, seraient, si vous ne deviez les atteindre qu'en les renvoyant à l'application du droit commun, affranchis de toute responsabilité ?

Prenons quelques exemples.

Le premier, le plus considérable qui se présente est le délit de provocation au crime ou au délit. Avant de vous prouver par l'examen de la législation que c'est bien là un délit ayant tous les caractères du droit commun, permettez-moi de vous demander si, en morale et en raison, il est possible de considérer la provocation au crime et au délit comme une conception inoffensive et irresponsable de l'esprit, ou si, au contraire, cette provocation ne participe pas, à un égal degré, à la culpabilité de l'auteur du crime ou délit.

A mon sens, s'il fallait établir une différence entre la culpabilité du provocateur et la culpabilité de l'agent, je l'établirais au bénéfice de l'agent et au détriment du provocateur. Eh quoi ! messieurs, à un jour déterminé, un homme qui tiendra la plume ou qui prendra la parole dans une réunion publique, abusant peut-être de l'influence du talent, du charme de la séduction, poussera ou ses auditeurs ou ses lecteurs trop crédules à commettre un de ces actes dont le caractère criminel est incontestable ; subissant l'influence de l'écrit ou de la parole, quelques-uns de ces lecteurs ou de ces auditeurs égarés iront commettre un crime, un attentat, aujourd'hui contre la propriété privée, demain contre la tranquillité publique, et il faudrait admettre ce résultat que, tandis que ceux qui n'ont commis le crime que sous l'influence de la provocation brûlante qui leur était versée, seraient responsables devant la justice du pays, celui qui est le véritable auteur, celui sans lequel les actes criminels n'auraient pas été commis, pourra, se réfugiant dans une abstention prudente, assister au désastre et à la punition de ceux qui n'eurent que le tort de croire ou à sa parole ou à ses écrits ! (Applaudissements au centre.)

Est-ce qu'en morale, est-ce qu'en raison vous ne placerez pas, sur la même ligne, sinon au-dessus de la responsabilité de celui qui n'a eu que le tort de se laisser trop facilement convaincre, la responsabilité de celui qui, dans le silence du cabinet, pouvant méditer la portée de ses conseils, les conséquences de ses exhortations provocatrices, n'aura pas reculé à la fois devant le péril social qu'il allait soulever et devant la situation déplorable qu'il allait imposer à ceux qui auraient la folie de suivre ses conseils ?

M. Gatineau. Salut au « péril social ! »

M. Agniel. Permettez ! il est des phrases dont il ne faut pas abuser. (Interruptions à gauche.) Mais mon honorable collègue, M. Gatineau, ne me fera jamais croire, en raillant très agréablement d'ailleurs sur un mot, que ce soit un sujet piquant de raillerie, que le spectacle suivant : quelques hommes, au sortir d'une réunion publique, allant commettre un crime et condamnés en cour d'assises, tandis que celui qui les y aurait poussés reviendrait tranquillement à son foyer. (Très bien ! à gauche et au centre.)

MM. Gatineau et **Charles Floquet.** Il serait condamné comme complice. (Exclamations au centre).

M. Agniel. Soyez tranquilles, je n'éluderai pas l'objection. Seulement je vous demande, — si ceci ne vous paraît pas de la licence, — la liberté de renvoyer l'examen de l'objection prise de la complicité au moment où elle trouvera sa place dans les développements que j'ai l'honneur de soumettre à la Chambre.

Je disais donc, messieurs, que si, abstraction faite de l'œuvre du législateur, vous considérez en morale, en raison pure, le rôle du provocateur, il est impossible de ne pas assimiler sa culpabilité à celle de l'agent.

En voulez-vous la preuve, non pas avec des affirmations personnelles, mais avec une démonstration puisée dans la législation du droit commun ? Je citerai tout d'abord un exemple, qu'on ne m'accusera pas d'avoir extrait d'une législation réactionnaire.

Il n'est pas sans intérêt, dans des questions de cette nature, de citer les précédents législatifs autrement que par des résumés. Voici, messieurs, en quels termes s'exprimait — et ce n'était pas, je le répète à dessein, une œuvre de réaction — l'article 17 de la Constitution du 14 septembre 1791, la « Déclaration des Droits de l'homme » :

« Art. 17. — Nul homme ne pourra être recherché ni poursuivi pour raison des écrits qu'il aura fait imprimer ou publier, sur quelque matière que ce soit, si ce n'est qu'il ait provoqué à dessein la désobéissance à la loi, l'avilissement des pouvoirs constitués, la résistance à leurs actes ou quelqu'une des actions déclarées crimes ou délits par la loi. » (Très bien ! très bien ! au centre.)

Voilà quel était le langage...

M. Charles Floquet. C'est la loi qui a été abrogée en 1819 !

M. Agniel. Voulez-vous me permettre...

M. le président. Cette discussion est de la plus haute importance. Je reconnais que les interruptions sont une marque de l'attention de la Chambre, mais il faudrait avoir égard à la situation de l'orateur obligé de suivre le fil de son discours au milieu d'interruptions incessantes.

C'est le sort de tout le monde qui est en question. (Très bien ! très bien !) Veuillez écouter !

M. Agniel. Messieurs, soyez convaincus que je me préoccupe d'être d'une exactitude absolue ; certainement je puis me tromper de la meilleure foi du monde, mais, dans le cas particulier, je n'ai pas erré.

PROVOCATION AUX CRIMES ET DÉLITS.

Voici dans quelles conditions a été promulgué l'article 17. Il l'a été en présence d'une loi antérieure, non pas postérieure, qui porte la date du 18 juillet 1791.

Et quand je vous aurai donné connaissance de son texte, vous verrez quelle importance nouvelle acquiert la déclaration de culpabilité des provocateurs, formellement inscrite dans la Déclaration des droits de l'homme.

Art. 1er de la loi du 18 juillet 1791 :

« Toutes personnes qui auront provoqué le meurtre, l'incendie, le pillage, ou qui conseillent formellement la désobéissance à la loi, soit par des placards, des affiches, soit par des écrits publics et colportés, soit par des discours tenus dans des lieux ou assemblées publiques, seront regardées comme séditieuses et perturbatrices, et, en conséquence, les officiers de police sont tenus de les faire arrêter sur-le-champ et de les remettre aux tribunaux pour les punir suivant la loi.

« Art. 2. — Tout homme qui, dans un attroupement ou émeute, aura fait entendre un cri de provocation au meurtre, sera puni de trois ans de chaîne, si le meurtre n'est pas commis, et comme complice du crime, s'il a eu lieu. »

Et c'est en présence de cette législation formelle que l'article 17 de la Constitution déclarait coupable la provocation à commettre des actes réputés crimes par la loi, la provocation à la désobéissance aux lois.

Je pourrais encore, avant d'arriver au code pénal de droit commun, vous citer une loi, la loi des 29 et 31 mars 1793, dont l'intérêt historique est considérable, sur le texte de laquelle je ne veux pas m'appesantir, mais dont je vous demande la permission de vous donner lecture :

« Quiconque sera convaincu d'avoir composé ou imprimé des ouvrages ou écrits provoquant la dissolution de la représentation, le rétablissement de la royauté ou de tout autre pouvoir attentatoire à la souveraineté nationale, sera puni de mort. » (Exclamations et rires à droite.)

M. Georges de Cassagnac. A la bonne heure ! Voilà qui est libéral !

M. Agniel. Voilà encore, messieurs, la provocation punie par la loi de septembre 1793. Et veuillez remarquer le chemin parcouru depuis 1791, c'est-à-dire en deux ans.

Nous arrivons enfin, en 1810, à l'œuvre législative qui constituera dorénavant le droit commun en matière pénale. Encore un texte qui va formellement punir la provocation dans les conditions suivantes, c'est l'ancien article 102. Je dis « ancien », puisqu'il fut abrogé en 1819. Mais il faut que vous sachiez quelle était la situation de droit commun avant l'avènement de cette loi de 1819, qui, si elle a été contraire aux principes en ce sens qu'elle a pour la première fois créé de véritables délits d'opinion, a été bienfaisante en un autre point, lorsqu'elle a adouci les pénalités appliquées par les lois antérieures aux infractions du droit commun commises par la voie de la presse.

Voici, messieurs, le texte de l'article 102 du code pénal :

« Seront punis comme coupables des crimes et complots » — non pas complices, messieurs ! — « mentionnés dans la présente section, tous ceux qui, soit par discours dans des lieux ou réunions publiques, soit par placards imprimés, auront excité directement les citoyens ou habitants à les commettre. Néanmoins, dans le cas où ladite provocation n'aurait été suivie d'aucun fait, leurs auteurs seront... » — je vous recommande cet adverbe, messieurs — « simplement punis de bannissement. »

M. Charles Floquet. C'est le code pénal de l'empire !

M. Agniel. C'est une de ces aménités du droit commun appliquées aux infractions de la presse et de la parole.

Le code pénal contient, en outre, une série d'articles punissant la provocation. Lorsque nous discuterons — si nous le discutons — l'article 26, je reviendrai sur ces diverses dispositions qui justifient le caractère délictueux de la provocation.

Ce que je tenais à constater, c'est que le code pénal de 1810 punissait la provocation dans les conditions que je viens d'indiquer.

Or, messieurs, qu'est-il advenu ? Et je touche ici à la fin de ma démonstration. La loi de 1819 a été promulguée. Qu'a-t-elle déclaré ? Elle a abrogé l'article 102 du code pénal, et elle ne s'est pas bornée à l'abroger : elle a substitué aux peines portées par cet article des peines nouvelles ; de telle sorte que la provocation, qui était précédemment punie, sous l'empire du droit commun par l'article 102, fut dorénavant punie par les dispositions nouvelles de la loi de 1819. Mais à l'heure où nous discutons, quelle est donc la situation ? L'article 102 n'existe plus, puisqu'il a été abrogé par la loi de 1819 ; la loi de 1819 n'existe plus, puisqu'elle a été abrogée par les articles 1er et 2 de votre projet de loi ; de telle sorte que si vous supprimez les articles 26 et suivants de notre projet, à quels résultats arriverez-vous ? C'est que des infractions de droit commun, qui étaient punies par des lois de droit commun, depuis 1791 jusqu'en 1819, ne seront atteintes aujourd'hui par aucune disposition pénale, et auront en conséquence le bénéfice de l'impunité. (Très bien ! très bien ! sur plusieurs bancs à gauche et au centre.)

Donc, messieurs, lorsqu'en ce qui concerne ces délits de provocation, on vous demande de déclarer la parole ou la presse responsables en vertu des textes de droit commun, c'est à vrai dire au néant qu'on renvoie cette responsabilité (Très bien !) ; et si la question était posée en fait devant un tribunal répressif quelconque, si ce tribunal était en présence de la nouvelle loi, où les articles 26 et suivants seraient remplacés par le contre-projet de l'honorable M. Floquet, il y aurait impossibilité légale pour ce tribunal, impossibilité absolue, d'atteindre par une répression quelconque la provocation.

J'arrive maintenant, ce qui prouvera à mon honorable collègue M. Gatineau que je n'avais pas perdu de vue, mais que j'avais retenu, avec l'importance que j'attache à toutes ses observations, j'arrive à l'objection puisée dans la complicité. On nous dit : Pourquoi vous préoccupez-vous d'atteindre et punir la provocation à titre d'infraction ayant son caractère spécial ? Ne vous suffit-il pas, ou ne devrait-il pas vous suffire d'avoir la possibilité de l'atteindre lorsque cette provocation aurait le caractère de complicité prévu et défini par le droit pénal, et notamment par l'article 60 de ce code ?

M. Gatineau. Parfaitement, très bien raisonné.

M. Charles Floquet. Très bien !

M. Agniel. L'objection serait parfaite, et je m'inclinerais immédiatement devant elle, si elle n'était réfutée par le texte même du droit commun qu'invoque la thèse que je combats.

Effectivement, messieurs, lorsqu'on vous demande de préciser la provocation à titre de complicité et que l'on ajoute : Pour que la provocation soit punissable, il faut qu'elle ait les caractères de la complicité, on oublie simplement que l'article 60 du code pénal, que l'on invoque, a mis en dehors des divers cas de complicité le cas particulier de provocation, et qu'il déclare en termes formels que la provocation sera atteinte et punie par des dispositions spéciales. De telle sorte que l'objection à laquelle je réponds a cet inconvénient considérable à mes yeux de s'appuyer en apparence sur la première partie de l'article 60, mais d'en confisquer le dernier paragraphe, reposant en réalité, non sur l'article 60, mais sur un texte mutilé ; en voici la preuve :

« Art. 60. — Seront punis comme complices d'une action qualifiée crime ou délit tous ceux qui par dons, promesses, menaces, abus d'autorité ou de pouvoir, machinations ou artifices coupables, auront provoqué à cette action ou donné des instructions pour la commettre, etc., etc. »

Je vous demande la permission de ne pas lire ce qui suit.

Sur plusieurs bancs. Oui ! oui !

PROVOCATION AUX CRIMES ET DÉLITS.

M. Agniel. Alors, j'arrive au dernier paragraphe et j'appelle ici toute votre attention.

« Sans préjudice des peines qui seront spécialement portées par le présent code contre les auteurs de complots ou de provocations attentatoires à la sûreté intérieure ou extérieure de l'État, même dans le cas où le crime qui était l'objet des conspirateurs ou des provocateurs n'aurait pas été commis. »

Vous voyez donc, messieurs, que le législateur de 1810 n'a pas confondu les provocations avec les complicités, et qu'il a si peu fait une confusion qui serait contraire à tous les principes juridiques que, après avoir énuméré tous les cas de complicité, il a eu soin de réserver le cas de provocation en précisant que la provocation serait punie par des dispositions spéciales. Or, puisque vous nous demandez de punir la provocation en vertu de l'article 60, certainement, dans certains cas, ce qu'on pourrait considérer comme provocation constituera la complicité prévue par l'article 1er; mais dans votre revendication du droit commun il faudra bien que vous subissiez la rédaction entière de l'article 60, et vous êtes obligés alors de reconnaître que la provocation prévue par l'article 60 est une infraction d'un caractère particulier dont le sort doit être réglé par des dispositions spéciales, sans avoir les caractères de la complicité. (Très bien !)

Voulez-vous maintenant me permettre de conclure ?

Supposons une provocation manifeste qui se commette le lendemain du jour où la loi adoptant le contre-projet de l'honorable M. Floquet serait définitivement votée. Quelle est la situation des pouvoirs publics au point de vue de la répression ? Je dis que cette situation c'est l'impuissance, et que la provocation peut revendiquer l'impunité la plus absolue. La provocation ne sera plus punie par l'article 102. Elle ne sera plus punie par la loi de 1819 que vous abrogez, elle sera donc absolument impunie.

Si c'est là ce que vous voulez, dites-le, vous êtes souverains. (Très bien ! très bien ! à gauche et au centre.)

J'aborde un autre ordre de délits. Je prends le plus considérable visé par le contre-projet, le délit d'outrage au Président de la République. Est-il vrai, oui ou non, qu'abstraction faite de la personne à laquelle il s'adresse, l'outrage soit essentiellement un délit de droit commun ? Nous en trouvons la preuve dans la nature même de cette infraction pénale et dans les dispositions de droit commun qui la régissent. L'outrage est puni par diverses lois qui se sont succédé depuis 1810 ; il est aujourd'hui puni en tant qu'il atteint certaines personnalités de l'ordre administratif et judiciaire, officiers ministériels, etc. Mais, circonstance qui doit vous être signalée, l'outrage qui est actuellement puni par le code pénal de droit commun, c'est l'outrage par gestes, menaces ou bien par écrits non rendus publics.

La loi n'avait pas à punir l'outrage résultant d'écrits rendus publics par l'excellente raison que les lois spéciales de 1819 et de 1822 punissaient cet outrage spécial. Mais si aujourd'hui, ayant supprimé ces lois, vous ne comblez pas la lacune, quel sera le résultat ? C'est que l'outrage résultant d'écrits rendus publics restera un délit jouissant d'une impunité absolue.

Il est en outre un outrage particulier qui ne pouvait être prévu par la loi ancienne, c'est l'outrage au Président de la République, et ici, messieurs, permettez-moi d'appeler votre attention sur les conséquences qui résulteraient de l'adoption du contre-projet.

De deux choses l'une : ou l'outrage commis publiquement et par écrit envers le Président sera impuni, ou bien il faudra rechercher dans les dispositions pénales de droit commun un article — il y en a un, je puis vous le citer — qui punit un acte analogue, et vous verrez alors si la parole et la presse auront à se féliciter de subir cette application de droit commun. Nous trouvons, en effet, au code pénal, un article 86 qui punit non pas l'outrage, mais une infraction absolument similaire : l'offense envers le chef de l'Etat.

Or, si vous supprimez les lois de 1819 et de 1822, si vous rejetez notre rédaction qui punit l'outrage envers le Président de la République d'une peine de six mois à deux ans d'emprisonnement, vous amenez les tribunaux à déclarer que l'offense et l'outrage ont les mêmes caractères, et que l'article 86 qui prévoit et punit l'offense envers le chef de l'État doit être appliqué à l'outrage envers le Président de la République. Savez-vous quelle serait la peine? Ce ne serait plus six mois à deux ans d'emprisonnement, ce serait six mois à cinq ans d'emprisonnement; ce ne serait plus 100 francs à 3,000 fr. d'amende, ce serait 500 fr. à 10,000 fr. d'amende.

M. Lelièvre. Outre l'interdiction des droits civiques !

M. Agniel. Ainsi donc, de deux choses l'une : ou l'impunité ou l'application de peines autrement sévères que celles qu'édicte notre projet.

Voulez-vous me permettre de continuer cette démonstration?... C'est une tâche ingrate que j'ai acceptée.

Voix nombreuses au centre et à gauche. Parlez ! parlez !

M. Agniel. Mais je voudrais, si c'était possible, soustraire cette discussion aux considérations générales susceptibles d'abuser des esprits généreux dont les illusions peuvent nous toucher, contre lesquelles je suis obligé de réagir, parce que ma raison, en définitive, m'ordonne de m'incliner devant la vérité.

Je continue cette énumération :

Les fausses nouvelles! C'est un délit qui est puni par notre projet de loi dans les conditions précises que vous connaissez : il faut qu'elles soient propagées de mauvaise foi et qu'elles soient de nature à troubler la paix publique. Il est difficile, messieurs, de dénier à ce délit commis par la parole ou par la presse le caractère d'infraction de droit commun ; pourquoi? Parce que nous trouvons le même délit puni par les articles 419 et 420 du code pénal, dans des circonstances bien moins graves ; ces deux articles, c'est-à-dire le droit commun, ont prévu et puni la fausse nouvelle lorsqu'elle a pour but d'exercer une influence sur le mouvement des fonds publics ou bien encore sur le prix des denrées alimentaires.

M. Gatineau. Cela suffit! La fausse nouvelle dont vous parlez a été inventée en 1849 !

M. Agniel. Que cela suffise à mon honorable collègue, je n'en doute pas; mais il s'agit de savoir si cela suffit à la raison. (Très bien!)

M. Gatineau. Cela a suffi jusqu'en 1849. C'est là le point en question.

M. Agniel. Que la Chambre me permette, pour répondre à cette interruption, d'ouvrir une parenthèse, que je fermerai très rapidement.

Il résulterait de cette observation de mon honorable collègue que toutes les dispositions atteignant des délits qui n'étaient pas prévus et punis par le code de 1810 devraient être laissées complètement dans l'oubli, parce qu'elles auraient eu le tort de venir trop tard. Mais alors, quelle mutilation dans notre législation !

Et puisque mon honorable collègue me parle de 1849, qu'il me permette de lui dire que, par exemple, en matière de tromperie sur la chose vendue, jusqu'en 1851, il y avait un texte qui suffisait à toutes les exigences. En 1851 dans un but qui n'avait évidemment rien de politique, vous savez comment, par une loi nouvelle, on a puni la sophistication et la tromperie dans la vente des denrées alimentaires; ce qui prouve, soit dit en passant, qu'il n'est pas absolument nécessaire à une loi de droit pénal commun, pour avoir ce caractère, d'être inscrite dans le code de 1810; lorsque des infractions sont punies par le code de 1810, elles ont le caractère de droit commun, mais elles ne l'ont pas moins parce qu'elles ont été prévues et réprimées par des lois ultérieures.

Je reviens au délit de fausses nouvelles. Je trouve le délit de fausses nouvelles prévu et puni dans le Code pénal, par les articles 419 et 420, lorsque la fausse

PROVOCATION AUX CRIMES ET DÉLITS.

nouvelle a pour but d'exercer une influence sur le mouvement des fonds publics ou sur la vente de denrées alimentaires. Et j'ajoute que le droit commun n'est pas clément envers les délinquants : il punit par l'article 420, ce délit spécial, d'une peine qui peut aller de deux mois à deux ans d'emprisonnement et d'une amende de 1,000 fr. à 20,000 fr.

Voilà la pénalité du droit commun quand il s'agit d'une fausse nouvelle dans les conditions que je viens d'indiquer.

Refuserez-vous le caractère de délit de droit commun à la fausse nouvelle qui, au lieu d'agir uniquement sur la hausse ou sur la baisse des fonds publics, agira sur la tranquillité ou la sécurité publique?

N'y a-t-il pas des raisons décisives pour proclamer le caractère délictueux de la fausse nouvelle dont les résultats, au lieu d'être localisés sur une partie, intéressante sans doute, de la chose publique, mais qui n'en est qu'un élément, porteront sur l'ensemble de la chose publique elle-même? (Approbation sur plusieurs bancs.)

Eh bien, ce délit, renvoyez-en la répression au droit commun ; vous le renvoyez alors à l'impunité ou à une aggravation considérable de peine, si les tribunaux appliquent les articles 419 et 420.

Encore un exemple frappant de la vérité de ma thèse qui se résume, je ne saurais trop le redire, en ces termes : l'application du droit commun aux délits par la voie de la presse ou de la parole, c'est l'impunité ou l'aggravation de la répression.

J'arrive enfin aux délits commis envers les particuliers; ces délits spéciaux sont la diffamation et l'injure publique.

Il est bien difficile, messieurs, quand on essaye de caractériser ces infractions, de se refuser à reconnaître qu'elles ont pour instruments, non pas facultatifs, mais nécessaires, la parole ou la presse.

Comprenez-vous la diffamation, comprenez-vous l'injure publique, abstraction faite de la parole, abstraction faite de la presse? Je crois que sans témérité l'on pourrait dire de ces délits que ce sont des délits pour lesquels la parole ou la presse sont essentiels, que ce sont de véritables délits de presse.

Mais, messieurs, je ne m'attache pas à la qualification ; je vais aller droit à la situation juridique que vous entendez créer aux citoyens diffamés ou injuriés publiquement.

Avez-vous l'intention, — je vous pose la question nettement, — de déclarer que la parole et la presse auront impunément le droit de diffamer et d'injurier publiquement? Si oui, il faut renvoyer au droit commun, parce que le droit commun laisse absolument impunies la diffamation et l'injure publique.

Au banc de la commission. C'est vrai !

M. Agniel. Si, au contraire, vous estimez que la diffamation et l'injure publique doivent être réprimées et que les simples citoyens doivent être protégés dans leur considération, dans leur honneur, dans la tranquilité de leur vie privée contre les intempérances de la parole ou de la presse, il faut alors, messieurs, adopter ou les dispositions de notre proposition de loi, ou des dispositions similaires. Si vous ne le faites pas, voici quels seront encore les résultats : l'impunité pour la parole, l'impunité pour la presse.

Avant les lois de 1819 et de 1822 les infractions qui caractérisent la diffamation et l'injure publique n'étaient pas impunies; le Code pénal, le code de droit commun, avait prévu et puni, non pas la diffamation, mais la calomnie et les injures publiques. Survinrent les lois sur la presse; elles abrogèrent les dispositions qui punissaient la calomnie et celles qui réprimaient l'injure publique. Si vous abrogez aujourd'hui les lois de 1819 et de 1822, et si vous ne protégez pas les citoyens contre les écarts de la parole et de la presse, ces écarts seront absolument impunis, parce que notre Code pénal actuel ne contient aucun texte

qui, même par voie d'analogie, puisse être appliqué à la répression de la diffamation et de l'injure publique.

Donc, renvoyer au droit pénal commun la répression de la diffamation et la répression de l'injure publique, c'est proclamer l'irresponsabilité pénale des auteurs
de ces délits.

J'ai terminé, messieurs, la tâche que je m'étais proposée.

J'ai voulu me mettre en présence du contre-projet présenté par M. Floquet, et
vous indiquer à quelles conséquences juridiques et pratiques ce contre-projet
aboutirait fatalement.

Ce contre-projet est, à vrai dire, une déclaration de principe : il proclame la
responsabilité pénale de la presse, conformément au droit commun ; il ne l'organise pas, parce que, s'il avait voulu l'organiser, il aurait été obligé de faire ce qu'a
fait votre commission ; pour règlementer cette responsabilité de droit commun, il
aurait subi la nécessité de remplacer les textes du droit commun qui ont successivement disparu, par des textes nouveaux.

Quand nous avons fait ce travail, nous n'avons pas infligé à la parole et à la
presse une situation exceptionnelle et défavorable ; nous n'avons pas confondu les
délits d'opinion avec les délits de droit commun commis par la voie de la presse
et de la parole.

Les délits d'opinion, nous les avons supprimés ; mais, voulant atteindre les
délits de droit commun commis par la voie de la presse et de la parole, et constatant qu'ensuite des transformations qui se sont succédé dans notre législation
depuis soixante-dix ans, ces délits de droit commun n'étaient atteints aujourd'hui
par aucune disposition pénale, nous avons rédigé le code le plus restreint, et j'ai
le droit de dire le plus adouci, car je crois avoir démontré que toutes les fois
qu'il serait possible d'appliquer à la parole ou à la presse les dispositions du
droit commun qui survivent, ces dispositions auraient un caractère de sévérité et
de dureté que ne connait pas notre projet.

Nous avons voulu la presse et la parole libres mais responsables ; responsables
non pas nominalement, mais effectivement. Nous aurions failli à notre tâche si
nous avions organisé cette responsabilité en contradiction avec les principes du
droit commun ; nous l'avons organisée conformément à ces principes et, en définitive, le résultat auquel nous sommes arrivés est celui-ci : La parole et la presse
seront libres, elles seront responsables ; mais ni la parole ni la presse ne jouiront
lorsqu'elles contreviendront au droit commun, d'une impunité qui constituerait
un privilège que, théoriquement, personne dans cette enceinte n'ose revendiquer
pour elles. (Très bien ! très bien ! et applaudissements à gauche et au centre.)

M. le président. La parole est à M. Allain-Targé.

M. Allain-Targé. L'honorable orateur qui vient de prononcer le remarquable discours que vous avez applaudi s'est placé aujourd'hui, comme dans la
dernière séance M. le garde des sceaux, uniquement au point de vue du jurisconsulte.

L'honorable M. Floquet était venu, à cette tribune, vous présenter un amendement dont il demandait le renvoi à la commission, en se mettant, lui, à deux
points de vue : au point de vue du jurisconsulte aussi, qui ne peut pas être négligé
dans une question pareille à celle qui nous occupe, et au point de vue politique.
Il nous disait : La loi qui est présentée par la commission crée des délits d'opinion et elle relève des délits qui, à l'heure qu'il est, sont impunis ; comparativement à l'état actuel de tolérance, comparativement à l'expérience de liberté, de
licence de la presse, qui se poursuit depuis deux ans, elle va paraître une loi de
réaction ; et, en effet, elle pourrait être, entre les mains de ministres plus répressifs, plus autoritaires que ne le sont nos amis qui siègent sur ces bancs, elle
pourrait être un retour sur les conquêtes déjà faites en faveur de la liberté de
la presse ; je vous demande de supprimer de votre loi toutes les répressions et

PROVOCATION AUX CRIMES ET DÉLITS.

les qualifications qui ne sont pas indispensables, tout ce que le droit commun ne peut pas atteindre, et qui ne peut pas rester impuni ; rédigez donc des articles pour frapper, par exemple, la diffamation et l'outrage aux bonnes mœurs.

Je pourrais ajouter, — je parle pour mon compte, — l'outrage au Président de la République, car je crois qu'on peut se passer d'outrager le président de la République dans une société libre.

Il y a quelques délits, quelques crimes, ajoutait l'honorable M. Floquet, qui ne sont pas atteints par le droit commun : ceux-là, mettez-les dans la loi ; mais, quant aux délits d'opinion, effacez-les.

Messieurs, je crois que, au point de vue restreint où se sont placés ses contradicteurs, M. le garde des sceaux, l'honorable M. Agniel n'ont pas démontré qu'ils avaient absolument raison contre M. Floquet.

Ils ont prétendu qu'ils avaient effacé du projet de loi tous les délits d'opinion.

Pardon! j'ai écouté avec la plus grande attention la discussion si serrée de M. Agniel. Qu'y ai-je vu ? J'ai vu qu'il se plaçait au point de vue sentimental, au point de vue moral pour vous montrer que la réthorique, que la polémique des articles de journaux peuvent être violents, animés par un sentiment détestable.

Mais, précisément, le délit d'opinion, c'est d'avoir, c'est de soutenir des opinions mauvaises, détestables, criminelles. M. Agniel a fait une confusion perpétuelle entre la rhétorique, la déclamation, que nous ne voulons pas punir, qui est le délit d'opinion, et la véritable complicité, la complicité par instructions, se manifestant par des actes qui se rattachent directement, par les liens les plus étroits, les plus directs, les plus immédiats à un article ou à un discours, par exemple, qui aurait provoqué, comme le prévoyait la législation de 1791, une émeute ou le pillage, en vue desquels l'article ou le discours auraient été faits. L'honorable M. Agniel a raisonné pour frapper vos esprits, pour exciter votre indignation contre un article qui serait de pure thèse, de pure théorie sur l'insurrection, sur la légitimité de l'insurrection, sur la guerre sainte, sur les revendications et la guerre sociales, sur l'incendie, sur l'assassinat. Ces sortes d'articles s'écrivent tous les jours, et, dans n'importe quel kiosque, vous trouverez, dans certains articles, les excitations les plus odieuses. Des articles pareils, érigés en thèse, sont très mauvais, très coupables ; ils ne constituent cependant que des délits d'opinion.

Eh bien, votre article 24 punit cette provocation, ce délit d'opinion qui n'est certainement pas une complicité.

Je sais bien que, dans ce même article 24, vous ajoutez qu'il faut que la provocation ait été suivie d'effet.

Mais vous n'avez pas ajouté qu'il fallait que l'effet eût été voulu et voulu exactement comme il s'est produit.

M. Lelièvre. Vous combattez une thèse qui n'a pas été produite par M. Agniel !

M. Allain-Targé. L'effet, tel que vous l'entendez, tel que le comprend la commission n'est pas du tout un commencement d'exécution, tel que le Code pénal l'exige pour qu'il y ait complicité.

M. Lelièvre. Ce n'est point cela que je vous dis. Vous raisonnez dans cette hypothèse que M. Agniel aurait confondu la complicité avec la provocation, tandis que, au contraire, il vous a montré de la façon la plus nette...

M. Allain-Targé. Je vous demande pardon ; M. Agniel a dit qu'il fallait punir la provocation, sans qu'elle fût une complicité.

M. Lelièvre. ... que la complicité était punie, mais que la provocation l'était également par nos codes.

M. Allain-Targé. C'est ce que j'avais l'honneur de vous dire.

M. Gatineau. Je demande la parole.

M. Allain-Targé. Voulez-vous que je parcoure votre loi, j'y trouverai bien d'autres délits d'opinion, c'est-à-dire des délits qui sont contraires aux règles de la complicité telle que la comprennent les criminalistes ; car la provocation à des crimes non suivie d'effet, de commencement d'exécution, c'est le contraire de tout ce que les criminalistes admettent en matière de complicité. J'ajoute que, pour les délits dont l'honorable M. Gatineau vous a donné la nomenclature à la dernière séance, là encore vous êtes sortis des règles ordinaires qui, en matière de délits n'admettent la complicité que par exception.

J'arrive maintenant à l'outrage.

L'honorable M. Agniel a terminé son discours en vous parlant de l'outrage.

Oui, il y a de nombreux articles sur l'outrage dans le projet de loi, et aussi de nombreuses pénalités.

Qu'est-ce que c'est que l'outrage ? Je ne suis pas grand jurisconsulte, mais il y a de grands jurisconsultes ici, et je les prierai de me dire ce que c'est que l'outrage, l'outrage aux ministres, l'outrage aux députés, au Sénat, aux corps constitués, l'outrage à la République.

L'outrage aux ministres ?... Mais c'est avec cela que les ministres, dans tous les temps, ont essayé d'empêcher qu'on discutât, qu'on critiquât leurs actes, qui sont cependant justiciables de la critique des électeurs et des contribuables. (Rumeurs à gauche et au centre.)

J'entends des murmures ! (Parlez ! parlez !) Mais souvenez-vous donc du 16 mai ; souvenez-vous donc qu'il y a ici un député, — et ce n'est pas le moins connu, — qui a été condamné, pour outrages, à six mois de prison.

M. Ribot. Mais nous n'avions pas le jury alors !

M. Allain-Targé. Vous n'aviez pas le jury ?... Mais le projet de loi n'admet pas le jury dans tous les cas, et il a bien raison, parce que si c'est une condamnation que vous voulez avoir, il ne faut pas vous adresser au jury. (Mouvements divers.)

Messieurs, je laisserai à mon ami M. Floquet, et à ceux de mes collègues qui ont demandé la parole, le soin de discuter la question de droit ; je voulais seulement, en montant à la tribune, vous dire que ni M. le garde des sceaux, ni M. Agniel, ne m'ont convaincu.

Mais il y avait, dans le discours de M. Floquet, une partie à laquelle il n'a été fait aucune réponse, — et cela est vraiment étonnant quand on discute une loi de la presse, — c'est la partie politique.

Est-ce que, messieurs, ce n'est pas quelque chose de grave que de compromettre, de troubler, de supprimer ou de perdre le bénéfice de l'expérience de l'impunité ?

Plusieurs membres à gauche. Très bien ! très bien !

M. Allain-Targé. Oui ! le bénéfice de l'impunité que le Gouvernement pratique depuis deux ans et demi, et que le parti républicain, de son côté, pratique depuis plus longtemps encore. Car il y a un fait nouveau, et ce fait, c'est que le Gouvernement est attaqué, insulté, outragé de la manière le plus odieuse, la plus violente ; et il y a un fait ancien, c'est que, nous, les républicains, — je m'en souviens, et M. le garde des sceaux, qui était avec nous à Tours et à Bordeaux doit s'en souvenir comme moi, — nous avons été, depuis dix ans, insultés, outragés, par les diffamations, les calomnies de toute nature ; on a cherché de toutes les manières à nous déshonorer, sans que nous ayons voulu provoquer de poursuites contre qui que ce soit, ni même employer nos plumes à nous défendre et nous ne nous en portons pas plus mal. (Rires et applaudissements à gauche.)

Tout ce que je veux dire, c'est que l'expérience se poursuit pour le gouvernement républicain depuis plus de deux ans et demi ; or, c'est un fait grave que de renoncer à une politique qui dure depuis plus de deux ans, depuis qu'on a essayé de poursuivre M. Paul de Cassagnac.

Un garde des sceaux, M. Dufaure ou M. Le Royer, a essayé de poursuivre

PROVOCATION AUX CRIMES ET DÉLITS.

M. Paul de Cassagnac; il a même été poursuivi; il a été traduit devant le jury, et il en est résulté l'acquittement.

Le Gouvernement a jugé alors avec sagesse qu'il ne fallait plus entamer de procès politiques.

M. Lelièvre. Nous avons supprimé ce délit; il n'est plus dans notre loi!

M. Allain-Targé. Vous avez supprimé celui-là, mais vous en avez maintenu d'autres pour lesquels il n'y aura plus de poursuites, je vous l'assure, ou, s'il y en a, elles seront bien inefficaces. Vous n'avez qu'à sortir de cette Chambre et à aller jusqu'au premier kiosque faire votre moisson; vous verrez que vous n'auriez jamais supposé jadis qu'on pût se porter à de tels excès de violence et de licence! Par conséquent, ou à l'heure qu'il est la répression est absolument inefficace, ou volontairement elle sommeille, et je trouve que c'est une bonne politique de la laisser sommeiller.

Un membre au centre. Vous verrez cela!

M. Victor Plessier. Eh bien, restons-en là et ne faisons pas plus! (Interruptions et rires approbatifs sur plusieurs bancs.)

M. Allain-Targé. Mon Dieu, messieurs, je ne voudrais pas que la Chambre se méprît sur ma pensée. Il est bien certain que, comme tout le monde, je rends hommage aux intentions libérales du Gouvernement, de la Chambre et de la commission. A l'heure qu'il est, nous avons adopté déjà la première partie du projet. Eh bien, je trouve qu'il y a une contradiction entre ce que nous avons fait en votant la première partie du projet et ce qu'on nous propose de faire en votant la seconde. Nous avons détruit, désorganisé, supprimé à tout jamais tout ce qui pouvait être la responsabilité. À l'heure qu'il est, avec les articles qui sont votés, tout le monde, pourvu qu'il ait 20 à 30 francs dans sa poche, peut publier un journal qui aura un, deux, trois numéros, tout le monde peut publier un libelle, peut même l'afficher, le faire colporter, le faire distribuer par qui il voudra, peut même l'envoyer à l'étranger et le faire réexpédier en France par ballots; pourvu qu'il ait un gérant irresponsable, insolvable du moins, il est parfaitement à couvert de tout.

M. Noel Parfait. Voilà la liberté!

M. Allain-Targé. Je le crois bien! Vous avez supprimé toutes les législations précautionneuses, toutes les garanties que les législateurs de tous les temps avaient prises afin de pouvoir dire à l'écrivain, quand l'écrivain a commis une mauvaise action : nous allons te punir et nous savons par où nous allons t'atteindre. Eh bien, vous avez supprimé cela.

Maintenant, je sais très bien que la commission avait édicté un certain dépôt de titres de propriété qui aurait été un autre cautionnement, peut-être plus redoutable que l'ancien. (Marques d'assentiment sur plusieurs bancs.) Mais la Chambre a supprimé ce dépôt de titres de propriété. Je sais bien qu'il y a aussi, dans le projet de loi, un article 47 auquel nous reviendrons; eh bien, au sujet de cet article, je suis bien tranquille, il ne sera pas voté par la Chambre, il aura bien peu de voix ici, parce que s'il y a des députés qui sont décidés à poursuivre, à punir, à châtier même les délits d'opinion...

Voix diverses. Mais non! mais non!

M. le rapporteur. Il ne faut pas dire cela! Le projet de loi proteste contre une pareille pensée! Citez donc un délit d'opinion qu'il pourrait atteindre. (Marques d'approbation sur plusieurs bancs.)

M. Allain-Targé. Je ne veux rien dire de blessant : je veux dire seulement que, s'il y a dans la Chambre des députés qui soient disposés à frapper les actes criminels de la presse, il n'y a personne qui consente à punir des gens qui n'ont pas d'intentions criminelles, qui sont des innocents, qui quelquefois sont des victimes. Eh bien, d'après cet article 47, un propriétaire ou un actionnaire, possesseur d'une seule action, celui d'entre vous, messieurs, à qui on aura peut-être soutiré une action...

Au banc de la commission. Pas du tout!

M. Allain-Targé. ... celui-là sera civilement responsable — comme un père de famille de son enfant — des condamnations pécuniaires encourues par le journal. C'est bien là l'article 47.

Au banc de la commission. Mais pas du tout ! — C'est une erreur !

M. Ribot. Vous avez amendé avec moi, l'autre jour, cette partie de la loi. Nous avons exclu la responsabilité des commanditaires.

M. Allain-Targé. Oui, mais nous l'amenderons encore bien mieux : cette partie de la loi sera supprimée. (Très bien ! sur plusieurs bancs.)

M. Lelièvre. Vous resterez alors sous l'empire du décret de 1852 et des lois analogues.

M. Allain-Targé. J'ai parfaitement confiance dans la Chambre et je dirai même dans les intentions de la commission pour faire une législation absolument libérale, plus libérale qu'on n'en a jamais vu en faveur de la liberté d'écrire, c'est-à-dire que toutes les précautions prises par le législateur pour empêcher les journaux de se fonder et les écrivains de faire connaître leur pensée seront supprimées.

Eh bien, messieurs, il y a quelque contradiction, après avoir agi ainsi vis-à-vis de la presse, à rechercher ensuite des dispositions dans toutes les législations antérieures, dans la législation de 1819, dont on nous a tant parlé, comme si la presse actuelle, comme si les conditions de la société politique actuelle, de la démocratie du suffrage universel de 1881 ressemblaient, de quelque façon que ce fût, à la presse et à la société de 1819 et de la Restauration, de M. Royer-Collard et de M. de Serre !

Eh bien, messieurs, on est allé chercher dans la loi de 1819, puis dans les lois de Louis-Philippe, comme si notre presse ressemblait à celle d'Armand Marrast et d'Armand Carrel, comme si nous nous trouvions vis-à-vis d'une presse s'adressant à un pays légal, à des électeurs censitaires, à 200,000 électeurs légaux; comme si la presse était un objet de luxe en quelque sorte ; comme si vous aviez affaire à une confrérie, à des partis disciplinés connaissant leur presse, ayant un petit nombre de journaux, faisant eux-mêmes la discipline de leurs journaux, où tout le monde se connaissait pour confrères et amis, et où on se surveillait mutuellement pour l'honneur. Est-ce qu'il y a aucun rapport entre notre presse et celle-là ?

M. Lelièvre *et plusieurs autres membres au banc de la commission.* Non! non !

M. Allain-Targé. Et cependant vous faites des emprunts à la législation de Louis-Philippe, à la période de réaction qui a suivi la seconde République, au second empire. Vous avez pris l'outrage et le délit de fausses nouvelles au second empire. Vous avez voulu, pour la répression, pour les poursuites, pour les pénalités, vous inspirer de toutes les législations antérieures, et pour punir, quoi ? une presse que vous ne pouvez pas atteindre.

M. Cuneo d'Ornano. Très bien!

M. Allain-Targé. Eh bien, messieurs, j'ai le droit de vous dire, de dire à la commission : pourquoi voulez-vous faire cette loi sur la presse dans ces conditions? Vous paraîtrez vouloir éditer une loi de réaction, quoi que vous fassiez; à moins qu'elle ne soit pas appliquée. (Murmures sur plusieurs bancs. — Marques d'approbation sur d'autres bancs.)

M. Lelièvre. Tous vos amis ont reconnu le contraire; vous-mêmes, tout à l'heure, vous l'avez reconnu. (Interruptions diverses.)

M. Paul Devès. Nous comptons sur le bon sens public et la loyauté de nos collègues pour ne pas laisser altérer le sens et la portée de la loi que nous discutons.

M. Allain-Targé. Je n'altère rien. Même dans les délits, dont je m'occupe, vous avez supprimé l'excitation à la haine et au mépris du Gouvernement, à la

PROVOCATION AUX CRIMES ET DÉLITS.

haine des citoyens les uns contre les autres, les outrages à la morale religieuse ; certainement, vous avez fait, vous croyez avoir fait une œuvre de libéralisme. Mais comparativement à l'état de fait, à la situation actuelle, à l'impunité présente, je vous dis que, si votre loi est appliquée, vous aurez l'air d'avoir fait une loi de réaction. Nous sommes d'accord et je tiens beaucoup à ce que cet accord soit constaté. (Interruptions diverses.)

M. Émile de Girardin. La loi est mauvaise, mais elle est meilleure que les lois qui l'ont précédée.

M. Allain-Targé. Certainement, elle vaut mieux que les lois de l'Empire, de la Restauration et que la législation précédente.

M. Émile de Girardin. Et que la législation existante.

M. Allain-Targé. Mais elle ne vaut pas mieux que l'impunité actuelle.

M. Émile de Girardin. Quelles garanties avez-vous que l'impunité actuelle sera appliquée par les ministères qui pourront suivre celui-ci ?

M. Allain-Targé. C'est là un point que je voulais traiter, monsieur de Girardin.

Je vous le demande, messieurs, est-ce que nous faisons cette loi pour ne pas l'appliquer ?

Je voudrais que la Chambre fût bien fixée sur cette question. Faisons-nous cette loi pour l'appliquer ? Si oui, vous allez avoir une série de poursuites qui ne sont, à l'heure qu'il est, qu'intermittentes, et que le public — ceci soit dit en passant — a peine à comprendre, parce qu'elles ont l'air d'être le résultat de l'impatience ou du caprice, mais enfin ces poursuites sont rares. Or, si vous voulez l'appliquer, il va falloir poursuivre tous les jours, et déclarer que les dispositions de votre loi doivent être respectées. Est-ce là ce que vous voulez faire ? Alors, c'est un changement de politique. (Très bien ! très bien ! sur plusieurs bancs à gauche.)

M. Georges Perin. Vous voyez qu'on ne proteste pas.

M. Allain-Targé. Non ! on ne proteste pas, parce que je connais les sentiments de mes collègues, et je sais qu'ils aiment la liberté. (Très bien ! très bien ! sur plusieurs bancs.)

M. Georges Perin. Je dis qu'on ne proteste pas au banc du Gouvernement.

M. Allain-Targé. Eh bien ! si nous faisons une loi pour ne pas l'appliquer, si nous y insérons des pénalités pour ne pas nous en servir, c'est bien inutile. Car il peut arriver non pas que la République soit jamais en péril, mais que des républicains moins libéraux, plus autoritaires, plus répressifs que nos amis qui sont au ministère, viennent au pouvoir, et ils pourront faire usage des dispositions sur l'outrage, — pour ne parler que de celles-là, — sur la provocation morale, qui n'est pas la complicité, sur les fausses nouvelles, et aussi sur toutes les lois dont nous avons l'habitude d'être victimes, nous qui avons tenu la plume dans un journal. (Très bien ! très bien ! sur plusieurs bancs.) Ou bien il arrivera que vous induirez vos ministres en tentation de se servir de la loi. (On rit.) Pour mon compte, j'en serais désolé, parce que, je trouve que personne n'aurait à y gagner, ni la presse, ni l'opinion, ni le Gouvernement.

Un membre à droite. Ni les condamnés !

M. Ribot. La crainte du jury sera le commencement de la sagesse !

M. Allain-Targé. Ce n'est pas une loi de circonstance.

M. Émile de Girardin. C'est une loi de prévoyance.

M. Allain-Targé. Une loi de prévoyance ! personne ne pourra s'en servir. Vous y laissez la pénalité contre l'outrage ; vous y laissez tous ces délits pour lesquels on a voulu nous poursuivre au 16 mai.

Nous ne faisons pas une loi de circonstance ; nous sommes des hommes politiques et nous sommes obligés de tenir compte des faits, des situations. Eh bien, messsieurs, il y a un fait très grave et très heureux parce que c'est un des faits qui montrent la transformation des mœurs, et la transformation des mœurs doit avoir pour conséquence nécessaire et durable le changement des lois...

M. le rapporteur. Voilà ce qui justifie notre loi.

M. Allain-Targé. Eh bien, messieurs, la France s'habitue, je ne dis pas à la liberté de la presse, je dis à la licence de la presse.

M. Édouard Lockroy. Très bien !

M. Allain-Targé. Oui, la France s'habitue à la licence de la presse, et ce que la répression judiciaire ne vous donnera jamais : la sécurité, la tranquillité, l'ordre, l'opinion publique vous les assure. (Très bien ! très bien ! à gauche.)

Eh bien, messieurs, voilà une conquête, voilà un fait. Je vous supplie, — je ne fais pas de paradoxe, je ne fais pas de théories sur l'impunité ou l'impuissance de la presse, je parle sur les faits présents, sur la situation actuelle, — je vous en prie, ne troublez pas l'opinion, n'arrêtez pas l'expérience, n'empêchez pas les mœurs de se transformer, ou, du moins, conformez vos lois aux mœurs qui changent. (Très bien ! très bien ! à gauche.)

Il est bien heureux que l'opinion publique se charge de défendre la société, de défendre les grands intérêts de l'État, et aussi la réputation des particuliers, des hommes politiques, de tout le monde, enfin le patrimoine commun des partis politiques ; il est bien heureux que l'opinion publique se charge de ce soin, parce que la répression judiciaire y échouerait.

Je vous parlais, tout à l'heure, de la différence qu'il y avait entre la presse actuelle et la presse que notre honorable doyen M. de Girardin a connue, non pas la presse sous la Restauration, mais la presse sous Louis-Philippe ; aujourd'hui, ce n'est plus la même chose, cela ne se ressemble plus.

Vous avez aujourd'hui une presse pour le suffrage universel, avec les défauts et les qualités de la démocratie ; une presse qui s'américanise de plus en plus, une presse qui est écrite par des milliers d'écrivains pour des millions de lecteurs ; et c'est cette quantité innombrable de journaux qui s'appelle légion que vous voulez combattre avec des juges, avec des tribunaux, avec des jurés ? Et voulez entamer cette campagne contre les insolvables. Est-ce qu'il n'y a d'ailleurs là que des journalistes dignes de ce nom ? Oh ? oui, je connais des journalistes, qui sont parmi mes meilleurs amis ; il en est d'autres que j'estime, et qui sont mes adversaires ; oui, je connais des écrivains qui se respectent eux-mêmes, comme ils respectent leur caractère, dont la vie est un modèle, un exemple de désintéressement et de patriotisme. Oui, je connais de ces journalistes qui font honneur à la France, à leur profession !

Mais à côté qu'est-ce que nous voyons ? Qu'est-ce que nous voyons !... Monsieur de Girardin, je vous ai vu désolé, — vous me permettrez de le dire, — indigné à un moment contre la presse française. Que voulez-vous ! Elle est ce qu'elle peut être ; elle est ce qu'on l'a faite : abandonnée à une concurrence souvent peu délicate sur les moyens, parlant à tous et parlant contre tous, spéculant contre tout. Il y a de ces journaux qui sont...

M. Haentjens. Financiers ! presque tous financiers !

M. Allain-Targé. J'entends le mot « financiers » ; oui il y a des journaux qui sont sérieux ; oui, il y a des journaux politiques ; il y aussi des journaux pour les affaires, pour le scandale ; il y a des journaux financiers ; il y a des journaux politiques qui sont financiers aussi.

M. Haentjens. Presque tous financiers.

M. Allain-Targé. Il y en a aussi qui n'ont qu'un but : élever leur tirage, attirer le public à eux de quelque façon que ce soit, les uns par le bon marché, par le journal à deux sous, à un sou, pour rien !... et ces journaux-là ne sont pas les moins dangereux qui vous sont distribués pour rien !

Un membre. C'est la concurrence !

M. Allain-Targé. Certainement, c'est la concurrence, et c'est là ce que je

PROVOCATION AUX CRIMES ET DÉLITS.

voulais établir. Telles sont les mœurs, telles sont les nécessités d'une démocratie. Est-ce que vous croyez que cette presse soit un sacerdoce, comme le disait votre rapporteur ? (Rires.)

M. le rapporteur. Elle devrait l'être !

M. Allain-Targé. Vous avez parlé de nos illusions ; vous en avez aussi des illusions ! Dans tous les cas, si la presse est un sacerdoce, il y a des membres qui ne feraient pas honneur à leur clergé. (Nouveaux rires.)

Mais, messieurs, la presse, c'est l'instrument, c'est l'image, c'est l'organe de tous les intérêts qui existent dans une grande société démocratique lancée à outrance dans le travail, dans l'activité de ses intérêts, de ses passions — il y en a de nobles, — des rancunes, des haines, de tout ce qu'il y a de bien et de ce qu'il y a de mauvais en nous.

Parmi les journalistes il y en a qui sans être de grands journalistes, font honneur à leur profession ; mais il y en a d'autres qui remplacent les études, le talent par la violence, par l'éclat de la réclame : que voulez-vous y faire !

Vous êtes en présence de deux presses : l'une qui est honnête, sérieuse, politique, qui est sous la surveillance directe du parti, soumise à une discipline d'honneur, comme je le disais tout à l'heure. Il y en a une autre qui est la presse de la concurrence à outrance.

Eh bien, celle-là, comment voulez-vous l'arrêter ? Par la prison ? Cela lui importe peu ; cela la fait vivre, cela lui donne ce que ne pourraient pas lui donner l'étude et le talent ! Par la lutte judiciaire ? Et d'abord le jury acquitte souvent : pourquoi voulez-vous qu'il n'acquitte pas ? Vous poursuivrez devant le jury un article de journal ; l'avocat viendra avec tout un dossier de journaux achetés le matin et contenant des articles beaucoup plus violents que celui qui est incriminé, parce qu'il y a une espèce de surenchère d'insanité. (Très bien ! très bien !) Que répondre à cette excuse, et comment ne pas acquitter ?

Les conséquences pécuniaires ?- Vous les avez enlevées dans la première partie de la loi, et les conséquences de la prison on les évite par l'anonymat.

Ah ! messieurs, moi qui appartiens à la presse, qui m'honore d'y avoir appartenu, je n'éprouve aucun embarras à dire cela.

Vous avez dit, monsieur le ministre, et vous aussi, monsieur Agniel, qu'il fallait frapper les écrivains... (Non ! non !) chaque fois qu'ils porteraient un préjudice sérieux et qu'ils auraient des intentions mauvaises.

M. le garde des sceaux. Et que le fait serait susceptible d'une définition rigoureuse.

M. Allain-Targé. Et que le fait serait susceptible d'une définition rigoureuse. Eh bien, je vais vous indiquer certain effet de la presse qui est susceptible d'une définition rigoureuse, qui porte un grand préjudice, dont l'intention est détestable, et j'ai vainement cherché dans votre loi un article pour la répression. (Rires sur certains bancs à gauche. — Interruptions sur d'autres bancs.)

M. Paul Bert. Il faut le mettre.

M. Allain-Targé. Le mettre, — c'est impossible, vous resterez désarmés quand même. Je veux parler du côté financier de la presse. (Très bien ! à droite.)

M. Haentjens. Celui-là, on ne le poursuit jamais.

M. Allain-Targé. Oh ! c'est su de tout le monde. Aucun écrivain de conscience, de talent, comme j'en connais, de ceux que j'aime et que j'estime, que j'aime s'ils sont de mon bord, que j'estime si ce sont des adversaires, ne se plaindra de ce que je vais dire à cette tribune ; car je ne connais pas, pour ces hommes, dont la vie est faite de dévouement, de désintéressement, d'honneur, de sacrifice et de labeurs mal payés, je ne connais rien de plus cruel, de plus douloureux, de plus humiliant pour eux que d'apercevoir tout d'un coup, derrière eux et à leur insu, quelqu'un qui, dans un intérêt particulier, dans un intérêt de spéculation, dans un intérêt quelconque, dépense le capital, le crédit, l'honorabilité, la dignité qu'ils ont acquis par de longues années, quelqu'un qui se fait, de l'honorabilité même qu'ils ont acquise, une espèce d'annonce pour attirer et exploiter la crédulité publique. (Applaudissements.)

Je demande à mes collègues de la commission des chemins de fer ce qu'ils pensent de la presse financière. (Nouveaux applaudissements sur un grand nombre de bancs.)

Je ne veux pas parler de ce qui se passe dans le présent, je ne sais pas le moins du monde ce qui se passe. Mais il y a un homme qui s'appelait Georges Duchesne, quelques-uns d'entre vous l'ont connu. (Oui ! oui ! à l'extrême gauche.)

C'était un homme de grand talent.

Un membre à droite. Vous parlez du père Duchesne ? (Hilarité.)

M. Allain-Targé. Non, pas le père Duchesne, je dis Georges Duchesne ; c'était un homme de grand talent.

Il a fait un livre dans lequel il a démontré — c'était à la fin de l'empire — que depuis quinze ans la presse de ce temps-là avait soutiré à l'épargne du travailleur, à l'épargne française, à la bourse de tous, six milliards qui s'en sont allés dans les emprunts étrangers, ou dans des spéculations qui ont abouti à la faillite.

Eh bien, moi, je demande à la commission où est l'article qui punit, l'article qui réprime ces faits, l'article qui protège la bourse publique ? (Applaudissements sur un grand nombre de bancs.)

M. Haentjens. On fait bien pis aujourd'hui.

M. Allain-Targé. Il ne s'agit pas de savoir ce qui se fait, il s'agit de savoir si on peut réprimer et protéger.

Eh bien, la commission — je le sais — a cherché, a étudié et finalement s'est aperçue qu'elle ne pouvait rien. Il n'est pas possible de faire quelque chose. Il n'est pas possible de faire la différence entre l'annonce loyale et l'annonce déloyale. Il n'est pas possible de faire la différence entre l'annonce-prospectus et l'article qui se couvre de l'apparence de l'article politique. Alors vous vous en rapportez au bon sens public, à l'opinion publique, à l'expérience publique. Vous dites, ce sont des nécessités de la liberté économique. (Très bien ! très bien ! à gauche.) Je ne le dirais peut-être pas si le pays était obligé de payer la rançon de ses expériences. Mais elle est payée, la rançon. L'opinion est faite, elle se défie des prospectus et elle rend à chacun la justice qui lui est due. J'aurais donc le droit de vous dire : du côté politique, il y a les mêmes nécessités. A ceux qui dans la presse méritent l'autorité et la confiance, le public donne autorité et confiance. La démocratie les accepte, les écoute et tient compte de leurs avis. Ceux qui méritent moins de confiance, la démocratie peut les lire ou ne pas les lire, elle ne leur accorde pas de crdit, elle ne les suit pas, elle n'accepte pas leurs avis. Chacun est jugé pour ce qu'il vaut.

Voilà la vérité, voilà la transformation des mœurs, voilà la vraie garantie ! Au nom du ciel, messieurs (Sourires à droite), ne troublez pas ce résultat si excellent et n'allez pas faire une loi répressive.

Je voudrais bien indiquer à la Chambre ce que nous lui demandons : nous lui demandons le renvoi de tout le chapitre 4 à l'étude, afin que la commission recherche ce qui peut être puni, ce qui est punissable et ce qu'il est nécessaire de punir par le droit commun, nous demandons de ne pas punir autre chose ; ou, du moins, si vous punissez autre chose, de bien indiquer quels sont les délits ou les crimes qu'il vous paraît impossible de laisser impunis.

Un membre. Demandez le renvoi à la commission.

M. Allain-Targé. Je vous demande de renvoyer à la commission l'amendement de M. Floquet ; le renvoi à la commission de tout le chapitre 4, car l'amendement comprend à peu près tout le chapitre 4.

Messieurs, si j'insiste pour ce renvoi, croyez que je ne soutiens pas une thèse, qu'il ne s'agit pas pour moi de faire triompher une théorie : je crois que je suis

PROVOCATION AUX CRIMES ET DÉLITS.

dans la vérité politique elle-même : celle de « l'impuissance de la répression », comme le disait M. Floquet à la dernière séance ; la vérité est démontrée par l'expérience.

M. Édouard Lockroy. Très bien !

M. Allain-Targé. Est-ce que vous croyez que cette expérience que nous faisons on l'a faite volontairement ? Croyez-vous que M. Dufaure et même M. le Royer se sont déterminés à laisser la presse impunie par amour pour la théorie de l'impunité de la presse ?

A droite. Parfaitement !

M. Allain-Targé. Non, ils y ont été contraints par les faits.

M. Ribot. Non !

M. Allain-Targé. Le jour où l'état de siège a disparu, on a été condamné à l'impunité de la presse.

L'empire a fait la même expérience. En 1868, devant le suffrage universel, devant une grande démocratie, on a voulu arriver à la répression légale, pas même devant le jury : il avait la police correctionnelle, et le président de la sixième chambre en est resté légendaire. Ça a été le seul bénéfice de cette répression.

M. Charles Abbatucci. Oh ! il est remplacé !

M. Haentjens. Avantageusement !

M. Allain-Targé. En 1868, l'empire a voulu sortir du régime de l'arbitraire pur, des avertissements et de l'autorisation préalable ; il a fait une loi contre la presse ; il a voulu faire des procès, il en a fait beaucoup, et ses procès n'ont produit aucun effet : la violence de la presse n'a été nullement arrêtée ni comprimée. C'est un fait qui ne peut être nié par personne. C'est le fait que je tiens à vous faire constater. Il n'y a vis-à-vis de cette presse, de ces innombrables journaux qui sont légion, il n'y a que l'opinion publique pour juge. C'est la solution américaine....

Au banc de la commission. Avec le revolver !

M. Allain-Targé. ... c'est la solution des démocraties. Et je ne dirai pas que ce soit une solution qui ait été rêvée par des penseurs, par des philosophes. Cela m'importerait peu ou prou. Non, c'est une solution qui a été imposée par les faits. (Très bien ! très bien ! à gauche.)

M. Martin Nadaud. C'est la solution républicaine !

M. Allain-Targé. Oui, c'est la solution républicaine.

Oui, nous devons la liberté au peuple, nous devons la liberté à tous.

Est-ce que la liberté de la presse, sous le régime du suffrage universel, peut être aussi restreinte ? Est-ce que les précautions, les répressions, les exigences, je dirai les délicatesses du législateur peuvent être les mêmes quand tout le monde a le droit d'écrire, a le droit de voter, quand par conséquent tout le monde a le droit et peut se croire le devoir d'écrire, quand tout le monde pourrait encourir vos pénalités ?

Les hommes qui ont fait des études, qui ont vécu longtemps dans le monde de la presse, ceux-là passent à travers les mailles de votre loi. J'ai écrit pendant dix ans sous l'empire, j'ai des amis qui ont également écrit à cette époque, et sous le régime du 24 mai et au 16 mai, et jamais nous n'avons été poursuivis ; on n'a jamais poursuivi que celui qu'on voulait poursuivre. Et c'était un singulier procès ! (Rires à gauche). Mais il est incontestable que le peuple ne peut pas choisir ses épithètes, ses raisonnements, et que par conséquent vous lui devez la liberté.

Certainement, il y a des violents, et il y en aura toujours, car — je vous demande la permission d'insister sur ce point — il y a évidemment ici et il y a eu dans la commission la préoccupation de ce qu'on appelle la démagogie. Eh ! quel remède à cela.

Vous croyez qu'il est possible de supprimer ce qui s'appelle la démagogie ? Vous êtes complètement dans l'erreur. Quand on gouverne bien, quand on gouverne pour le peuple, dans l'intérêt du peuple, quand on est à la fois libéral et bon administrateur, on réduit la démagogie à son minimum de nombre ; la supprimer, c'est impossible.

On s'imagine, quand on a fait quelques procès et supprimé le chef d'emploi, qu'on a supprimé le rôle ! A l'instant même le rôle est repris par un plus jeune qui est moins compromis, qui a souvent plus de sincérité, plus d'ardeur, plus de talent, et vous arrivez alors à regretter le procès que vous avez fait, à regretter celui que vous avez envoyé en prison ou en exil. En parlant ainsi, je fais allusion à quelqu'un, et je regrette qu'on l'ait frappé, je le regrette beaucoup parce qu'il était très connu, parce qu'il était jugé. Il en viendra un autre, je ne sais qui, il en viendra peut-être deux pour le remplacer. (Rires à gauche.) Vos pénalités ne supprimeront ni les violences ni les violents.

Messieurs, je vous supplie de vous mettre en face de la vérité des faits, de laisser un peu de côté la discussion sur l'article 60, la discussion sur la complicité, sur la provocation, sur le droit commun, pour vous mettre en face des faits, et d'ordonner le renvoi à la commission... (Très bien ! à gauche), afin qu'elle fasse une seconde partie de la loi qui soit digne de la première.

M. le rapporteur. Pourquoi, puisqu'on dit qu'il n'y a pas de loi à faire ?

M. Allain-Targé. Nous sommes nés de la liberté, nous avons vécu de la liberté ; il y en a quelques-uns parmi nous à qui on reproche d'être plus ou moins jacobins, plus ou moins autoritaires !

Oui, certes ! il est certain que nous défendons l'État, que nous nous opposons à ce que l'État soit démantelé ; nous défendons les droits de l'État contre les intérêts particuliers, contre les intérêts aristocratiques, obligarchiques, contre tous ceux qui veulent usurper sur ses droits, parce que l'État, c'est tout le monde, c'est la souveraineté nationale elle-même ; parce que l'État c'est le protecteur et le défenseur du suffrage universel ; parce que l'État lui doit son existence.

Mais, quand il s'agit des vraies libertés, des libertés populaires, dont aucune démocratie ne pourrait se passer, de celles qui sont nécessaires à l'exercice sincère de son droit de vote, telles que la liberté de la presse, la liberté de réunion, ces libertés-là nous les défendons contre toute la prétendue école libérale, contre les étroites doctrines d'un prétendu libéralisme... (Interruptions à droite) et nous restons attachés à cette règle de conduite : Nous sommes la République, nous sommes sortis de la liberté, restons sous la protection de la liberté ! (Applaudissements à gauche.)

M. le président. Suivant l'ordre des inscriptions, la parole appartiendrait maintenant à M. Naquet.

M. Alfred Naquet. Monsieur le président, je cède mon tour à M. Gatineau.

M. le président. La parole est à M. Gatineau, à qui M. Naquet vient de céder son tour.

M. Cuneo d'Ornano. Mais M. Gatineau va parler dans le même sens que M. Allain-Targé !

M. Gatineau. Messieurs, je viens vous demander la permission, à ce moment déjà avancé de la discussion, de préciser une fois de plus la question que vous avez à résoudre.

Vous êtes en face d'une simple prise en considération ; vous n'êtes point appelés à retrancher, par le vote que vous allez émettre, la série des articles qui sont visés dans l'amendement de M. Floquet, dont nous demandons la prise en considération : en d'autres termes, vous allez tout à l'heure inviter la commission à en faire une étude approfondie, à rectifier ses textes où à les supprimer, selon qu'elle le jugera convenable, après l'étude nouvelle à laquelle vous allez lui donner la mission de se livrer. (Interruptions sur divers bancs au centre.)

M. le président. Messieurs, laissez poser la question ! N'interrompez pas !

M. Gatineau. S'il en était autrement, je déclare pour mon compte que je

PROVOCATION AUX CRIMES ET DÉLITS.

ferais à l'amendement de M. Floquet le reproche qu'il lui fait lui-même, car je crois être son interprète en disant que cet amendement, en l'état où il se présente, n'est pas susceptible d'être voté et de devenir une disposition législative. (Exclamations au centre.)

En effet, cet amendement comporte la suppression de huit articles, et il est un grand nombre de nos collègues qui, partageant les idées qui l'ont inspiré, ont cependant le désir de conserver l'un ou quelques-uns de ces huit articles.

J'ajoute qu'en la forme, l'amendement exprime plutôt un vœu qu'il ne contient une véritable disposition législative. Il y a donc nécessité que cet amendement soit renvoyé à la commission, pour qu'elle ait à en tenir compte, si le principe lui en paraît excellent, comme à la majorité de cette Chambre, comme à moi-même.

Ceci dit, je vais rapidement indiquer les raisons pour lesquelles il est impossible que la Chambre soustraie l'amendement à un nouvel examen de la commission, et je répondrai en même temps à quelques-unes des observations techniques qui ont pris place dans l'excellent discours de notre honorable collègue, M. Agniel.

Notre collègue M. Agniel, nous parlant des articles 24 et 25 du projet de la commission, — qui sont les seuls sur lesquels je veuille, à l'heure présente, m'arrêter — n'en a pas remis le texte sous vos yeux. Cela est absolument nécessaire. C'est, en effet, en les relisant, que vous vous apercevrez qu'ils contiennent des prescriptions, des indications qui sont exorbitantes, bien qu'elles ne soient — ou peut-être parce qu'elles ne sont — que la reproduction textuelle de l'article 1ᵉʳ de la loi de 1819.

Que dit l'article 26, devenu l'article 24? Il dispose d'une façon formelle que : « Seront punis comme complices » — « seront punis » et non pas « pourront être punis... »

« Seront punis comme complices d'une action qualifiée crime ou délit, ceux qui... — je passe ce que je ne veux point examiner, — « ... par des dessins, des gravures, des peintures ou emblèmes vendus ou distribués, etc... auront directement provoqué à commettre l'action qualifiée crime ou délit, si la provocation a été suivie d'effet. »

Il résulte de ce texte, qui ne saurait être conservé, que l'exposition du portrait de Henri IV chez un libraire ou chez un marchand d'estampes pourrait être parfaitement considérée comme un fait de complicité.

M. Édouard Lockroy. Parfaitement !

M. Gatineau. Et j'ajoute que l'hypothèse que je cite n'a rien d'extraordinaire. Car on peut trouver dans la jurisprudence un exemple similaire.

Un papetier du passage Choiseul fut, en effet, poursuivi sous l'empire de la loi de 1819, dont le texte est, je le répète, reproduit dans le projet de la commission, pour avoir exposé le portrait du comte de Chambord.

Eh bien, est-ce que vous pouvez laisser de semblables dispositions dans la loi ? Est-ce qu'il est possible de ne pas tenir compte de l'amendement qui demande entre autres la suppression de cet article, ou tout au moins une nouvelle étude et un nouveau travail de la commission pour ramener cet article à des proportions raisonnables, si, contrairement à mon opinion, elle juge à propos de le maintenir ?

L'article 25 crée une véritable monstruosité en matière pénale; l'amendement en demande la suppression ; de telle sorte que, si vous repoussiez l'amendement, il serait à craindre que vous ayez voté implicitement pour la conservation de cet article 25, qui porte que :

« Si la provocation n'est pas suivie d'effet, son auteur sera puni d'un emprisonnement de trois mois à deux ans et d'une amende de 100 fr. à 3,000 fr., ou de l'une de ces deux peines seulement, lorsque l'action à laquelle il aura été provoqué est qualifiée crime. »

Une provocation qui aura consisté dans l'exposition d'un dessin ou d'une gravure derrière la vitrine d'un papetier ! une telle provocation pourra être punie, lors même qu'elle n'aura été suivie d'aucun effet — ce qui est le cas le plus ordinaire, d'ailleurs, — cette provocation pourra être punie d'un emprisonnement de trois mois à deux ans et d'une amende de 100 fr. à 3,000 fr ! Et vous ne renverriez pas à la commission l'amendement qui demande, entre autres choses, la suppression d'un pareil article !

Voilà les raisons que je donne, et que je crois topiques, à l'appui de ma demande de renvoi.

Mais, pour justifier la conservation de ces articles 24 et 25, qu'a dit l'honorable M. Agniel ? Il a cité les termes de l'article 60 du code pénal, sur la complicité, et il a ajouté que, quand nous invoquions le droit commun, si nous parlions de la première partie de l'article 60, nous en passions la fin sous silence.

Hélas ! messieurs, l'article 60 définit assez largement tous les cas de complicité en matière de droit commun pour que, quand la presse aura commis par complicité, soit un crime, soit un délit, elle soit atteinte par le droit commun. Cela ne peut faire aucun doute pour les jurisconsultes. Nous avons donc eu raison de nous y référer.

Quant à la fin de l'article, est-ce que le projet de la commission l'abroge ? Est-ce que cette fin ne reste pas tout entière ? Il en résulte que les deux articles que j'attaque en ce moment constituent une superposition et non pas un remplacement. En effet, si je me reporte aux articles 1 et 2 de votre projet de loi, j'y vois une abrogation générale ; or, dans cette abrogation n'est pas compris l'article 60, ni aucune partie de cet article.

M. Lelièvre. Il n'est pas abrogé !

M. Gatineau. Je vois que la commission a conservé un très grand nombre de lois spéciales qui suffiront parfaitement à rassurer la société, à la mettre à l'abri de toute crainte de ce bon vieux péril social que j'ai vu faire sa réapparition dans le discours de M. Agniel. (Protestations au banc de la commission.) J'espère bien que vous ne voterez pas ces deux articles, j'en appelle au libéralisme de cette Chambre, à ses sentiments républicains ; pour notre honneur politique, j'espère que ces deux articles seront implacablement repoussés.

Je reviens à la fin de l'article 60, qui vient à la suite de la définition de la complicité et est ainsi conçue :

« Sans préjudice des peines qui seront spécialement portées par le présent code contre les auteurs de complots ou de provocations attentatoires à la sûreté intérieure ou extérieure de l'État, même dans le cas où le crime qui était l'objet des conspirateurs ou des provocateurs, n'aurait pas été commis. »

C'est là une disposition de nature à vous rassurer, et qui devrait tranquilliser même la commission, puisqu'elle reste applicable et qu'elle n'est pas le moins du monde abrogée par le projet de la commission. Dans ces conditions, nous venons conjurer la Chambre de renvoyer l'amendement de M. Floquet à la commission, afin qu'un nouveau travail soit opéré et fasse droit aux justes revendications que nous apportons à cette tribune au nom de la liberté. (Très bien ! très bien ! sur plusieurs bancs à gauche.)

M. le président. Suivant l'ordre des inscriptions, la parole est à M. Ribot.

M. Ribot. Messieurs, j'étais inscrit pour défendre le système qui a été tout à l'heure présenté avec tant de force par notre honorable collègue M. Agniel ; mais la Chambre comprendra qu'au point où est arrivée la délibération, et après les déclarations quelque peu inattendues de l'honorable M. Gatineau, il est inutile de poursuivre cette discussion.

En effet, M. Gatineau vient de vous expliquer qu'après un débat, qui a duré deux jours, et qui a roulé sur le point de savoir si on pouvait ramener la presse au droit commun par une simple formule, dont M. Floquet n'est pas l'auteur, puisqu'il l'a empruntée à l'exposé des motifs de la loi de 1819 ; après cette longue contro-

PROVOCATION AUX CRIMES ET DÉLITS.

verse, plus métaphysique, à mon sens, que politique, M. Floquet ou plutôt M. Gat-neau, qui parle en son nom, reconnaît...

M. Gatineau. Non, je ne suis pas signataire de l'amendement.

M. Ribot. Vous avez dit que M. Floquet ne vous désavouerait pas. Vous avez expliqué qu'après avoir assisté à cette discussion, vous étiez forcé d'avouer que votre formule n'avait pas tous les mérites de simplicité, de clarté que vous lui aviez attribués, qu'elle était équivoque, obscure et absolument insuffisante.

M. Charles Floquet. Je demande la parole.

M. Ribot. Et vous venez nous dire en propres termes : « Il y a dans le projet de la commission des articles excellents, nécessaires, indispensables ; il y en a d'autres que je me réserve de critiquer ! »

Je croyais, quant à moi, que la conclusion naturelle de cette déclaration de notre honorable collègue serait celle-ci : Mettons un terme à cette discussion qui ne peut aboutir, qui s'égare dans le développement de thèses séduisantes peut-être mais sans portée efficace et pratique. Entrons maintenant dans le vif ; ouvrons une discussion, plus terre à terre si vous le voulez, mais utile et précise.

Et pour cela, qu'y a-t-il à faire ! M. Gatineau propose un moyen vraiment singulier. Il dit : Puisque nous avons fait un amendement qui ne se tient pas, donnez-nous des collaborateurs ; interrompons cette discussion pendant quelques jours et, dans l'intervalle, la commission donnera à l'amendement la forme législative pratique et positive qui lui manque.

Ce n'est pas là un procédé correct ni sérieux, ni digne de cette assemblée. Il y a des articles, dites-vous, que vous admettez, et d'autres que vous repoussez. Eh bien, pourquoi ne dites-vous pas tout de suite ceux que vous acceptez et ceux que vous repoussez.

M. Gatineau. Le principe de l'amendement a besoin d'être consacré !

M. Ribot. Il y a, par exemple, l'article 26 qui définit non pas le délit spécial de provocation, mais un genre de complicité de droit commun applicable à la presse ; cet article, l'acceptez-vous ?

M. Gatineau. Non !

M. Ribot. Eh bien, donnez les raisons politiques et juridiques qui vous font repousser l'article 26, et ensuite nous passerons au vote. Au lieu de nous trouver en présence d'une formule vague et purement doctrinale, nous nous trouverons en face d'un texte précis et nous verrons ce que pense la Chambre. Puis, nous prendrons l'art. 27 ; là, nous trouverons une question plus difficile, plus délicate que celle que soulève l'article 26 : celle de savoir si, à côté de la complicité par provocation, il peut y avoir un délit spécial qui s'appelle la provocation non suivie d'effet. Je ne crois pas commettre une indiscrétion en disant que notre honorable collègue M. Goblet à l'intention de combattre avec son talent si précis, si nerveux et en même temps si souple, cet article 27. Nous nous rencontrerons, nous échangerons nos raisons ; nous essayerons de ne laisser dans l'ombre aucun des points de vue que soulève cette question. La Chambre décidera.

Voilà messieurs, en quels termes le débat devrait s'engager. Je crois que la Chambre ferait sagement d'écarter le contre-projet de M. Floquet, ou plutôt l'honorable M. Floquet lui-même ferait bien de le retirer, car en le retirant, il n'abandonnerait aucune de ses idées, aucun de ses arguments. La proposition que je fais n'a d'autre but que de mettre un peu de clarté, un peu d'ordre dans le débat. Je prie la Chambre de l'adopter. (Très bien ! très bien ! au centre droite.)

M. Charles Floquet. Messieurs, je veux répondre seulement quelques mots à l'honorable M. Ribot. Il m'est impossible, quel que soit mon désir de le satisfaire et d'épargner les moments de la Chambre, de retirer l'amendement que j'ai eu l'honneur de présenter.

Cet amendement peut avoir des imperfections de forme, c'est possible, au regard de certaines personnes dans cette assemblée, mais il a l'avantage, et c'est pour cela que je le soutiens, de contenir un système qui pourrait être réalisé définitivement dans la loi dans les conditions qui vous conviendraient si le principe en était adopté, et si le renvoi à la commission était ordonné. Ce principe est très net et très déterminé.

M. de Marcère. Je demande la parole.

M. Charles Floquet. Quel est le sens, quel est l'esprit général et quelles sont les limites de mon amendement? Les voici :

L'honorable M. Ribot me disait : Vous n'avez rien inventé, vous avez pris le texte de votre amendement dans l'exposé des motifs de la loi de 1819.

Je n'ai pas la prétention d'avoir inventé ; je pourrais même avouer que j'ai pris le texte de ma proposition dans l'exposé des motifs de la loi de 1819 et aussi dans l'exposé des motifs du projet de 1881.

Je l'ai pris dans cet axiome qui a été la prétention du législateur de 1819 et qui est la prétention de la commission actuelle, consistant à dire : Il n'y a pas de délits spéciaux de la presse; il ne faut reconnaître et viser que les délits de droit commun. Eh bien, j'ai voulu, par mon amendement, attirer l'attention de la Chambre sur l'inconséquence dans laquelle sont tombés successivement les auteurs de la loi de 1819 et de la loi proposée en 1881, et qui après avoir dit : il n'y a pas de délits spéciaux de la presse, en ont inséré une série dans les dispositions qui nous sont présentées.

A gauche. C'est cela! très bien !

M. Charles Floquet. La loi de 1819 a dit : Il n'y a pas de délits spéciaux de presse; il n'y a que des délits de droit commun; et de l'aveu même de M. le rapporteur, de l'aveu du bon sens, la loi de 1819 crée une série de délits spéciaux de la presse...

M. le rapporteur. Parfaitement !

M. Charles Floquet... des délits d'opinion, c'est-à-dire les délits de provocation à un crime, d'excitation à la haine et au mépris du Gouvernement, de provocation à la haine et au mépris des citoyens les uns contre les autres, d'attaque contre la forme du Gouvernement; enfin, toute une série de ce genre de dispositions.

Le rapport de la loi actuelle fait la même chose. Il déclare qu'il n'y a pas de délits spéciaux de la presse ; il dit : nous n'en avons introduit aucun...

M. le rapporteur. Parfaitement !

M. Charles Floquet... et cependant il édicte à son tour une série de délits d'opinion, ou de ce que je considère comme des délits d'opinion ! Et mon amendement vient, lui aussi, dire : il n'y a pas de délits spéciaux de la presse; et, ce principe, auquel j'entends rester plus complètement fidèle que les légis'ateurs de 1819 et que la commission de 1881, je demande de l'insérer dans la loi.

Je vous demande de rentrer dans la logique dont sont sortis successivement les législateurs de 1819 et de 1880, et de supprimer la série d'articles que vous indique mon amendement. (Très bien! très bien! à gauche.)

Quelle est la série de ces articles? Je précise — je demande pardon à la Chambre d'insister... (Non! non ! — Parlez! parlez !)

Je précise et je dis que le projet de loi qui vous est proposé admet une série d'articles dans laquelle se trouvent des délits de provocation, non pas seulement l'article 26, mais les articles 27, 29, 30, 31, 39 et 40, mais une série de paragraphes exceptionnels qui sont contenus dans votre article 2 et qui maintiennent, malgré l'abrogation que vous faites de toutes les lois sur la presse, des articles réservés des lois de 1834, 1849 et 1879, tous contenant des provocations. Et ainsi le projet de loi élève la simple provocation à l'état de délit de presse.

Toute la question — je l'ai dit l'autre jour et je le répète — toute la question est de savoir si vous pouvez accepter, dans une loi de la presse, le délit de pro-

14

PROVOCATION AUX CRIMES ET DÉLITS.

vocation, que le crime ait suivi ou pas suivi ; si vous pouvez insérer le délit de provocation, lorsque vous posez en thèse que vous ne voul_z pas frapper les délits de pensée, les délits d'opinion. Toute la question est là.

M. le rapporteur. Il n'y a qu'à définir la provocation !

M. Charles Floquet. Permettez ! il n'est plus temps, la Chambre ne supporterait pas un débat sur cette question. (Si ! si ! — Parlez !) Je veux arriver à une conclusion et je réponds en quelques mots à la fois à M. le garde des sceaux qui parlait l'autre jour et à M. Agniel qui parlait tout à l'heure.

Je dis à M. le garde des sceaux : Vous avez soutenu à cette tribune qu'il suffisait, pour constituer un délit de droit commun, qu'on trouvât dans le fait qu'on voulait incriminer, ces trois caractères : 1° que l'intention de l'agent fût subversive ; 2° qu'il y eût un dommage social ; 3° que le fait qu'il s'agit d'incriminer présentât des caractères de netteté tels qu'il n'y eût dans l'incrimination et dans le jugement aucune espèce d'arbitraire possible.

Eh bien, c'est parce que dans la provocation simple, c'est-à-dire dans le jugement d'une opération de l'esprit humain, il est impossible de trouver aucun des caractères que vous définissiez hier, que ce délit de provocation n'est pas un délit de droit commun.

Vous parlez de la perversité de l'agent. Oui, aux yeux de la conscience, vous pouvez dire : telle provocation ne peut provenir que d'une âme perverse et d'une intelligence altérée. Mais qui jugera ? Ce seront les adversaires politiques de celui qui a écrit l'article ou le livre incriminé. (Très bien ! à gauche.)

Et le dommage social ? Le dommage social, messieurs, il n'est pas dans la provocation, il existe dans le cas seulement où un acte criminel a été accompli. C'est alors qu'il s'agira de savoir — et c'est la seule question qui se posera — si la provocation a pris le caractère d'une complicité ou si elle est restée simplement dans la pensée humaine, à l'état d'opinion plus ou moins immorale, de conseil plus ou moins mauvais qu'on a cherché à faire pénétrer dans l'esprit de ses concitoyens.

Comment, la provocation est la cause du dommage social ? A quel moment faudra-t-il que le crime soit accompli ? Est-ce huit jours, est-ce quinze jours, est-ce deux mois après la prétendue provocation ? Ira-t-on jusqu'à la limite de la prescription ? Et puis, dès que l'acte aura été accompli, vous vous reporterez en arrière, vous établirez un lien entre cette pensée humaine manifestée par un écrit, et l'acte qui y est peut-être absolument étranger, alors que les personnes qui ont pensé et les personnes qui ont agi ne s'étaient peut-être jamais vues, ne s'étaient jamais concertées, n'avaient jamais délibéré en commun ! (Très bien ! très bien ! à gauche.)

M. le garde des sceaux voulait enfin que l'incrimination fût à l'abri de l'arbitraire. Sur ce point, je n'ai qu'un mot à dire.

Comment, messieurs ! après la série des systèmes administratifs et des systèmes judiciaires qui se sont succédé dans notre pays, après la série des erreurs qui ont été commises et des persécutions contre la presse, on viendrait soutenir qu'il n'entre pas une effrayante dose d'arbitraire dans le fait de juger le caractère d'un article de journal, de dire jusqu'à quel point il contient une discussion animée, ardente, mais légitime, ou, au contraire, une provocation et une complicité criminelles ? En vérité, si vous croyez qu'une incrimination pareille n'offre aucune matière à l'arbitraire des juges quels qu'ils soient, vous oubliez que vous-mêmes, nous tous, — tous les législateurs depuis qu'on s'occupe des affaires de presse — nous avons cherché anxieusement le vrai juge pour la presse.

On a essayé de le fixer dans la police correctionnelle. On a voulu recourir au jury, afin d'avoir plus de garanties. Quelques-uns ont dit : Dans l'intérêt de la sécurité sociale, il faut s'adresser à l'administration. Dans ces derniers temps et dans plusieurs publications écrites sous l'empire, on imaginait un jury spécial, un jury de lettrés, un jury de capacités, comme on disait.

Qu'est-ce que cela veut dire? Cela veut dire qu'il y a une inconsistance juridique absolue dans les incriminations relatives à la presse, car vous êtes obligés de
chercher à travers toutes les juridictions et d'en imaginer de nouvelles, pour trouver enfin des esprits déliés qui puissent se prendre à la pensée humaine, la découvrir à travers tous les vêtements dont elle se couvre, rêver, en un mot, une
juridiction qui exerce un véritable droit d'inquisition, puisqu'elle va chercher
derrière la pensée humaine les mobiles qui l'ont agitée. (Très bien! très bien! et
applaudissement sur divers bancs à gauche.)

Je réponds maintenant à la commission.

Tout à l'heure, l'honorable M. Agniel nous disait : Quelle sera la situation du
Gouvernement et de la Chambre au lendemain du vote de la loi, si on adoptait
l'amendement qui est en discussion, c'est-à-dire si on supprimait l'article 26, l'article 27 et suivants, ce qui justifie un renvoi collectif à la commission de toutes
les dispositions qui se rapportent à la provocation?

Messieurs, on a essayé de vous dire que le pays, que le Gouvernement se trouveraient dans l'impuissance de se défendre contre la presse, ou que la presse serait exposée à des persécutions bien plus graves que celles qui peuvent résulter
du régime actuel. L'une et l'autre de ces réponses sont inexactes.

Quant à l'impunité, elle n'existerait pas, car vous avez dans le droit commun
une disposition qui vous permet de saisir, quand cela est nécessaire, mais à
l'heure seulement où cela est nécessaire, la complicité véritable.

En voulez-vous un exemple? Il s'agit de la provocation à des attentats. Il y en
a eu un exemple dans notre histoire contemporaine. — Je ne veux pas juger le
fait en lui-même, ni dans un sens, ni dans l'autre, mais l'examiner seulement
au point de vue juridique. — Il y a eu au 13 juin 1849 une manifestation dans ce
pays. Cette manifestation a été accompagnée d'un grand concours qui lui a été
donné par la presse politique.

Le matin du jour où la manifestation avait lieu, tous les journaux de l'opposition républicaine de l'époque contenaient des placards identiques, émanant des
différents comités qui avaient organisé la manifestation : comité des anciens représentants, comité des écoles, comité de tel ou tel cercle. Ces journaux repro-
duisaient quantité de proclamations faisant connaître l'heure de la manifestation,
indiquant dans quelles conditions elle devait se produire. Ces publications
étaient visiblement des actes constituant l'aide, l'assistance déterminées par l'article 60 du code pénal et données à l'insurrection qui se développait. Dans ce
cas-là, il y avait complicité absolue.

Qu'a-t-on fait? On a poursuivi ceux qui ont agi, ceux qui se sont livrés à la
manifestation; on les a envoyés à la haute cour de Versailles, et on a traduit les
journaux devant le jury.

M. Langlois. Ah! mais non; j'y étais! (Hilarité générale.)

M. Charles Floquet. J'avais demandé des renseignements sur ce point à
mon honorable collègue, M. Langlois, et comme ces renseignements ne m'avaient
pas paru complets, j'ai interrogé tout à l'heure le récit même du procès. Il est
établi, pour moi, que mon honorable collègue, ainsi que plusieurs autres journalistes, n'ont pas été poursuivis à cause des journaux et des placards, mais pour
des faits particuliers et spéciaux à chacun d'eux, présidence de comités, etc.

M. Langlois. C'est une erreur!

M. Charles Floquet. Je ne veux pas discuter ce point...

M. Langlois. Mais je vous demande pardon, je le discuterai! Je demande la
parole

M. Charles Floquet. Ce n'est pas une erreur : on a poursuivi séparément
les manifestants et les journaux.

Eh bien, j'affirme que par la complicité vous pourriez atteindre les faits qui seraient véritablement des actes délictueux ou criminels, c'est-à-dire, comme je vous

PROVOCATION AUX CRIMES ET DÉLITS.

le disais, ceux qui, par des liens de fait aussi bien que par des associations de paroles et d'écrits, se rattacheraient d'une façon certaine aux événements, aux crimes que vous punissez. Vous le pourriez; vous auriez pour cela des armes suffisantes.

Quant à la situation que nous ferions à la presse, on veut bien nous dire qu'elle se trouverait exposée à des répressions plus terribles que par le passé.

Je n'ai pas à examiner ici les détails; une simple comparaison me suffit.

Dans notre système, la situation de la presse serait celle-ci : La presse ne serait pas poursuivie pour la provocation qui ne serait point une complicité véritable et caractérisée.

Dans votre système, au contraire, la presse sera poursuivie lorsqu'elle aura fait une prétendue provocation à un crime, quand même le crime n'aurait pas été accompli.

M. Lelièvre. Une provocation directe.

M. Charles Floquet. Oui, une provocation directe, quand même le crime ne serait pas accompli. Je n'en examine pas la nature, je fais la comparaison.

Je le répète, dans votre système la presse pourra être poursuivie par une simple provocation, mais cela ne l'empêchera pas de rester soumise à toutes les responsabilités ordinaires pour toutes les complicités imaginables parce qu'il est de droit commun que les complices ne peuvent pas échapper aux conséquences pénales qui atteignent les auteurs principaux. C'est là une règle qui était dans la loi de 1819, que vous nous avez montrée dans l'article 60 du code pénal.

En conséquence, la presse resterait, avec votre loi, au point de vue de la complicité, dans une situation semblable à celle que nous voulons simplement constater par mon amendement et de plus elle serait soumise à toutes les répressions qui résulteraient de la provocation pure et simple, soit qu'il s'agisse d'un crime, soit qu'il s'agisse d'un délit. (Très bien ! très bien !)

Comment ! messieurs, vous pourriez maintenir que la simple provocation peut constituer un crime, un délit, quand même l'acte ne s'est pas accompli? Mais réfléchissez donc, comme on vous l'a dit, qu'en manière de délit, par exemple, la tentative elle-même n'est pas punie, c'est-à-dire que l'homme qui va jusqu'au coffre-fort, qui y met la main, qui est séparé de sa proie par un événement indépendant de sa volonté, qui entend du bruit et s'enfuit, celui-là ne peut pas être poursuivi. (Réclamations sur plusieurs bancs.)

M. Lelièvre. Ouvrir un coffre-fort, ce n'est pas un délit, c'est un crime !

M. Charles Floquet. Mon exemple n'est peut-être pas bien choisi. Mais je dis que pour les délits, à l'exception de quelques-uns, très peu nombreux, la tentative n'est pas punie.

Eh bien, celui qui sera arrivé à la dernière extrémité de la tentative matérielle sera innocent aux yeux de la loi, et, au contraire, celui qui, dans un journal, aura fait une provocation plus ou moins claire à ce délit ou à un délit analogue, sera coupable, traduit devant les tribunaux et condamné ! En vérité, au nom du droit et de la morale, il faut repousser une contradiction aussi choquante. (Très bien, très bien !)

Ainsi, messieurs, que tout le monde se rassure ici : il n'y aura pas impunité; il y aura responsabilité dans le cas où l'application de cette responsabilité est nécessaire ; mais il n'y aura pas non plus d'arbitraire dans la distribution des peines et dans l'application des lois de notre pays.

Toutes les consciences peuvent et doivent être tranquilles, et je vous rappelle en terminant l'une des pensées que M. Allain-Targé développait tout à l'heure et que je vous recommande.

Je vous en supplie, songez-y ! Jusqu'à ce jour et depuis quelques années la tolérance à peu près absolue vis-à-vis de la presse a existé. Si vous faites une loi même plus douce, surtout plus douce, qu'arriverait-il? C'est que muni des dispositions répressives que vous aurez recueillies dans les lois du passé, qui paraissent mortes ou endormies et auxquelles vous aurez rendu la vie et l'activité, le gouvernement sera je ne dis pas porté de lui-même, mais entraîné à l'obligation de les appliquer. Il verra se réveiller, en même temps que ces lois, toutes ces passions dont je vous parlais, tous ces amours-propres, tous ces intérêts, toutes ces terreurs qui lui diront : la Chambre a fait une loi nouvelle, elle vous a armé tout à neuf. Si elle a inscrit après débat et examen solennels de telles dispositions répressives dans la législation de la République, c'est que ces dispositions étaient nécessaires pour la défense de la société ; appliquez-les !

Et le gouvernement les appliquera, et nous verrons interrompre cette expérience fructueuse dont on vous parlait tout à l'heure et qui devait être couronnée enfin dans notre pays par l'union de la liberté la plus complète et du respect le plus absolu de la légalité républicaine. (Très bien ! — Vifs applaudissements à gauche.)

M. le président. La parole est à M. Peulevey.

M. Peulevey. Messieurs, la question qui s'agite, en ce moment, et que vous avez à résoudre, est celle de savoir si vous accepterez l'amendement qui vous a été présenté par l'honorable M. Floquet, ou si vous ordonnerez le renvoi de cet amendement à la commission.

Il me semble donc que le plus gros grief que l'on ait adressé à cet amendement, c'est de ne pas être formulé dans des termes qui donnent satisfaction à tous les esprits.

On se préoccupe, en effet, et je crois avec raison, de l'insuffisance des propositions qui résultent de cet amendement ; cependant, il faut le reconnaître, il contient de justes griefs contre les propositions de la commission.

Il me paraît donc que, avant de vous prononcer immédiatement soit sur l'amendement, soit sur son renvoi à la commission, il serait peut-être utile de revenir en quelques mots très brefs... (Non ! non ! — C'est compris) sur les reproches qui peuvent être adressés aux articles anciens 26 et 27, devenus les articles nouveaux 24 et 25 du projet de la commission.

Quant à moi, messieurs, lorsque je me suis fait inscrire pour prendre la parole...

M. le président. Monsieur Peulevey, je vous ferai observer que la discussion ne porte pas, quant à présent, sur ces articles. Comme cette discussion s'ouvrira, d'une manière ou d'une autre, soit sur l'amendement lorsqu'il reviendra de la commission, soit sur le texte même que la commission a mis en délibération, vous pourriez plus utilement ajourner vos observations à ce moment. Ce qui est actuellement en discussion devant la Chambre, c'est uniquement la question de savoir si elle ordonnera le renvoi de l'amendement à la commission ou si elle passera à la discussion des articles qui lui sont proposés par la commission. (Parfaitement ! — C'est cela !)

M. Peulevey. Monsieur le président, je suis parfaitement de votre avis ; mais en même temps que je me proposais de discuter les articles 26 et 27...

Sur plusieurs bancs. C'est entendu !

M. Peulevey. Permettez-moi d'expliquer ma pensée !

En même temps, dis-je, que je me proposais de discuter les articles 26 et 27, j'avais préparé un amendement dont j'avais l'intention de demander la prise en considération. Cet amendement porte sur les articles 26 et 27 ; il doit compléter ce qu'il y a, selon moi, d'insuffisant dans celui de l'honorable M. Floquet.

M. le président. Mais, Monsieur Peulevey, vous ne pouvez introduire cette nouvelle question dans le débat, avant que la première ait été résolue.

M. Peulevey. Eh bien, je me réserve de présenter mes observations lors de la discussion des articles 26 et 27.

M. le président. La parole est à M. de Marcère.

PROVOCATION AUX CRIMES ET DÉLITS.

M. de Marcère. Messieurs, lorsque j'ai demandé la parole, j'y ai été sollicité par les premiers mots qu'a prononcés l'honorable M. Floquet, lorsqu'il répondait aux observations provoquées par l'intervention dans cette discussion de l'honorable M. Gatineau. Il vous a dit : La raison pour laquelle je maintiens la présentation de mon amendement, quoique l'honorable M. Gatineau ait paru l'abandonner, en admettant qu'il y aurait lieu de retenir certains articles du projet de la commission, ce qui fait que je maintiens mon amendement, c'est qu'il contient en lui-même un système.

C'est contre cette pensée que je viens protester devant la Chambre. Je me permets de le faire, parce que l'honorable M. Floquet a voulu très nettement établir une distinction entre l'opinion d'une partie de la Chambre, — l'opinion de la commission et l'opinion des collègues qui la suivront, — et la sienne sur un point de doctrine important; or, il me paraît nécessaire que les partis politiques s'expriment aussi très nettement sur cette question de doctrine.

L'honorable M. Floquet paraît dire : J'ai une doctrine spéciale sur la liberté de la presse, et c'est en raison de cette doctrine que je présente un amendement.

Eh bien, je me permets de dire à M. Floquet : Non, il n'a pas de doctrine spéciale qui le sépare du reste de nous, qui le sépare de la commission ; sa doctrine est la même que celle de la commission.

En effet, il a commencé par dire, et il a répété dans ses différents discours, qu'il ne demande pas l'impunité de la presse. Il reconnaît, — et l'amendement le porte expressément, — que la presse est responsable des actes qu'elle accomplit ; seulement il soutient qu'elle n'est responsable que dans les termes du droit commun.

A gauche. C'est cela !

M. de Marcère. ... et que c'est là ce qui constitue, selon lui, le système particulier, la doctrine particulière qui paraît, à lui et à ses amis, une situation spéciale vis-à-vis de l'opinion, en ce qui concerne la liberté de la presse.

Je proteste.

Nous aussi, je parle pour moi et un grand nombre de mes amis, — nous sommes partisans du droit commun ; et nous considérons que le droit commun est précisément la formule exacte, nécessaire de la liberté, et nous voulons introduire le droit commun dans la presse précisément parce que nous sommes partisans de la liberté de la presse.

Sur plusieurs bancs au centre et à gauche. Très bien !

M. de Marcère. Donc, lorsque M. Floquet réclame le droit commun pour la presse, il ne fait pas autre chose que ce que je fais moi-même, c'est-à-dire de demander pour elle la liberté.

Qu'est-ce donc que le droit commun en matière de presse? Qu'est-ce que cela signifie ? Cela signifie que l'homme qui tient une plume, qui a entre les mains ce moyen puissant de faire connaître et de répandre sa pensée, n'a pas plus que les simples citoyens le droit de commettre un délit ou un crime ; et s'il commet ce délit ou ce crime, il est, comme le simple citoyen, responsable devant la justice de son pays.

M. Viette. Vous avez raison !

M. de Marcère. Voilà ce que signifie le droit commun. Vous acceptez cette thèse !

M. Viette. Parfaitement !

M. de Marcère. Alors, quelle est la divergence entre vous et la commission ?

Qu'est-ce qui vous sépare d'elle ? C'est la question de savoir si les différents délits qui ont été relevés par la commission et qui ont été reproduits par elle, les colligeant dans les anciens textes, sous les numéros 26, 27, 28 et suivants, constituent des crimes de droit commun ou n'en constituent pas.

Eh bien, comment vous rendrez-vous compte de cela ? Est-ce en renvoyant à la commission l'amendement de M. Floquet, qui conteste seulement que l'œuvre de la commission soit conforme à ses propres principes ? C'est bien inutile, nous sommes d'accord sur le principe. Quant à l'application de ce principe, il vous sera loisible, lorsque par exemple nous discuterons l'article 26, qui contient le délit de provocation, d'autres articles qui punissent le délit d'outrages, il vous sera loisible de venir dire : Je ne reconnais pas à ce délit qui est relevé par la commission le caractère du droit commun.

Je le répète, nous discuterons, nous jugerons, et si vos propositions peuvent se soutenir contre la thèse si éloquemment défendue par M. Agniel, si par exemple le délit de provocation dont je viens de parler ne se trouve pas compris dans le code pénal, — contrairement à ce que je crois vrai, car il y est non seulement implicitement, mais expressément...

M. le rapporteur. Même non suivie d'effet.

M. de Marcère. ... si, dis-je, ce délit et d'autres contenus au projet de la commission ne réunissent pas les caractères du droit commun, si vous parvenez à en convaincre la Chambre, eh bien! ils pourront disparaître du projet. Ce sera l'objet et l'utilité de la discussion actuellement engagée et qui peut se continuer sans faire échec à votre doctrine.

Ce que je tenais à dire, ce qui intéresse le parti politique auquel j'ai l'honneur d'appartenir, c'est que nous sommes autant que vous partisans du droit commun, de la liberté de la presse ; que le droit commun est, selon nous, l'égalité dans l'exécution des lois ; nous voulons qu'un homme qui tient la plume ou le crayon soit soumis comme tous les citoyens à l'application de la loi.

Le droit commun : voilà l'égalité, et lorsque les lois sont libérales, la liberté est complète. Telle est ma doctrine. Je demande qu'elle soit appliquée à la presse, comme aux autres institutions du pays, et qu'elle passe dans les actes du Gouvernement.

Il est donc bien inutile d'ordonner le renvoi à la commission, car elle s'est approprié déjà cet amendement. Il est tout entier dans le beau travail de M. Lisbonne, et il a été développé dans les discours du rapporteur et des membres de la commission.

Oui, nous sommes partisans du droit commun. Qui donc soutient qu'il y a des délits d'opinion? Il n'y a pas de délits d'opinion. Savez-vous pourquoi? Est-ce parce qu'il faut faire aux publicistes et aux écrivains une condition toute particulière ? Non. Ils refuseraient probablement ce privilège. Ils consentent, sans doute, à subir le droit commun. Non, ce n'est pas pour cela qu'il n'y a pas de délits d'opinion, c'est précisément pour la raison contraire. Chaque citoyen, chaque particulier, a une opinion sur les affaires de son pays, sur les hommes qui le gouvernent, sur la politique, sur la philosophie, sur l'histoire, il l'imprime librement et il n'est pas responsable devant la justice. De même, l'écrivain exprime, écrit et répand les opinions philosophiques, religieuses, politiques, à son gré, sous sa responsabilité d'écrivain, il ne peut être davantage justiciable de la justice de son pays; autrement on lui ferait une situation à part, il subirait une loi d'exception, et il a le droit, comme tous les citoyens, d'être protégé dans sa liberté.

Il n'y a pas de délits d'opinion et le Gouvernement n'a pas besoin d'en créer, d'en supposer pour se protéger ; il ne peut se protéger contre les attaques dont il sera l'objet que par la force qu'il a en lui, et, ainsi que le disait M. Allain-Targé, par l'appui qu'il trouve dans l'opinion publique. L'opinion publique, l'assentiment général, la confiance qu'il inspire, voilà sa vraie force et sa seule défense.

Je termine ces courtes observations. Rien ne me sépare de l'opinion de M. Floquet ni de l'esprit de son amendement, rien ne le sépare de la commission. Il est donc parfaitement inutile de renvoyer à la commission cet amendement, car c'est au moment où l'on discutera les articles que l'on pourra apprécier et juger si chacun des délits relevés par la commission est en relation avec le droit commun ou s'ils sont en opposition avec lui.

CHAMBRE DES DÉPUTÉS.

PROVOCATION AUX CRIMES ET DÉLITS.

Au centre. Très bien ! très bien ! — Aux voix ! aux voix !

M. le président. La parole est à M. Lelièvre, au nom de la commission.

M. Lelièvre. Messieurs, à l'heure où nous sommes, la Chambre ne s'attend pas, sans doute, à ce que je refasse ici les discours savants qui ont été exposés ; je ne suis monté à cette tribune que pour y faire une simple déclaration : on vous propose de renvoyer à l'examen de la commission un amendement comprenant un article unique qui abroge plusieurs articles de notre projet et les remplace par cette seule formule : le droit commun.

Le renvoi est absolument inutile ; il est inutile, parce que le premier soin de la commission a été de se placer en face de ce droit commun qu'on revendique, parce qu'elle l'a examiné, non seulement dans son ensemble, mais encore dans ses détails. Tout à l'heure, M. Agniel, avec l'autorité que lui donne son talent, nous démontrait ce qu'était le droit commun en matière de criminalité.

Nous avons poussé plus loin notre examen dans la commission. Nous avons examiné ce qu'était le droit commun, s'il fallait l'appliquer à la fondation même des journaux, à leur organisation, à leur fonctionnement, aux responsabilités qui en découlent.

Nous avons examiné ce droit commun dans la procédure, dans la compétence, dans la juridiction, et jusque dans les prescriptions qu'il entraînerait si l'on voulait l'appliquer à la presse. Cet examen a été complet ; je ne veux point le refaire. Mais, puisqu'il a été fait, vous comprenez que la commission, soucieuse de sa dignité, vienne vous demander de vouloir bien passer outre et de déclarer très nettement si vous entendez, oui ou non, que le projet qu'elle vous propose, qui se tient dans toutes ses parties, soit absolument annulé : si vous prononcez le renvoi, c'est le sens qu'elle attachera à votre vote ; si, au contraire, vous dites que le renvoi ne sera pas prononcé, que la discussion aura lieu sur tous les articles, nous nous soumettons d'avance à cette discussion, qui a été faite entière et complète dans la commission, et nous revendiquons absolument le droit de défendre la responsabilité qu'entraîne notre projet. Ainsi, messieurs, au nom de la commission, et sans vouloir abuser davantage de la bienveillance de la Chambre, je viens la supplier une dernière fois de vouloir bien s'opposer au renvoi. (Mouvements divers.)

M. le président. Il y a trois demandes de scrutin sur la demande de renvoi à la commission de l'amendement de M. Floquet. Elles sont signées :

La première, par MM. Bastid, Achard, Clémenceau, Ballue, Thomson, le comte de Douville Maillefeu, Bizarelli, Gastu, G. Casse, Ménard-Dorian, Jouffrault, Cantagrel, Bertholon, Marion, A. Lecomte, Audiffred, Naquet, Varambon, Méthé, etc.

La deuxième, par MM. Plessier, Frogier de Ponlevoy, P. Legrand, Danelle-Bernardin, Riban, Leroux, Truelle, Bouthier de Rochefort, Devade, Seignobos, Thomas, Gilliot, Devès, Récipon, Horteur, etc.

La troisième, par MM. Guillot, Laisant, Brelay, Jouffrault, Greppo, de Lacretelle, Audiffred, Barodet, Bertholon, Viette, Ballue, Vernhes, Madier de Montjau, G. Perin, Clémenceau, Bousquet, etc.

Il va être procédé au scrutin.

(Le scrutin est ouvert. — MM. les secrétaires en opèrent le dépouillement.)

M. le président. Le dépouillement du scrutin sur le renvoi à la commission de l'amendement de M. Floquet donne les résultats suivants :

Nombre des votants.................... 464
Majorité absolue...................... 233
    Pour l'adoption............... 255
    Contre....................... 209

La Chambre des députés a adopté.

M. Lelièvre. Monsieur le président, il faut suspendre la discussion.

M. le président. Il faut le demander à la Chambre.

M. le rapporteur. Le renvoi du contre-projet de M. Floquet ayant été ordonné par la Chambre, la commission demande la suspension de la discussion. D'ailleurs, elle est de droit.

M. le président. S'il n'y a pas d'opposition, la reprise de la discussion sera ajournée à samedi. (Marques d'assentiment.)

ONT VOTÉ POUR :

MM. Abbatucci. Achard. Allain-Targé. Allègre. Ancel. André (Jules). Arenberg (prince d'). Ariste (d'). Arrazat. Audiffred. Aulan (marquis d'). Azémar.

Baduel d'Oustrac. Barodet. Bastid (Adrien). Baudry-d'Asson (de). Beauchamp. Bel (François). Bélizal (vicomte de). Belon. Benazet. Berger. Bergerot. Berlet. Bernard. Bert (Paul). Bertholon. Bianchi. Biliais (de La). Bizarelli. Blachère. Blanc (Louis) (Seine). Blin de Bourdon (vicomte). Bonnet-Duverdier. Bosc. Bouchet. Boulard (Cher). Boulard (Landes). Bouquet. Bourgeois. Bousquet. Bouteille. Boyer (Ferdinand). Boysset. Brame (Georges). Brelay. Breteuil (marquis de). Brierre. Brisson (Henri).

Caduc. Cantagrel. Casabianca (vicomte de). Casse (Germain). Castaignède. Cavalié. Cesbron. Chantemille. Charlemagne. Chavanne. Chevallay. Chevreau (Léon). Clémenceau. Clercq (de). Colbert-Laplace (comte de). Combes. Corneau. Cossé-Brissac (comte de). Cotte. Couturier. Crozet-Fourneyron.

Daguilhon-Pujol. Datas. Daumas. Dautresme. David (Jean) (Gers). David (baron Jérôme) (Gironde). Debuchy. Delafosse. Deluns-Montaud. Deschanel. Desloges. Dethou. Douville-Maillefeu (comte de). Dréo. Du Bodan. Dubois (Côte-d'Or). Duchasseint. Ducroz. Du Douët. Dufour (baron) (Lot). Duportal. Durfort de Civrac (comte de). Duvaux.

Escanyé. Escarguel. Eschasseriaux (baron). Eschasseriaux (René). Espeuilles (comte d').

Farcy. Favand. Feltre (duc de). Ferrary. Flandin. Fleury. Floquet. Forné. Franconie. Frébault. Freppel.

Gagneur. Ganivet. Gaslonde. Gasté (de). Gastu. Gatineau. Gautier (René). Gavini. Gent (Alphonse). Ginoux de Fermon (comte). Girault (Cher). Godelle. Godissart. Gonidec de Tralsan (comte le). Granier de Cassagnac (Georges). Granier de Cassagnac (Paul). Greppo. Guillot (Louis). Guyot (Rhône).

Haentjens. Hamille (Victor). Harcourt (duc d'). Haussmann (baron). Hérisson. Hermary. Hugot. Huon de Penanster.

Jacques. Janvier de la Motte (père) (Eure). Joigneaux. Jolibois. Jouffrault. Juigné (comte de).

Keller. Kermenguy (vicomte de). Klopstein (baron de).

Labadié (Aude). La Bassetière (de). Labat. Labuze. Ladoucette (de). Laffitte de Lajoannenque (de). La Grange (baron de). Lanauve. Largentaye (de). La Rochefoucault duc de Bisaccia. Laroche-Joubert. La Rochette (Ernest de). Larrey (baron). Lasbaysses. Lecomte (Indre). Legrand (Arthur) (Manche). Le Marois (comte). Lenglé. Léon (prince de). Le Peletier d'Aunay (comte). Le Provost de Launay (Calvados). Le Provost de Launay (Côtes-du-Nord). Levert. Levet (Georges). Livois. Lockroy. Loqueyssie (de). Lorois (Morbihan).

Madier de Montjau. Maigne (Jules). Maillé (d'Angers). Maillé (comte de). Margue. Marion. Marmottan. Mas. Masure (Gustave). Mathé. Mathieu. Maze (Hippolyte). Médal. Ménard-Dorian. Mention (Charles). Michaut. Mir. Mitchell (Robert). Montané.

Nadaud (Martin). Naquet (Alfred). Niel.

Ollivier (Auguste). Ordinaire (Dionys). Ornano (Cuneo d').

PROVOCATION AUX CRIMES ET DÉLITS.

Padoue (duc de). Partz (marquis de). Pascal-Duprat. Pellet (Marcellin). Perin (Georges). Perras. Perrien (comte de). Perrochel (marquis de). Petitbien. Plichon. Pradal. Prax-Paris. Proust (Antonin).

Raspail (Benjamin). Rathier-(Yonne). Rauline. Réaux (Marie-Émile). Reille (baron). Renault (Léon). Reymond (Francisque) (Loire). Reyneau. Richarme. Rivière. Roissard du Bellet (baron). Rollet. Roques. Rotours (des). Roudier. Rouvier. Roy de Loulay (Louis).

Saint-Martin (de) (Indre). Saint-Martin (Vaucluse). Sarlande. Sarrien. Septenville (baron de). Serph (Gusman). Soland (de). Soubeyran (de). Spuller.

Taillefer. Talandier. Telliez-Béthune. Thoinnet de la Turmelière. Thomson. Tiersot. Trystram. Turigny.

Vacher. Valon (de). Varambon. Vendeuvre (général de). Vernhes. Viette. Villain. Villiers.

Waddington (Richard).

ONT VOTÉ CONTRE :

MM. Agniel. Allemand. Amat. Andrieux. Anthoard. Armez. Arnoult.

Bamberger. Barbedette. Bardoux. Barthe (Marcel). Baury. Beaussire. Belle. Béllissen (de). Benoist. Bernier. Bethmont. Bienvenu. Binachon. Bizot de Fonteny. Blanc (Pierre) (Savoie). Blandin. Bonnaud. Borriglione. Bouthier de Rochefort. Bravet. Bresson. Brice (René). Brossard. Bruneau. Buyat.

Carnot (Sadi). Casimir-Perier (Aube). Casimir-Perier (Paul) (Seine-Inférieure). Caurant. Chaix (Cyprien). Chalamet. Chaley. Chanal (général de). Charpentier. Chauveau (Franck). Chevandier. Chiris. Choiseul (Horace de). Choron. Cirier. Cochery. Constans. Corentin-Guyho. Costes.

Danelle-Bernardin. Daron. Deniau. Desseaux. Deusy. Devade. Devaux. Develle (Eure). Develle (Meuse). Devès. Dreux. Dreyfus (Ferdinand). Drumel. Dupont. Durand (Ille-et-Vilaine).

Even.

Fallières. Faure (Hippolyte). Ferry (Jules). Folliet. Fouquet. Fousset. Fréminet. Galpin. Ganne. Garrigat. Gassier. Gaudy. Germain (Henri). Gévelot. Gilliot. Girard (Alfred). Girerd. Girot-Pouzol. Giroud. Godin (Jules). Grollier. Gros-Gurin. Guichard. Guillemin.

Havrincourt (marquis d'). Horteur.

Jametel. Janvier de la Motte (Louis) (Maine-et-Loire). Janzé (baron de). Jeanmaire. Jenty. Joubert. Jozon.

Labadié (Bouches-du-Rhône). La Caze (Louis). Lalanne. Lanel. Langlois. La Porte (de). Lasserre. Latrade. Laumond. Laurençon. Lavergne (Bernard). La Vieille. Lebaudy. Lecherbonnier. Lecomte (Mayenne). Legrand (Louis) (Valenciennes, Nord). Legrand (Pierre) (Nord). Lelièvre (Adolphe). Le Maguet. Le Monnier. Lepouzé. Leroux (Aimé) (Aisne). Leroy (Arthur). Le Vavasseur. Lévêque. Lisbonne. Logerotte. Lombard. Loubet. Loustalot.

Magniez. Mahy (de). Marcère (de). Marcou. Marquiset. Martin-Feuillée. Maunoury. Mayet. Méline. Mercier. Mestreau. Mingasson. Moreau. Morel (Haute-Loire). Morel (Hippolyte) (Manche). Mougeot.

Nédellec. Neveux. Noël-Parfait. Noirot.

Osmoy (comte d'). Oudoul.

Papon. Parry. Patissier. Paulon. Penicaud. Péronne. Peulevey. Philippe (Jules). Philippoteaux. Picard (Arthur) (Basses-Alpes). Picart (Alphonse) (Marne). Pinault. Plessier. Peulevey (Frogier de). Pouliot.

Rameau. Reynal. Récipon. Renault-Morlière. Riban. Ribot. Riotteau. Roger. Rougé. Roux (Honoré). Royer.

Sallard. Salomon. Savary. Scrépel. Sée (Camille). Seignobos. Senard. Sentenac. Simon (Fidèle). Sonnier (de). Souchu-Servinière. Sourigues. Soye. Swiney.

Tallon (Alfred). Tassin. Teilhard. Teissèdre. Tézenas. Thomas. Tirard. Tendu. Trarieux. Trouard-Riolle. Truelle. Turquet.
Vaschalde. Versigny. Vignancour.
Waldeck-Rousseau. Wilson.

N'ONT PAS PRIS PART AU VOTE

MM. Anisson-Duperron. Baïhaut. Ballue. Barascud. Boissy d'Anglas (baron). Boudeville. Bouville (comte de). Cadot (Louis). Caze. Cazeaux. Christophle (Albert). Cibiel. Cornil. Defoulenay. Desbons. Diancourt. Dréolle (Ernest). Dubost (Antonin). Duclaud. Durieu. Fourot. Gambetta. Gasconi. Gaudin. Girardin (Émile de). Goblet. Guyot-Montpayroux. Hovius. Labitte. Lacretelle (Henri de). Lamy (Étienne). Lepère. Mackau (baron de). Malézieux. Maréchal. Menier. Monteils. Murat (comte Joachim). Passy (Louis). Poujade. Riondel. Rouher. Rubillard. Sarrette. Savoye. Tardieu. Thiessé. Thirion-Mautauban. Tron. Trubert.

N'ONT PAS PRIS PART AU VOTE :

comme ayant été retenus à la commission du budget :

MM. Le Faure. Liouville.

N'ONT PAS PRIS PART AU VOTE :

comme ayant été retenus à la commission d'enquête sur les actes de M. le général de Cissey pendant son ministère :

MM. Margaine. Roys (comte de). Valfons (marquis de).

ABSENTS PAR CONGÉ :

MM. Chavoix. David (Indre). Descamps (Albert). Fauré. Giraud (Henri). Guilloutet (de). Harispe. Hémon. Hérault. Laisant. Rouvre.

OBSERVATION.

Ce renvoi à la commission, qui a été le prétexte plutôt que l'objet sérieux de la discussion de la séance du 27 janvier, avait une utilité véritable après les longs débats qui nécessitaient pour la commission une nouvelle étude de son projet.

C'est ce qu'a reconnu M. le rapporteur dans le rapport spécial qu'il a lu à l'ouverture de la séance du 29.

Les modifications qu'il a proposées sont peu nombreuses, mais elles ont fait droit à des contestations importantes soulevées par la discussion, telles que : l'emploi du dessin compris dans l'expression du délit qualifié de provocation ; la punition de l'écrit considéré comme provocateur, quand la provocation n'avait pas été suivie d'effet ; l'outrage contre la République ; le trouble effectif causé par les fausses nouvelles.

Ce travail a été tellement efficace qu'il a réussi à faire fixer, à la fin du débat, d'accord avec les auteurs de l'amendement, les questions à voter suivant ce rapport, de préférence à celles posées par l'amendement.

Chambre des députés. Première délibération, séance du samedi 29 janvier.

M. le président. L'ordre du jour appelle la suite de la 1ʳᵉ délibération sur les propositions de loi relatives à la liberté de la presse.

Jeudi, la Chambre a renvoyé à la commission l'amendement de M. Floquet. La commission peut-elle faire connaître le résultat de son examen?

M. Lisbonne, *rapporteur.* Je demande la parole.

M. le président. La parole est à M. le rapporteur. (Bruit de conversations.)

Je prie la Chambre de vouloir bien faire silence. Notre honorable collègue, M. le rapporteur de la commission, est dans un état de santé qui ne lui permettrait pas de dominer le bruit.

Déjà, dans une précédente séance, M. Lisbonne a éprouvé un malaise. Il fait tous ses efforts pour accomplir son devoir; je demande que la Chambre veuille bien, par réciprocité, lui donner toute son attention.

RAPPORT

Fait le 29 janvier 1881

AU NOM DE LA COMMISSION DE LA PRESSE * SUR L'AMENDE-
MENT DE M. FLOQUET ET PLUSIEURS DE SES COLLÈGUES.

Par M. LISBONNE

DÉPUTÉ.

Messieurs, votre Commission a mûrement délibéré sur l'amendement proposé par M. Floquet et plusieurs de ses collègues, et que vous lui avez renvoyé.

Elle n'a pas cru devoir l'adopter par la raison que cet amendement, en supprimant des délits de droit commun commis par la voie de la presse et de la parole, aurait pour résultat de leur créer des immunités spéciales.

Mais la Commission a pensé qu'elle pouvait, en maintenant le sys-

---

* Cette Commission est composée des personnes dénommées en note sous le Rapport du 5 juillet 1880, plus M. Seignobos. (Voir p. 1.)

tème général sur lequel repose son projet et en s'inspirant de votre vote, accentuer le caractère libéral de ses dispositions.

En conséquence, elle vous propose à la fois de rejeter le contre-projet de M. Floquet et de modifier comme suit le chapitre IV du projet de loi.

Voici 1° le texte de l'article 24 du projet de loi (ancien article 26) :

« *Art.* 24. — Seront punis comme complices d'une action qualifiée crime ou délit, ceux qui, soit par des discours, cris ou menaces proférés dans des lieux ou réunions publics, soit par des écrits, des imprimés, des dessins, des gravures, des peintures ou emblèmes vendus ou distribués, mis en vente ou exposés dans des lieux ou réunions publics, soit par des placards ou affiches exposés aux regards du public, auront directement provoqué à la commettre, si la provocation a été suivie d'effet.

« Cette disposition sera également applicable lorsque la provocation n'aura été suivie que d'une tentative de crime ou de délit conformément aux articles 2 et 3 du Code pénal. »

La Commission propose de supprimer, dans le premier paragraphe, les mots : « *dessins, gravures, peintures ou emblèmes* ».

2° L'article 25 (ancien art. 27), est ainsi conçu :

« Si la provocation n'est pas suivie d'effet, son auteur sera puni d'un emprisonnement de trois mois à deux ans, et d'une amende de 100 francs à 3,000 francs, ou de l'une de ces deux peines seulement, lorsque l'action à laquelle il aura été provoqué est qualifiée crime. »

La Commission propose de supprimer cet article.

3° « *Art.* 27 (ancien 29). — Tout outrage commis publiquement d'une manière quelconque envers le Président de la République sera puni d'un emprisonnement de six mois à deux ans et d'une amende de 100 francs à 3,000 francs, ou de l'une de ces deux peines seulement.

« La même pénalité est applicable à tout outrage commis, par l'un des moyens énoncés en l'article 26, envers la République, le Sénat ou la Chambre des députés. »

Dans ce second paragraphe, votre Commission supprime les mots « *la République* ».

4° « *Art.* 29 (ancien 31). — La publication ou reproduction de nouvelles fausses, de pièces fabriquées, falsifiées ou mensongèrement attribuées à des tiers, sera punie d'un emprisonnement d'un mois à un an, et d'une amende de 50 francs à 1,000 francs, ou de l'une de ces deux peines seulement, lorsque la publication ou reproduction sera de nature à troubler la paix publique et qu'elle aura été faite de mauvaise foi. »

Votre Commission remplace les mots : « *sera de nature à troubler la paix publique* » par ceux-ci : « *aura troublé la paix publique* ».

PROVOCATION AUX CRIMES ET DÉLITS.

5° « *Art.* 30 (ancien 32). — L'outrage aux bonnes mœurs, commis par l'un des moyens énoncés en l'article 26, sera puni d'un emprisonnement de quinze jours à un an et d'une amende de 16 à 500 francs.

« Si l'outrage est commis par des dessins, figures, images ou emblèmes, les exemp'aires exposés aux regards du public, mis en vente, colportés ou distribués, seront saisis et détruits. »

Votre Commission propose d'ajouter, après les mots « moyens énoncés en l'article 26 », ceux-ci : « *et en outre par dessins, gravures, peintures ou emblèmes* ».

CONCLUSIONS

1° Article 24 (ancien 26), supprimer les mots : « *Dessins, gravures peintures ou emblèmes* » ;

2° Article 25 (ancien 27), supprimé ;

2° Article 27 (ancien 29), supprimer le mot : « *République* » ;

4° Article 29 (ancien 31), remplacer les mots : « *Sera de nature à troubler* », par les mots : « *Aura troublé* » ;

5° Article 30 (ancien 32), ajouter : « *Et, en outre, par dessins, gravures, peintures ou emblèmes* ».

M. le président. M. Floquet a déposé sur ce chapitre 4, depuis l'article 24 jusqu'à l'article 32, un amendement qui est un véritable contre-projet et qui, par conséquent, doit venir en discussion avant les modifications proposées par la commission à son propre projet de loi.

M. Charles Floquet, *de son banc.* Ce que M. le président appelle un contre-projet avait été soumis à la commission qui m'avait demandé de spécifier, en détail, ce que comprenaient, dans leur ensemble, les articles que je lui avais soumis.

Je ne sais pas si c'est là un amendement, à proprement parler ; c'était un mode de travail que j'avais présenté à la commission.

M. le président. Permettez ! Du moment que je suis saisi des dispositions que vous proposez, elles constituent, pour moi, un véritable amendement ; et alors je vous demande — car cela dépend uniquement de vous — si, après le rapport de la commission, qui ne vous donne pas une entière satisfaction, vous persistez à maintenir votre amendement.

Voilà la question que je pose.

M. Charles Floquet, *à la tribune.* Je crois que la question peut se poser d'une façon très nette.

L'amendement que j'avais déposé exprimait une pensée générale. La commission m'a fait l'honneur de m'appeler hier dans son sein et de me dire : Dans le cas où nous accepterions le principe de votre amendement, quelles seront les conséquences de l'adoption de ce principe sur la contexture des articles mêmes du projet de loi ?

J'ai alors, ce matin, fait connaître à la commission un texte sur la manière dont j'entendais que le projet de loi fût rédigé en articles.

La commission n'a pas cru devoir adopter en principe mon amendement général ; je crois que le détail qui se trouve entre les mains de M. le président doit suivre le même sort, et que la Chambre n'a plus qu'une chose à faire : voter sur la question de savoir si elle accepte le principe général de l'amendement qui a été renvoyé à la commission... (Exclamations sur divers bancs), auquel cas le détail de ma proposition pourra être mis aux voix.

Si, au contraire, la Chambre repousse le projet général de mon amendement, le détail qui se trouve entre les mains de M. le président disparaît par voie de conséquence, et c'est sur la rédaction de la commission que la discussion devra s'engager devant vous. (Marques d'assentiment sur plusieurs bancs.)

M. le président. Il faut bien préciser la question qui est en délibération devant la Chambre. M. Floquet demande que la discussion porte sur l'adoption ou le rejet de la rédaction qu'il veut imprimer à l'article 24. Je la fais connaître à la Chambre :

« Il n'y a pas de délits spéciaux de la presse. Quiconque fait usage de la presse, ou de tout autre mode de publication, est responsable selon le droit commun. »

Et M. Floquet ajoute que, de l'adoption ou du rejet de cette formule, résulte l'examen ou le non examen des dispositions analytiques dont il la fait suivre.

Par conséquent, ce qui est en discussion, et je prie la Chambre de ne pas l'oublier, c'est un vote sur cette déclaration de principe. (Bruit.)

Voyons, messieurs, il faut s'entendre ; vous adopterez et vous rejeterez ; mais je cherche à mettre de l'ordre dans la discussion.

Si, commençant par voter sur cette nouvelle formule de l'article 24, vous la rejetez, nous discuterons un à un tous les articles de la commission. Si, au contraire, vous l'acceptez, nous serons amenés à discuter un à un les articles du contre-projet.

M. Charles Floquet. Monsieur le président, si vous vouliez bien donner lecture des articles suivants, la Chambre saurait dans quelle voie elle s'engagerait si elle votait l'article qui forme le point de départ de mes amendements.

M. le président. Je ne demande pas mieux ; si vous me l'aviez demandé, ce serait chose faite.

Voici l'économie du contre-projet :

« Article 24 » ; c'est la déclaration de principe dont j'ai donné lecture à la Chambre :

« Art. 25. — Supprimé.

« Art. 26. — Supprimé.

« Art. 27. — Supprimé.

« Art. 28. — Supprimé.

« Art. 29. — Supprimé. »

Les lois n'ont d'autorité, messieurs, qu'à la condition que tous les membres de la Chambre ont bien compris la portée de leur vote, que ce vote soit favorable ou contraire à une disposition. Par conséquent, il est utile de connaître l'ensemble du projet de M. Floquet.

« Art. 30 (devenant l'article 25, rédaction nouvelle). — Toute exposition, vente, distribution, colportage ou annonce de tout objet ou publication obscène sera punie d'un emprisonnement d'un mois à deux ans et d'une amende de seize francs à deux mille francs. Les exemplaires exposés aux regards du public, mis en vente, distribués ou colportés, seront saisis et détruits.

« Art. 31. — Supprimé.

« Art. 32 (devenant article 26). — Seront punis d'un emprisonnement de huit jours à un an et d'une amende de cent francs à trois mille francs, ou de l'une de ces deux peines seulement, les diffamations commises soit par des paroles proférées devant plusieurs individus dans des lieux ou réunions quelconques, soit par des écrits imprimés, des images ou des emblèmes distribués, exposés en vente ou aux regards du public ou communiqués à plusieurs personnes.

« Art. 33. — Supprimé.

« Art. 34. — Supprimé.

PROVOCATION AUX CRIMES ET DÉLITS.

« Art. 35 (devenant article 27). — L'injure publique sera punie d'un emprisoi nement de huit jours à six mois et d'une amende de seize francs à deux cen: francs, ou de l'une de ces peines seulement.

« Art. 36 (devenant article 28). — Les imputations dirigées à raison de fai relatifs à leur qualité particulière, contre toute personne ayant agi dans un ca raclère public pourront être prouvées par toutes les voies ordinaires, sauf l preuve contraire par les mêmes voies. Elles pourront l'être également à l'égar de toute personne, lorsque le fait imputé est passible, en le supposant prouvé d'une peine quelconque, et que le prévenu aura été lésé par ce fait, et, en tot cas, lorsque la partie plaignante aura autorisé la preuve.

« Dans tous les cas, si la preuve est rapportée, le prévenu sera renvoyé des fin de la plainte. »

« Art. 29. — En matière de diffamation et d'injure, la poursuite ne peut êtr faite que par la partie lésée. Néanmoins, dans le cas de diffamation ou d'injur vis-à-vis du Président de la République, la poursuite peut avoir lieu d'office.

« Art. 37. — Supprimé.

« Art. 38. — Supprimé.

« Art. 30 (Rédaction proposée, remplaçant les articles 1 et 2 du projet). - Sont abrogés les lois, décrets, ordonnances, arrêtés, règlements, déclarations articles ou dispositions généralement quelconques relatifs à l'imprimerie, à l librairie, à la presse périodique ou non périodique, au colportage, à l'affichage, . la vente sur la voie publique et aux crimes et délits commis par la parole, l: presse ou tout autre moyen de publication. Ces matières ne seront plus soumise: qu'aux prescriptions de la présente loi. »

Voilà l'ensemble des dispositions présentées à titre d'amendements pai M. Floquet.

M. de La Bassetière. Il faudrait avoir l'impression de tout cela. On ne peut pas ainsi voter au pied levé.

Un membre à gauche. Elle sera faite.

OBSERVATION.

Cette lecture qui n'indique que par leurs numéros neuf des articles visés dans l'amendement de M. Floquet, en rend l'ensemble peu intelligible pour les lecteurs qui n'ont pas entre les mains les documents. Voici la transcription de ces textes qui leur évitera des recherches.

Art. 25 (ancien 27). Si la provocation n'est pas suivie d'effet, son auteur sera puni d'un emprisonnement de trois mois à deux ans et d'une amende de 100 francs à 3,000 francs, ou de l'une de ces deux peines seulement, lorsque l'action à laquelle il aura été provoqué est qualifiée crime.

Art. 26 (ancien 28). Toute provocation par l'un des moyens énoncés en l'article 24 (ancien 26) adressée à des militaires des armées de terre ou de mer, dans le but de les détourner de leurs devoirs militaires et de l'obéissance qu'ils doivent à leurs chefs, sera punie d'un emprisonnement de un à six mois et d'une amende de 16 à 100 francs, sans préjudice des peines plus graves prononcées par la loi, lorsque le fait constituera une tentative d'embauchage ou une provocation à une action qualifiée crime.

Art. 27 (ancien 29). Tout outrage, commis publiquement, d'une manière quelconque, envers le président de la République, sera puni d'un emprisonnement de six mois à deux ans et d'une amende de 100 francs à 3,000 francs, ou de l'une de ces deux peines seulement.

La même pénalité est applicable à tout outrage commis par l'un des moyens énoncés en l'article 24 (ancien 26) envers la République, le Sénat ou la Chambre des députés.

Art. 28 (ancien 30). Tous cris séditieux proférés dans des lieux ou réunions publics seront punis d'un emprisonnement de six jours à six mois et d'une amende de 16 à 500 francs, ou de l'une de ces deux peines seulement.

Art. 29 (ancien 31). La publication ou reproduction de nouvelles fausses, de pièces fabriquées, falsifiées ou mensongèrement attribuées à des tiers sera punie d'un emprisonnement d'un mois à un an et d'une amende de 50 fr. à 1000 fr., ou de l'une de ces deux peines seulement, lorsque la publication ou la reproduction sera de nature à troubler la paix publique et qu'elle aura été faite de mauvaise foi.

Art. 31 (ancien 33). Toute allégation ou imputation d'un fait qui porte atteinte à l'honneur ou à la considération de la personne ou du corps auquel le fait est imputé, est une diffamation.

Toute expression outrageante, terme de mépris ou invective qui ne renferme l'imputation d'aucun fait est une injure.

Art. 33 (ancien 35). Sera punie de la même peine (emprisonnement de huit jours à un an et amende de 100 à 3000 fr. ou de l'une de ces deux peines seulement) la diffamation commise par les mêmes moyens à raison de leurs qualités envers un ou plusieurs membres du ministère, un ou plusieurs membres de l'une ou de l'autre Chambre, un fonctionnaire public, un dépositaire ou agent de l'autorité publique, un ministre de l'un des cultes salariés par l'État, un citoyen chargé d'un service ou d'un mandat public temporaire ou permanent, un juré ou un témoin à raison de sa déposition.

Art. 34 (ancien 36). La diffamation commise envers les particuliers par l'un des moyens énoncés en l'article 24 (ancien 26) sera punie d'un emprisonnement de cinq jours à six mois et d'une amende

PROVOCATION AUX CRIMES ET DÉLITS.

de 25 fr. à 2000 fr., ou de l'une de ces deux peines seulement.

ART. 37 (ancien 3)). L'outrage commis publiquement envers les chefs d'État étrangers sera puni d'un emprisonnement de six mois à deux ans et d'une amende de 100 fr. à 3000 fr., ou de l'une de ces deux peines seulement.

ART. 38 (ancien 40). L'outrage commis par les moyens énoncés au 24 (ancien 26) de la présente loi, envers les ambassadeurs et ministres plénipotentiaires, envoyés, chargés d'affaires ou autres agents diplomatiques accrédités près du gouvernement de la République, sera puni d'un emprisonnement de huit jours à un an et d'une amende de 50 fr. à 2000 fr., ou de l'une de ces deux peines seulement.

Suite de la séance du 29 janvier 1881.

M. Léon Renault. Messieurs, j'ai demandé la parole au moment où notre honorable collègue M. Floquet vous conviait à procéder à une discussion sur le principe formulé par lui dans le nouvel article 24 qu'il propose d'inscrire dans le projet de loi. L'honorable M. Floquet vous invite à vous prononcer par un vote préalable sur une question qu'il pose dans des termes généraux, qu'il convient de rappeler.

« Il n'y a pas de délits spéciaux de la presse. Quiconque fait usage de la presse, ou de tout autre moyen de publication, est responsable selon le droit commun. »

Je ne crois pas qu'il convienne d'ouvrir la discussion sur ce principe, de procéder à un vote sur une proposition aussi théorique. Cette opinion, je l'exprime comme membre de la commission chargée d'examiner le nouveau projet de loi sur la presse.

Et, en effet, lorsque l'amendement de l'honorable M. Floquet nous a été renvoyé, nous nous sommes trouvés unanimes dans la commission pour déclarer que sur le principe qu'il énonçait, il ne pouvait y avoir aucune difficulté. Il nous a paru qu'il s'agissait purement et simplement de savoir si dans la rédaction du projet de loi, tel qu'il était sorti des délibérations de la commission, les principes essentiels du droit commun avaient été absolument respectés.

Un débat s'est ouvert dans le sein de la commission et elle en est arrivée, dominée qu'elle était par les mêmes préoccupations qui inspiraient l'auteur de l'amendement, à une rédaction nouvelle, écartant un certain nombre des articles d'abord admis et plusieurs définitions des pénalités qui se rencontraient dans son premier projet. La commission croit que la rédaction nouvelle dont son rapporteur vient de donner connaissance à la Chambre est la consécration pure et simple des principes qui ont servi de base à son rapport et qu'a rappelés l'amendement de M. Floquet.

Comment se pose la question dont la Chambre est saisie ?

Entre M. Floquet, s'il maintient son amendement, et la commission, il ne s'agit que d'une chose : qui de lui ou de la commission a été l'organe le plus fidèle, l'interprète le plus exact de cette volonté commune qui les réunit dans le même vœu de donner à la presse un régime dominé par les principes du droit commun ?

Abordons donc le projet de loi élaboré par la commission dans sa rédaction nouvelle. Vous y verrez effacées la provocation si elle n'a pas été suivie d'effet, la fausse nouvelle si elle n'a pas en fait troublé la paix publique; vous vous demanderez, en examinant les dispositions du projet amendé, en quel point le droit commun a bien pu être violé. Si vous en rencontrez au cours de votre examen, vous écarterez la rédaction de la commission et vous vous rattacherez à celle de l'honorable M. Floquet.

Mais si vous devez constater que, partant du même principe que l'honorable M. Floquet, la commission a été fidèle à la même doctrine que lui et l'a plus complètement servie, vous adopterez successivement les divers articles qu'elle vous propose.

Je vous demande donc de décider qu'une discussion sur un principe qui nous réunit tous serait stérile, de nature à retarder le moment où la Chambre apportera des réformes indispensables en matière de presse, et fera cesser entre le fait et le droit des contradictions qui nous inquiètent et nous attristent. (Marque d'approbation sur plusieurs bancs à gauche et au centre.)

M. Charles Floquet. Messieurs, je ne mets aucune espèce d'amour-propre à demander que la discussion s'ouvre sur ma rédaction plutôt que sur la rédaction nouvelle de la commission.

Mon but, lorsque j'ai présenté mon amendement, était d'établir que la législation de la presse ne devait relever que des délits de droit commun. La commission dans son premier rapport avait soutenu qu'elle n'avait maintenu dans son projet de loi que des délits de cette nature, c'est-à-dire de droit commun. J'ai voulu l'appeler à une délibération nouvelle. A la suite de cette délibération nouvelle, elle a supprimé un certain nombre de délits qui ne lui paraissaient pas être des délits de droit commun. En conséquence, elle est entrée dans la voie que je lui avais indiquée.

Dans ces conditions, il m'importe fort peu que, pour le reste, la discussion ait lieu tout d'abord sur mon amendement ou sur le projet nouveau de la commission, et je suis tout prêt, si la Chambre le désire, à demander avec l'honorable membre qui vient de parler que la discussion s'engage aujourd'hui sur le projet partiellement rectifié de la commission. (Très bien ! très bien ! sur plusieurs bancs.)

M. le président. En conséquence nous allons commencer la discussion du nouveau projet de la commission.

Le projet de la commission, en ce qui touche l'article 24, ancien article 26, est désormais ainsi rédigé. J'en donne lecture à la Chambre, et je la prie de l'écouter, car c'est sur ce texte que la discussion va s'engager.

« Seront punis comme complices d'une action qualifiée crime ou délit, ceux qui, soit par des discours, cris ou menaces proférés dans des lieux ou réunions publics, soit par des écrits, des imprimés, vendus ou distribués, mis en vente ou exposés dans des lieux ou réunions publics, soit par des placards ou affiches exposés aux regards du public, auront directement provoqué à la commettre, si la provocation a été suivie d'effet.

« Cette disposition sera également applicable lorsque la provocation n'aura été suivie que d'une tentative de crime ou de délit, conformément aux articles 2 et 3 du Code pénal. »

La Chambre voit que ce qui disparaît du texte de la commission, ce sont les mots : « par des dessins, des gravures, des peintures ou emblèmes ».

Je mets donc en discussion l'article 24 nouveau, ancien 26, et je donne la parole à M. Gatineau, qui demande la suppression de l'article.

M. Gatineau. Messieurs, quand je me suis expliqué avant-hier sur l'amendement de notre honorable collègue M. Floquet, j'ai eu soin d'indiquer que je n'acceptais pas cet amendement dans toute son étendue, mais que je l'acceptais sous réserves en ce qui touche le chapitre 4 tout entier.

Le premier article du chapitre 4 est l'article 26 devenu l'article 24. Cet article 24 est complètement en dehors du droit commun. Il superpose à l'article 60 du Code pénal, qui est très précis et très étendu, une série de dispositions exceptionnelles qui ne visent que la presse.

PROVOCATION AUX CRIMES ET DÉLITS.

Nous sommes tous d'accord avec la commission sur le principe lui-même. Le principe, c'est que toutes les fois qu'il est possible de rester rigoureusement dans les bornes et dans les termes du droit commun, nous ne devons en sortir sous aucun prétexte, parce qu'alors nous entrerions immédiatement dans un régime d'exception dont nous ne saurions à l'avance prévoir les limites.

Or, l'article 24 constitue-t-il pour la presse un régime d'exception? Le retranchement fait par la commission lui a-t-il fait perdre le caractère que j'attaque en ce moment? C'est là ce que je vais examiner très rapidement.

Qu'a fait la commission?

La commission, messieurs, a retranché des manifestations constitutives de la provocation les « dessins, gravures, peintures et emblèmes »; elle n'a opéré que ce retranchement qui ne détruit en rien ni l'économie de l'article, ni sa portée, ni sa constitution elle-même, mais qui en fait seulement sortir ce qu'il contenait de trop excessif, d'intolérable et d'inacceptable, même pour les partisans de la commission.

Messieurs, je prends l'article 60, article, entendez-le bien, qui continuera à s'appliquer malgré votre article 24; car il faut que je fasse, en ce moment, justice une fois pour toutes de cette crainte qui a été exprimée par un certain nombre de nos collègues et par quelques organes de la presse. Prenez garde, a-t-on dit, si vous placez la presse sous le régime du droit commun, vous lui ferez un sort pire que celui qui lui est fait par la loi en discussion.

Rien n'est plus inexact. La loi en discussion ne supprime pour les délits et les crimes commis par le moyen de la presse aucune des dispositions du Code pénal, aucune absolument. Voulez-vous me permettre de rendre ma pensée plus sensible par des exemples?

Nous avons vu des écrivains passer devant les conseils de guerre après l'insurrection de 1871, et plusieurs d'entre eux — je n'en nommerai aucun, parce que la Chambre mettra facilement les noms propres sur les exemples que je vais lui citer — trois d'entre eux au moins n'ont été traduits devant les conseils de guerre que pour des articles de journaux; on ne leur reprochait aucun fait d'immixtion personnelle dans les faits criminels qui faisaient l'objet de l'accusation, et ils se trouvaient en dehors des indications formant la substance de l'article 60 du Code pénal.

La loi de 1819 était encore en vigueur à cette époque, et comme c'est exactement son texte que la commission nous propose dans la partie de son travail que j'examine, les observations que j'ai l'honneur de vous soumettre trouvent parfaitement leur place sous l'empire de la loi nouvelle, de la loi projetée.

Eh bien, croyez-vous qu'on ait appliqué aux journalistes dont je parle les dispositions de la loi de 1819? Pas le moins du monde, entendez-le bien. On a pris les articles de journaux; on y a trouvé des faits de droit commun, auxquels on a appliqué les lois les plus rigoureuses du Code pénal, et ce qui, en temps ordinaire, aurait été considéré comme un simple délit, est devenu un crime; une condamnation à mort même a été prononcée contre un jeune homme qui était à peine au lendemain de sa majorité et qui mourut à la Nouvelle-Calédonie. (Mouvement prolongé en sens divers.)

Plusieurs membres à droite et au centre. C'est le droit commun!

M. Gatineau. Messieurs, ma discussion a pour objet de vous démontrer que, quels que soient les articles spéciaux que vous votiez, le droit commun n'en sera pas moins appliqué toutes les fois qu'il sera de l'intérêt de la répression de l'appliquer.

Je réponds, je le répète, à l'objection, que je vais rappeler de nouveau, et qu'un certain nombre de nos collègues paraissent avoir oubliée. Cette objection, pour les journalistes, se formulait ainsi : Si vous ne votez pas la proposition de loi de la commission, vous nous placez sous le droit commun, qui serait peut-être plus redoutable, dans certains cas, que les articles de répression proposés par la commission.

Je viens de répondre par des exemples qui vous prouvent que, quelles que soient les dispositions pénales figurant au projet de la commission, elles sont une addition, une superposition, et ne soustraient pas le journaliste au droit commun; la presse a le triste bénéfice du cumul.

Mais je veux me placer à un point de vue plus élevé. Je déclare qu'il ne s'agit pas, dans ma pensée, de créer pour la presse un régime de privilège, d'exception, d'impunité. Ce que doit réclamer la presse, ce qu'elle réclame, c'est d'être placée sous le régime du droit commun, comme tous les citoyens qui sont tenus d'obéir aux lois générales ; peu lui importe que ces lois soient plus ou moins sévères; ce qu'elle demande en retour, c'est qu'on ne crée pas contre elle de lois spéciales qui, venant s'ajouter aux dispositions du droit commun, la placeraient dans une situation extrêmement difficile et la rendraient plus vulnérable, parce que la législation étendrait le cercle de sa responsabilité. Elle aspire à l'égalité devant la loi.

Si je vous démontre maintenant, par les textes, premièrement, que l'article 24 est inutile; deuxièmement, qu'il constitue une addition au droit commun, c'est-à-dire une exception, et une exception pleine de périls pour la presse, puisque l'adoption de cette exception n'empêcherait point, je le répète, la presse de rester soumise au droit commun ; si je vous démontre cette vérité juridique, vous repousserez l'article, et en le repoussant vous n'aurez porté aucune atteinte aux principes proclamés par la commission et dont, selon nous, elle a fait une application fausse et inexacte.

Que dit l'article 60 ? Est-ce qu'il nie que l'emploi de la presse comme moyen puisse être un élément de la complicité?

Il est ainsi conçu :

« Seront punis comme complices d'une action qualifiée crime ou délit, ceux qui par dons, promesses, menaces, abus d'autorité ou de pouvoir, machinations ou artifices coupables... » Remarquez bien la généralité des termes « ... auront provoqué à cette action ou donné des instructions pour la commettre. »

Un membre à gauche. Lisez le paragraphe 2.

M. Gatineau. Le paragraphe 2 confirme ma thèse; je vais le lire volontiers, bien qu'il soit sans utilité dans la discussion ; il est ainsi conçu :

« Ceux qui auront procuré des armes, des instruments, ou tout autre moyen qui aura servi à l'action, sachant qu'ils devaient y servir;

« Ceux qui auront, avec connaissance, aidé ou assisté l'auteur ou les auteurs de l'action, dans les faits qui l'auront préparée ou facilitée, ou dans ceux qui l'auront consommée... »

Un membre au centre. Après? Il y a aussi une exception!

.**M. Gatineau.** Je lirai l'exception quand je discuterai tout à l'heure l'autre article; mais comme l'exception réserve le droit commun, et comme vous maintenez cet article 60, avec son exception qui vise les complots et les provocations attentatoires à la sûreté de l'État, la thèse que je viens soutenir se trouve surabondamment justifiée. Je la résume ainsi : en maintenant l'article 24 du projet, vous n'en maintenez pas moins toutes les autres dispositions répressives.

J'ai donc démontré, messieurs, que cet article constitue une addition, une superposition, une exception ; ce qui est absolument contraire aux principes que la commission a énoncés.

L'article 60 n'exclut pas plus qu'il n'innocente l'emploi du moyen de la presse pour arriver à déterminer les caractères, soit de la tentative du crime ou du délit, soit du crime ou du délit lui-même.

Je critique d'ailleurs énergiquement la formule qui commande votre article : elle n'est même pas facultative ; elle est impérative. Elle impose quand même la

PROVOCATION AUX CRIMES ET DÉLITS.

poursuite. Elle me semble ne pouvoir être défendue, surtout si on songe à la place qu'occupe l'article dans une loi que vous qualifiez de libérale. Comment ! je serai puni comme complice, parce que j'aurai prononcé un discours, proféré des cris ou menaces, ou parce que j'aurai publié un imprimé ; ou tout simplement parce que j'aurai exposé un imprimé dans un lieu public et cela sans que vous établissiez aucune corrélation entre les coupables et moi ? Ils pourront même en fait n'avoir jamais lu mon écrit et je serai leur complice !

Est-ce raisonnable ? C'est de la complicité morale.

Messieurs, ce que je vous demande, c'est de rentrer dans le programme même de la commission ; c'est de supprimer cet article qui ajoute au lieu de retrancher, et qui, loin d'adoucir, aggrave, parce qu'il maintient à côté de lui toutes les autres dispositions répressives. J'espère que la Chambre suivra dans cette voie ceux qui s'opposent à l'adoption de cette partie du travail de la commission. (Assentiment sur divers bancs.)

M. Agniel. Au nom de la commission, pendant deux séances, nous avons discuté sur des principes abstraits : je crois pouvoir dès lors, à ce point de vue spécial, considérer la discussion comme épuisée, et vous ne me pardonneriez point de ne pas aborder immédiatement, et sans préambule inutile, la discussion de l'article 24 nouveau, ancien article 26.

Qu'édicte cet article ? il considère comme crime ou délit la provocation directe à la perpétration d'un crime ou d'un délit. Cet article doit-il être maintenu, doit-il être supprimé ? Pourquoi la commission l'a-t-elle introduit dans son projet ? Parce que d'après elle cet article n'est que l'application incontestable d'un principe non moins incontestable de droit commun.

Pourquoi cet article devait-il être supprimé ? Parce qu'il constituerait, d'après l'honorable M. Gatineau, une exception au droit commun, une innovation.

Pour décider si cet article doit être maintenu comme le demande la commission, ou supprimé comme le demande l'honorable M. Gatineau, il suffit donc de rechercher, et cela très rapidement, s'il est vrai, oui ou non, que l'article 24, sans avoir à aucun degré le caractère d'innovation, se borne à reproduire en termes spéciaux un principe incontestable de droit commun. (Très bien ! très bien !)

Est-il vrai, oui ou non, en droit pénal commun, que la provocation n'ait jamais été considérée comme la complicité ? Est-il vrai qu'elle ait toujours été punie comme constituant une infraction spéciale ?

Il suffit, messieurs, pour être fixé à cet égard, de rappeler tous les monuments, sans exception, de la législation de droit commun ; et alors que j'ai donné à la Chambre, dans les précédentes séances, lecture des textes eux-mêmes, je puis aujourd'hui me borner à rappeler les lois de 1791 qui punissent, non pas à titre de complicité, mais comme crime ou délit spécial, la provocation à la perpétration des crimes, et notamment la provocation à la désobéissance aux lois ; je puis me borner à rappeler toutes les dispositions du Code pénal, et notamment le paragraphe final de l'article 60, que mon honorable collègue, M. Gatineau, n'aborde qu'avec une répugnance aussi visible que légitime. (Rires approbatifs.)

M. Gatineau. Il est en ma faveur, je puis vous le prouver !

M. Agniel. Je puis rappeler les articles 102, 205, 285, 293, et je suis autorisé à conclure de cette énumération, que jamais le droit pénal commun n'a considéré la provocation comme une forme spéciale du délit de complicité, mais que toujours, au contraire, il a considéré la provocation comme constituant un crime ou un délit parfaitement caractérisé.

Si cette première partie de ma démonstration est exacte — et pour faire la démonstration surabondante, je n'ai qu'à vous rappeler le paragraphe final de l'article 60 — si, dis-je, cette première partie de ma démonstration est exacte, j'aurai par là même vengé notre rédaction du reproche qui lui est adressé par M. Gatineau.

L'article 60 énumère les divers cas de complicité, et il ajoute dans son paragraphe final :

« ... sans préjudice des peines qui seront spécialement portées par le présent Code contre les auteurs de complots ou de provocations attentoires à la sûreté intérieure ou extérieure de l'État, même dans le cas où le crime qui était l'objet des conspirateurs ou des provocateurs n'aurait pas été commis. »

Ainsi, messieurs, non seulement la loi de 1791, qui n'est pas abrogée, punissait expressément la provocation, mais l'article 60 du Code pénal, en définissant les divers cas de délits, avait le soin de prévenir la confusion que commet aujourd'hui M. Gatineau et disait : Ne confondez pas la complicité avec la provocation, qui sera l'objet de dispositions répressives spéciales. (Très bien ! très bien !)

Ne supposez donc pas que la provocation doive, pour rester dans les termes d'une infraction de droit commun, être confondue avec la complicité ; car si vous commettiez cette confusion, vous arriveriez à ce résultat, que vous créeriez, entendez-le bien, un cas de complicité que n'a pas voulu admettre l'article 60. (Très bien ! à gauche.) Et en créant ce cas nouveau de complicité, vous supprimeriez le délit spécial de provocation qu'a voulu réserver, pour le réglementer, le Code pénal. (Très bien ! très bien ! sur plusieurs bancs.)

Voilà la vérité, messieurs, sur le droit commun en matière de provocation, et je n'ai pas à rechercher, au point de vue moral et au point de vue de la responsabilité, si le droit commun pouvait agir autrement. Est-ce que vous comprendriez, messieurs, un législateur qui, punissant l'auteur d'un acte qualifié crime ou délit, l'auteur souvent ignorant, souvent égaré, abriterait d'une irresponsabilité scandaleuse celui qui seul aurait entraîné l'agent à commettre le crime ou le délit ?

C'est pour cela que le droit commun, non seulement n'a pas voulu accorder l'irresponsabilité au provocateur, mais s'est préoccupé, en organisant les responsabilités légales, de lui assigner son rôle parfaitement précis et défini, constituant un délit spécial.

Et qu'on ne me dise pas qu'en appliquant à la parole et à la presse le délit de provocation, nous plaçons la parole et la presse dans une situation nouvelle et contraire au principe du droit commun ; nous appliquons à la parole et à la presse des principes qui atteignent tout auteur d'une action coupable. Et pour dire toute ma pensée, j'ajouterai que, au point de vue de la sécurité de la presse, mieux vaut la provocation prévue et réglementée par l'article 24 que l'invocation au droit commun et à la complicité de l'article 60.

Si les adversaires de notre projet étaient bien inspirés, savez-vous ce qu'ils devraient proposer, et, je le déclare, je voterais alors avec eux : ils devraient demander l'abrogation, pour les délits commis par la voie de la presse ou de la parole, du premier paragraphe de l'article 60, c'est à dire de la complicité.

Sur plusieurs bancs à gauche. Très bien ! très bien !

M. Spuller. Mais c'est certain ! Voilà le vrai progrès, et il n'y en a pas d'autre !

M. Georges Perin. La commission le propose-t-elle ?

M. Charles Floquet. Si la commission le propose, on pourra s'entendre.

M. Gatineau. Ajoutez à votre article que vous faites ce changement.

M. de Marcère. L'article 60 n'est pas applicable à la presse !

M. Charles Floquet. Si la commission propose de dire qu'en aucun cas, quoi qu'il écrive, un journaliste ne sera soumis à la complicité de l'article 60, nous pourrons nous entendre.

M. Ribot. Ce n'est pas possible ! (Exclamations à l'extrême gauche.) Je demande la parole.

M. le président. Veuillez écouter, messieurs !

M. Agniel. Messieurs, voulez-vous me permettre de vous exposer complètement ma pensée ? (Parlez !) Nous discutons sur la suppression ou sur le maintien

PROVOCATION AUX CRIMES ET DÉLITS.

de l'article 24. Je me heurte à cette objection, développée par notre collègue, M. Gatineau : Il ne faut pas de délit spécial de provocation, même directe, parce que ce délit est en contradiction avec les principes du droit commun...

M. Gatineau. Il s'agit de la provocation caractérisée dans les termes de l'article 60 !

M. Agniel.... et il faut supprimer la provocation directe, les divers cas de complicité prévus par l'article 60 du Code pénal étant suffisants.

Je vous ai déjà démontré qu'il n'était pas exact de soutenir que la provocation n'était pas une infraction au droit commun, puisque toutes les législations de droit commun qui se sont succédé depuis 1791 ont fait de la provocation un crime ou un délit de droit commun. Donc, la rédaction de l'article 24 n'est pas une innovation ; ce n'est que l'application à un cas particulier d'une réglementation incontestable inscrite dans tous les codes de droit pénal.

J'ajoute — c'est là surtout ce que je tenais à mettre en relief — que cette provocation qui effraie est certainement moins dangereuse pour l'écrivain, pour celui qui prend la parole, que la complicité prévue par les premiers paragraphes de l'article 60 ; en voici la raison :

La provocation, telle qu'elle est définie et punie par l'article 24, ne permet pas le moindre doute sur les conditions constitutives de son existence.

Il faut qu'il y ait provocation. Je ne crois pas avoir à démontrer qu'il n'est pas possible de se méprendre sur le sens du mot « provocation ».

Il faut, en outre, que la provocation soit directe. Je comprends, messieurs, les scrupules qui s'étaient élevés pour frapper la provocation de responsabilités pénales lorsqu'on n'aurait pas eu le soin de préciser que la provocation devrait être directe, c'est-à-dire qu'il y avait une relation incontestable, légalement établie, entre le fait de la provocation et le crime ou le délit qui en aurait été la conséquence.

N'oubliez pas que cette provocation à commettre un crime ou un délit, ce sera en définitive le jury qui sera appelé à déclarer si elle existe ou si elle n'existe pas ; et demandez-vous s'il n'y a pas un autre avantage à discuter devant lui sur l'existence ou la non-existence d'une provocation directe, au lieu de rechercher si, conformément au premier paragraphe de l'article 60 du Code pénal, on peut reprocher à l'écrivain ou à l'orateur des machinations, des artifices coupables.

Ah ! nous nous sommes bien gardés d'introduire dans notre projet de loi un texte aussi vague, aussi élastique, aussi périlleux.

M. Gatineau. Ce texte reste malgré votre projet de loi !

M. Agniel. Demandez-en donc l'abrogation ! Mais, de ce que vous seriez dans le vrai en demandant l'abrogation du premier paragraphe de l'article 60, il n'en résulte pas que vous soyez aussi dans la vérité lorsque vous demandez la suppression de l'article 24. L'article 24, en édictant la provocation constitue donc un cas de responsabilité puisé dans le droit commun, et certainement moins périlleux que les cas de complicité prévus par le premier paragraphe de l'article 60 du code pénal.

Je me résume :

Le seul reproche adressé à la rédaction de l'article 24-26 que nous discutons, est de constituer une innovation en contradiction avec les principes de droit commun. Or, je vous ai démontré que non seulement l'article 24-26 ne violait pas ces principes, mais qu'il en était l'expression et la conséquence nécessaire. Si donc vous voulez proclamer, non pas une responsabilité nominale de la presse et de la parole, mais une responsabilité effective, conforme aux principes de droit commun, si vous ne voulez pas que celui-là ait l'impunité qui aura provoqué, par la voie de la parole ou de la presse, à commettre des crimes ou des délits, vous adopterez notre rédaction, car je le répète, cet article n'est pas une exception au

droit commun, mais elle en consacre l'application exacte et précise. (Approba-
ton à gauche et au centre).

M. Alfred Naquet. Je demande la parole.

M. Gatineau. Je demande la parole.

M. Ribot. Pardon ! je l'ai déjà demandée.

M. le président. Permettez ! messieurs. Maintenant que la thèse est posée
devant la Chambre, entre la commission qui défend la nouvelle rédaction de l'article 24, et ses adversaires qui, par l'organe de M. Gatineau, la repoussent, il me
semble nécessaire d'examiner l'amendement que M. Peulevey avait déposé sur ce
même article 24.

Quelques membres. Mais non ! mais non !

M. le président. Comment non ? On ne peut pas priver M. Peulevey de son
droit, ni de son rang.

Voix nombreuses. Oui ! oui ! Vous avez raison !

M. le président. L'honorable M. Peulevey a déposé sur l'article 24 un amendement divisé en deux parties, dont la deuxième disparaît par suite de la suppression de l'article 25 de la commission, mais dont la première subsiste et porte
précisément sur le point sensible du débat, c'est-à-dire sur le remplacement des
mots : « si la provocation a été suivie d'effet », par ceux-ci : « si la provocation
réunit les caractères essentiels de la complicité tels qu'ils sont déterminés par
l'article 60 du Code pénal. »

M. Lelièvre. Mais c'est une superfétation inutile !

M. le président. Il est évident qu'il faut discuter l'amendement de M. Peulevey avant de mettre aux voix l'ensemble de l'article. C'est donc bien le moment
de donner la parole à M. Peulevey.

M. Lelièvre. Mais l'amendement, c'est la même chose que l'article !

M. le président. Pas du tout, ce n'est pas la même chose. On peut très bien
ne pas accepter la rédaction de la commission et accepter celle que M. Peulevey propose.

M. Peulevey. Messieurs, la discussion en est arrivée à ce point que la contradiction ne me semble plus exister que sur une thèse de droit, c'est-à-dire
entre l'affirmation qui vient d'être reproduite par l'honorable organe de la commission, M. Agniel, et la thèse que j'entends soutenir, avec l'amendement qui est
proposé à votre délibération, à savoir : si, comme l'affirme le rapporteur de la
commission en maintenant les dispositions de son article 26, la provocation, dans
les termes les plus généraux, la provocation à commettre une action qualifiée
crime ou délit, sans autre circonstance, constitue la complicité d'un crime ou d'un
délit, ou si, au contraire, il n'y a ni crime ni délit, soit quand la provocation n'est
pas spéciale à certains faits déterminés ou prévus par nos lois, soit quand la provocation n'est pas accompagnée des circonstances prévues et déterminées par les
dispositions de l'article 60 du Code pénal.

Voilà actuellement quel est le débat et, sans l'examen approfondi des deux
thèses en présence, je ne crois pas que la Chambre puisse se prononcer avec une
connaissance de cause parfaite sur les propositions qu'on lui soumet.

Nous sommes tous ici d'accord qu'il n'y a pas de délit de presse à proprement
parler et qu'il faut que la presse soit régie par le droit commun. (Bruit de conversations particulières.)

Plusieurs membres. Nous n'entendons rien !

M. le président. Il y a un certain nombre de nos collègues qui veulent suivre la discussion et qui en sont empêchés par leurs voisins qui se livrent à des
conversations particulières. J'invite la Chambre au silence.

M. Peulevey. On peut à bon droit me demander : Mais pourquoi votre amendement, pourquoi le maintien de la disposition de l'article 26 avec l'addition
proposée, si la provocation réunit les caractères essentiels de la complicité, tels

PROVOCATION AUX CRIMES ET DÉLITS.

qu'ils sont déterminés par l'article 60 du Code pénal, et pourquoi ne pas plutôt demander le rejet absolu de l'article 26 d'après lequel tous les crimes provoqués par la parole ou par la presse rentreraient, quand les circonstances s'y retrouveraient, sous l'application de l'article 60 du Code pénal ?

Je réponds : Je maintiens précisément les dispositions de l'article 26, parce que nous faisons une loi sur la presse, et que, quand on me demande à moi : Mais pourquoi une loi sur la presse, si elle doit être régie par le droit commun ? je dis : Oui, il faut précisément une loi, parce que personne n'est d'accord sur ce qui constitue le droit commun, et que nous ne sommes pas même d'accord sur la possibilité d'appliquer les dispositions de l'article 60 aux provocations résultant des discours et écrits.

Je maintiens donc le texte de l'article 26 avec l'addition que j'y introduis : « Si la provocation réunit les caractères essentiels de la complicité, tels qu'ils sont déterminés par l'article 60 du code pénal. »

Voilà les motifs de mon amendement.

Maintenant, il faut examiner la thèse qui a été, disons-le, si brillamment soutenue par l'orateur de la commission.

Est-il vrai, messieurs, comme on l'affirme, comme l'honorable M. Agniel vous le disait dans son premier discours, comme il le répétait tout à l'heure à la tribune, que la provocation seule à commettre toute espèce de crime ou de délit, et sans être accompagnée de circonstances particulières, alors qu'elle ne s'applique pas à certains crimes, à certains délits, est-il vrai que cette provocation soit constitutive d'un crime ou d'un délit ? Voilà la question.

Eh bien, je réponds : Non ; et, quand je réponds non, j'ai le regret de me séparer ici des éminents jurisconsultes qui ont soutenu le contraire, non seulement de l'honorable orateur qui descend de la tribune, mais de M. le garde des sceaux lui-même.

M. Cazot, *garde des sceaux, ministre de la justice.* — Je demande la parole.

M. Peulevey. Je réponds : Non ! La thèse que je combats est, en droit, absolument contraire aux principes de notre droit pénal, et, la thèse que je soutiens, je la soutiens avec une jurisprudence constante, je la soutiens avec les auteurs les plus autorisés qui ont traité la question : MM. Boitard, Ortolan, M. Bertauld, sénateur et procureur général à la cour de cassation. Non, la provocation, par elle-même, n'est pas constitutive d'un crime ou d'un délit.

Ah ! je le sais bien, nous avons vécu depuis soixante ans avec les lois sur la presse que nous abrogeons aujourd'hui. Et, parce que nous étions régis par des lois d'exception, nous avons vécu avec cette idée que, en fait, la provocation, sans être accompagnée des circonstances exigées par la loi et le droit commun, était constitutive d'un crime ou d'un délit.

M. Charles Floquet. C'est cela !

M. Peulevey. Mais si nous abrogeons ces lois exceptionnelles dont nous avons vu les déplorables effets et contre lesquelles nous luttons depuis tant d'années, si nous les abrogeons, ce n'est pas pour les faire revivre dans l'article 26. (Approbation sur plusieurs bancs.)

Dégageons-nous donc de cette idée.

Je sens bien que, avec les préoccupations du passé, avec nos propres sentiments, nous sommes conduits tout d'abord, et sans examen, à considérer qu'il y a un véritable méfait de la part de celui qui, abusant de son autorité, — de son autorité morale, car l'autorité juridique constituerait une complicité, — abusant de la parole ou de la plume, vient conseiller un crime ou un délit, nous sommes conduits à croire que ce donneur de conseils qui excite, qui provoque, est, comme on le disait à la séance dernière, non seulement aussi coupable, mais plus coupable que l'auteur du crime ou du délit.

Mais, messieurs, permettez-moi de vous le dire, c'est profondément méconnaître un des principes essentiels de notre droit criminel. En effet, avec les écarts malheureusement trop fréquents de la nature humaine, certains esprits dévoyés peuvent préparer un crime, l'élaborer, le concevoir, du moins; mais d'après les principes que j'invoque, la proposition, la préparation d'un crime ou d'un délit ne constitue ni le crime ni le délit, car, après avoir conçu, préparé, après avoir, pour ainsi dire, organisé tous les moyens d'exécution, jusqu'à l'exécution, quand la tentative n'est pas entravée par des circonstances indépendantes de la volonté, celui qui a tenté le crime ou le délit n'est pas coupable. Cela est tellement vrai, que je vais, moi aussi, me reporter aux textes... (Bruit de conversations).

Je comprends, messieurs, combien cette discussion de droit peut être fatigante... (Non! — parlez!)

M. le président. Veuillez écouter, messieurs!

M. Peulevey. On a dit à cette tribune, et depuis longtemps dans la presse, que, pour faire une bonne loi sur la presse, il ne faudrait, en quelque sorte, ne s'occuper que de considérations politiques.

Messieurs, permettez-moi de professer un avis contraire. Et, en effet, si vous ne donniez pour bases aux dispositions légales que vous allez édicter que des sentiments ou des préoccupations politiques, vous feriez une loi très mauvaise, très compromettante pour la presse elle-même, très dangereuse pour ceux que vous voulez aujourd'hui protéger contre les abus du passé. Nous savons en effet ce que valent les considérations politiques dans l'interprétation des lois.

Je reprends donc ma thèse au point de vue absolument juridique, et je la reprends avec les textes que vous invoquez, avec les dispositions de l'article 60 du code pénal.

Messieurs, j'entendais dire tout à l'heure qu'il était de droit absolument certain, absolument irréfutable, que la provocation seule à toute espèce de crime ou de délit constituait elle-même le crime ou le délit; eh bien, cette thèse, je n'hésite pas à le déclarer, est absolument erronée.

Permettez-moi de faire ma preuve :

Messieurs, relisons encore une fois les textes, je vous en prie, puisqu'il s'agit de faire une bonne loi sur la presse.

Le premier paragraphe de l'article 60 du code pénal dit :

« Seront punis comme complices d'une action qualifiée crime ou délit, ceux qui par dons, promesses, menaces, abus d'autorité ou de pouvoir, machinations ou artifices coupables, auront provoqué à cette action, ou donné des instructions pour la commettre. »

Il ne s'agit donc pas de dire qu'il suffit de provoquer à un crime; il n'y a que ceux qui y ont provoqué à l'aide de « dons, promesses, menaces, abus d'autorité ou de pouvoir, machinations ou artifices coupables. »

Voilà ceux qui peuvent être considérés comme coupables ou complices.

Je vois d'ici l'un de mes honorables collègues qui semble vouloir me renvoyer immédiatement à la dernière partie des dispositions de l'article 60 du code pénal. Mais je vais démontrer, avec la jurisprudence, que ma thèse est absolument incontestable ; mais, avant d'en arriver à presser le débat de plus près, je veux tout de suite m'attaquer à ce qui faisait tout à l'heure la plus grande préoccupation de la Chambre.

Je veux parler de la dernière disposition de ce même article 60, j'y lis ce qui suit :

« Ceux qui auront avec connaissance aidé ou assisté l'auteur ou les auteurs de l'action dans les faits qui l'auront préparée ou facilitée, ou dans ceux qui l'auront consommée, sans préjudice des peines qui seront spécialement portées par le présent code contre les auteurs de complots ou de provocations attentatoires à la sûreté intérieure ou extérieure de l'État, même dans le cas où le crime qui était

PROVOCATION AUX CRIMES ET DÉLITS.

l'objet des conspirateurs ou des provocateurs n'aurait pas été commis. »

Ah ! oui, vous aurez des provocations coupables, directement coupables, sans être accompagnées des circonstances exigées par le premier paragraphe; vous aurez des provocations directement punies, ce sont celles qui sont énoncées par le dernier paragraphe, mais qui se rattachent exclusivement à des dispositions tout à fait spéciales, à des crimes spéciaux, qui seront déterminés par le présent code : ce sont les provocations aux complots, les provocations à des actes attentatoires à la sûreté intérieure ou extérieure de l'Etat.

Il n'y a, vous le voyez et je le répète, que les provocations à des attentats, complots ou rébellions dont les peines seront ultérieurement édictées contre les auteurs de ces provocations, parce qu'elles sont une atteinte à la sûreté intérieure ou extérieure de l'Etat.

Et ce sont là, soyez-en certains, messieurs, les seules circonstances dans lesquelles la provocation est présentée comme constituant par elle-même un crime ou un délit. Et, en effet... (Bruit de conversations).

M. le président. Veuillez écouter, messieurs, je vous en prie...

M. Peulevey. Je n'ai pas l'intention, croyez-le bien, messieurs, de m'imposer à la Chambre ; si la discussion déjà trop longue, malheureusement, dépassait de justes limites, je m'arrêterais immédiatement. (Parlez ! parlez !)

Je vous disais, messieurs, que la provocation, pour constituer un crime ou un délit, devait tout d'abord être accompagnée des circonstances de la complicité, ou bien se rattacher aux deux sortes de crimes et de délits qui sont taxativement indiqués dans le code pénal, en exécution des dispositions de l'article 60.

Quelles sont ces dispositions ? Vous aurez beau parcourir tout le code pénal de 1810, vous n'y trouverez rien de plus que ce que j'indique. Les honorables rapporteurs de la commission n'ont en effet trouvé que deux textes à invoquer.

Nous en aurons trois, si vous voulez, et en les invoquant, je vais de plus en plus fortifier la thèse que je soutiens.

Ils ont trouvé d'abord les dispositions de l'article 102 qui se rattachent aux faits qualifiés d'attentat, c'est-à-dire qui font condamner comme coupables d'attentat à la sûreté de l'Etat, c'est-à-dire comme coupables des crimes prévus par les articles 86, 87 et 88 du code pénal, ceux qui auront provoqué à commettre ces crimes. Voilà donc le premier cas de provocation punissable, prévu par le dernier paragraphe de l'article 60.

On punira la provocation toutes les fois que cette provocation aura pour but d'exciter à un attentat contre la sûreté intérieure et extérieure de l'Etat. Je n'ai absolument rien à critiquer dans cette disposition.

Le second cas que vous rencontrez, c'est la disposition de l'article 217 du code pénal. Cet article est ainsi conçu :

« Sera puni comme coupable de la rébellion quiconque y aura provoqué, soit par des discours tenus dans des lieux ou réunions publics, soit par placards affichés, soit par écrits imprimés. »

Voilà les dispositions de l'article 217. Mais je vous pose cette question, à vous, messieurs de la commission, à vous messieurs les jurisconsultes : Si votre thèse de droit commun était soutenable un instant, s'il était vrai que la seule provocation à n'importe quel crime ou n'importe quel délit dût être punie comme constituant elle-même un crime ou un délit, il suffisait de le dire une fois pour toutes ; il n'était pas nécessaire d'aller, dans des matières absolument spéciales, comme les matières relatives à l'attentat et à la rébellion, chercher à légiférer par de nouveaux textes, puisque déjà, d'après le principe général, ceux qui auraient provoqué à l'attentat ou à la rébellion auraient été déclarés coupables comme complices.

Or c'est précisément parce que la provocation, hors des cas de complicité prévus par l'article 60, ne constitue ni crime ni délit, que les auteurs du code pénal ont dû recourir aux dispositions des articles 102 et 217, pour atteindre les provocateurs dans ces cas déterminés.

Il y a encore une autre disposition du code pénal dont je veux vous entretenir, parce que je crois que les auteurs du projet s'en sont inspirés. C'est l'article 293.

M. le rapporteur. Et l'article 2ᵛ5.

M. Agniel. Et la loi de 1791!

M. Peulevey. La Constitution de 1791 est depuis longtemps abrogée, elle ne nous régit en aucune façon; mais votre article 285, qu'est-ce qu'il entend punir? (Bruit de conversations.)

Messieurs, si l'audition est difficile, croyez bien que la discussion à la tribune ne l'est pas moins.

L'article 285 que l'on invoque, a pour but purement et simplement de punir les crieurs et afficheurs, vendeurs ou distributeurs d'écrits, et ils sont punis comme les provocateurs...

M. le rapporteur. Comme complices des provocateurs.

M. Peulevey. Oui, complices, mais entendons-nous bien, complices des provocateurs coupables, probablement, des provocateurs qui sont punis des peines portées par les articles 102 et 217; j'ajoute, et je fais remarquer à la commission que les dispositions de l'article 285 du code pénal, trouvent dans le projet même en discussion, une satisfaction complète, puisque l'article 23, déjà voté, punit les crieurs, colporteurs et distributeurs; il n'y a rien à faire; l'article 285 ne compote aucune espèce de peine contre les provocateurs autres que ceux qui sont indiqués dans les articles précédents. Mais il faut bien arriver au texte de l'article 293 qui semble être le pivot de toute la discussion de nos honorables adversaires. L'article 293 est ainsi conçu, — et vous allez voir quelle bizarre conséquence il faudrait en tirer, si cet article pouvait être applicable avec l'article 24 qu'on vous demande de voter; en effet, que dit cet article 293? — Il vient immédiatement après les dispositions des articles 291 et 292 du code pénal que vous connaissez : il s'agit d'association de plus de 20 personnes, sans autorisation du Gouvernement; alors quand vous rencontrerez une association de plus de vingt personnes et une réunion non autorisée, dans laquelle on aura fait une distribution d'imprimés ou d'écrits contenant des provocations à des actes qualifiés crimes ou délits, vous punirez les auteurs de ces provocations; mais pourquoi? Uniquement parce qu'elles se sont produites dans une réunion illicite. C'est la réunion qui est punie. Et, en effet, permettez-moi de vous dire que je trouve dans cet article même la preuve certaine, directe et irréfutable qu'il n'y a pas de crime de provocation de droit commun, excepté dans les deux cas spéciaux que je vous ai indiqués. Car, qu'est-ce que punit l'article 293? C'est la provocation dans une réunion composée de plus de vingt personnes; en effet, si elle n'était composée que de cinq ou six personnes, il n'y aurait pas de crime de provocation.

Lisons les dispositions de cet article 293 :

« Si, par discours, exhortations, invocations ou prières, en quelque langue que ce soit ou par lecture, affiche, publication ou distribution d'écrits quelconques, il a été fait dans ces assemblées, quelque provocation à des crimes ou à des délits, la peine sera de 100 francs à 300 francs d'amende et de trois mois à deux ans d'emprisonnement contre les chefs, sans préjudice des peines plus fortes qui seraient portées par la loi contre les individus personnellement coupables de la provocation, lesquels en aucun cas, ne pourront être punis d'une moindre peine que celle infligée aux chefs. »

M. Gatineau. Vous avez raison, c'est un délit d'association!

M. Peulevey. C'est, comme le fait observerver avec raison M. Gatineau, un délit d'association. Car remarquez bien ce qui donne un caractère délictueux à ces discours, ou à ces écrits, c'est qu'ils ont été proférés ou publiés dans une association illicite.

PROVOCATION AUX CRIMES ET DÉLITS.

S'il n'y avait là, dans cette même assemblée où vous avez provoqué avec les mêmes écrits, qu'une réunion de 8, 10, 15 ou 19 personnes, vous n'auriez commis ni crime, ni délit.

Donc, l'article 293, que vous invoquez, se retourne absolument contre votre thèse ; et il est absolument faux et erroné de venir dire qu'il y a des crimes de provocation de droit commun, hors les deux cas que j'ai signalés, et qui sont ceux-ci : lorsque la provocation s'attaque à la sûreté intérieure de l'État, ou lorsqu'elle pousse à la rébellion. Or, je crois vous avoir démontré que l'article 26 est une aggravation considérable du code pénal, ce n'est pas une loi sur la presse que vous faites, c'est la réforme du code pénal. En voulez-vous la preuve? (Bruit.)

Je sais que ce n'est pas le moment de vous apporter, ici, les dissertations des professeurs les plus éminents de la faculté et des auteurs les plus considérables sur la matière. Mais vous me permettrez bien au moins d'invoquer la jurisprudence pour vous démontrer que la provocation, en dehors des circonstances de l'article 60, quand elle n'a pas pour objet l'excitation à la rébellion et à l'attentat contre l'État, ne constitue ni crime, ni délit.

Voici un arrêt de la cour de Poitiers du 31 mai 1855... (Oh! oh! — Lisez! lisez!)

M. le président. Veuillez écouter, messieurs !

M. Peulevey. Messieurs, il s'agissait, dans l'arrêt que je veux soumettre à votre attention, d'un brocanteur qui avait été antérieurement recherché pour crime de complicité. On allait lui vendre des objets volés et, à un certain moment, il avait dit aux voleurs : « Apportez-moi donc de cette même ferraille que vous m'avez déjà vendue, je vous en achèterai toujours. » Il provoquait ainsi des individus à commettre des vols pour lui en apporter le produit qu'il promettait d'acheter.

Voyons ce que pense la cour de Poitiers de cette provocation.

Arrêt du 31 mai 1855 : « Attendu que ces mêmes déclarations, bien qu'exonérées de la suspicion qui les frappe, ne réuniraient pas les conditions prescrites par l'article 60 du code pénal pour établir le délit de complicité de vol par provocation ;

« Qu'en effet, acceptées comme probantes et vraies, ces déclarations constateraient seulement qu'il y aurait eu provocation par le prévenu Lapied envers lesdits Husson et veuve Verger, à l'effet de leur faire commettre de nouveaux vols, mais ne fourniraient pas la preuve que, pour les déterminer à perpétrer ces délits, ledit Lapied leur aurait fait, soit des dons, soit des promesses, puisque des déclarations dont il s'agit resterait ce seul fait que le prévenu leur aurait laissé seulement entrevoir qu'il serait disposé à leur acheter le produit de leurs larcins ; ce qui ne peut être considéré comme constituant la promesse exigée par la loi ; d'où la conséquence que les éléments constitutifs de la provocation punissable, édictés par l'article 60 du code pénal, ne se rencontrent pas dans l'espèce... »

Arrêt dans le même sens de la cour de Lyon, en date du 4 janvier 1860.

Du reste vous pouvez consulter tous les auteurs qui ont écrit sur la matière : MM. Boitard, Ortolan, Bertauld, etc., tous proclament la même doctrine : la provocation, en dehors des cas déterminés par la loi, n'est pas constitutive d'un crime ou d'un délit. (Bruit.)

Voulez-vous, messieurs, me permettre d'appeler votre attention sur une seule des conséquences véritablement effrayantes du système qui est soutenu par la commission et qu'elle vous propose de ratifier par l'article 24?

La provocation, dans mon système, constitue un crime lorsqu'elle s'applique aux faits qui sont qualifiés crime d'attentat à la sûreté intérieure de l'État. Mais pour qu'il y ait le crime d'attentat, il faut un commencement d'exécution.

L'article 88 du code pénal, en effet, est ainsi conçu :

« Il y a attentat dès qu'un acte est commis ou commencé pour parvenir à l'exécution du crime quoiqu'il n'ait pas été consommé. »

Eh bien, messieurs, avant les lois spéciales, avant 1819, un individu avait été condamné à la peine de mort, parce qu'il avait provoqué précisément à commettre une action qualifiée attentat. Et cependant, la cour de cassation, le 26 avril 1817, malgré les termes formels de l'article 102, disait :

« Attendu que les discours et les écrits ne peuvent jamais constituer l'acte ou fait extérieur dont se forme l'attentat qui donne lieu à la peine prononcée par ledit article 88... »

Et elle cassait l'arrêt qui avait condamné cet homme à la peine de mort, bien qu'il y eût provocation à l'attentat, parce que le commencement d'exécution, constitutif de l'attentat, ne s'était pas traduit par un acte. Les éléments du crime déterminés par l'article 88 ne se rencontraient pas, et, quoique la provocation fût certaine et indiscutable, l'auteur de la provocation avait été renvoyé absous.

M. le rapporteur. La provocation n'était pas publique !

M. Peulevey. Je ne sais pas si la publicité aurait quelque chose à faire dans le droit commun, puisque, permettez-moi de vous le dire, nous n'avons de provocation punie à cause de la publicité que dans les lois spéciales dont vous demandez l'abrogation, dans les lois que vous rejetez toutes.

Messieurs, je vous demande pardon de retenir si longtemps votre attention sur une discussion qui peut être difficile à saisir. Mais je vous demande la permission d'ajouter encore un mot.

Est-ce que, en dehors des considérations de droit que je viens d'avoir l'honneur de vous présenter, est-ce qu'il n'y a pas d'autres considérations qui doivent dominer une Chambre républicaine comme celle-ci ? On vous demande de punir la provocation. Mais qu'est-ce que c'est que la provocation ? (Exclamations sur divers bancs.)

Ah ! je sais bien qu'on nous dit qu'il s'agit de la provocation directe, de l'excitation. (Bruit.)

Mais qu'est-ce que c'est que l'excitation ? Vous êtes obligés, je crois, de supprimer l'apologie de faits qualifiés crimes ou délits : mais, voyons ! est-ce qu'il n'est pas tous les jours possible de nous ramener à cette fameuse doctrine contre laquelle nous avons si longtemps protesté, à la doctrine de la complicité morale ?

Qui donc pourra jamais se dire à l'abri d'une poursuite, lorsqu'il aura écrit n'importe quel article ? Est-ce qu'on ne pourra pas toujours y trouver une provocation, une excitation, une apologie ? Dès lors, permettez-moi de vous dire que vous devez être assez prudents et assez sages pour ne pas livrer la presse, qui, quoi qu'on en ait dit, est là constamment, non pas toujours peut-être pour exercer un sacerdoce à l'abri des critiques, mais pour être l'avant garde et la protectrice de toutes nos libertés ; ne portez donc pas atteinte à la liberté de la presse par une loi qui, consacrant l'arbitraire, permettrait aux tribunaux que nous connaissons, dont nous avons apprécié la manière de définir ce qu'on appelle un outrage, de rencontrer partout des provocations, des excitations ou des apologies ! Ne faites pas cela, messieurs !

Je supplie la Chambre de ne conserver un caractère délictueux à la provocation que quand cette provocation sera accompagnée de circonstances qui rendent l'arbitraire impossible, parce que ces circonstances sont démonstratives du crime et parce qu'il y a des crimes qui par eux-mêmes sont suffisamment démonstratifs pour ne pas laisser l'ombre d'une place à l'arbitraire.

Si vous faites autrement, messieurs, je crains que vous n'ayez à regretter de n'être pas entrés plus avant dans la voie de liberté que vous ont proposé de suivre les honorables orateurs qui m'ont précédé à cette tribune pour protester contre l'article 26.

Mais, permettez-moi... (Aux voix ! aux voix !)

Messieurs, un mot encore. Je sens que j'abuse de votre patience et de votre bienveillance et j'ai hâte de quitter cette tribune, mais je m'aperçois que je n'ai

PROVOCATION AUX CRIMES ET DÉLITS.

discuté que la première partie de mon amendement. (Bruyantes exclamations.)

Un membre à gauche. Combien y en a-t-il ?

M. Peulevey. Rassurez-vous, messieurs, l'expression dont je viens de me servir a trahi ma pensée. Ma discussion est complète, mais je n'en ai pas indiqué les conséquences, et je veux appeler votre attention sur les dispositions de mon amendement.

Vous savez comment je complète les dispositions de l'article 24.

Je vous ai expliqué comment je comprenais que la provocation pouvait être constitutive d'un crime ou d'un délit dans les deux cas déterminés ou prévus par la loi dans les articles 102 et 217 du code pénal dans le cas d'attentats à la sûreté intérieure ou extérieure de l'État, comme dans le cas de rébellion.

Comme le projet de loi nous demande la suppression des dispositions de la loi de 1819 qui avait abrogé les articles 102 et 217, il en résulterait virtuellement, — et ici je me trouve encore malheureusement en contradiction avec l'honorable M. Agniel qui prétendait qu'en abrogeant l'article 26 de la loi du 17 mai 1819, il faudrait par une loi nouvelle faire revivre les dispositions anciennes du code pénal que cette loi avait abrogées...

(M. Agniel fait un signe de dénégation.)

M. Peulevey. Non !

Je vois que sous ce rapport nous serions d'accord. Les articles 102 et 217 reprendraient donc toute leur force par l'abrogation de la loi de mai 1819; et c'est ce que je ne veux pas, c'est ce que je demande à la Chambre de ne pas consacrer; car, messieurs, quoi qu'on en ait dit, je n'assimilerai jamais, pour mon compte, la culpabilité d'un écrivain à la responsabilité de celui qui aura commis directement l'attentat. (Très bien ! à gauche.)

Et c'est pourquoi je ne veux pas rétablir les dispositions de l'article 102, qui dit: « Seront punis comme coupables des crimes et des complots mentionnés dans la présente section... »

Or, en abrogeant les dispositions de l'article 26 de la loi de mai 1819, vous rétabliriez la peine de mort.

Au banc de la commission. Mais non ! mais non !

A gauche et au centre. Aux voix ! aux voix !

M. le président. Monsieur Peulevey, je crois que je ne trahirai pas le sentiment de la Chambre en vous priant d'abréger votre discussion ; il faut réserver le droit de tout le monde.

M. Peulevey. Je n'en ai plus que pour quelques instants.

Je dois cependant indiquer pourquoi je voudrais voir accepter les dispositions nouvelles que je propose : elles ont uniquement pour but de ne punir la provocation que quand elle s'applique aux faits spéciaux que j'ai signalés, et de la frapper seulement de peines considérablement amoindries. (Approbation sur quelques bancs. — Aux voix ! aux voix !)

M. le président. Je consulte la Chambre sur l'amendement de M. Peulevey.

(L'amendement, mis aux voix, n'est pas adopté.)

M. le président. Nous revenons, par conséquent, à l'article 24.

(M. **Ribot** monte à la tribune et remet à M. le président un amendement manuscrit.)

M. le président. M. Ribot propose un amendement ainsi conçu:

« Ajouter à l'article 60 du code pénal :

« Ceux qui, par discours, cris, menaces proférés dans des lieux ou réunions publics, soit par des écrits, des imprimés, mis en vente et distribués ou déposés dans des lieux ou réunions publics, soit par des placards ou affiches exposés aux regards du public, auront directement provoqué à commettre l'action, si la provocation a été suivie d'effet. »

M. Ribot a la parole pour développer son amendement.

M. Ribot. Messieurs, je ne voudrais pas contribuer pour ma part à introduire un nouvel élément de complication et d'obscurité dans cette discussion, qui, je puis le dire sans indiquer aucune des dispositions de la loi, a peut-être jusqu'à présent manqué de clarté et de précision. (Sourires d'assentiment à droite.)

M. Le Provost de Launay (Calvados). Absolument.

M. Ribot. L'amendement, que je propose, consiste à faire entrer dans l'article 60 du code pénal un paragraphe qui prendrait place après les trois paragraphes qui définissent la complicité. J'emprunte ce paragraphe à peu près textuellement au nouveau projet de la commission. Je crois mettre ainsi un peu plus de clarté dans les débats, et je vais m'expliquer si la Chambre veut bien me prêter cinq minutes de bienveillante attention. (Parlez ! parlez !)

Il faut d'abord savoir exactement sur quoi nous discutons, de quoi il s'agit et de quoi il ne s'agit pas. (Rires à droite.)

Nous venons de mêler constamment deux questions qui sont absolument différentes : la première, qui concerne la provocation suivie d'effet, ayant amené un crime, laquelle a été réputée par la loi de 1819 un mode de complicité, et une deuxième question que nous aborderons tout à l'heure, si vous le voulez, laquelle est relative à la provocation non suivie d'effet. Ne parlons donc plus en ce moment, si vous le voulez bien, pour ne pas embrouiller les choses, que de la provocation qui a été suivie du crime ou du délit consommé ou tout au moins tenté par un commencement d'exécution matérielle.

Nous sommes en présence de l'article 60 du code pénal qui a défini la complicité de droit commun. L'honorable M. Floquet, dans le cours du débat, nous a dit : Si vous voulez abroger l'article 60, en ce qui concerne les journalistes et les orateurs, c'est-à-dire déclarer que l'article 60 ne leur sera jamais applicable, je me rallie à la rédaction de la commission.

L'honorable M. Floquet me permettra de lui dire qu'il faut tout à la fois garder l'article 60 tel qu'il existe et le compléter par la définition que nous propose la commission...

M. Gatineau. Je demande la parole.

M. Ribot. ... et je le prouve.

Qu'est-ce que l'article 60 exige comme caractère constitutif de la complicité ? Il exige qu'il y ait eu soit des dons, promesses, ou menaces, soit des instructions précises, soit des artifices ou machinations coupables.

Cette définition comprend-elle la provocation par la voie de la presse ? Voilà la question.

Oui, elle la comprend dans des cas absolument rares et exceptionnels. Par exemple, si, à l'aide d'un article de journal, on commet une manœuvre constitutive d'un délit d'escroquerie, si l'article de journal, au lieu d'être simplement une provocation, est lui-même un acte, un élément essentiel et constitutif du délit, l'auteur de l'article tombe sous le coup de l'article 60, non pas comme provocateur, mais comme ayant fourni un moyen de commettre le délit. (Très bien !)

Il ne faut donc pas, contrairement à l'opinion émise par M. Floquet, toucher à l'article 60, dans ses trois premiers paragraphes ; ils doivent subsister, et ils existent d'ailleurs dans toutes les législations du monde. (Approbation.)

En dehors de ces cas exceptionnels, où un article de journal peut être un élément constitutif du délit, il reste à examiner si vous voulez, oui ou non, faire rentrer dans les termes de la complicité et sous l'application du droit commun la provocation directe, par la presse et la parole, à tous les crimes et délits du code pénal.

L'honorable M. Gatineau dit : Nous sommes d'accord sur le fond ; je voudrais que ces provocations fussent punies.

M. Gatineau. Non ! non ! Ce n'est pas cela !

16

PROVOCATION AUX CRIMES ET DÉLITS.

M. Ribot. Vous avez dit que vous vouliez, comme la commission, que la provocation fût punie. Vous avez ajouté : Nous n'avons pas besoin de compléter l'article 60, attendu que dans sa rédaction actuelle il englobe et comprend les provocations par la voie de la presse.

M. Gatineau. Quand elles réunissent les caractères définis par cet article !

M. Ribot. Je réponds que, sans vouloir faire à cette tribune un exposé des principes du droit, qui n'y serait pas à sa place, je réponds, sans que personne puisse me contredire, qu'il n'y a pas un seul jurisconsulte, depuis Rossi jusqu'à ceux d'aujourd'hui, qui ne vous dise que, si vous n'avez à votre disposition que les trois premiers paragraphes de l'article 60, la provocation par discours et par écrit ne pourra pas être réputée complicité, que, par conséquent, elle ne pourra pas être punie.

Pourquoi ne peut-elle pas être punie ? Parce que l'article 60 exige, pour la rendre punissable, que la provocation soit accompagnée d'artifices ou de machinations coupables. Sans faire ici une critique minutieuse qu'on ne pourrait faire que devant la cour de cassation, ou dans une faculté de droit, j'affirme à cette tribune, et personne, je le répète, ne me démentira, que la jurisprudence ne pourrait pas, dans la provocation par paroles ou par écrits même la plus directe, même la plus accusée, même la plus violente, reconnaître la complicité prévue par l'article 60, puisqu'il manque l'élément de la machination ou de l'artifice coupable. (Très bien ! très bien !)

Je vous renvoie aux auteurs, aux arrêts et à toute la législation étrangère. Car puisqu'on parle de droit commun, il faut aussi regarder les législations voisines. Notre code a eu cette fortune de faire, en quelque sorte, le tour de l'Europe ; là où il n'a pas été adopté dans ses termes mêmes, il a servi de modèle et d'inspirateur à toutes les législations nouvelles. Dans tous les pays comme la Belgique, Genève et d'autres qui ont accepté notre code pénal de 1810, j'affirme, — car j'ai là les textes, je pourrais les produire, — j'affirme que partout, sans exception, on a ajouté aux trois premiers paragraphes de l'article 60 une disposition exactement copiée sur la loi de 1819 et semblable à celle que défend la commission.

Et, pour couper court, dans ces pays, à ces discussions interminables et métaphysiques, entre ce qui est le droit commun et ce qui n'est pas le droit commun, discussions où les esprits les plus clairs et les plus précis finissent par ne plus rien comprendre et par ne plus rien distinguer... (Très bien ! et rires approbatifs.)

M. Paul de Cassagnac. C'est le résumé de la discussion !

M. Ribot. ...dans tous ces pays on a dit : Il y a une chose extrêmement simple à faire, c'est de supprimer les lois spéciales, de ne plus les juxtaposer au code pénal, et, puisque la définition de l'article 60 n'est pas suffisante, de se borner à la compléter.

Eh bien, messieurs, c'est là ce que je vous demande de faire ; c'est ce que la Belgique a fait en 1867 ; c'est ce que Genève a fait en 1874 ; c'est ce qui est dans le code pénal allemand de 1870 ; c'est ce qu'ont fait presque toutes les législations.

Pourquoi ne le feriez-vous pas ? Cela couperait court à bien des difficultés ; cela serait net, simple, intelligible pour tout le monde. Je prie le Gouvernement et la commission de vouloir bien y réfléchir. (Très bien ! très bien !)

M. le président. La parole est à M. Léon Renault.

M. Léon Renault. Messieurs, la commission est absolument d'accord avec M. Ribot sur les principes qu'il vient de poser à la tribune avec tant d'autorité.

La commission, en examinant ce matin l'article 24, s'est préoccupée, comme je l'ai indiqué à la Chambre dans les premières observations que je lui ai présentées, de rechercher s'il y avait entre la rédaction de cet article 24 et les principes généraux de notre droit pénal, une concordance absolue. Elle a pensé que lorsqu'il y avait complicité de faits qualifiés crimes et délits, et quand cette complicité se produisait par le moyen de la presse, il n'y avait aucune raison de ne pas la frapper des mêmes peines que si elle s'était manifestée par tout autre moyen. De là cette rédaction de l'article 24 : « Seront punis comme complices... »

Ce point de départ étant admis, la commission s'est demandé si les définitions de la complicité, telles qu'elles étaient données dans l'article 60 du code pénal, étaient suffisamment précisées en ce qui concerne la complicité possible par la voie de la presse. Entendez bien qu'il ne s'agissait que de crimes et délits perpétrés, et de complicité dans ces crimes et délits par provocation, quand la provocation avait été suivie d'effet.

Deux rédactions ont été proposées à la commission. Suivant quelques-uns de ses membres, la provocation à des crimes et délits suivis d'effet par la voie de la presse, se trouvait prévue par les termes si généraux, si élastiques de l'article 60 du code pénal. Il était inutile d'y rien ajouter. On a combattu cette opinion en faisant observer que la provocation par la voie de la presse, pour qu'il y eût complicité, devait être directe; qu'il fallait qu'il y ait, entre le crime ou le délit commis et la provocation émanant du journal, un lien immédiat, non douteux ; que le dire nettement ce n'était pas se mettre en dessous de l'esprit de l'article 60, mais au contraire s'en inspirer et faire disparaître tout doute et toute hésitation ; c'est ainsi que la majorité de la commission a été amenée à la rédaction qui déclare que la provocation directe à commettre des actes qualifiés crimes ou délits par la loi, tomberait, quand ces faits se seraient accomplis, sous l'application des mêmes peines que ces faits eux-mêmes.

Voilà le sens exact de l'article 24 du projet de la commission.

Que propose M. Ribot ! Se met-il, au point de vue du résultat à atteindre, en contradiction avec la commission ? Non, messieurs ; l'honorable M. Ribot doit convenir que lorsque l'article 24 aura été voté par la Chambre, — s'il est voté, — le but auquel tend son amendement aura été atteint.

M. Ribot. C'est très vrai !

M. Léon Renault. Que demande-t-il donc ? Une seule chose : qu'on transpose notre article 24, qu'on l'inscrive dans le code pénal, au lieu de l'insérer dans la loi spéciale que nous faisons sur la presse. Car c'est bien là le but de son amendement.

Plusieurs membres au centre. C'est cela !

M. Léon Renault. Si nous pouvions nous livrer en ce moment à un travail de révision du code pénal et en procédant article par article ou plutôt chapitre par chapitre, y faire passer, à titre de modification, les applications du droit commun que la presse réclame, je comprendrais le système de l'honorable M. Ribot.

Mais nous ne pouvons entreprendre en ce moment une telle besogne. Nous voulons, en laissant le code pénal intact, debout, avec les modifications diverses de notre législation, inscrire les principes du droit commun dans une législation nouvelle de la presse. Nous n'avons pas à nous préoccuper de savoir si cette législation sera ou non fondue dans le code de droit commun ; ce qui importe, c'est qu'elle soit le reflet fidèle, l'expression exacte du droit commun. (C'est cela !)

Si elle a ce caractère nous devons voter la rédaction de la commission. Or elle l'a jusqu'à l'évidence, car elle affirme la complicité possible par la voie de la presse ; elle édicte une responsabilité pour l'écrivain comme pour quiconque concourt à la perpétration d'un crime ou d'un délit, en même temps qu'en effaçant l'article 27 du projet primitif, elle se sépare de ceux qui veulent qu'il y ait crime ou délit de la presse alors même que la provocation n'a pas été suivie d'effet. (Vives marques d'approbation sur un grand nombre de bancs.)

M. Gatineau. Je demande la parole.

M. le président. Sur quoi ?

M. Gatineau. Sur l'amendement de M. Ribot.

Plusieurs membres. Retirez-le, monsieur Ribot !

M. Ribot. Je retire mon amendement. Je demande seulement à dire un mot.

PROVOCATION AUX CRIMES ET DÉLITS.

M. le président. Très volontiers. Vous avez la parole.

M. Alfred Naquet. Mais j'avais demandé la parole sur l'article, monsieur le président.

M. le président. Eh bien, vous l'aurez quand il sera en discussion.

La parole est à M. Ribot.

M. Ribot. Messieurs, après les explications que vient de donner M. le rapporteur de la commission, je déclare que ne voulant pas être la cause, même indirecte, de la moindre difficulté dans cette discussion, que je désire vivement voir aboutir, je retire mon amendement. (Très bien ! très bien !) Je prie seulement la commission d'examiner, dans l'intervalle des deux délibérations, s'il n'y aurait pas moyen d'introduire dans le code pénal les textes que nous allons voter. La difficulté me semble très facile à résoudre, et ce serait mettre un terme peut-être à des discussions interminables et aussi à des changements trop fréquents. (Très bien ! très bien !)

M. Alfred Naquet. Je demande la parole sur l'article.

M. le président. Il n'y a plus d'amendements sur l'article 24, parce que ou les amendements proposés ont été écartés par la Chambre, ou ils ont été retirés par leurs auteurs. Il ne reste donc plus qu'à statuer sur l'article lui-même.

M. Naquet a la parole sur l'article. (La clôture ! la clôture ! — Non ! non ! — Parlez ! parlez !)

M. Naquet. Soyez sans émotion, messieurs... (Parlez ! parlez !)

M. le président. Je ferai observer à la Chambre qu'elle doit son attention à tous les orateurs et qu'il ne faudrait pas, parce qu'on n'a pas mis la clôture aux voix, qu'une partie de la Chambre se dispensât d'écouter l'orateur. (Marques d'assentiment.)

Vous avez la parole, monsieur Naquet.

M. Naquet. Je prie la Chambre d'être sans émotion ; je n'ai pas l'habitude de faire de longs discours, elle le sait, et je ne commencerai pas aujourd'hui, surtout au point où en est la délibération. Je veux simplement dire ceci : il a régné, dès le commencement de cette discussion, une grande obscurité dans le débat, obscurité qui commence à être dissipée, grâce aux discours successifs de M. Gatineau, de M. Ribot et de M. Léon Renault.

Au début, on vous a dit : Prenez garde, si vous soumettez la presse au droit commun, vous allez voter contre la presse une législation beaucoup trop rigoureuse.

Et puis, on est venu vous dire : Prenez garde encore ; si vous soumettez la presse au droit commun, — comme l'honorable M. Ribot vient de le réclamer, — c'est l'impunité de la presse.

Il faudrait cependant se décider entre ces deux argumentations.

Messieurs, il me semble qu'au point où la discussion en est arrivée, il est bien démontré qu'en réalité l'article 60 ne comporte de pénalité que contre des provocations comprises dans certaines limites nettement déterminées ; et que si ce n'est pas l'impunité absolue de la presse dans toutes les circonstances, si cet article 60 laisse le Gouvernement armé dans les cas graves où l'État républicain, qui n'est autre chose que la nation vivante et agissante, a le droit de se défendre comme en aurait le droit un particulier, néanmoins, dans les temps calmes, réguliers, c'est la liberté absolue, c'est l'impunité de la presse.

Et voilà pourquoi nous voulons accepter l'article 60, c'est-à-dire le droit commun ; et voilà pourquoi nous repoussons l'article de la commission, aussi bien que l'addition que l'honorable M. Ribot proposait tout à l'heure, et qui, ainsi qu'il l'a reconnu lui-même, équivaut à l'article de la commission.

En effet, M. le garde des sceaux est monté l'autre jour à cette tribune, et nous a dit avec beaucoup de raison qu'il ne s'agissait pas de savoir dans quel code on trouvait inscrit un article pour savoir si une pénalité était ou n'était pas de droit commun, mais qu'il s'agissait avant tout de savoir si les délits qu'on formulait présentent le caractère de délits de droit commun ; et il disait entre autres choses que les caractères du délit de droit commun étaient : l'intention perverse, la possibilité de nuire, la possibilité de définir le délit d'une manière précise et ne prêtant pas à l'arbitraire.

Eh bien, je dis ici à M. le garde des sceaux et à la commission qu'en dehors des circonstances exceptionnellement graves où les règles de la complicité, telles que le code pénal les a établies, seront applicables, la provocation ne répond pas au caractère d'un délit de droit commun, parce que la provocation ne comporte pas le caractère de nocivité sociale que doit comporter, selon M. le garde des sceaux, un véritable délit de droit commun.

M. Floquet. C'est très juste !

M. Alfred Naquet. Lorsqu'un journaliste provoque à un acte qualifié crime ou délit, de deux choses l'une : ou le journaliste est en communion d'idées avec l'opinion publique, où il ne l'est pas.

Dans le premier cas, loin de l'empêcher de nuire, vous facilitez son action nuisible en le poursuivant ; vous répercutez à l'infini l'article qu'il a publié et que vous considérez comme un article nuisible, vous faites de l'écrivain un martyr ; vous le grandissez aux yeux de ses concitoyens. Nous savons tous, messieurs, que sous l'empire, ce n'était point la prison qui nous empêchait d'exciter à la haine et au mépris du gouvernement de l'empereur et de provoquer à ce qu'on appelait à cette époque des crimes et des délits ; nous savons tous, au contraire, que la prison ne faisait que nous enhardir, et que c'est en grande partie grâce aux poursuites qui ont été exercées à cette époque contre les journalistes qui attaquaient l'empire, que l'empire est tombé... (Exclamations ironiques à droite.)

M. Paul de Cassagnac. Si vous n'aviez eu que cela vous l'auriez encore sur les épaules !

Plusieurs membres à droite. Et les Prussiens ?

M. Alfred Naquet.... et c'est cette considération qui surtout m'a fait monter à cette tribune.

Il y a encore un point de vue qui me frappe.

Parmi vos dispositions de la loi, il y avait un ancien article 27 qui punissait la provocation non suivie d'effet...

M. Léon Renault. Il a disparu.

M. Alfred Naquet... et alors, dans une certaine mesure, je trouvais que l'article 24 avait sa raison d'être ; il était conforme à un système général. Aujourd'hui, vous avez accompli un progrès, je le reconnais, en supprimant tout simplement cet article 27, mais savez-vous alors ce qui va vous arriver ? Savez-vous ce que vous allez faire ? Je suppose qu'un journaliste provoque aujourd'hui à un fait qualifié crime ou délit ; les trois mois de la prescription légale en matière de presse s'écoulent sans qu'il soit exercé aucune poursuite ; pendant ces trois mois, aucun acte ne s'est produit ; la provocation n'a pas été suivie d'effet ; le journaliste est absolument indemne. Mais si, pour le malheur de ce journaliste, qui aura provoqué, je suppose, à l'assassinat du Président de la République, il se trouve dans le pays un fou qui essaie de mettre à exécution, sans même avoir lu l'article, ce que le journaliste a conseillé, immédiatement le journaliste pourra être passible des peines les plus sévères, car il sera considéré comme directement complice.

Eh bien, messieurs, voilà pourquoi nous ne voulons pas de votre article 24 ; voilà pourquoi nous n'acceptons que les termes actuels de l'article 60 du code pénal, parce qu'avec ce texte les conditions de la complicité sont nettement établies et que nous n'avons pas à craindre qu'on vienne déclarer coupable à un moment donné un homme qui se sera borné à une simple provocation, alors que

PROVOCATION AUX CRIMES ET DÉLITS.

cependant, entre sa provocation et l'effet qui l'aura suivie, il n'y aura pas eu un rapport de cause à effet.

C'est là ce qui fait qu'au nom de la liberté nous vous proposons de repousser l'article 24. (Approbation sur quelques bancs.)

M. le président. Je vais consulter la Chambre sur le premier paragraphe de l'article 24 de la commission qui est définitivement ainsi conçu :

« Seront punis comme complices d'une action qualifiée crime ou délit ceux qui, soit par des discours, cris ou menaces proférés dans des lieux ou réunions publics, soit par des écrits, des imprimés vendus ou distribués, mis en vente ou exposés dans des lieux ou réunions publics, soit par des placards ou affiches exposés aux regards du public, auront directement provoqué à la commettre, si la provocation a été suivie d'effet.

« Cette disposition sera également applicable lorsque la provocation n'aura été suivie que d'une tentative de crime ou de délit, conformément aux articles 2 et 3 du code pénal. »

Il a été déposé une demande de scrutin signée de MM. Edouard Lockroy, Jouffrault, Cantagrel, Georges Perin, Clémenceau, Vernhes, Menard-Dorian, Madier de Montjau, Louis Blanc, Dethou, Mathieu, Germain Casse, Leconte, Bouchet, Gatineau, Pradal, de Lacretelle, docteur Turigny, Ballue, Bouquet, etc.

Il va être procédé au scrutin.

(Le scrutin est ouvert et les votes sont recueillis, puis MM. les secrétaires en effectuent le dépouillement.)

M. le président. Voici le résultat du dépouillement du scrutin :

Nombre des votants......................	493
Majorité absolue..........................	247
Pour l'adoption.............. 251	
Contre........ 242	

La Chambre des députés a adopté, mais vu le peu d'écart entre les chiffres, je pense, messieurs, qu'il est nécessaire de procéder à un pointage. (Assentiment.)

(Les bulletins sont emportés hors de la salle des séances pour qu'il soit procédé à l'opération du pointage.)

ONT VOTÉ POUR :

MM. Agniel. Allègre. Amant. Andrieux. Anthoard. Armez. Arnoult.

Baïhaut. Barbedette. Bardoux. Barthe (Marcel). Baury. Beaussire Bel (François). Belle. Bellisen (de). Belon. Benoist. Berlet. Bernier. Bethmont. Bienvenu. Binachon. Bizot de Fonteny. Blanc (Pierre) (Savoie). Blandin. Bonnaud. Borriglione. Boulard (Cher). Bouthier de Rochefort. Boysset. Bravet. Bresson. Brice (René). Bruneau. Buyat.

Carnot (Sadi). Casimir-Perier (Aube). Casimir-Périer (Paul) (Seine-Inférieure). Caurant. Cavalié. Caze. Chaix (Cyprien). Chalamet. Chaley. Chanal (général de). Charpentier. Chauveau (Franck). Chavoix. Chevallay. Chevandier. Chiris. Choiseul (Horace de). Choron. Christophle (Albert) (Orne). Cirier. Cochery. Constant. Corentin-Guybo. Coste.

Danelle-Bernardin. Daron. Defoulenay. Deluns-Montaux. Deniau. Desseaux. Deusy. Devade. Devaux. Develle (Eure). Develle (Meuse). Devès. Diancourt. Dreux. Dreyfus (Ferdinand). Drumel. Dubois (Côte-d'Or). Duchasseint. Dupont. Durand (Ille-et-Vilaine). Durieu. Duvaux.

Escanié. Even.

Fallières. Faure (Hippolyte). Ferry (Jules). Folliet. Forné. Fouquet. Fourot. Fousset. Fréminet.

Galpin. Ganne. Garrigat. Gassier. Gastu. Gaudy. Germain (Henri). Gévelot. Girard (Alfred). Girardin (Émile de). Girerd. Girot-Pouzol. Giroud. Goblet. Godin (Jules). Grollier. Gros-Gurin. Guichard. Guillemin.

Horteur. Hovius. Hugot.

Jacques. Jametel. Janvier de la Motte (Louis) (Maine-et-Loire). Janzé (baron de). Jeanmaire. Jenty. Joubert. Jozon.

Labadié (Bouches-du-Rhône). Lacaze (Louis). Laffitte de Lajoannenque (de). Lalanne. Lanel. Langlois. La Porte (de). Latrade. Laumond. Laurençon. Lavergne (Bernard). La Vieille. Lebaudry. Lecomte (Mayenne). Legrand (Louis) (Valenciennes, Nord). Legrand (Pierre) (Nord). Lelièvre (Adolphe). Le Maguet. Le Monnier. Lepouzé. Leroux (Aimé) (Aisne). Leroy (Arthur). Le Vasseur. Lévêque. Lisbonne. Logerotte. Lombart. Loubet. Loustalot.

Magniez. Mahy (de). Maigne (Jules). Maillé (d'Angers). Marcère (de). Marcou. Marquiset. Martin-Feuillée. Mayet. Maze (Hippolyte). Méline. Mercier. Mestreau. Mingasson. Mir. Montané. Moreau. Morel (Haute-Loire). Morel (Hippolyte) (Manche). Mougeot.

Nédellec. Neveux. Noël-Parfait. Noirot.

Ordinaire (Dionys). Osmoy (comte d'). Oudoul.

Papon. Parry. Patissier. Paulon. Penicaud. Petitbien. Philippe (Jules). Picard (Arthur) (Basses-Alpes). Picard (Alphonse) (Marne). Pinault. Plessier. Ponlevoy (Frogier de). Pouliot.

Rameau. Raynal. Récipon. Renault (Léon). Renault-Morlière. Riban. Ribot. Richarme. Riotteau. Roger. Roudier. Rougé. Roux (Honoré). Royer.

Sallard. Salomon. Sarrien. Savary. Scrépel. Senard. Sentenac. Simon (Fidèle). Sonnier (de). Souchu-Servinière. Sourigues. Soye. Spuller. Swiney.

Tallon (Alfred). Tassin. Teilhard. Tessèdre. Tézenas. Thomas. Tiersot. Tirard. Tondu. Trarieux. Trouard-Riolle. Truelle. Turquet.

Varambon. Vaschalde. Versigny. Vignancour.

Waddington (Richard). Waldeck-Rousseau. Wilson.

ONT VOTÉ CONTRE:

MM. Abbatucci. Achard. Allain-Targé. Ancel. André (Jules). Anisson-Duperron. Arenberg (prince d'). Ariste (d'). Arrazat. Audiffred. Aulan (marquis (d'). Azémar.

Ballue. Bamberger. Barodet. Bastid (Adrien). Baudry-d'Asson (de). Beauchamp (de). Bélizal (vicomte de). Benazet. Berger. Bergerot. Bernard. Bertholon. Bianchi. Biliais (de La). Bizarelli. Blachère. Blanc (Louis) (Seine). Blin de Bourdon (vicomte). Bonnet-Duverdier. Bosc. Bouchet. Boudeville. Bouquet. Bourgeois. Bousquet. Bouteille. Boyer (Ferdinand). Brame (Georges). Brelay. Breteuil (marquis de). Brierre. Brisson (Henri). Brossard.

Caduc. Cantagrel. Casabianca (vicomte de). Casse (Germain). Castaignède. Charlemagne. Chavanne. Chevreau (Léon). Clémenceau. Clercq (de). Colbert-Laplace (comte de). Combes. Corneau. Cossé-Brissac (comte de). Cotte. Couturier. Crozet-Fourneyron.

Daguilhon-Pujol. Datas. Daumas. David (Jean) (Gers). David (baron Jérôme) (Gironde). Debuchy. Delafosse. Deschanel. Desloges. Douville-Maillefeu (comte de).

PROVOCATION AUX CRIMES ET DÉLITS.

Dréo. Dréolle (Ernest). Ducroz. Du Douet. Dufour (baron) (Lot). Duportal. Dufort de Civrac (comte de).

Escarguel. Eschasseriaux (baron). Eschasseriaux (René). Espeuilles (comte d'). Farcy. Favand. Ferrary. Flandin. Fleury. Floquet. Franconi. Frébault. Freppel.

Gagneur. Ganivet. Gasté (de). Gatineau. Gautier (René). Gavini. Gent (Alphonse). Ginoux de Fermon (comte). Girault (Cher). Godelle. Godissart. Gonidec de Tressan (comte de). Granier de Cassagnac (Georges). Granier de Cassagnac (Paul). Greppo. Guillot (Louis). Guyot (Rhône).

Haentjens. Hamille (Victor). Harcourt (duc d'). Hérisson. Huon de Penanster.

Janvier de la Motte (père) (Eure). Joigneaux. Jolibois. Jouffrault. Journault. Juigné (comte de).

Keller. Kermenguy (vicomte de), Klopstein (baron de).

Labadié (Aude). La Bassetière (de). Labat. Labitte. Labuze. Lacretelle (Henri de). La Grange (baron de). Lanauve. Largentaye (de). La Rochefoucault, duc de Bisaccia. Laroche-Joubert. La Rochette (Ernest de). Larrey (baron). Lasbaysses. Lecomte (Indre). Legrand (Arthur) (Manche). Le Marois (comte). Lenglé. Léon (prince de). Le Peletier d'Aunay (comte). Lépère. Le Provost de Launay (Calvados). Le Provost de Launay (Côtes-du-Nord). Levert. Levet (Georges). Livois. Lockroy. Loqueyssie (de). Lorois (Morbihan).

Mackau (baron de). Madier de Montjau. Maillé (comte de). Maréchal. Marion. Marmottan. Masure (Gustave). Mathé. Mathieu. Maunoury. Médal. Ménard-Dorian. Mention (Charles). Michaut.

Nadaud (Martin). Naquet (Alfred). Niel.

Ollivier (Auguste). Ornano (Cuneo d').

Padoue (duc de). Partz (marquis de). Passy (Louis). Pellet (Marcelin). Perin (Georges). Perras. Perrien (comte de). Perrochel (comte de). Peulevey. Plichon. Pradal. Prax-Paris. Proust (Antonin).

Raspail (Benjamin). Rathier (Yonne). Rauline. Raux (Marie-Émile). Reille (baron). Reymond (Francisque) (Loire). Reyneau. Rivière. Roissard du Bellet (baron). Rollet. Roques. Rotours (des). Rouvier. Roy de Loulay (Louis). Rubillard.

Saint-Martin (de) (Indre). Saint-Martin (Vaucluse). Sarlande. Savoye. Septenville (baron de). Serph (Gusman). Soland (de). Soubeyran (baron de).

Taillefer. Talandier. Telliez-Béthune. Thoinet de la Thurmelière. Thomson. Tron. Trubert. Trystram. Turigny.

Vacher. Valon (de). Vendeuvre (général de). Vernhes. Viette. Vilain. Villiers.

N'ONT PAS PRIS PART AU VOTE:

MM. Allemand. Paduel d'Oustrac. Barascud. Beauquier. Bert (Paul). Boissy d'Anglas (baron). Boulard (Landes). Bouville (comte de). Cazeaux. Chantemille. Cibiel. Cornil. Dautresme. Desbons. Dethou. Du Bodan. Dubost (Antonin). Duclaud. Feltre (duc de). Gambetta. Gasconi. Gaslonde. Gaudin. Guyot-Montpayroux. Gilliot. Haussmann (baron). Havrincourt (marquis d'). Hermary. Ladoucette (de). Lamy (Étienne). Malézieux. Menier. Mitchell (Robert). Murat (comte Joachim). Pascal-Duprat. Pétronne. Poujade. Riondel. Rouher. Sarrette. Sée (Camille). Seignobos. Tardieux. Thiessé. Thirion-Montauban.

N'ONT PAS PRIS PART AU VOTE

Comme ayant été retenus à la commission du budget.

MM. Lecherbonnier. Le Faure. Liouville.

Comme ayant été retenus à la commission d'enquête sur les actes de M. le général de Cissey pendant son ministère :

MM. Margaine, Philippoteaux. Roys (comte de). Valfons (marquis de).

MM. Cadot. Cesbron. David (Indre). Descamps. Fauré. Girault (Henri). Guilloutet (de). Harispe. Hémon. Hérault. Laisant. Lasserre. Margue. Mas. Monteils. Rouvre.

M. Baihaut, porté comme s'étant abstenu, dans le scrutin sur le renvoi à la commission du contre-projet de M. Charles Floquet, sur la presse, déclare avoir voté « contre ».

M. le président. Voici, après pointage, le résultat du dépouillement du scrutin public sur le premier paragraphe de l'article 24 de la loi relative à la presse.

Nombre des votants...................................... 463
Majorité absolue....................................... 232
  Pour l'adoption.......................... 240
  Contre................................... 223

La Chambre des députés a adopté.

Il y a une disposition additionnelle à l'article 24, présentée sous forme d'amendement, de MM. de Marcère et Naquet. (On rit.)

Voici le texte de cette disposition additionnelle :

Néanmoins, les pénalités portées contre les provocateurs, en vertu du présent article, seront réduites à la peine de trois mois à cinq ans d'emprisonnement et d'une amende de 100 à 5,000 fr. ou à l'une de ces deux peines seulement.

M. de Marcère. Je demande la parole.

M. le président. M. de Marcère a la parole.

M. de Marcère. Messieurs, la Chambre, par le vote qu'elle vient d'émettre, a maintenu le délit de provocation. Elle assimile la provocation par la voie de la presse à la complicité ordinaire, quant à la pénalité.

Elle a rétabli ainsi, dans la loi générale de la presse, les dispositions de la loi de 1819 qui avait édicté que la provocation par voie d'écrits, de discours et d'autres moyens de publicité, était assimilée à la complicité. Les conséquences de cette disposition de la loi de 1819 étaient celles-ci : les auteurs de provocations, par les moyens indiqués dans cette loi, étaient assimilés, quant à la peine, aux auteurs principaux ; nulle différence, quant à l'application de la peine, entre l'auteur principal du fait et le complice, entre l'auteur principal et le provocateur.

Eh bien, Messieurs, cet état de la législation remonte, comme vous le voyez, à une époque déjà ancienne, à l'année 1819, et nous nous demandons, mon honorable collègue M. Naquet et moi, s'il n'y aurait pas lieu, étant donné l'état actuel de l'esprit public, de faire un pas en avant, d'édicter une disposition de loi plus favorable à la presse et de mettre les crimes et délits de cette nature toute morale en harmonie avec une justice plus équitable, de la mettre en rapport avec le degré de culpabilité des écrivains.

N'y a-t-il pas, au point de vue moral, au point de vue, si vous voulez, de la philosophie sociale, une différence à faire entre l'homme qui commet le crime, l'homme qui commet le délit et celui qui, par un article de journal, aura pu le

PROVOCATION AUX CRIMES ET DÉLITS.

porter à cette mauvaise pensée et à cette mauvaise action? N'y a t-il pas une certaine différence dans la responsabilité des uns aux autres?

On peut, à un point de vue très général, très philosophique, et si l'on discute en thèse théorique, dire, comme il y a quelques jours l'honorable M. Agniel le disait devant nous, que le promoteur est plus coupable que l'auteur même. Mais quand on descend dans la pratique journalière des choses, dans la politique, il me semble cependant qu'il y a une différence à faire, et cette différence a été consacrée à toutes les époques par la justice elle-même, qui a presque toujours fait une part très différente quant à l'application des peines à l'auteur principal du méfait et à celui qui l'a provoqué à le commettre.

Ce traitement équitable n'a pas toujours été, il est vrai, appliqué aux journalistes, et il y a plusieurs exemples dans les temps rapprochés de nous qui ont ému à cet égard l'opinion politique.

Au commencement de cette séance, notre honorable collègue, M. Gatineau, a fait allusion précisément à ces circonstances dans lesquelles on a vu un provocateur par la voie de la presse puni de la peine de mort par application pure et simple de la loi de 1819.

Cet exemple n'est pas le seul; il y en a d'autres.

Ces faits, plus ou moins nombreux, sont de nature, il nous a semblé, à vous porter, au moment où nous faisons une loi de liberté, à atténuer les pénalités qui devront frapper les provocations par la voie des journaux.

C'est cette pensée, messieurs, qui a dicté notre amendement.

Il n'est pas nécessaire de le développer davantage; la pensée en est claire: c'est une pensée d'humanité et de justice véritablement distributive. Nous le confions aux sentiments généreux dont la Chambre est animée à l'égard de la presse. Nous pensons que le moment est venu enfin de faire un pas en avant, un progrès dans la voie de la liberté, et je pense que cette simple considération suffira pour déterminer l'adhésion de la Chambre.

Quant à la peine même que nous avons indiquée, elle pourra être discutée. Nous n'en sommes qu'à la première lecture, et ce que nous vous demandons pour aujourd'hui, c'est que la Chambre veuille bien adopter le principe de notre amendement. Quant à la proportion de la pénalité à édicter, la commission, si elle en est saisie par vous, pourra, dans l'intervalle des deux délibérations, modifier la proposition que nous avons l'honneur de vous faire; mais, pour aujourd'hui, je le répète, nous nous bornons à demander à la Chambre le principe de notre amendement. (Très bien ! sur divers bancs. — Aux voix ! aux voix !)

(L'amendement est mis aux voix et n'est pas adopté. — Le second paragraphe, puis l'ensemble de l'article 24 sont successivement mis aux voix et adoptés.)

M. le président. Nous arrivons à l'article 25, dont la commission a proposé la suppression à la suite du renvoi de l'amendement de M. Floquet.

M. Ribot est l'auteur d'une disposition destinée à remplacer cet article que la commission a supprimé purement et simplement.

Cette disposition est ainsi conçue :

« Quiconque, soit par des discours proférés dans les lieux ou réunions publics, soit par des écrits mis en vente ou distribués, soit par des placards ou affiches exposés aux regards du public, aura directement provoqué à commettre un crime puni de la mort, des travaux forcés à perpétuité ou de la déportation, sera puni d'un emprisonnement de un mois à un an, et d'une amende de 50 fr. à 2,000 fr., sans préjudice des dispositions sur la complicité.

« La même peine sera applicable à celui qui, par les mêmes moyens, aura provoqué des militaires à la désobéissance envers leurs chefs. »

M. Ribot. La discussion qui doit s'établir sur l'amendement que j'ai l'honneur de soumettre à la Chambre, discussion sur laquelle, si je ne me trompe, M. Goblet a l'intnetion d'intervenir, est difficile et délicate : elle touche à des questions qu'il serait peut-être malaisé d'aborder à cette heure après les débats auxquels la Chambre vient d'assister. D'accord avec la commission, je viens demander à la Chambre de vouloir bien remettre cette discussion à lundi. (Oui ! oui ! — A lundi !)

(La Chambre, consultée, décide que la discussion est renvoyée à lundi.)

OBSERVATION.

On voit, comme nous l'avons dit au commencement de cette séance, que le résultat du renvoi à la Commission voté à la séance du 27 janvier, et du travail de la Commission communiqué à la Chambre le 29 janvier, a été que le débat, du consentement de M. Floquet, ne s'est pas engagé sur le texte de son amendement, mais sur le texte du projet de loi modifié par la Commission.

On a ainsi évité de replacer la discussion dans les mêmes termes, identiquement, que lors des séances précédentes ; et les mêmes orateurs ont présenté les mêmes arguments sous une nouvelle forme qui a simplifié la difficulté. Mais cette difficulté n'a pas été résolue ; elle a été tranchée par le déplacement de quelques voix. L'article principal du projet, modifié par la commission, portant le numéro 24 (ancien 26) a été adopté par 240 voix contre 223, ce qui laisse toujours à ce moment la Chambre divisée en deux grandes fractions sur les quatre cent soixante et quelques députés prenant part à la série des votes; cette division s'effacera à la fin, lors du vote de l'ensemble de la loi qui ne comprendra plus que 400 votants unanimes moyennant l'abstention des dissidents.

CHAMBRE DES DÉPUTÉS : PRÉSIDENT M. GAMBETTA.

Première délibération. Séance du lundi 31 janvier 1881.

M. le président. L'ordre du jour appelle la 1re délibération sur les propositions de loi relatives à la liberté de la presse.

La Chambre a voté avant-hier l'article 24. La commission a supprimé l'article 25, ancien article 27, qui avait pour but de punir la provocation non suivie d'effet.

M. Ribot a déposé un amendement ayant pour but de remplacer cet article 25 supprimé par la disposition suivante :

« Art. 25 (ancien 27). — Quiconque, soit par des discours proférés dans les lieux ou réunions publics, soit par des écrits mis en vente ou distribués, soit par des placards ou affiches exposés aux regards du public, aura directement provoqué à commettre un crime puni de la mort, des travaux forcés ou de la déportation, sera puni d'un emprisonnement d'un mois à un an et d'une amende de 50 fr. à 2,000 fr. sans préjudice des dispositions sur la complicité.

PROVOCATION AUX CRIMES ET DÉLITS.

« La même peine sera applicable à celui qui, par les mêmes moyens, aura provoqué des militaires à la désobéissance envers leurs chefs. »

M. le président. La parole est à M. Ribot.

M Ribot. Messieurs, je reprends à titre d'amendement, en le modifiant un peu, l'article 25 que la commission et le Gouvernement avaient jugé nécessaire dans l'intérêt de la sécurité publique et qu'ils ont défendu à cette tribune.

Depuis que cette discussion a été ouverte, la commission vous a déclaré qu'elle avait changé d'avis et qu'elle retirait l'article primitif. Je ne veux point en ce moment rechercher les motifs qui ont pu déterminer ce revirement de la commission. Peut-être l'un de ces motifs, et non le moins puissant, a-t-il été la surprise si naturelle qu'a éprouvée la commission en voyant une partie de cette Chambre (la droite) montrer tout à coup un zèle très ardent et très louable sans doute dans son principe, pour les libertés publiques (Très bien ! très bien ! à gauche.)

M. Keller.... en voyant le silence du Gouvernement.

M. Cuneo d'Ornano.... et notre conversion, à nous.

M. Ribot. La commission, sous l'impression de cette surprise, a peut-être perdu de vue quelques-unes des considérations si graves, et, à mon sens, si décisives, qu'elle avait exposées dans le rapport de l'honorable M. Lisbonne, et dont nous avons entendu encore à cette tribune le développement si ferme, si énergique et si convaincu, présenté par l'honorable M. Agniel.

Quant au Gouvernement, plus autorisé encore que la commission, à défendre les principes qui assurent la sécurité publique et le maintien de l'ordre... (Bruit de conversations).

M. le président. Messieurs, je vous prie de cesser vos conversations particulières et d'écouter.

M. Ribot. Je suis obligé de demander à la Chambre une grande attention, car je me trouve dans un état de santé qui m'empêche d'élever la voix.

Quant au Gouvernement, qui a, je le répète, la garde de l'ordre public, qui a défendu à cette tribune l'article que je reprends en mon nom et que j'espère faire triompher. .

M. Keller. Le Gouvernement n'a rien défendu du tout.

M. Ribot.... j'ai la confiance qu'il ne dira pas...

M. Keller. Il ne dira rien du tout, le Gouvernement.

M. Cazot, *garde des sceaux, ministre de la justice.* Le gouvernement a déjà exprimé son opinion.

M. le président. Veuillez, monsieur Keller, ne pas interrompre. Le Gouvernement est maître de ses déterminations, et ce n'est pas vous qui le dirigez. Continuez, monsieur Ribot.

M. Ribot. Le Gouvernement n'a point dit, messieurs, et j'ai la confiance qu'il ne dira pas à cette tribune qu'il abandonne la pensée et le principe de l'article 25. J'estime, quant à moi, que le Gouvernement a assez le sentiment de ce que l'ordre exige pour ne point renoncer aux garanties qu'il a lui-même déclarées, par l'organe de M. le garde des sceaux, au nom du Gouvernement tout entier, indispensables pour le maintien de l'ordre et de la sécurité publique.

Par conséquent, quand je me présente à cette tribune, j'y parais avec la double autorité morale qui doit s'attacher et au rapport de votre commission et à l'opinion qui a été exprimée à cette tribune par la commission elle-même et par M. le garde des sceaux.

Cela dit, je pose la question que nous avons à résoudre. Vous avez, dans votre dernière séance, déclaré que vous puniriez comme complice de tout crime ou de tout délit celui qui aurait provoqué directement à commettre ce crime ou ce délit, et vous n'avez exigé qu'une condition : c'est qu'il y ait un lien certain, évident, direct, entre la provocation et le crime, ou le délit tenté ou consommé. (Marques d'assentiment sur quelques bancs.)

M. Gatineau. On n'exige même pas de lieu.

M. le président. N'interrompez pas, monsieur Gatineau.

M. Ribot. Je vous demande pardon. L'article 24 voté par la Chambre n'assimile la provocation au crime lui-même qu'à la condition, bien expressément entendue par nous et formulée dans le texte même, qu'il y ait un lieu appréciable, direct, certain, entre la provocation et le crime. (Très bien! très bien ! au centre.)

M. Gatineau. Cela n'est pas dans l'article, voilà tout ce que je constate.

M. Ribot. Devons-nous nous en tenir là ? cela suffit-il pour le maintien de l'ordre et la défense des principes de Gouvernement ? Ne devons-nous en aucun cas atteindre la provocation avant qu'elle n'ait été suivie d'effet, si directe qu'elle soit, si violente, si redoutable qu'elle puisse être ? Devons-nous dire que nous ne l'atteindrons que si à la provocation s'est joint l'acte matériel qui constitue le crime ? Voilà la question.

Or, messieurs, une provocation qui n'est pas suivie d'effet peut échouer par des raisons très diverses. Elle peut tomber, comme l'expliquait fort bien à la tribune mon honorable ami M. Léon Renault, elle peut tomber devant l'indifférence et le dédain public. Et, dans ce cas, je reconnais, quant à moi, qu'il n'y a point de nécessité de poursuivre. Mais elle peut aussi n'échouer que devant l'intervention de l'autorité ; et la question que nous avons à résoudre se pose en ces termes, qui en démontrent, dès à présent, toute la gravité : de savoir si l'autorité publique, si le Gouvernement ne peuvent jamais intervenir pour arrêter l'effet d'une provocation publique, avant que cet effet se soit réalisé, avant que le crime ait été commis ; c'est la question de savoir si le Gouvernement sera obligé de laisser se produire sous ses yeux les provocations les plus criminelles, et d'attendre pour étendre la main et protéger la société, que ces provocations aient produit tous leurs effets naturels, et que les crimes qu'elles ont en vue d'amener aient été consommés. Voilà la question.

Eh bien, messieurs, je vous demande la permission de vous montrer qu'aucune législation n'a ainsi désarmé le Gouvernement, soit qu'il s'agisse de la France, soit qu'il s'agisse de tout autre pays d'Europe ou d'Amérique, de ceux où la monarchie existe, ou de ceux qui vivent sous des constitutions républicaines, de ceux qui marchandent à la presse ses franchises ou ses libertés, ou de ceux qui la laissent se mouvoir dans le cadre le plus large, et qui ne l'atteignent que d'une manière tout à fait exceptionnelle ; dans le passé aussi bien que dans les législations existantes, j'affirme que vous retrouverez des dispositions analogues sinon identiques à celles dont je vous parle.

L'honorable M. Agniel vous a rappelé une loi faite par l'Assemblée constituante. Cette loi punit de la peine applicable au crime lui-même la provocation, lorsque le crime a été commis, et en outre elle ordonne aux officiers de police...

M. Charles Floquet. Elle a été abrogée par la Constituante elle-même.

M. Ribot. Elle a été votée par la Constituante...

M. Charles Floquet. Et formellement abrogée par elle.

M. Ribot. Elle ordonnait aux officiers de police de saisir, dans les réunions qui devenaient un trouble pour la paix publique, les auteurs de provocations criminelles pour les livrer à la justice. Si elle a été abrogée, l'honorable M. Floquet, — grand admirateur, comme on sait, de la Convention, — reconnaîtra que ce n'est pas la Convention qui l'a abrogée.

M. Charles Floquet. Elle a été abrogée par la Constituante elle-même en 1791.

M. Ribot. Les assemblées qui ont succédé à la Constituante, et particulièrement celle qu'il appelle la grande et immortelle Convention, l'ont rétablie sous une forme tellement rigoureuse, tellement dure, tellement cruelle, que je ne veux pas leur emprunter des exemples. Quant à nous, qui sommes des libéraux, ce n'est pas là que nous cherchons nos modèles.

PROVOCATION AUX CRIMES ET DÉLITS.

M. Gatineau. Est-ce que l'époque est la même ?

M. Ribot. En 1810 a paru le code pénal, ce code pénal qu'on admire aujourd'hui et qu'on nous cite constamment comme étant le type du droit commun.

Le code pénal, par l'article 102 que vous connaissez, punissait de la peine du bannissement toutes les provocations contre la sûreté intérieure de l'État. Voilà le code pénal.

Et en 1819, quand on a fait la loi sur la presse et quand toutes ces grandes questions que nous discutons en ce moment ont été portées à la tribune, quand tous les esprits les plus élevés, les plus libéraux se sont donné rendez-vous pour discuter cette loi et pour concilier les principes du gouvernement avec les principes de liberté, il n'y a pas eu une voix qui se soit élevée contre l'article que je défends en ce moment.

La loi de 1819 ne se borne pas à punir la provocation suivie d'effet, elle punit la provocation non suivie d'effet, soit qu'il s'agisse de crime ou de délit. Elle va plus loin, elle punit même la provocation à la désobéissance aux lois.

Cette législation, est-ce qu'elle est particulière à la France ? est-ce qu'il n'y a qu'en France qu'on ait senti le besoin de donner au Gouvernement, dans des circonstances graves, les moyens d'arrêter la provocation séditieuse et criminelle avant qu'elle ait produit son effet ? Mais si je passais en revue tous les pays les plus libres comme ceux qui le sont moins, je vous montrerais que partout cette provocation est punie.

Faut-il prendre la Suisse, par exemple ? Voilà assurément un pays où la liberté de la presse passe pour être entourée de certaines garanties. Eh bien, si je vous apportais à cette tribune le code pénal du canton de Genève, qui a été remanié en 1874, qui n'est pas une loi surannée, qui est une loi toute récente, je vous montrerais dans le texte de ce code une disposition qui punit, à l'exemple de notre code de 1810, la provocation, même non suivie d'effet, à tout crime contre la sûreté intérieure du canton ; je vous montrerais la même disposition dans la loi fédérale pénale.

Si je passais de la Suisse dans un autre pays voisin, qui est aussi un pays de liberté, la Belgique, je montrerais dans la loi de 1831 une disposition exactement empruntée à notre loi de 1819. La Belgique punit de la peine de trois ans d'emprisonnement la provocation directe non pas seulement à commettre un crime, mais la provocation directe à la désobéissance aux lois. Voilà le texte qu'au lendemain de sa révolution la Belgique a promulgué, qu'elle a conservé depuis et fortifié encore dans ces derniers temps.

M. Cuneo d'Ornano. Le projet même supprime ce délit.

M. Ribot. Permettez-moi de continuer.

Si nous voulions examiner ce que fait la Belgique, en matière de répression de la provocation, je vous étonnerais peut-être, ou du moins j'étonnerais quelques-uns d'entre vous, en vous montrant jusqu'où est allée la législation dans des circonstances récentes que je n'ai pas à rappeler ici.

Une loi de 1875, promulguée en Belgique, a déclaré punissable de cinq années d'emprisonnement la simple provocation verbale, sans publicité, à commettre un crime puni soit de la peine de mort, soit des travaux forcés à perpétuité, soit de la déportation, c'est-à-dire d'une peine perpétuelle.

Vous savez pour répondre à quelles préoccupations cette loi a été votée. Je ne la propose pas comme modèle, en ce qui concerne mon propre pays. Je ne voudrais pas qu'elle passât dans notre droit criminel ; mais, quand je fais une comparaison, je suis bien obligé de montrer qu'il ne s'agit plus seulement en Belgique de provocations publiques aux crimes ou aux délits ou à la désobéissance aux lois, mais qu'il s'agit depuis 1875 de réprimer et de punir les provocations verbales, en dehors de toute publicité, à commettre des attentats contre la vie humaine.

Votre surprise serait encore plus grande si, passant de la Belgique à l'Angleterre, qui est la terre classique de la liberté en matière de presse, je vous montrais que l'Angleterre est allée aussi loin que la Belgique et que, non contente d'atteindre les provocations que je vous demande de frapper, c'est-à-dire les provocations aux crimes, l'Angleterre a, non pas par ses vieux statuts que quelquefois on montre comme un épouvantail, mais par une loi nouvelle, par une loi de 1861, du règne de la reine Victoria, puni l'excitation même non publique à commettre un attentat contre la vie humaine.

M. Martin Nadaud. Les fenians avaient cassé des voitures destinées au transport de ceux qu'on avait arrêtés et fait sauter les murs de plusieurs prisons où on les avait enfermés !

M. Paul de Cassagnac. S'ils ont brisé les voitures, vous avez brisé les portes.

M. le président. N'interrompez pas, messieurs !

M. Ribot. Cette législation anglaise, si quelqu'un de vous veut en étudier les textes et en mesurer les rigueurs, il n'aura qu'à consulter un document bien précis, bien authentique, c'est le projet de code criminel que le gouvernement anglais a déposé, il n'y a pas plus d'un an, sur le bureau de la Chambre des communes, projet dans lequel ont été coordonnées et parfois aggravées toutes les dispositions pénales du droit anglais. Je pourrais vous montrer par le texte que j'ai là sous la main que non seulement la provocation à tous les crimes qui intéressent la sûreté de l'État, ce qu'on appelle en Angleterre les crimes de haute trahison, est punie de la servitude pénale, mais que l'on punit l'excitation à la haine et au mépris du gouvernement, l'excitation à la guerre civile et à la lutte d'une classe de citoyens contre une autre classe et l'excitation à changer la forme des institutions autrement que par des moyens légaux ; je pourrais vous montrer que l'on y punit sous une qualification spéciale l'appel à la mutinerie des troupes, ce qui correspond à l'article 26 du projet de loi ; qu'on y punit toute excitation à commettre un attentat contre la personne humaine, que cette personne soit anglaise ou étrangère et habite en Angleterre ou sur le continent. Telle est la législation anglaise.

Je ne crois pas nécessaire de poursuivre cette énumération.

Si je passais aux États-Unis, je vous montrerais également avec le droit commun et le texte des lois récentes que les principes sont les mêmes.

Je vous mets au défi de me citer un pays, un seul, où, à l'heure où je parle, on ait désarmé le gouvernement en le privant absolument, dans tous les cas, du moyen d'arrêter la provocation, si criminelle, si directe qu'elle puisse être !

Voilà le droit européen ; il contient à coup sûr une leçon pour nous, et il y aurait, je me permets de le dire, quelque légèreté à vouloir passer outre quand nous sommes en présence d'une telle unanimité, d'un tel concert, sans une discussion approfondie et sérieuse. Je vous demande la permission d'entreprendre cette discussion et de la mener rapidement à son terme.

Y a-t-il, oui ou non, une raison suffisamment grave, qui nous permette, à nous, de nous placer en dehors de toutes les législations, en dehors de nos précédents, en dehors de ce que tous les peuples ont considéré comme une nécessité première pour les gouvernements ! Quelle peut être cette raison ?

Quelqu'un soutiendra-t-il que la provocation à un crime n'est pas en elle-même un acte coupable, moralement très répréhensible ? Non, évidemment.

Quelqu'un soutiendra-t-il que cette provocation ne peut pas avoir un caractère dangereux ? Non, personne ne m'interrompra et ne peut m'interrompre pour le prétendre.

Est-ce que vous direz que la définition est trop vague, trop peu précise, quand il s'agit d'une provocation non suivie d'effet ? Non, car s'il y avait une différence, la définition que vous avez votée dans la dernière séance prête à plus de controverse, à plus de difficultés que celle de la provocation non suivie d'effet ; par la

PROVOCATION AUX CRIMES ET DÉLITS.

raison bien simple qu'il faut, dans le premier cas, établir non seulement la provocation directe du crime, mais aussi le lien entre cette provocation et le crime lui-même.

Donc, ni la criminalité intrinsèque, ni le danger ne manquent, ni la possibilité de définir le délit avec une précision au moins égale à celle que vous avez trouvée suffisante en votant avant-hier l'article 24.

Eh bien, alors, messieurs, quelle raison trouvez-vous?

L'honorable M. Floquet nous en a apporté une à cette tribune; il nous a dit : Nous avons pris le parti d'effacer tous les délits d'opinion.

Cette raison, la commission l'avait réfutée d'avance avec une très grande force dans le rapport de l'honorable M. Lisbonne.

M. Lisbonne a dit, en des termes que je ne veux pas affaiblir, combien la provocation, même non suivie d'effet, diffère de ce qu'on peut appeler un délit d'opinion.

« La provocation, dit-il, est, dans cette hypothèse, comme dans celle où elle a été suivie d'effet, un acte et non pas l'expression d'une opinion, la manifestation d'une doctrine ou d'une tendance, elle est une véritable menace à la sécurité publique, elle cause un trouble... » — Ecoutez, messieurs, il est impossible de parler avec plus de netteté et de force — « ... elle cause du trouble, c'est-à-dire un dommage appréciable à la société ou à l'individu ; elle tombe à ce titre dans l'application des principes les moins contestables du droit commun, dans les dispositions duquel elle trouve plus d'une analogie. »

M. René Goblet. Je demande la parole.

M. Ribot. Oui, M. Lisbonne, dans une analyse très juste, montre que cette provocation n'est pas punie comme un acte intellectuel, considéré dans sa relation plus ou moins hypothétique avec un crime qui n'a point été commis, mais qu'il faut l'envisager en elle-même dans le trouble qu'elle cause actuellement.

Il montre qu'il n'est pas besoin d'un calcul de probabilité pour découvrir le préjudice qu'éprouve la société ; mais, que, prise en elle-même, cette provocation est déjà un trouble, un dommage, et, pour tout dire, un acte. M. Lisbonne a fait remarquer avec beaucoup de force que, si l'on se reporte au droit commun, on y trouve partout la confirmation de cette doctrine.

Il y a dans le code un article que vous ne pouvez pas supprimer et qui punit la menace de mort, même sans condition et non publique. Vous n'allez pas, je suppose, effacer de nos codes cet article. Quelle différence ferez-vous donc entre la simple menace écrite, même non publique, et la provocation à l'assassinat? Y en a-t-il une au point de vue du danger et de l'intention ?

Je prie les juristes les plus subtils de cette Chambre de monter à la tribune, eux qui ont trouvé des distinctions si ingénieuses entre ce qui est le droit commun et ce qui n'est pas le droit commun ; je les convie à nous dire en quoi cette menace que vous proposez de maintenir, aux termes de droit commun, diffère de la provocation. Elle n'en diffère qu'à un point de vue : c'est que la provocation est plus grave, plus dangereuse.

Car si quelqu'un dit : « Je vais assassiner un de ces jours M. un tel », vous le punissez; mais si, au lieu de cela, il écrit sur tous les murs d'une ville : « J'offre une récompense à celui qui tuera M. un tel, parce que c'est un homme qui mérite la mort », vous trouvez que le danger, que la criminalité est moindre et que la société n'a pas le droit de punir !

Non, messieurs, la commission a raison de dire qu'elle reste dans le droit commun, en punissant la provocation même non suivie d'effet.

Du reste, il y a, dans l'œuvre de la commission, des articles, des textes qui justifieraient à eux seuls mon argumentation.

La commission, en effet, vous propose de punir le délit de fausses nouvelles quand ces fausses nouvelles ont troublé la paix publique. Pourquoi? Parce qu'il y a un dommage appréciable, un acte, un fait matériel, saisissable. Eh bien, est-ce que les jurisconsultes auxquels je faisais appel tout à l'heure trouveront une distinction à faire et une différence à établir entre le trouble causé par la fausse nouvelle, et le trouble parfois bien autrement grave qui peut être causé par une provocation au crime? Comment! si j'annonce un fait faux et que ce fait soit de nature à amener un trouble, vous me punissez, et si je provoque au crime d'incendie ou d'assassinat, ou à un attentat contre la sûreté de l'Etat, vous me direz : Non! délit d'opinion! — La fausse nouvelle : délit de droit commun! La provocation à l'assassinat : délit d'opinion!

Evidemment, tout cela ne se tient pas; c'est un tissu de contradictions, et la vérité est dans le rapport de la commission, dans cette phrase que je vous ai lue, qui revendique énergiquement l'appellation de droit commun pour ce délit de provocation qu'elle a elle-même caractérisé et précisé.

L'honorable M. Floquet n'est peut-être pas convaincu ; le rapport de la commission n'a point fait tomber ses scrupules, et il a dit à cette tribune que, pour lui, le délit de provocation devait rester jusqu'au bout un simple délit d'opinion.

J'en demande pardon à la Chambre, mais je voudrais m'adresser à M. Floquet lui-même et je fais appel chez lui à une réflexion plus attentive. Quand on veut juger une loi comme celle-ci, il est bon quelquefois de ne pas rester dans les théories, dans le domaine de la doctrine et de se placer par hypothèse sur le terrain des réalités et des responsabilités.

Eh bien, je ferai cette hypothèse qui n'a absolument rien de désobligeant pour notre honorable collègue, M. Floquet. Je suppose qu'il soit ministre de l'Intérieur... (on rit), qu'il soit chargé d'appliquer les lois de l'Etat ; je me demande quel langage et quelle conduite M. Floquet devrait tenir, s'il voulait être conséquent avec ses propres déclarations et ses propres doctrines, — ce dont les hommes publics ne se piquent pas toujours.... (Rires à droite), mais ce dont mon honorable ami, M. Floquet, voudrait évidemment se préoccuper. — Je suppose donc que M. Floquet, ministre de l'Intérieur, reçoive d'un préfet des lettres dans lesquelles on lui explique qu'il y a, dans une ville manufacturière par exemple, une vive agitation dans les esprits, que certaines personnes colportent des écrits par lesquels on attaque le principe de la propriété ; je vois d'ici la réponse de M. Floquet ; il répondra : Si ce n'est qu'une attaque à la propriété, nous ne pouvons pas poursuivre ; il y a là une doctrine détestable, qui pourra indirectement provoquer à des actes coupables, mais je ne suis pas en présence d'une provocation directe et immédiate ; dès lors il n'y a rien à faire!

Quelques jours plus tard, le même préfet écrit : « Ce ne sont plus seulement des brochures qui attaquent le principe de la propriété, mais hier, dans une réunion publique, en présence de milliers d'ouvriers, excités peut-être par la misère, par des circonstances critiques, quelqu'un est venu faire l'apologie du pillage et de l'incendie. Que puis-je faire? » — M. Floquet répond : « Ce serait l'apologie d'un fait qualifié crime, mais la loi ne me permet pas de l'atteindre, par la raison que, si c'est une provocation, ce n'est point une provocation directe. Je n'ai donc encore rien à dire. »

Mais, si le préfet télégraphie ensuite que les circonstances sont devenues beaucoup plus graves, que non seulement il y a des réunions publiques où l'on prêche le vol, mais que des placards ont été apposés sur les murs et que dans ces placards on dit : « Il faut aller brûler telle ou telle usine, ou bien aller assassiner tel patron. »

Le préfet télégraphie au ministre de l'intérieur, — c'est, par hypothèse, M. Floquet et non pas M. Constans, — il lui demande : « Que faut-il faire? » Et M. le ministre de répondre : « Monsieur le préfet, ne touchez pas à ces placards, car il ne faut pas troubler les citoyens dans une opération purement intellectuelle... (Rires approbatifs au centre) ; attendez qu'on ait mis le feu à un

PROVOCATION AUX CRIMES ET DÉLITS.

coin de la ville ou qu'on ait tué un patron; alors, agissez, saisissez les placards, mettez leurs auteurs en prison, ils seront punis comme complices. Mais jusque là, il faut respecter la liberté de la pensée humaine, il faut respecter les opinions de tout le monde, et la provocation directe au meurtre d'une personne déterminée ou la provocation à l'incendie de tel édifice n'est, à mes yeux, qu'une manifestation de la pensée humaine. »

Eh bien, si M. Floquet, ministre de l'intérieur, écrivait de ce style, il pourrait être conséquent avec lui-même; mais je doute que devant le Parlement, qui aurait à le juger, il pût utilement invoquer les discours qu'il a prononcés à cette tribune. On lui dirait : Non, le devoir d'un ministre de l'intérieur, ce n'est pas d'attendre que le dommage soit irréparable, que le sang ait coulé, que l'incendie ait été allumé, c'est de prévenir par une initiative prompte et vigoureuse une provocation qui est déjà un délit et constitue un danger public. (Applaudissements au centre.)

Voilà ce que vous diront tous les hommes qui apprécient ce qu'est la responsabilité d'un gouvernement, et, permettez-moi de vous le dire, si vous voulez imposer au Gouvernement les conditions que vous lui faites, si vous voulez l'obliger à rester spectateur inerte et impuissant de provocations aussi criminelles et dans certains cas aussi redoutables, je ne sais pas si vous trouverez un préfet qui pourrait se contenter de vos instructions.

Quelques membres à droite. Oui! oui! on en trouvera toujours!

M. Emile Beaussire. Il aurait l'approbation de la droite!

M. Ribot. Je viens de faire une hypothèse; il n'y a rien de tel que la réalité concrète pour faire saisir la portée de certaines propositions. Messieurs, soyons des hommes de gouvernement, mettons-nous en face des faits, des réalités.

Permettez-moi de faire une autre hypothèse.

Je suppose qu'un journal écrive tous les jours, en tête de ses colonnes : « J'offre 10,000 francs à celui qui assassinera le Président de la République... »

M. Cuneo d'Ornano. Ce cas est prévu par l'article 60 du Code pénal!

M. Charles Abbatucci. Il y aurait promesse! (Bruit.)

M. Gatineau. Cela est puni, archi-puni! Vos hypothèses sont des cas prévus par la loi!

M. Ribot. J'admets, messieurs, que cette provocation, répétée tous les jours, peut tomber sous le mépris public; mais, dans certains cas, il peut être nécessaire de l'empêcher; et, si elle ne contient pas des outrages directs, vous n'avez dans votre législation aucun moyen de l'empêcher, sinon en la considérant comme une provocation à un crime.

Je fais une troisième hypothèse que j'emprunte à l'honorable M. Floquet lui-même.

Il vous a dit qu'il fallait rejeter l'article qui permet de saisir les écrits séditieux qu'on irait distribuer à la porte des casernes. Voilà où l'amour de la logique entraîne notre honorable collègue. Qu'il me permette de le lui dire, si nous demandions au ministre de la guerre ou au ministre de la marine ce qu'il pense d'une pareille théorie juridique et des effets qu'elle peut produire, je suis bien sûr de la réponse qu'il ferait; je n'en suis pas inquiet. Comment! Ce sera un délit d'opinion d'aller, soit dans l'intérêt d'un parti politique, soit dans un simple but de désordre, prêcher la désobéissance à la porte d'une caserne, et personne ne pourra arrêter le colporteur ni faire cesser cette malsaine excitation! Vous ne pouvez pas soutenir une pareille thèse sans vous mettre en dehors de toutes les notions de Gouvernement.

Permettez-moi d'ajouter un mot qui va vous montrer toute la portée de mes observations.

Vous avez fait, il y a quelques jours, une chose considérable : vous avez abrogé toutes les dispositions qui concernent le colportage et l'affichage, c'est-à-dire que vous ne vous êtes pas réservé le droit de faire la police de la voie publique à moins qu'il n'y ait délit. Cela est incontestable, cela ne peut pas être nié.

Aujourd'hui, avec notre législation, si on collait sur les murs un placard provoquant à l'assassinat, le préfet ou le commissaire de police irait l'arracher, et si un colporteur allait, à la porte d'une caserne, faire une distribution séditieuse, on l'arrêterait immédiatement. Mais avec votre loi, que va-t-il se passer? Qui est-ce qui pourrait arracher cette affiche provocatrice? Absolument personne! Le préfet de police, s'il le faisait, tomberait sous l'application des dispositions de votre loi; le juge d'instruction? mais il faudrait, pour qu'il pût agir, qu'il y eût délit, autrement, sur quoi se fonderait-il? Vous admettez cette conséquence que, dans un pays comme le nôtre, on pourra laisser afficher sur les murs, sans que personne puisse s'y opposer, des placards contenant les provocations les plus criminelles ou les plus immondes? Vous admettez que personne, pas même la justice, ne pourra y porter obstacle? C'est là où nous en arrivons, c'est la conséquence de votre système que je dois faire toucher du doigt à la Chambre.

Il faut, messieurs, que vous vous placiez en face des hypothèses que je vous présente, en face des réalités, non des théories; il faut que chacun, interrogeant sa conscience, se dise: Oui, j'accepte cette responsabilité; oui, je laisserai tout afficher sur les murs, et même dans les circonstances les plus graves et lorsque déjà l'émeute va gronder; je ne me préoccupe pas des conséquences possibles, j'attends impassible que le sang ait coulé, et alors la sévérité de la répression compensera peut-être ce qu'il y aura eu de lenteur et d'impuissance dans notre attitude expectante.

Quant à moi, je ne puis pas accepter ce système; je ne crois pas que ce soit là le véritable libéralisme. Ce n'est point ainsi que l'ont entendu tous les peuples qui sont vraiment des peuples libres, et qui ont les mœurs de la liberté; ce n'est pas ainsi que l'entendent l'Angleterre, la Belgique, la Suisse, aucun pays du monde.

Quelle objection me fera-t-on encore? Il y en a une dernière, qui a été indiquée à cette tribune par mon honorable collègue M. Allain-Targé, et aussi, inridemment, par l'honorable M. Léon Renault.

On nous a dit: Mais il y a un danger: c'est que le Gouvernement ne fasse pas toujours la distinction nécessaire entre les provocations dangereuses et coupables et toutes ces provocations si nombreuses dont font justice l'indifférence et le mépris publics. Et M. Allain-Targé, précisant sa pensée, ajoutait: Si vous votez ce texte, vous allez enjoindre au garde des sceaux de faire un si grand nombre de procès que la justice française ne suffira pas à les juger.

M. Allain-Targé. C'est vrai!

M. Ribot. J'en demande pardon à mon honorable ami, M. Allain-Targé; ce que je vais lui répondre ne peut pas le blesser, mais je trouve qu'il nous a parlé l'autre jour, à cette tribune, beaucoup plus en ancien magistrat qu'en homme politique.

Quand une loi définit un délit, et que le magistrat le rencontre dans des faits bien caractérisés, évidemment il est toujours tenté de le poursuivre soit par honneur professionnel, ou par habitude d'esprit. C'est le point de vue du magistrat.

Mais le point de vue du garde des sceaux est tout différent. Le garde des sceaux n'est pas un magistrat, bien qu'il soit chargé de diriger les magistrats; il ne peut pas se croire obligé à poursuivre uniquement parce qu'une loi lui donne les moyens de poursuivre.

M. Allain-Targé. C'est l'arbitraire, alors!

M. Ribot. Oui, c'est l'arbitraire. (Ah! ah! à droite.)

M. Paul de Cassagnac. C'est comme ancien impérialiste que vous parlez! (Rires approbatifs à droite.)

PROVOCATIONS AUX CRIMES ET DÉLITS.

M. Ribot. Le garde des sceaux, lui, n'est pas obligé de poursuivre uniquement parce qu'un article de journal peut présenter, au point de vue de l'art, en quelque sorte, tous les caractères d'un délit! Non, j'estime plus haut la tâche et le devoir d'un garde des sceaux; son devoir est d'apprécier en fait si les circonstances sont telles qu'il y a une nécessité politique de poursuivre.

C'est de l'arbitraire, dites-vous; oui, mais c'est de l'arbitraire dans le sens le plus avouable, car il s'agit du point de vue politique.

M. Charles Abbatucci. Il y a donc de l'arbitraire avouable? Il faut le dire!

M. Ribot. Certainement, monsieur; et, pour compléter ma pensée, je vous dirai que lorsque quelques-uns d'entre vous s'en vont, dans des festins qui occupent la presse pendant plusieurs jours, faire appel à une levée de boucliers et emboucher le clairon de la Pénissière, je n'approuverais pas le garde des sceaux qui ne ferait pas de l'arbitraire en laissant tomber des provocations qui ne nuisent à personne et qui ne sont pas un danger pour la sécurité publique. (Très bien! très bien! et applaudissements à gauche et au centre.)

C'est une affaire de tact, et il n'y a pas de théorie qui puisse dispenser le Gouvernement d'avoir du tact, de savoir ce qui est nécessaire aujourd'hui et ce qui le sera demain.

Quant à moi, si j'avais l'autorité nécessaire pour écrire le manuel des devoirs d'un garde des sceaux, savez-vous ce que je mettrais sur la première page? Je mettrais ceci : Quand un procureur général vous demandera de faire un procès politique, un procès de presse, défiez-vous du premier mouvement; en pareille matière, le premier mouvement n'est pas le bon. (Rires approbatifs.)

Oui, il y aurait un inconvénient grave à ce qu'un garde des sceaux se crût obligé, parce qu'une loi existe, de s'en servir à tout propos et hors de tout propos. (Interruptions.)

M. Gatineau. Je demande la parole.

M. Ribot. Comment donc les choses se passent-elles dans tous les pays qui nous ont précédés dans la pratique de la liberté?

En Angleterre, en Belgique, on ne poursuit que dans des cas graves et extrêmes. Pourquoi? parce que l'opinion publique agit de deux façons : l'une préventive, en empêchant le Gouvernement, sur qui elle pèse d'autant plus que le pays est libre depuis plus longtemps, de se hasarder dans des poursuites qui ne paraissent point absolument nécessaires et indispensables. En Amérique, la presse est absolument libre, si libre que jamais ni les ministres, ni le président de la République n'auraient la pensée de poursuivre un journal pour outrage à leur personne, si sanglant que fût cet outrage. Est-ce parce que la loi ne met pas d'armes entre les mains des fonctionnaires comme des simples citoyens? Du tout, mais parce que c'est comme une chose acquise en Amérique, une sorte de point d'honneur politique, qu'un homme public ne poursuit jamais un journaliste; s'il ne se sent pas assez de force, assez de courage pour pouvoir braver tous les outrages qu'on pourra lancer contre lui, il fera mieux de ne pas s'occuper de gouvernement, de ne pas entrer dans la vie publique.

A gauche. Voilà la vérité!

M. Ribot. Voilà la vérité, dites-vous? Certainement, c'est la vérité, mais cela ne tend pas, ne conclut pas à la suppression des lois; cela conclut à ce que l'action de l'opinion publique, qui devient de plus en plus tolérante, impose cette tolérance aux hommes publics, leur fasse une sorte de devoir de conduite, et non une obligation légale, de ne pas poursuivre les outrages qui pourraient les atteindre, et au-dessus desquels ils doivent se placer.

Voilà le progrès qui commence à se manifester chez nous, dont nous voyons des signes, des marques non équivoques, que la pratique de la liberté développera comme elle les a développés dans les autres pays.

Voilà une première garantie : c'est l'action de l'opinion publique sur les gouvernements eux-mêmes.

Il y en a une autre, assurément aussi efficace : celle-là, elle est répressive. Si vous portez des procès devant les tribunaux correctionnels, vous pouvez céder à la tentation de faire trop de procès, parce que les tribunaux correctionnels — c'est de la statistique, je ne fais pas autre chose — condamnent, en général, plus que les cours d'assises; mais là où vous avez le jury, — et la loi actuelle propose d'établir ou plutôt de rétablir le jury, — là où vous avez le jury, comme dans les pays que je viens d'indiquer, est-ce que vous croyez que le ministre de la justice, un fonctionnaire quelconque, peut porter facilement des accusations ?

Si un garde des sceaux voulait faire — ce qu'un magistrat pourrait lui proposer — beaucoup de procès, afin de démontrer qu'il connaît bien le droit pénal, qu'il sait y trouver toutes les définitions, est-ce que vous croyez que le pays ne lui donnerait pas bien vite une sévère et efficace leçon ?

Si on portait devant le jury une de ces poursuites pour provocation dont on parlait tout à l'heure, et dont la risée publique suffit à faire justice, est-ce que vous croyez que ces douze hommes, qu'on aura convoqués pour juger une affaire de ce genre, seront, par le seul fait qu'ils se seront assis sur leurs bancs de jurés, devenus graves à ce point qu'ils auront perdu le sens du ridicule? Leur sentiment, ils l'expriment alors par les verdicts que vous connaissez.

Toutes les fois qu'un gouvernement a essayé de multiplier les procès de presse, il a échoué. Il ne peut pas faire du jury le serviteur fidèle de ses impatiences; il ne peut le saisir que dans des cas extrêmement graves, lorsque l'opinion publique est tout à fait d'accord avec le gouvernement et le justifie dix fois, vingt fois, d'avance, dans le cas où il peut dire : « La sécurité publique était fortement menacée, l'émeute grondait, les excitations criminelles se produisaient ; oui, j'ai alors fait arrêter les perturbateurs, déchirer les placards, saisir les distributeurs ; maintenant, jugez-moi en citoyens, en hommes honnêtes, qui apprécient les nécessités du gouvernement, qui savent les concilier avec la liberté ; dites, dans votre conscience d'honnêtes gens, si, oui ou non, j'ai fait mon devoir de ministre. » Alors le jury répond.

Voilà la vérité telle que je la connais, telle qu'elle est pratiquée dans tous les pays libres, telle qu'elle le sera chez nous le jour où vous aurez voté l'article tel que je vous le propose, laissant du reste au temps le soin de faire son œuvre, aux mœurs le soin de s'améliorer et de progresser ! (Marques d'approbation.)

Messieurs, ceux qui, sous prétexte de doctrine, sous prétexte de liberté, sous prétexte de délit d'opinion, ne veulent pas aller jusqu'où je les convie d'aller, je crois que ceux-là n'ont pas, sur la matière qui nous occupe, les vues que doivent avoir des hommes de gouvernement.

Assurément, on peut atténuer la peine ; je propose moi-même de la réduire à une année d'emprisonnement. Vous pouvez limiter l'application de l'article aux cas les plus graves ; je propose moi-même de ne poursuivre la provocation que lorsqu'elle s'applique à des crimes punis de peines perpétuelles. Vous pouvez avoir la hardiesse d'effacer de notre Code tous ces crimes qui y ont figuré si longtemps, le délit d'attaque à la propriété, le délit d'excitation à la haine ou au mépris des citoyens les uns contre les autres, l'apologie des faits qualifiés crimes. Je la comprends ; je la crois justifiée, et par le progrès de nos mœurs, et par le besoin de paix qui existe au fond des esprits, et par la nature même du pouvoir qui, reposant sur la base si large du suffrage universel, permet certaines hardiesses qui, dans d'autres temps, auraient paru téméraires.

Je suis avec vous, j'irai jusque-là. Mais, je vous en conjure, ne refusez pas au Gouvernement ce qui est un minimum indispensable ; n'allez point jusqu'à dire que la provocation, lorsqu'elle est brutale, directe, lorsqu'elle est manifestement criminelle, est chose indifférente, est un délit d'opinion que l'on n'a pas le droit de saisir.

PROVOCATION AUX CRIMES ET DÉLITS.

Je le répète, ce n'est point là la doctrine libérale, et si vous voulez trop affaiblir les ressorts nécessaires du Gouvernement, je vous dirai : Prenez garde qu'un jour, sous l'empire de nécessités contre lesquelles les doctrines ne prévalent jamais, on n'introduise de nouveau dans nos lois des délits que nous en aurons effacés aujourd'hui. La sagesse, c'est de ne pas jeter toutes les armes, même quand on n'en veut faire qu'un usage modéré ; il faut garder celles que dans tous les siècles et dans tous les pays libres on a considérées comme nécessaires à l'exercice du gouvernement. (Très bien !)

Je sais bien qu'il souffle en ce moment dans cette Chambre, et surtout venant de ce côté (la droite), un grand vent de libéralisme... (Rires approbatifs et applaudissements à gauche) ; je sais que la loi de 1819, qui a été le titre d'honneur de la Restauration, et que la Restauration n'a pu supporter que pendant deux années, est traitée, dans certains journaux soi-disant conservateurs, de loi abominable de tyrannie et de despotisme sans égal.

Ah ! quant à moi, quoi qu'on puisse dire de l'initiative que je prends en ce moment et du devoir que je remplis, je ne me préoccupe pas beaucoup de ces cris ni de ces clameurs, parce que l'histoire me montre que toujours la même tactique s'est produite dans les assemblées et dans la presse. (Interruptions à gauche.)

L'autre jour, l'honorable M. Allain-Targé parlait de ces surenchères qu'on voit se produire dans les journaux. Il y a des assemblées où on a vu aussi des surenchères de libéralisme plus ou moins sincères. La loi de 1819 notamment, savez-vous par qui elle a été attaquée ? Elle a été attaquée avec vivacité par des écrivains qui appartenaient à la gauche, mais elle fut dénoncée avec une énergie beaucoup plus grande, et dans des termes d'une indignation éclatante, par tous les journaux de la droite ou de l'extrême droite ; et trois ans après, la droite votait la loi de 1822.

Voilà ce que nous dit l'histoire. Quant à moi, j'ai dit que nous devrions pratiquer ce que, l'autre jour, nous disait l'honorable M. Allain-Targé : il ne faut pas trop se préoccuper du jugement que l'esprit de parti peut faire porter sur la loi ; il faut que nous sachions apprécier en nous-mêmes non pas ce que peuvent penser tels ou tels journaux, mais ce que nous commandent les intérêts d'un gouvernement dont nous avons la garde.

Et puis, messieurs, si, après vous être interrogés, vous êtes convaincus que c'est une imprudence pour nous, les représentants du gouvernement républicain, pour nous qui avons à défendre la liberté, de déposer désormais les armes dont se servent tous les gouvernements voisins, même les gouvernements républicains, notre devoir est de montrer à tous que nous ne sommes pas moins libéraux que nos contradicteurs, pas moins attachés aux principes de la République, parce que nous aurons gardé dans nos Codes ce que nous croyons nécessaire à l'exercice du gouvernement. (Vifs applaudissements au centre et sur quelques bancs à gauche.)

M. le président. M. Goblet a la parole.

M. René Goblet. Messieurs, je n'ai qualité pour parler ni au nom du Gouvernement, ni au nom de la commission qui, certainement, trouvera dans le cours de cet important débat l'occasion de justifier la résolution nouvelle qu'elle a prise, évidemment, en connaissance de cause et après mûres réflexions. Mais je n'ai pas voulu manquer au rendez-vous que m'a donné, l'autre jour, en termes d'ailleurs si courtois, l'éloquent orateur qui descend de cette tribune. (Parlez ! parlez !)

Il est vrai, comme il l'a annoncé à la Chambre, que j'étais un partisan très résolu de la suppression de l'article 25, avant même que la commission en eût fait le sacrifice, puisque, il y a six semaines, j'avais déposé un amendement qui n'avait d'autre but que cette suppression. Il est donc naturel, aujourd'hui que la commission l'a abandonné, que je vienne répondre à l'honorable M. Ribot. Nous ne faisons, l'un et l'autre, que rester fidèles à l'opinion que nous avons dès l'abord exprimée.

Mais je voudrais répondre avec ordre et ne pas mêler entre elles des questions distinctes.

L'honorable M. Ribot nous a entretenus d'un article qui ne doit venir en discussion qu'après celui-ci, c'est celui qui prévoit les provocations adressées à des militaires.

Voici quelle est la situation.

La commission avait proposé deux articles qui punissaient, l'un la provocation à des crimes et délits, l'autre, la provocation adressée à des militaires. Je demande la suppression de ces deux articles. M. Ribot demande qu'ils soient maintenus tous les deux. La commission a pris une situation intermédiaire, elle abandonne le premier de ces articles et maintient le second. Il semble donc qu'il puisse y avoir des raisons de distinguer ; je ne le crois pas pour ma part ; nous le verrons quand nous arriverons à l'article 26 ; pour le moment, nous ne nous occupons que de l'article 25.

Y a-t-il lieu de punir la provocation non suivie d'effet ? C'est là la question très importante, à coup sûr, que nous devons vider, la seule qui, pour le moment, soit soumise à la Chambre.

M. Agniel. M. Ribot retire le second paragraphe de son amendement...

M. Ribot. Parfaitement !

M. Agniel. ... parce qu'il fait double emploi avec l'article 26.

M. René Goblet. C'est cela ; nous discuterons ce point tout à l'heure.

L'honorable M. Ribot, au début de ses observations, a cru devoir faire une incursion intéressante et détaillée dans les législations étrangères. Il a rappelé que chez les nations voisines, ou au moins chez les nations libérales, on n'avait pas, jusqu'à présent, — ce sont les termes mêmes dont il s'est servi, — osé désarmer le gouvernement, et renoncer à poursuivre la provocation non suivie d'effet. Il a cité la Suisse et la Belgique.

Je ne veux, sous ce rapport, lui faire qu'une réponse, que j'emprunte aux paroles qu'il prononçait lui-même l'autre jour.

Ces nations, — je parle des nations libérales, je ne parle que de celles-là, puisque la loi que nous faisons est une loi libérale, — nous ont emprunté nos Codes, notre législation sur la presse ; elles se sont inspirées de notre loi de 1819.

Eh bien, s'il est vrai, comme je le pense avec la majorité de l'Assemblée, que le moment soit venu de faire un pas en avant dans la voie libérale où l'on était entré à cette époque de la Restauration, — et assurément les journaux de droite dont on a parlé qui critiquent aujourd'hui la loi de 1819 sont bien injustes, — s'il est vrai, dis-je, que le moment soit venu de faire un progrès dans cette voie libérale, j'espère que ces nations qui nous avaient imités nous imiteront encore et suivront l'exemple que nous leur donnons en ce moment. (Applaudissements sur plusieurs bancs à gauche.)

Vous avez parlé de l'Angleterre qui maintient ses vieilles lois, comme elle maintient ses vieilles institutions et ses vieilles coutumes, vous avez même dit, — et avec raison — qu'elle les revivifiait quelquefois par de nouvelles codifications ; on n'abroge jamais les lois en Angleterre ; mais vous avez oublié de dire que si l'Angleterre maintient avec soin les lois sévères qu'elle a contre la presse, elle ne les applique jamais.

Est-ce là le système que vous nous proposez ?

Oui, messieurs, c'est bien ce que l'on nous propose ; j'en doutais avant d'avoir entendu l'honorable M. Ribot ; je n'en doute plus maintenant. Oui, c'est bien le système de mon honorable contradicteur : avoir des lois sévères pour ne pas les appliquer ou pour n'en user que suivant les circonstances avec ce tact nécessaire qui est le véritable moyen de gouvernement.

PROVOCATION AUX CRIMES ET DÉLITS.

Ce système peut avoir des partisans dans cette Assemblée. Pour ma part, il ne m'a jamais tenté, et il ne me tentera pas aujourd'hui davantage. e l'appelle de son vrai nom : c'est la tyrannie, car c'est l'arbitraire ! vous l'avez dit vous-même ; pour moi, je demande la liberté, et je ne comprends la liberté qu'avec la loi. (Applaudissements à gauche.)

Faisons donc une loi, en tenant compte de l'état des esprits, des progrès accomplis dans les mœurs publiques.

Vous nous disiez : Nous verrons plus tard, quand un nouveau progrès se sera manifesté, nous déposerons ces armes, dont nous demandons à cette heure la conservation.

Nous, nous prétendons que le progrès est accompli, et qu'il est possible de faire dès aujourd'hui une loi plus humaine, plus libérale que celle de 1819.

C'est là l'esprit qui avait animé la commission. Elle y avait manqué, il est vrai, dans une certaine mesure ; ç'a été le résultat excellent de l'amendement que je n'ai pas voté, mais qui a été si éloquemment développé par l'honorable M. Floquet, que la commission, reconnaissant dans la majorité de cette Assemblée des dispositions plus libérales encore que les siennes, a modifié ses dispositions dans un sens favorable, notamment en supprimant l'article 25.

Je crois que la commission a sagement agi, et je demande que la Chambre ne le rétablisse pas.

Je le demande parce que, suivant moi, la disposition qu'il renferme est contraire au principe de la loi que vous allez voter ; elle lui est contraire au point de vue politique, comme au point de vue juridique, comme au point de vue libéral.

L'honorable M. Ribot n'a traité tout à l'heure, qu'il me permette de le lui dire, qu'un seul côté de la question : le côté politique. Il y a cependant dans une question de cette nature, quand il s'agit de faire une loi conséquente avec elle-même, avec son principe, il y a incontestablement une question juridique à examiner, qui a déjà été abordée dans les précédentes séances, mais qui n'a point été traitée au point de vue de l'article qui nous occupe : M. Ribot n'en a absolument rien dit. La Chambre cependant ne peut se dispenser de s'en préoccuper.

Je soutiens que la disposition qu'on vous demande de rétablir est absolument contraire au principe de la loi.

Voulez-vous me permettre... (Parlez ! parlez !) Je n'ai pas encore pris la parole dans cette discussion, et on a beaucoup parlé du principe de la loi, du caractère spécial des délits de presse et des délits de droit commun, voulez-vous me permettre de vous dire à mon tour ce que je pense de ces questions, car j'estime aussi que, en cette matière, il existe une certaine confusion de mots et d'idées qu'il serait temps de dissiper.

On dit volontiers que la presse est une puissance considérable pour le mal comme pour le bien, et, partant de là, on est entraîné à lui faire une situation à part. Les uns veulent lui faire une situation privilégiée, en ce sens qu'elle devrait échapper à toute responsabilité pénale et serait seulement soumise à une responsabilité civile et pécuniaire. D'autres, au contraire, veulent un régime d'exception, soit qu'il s'agisse de mesures préventives ou de dispositions répressives particulières et plus rigoureuses.

Eh bien, je crois que ce n'est pas la vérité.

Que la presse, au point de vue philosophique, au point de vue politique, soit une puissance considérable, personne ne le conteste. J'ajoute que c'est une puissance nécessaire, plus nécessaire que jamais sous un gouvernement d'opinion comme le nôtre, puisque la presse est l'organe permanent et mobile, toujours en éveil, de l'opinion publique. M. Thiers — qui certes n'était pas un révolutionnaire — mettait, dès 1868, la liberté de la presse au premier rang des libertés nécessaires.

Mais s'ensuit-il qu'au point de vue pénal, la société doive traiter avec la presse de puissance à puissance ? S'ensuit-il que la presse soit une espèce de justiciable, exceptionnellement suspect ou exceptionnellement privilégié, et pour lequel il faille édicter une législation à part ?

Eh bien, je dis : Non ! (Approbation à gauche.)

Non ! La presse, — le mot a été dit dans la discussion de 1819, — la presse, au point de vue pénal, n'est qu'un instrument.

Je ne veux pas, messieurs, remettre sous vos yeux les passages, qui vous ont déjà été cités, de l'exposé des motifs et du discours de l'éminent garde des sceaux de 1819. Permettez-moi cependant de vous lire quelques paroles de M. Benjamin Constant qui appuyait le principe de la loi.

« La presse — disait-il — redevient ce qu'elle doit être, un moyen de plus d'exercer une faculté naturelle, moyen semblable à tous ceux de divers genres dont les hommes disposent et qui doit, de même que tous les autres, être libre dans son exercice légitime, et réprimé seulement dans les délits qu'il peut entraîner. »

C'est-à-dire pour les délits ordinaires, et non pas pour des délits particuliers inventés pour elle seule.

C'est bien là la question. La vérité est qu'on ne poursuit pas les journaux, les écrits, les discours : on poursuit les personnes qui se servent de l'écrit, du discours, du journal pour commettre des délits ordinaires ; il ne faut pas imaginer pour la presse une criminalité différente de celle du droit commun.

Eh bien, je prétends précisément que la commission avait oublié le principe posé par elle-même, quand elle proposait de punir la provocation non suivie d'effet ; je prétends que l'honorable M. Ribot commet la même confusion et la même faute quand il nous propose de rétablir ce délit dans notre loi.

Qu'est-ce, en effet, que la provocation non suivie d'effet ? Et d'abord, qu'est-ce que la provocation ? On a pu discuter, l'autre jour, sur ce point ; après le vote d'avant-hier, la discussion n'est plus possible. La provocation, vous l'avez dit vous-même, c'est la complicité. L'honorable M. Ribot le disait plus explicitement encore, lorsqu'il voulait faire introduire la provocation par la presse, dans l'article 60, comme constituant un cas de complicité à ajouter à ceux que le code pénal avait prévus. Mais alors je vous demande, mon honorable collègue, à vous qui avez l'esprit juridique autant que politique, je vous demande comment vous pouvez faire que ce qui n'est que complicité puisse devenir, tout d'un coup, un délit spécial, quand le fait principal ne s'est pas produit. (Approbation à gauche.)

Cela est contraire aux règles élémentaires de notre droit. La complicité ne peut être punie qu'à la condition qu'il y ait un crime ou un délit. (Nouvelle approbation à gauche.)

Le législateur de 1819 l'avait très bien compris, et voyant qu'il ne pouvait y avoir de complicité quand le délit ne s'était pas produit, il avait fait de la provocation non suivie d'effet une tentative de délit. Cela est dit tout au long dans l'exposé des motifs de la loi de 1819. Mais mon honorable collègue ne soutiendrait pas une pareille hérésie ; la commission ne l'a pas soutenue davantage. Nous savons tous qu'il ne peut y avoir de tentative que lorsqu'il y a un commencement d'exécution. La provocation à un crime ne peut être considérée comme un commencement d'exécution de ce crime, surtout s'il n'a été ni commis, ni tenté. Je prie mon honorable collègue, puisqu'il a jugé que cette discussion était importante et méritait un examen approfondi, je le prie de vouloir bien répondre à ceci :

Si la provocation, dans ce cas, n'est ni une complicité, ni une tentative de délit, qu'est-ce qu'elle peut être, si ce n'est un délit spécial, un délit de la presse, et je vais vous en donner la preuve tout de suite, c'est que vous ne poursuivez la provocation que parce qu'elle est publique. Vous avez tout à l'heure insisté — j'y reviendrai dans un instant — sur le caractère criminel et dangereux que certaines provocations peuvent présenter. Vous ne méconnaissez pas cependant que la provocation dans notre droit n'est pas punie, que la provocation, en dehors des cas

PROVOCATION AUX CRIMES ET DÉLITS.

où elle est considérée comme une complicité, n'est punie que si elle a été accompagnée de publicité. C'est la publicité qui fait alors le délit, et c'est précisément là ce qui constitue le délit spécial de la presse.

M. Gatineau. C'est cela !

M. René Goblet. Ce que je dis là est tout à fait incontestable, et je vous demande la permission de vous le montrer, écrit ou plutôt exposé à une autre époque en excellents termes par un homme que M. Faustin Hélie appelle un savant magistrat, — il était avocat général à la cour de cassation, — et qui était en même temps député sous le régime de Louis-Philippe. C'était à l'occasion de la discussion sur la loi de 1835 qui avait eu la prétention, vous le savez, et qui l'a fait accepter par la Chambre, d'appliquer la même peine à la provocation, qu'elle eût été ou non suivie d'effet. M. Nicod répondait en ces termes, dans la séance du 26 août 1835 :

« La criminalité des faits de provocation est de deux sortes : tantôt elle est accessoire et se rattache à un délit qui existe en dehors de la provocation, tantôt elle est principale et constitue elle-même et toute seule un délit. Ainsi un attentat à la sûreté de l'État ou tout autre crime est commis ; à cet attentat se rattache un écrit qui le provoque : eh bien, l'auteur de cet écrit est puni comme complice de l'attentat ; ce n'est pas là un délit de la presse, c'est la complicité d'un délit commun. La peine n'est pas dans les lois de la presse, mais dans le code pénal. Si, au contraire, la provocation n'a produit aucun effet, si elle n'a été suivie d'aucun attentat, d'aucun crime, alors la culpabilité se renferme tout entière dans la publication. Cette publication constitue à elle seule un délit : c'est là précisément et seulement le délit de la presse, délit spécial, délit qui ne trouve pas répression dans le droit commun, dans le code pénal, mais seulement dans les lois de la presse. »

Donc, vous avez eu beau esquiver cette partie de la discussion, quand vous demandez de rétablir dans la loi la provocation non suivie d'effet comme un délit, vous demandez de rétablir un délit de presse, alors que nous avions dit que nous étions tous d'accord pour ne laisser que des délits de droit commun. (Très bien très bien !)

Messieurs, je crois qu'il était indispensable de faire cette démonstration juridique ; car enfin, comme je viens de le rappeler, nous avons tous dit : nous sommes d'accord, et l'honorable M. Ribot l'a dit aussi. Et puis, l'instant d'après, des interruptions surgissaient, ou des discours étaient prononcés à cette tribune, qui démontraient qu'on était beaucoup plus loin de s'entendre qu'on ne l'avait pensé.

M. Ribot, quand vous disiez : Je ne veux comme vous que des délits de droit commun, vous vous trompiez donc, car ce que vous nous proposiez c'est le rétablissement dans la loi des délits spéciaux de la presse.

Et cela est si vrai que vous n'avez pas abordé cette partie de la question, la fatigue vous en a empêché sans doute, vous avez laissé complètement de côté le point de vue juridique du débat.

Messieurs, je comprends très bien que ce point de vue n'est pas le seul, et j'ai hâte d'arriver aux autres.

L'honorable M. Ribot nous dit : Mais la provocation, tout au moins, n'est pas, comme l'avait appelée l'autre jour M. Floquet, une pure conception de l'esprit, la provocation se distingue de la discussion ; la provocation est un acte — c'est le mot dont il se sert, mot qu'il avait emprunté au rapport originaire de M. Lisbonne, — c'est un acte. Et l'attaque, est-elle un acte ? Non !... Ah ! messieurs, je voudrais bien qu'on m'expliquât pourquoi la provocation est un acte et pourquoi l'attaque n'en est pas un. (C'est cela ! Très bien ! à gauche.)

M. Ribot. Elle l'est, si elle devient provocation.

M. Goblet. Et alors aussi la provocation, si elle est une attaque, doit disparaître de votre loi ! Ah ! messieurs, est-ce que ce sont là des subtilités auxquelles une assemblée puisse s'arrêter, surtout venant de ceux qui veulent n'envisager la question qu'au point de vue purement politique !

Comment ! la provocation sera un acte, et l'attaque ne sera pas un-acte ! Mais toute votre argumentation, mon cher collègue, — et c'est le point sur lequel je voudrais insister, — toute votre argumentation nous conduirait forcément à laisser subsister dans la loi tous les délits de la presse, car tous peuvent avoir le même inconvénient et présenter le même danger. Pour tous, vous pourriez faire la même réponse : Le Gouvernement aura du tact et il n'appliquera la loi que quand il faudra l'appliquer ; le Gouvernement aura le discernement nécessaire pour s'en servir suivant les circonstances.

Mais alors ne faisons pas de loi ! Et quand j'entends soutenir un pareil système, je me demande quelle tâche inutile et ingrate s'est donnée la commission, et quelle tâche inutile et ingrate nous accomplissons nous-mêmes dans cette discussion.

Non, la provocation n'est pas plus un acte que l'attaque n'est un acte, et c'est pourquoi vous avez supprimé dans la loi tout ce qui était attaque au Gouvernement, à la Constitution, au principe de la propriété, au suffrage universel.

La provocation est un acte, dites-vous ? Ce n'était pas la pensée de M. Émile Ollivier dans la discussion de la loi de 1868, dont on a peu parlé dans ce débat, et qui néanmoins n'a guère été moins brillante et moins élevée que la mémorable discussion de 1819.

Voici comment s'exprimait M. Émile Ollivier :

« Il n'est que deux circonstances dans lesquelles l'opinion peut devenir acte : la première, c'est lorsqu'il s'agit de diffamation et d'injure ; la seconde, c'est lorsqu'il s'agit d'une provocation directe, suivie d'effet, à l'exécution d'un acte qualifié crime ou délit. »

Oui, vous avez l'acte si vous avez le délit, et si vous saisissez la relation directe entre la provocation et le délit, c'est la complicité. Vous n'avez qu'à appliquer alors l'article 60 du code pénal, complété par votre vote de l'autre jour ; mais si la provocation n'est pas suivie d'effet, ce n'est plus qu'un simple délit de presse. On prétend faire ici une distinction impossible qui ferait renaître immédiatement tous les anciens abus, toutes les controverses qu'on voulait supprimer et qui nous ramèneraient à la poursuite et à l'appréciation des délits d'opinion. Que la Chambre me permette de lui montrer, car c'est là, au point de vue politique, le véritable terrain de la discussion, il s'agit de savoir si, en faisant une loi sur la presse, nous voulons maintenir la possibilité de ces procès de presse que nous avons toujours condamnés. Je dis que vous allez les faire revivre, par la distinction impossible que vous voulez faire entre la provocation, l'apologie d'un crime et l'excitation qui n'arrive pas jusqu'à l'acte. On a essayé, en 1819, de faire cette distinction, et voici les explications que M. de Courvoisier, le rapporteur, donnait à la Chambre d'alors :

« Le projet ne définit point la provocation, qu'elle soit directe ou indirecte ; si on la reconnaît, elle est coupable. Mais à quels signes la reconnaître ? Les signes on ne saurait les préciser dans une loi. C'est au juge que le législateur s'en réfère Quand le jury prononce, la décision est moins dans le texte que dans la conscience du citoyen. Il pèsera le fait, l'intention et les circonstances. Tel écrit, tel discours peut être réputé provocation, si quelque germe d'agitation fermente, et ne paraître qu'une opinion, si le calme règne. Le but du projet de loi n'est point d'épargner ce que l'intérêt public veut qu'on réprime ; son effet doit être de protéger l'utile controverse, d'assurer le cours des simples doctrines, de séparer enfin l'erreur du délit et du crime, pour livrer les uns à la justice et réserver les autres au jugement de l'opinion. »

PROVOCATION AUX CRIMES ET DÉLITS.

Tout cela est bien vague. L'honorable garde des sceaux disait l'autre jour que ce délit, que j'appelle un délit de presse, renferme les caractères du délit de droit commun.

Nous retrouvons dans cette argumentation très rapide ces caractères du délit de droit commun. J'en trouve un en passant, et je le saisis. M. le garde des sceaux disait : il faut une définition rigoureuse et qui échappe à tout arbitraire. Or, je vous demande si vous trouvez ici cette définition rigoureuse où l'arbitraire n'ait pas de place. Il est vrai, ce n'est pas la thèse de M. Ribot qui s'en rapporte au jury et qui s'approprierait volontiers les paroles de M. Courvoisier, que je viens de citer, mais quant à moi je ne puis pas admettre que nous ayons le droit de saisir le jury de délits indéterminés, non définis, parce que ces prétendus délits auront été commis par des discours ou par la presse.

M. Paul de Cassagnac. Vous m'avez envoyé vous-même deux fois devant le jury.

M. René Goblet. Monsieur de Cassagnac, vous êtes bien injuste, ou bien mal informé, mais votre interruption ne me fera pas sortir de la réserve qui m'est imposée. Je reviens à la loi de 1819. M. de Courvoisier, vous disais-je, avait indiqué combien il était difficile de donner une définition exacte de ce délit de provocation. Dans la discussion il s'était avancé davantage, et M. de Serre le reprenait dans les termes que voici :

« M. de Courvoisier a dit que pour qu'il y eût provocation, il fallait que l'écrit engageât directement à commettre le crime. Si cette opinion prévalait, elle restreindrait beaucoup trop le sens des articles que vous avez adoptés. Il y a provocation lorsqu'il y a malignité d'intention dans l'auteur, et que l'effet du discours ou de l'écrit est, ou a pu être tel qu'il dispose au crime ou au délit. »

Je vous demande si vous voulez appliquer une définition pareille aux délits que vous vous proposez de poursuivre.

Je sais qu'on me répondra que ce mot « direct » que repoussait M. de Serre en 1819, la commission avait proposé de l'introduire dans la loi, et qu'elle l'avait en effet introduit, dans l'article 25.

Mais, messieurs, je voudrais éviter une équivoque : le mot direct se trouve dans l'article 24 que nous avons voté l'autre jour. Ce mot, que signifie-t-il ? Il signifie, comme on le rappelait justement tout à l'heure.— et je crois que M. Gatineau avait tort de protester à ce moment — il signifie le lien, la relation nécessaires entre la provocation et le crime qui a été commis.

Alors, je comprends que vous n'ayez pas reproduit le mot « direct » dans l'article que nous discutons.

Comment voulez-vous poursuivre la provocation non suivie d'effet en lui attribuant une relation directe avec un crime ?

Quelle relation peut-il y avoir entre une provocation et un crime qui n'a pas été commis ? (Applaudissements à gauche.) Évidemment, ce n'est pas le sens que la commission avait attaché à ce mot, et j'aborde ici un des arguments sur lesquels M. Ribot a particulièrement insisté.

Le mot « direct », vous allez l'appliquer à la forme de la provocation. Ce mot voudra moins dire le lien qui ne peut pas exister quand le crime n'a pas eu lieu, que la forme même sous laquelle la provocation s'est produite. Et alors, est-ce que vous pensez qu'il sera difficile à un écrivain, tant soit peu exercé, de faire sous une forme indirecte ce qu'il ne pourrait pas faire directement sans tomber sous le coup de la loi ? Je vous demande si vous avez la prétention de ne poursuivre que la formule expresse, brutale, comme on le disait tout à l'heure, de la provocation, et si vous laisserez impunies ces provocations qui sous des formes plus habiles et plus perfides n'en jettent pas moins souvent un trouble plus profond dans les esprits, et qui par cela même sont à la fois plus criminelles et plus funestes.

Alors, je vous demande où est la moralité, où est l'utilité de votre loi. Non ; poursuivez la provocation, quand il y a relation directe entre cette provocation et le crime commis, car alors, c'est de la complicité véritable, et dans ce cas, je ne crains pas l'appréciation du jury, de ce jury, composé de douze hommes honnêtes et intelligents, qui, tous les jours, peuvent être appelés à décider en matière criminelle ordinaire, si un homme s'est rendu complice d'un crime en donnant des instructions pour le commettre, ou en abusant de son autorité. Mais si vous voulez poursuivre la provocation, même alors qu'elle n'a été suivie d'aucun effet, je dis que vous nous ramenez aux délits d'opinion, je dis que vous n'avez rien fait ou du moins que vous avez fait peu de chose pour améliorer la législation de la presse, et que ce n'était pas la peine d'effectuer tout ce grand travail auquel vous vous êtes livrés et de promettre au pays une grande loi de liberté.

Ce n'était pas la peine de supprimer le délit d'excitation à la haine du Gouvernement ou des citoyens les uns contre les autres, le délit d'apologie de faits qualifiés crimes, ni les autres délits de même espèce. Tout cela n'est qu'un leurre, car, sous le nom de provocation, vous pouvez faire reparaître immédiatement tous ces prétendus délits de presse en apparence supprimés, vous rendez possibles les mêmes poursuites ; et cette liberté de droit commun que vous nous donnez d'une main, vous nous la retirez de l'autre. (Très bien ! très bien ! à gauche.)

Messieurs, je ne veux pas prolonger cette discussion. Je voudrais cependant montrer encore à la Chambre combien cette prétention absolument anti-juridique la conduirait à des conséquences impossibles à accepter.

Qu'est-ce que la provocation à un crime non suivie d'effet ? Je le demande à la commission ! Ce n'est plus la complicité d'un crime, puisque le crime n'existe pas. C'est un délit...

M. Agniel. Ce n'est jamais la complicité, jamais !

M. Goblet. Comment ! mais vous l'avez voté avant-hier ? C'est écrit tout au long dans votre article 24 ! C'est un délit. Eh bien, ce délit, le renvoyez-vous au jury ou à la police correctionnelle ? Si j'interroge la commission, elle le renvoie au jugement de la police correctionnelle...

Au banc de la commission. Vous vous trompez !

M. Goblet. La commission a renvoyé aux tribunaux correctionnels la connaissance des provocations à des crimes non suivies d'effet...

M. Ribot. Mais, pas du tout, c'est une erreur !

M. Goblet. Je vous demande pardon ! c'est inscrit dans le tableau annexe, qu'elle nous a fait distribuer. Il y est dit que la provocation, non suivie d'effet, serait soumise au jugement des tribunaux correctionnels...

M. Agniel. Mais non ! Lisez l'article 48, il dit exactement le contraire !

M. Goblet. Soit. Je prenais les deux termes de l'argumentation, parce que je pensais que la commission...

Un membre. Lisez l'article...

M. le président. En voici le texte :

« Sont déférés à la cour d'assises... outre les provocations aux crimes suivies d'effet, les délits de provocation au crime non suivie d'effet... »

A gauche. Oui, mais non pas les provocations au délit.

M. René Goblet. Il y a alors une erreur dans le tableau qui nous a été distribué ; je le maintiens. Et s'il en est ainsi, j'interpelle la commission ou plutôt son ancien rapporteur et l'honorable M. Ribot lui-même. Vous dites : « Nous ne poursuivons que les délits de droit commun. » Et la provocation non suivie d'effet, qui n'est qu'un simple délit suivant vous, pourquoi la renvoyez-vous devant le jury ?

M. Ribot. C'est M. Émile Ollivier qui a soutenu cette thèse !

M. René Goblet. Quand M. Ollivier, en 1868, présentait son contre-projet sur

PROVOCATION AUX CRIMES ET DÉLITS.

la presse, il renvoyait, au contraire, par application du droit commun, les délits devant la police correctionnelle.

M. Ribot. Mais la diffamation contre un fonctionnaire public, est-ce que vous prétendez qu'on pourra la renvoyer à la police correctionnelle ?

M. René Goblet. Je ne m'occupe pas en ce moment des délits d'ordre privé, mais des délits touchant à l'ordre public, et je ne fais pas difficulté de reconnaître que la diffamation est un délit de presse. Il ne faut pas mêler les questions.

Mais je laisse de côté ces arguments juridiques. Il y a dans la question qui nous occupe un autre côté, sur lequel j'appelle votre attention, et qui avait été abordé l'autre jour, dans un discours auquel l'honorable M. Ribot a voulu répondre aujourd'hui.

On dit : Qu'importe que la provocation n'ait pas été suivie d'effet, elle n'en est pas moins criminelle ; eh bien, alors, pourquoi la punissez-vous de peines moins sévères, la faisant ainsi bénéficier de la sagesse de ceux qui ne l'ont pas écoutée ?

Je suppose que cette provocation non suivie d'effet soit en réalité aussi criminelle, aussi coupable moralement, qu'importe ! Quelle est donc la véritable raison, le véritable fondement du droit de punir ? Ce n'est pas seulement l'immoralité de l'acte, je dirai même que c'est moins l'immoralité de l'acte en lui-même, moins son caractère blâmable, que la nécessité de protéger l'ordre public, que le préjudice causé à la société.

Et c'est ici que je rencontre un second caractère du délit de droit commun, tel que le définissait l'autre jour l'honorable garde des sceaux. Où est le véritable préjudice causé à l'ordre public quand la provocation n'a pas eu d'effet ? (Exclamations.)

M. le garde des sceaux. Et l'appel aux armes !

M. Ribot. Quand on appelle les citoyens à prendre le fusil, est-ce qu'il n'en résulte pas un trouble ?

M. René Goblet. Vous avez, monsieur Ribot, développé aujourd'hui fort éloquemment, fort habilement cette parole qu'avait dite l'autre jour l'honorable garde des sceaux : Il faut rassurer les citoyens, ils seraient alarmés s'ils ne sentaient pas toujours la main tutélaire de l'autorité, veillant sur leur sécurité et les protégeant contre les excès de la presse.

Mais, s'il en est ainsi, ne faisons pas une loi de liberté de la presse, faisons une loi de protection contre la presse, répudions absolument toutes les idées qui nous ont amenés à faire la loi actuelle !

M. Perin. Revenons à la loi de 1852, il n'y en a pas de plus topique !

M. Goblet. Avec l'argumentation de l'honorable M. Ribot, j'affirme qu'il n'y a pas de raison pour supprimer, dans la loi que nous allons voter, un seul délit de presse ; il faudrait les maintenir tous sous peine d'alarmer les citoyens et de les priver d'une protection indispensable.

Je vous citais tout à l'heure M. Thiers disant, en 1868, que la liberté de la presse était la première des libertés nécessaires. Dans cette même discussion — et je vous demande encore la permission de faire cette citation parce que je vois que j'ai besoin de justifier la thèse que je soutiens en ce moment, — dans cette même discussion où l'on faisait, ou du moins l'on voulait faire la distinction entre la critique, la censure permise et la violation qui inquiète les intérêts et qui doit être réprimée, M. Thiers disait encore : « Vous voulez la modération, c'est-à-dire la mesure, eh bien, où est-elle la mesure ? Dans les choses physiques, nous en avons une, nous Français, c'est le mètre ; mais dans les choses morales, où est le mètre ? Qui le possède ? »

Et en effet, depuis près d'un siècle que s'agitent ces questions, nous le cherchons et nous ne l'avons pas trouvé. Vous croyez l'avoir trouvé quand vous dites : On poursuivra la provocation directe et on ne poursuivra pas la provocation indirecte. Vous ne répondrez jamais à cela : c'est qu'on peut faire autant de mal, on peut inquiéter autant les esprits avec une provocation indirecte qu'avec une provocation brutale dont le bon sens public aura bientôt fait justice. Ne faisons pas de liberté de la presse ou faisons-la avec toutes ses conséquences nécessaires.

Toute la théorie de la répression en matière de presse est ici en jeu. Remarquez que si vous poursuivez, si vous donnez au Gouvernement la facilité de poursuivre sans une nécessité absolue, c'est-à-dire alors même qu'il n'y a eu ni crime ni délit commis, vous allez donner de la valeur et de l'importance à des choses qui n'en avaient pas, puisqu'elles étaient tombées dans l'indifférence publique.

Cela sera vrai alors même que vous aurez obtenu à grand'peine une condamnation, et une condamnation qui sera presque toujours inférieure à la culpabilité morale de l'auteur des écrits incriminés, mais qui, si par hasard elle dépassait la mesure, aurait bientôt fait de ramener vers lui l'attention et la sympathie publique.

Mais que sera-ce si, au lieu de la condamnation, vous aboutissez à l'acquittement, motivé par cette circonstance qu'il n'y a pas eu d'effet produit et que la provocation n'a pas causé de dommage? C'est alors que vous irez contre le but que vous voulez atteindre, et que vous arriverez à ce résultat que l'acquittement du prévenu deviendra une condamnation pour le Gouvernement. Est-ce là ce que vous voulez ?

L'honorable M. Ribot disait : Il y a des faits cependant qui ne peuvent pas être tolérés. Supposez un placard, disait-il, où il y aurait des provocations équivalant à des menaces de mort ou d'incendie ; eh bien, on poursuivra pour menaces de mort ou d'incendie.

Voilà où a été la grande habileté de ce discours...

La grande habileté de l'honorable M. Ribot a, suivant moi, consisté, au lieu de discuter la thèse qui était à débattre, à concentrer, après y avoir préparé les esprits, toute votre attention sur une hypothèse qui peut se produire exceptionnellement.

J'admets qu'on ait apposé sur un mur ce placard dont il a parlé : ou il aura la valeur d'une menace, et il tombera sous le coup de la loi ; ou il ne l'aura pas, et ne constituera plus qu'une provocation inefficace que vous devrez dédaigner.

M. Ribot. Pas du tout.

M. René Goblet. Mais, messieurs, on a oublié, selon moi, la situation dans laquelle nous discutons aujourd'hui. On dit qu'il faut prévenir le mal, arrêter la provocation avant qu'elle ait produit son effet ; ce n'est pas en matière de crime de droit commun, je suppose? On ne va pas provoquer, dans des journaux, à l'assassinat pour des motifs d'ordre privé?

M. Ribot. Pourquoi pas ?

M. René Goblet. Ce sont les crimes d'ordre politique que vous redoutez, n'est-il pas vrai? Et alors, je pose à mon tour une question à l'Assemblée, et je la supplie d'y réfléchir. Est-ce que vous connaissez des procès de presse qui aient empêché quelquefois la sédition ? Pour ma part, je connais moins bien peut-être la législation étrangère que l'honorable M. Ribot, mais je crois connaître mon histoire contemporaine, et j'y ai vu, si je ne me trompe, que loin d'empêcher la sédition, les procès de presse, au contraire, la précèdent immédiatement, et que le plus souvent ils en ont déterminé l'explosion.

Mais de quoi donc nous préoccupons-nous ? Dans quelle hypothèse exceptionnelle nous plaçons-nous pour discuter cette loi de liberté que nous faisons aujourd'hui?

Si nous étions dans les circonstances où l'on a fait la loi de 1822, celle de 1835 ou celle de 1849, je le comprendrais. Mais, à l'heure qu'il est, avez-vous donc

PROVOCATION AUX CRIMES ET DÉLITS.

oublié ces considérations si puissantes que, avec tant de verve et de raison, M. Allain-Targé développait l'autre jour à cette tribune ?

Et quand vous lui avez dit tout à l'heure, mon cher collègue, qu'il avait parlé plus en ancien magistrat qu'en homme politique, cette parole m'a étonné plus que toutes les autres dans votre bouche. Certes, il a parlé en homme politique, mais en homme d'une autre politique que la vôtre. (Très bien ! très bien ! à gauche.)

L'honorable M. Allain-Targé vous disait : Est-ce que nous pouvons oublier la situation dans laquelle nous faisons cette loi de liberté ? Est-ce que nous faisons une loi de théorie, ou bien faisons-nous une loi pour l'état actuel des choses, conforme au progrès de notre éducation politique ? Est-ce que nous pouvons oublier cette expérience que nous faisions depuis quelques années et qui est véritablement faite pour convaincre les plus hésitants et les plus timides ? Est-ce qu'elle n'a pas démontré qu'on peut laisser dire et publier impunément les choses les plus exorbitantes, les plus insensées, et, loin que le résultat ait été dangereux, est-ce qu'il n'est pas arrivé que plus la presse a joui d'une liberté qu'elle a portée jusqu'à la licence, plus le calme s'est fait dans les esprits comme dans la rue ? Et le résultat des intempérances, des insanités auxquelles certains orateurs se sont laissés entraîner, n'a-t-il pas été des plus salutaires, puisque, dans ce pays si sensé et si raisonnable, elles ont eu pour effet de ramener de plus en plus la grande masse des esprits au mépris des excès en tout genre et au respect de la loi, de la sagesse et de la raison. Voilà ce qu'a produit la liberté. (Très bien ! très bien ! à gauche.)

Je dis donc, à mon tour, après l'honorable M. Allain-Targé, que ce n'est pas le moment, malgré les inquiétudes extraordinaires qui viennent de se manifester à cette tribune, de troubler ce travail si rassurant, si satisfaisant, qui s'opère dans le tempérament politique de ce pays ; qu'au contraire le moment est venu, puisque les circonstances nous y convient, de faire cette grande loi de liberté que nous avons promise, mais qu'il faut la faire sincère, et puisque nous sommes d'accord pour supprimer les délits d'opinion, qu'il ne faut pas les maintenir sous une autre qualification.

Avec cet article, vous pourrez toujours poursuivre la pensée lorsqu'elle aura dépassé les limites que vous croyez devoir lui imposer. Si vous le votez, vous aurez inséré dans la loi une disposition anti-juridique, anti-libérale et dangereuse, si elle n'est pas absolument inutile ; vous aurez gâté de vos propres mains l'œuvre méritoire que la commission a si laborieusement préparée et qui doit faire le plus grand honneur à cette Chambre.

Cette disposition était une tache dans la loi ; la commission l'a compris ; elle a parfaitement fait de la faire disparaître, et je suis convaincu que la majorité de cette Chambre ne la désavouera pas. (Applaudissements à gauche.)

M. le président. Il a été déposé deux demandes de scrutin, signées :

La 1re, par MM. Binachon, Trarieux, Récipon, Riban, Amat, Eug. Durand, V. Plessier, Frank-Chauveau, Casimir.Périer, Paul Devès, Ch. Truelle, Jametel, Labadié, Leroux, Trouard-Riolle, Guichard, Margue, Sénard, Horteur, etc.

La 2e, par MM. Bizarelli, Barodet, Bosc, Clémenceau, Ballue, G. Casse, Cantagrel, Favand, Bousquet, Bastid, Naquet, Gatineau, Dethou, Vernhes, Floquet, Bertholon, Jouffrault, de Lasbaysses, G. Perin, Turigny, etc.

Il va être procédé au scrutin.

(Le scrutin est ouvert et les votes sont recueillis. — MM. les secrétaires en opèrent le dépouillement.)

ONT VOTÉ POUR :

MM. Amat. Andrieux. Arnoult.

Baïhaut. Barbedette. Bardoux. Barthe (Marcel). Baury. Beaussire. Bernier. Beth-

mont (Paul). Binachon. Bizot de Fonteny. Bonnaud. Borriglione. Brice (René).
Bruneau.

Carnot (Sadi). Casimir-Perier (Aube). Casimir-Perier (Paul) (Seine-Inférieure).
Caurant. Chanal (général de). Chauveau (Franck). Chiris. Choiseul (Horace de).
Choron. Cochery. Constans. Corentin-Guyho.

Danelle-Bernardin. Deniau. Deusy. Devade. Devaux. Develle (Eure). Devès.
Dreux. Drumel. Durand (Ille-et-Vilaine).

Fallières. Ferry (Jules). Fréminet.

Ganne. Gévelot. Girard (Alfred). Girerd. Godin (Jules). Grollier. Guichard.
Guillemin.

Horteur.

Jametel. Jozon.

Labadié (Bouches-du-Rhône). La Case (Louis). Lalanne. Langlois. Laumond.
Laurençon. Lavergne (Bernard). La Vieille. Lebaudy. Lecomte (Mayenne). Legrand (Valenciennes, Nord). Leroux (Aimé) (Aisne). Le Vavasseur.

Magniez. Maigne (Jules). Martin-Feuillée. Mestreau. Mingasson. M reau. Morel (Haute-Loire). Morel (Hippolyte) (Manche). Mougeot.

Nédellec. Neveux. Noël Parfait. Noirot.

Oudoul.

Patissier. Péronne. Philippoteaux. Picard (Arthur) (Basses-Alpes). Pinault.
Plessier.

Rameau. Raynal. Récipon. Renault-Morlière. Riban. Ribot. Riotteau. Roux
(Honoré).

Savary. Senard. Simon (Fidèle). Sonnier (de). Souchu-Servinière. Soye.
Swiney.

Tassin. Teilhard. Teissèdre. Tézenas. Thomas. Tirard. Trarieux. Trouard-
Riolle. Truelle. Turquet.

Waddington (Richard).

ONT VOTÉ CONTRE :

MM. Abbatucci. Achard. Allain-Targé. Allègre. Allemand. Ancel. André (Jules). Anisson-Duperron. Anthoard. Arenberg (prince d'). Ariste (d'). Arrazat.
Audiffred. Aulan (marquis d').

Baduel d'Oustrac. Ballue. Bamberger. Barascud. Barodet. Bastid (Adrien).
Baudry-d'Asson (de). Beauchamp (de). Beauquier. Bélizal (vicomte de). Belle. Bellissen (de). Benazet. Berger. Bergerot. Berlet. Bernard. Bertholon. Bianchi. Bienvenu. Biliais (de La). Bizarelli. Blachère. Blanc (Louis) (Seine). Blanc (Pierre)
(Savoie). Blandin. Blin de Bourdon (vicomte). Bonnet-Duverdier. Bosc. Bouchet.
Boudeville. Boulard (Cher). Bouquet. Bourgeois. Bousquet. Bouteille. Boyer (Ferdinand). Boysset. Brame (Georges). Bravet. Brelay. Bresson. Breteuil (marquis
de). Brierre. Brisson (Henri). Brossard. Buyat.

Caduc. Cantagrel. Casabianca (vicomte de). Casse (Germain). Castaignède. Cavalié. Caze. Cazeaux. Chalamet. Chaley. Chantemille. Charlemagne. Charpentier. Chavanne. Chavoix. Chevallay. Chevreau (Léon). Cirier. Clémenceau.
Colbert-Laplace (comte de). Combes. Corneau. Cornil. Cossé-Brissac (comte de).
Cotte. Couturier. Crozet-Fourneyron.

Daguilhon-Pujol. Daron. Datas. Daumas. Dautresme. David (Jean) (Gers). David (baron Jérôme) (Gironde). Dubuchy. Defoulenay. Delafosse. Deluns-Montaud.
Desloges. Desseaux. Develle (Meuse). Diancourt. Douville-Maillefeu (comte de).
Dréo. Dréolle (Ernest). Dreyfus (Ferdinand). Du Bodan. Dubois (Côte-d'Or). Dubost (Antonin). Ducroz. Du Douët. Dufour (baron) (Lot). Dupont. Duportal. Durfort
de Civrac (comte de). Duvaux.

PROVOCATION AUX CRIMES ET DÉLITS.

Escanyé. Escarguel. Eschasseriaux (baron). Eschasseriaux (René). Espeuilles (comte d'). Éven.

Farcy. Faure (Hippolyte). Favand. Ferrary. Flandin. Fleury. Floquet. Folliet. Forné. Fouquet. Fourot. Fousset. Franconie. Frébault. Freppel.

Gagneur. Galpin. Ganivet. Garrigat. Gaslonde. Gassier. Gasté (de). Gastu. Gatineau. Gaudy. Gautier (René). Gent (Alphonse). Germain (Henri). Gilliot. Ginoux de Fermon (comte). Girardin (Émile de). Girault (Cher). Girot-Pouzol. Giroud. Goblet. Godelle. Godissart. Gonidec de Traissan (comte le) Granier de Cassagnac (Georges). Granier de Cassagnac (Paul). Greppo. Gros-Gurin. Guillot (Louis). Guyot (Rhône).

Haentjens. Hamille (Victor). Harcourt (duc d'). Havrincourt (marquis d'). Hérisson. Hermary. Hugot. Huon de Penanster.

Jacques. Janvier de La Motte (père) (Eure). Janzé (baron de). Jeanmaire. Jenty. Joigneaux. Jolibois. Joubert. Jouffrault. Journault. Juigné (comte de).

Keller. Kermenguy (vicomte de). Klopstein (baron de).

Labadié (Aude). La Bassetière (de). Labat. Labitte. Labuze. Lacretelle (Henri de). Laffitte de Lajoannenque (de). La Grange (baron de). Laisant. Lalanne. La Porte (de). Largentaye (de). La Rochefoucauld, duc de Bisaccia. Laroche-Joubert. La Rochette (Ernest de). Larrey (baron). Lasbaysses. Latrade. Lecherbonnier. Léconte (Indre). Legrand (Arthur) (Manche). Legrand (Pierre) (Nord). Lelièvre (Adolphe). Le Maguet. Le Marois (comte). Le Monnier. Lenglé. Léon (prince de). Le Peletier d'Aunay (comte). Lepère. Le Provost de Launay (Côtes-du-Nord). Leroy (Arthur). Levêque. Levert. Levet (Georges). Liouville. Livois. Lockroy. Logerotte. Lombard. Loqueyssie (de). Lerois (Morbihan). Loustalot.

Madier de Montjau. Mahy (de). Maillé (d'Angers). Maillé (comte de). Marcère (de). Marcou. Maréchal. Marmottan. Masure (Gustave). Mathé. Mathieu. Maunoury. Mayet. Maze (Hippolyte). Médal. Ménard-Dorian. Mention (Charles). Mercier. Michaut. Mir. Mitchell (Robert). Montané. Murat (comte Joachim).

Nadaud (Martin). Naquet (Alfred). Niel.

Ollivier (Auguste). Ordinaire (Dionys). Ornano (Cuneo de).

Padoue (duc de). Parry. Partz (marquis de). Pascal-Duprat. Paulon. Pellet (Marcellin). Penicaud. Perin (Georges). Perras. Perrien (comte de). Petitbien. Peulevey. Philippe (Jules). Plichon. Ponlevoy (Frogier de). Pouliot. Pradal. Prax-Paris. Proust (Antonin).

Raspail (Benjamin). Rathier (Yonne). Rauline. Réaux (Marie-Émile). Reille (baron). Renault (Léon). Reymond (Francisque) (Loire). Reyneau. Richarme. Rivière. Roissard du Bellet (baron). Rollet. Roques. Rotours (des). Roudier. Rougé. Rouher. Rouvier. Roy de Loulay (Louis). Rubillard.

Saint-Martin (de) (Indre). Saint-Martin (Vaucluse). Sallard. Salomon. Sarlande. Sarrette. Sarrien. Savoye. Scrépel. Sée (Camille). Seignobos. Sentenac. Septenville (baron de). Serph (Gusman). Soland (de). Soubeyran (baron de). Sourigues. Spuller.

Talandier. Tallon (Alfred). Tardieu. Teilliez-Béthume. Thoinnet de la Turmelière. Thomson. Thiersot. Tondu. Tron. Trubert. Trystram. Turigny.

Vacher. Valon (de). Varambon. Vaschalde. Vernhes. Versigny. Viette. Villain. Villiers.

Waldeck-Rousseau.

N'ONT PAS PRIS PART AU VOTE :

MM. Agniel. Allain-Targé. Armez. Azémar. Bel (François). Belon. Benoist. Bert (Paul). Boissy-d'Anglas (baron). Boulart (Landes). Bouthier de Rochefort. Chaix (Cyprien). Chevandier. Christophle (Albert). Cibiel. Clerc (de). Costes. Desbons. Dethou. Duchasseint. Durieu. Feltre (duc de). Gambetta. Gasconi. Gaudin. Ga-

vini. Guyot-Montpayroux. Haussmann (baron). Hovius. Janvier de la Motte (Louis).
Ladoucette (de). Lamy (Étienne). Lanauve. Lepouzé. Le Provost de Launay (Calvados). Lisbonne. Loubet. Mackau (baron de). Malézieux. Marion. Marquiset. Méline. Ménier. Osmoy (comte d'). Papon. Passy (Louis). Perrochel (de). Picart
(Alphonse). (Marne). Poujade. Taillefer. Thiessé. Thirion-Montauban. Vignancourt. Wilson.

N'ONT PAS PRIS PART AU VOTE

*comme ayant été retenus à la commission d'enquête sur les actes du général de
Cissey pendant son ministère :*

MM. Le Faure. Margaine. Roger. Royer. Roys (comte de). Valfons (marquis de).
Vendeuvre (général de).

ABSENTS PAR CONGÉ :

MM. Cadot (Louis). Cesbron. David (Indre). Descamps. Duclaud. Fauré. Giraud
(Henri). Guilloutet (de). Harispe. Hémon. Hérault. Lasserre. Margue. Mas. Monteils. Riondel. Rouvre.

Nombre des votants	451
Majorité absolue	226
Pour l'adoption	112
Contre	339

La Chambre des députés n'a pas adopté l'amendement de M. Ribot sur l'article 25
supprimé par la commission et relatif à la provocation non suivie d'effet.

M. le président. Nous passons à l'article 25, ancien article 28.

« Art. 25. — Toute provocation par l'un des moyens énoncés en l'article 24
adressée à des militaires des armées de terre ou de mer, dans le but de les détourner de leurs devoirs militaires et de l'obéissance qu'ils doivent à leurs chefs,
sera punie d'un emprisonnement d'un mois à six mois et d'une amende de 16 à
100 fr., sans préjudice des peines plus graves prononcées par la loi, lorsque le fait
constituera une tentative d'embauchage ou une provocation à une action qualifiée
crime. »

M. le président. Monsieur Ribot, maintenez-vous la seconde partie de votre
amendement sur cet article ?

M. Ribot. Je le retire, la commission maintenant son article.

M. René Goblet. Messieurs, j'ai demandé la suppression, non seulement de
l'article 27, devenu l'article 25, sur lequel la Chambre vient de voter, mais encore
la suppression de l'article suivant.

En effet, je crois, pour ma part, qu'il n'y a pas à distinguer entre ces deux dispositions. C'est également l'avis de notre honorable collègue, M. Ribot, qui demandait le maintien des deux articles. Quant à la commission, ainsi que j'ai eu
l'honneur de vous le dire, elle a maintenu le second tout en supprimant le premier. Quelle est la raison de cette distinction ?

La commission ne nous l'a pas dit, mais probablement elle se réserve de la faire
connaître tout à l'heure à la Chambre.

Quant à moi, je crois être absolument logique en demandant à la Chambre
d'appliquer à l'article en discussion la solution qu'elle vient de voter tout à l'heure
pour l'article précédent. Il s'agit, dans l'un comme dans l'autre cas, de provocation non suivie d'effet; seulement l'article précédent visait la provocation à un
crime, et ce que prévoit celui-ci n'est même pas une provocation à un délit : c'est

une provocation à un manquement indéterminé, mal caractérisé, que M. Ribot, dans son amendement, appelait la désobéissance et qui est ainsi qualifié dans la loi de 1849, reproduite par la commission : « La provocation à des militaires, à l'effet de les détourner de leurs devoirs et de l'obéissance qu'ils doivent à leurs chefs. » Je le répète, ce n'est pas même une provocation à un délit.

Je sais tout ce qui peut être dit à ce sujet, au point de vue du sentiment et par des personnes qui ne se piquent ni de logique absolue, ni d'esprit juridique : Il s'agit ici de l'armée ! Il faut protéger l'armée ! Il ne faut pas qu'on puisse toucher à sa discipline ! Permettez-moi de vous dire qu'on n'avait pas attendu pour se pénétrer de ce grand besoin social l'époque de 1849 ; il faut se reporter aux circonstances dans lesquelles cette disposition a été votée pour s'expliquer qu'elle ait pu l'être. Cette loi de 1849, loi détestable dont M. Floquet disait l'autre jour, avec raison, qu'elle avait laissé peu à faire au décret de 1852, n'est qu'une de ces lois de circonstance rendues au lendemain d'une insurrection, que le législateur doit tenir à honneur de supprimer le jour où le calme est revenu dans les esprits. (Très bien ! à gauche.)

Mais, pour protéger l'armée contre l'esprit d'indiscipline, il y avait une disposition qui avait suffi jusque-là et qui existe encore dans le code de justice militaire. C'est la disposition sur l'embauchage ; je vous demande la permission d'en faire connaître les termes :

« Est considéré comme embaucheur et puni de mort, tout individu convaincu d'avoir provoqué des militaires à passer à l'ennemi ou aux rebelles armés, de leur en avoir sciemment facilité les moyens. »

C'est là une disposition qui s'applique aux personnes civiles comme aux militaires, puisque le paragraphe suivant ajoute :

« Si le coupable est un militaire, il est en outre puni de la dégradation militaire. »

Ainsi, voilà une provocation adressée à des militaires, pour les engager à se joindre à des rebelles armés; cette provocation, même alors qu'elle n'est pas suivie d'effet, le code de justice militaire la punit de mort. Je crois qu'il y a là une protection suffisante, et que surtout il est impossible d'ajouter à cette protection d'autres garanties résultant d'une disposition aussi vague, aussi indéterminée que celle qui avait été votée en 1849.

Messieurs, je voudrais faire appel aux souvenirs de ceux de nos collègues qui faisaient partie avec moi de l'Assemblée nationale. Ils se souviennent sans doute d'un discours qui produisit un grand effet dans l'Assemblée et qui fut prononcé en 1872 par M. le colonel Denfert sur l'obéissance passive dans l'armée. Je ne fais pas de doute que si, au lieu d'être un discours, cette argumentation s'était produite sous la forme d'un article de journal, elle aurait pu être poursuivie en vertu de la loi de 1849.

Un membre à gauche. C'est vrai !

M. René Goblet… et si je ne craignais de prolonger le débat et d'abuser de l'attention de la Chambre, je pourrais lui montrer tel article que j'ai là qui a été poursuivi en 1873, et dont les auteurs ont été condamnés en vertu de cette loi, parce qu'on y développait cette idée que désormais les soldats refuseraient de combattre contre la République et que les chefs qui donneraient un ordre pareil en seraient les premières victimes.

M. Ribot proposait de dire qu'il y aurait provocation punissable si l'on excitait à la désobéissance envers les chefs. Quoi ! même s'il s'agissait d'ordres dirigés contre la constitution et les lois ?

Je le répète, cette loi de circonstance, le moment est venu de la supprimer.

Mais, messieurs, vous permettez l'attaque à la Constitution, l'attaque au suffrage universel, à la propriété, et vous voulez punir toute excitation qui pourrait porter atteinte à la discipline dans l'armée. (Interruptions à droite.)

Messieurs, je respecte l'armée autant qu'aucun de vous, je vous assure, et je pourrais dire même qu'en parlant ainsi je la respecte plus que ceux qui veulent cette disposition.

Pourquoi permettez-vous d'attaquer le suffrage universel ? parce que vous avez confiance en lui, et que vous savez qu'il ne vous trompera pas. Moi, j'ai la même confiance dans l'armée.

Je comprendrais peut-être vos défiances si nous en étions à l'époque où l'armée n'était pas fondée comme aujourd'hui sur le principe de l'égalité de tous les citoyens devant l'obligation militaire. Oui, alors qu'elle formait une sorte de corps à part dans la nation, une armée qu'un peu plus tard on pouvait appeler prétorienne, alors qu'elle n'était pas seulement une protection contre l'étranger, mais aussi la garde d'un pouvoir tyrannique et absolu, alors je comprends qu'on ait cru à la nécessité de la protéger contre des excitations qui pouvaient compromettre sa fidélité. Mais l'armée n'est plus cela aujourd'hui, elle se confond avec la nation ; comme la nation, elle ne connaît que la loi, et ce ne sont pas des articles de journaux qui pourront la détourner de l'esprit qui l'anime et la faire manquer à ses devoirs envers le pays et envers le Gouvernement. En conséquence, je dis — et je ne veux pas ajouter d'autres observations, — que l'article 26 doit aller rejoindre l'article 25 que vous avez rejeté.

M. le président. M. Léon Renault a la parole au nom de la commission.

M. Léon Renault. Messieurs, peu de mots suffiront, je l'espère, pour démontrer à la Chambre que la commission n'a manqué ni de logique, ni d'esprit libéral, ni de jugement politique, en maintenant l'article 28 de son projet de loi après avoir, à la suite d'un vote précédent de la Chambre, effacé l'article 25.

L'article 25, en effet, punissait les provocations adressées à l'opinion, à la masse des citoyens. La commission a pensé que le jugement qu'il convenait de porter sur de telles provocations pouvait être laissé, quand elles n'avaient entraîné aucun effet, à la raison, au bon sens et au discernement chaque jour croissant du suffrage universel.

L'article 26 prévoit et règle des provocations d'un ordre différent et spécial. La commission a dû se demander s'il y avait à la fois une action mauvaise, un mal social certain, dans les provocations adressées à des militaires des armées de terre ou de mer, en vue de les amener à la révolte, de les faire sortir de leur devoir et de les détourner de l'obéissance qu'ils doivent à leurs chefs.

La commission a pensé que, lorsqu'il s'agirait de telles provocations, de provocations visant des corps qui vivent de hiérarchie, dont l'office seul est la défense de la loi et de la patrie, la loi devait prévoir et réprimer. Elle ne s'est pas mise en contradiction avec elle-même. L'armée en effet, qu'elle entend défendre contre des appels coupables et dangereux, n'a pas à juger : son rôle est d'obéir. Elle se distingue par là du corps entier de la nation, qui a le droit et le devoir de juger et de décider librement sur toutes choses. Après avoir refusé d'atteindre la provocation ordinaire quand elle n'a pas été suivie d'effet, nous avons, sans nous préoccuper des conséquences, frappé toute provocation adressée à l'armée lorsqu'elle a pour but de la détourner de l'obéissance qu'elle doit à ses chefs et à la loi.

On a prétendu que le droit commun réprimait cette provocation. C'est une erreur ! Si vous voulez vous reporter au code militaire, vous verrez que le crime d'embauchage ne prévoit qu'un cas : celui où des bandes armées se sont formées sur le territoire, où l'étranger l'a envahi, et où des provocations se produisent, destinées à entraîner des militaires à passer du côté de ces bandes ou de l'ennemi.

Le droit commun était donc impuissant en face des provocations particulières, que définit et punit l'article 25. S'en contenter, c'eût été laisser se produire une situation incompatible avec cette obéissance hiérarchique et respectueuse des lois, qui est comme le fondement des institutions militaires dans une société libre, démocratique et républicaine. (Très bien ! très bien ! sur divers bancs.)

PROVOCATION AUX CRIMES ET DÉLITS.

Voilà, messieurs, quelles sont les raisons qui ont fait que la commission a maintenu l'article 25 et qui lui font demander à la Chambre de ne pas suivre M. Goblet dans la voie des suppressions nouvelles qu'il vous propose. (Marques d'approbation.)

M. Gatineau. Messieurs, il s'agit encore, dans cet article, d'une provocation non suivie d'effet, et c'est assurément le cas d'invoquer le principe qui a reçu tout à l'heure, par la bouche de notre honorable collègue M. Goblet, un développement auquel la Chambre a été sensible, si j'en juge par le vote qu'elle vient d'émettre.

Où est le péril? Quelle utilité y a-t-il à porter une peine contre une provocation qui ne produit absolument aucun effet?

Quelle est d'ailleurs la portée de votre article au point de vue pénal? C'est un article préventif, c'est-à-dire un article en désaccord avec les règles générales en matière de pénalité. Je sais qu'il y a une exception, — M. Agniel me la rappellerait, si j'oubliais d'en faire mention, — il existe une exception lorsqu'il s'agit de la sûreté intérieure ou extérieure de l'État; mais jamais, dans aucune législation, on n'a eu l'idée de faire jouer au code pénal un rôle préventif.

La répression ne peut frapper que des faits accomplis ou des tentatives dont le caractère est déterminé par la loi générale.

Les condamnations n'ont un caractère préventif, qu'en ce sens qu'elles servent d'exemple et découragent les coupables futurs par l'avertissement que leur application fournit à la société.

Où trouver une raison de maintenir des peines pour les provocations non suivies d'effet?

Il n'y en a absolument aucune. Remarquez que lorsque la provocation est suivie d'effet, ou seulement réunit les caractères de la tentative, le droit commun, qui est formellement réservé dans l'article, la réprime avec la dernière sévérité.

L'article 157 du code de justice militaire punit de la peine de mort la simple tentative d'embauchage; cela devrait suffire.

M. le président. La parole est à M. Agniel, au nom de la commission.

M. Agniel. Messieurs, permettez-moi de protester contre une affirmation inexacte, à mon sens, de l'honorable M. Gatineau. Je n'admets pas que la provocation ne constitue une infraction punissable en matière générale et d'après les principes de droit commun que tout autant qu'elle est suivie d'effet. Et j'en trouve la preuve, non dans un article isolé, mais dans tous les articles du code pénal, qui ont puni la provocation. C'est que toutes les fois que le code pénal de droit commun a puni la provocation, il n'a jamais, je répète jamais et je mets au défi de trouver une seule exception, il n'a jamais distingué, si ce n'est quant à l'application de la peine, entre la provocation suivie d'effet et la provocation non suivie d'effet.

D'après la théorie du code pénal, la provocation existe comme infraction au droit commun, qu'il y ait ou qu'il n'y ait pas eu effet ensuivi, et le code pénal ne fait de différence entre les deux cas que pour l'application de la peine. Donc, messieurs, laissons de côté cet argument.

M. Gatineau. Citez des espèces, des exemples!

M. Agniel. Je reconnais, avec l'honorable M. Gatineau, que le projet originaire de la commission avait retenu d'une manière générale, comme constituant une infraction, la provocation au crime non suivie d'effet; mais je rappelle qu'à la suite du vote de la Chambre de jeudi dernier, dont il convenait à tous les points de vue que la commission tînt compte, la commission, inspirée par un désir très avouable de conciliation, a renoncé à ce que l'expression de son opinion pouvait avoir de trop général ou de trop rigoureux. C'est par cette considération que la commission a abandonné la rédaction première de l'article 27; mais elle devait, à raison d'une nécessité d'intérêt public à ses yeux incontestable, maintenir la rédaction de l'article 25 que je vous demande d'adopter.

Quelle était la raison de cette exception? Elle était dans un intérêt plus que considérable aux yeux de la commission, dans l'intérêt essentiel qui s'attache au maintien de la discipline dans l'armée, discipline qui est une condition nécessaire de son fonctionnement patriotique. (Très bien! très bien!)

La commission a estimé que si vous ne vouliez pas que l'armée, à une heure donnée, se transformât en prétoriens, il ne fallait pas que la discipline militaire pût être entamée par la provocation, alors même que cette provocation se heurterait au bon sens de l'armée et à son patriotisme. La commission a pensé que c'était commettre un véritable délit que de s'interposer entre l'armée, chargée par la loi d'une mission qui ne peut être accompli que par l'obéissance envers les chefs, et cette mission elle-même.

Permettez-moi un exemple. L'armée sera chargée *manu militari*, comme dit la jurisprudence, d'assurer l'exécution des lois, des arrêts de justice. Ce ne sera pas uniquement une série d'articles de journaux qui seront adressés aux militaires pour les provoquer, non pas à passer à l'ennemi, mais purement et simplement à rester dans une inaction coupable, à refuser l'obéissance qui est due aux chefs.

Il y a deux mois, alors qu'il s'agissait de l'exécution des décrets, il avait fallu que les forces militaires fussent dirigées vers l'abbaye des Prémontrés... (Rires ironiques à droite.)

M. Livois. Ne parlez pas de cela!

M. Agniel. C'est un souvenir qu'il ne faut pas répudier. Les forces militaires, dis-je, étaient dirigées vers l'abbaye des Prémontrés. Était-ce utile ou nécessaire? Je n'ai pas à le démontrer; mais ce que je constaterai, c'est que les soldats exécutaient une consigne.

Supposons qu'en présence de la force armée, une série d'orateurs animés d'un zèle aussi catholique qu'illégal!... (Rires approbatifs à gauche. — Rumeurs à droite.) Messieurs, cette coïncidence peut se rencontrer exceptionnellement, je crois. Supposons ces orateurs se glissant entre le général, les officiers et le corps de troupe, et là, épuisant leur éloquence à démontrer aux soldats que les ordres de leurs chefs, dont ils doivent assurer l'exécution, sont des ordres empreints d'un caractère absolu d'illégalité, et qu'ils doivent en conscience se refuser à les exécuter.

M. Alphonse Gent. A-t-on poursuivi?

M. Agniel. Je ne sais pas si le fait s'est produit; c'est une hypothèse que j'imagine. Mais si elle se réalise, dites-moi quelle est la situation que vous entendez faire aux chefs en pareil cas. Devront-ils assister impassibles et impuissants à ces interpellations? Devront-ils participer à la joute oratoire, et, se tournant vers leurs soldats, leur prouver l'inanité des exhortations qui leur sont adressées?

Un membre. Et la loi militaire!

M. Agniel. Ne parlez pas de la loi militaire et de l'embauchage; la loi militaire ne s'applique pas ici. Si vous n'admettez pas le délit de provocation spéciale que vise l'article 25, vous proclamez par cela même — je précise, et la conscience de chacun dira si elle accepte ce résultat — que lorsque les chefs militaires se trouveront en présence de ceux qui adjureront les soldats de ne pas obéir...

M. Charles Abbatucci. Ils les feront empoigner!

M. Agniel. Ils commettraient, en les faisant empoigner, un abus d'autorité (Exclamations sur divers bancs.)

M. le comte de Douville-Maillefeu. Allons donc!

M. Agniel. Allons donc! n'a jamais été une réponse décisive, et je voudrais bien que mon honorable collègue substituât à cet argument trop simple une explication de sa pensée qui me permit de lui répondre.

M. le comte de Douville-Maillefeu. Je demande la parole.

M. Agniel. Si vous admettez que celui qui adressera une provocation verbale

PROVOCATION AUX CRIMES ET DÉLITS.

aux soldats, en les invitant à désobéir ou à ne pas désobéir à leurs chefs ne commet pas un délit, nul n'a le droit de l'empêcher de continuer ses exhortations, et le chef qui se permettrait de l'interrompre par une arrestation commettrait purement et simplement un acte d'arrestation arbitraire. (Interruptions.) Il serait assez étrange que vous déclariez que ce provocateur qui commet un acte non seulement inoffensif, mais légal, pût être immédiatement l'objet d'une arrestation, lorsqu'il ne peut pas être, à raison de cet acte, déféré à la justice régulière.

La question est simple : Veut-on, oui ou non, maintenir intacte la discipline dans l'armée ?

La commission a pensé que si l'on voulait maintenir dans son intégrité la discipline, il fallait expressément interdire ces provocations à la désobéissance qui ne sont pas interdites par la loi particulière sur l'embauchage ; c'est pour ce motif que je vous demande, au nom de la commission, de maintenir la rédaction de l'article 25. (Très bien ! très bien !)

M. le président. M. de Douville-Maillefeu a la parole.

M. le comte de Douville-Maillefeu. Messieurs, je n'avais pas l'intention de prendre la parole, mais puisque l'honorable orateur qui descend de la tribune m'a fait l'honneur de m'y appeler, je vais répondre en quelques mots bien simples.

Je ne crois pas qu'il y ait ici une seule personne ayant eu l'honneur de porter l'épaulette, quel qu'ait été son grade, quelle qu'ait été l'arme dans laquelle elle ait servi, qui puisse — passez-moi le mot — prendre au sérieux la thèse que vient de développer l'honorable préopinant.

Comment ! messieurs, au moment où un capitaine, un lieutenant, n'importe quel officier aura des hommes sous ses ordres, quelqu'un, malgré les règlements sur le service intérieur, qui sont la véritable loi de l'officier...

Plusieurs membres à gauche. C'est évident !

M. le comte de Douville-Maillefeu.... quelqu'un aura le droit de pénétrer dans les rangs et de dire aux hommes : « N'écoutez pas votre capitaine ! J'ai le droit de vous dire ceci, la loi ne le défend pas ! »

Messieurs, c'est là un argument — il faut bien dire les choses comme elles sont — qui n'est pas sérieux. Je n'ajoute pas un mot de plus. (Rire général ! — Aux voix !)

M. Gatineau. Messieurs, je n'entends pas répondre par un discours aux observations de notre honorable collègue M. Agniel. Je veux seulement rappeler un fait et une époque.

La preuve que de simples tentatives d'embauchage pour amener des soldats dans les rangs de rebelles armés sont punies de mort, c'est le souvenir de Gaston Crémieux qui me la fournit. (Mouvement.)

J'ajoute que si les principes qui viennent d'être développés tout à l'heure à la tribune avaient été mis en application par le 16 mai, pas un seul d'entre nous, pas un seul journal n'eût échappé ! (Très bien ! très bien ! et applaudissements sur divers bancs à gauche.)

Plusieurs membres. Voilà la vérité !

M. le président. La parole est à M. le garde des sceaux.

M. Cazot, *garde des sceaux, ministre de la justice.* Messieurs, je ne veux pas rentrer dans la discussion, ni répéter, à l'appui de la disposition en discussion, les motifs qui ont été si excellemment développés, soit par l'honorable M. Léon Renault, soit par l'honorable rapporteur de la commission. Je viens apporter à cette tribune une simple déclaration.

Pour l'honneur du Gouvernement, pour l'honneur de cette Assemblée, et, permettez-moi de le dire, pour l'honneur de l'armée, je viens vous prier de voter l'article 25 et de maintenir dans votre œuvre, qui, si elle est conduite jusqu'au bout, sera pour vous un titre de gloire, une disposition dont le rejet aurait pour conséquence nécessaire d'affaiblir dans l'esprit de l'armée ces vertus militaires qui sont sa force et qui intéressent à un si haut degré la sécurité de l'État. (Applaudissements à gauche et au centre. — Exclamations sur d'autres bancs.)

M. le président. Il y a sur l'article 25 une demande de scrutin signée de MM. Germain Casse, Gatineau, Lockroy, Clémenceau, G. Périn, Floquet, A. Gent, Margue, le comte de Douville-Maillefeu, Barodet, Greppo, Bertholon. Vernhes, Favand, Jouffrault, L. Blanc, Madier de Montjau, Mathé, Bosc, Beauquier, etc.

Il va être procédé au scrutin.

(Le scrutin est ouvert et les votes sont recueillis.)

M. le président. Le dépouillement du scrutin public sur l'article 25 donne les résultats suivants :

ONT VOTÉ POUR :

MM. Agniel. Allègre. Allemand. Amat. Andrieux. Anthoard. Armez. Arnoult. Baïhaut. Bamberger. Barbedette. Bardoux. Barthe (Marcel). Baury. Beaussire. Bel (François). Belle. Bellissen (de). Belon. Benoist. Berlet. Bernard. Bernier. Bert (Paul). Bethmont (Paul). Bienvenu. Binachon. Bizot de Fonteny. Blanc (Pierre) (Savoie). Blandin. Bonnaud. Borriglione. Boudeville. Boulard (Cher). Routeille. Bouthier de Rochefort. Bravet. Bresson. Brice (René). Brossard. Bruneau. Buyat. Carnot (Sadi). Casimir-Perier (Aube). Casimir-Perier (Paul) (Seine-Inférieure). Caurant. Cavalié. Caze. Chaix (Cyprien). Chalamet. Chaley. Chanal (général de). Chantemille. Charlemagne. Charpentier. Chauveau (Franck). Chavoix. Chevallay. Chevandier. Chiris. Choiseul (Horace de). Choron. Christophle (Albert) (Orne). Cirier. Cochery. Constans. Corentin-Guyho. Cornil. Costes. Couturier. Danelle-Bernardin, Daron. David (Jean) (Gers). Dufoulenay. Deluns-Montaud. Deniau. Desseaux. Dethou. Deusy. Devade. Devaux. Develle (Eure). Develle (Meuse). Devès. Diancourt. Dreux. Dreyfus (Ferdinand). Drumel. Dubois (Côte-d'Or). Dubost (Antonin). Ducroz. Dupont. Durand (Ille-et-Vilaine). Duvaux. Escanyé. Escarguel. Even. Fallières. Faure (Hippolyte). Ferry (Jules). Folliet. Forné. Fouquet. Fourot. Fousset. Fréminet. Galpin. Ganne. Garrigat. Gassier. Gaudy. Germain (Henri). Gévelot. Gilliot. Girard (Alfred). Girerd. Girot-Pouzol. Giroud. Godin (Jules). Grollier. Gros-Garin. Guichard, Guillemin. Horteur. Hugot. Jacques. Jametel. Janvier de la Motte (Louis) (Maine-et-Loire). Janzé (baron de). Jeanmaire. Jenty. Joubert. Jozon. Labadié (Bouches-du-Rhône). Labitte. La Caze (Louis). Laffitte de Lajoannenque (de). Lalanne. Lamy (Étienne). Lanel. Langlois. Latrade. Laumond. Laurençon. Lavergne (Bernard). La Vieille. Lebaudy. Lecherbonnier. Lecomte (Mayenne). Legrand (Louis) (Valenciennes, Nord). Lelièvre (Adolphe). Le Maguet. Le Monnier. Lepère. Lepouzé. Leroux (Aimé) (Aisne). Leroy (Arthur). Le Vavasseur. Levèque. Levet (Georges). Liouville. Lisbonne. Logerotte. Lombard. Loubet. Loustalot. Magniez. Mahy (de). Maillé (d'Angers). Marcère (de). Marcou. Marquiset. Martin-Feuillée. Mathé. Maunoury. Mayet. Maze (Hippolyte). Médal. Méline. Mention (Charles). Mercier. Mestreau. Minguasson. Mir. Mitchell (Robert). Montané. Monteils. Moreau. Morel (Haute-Loire). Morel (Hippolyte) (Manche). Mougeot. Nédellec. Neveux. Noël-Parfait. Noirot. Ordinaire (Dionys). Osmoy (comte d'). Oudoul. Papon. Parry. Pascal-Duprat. Passy (Louis). Patissier. Paulon. Pellet (Marcellin). Penicaud. Péronne. Perras. Petitbien. Philippe (Jules). Philippoteaux. Picard (Arthur) (Basses-Alpes). Pinault. Plessier. Ponlevoy (Frogier de). Pouliot.

PROVOCATION AUX CRIMES ET DÉLITS.

Rameau. Raynal. Récipon. Renault (Léon). Renault-Morlière. Reymond (Francisque) (Loire). Riban. Ribot. Richarme. Riondel. Riotteau. Roger. Roudier. Rougé. Roux (Honoré). Rubillard.

Sallard. Salomon. Sarrette. Sarrien. Savary. Scrépel. Sée (Camille). Seignobos. Sénard. Sentenac. Simon (Fidèle). Sonnier (de). Souchu-Servinière. Sourigues. Soye. Spuller. Swiney.

Tallon (Alfred). Tassin. Teilhard. Teissèdre. Tézenas. Thomas. Thomson. Tirard. Tondu. Trarieux. Trouard-Riolle. Truelle. Turquet.

Vacher. Varambon. Vaschalde. Versigny. Vignancour. Villain.

Waddington (Richard). Waldeck-Rousseau. Wilson.

ONT VOTÉ CONTRE :

MM. Abbatucci. Allain-Targé. Ancel. André (Jules). Arenberg (prince d'). Ariste. Arrazat. Audiffred. Aulan (marquis d').

Ballue. Barascud. Barodet. Baudry-d'Asson (de). Beauquier. Bélizal (vicomte de). Bertholon. Bianchi. Biliais (de La). Bizarelli. Blachère. Blanc (Louis) (Seine). Bonnet-Duverdier. Bosc. Bouchet. Bouquet. Bourgeois. Bousquet. Boyer (Ferdinand). Boisset. Brelay, Breteuil (marquis de). Brierre. Brisson (Henri).

Cantagrel. Casabianca (vicomte de). Casse (Germain). Chavanne. Chevreau (Léon). Clémenceau. Colbert-Laplace (comte de). Corneau. Cotte. Crozet-Fourneyron.

Datas. Daumas. Douville-Maillefeu (comte de). Dréo. Dréolle (Ernest). Du Douët. Dufour (baron) (Lot). Duportal. Durfort de Civrac (comte de).

Eschasseriaux (baron). Eschasseriaux (René),

Farcy. Favand. Ferrary. Floquet. Franconie. Frébault. Freppel.

Gagneur. Ganivet. Gatineau. Gautier (René). Gavini. Gent (Alphonse). Girault (Cher). Goblet. Godelle. Godissart. Granier de Cassagnac (Georges). Granier de Cassagnac (Paul). Greppo. Guillot (Louis). Guyot (Rhône).

Haentjens. Havrincourt (marquis d'). Hérisson. Huon de Penanster.

Janvier de la Motte (père) (Eure). Jolibois. Jouffrault. Juigné (comte de).

Kermenguy (vicomte de).

La Bassetière (de). Lacretelle (Henri de). La Grange (baron de). Laisant. Lanauve. Largentaye (de). La Rochefoucauld, duc de Bisaccia. Laroche-Joubert. La Rochette (Ernerst de). Lasbaysses. Legrand (Arthur) (Manche). Legrand (Pierre) (Nord). Le Marois (comte). Léon (prince de). Le Provost de Launay (Côtes-du-Nord). Lockroy Loqueyssie (de).

Madier de Montjau. Maillé (comte de). Mathieu. Ménard-Dorian.

Nadaud (Martin). Naquet (Alfred).

Ollivier (Auguste).

Padoue (duc de). Partz (marquis de). Perin (Georges). Perrien (comte de). Pradal. Prax-Paris. Proust (Antonin).

Rauline. Réaux (Marie-Emile). Reyneau. Rivière. Rollet. Rouvier. Roy de Loulay (Louis).

Saint-Martin (Vaucluse). Sarlande. Septenville (baron de) Soland (de).

Taillefer. Thirion-Montauban. Thoinnet de la Turmelière. Tiersot. Tron. Turigny.

Valon (de). Vernhes. Viette. Villiers.

N'ONT PAS PRIS PART AU VOTE :

MM. Achard. Anisson-Duperon. Azémar. Baduel-d'Oustrac. Bastid (Adrien). Beauchamp (de). Benazet. Berger. Bergerot. Blin de Bourdon (vicomte). Boissy d'Anglas (baron). Boulart (Landes). Bouville (comte de). Brame (Georges). Caduc.

Castaignède. Cazeaux. Cibiel. Clercq (de). Combes. Cossé-Brissac (comte de). Daguilhon-Pujol. Dautresme. David (baron Jérôme). Debuchy. Delafosse. Desbons. Desloges. Du Bodan. Duchasseint. Durieu. Espeuilles (comte d'). Feltre (duc de). Flandin. Fleury. Gambetta. Gasconi. Gaslonde. Gasté (de). Gastu. Gaudin. Ginoux de Fermon (comte). Girardin (Emile de). Gonidec de Traissan (comte de). Guyot-Montpayroux. Hamille (Victor). Harcourt (duc d'). Haussman (baron). Hermary. Hovius. Joigneaux. Journault. Keller. Klopstein (baron de). Ladadié (Aude). Labat. Labuze. Ladoucette (de). La Porte (de). Larrey (baron). Leconte (Indre). Lenglé. Le Pelletier d'Aunay (comte). Le Provost de Launay (Calvados). Levert. Livois. Lorois (Marbihan). Mackau (baron de). Maigne (Jules). Malézieux. Maréchal. Marion. Marmottau. Masure (Gustave). Menier. Michaut. Murat (comte Joachim). Niel. Ornano (Cuneo d'). Perrochel (marquis de). Picart (Alphonse) (Marne). Plichon. Poujade. Raspail (Benjamin). Rathier (Yonne). Reille (baron). Roissart du Bellet (baron). Roques. Rotours (des). Rouher. Saint-Martin (de) (Indre). Savoye. Serph (Gusman). Soubeyran (baron de). Tardieu. Telliez-Béthume. Thiessé. Trubert. Trystram.

N'ONT PAS PRIS PART AU VOTE

Comme ayant été retenus à la commission d'enquête sur les actes de M. le général de Cissey, pendant son ministère :

MM. Le Faure. Margaine. Peulevey. Royer. Roys (comte de). Talandier. Valfons (marquis de). Vendeuvre (général de).

ABSENTS PAR CONGÉ :

MM. Cadot (Louis). Cesbron. David (Indre). Descamps (Albert). Duclaud. Fauré. Giraud (Henri). Guilloutet (de). Harispe. Hémon. Hénault. Laserre. Margue. Mas. Rouvre.

Nombre des votants.................. 408
Majorité absolue.................... 205
Pour l'adoption........... 271
Contre 137

La Chambre des députés a adopté l'article 25 sur la provocation aux militaires.

CHAMBRE DES DÉPUTÉS. PRÉSIDENT M. GAMBETTA.

Deuxième délibération décidée le 5 février 1881. — Séance du lundi 14 février 1881.

M. le Président lit l'article 25.

« Art. 25. — Toute provocation par l'un des moyens énoncés en l'article 24, adressée à des militaires des armées de terre ou de mer, dans le but de les détourner de leurs devoirs militaires et de l'obéissance qu'ils doivent à leurs chefs, sera punie d'un emprisonnement d'un à six mois et d'une amende de 16 fr. à 100 fr., sans préjudice des peines plus graves prononcées par la loi, lorsque le fait constituera une tentative d'embauchage ou une provocation à une action qualifiée crime. »

M. le Président. M. Ballue demande la suppression de l'article 25 ; il a la parole.

M. Ballue. Messieurs, lors de la première délibération, vous avez voté, à une majorité considérable, l'article 25 qui revient en ce moment en discussion.

PROVOCATION AUX CRIMES ET DÉLITS.

Par respect pour une première décision de la Chambre, par un sentiment de déférence bien naturel pour la majorité de mes collègues, je devais donc rechercher attentivement, dans le compte rendu des débats, quels pouvaient être les motifs qui avait déterminé votre vote. Après avoir comparé ce compte rendu au texte même de la disposition qui vous est soumise, j'en suis arrivé à cette conviction profonde que l'article 25 est inutile, et surtout qu'il est dangereux.

On nous objecte que les dispositions de droit commun, renforcées même par l'article 208 du code de justice militaire promulgué en 1857, sont insuffisantes pour protéger les grands intérêts que vous avez en vue de sauvegarder, et qui nous sont également chers à tous.

Dans une seconde délibération, alors que, je le vois, je le sens, et je partage moi-même ce sentiment, la Chambre a hâte d'aboutir, je ne reviendrai pas sur les arguments juridiques qui ont été produits pour contester la valeur, l'efficacité des articles du code pénal et du code de justice militaire qui permettent de réprimer le crime visé par l'article 25. Je me contenterai de leur opposer un fait : le long témoignage donné par les cinquante premières années de ce siècle, le premier Empire, la Restauration, la monarchie de Juillet, la monarchie, en un mot, sous ses trois formes, qui, pendant un demi-siècle, je le répète, a vécu sans avoir possédé les garanties spéciales qu'on vous demande de donner aujourd'hui au Gouvernement de la République, pour sauvegarder cette discipline militaire que les gouvernements, quelles que soient leur origine et leur forme, tiennent également à protéger, et qui n'a jamais, que je sache, été méconnue, ni sacrifiée par aucun d'eux, et cela par le seul recours au droit commun.

Enfin, messieurs, s'il fallait vous rappeler un dernier argument qui a été produit en première délibération, à cette tribune, pour vous prouver que la justice n'est pas désarmée, c'est le douloureux souvenir de Gaston Crémieux, condamné à mort et exécuté, par application des articles de ce droit commun dont la commission prétend vous faire admettre, reconnaître l'insuffisance.

M. Maurice Rouvier. M. Gaston Crémieux a été exécuté en violation de la loi qui a aboli la peine de mort en matière politique.

M. Ballue. J'arrive au second point : la rédaction que vous présente la commission offre un caractère essentiellement dangereux. Permettez-moi de vous lire les premières lignes de cet article :

« Toute provocation par l'un des moyens énoncés en l'article 24, adressée à des militaires des armées de terre ou de mer, dans le but de les détourner de leurs devoirs militaires et de l'obéissance qu'ils doivent à leurs chefs, sera punie... »

Remarquez que de cette rédaction ressort, de la manière la plus nette, la plus positive, sans réserve ni restriction d'aucun genre, la théorie de l'obéissance passive, aveugle, absolue.

Et s'il pouvait y avoir dans nos esprits un doute à cet égard, je vous demanderais la permission de vous rappeler les commentaires significatifs de ce texte que nous trouvons dans la première délibération et dans des discussions antérieures qui ont eu lieu dans une autre enceinte.

En effet l'honorable M. Léon Renault vous disait, et je ne vous citerai de son discours que ces deux lignes, elles sont suffisantes, car elles sont caractéristiques :

« L'armée, en effet, que la commission entend défendre contre les appels coupables et dangereux, *n'a pas à juger, son rôle est d'obéir.* »

C'est ce que, sous une forme différente, mais dans le même esprit, un général, qui, malheureusement, n'avait pas été, paraît-il, instruit par sa propre expérience, disait à l'Assemblée nationale : « L'officier est la loi vivante du soldat. »

Vous voyez donc que, tant dans le texte même de l'article 25 que dans ses prolégomènes, nous rencontrons la théorie absolue et sans réserve, de l'obéissance passive.

Permettez-moi d'opposer à cette théorie, qu'on demande à une Chambre républicaine d'accepter, deux théories bien différentes, qui ont été formulées et acceptées par les Chambres monarchiques.

En 1831, alors que la Belgique, à peine sortie de la révolution qui la faisait libre, organisait sa Constitution, au cours de la discussion de la loi sur la presse, dans le Congrès, la proposition suivante avait été faite : c'était de punir la provocation à la désobéissance à « l'autorité du roi ». Bien des hommes, qui étaient cependant des monarchistes, protestèrent avec indignation contre ce mot : « autorité », que ne venait atténuer aucune expression, aucune réserve ; et la majorité fit ajouter au mot « autorité » celui de « constitutionnelle », en disant que l'autorité du roi, si elle se traduisait par des actes illégaux pouvant conduire à un coup d'État et à une usurpation sur les droits de la nation, cesserait d'être respectable, et qu'alors, non seulement il était permis, il était licite, mais que c'était un droit pour tous citoyens de l'attaquer, de la méconnaître.

Si je rentre maintenant en France, je puis vous montrer, vous signaler le règlement sur le service intérieur des troupes, règlement rendu sous la forme d'une ordonnance royale en 1833, dont les dispositions essentielles sont encore en vigueur, et qui stipule ceci : « Lorsque l'officier est reconnu devant la troupe qu'il est appelé à commander, la formule d'investiture se termine par ces mots : « Vous lui obéirez en tout ce qu'il vous commandera pour le bien du service et l'exécution des règlements militaires. »

Par conséquent les hommes de guerre illustres, qui, en 1833, ont réglementé cette partie du service militaire, ont très bien compris que la discipline aveugle, l'obéissance sans limites et sans réserve étaient inadmissibles en France.

Il est bien évident, en effet, que si « l'obéissance » exigée du soldat n'avait comporté certaines limites, on se serait contenté de cette formule : « Vous lui obéirez dans tout ce qu'il vous commandera. » Mais dès l'instant qu'on a ajouté : « pour le bien du service et l'exécution des règlements militaires », contrairement à l'opinion de M. Léon Renault, on a fait du soldat, non plus un homme qui obéit sans discuter, mais un homme qui discute et qui juge ; car il doit nécessairement examiner, décider si ce qu'on lui commande est conforme au bien du service et aux règlements militaires. (Très bien ! très bien ! sur plusieurs bancs à gauche.)

Qu'est-ce donc, d'ailleurs, que cet article 25 que la commission vous soumet ? Quelle est sa véritable origine ? C'est la reproduction textuelle, mot pour mot, de l'article 2 de la loi du 27 juillet 1849. Il sort d'une époque de réaction.

Une seule modification y a été apportée, et j'ajoute qu'elle est inexplicable, car, étant données les fautes prévues par l'article 25, et la gravité que la commission y attache, il est difficile de comprendre que les pénalités édictées par la loi de 1849 soient réduites dans des proportions aussi considérables. Rappelez-vous, messieurs, dans quelles conditions cette loi sur la presse fut votée : l'Assemblée était encore émue, troublée, je dirais volontiers affolée par les terreurs et les excès que laissaient derrière elle les journées de juin 1848, et par le souvenir plus récent de la journée du 13 juin 1849. C'est dans cette situation qu'elle crut devoir chercher son salut dans la force et qu'elle remit entre les mains d'un seul homme cet instrument puissant qui s'appelle l'armée.

A peine avait-elle édicté ces dispositions nouvelles qui faisaient disparaître implicitement, sans les abroger en fait, les sages réserves que les auteurs du règlement du service intérieur des troupes de 1833 avaient introduites dans la pratique de la discipline militaire, à peine, dis-je, avait-elle fait disparaître ces réserves et proclamé bien haut la théorie de l'obéissance aveugle et passive, qu'elle recueillait les fruits de son imprudence.

Une propagande active s'organisait en vue de tirer les conséquences du nouveau principe. Deux ans plus tard, le 2 décembre 1851, les députés chassés de cette enceinte, au nom de l'obéissance passive, se réunissaient à la mairie du dixième arrondissement.

Là, s'adressant à un de leurs collègues, le général de Lauriston, représentant du peuple et commandant la 10e légion de la garde nationale, ils le sommèrent de faire battre le rappel et de réunir sa légion pour défendre la souveraineté nationale. Vous savez quelle fut la réponse du général de Lauriston : « Comme représentant du peuple, je dois voter la mise en accusation du pouvoir exécutif; comme colonel, je dois obéir. »

Voilà quelle fut la première application — et vous m'accorderez qu'elle est significative — de cette théorie de l'obéissance passive que vous voulez faire revivre en ce moment.

Quelques jours plus tard, — permettez-moi de vous citer encore un fait. (Parlez ! parlez !) — nous sommes au 4 décembre, rue du faubourg Saint-Antoine. Sur une ébauche de barricade, Baudin est debout, dominant la scène ; bientôt après, sept représentants du peuple s'avancent au-devant de la troupe qui monte le faubourg Saint-Antoine, à leur tête est un homme que vous connaissez tous et que vous vénérez tous, M. Schœlcher, et voici ce qu'il dit aux soldats :

« Soldats ! nous sommes les représentants du peuple souverain, nous sommes vos représentants, nous sommes les élus du suffrage universel. Au nom de la Constitution, au nom du suffrage universel, au nom de la République, nous qui sommes l'Assemblée nationale, nous qui sommes la loi, nous vous ordonnons de vous joindre à nous, nous vous sommons de nous obéir. Vos chefs, c'est nous. L'armée appartient au peuple, et les représentants du peuple sont les chefs de l'armée. Soldats, Louis Bonaparte viole la Constitution. Nous l'avons mis hors la loi. Obéissez-nous. »

L'officier qui commandait, un capitaine nommé Petit, ne le laissa pas achever.

« Messieurs, dit-il, j'ai des ordres. Je suis du peuple. Je suis républicain comme vous, mais je ne suis qu'un instrument. »

« Vous connaissez la Constitution, » dit Schœlcher.

« Je ne connais que ma consigne, « répondit le capitaine.

Quelques instants après, vous le savez, la loi personnifiée dans Baudin tombait, et l'obéissance passive triomphait vous savez à quel prix ! Mouvement.)

Messieurs, si vous voulez vous reporter à des souvenirs plus récents, je vous demanderai à vous, majorité républicaine, qui siégez sur ces bancs, si dans le cas où au mois de décembre 1877, l'armée, comme semble l'y convier M. Léon Renault, avait dit : « J'obéis, mais je ne juge pas », vous y auriez pu garder vos places aussi librement, aussi pacifiquement.

Il faut le déclarer à l'honneur de l'armée, elle a jugé, j'en ai la preuve, la certitude ; et c'est parce qu'elle a jugé qu'elle s'est dit : Mon obéissance a des limites, et cette limite c'est le respect de la loi, de la Constitution, je ne la franchirai pas.

M. le comte de Maillé. On ne lui a jamais rien demandé. (Rires et bruit à gauche.)

M. Clémenceau. Le commandant Labordère n'est pas de cet avis-là.

M. Ballue. L'honorable garde des sceaux vous a adjurés pourtant au nom de l'honneur de l'armée, de voter cette disposition.

(Qu'il me permette de lui dire que l'honneur de l'armée n'a rien à voir dans de pareilles dispositions, au contraire. Vous lui demandez des sacrifices considérables, vous lui dites qu'investie du dépôt de la force publique, elle ne doit pas se mêler à nos luttes politiques, et vous avez raison : mais j'ajouterai que ce n'est ni compromettre, ni amoindrir son honneur que de préciser les limites de ses sacrifices, que de faire que son obéissance n'ait point pour seule règle, pour seule limite la fantaisie, le caprice d'un homme, mais qu'au contraire elle lui apparaisse dans la majesté de la loi, qui lui dit exactement où commence son droit et où il finit.

Plusieurs membres. Très bien ! très bien !

M. Ballue. Avec la rédaction de la commission, vous n'admettez, je le répète, de restriction d'aucun genre à l'obéissance de l'armée, et vous rééditez la théorie absolue de l'obéissance aveugle et passive. Eh bien ! réfléchissez-y, regardez-y bien, et vous verrez que, entre ce texte et vous, majorité républicaine, il y a l'ombre de Baudin qui se dresse ! (Applaudissements sur divers bancs à gauche).

M. Agniel. Messieurs, permettez-moi de vous rappeler qu'à la première lecture, l'article 25 a été voté sur l'insistance du garde des sceaux. Cette insistance dénotait suffisamment que cet article avait pour but de sauvegarder un intérêt considérable, l'intérêt de la discipline dans l'armée républicaine. (Très bien ! très bien ! au centre et à gauche. — Réclamations bruyantes à droite.)

M. Paul de Cassagnac. Il n'y a pas d'armée républicaine !

M. de Baudry d'Asson. Il n'y a que l'armée française ! Retirez l'expression, elle n'est pas juste.

M. le président. Monsieur de Baudry-d'Asson, je vous invite au silence.

M. de Baudry-d'Asson. Je dis qu'il n'y a pas d'armée républicaine ; il n'y a qu'une armée française.

Un membre à gauche. C'est la même chose.

M. Georges Perin. Je demande la parole.

M. Agniel. Je fais remarquer à mes interrupteurs que nous sommes en République, que c'est un parlement républicain qui fait la loi ; et j'ai la conviction, lorsque nous faisons une loi qui protège et qui organise la discipline de l'armée, que l'armée sera toujours une armée républicaine.

A droite. Française !

M. de Baudry d'Asson. Française ! française !

M. Bourgeois. Supprimez le service obligatoire, alors !

M. de La Rochette. Demandez une profession de foi à tous les conscrits !

M. Charles Abbatucci. Est-ce que tous les contribuables sont républicains ? (Bruit.)

M. Agniel. Il s'agit, messieurs, d'un intérêt considérable, l'intérêt de la discipline, et je vous demande si vous voulez qu'on porte impunément atteinte à la discipline dans l'armée, si vous voulez permettre les provocations impunies à la violation de la discipline.

M. Gatineau. Mais quand les provocations ne sont suivies d'aucun effet... (Bruyantes exclamations au centre. — Rires à droite.)

M. Agniel. Quelle que soit l'autorité qui s'attache aux paroles de notre honorable collègue, M. Gatineau, je ne crois pas que vous estimiez, vous, messieurs, que les provocations à l'armée seront inoffensives jusqu'au jour où ces provocations auront entamé la discipline et amené la sédition. (Interruptions à gauche.)

Il y a donc un intérêt considérable à sauvegarder. (Très-bien ! au centre.) Vous l'avez proclamé par un premier vote, et j'ai la conviction que vous ne vous déjugerez pas.

Pour démontrer la nécessité d'affirmer à nouveau votre opinion, je ne puis vous demander que quelques mots d'attention. (Rumeurs à gauche.)

Quel est donc le reproche que formule notre honorable collègue, M. Ballue, contre l'article 25 ? Les monarchies, dit-il, les gouvernements qui ont précédé la République de 1848 ont pu maintenir la discipline sans être dans la nécessité de recourir à ces prescriptions.

Je me borne à rappeler à notre honorable collègue que, lorsque l'article 25 ou un article similaire n'existait pas dans notre législation, il existait dans la loi de 1819 et la loi de 1822 une disposition spéciale qui punissait la provocation à la désobéissance aux lois, et qui atteignait le même résultat.

J'examine maintenant la seconde objection : on nous reproche, messieurs, d'avoir, en votant l'article 25, sanctionné — certainement ce serait sans que la Chambre s'en doutât — la discipline passive avec tous ses inconvénients.

PROVOCATION AUX CRIMES ET DÉLITS.

Cette argumentation, messieurs, n'a qu'un tort : c'est de laisser complétement de côté le texte même de l'article.

L'article 25 dit : «... toute provocation adressée à des militaires de terre ou de mer dans le but de les détourner... » De quoi ? «... de leurs devoirs militaires... »

Plusieurs membres à gauche. Et après ?

M. Agniel. Et, en outre, «... de l'obéissance qu'ils doivent à leurs chefs. » (Très bien ! au centre.)

Est-ce que nous avons eu la prétention, en rédigeant un article d'une loi sur la presse, de réglementer et d'organiser à nouveau les lois militaires qui fixent les limites des devoirs et des droits de l'armée ? Non, nous nous en sommes rapportés aux lois antérieures.

Si vous croyez qu'elles présentent des inconvénients, si vous croyez qu'elles astreignent les militaires à une obéissance excessive, demandez-en l'abrogation ou la modification. Quant à nous, nous plaçant en présence d'une législation qui précise et limite les droits et les devoirs militaires, nous disons : Il y aura délit lorsqu'il y aura provocation ayant pour but de détourner le militaire de ses droits et de ses devoirs parfaitement définis.

M. Ballue. Alors vous désavouez ce qu'a dit M. Léon Renault ?

M. Agniel. Je n'ai pas à désavouer ce qu'a dit M. Léon Renault à cette tribune. Ce que je désavoue, c'est le sens de votre argumentation, et je vous fais observer que le reproche que vous adressez à l'article que je défends est absolument immérité, car nous nous bornons, sans préciser en quoi consistent les devoirs militaires, et en nous référant à la législation antérieure dont vous ne demandez, je le répète, ni l'abrogation ni la modification ; nous nous bornons à dire : Il y aura provocation alors qu'il y aura excitation à la désobéissance à cette législation.

Une autre considération, d'un caractère exclusivement politique, a été présentée à cette tribune par notre honorable collègue. Il a dit : Il peut se présenter des circonstances exceptionnelles où l'article 25 constituerait un véritable danger. Prenons l'hypothèse de chefs militaires, violant la loi, portant atteinte à la souveraineté du peuple, s'armant contre la République et essayant d'entraîner les soldats placés sous leurs ordres dans une entreprise criminelle ; dans ce cas, serait-il, oui ou non, permis d'exhorter les soldats à la désobéissance ?

Je ne suis pas embarrassé pour répondre à mon honorable collègue. Il me permettra d'abord de lui faire remarquer que ce n'est point une hypothèse, dont la réalisation fort douteuse, fort problématique, puisse avoir pour résultat d'infirmer la valeur de la loi.

M. Ballue. J'en ai vu des exemples !

M. Agniel. Si la théorie de notre honorable collègue était vraie, me permettra-t-il de lui dire que ce n'est pas seulement l'article 25 de la loi sur la presse qu'il faudrait supprimer, mais les articles 91 et suivants du code pénal ? Et en voici la raison : que prévoient ces articles du code ? Ils interdisent aux citoyens de se réunir en bandes armées, de résister aux ordres de l'autorité, sous peine de mort. Ils répondent, nul ne le conteste, à des nécessités impérieuses de sécurité publique. Il peut cependant sonner une heure où tout bon citoyen serait tenu, si un attentat était dirigé contre la République, je ne dis pas de violer, car il n'y a pas violation là où il y a l'exercice d'un droit, mais de transgresser les dispositions des articles 91 et suivants. (Applaudissements sur divers bancs à gauche.)

M. Cuneo d'Ornano. On sort de la légalité pour rentrer dans le droit.

M. Agniel. La situation est la même en ce qui concerne l'article 25. Croyez-vous donc que, si un usurpateur, dont il m'est bien difficile de prévoir la survenance, commettait un attentat contre la République, il serait permis à une justice quelconque — je laisse en dehors les commissions mixtes, — de considérer comme coupables de violation de l'article 25 ceux qui auraient prêché aux soldats non pas la désobéissance à leurs devoirs, mais le refus d'obéissance à des chefs criminels ? Et, si cette éventualité se réalisait... (Marques d'approbation au centre.)

M. Gatineau. Et votre texte ?

M. Agniel. Sans doute, monsieur Gatineau, vous vous obstinez à ne pas le lire... (On rit.) Sans reproche ! C'est tout au plus une invitation.

Le texte de l'article 25, vous l'oubliez constamment, punit...

M. Gatineau. Mais non !

M. Agniel.... la provocation adressée aux soldats dans le but de les détourner de leurs devoirs militaires, de l'obéissance qu'ils doivent à leurs chefs.

Quels sont ces devoirs, quelle est cette obéissance ? Ni l'obéissance, ni les devoirs imposés aux militaires ne pourraient aller jusqu'à les contraindre à se faire les complices d'une violation de la loi constitutionnelle. Et je considère, — je vous dis ma pensée très nettement, — qu'il n'y aurait pas la moindre transgression de l'article 25, de la part du citoyen qui, pour paralyser un abus, l'autorité tenterait par des exhortations de ramener les militaires à l'exercice de leurs devoirs, pas plus qu'il n'y aurait violation de l'article 91 de la part de ceux qui, comme au 2 décembre, les armes à la main, s'opposaient à la destruction de la République.

M. Gatineau. Votre article est étranger à la loi sur la presse ; voilà la vérité.

M. Agniel. Laissons donc de côté une hypothèse qui ne saurait être invoquée dans ce débat comme argument sérieux, et, pour vous prouver que nous nous égarons dans une discussion dont les proportions sont évidemment exagérées, permettez-moi de vous rappeler en définitive quelle est la pénalité de cet article 25 : il s'agit d'un emprisonnement d'un mois à six mois... (Exclamations ironiques à droite.)

M. Edouard Lockroy. Sans préjudice de peines plus graves, même la mort.

M. Gatineau. Lisez la fin de l'article !

M. Agniel. On m'invite à lire la fin de l'article ; eh bien, j'invite une fois de plus mon collègue à relire cet article plus attentivement. Voici ce qu'il porte :

« Sans préjudice des peines plus graves prononcées par la loi, lorsque le fait constituera une tentative d'embauchage ou une provocation à une action qualifiée crime. »

J'ai donc raison de dire que le délit spécial, prévu par l'article en discussion, n'est puni que par un emprisonnement de un à six mois ; il n'y a rien de commun entre ce délit et la loi militaire qui punit l'embauchage, c'est-à-dire la provocation à l'enrôlement dans une armée étrangère ; loi que nous ne créons pas et que nous n'abrogeons pas. Mais il n'en est pas moins vrai que l'article 25 sauvegarde un intérêt considérable ; la discipline de l'armée. C'est cet intérêt que le gouvernement a voulu sauvegarder lorsqu'il est intervenu une première fois dans la discussion, c'est celui que vous-mêmes avez voulu sauvegarder par votre vote.

M. Paul de Cassagnac. Et nous aussi !

M. Agniel. Je demande à toute la Chambre de sauvegarder par son vote cette discipline que, — en définitive, je puis le dire, sans faire une concession qui coûte à ma conscience et à mes convictions politiques, — tout Français ayant le sentiment de ses devoirs envers la patrie est intéressé à faire maintenir. (Applaudissements au centre.)

M. le président. M. Périn a la parole.

M. Georges Périn. Messieurs, le discours de l'honorable M. Agniel prouve, mieux que je ne pourrais le faire, que l'article qui est soumis à la Chambre n'intéresse que très médiocrement la presse, je dirai même qu'il ne l'intéresse pas du tout. Soyez convaincus que, dans un moment de danger, à la veille d'un coup d'État, à ces heures terribles où l'on sent que l'armée, entraînée par des chefs criminels, va peut-être se tromper sur la nature et l'étendue des devoirs que la discipline lui impose, et que, sous l'empire de cette terreur, elle est à la veille de marcher contre la Constitution du pays, d'en violer les lois, soyez convaincus, dis-je, que dans un de ces moments tragiques ce n'est pas une pénalité dérisoire,

PROVOCATION AUX CRIMES ET DÉLITS.

comme celle que vous inscrivez dans votre article, qui empêchera les journalistes d'avertir l'armée et de la rappeler au respect de la loi menacée. (Très bien! très bien! à gauche.)

Un membre au centre. Et alors?

M. Georges Périn. Et alors? me dit-on! Alors votre article n'a point d'intérêt au point de vue de la presse; il ne la touche pas, puisqu'il ne l'empêchera pas de commettre un délit. Il sera inefficace de ce côté; mais il va produire un effet d'autre part.

Il intéresse non pas la discipline de l'armée, comme on disait tout à l'heure, mais la sécurité du pays, qu'il met en péril. C'est ce que je vais vous démontrer, si vous voulez m'écouter un instant. (Parlez! Parlez!)

Je prétends que la discipline de l'armée n'est pas intéressée à cet article, et que vous n'en avez nul besoin pour la sauvegarder. On vous a dit tout à l'heure, et M. Agniel n'y a pas répondu, que la répression à tout manquement à la discipline avait été aussi grande, aussi complète que possible pendant les cinquante années qui ont précédé la loi de 1849. Sous le premier Empire, sous la Restauration, sous la monarchie de Juillet, la discipline a été respectée, je crois, dans l'armée française, et je ne pense pas que ce que j'avance puisse être contesté par ce côté de la Chambre. (L'orateur désigne la droite.) Eh bien, pourquoi éprouvez-vous le besoin aujourd'hui de la garantir par un nouvel article de loi? Avez-vous bien réfléchi, en outre, à la façon dont cet article pourrait être interprété?

Ne vous y trompez pas, messieurs, cet article sera interprété en ce sens que le Parlement accepte, proclame la doctrine de l'obéissance, non pas passive, — je suis partisan de l'obéissance passive, — l'obéissance aveugle, c'est-à-dire le devoir pour l'inférieur d'obéir, quel que soit l'ordre donné par le supérieur.

M. Guichard. Je demande la parole.

M. Georges Perin. Voilà comment votre article sera interprété, et cette théorie de l'obéissance aveugle, chère aux gouvernements aussi longtemps qu'ils croient pouvoir compter sur les chefs de l'armée, ils s'empressent de la répudier le jour où elle a permis de porter une atteinte, même légère, à leur solidité; ils la condamnent alors de la façon la plus absolue, et l'on pourrait dire que les plus violents, les plus implacables dans cette répudiation, ont été ceux-là mêmes qui l'ont inventée les premiers; j'entends par là les gouvernements despotiques et militaires.

Rappelez-vous, messieurs, ce qui s'est passé sous le premier empire lors du procès qui suivit la conspiration du général Mallet. On put voir alors des officiers subalternes qui avaient été des agents absolument inconscients, des complices sans le savoir, condamnés et fusillés impitoyablement. Quel était leur crime? Leur seul crime, — le procès l'a établi, — c'est qu'ils avaient obéi à leur chef. Et cependant ce fut en vain qu'ils se retranchèrent à ce moment-là derrière les règlements militaires, qu'ils invoquèrent le devoir « pour le grade inférieur, d'obéir au grade supérieur ». Écoutez ce qu'ils dirent et comment ils se défendirent devant le conseil de guerre, cela est instructif:

Je ne veux vous rappeler que les paroles de quelques-uns, de deux ou trois, de ceux dont le système de défense fut particulièrement saisissant par la simplicité même des déclarations.

C'est d'abord le lieutenant Marie Regnier qui se lève et dit: « Moi, messieurs, je n'ai fait qu'obéir ce jour-là, comme j'obéis depuis vingt-deux ans; je n'ai pas autre chose à dire pour ma défense. » Il se rassied.

Le capitaine Piquerel est plus explicite, et les quelques phrases qu'il prononce sont la condamnation la plus cruelle de ce système de l'obéissance aveugle. « Ma défense est simple; je ne connais que les lois militaires; chargé de l'instruction du régiment, c'est moi qui faisais la théorie aux sous-officiers... Les règlements disent: Dans tous les cas, le grade inférieur doit obéissance au grade supérieur.

Le caporal doit l'obéissance au sergent ; le sergent au sergent-major ; le sergent-major à l'adjudant..., etc. Défense de commenter ou interpréter les ordres. Et alors il ajoute — écoutez ceci, messieurs : « On me reproche ici, quoi ? d'avoir obéi. Je suis capitaine. Le colonel Soulié, qui est mon supérieur, m'a dit : « Rassemblez la cohorte. » Je la rassemble. « Allez à l'hôtel de ville. » J'y vais : « Retournez à la caserne. » Je retourne à la caserne. Ma conduite est conforme au règlement. Donc, je ne suis pas coupable. J'ai fait ce jour-là ce que j'ai fait pendant toute ma carrière : j'ai obéi. Va-t-on me fusiller tout de même ? »

Il est condamné à mort à l'unanimité. Il arrive sur le lieu de l'exécution, très étonné, et s'adressant aux vétérans qui font la haie, il leur dit avec un grand sang-froid : « Quelqu'un d'entre vous pourrait-il me faire l'amitié de me dire pourquoi on me fusille ? »

Le troisième, un capitaine de grenadiers de la garde, Pierre Bordérieux, dit : « J'ai obéi comme j'obéis depuis vingt-quatre ans. » Et ne voulant pas qu'on pût mettre en doute son dévouement à l'empereur, il s'écrie : « Je suis enfant de troupe. Le clocher de mon village, c'est les aigles de l'empereur ! (Textuellement.) Ma mère a toujours suivi les armées. Ma femme est blanchisseuse des pupilles de la garde ! Je n'ai pas d'amour plus grand que pour l'empereur, » et il s'écrie : « Vive l'empereur ! »

Ce cri n'était pas poussé pour les besoins de la défense ; car quand il tombe sous le feu du peloton, n'étant pas mort sur le coup, il se relève un instant et crie encore : « Vive l'empereur ! » puis retombe et meurt, sur ce cri.

Eh bien, messieurs, voilà, vous le voyez, des officiers qui n'avaient fait qu'obéir ; qui, au nom de la doctrine de l'obéissance aveugle, auraient dû être renvoyés absous ; et qui cependant furent condamnés. Pourquoi ? parce que Napoléon Ier lui-même comprit ce jour-là quel danger un pareil système, mis en pratique, pouvait dans l'avenir faire courir à son gouvernement. Vous voyez la condamnation en cette circonstance, condamnation indéniable de la doctrine redoutable de l'obéissance aveugle.

Le gouvernement de la Restauration devait, quelques années plus tard, imiter le premier empire, lorsqu'il condamnait les généraux Gilly, Grouchy, Clauzel et Laborde, qui cependant étaient couverts par les ordres formels du ministre de la guerre.

Enfin, messieurs, le gouvernement de Louis-Philippe à son tour imitait ses prédécesseurs, lorsqu'il se gardait bien de poursuivre les officiers qui avaient désobéi au colonel Vaudrey, essayant de les entraîner dans la conspiration de Strasbourg. (Très bien ! très bien ! sur divers bancs.)

Et enfin, messieurs, je veux revenir sur des faits auxquels faisait allusion tout à l'heure, l'honorable M. Ballue, je veux rappeler cette époque, peu éloignée de nous, où l'on pensait, non sans raison, — n'en déplaise à l'honorable comte de Maillé, qui a prétendu tout à l'heure que le 16 mai on ne voulait rien demander à l'armée, — je veux vous rappeler, dis-je, cette époque où l'on pensait, ainsi que l'enquête devait le prouver, qu'un gouvernement aux abois était disposé à faire appel à la force contre la volonté souveraine de la nation, prêt à corriger le suffrage universel de ses erreurs. Je vous le demande, quel est celui d'entre nous qui, alors, soit comme journaliste, soit comme orateur, n'a pas adjuré l'armée de rester fidèle à la loi ; quel est celui qui ne s'est pas écrié : Nous connaissons les intentions coupables de certains hommes, mais nous ne craignons rien, nous n'avons plus peur aujourd'hui d'un coup d'État ; nous savons que jamais on ne pourra entraîner l'armée dans une telle entreprise, même au nom du devoir d'obéissance. Non, non ! L'armée, nous le savons, compte dans ses rangs des officiers qui, ce jour venu, se lèveraient et qui diraient : Nous refusons d'obéir. (Très bien ! très bien !) Et il y en a eu un, en effet, vous ne l'avez pas oublié...

M. le comte Maillé. On ne lui avait rien demandé ! Je répète ce que j'ai dit.

PROVOCATION AUX CRIMES ET DÉLITS.

M. Georges Périn. Eh bien, je me borne à vous répondre : Si on n'avait rien demandé au commandant Labordère de contraire aux lois de son pays, on a eu tort de ne pas le faire passer devant un conseil de guerrre. (Très bien ! à gauche.) On n'a pas osé le faire ! Et cependant, vous savez bien l'époque où il s'est insurgé contre ceux qui s'insurgeaient contre la loi ; le ministère de la guerre était entre les mains d'hommes qui auraient été heureux de frapper un officier républicain. Mais, devant le conseil de guerre, la lumière se serait faite, les débats auraient établi qu'à un certain moment les hommes qui détenaient le pouvoir avaient été sur le point de marcher contre les lois et la Constitution du pays. (Très bien ! très bien ! à gauche.)

M. le comte de Maillé. Sur le point ! C'était dans l'imagination de l'opposition. (Exclamations et rires à gauche.)

M. Georges Perin. Je ne mets pas en doute la sincérité de M. le comte de Maillé, mais je lui demande à ne pas continuer la discussion avec lui. Puisqu'il est acquis, par M. le comte de Maillé, que ce danger n'existait que dans l'imagination de mes collègues de la gauche, c'est à eux en particulier que je m'adresse et je leur dis : Le jour où vous avez cru que le Gouvernement était capable de faire servir l'armée à l'exécution de criminels desseins, vous n'avez pas douté d'elle. Vous lui avez crié : « Nous avons confiance en vous, nous savons comment vous comprenez le devoir d'obéissance ! » Eh bien, ce que vous avez dit ce jour-là, et que vous avez eu raison de dire, n'hésitez pas à le répéter encore, en surtout n'allez pas troubler l'esprit de l'armée, en votant un article qui, soyez-en sûrs, sera, de bonne foi, mal compris par les uns, interprété par d'autres dans ce sens redoutable de l'obéissance quand même, et qui, à ce moment fatal où des chefs criminels sont prêts à lacérer les lois, pourrait être invoqué contre vous, qui l'auriez édicté.

Il n'y a encore dans l'armée que trop de dispositions à croire que le devoir d'obéissance est sans limites. Cette croyance existe même quelquefois chez des officiers républicains. Je ne m'occupe pas en ce moment de ceux qui ne le sont pas, et auxquels on faisait allusion tout à l'heure. Je n'en parle que pour dire que je regrette qu'ils ne soient pas avec nous et que j'espère qu'ils y viendront. Je dis que, même parmi les officiers républicains, très bons républicains, j'en connais qui ne sauraient quelle conduite tenir, si on leur donnait l'ordre de marcher contre la République. Plus d'un m'a dit les mêmes paroles que M. Ballue mettait tout à l'heure dans la bouche du général de Lauriston : « Mon devoir de soldat me condamne à faire le contraire de ce que m'ordonne ma conscience de citoyen. »

Et c'est, messieurs, quand de tels doutes existent encore dans les esprits d'hommes qui sont des sincères républicains, de gens de cœur et d'honneur, que vous iriez voter un article de loi susceptible d'augmenter leurs doutes ! Ce serait bien téméraire.

Appliquez-vous, au contraire, à faire la lumière dans ces esprits qui ne demandent qu'à être éclairés. Dites bien haut que le principe de la subordination de l'inférieur au supérieur — principe fondamental de toutes les armées — n'est cependant pas un principe absolu. Appliquez-vous à en déterminer l'étendue, en faisant comprendre que l'armée n'est pas un corps indépendant du reste de la nation, et que par conséquent ses membres, soumis aux lois du pays, ne sauraient être contraints à les transgresser au nom de la discipline. (Très bien ! très bien !)

Ce que je vous dis là, messieurs, d'autres l'ont dit dans les Chambres françaises avec une autorité que je n'ai pas, et c'est derrière leur opinion que je veux, en terminant, m'abriter.

Je n'ai pas voulu débuter par des citations, j'ai préféré vous faire entrer d'abord dans le domaine des faits, invoquer les exemples tirés de l'histoire, parce que je crois que les faits frappent l'esprit plus que les paroles ; mais vous me permettrez maintenant d'invoquer l'opinion d'un homme que vous, messieurs du centre, avez grandement admiré, qui longtemps a été votre guide, et que vous n'étiez pas loin de considérer comme infaillible. J'ai nommé M. Thiers. Voici ce que M. Thiers disait en 1851, applaudi alors par des généraux qui tous n'étaient même pas des républicains, puisque je relève les noms de Lamoricière, de Changarnier, etc.

M. Thiers, dis-je, répondant à une phrase très menaçante du maréchal de Saint-Arnauld, s'écriait :

« Oui, obéissance, obéissance sans réserve, sans réticence, mais obéissance au dehors pour l'intérêt du pays, au dedans pour le respect des lois... Tout chef placé à la tête de l'armée doit faire appel à la discipline ; mais il pervertit l'esprit de l'armée, il fausse ses idées s'il n'ajoute pas à l'instant même, à côté du dogme incontestable de l'autorité, de l'obéissance absolue, le dogme du respect des lois et de la Constitution. »

Un peu plus loin, résumant sa pensée dans un de ces mots heureux comme il en avait souvent, il ajoutait :

« A l'intérieur, l'obéissance passive devient l'obéissance légale. » (Très bien ! très bien !)

Est-ce M. Thiers seulement qui a défini ainsi, contenu dans ces limites le devoir d'obéissance militaire ? Non, je veux — et c'est par là que je terminerai — vous donner également l'opinion d'un militaire de grande valeur, d'un militaire qui devait être également un remarquable orateur, mais qui avait été auparavant un homme de guerre de premier ordre.

Le général Foy disait en 1822, en réponse au général Donnadieu qui, dans la discussion du budget de la guerre, avait prétendu que le soldat devait obéir aveuglément aux ordres qui lui étaient donnés, quels qu'ils fussent :

« Où en serions-nous, je vous le demande ? Comment, s'il plaisait à un chef de dire à ses soldats : « Entrons aux Tuileries, attaquons le souverain », l'obéissance passive serait de rigueur ? Ce ne serait pas le devoir de chaque sous-officier, de chaque soldat de répondre : vous êtes un rebelle, nous ne vous suivrons pas ! Reconnaissez donc, messieurs, qu'ici l'obéissance ne peut être passive ; cette obéissance à la personne du chef doit être entière, absolue, quand on a le dos tourné à l'intérieur et le visage à l'ennemi ; elle est conditionnelle quand on a le visage tourné vers les citoyens. » (Applaudissements à gauche.)

Comme le général Foy, j'en suis convaincu, vous estimez que cette obéissance doit être « conditionnelle ». C'est pourquoi vous ne devez pas hésiter à repousser l'article que je combats pour que cette obéissance soit conditionnelle. (Très bien ! très bien ! à gauche.)

C'est ce que vous ferez, ne croyant pas qu'en agissant ainsi, vous porterez atteinte à l'honneur de l'armée, quoi qu'en ait pu dire M. le garde des sceaux, en termes si émus, lors de la première lecture de la loi. Je ne veux pas répondre moi-même à M. le garde des sceaux, je préfère laisser la parole à un journal qui a une situation considérable dans le parti républicain, la République française.

Après l'affaire du commandant Labordère, M. le général Bressolles, qui y avait joué un rôle, vous le savez, crut devoir fournir certaines explications par la voie de la presse, et protester surtout contre la supposition que quelques-uns avaient faite, supposition toute gratuite, — qu'il aurait été capable d'imiter la conduite du commandant Labordère. Le général Bressolles ayant dit qu'il estimait qu'une telle supposition portait atteinte à son honneur militaire, la République française publia, à ce propos, un article très remarquable, sur un ton très calme, très élevé, et où l'auteur définissait l'honneur militaire :

« Oui, il y a un honneur militaire ! Il consiste à ne violer aucune des lois de son pays, et bien au contraire à en être le scrupuleux observateur, et à les défendre au besoin.....

« L'honneur militaire consiste encore à respecter ses supérieurs, à leur obéir complètement, passivement dans tout ce qu'ils commandent pour le succès des

PROVOCATION AUX CRIMES ET DÉLITS.

armes de la France à l'extérieur, et pour assurer et maintenir au dedans le respect des lois qui est la source véritable et unique de l'ordre et de la paix publique. » (Très bien ! très bien ! à gauche.)

Vous voyez donc, messieurs, que M. le garde des sceaux s'est trompé, et que l'honneur de l'armée n'est pas en question ici.

Mais ce qui est en question, c'est la sécurité du gouvernement de la République, à qui vous pourriez peut-être un jour créer de sérieux embarras en votant cet article. (Très bien ! à gauche. — Protestations sur plusieurs bancs au centre.)

M. Guichard. Il faut un mot de réponse au discours que vous venez d'entendre.

Nous sommes complètement de l'avis de l'honorable M. Perin, mais nous ne partageons pas l'interprétation qu'il donne à l'article 25. Que dit l'article 25 ? Qu'on réprime la provocation aux soldats de manquer à leurs devoirs militaires, à l'obéissance qu'ils doivent à leurs chefs. Or, quelle est cette obéissance que les soldats doivent à leurs chefs ? Elle s'arrête quand les chefs eux-mêmes n'obéissent pas à la Constitution qui est le chef suprême. Le soldat ne doit pas obéissance à son caporal quand il désobéit au capitaine, et celui-ci n'a pas droit à l'obéissance quand il désobéit au général ; de même le général ne doit pas être obéi s'il commande un attentat contre la Constitution, contre la souveraineté nationale. (Interruptions diverses.)

Voilà l'interprétation qu'il faut donner à l'article 25, et M. Perin s'est réfuté complètement lui-même, en citant les paroles de M. Thiers en 1851, et celles des généraux unis à M. Thiers pour résister à l'attentat du 2 décembre. Certes, ils ne prêchaient pas l'indiscipline ; ils prêchaient au contraire la vraie discipline quand ils adjuraient l'armée d'obéir à la Constitution, et de regarder comme de vrais rebelles ceux qui tournaient contre la Constitution et le pays le pouvoir qui leur avait été confié pour les défendre.

Voilà la vérité. Ce qui ressort de la discussion que nous venons d'entendre, et des paroles de l'honorable M. Agniel, c'est que le devoir du soldat est d'obéir à son chef, quand celui-ci obéit lui-même à la loi et à la Constitution ; si le chef et la Constitution sont en opposition, le rebelle, c'est le général, et le soldat fait son devoir en obéissant à la Constitution, à la loi. (Interruptions.)

Et vous, messieurs (l'orateur se tourne vers la droite), partisans de l'obéissance passive, vous êtes du même avis que nous, vous n'entendez pas l'obéissance aveugle...

M. Paul de Cassagnac. Si ! si ! Aveugle !

M. Guichard. Lorsque, dans le fossé de Vincennes, un chef est venu ordonner de fusiller le duc d'Enghien, est-ce que le soldat qui aurait tourné ses armes contre celui qui donnait cet ordre impie n'aurait pas véritablement obéi à la loi ?

M. Clémenceau. Il aurait été fusillé aussi !

M. Guichard. Non, nous n'acceptons pas l'interprétation que l'honorable M. Perin donne à l'article 25 ; nous acceptons l'interprétation que vous en donnez au fond de vos consciences, en disant que le bon citoyen est celui qui aurait refusé de fusiller le duc d'Enghien, et le rebelle celui qui ordonnait l'assassinat. (Mouvements divers.)

M. Paul de Cassagnac. Et dans l'affaire de Frigolet ?

M. Guichard. Ce n'est pas seulement à la droite que je m'adresse, je m'adresse à M. Perin. Quand on a donné l'ordre de faire feu sur Schœlcher, sur Baudin, quel était le devoir militaire, quelle était l'obéissance due aux chefs ? L'obéissance due aux chefs était dominée par l'obéissance due à la Constitution.

Revenez, messieurs, revenez à l'interprétation que la commission donnait tout à l'heure : le soldat doit obéissance à ses chefs et les chefs doivent obéissance à la Constitution. Voilà l'interprétation vraie, l'interprétation qui est au fond de vos consciences, comme de toutes les consciences. Voilà l'interprétation que vous et nous lui avons donnée toute notre vie. Nous voulons maintenir le respect suprême dû à la Constitution, sans ébranler la discipline.

Nous ne voulons pas voir publier des articles de journal comme ceux que nous avons vus il y a quelques semaines, articles où l'on disait aux soldats : « Vous êtes les instruments de ceux qui oppriment vos pères, qui les livrent sans défense à la tyrannie de ceux qui les exploitent ; eh bien, quand viendra le jour où l'on vous enverra à la frontière, vous ne serez pas des instruments aveugles, et vous mettrez la crosse en l'air. »

Oui, messieurs, j'ai lu cela dans un journal ; et vous croyez qu'on peut autoriser la vente de pareilles infamies à la porte des casernes ? Non ; vous partagez notre sentiment ; avec nous vous vous révoltez contre de pareilles publications ; ensemble aussi nous repoussons cette doctrine de l'obéissance passive, qui exciterait l'armée à tourner, contre la poitrine des citoyens, contre la Constitution, les armes qui lui sont confiées pour les défendre. Pour nous, pour vous, les soldats et leurs chefs doivent obéissance à la loi, à la Constitution, et quand les chefs et la Constitution ne sont pas du même côté, la fidélité est avec la Constitution, avec la souveraineté nationale. Seulement, permettez-moi de vous le dire, nous exprimons le sentiment qui nous est commun d'une façon claire, et vous vous l'exprimez d'une manière obscure. C'est pour cela que nous prions la Chambre de voter l'article 25. (Très bien ! — Aux voix !)

M. le président. Il y a, sur l'article 25, une demande de scrutin signée de MM. Georges Perin, Lockroy, Duvaux, Turigny, Bosc, Talandier, Clémenceau, Bouquet, Barodet, Beauquier, Ballue, A. Leconte, Jouffrault, Raspail, Germain Casse, Cantagrel, Saint-Martin, Franconie, Rathier, etc.

Il va être procédé au scrutin.

(Le scrutin est ouvert et les votes sont recueillis, puis MM. les secrétaires en opèrent le dépouillement.)

M. le président. Voici le résultat du dépouillement du scrutin :

ONT VOTÉ POUR :

MM. Agniel. Allègre. Allemand. Amat. Andrieux. Anthoard. Armez. Arnoult. Audiffred. Azémar.

Baïhaut, Barbedette. Bardoux. Barthe (Marcel). Baury. Beaussire. Bel (François). Belle. Belissen (de). Belon. Benoist. Berlet. Bernard. Bernier. Bethmont (Paul). Bienvenu. Binachon. Bizot de Fonteny. Blanc (Pierre) (Savoie). Blandin. Bonnaud. Borriglione. Boulard (Cher). Bouteille. Bouthier de Rochefort. Bravet. Bresson. Breteuil (marquis de). Brice (René). Brossard. Bruneau. Buyat.

Caduc. Carnot (Sadi). Casimir-Perier (Aube). Casimir-Perier (Paul) (Seine-Inférieure). Caurant. Cavalié. Caze. Cazeaux. Chaix (Cyprien). Chalamet. Chaley. Chanal (général de). Chantemille. Charpentier. Chauveau (Franck). Chavoix. Chevallay. Chevandier. Chevreau (Léon). Chiris. Choiseul (Horace de). Choron. Christophle (Albert) (Orne). Cirier. Cochery. Colbert-Laplace (comte de). Constans. Corentin-Guyho. Cornil. Cossé-Brissac (comte de). Costes. Couturier. Crozet-Fourneyron.

Daguilhon-Pujol. Danelle-Bernardin. Daron. Dautresme. David (Indre). Defoulenay. Deluns-Montaud. Desseaux. Deusy. Devade. Devaux. Develle (Eure). Develle (Meuse). Diancourt. Dreux. Dreyfus (Ferdinand). Drumel. Dubois (Côte-d'Or). Dubost (Antonin). Duchasseint. Ducroz. Dupont. Durand (Ille-et-Vilaine). Durieu. Duvaux.

Escanyé. Escarguel. Even.

Fallières. Faure (Hippolyte). Ferry (Jules). Folliet. Forné. Fouquet. Fourot. Fousset.

Gagneur. Galpin. Ganne. Garrigat. Gassier. Gaudy. Germain (Henri). Gévelot

CHAMBRE DES DÉPUTÉS.
PROVOCATION AUX CRIMES ET DÉLITS.

Girard (Alfred). Giraud (Henri). Girerd. Girot-Pouzol. Giroud. Godin (Jules). Grollier. Gros-Gurin. Guichard. Guillemin.

Hémon. Horteur. Hovius. Hugot.

Jacques. Jametel. Janvier de la Motte (Louis) (Maine-et-Loire). Janzé (baron de). Jeanmaire. Jenty. Joubert. Jozon.

Labadié (Bouches-du-Rhône). Labitte. La Caze (Louis). Ladoucette (de). Laffitte de Lajoannenque (de). Lalanne. Lamy (Etienne). Lanel. Langlois. Larrey (baron). Latrade. Laumond. Laurençon. Lavergne (Bernard). La Vieille. Lebaudy. Lecherbonnier. Lecomte (Mayenne). Legrand (Louis) (Valenciennes, Nord). Lelièvre (Adolphe). Le Monnier. Lepère. Lepouzé. Leroux (Aimé) (Aisne). Leroy (Arthur). Le Vavasseur. Levêque. Levet (Georges). Liouville. Lisbonne. Logerotte. Lombard. Loubet. Loustalot.

Magniez. Mahy (de). Maigne (Jules). Maillé (d'Angers). Marcère (de). Marcou. Margue. Marion. Marmottan. Marquiset. Martin-Feuillée. Masure (Gustave). Maunoury. Mayet. Maze (Hippolyte). Médal. Méline. Mercier. Mestreau. Mingasson. Mir. Mitchell (Robert). Montané. Monteils. Moreau. Morel (Haute-Loire). Morel. (Hippolyte) (Manche). Mougeot.

Nédellec. Neveux. Noël-Parfait. Noirot.

Ordinaire (Dionys). Osmoy (comte d'). Oudoul.

Papon. Parry. Pascal-Duprat. Passy (Louis). Patissier. Paulon. Pellet (Marcellin). Penicaud. Péronne. Perras. Petitbien. Peulevey. Philippe (Jules). Philippoteaux. Picard (Arthur) (Basses-Alpes). Picart (Alphonse) (Marne). Pinault. Plessier. Ponlevoy (Frogier de). Poujade. Pouliot.

Rameau. Raynal. Récipon. Renault-Morlière. Reymond (Francisque) (Loire). Riban. Ribot. Richarme. Riotteau. Roudier. Rougé. Roux (Honoré). Royer. Rubillard.

Sallard. Salomon. Sarrette. Sarrien. Savary. Scrépel. Sée (Camille). Seignobos. Senard. Sentenac. Simon (Fidèle). Sonnier (de). Souchu-Servinière. Sourigues. Soye. Spuller. Swiney.

Tallon (Alfred). Tassin. Teilhard. Teissèdre. Tézenas. Thiessé. Thomas. Tirard. Tondu. Trarieux. Trouard-Riolle. Truelle. Turquet.

Vacher. Vaschalde. Versigny. Vignancour. Villain.

Waddington (Richard). Waldeck-Rousseau. Wilson.

ONT VOTÉ CONTRE :

MM. Abbatucci. Allain-Targé. Ancel. André (Jules). Arenberg (prince d'). Ariste (d'). Arrazat.

Ballue. Bamberger. Barascud. Barodet. Baudry-d'Asson (de). Beauchamp (de). Beauquier. Bertholon. Blanchi. Biliais (de La). Bizarelli. Blachère. Blanc (Louis) (Seine). Blin de Bourdon (vicomte). Bonnet-Duverdier. Bosc. Bouchet. Bouquet. Bourgeois. Bousquet. Boyer (Ferdinand). Brame (Georges). Brelay. Brierre.

Cantagrel. Casablanca (vicomte de). Casse (Germain). Chavanne. Clémenceau. Corneau. Cotte.

Datas. Daumas. Debuchy. Desloges. Dréo. Du Douët. Dufour (baron) (Lot). Duportal.

Eschasseriaux (baron). Eschasseriaux (René). Espeuilles (comte d').

Farcy. Fauré. Favand. Ferrary. Fleury. Floquet. Franconie. Frébault. Freppel.

Ganivet. Gastu. Gatineau. Gauthier (René). Gent (Alphonse). Ginoux de Fermon (comte). Girault (Cher). Goblet. Godelle. Godissart. Granier de Cassagnac (Georges). Granier de Cassagnac (Paul). Greppo. Guillot (Louis). Guyot (Rhône).

Hamille (Victor). Havrincourt (marquis d'). Hérisson. Huon de Penanster. Jolibois.

Kermenguy (vicomte de).

La Bassetière (de). Labat. Lacretelle (Henri de). La Grange (baron de). Laisant. Lanauve. La Porte (de). Largentaye (de). Larochefoucauld, duc de Bisaccia. Laroche-Joubert. La Rochette (Ernest de). Lasbaysses, Leconte (Indre). Léon (prince de). Le Peletier d'Aunay (comte). Levert. Livois. Lockroy. Loqueyssie (de).

Madier de Montjau. Maillé (comte de). Mathieu. Ménard-Dorian.

Nadaud (Martin). Naquet (Alfred).

Ornano (Cuneo d').

Partz (marquis de). Perin (Georges). Perrien (comte de). Perrochel (marquis de). Pradal. Proust (Antonin).

Raspail (Benjamin). Réaux (Marie-Émile). Reyneau. Rivière. Rollet. Rotours (des). Rouvier.

Saint-Martin (Vaucluse). Sarlande. Septenville (baron de). Soland (de). Soubeyran (baron de).

Taillefer. Talandier. Telliez-Béthune. Thirion-Montauban. Thoinnet de la Turmelière. Thomson. Tiersot. Tron. Trystam. Turiguy.

Vernhes. Viette. Villiers.

N'ONT PAS PRIS PART AU VOTE :

Achard. Anisson-Duperron. Aulan (marquis d'). Baduel d'Oustrac. Bastid (Adrien). Bélizal (vicomte de). Benazet. Berger. Bergerot. Bert (Paul). Boissy d'Anglas (baron). Boulart (Landes). Boysset. Castaignède. Charlemagne. Cibiel. Combes. David (Jean) (Gers). David (baron Jérome). Delafosse. Deniau. Desbons. Dethou. Douville-Maillefeu (comte de). Du Bodan. Duclaud. Feltre (duc de). Flandin. Gambetta. Gasconi. Gaslonde. Gasté (de). Gaudin. Gavini. Gilliot. Girardin (Émile de). Gonidec de Traissan (comte Le). Guyot-Montpayroux. Haentjens. Harcourt (duc d'). Haussmann (baron). Hermary. Janvier de la Motte père. (Eure). Joigneaux. Jouffrault. Journault. Juigné (comte de). Keller. Klopstein (baron de). Labadié (Aude). Labuze. Legrand (Arthur) (Manche). Le Maguet. Le Marois (comte). Lenglé. Le Provost de Launay (Côtes-du-Nord). Lorois (Morbihan). Mackau (baron de). Malézieux. Maréchal. Mathé. Menier. Michaut. Murat (comte Joachim). Niel. Ollivier (Auguste). Padoue (duc de). Plichon. Prax-Paris. Rathier (Yonne). Rauline. Reille (baron). Roissard de Bellet (baron). Roques. Rouher. Roy de Loulay (Louis). Saint-Martin (de) (Indre). Savoye. Serph (Gusman). Tardieu. Trubert. Valon (de).

N'ONT PAS PRIS PART AU VOTE

comme ayant été retenus à la commission du buget :

MM. Brisson (Henri). Fréminet. Renault (Léon). Varambon.

N'ONT PAS PRIS PART AU VOTE

comme ayant été retenus à la commission d'enquête sur les actes de M. le général de Cissey, pendant son ministère :

MM. Dréolle (Ernest). Le Faure. Margaine. Roger. Roys (comte de). Valfons (marquis de). Vendeuvre (général de).

ABSENTS PAR CONGÉ :

MM. Boudeville. Bouville (comte de). Cadot (Louis). Cesbron. Clercq (de). Descamps. Devès. Guilloutet (de). Harispe. Hérault. Lasserre. Legrand (Pierre) (Nord). Mas. Mention (Charles). Riondel. Rouvre.

Nombre des votants........... 420
Majorité absolue ......,.............,..... 211
Pour l'adoption................. 283
Contre.................,.......... 137

La Chambre des députés a adopté l'article 25.

M. Ballue propose à l'article 25 une disposition additionnelle ainsi conçue :

Ajouter aux mots : « et de l'obéissance qu'ils doivent à leurs chefs... », ceux-ci : « ...dans tout ce qu'ils leur commandent pour l'exécution des lois et règlements militaires ».

Je consulte la Chambre sur la prise en considération.

(Après une première épreuve déclarée douteuse, la Chambre, consultée de nouveau par assis et levé, prend la disposition additionnelle en considération.)

M. le président. La commission est saisie du renvoi.

M. le rapporteur, *après avoir consulté les membres de la commission*. La commission accepte la disposition additionnelle !

M. le président. La commission est d'avis d'adopter ce texte, qui rétablit la formule générale de l'ordonnance de 1833.

En conséquence, l'article 25 serait ainsi rédigé :

« Toute provocation par l'un des moyens énoncés en l'article 24, adressée à des militaires des armées de terre ou de mer, dans le but de les détourner de leurs devoirs militaires et de l'obéissance qu'ils doivent à leurs chefs dans tout ce qu'ils leur commandent pour l'exécution des lois et règlements militaires, sera punie d'un emprisonnement d'un à six mois et d'une amende de 16 fr. à 100 fr., sans préjudice des peines plus graves prononcées par la loi, lorsque le fait constituera une tentative d'embauchage ou une provocation à une action qualifiée crime. »

Je le mets aux voix.

(L'article 25, ainsi modifié, est mis aux voix et adopté.)

SÉNAT. PRÉSIDENT M. LÉON SAY.

Septième suite du rapport du 18 juin 1881.

Art. 24. — Il frappe de complicité la provocation à un crime ou à un délit, quand la provocation aura été suivie d'effet. C'est le texte même de la loi de 1819; il ne l'aggrave pas, il l'atténue; il exige que la provocation soit directe, c'est-à-dire rattachée à l'acte incriminé par un lien si intime qu'elle en soit inséparable. La provocation indirecte ne repose que sur une induction et tout au plus sur une hypothèse.

Mais quand la provocation n'a pas été suivie d'effet, on ne saurait lui appliquer la peine de la complicité pour un crime qui n'a pas été commis. Pour punir la provocation, dans ce cas, il faut l'ériger en délit. C'est ce qu'a fait la loi de 1819, et ce qu'avait accepté le projet primitif de la Chambre des députés.

Cette question a divisé la Commission : une partie inclinait à la reconnaissance du délit, elle disait, pour justifier son opinion, qu'il y a délit toutes les fois qu'il y a intention de nuire et fait nuisible. Un homme provoque à la guerre civile, l'intention nuisible n'est pas douteuse. De ce qu'une insurrection n'a pas répondu à son appel, on ne saurait conclure qu'il n'a porté aucun préjudice à la société, car, rien que par sa provocation, et en dehors de toute révolte à main armée, il a dû jeter l'inquiétude ou l'alarme dans le pays ; l'inquiétude, l'alarme constituent à elles seules un fait nuisible au premier degré, et on lui accorderait l'impunité sous prétexte que l'effet est le critérium de la culpabilité de provocation ! Mais l'effet, c'est le trouble des esprits et, par suite, le dommage porté aux intérêts. Telle a été l'opinion de la minorité de la Commission.

La majorité a répondu : il ne suffit pas qu'en matière pénale un préjudice soit possible, il faut encore qu'il soit certain. Si les esprits n'ont pas été troublés, si les intérêts n'ont pas été alarmés par une provocation qui n'a été qu'une voix dans le désert, où est le préjudice ? et si la provocation les a troublés et alarmés, comment pouvoir saisir le corps du délit au fond des esprits et en mesurer la criminalité mesurée elle-même sur l'étendue du dommage ? Une loi qui n'a aucun moyen humain de faire cette mesure, n'a pas le droit de punir.

C'est pour ce motif que votre Commission n'a pu accepter la transformation en délit d'une provocation non suivie d'effet.

L'article 24 finit par ce paragraphe :

Cette disposition sera également applicable lorsque la provocation n'aura été suivie que d'une tentative de crime ou de délit, conformément aux articles 2 et 3 du Code pénal.

La tentative d'un crime est toujours assimilée au crime lui-même quand cette tentative s'est manifestée dans les conditions indiquées par l'article 2 du Code pénal. Il n'en est pas de même pour les délits. La tentative à leur égard n'est punie que dans des cas spéciaux et en vertu des dispositions particulières de nos lois (articles 179, 241, 245, 388, 400, 401 du Code pénal et loi du 27 mars 1851).

La Commission a pensé qu'il serait excessif d'étendre la complicité résultant d'une provocation par parole ou par écrit à des cas spéciaux dans lesquels la simple tentative n'est assimilée que par exception au au délit lui-même. Elle n'a donc maintenu la disposition adoptée par la Chambre que pour tentative de crime et elle l'a rédigée en ces termes :

« Cette disposition sera également applicable lorsque la provocation « n'aura été suivie que d'une tentative de crime prévue par l'article 2 du « Code pénal. »

Annexe au rapport du 18 juin 1881.

CHAPITRE IV

DES CRIMES ET DÉLITS COMMIS PAR LA VOIE DE LA PRESSE OU PAR TOUT AUTRE MOYEN DE PUBLICATION.

§ 1. — *Provocation aux crimes et délits.*

Propositions adoptées par la Chambre des députés. | Texte proposé par la Commission du Sénat.

ART. 24.

Seront punis comme complices d'une action qualifiée crime ou délit ceux qui, soit par des discours, cris ou menaces proférés dans des lieux ou réunions publics, soit par des écrits, des imprimés vendus ou distribués, mis en vente ou exposés dans des lieux ou réunions publics, soit par des placards ou affiches exposés aux regards du public, auront directement provoqué à commettre ladite action, si la provocation a été suivie d'effet.

Cette disposition sera également applicable, lorsque la provocation n'aura été suivie que d'une tentative de crime ou de délit, conformément aux articles 2 et 3 du Code pénal.

ART. 23.

Seront punis comme complices d'une action qualifiée crime ou délit ceux qui, soit par des discours, cris ou menaces proférés dans des lieux ou réunions publics, soit par des écrits, des imprimés vendus ou distribués, mis en vente ou exposés dans des lieux ou réunions publics, soit par des placards ou affiches exposés aux regards du public, auront directement provoqué *l'auteur ou les auteurs* à commettre ladite action, si la provocation a été suivie d'effet.

Cette disposition sera également applicable lorsque la provocation n'aura été suivie que d'une tentative de crime *définie par l'article* 2 du Code pénal.

(Voir l'article 23 *bis* proposé par M. Robert de Massy dans la séance du 15 juillet).

M. le président lit l'art. 23, texte proposé par la commission en place du 24.

« Art. 23. — Seront punis comme complices d'une action qualifiée crime ou délit ceux qui, soit par des discours, cris ou menaces proférés dans des lieux ou réunions publics, soit par des écrits, des imprimés vendus ou distribués, mis en vente ou exposés dans des lieux ou réunions publics, soit par des placards ou affiches exposés aux regards du public, auront directement provoqué l'auteur ou les auteurs à commettre ladite action, si la provocation a été suivie d'effet.

« Cette disposition sera également applicable lorsque la provocation n'aura été suivie que d'une tentative de crime définie par l'article 2 du Code pénal. »

Il y a sur l'article 23 un amendement de M. Lenoël qui est ainsi conçu :

« Remplacer cet article par les dispositions suivantes :

« Quiconque, soit par des discours, des cris ou des menaces proférés dans des lieux ou réunions publics, soit par des écrits, des imprimés, des dessins, des gravures, des peintures ou emblèmes, vendus ou distribués, mis en vente ou exposés dans des lieux ou réunions publics, soit par des placards ou affiches exposés aux regards du public, aura provoqué à commettre une ou plusieurs actions qualifiées crimes, que ladite provocation ait été ou non suivie d'effet, sera puni d'un emprisonnement de trois mois à cinq ans et d'une amende de 50 fr. à 6,000 fr.

« Quiconque aura, par les mêmes moyens, provoqué à commettre une ou plusieurs actions qualifiées délits, que ladite provocation ait été ou non suivie d'effet, sera puni d'un emprisonnement de trois jours à deux ans et d'une amende de 30 fr. à 4,000 fr., ou de l'une de ces deux peines seulement, sauf les cas dans lesquels la loi prononcerait une peine moins grave contre l'auteur du délit, laquelle sera alors appliquée au provocateur. »

La parole est à M. Lenoël.

M. Émile Lenoël. Messieurs, nous sommes arrivés aux dispositions capitales du projet de loi, au délit de provocation publique à commettre des crimes par tous les moyens de publication. Je dis par tous les moyens de publication, et c'est, ce me semble en tête de cette discussion un point très important à fixer. En effet, généralement, — ce n'est pas le rapport qui est tombé dans cette erreur, — mais enfin généralement dans l'opinion commune, il semble qu'on ne fait qu'une loi sur la presse, et alors l'intérêt très légitime qu'inspirent les écrivains courageux et énergiques de tous les partis soutenant vaillamment, ardemment même leur opinion, fait que tout le monde est disposé à se montrer très enclin à l'indulgence, parce qu'on croit toujours qu'il ne s'agit que des écrivains de la presse.

Il n'en est rien, cependant. Nous sommes appelés à statuer dans ce chapitre sur les crimes et délits commis par la voie de la presse ou par tout autre moyen de publication.

Cette simple observation faite, je demande au Sénat la permission de relire le texte même sur lequel il est appelé à statuer, texte que, dans ma pensée, je supprime pour le remplacer par l'amendement sur lequel je vais avoir à m'expliquer.

Cet article 23 est ainsi conçu :

« Seront punis comme complices d'une action qualifiée crime ou délit ceux qui, soit par des discours, cris ou menaces proférés dans les lieux ou réunions publics, soit par des écrits, des imprimés vendus ou distribués, mis en vente ou exposés dans des lieux ou réunions publics, soit par des placards ou affiches exposés aux regards du public, auront directement provoqué à commettre ladite action, si la provocation a été suivie d'effet.

« Cette disposition sera également applicable, lorsque la provocation n'aura été suivie que d'une tentative de crime définie par l'article 2 du Code pénal. »

Dans son premier paragraphe, l'article 23 dont je viens de donner lecture est, à peu de chose près, la reproduction de l'article 1er de la loi du 17 mai 1819 ; mais le projet de loi qui nous est soumis ne reproduit pas — car cet article est le seul — ne reproduit pas, dis-je, les dispositions des articles 2 et 3 de la loi du 17 mai 1819, qui punissaient de peines plus ou moins graves, selon le cas, ceux qui avaient provoqué à commettre des crimes ou des délits, alors même que ces crimes et ces délits n'avaient pas été suivis d'effet.

Il me paraît, messieurs, que le système du projet pèche doublement. Il pèche

PROVOCATION AUX CRIMES ET DÉLITS.

par excès de sévérité et par excès d'indulgence. Il me paraît pécher par excès de sévérité en ce que, sans rechercher le point de savoir si celui qui a provoqué à commettre un crime ou un délit, a commis en même temps des actes d'ingérence, d'immixtion dans ce crime, actes qui seraient de nature, indépendamment de la publicité, à le faire considérer comme complice, ce projet, de même que la loi de 1819, punit comme complice, par cela seul qu'il a fait une provocation publique, celui qui a fait cette provocation, si elle a été suivie d'effet.

Il me paraît, messieurs, qu'à ce point de vue, l'article qui nous est proposé, consacre une sévérité excessive, et qu'en sens inverse, je ne dirai pas l'article, mais l'omission qui se trouve dans la loi, consacre une indulgence excessive en ce que, quelles que soient les provocations, si elles ne sont pas suivies d'effet, le provocateur échappe à toute pénalité. C'est pour obvier à ce double inconvénient que j'ai l'honneur de soumettre au Sénat l'amendement dont M. le président lui a déjà donné lecture, et dont je veux vous indiquer la portée et la pensée en le replaçant de nouveau sous vos yeux, au moins dans sa partie essentielle.

Voici, messieurs, quel serait cet amendement : il répondrait au double but que je poursuis, qui est de supprimer la sévérité là où elle est excessive et de la rétablir dans une juste mesure là où elle a disparu sans raisons suffisantes.

« Quiconque, soit par des discours, des cris ou des menaces proférés dans des lieux ou réunions publics... » — suit l'énonciation des moyens — « ... aura provoqué à commettre une ou plusieurs actions qualifiées crimes, que ladite provocation ait été ou non suivie d'effet, sera puni d'un emprisonnement de trois mois à cinq ans et d'une amende de 50 fr. à 6,000 fr. »

C'étaient les dispositions de l'article 2 de la loi du 17 mai 1819, mais pour le cas seulement où la provocation n'avait pas été suivie d'effet ; je généralise ; qu'elle ait été suivie d'effet ou non, la situation est la même. C'est ce que j'aurai à démontrer tout à l'heure, au point de vue du droit pénal.

Paragraphe 2 :

« Quiconque aura, par les mêmes moyens, provoqué à commettre une ou plusieurs actions qualifiées délits, que ladite provocation ait été ou non suivie d'effet, sera puni d'un emprisonnement de trois jours à deux ans et d'une amende de 50 francs à 4,000 fr., ou de l'une de ces deux peines seulement, sauf les cas dans lesquels la loi prononcerait une peine moins grave contre l'auteur du délit, laquelle sera alors appliquée au provocateur. »

C'est, messieurs, l'article 3 de la loi de 1819, avec ce changement : « que ladite provocation ait été ou non suivie d'effet. »

Cette question de la provocation et des peines qu'elle comporte, est, ainsi que je le disais en montant à la tribune, la plus grave de la loi ; elle a rempli cinq séances à la Chambre des députés où l'on a entendu, de part et d'autre, de très remarquables discours de MM. Agniel, Ribot, le garde des sceaux, dans un sens, de MM. Floquet, Allain-Targé et Goblet, dans l'autre sens. Je me suis efforcé de me bien pénétrer de tout ce qui a été dit dans cette discussion très remarquable, afin de n'apporter ici que l'essence même et les points culminants de cette discussion ; et pour le faire, je m'efforcerai de ne marcher qu'avec les textes.

Il en résultera que la discussion sera brève, je l'espère, un peu technique, un peu spéciale. Je demande la bienveillante indulgence du Sénat non pas pour moi, messieurs, qui n'y ai aucun droit, mais pour l'importance de la cause que j'ai l'honneur de défendre devant lui. (Très bien ! très bien ! — Parlez ! parlez ! à droite.)

Vous savez, messieurs, que d'après l'article 60 du Code pénal dont je place les termes sous les yeux du Sénat : « Seront punis comme complices d'une action qualifiée crime ou délit ceux qui, par dons, promesses, menaces, abus d'autorité ou de pouvoir, machinations ou artifices coupables, auront provoqué à cette action ou donné des instructions pour la commettre... »

Suivent deux paragraphes, l'un relatif à ceux qui ont procuré les moyens de la commettre, l'autre à ceux qui, en connaissance de cause, ont aidé à la commettre. ·

Évidemment, messieurs, çe ne sont pas les points auxquels j'ai à me référer ; mais il faut, dans les termes de notre Code pénal, pour pouvoir être considéré comme complice, que celui qui a provoqué, ait ajouté ces moyens coupables, soigneusement indiqués par le législateur : Dons, promesses, menaces, abus d'autorité ou de pouvoir, etc. ; de sorte qu'en dehors de ces. moyens visés par l'article 60 du Code pénal, il peut y avoir un acte mauvais, répréhensible, il n'y a pas de complicité.

Le dernier paragraphe de l'article 60 contient cependant la réserve que voici :

« Sans préjudice des peines qui seront spécialement portées par le présent Code contre les auteurs de complots attentatoires à la sûreté intérieure... »

M. Cazot, *garde des sceaux, ministre de la justice.* De complots ou de provocations attentatoires !

M. Émile le Lenoël. Parfaitement : « contre les auteurs de complots ou de provocations attentatoires à la sûreté intérieure ou extérieure de l'État, même dans le cas où le crime qui était l'objet des conspirateurs ou des provocateurs n'aurait pas été commis. »

C'était, vous le voyez, une pierre d'attente que posait l'article 60 du Code pénal et nous allons trouver, de suite, dans les dispositions du Code les points auxquels se réfère l'article 60, dernier paragraphe.

C'est d'abord l'article 102 du Code pénal, qui est ainsi conçu :

« Seront punis comme coupables des crimes et complots mentionnés dans la présente section, tous ceux qui, soit par discours tenus dans des lieux ou réunions publics, soit par des placards, affiches, soit par des écrits imprimés, auront excité directement les citoyens ou habitants à les commettre. »

Voilà, par conséquent, que le Code pénal, après avoir édicté dans son article 60 les règles de la complicité qui n'existe que si le crime ou le délit a été commis, mais qui existe aussi bien lorsqu'elle est secrète que lorsqu'elle est publique, voilà que le Code pénal réserve, dans son dernier paragraphe, ceux qui se seront livrés à des complots attentatoires à la sûreté de l'État ou qui auront provoqué publiquement à ces complots. Et ceux-là, il les punit comme complices, uniquement à cause de la publicité de la provocation, lors même que cette provocation n'a pas été suivie d'effet. (Article 102 du Code pénal.)

Cet article 102 a été abrogé par l'article 26 de la loi de 1819, et vous allez d'un mot le comprendre, sans qu'il me soit nécessaire de vous infliger des lectures de textes : c'est que la loi de 1819, dans son article 1er, punissait la provocation *publique* à tout crime ou à tout délit de quelque nature qu'il fût ; elle punissait l'auteur de cette provocation comme le complice, lorsque la provocation avait été suivie d'effet. Il était inutile de réserver une disposition spéciale à laquelle se référait le dernier paragraphe de l'article 60, l'article 1er de la loi de 1819 contenait une disposition générale qui punissait comme complices d'un crime ou d'un délit tous ceux qui avaient provoqué publiquement à le commettre.

Aussi, la loi de 1819 abrogea-t-elle cet article 102, et il devait en effet disparaître de notre législation.

Cet article 102 n'était pas le seul auquel le Code pénal entendait se référer pour punir les provocations publiques ; les articles 202 et suivants contiennent encore des dispositions extrêmement graves contre les auteurs de discours ou d'écrits pastoraux, d'instructions pastorales de nature à troubler la paix publique.

Lorsque ces provocations ou instructions sont suivies d'effet, les auteurs de ces instructions ou de ces écrits sont punis comme l'auteur même du crime ou du délit, c'est-à-dire qu'on les considère comme complices.

Ce sont les dispositions spéciales des articles 203 et 206 :

PROVOCATION AUX CRIMES ET DÉLITS.

« Art. 203. — Lorsque la provocation aura été suivie d'une sédition ou révolte dont la nature donnera lieu contre l'un ou plusieurs des coupables à une peine plus forte que celle du bannissement... » — c'est la peine dont on frappe le ministre du culte — « ... cette peine, quelle qu'elle soit, sera appliquée au ministre coupable de la provocation. Et l'article 206 n'est plus relatif à des écrits, mais à des critiques, à des provocations; il établit aussi l'égalité des peines contre le ministre du culte et contre celui qui a commis le crime auquel le ministre du culte paraît l'avoir provoqué.

Pourquoi ces deux cas réservés par le dernier paragraphe de l'article 60 ? Pourquoi ces deux cas dans le Code pénal? Il y a une raison sur laquelle j'aurai à m'étendre plus longuement tout à l'heure à propos de la seconde partie de ma discussion, mais que j'indique à l'attention de mes collègues. C'est que sous l'empire du Code pénal il n'y avait pas de moyens de publicité et qu'il était dès lors parfaitement inutile d'avoir dans nos codes une disposition générale punissant la provocation publique, parce que celle-ci suppose l'existence de moyens de publicité : la publicité n'existant pas, il n'y avait pas lieu, pour le législateur, de punir la provocation publique. Il le punissait seulement dans les deux cas qu'il avait ainsi réservés et dont l'un dépendait de la gravité même du crime auquel on provoquait, c'est-à-dire le complot contre la sûreté intérieure ou extérieure de l'État et dont l'autre paraissait emprunter une gravité exceptionnelle au caractère même dont était investi celui qui était l'auteur de la provocation.

J'ajoute que cet auteur de la provocation avait lui-même, dans ce temps où la publicité n'existait pas, une certaine publicité relative à sa disposition, puisqu'enfin il avait la publicité de la réunion religieuse à laquelle il avait présidé. La loi de 1819 est intervenue pour statuer en vue d'une situation toute différente : l'article 8 de la charte de 1814 avait établi la liberté de la presse et dans une certaine mesure aussi le droit de réunion. La loi de 1819 se trouvait donc, elle, en présence, non pas de quelques cas limitativement indiqués de publicité possible, mais en présence d'une publicité accessible à tous, et qui, si elle pouvait donner lieu à des délits ou à des crimes, devait être atteinte par le législateur.

Mais je crois que le législateur de 1819 trouvant dans le Code pénal ces dispositions en vertu desquelles l'auteur de la provocation publique, quand elle pouvait exister, était puni comme complice, n'a pas remarqué que la gravité exceptionnelle des deux cas envisagés par le législateur de 1810 expliquait peut-être cette sévérité étrange, exceptionnelle, et cette dérogation au principe de l'article 60 du Code pénal ; et la loi de 1819, qui ne s'en est pas expliquée, a adopté le principe déposé dans le Code pénal ; seulement elle l'a généralisé. Au lieu de le restreindre comme le Code pénal, à deux ou trois cas spéciaux, elle l'a étendu à tous les cas de provocation publique.

Et alors, il est arrivé ceci, cette véritable antinomie dans nos lois, je le crois du moins, c'est que le Code pénal, qui, dans l'article 60, envisage la provocation secrète, c'est-à-dire de la bouche à l'oreille, de l'individu à l'individu, ne reconnaît pas la complicité tant qu'il n'y a pas un des moyens déterminés par lui, dons, promesses, menaces, abus d'autorité; tandis que la loi de 1819, elle, a établi la provocation publique, et l'a considérée comme suffisante pour constituer la complicité lors même qu'elle n'est pas accompagnée de ces moyens spéciaux d'ingérence qui sont délimités dans le Code pénal.

Je crois que c'est là une disposition absolument excessive ; la provocation secrète ne peut constituer la complicité que si elle a été accompagnée de dons, promesses ou menaces, tandis que la provocation publique, même si elle n'est pas accompagnée de dons, promesses, menaces, est punie comme un fait de complicité. Comment expliquer une telle distinction ? D'après les principes du droit pénal, formulés dans l'article 60, c'est l'immixtion, l'ingérence au fait criminel qui constituent la complicité, tandis que la loi de 1819 et le projet de loi qui vous est soumis ne supposent aucune ingérence, aucune immixtion autre que le conseil, et considèrent le conseil, s'il est donné publiquement, comme un acte de complicité. Par conséquent, ce qui constitue le fait de la provocation punissable, c'est la publicité, rien que la publicité, et alors je demande à mes collègues de vouloir réfléchir à cette grosse question de droit que je viens d'indiquer : le fait de la publicité peut-il transformer le provocateur en complice ? Comment, voici un homme qui dans son cabinet, dans sa maison, chez lui, fait une provocation privée sans dons, promesses, menaces ; le crime s'ensuit ; non seulement, il n'est pas complice, mais il n'est atteint par aucune pénalité. Le même homme, en sortant de cette conversation, criminelle au point de vue moral, qu'il vient d'avoir, va tenir la même conversation sur son perron, dans la rue : provocation publique! Alors, si le crime a lieu, il va être complice du crime.

Je crois que cela est absolument contraire aux principes du droit pénal.

Le degré d'ingérence et d'immixtion du provocateur ne résulte pas de la complicité ; le degré d'ingérence et d'immixtion résulte des moyens indiqués par l'article 60 du Code pénal ; il les a tous envisagés, et nos criminalistes les plus éminents reconnaissent non pas seulement comme un texte impératif qui s'impose à tous parce qu'il est la loi, mais comme un exposé exact de doctrine, cette énonciation des moyens à l'aide desquels la complicité va exister d'après l'article 60. Cet article est aussi clair, aussi net, aussi complet que possible ; et quel que soit, au point de vue moral, l'acte mauvais, répréhensible, criminel que commet le provocateur, s'il n'a pas ajouté à sa provocation un des moyens indiqués par l'article 60, non seulement il échappe à toute criminalité, d'après le Code pénal, mais encore d'après tous les principes du droit criminel. C'est qu'en effet, messieurs, entre l'intention, entre la résolution même d'un crime (si ce n'est dans le cas spécial de complot) et l'accomplissement du crime auquel on s'est résolu, auquel on s'est préparé par tous les moyens possibles, il y a un abîme en matière de droit pénal.

Nul ne peut affirmer que l'homme qui a acheté un pistolet, qui a chargé ce pistolet, qui est allé sur la route où il croyait rencontrer celui à la vie duquel il voulait porter atteinte, nul ne peut affirmer, dis-je, que cet homme eût commis le crime ; il pouvait s'arrêter en chemin, il pouvait reculer au dernier moment devant l'horreur de l'acte qu'il avait prémédité ; aussi échappe-t-il à toute criminalité, à toute pénalité ? C'est, messieurs, ce que mon éminent ami, je devrais plutôt dire mon éminent maître, M. Bertauld, indique dans son « Cours de droit pénal » :

« Toute provocation au crime ou au délit n'est pas un fait de complicité légale. Le conseil, le mandat même de commettre un crime, ce conseil et ce mandat eussent-ils été suivis d'effet, ne tombent pas, par eux-mêmes, sous le coup de la loi pénale ; ils ne sont punissables qu'autant, ou qu'ils émanent d'une personne ayant de l'autorité sur l'agent, par exemple, d'un père, d'un maître, d'un supérieur hiérarchique, ou que ce conseil ou ce mandat aient été accompagnés de dons, de promesses, de menaces, de machinations ou artifices coupables qui en ont singulièrement modifié l'efficacité. La loi ne suppose pas au simple conseil et au mandat gratuit assez d'influence, assez d'action pour les punir. »

Eh bien, si cela est vrai, et c'est incontestable, — tous les grands criminalistes, MM. Faustin Hélie, Rossi, tous tiennent le même langage — si cela est vrai, et c'est, je le répète. incontestable en droit, le fait d'avoir donné ce conseil, d'avoir fait cette provocation publiquement va-t-il ériger, je ne peux pas dire à la hauteur, car cette expression serait fausse et ne rendrait pas ma pensée, mais va-t-il faire descendre au rang de complice du crime celui qui y a provoqué ? Je dis que cela n'est pas.

La publicité s'ajoutant à la provocation, constitue un fait répréhensible légalement, non pas la complicité, mais un délit, un délit spécial, un délit particulier, que la provocation soit suivie d'effet ou qu'elle ne le soit pas. Il me paraît, en effet,

PROVOCATION AUX CRIMES ET DÉLITS.

impossible au point de vue des principes du droit pénal, qu'on fasse dépendre la criminalité si grave qu'envisagent le projet de la loi en discussion et la loi de 1819, d'un fait futur et lointain, absolument indépendant de la volonté de celui qui a provoqué.

Je crois donc que le Sénat fera œuvre de bonne législation en supprimant cet article 23, emprunté aux dispositions de la loi de 1819 et en reconnaissant que, puisque la publicité constitue le délit, c'est un délit spécial qu'on peut avoir à atteindre, mais qu'il n'y a pas complicité d'un crime dans un article, dans un discours, dans un écrit quelconque où on aura eu l'imprudence ou le malheur de provoquer à ce crime ou à ce délit.

Et, en effet, un écrivain, un orateur qui, dans une réunion publique, où il n'est pas couvert par l'immunité parlementaire, aura eu le malheur, dans un moment d'entraînement, d'exciter à la guerre civile, par exemple, ou à un crime spécial, que sais-je, à l'assassinat. Demandez à cet homme au moment où il a fini d'écrire sous l'impression d'un sentiment vif ou ardent, ou bien au moment où il a fini de parler, sous l'empire de la passion, surexcité par les acclamations, les interruptions, par les faits qui se sont passés dans la réunion, demandez-lui, en lui présentant un fusil : Consentez-vous à aller faire ce que vous avez dit? Êtes-vous sûrs qu'il le fera? Non, il ne le fera pas. Et, par cela même, le considérer comme le complice du crime, c'est là quelque chose d'excessif. Dès lors, il ne reste plus qu'un délit, un délit spécial, un délit particulier.

C'est ce que je demande au Sénat de vouloir bien reconnaître en adoptant mon amendement.

Je n'ai examiné, messieurs, que l'un des points de vue de cet amendement. J'ai maintenant à examiner l'autre, c'est-à-dire le cas où la provocation n'a pas été suivie d'effet, et à demander si, dans ce cas, il n'y a pas délit, ainsi que l'a pensé la commission puisque, pour ce cas, elle n'édicte aucune disposition pénale.

Si j'ai réussi à faire partager par le Sénat la conviction profonde dont je suis animé, qu'en résultera-t-il?

C'est que, évidemment, il n'y a pas de complicité. Et il n'y en a pas, parce qu'il y a autre chose, c'est-à-dire un délit spécial. Et, par cela même, que le délit, que le crime auquel il a été provoqué ait été ou n'ait pas été commis, il restera un délit spécial. Quel est ce délit? C'est précisément cette provocation, qu'il est si difficile d'atteindre lorsqu'elle se produit en secret, parce qu'on ne peut même pas la constater.

C'est cette provocation émanant d'un homme qui profite des moyens que la loi met dans ses mains, c'est-à-dire de la liberté dont il est investi, pour appeler ses concitoyens non seulement à se révolter contre la loi, mais encore à commettre un crime ou un délit qui est puni, réprimé par la loi.

Eh bien, messieurs, que cette provocation ait été ou non suivie d'effet, la provocation a existé, elle a été publique ; par cela même, il me paraît que la provocation doit être atteinte par le législateur.

J'avais eu l'honneur de soumettre cette idée à la commission. Voici comment elle a repoussé l'amendement que je lui avais proposé :

« Il ne suffit pas qu'en matière pénale un préjudice soit possible, il faut encore qu'il soit certain. Si les esprits n'ont pas été troublés, si les intérêts n'ont pas été alarmés par une provocation qui n'a été qu'une voix dans le désert, où est le préjudice ? et si la provocation les a troublés et alarmés, comment pouvoir saisir le corps du délit du fond des esprits et en mesurer la criminalité mesurée elle-même sur l'étendue du dommage ? Une loi qui n'a aucun moyen humain de faire cette mesure, n'a pas le droit de punir. »

Je crains, messieurs, que la commission ne soit allée trop loin dans son idée. De ce que le fait auquel on a provoqué n'a pas eu lieu, de ce que l'assassinat, l'incendie, la guerre civile auxquels on a provoqué ne se sont pas produits, en résulte-t-il qu'il n'y a aucun trouble causé à la société, qu'il n'y a eu pour elle aucun dommage et qu'on ne puisse pas mesurer le dommage? Messieurs, je le comprends très bien ; si l'incendie auquel il a été provoqué n'a pas été allumé, il ne sera pas aussi facile de constater l'importance des dégâts que si l'incendie a existé et qu'on puisse chiffrer par sous et par deniers la valeur des objets incendiés.

Mais est-ce à dire qu'il n'y a pas trouble causé à la société? est-ce qu'il n'y a pas eu de dommage? Nous allons trouver le contraire dans de nombreuses dispositions de nos lois.

Ne voyez-vous pas tout de suite, par exemple, que la provocation à l'assassinat d'un industriel qui est venu établir une industrie nouvelle dans un pays, que la provocation à l'incendie de ses usines, de ses ateliers, de ses établissements, en se faisant entendre sans cesse aux oreilles de la femme ou des enfants de cet industriel, pourront entraîner la maladie, la folie même d'une jeune femme ou d'un enfant? Ne croyez-vous pas qu'elles pourront déterminer cet industriel à quitter le pays, la ville, où il s'était établi, à liquider à grands frais pour sortir de ce pays, de cette ville où la vie lui a été rendue impossible?

Mais, messieurs, c'est la commission elle-même qui me fournit, dans l'article suivant, la réponse à la théorie par laquelle elle a repoussé l'amendement que j'ai eu l'honneur de lui soumettre. En effet, et pour le dire tout de suite, l'article 24 punit, qu'elle ait été ou non suivie d'effet, comme un délit spécial cette fois, comme un délit spécial, bien spécial, la provocation des soldats à la désobéissance. Alors, messieurs, reprenant les termes mêmes de l'objection qui m'est faite, je m'adresse à la commission et je lui dis : Mais si les esprits des soldats n'ont pas été troublés, si la provocation n'a été qu'une voix dans le désert, où est le préjudice, je vous le demande? Et cependant vous punissez, dans l'article 24, la provocation du soldat à la désobéissance lors même que le soldat a résisté à cette provocation. Vous considérez, et vous avez raison, qu'il ne peut pas être permis à un citoyen d'aller provoquer à la désobéissance les enfants du pays, armés pour sa défense... — Vous pensez, et vous avez raison, qu'on ne peut pas les exciter à manquer au plus noble de leurs devoirs. Vous pensez cela quand il s'agit des soldats ; pourquoi n'avez-vous pas la même pensée quand il s'agit d'autres citoyens? Il faut une explication que la commission voudra bien fournir à cet égard.

Le dommage, messieurs, existe donc sans qu'il soit besoin d'un fait matériel spécial, tangible, avec lequel il soit possible de calculer la perte matérielle comme dans le cas d'un incendie, ainsi que je le disais tout à l'heure.

Mais, messieurs, c'est ainsi que toutes nos lois ont envisagé la provocation publique et qu'elles l'ont punie, lors même qu'elle n'a pas été suivie d'effet, sauf bien entendu en 1810 : et je crois en avoir indiqué les raisons au Sénat : il n'y avait pas alors de publicité ; on ne pouvait pas s'occuper de punir les provocations publiques. Je dis donc que toutes nos lois ont puni la provocation publique ; je le prouve.

La loi du 18 juillet 1791 est ainsi conçue :

« Art. 1er. — Toutes personnes qui auront provoqué le meurtre, l'incendie, le pillage ou qui conseillent formellement la désobéissance à la loi, soit par des placards, des affiches, soit par des écrits publics et colportés, soit *par des discours tenus dans les lieux ou assemblées publics,* seront regardées comme séditieuses et perturbatrices, et en conséquence, les officiers de police sont tenus de les faire arrêter sur-le-champ et de les remettre aux tribunaux pour être punies suivant la loi. »

« Art. 2. — Tout homme qui, dans un attroupement ou dans une émeute, aura fait entendre un cri de provocation au meurtre, sera puni de trois ans de chaîne, si le meurtre n'est pas commis, et comme le complice du crime s'il a eu lieu. »

PROVOCATION AUX CRIMES ET DÉLITS.

On dit que cette loi du 18 juillet 1791 fut bientôt abrogée, c'est vrai ; mais la constitution du 14 septembre 1791 a posé, dans la Déclaration des droits, le principe essentiel qu'il est bon de rappeler ; voici en quels termes s'exprime le législateur de l'époque :

« Nul homme ne pourra être recherché ni poursuivi à raison des écrits qu'il aura fait imprimer ou distribuer, sur quelque matière que ce soit, si ce n'est qu'il ait provoqué à la désobéissance à la loi, l'avilissement des pouvoirs publics, la résistance à leurs actes. ou à quelqu'une des actions déclarées crime ou délit par la loi. »

Ce sont les dispositions mêmes que j'ai l'honneur de soumettre à l'approbation du Sénat.

Le Code pénal, je l'ai déjà dit, n'a pas eu à reproduire ces dispositions de la constitution du 14 septembre 1791 ; il n'avait pas, d'une façon générale, à punir la provocation publique : il n'y avait pas de moyen de publicité.

Mais lorsqu'il a cru trouver des moyens de publicité, et il en a trouvé deux, il les a punis, il les a atteints comme j'ai eu l'honneur de le démontrer il n'y a qu'un instant au Sénat.

Et voici, messieurs, comment cette idée qu'en 1810 il n'y avait pas lieu de s'occuper de punir et de réprimer la provocation publique, se justifie par ce simple énoncé des faits que je relève tout simplement dans le Répertoire de jurisprudence de Dalloz, V° Presse-outrage, n° 15.

« Sous l'empire, la presse périodique fut réduite au silence. Le décret du 5 février 1810 soumit en outre l'imprimerie et la librairie à une police sévère. Il institua une direction générale de l'imprimerie et la librairie, avec des attributions de surveillance sur ceux qui furent autorisés à exercer ces professions ; les imprimeurs et libraires durent être assermentés, et, pour obtenir un brevet, il fallait être muni d'un certificat de bonne vie et mœurs et d'*attachement au souverain*. Le nombre des imprimeurs et celui des presses qu'ils pourraient employer *fut fixé* pour Paris et les départements ; les imprimeurs furent astreints, avant l'impression d'un ouvrage, à en faire la déclaration, afin de mettre l'*autorité à même d'en empêcher la publication*. »

Il est bien certain qu'avec ce système il était inutile d'avoir des dispositions générales pour punir la provocation publique par la voie de la presse, et comme, en matière de réunions publiques, il y avait juste autant de liberté qu'en matière de presse proprement dite, il n'y eut pas dans le Code pénal de dispositions visant la provocation publique.

Mais, lorsque la Charte de 1814 établit la liberté de la presse, immédiatement intervinrent des lois pour réprimer la provocation à des crimes et à des délits.

Enfin est arrivée la loi de 1819, sur laquelle je me suis déjà trop longuement étendu, en sorte qu'il y a ces deux termes absolument corrélatifs dans notre législation : indépendance et responsabilité.

Toutes les fois qu'il y a indépendance, il y a responsabilité, et c'est précisément par suite des dispositions qui sont destinées à garantir les effets de cette indépendance.

Quand il n'y a ni indépendance ni liberté, il n'est pas besoin de réprimer l'abus qu'on en peut faire ; alors il n'y a pas de dispositions spéciales pour réprimer les abus d'une liberté qui n'existe pas. On arrive ainsi, messieurs, à cette formule de Benjamin Constant en 1819 : l'indépendance responsable de la presse. Oui : l'indépendance responsable de la presse. La presse a toute sa liberté, comme les citoyens ont toute leur liberté ; mais quand ils en font un mauvais usage, c'est à eux, messieurs, comme il convient à des hommes libres, d'en répondre devant la justice de leur pays.

Est-ce à dire — c'est une objection qu'on a faite — qu'il soit interdit de critiquer la loi parce qu'il est défendu de provoquer directement aux crimes et aux délits qu'elle réprime ? Est-ce à dire qu'il n'est pas permis de trouver ses dispositions mauvaises et d'appeler la modification de ces dispositions ? Mais, messieurs, depuis 1819, la question n'en est plus une, et voici comment M. de Serres, dans son exposé des motifs qui a été consacré par des monuments innombrables de jurisprudence, s'exprimait à cet égard :

« Lorsqu'une action a été déclarée crime ou délit par les lois communes, il ne saurait être permis d'exciter les citoyens à la commettre. On peut contester la justice ou la convenance d'une loi pénale comme de toute autre loi, peut en solliciter le changement, mais on ne peut pas, on ne doit pas pouvoir provoquer les citoyens à désobéir aux lois existantes. La provocation publique à un acte quelconque légalement incriminé est donc par elle-même punissable. »

On a beaucoup parlé, dans la discussion qui a eu lieu à la Chambre des députés, « du droit commun ». J'ai oublié de dire au Sénat que la punition de la provocation, même non suivie d'effet, avait été maintenue par la commission de la Chambre des députés, et c'est précisément parce que la commission ne voulait pas abandonner cette disposition, qu'on a discuté pendant de si nombreuses séances. Dans ces longues et brillantes discussions, on a prétendu qu'il fallait pour la presse le droit commun, et qu'on sortait du droit commun dès qu'on punissait non pas seulement la presse, mais tous ceux qui, par un des moyens de publication quelconques que nos lois libérales mettent à notre disposition, commettent des crimes ou des délits. On a prétendu que c'était contraire au droit commun.

Mon Dieu ! contraire au droit commun... non ! je relisais encore ce matin ce que disait précisément, dans la discussion de la loi de 1819, Benjamin Constant.

Il disait, combattant le cautionnement — nous l'avons supprimé : — « Mais, ce qui est conforme au droit commun, c'est de punir le mauvais usage que je fais d'une arme que j'ai dans la main ; ce qui est contraire au droit commun, c'est de m'obliger à donner caution que je n'en ferai pas mauvais usage. »

Eh bien, c'est ma formule. Le cautionnement, aujourd'hui, il est supprimé, c'est bien ; mais je ne peux pas considérer comme contraire au droit commun le fait d'atteindre celui qui commet des délits tombant sous l'application des lois pénales, qu'il les commette par la voie de la presse ou par tout autre moyen de publication.

Et M. le garde des sceaux, répondant à cette objection tirée du droit commun, dont on se serait écarté par la disposition que je demande au Sénat de rétablir, M. le garde des sceaux répondait dans des termes tellement nets, tellement précis, que je demande au Sénat la permission de placer ces quelques lignes de son discours sous ses yeux.

« Pour qu'un fait, disait-il, soit considéré comme un délit de droit commun, il n'est pas nécessaire qu'il soit prévu dans telle ou telle partie de notre législation pénale, il suffit qu'il réunisse tous les caractères, toutes les conditions exigées par le droit, et j'ajoute par la raison, pour les incriminations.

« *Au banc de la commission.* C'est cela !

« *M. le garde des sceaux.* Quelles sont ces conditions ? Il n'est pas difficile de les formuler. Lorsqu'on se trouve en présence d'un fait, voici les questions qu'il faut se poser : Y a-t-il eu chez l'agent une intention perverse ? Le fait qui a été commis a-t-il causé un préjudice à la société ? Enfin, le fait qu'il s'agit d'incriminer est-il susceptible d'une définition rigoureuse, ne laissant aucune place à l'arbitraire ? (Marques nombreuses d'assentiment.)

« Si l'une ou l'autre de ces conditions fait défaut, vous n'avez pas le droit d'incriminer le fait. Si toutes ces conditions, si tous ces caractères se trouvent réunis, vous avez le droit de l'incriminer et d'affirmer hautement que c'est là une incrimination de droit commun, un délit de droit commun. Peu importe que.

PROVOCATION AUX CRIMES ET DÉLITS.

vous les fassiez figurer dans la législation pénale de droit commun ou que vous les fassiez figurer dans une loi particulière. (Marques d'approbation au centre.) Est-ce que par hasard — permettez-moi cette comparaison — les délits de chasse ne sont pas des délits de droit commun parce qu'ils figurent dans une loi particulière ?

« *M. Allain-Targé.* Ce sont des contraventions .

« *M. le garde des sceaux.* Est-ce que le délit de contrefaçon n'est pas un délit de droit commun, bien qu'il soit formulé dans la loi de 1844 ?

. . . .

« Voilà un fait, une provocation directe : est-ce que ce fait n'accuse pas chez son agent une intention coupable ? Est-ce que cette provocation n'a pas pour but et pour conséquence de produire dans la société un trouble profond, d'alarmer des intérêts ? Eh oui ! si vous laissez la provocation impunie, lorsqu'elle a pour but de porter à un crime défini par le droit commun, défini par le Code pénal de 1810, que l'on veut faire considérer comme le type idéal des délits de droit commun, est-ce qu'il n'y a pas là un mal profond causé à la société ?

« Est-ce que les intérêts ne sont pas alarmés ? Et si les pouvoirs de répression restent inactifs, si l'auteur de la provocation reste impuni par la multiplicité même des provocations qui pourraient se produire, est-ce que l'alarme n'ira pas toujours croissant ? Est-ce que les citoyens qui se voient dans l'impuissance de se protéger eux-mêmes ne seraient pas dans une alarme continuelle en ne sentant plus la main tutélaire de la société qui les protége ? » (Interruptions à l'extrême gauche. — Applaudissements à gauche et au centre.)

Voilà, messieurs, les paroles de M. le garde des sceaux sur cette question de droit commun. Il n'y a rien à y ajouter.

On a dit encore : Les articles de journaux, les discours n'ont pas l'influence qu'on leur suppose ; les prédications des uns et des autres sont absolument sans effet.

Il m'a même été fait cette question : Mais vous croyez donc aux sorciers ? Eh bien, j'étonnerai beaucoup l'honorable collègue qui, dans la commission, me faisait cette question, mais je vais lui répondre avec le Code pénal : Oui, je crois aux sorciers. Je ne crois pas, sans doute, qu'il y ait des hommes investis d'un pouvoir surnaturel, oh ! non. Mais je sais bien qu'il y a des hommes qui prétendent avoir ce pouvoir surnaturel, et qui usent de l'influence qu'ils acquièrent ainsi sur les esprits faibles pour commettre des actes condamnables ; je le sais avec le Code pénal qui réprime et punit ces faits.

Par conséquent, quand je me trouve en présence de faits qui existent par eux-mêmes et qui sont mauvais par eux-mêmes, je suis bien obligé de les reconnaître. On me dit qu'ils n'ont pas d'influence. Mon Dieu, messieurs, je doute que les membres de la presse, dignes de ce nom, acceptassent l'argument comme étant bien flatteur ; mais je suis sûr qu'ils ne l'acceptent pas et j'en ai une preuve toute récente.

Il y a quelques jours, le rédacteur éminent d'un grand journal de Paris, dont notre honorable collègue M. Delsol lisait dernièrement une lettre charmante au Sénat, M. Francisque Sarcey, engage dans le *Grand Dix-neuvième Siècle* ses lecteurs habituels à faire des abonnements au *Petit Dix-Neuvième Siècle* pour les ouvriers qu'ils connaissent ; ce n'est certainement pas dans un intérêt mercantile, pour lancer une feuille qui ne se vend rien, qui se donne, mais dans un intérêt de diffusion, de discussion, et voici comment s'exprime l'honorable rédacteur :

« J'imagine, puisque vous êtes nos abonnés, puisque vous nous faites l'honneur de nous lire chaque matin, j'imagine que cette ligne est la vôtre. Vous souhaiteriez assurément qu'elle fût suivie par le grand nombre : cette modération d'idées, cette bienséance de langage vous paraîtraient pour l'avenir de la France un élément de concorde, un gage de sécurité. Vous seriez heureux que les électeurs qui se présenteront sous peu aux urnes fussent pénétrés des idées que nous défendons et qui sont les vôtres.

« Savez-vous ce que vous devriez faire, vous autres qui avez confiance en nous, et qui devez tenir, pour peu que vous vous intéressiez aux élections futures, à voir les ouvriers et les paysans se laisser diriger aux idées que nous soutenons ? Il n'est pas que vous connaissiez à Paris, dans les quartiers populeux, telle ou telle maison peuplée de travailleurs qui ne lisent guère que les journaux intransigeants et s'abreuvent tous les jours du poison que ces feuilles leur versent.

« Abonnez-en quelques-uns au *Petit Dix-neuvième Siècle* pour un ou deux mois seulement. Ce n'est pas une affaire. Vous jetez, sans y regarder, un louis à des dépenses moins utiles. Ils recevront ce journal chez eux ; peut-être ne le liront-ils d'abord que pour les deux feuilletons ; ils en arriveront, ne fût-ce que par respect pour la propriété, à tout lire, même l'article de tête. Nous espérons qu'au bout de deux ou trois mois un grand nombre se seront, par l'accoutumance, acoquinés à nos idées, qu'ils prendront le goût des solutions moyennes, etc., etc. »

Vous voyez donc, messieurs, que les rédacteurs des grands journaux — et ils ont raison — ne croient pas que la lecture des articles qu'ils publient chaque jour soit sans aucune influence. Je le répète, l'argument ne serait pas flatteur, ils ne l'accepteraient pas. Je n'ai pas le droit de dire que j'ai été journaliste, — je l'ai été si peu ! — mais j'ai quelquefois fait de mon mieux dans le journal, et j'ai quelquefois eu, quoique à une bien grande distance des écrivains dont je parle, la conviction, — c'est un amour-propre mal placé sans doute, — que je servais à quelque chose, en défendant de mon mieux la cause qui m'était chère.

Mais ce n'est pas seulement dans des journaux de ce genre, à propos de la question de l'influence directe causée par une polémique constamment suivie, que les journalistes reconnaissent l'influence de leurs idées et de leurs tendances.

Nous avons eu tout récemment des provocations bien graves qui ont entraîné des conséquences fâcheuses dont nous sommes heureusement sortis.

Un journal que je n'ai pas besoin de nommer a été justement accusé par la presse française tout entière de se livrer à des provocations qui nous ont imposé l'obligation de faire l'expédition de Tunisie. Et un autre grand journal de Paris, dans son numéro du 11 mai dernier, disait en parlant du bey :

« Qu'il ne fasse pas de son territoire le refuge assuré de tous les criminels arabes d'Algérie, le foyer des prédications fanatiques qui allument toutes les insurrections de la Kabylie et de l'Aurès ; qu'il fasse respecter nos frontières par ses sujets et nous nous empresserons de renoncer à une occupation coûteuse et sans profit. »

On reconnaissait bien, à ce moment, que les provocations des journaux ont de l'importance ; et si on a reconnu que les provocations des journaux ont une importance suffisante pour faire naître sur les frontières de la Kabylie et dans l'Aurès les insurrections que nous avons à déplorer, on accordera bien que chez nous, qui ne sommes pas des Kabyles, les journaux ont aussi une influence, et une influence qui est leur honneur, dont ils doivent se parer, et, que, par conséquent, il ne faut pas nier.

Au reste, messieurs, j'ai pour moi mieux que ces faits ; j'ai pour alliés, je me trompe, j'ai pour autorités, derrière lesquelles je puis m'abriter, le Code pénal, le Sénat et la commission elle-même dont le travail est, en ce moment, soumis à votre appréciation. J'ai le Code pénal : j'ai déjà parlé des instructions pastorales, et j'ai démontré que ces instructions sont, de par les articles 201 et suivants punies en la personne de l'auteur d'une provocation comme s'il avait commis le crime auquel il aura provoqué. Mais dans les articles 301 et suivants du Code pénal, je trouve bien autre chose.

.Ces articles punissent, quoi ? les menaces avec ou sans condition. Eh bien, messieurs, ces menaces, est-ce qu'elles constituent un danger ? Est-ce qu'elles causent par elles-mêmes un dommage matériel que ne causerait pas la provocation publique ?

Pas le moins du monde. Au contraire, il y a cette différence entre la menace et la provocation que la menace ne s'adresse qu'à une personne déterminée, et qu'elle met cette personne sur ses gardes, tandis que la provocation, elle, ne s'adresse pas à une personne déterminée, et ne prévient personne. C'est une provocation directe à l'émeute, à la guerre civile, à l'incendie, que sais-je ? Aucune personne spécialement n'est prévenue qu'elle ait à se mettre en garde ; mais toutes sont menacées par la provocation.

Les articles 305 et suivants du Code pénal ne punissaient d'abord que la menace d'un crime qui pouvait entraîner, s'il était commis, ou la peine de mort ou une peine perpétuelle. Mais, en 1863, le législateur a cru devoir étendre l'action de ces dispositions pénales. Il a prévu et puni, dans tous les cas, les menaces contre les personnes. Voici par quel motif le législateur de 1863 a étendu ainsi ces dispositions :

« Pense-t-on qu'un homme menacé, par exemple, d'être roué de coups ou d'être soufleté publiquement s'il ne se soumet pas à telle ou telle exigence, ne puisse éprouver un trouble sérieux, et ne convient-il pas, même en ce cas, de lui offrir la protection de la loi ?

« Si on le lui refuse, il ne la demandera qu'à lui-même; il portera des armes et de graves accidents pourront quelquefois s'ensuivre. Nous avons cru qu'une disposition nouvelle était nécessaire et nous l'avons proposée ; elle punit toutes les menaces écrites ou verbales portant sur d'autres faits que ceux de l'article 305, » etc.

Voilà, messieurs, quelles raisons ont fait, en 1863, étendre le délit ou le crime de menace à des faits que le Code pénal n'avait ni visés ni prévus.

Je vous ai dit, messieurs, que je pouvais m'abriter derrière l'autorité toute récente du Sénat pour maintenir le délit de provocation comme délit spécial dans tous les cas ; il y a quelques jours, en effet, le Sénat votait une loi sur les réunions publiques ; l'article 8 de cette loi était ainsi conçu :

« Chaque réunion doit avoir un bureau composé de trois personnes au moins. Le bureau est chargé de maintenir l'ordre, d'empêcher toute infraction aux lois, de conserver à la réunion le caractère qui lui a été donné par la déclaration : d'interdire tout discours contraire à l'ordre public et aux bonnes mœurs, ou contenant provocation à un acte qualifié crime ou délit. »

Eh bien, le Sénat a voté cela il y a quelques jours, et cette loi est promulguée d'hier ; je me demande si le Sénat va aujourd'hui voter une loi contraire à celle qu'il a adoptée il y a quelques jours et qui vient d'être promulguée.

Mais, messieurs, c'est la commission surtout qui me fournit l'argument le plus grave en faveur de ma thèse. J'ai déjà dit au Sénat que l'article 24 punit toute provocation adressée à des militaires des armées de terre ou de mer, dans le but de les détourner de leurs devoirs militaires et de l'obéissance qu'ils doivent à leurs chefs.

J'ai demandé à la commission, et je lui demande encore comment il se fait que toutes les objections qu'elle a élevées contre le délit de provocation en général, elle ne les élève pas quand il s'agit de provocations adressées à des soldats ; qu'elle me l'explique, qu'elle me le dise ! (Très bien ! très bien !)

Ce n'est pas tout, messieurs ; dans l'article 39, la commission prévoit encore une autre provocation.

« Art. 39. — Il est interdit d'ouvrir ou d'annoncer publiquement des souscriptions ayant pour objet d'indemniser des amendes, frais et dommages-intérêts prononcés par des condamnations judiciaires, en matière criminelle et correctionnelle. »

C'est très bien, j'y applaudis! Mais s'il est défendu de provoquer au mépris d'un jugement qui n'est, lui, que l'expression de la loi, on m'accordera bien qu'à plus forte raison il est interdit de provoquer à la désobéissance à la loi elle-même; car enfin si les jugements sont respectables, ils n'ont pas encore toute la valeur de la loi!

M. Édouard Millaud. Mais un jugement est un fait positif!

M. Lenoël. Un jugement est un fait positif, soit! Mais quand je provoque à un crime spécial, précis, déterminé, par le Code pénal, c'est bien aussi un fait positif.

Enfin, messieurs, la commission a maintenu dans l'article 26 de la pénalité qui concerne les cris et les chants séditieux. Voici, en effet, comment s'exprime le econd paragraphe de l'article 26 :

« Tous cris ou chants séditieux proférés dans des lieux ou réunions publics seront punis d'un emprisonnement de six jours à un mois et d'une amende de 16 francs à 500 francs, ou de l'une de ces deux peines seulement. »

Or, d'après l'article 5 de la loi du 17 mai 1819, qu'est-ce que c'est que les « cris et les chants séditieux »? C'est la loi de 1819 qui vous le dit. C'est la provocation.

La loi de 1819 porte, en effet, ceci dans son article 5 :

« Seront réputés provocation au délit et punis des peines portées en l'article 3 :

« 1° Tous cris séditieux publiquement proférés, etc.

Si bien que l'on maintient — et on a raison — cette disposition relative aux cris et chants séditieux, tandis qu'on ne maintient pas les pénalités qui frappaient les provocations autres que ces cris et ces chants.

Comme nous avons voté tout dernièrement, — et je me félicite de l'avoir votée avec la grande majorité de mes collègues — la loi sur les réunions publiques, voyez à quelles conséquences nous arrivons!

Voici, par exemple, plusieurs personnes qui veulent organiser une réunion publique; elles vont prendre un local pour y tenir cette réunion publique; il va y être proféré des discours poussant à la sédition, à l'émeute, à la guerre civile; vous n'atteignez pas les auteurs de ces discours, parce que l'émeute ne s'en est pas suivie, parce que la guerre civile, le meurtre, l'incendie, n'ont pas eu lieu.

Voici, au contraire, à côté des orateurs, des gens qui sortent de cette réunion où ils ont été enflammés par un orateur ardent, qui dans un discours longuement préparé, admirablement dit, les a entraînés; ceux-là ne savent pas faire de discours; ils sortent de cette réunion en criant : Aux armes! au feu! que sais-je? Ah! ceux-là, ils sont coupables! (Très bien! très bien!) D'après l'article 26, ils ont proféré des cris ou des chants séditieux! Est-ce là de la justice?

Quant à l'orateur, il sortira paisiblement de la réunion; il sera inviolable. Mais ceux qui, levant leur casquette en l'air, traduiront d'un mot les impressions qu'il aura fait naître en eux, au violon! Je dis que ce n'est pas possible... (Vive approbation sur divers bancs)... et que le Sénat ne peut pas ratifier une pareille disposition.

Nous sommes — et c'est par là que je demande à mes collègues la permission de terminer, — nous sommes en présence de deux tendances bien diverses, qui s'accusent non pas, grâce à Dieu, dans le fond du pays, mais dans des milieux où la politique exerce un empire absolu. Les uns croient que le Gouvernement républicain peut, doit permettre le mépris et le dénigrement de la loi. Ce sera, pour ainsi dire l'application de la formule militaire : la loi à volonté! Les autres — et c'est nous tous, — croient que la République a ceci de préférable à toutes les autres formes de gouvernement, que, plus que tous les autres, elle exige le

PROVOCATION AUX CRIMES ET DÉLITS.

respect de la loi. Parmi les premiers figurent, vous le savez, les pires ennemis de la République : qu'ils soient des ennemis irréconciliables venus des anciens partis, ou au contraire, de ces prétendus innovateurs qui ont découvert beaucoup de choses, notamment les lois promordiales de l'origine des sociétés, et qui, par un individualisme poussé à je ne sais quelles exagérations effroyables, nous ramèneraient directement aux temps de la peuplade et de la barbarie. Je n'ai pas besoin de dire que je suis de cœur et d'âme avec les seconds. Je suis absolument convaincu que le gouvernement républicain, que j'ai toujours appelé et toujours servi, veut surtout et avant tout le respect de la loi ; je suis absolument convaincu que les lois ne sont pas autre chose que les statuts de ces grandes sociétés qui s'appellent les nations, et que les chefs, les fonctionnaires les plus élevés ne sont pas autre chose que les gérants, les employés de ces sociétés chargés de faire observer les règles qu'elles se sont imposées. Il faut donc que les lois soient respectées, et respectées de la façon la plus complète, la plus absolue. Eh bien ! messieurs, si, en vertu d'un texte que nous aurions voté, il était désormais permis de dénigrer la loi, et permis de pousser aux crimes que la loi punit, sans que le législateur voulût s'en préoccuper ; si, au contraire, il se contentait de passer avec une indifférence dédaigneuse à côté de ces *provocations*, je craindrais, pour ma part, de voir se réaliser pour notre pays la décadence, définie en quelques mots par Montesquieu :

« On était libre avec les lois ; on veut être libre contre elles ; chaque citoyen est comme un esclave échappé de la maison de son maître. — Ce qui était maxime, on l'appelle rigueur ; — ce qui était règle, on l'appelle gêne... »

Messieurs, le Sénat ne voudra pas favoriser une tendance qui conduirait à de semblables résultats, et j'ajoute que le pays, qui nous a envoyés ici pour faire des lois, ne comprendrait pas que ceux qui sont investis de cette haute mission permissent à tous d'afficher pour elles le mépris le plus complet et le dédain le plus absolu.

J'espère donc que le Sénat voudra bien adopter l'amendement que j'ai eu l'honneur de proposer. (Très bien ! très bien ! et vifs applaudissements sur un grand nombre de bancs.)

M. le président. La parole est à M. Ninard.

M. Ninard. Sans doute, messieurs, le Gouvernement de la République veut que la loi soit respectée. Ce que n'a pas voulu la commission, c'est insérer dans la loi des délits en contradiction avec son principe.

La commission repousse donc l'amendement de M. Lenoël. Je viens en son nom vous donner rapidement les raisons qui l'ont déterminée.

Je descends tout d'abord, messieurs, des hauteurs auxquelles nous a élevés mon honorable contradicteur à la fin de son discours, et je pose modestement la question sur le terrain du droit, le seul qu'il m'appartienne d'aborder, en dehors de quelques considérations politiques, sur lesquelles vous me permettrez de vous dire un mot encore tout à l'heure.

Le Sénat pas plus que la commission ne peut accepter l'amendement de M. Lenoël.

Plusieurs sénateurs. Ce n'est pas sûr !

M. Ninard. Permettez-moi, messieurs, de préjuger votre opinion.

Il y a deux points dans l'amendement de M. Lenoël, l'un sur lequel beaucoup d'entre vous peuvent être avec lui d'accord, et l'autre que condamnent si énergiquement tous les principes du droit et de la morale (Réclamations sur divers bancs), qu'il ne peut plus espérer trouver de crédit dans cette enceinte.

Vous proposez de punir la provocation non suivie d'effet; en faire un délit spécial, je le comprends, et je ne méconnais pas la gravité de cette partie de l'amendement; mais vous proposez d'*assimiler* la provocation suivie d'effet à la provocation stérile. Or, placer l'une et l'autre sur le même échelon de criminalité, ne pas tenir compte du fait accompli dans un cas, ou du dommage causé ; édicter les mêmes peines pour la provocation qui ensanglante la rue et pour la provocation qui s'évanouit devant l'indifférence et le dédain, c'est la négation absolue de tous les principes du droit criminel et de la morale sociale, et voilà pourquoi j'avais raison de vous dire que vous ne voteriez pas cette autre partie de l'amendement.

La loi de 1819 aggravait les dispositions du Code pénal en punissant la provocation suivie d'effet en dehors des conditions prévues par l'article 60 ; et, en introduisant ainsi un nouvel élément de complicité, elle les aggravait encore en punissant la provocation à toute espèce de crimes, même non suivie d'effet, quand le Code pénal ne la punissait qu'au cas de crimes spéciaux, tels que les attentats contre la sûreté de l'État et la paix publique ; mais elle distinguait quant à la criminalité et quant à la peine, entre les deux provocations, et posait ainsi le véritable principe de droit pénal et de morale qu'a méconnu si profondément M. Lenoël tout en plaçant son amendement sous sa protection.

Je ne retiens donc de l'amendement que le seul point qui puisse sérieusement préoccuper le Sénat.

Ferons-nous punir la provocation *non suivie d'effet ?*

Nous voulons, messieurs, faire une loi de liberté, nous voulons écarter tous les délits d'opinion, ne reconnaître, ne frapper que les infractions de droit commun, déclarant avec l'honorable M. Lenoël que la presse, au point de vue pénal, n'est qu'un instrument, qu'elle est responsable, mais qu'elle n'est responsable que dans les termes du droit pénal ordinaire ; que, pour elle, ne doit pas être créé un régime d'exception, soit au point de vue de mesures préventives, soit au point de vue de dispositions répressives spéciales ou plus rigoureuses.

Nous sommes ici, je le crois, messieurs, à peu près tous d'accord sur ce point. S'il en est ainsi, me sera-t-il difficile de vous démontrer que le principe de la loi reçoit de l'amendement de M. Lenoël une atteinte profonde ?

La provocation peut-elle comporter une autre définition que celle que lui a donnée l'article 60 du Code pénal ?

Est-ce autre chose que la complicité ? Je ne le crois pas.

C'est la définition que lui donne d'ailleurs non seulement le Code pénal, mais encore la loi de 1819. Si, pour des cas particuliers, exceptionnels, le législateur de 1810 a fait de la provocation un crime ou un délit spécial, il a par cela même affirmé qu'en dehors des exceptions par lui prévues, elle n'était jamais qu'un acte de complicité.

Or, m'adressant à l'esprit juridique de M. Lenoël, je puis lui demander maintenant comment il peut trouver dans une provocation la complicité d'un crime qui n'a pas été commis, comment cette complicité peut devenir un délit spécial en dehors d'un fait principal ou délictueux.

La complicité n'est punissable qu'à la condition qu'il y ait eu crime ou délit ; c'est la règle élémentaire de notre droit pénal.

Pourrait-on m'objecter que la provocation sera suivie d'effet ou assimilable à une tentative de délit ?

Aucun des jurisconsultes qui me font l'honneur de m'écouter, n'oseraient le prétendre. Ils savent tous que la tentative n'est criminelle qu'autant qu'elle se révèle par un commencement d'exécution. C'est pourquoi, vous ne rencontrerez nulle part dans le Code pénal de dispositions s'appliquant à la provocation non suivie d'effet ! Elles ont été abrogées, pourra-t-on me répondre, par la loi de 1819, car ces dispositions se rencontraient dans les articles 102 et 217. Cela est vrai, mais le législateur de 1819 avait parfaitement compris qu'il était difficile de maintenir dans la législation de droit commun, une infraction manquant de l'un des éléments essentiellement constitutifs du crime ou du délit.

Il avait donc fait de la provocation non suivie d'effet un délit spécial et, à

PROVOCATION AUX CRIMES-ET DÉLITS.

raison des conditions de publicité qui doivent la constituer, un délit spécial de la presse.

Et, en effet, c'est bien là un délit spécial, un délit de la presse, puisque la poursuite et la répression ont pour cause la publicité de la provocation.

C'est la publicité qui fait le délit, et c'est là ce qui caractérise le délit de presse, délit qui ne doit pas rencontrer la répression dans le Code pénal, mais seulement dans les lois de la presse.

La provocation non suivie d'effet n'est donc pas une infraction de droit commun, elle ne peut être qu'un délit spécial de la presse et vous voulez l'introduire dans la loi ? Nous étions d'accord cependant, messieurs, pour ne vouloir que des délits de droit commun, pour écarter tous les délits spéciaux de la presse et voilà qu'on vous en propose le rétablissement.

Là encore le délit de provocation sans effet pouvait se justifier au point de vue des conditions constitutives de tout crime ou de tout délit, suivant la définition qu'en donnait avec raison M. le garde des sceaux et qu'on rappelait tout à l'heure :

Intention criminelle, préjudice social, possibilité d'une qualification ne prêtant pas à l'arbitraire.

Sans doute le provocateur peut obéir aux inspirations les plus coupables, sans doute le but qu'il se propose peut être un but essentiellement criminel, mais si sa provocation est accueillie par l'indifférence et le dédain, si rien ne répond à son appel, où donc sera le mal social ?

Ah ! je le sais bien, il aura pu jeter le trouble, l'inquiétude dans les esprits, alarmer des intérêts. Mais comment saisir au fond des esprits le corps du délit sans faire des investigations dans un domaine impénétrable ? Comment mesurer la criminalité sur l'étendue d'un dommage qui sera toujours inconnu ?

A quels signes pourra-t-on le reconnaître? Et comment lui donner une qualification échappant à l'arbitraire ?

M. Lenoël vous citait tout à l'heure, messieurs, quelques paroles de M. de Serres, à l'appui des considérations qu'il développait pour justifier cette partie de sa discussion.

Permettez-moi de vous lire à mon tour les explications que le rapporteur de la loi de 1819 donnait à la Chambre d'alors sur les caractères de la provocation restée sans résultat :

« Le projet ne définit point la provocation, qu'elle soit directe ou indirecte; si on la reconnaît, elle est coupable. Mais à quels signes la reconnaître? Les signes, on ne saurait les préciser dans une loi. C'est au juge que le législateur s'en réfère. Quand le jury prononce, la décision est moins dans le texte que dans la conscience du citoyen. Il pèsera le fait, l'intention et les circonstances. Tel écrit, tel discours peut être réputé provocation, si quelque germe d'agitation fermente, et ne paraître qu'une opinion, si le calme règne. Le but du projet de loi n'est point d'épargner ce que l'intérêt public veut qu'on réprime; son effet doit être de protéger l'utile controverse, d'assurer le cours des simples doctrines, de séparer enfin l'erreur du délit et du crime, pour livrer les uns à la justice et réserver les autres au jugement de l'opinion. »

Est-ce dans ces termes, messieurs, que vous accepterez la définition rigoureuse échappant à l'arbitraire qui, selon M. le garde des sceaux, est indispensable pour constituer le délit ?

Imposerez-vous au juge, quel qu'il soit, de peser les intentions, les circonstances, de tenir compte des différences de temps, calmes ou troublés, de l'état des esprits, des impressions de l'opinion publique; est-ce avec une pareille définition que vous le saisirez et que vous le convierez à prononcer l'honneur ou la liberté d'un orateur ou d'un écrivain plus ou moins emporté par une parole ardente qui n'aura pas trouvé d'écho?

La provocation sans effet ne saurait, dans la pensée de la commission, constituer un délit ou un crime. La commission n'a pu saisir le lien qui la rattache à un fait qui n'a pas existé. Elle n'a pu comprendre une poursuite contre une provocation non suivie d'effet, en lui attribuant une relation directe avec un crime ; et, s'arrêtant sur cette idée du lien direct, elle s'est demandé si la provocation, d'ailleurs, serait toujours brutale, si elle ne se dissimulerait pas, suivant l'habileté, les ressources d'esprit du provocateur, sous des formes ne permettant pas de la saisir, et si alors ces provocations impunies, précisément parce qu'elles auront été plus calculées et plus perfides, n'entraîneront pas un délit plus grand, ne jetteront pas dans les esprits un trouble plus profond et par cela même plus criminel, ne provoqueront pas le scandale, jetant ainsi le défi à la loi qui ne pourra les atteindre.

La loi que vous feriez, messieurs, serait sans utilité et sans moralité.

Elle prêterait à des procès de presse nombreux, elle ouvrirait la porte à des abus, à des discussions, à des controverses que nous avons hâte de voir disparaître, parce ce que si l'opinion libérale en a longtemps souffert sans profit pour l'intérêt social, la justice n'y a pas gagné en autorité ou en considération.

Comment est-il possible de donner à l'opinion publique ce pénible spectacle d'une jurisprudence forcément incertaine sur des faits de provocation variables suivant les jours, les heures, les ciconstances, les impressions du moment, condamnant aujourd'hui, acquittant demain, sans autres éléments de décision que des émotions qu'elle ne peut approfondir, ou qu'un dommage qu'elle ne peut mesurer.

La société doit être protégée, rassurée.

C'est là l'argument qu'on retrouve toujours dans la bouche de ceux pour qui la liberté de la presse a été de tout temps un sujet d'effroi. A ceux-là, je demande si les procès de presse ont jamais eu d'autres résultats que de satisfaire des passions ou des haines ! Quels sont les gouvernements qu'ils ont protégés, quels sont ceux dont ils ont empêché la chute ? C'est l'histoire qui leur répond, et l'histoire contemporaine plus que toute autre. Et la réponse est décisive.

Si vous voulez rassurer tous ceux qu'effraient les abus inévitables de la liberté, n'ayez pas la prétention de faire une loi de liberté pour la presse, faites une loi de protection contre la presse.

Ne voyez-vous pas enfin, que sous la forme de ce délit de provocation, vous allez faire revivre tous les délits spéciaux, tous les délits d'opinion que vous avez entendu faire disparaître d'une manière absolue et définitive, que l'apologie de faits qualifiés crimes, que l'excitation à la haine et au mépris du Gouvernement, l'attaque au suffrage universel, au principe de la propriété et autres, vous apparaîtront sous cette forme nouvelle, et que nous allons avec cette disposition recommencer les anciennes luttes et les anciens abus ?

Tenons compte de l'état des esprits, du développement des mœurs publiques, des progrès de l'éducation politique de notre pays, dont l'attitude depuis que le Gouvernement est entré dans cette voie de tolérance en ce qui touche la presse, à laquelle nous avons applaudi, donne la mesure de sa sagesse et de son sens pratique.

La loi de 1819 était libérale pour son temps. Nous avons aujourd'hui le devoir de faire quelques pas de plus dans la liberté sous peine de mentir aux principes qui sont la base de nos institutions, et aux promesses que nous avons engagées.

Maintenant, si vous redoutez encore le péril social, si vous voulez assimiler la provocation ordinaire à celle que punit l'article 24, sur lequel nous allons délibérer tout à l'heure, et qui touche à la désobéissance militaire, conformément aux lois spéciales de la matière, si vous voulez sous une forme nouvelle introduire dans la loi tous les délits d'opinion jusqu'à présent écartés, si enfin vous n'avez pas de confiance dans le bon sens public, dans le progrès de nos mœurs et de notre édu-

PROVOCATION AUX CRIMES ET DÉLITS.

cation, si vous ne voyez de protection que dans les vieilles lois des gouvernements tombés, eh bien, retournons aux carrières et ne parlons plus de liberté. (Très bien ! très bien ! sur un certain nombre de bancs.)

M. le président. La parole est à M. Bozérian.

M. Bozérian, *à la tribune.*

Sur plusieurs bancs. Aux voix ! aux voix ! *A gauche.* Parlez ! parlez !

M. Bozérian. Messieurs, je n'ai pas l'intention de prolonger la discussion de la question qui vient d'être si complètement et si brillamment débattue devant vous.

Je ne veux dire que quelques mots. Je commence par déclarer que je m'associe complètement à la pensée qui a dicté l'amendement de mon honorable ami M. Lenoël.

Qu'il s'agisse d'un délit qu'on doive appeler délit spécial, ou qu'il s'agisse d'un délit qu'on doive appeler délit de droit commun, cela m'est absolument indifférent et cela, permettez-moi de le dire, est absolument indifférent au point de vue de la morale, de la logique et du bon sens. (Très bien ! très bien ! au centre et à gauche.)

Je ne puis admettre que l'individu, qui dans une feuille publique, ou publiquement, d'une façon quelconque, aura provoqué, non pas à ces délits insaisissables, dont on vous parlait tout à l'heure et qui, à juste titre, ont été écartés de la loi actuelle, mais qui aura provoqué à des délits parfaitement caractérisés, voire même à des crimes, je ne puis pas admettre qu'il puisse prétendre à une impunité complète (Nouvelle approbation sur les mêmes bancs), qu'il puisse faire métier de cette impunité, et qu'il puisse accomplir tranquillement, sans redouter aucune répression des actes qui doivent être réprouvés par la morale de tous les honnêtes gens. (Très bien ! très bien ! sur divers bancs.)

Quant à moi, cela me paraît impossible ; je ne discute pas davantage ces choses, elles ne peuvent pas se discuter.

Je dis que ces actes constituent des délits ; maintenant appelez-les comme vous voudrez, délits spéciaux, délits de droit commun, peu m'importe le mot. Ce sont des délits, car tout d'abord ils constituent très certainement des atteintes à la morale.

Mais cela ne suffit pas, dit l'honorable M. Ninard, il faut une seconde condition ; il faut, pour être punissable, pour constituer un délit, que le fait cause un dommage à la société, il faut qu'il cause un préjudice social. Or, ajoute notre honorable collègue, il n'existe pas de préjudice social, il existe tout au plus un trouble social.

Je vous demande pardon, mon cher collègue, mais je ne vous comprends pas. Il me semble que lorsqu'au point de vue de la moralité, de l'honnêteté, un trouble est causé à la société ; lorsque, pour me servir de vos expressions, il existe un trouble social, le mot : « trouble » peut facilement et doit logiquement être remplacé par le mot : « préjudice ».

Il me paraît donc que les deux conditions exigées par vous pour qu'un acte puisse constituer un délit, se trouvent réunies et que nous avons parfaitement le droit d'atteindre et de frapper cet acte.

En principe, donc, j'accepte l'amendement de l'honorable M. Lenoël.

Permettez-moi, maintenant, de le rapprocher un instant de l'article 23 qui est en discussion.

A mon avis, l'amendement de M. Lenoël est critiquable en un point.

Voix diverses. Oui ! oui !

M. Bozérian. D'après lui, que la provocation ait été suivie d'effet ou qu'elle n'ait pas été suivie d'effet, la peine devrait être la même. Je ne puis pas admettre cela. (Marques d'approbation à gauche.) Mais, maintenant, mes chers collègues de la commission, permettez-moi de vous dire qu'avec l'article 23 du projet vous êtes allés trop loin. Sous prétexte de vous conformer scrupuleusement, religieusement aux règles du Code pénal, vous dites : Si la provocation est suivie d'effet, nous tombons en plein dans l'article 60 du Code pénal ; la provocation devient un acte de complicité.

L'article 60 prévoyait la provocation par don, promesse, etc.; rien ne s'oppose à ce que nous ajoutions un nouvel acte de complicité, la provocation par la publicité. Puisque, dans ce cas, nous nous trouvons en face d'un complice, nous devons le frapper de la même peine que l'auteur principal : de telle façon que, si celui-ci était passible de la peine de mort, le journaliste serait passible de la même peine. (Oh ! oh ! sur divers bancs.) Faut-il aller jusque-là ? Mon Dieu, ce n'est peut-être pas dangereux pour messieurs les journalistes, et je vais vous expliquer pourquoi. Il y a un mot dans votre article 23, qui fera que la peine ne pourra presque jamais atteindre, n'atteindra jamais le journaliste. Ce mot, c'est le mot « directement » : « Seront punis comme complices d'une action qualifiée crime ou délit, dit l'article 23, ceux qui, soit par des discours, etc., auront *directement* provoqué l'auteur ou les auteurs à commettre ladite action, si la provocation a été suivie d'effet. »

Or, quand et comment sera-t-il possible d'établir cette relation *directe* que vous exigez, et je ne vous en blâme pas, entre celui qui aura publié l'écrit et le malheureux qui aura commis le crime. Faudra-t-il établir que ce dernier a eu connaissance de l'article, que c'est parce qu'il a eu connaissance de cet article qu'il a commis le crime ou le délit, et que c'est de cette connaissance qu'est résultée la relation directe qui aboutit à cette complicité ?

J'avais donc raison de vous dire tout à l'heure que je ne craignais pas la peine de mort pour le journaliste ; je ne la crains pas, parce qu'il sera impossible d'établir la provocation spéciale qui seule peut constituer un acte de complicité. En cet état de choses, ce que je viens vous dire c'est qu'à mon sens il y a d'excellentes choses dans l'amendement M. Lenoël ; j'en accepte donc le principe. D'un autre côté, cet amendement me paraît défectueux, parce qu'il met sur la même ligne la provocation suivie d'effet et celle qui ne l'a pas été. (Très bien ! très bien ! sur plusieurs bancs.)

Quant à l'article 23 de la commission, à mon avis, il va, lui, beaucoup trop loin, sous prétexte de se mettre d'accord avec le Code pénal.

Par conséquent, il me semble qu'il serait convenable et utile, au point de vue de la justice, de l'équité, de la morale, de combiner, de réunir les deux articles. (Marques d'assentiment.)

Ce travail de coordination ne peut pas s'improviser (Non ! non ! — Le renvoi à la commission !)

Je demande donc que le Sénat veuille bien renvoyer à la commission l'amendement de M. Lenoël, et, s'il le juge convenable, l'article 23 du projet de loi. (Très bien ! très bien ! sur un grand nombre de bancs.)

M. le président. M. Bozérian propose de renvoyer à la commission l'amendement de M. Lenoël et l'article 23 du projet de loi. Je consulte le Sénat.

(Le renvoi est ordonné.)

Séance du lundi 11 juillet 1881.

M. le président. L'ordre du jour appelle la suite de la discussion de la proposition de loi, adoptée par la Chambre des députés sur la liberté de la presse.

Nous sommes arrivés à l'article 23. Le Sénat se souvient que cet article, ainsi que l'amendement de M. Lenoël, ont été renvoyés à la commission.

La commission est-elle prête pour la discussion de cet article ?

M. Robert de Massy. Je demande la parole.

PROVOCATION AUX CRIMES ET DÉLITS.

M. le président. La parole est à M. Robert de Massy.

M. Robert de Massy. Messieurs, la commission s'est réunie ; elle a eu à examiner de nouveau l'article 23 qu'elle avait proposé et que vous lui avez renvoyé, et elle a eu à discuter, d'autre part, l'amendement de l'honorable M. Lenoël, amendement que vous lui aviez également renvoyé.

L'article 23 et l'amendement de M. Lenoël touchent à la partie la plus délicate de la loi dont vous êtes saisis.

Votre commission a arrêté les principes de ses résolutions, mais elle n'a pas encore pu les formuler ; elle vous demande en conséquence de vouloir bien continuer l'étude et la délibération de la loi en laissant de côté tout ce qui concerne la provocation. Cette partie principale de la loi n'est point mise en cause par les articles suivants qui concernent la diffamation, l'injure et la procédure. Par conséquent la commission ne voit aucun obstacle à ce que la délibération continue pourvu que le Sénat réserve l'article 23 et l'article 24, qui est également relatif à une nature de provocation. Je crois que prochainement, la commission sera en mesure de livrer au Sénat le résultat de ses délibérations ; le Sénat pourra donc dès demain, si la loi est arrivée à son terme, reprendre la discussion commencée à la séance dernière. (Assentiment.)

M. le président. Il n'y a pas d'opposition?...

Séance du mardi 12 juillet 1881.

Le Sénat ne délibère sur aucune partie du projet de loi relatif à la liberté de la presse. La discussion est ajournée au vendredi 15 juillet.

Séance du vendredi 15 juillet 1881.

M. le président. L'ordre du jour appelle la suite de la discussion de la proposition de loi, adoptée par la Chambre des députés, sur la liberté de la presse.

Divers articles ont été ajournés et renvoyés à la commission. Nous pourrions y revenir, si la commission est prête à soutenir la discussion.

M. Robert de Massy, *président de la commission.* Je demande la parole.

M. le président. La parole est à M. le président de la commission.

M. Robert de Massy. Messieurs, nous donnons au pays et dans une large mesure, les libertés qui, sous tous les régimes, ont été le plus vivement réclamées. Hier, c'était la liberté des réunions publiques ; aujourd'hui c'est la liberté de l'imprimerie, de la librairie, de l'affichage, du colportage, de la parole et de l'écrit. C'est vous dire que la réglementation de ce que nous appelons la provocation, par l'un des procédés que je viens d'énumérer, à tout acte qualifié par la loi pénale de crime ou de délit, réglementation difficile à formuler dans tous les temps, est devenue plus difficile encore à l'heure où nous sommes. Vous l'avez compris, et c'est pour cela qu'après la discussion brillante qui s'est engagée devant vous dans votre séance de samedi dernier entre deux membres de la commission, et après les observations si pleines de sens et si pressantes d'un de nos honorables collègues dont vous connaissez toute la compétence, M. Bozérian, vous avez renvoyé à la commission, non seulement l'amendement qui avait été développé par l'honorable M. Lenoël, mais encore l'article 23 du projet de loi qui avait été critiqué par l'auteur de ce même amendement.

Votre commission — c'était son devoir, — tenant grand compte de ce renvoi, a longuement étudié, à plusieurs reprises, les questions délicates dont je parle, et qui déjà avaient fait l'objet de ses précédentes discussions ; et elle a voulu, son éloquent rapporteur lui-même l'a désiré, que ce fût le président de la commis-

-sion qui eût la charge de vous dire sommairement quelles sont les résolutions -dernières de la commission, et les raisons qui les peuvent motiver.

J'espère, malgré quelque fatigue, qu'il me sera donné de faire cet exposé som-maire avec la méthode et la clarté que comporte une matière aussi délicate.

Messieurs, de la discussion qui a eu lieu la semaine dernière devant vous, et du renvoi à la commission de l'amendement de M. Lenoël et de l'article 23, qui a -déjà été discuté devant vous, sont ressorties deux questions qui se posent bien -nettement.

Voici la première : Convient-il de considérer la provocation suivie d'effet -comme une complicité, ainsi que l'ont admis, comme vous le verrez, les législa-tions antérieures, ainsi que l'ont décidé la Chambre des députés et, après elle, -votre commission ?

La deuxième question est celle-ci : la provocation non suivie d'effet doit-elle rester impunie ? En d'autres termes, devez-vous adopter le projet qui n'atteint pas la provocation non suivie d'effet, ou, au contraire, devez-vous, dans une me-sure quelconque, frapper d'une peine, comme le demande l'honorable M. Lenoël, la provocation même lorsqu'elle n'a pas été suivie d'effet ?

Ainsi, messieurs, nous allons nous trouver en présence de deux ordres de cir--constances différents, de deux cas parfaitement tranchés :

Premièrement, la provocation étant suivie d'effet, quels caractères doit-elle présenter ? Quelle peine doit l'atteindre ? Est-elle ou n'est-elle pas une complicité ?

D'un autre côté, la provocation, lorsqu'elle n'est suivie d'aucun effet, est-elle -quelque chose d'assez précis, peut-elle être assez caractérisée pour que la crimi--nalité doive en être prononcée ?

Ces deux questions ainsi nettement posées, je dois m'occuper d'abord, et très -sommairement, de la provocation aux crimes ou aux délits quand elle a été suivie -d'effet.

Ici, les critiques qui ont été formulées à cette tribune et le dissentiment qui -existe entre l'honorable M. Lenoël et la majorité de la commission ne sont qu'une contradiction dans les mots, car nous sommes tous d'un sentiment unanime sur un point : c'est que la provocation, quand elle est suivie d'effet, doit être frappée d'une peine. Aucun dissentiment ne s'est produit à cet égard nulle part, ni lors -de l'élaboration des lois antérieures, ni devant la Chambre des députés.

Ceux-là mêmes qui étaient les plus larges dans le champ de la liberté, et qui -demandaient que la presse fût purement et simplement soumise aux principes -du droit commun, reconnaissaient qu'en présence d'une provocation suivie d'effet, -quand il y avait si manifestement les deux caractères exigés par le Code pénal et -tous les criminalistes : d'une part, l'intention mauvaise, et, d'autre part, le fait dommageable accompli, il fallait qu'une peine fût édictée. Prenant le Code pénal, article 60, les critiques auxquelles nous avons à répondre exposent que la com--plicité existe quand le provocateur a procédé par des dons, par des promesses, par des menaces, par des abus d'autorité.

Or, aucun de ces caractères, aucune de ces circonstances ne se rencontre le -plus ordinairement, je ne le déguise pas, dans la provocation, quand elle se pro--duit par la voie du discours ou par la voie de l'écrit.

Je crois que la critique qui a été adressée au travail de la commission et à la -loi votée par la Chambre des députés repose sur la méconnaissance du principe fondamental qui se trouve écrit dans l'article 60 du Code pénal. Il y a deux -choses dans cet article 60 : c'est l'énonciation d'abord d'un principe et ensuite l'indication des moyens d'exécution. Le principe, fondé sur une vérité de bon -sens et de justice, c'est que celui qui a eu la pensée du crime et en prépare l'exé--cution, n'est pas moins coupable que l'homme subjugué qui n'en a été que l'ins-trument. La loi pénale fait ainsi du provocateur un complice, et, par la compli--cité, lui inflige le même châtiment.

PROVOCATION AUX CRIMES ET DÉLITS.

Je ne cherche pas si la provocation qui se produit par la parole ou par la presse, se présentera le plus habituellement avec les caractères et les conditions qui sont déterminés dans l'article 60 du Code pénal.

Cet article n'a pas été fait en présence de cas de provocation comme celui dont nous avons à nous occuper. Ce que je me demande, c'est si la raison d'être du principe de la complicité, si l'égalité de la culpabilité entre le provocateur et l'instrument qui exécute, si cette raison d'être de la complicité ne se rencontre pas quand la provocation s'exerce à l'aide de moyens d'influence qui ne sont pas identiquement et absolument ceux spécifiés dans l'article 60.

Qu'est-ce donc que la provocation, dans l'article 60 du Code pénal, et dans quelles conditions cette provocation se révèle-t-elle? Là, tout est secret. C'est à l'ombre, ténébreusement, que le provocateur, usant alors de dons, de promesses, de menaces, donne les moyens d'exécution et assure la consommation du crime. Oui, quand la provocation est occulte, j'entends à merveille la nomenclature du Code pénal. Mais quand la provocation est publique, quand elle se manifeste au dehors, quand c'est par la publicité qu'elle agit, quand la publicité n'est pas seulement sa condition d'existence, mais encore une force et comme une puissance nouvelle pour la provocation, dans de telles conditions, les éléments de complicité pourront n'être pas les mêmes, mais le même principe doit recevoir son application.

Ici le provocateur n'emploiera ni menaces ni promesses, mais il est dans des réunions nombreuses, il est sur la place publique, il a la supériorité de l'intelligence, il a ce don merveilleux de l'entraînement de la parole, qui est une séduction et presque un joug; il a, de plus, la hardiesse et la passion, qui sont encore une supériorité, et quand, au grand jour, au milieu de l'effervescence, il aura allumé la guerre civile, vous pourriez considérer que la culpabilité n'est pas celle du Code pénal et vous refuseriez de lui appliquer la peine de la complicité? Je ne saurais l'admettre.

D'ailleurs, après avoir énuméré toutes les provocations ordinaires, d'ordre purement privé, l'article 60 fait une réserve dans une disposition finale et dit : « Sans préjudice des peines qui seront édictées contre la provocation à des crimes contre la sûreté de l'État. » C'est en vertu de cette réserve que l'article 102, abrogé plus tard par la loi de 1819, infligeait la peine de complice à celui qui par la parole, par l'affichage, avait provoqué les crimes contre la sûreté extérieure ou intérieure de l'État.

Je nie donc que ce soit méconnaître les dispositions du Code pénal, du droit commun auxquels on veut s'attacher, je nie que ce soit se séparer des principes du droit commun que d'appeler la provocation du nom de complicité.

En vérité, en examinant de très près la question, il est permis de se demander comment les critiques qui nous ont été adressées sont si sévères. Nous sommes d'accord pour punir. Mais quand nous considérons le provocateur comme un complice, — « Hérésie de droit » — nous dit-on ! Je le voudrais, messieurs ! mais nous sommes, j'imagine, des législateurs.

Et c'est précisément parce que le Code pénal s'est placé dans un milieu différent de celui où nous sommes aujourd'hui ; c'est parce que la provocation que nous réglementons n'est pas moins coupable et qu'elle est plus funeste dans ses conséquences, que nous empruntons à l'article 60 son principe.

Eh bien, la critique se retourne contre nos adversaires et je leur dis : vous ne voulez pas que nous ajoutions au Code pénal un cas de complicité, et pourtant vous voulez bien ajouter à ce même Code un crime, un délit *sui generis*. Que devient alors votre respect pour le droit commun?

Je vous demande, si vous vous permettez d'ajouter au Code pénal en créant des crimes ou des délits nouveaux, de vouloir bien souffrir que nous ajoutions au même Code un autre cas de complicité.

Voilà comment, sans vouloir insister davantage, — j'abuserais de vos moments, — il nous a paru impossible de retirer à la provocation par la parole ou par l'écrit, à la provocation publique, le caractère de complicité que le projet de loi qui vous est soumis lui a imprimé. Nous conservons donc l'article 23 qui vous est soumis et qui a été voté par la Chambre des députés. Nous trouvons à cela un double avantage : nous sommes dans la saine tradition, nous respectons les lois antérieures. Nous les renouvelons. Croyez-vous que les grands jurisconsultes, que les orateurs admirables qui ont pris part à l'élaboration de la loi de 1819, n'aient pas, comme nos honorables collègues, compris que par l'article 1er de la loi de 1819, ils créaient un cas de complicité qui n'était pas suffisamment précisé dans l'article 60 du Code pénal ? Vous ne leur ferez pas cette injure ; et pourtant ils n'ont pas hésité à déclarer complice celui-là qui aura été provocateur d'un crime ou d'un délit qui aura été suivi d'effet. C'est l'article 1er de la loi de 1819. Et, en cela, ils ne faisaient qu'obéir aux précédents.

Je vous ai parlé du Code pénal, article 102. C'était pour un cas particulier des crimes contre la sûreté de l'État.

La loi de 1791 avait également qualifié de complice le provocateur. On vous a cité l'article 1er de cette loi du 1er juillet 1791, permettez-moi de vous signaler l'article 2 : « Tout homme qui, dans un attroupement ou émeute, aura fait entendre un cri de provocation au meurtre, sera puni : de trois ans de chaîne si le meurtre n'a pas été commis, et comme complice du crime s'il a eu lieu. »

La loi de 1819, que l'honorable M. Lenoël copie dans son amendement, avait un article qu'il a négligé. C'était celui qui considérait le provocateur comme un complice et le punissait de la même peine ; par conséquent, nous ne faisons que suivre la voie ouverte par nos devanciers, et n'eussions-nous pour nous que l'autorité de ces hommes illustres, de ces jurisconsultes consommés, nous serons, je crois, bien venus à vous demander d'accepter la rédaction qu'a votée la Chambre des députés. Autrement, messieurs, et si vous faisiez de la provocation un crime ou un délit spécial, comment serait graduée la peine ? L'honorable M. Lenoël, dans tous les cas, quelle que soit la gravité du fait qui a été commis, ne voit dans la provocation qu'un délit. L'honorable M. Bozérian, à l'assistance duquel la commission, ces jours derniers, a fait appel, et qui a eu la bonté de lui exposer ses idées, et même de formuler un projet, l'honorable M. Bozérian, en acceptant la complicité, fait une distinction.

Si la provocation est destinée à opérer la réalisation d'un crime, la provocation sera un crime.

S'il s'agit, au contraire, d'une provocation à un délit, la provocation ne sera qu'un délit. Il me semble, messieurs, que nous sommes bien près de nous entendre. Si la provocation est un crime, la complicité conduit au même résultat. De telle sorte que nous nous égarons dans les aspérités du droit pour arriver absolument au même but ; nous corrigeons les mots sans utilité pratique.

Et alors, je me demande si ce n'est pas pousser bien loin les scrupules théoriques et les exigences doctrinales.

L'honorable M. Lenoël, lui, au contraire, est si peu impressionné d'établir une diversité de situation entre le provocateur et celui qui avait consommé le crime ou le délit, qu'il n'attachait aucune importance à cette circonstance, que le crime ait été commis ou non ; et, alors, dans son premier amendement, — il a compris qu'il ne ferait pas fortune devant le Sénat, — négligeant l'article 1er de la loi de 1810, qui fait une complicité de la provocation suivie d'effet, il se bornait, dans son amendement, à reproduire les articles 2 et 3 de la loi de 1819, qui ne sont relatifs qu'à la provocation sans effet.

A cette heure, M. Lenoël, qui ne veut pas qu'on modifie l'article 60 du Code pénal, le modifie lui-même, et vous a fait distribuer une nouvelle disposition qui se rapproche sensiblement de la rédaction qui nous avait été soumise par l'honorable M. Bozérian. Quant à moi, si mon suffrage pouvait avoir quelque poids, je préférerais de beaucoup la rédaction de M. Bozérian, qui ne nous est pas présentée quant à présent.

M. Bozérian. J'accepte le système actuel de la commission.

M. Robert de Massy. Je vous en remercie, c'est un appui nouveau dont je suis heureux de m'emparer, c'est qu'en effet, sauf les mots qui nous divisent, nous arrivons au même résultat ; par conséquent, nous étions bien près de nous entendre. Ainsi, l'honorable M. Bozérian devant la commission disait : Provocation au crime, crime ; provocation au délit, délit ; il fallait alors proportionner la répression à la gravité des faits. La complicité à cet égard offre cette simplification que la pénalité applicable à l'auteur du crime ou du délit, détermine la pénalité qui atteint le provocateur.

Voilà, messieurs, le résumé des réunions qui ont déterminé votre commission non sans quelque préoccupation, puisque vous lui avez renvoyé cet article, à vous proposer de vouloir bien imiter le législateur de 1819, celui de 1791, celui de 1810 ; de vouloir bien accepter ce qu'a fait la Chambre des députés, en votant l'article 23 de la loi qui vous est soumise.

Ceci dit, messieurs, pour la provocation suivie d'effet, je n'ai plus à m'occuper — et je le ferai en quelques mots — que de la provocation *non suivie d'effet*.

Quand il s'agit d'une provocation non suivie d'effet, les divergences sont considérables et multipliées. La commission a adopté les résolutions de la Chambre des députés, qui s'est refusée à atteindre la provocation quand elle n'est pas suivie d'effet ; la commission n'avait pas attendu la discussion remarquable qui s'est engagée devant vous pour se préoccuper très vivement de la question de savoir s'il fallait sur ce point amender le projet de loi voté par la Chambre des députés.

La commission de la Chambre des députés avait dans un article atteint la provocation, même quand elle n'est pas suivie d'effet, alors que la provocation s'adressait à un crime ; elle a laissé de côté la provocation des simples délits quand la provocation n'avait pas été suivie d'effet. Sur la question de savoir si la commission du Sénat devait s'approprier la proposition des députés, je dois vous le dire dire en toute sincérité, la commission s'est divisée. Une majorité s'est formée, et c'est au nom de cette majorité qui n'a pas été bien considérable que l'honorable M. Pelletan a rédigé son rapport, il vous a rendu compte des motifs qui, suivant la majorité de la commission, ne permettaient pas, ainsi que l'avait fait la Chambre des députés, d'atteindre la provocation non suivie d'effet. Vous avez, si nous savons bien comprendre, préjugé la question dans le renvoi fait à votre commission de cette question très délicate et vous avez obligé chaque membre de la commission, sans abandonner ses convictions personnelles, à tenir un grand compte du sentiment exprimé par le renvoi de samedi dernier. Je ne veux pas discuter de nouveau la question en principe ; elle l'a été, elle le sera peut-être encore.

Permettez-moi seulement, en vous rendant compte de la proposition nouvelle que vous fait votre commission, de vous dire quelle est la considération dominante qui sur toutes les questions de cette loi qui véritablement mérite le nom de loi de la liberté de la presse, a constamment dirigé votre commission. Nous faisions une différence profonde entre la provocation non suivie d'effet et la provocation suivie d'effet. A quel point de vue, messieurs ? Quand la provocation est suivie d'effet, un crime est commis, on en connaît les circonstances ; on en peut apprécier le mobile ; la culpabilité peut être jugée dans ses véritables limites au point de vue philosophique et au point de vue pénal. Et alors, allant du fait commis au provocateur qui n'en a été que l'inspirateur, on peut préciser le caractère de la provocation ; on peut la définir, on peut mesurer davantage la culpabilité.

Mais si c'est un discours, le discours n'a laissé aucun souvenir. Quand il s'agit d'un placard, le bon sens public en fait justice ; le préjudice ou n'est pas appréciable ou est minime ; et alors la commission s'est dit : Mais, avec cette difficulté qu'on a éprouvée à toutes les époques de donner une définition claire et nette de la provocation, n'y a-t-il pas péril, quand la provocation n'est suivie d'aucun acte coupable, de rentrer dans ces procès de tendance, dans ces procès de doctrine, dans ces procès d'opinion que la loi actuelle a précisément pour mission d'empêcher de renaître ? Et vous allez mieux sentir comment, quels que soient les caractères avec lesquels elle se présente, la provocation qui n'est pas suivie d'effet peut se confondre avec ces doctrines, avec ces opinions, avec ces tendances que nous entendons mettre en dehors de toute action pénale et de toute poursuite de la part du ministère public

J'avais l'honneur de dire au Sénat que nous faisions une loi inspirée par un principe de liberté des plus larges. L'honorable rapporteur de la Chambre des députés, dans son remarquable travail, a fait avec un grand soin le dépouillement de toutes les lois antérieures et il nous apprend que la loi actuelle a abrogé quarante-deux lois différentes en 325 articles ; nous abrogeons, messieurs, seize délits différents de la presse ; permettez-moi de vous en rappeler un très petit nombre : la provocation à la désobéissance aux lois, l'attaque contre le respect dû aux lois.

Eh bien qui ne sent qu'un discours plus ou moins ardent, un article plus ou moins véhément qui ne sera en réalité qu'une provocation à la désobéissance aux lois, ce qui n'est plus punissable, pourra facilement être interprété comme une provocation à un crime ?

Ces seize délits relevés dans les lois de tous les régimes ont donc disparu, ils ne reparaîtront plus.

Eh bien, quand il n'y a pas eu d'effet produit par le discours ou l'article, quand, par conséquent, les intérêts publics n'ont été ni troublés ni alarmés, je vous demande si vous punissez la provocation non suivie d'effet, et, dans tous les cas, si vous ne retombez pas, presque nécessairement, dans le champ de ces délits différents dont personne ne veut plus, et qu'aucun amendement ne demande de faire revivre.

Malgré ces préoccupations, votre commission, s'inclinant devant le vote par lequel le Sénat lui a renvoyé l'amendement de l'honorable M. Lenoël, accepte le principe d'une répression pour les provocations non suivies d'effet. Elle ne va pas, messieurs, jusqu'à atteindre la provocation aux délits, ni même celle à tous les crimes en général, sans distinction, ni limitation.

Se plaçant entre les extrêmes, elle vient vous proposer un article nouveau qui serait l'article 23 *bis*. Le numérotage serait changé plus tard suivant le vote du Sénat. Par cet article, nous atteignons la provocation non suivie d'effet, mais quand il s'agit de certains crimes de nature à alarmer profondément les intérêts privés et surtout les intérêts publics, généraux du pays.

Voici donc, messieurs, la rédaction de la disposition supplémentaire que nous avons l'honneur de soumettre à l'approbation du Sénat :

« Ceux qui, par les moyens énoncés en l'article précédent, auront directement provoqué à commettre les crimes de meurtre, de pillage et d'incendie, ou l'un des crimes contre la sûreté de l'État prévus par les articles 75 et suivants jusques et y compris l'article 101 du Code pénal, seront punis, dans le cas où cette provocation n'aurait pas été suivie d'effet, de trois mois à deux ans d'emprisonnement et de 100 fr. à 3,000 fr. d'amende. Tous cris ou chants séditieux proférés dans des lieux ou réunions publics seront punis d'un emprisonnement de six jours à un mois et d'une amende de 16 fr. à 500 fr., ou de l'une de ces deux peines seulement. »

Nous n'avons pas, messieurs, le mérite de l'invention ; nous empruntons la pre-

PROVOCATION AUX CRIMES ET DÉLITS.

mière partie de cet article additionnel : « directement provoqué à commettre les crimes de meurtre, de pillage et d'incendie », à la loi du 17 juillet 1791.

Quant à la disposition suivante : « ...ou l'un des crimes contre la sûreté de l'État prévus par les articles 75 et suivants, jusques et y compris l'article 101 du Code pénal... » nous l'empruntons au Code pénal lui-même qui, après avoir indiqué, dans les articles 75 et suivants, jusques et y compris l'article 101, tous les crimes contre la sûreté extérieure et intérieure de l'État, fixait dans l'article 102 les peines infligées au provocateur, dans l'hypothèse où la provocation n'avait été suivie d'aucun effet.

Cette peine allait dans cet article jusqu'au bannissement. Je n'ai pas besoin de dire que nous la réduisons à une répression correctionnelle dont notre article indique l'importance.

Voilà, messieurs, aussi nettement et aussi clairement qu'il m'a été donné de le faire, quel est l'ordre d'idées dans lequel les délibérations de la commission se sont renfermées, et les efforts qu'elle a faits pour vous donner satisfaction après le renvoi prononcé par vous, sans d'ailleurs se mettre absolument en opposition avec le sentiment exprimé par la majorité de la commission. (Approbation sur un grand nombre de bancs.)

M. le président. La parole est à M. Lenoël.

M. Émile Lenoël. Messieurs, l'amendement que j'ai eu l'honneur de développer samedi dernier devant le Sénat, et qu'il a bien voulu renvoyer à la commission, n'avait qu'un but : faire reconnaître et déclarer par le Sénat que la provocation publique à un crime, lorsqu'elle n'est pas accompagnée des circonstances visées par l'article 60 du Code pénal, dons, promesses, menaces, instructions, etc., ne peut jamais constituer qu'un *délit spécial*.

De ce principe, s'il est exact, découlent deux conséquences qui s'imposent absolument au législateur : la première de ces conséquences, c'est que le *provocateur* ne peut *jamais* être considéré comme *complice* du crime auquel il a provoqué, en dehors, bien entendu, des conditions générales de la complicité.

La seconde conséquence, c'est que, si le délit spécial existe, que la provocation ait été ou n'ait pas été suivie d'effet, le *délit spécial subsiste dans tous les cas.*

La commission reconnaît cette dernière conséquence, et nous nous trouvons, en réalité, à très peu de choses près, d'accord sur le second point ; je ne viens donc pas ici critiquer la rédaction de la commission dans celles de ses dispositions qui sont relatives à la provocation non suivie d'effet ; mais la commission persiste à croire et à proposer au Sénat de déclarer que le provocateur public à un crime doit être considéré comme complice de ce crime.

J'interjette appel devant le Sénat de la décision de la commission. Je crois, et l'honorable rapporteur l'expliquait encore tout à l'heure, que cette pensée de considérer le provocateur public comme complice, tient à une considération morale très élevée, mais que cette considération morale est insuffisante pour faire porter contre le provocateur la peine si grave de la complicité. Le côté moral, il est incontestable, messieurs, mais il ne suffit pas. Il ne suffit pas que dans la conscience de l'homme aient germé des pensées coupables, odieuses, abominables, pour que cet homme puisse être pénalement coupable devant la loi ; il faut, en outre, le dommage matériel. Il faut que le législateur, il faut surtout que le juge qui condamne, aient la certitude absolue que l'homme qui a provoqué au crime a fait un acte aussi coupable que s'il l'avait commis ; il faut qu'il y ait participé, et que son ingérence le constitue aussi coupable que s'il l'avait commis.

Je me rappelle avoir entendu un très éloquent procureur général, dans un discours de rentrée, dire aux magistrats « qu'il fallait se garder de toutes les passions, même de la passion du bien, uniquement parce qu'elle est une passion ».

Je crains qu'on oublie, du côté de la commission, cette recommandation si sage, qui cependant s'applique bien plus encore au législateur qu'au juge. Un homme, dans les replis de sa conscience, a pu méditer un acte épouvantable, horrible, il a pu même dire : il faut commettre cette action, exciter les autres à la commettre ; cela ne suffit pas pour que le législateur puisse dire : Je te considère comme l'ayant commise.

Mais on me fait cette objection : Vous respectez beaucoup le Code pénal, article 60. Vous vous y tenez de telle sorte qu'en dehors des conditions indiquées par lui comme pouvant constituer la complicité, vous ne voulez rien ajouter. Et cependant, vous vous écartez des dispositions de l'article 60 qui ne punit jamais la provocation, lorsque cette provocation n'a pas été accompagnée des conditions indiquées par lui.

J'ai eu bien soin d'indiquer — je ne reviendrai pas sur une trop longue discussion — que si je m'attachais autant au texte de l'article 60, ce n'est pas que je le considère comme un texte impératif qui s'impose puisque nous sommes législateurs ; mais c'est que je le regarde comme une autorité de raison, et qu'il contient à mes yeux l'exposé exact des causes qui peuvent faire qu'un homme soit considéré comme le complice, comme le co-participant d'un crime.

A mesure que des faits nouveaux se produisent, à mesure que le mouvement social marche et s'avance, des délits nouveaux surgissent. On vous rappelait très justement — et M. le garde des sceaux, dans le passage de son discours que j'ai mis sous les yeux du Sénat, l'a démontré excellemment — qu'il n'y avait pas de délits de contrefaçon en matière de brevets d'invention avant la loi de 1844 ; qu'il n'y avait pas de délits en matière de chemins de fer avant qu'il y eût des chemins de fer et avant que la loi qui les régit eût été votée : et ainsi de suite. Mais, quand on se trouve en présence d'un acte qui résulte d'un fait social nouveau, donnant naissance à des délits nouveaux, le devoir des législateurs est d'atteindre ces délits nouveaux.

Dans certains cas, c'est la publicité qui constitue le délit ; c'est la publicité qui, jointe à la provocation, va ériger la provocation, innocente au point de vue pénal, tant qu'elle n'est pas publique, en délit punissable, lorsqu'elle se produit au dehors par tous les moyens de la publicité.

Mais est-ce que la provocation publique est le seul délit qui puise dans la publicité son caractère de criminalité ? Vous savez qu'au contraire notre code, nos lois, sont pleins de cas semblables.

N'avons-nous pas, par exemple, l'outrage à la pudeur ? L'outrage à la pudeur, c'est un acte très répréhensible ; moralement parlant, c'est un acte très condamnable ; pénalement ce n'est pas un acte punissable. Il faut que l'outrage soit public pour pouvoir être atteint. Il en est de même de l'exposition d'objets obscènes. L'exposition d'objets obscènes, je l'entends bien, indique l'idée de publicité ; cependant le législateur ne punit que ce qui est exposé publiquement aux regards du public ; là encore, c'est la publicité qui fait le délit.

L'injure n'est qu'une simple contravention de police, quand elle n'est pas publique ; elle devient un délit quand elle est publique.

De même, la provocation n'est rien quand elle n'est pas publique (article 60) ; mais quand la provocation devient publique, elle est un délit.

La commission, du reste, le reconnaît maintenant et elle vous propose un texte qui donne satisfaction sur ce point à l'amendement que j'ai déposé.

Mais veuillez remarquer que la nouvelle rédaction qu'elle vous propose, et qui maintient l'article 23 d'après lequel le provocateur public est un complice, veuillez remarquer que cette nouvelle rédaction constitue une singulière antinomie.

Voici, en effet, que si la provocation est suivie d'effet, elle constitue la complicité et que, si elle n'est pas suivie d'effet, elle est un délit spécial.

Pourquoi cela ? Pourquoi faire dépendre de l'existence d'un fait inconnu de l'auteur de la provocation, de l'existence d'un fait auquel il ne participe pas, pourquoi

PROVOCATION AUX CRIMES ET DÉLITS.

faire dépendre, dis-je, de ces circonstances l'existence de la complicité d'un crime, tandis que, si la provocation n'est pas suivie d'effet, elle ne constituera qu'un délit spécial?

Il y a donc là une antinomie, et il y a de plus, suivant moi, quelque chose d'absolument excessif.

L'honorable M. Bozérian le disait samedi en quelques mots éloquents : Il est impossible d'admettre que l'auteur d'un écrit, que l'auteur d'un discours, parce qu'il aura dans cet écrit, dans ce discours, provoqué à un crime pouvant entraîner la peine de mort, soit lui-même, comme complice, condamné à mort. C'est là quelque chose d'excessif que réprouve la conscience.

Ce que je demande au Sénat, c'est de vouloir bien reconnaître que la provocation publique constitue, dans tous les cas, un délit qu'elle soit ou non suivie d'effet, et de n'admettre jamais qu'elle puisse être passible des peines de la complicité, parce que cela dépasse absolument les bornes de la vérité.

Le système auquel on vous convie aboutirait à ce résultat que le Sénat paraîtrait faire acte d'hostilité contre les moyens de publicité si, d'une part, comme la commission le lui propose, il consentait à reconnaître qu'il y a un délit dans la provocation non suivie d'effet, et, d'autre part, qu'il y a complicité pouvant entraîner même la peine capitale contre celui qui a provoqué, lorsque sa provocation a été suivie d'effet.

Je crois que le Sénat restera dans la vérité, dans le droit, dans la justice, en ne reconnaissant pas ce caractère de complicité et en déclarant que, dans tous les cas, il y a un délit, mais qu'il n'y a qu'un délit spécial, *délit spécial de provocation publique.*

C'est ce que j'avais eu l'honneur de proposer au Sénat à la dernière séance. J'ai cru toutefois qu'un certain nombre de mes collègues avaient trouvé excessif d'établir la même peine, que la provocation eût été ou n'eût pas été suivie d'effet.

Si je l'avais fait, messieurs, c'est que la peine allant de quelques mois à cinq ans d'emprisonnement avec l'article 463 du Code pénal, le juge pouvait descendre jusqu'à un franc d'amende, et que, dans cette limite d'un minimum aussi peu important à un maximum de cinq années de prison, il me paraissait que le juge pourrait se mouvoir de façon à donner satisfaction à la conscience publique. Cependant. pour me rendre au sentiment que j'ai cru deviner, j'ai modifié ma proposition, et voici dans quels termes j'ai l'honneur de vous proposer de consacrer tout à la fois le principe que je viens de rappeler devant vous, et, de déterminer les peines qui s'appliqueront, suivant la gravité des cas, à l'auteur de la provocation :

« Quiconque, par des discours, cris ou menaces, proférés dans des lieux ou réunions publics, aura provoqué à commettre une ou plusieurs actions déterminées, qualifiées crimes ou délits, sera puni, d'après les distinctions suivantes :

« Dans le cas où l'action sera qualifiée crime, si la provocation a été suivie d'effet, l'auteur de cette provocation sera puni d'un emprisonnement de trois mois à cinq ans et d'une amende de 50 fr. à 6,000 fr.

« Si la provocation n'a pas été suivie d'effet, l'amende sera de 30 fr. à 4,000 fr.

« Dans le cas où l'action sera qualifiée délit, si la provocation est suivie d'effet, l'auteur de cette provocation sera puni d'un emprisonnement de quinze jours à un an. »

Je m'arrête là, comme le fait la commission dans sa nouvelle rédaction, et je n'envisage pas le délit de provocation publique, lorsqu'il n'y a eu provocation qu'à un délit, et que cette provocation n'a pas été suivie d'effet. J'ajoute, ainsi que l'a fait la loi de 1819 : « Le tout, sauf les cas dans lesquels la loi prononcerait une peine moins grave contre l'auteur du délit, laquelle sera alors appliquée au provocateur. »

Telles sont, messieurs, les dispositions que j'ai l'honneur de soumettre à l'approbation du Sénat. Elles me paraissent, mieux que le système de la commission, répondre à la vérité des principes et aux règles primordiales du droit pénal. (Approbation sur un certain nombre de bancs.)

M. le président. Le Sénat avait renvoyé à la commission l'amendement de M. Lenoël et l'article 23 du projet de loi. La commission a proposé de maintenir l'article 23 et d'ajouter un article 23 *bis*. M. Lenoël a maintenu, en en modifiant la rédaction, son amendement. C'est cet amendement qui est en délibération et sur lequel le Sénat va avoir à se prononcer.

M. Bozérian. Je demande la parole.

M. le président. La parole est à M. Bozérian.

M. Bozérian. Messieurs, je viens dire un mot seulement. Je pense que le Sénat ferait bien d'adopter les articles tels qu'ils sont aujourd'hui proposés par la commission. Voici mes raisons.

Quel était le système proposé tout d'abord par la commission ?

C'était de déclarer punissable la provocation au crime ou la provocation au délit lorsque la provocation avait été suivie d'effet, mais, au contraire, de l'innocenter, de la déclarer absolument indemne, qu'il s'agît de crime ou de délit, lorsqu'elle n'avait pas été suivie d'effet. Voilà quel avait été le premier système de la commission.

A côté de ce système, se présentait celui de M. Lenoël qui, lui, ne considérant plus le fait de provocation comme un fait de complicité, le considérait comme un fait spécial, *sui generis*, punissable par conséquent de peines spéciales, mais ne pouvant jamais s'élever à la hauteur de peines criminelles.

C'est à ce moment que je me suis permis de monter à la tribune. Ce que je ne pouvais considérer comme acceptable dans le projet de la commission, ce n'était pas l'assimilation du provocateur au complice, quelle que pût être l'aggravation possible de la peine. Je vous ai dit pourquoi j'étais absolument rassuré à ce sujet. Il me paraissait en effet complètement impossible d'admettre que le provocateur au plus abominable des crimes pût être déclaré absolument indemne, parce que sa provocation n'avait pas été suivie d'effet.

Cela, je l'avoue, m'indignait et me révoltait.

Vous avez bien voulu, messieurs, vous associer à ce sentiment, et vous avez prononcé le renvoi à la commission.

Que vous propose-t-on aujourd'hui ?

D'une part, l'honorable M. Lenoël se représente devant vous avec le même système ; mais, laissant de côté la loi de 1819, qui avait fait du fait de la provocation un cas de complicité, il vient, par des raisons qui ont leur valeur, je ne le méconnais pas, vous dire :

« Dans toutes les hypothèses, vous ferez du provocateur un délinquant ou un criminel spécial et *sui generis !* » Messieurs, je recule devant cette hypothèse d'un provocateur qui serait passible de la peine de mort. Ce n'est pas, ainsi que j'avais l'honneur de le dire il y a quelques jours, que je redoute beaucoup cette hypothèse ; je ne crois pas que jamais il arrive qu'un journaliste, si ardent, si coupable qu'il soit, puisse avoir à redouter la peine de mort.

Voici pourquoi : c'est qu'il y a dans l'article 23 un mot très rassurant pour les journalistes ou pour ceux qui, à défaut de la plume, font usage de la parole ; c'est que, pour arriver à établir l'égalité dans la peine, il faut démontrer que le journaliste ou le parleur, — car ils sont placés sur la même ligne — a provoqué *directement* à un fait spécial ; vous voilà, messieurs, rassurés tout d'abord à ce point de vue, et si l'on vous dit : « Mais quoi ! vous allez donc atteindre, comme provocation au crime, l'apologie de Brutus....

M. Batbie. D'Harmodius !

M. Bozérian..... d'Harmodius, comme le dit mon honorable collègue M. Batbie ou de tout autre personnage politique de l'antiquité ? Vous allez donc frapper d'une peine celui qui aura rappelé certains souvenirs historiques, les actes de ces

PROVOCATION AUX CRIMES ET DÉLITS.

grands criminels ou de ces grands politiques ?... Car politiques et criminels peuvent quelquefois être rangés sur la même ligne. — Vous pourrez répondre : Non ! car il n'est pas possible d'établir la relation directe de la cause à l'effet. Cela suffit à me rassurer.

Donc, en présence de cette nécessité d'établir la relation directe de la cause à l'effet, — ce qui ne sera jamais possible, je ne crains pas de le dire, — je n'ai point d'inquiétude sur les conséquences, pour le journaliste ou le parleur, de l'aggravation de peine résultant de ce que le fait de la provocation est assimilé à la complicité.

Mais je comprends très bien que, au point de vue de la morale, on s'inquiète de savoir s'il est possible de saisir cette relation directe entre la cause et l'effet.

Pourquoi fait-on alors la même situation au provocateur et à l'agent ?

J'avoue que je ne vois aucune espèce d'inconvénient à faire asseoir ces deux messieurs sur le même banc, et à considérer l'auteur de la provocation comme ayant fait acte de complicité.

Par conséquent, je trouve que la commission n'a pas été trop loin en maintenant, à ce point de vue, l'assimilation du provocateur au complice.

En outre, elle a donné une complète satisfaction au désir du Sénat, en ce sens qu'elle a pensé que, dans certains cas excessivement graves, énumérés dans l'article 23 *bis*, il fallait considérer comme un délit spécial la provocation au crime, n'eût-elle pas été suivie d'effet. Bien entendu, dans cette circonstance, il ne peut plus être question de complicité.

A mon avis, en s'arrêtant à cette solution, la commission, qui s'est inspirée de la loi de 1819 et des principes généraux du Code pénal, a sagement agi. En ce qui me concerne, je me déclare absolument satisfait. Je ne sais quelle sera l'appréciation du Sénat; mais j'estime, quant à moi, qu'il devrait donner son adhésion complète au nouveau projet de la commission. (Très bien ! — Aux voix ! aux voix !)

M. le président. Je consulte le Sénat sur l'amendement rectifié de M. Lenoël, et j'en donne de nouveau lecture :

« Art. 23. — Remplacer cet article par les dispositions suivantes :

« Quiconque, soit par des discours, des cris ou des menaces proférés dans des lieux ou réunions publics, soit par des écrits, des imprimés, des dessins, des gravures, des peintures ou emblèmes, vendus ou distribués, mis en vente ou exposés dans des lieux ou réunions publics, soit par des placards ou affiches exposés aux regards du public, aura provoqué à commettre une ou plusieurs actions déterminées crime ou délit, sera puni d'après les dictinctions suivantes :

« Dans le cas où l'action est qualifiée crime, si la provocation est suivie d'effet, l'auteur de cette provocation sera puni d'un emprisonnement de trois mois à cinq ans et d'une amende de 50 fr. à 6,000 fr. Si la provocation n'est pas suivie d'effet, l'emprisonnement sera d'un mois à deux ans et l'amende de 80 fr. à 4,000 fr.

« Dans le cas où l'action est qualifiée délit, si la provocation est suivie d'effet, l'auteur de cette provocation sera puni d'un emprisonnement de quinze jours à un an.

« Le tout, sauf les cas dans lesquels la loi prononcerait une peine moins grave contre l'auteur du délit, laquelle sera alors appliquée au provocateur. »

M. le président. Il a été déposé sur le bureau une demande de scrutin.

Elle est signée de MM. Parent, Salneuve, de Rozière, Delacroix, Bonnet, Martin, Guyot-Lavaline, Desmazes, Arbel, Le Lièvre, Millaud, Griffe, Ribière, Casimir Fournier.

Il va être procédé au scrutin.

(Le scrutin est ouvert et les votes sont recueillis. — MM. les secrétaires en opèrent le dépouillement).

ONT VOTÉ POUR :

MM. Ancel. Audiffret-Pasquier (duc d').
Baragnon (Louis-Numa). Barante (baron de). Bertrand. Blanc (Xavier). Bocher. Boisse.
Caillaux. Canrobert (maréchal). Cazalas. Chadois (colonel de). Chantemerle (de). Chardon. Chaumontel. Clément (Léon). Cornulier (comte de).
Dauphinot. Delsol. Denis (Gustave). Desmazes. Dieudé-Defly. Duboys-Fresney (général). Dufournel. Dufresne. Dumesnil.
Espinasse.
Faye. Foubert. Fournier (Casimir). Fournier (Henry) (Cher).
Gailly. Garnier (Joseph). Gavardie (de). Gouin. Guinot. Guyot-Lavaline. Jobard.
Krantz.
Labiche (Jules). Lacave-Laplagne. Lacomme. Lagache (Célestin). Lambert de Sainte-Croix. Lefranc (Victor). Lenoël (Émile).
Mangini. Mayran. Meinadier (colonel). Mérode (comte de). Michal-Ladichère. Pajot. Palotte. Paris. Pélissier (général).
Rampon (comte). Robert (général).
Salneuve.
Tailhand. Théry.
Viellard-Migeon.
Waddington.

ONT VOTÉ CONTRE :

MM. Anglade. Arago (Emmanuel). Arbel. Audren de Kerdrel.
Barthélemy Saint-Hilaire. Bazille (Gaston). Béraldi. Bernard. Billot (général). Bonnet. Bosredon (de). Bozérian. Brun (Charles).
Callen. Calmon. Carnot. Cazot (Jules). Chabron (général de). Challemel-Lacour. Charton (Édouard). Chavassieu. Cissey (général de). Claude. Combescure (Clément). Corbon. Cordier. Corne. Cuvinot.
Daguenet. Dauphin. Daussel. Delacroix. Delord. Demôle. Denormandie. Deschanel. Didier (Henry). Du Chaffaut (comte). Duclerc (E.). Dufay. Dupouy. Dutilleul (Jules). Duval.
Espivent de la Villesboisnet (général comte).
Faidherbe (général). Farre (général), Ferrouillat. Flers (comte de). Foucher de Careil. Fourcand. Fournier (Indre-et-Loire). Freycinet (de),
Gaulthier de Rumilly. Gayot (Émile). Gazagne. George. Gilbert-Boucher. Gresley (général). Grévy (général). Griffe. Guiffrey (Georges). Guillemault (général).
Hébrard. Hérold. Honnoré. Huguet (A.). Humbert.
Issartier (Henri).
Jouin.
Kolb Bernard.
Labiche (Émile). Lafayette (Edmond de). Laget. Lamorte. Larcy (baron de). Lareinty (baron de). Laserve. La Sicotière (de). Laurent-Pichat. Lavrignais (de). Le Bastard. Leblond. Lemoinne (John). Le Royer. Lucet. Luro. Lur-Saluces (comte Henri de).
Magnin. Malens. Maleville (marquis de). Martin (Henri). Massé. Massiet du Biest. Masson de Morfontaine. Mathey (Alfred). Mazeau. Merlin (Charles). Michel. Millaud (Édouard).
Ninard.
Parent (Savoie). Pelletan (Eugène). Perret. Peyrat. Pin (Elzéar). Pomel. Pons.

PROVOCATION AUX CRIMES ET DÉLITS.

Rampont (Yonne). Rémusat (Paul de). Ribière. Robert de Massy. Robin. Roger-Marvaise. Ronjat. Roques. Roussel (Théophile). Rozière (de).

Scherer. Scheurer-Kestner. Schœlcher. Simon (Jules).

Tesserenc de Bort. Tenaille-Saligny. Testelin. Thurel. Tolain. Toupet des Vignes. Tréveneuc (comte de).

Vallier. Varroy. Veauce (baron de). Victor Hugo. Vigarosy. Vissaguet. Voisins-Lavernière (de).

Wallon. Wurtz.

N'ONT PAS PRIS PART AU VOTE

MM. Adam (Seine-et-Marne). Adnet. Alexandry (baron d'). Andigné (général marquis d'). Andlau (général comte d'). Arnaudeau (général). Barrot (Ferdinand). Batbie. Bertauld. Boffinton. Bondy (comte de). Brémond [d'Ars (général marquis de). Broglie (duc de). Brun (Lucien). Brunet (Joseph). Buffet. Camparan. Carayon-Latour (Joseph de). Carné (marquis de). Chabaud la Tour (général baron de). Champagny (vicomte Henri de). Chanzy (général). Chesnelong. Cornulier-Lucinière (comte de). Delbreil (Isidore). Desbassayns de Richemond (comte). Dompierre-d'Hornoy (amiral de). Douhet (comte de). Dubrulle. Dumon. Dupuy de Lôme. Eymard-Duvernay. Fayolle. Feray. Forsanz (vicomte de). Fourichon (amiral). Fourtou (de). Fresneau. Galloni d'Istria. Gaudineau. Gontaut-Biron (vicomte de). Granier (Vaucluse). Grévy (Albert). Halgan (Stéphane). Haussonville (comte d'). Jauréguiberry (amiral). Jaurès (amiral). Joubert (Achille). Laboulaye. Ladmirault (général de). Lasteyrie (Jules de). Le Guay (baron). Le Lièvre. Lestapis (de). Lorgeril (vicomte de). Martel. Martenot. Monjaret de Kerjégu. Monneraye (comte de la). Monnet. Montaignac (amiral marquis de). Oudet. Parieu (de). Paulmier. Piétri. Poriquet. Pothuau (amiral). Pouyer-Quertier. Pressac (comte de). Rainneville (vicomte de). Raismes (de). Ravignan (baron de). Rivière (duc de). Rosamel (de). Roy de Loulay. Saisy (Hervé de). Say (Léon). Soubigou. Taillefert. Talhouet (marquis de). Tréville (comte de). Tribert. Vallée (Oscar de). Vast-Vimeux. Vétillart.

ABSENTS PAR CONGÉ :

MM. Barne. Bérenger. Cherpin. Frébault (général). Grandperret. Lafond de Saint-Mür (baron). La Jaille (général vicomte de). Saint-Pierre (vicomte de) Vivenot.

Nombre des votants 199
Majorité absolue 100
    Pour l'adoption 62
    Contre 137

Le Sénat n'a pas adopté l'amendement de M. Lenoël sur l'article 23.

Nous revenons à la rédaction de la commission, qui comprend maintenant deux articles, 23 et 23 *bis*.

Je donne lecture de l'article 23 :

« Seront punis, comme complices d'une action qualifiée crime ou délit, ceux qui, soit par des discours, cris ou menaces proférés dans des lieux ou réunions publics, soit par des écrits, des imprimés vendus ou distribués, mis en vente ou exposés dans des lieux ou réunions publics, soit par des placards ou affiches exposés aux regards du public, auront directement provoqué l'auteur ou les auteurs à commettre ladite action, si la provocation a été suivie d'effet.

« Cette disposition sera également applicable lorsque la provocation n'aura été suivie que d'une tentative de crime *prévue* par l'article 2 du Code pénal. »

M. Robert de Massy. La commission demande que, dans le paragraphe dernier, le mot « prévue » soit substitué au mot « *définie* ».

M. le président. Je mets l'article 23 aux voix avec la modification réclamée par la commission.

(L'article 23 est adopté.)

« Art. 23 *bis*. — Ceux qui par les moyens énoncés en l'article précédent auront directement provoqué à commettre les crimes de meurtre, de pillage et d'incendie, ou l'un des crimes contre la sûreté de l'État prévus par les articles 75 et suivants — jusques et y compris l'article 104 du Code pénal — seront punis, dans le cas où cette provocation n'aurait pas été suivie d'effet, de trois mois à deux ans d'emprisonnement et de 100 francs à 3,000 fr. d'amende.

« Tous cris ou chants séditieux proférés dans des lieux ou réunions publics seront punis d'un emprisonnement de six jours à un mois et d'une amende de 16 fr. à 500 fr. ou de l'une de ces deux peines seulement. »

M. de Gavardie. Nous demandons la division.

M. Bozérian. Je demande à faire une observation.

M. le président. M. Bozérian a la parole.

M. Bozérian. Messieurs, à propos du premier paragraphe de l'article, je demanderais à la commission la permission de lui poser une question...

M. Audren de Kerdrel. On n'entend pas.

M. Bozérian. Je vais tâcher d'élever la voix.

En dehors des faits de provocation prévus par la loi actuelle, il en existe un certain nombre encore qui sont prévus par des dispositions spéciales du Code pénal, je vais tout à l'heure vous citer les espèces, mais je demande à la commission si, dans sa pensée, les articles de la loi pénale, applicables à ces provocations spéciales, subsistent ou ne subsistent plus.

Les provocations auxquelles je fais allusion sont celles dont il est parlé dans les articles 201 et suivants du Code pénal. Ces articles se trouvent sous la rubrique : « Des troubles apportés à l'ordre public par les ministres des cultes dans l'exercice de leur ministère. »

Le paragraphe 2 de la section est intitulé :

« Des critiques, censures ou provocations dirigées contre l'autorité publique, dans un discours pastoral prononcé publiquement. »

Puis vient l'article 201, qui est ainsi conçu :

« Les ministres des cultes qui prononceront dans l'exercice de leur ministère et en assemblée publique un discours contenant la critique ou censure du Gou-

PROVOCATION AUX CRIMES ET DÉLITS.

vernement, d'une loi, d'une ordonnance royale, ou de tout autre acte de l'autorité publique, seront punis d'un emprisonnement de trois mois à deux ans. »

« Art. 202. — Si le discours contient une provocation directe à la désobéissance aux lois ou autres actes de l'autorité publique, ou s'il tend à soulever ou armer une partie des citoyens contre les autres, le ministre du culte qui l'aura prononcé, sera puni d'un emprisonnement de deux à cinq ans, si la provocation n'a été suivie d'aucun effet; et du bannissement, si elle a donné lieu à la désobéissance autre toutefois que celle qui aurait dégénéré en sédition ou révolte...

« Art. 203. — Lorsque la provocation aura été suivie d'une sédition ou révolte dont la nature donnera lieu contre l'un ou plusieurs des coupables à une peine plus forte que celle du bannissement, cette peine, quelle qu'elle soit, sera appliquée au ministre coupable de la provocation. »

Je demande à la commission si ces articles subsisteront ou ne subsisteront pas.

M. Ninard. Messieurs, la commission n'a pas entendu toucher aux dispositions des articles 201, 202 et 203 du Code pénal. Ce sont là des délits spéciaux intéressant une certaine catégorie de fonctionnaires et, par conséquent, constitutifs de ce qu'on appelle en droit pénal des abus d'autorité. Voilà les raisons pour lesquelles la commission ne s'est pas préoccupée des dispositions des articles que je viens d'indiquer au Sénat. Elle déclare les maintenir et elles ne se trouvent pas abrogées par les dispositions contenues dans l'article 23, qui vous est soumis.

M. le président. Je consulte le Sénat sur le paragraphe 1er de l'article 23 bis, dont j'ai donné lecture.

(Le 1er paragraphe, mis aux voix, est adopté.)

M. le président. Le 2e paragraphe est ainsi conçu :

« Tous cris ou chants séditieux proférés dans des lieux ou réunions publics seront punis d'un emprisonnement de six jours à un mois et d'une amende de 16 fr. à 500 fr. ou de l'une de ces deux peines seulement. »

M. de Gavardie. C'est tout à fait nouveau, cela. (Aux voix! aux voix!)

M. Lenoël. C'est tout simplement l'article 24 que l'on a transposé!

M. le président. Je consulte le Sénat.

(Le second paragraphe est adopté.)

(L'ensemble de l'article est mis aux voix et adopté.)

Huitième suite du rapport du 18 juin 1881.

Art. 25. — La disposition finale dit :

Sans préjudice des peines plus graves prononcées par la loi lorsque le fait constituera une tentative d'embauchage.

La Commission a supprimé ce dernier paragraphe.

La question de savoir si la provocation par la voie de la presse pouvait être considérée comme une tentative d'embauchage a été plusieurs fois discutée. La peine de cette infraction étant la mort, on s'est demandé si l'application de cette peine à l'auteur d'un article de journal ne serait pas en opposition avec la suppression de la peine de mort en matière politique. La Commission n'avait pas à trancher la question, mais elle n'a rien voulu laisser dans l'article dont on pût tirer un argument.

ART. 25.   ART. 24.

Toute provocation par l'un des moyens énoncés en l'article 24, adressée à des militaires des armées de terre ou de mer, dans le but de les détourner de leurs devoirs militaires et de l'obéissance qu'ils doivent à leurs chefs dans tout ce qu'ils leur commandent pour l'exécution des lois et règlements militaires, sera punie d'un emprisonnement d'un à six mois et d'une amende de 16 francs à 100 francs, sans préjudice des peines plus graves prononcées par la loi, lorsque le fait constituera une tentative d'embauchage ou une provocation à une action qualifiée crime.

Toute provocation par l'un des moyens énoncés en l'article 23, adressées à des militaires des armées de terre ou de mer, dans le but de les détourner de leurs devoirs militaires et de l'obéissance qu'ils doivent à leurs chefs dans tout ce qu'ils leur commandent pour l'exécution des lois et règlements militaires, sera punie d'un emprisonnement d'un à six mois et d'une amende de 16 francs à 100 francs.

Séance du vendredi 15 juillet 1881.

L'article 24 de la Commission, correspondant à l'article 25 adopté par la Chambre des députés, avait été, dans les séances des lundi 11 et mardi 12 juillet, ajourné, en même temps que l'article 23 et l'amendement de M. Lenoël, au vendredi 15 juillet.

M. le président lit l'article 24.

« Art. 24. — Toute provocation par l'un des moyens énoncés en l'article 23, adressée à des militaires des armées de terre ou de mer, dans le but de les détourner de leurs devoirs militaires et de l'obéissance qu'ils doivent à leurs chefs dans tout ce qu'ils leur commandent pour l'exécution des lois et règlements militaires, sera punie d'un emprisonnement d'un à six mois et d'une amende de 16 fr. à 100 francs. » — (Adopté.)

OBSERVATION

On peut dire que la liberté de la presse est une de ces libertés d'essence démocratique, qu'une république ne peut ni repousser ni redouter.

Lorsque l'opinion est souveraine, lorsque c'est elle qui enfante et détruit l'autorité, la loi doit sanctionner tout ce qui sert à l'éclairer et à la former. Elle doit maintenir la liberté d'action ; elle ne la crée pas.

Elle doit en faire un instrument s'arrêtant à la licence, respectant les droits des particuliers, et responsable dans une juste proportion.

Ainsi les Chambres nous semblent avoir entendu définir le droit de la presse, lors de chacune des discussions, et principalement lors de la discussion des articles 23 et suivants.

Ce qui paraît bien résulter des importants débats, soulevés par l'article 23, notamment par l'amendement de M. Floquet, c'est qu'il ne peut y avoir, en matière de presse, que des crimes et des délits de droit commun et que les délits d'opinions n'existent pas et ne doivent figurer ni directement ni indirectement dans une loi qui a pour objet, non pas de créer la liberté des opinions, mais d'abolir toutes les dispositions restrictives de cette liberté.

Sur ce point les avis ont été unanimes.

Aussi, comme on l'a vu par la lecture des documents législatifs, les divergences de vue ont porté uniquement sur la question de savoir par quel moyen on atteindrait le résultat proposé.

Devait-on établir une législation spéciale pour la répression des crimes et délits de droit commun, commis par la voie de la presse ? Devait-on, au contraire, les déférer purement et simplement à la juridiction ordinaire en matière pénale ?

On a préféré la législation spéciale.

Deux raisons majeures dominaient en faveur de ce système.

Tout d'abord on a fait valoir que les lois de 1819 et de 1822 ayant abrogé toutes les dispositions pénales applicables antérieurement aux crimes et délits de droit commun, commis par la voie de la presse et ayant édicté pour ces crimes des pénalités spéciales, il en serait résulté que, ces lois se trouvant abrogées à leur tour, les crimes de droit commun résultant d'un fait de presse auraient échappé à toute répression.

Il n'était pas possible d'admettre l'impunité absolue.

En outre, les dispositions du Code pénal auraient été, en certains cas, trop élevées. On serait passé d'un extrême à l'autre.

C'est pourquoi l'on a considéré qu'il était de l'intérêt de la presse qu'une législation spéciale fût instituée.

Les Chambres se sont montrées, à cet égard, plus libérales que ne l'avait été la commission chargée d'établir le projet de loi.

Elles ont compris les graves inconvénients qui seraient infailliblement résultés du maintien de cette série de délits que la commission faisait figurer dans son projet. Elles ont aperçu que les divers délits d'outrages, énumérés au projet, auraient suffi à un gouvernement discrétionnaire pour sévir contre ses ennemis politiques et porter atteinte à la liberté de la presse.

Et elles les ont en conséquence supprimés.

Ce sont ces graves considérations qui ont déterminé le législateur à laisser la plus grande liberté à la manifestation de la pensée.

Il faut reconnaître qu'à cet égard la loi actuelle laisse loin derrière elle ses devancières.

Aussi n'est-ce pas sans étonnement et regret que nous la voyons exceptionnellement maintenir le délit de fausses nouvelles (article 27 de la loi).

Trop d'exemples ont démontré tout ce qu'un pouvoir arbitraire peut tirer, au profit de sa politique, de ce prétendu délit, contre lequel la perspicacité de l'opinion publique doit suffire.

Une loi qui prétend donner de sérieuses garanties à la liberté ne devrait pas enregistrer d'aussi exorbitantes anomalies.

Nous considérons qu'il en est de même, d'une autre délit d'opinion, celui d'offense à la personne du Président de la République (article 26 de la loi).

Après l'avoir supprimé en première délibération, la Chambre l'a rétabli ultérieurement, sans prendre garde qu'elle méconnaissait ainsi les conditions véritables de la liberté.

Elle a rétabli une inculpation que nul n'a pu définir en termes assez précis pour la soustraire à la passion d'un gouvernement sans scrupule et à l'arbitraire des magistrats.

Qui jugera sainement où finit la critique, pour commencer l'offense ?

Une telle disposition appelle trop aisément l'incrimination. Nous eussions désiré la voir disparaître de nos lois.

L'occasion, comme l'a très justement déclaré M. Floquet, était propice pour rompre définitivement avec les traditions des gouvernements de compression. La Chambre et le Sénat n'ont pas cru devoir accomplir l'œuvre entièrement.

Ils ont maintenu la provocation (articles 23 et 24 de la loi).

Et cependant les conséquences de cette détermination avaient été bien indiquées.

Il en résulte que, pour tout ce qui touche à la provocation, la législation spéciale se trouve anéantie par l'article 60 du Code pénal par lequel est frappé le complice d'un délit.

22

SUR LES ARTICLES 23 A 27 DE LA LOI.

La presse se trouve donc sous le coup d'une double législation, et l'on a le droit de craindre qu'une pénalité d'exception qui se superpose à la pénalité de droit commun ne laisse un libre cours à l'arbitraire toutes les fois que la répression y aura intérêt.

Cela est si vrai que, on l'a vu par la lecture des débats à la Chambre, M. Ribot a dû demander, mais vainement, que l'on modifiât l'article 60 du Code pénal.

D'autre part, on est obligé de constater la contradiction qui existe entre certaines dispositions de la loi elle-même, notamment entre les articles 23 et 42.

L'article 23 est formel. Seront punis comme *complices* d'une action qualifiée crime ou délit ceux qui, soit par des discours, cris ou menaces proférés dans des lieux ou réunions publics, soit par des écrits, des imprimés vendus ou distribués, mis en vente ou exposés dans des lieux ou réunions publics, soit par des placards ou affiches exposés aux regards du public, auront directement provoqué l'auteur ou les auteurs à commettre ladite action, si la provocation a été suivie d'effet.

De même si elle n'a été suivie que d'une tentative.

D'un autre côté, l'article 42 déclare passibles, *comme auteurs principaux*, des peines qui constituent la répression des crimes et délits commis par la voie de la presse, les gérants ou éditeurs, à leur défaut les auteurs, à défaut de ceux-ci les imprimeurs, et en dernier lieu les vendeurs, distributeurs ou afficheurs.

Si l'on rapproche ces deux textes, on voit immédiatement la contradiction apparaître. Complices, d'une part, les mêmes personnes sont punissables pour les mêmes faits comme auteurs principaux, d'une autre part.

Il est fâcheux qu'une loi, qui a pour objet de tout régler en matière de presse, soumette à la jurisprudence deux dispositions qu'on ne pourra pas concilier à moins de les modifier par l'interprétation.

CHAMBRE DES DÉPUTÉS. PRÉSIDENT M. GAMBETTA.

Septième suite du rapport général.

XIX

§ 2. — *Délits contre la chose publique.*

La chose publique peut-elle souffrir un dommage ?

Peut-on concevoir des délits contre la chose publique ? Oui, incontesta
blement.

L'intérêt public n'est que la somme, le reflet des intérêts privés.

La chose publique a donc son intérêt propre.

Reipublicæ interest, dit la loi romaine.

Le droit moderne n'y est pas resté indifférent.

C'est ainsi que le Code pénal prévoit, par le titre premier du livre III :
Les crimes et délits contre la chose publique. Ce titre se subdivise en cent
trente dispositions. Cent trente sortes de crimes ou délits contre cette
chose publique !

Notre projet en a trois, les articles 29, 30 et 31.

XX

Outrages envers les pouvoirs publics, cris séditieux, fausses nouvelle
outrages aux bonnes mœurs.

Art. 29. § 1er. —Tout outrage commis publiquement d'une manière quelconque
envers le Président de la République, sera puni d'un emprisonnement de six
mois à deux ans, et d'une amende de 100 fr. à 8.000 fr. ou de l'une de ces deux
peines seulement.

§ 2. — Sera passible de la même peine tout outrage commis par l'un des
moyens énoncés en l'article 26, envers la République, le Sénat ou la Chambre
des députés.

Cette disposition se substitue aux articles 4 et 9 de la loi du 17 mai
1819, 15 et 16 de la loi du 25 mars 1822, 2 et 3 de la loi du 9 septembre
1835, 1 et 2 du décret du 11 août 1848, 1er de la loi du 27 juillet 1849, et
1er de la loi du 29 décembre 1875.

Elle ne remplace pas ces divers textes de lois qui demeurent absolument abrogés, elle n'en a retenu qu'un seul élément : l'outrage envers le
chef de l'État, envers la République, le Sénat et la Chambre des Députés.

Quelques explications sont ici nécessaires.

DÉLITS CONTRE LA CHOSE PUBLIQUE.

Le § 1er de l'article 29 punit l'outrage commis publiquement, d'une manière quelconque, envers le Président de la République.

Quelle est la signification que le projet de loi attache à l'expression d'outrage ?

Si l'on demande aux règles usuelles de notre langue, attestées par les dictionnaires, la signification du mot outrage, qu'emploie notre article 29 c'est, d'après l'Académie, *une injure grave de fait ou de parole*, et l'injure, c'est d'après la même autorité, *l'insulte, l'outrage ou de fait ou de parole, ou par écrit.*

L'une et l'autre de ces deux définitions se nuisent réciproquement ; elles se rendent moins claires en se renvoyant l'une à l'autre.

L'*injure*, d'après Littré, *c'est l'outrage de fait ou de parole ou par écrit.*

L'outrage, c'est *ce qui outrepasse les bornes en fait d'offense, d'injure.*

Ceci est plus clair que la définition académique.

Enfin, d'après Larousse, l'outrage *est une violente injustice, une grave injure en parole ou en action* (l'auteur considère sans doute l'écrit comme une action).

En matière juridique, ajoute-t-il, l'outrage envers les personnes, est *l'injure, en tant qu'elle atteint les grands corps de l'État, les magistrats, les fonctionnaires publics.*

L'outrage, c'est la gradation, c'est l'augmentatif de l'injure.

Comme l'injure semble avoir une gravité plus grande quand elle s'attaque au pouvoir ou à ses représentants, à toute autre chose, à toute autre personne qu'à un simple particulier, le législateur, d'accord avec l'usage, emploie, dans ces cas-là, l'expression d'outrage au lieu d'injure (Code pénal de 1810 modifié le 13 mai 1863, art. 222, 223, 224, 225, 330, et loi du 25 mars 1822, art. 6).

Nous conformant à cette tradition législative, nous avons employé le mot outrage pour exprimer l'injure ou l'insulte envers le Président de la République.

Nous disons dans le § 1er de l'article 29 : « Tout outrage commis publiquement d'une manière quelconque envers le Président de la République sera puni... etc. »

Nous avons voulu par ces expressions donner à l'outrage le sens le plus large, le prendre dans son acception la plus étendue en le déclarant punissable, pourvu que l'action outrageante ait été commise publiquement.

L'outrage est *un terme générique qui embrasse* la diffamation, l'injure, toute insulte humiliante, *la représentation d'emblèmes déversant le ridicule* (1), *l'imputation ou l'allégation d'un fait de nature à froisser la suscep-*

---

(1) De Grattier, t. II, p. 51.

dibilité, un mot offensant, une *menace* (1)... l'outrage commis publiquement d'une manière quelconque (2).

Certains textes de lois avaient employé le mot *offense* au lieu *d'outrage* quand l'acte coupable s'attaquait à la personne du monarque (Loi du 17 mai 1819, art. 9. L. 1835, art. 2 et 3).

« Le mot offense, dit M. de Grattier, rendait mieux l'idée du législateur ; jusqu'alors consacré à la seule divinité, il était une heureuse fiction (3). »
— « Il existe en effet des êtres placés si haut dans l'esprit des hommes, disait la Commission de la Chambre des Députés dans la séance du 16 avril, que le trait le plus empoisonné, bien que lancé contre eux, ne peut les atteindre ; quoi qu'on publie à leur sujet, peu importe en ce qui les concerne personnellement. Il y a délit, mais il n'y a pas dommage ; il y a un criminel, mais il ne peut pas y avoir de victimes. Le mot offense caractérise justement ce genre de délit. »

Si le législateur s'en était tenu là, il n'aurait fait que donner un certain relief au mot offense, attribuant à cette expression une signification de haute portée, qu'a de nos jours employée la loi du 29 décembre 1875, art. 6. « En cas d'offense envers les membres..., etc. » Mais, en 1835, la signification de l'offense fut tellement étendue, les lois de septembre en tirèrent un parti tellement excessif, qu'elles y puisèrent non plus une seule, mais une série de dispositions. (L'article 2 et l'article 3.)

Le législateur d'alors fit une distinction.

Si l'offense au roi avait pour but d'exciter à la haine ou au mépris de sa personne ou de son autorité constitutionnelle, elle devenait un attentat à la sûreté de l'État ; l'article 1er de la même loi du 9 septembre 1835 lui devenait applicable, et par là même les articles 86 et 87 du Code pénal (4).

Toute autre offense au roi encourait les peines édictées par l'article 9 de la loi du 17 mai 1819.

Ces dispositions exorbitantes trouvaient leur explication ou leur prétexte dans l'identification fictive de l'État et du monarque.

Disons en passant que, quelque sévères qu'elles fussent, elles l'étaient moins que la loi anglaise en matière de provocation à l'attentat ou au complot.

« La loi de 1835, dit Chassan, ne punit que la provocation à l'attentat. Le statut du roi Georges III punit indifféremment la provocation à l'attentat, au complot ou au projet d'attentat contre le roi... .

(1) C. pén. 223, 224.
(2) Loi du 25 mars 1822.
(3) T. I, p. 164.
(4) L'offense était alors considérée comme une provocation aux crimes punis par les articles 86 et 87 du Code pénal, la mort, ou la déportation dans une enceinte fortifiée. Les lois de septembre ont été abrogées par le décret du 6 mars 1848, et l'article 86 du Code pénal modifié et adouci par la loi du 10 juin 1853.

DÉLITS CONTRE LA CHOSE PUBLIQUE.

« On voit par ce qui vient d'être dit, que quelle que soit la sévérité de la loi nouvelle, ni l'ancienne, ni la moderne législation anglaise, ni la législation de l'Empire, ni celle qui a été votée ou qui a subsisté sous la Restauration, n'ont de reproches à faire aux dispositions introduites en 1835... Je n'ai pas entendu, au surplus, ajoute M. Chassan, m'ériger ici en apologiste de cette loi. Tel n'est pas le rôle que je me suis tracé (1). »

Pour en revenir au mot offense, nous avons pensé qu'une expression, même juridique, mais qui rappelle de tels souvenirs dans l'histoire des causes criminelles, ne pouvait se retrouver dans une législation qui a souci de la liberté.

Nous avons donc, bien qu'il s'agisse de la considération suprême qui doit entourer le chef de l'État, remplacé, dans l'article 27, le mot offense par celui d'outrage.

XXI

Le § 2 de l'article 29, dans l'énumération des autres éléments du délit d'outrage, soit envers le Sénat et la Chambre des députés, ne vise, en fait de moyens de publication, que ceux énoncés dans l'article 26, à la différence du § 1er du même article 29.

Il ne peut s'agir, en effet, ici de l'outrage par gestes ou menace. Il ne saurait être question que de la publicité ordinaire.

L'outrage envers la République se substitue, dans ce paragraphe, sans les remplacer, en les abrogeant au contraire, aux dispositions des lois existantes, notamment à l'article 4 du décret du 11 août 1848, l'article 1er de la loi du 27 juillet 1849 et 1er de la loi du 29 décembre 1875.

L'*attaque*, expression dont se servaient les textes que nous supprimons, ne pouvait que difficilement se distinguer de la discussion, ce que prescrivaient cependant les circulaires.

« L'article 1er de la loi du 29 décembre 1875, disait une de ces circulaires, punit toute attaque non seulement contre chacun des pouvoirs établis par les lois constitutionnelles, mais aussi contre ces pouvoirs considérés dans leur ensemble et contre les lois mêmes dont ils tirent leur origine. Mais il n'a pas voulu soustraire le pacte constitutionnel *à une calme discussion et à une critique loyale.* »

Calme discussion, loyale critique, qui se chargera de les définir ?

Si toute attaque n'est pas une discussion, toute discussion est une attaque.

Nous avons voulu être plus précis, et surtout circonscrire le délit dans un cercle plus restreint.

L'attaque n'exclut pas la manifestation d'une opinion. Or nous avons

(1) Chassan. t. I, p. 204.

déjà posé en principe que le projet de loi entend laisser libre carrière aux opinions, quelles qu'elles soient.

Mais ce qui cesse d'être la manifestation d'une opinion, c'est l'injure, c'est l'insulte, c'est l'outrage ; cela devient un acte.

L'insulteur agit, puisqu'il provoque une action contraire.

Nous n'avons pas voulu que la *République*, c'est-à-dire l'ensemble des éléments constitutionnels sur la stabilité desquels repose aujourd'hui la sécurité nationale, pût être impunément l'objet, sinon de discussions plus ou moins passionnées, mais d'injures, d'insultes, d'outrages publiquement proférés.

La définition pratique de ce délit ainsi expliquée, le projet de loi, dans la partie relative à la juridiction, le livre au discernement, à l'impartialité, au patriotisme du jury.

XXII

Le paragraphe 2 de l'article 29 prévoit, dans sa dernière partie, l'outrage commis également par l'un des moyens énoncés en l'article 26 envers le Sénat et la Chambre des députés.

Les observations qui précèdent nous dispensent ici de tous développements.

Nous n'avons qu'une observation à faire à cet égard : ce ne sont pas les membres des deux Chambres pris individuellement qu'a en vue cette disposition, c'est l'une ou l'autre Chambre considérées toutes deux dans leur acception collective comme pouvoir public.

Le délit d'outrage envers l'une ou l'autre Chambre, prévu par notre article 29, fait l'objet, au point de vue de la juridiction, d'une disposition spéciale de la loi du 25 mars 1822, l'article 15, que la Cour de cassation a déclaré, par un arrêt du 15 novembre 1849, être encore en vigueur (1).

Cet article 15 autorise la Chambre offensée à traduire le prévenu à sa barre.

Nous verrons, par ce qui sera dit au chapitre v, section II, du projet, que cette attribution facultative de juridiction est supprimée, car nous ne la reproduisons pas.

XXIII

L'article 30 punit les cris séditieux.

La publicité est un des éléments constitutifs du délit : *proférés dans des lieux ou réunions publics*, dit cette disposition.

C'est la loi du 17 mai 1819 qui, la première, fit un délit des cris séditieux.

(1) Nous ne pensons pas qu'à l'égard de la juridiction, la loi du 29 décembre 1875 ait dérogé, par son article 6, à l'article 15 de la loi du 25 mars 1822.

Elle les considérait comme une provocation au *délit* et les punissait des peines portées en l'article 3 (trois jours à deux années d'emprisonnement et une amende de 30 fr. à 4,000 fr.).

L'exposé des motifs des lois de 1819 que nous avons eu déjà occasion de rappeler prenait théoriquement à tâche de n'incriminer que les délits de droit commun.

C'est à ce titre qu'elle punissait la provocation à commettre des délits ou des crimes.

Pour ne pas encourir le reproche de manquer à son programme, l'auteur de la loi du 17 mai 1819 considérait les *cris séditieux* comme constituant une provocation au délit.

« Seront réputés provocation au délit, dit l'article 5, 1° tous cris séditieux... »

Le législateur de 1822 n'eut pas les mêmes scrupules de classification.

Il considéra simplement comme un délit tous cris séditieux publiquement proférés.

Mais ce n'est pas en la forme seulement que la législation de 1822 divergea d'avec la législation de 1819 dans la codification du délit de cris séditieux. La peine prévue par son article 8 est celle de six jours à deux ans d'emprisonnement et une amende de 16 fr. à 4,000 fr.

Il a élevé le minimum de l'emprisonnement, il a abaissé le minimum de l'amende, mais il a cumulé les deux pénalités au lieu de les rendre alternatives.

Proférer des cris séditieux, c'est faire un acte, c'est agir, c'est inférer dommage à la sécurité publique, c'est commettre un délit de droit commun, c'est, dans tous les cas, se rendre coupable d'une infraction beaucoup plus grave que celle qui consiste à *troubler la tranquillité des habitants par des bruits ou tapages injurieux ou nocturnes* que le Code pénal range dans la catégorie des contraventions de police, passibles de cinq jours d'emprisonnement (C. pén., 479, 480).

Moins sévère que l'article 5 de la loi du 17 mai 1819 et que l'article 8 de la loi du 25 mars 1822, notre article 30 punit les cris séditieux de six jours à six mois de prison et d'une amende de 16 à 500 fr., ou de l'une de ces peines seulement. L'article 463 du Code pénal est étendu d'ailleurs par l'article 65 à tous les cas prévus par la loi nouvelle.

XXIV

« Art. 31. — La publication ou reproduction de nouvelles fausses, de pièces fabriquées, falsifiées ou mensongèrement attribuées à des tiers sera punie d'un emprisonnement d'un mois à un an et d'une amende de 50 fr. à 1.000 fr. ou de l'une de ces deux peines seulement, lorsque la publication ou reproduction sera de nature à troubler la paix publique et qu'elle aura été faite de mauvaise foi. »

Dans les conditions prévues par notre article 31, quand, à la fausseté de la nouvelle publiée ou reproduite, se joint la mauvaise foi de l'agent et qu'en outre la publication de la nouvelle fausse est de nature à troubler la paix publique, le fait ainsi caractérisé est évidemment un délit de droit commun.

Cela est si vrai que le Code pénal n'a pas manqué de l'atteindre. Si la nouvelle fausse (faits faux ou calomnieux), *détermine une hausse ou une baisse sur les marchandises ou les effets publics*, la fausse nouvelle est punie par les articles 419 et 420.

Les lois spéciales ne s'y sont pas non plus montrées indifférentes ; c'est ainsi que lorsque la fausse nouvelle aide à surprendre ou à détourner les suffrages électoraux, ou qu'elle détermine des abstentions, elle tombe sous le coup de l'article 40 du décret du 2 février 1852.

Quand la fausse nouvelle se renferme dans la limite des intérêts privés, si elle cause un préjudice, elle peut donner lieu à des réparations civiles.

Notre projet de loi laisse alors le fait dans le domaine de la législation qui règle ces sortes de réparations, les articles 1149, 1150, 1151 et 1382 du Code civil.

Mais si elle est de nature à troubler la paix publique, comment ne serait-elle pas une action punissable ? C'est avec juste raison que lorsqu'elle atteint ce degré de gravité, la loi du 27 juillet 1849 l'a considérée comme un délit et l'a frappée comme telle (1).

Publication, faite dans l'intention de nuire, de nouvelles ou de pièces que le publicateur sait être fausses ou fabriquées, falsifiées ou mensongèrement attribuées à des tiers et qui sont de nature à troubler la paix publique, voilà quels étaient les caractères essentiels du délit prévu et puni par l'article 4 de cette loi.

Le décret du 17 février 1852 est allé plus loin.

On voulait faire le silence partout et sur tout. Il fallait punir l'erreur, qui est toujours de bonne foi, et empêcher jusqu'aux plus insignifiantes indiscrétions.

On juxtaposa une contravention au délit, on dédoubla, pour ainsi dire, celui-ci et on arriva à composer l'article 15 du décret, qui est encore en vigueur aujourd'hui.

Voici comment les infractions et les pénalités étaient savamment graduées.

1° La fausse nouvelle est punie d'une amende de 500 à 1,000 fr., lorsqu'elle a été publiée sans mauvaise foi et lorsqu'elle n'est pas de nature à troubler la paix publique.

2° Elle est punie d'une amende de 500 à 1,000 francs et d'un mois à un

____

(1) « Vous avez créé des peines..... pour la falsification des pièces ou nouvelles, vous avez eu raison. » Jules Grévy, 27 juillet 1849.

an d'emprisonnement lorsque, publiée de mauvaise foi, elle n'est pas cependant de nature à troubler la paix publique ou, lorsque de nature à troubler la paix publique elle a été publiée de bonne foi.

3° Enfin le maximum de la peine sera appliqué si la publication est tout à la fois de nature à troubler la paix publique et faite de mauvaise foi, c'est-à-dire s'il y a délit.

Il est temps d'abroger ces contraventions et ces demi-délits et de revenir aux dispositions de la loi de 1849; c'est ce que nous vous proposons.

La reproduction sera, comme par le passé, nécessairement assimilée à la publication; mais il faudra prouver contre elle, comme contre la publication, qu'elle a été faite avec intention de nuire, par des personnes qui savaient que la nouvelle était fausse ou que les pièces étaient fabriquées, falsifiées ou mensongèrement attribuées à des tiers.

XXV

Article 32. — *Outrage aux bonnes mœurs.*

Ce délit est encore un délit de droit commun.

Toutes les législations le répriment.

Les deux plus libérales de toutes, celles des États-Unis et de l'Angleterre, sont également de toutes, les plus sévères. Voici la législation des États-Unis.

L'acte du 3 mars 1873 punit d'un emprisonnement avec travail forcé de six mois à cinq ans pour chaque délit ou d'une amende de 100 à 2,000 dollars, la vente, la distribution, le colportage, l'annonce de toute publication obscène par le dessin ou par l'impression de tout objet d'un usage anormal, de toute drogue destinée à prévenir la conception ou à pourvoir à l'avortement (1).

« La presse des États-Unis a la licence sans avoir la liberté, dit Cucheval-Clarigny ; elle sert d'organe à bien des calomnies mais à fort peu de vérités ; elle a le courage de falsifier, de défigurer, et elle n'a pas l'énergie d'exprimer des opinions qui ne seraient point agréables à certaines cliques et qui seraient contraires au courant des préjugés aveugles... Il est une justice à rendre aux journaux des États-Unis, ajoute l'auteur, c'est qu'ils sont généralement irréprochables au point de vue de la morale. Tout ce qui peut blesser une oreille délicate est soigneusement banni de leurs colonnes (2). »

Quant à la législation anglaise.

« Un obstacle retarda quelque temps la punition de l'écrit obscène, dans lequel les bonnes mœurs étaient seules engagées, dit M. Bertrand. En vertu du principe

(1) *Annuaire de la législature étrangère*, 1874, p. 493.
(2) Cucheval-Clarigny, *Histoire de la Presse en Angleterre et aux États-Unis*.

de loi commune, qu'aucun écrit n'est considéré comme libelle s'il n'est dirigé contre une personne déterminée, on décida pendant longtemps qu'un écrit rempli d'obscénités n'était pas punissable d'après la loi commune, mais que l'auteur pouvait être contraint à donner caution de sa bonne conduite future, comme étant une personne de mauvaise renommée (Hawkins).

« Cette jurisprudence, ajoute l'auteur, fut abandonnée dans la première année du règne de Georges II. La cour du banc du roi décida dans une espèce qui lui était soumise, que la publication d'un écrit constituait un délit (Tomlin, vᵒ *libel*). Aujourd'hui, d'après la loi commune, la mise en vente ou l'exposition publique d'écrits, imprimés, dessins, etc... obscènes est punie de l'amende ou de l'emprisonnement, avec travail forcé *à la discrétion de la cour*, ou de ces deux peines réunies. (Voir aussi 13 et 15, Nicot, chap. 100, § 29 (1).)

Notre législation, moins sévère à coup sûr, ne considère pas l'outrage aux bonnes mœurs comme moins répréhensible en soi.

Le Code civil place les bonnes mœurs au-dessus des stipulations (art. 6).

Le Code pénal punit, dans l'intérêt des bonnes mœurs, les actes matériels, les attitudes qui les offensent publiquement et en fait le délit d'outrage public à la pudeur.

L'outrage aux bonnes mœurs était, à l'origine, puni par l'article 287 du Code pénal (2). Mais, à la lecture de cet article, il est aisé de voir que les différentes formes sous lesquelles le délit pouvait se produire, ne tombaient pas sous son application. Le législateur de 1819 en fit l'objet d'une disposition particulière, dans la loi du 17 mai (art. 8) (3), et, depuis lors, il peut être justement réprimé, quel que soit le moyen de publication qui ait servi à le commettre.

La loi de 1819 n'ayant pas reproduit la fin de l'article 287, et cet article n'ayant pas été l'objet d'une abrogation spéciale, on paraît fondé à soutenir qu'aux peines de l'amende et de la prison doit s'ajouter celle de la confiscation des planches qui ont servi à l'impression des écrits ou des dessins incriminés, et des exemplaires imprimés ou gravés, qui, n'ayant encore reçu aucune publicité, ont pu concourir à l'accomplissement du délit.

A l'avenir, il n'y aura d'applicables au délit d'outrage aux bonnes mœurs que les dispositions qui seront contenues dans la loi nouvelle, et si l'outrage est commis par des dessins, des figures ou des images, il n'y aura de saisis, pour être détruits, que les exemplaires qui auront été exposés aux regards du public, mis en vente, colportés ou distribués.

(1) *Le Régime légal de la presse en Angleterre.*
(2) Toute exposition ou distribution de chansons, pamphlets, figures ou images contraires aux bonnes mœurs, sera punie d'une amende de 16 à 500 francs, d'un emprisonnement d'un mois à un an, et de la confiscation des planches et des exemplaires imprimés ou gravés de chansons, figures ou autres objets du délit.
(3) *Article 8 de la loi du 17 mai 1819.* — « Tout outrage à la morale publique et religieuse ou *aux bonnes mœurs* par l'un des moyens énoncés en l'article 1ᵉʳ, sera puni d'un emprisonnement d'un mois à un an, et d'une amende de 16 à 500 francs. »

Chambre des députés : Président m. Gambetta.

Première délibération. — Suite de la séance du 31 janvier 1881.

M. le président lit l'article 26.

« Art. 26. — Tout outrage, commis publiquement, d'une manière quelconque, envers le Président de la République, sera puni d'un emprisonnement de six mois à deux ans et d'une amende de 100 fr. à 3,000 fr., ou de l'une de ces deux peines seulement.

« La même pénalité est applicable à tout outrage commis, par l'un des moyens énoncés en l'article 26, envers le Sénat et la Chambre des députés. »

Il y a sur cet article un amendement de M. Ballue et un amendement de M. Cuneo d'Ornano.

Je donne la parole à M. Ballue, qui demande purement et simplement la suppression de l'article 26.

M. Ballue. Messieurs, nous sommes tous d'accord sur un point : le Gouvernement, la commission, la majorité et même la minorité considérable qui s'est ralliée à l'amendement de l'honorable M. Floquet, tous nous voulons le droit commun, en ce qui concerne les délits de presse.

Là où le désaccord commence, c'est quand il s'agit de savoir ce qu'il faut entendre par droit commun. C'est pour cela, c'est pour éviter tout malentendu que vous avez décidé que chacun des articles du projet de loi serait soumis à un examen particulier. Ce que j'ai à faire pour me conformer à vos résolutions, c'est donc d'examiner si l'article 27 du projet de la commission, revenu devant nous amendé par elle-même, tombe bien sous le coup d'une loi spéciale, ou renferme les caractères essentiels du droit commun que M. le garde des sceaux nous rappelait dernièrement, et qui sont, vous le savez, la perversité de l'intention de l'auteur, le préjudice causé, et enfin la possibilité d'une définition rigoureuse.

En ce qui concerne l'intention perverse, il est incontestable qu'elle sera toujours présumée, supposée, lorsqu'il s'agira d'un article publié dans un journal d'opposition ; or, un des inconvénients, précisément, de cette classification appliquée aux délits commis par la voie de la presse, c'est que, quoi qu'on fasse, et quoi qu'on veuille, il y aura toujours, dans une proportion quelconque, un procès de tendance ; c'est donc une nécessité plus grande encore de trouver, dans l'article que nous examinons, les deux autres caractères essentiels qui, d'après M. le garde des sceaux, sont nécessaires pour constituer le délit de droit commun.

Il est incontestable que les mots « injure, insulte, outrage, » s'entendent facilement dans la conversation ordinaire, ou bien lorsqu'il s'agit d'un particulier. Il n'y a pas, dans ce cas, de nécessité aussi grande de préciser la signification des mots, attendu que, lorsqu'un simple citoyen demande réparation d'un outrage, d'une injure qu'il a subie, le magistrat peut doser — si la Chambre me permet d'employer cette expression — les dommages-intérêts en raison du préjudice causé. Mais lorsque l'injure s'adresse à la chose publique, une définition plus rigoureuse est nécessaire, car non seulement la chose publique, elle, ne demande pas de dommages-intérêts, elle revendique seulement une sanction pénale pour le fait incriminé, de sorte que, s'il y a condamnation, la force du Gouvernement n'en est pas augmentée, tandis que si, au contraire, il y a acquittement, il est incontestable que le Gouvernement est mis en échec.

C'est là, je crois, une considération qui doit peser dans l'examen de cette situation particulière.

L'honorable rapporteur a si bien compris cette nécessité de définir avec une précision toute particulière le délit d'outrage appliqué soit au Président de la République, soit aux Chambres, que nous voyons six pages de son rapport consacrées à des recherches patientes, à des investigations consciencieuses, afin d'arriver à cette définition.

Tout d'abord, M. le rapporteur s'adresse naturellement au dictionnaire de l'Académie : qu'y avait-il ? Au mot outrage : « Voyez injure » ; il s'y reporte en conséquence, et il trouve : « Voyez outrage ». Cela lui arrache cette réflexion mélancolique, que nous trouvons dans le rapport : « L'une et l'autre de ces définitions se nuisent réciproquement et se rendent moins claires en se renvoyant l'une à l'autre. »

Le rapporteur ne se décourage pas, il s'adresse au dictionnaire de M. Littré, à celui de M. Larousse, et il n'obtient encore que des réponses à peu près identiques.

Alors, il essaie lui-même de formuler une définition et voici celle qu'il fournit : « l'outrage est la gradation, l'augmentatif de l'injure. »

Une gradation dont le premier terme n'est pas déterminé, un augmentatif, c'est-à-dire un comparatif ou un superlatif d'un positif qui n'est pas défini, cela ne saurait encore nous satisfaire.

L'honorable rapporteur n'est pas plus satisfait que nous, et la preuve, c'est qu'il poursuit cette définition, qui fuit toujours devant lui, et va la rechercher dans les législations antérieures, se demandant si les mots « offense, attaque » qu'il y rencontre, ne traduiraient pas mieux la pensée qu'il veut exprimer. Il ne réussit pas encore et, une seconde fois, il s'essaie à nous donner une définition que voici : « en somme, ce qui cesse d'être la manifestation d'une opinion, c'est l'injure, l'insulte, l'outrage, cela devient un acte. » Et si on se récrie en faisant observer à M. le rapporteur qu'il est difficile de comprendre comment un article de journal peut devenir un acte, il répond : *scribere est agere*. Si c'est agir que d'écrire, il en résultera que l'article le plus inoffensif devenant un acte, tombera sous le coup de la loi.

Pendant cette longue recherche, M. le rapporteur n'a donc pu réussir à trouver les termes d'une définition rigoureuse. Aussi, finit-il, en désespoir de cause, par abandonner cette recherche à celui qui sera appelé à juger le fait.

Voici en effet la conclusion à laquelle il arrive :

« La définition pratique de ce délit ainsi expliquée (vous venez de voir comment), le projet de loi, dans la partie relative à la juridiction, le livre au discernement, à l'impartialité, au patriotisme du jury. »

Loin de moi, messieurs, la pensée de mettre en doute le discernement du jury ; seulement permettez-moi de vous demander si douze citoyens, venus de différents points du département, appartenant à des professions différentes, arrachés, pour un jour, à leurs occupations, pouvant ne pas connaître les délicatesses et les nuances de notre langue, devront, en une heure, en un instant, en vertu de je ne sais quelle grâce d'état, trouver la valeur précise, rigoureuse, juridique, d'une expression, alors que ni l'Académie, ni des philosophes, ni des savants, ni des législateurs, ni des jurisconsultes n'ont réussi à la déterminer, après de longues et patientes recherches? J'ai donc le droit de dire que cette définition rigoureuse, exigée par tous les jurisconsultes comme étant un attribut essentiel, un caractère indispensable du délit de droit commun, manque absolument dans le cas qui nous occupe.

Poursuivons, et voyons, sur le second point, si nous trouverons une satisfaction plus complète.

Il s'agit de l'outrage au Président de la République.

Ici, nos adversaires nous adressent, à ce propos, une question en apparence embarrassante; elle est, je le sais, encore au fond de leur pensée; ils prennent une hypothèse, et vous disent : Si, à côté du nom du Président de la République,

DÉLITS CONTRE LA CHOSE PUBLIQUE.

vous accolez une épithète brutale, d'un caractère outrageant indiscutable, grossière, évidemment injurieuse, admettez-vous donc qu'il y aura quand même impunité pour l'écrivain ?

Assurément, messieurs, tous ici, quelle que soit notre opinion, nous réprouvons, nous condamnons l'outrage d'où qu'il vienne, à quelque personne qu'il s'adresse, et particulièrement lorsqu'il vise l'honnête homme qui exerce la première magistrature de la République.

La question, donc, étant ainsi posée, il peut paraître difficile d'y répondre.

Mais qu'on nous permette de poser, à notre tour, une question dans un sens inverse, de rappeler — et c'est à quoi je me bornerai — la question posée par l'honorable M. Allain-Targé. Si, dans une crise politique, un homme émet cette idée essentiellement juste et sage que, lorsque la volonté nationale s'est prononcée, il faut s'incliner devant elle, qu'il n'y a que deux moyens de montrer son respect à cette volonté, — vous connaissez le dilemme célèbre que je n'ai pas besoin de rappeler autrement, — ce fait seul constituerait-il un outrage au Président de la République?

A l'heure actuelle, probablement non ; mais enfin, pour ce fait auquel je fais allusion, vous vous en souvenez tous, une condamnation sévère a été prononcée.

Qu'en faut-il en conclure?

C'est que si, d'un côté, il y a danger, à vos yeux, à accorder l'impunité à un outrage, de l'autre, il y a danger plus grand à frapper l'expression de la pensée, la plus juste et la plus légitime, sur une situation politique déterminée. (Approbation sur plusieurs bancs.)

Mais quelle sera donc la considération à laquelle nous devrons obéir pour savoir vers lequel de ces deux extrêmes il sera prudent de nous transporter ; l'impunité ou l'arbitraire ? Quelle sera la considération qui devra nous guider ?

Lorsque quelques-uns de nos collègues ont voulu, au cours de ces débats, élever et agrandir la discussion, ils l'ont fait, vous le savez, avec quel talent! Cependant, ils vous ont dit qu'ils ne voulaient pas réveiller l'écho des grands et retentissants débats qui se sont autrefois produits dans cette enceinte à propos de la question de la liberté de la presse. Ils vous ont dit qu'il leur paraissait inutile de répéter certaines vérités devenues banales à force d'être vraies, et par conséquent ils se sont bornés à quelques indications générales. Il ne faudrait pas que cette réserve, cette discrétion, aient pour conséquence de ramener le débat à des proportions qui ne lui sauraient convenir. Il ne faudrait pas que l'examen de cette question au point de vue purement juridique, nous empêchât d'en envisager le côté politique.

Jusqu'à présent, nous avons entendu des discussions très brillantes, tantôt de la part de la commission, tantôt de la part de ses contradicteurs, mais qui répondaient plutôt aux préoccupations des jurisconsultes, des criminalistes, qu'à celles de l'homme d'État, qui visaient surtout à bien démontrer que la presse peut être l'instrument de la perpétration d'un crime ou d'un délit. Eh bien, permettez-moi de vous dire, à mon tour, en évitant toute redite et toute déclamation, avec la simplicité la plus complète, que nous ne devons pas oublier que la presse est aussi l'instrument nécessaire, indispensable, de la défense des libertés républicaines. (Très bien ! très bien ! à gauche.)... qu'elle en est la partie intégrante, et que, par conséquent, lorsque vous considérez la presse dans son ensemble, dans ses effets, dans ses résultats, dans ses actions, il ne faut pas, comme on l'a trop fait jusqu'ici, la regarder uniquement comme l'instrument de la perpétration d'un crime ou d'un délit, et faire une loi seulement en vue de réprimer des abus, des excès possibles, certains si vous le voulez.

Pas plus que M. Allain-Targé, je ne considère le journalisme comme un sacerdoce, mais j'ajouterai que si je croyais à l'impuissance de la presse, moi qui ai l'honneur d'être journaliste, je briserais ma plume.

M. Émile de Girardin. Et pourquoi?

M. Ballue. Et surtout, je ne prolongerais pas d'un instant un débat destiné à n'avoir d'autre résultat que de décider si nous devons donner au peuple français un hochet sans valeur.

Je crois que la presse est une arme puissante, je crois que dans une démocratie, que dans un pays qui a la prétention et la volonté de se gouverner lui-même, le droit d'exercer un contrôle permanent sur quiconque détient, en vertu d'une délégation essentiellement temporaire et révocable, une part, si petite qu'elle soit, de la souveraineté nationale, doit être mis hors de toute atteinte, au-dessus de toute contestation. Et ce droit de contrôle a pour corrélatif nécessaire la liberté complète de la presse.

La situation est celle-ci : Nous sommes placés entre l'arbitraire, d'un côté, et l'impunité, de l'autre. Je dis que la considération dominante qui doit nous faire pencher vers l'impunité, c'est cet argument politique que nous sommes en présence du suffrage universel, et que c'est là, et là seulement, que se trouve la juridiction qui a qualité pour juger hommes et choses.

D'ailleurs, où trouver un moyen terme ? Royer-Collard déclarait, et ce n'était point un esprit nourri de chimères, déclarait impossible une issue légale entre ces deux termes : l'impunité et l'arbitraire.

Lorsque M. Allain-Targé faisait allusion à cette situation, un membre de la droite de la Chambre, je crois que c'était M. Ribot, vous disait : Vous avez la garantie du jury !

Eh bien, non ! Dans ce cas particulier, nous n'avons même pas cette garantie. Reportez-vous à l'article 48, vous verrez que, par exemple, le délit d'outrage au Président de la République est déféré au tribunal correctionnel.

Et nous voyons donc cette chose étrange : deux juridictions distinctes, différentes, établies en vue de statuer sur des délits de même nature, compris dans un même article d'une même loi.

Et ainsi se réalise cette prophétie d'un homme dont M. le rapporteur a invoqué l'autorité, qui n'était point, lui non plus, un esprit absolu, qui ne professait point pour la liberté de la presse cet amour ardent, sans réserve, qu'on ressent seulement pour les choses parfaites ou qu'on croit parfaites, et qui disait nettement: Non ! j'aime la presse beaucoup plus pour les maux qu'elle peut éviter que pour le bien qu'elle peut faire. M. de Tocqueville — c'est de lui que je parle — raconte lui-même qu'en arrivant aux États-Unis un des premiers journaux qui lui tomba sous la main contenait un article des plus violents, des plus blessants, des plus outrageants pour le président Jackson, et il cite cet article dans son beau livre de la *Démocratie en Amérique*. Voyant le calme parfait de tous ceux qui lisaient cet article, sachant l'impunité acquise à l'écrivain, il examine quelles sont réellement les conditions nécessaires du fonctionnement de la presse dans une démocratie, et il écrit alors ces lignes que je vous demande la permission de citer :

« Si quelqu'un me montrait, entre l'indépendance complète et l'asservissement entier de la pensée, une position intermédiaire où je puisse espérer me tenir, je m'y établirais peut-être ; mais qui découvrira cette position intermédiaire? Vous partez de la licence de la presse, et vous marchez vers l'ordre : que faites-vous ? vous soumettez d'abord les écrivains aux jurés ; mais les jurés acquittent, et ce qui n'était que l'opinion d'un homme isolé devient l'opinion du pays. Vous avez donc fait trop ou trop peu ; il faut encore marcher. Vous livrez les auteurs à des magistrats permanents ; mais les juges sont obligés d'entendre avant que de condamner ; ce qu'on eût craint d'avouer dans le livre, on le proclame impunément dans le plaidoyer... »

Et il termine ainsi, après avoir décrit toutes les étapes parcourues :

«... vous avez été de l'extrême indépendance à l'extrême servitude, sans rencontrer sur un si long espace, un seul lieu où vous puissiez vous poser. »

DÉLITS CONTRE LA CHOSE PUBLIQUE.

Je recommande ceci à l'attention de la commission; elle est partie de la liberté de la presse; elle la veut consciencieusement, sincèrement, nous en sommes absolument convaincus, mais en même temps elle veut poursuivre la licence. Et vous allez voir, mon cher collègue, à quelle conséquence vous allez arriver. (Très bien! très bien! sur plusieurs bancs à gauche.)

Oui, messieurs de la commission, vous étiez partisans de la liberté de la presse, puis, vous avez rétabli certains délits. Et après avoir d'abord déféré ces délits au jury — voyez le danger d'être sur une pente aussi glissante — le Gouvernement est venu qui vous a poussé légèrement et vous êtes tombés au tribunal correctionnel pour le délit d'attaque au Président de la République. (Très bien! à l'extrême gauche.)

M. Émile Beaussire. Vous demandez le droit commun. Ce n'est pas la question.

M. Ballue. Mon cher collègue, permettez-moi de faire cette observation qu'il me paraît juste, rationnel, alors que j'étudie la valeur d'un article de votre projet, de faire voir quelles en peuvent être les conséquences. (Très bien! très bien! à gauche.)

En ce qui concerne le délit d'attaque aux Chambres, je serai très bref, car il y a un argument d'histoire contemporaine qui me paraît saisissant.

Vous vous rappelez tous qu'en 1871, au moment où l'Assemblée nationale manifestait hautement ses idées, ses prétentions de restauration monarchique, il se produisit dans l'opinion un vif mouvement d'irritation. Ce mouvement d'opinion se traduisit à son tour par des articles de journaux plus ou moins violents. Dans un même mois dix procès de presse furent intentés.

M. Louis Le Provost de Launay (Côtes-du-Nord). Il y en a quatre-vingt-dix à l'heure qu'il est.

M. Ballue. Ces journaux comparurent devant le jury : dix acquittements s'en suivirent, si bien que ce qui aurait pu n'être considéré jusqu'alors que comme la pensée d'écrivains plus ou moins autorisés devenait une sorte de verdict national.

Ah! si des procès de cette nature pouvaient avoir cette conséquence qu'une assemblée considérât le verdict du jury comme un moyen nouveau de consulter l'opinion, peut-être pourrait-on admettre cette procédure toute particulière. Mais vous savez bien que les choses ne se passent et ne se passèrent jamais ainsi. Et, en effet, immédiatement après ces dix acquittements, le garde des sceaux d'alors, qui était, si je ne me trompe, l'honorable M. Dufaure, proposa une loi pour modifier la composition du jury, pour n'y faire entrer que des hommes dont les tendances fussent conformes à celles qui prédominaient dans l'Assemblée.

Une fois cette transformation opérée, on recommença les procès, de nombreuses condamnations furent prononcées.

Seulement quelque temps après, au mois de février 1876, l'Assemblée comparaissait devant un autre jury, qu'on n'avait pu modifier celui-là, quoiqu'on en eût manifesté le désir.

Le suffrage universel prononçait à son tour.

Eh bien, cette Assemblée qui s'était fait défendre par de nombreuses condamnations, vous savez ce qu'en a fait le suffrage universel. (A gauche: Très bien! très bien!)

Il me semble qu'il y a là une moralité, un enseignement à retenir.

Je crois que, lorsqu'on a l'honneur d'être investi d'un mandat politique, il ne faut point aller demander à un tribunal de vous venger de certains outrages. (Très bien! très bien!)

Si vous avez été des mandataires fidèles, ce sont vos électeurs qui vous vengeront ; si vous avez été des mandataires infidèles, ce ne seront ni les réquisitoires d'un magistrat de l'ordre judiciaire, ni les rigueurs de la loi, qui vous protégeront contre le juste ressentiment de ceux que vous aurez trahis. (Très bien ! très bien ! à gauche.)

Je crois enfin qu'il y a pour la situation d'un homme politique, relevant, par son mandat, du suffrage universel, un amoindrissement à vouloir placer entre cette juridiction supérieure et lui un intermédiaire quelconque ; je crois que, ce faisant, il diminue son caractère et son rôle. (Très bien ! à gauche.)

Maintenant, quel a été et quel peut être le préjudice causé, car je dois, messieurs, en revenir à mes prémisses et rester dans les limites étroites que je me suis imposées ; quel peut être le préjudice causé par des outrages au Président de la République et aux Chambres ?

La réponse, le Gouvernement nous l'a faite lui-même : Il n'y en a pas ; car s'il y avait eu préjudice causé à la chose publique, ce n'est ni M. le garde des sceaux, ni aucun des ministres siégeant sur ces bancs, qui eussent toléré, depuis deux ans, l'impunité de ces délits.

M. le garde des sceaux. On les poursuit toujours.

M. Ballue. Voici un argument de M. Allain-Targé, auquel personne n'a répondu. Vous venez de faire l'expérience la plus concluante et la plus décisive, car il serait difficile de dépasser en violence certaines des polémiques qui se sont produites depuis deux ans dans la presse.

M. de Douville-Maillefeu. A quoi servent les poursuites ? Elles ne font que les encourager !

Une voix à droite. Les tribunaux acquittent!

M. le garde des sceaux. Mais non !

M. Émile Beaussire. Non, ils n'acquittent pas.

M. Ballue. Messieurs, j'ai fini. Je crois avoir établi, en m'emparant du travail, si remarquable à tant de titres, de l'honorable rapporteur, qu'il est impossible d'arriver à une définition rigoureuse du délit d'outrage, lorsque l'outrage s'adresse à la chose publique. Je crois avoir établi par l'expérience des dernières années, malgré les signes de dénégation de M. le garde des sceaux, qu'il n'y a point de préjudice pour la chose publique, parce qu'un journaliste se déshonore en outrageant ce qui doit être respecté.

Aux termes mêmes de la définition apportée à cette tribune par M. le ministre de la justice, deux caractères essentiels font défaut au délit prévu par l'article 27 du projet qui nous est soumis pour qu'il constitue un délit de droit commun, et j'ai le droit d'en demander la suppression.

Quelles en seront les conséquences ? Car M. Agniel, l'autre jour, faisant une allusion à la suppression éventuelle de l'article que nous discutons, nous disait : Prenez garde ! vous allez rencontrer le néant, ou peut-être, ce qui serait plus désagréable pour tous, une pénalité plus sévère : l'article 86 du Code pénal qui punit l'outrage à l'empereur et à la famille impériale.

Malgré le grand désir qui a paru régner dans la commission de chercher des assimilations, des caractères communs entre les délits de droit commun et les délits commis par la voie de la presse, il me paraîtrait singulièrement osé d'assimiler le délit d'outrage au Président de la République au délit d'offense à l'empereur ou à la famille impériale.

Mais je puis vous rassurer immédiatement. Vous avez réservé les articles 1er et 2 du projet de loi de façon à y inscrire soit les abrogations, soit les textes à maintenir en vue de mettre en harmonie toute la législation avec l'esprit de cette loi. Rien n'est donc plus facile que de décider l'abrogation de l'article 86 du Code pénal qui ne s'applique plus à rien puisqu'il n'y a plus d'empereur ni de famille impériale. Devant quoi allons-nous donc nous trouver ? Devant le vide, le néant, c'est incontestable.

Permettez-moi d'invoquer une dernière fois, par une citation très rapide, une autorité dont vous vous êtes vous-mêmes couverts. J'ai rencontré, et je sens contre

23

DÉLITS CONTRE LA CHOSE PUBLIQUE.

le système de l'impunité de tels sentiments d'appréhension chez quelques-uns de nos honorables collègues, que j'éprouve le besoin de m'abriter encore derrière M. de Tocqueville que l'honorable M. Lisbonne a cité lui-même au moins une fois dans son rapport.

« ... En matière de presse, disait-il, il n'y a réellement pas de milieu entre la servitude et la licence. Pour recueillir les biens inestimables qu'assure la liberté de la presse, il faut savoir se soumettre aux maux inévitables qu'elle fait naître. Vouloir obtenir les uns en échappant aux autres, c'est se livrer à l'une de ces illusions dont se bercent d'ordinaire les nations malades. »

Nous ne sommes pas, messieurs, une nation malade, et après l'expérience décisive, je le répète, de ces dernières années, vous avez le droit, vous avez le devoir de proclamer hautement la validité de la France républicaine. (Très bien! très bien! à gauche.)

M. le président. La parole est à M. le rapporteur.

M. le rapporteur. L'article 26, qui est en discussion en ce moment, ouvre le paragraphe 2 du chapitre 4 du projet de loi, et il est relatif aux délits contre la chose publique. Cette classification, messieurs, est absolument conforme à celle qu'a adoptée le droit commun, le Code pénal. En effet, le Code pénal a un chapitre intitulé : « Crimes et délits contre la paix publique », et l'un des paragraphes de ce chapitre, précisément, se réfère au délit d'outrage contre certains fonctionnaires publics. Il s'agit en ce moment, et il n'y a pas d'autre question, il s'agit de savoir si le Président de la République pourra être impunément outragé, si la Chambre et le Sénat pourront être outragés impunément.

Cette question, messieurs, c'est le droit général qui va la résoudre. Une des grandes sources de ce droit général, c'est la Constitution de 1791, qui déjà a été rappelée à vos souvenirs, constitution qui n'est nullement abrogée, et qui s'exprime ainsi :

« Art. 17. — Nul homme ne peut être recherché ni poursuivi pour raison des écrits qu'il aura fait imprimer ou publier, sur quelque matière que ce soit, si ce n'est qu'il ait provoqué, à dessein, la désobéissance à la loi, l'avilissement des pouvoirs constitués, la résistance à leurs actes, ou quelques-unes des actions déclarées crimes ou délits par la loi. »

L'avilissement des pouvoirs constitués !...

M. Cuneo d'Ornano. C'était pour la royauté.

M. le rapporteur. Je ne sache pas qu'il n'y ait que la royauté qui ait des pouvoirs constitués. La Constitution de 91 n'a fait que codifier la déclaration des droits.

M. Cuneo d'Ornano. Je le répète, c'est pour la royauté que cette constitution a été faite.

M. le rapporteur. Eh bien, il ne faut pas que les pouvoirs publics puissent être avilis par l'injure ou l'outrage, et avilis impunément.

M. Madier de Montjau. Je demande la parole.

M. le rapporteur. C'est là ce que décide l'article 26 du projet de loi. D'accord avec le droit général, le droit Constitutionnel par excellence, la déclaration des droits, dont la disposition en discussion n'est qu'une application exacte.

A côté du grand principe posé par la Constitution de 1791, le Code pénal de 1810, article 86, qui vous a déjà été cité, défend l'offense envers le chef de l'État, et je ne sache pas que le chef de l'État, issu du suffrage universel, puisse être moins protégé qu'un chef d'État par droit héréditaire !

L'article 86 peut donc encore servir de fondement à la thèse que je soutiens. Mais, descendant des hauteurs de l'article 86, le même Code pénal ordinaire, place parmi les dispositions relatives aux délits contre la paix publique, les articles 222, 223, 224 et suivants, qui punissent l'outrage non public envers les magistrats, envers les fonctionnaires les plus modestes, alors que le Code pénal met à l'abri de l'outrage les magistrats, les jurés, les témoins, comment pourrait-il se faire que le premier magistrat de la République ne fût pas, lui seul, protégé ?

La loi spéciale du 17 mai 1819, celle du 27 juillet 1849, se sont rangées sous la bannière de ce droit commun, et en ont fait, elles aussi, une application qu'elles ont jugée indispensable.

Lors de la discussion de celle du 17 mai 1819, on s'était demandé si l'outrage, ne pouvant atteindre le souverain, ne devait pas par cela même, échapper à la répression.

La commission de la Chambre des députés s'exprimait en ces termes :

« Il existe des êtres placés si haut dans l'esprit des hommes, que le trait le plus empoisonné, bien que lancé contre eux, ne peut les atteindre ; quoi qu'on publie à leur sujet, peu importe en ce qui les concerne personnellement. Il y a délit, mais il n'y a pas dommage ; il y a un criminel, mais il ne peut pas y avoir de victime. »

C'est ce qu'il faut dire de l'outrage qui veut atteindre le Président de la République. Il y a délit, bien qu'il n'y ait pas dommage ; il y a délit contre la paix publique en raison de la situation qu'occupe le magistrat outragé et de l'influence qu'exerce sa haute personnalité.

Toutes les institutions ont cherché à préserver de l'outrage le chef de l'État, les législations les plus libérales, et je citerai, entre autres, celle de la Belgique. En définitive, il est tellement nécessaire, c'est là une vérité tellement essentielle qu'il faut protéger contre l'outrage le Président de la République, que vous-mêmes, acceptant l'expression que nous avons adoptée dans le projet, vous avez rédigé un règlement dont la disposition ne fait que reproduire l'article 27 du projet de loi. C'est ainsi que, dans ce règlement, vous avez prévu le délit que nous avons voulu prévoir, et vous l'avez défini comme nous !

Vous avez dit, en effet, article 124 : « La censure avec exclusion temporaire du palais de l'Assemblée est prononcée contre tout député... :

« 3° Qui se sera rendu coupable d'outrages envers la Chambre, ou une partie de la Chambre, ou envers son président ;

« 4° ...

« 5° Qui se sera rendu coupable d'outrages envers le Président de la République, le Sénat ou le Gouvernement. »

Ainsi, vous-mêmes, messieurs, vous avez décidé qu'il n'était pas permis, sans une expiation quelconque, d'outrager le Président de la République, le Sénat et la Chambre des députés. Nous avons puisé très discrètement dans votre règlement, car nous n'avons pas ajouté : « ... et le Gouvernement. » Vous protestez donc vous-mêmes contre l'impunité de ce délit d'outrage envers le Président de la République, le Sénat et la Chambre des députés.

Qu'avons-nous fait ? Nous avons simplement suivi les indications que vous nous avez données. Quant au Sénat, quant à la Chambre, nous avons laissé de côté toutes les dispositions des lois spéciales relatives à l'attaque contre leur autorité ; nous avons retenu seulement le délit d'outrage.

Voici ce qu'a fait votre commission !

Il me semble donc impossible que ce qu'on n'a pas voulu en 1791, que ce que vous n'avez pas voulu en 1830, vous puissiez le vouloir aujourd'hui, et décider que ne seront pas à l'abri des avilissements, par la presse ou par la parole, les pouvoirs publics républicains.

M. Madier de Montjau. Messieurs, je ne viens pas reprendre devant vous ces deux grandes thèses qui ont été si éloquemment soutenues par mes honorables amis et collègues MM. Floquet et Allain-Targé, celles de savoir si, oui ou non, il faut appliquer le droit commun à la presse, si, oui ou non, il faut la laisser entièrement, absolument libre.

Vous avez, à mon grand regret, définitivement jugé, et jugé contre mon senti-

DÉLITS CONTRE LA CHOSE PUBLIQUE.

ment, ces deux questions, en votant les deux derniers articles que vous avez fait passer dans votre loi, et qui malheureusement, si elle est adoptée, y resteront aussi longtemps qu'elle durera.

Ce que je viens essayer de faire, et je souhaite ardemment réussir, pour qu'on voie que nous comprenons notre temps, les institutions que nous avons en partie fondées, et sous lesquelles nous vivons, ce que je viens essayer, c'est de vous empêcher, vous républicains, de voter une loi qui non seulement n'est pas républicaine, mais qui est l'antipode même de la République (Applaudissements à l'extrême gauche et à droite), qui n'est pas seulement monarchique, mais césarienne. (Approbation à gauche.) Ce que je veux tenter, et, je le répète, avec un désir immense d'y parvenir, c'est de vous empêcher, vous républicains, à la fin du dix-neuvième siècle, de voter soi-disant au profit de la plus haute magistrature de la République, qui n'a pas besoin de cette protection, à votre profit personnel, chose déplorable, et au profit de l'autre Chambre, une loi qui n'est autre chose que l'ancienne loi de lèse-majesté! de lèse-majesté, en 1881! entendez-vous! (Très bien, très bien! à l'extrême gauche.)

Ne souriez pas, ne dites pas que les pénalités relativement modérées que vous voulez édicter pour de simples délits ne sauraient éveiller même le souvenir de ces effroyables lois de Tibère et de Néron, enfantement de monstres, ni celui des tortures par lesquelles on punissait la seule pensée d'une violation de la majesté de César. Ne dites pas, comme vous semblez le faire au banc de la commission, qu'il est risible d'entendre appliquer à votre loi, comme je le fais, cette terrible qualification pour empêcher de la voter! Il n'y a pas si loin que vous le croyez entre ce qui fut fait à une époque aussi néfaste que lointaine et ce que vous voulez faire.

Il fut un temps où un homme représentait l'universalité des pouvoirs, non seulement humains, mais divins; où, après avoir accumulé sur leurs épaules et la pourpre consulaire et le manteau prétorien, tous les attributs enfin de toutes les magistratures civiles, pour masquer sous les insignes de la République la pauvreté et l'anémie de l'empire, les empereurs, après avoir ajouté aux insignes des grandeurs humaines ceux du pontificat, s'affirmèrent leur divinité même. Ils ne furent plus seulement alors les maitres du monde, mais ceux de l'Olympe.

A une pareille autorité, comment imaginer qu'il pût être possible de toucher seulement à celui qui était — prenez bien garde à cette distinction — non pas le représentant, non pas le mandataire de la République et de la divinité, mais leur incarnation, à celui dans lequel la pensée ne pouvait, ne devait pas distinguer l'Empereur de la République et de la divinité, comment eût-il été permis même à la pensée, de toucher?

Alors, le seul rêve d'un attentat contre cette personnalité colossale était un de ces crimes que la mort même ne suffisait pas à punir. Pour arriver à le découvrir, à le constater, tout était bon : le plus infâme des délateurs, celui qui dans toute autre cause eût été pour son infamie chassé du prétoire, celui-là pouvait être entendu et devait être cru.

Comploter contre l'empereur, mal penser de l'empereur, rire devant l'image de l'empereur, ne pas être constamment à plat ventre devant l'empereur, crimes exceptionnels contre lesquels il fallait une loi exceptionnelle, des tribunaux exceptionnels, une procédure exceptionnelle, des témoins exceptionnels, une pénalité, surtout, exceptionnelle. Le supplice! on n'en pouvait pas trouver d'assez atroce! Et, grâce à cette loi, à ces tribunaux, à ces témoins, à ces bourreaux, rarement les empereurs moururent dans leur lit. Presque toujours l'assassinat, à l'horloge des destinées, marqua l'heure suprême de ces monstres! (Très bien! et rires à gauche.)

Au moyen âge, pendant les siècles qui le suivirent, jusqu'au dix-huitième inclusivement, la tradition se continue, dans votre Occident et, chez nous, dans les monarchies de droit divin. Le roi est le délégué de Dieu, son élu sur la terre;

mieux que cela : Dieu sur terre. Il ne participe pas au pouvoir d'en haut; il est ce pouvoir. Il s'incarne en lui ; il s'incarne — comprenez bien la portée de ce mot — il se confond avec lui ; il lui est identique; à ce point que, très logiquement, très sensément, malgré toutes les protestations que ces paroles ont soulevées, Louis XIV entrant le fouet à la main dans le Parlement, du point de vue où le plaçaient son éducation et son temps, put dire aux magistrats qui voulaient lui faire des remontrances : « Silence ! l'État, c'est moi ! »

Et l'on voudrait que l'État pût être, je ne dis pas frappé au cœur, mais seulement effleuré ? Mais c'est impossible ! ce serait absurde !

Aux prises, durant toute leur existence, avec la royauté, leur rivale, les parlements eux-mêmes le firent bien voir à Damien lorsqu'ils le condamnèrent à cet effroyable supplice dont je trouve avec horreur, et avec plaisir tout à la fois — laissez-moi le dire — les atroces détails dans les arrêts, dans les annales de cette justice française avec laquelle nous n'en avons pas fini... (Applaudissements sur plusieurs bancs à gauche), non ! non ! et dont nous ferons ici l'histoire véridique et incontestable, un de ces prochains jours, après la légende intéressée et frauduleuse que des gagistes en ont faite !... (Très bien ! très bien ! à gauche.)

L'empire français, le premier empereur, ce soldat heureux, enivré de sa toute puissance...

M. Cuneo d'Ornano. Vous oubliez la Révolution !

M. Madier de Montjau..... suivit les errements de l'empire romain : il s'appropria les traditions du droit divin.

Champignon vénéneux, sorti des ferments de la Révolution (Rires et mouvements), pour empoisonner bientôt sa mère, il veut que le simple complot, c'est-à-dire la pensée du crime contre son auguste Majesté de parvenu soit châtié comme l'attentat consommé même ! Pour être criminel au premier chef, il ne faudra pas avoir comploté contre sa vie, il suffira même d'avoir, de près ou de loin, songé à porter atteinte à sa personne. La moindre attaque à l'empereur, même la moindre irrévérence ! C'est la législation de Tibère, c'est celle de Néron, et il était bien digne de les rétablir dans la législation de ce pays généreux, confiant, qui avait acclamé, admiré et aimé l'homme du 18 Brumaire ! (Applaudissements à gauche.)

M. Cuneo d'Ornano. Je demande la parole.

M. Madier de Montjau. Vous protestez, mon collègue, mais reportez-vous au code de 1810, et ce code à la main venez essayer ici de prouver que j'ai calomnié le premier Napoléon, je vous attends. Le second, le dernier... Oh ! il n'a pas perdu la tradition de la tyrannie, l'auteur des *Idées napoléoniennes !* Sous son auguste règne, une loi est faite qui modifie un peu la législation dont je parlerai tout à l'heure, celle de 1832 et de 1834, si je ne me trompe, celle de la Restauration aussi. Généreux dans ses sacrifices, homme de son siècle, l'empereur de décembre consent à ce que le crime de lèse-majesté ne soit pas identiquement le même, alors qu'il s'agira des membres de son innombrable famille ou de lui-même. S'agira-t-il des siens, l'attentat seul contre la vie sera exceptionnellement puni ; l'atteinte à la personne sera poursuivie par les lois ordinaires. S'agira-t-il du maître — *res sacra* — l'atteinte à la personne, comme l'attentat contre la vie, sortira du domaine du droit commun, sera frappé par des rigueurs exceptionnelles qui diffèrent entre elles, il est vrai, — progrès sur Tibère et Néron ! — mais qui mettront le maître au-dessus des vulgaires humains. César, vous le voyez, ne perd pas ses droits.

L'esprit de l'empire romain des plus mauvais jours inspire la législation de l'empire français de 1851.

Entre ces législations s'en trouve une, bâtarde comme le régime tout entier d'où elle sortit, celle de l'orléanisme de 1830, la législation du juste milieu... (Rires approbatifs à gauche), qui, entre la vérité, la justice, qu'elle n'aime pas, et

DÉLITS CONTRE LA CHOSE PUBLIQUE.

l'iniquité et le faux dont elle craint la responsabilité, prend un peu de vérité et de justice, beaucoup de faux et d'iniquité, et, de ces éléments disparates, fait l'amalgame hybride que vous connaissez et qu'aux applaudissements de la France, écœurée et dégoûtée, nous jetâmes un matin par terre. (Applaudissements à gauche.)

Cette législation, elle comprend qu'elle ne peut pas mettre à la taille de ses protégés, à la taille du gouvernement étriqué qu'elle a charge de faire vivre, le grand appareil juridique du césarisme de Rome et de Byzance, copié par Napoléon Iᵉʳ. Il faut qu'elle soit autre chose ; qu'elle n'exagère plus ces crimes; qu'elle restreigne ses pénalités. Preuve de bon sens et de sagesse, du reste, de la part des législateurs de la branche cadette!

En effet, ce roi, élu par 219 députés qui n'avaient pour le faire, ni mandat, ni qualité... (Très bien ! à gauche.)

M. Cuneo d'Ornano. Comme ceux qui ont fait la République !

M. Madier de Montjau..... qui vacilla toujours sur son trône sans base, qui n'avait pour lui ni le suffrage universel, ni le droit divin, ni l'ancienne majesté césarienne, ce roi comprenait bien que le supplice de Damien, pour qui aurait non pas même attenté à sa vie, mais seulement manqué à sa personne, manifesté devant témoins quelque intention fâcheuse quant à lui, c'eût été trop vraiment de quoi faire pouffer de rire les députés même qui l'avaient nommé ; et dans le droit ancien on se fit une petite législation de lèse-majesté à sa mesure. A petit crime, petite peine ; à petit délit, peine plus petite encore.

D'où la législation fameuse de septembre, qui n'empêcha ni le roi d'être périodiquement visé par quelque régicide, ni la royauté de Juillet de sombrer, ni Louis-Philippe, sous le pseudonyme de *Système*, d'être vilipendé par une presse acharnée, depuis le vote de ces lois liberticides jusqu'au naufrage qui engloutit les derniers Bourbons. (Applaudissements à gauche.)

Que résulte-t-il de cette longue page d'histoire que je viens de tracer, messieurs? C'est que, même en amoindrissant les pénalités, en restreignant les cas où il peut y avoir lieu de les appliquer, la royauté de Louis-Philippe et son gouvernement, appliquant à l'attentat et à l'attaque contre le souverain des lois exceptionnelles, faisaient encore sur une échelle réduite du droit césarien, créaient, organisaient, réglementaient le crime de lèse-majesté au petit pied.

Eh bien, votre tour, mes chers collègues de la commission, que nous demandez-vous? — Ah! permettez-moi de ne pas vous en faire mon compliment... (Rires sur plusieurs bancs à gauche.) Vous, républicains, vous la République ?... de faire, à votre tour, de compte à demi avec vous de la législation césarienne. Au plus petit pied encore, soit ! mais, enfin, du crime de lèse-majesté à la taille de votre temps et à la nôtre. A notre taille! ai-je dit? Je me trompe, car nous sommes plus grands que votre loi (Très bien !), car nous le sommes assez, entendez-vous, pour n'avoir pas besoin d'elle (Bravos et applaudissements à gauche); car le Président de la République, issu du choix des Chambres réunies, n'a pas besoin d'être couvert par vos boucliers inutiles, comme un prince de droit divin, fils de l'hérédité, qui peut être un fou comme Georges IV ou un crétin comme Charles VI. Au-dessus de votre loi, il se soucie peu qu'elle monte jusqu'à lui pour le protéger. (Applaudissements sur plusieurs bancs à gauche.) Ne lui faites pas cette injure de le couvrir malgré lui. Ne vous faites pas à vous-mêmes cette injure plus grande encore de croire qu'une loi d'exception est nécessaire pour sauvegarder votre dignité et garantir votre honneur! (Nouveaux applaudissements sur les mêmes bancs.)

Quand donc, messieurs, verrai-je ce pays, ce cher pays que j'aime tant, auquel j'ai donné tout ce qu'il m'était possible de lui donner, conscient enfin de son intelligence, de son cœur, de cette intelligence si noble, si élevée, de ce cœur si grand ; ah ! quand verrai-je cette France que nous aimons tous avec une égale passion, sur quelques bancs que nous siégions, cette France qu'avec un légitime orgueil nous entendons, même après ses défaites, appeler par ses ennemis mêmes le lieu de l'intelligence et des vraies grandeurs, quand la verrai-je compter sur sa raison, sur sa sagacité, sur son sens moral, pour corriger elle-même, peu à peu, ses défauts (Applaudissements à gauche); être convaincue que la sagesse, la volonté de ses majorités n'ont rien à craindre des excès, des emportements temporaires de ses minorités (Bravos à gauche.) Quand donc n'entendrai-je plus réclamer les lois de l'empire et jusqu'à celles des Césars romains pour protéger le plus haut magistrat de la République, et les représentants mêmes de la nation ?...

Quoi ! vous êtes ici, vous tous qui m'entourez, quelque place que vous occupiez dans cette Assemblée, les délégués du peuple, les élus de dix millions de citoyens, en qui vous devez avoir confiance sous peine de condamner le choix qu'ils ont fait de vous, et pour le premier magistrat de la République à qui vous avez inoculé votre force en le nommant, et pour vous et pour l'autre Assemblée, mandataires du peuple, vous qui exposeriez vos poitrines aux balles, vous auriez peur... de quoi ? de quelques coups de plumes ! (Applaudissements répétés à gauche) vous croiriez indispensable d'élever devant votre Président des forteresses, autour de vous un mur d'enceinte !

Puisque j'ai parlé de l'empire romain, laissez-moi donc vous rappeler, messieurs, que lorsque la corruption eut perdu ses mœurs et ruiné ses institutions, lorsque, plus ou moins latente, sa dissolution eut commencé, en vain et les murailles et les bastions l'environnèrent. Ils ne le protégèrent pas contre l'invasion des barbares. Si, comme l'empire romain, vous donnez à ceux qu'aujourd'hui vous appelleriez volontiers aussi les barbares, à vos ennemis d'une heure, raison devant le droit, devant la vérité, et par conséquent devant le pays, par vos fautes, par vos torts : ni forteresses légales ni arsenal législatif ne vous protégeront, pas plus que ne fut protégé par ses fossés et ses retranchements l'empire romain. (Applaudissements à gauche.)

Si vous savez, au contraire, vous faire estimer, aimer, fiez-vous à l'indignation ou au mépris, plus sûr encore, de la conscience publique pour vous placer bientôt, je ne dis pas au niveau où vous étiez avant l'outrage, mais au-dessus, car le pays comprendra qu'il vous doit plus qu'une stricte réparation. (Nouveaux applaudissements à gauche.)

De grâce donc, biffons, biffons sans hésitation, mes chers collègues, cet anachronisme, ce fatal article.

Il est, vous a dit M. Lisbonne, en accord parfait avec certaines dispositions du Code pénal et de votre propre règlement parlementaire. Qu'est-ce à dire ? L'honorable rapporteur a prouvé par là qu'il y a à effacer dans notre Code pénal et dans notre règlement ; je le lui accorderai volontiers, si le Code pénal et notre règlement sont en contradiction flagrante avec les vérités que je viens d'établir.

Mais notre honorable collègue, par cette affirmation, n'a pas prouvé qu'il fallait ajouter une loi de lèse-majesté à la législation criminelle... de la République. (Applaudissements répétés à gauche. — L'orateur, en regagnant sa place, est félicité par ses collègues.)

M. Cuneo d'Ornano. Messieurs, je suis le premier à rendre hommage à la superbe éloquence de l'orateur qui descend de cette tribune ; mais, qu'il me permette de lui dire, avec tout le respect que j'éprouve pour son talent, il a dans son récit historique oublié quelques époques, ou plutôt quelques traits à son tableau.

Ainsi ont apparu à nos yeux l'empire romain, le vieil empire des Césars, puis l'empire de Napoléon, la Restauration, la monarchie de Juillet, le second empire, sans que l'éloquent orateur ait même pris la peine d'examiner si la première République, et la seconde, et la troisième ne méritaient pas aussi à leur tour d'être esquissées avec son crayon rude et sévère. (Interruptions à gauche.)

DÉLITS CONTRE LA CHOSE PUBLIQUE.

Vous venez nous dire : Républicains, nous ne pouvons donner au pays autre chose que la liberté !

Dans l'avenir, c'est possible, mais, dans le passé, vous nous avez donné autre chose que la liberté. (Très bien ! très bien ! à droite.)

Oui, messieurs, à l'exposé historique de l'honorable M. Madier de Montjau, il manque quelques époques que vous me permettrez de rappeler. Que nous apprend, en effet, l'histoire des républiques françaises, puisqu'on est venu réveiller ici l'histoire ?

M. le garde des sceaux s'écriait récemment qu'il lui semblait entendre, de cette tribune, la voix éloquente de Danton. Ah ! quand on entendait d'ici cette grande voix, savez-vous où étaient les journalistes ?

Ils approchaient de l'échafaud, où Camille Desmoulins, le jeune ami de Danton, portait bientôt sa tête, et tandis que, selon l'expression de l'honorable M. Floquet dans un de ses derniers et éloquents discours, le premier empire appliquait aux journaux la mort sans phrases, la première République avait fait mieux que cela : ce n'est pas aux journaux, mais aux journalistes, qu'elle appliqua la mort sans phrases. Voilà les réalités de l'histoire. (Très bien ! très bien ! à droite.)

Lorsque, plus tard, les républicains ouvrirent l'ère des coups d'État, en l'an V, un jour de fructidor, qui frappa-t-on tout d'abord ? les journalistes. Il y en eut trente qu'on envoya, sans jugement, non pas au Temple, mais dans le lointain et mortel exil de Sinnamary !

Voilà des précédents, messieurs, que vous avez oubliés ; vous avez écrit notre histoire avec sévérité ; n'oubliez pas la vôtre ! (Applaudissements à droite.) Faisons notre confession tous ensemble ; voyons le passé avec la même loyauté, puisqu'aussi bien vous voulez faire page blanche aujourd'hui et marcher désormais dans l'avenir, avec les mains pleines de libertés. (Très bien ! très bien ! à droite.)

Et si, franchissant d'un bond ces régimes intermédiaires que l'honorable M. Madier de Montjau a traités avec son éloquent mépris, j'arrive à la seconde République, je n'ai qu'à me pencher vers ce banc où j'aperçois M. de Girardin, ce doyen de la presse, pour lui dire : Souvenez-vous de l'époque où vous avez été mis au secret pour un simple article de journal... (Rires à droite.) de l'époque où vos presses furent brisées par le chef du pouvoir exécutif de la République française, par le général Cavaignac ! (Marques d'approbation à droite.)

Pardonnez-moi d'avoir réveillé de tels souvenirs. Si je respecte vos intentions présentes et actuelles, très libérales, je le reconnais, je vous demande de ne pas troubler le passé ; ne regardez pas en arrière, quand il s'agit de liberté, vous pas plus que nous ; nous ne pouvons, quant à nous, quant au régime auquel nous demeurons fidèles, nous, bonapartistes, y retrouver, dites-vous, que rigueurs et qu'arbitraire pour la parole et pour la pensée ; soit ! mais, alors, républicains, lisez aussi votre histoire ! y trouverez-vous autre chose ? (Très bien ! très bien ! à droite.)

M. Louis Le Provost de Launay (Côtes-du-Nord). Oui ! la guillotine ! (Rumeurs à gauche.)

M. Cuneo d'Ornano. Voilà, messieurs, la vérité. Ces lois de répression dont vous ne cessez de vous plaindre, ce sont des lois de 1848 et de 1849, dont une partie essayait de survivre dans la première rédaction de votre projet de loi, et que le libéralisme de cette Assemblée, droite et gauche mêlées, vient seulement de faire disparaître. 1849, c'est une date républicaine ; c'est une époque de réaction républicaine, j'en conviens, mais au temps dont je rappelais tout à l'heure un incident, lorsque M. de Girardin fut mis au secret pour un article de journal et que ses presses furent brisées, on était en plein mouvement républicain ; la République venait à peine de naître...

Quelques membres à gauche. On était en pleine réaction ! Vous prépariez déjà la chute de la République !

M. Cuneo d'Ornano. Je termine, messieurs, et j'ai scrupule, je le confesse, à apporter ici ma parole après celle si éloquente de l'honorable M. Madier de Montjau. Mais il fallait, c'était mon droit et c'est mon devoir, compléter en quelques mots et loyalement comme je l'ai fait, en ce qui touche à la liberté de la presse, l'histoire politique des divers partis.

Si j'arrive enfin à la troisième République, à celle d'aujourd'hui, ah! sans doute nous n'y retrouvons pas ces répressions sanglantes dont j'ai dû parler; non, les mœurs sont adoucies, et d'ailleurs il ne s'agissait plus d'une de ces crises inouïes comme celles de notre grande Révolution, qui jetait ses idées dans la fournaise où tout semblait disparaître, pour qu'ensuite on en vît surgir, impérissables et éprouvés, les principes qui nous guident, nous, ses enfants respectueux et reconnaissants.

Non, les temps ont changé, mais réfléchissez à ceci : vous nous dites sans cesse que la République existe depuis dix ans... (Dénégations à gauche.) Vous faites remonter sa naissance au 4 septembre 1870; vous lui donnez déjà une existence de dix années... (Nouvelles dénégations à gauche. — Très bien! très bien! à droite.)

Permettez! vos dénégations m'étonnent, car j'entends souvent rappeler que la République existe en France depuis dix ans, et que l'ordre en ces dix années, n'a pas été troublé, et qu'aucune guerre n'a eu lieu. Vous avez alors intérêt à vieillir cette institution républicaine, qu'au moment où je veux tirer parti contre elle de son âge, vous cherchez au contraire, à rajeunir. Eh bien, soit! vous ne contesterez toujours pas que nous siégeons ici depuis plus de trois ans. C'est en décembre 1877 que vous arrivèrent les premières propositions de loi sur la presse et, depuis lors, vous avez, en toute tranquillité d'âme, vous républicains, vous libéraux, laissé la presse sous le régime de l'oppression ou de l'arbitraire!

Et enfin, quand est-ce que vous songez à doter la presse de cette liberté qui vous paraît si chère?

M. Laroche-Joubert. Une Chambre qui a voté le règlement que nous subissons ne peut faire une loi libérale sur la presse.

M. Cuneo d'Ornano... C'est lorsqu'il est bien tard, trop tard, pour que vous votiez utilement une si urgente réforme, lorsque vous savez que la loi en discussion ne peut guère être en temps utile l'objet du vote des deux Chambres, si bien que nous sommes presque assurés de nous représenter devant nos électeurs sous le régime de la loi du 29 décembre 1875.

Ah! cette loi que M. Dufaure obtint de l'Assemblée nationale, cette loi du 29 décembre 1875, voulez-vous me permettre de vous en dire quelques mots? (Interruptions à gauche.)

M. Spuller. Le parti républicain ne l'a pas votée!

M. Cuneo d'Ornano. Oui, mais c'est le parti républicain qui l'a maintenue.

M. Germain Casse. C'est vous qui l'avez faite!

M. Guillot (Isère). C'est vous et vos amis!

M. Gent. Ils sont là, ceux qui l'ont votée! Adressez-vous à eux!

M. le président. N'interrompez pas!

Monsieur Cuneo d'Ornano, je vous ferai observer, sans vouloir entraver votre liberté de discussion, que vous rentreriez tout à fait dans la discussion générale, si vous vous mettiez à apprécier la loi de 1875.

M. Cunéo d'Ornano. Monsieur le président, permettez-moi de dire que c'est le moment, au contraire, où j'entrerais dans la question. Je n'y étais pas tout à l'heure; je répondais seulement à cette magnifique digression historique à laquelle l'honorable M. Madier de Montjau s'est abandonné, digression qui n'était pas essentielle au sujet en discussion.

Après avoir rappelé, à mon tour, en quelques mots, le traitement que les républiques précédentes infligèrent à la presse, j'arrive à indiquer quel est le régime

DÉLITS CONTRE LA CHOSE PUBLIQUE.

sous lequel nous vivons actuellement, et à faire remarquer que la loi de 1875 a créé des dispositions que M. Louis Blanc a qualifiées avec la plus grande sévérité, et qu'un grand mort, un de nos grands orateurs, Jules Favre, avait flétries de toute son énergie.

Ces appréciateurs, qui vous paraîtront autorisés, reconnaissaient que cette loi de 1875, sous l'oppression de laquelle les journaux vivent depuis plus de cinq ans, imagine des délits nouveaux, et innove dans le sens du plus odieux arbitraire. Cependant, elle existe toujours, cette loi, les ministres en usent; la presse en souffre, elle en souffrira même longtemps encore.

Cette loi de 1875 permet notamment d'enlever un citoyen à ses juges naturels. Le rédacteur d'un journal de Paris, par exemple, peut se voir envoyer devant le jury de Chartres, tel autre d'Angoulême peut se voir envoyer devant le jury des Landes pour y être jugé en vertu d'une loi que vous conservez, vous, messieurs, sous le gouvernement républicain, depuis plus de cinq années! (Très bien! à droite. — Rumeurs à gauche.)

Un membre à gauche. C'est vous qui l'avez faite!

M. Cuneo d'Ornano. Je n'avais pas l'honneur d'être député en 1875, et j'ai, au contraire, proposé l'abrogation de cette loi à l'assemblée de 1876.

Je reconnais même que la Chambre avait d'abord adopté ma proposition.

En vertu de cette même loi de 1875, que vous conservez depuis cinq ans, il est interdit de faire appel sur un incident, sur une question de compétence, avant d'avoir interjeté appel sur le fond.

Je ne veux pas citer toutes les rigueurs nouvelles que cette loi du 29 décembre 1875 a créées. Et quant aux juridictions, elle a déféré aux tribunaux correctionnels le jugement de la plupart des délits d'opinion. (Interruptions à gauche.) Voilà la loi que vous maintenez depuis si longtemps et qui constitue le régime de la troisième République, en ce qui touche la liberté de la presse!

Un dernier mot. Oui, essayez d'établir enfin la liberté pour tous, engagez-vous dans une voie libérale, essayez de donner enfin à la pensée, à la parole, à la plume, toute la liberté que vous rêvez pour les manifestations diverses de l'esprit humain et de l'opinion; mais convenez modestement avec nous que, pour puiser des encouragements, vous ne devez pas regarder en arrière, dans votre passé pas plus que dans le nôtre; vous n'y trouveriez pas les traditions libérales que vous cherchez. (Très bien! très bien! à droite.)

Il faut courageusement innover, ouvrir des horizons nouveaux, et, si vous donnez à la presse la liberté absolue, vous ferez ce qu'aucune république n'avait encore osé faire, si ce n'est par des déclarations platoniques ou même perfides, que l'événement venait cruellement démentir.

Cela ne diminue pas votre honneur. Si vous persistez à faire une loi libérale et si vous aboutissez réellement à quelque résultat pratique, cela ne diminue en rien votre mérite. Au contraire, et je suis loin de m'en plaindre; mais il fallait que le tableau historique qui vous avait été présenté par l'honorable M. Madier de Montjau, au sujet des divers traitements que la presse a reçus des divers partis, fût loyalement complété; et je crois y avoir utilement ajouté, quant à moi, quelques traits que fournit impartialement l'histoire. (Très bien! et applaudissements à droite.)

M. le président. Il y a, sur l'article 26, une demande de scrutin public.

Elle est signée de MM. Ballue, Mathé, Germain Casse, Floquet, Bousquet, Gent, Greppo, Vernhes, Henri de Lacretelle, Naquet, Ménard-Dorian, Guillot, Saint-Martin, Barodet, Marion, Lasbaysses, Jouffraut, etc.

Il va être procédé au scrutin.

(Le scrutin est ouvert; les votes sont recueillis, et MM. les secrétaires en font le dépouillement.)

M. le président. Voici le résultat du dépouillement du scrutin :

ONT VOTÉ POUR :

MM. Agniel. Amat. Andrieux. Anthoard. Armez. Arnoult.

Baïhaut. Barbedette. Bardoux. Barthe (Marcel). Baury. Beaussire. Bel (François). Belle. Bellissen (de). Belon. Benoist. Bernard. Bernier. Bethmont (Paul). Bienvenu. Binachon. Blanc (Pierre) (Savoie). Blandin. Bonnaud. Borriglione. Bouthier de Rochefort. Bravet. Bresson. Brice (René). Bruneau.

Carnot (Sadi). Casimir-Périer (Aube). Casimir-Périer (Paul) (Seine-Inférieure). Caurant. Caze. Chaix (Cyprien). Chanal (général de). Chantemille. Charpentier. Chavoix. Chiris. Choiseul (Horace de). Choron. Christophle (Albert) (Orne). Cirier. Cochery. Constans. Corentin-Guyho. Cornil. Costes.

Danelle-Bernardin. Daron. Deluns-Montaud. Dessaux. Deusy. Devade. Devaux. Develle (Eure). Devès. Diancourt. Dreux. Dromel. Dupont. Durand (Ille-et-Vilaine).

Even.

Fallières. Faure (Hippolyte). Ferry (Jules). Folliet. Fouquet. Fourot. Fousset. Fréminet.

Galpin. Ganne. Garrigat. Gassier. Gatineau. Gaudy. Germain (Henri). Gévelot. Girard (Alfred). Girerd. Girot-Pouzol. Giroud. Godin (Jules). Groller. Gros-Gurin. Guichard. Guillemin.

Horteur. Hugot.

Jametel. Janvier de La Motte (Louis) (Maine-et-Loire). Janzé (baron de). Jeanmaire. Jenty. Jozon.

Labadié (Bouches-du-Rhône). Labitte. La Caze (Louis). Laffite de Lajoannenque (de). Lanel. Langlois. Lasserre. Latrade. Laumond. Laurençon. Lavergne (Bernard). La Vieille. Lebaudy. Lecomte (Mayenne). Legrand (Louis) (Valenciennes, Nord). Legrand (Pierre) (Nord). Lelièvre (Adolphe). Le Maguet. Le Monnier. Lepouzé. Leroux (Aimé) (Aisne). Leroy (Arthur). Lesguillon. Levêque. Lisbonne. Lombard. Loustalot.

Magniez. Mahy (de). Maigne (Jules). Marcère (de). Marcou. Marquiset. Martin-Feuillée. Maunoury. Mayet. Méline. Mercier. Mestreau. Montané. Monteils. Moreau. Morel (Haute-Loire). Morel (Hippolyte) (Manche). Mongeot.

Nédellec. Neveux. Noël-Parfait. Noirot.

Ordinaire (Dionys). Osmoy (comte d'). Oudoul.

Papon. Parry. Passy (Louis). Patissier. Paulon. Penicaud. Philippe (Jules). Philippoteaux. Picard (Arthur) (Basses-Alpes). Pinault. Plessier. Ponlevoy (Frogier de). Pouliot.

Rameau. Raynal. Récipon. Renault-Morlière. Riban. Ribot. Richarme. Riondel. Riotteau. Roger. Roudier. Rougé. Roux (Honoré).

Sallard. Salomon. Savary. Scrépel. Sénard. Simon (Fidèle). Sonnier (de). Souchu-Servinière. Soye. Swiney.

Tallon (Alfred). Tassin. Teilhard. Teissèdre. Tézenas. Thomas. Tirard. Tondu. Trarieux. Trouard-Riolle. Truelle. Turquet.

Vaschalde. Versigny. Vignancour. Villain.

Waddington (Richard). Waldeck-Rousseau. Wilson.

ONT VOTÉ CONTRE :

MM. Abbatucci. Achard. Allain-Targé. Allègre. Allemand. Ancel. André (Jules). Anisson-Duperron. Arenberg (prince d'). Ariste (d'). Arrazat. Audiffred. Aulan (marquis d'). Azémar.

DÉLITS CONTRE LA CHOSE PUBLIQUE

Baduel d'Oustrac. Ballue. Bamberger. Barascud. Barodet. Bastid (Adrien). Baudry-d'Asson (de). Beauchamp (de). Beauquier. Bélizal (vicomte de). Benazet. Berger. Bergerot. Berlet. Bert (Paul). Bertholon. Bianchi. Biliais (de La). Bizarelli. Blachère. Blanc (Louis) (Seine). Blin de Bourdon (vicomte). Bonnet-Duverdier. Bosc. Bouchet. Boulard (Cher). Bouquet. Bourgeois. Bousquet. Bouteille. Boysset. Brame (Georges). Brelay. Breteuil (marquis de). Brierre. Brisson (Henri). Brossard. Buyat.

Cantagrel. Casse (Germain). Castaignède. Chalamet. Charlemagne. Chavanne. Chevallay. Chevandier. Chevreau (Léon). Cibiel. Clémenceau. Clerq (de). Colbert Laplace (comte de). Combes. Cossé-Brissac (comte de). Cotte. Couturier. Crozet-Fourneyron.

Datas. Daumas. Dautresme. David (Jean) (Gers). David (baron Jérôme) (Gironde). Debuchy. Delafosse. Denian. Desloges. Dethou. Develle (Meuse). Donville-Maillefeu (comte de). Dréo. Dréolle (Ernest). Du Bodan. Dubois (Côte-d'Or). Dubost (Antonin). Ducroz. Du Douët. Dufour (baron) (Lot). Duportal. Durfort de Civrac (comte de). Duvaux.

Escanyé. Escarguel. Eschasseriaux (baron). Eschasseriaux (René). Espeuilles (comte d').

Farcy. Favand. Feltre (duc de). Ferrary. Flandin. Fleury. Floquet. Forné. Franconie. Frébault. Freppel.

Gagneur. Ganivet. Gaslonde. Gasté (de). Gastu. Gaudin. Gautier (René). Gavini. Gent (Alphonse). Gilliot. Ginoux de Fermon (comte). Girault (Cher). Goblet. Godelle. Godissart. Gonidec de Traissan (comte Le). Granier de Cassagnac (Georges). Granier de Cassagnac (Paul). Greppo. Guillot (Louis). Guyot (Rhône).

Haentjens. Hamille (Victor). Harcourt (duc d'). Haussmann (baron). Havrincourt (marquis d'). Hérisson. Hermary. Huon de Penanster.

Jacques. Janvier de la Motte (père) (Eure). Joigneaux. Jolibois. Joubert. Jouffrault. Journault. Juigné (comte de).

Keller. Kermenguy (vicomte de). Klopstein (baron de).

Labadié (Aude). La Bassetière (de). Labat. Labuze. Lacretelle (Henri de). Ladoucette (de). La Grange (baron de). Laisant. Lanauve. La Porte (de). Largentaye (de). La Rochefoucauld, duc de Bisaccia. Laroche-Joubert. La Rochette (Ernest de). Larrey (baron). Lasbaysses. Leconte (Indre). Legrand (Arthur) (Manche). Léon (prince de). Le Peletier d'Aunay (comte). Lepère. Le Provost de Launay (Calvados). Le Provost de Launay (Côtes-du-Nord). Levert. Levet (Georges). Liouville. Livois. Lockroy. Loqueyssie (de). Lorois (Morbihan).

Mackau (baron de). Madier de Montjau. Maillé (d'Angers). Maillé (comte de). Maréchal. Marion. Masure (Gustave). Mathé. Mathieu. Maze (Hippolyte). Médal. Ménard-Dorian. Mention (Charles). Michaut. Mingasson. Mir. Mitchell (Robert).

Nadaud (Martin). Naquet (Alfred). Niel.

Ollivier (Auguste). Ornano (Cuneo d').

Padoue (duc de). Partz (marquis de). Pellet (Marcellin). Perin (Georges). Perras. Perrien (comte de). Petitbien. Plichon. Pradal. Prax. Paris. Proust (Antonin).

Raspail (Benjamin). Rathier (Yonne). Rauline. Reille (baron). Reymond (Francisque) (Loire). Reynaud. Rivière. Roissard de Bellet (baron). Rollet. Roques. Rotours (des). Rouvier. Roy de Loulay (Louis).

Saint-Martin (Vaucluse). Sarlande. Sarrien. Savoye. Seignobos. Sentenac. Septenville (baron de). Serph (Gusman). Soland (de). Soubeyran (baron de). Spuller.

Taillefer. Talandier. Telliez-Béthune. Thirion-Montauban. Thoinnet de la Turmelière. Thomson. Tiersot. Tron. Trubert. Turigny.

Vacher. Valon (de). Varambon. Vernhes. Viette. Villiers.

N'ONT PAS PRIS PART AU VOTE :

Bizot de Fonteny. Boissy d'Anglas (baron). Boudeville. Boulart (Landes). Bouville (le comte de). Boyer (Ferdinand). Caduc. Casabianca (vicomte de). Cavalié. Cazeaux. Chaley. Chauveau (Franck). Corneau. Daguilhon-Pujol. Defoulenay. Desbons. Dreyfus (Ferdinand). Duchasseint. Durieu. Gambetta. Gasconi. Girardin (Emile de). Guyot-Montpayroux. Hovius, Lalanne. Lamy (Etienne). Le Marois (comte). Lenglé. Le Vavasseur. Logerotte. Loubet. Malézieux. Marmottan. Menier. Murat (comte Joachim). Pascal Duprat. Péronne. Perrochel (marquis] de). Picart (Alphonse). Poujade. Renault (Léon). Rouher. Rubillart. Saint-Martin (de). Sarrette. Sée (Camille). Tardieu. Thiessé. Trystram.

N'ONT PAS PRIS PART AU VOTE
comme ayant été retenus à la commission du budget.

MM. Lecherbonnier. Le Faure.

N'ONT PAS PRIS PART AU VOTE
comme ayant été retenus à la commission d'enquête sur les actes de M. le général de Cissey pendant son ministère :

MM. Margaine. Peulevey. Royer. Roys (comte de). Valfons (marquis de). Vendeuvre (général de).

ABSENTS PAR CONGÉ :

MM. Cadot (Louis). Cesbron. David (Indre). Descamps (Albert). Duclaud. Fauré. Giraud (Henri). Guilloutet (de). Harispe. Hémont. Hérault. Margue. Mas. Rouvre.

Nombre des votants...................... 459
Majorité absolue......................... 230
    Pour l'adoption.............. 205
    Contre....................... 254

La Chambre des députés n'a pas adopté l'article 26 (29 ancien) du projet de la commission (mouvements divers).

M. le président. M. Marcou avait déposé sur cet article un amendement tendant à rétablir dans le dernier paragraphe le délit d'outrages à la République. (Exclamations.)

Rassurez-vous, messieurs! L'article ayant été supprimé, M. Marçou ne peut plus y appliquer son amendement; il lui sera loisible d'en faire un article additionnel, ou de le retirer purement et simplement.

M. Marcou. Je ne retire pas mon amendement; je le reproduirai comme article additionnel.

M. le président. Et vous maintenez la demande de scrutin que vous avez déposée?

M. Marcou. Parfaitement !

M. le président. Nous remettons à demain la suite de la discussion.

Première délibération. — Séance du mardi 1er février 1881.

M. le président. L'ordre du jour appelle la suite de la première délibération sur le projet de loi relatif à la liberté de la presse.

DÉLITS CONTRE LA CHOSE PUBLIQUE.

La Chambre s'est arrêtée à l'ancien article 30, devenu l'article 26 ; il est ainsi conçu :

« Tous cris séditieux proférés dans des lieux ou réunions publics seront punis d'un emprisonnement de six jours à six mois et d'une amende de 16 à 500 francs, ou de l'une de ces deux peines seulement. »

Sur cet article, il y a deux amendements ; l'un de M. Ribot...

M. Ribot. Je le retire, monsieur le président ; la commission m'a donné satisfaction.

M. le président. L'autre amendement est de M. Trarieux. Il consiste à intercaler dans l'article 26, après les mots « tous cris », les mots « ou chants ».

M. Trarieux. Je suis d'accord avec la commission, qui consent à l'adoption de mon amendement, si le principe est admis par la Chambre.

M. le président. Alors, il y a lieu de discuter le fond.

La parole est à M. Cuneo d'Ornano, qui propose la suppression de l'article.

M. Cuneo d'Ornano. Messieurs, je demande la suppression pure et simple de l'article 26 ; la Chambre se conformera ainsi à l'esprit qui l'a déjà guidée dans les différentes résolutions qu'elle a prises.

Vous avez voulu, en effet, par vos votes que la loi actuelle supprimât tous les délits d'opinion pour ne maintenir que les délits de droit commun, qui sont prévus par le code, et punis de pénalités spéciales.

Or, si le cri séditieux est un véritable appel à la sédition, il rentre alors dans les dispositions générales que vous avez maintenues en matière de provocation ; s'il constitue un simple fait de désordre, il peut tomber sous les dispositions de nos lois qui prévoient le tapage injurieux.

J'estime donc que la Chambre fera une œuvre logique en supprimant cet article comme elle a supprimé les dispositions précédentes portant sur les délits d'opinion.

M. Lisbonne, *rapporteur*. Messieurs, la commission maintient l'article. Les cris séditieux peuvent ne pas être considérés comme l'expression d'une opinion. Ce n'est pas l'expression de l'opinion, ni une discussion ; c'est purement et simplement un trouble apporté à la tranquillité publique. Le cri séditieux nous a paru avoir une analogie avec le tapage injurieux, seulement avec le tapage aggravé par les commentaires auxquels donne lieu le cri séditieux. La commission maintient donc la disposition qu'elle a proposée.

M. Cuneo d'Ornano. La commission maintenant cette disposition, je ne veux faire qu'une seule observation.

Les cris séditieux furent distingués du délit général de provocation et isolés par l'article 8 de la loi de 1822 : ils rentraient sous des dispositions générales dans les législations antérieures. Le législateur de 1819 ne les avait visés que comme des provocations au délit.

C'est la loi de 1822, c'est-à-dire la loi la moins libérale qui ait été faite sous la Restauration, que vous relevez ainsi dans l'article dont je demande la suppression.

Si donc vous maintenez dans votre loi actuelle l'article proposé par la commission, vous maintenez une des dispositions les moins libérales des législateurs monarchiques, vous maintenez une disposition de la loi de 1822, vous empruntez à une des lois les plus réactionnaires de la royauté la disposition que vous consacrez dans une loi que vous prétendez cependant qualifier de libérale.

M. le président. Je consulte la Chambre sur l'article 26.

(L'article 26 est mis aux voix et adopté.)

M. le président. La commission adopte-t-elle l'amendement de M. Trarieux ?

M. le rapporteur. La commission accepte l'amendement.

M. Trarieux. Nous sommes d'accord.

M. le président. Alors on mettra « tous cris *ou chants* séditieux » ; le reste comme à l'article.

Je mets aux voix cette interpolation.

(L'interpolation des mots « ou chants » est mise aux voix et adoptée.

M. le président. Nous passons à l'article 27, ainsi conçu :

« La publication ou reproduction de nouvelles fausses, de pièces fabriquées, falsifiées ou mensongèrement attribuées à des tiers, sera punie d'un emprisonnement d'un mois à un an, et d'une amende 50 fr. à 1,000 fr., ou de l'une de ces deux peines seulement, lorsque la publication ou reproduction aura troublé la paix publique et qu'elle aura été faite de mauvaise foi. »

Personne ne demande la parole ?

M. Emile de Girardin. Je demande la suppression des mots « de nouvelles fausses », parce que, à mon avis, il n'y a point de nouvelles fausses qui soient durables. Il y a des journaux qui paraissent le soir, par conséquent les nouvelles annoncées le matin peuvent être contredites le soir, et celles du soir peuvent l'être le lendemain matin.

Un membre au centre. Mais alors il faut attendre le soir pour se renseigner sur l'exactitude de la nouvelle !

Un autre membre. Et si l'on ne peut pas lire le journal le soir ?

M. Lorois. Je demande la parole.

M. le président. M. Lorois a la parole.

M. Lorois. Je désire adresser une question à la commission. L'article 27 porte :
« La publication ou reproduction de nouvelles fausses, de pièces fabriquées, falsifiées ou mensongèrement attribuées à des tiers... »

Je demande s'il est bien entendu que les droits des tiers de se pourvoir et de se plaindre, si on leur attribue des pièces fausses, restent tout entiers?

M. Lelièvre. C'est l'article 1382 du Code.

M. le rapporteur. La commission l'entend ainsi.

M. le président. Je consulte d'abord la Chambre sur la modification proposée par M. de Girardin.

L'article 26 commence ainsi :

« La publication ou reproduction de nouvelles fausses... »

M. de Girardin demande le retranchement de ces mots : « de nouvelles fausses ».

Ceux qui voudront supprimer ces mots voteront contre la première partie de la rédaction de la commission. Je mets donc aux voix cette première partie.

(La première partie de la rédaction de la commission, mise aux voix, est adoptée.)

M. le président. Je mets aux voix l'ensemble de l'article 27 dont j'ai donné lecture.

(L'article, mis aux voix, est adopté dans son ensemble.)

M. le président « Art. 28. — L'outrage aux bonnes mœurs, commis par l'un des moyens énoncés en l'article 24, sera puni d'un emprisonnement de quinze jours à un an et d'une amende de 16 fr. à 500 fr.

« Si l'outrage est commis par des dessins, figures, images ou emblèmes, les exemplaires exposés aux regards du public, mis en vente, colportés ou distribués, seront saisis et détruits. »

Après ces mots : « L'outrage aux bonnes mœurs commis par l'un des moyens énoncés en l'article 24 », la commission propose d'ajouter ceux-ci : « et, en outre, par dessins, gravures, peintures ou emblèmes, etc. »

M. le rapporteur. Je demande la parole.

M. le président. Vous avez la parole.

M. le rapporteur. Je demande à faire connaître à la Chambre la rédaction définitive adoptée par la commission. Notre rédaction première était celle-ci :

« L'outrage aux bonnes mœurs, commis par l'un des moyens énoncés en l'arti-

DÉLITS CONTRE LA CHOSE PUBLIQUE.

cle 24, sera puni d'un emprisonnement de quinze jours à un an et d'une amende de 16 francs à 600 francs.

« Si l'outrage est commis par des dessins, figures, images ou emblèmes, les exemplaires exposés aux regards du public, mis en vente, colportés ou distribués, seront saisis et détruits. »

Nous avons modifié notre première rédaction de la manière suivante :

« L'outrage aux bonnes mœurs, commis par l'un des moyens énoncés en l'article 24, et en outre par des dessins, gravures, peintures, emblèmes ou images quelconques, sera puni d'un emprisonnement de un mois à deux ans et d'une amende de 16 francs à 2,000 francs. »

Nous nous sommes ainsi approprié en partie l'amendement de M. Floquet, quant aux pénalités. Seulement, il y avait une lacune que nous avons comblée. Cet amendement était ainsi conçu :

« L'exposition, la vente, la distribution, le colportage ou l'annonce de tous objets ou publications obscènes, sera puni d'un emprisonnement de un mois à deux ans et d'une amende de 16 francs à 2,000 francs. »

M. Floquet avait oublié les discours ou paroles obscènes ; il ne s'était préoccupé que des écrits ou dessins. Nous avons maintenu notre seconde rédaction, en adoptant la pénalité proposée par M. Floquet.

Quant au second paragraphe, nous n'avons pas maintenu les mots « et détruits », à la suite du mot « saisis ».

Voici la rédaction dernière de ce second paragraphe :

« Si l'outrage est commis par des dessins, gravures, images ou emblèmes, les exemplaires obscènes exposés aux regards du public, mis en vente, colportés ou distribués, seront saisis. »

M. Ribot. Pourquoi pas « et détruits » ?

M. le rapporteur. La commission a supposé qu'il suffisait de la saisie.

M. du Bodan. Pourquoi ?

M. Ribot. Qu'est-ce qu'on en fera ?

M. le président. On ne pourra pas en faire une collection, cependant ! (On rit.)

M. le rapporteur. Rien n'empêchera de les détruire après qu'en cas de poursuite et de condamnation, le tribunal aura ordonné la destruction.

M. le président. Sur cet article, même ainsi rédigé, il y a un amendement de M. Cuneo d'Ornano qui propose d'élever à 10,000 fr. le maximum de l'amende.

M. Cuneo d'Ornano. Je le retire devant celui de M. Floquet.

M. Lorois. Je demande la parole.

M. le président. M. Lorois a la parole.

M. Lorois. Je voudrais proposer à la commission, qui, je crois, l'acceptera, une très petite modification.

Après avoir dit que l'outrage sera puni quand il aura été commis par l'un des moyens énoncés en l'article 24, elle ajoute : « et, en outre, par dessins, gravures, etc., » elle veut dire probablement « et aussi par dessins, etc. »

Je crois que, au lieu des mots « et en outre », il faut mettre simplement « ou », parce que si elle maintenait sa première rédaction, on pourrait soutenir que l'outrage pour être commis tout à la fois et par l'un des moyens énoncés en l'article 24, et par dessins, etc...

Je crois qu'il me suffira d'avoir appelé l'attention de la commission sur ce point pour qu'elle reconnaisse la nécessité de la modification que je propose. (Très-bien !)

Plusieurs membres au banc de la commission. Nous sommes d'accord !

M. Ribot, *de sa place.* Je crois qu'il faudrait ajouter après les mots dessins, emblèmes ou images, les mots « mis en vente, distribués et exposés aux regards du public ». Autrement, on pourrait interpréter l'article en ce sens qu'un dessin saisi chez un imprimeur tomberait sous le coup de la pénalité prescrite.

M. le rapporteur. C'est en ce sens que l'article est rédigé.

. **M. Ribot.** Mais non ! (Exclamations et bruit.)

M. Daguilhon-Pujol. Voilà une loi bien rédigée !

M. Ribot. Pardon ! je fais à la commission une observation de forme, qui a son importance. (Bruit.)

M. le président. Messieurs, je vous demande instamment de faire silence. Je suis obligé de renouveler trop souvent cette observation ; elle figure au *Journal officiel*, et cela ne donne pas une idée favorable de l'attention que vous apportez à vos débats.

M. Ribot. Je fais, je le répète, une observation de pure forme.

L'article 26 prévoyait tous les moyens de publicité, notamment l'écrit et le dessin, et il portait qu'ils ne pourraient être mis en vente ou distribués ou exposés dans un lieu public. On a fait disparaître de l'article 24 les images ou emblèmes ; on les reprend dans l'article actuel, mais il faut ajouter qu'ils ne pourront être saisis par la loi que s'ils ont été rendus publics de l'une des manières indiquées en l'article 24, sans quoi les tribunaux seront obligés de condamner comme obscènes même les dessins qui ne seraient pas mis en vente ou distribués dans un lieu public.

C'est là une observation de pure forme qui s'impose, à ce qu'il me semble. (Marques d'assentiment.)

M. le rapporteur. Le deuxième paragraphe de notre article donne satisfaction, ce me semble, à l'observation de M. Ribot.

M. Cuneo d'Ornano. Mais non ! il n'a rapport qu'à la saisie.

M. le rapporteur. Voici le texte de ce paragraphe :

« Si l'outrage est commis par des dessins, figures, images ou emblèmes, les exemplaires obscènes exposés aux regards du public, mis en vente, colportés ou distribués seront saisis. »

M. du Bodan. Pourquoi pas détruits ?

M. le président. Je ferai remarquer au rapporteur que le second paragraphe ne s'applique qu'à la saisie et non pas aux poursuites.

M. le rapporteur. Vous avez raison, monsieur le président, c'est pour cela que nous nous bornons à prescrire la saisie qui précède la poursuite.

M. le président. L'article 28 se trouverait donc ainsi modifié.

« L'outrage aux bonnes mœurs commis par l'un des moyens énoncés en l'article 24, ou par la mise en vente, la distribution ou l'exposition de dessins, gravures, peintures, etc. »

M. Ribot. C'est cela !

M. le président. Personne ne réclame plus l'addition du mot « détruits » à la fin du second paragraphe ?

Sur divers bancs. — Non ! non !

M. le rapporteur. Il s'agit d'une saisie préventive, c'est-à-dire d'une mesure qui précède la décision de justice. La destruction des exemplaires serait prématurée, si elle était opérée préalablement. Voilà pourquoi nous avons supprimé le mot « détruits ».

M. le président. Monsieur du Bodan, insistez-vous pour le rétablissement de ce mot ?

M. du Bodan. Sous la réserve des explications de M. le rapporteur, je n'insiste pas.

M. le président. Alors je mets aux voix l'article tel qu'il a été rédigé définitivement par la commission.

L'article est mis aux voix et adopté.

M. Marcou. Je demande la parole pour présenter une disposition additionnelle.

24

DÉLITS CONTRE LA CHOSE PUBLIQUE.

M. le président. Vous avez la parole.

M. Marcou. Messieurs, j'ai l'honneur de déposer sur le bureau de la Chambre la disposition additionnelle suivante... (Bruit de conversation.)

M. le président. Attendez le silence, monsieur Marcou, car en ce moment vous courriez le risque de troubler les entretiens particuliers. (On rit. — Le silence se rétablit.)

M. Marcou. Voici ce que je propose d'ajouter :

« Tout outrage commis par l'un des moyens énoncés dans l'article 24, envers la République, sera puni d'un emprisonnement de trois mois à un an. » (Bruyantes exclamations à l'extrême gauche.)

Messieurs, je crois remplir un devoir, au nom de tous les républicains de France...

Voix à droite. Et de Navarre !

Sur divers bancs à gauche. Non ! non !

M. Marcou... en essayant de soustraire la République aux insultes, aux outrages...

M. Cuneo d'Ornano. Du temps !

M. Marcou... qui ne manqueront pas d'être déversés sur elle.

M. Barodet. Qu'est-ce que cela lui fait ? Cela ne l'atteint pas !

Voix diverses. C'est voté ! — La Chambre a prononcé !

M. le président. La Chambre n'a pas été appelée à se prononcer sur cette question, l'article où elle se trouvait posée ayant été retiré par la commission ; je demande qu'on laisse M. Marcou expliquer la disposition additionnelle qu'il propose. La Chambre statuera.

M. Marcou. La question a été posée par la commission, il faut par conséquent qu'elle soit résolue. Il est vrai que la commission a retiré son article, mais l'esprit public est saisi de la question et il en est préoccupé. Il demande une solution. (Exclamations et rires à droite.)

Eh bien, cette solution sera ou un bill d'indemnité accordé à tous les insulteurs de la République, ou bien ce sera la condamnation des outrages. (Nouveaux rires à droite.)

Aussi, messieurs, si la question n'avait pas été soulevée par la commission, si depuis lors cette question ne s'était pas dressée devant toutes les consciences républicaines inquiètes, peut-être je ne l'aurais pas fait apparaître à la tribune, tant l'opprobre à la République me paraissait impossible.

Ce que je demande, c'est le respect du Gouvernement.

M. George de Cassagnac. Il ne suffit pas de le demander, il faut le mériter !

M. Marcou. Nous distinguons entre l'outrage et la discussion. J'admets très bien que la forme de tout Gouvernement soit soumise à l'épreuve de l'expérience et au creuset de la discussion ; que la raison débatte toutes les formes politiques, à merveille ! C'est là précisément l'avantage d'être en République ; la République ne craint ni la controverse, ni la lumière, elle n'a pas inventé des mesures pour expulser hors du territoire, en vertu d'une loi de sûreté générale, les dissidents et les adversaires du Gouvernement ; elle autorise toutes les critiques, l'examen le plus approfondi, mais elle ne peut autoriser l'outrage, l'insulte, la déconsidération, l'avilissement de la République, qui est notre gouvernement.

On me dira : Prenez garde ! la République n'est pas une personne ; comment voulez-vous dès lors qu'on puisse l'outrager ? (Interruptions diverses.)

Messieurs, il m'est bien difficile de parler au milieu du bruit et des interruptions.

La République n'est pas une personne, en ce sens qu'elle ne se personnifie pas dans un nom propre ; elle est plus que cela : la République est la plus considérable et la plus haute de toutes les personnalités, car elle renferme dans son sein le Gouvernement, la Chambre des députés et le Sénat. (Bruit à droite.)

La République est la synthèse de toutes les idées, de tous les sentiments qui nous ont soutenus dans nos luttes politiques depuis près d'un demi-siècle. La République a été le phare vers lequel nous avons constamment marché au milieu des périls et des obstacles ; la République, c'est l'incarnation de l'idée essentiellement démocratique, c'est le symbole du suffrage universel, c'est le triomphe de la liberté elle-même.

Voilà, messieurs, ce que c'est que la République. Comment ! dans une assemblée de républicains, nous serions obligés d'épiloguer sur la signification de ce mot ? Est-ce que sa véritable acception n'est pas dans tous les cœurs républicains ? Est-ce qu'il peut y avoir des hésitations pour savoir ce que la France d'autrefois et d'aujourd'hui entend par ce mot : la République ?

Elle a fait battre et fait battre encore tant de cœurs épris de la justice.

Elle est la liberté, elle est la démocratie à l'état de pouvoir, elle est la souveraineté populaire, elle est le suffrage universel installé dans nos institutions ; la République, en un mot, c'est le Gouvernement ! (Nouvelles interruptions.)

Oh ! permettez ! Par le mot de gouvernement, je n'entends pas tels ou tels ministres, telle ou telle politique. Non ; la République, je vous le répète, n'est qu'une forme de gouvernement, un symbole qui exprime notre foi politique, c'est, au point de vue général, un gouvernement essentiellement démocratique, sans cesse en progrès.

Voilà quel sens j'attache à ce mot : la République ! Et du reste, allez dans les campagnes, dans les provinces, dans les endroits les plus reculés ; interrogez les paysans, demandez-leur ce qu'ils entendent par la République. Ils ne s'y tromperont pas, et soyez persuadés que si vous insultez devant eux la République, vous soulèverez toutes leurs colères, leurs répulsions et leurs indignations profondes. La République, pour eux, c'est le drapeau français, c'est le salut, c'est l'espoir de l'avenir ! La République, en d'autres termes, c'est le Gouvernement républicain. Voilà ce qu'il faut bien entendre. (Exclamations à droite.)

Je ne sais que trop que le jour où la Chambre aura rejeté ma proposition, il sera permis à ses ennemis de se donner libre carrière pour l'insulter, pour l'outrager ; dans les villages, dans les cabarets, dans les rues, vous entendrez des expressions qui provoqueront peut-être des ripostes énergiques et seront de nature à engendrer des rixes.

Oui ! on jettera la boue à la République ; on lui prodiguera le mot de Cambronne à chaque occasion. (Exclamations et rumeurs.)

M. le président. Je crois, monsieur Marcou, que vous êtes arrivé aux dernières limites des libertés parlementaires. (On rit.)

M. Marcou. Ce n'est pas moi qui ai atteint ces limites, ou plutôt c'est par prévision ; ce seront les ennemis de nos institutions qui les dépasseront cyniquement ; et c'est précisément parce que je voudrais empêcher ces scandales que je propose une répression contre ceux qui outrageraient nos institutions symbolisées dans ce mot : la République.

Messieurs, il faut le reconnaître : il y a, en ce moment, dans une partie de la Chambre, un courant vers le triomphe de la liberté la plus absolue, la plus illimitée. Oh ! la thèse est belle, je le sais, elle est féconde en mouvements oratoires, elle peut donner lieu à un lyrisme qui plaît, à une éloquence qui fait applaudir l'orateur et lui tresser des couronnes par certains journaux.

Oui, ce rôle est facile, mais il faut se préoccuper des conséquences et des résultats. L'idée est vraie, elle est l'objet de notre culte, elle a été notre flamme ; mais le jour où elle est arrivée au pouvoir, le jour où elle a besoin de se défendre et de se protéger, il est nécessaire de lui donner un *substratum,* de l'appuyer sur des institutions, de la protéger au besoin par la force.

Eh quoi ! vous autres qui avez tenu vaillamment l'épée de combat dans les luttes, aujourd'hui que vous êtes arrivés à la victoire, vous laissez défaillir votre bras, vous laissez tomber le glaive de la justice ? (Oh ! oh ! à droite.)

DÉLITS CONTRE LA CHOSE PUBLIQUE.

Vous donnez libre carrière à vos ennemis ; vous les autorisez à vous insulter !

La force, messieurs, — c'est un vieux républicain qui vous parle, et qui a de l'expérience, — la force, c'est l'oppression, quand elle est en opposition avec la justice, avec la liberté. Mais lorsqu'on peut réaliser l'accord entre l'idée et le fait, entre la liberté et l'autorité, cette conciliation doit se faire, sinon vous laissez dépérir l'idée, vous la laissez mourir d'anémie.

Dans ce moment-ci, est-ce que l'accord n'existe pas entre l'idée de liberté et l'idée d'autorité ? Consultez le pays. S'il n'avait qu'une seule voix, il vous la ferait entendre, et il vous dirait : Je veux que ma liberté existe, ma liberté générale, ma liberté républicaine, non pas cette liberté désordonnée, haineuse, liberté qui serait une arme de destruction entre les mains de nos ennemis ; oui, je veux ma liberté, et c'est pour cela que je désire que la force lui vienne en aide si elle est attaquée, si elle est foulée aux pieds, si elle est livrée à tous les outrages. Voilà ce que vous répondrait le pays.

Messieurs, vous avez voulu désarmer déjà nos grands corps de l'État. Le Sénat, la Chambre des députés, le Président de la République, sont aujourd'hui exposés à la dérision. Ils peuvent être, — je ne dis pas discutés, c'est le droit de tout le monde — mais insultés, raillés, outragés. C'est vous qui l'avez proclamé hier : l'outrage n'est plus un délit, quand il est proféré contre le Sénat, la Chambre des députés, le Président de la République. C'est peut-être la première fois, dans nos annales parlementaires, que nous avons entendu proclamer une telle énormité gouvernementale.

Messieurs, je sais comment les gouvernements tombent : j'en ai vu périr plusieurs. Si vous débutez par l'ironie, par l'insulte, la moquerie, le dédain, pour arriver à l'outrage, savez-vous ce que vous obtiendrez ? La désaffection des électeurs (Ah ! ah ! à droite.)

Oui, les électeurs vous diront :

Un gouvernement si faible, qui ne sait pas même se défendre, qui ne sait pas se protéger, ne mérite plus qu'on lui accorde la confiance. (Très bien ! très bien ! sur divers bancs.) Ce gouvernement ne nous présente aucune garantie de sécurité et de durée ; nous, peuple souverain, qui avons conquis la République, nous sommes bafoués, insultés dans notre foi, nous subissons ce supplice atroce d'entendre des infamies, des horreurs sur la République, et nous sommes condamnés à l'impuissance, à moins que nous fassions justice par nous-mêmes de ces infamies et que nous défendions nos institutions contre ces audacieux insulteurs. (Bruit.)

Quand les gouvernements doivent tomber par le mépris, par l'insulte, il arrive un jour que le symbole est par terre, foulé aux pieds. Quels sont les bras assez courageux, assez forts, pour le relever ? Vous avez tari la source des dévouements, vous avez jeté le découragement dans la nation, parce que vous avez semé le discrédit, la déconsidération sur la République.

Un membre à droite. Et la liberté ?

M. Marcou. Hier, vous avez entendu une belle harangue. On a cherché à vous impressionner par le tableau des divinités impériales de l'ancienne Rome. On a osé, à l'occasion d'un petit article de Code pénal et d'un renvoi devant la police correctionnelle ou le jury, vous parler d'une loi de lèse-majesté. Comment ! est-ce que nous voudrions faire, nous, des empereurs romains de nos présidents de la République ? Est-ce que nous voudrions transformer en Héliogabale M. Jules Grévy ? (Hilarité générale.)

M. Madier de Montjau. Je n'y ai pas pensé le moins du monde !

M. Marcou. On vous a parlé aussi de l'omnipotence de Louis XIV entrant au Parlement un fouet à la main. Je ne crois pas que le successeur du Président actuel entre jamais dans un Parlement français pour lui dire : « L'État, c'est moi ! »

Les mouvements oratoires auxquels vous vous êtes livrés sont un chef-d'œuvre de l'art historique, c'est du lyrisme rétrospectif; c'est très saisissant. Mais, messieurs, permettez-moi de vous le dire, ne vous laissez pas influencer par ces souvenirs, par ces beaux hors-d'œuvre qui n'ont aucun rapport avec la situation, avec l'époque, modeste, bourgeoise, terre à terre, dans laquelle nous vivons.

Enfin, messieurs, n'est-il pas vrai que vous avez voulu honorer la République en instituant la fête du 14 juillet? Vous lui dressez chaque jour, à cette République, que vous vouez à l'outrage, de magnifiques statues; vous donnez à nos places le nom de places de la République, et vous permettriez qu'on pût impunément l'insulter! Mais, alors, voilez donc les statues de la République ; faites-les descendre de leur piédestal, et supprimez la fête du 14 juillet!

Savez-vous ce qui arriverait, par exemple, dans nos conseils municipaux, où plusieurs partis se trouveraient en présence? Au-dessus de la tête du maire, président du conseil, on verrait le buste de la déesse, que certains partis appellent la Marianne, insultée, outragée, à volonté, à plaisir, s'il prenait envie à des conseillers de satisfaire leurs haines, et qui seraient libres de s'écrier : Nous ne voulons pas de cette prostituée devant nous! arrière! au ruisseau! (Applaudissements sur divers bancs à gauche et au centre. — Rires à droite.) Et il serait impossible d'incriminer ces paroles! et la justice serait impuissante! On saurait imposer en silence cette honte et ces humiliations! Mais ce serait à fuir de la France! ce serait à désavouer, à renier le Gouvernement, qui ne saurait pas se défendre et nous protéger dans notre croyance! Le premier droit de l'homme, comme d'un gouvernement, c'est de vivre, et pour vivre il lui faut des organes. Ne paralysez donc pas les organes de la justice, les organes administratifs!

Eh bien, je le déclare, vous vous suicidez, vous préparez le renversement de la République, vous la ruinez dans ses fondements essentiels, c'est-à-dire dans l'estime des citoyens, dans l'affection, dans l'enthousiasme qui font sa force et sa grandeur. Ce sont presque des regrets, tout au moins des désillusions que vous ferez naître, en songeant que tant de héros sont morts pour elle, que tant de martyrs ont souffert pour elle! Oui, nous avons passé par de bien cruelles épreuves... (Vive approbation à droite et au centre)... et, pour ma part, je ne suis pas suspect, j'ai le droit de parler ainsi, car sous tous les régimes, j'ai subi la prison, depuis 1838 jusqu'au 16 mai, sous lequel je fus condamné à deux années d'emprisonnement — sans parler de ma proscription du 2 décembre — durant cette longue période, j'ai toujours combattu pour la liberté et pour l'avènement de la République. Je profite de mon expérience, et c'est pour cela que, voyant dans le pays des partis monarchiques encore vivaces chercher à se coaliser pour renverser la République, je ne puis assister sans une vive émotion, sans une grande inquiétude au désarmement de la République. Vous lui enlevez son armure, son bouclier, elle n'aura bientôt plus d'abri. Quand elle sera ainsi vaincue, sans pouvoir combattre, que lui restera-t-il ? La parole ? Non! la parole est impuissante à dominer l'outrage, à moins qu'elle ne réponde à un outrage par un outrage plus sanglant. Nous aurons le dessous, parce que ce genre de combat est indigne de la France du dix-neuvième siècle. Je vous le déclare, vous tuez la République, vous la poussez sur la pente d'une décadence irrémédiable! (Applaudissements au centre et sur divers bancs à gauche.)

M. le président. Sur l'amendement de M. Marcou, il y a trois demandes de scrutin public...

M. Édouard Lockroy. Pardon, monsieur le président, je demande la parole.

M. le président. Vous avez la parole.

M. Édouard Lockroy. Messieurs, j'ai été très affligé de trouver dans la bouche de notre honorable collègue et ami, M. Marcou, le langage qu'il vient de tenir.

Il nous a dit qu'il admettait — et assurément nous l'admettons comme lui —

DÉLITS CONTRE LA CHOSE PUBLIQUE.

que la politique de la République pouvait être discutée, mais qu'il ne permettait pas, qu'il ne voulait pas que la loi laissât impuni l'outrage à la République.

Eh bien, n'en déplaise à notre honorable collègue, il y a longtemps que nous avons entendu ce langage : nous l'avons entendu déjà dans la bouche de tous les ministres qui sont venus demander des lois répressives contre la presse ; nous l'avons entendu plusieurs fois, notamment sous l'empire. (Très bien ! très bien ! sur plusieurs bancs à gauche.)

Que nous disaient les ministres du gouvernement impérial ? Ils nous disaient aussi...

M. Escarguel. Le gouvernement impérial n'était pas le résultat du vote du pays.

M. Édouard Lockroy. Veuillez bien, je vous prie, m'écouter :

M. Escarguel. Parfaitement.

M. Édouard Lockroy. Ils nous disaient : Oh ! nous permettons parfaitement qu'on discute les actes de notre gouvernement, mais ce que nous ne permettons pas, c'est qu'on l'outrage. (Applaudissements à l'extrême gauche.)

Cette doctrine leur a permis de supprimer la liberté de la presse pendant vingt ans, dans notre pays, car jamais ils n'ont établi ensuite où finissait la discussion, où commençait l'outrage.

L'honorable M. Marcou a d'autres craintes : il nous dit encore, il ose nous dire, oubliant l'expérience de ces dernières années, oubliant même ce qui se passe aujourd'hui, que l'idée républicaine peut périr, risque de périr faute de protection.

Je me demande : n'a-t-il pas vu ce qui s'est passé ! Est-ce que la République a eu besoin d'être protégée jusqu'à aujourd'hui ? est-ce que l'idée républicaine a eu besoin de protecteur pour triompher dans le pays ? A-t-il oublié l'expérience de ces dix années ? Ne se rappelle-t-il pas que, depuis dix ans, la liberté, une liberté qui est allée jusqu'à la licence, a été donnée à nos adversaires pour attaquer le principe républicain ? Cette liberté, cette licence, a-t-elle seulement diminué la majorité républicaine qui siège sur ces bancs ? A-t-elle diminué cette majorité républicaine sur les bancs des conseils généraux et sur les bancs des conseils municipaux ? Nous a-t-elle fait reculer une seule fois ? Et cependant, on a pu, vous vous en souvenez, messieurs, non seulement attaquer le principe républicain lui-même, mais encore attaquer les personnes qui représentaient ce principe, même aller jusqu'à la provocation au coup d'État. Aucun de vous n'a, je pense, oublié ce fameux article dans lequel on demandait à un gouvernement français d'imiter ce général espagnol qui avait chassé le parlement de son pays !

Vous avez vu toutes ces passions déchaînées contre la République. Eh bien, qu'en est-il résulté pour la République ? Son triomphe ! C'est que, de ces grandes luttes de la presse, finit toujours par se dégager la vérité ; c'est que le bon sens public ne se trompe jamais ; c'est que le suffrage universel donne toujours raison au parti qui défend la cause de la liberté et de la justice !

Ne craignez donc rien ; n'introduisez pas dans votre loi nouvelle une disposition restrictive dont la passion ou le caprice des juges pourraient abuser un jour ; laissez donc, comme vous l'avez fait jusqu'à aujourd'hui, toute liberté à la presse de discuter notre principe : c'est par là que vous prouverez votre force et la force de la République. (Applaudissements à l'extrême gauche.)

M. Georges Perin. Je demande la parole.

M. le président. Vous avez la parole.

M. Georges Perin. Messieurs, je désire ajouter quelques mots à la réponse que mon ami M. Lockroy vient de faire à l'honorable M. Marcou.

Je voudrais bien préciser quelle a été la thèse soutenue par M. Marcou, et dire pourquoi, de ce côté de la Chambre (l'orateur désigne l'extrême gauche), un grand nombre des collègues de M. Marcou ne s'y rallient pas.

Plusieurs membres à gauche. C'est la droite !

M. René Goblet. Et la commission !

M. Georges Perin. J'avoue que je ne comprends pas l'interruption.

Je ne monte pas à cette tribune pour parler au nom de la droite ; je n'ai pas cette prétention, mais j'ai la prétention, que je crois légitime, de parler au nom de quelques-uns de mes amis.

A l'extrême gauche. Très bien ! très bien !

M. Georges Perin. L'honorable M. Marcou est venu apporter ici une thèse qui n'est point nouvelle, mais que nous ne saurions admettre. Il croit que le Gouvernement de la République, ou plutôt que la République, qu'il identifie complètement avec ceux qui la dirigent, semblable à tous les autres gouvernements, ne peut pas permettre, sans danger, qu'on l'outrage impunément.

M. Paul de Cassagnac. C'est la vérité !

M. Louis Guillot. Vous l'outragez depuis dix ans !

M. Georges Perin. C'est la vérité ! dit M. de Cassagnac. Si M. de Cassagnac veut bien m'écouter, il va voir que c'est une erreur, que la République peut supporter les outrages et qu'elle est le seul gouvernement qui puisse les supporter. (Très bien ! à gauche.)

L'honorable M. Marcou, pour faire comprendre à la Chambre — qui, je crois, n'en a pas besoin — ce qu'est la République, dit : La République est un phare vers lequel nous avons marché pendant longtemps, c'est un symbole, le symbole de nos croyances politiques ; c'est une synthèse, la synthèse des gouvernements de progrès. Et il a ajouté : Nous ne pouvons pas laisser outrager ce phare, ce symbole, cette synthèse.

Eh bien ! messieurs, je lui dirai tout d'abord qu'on ne peut pas outrager un phare — qu'il me permette cette légère critique (Rires sur divers bancs) ; — mais, je reconnais qu'on peut outrager certainement un symbole et à la rigueur même une synthèse. Mais comment ? Est-ce seulement par des injures ? Non, c'est aussi, c'est même par la discussion. Ne pas accepter un symbole aveuglément, en contester la vérité, c'est l'outrager. Est-ce ainsi que vous voulez traiter l'idée républicaine, ce que M. Marcou appelle le symbole républicain ? Je ne le crois pas.

Ce symbole républicain, messieurs, vous voulez qu'on puisse le discuter. Vous savez qu'il peut l'être sans danger ; qu'il peut être outragé.

Il y a eu autrefois des symboles, symboles fameux, pour lesquels des hommes ont souffert et sont morts. L'honorable M. Marcou, assimilant les républicains aux hommes de ce temps, s'est écrié : Eh quoi ! ce symbole pour lequel nous sommes morts ! (Hilarité générale.)

Vous riez, messieurs, peut-être ai-je un peu modifié la phrase de M. Marcou, qui cependant aurait pu donner cette forme à sa pensée en désignant nos pères, par ce mot « nous ».

Je continue : M. Marcou faisant, dis-je, une assimilation entre ce qu'il appelle le symbole républicain, et les symboles religieux, ne veut pas qu'on outrage l'un plus qu'on n'aurait le droit d'outrager les autres. C'est en cela qu'il a tort. Il ne saurait y avoir d'assimilation.

Oui, lorsque ceux qui avaient souffert, qui étaient morts pour faire accepter le symbole chrétien, par exemple, eurent vaincu, lorsqu'ils eurent conquis le pouvoir, lorsqu'ils eurent la force entre les mains, ils devinrent à leur tour persécuteurs ; ils dénièrent à leurs adversaires le droit d'outrager, de discuter leur symbole, car la discussion seule constituait un outrage. (Rumeurs sur divers bancs à droite et au centre.) Or, c'est là justement qu'est la différence capitale entre le symbole républicain et tous les autres. Vainqueurs, nous entendons laisser toute liberté aux vaincus.

A droite. Encore le symbole !

DÉLITS CONTRE LA CHOSE PUBLIQUE.

M. Vernhes. La République n'est pas un symbole ! C'est une réalité !

M. Georges Perin. Nous ne redoutons pas que la République acceptée, aimée, respectée par l'immense majorité des citoyens, soit discutée, outragée même, par quelques-uns. (Rumeurs sur divers bancs.)

Messieurs, je suis surpris que la Chambre ne veuille pas m'écouter. La passion qui l'anime prouve l'importance de la question, et il serait convenable de me permettre de répondre à M. Marcou. (Mais oui ! mais oui ! — Parlez !)

Je dis que c'est par le dédain des injures que le régime républicain se distingue de tous les autres. Ne commettons pas en ce moment la faute d'admettre que ce qui a tué les autres gouvernements... (Bruit.) Il est singulier, messieurs, que je ne puisse, sans soulever des protestations, porter la discussion sur le terrain où s'est placé M. Marcou.

Sur divers bancs. On vous écoute ! Parlez !

M. Georges Perin. Je dis que nous ne devons pas craindre que ce qui a fait courir un danger mortel à tous les autres gouvernements fasse courir le même péril à la République. Et c'est pourtant cette crainte qui hantait tout à l'heure l'esprit de M. Marcou, lorsqu'il s'écriait : Prenez garde ! vous vous suicidez ! — Il a osé prononcer ce mot !... si vous permettez que l'on outrage la République !

Et il ajoutait : dans les campagnes, on n'admettra pas qu'un gouvernement qui se laisse outrager, soit un gouvernement fort... (Rumeurs à gauche et au centre.)

Je crois que M. Marcou se trompe. Dans les campagnes, comme dans les villes, les attaques, les outrages dirigés contre la République ne réussissent pas à lui enlever les sympathies et les suffrages.

Mon honorable ami M. Lockroy vous rappelait tout à l'heure que le Gouvernement de la République pouvait être impunément très maltraité, qu'il l'avait été...

Voix nombreuses au centre. Non ! non !

M. Georges Perin. Dans les campagnes, on juge le gouvernement de la République...

Au centre. Non ! non !

Sur divers bancs à gauche. Mais si ! — C'est la vérité !

M. Georges Perin..... sur ses actes et non sur les outrages de ses adversaires. (Très bien ! très bien ! à gauche.) C'est donc à nous, républicains, c'est donc au Gouvernement de la République à faire une politique qui lui permette d'affronter toutes les discussions, qui la mette au-dessus de toutes les injures. Un gouvernement qui peut être discuté peut être outragé sans danger, soyez-en convaincus.

La République a aujourd'hui le pouvoir, qu'elle montre qu'elle n'a pas besoin de la force pour se défendre, hormis contre les attaques de la force ! En un mot, cette liberté, que nous avons réclamée autrefois, non pas pour nous seulement, mais par tous, aujourd'hui que nous sommes aux affaires, aujourd'hui qu'à notre tour nous en sommes les dispensateurs, accordons-la à tous, aussi grande, aussi complète que possible. (Marques d'approbation sur plusieurs bancs à gauche.)

M. le président. La parole est à M. Victor Plessier.

M. Victor Plessier. Messieurs, je n'ai qu'un mot à dire et je supplie la Chambre de vouloir bien l'entendre. (Parlez ! parlez !)

Quand nous voulons le respect de la République, nous ne sommes pas unis par la seule pensée de son existence ; nous croyons qu'elle est, qu'elle sera et durera, quelles que soient les conditions dans lesquelles elle est constituée. (Très bien ! très bien ! au centre.) Mais nous avons une autre pensée, une pensée de dignité ; et quand on vient parler des campagnes, que j'ai l'honneur de représenter... (Exclamations et rires sur un grand nombre de bancs.)

M. Clémenceau. Pas toutes !

D'autres membres. Pas à vous tout seul !

M. Plessier. Je ferai remarquer aux interrupteurs que leurs interruptions n'apprennent rien à personne. (Nouveaux rires.)

Nous voulons, par un sentiment de dignité, disais-je, que le Gouvernement qui a nos sympathies soit respecté par tous, parce que nous ne comprenons pas une existence légale qui ne serait pas en même temps une existence respectée. (Marques d'approbation au centre.)

Oui, la loi de la dignité humaine, nous l'appliquerons au Gouvernement de notre choix. Voilà la pensée qui nous anime quand nous voulons le respect de la République. (Nouvelles marques d'approbation à gauche et au centre.)

M. le président. La parole est à M. Clémenceau.

M. Clémenceau. Messieurs, bien que je n'aie pas les longs et glorieux services de notre honorable collègue M. Marcou, cependant il me permettra de dire que, pas plus que lui, je ne puis être soupçonné dans mes intentions quand je viens demander qu'on puisse impunément outrager la République. (Interruptions sur quelques bancs.)

M. Lelièvre. Quel est l'intérêt ?

M. Clémenceau. Voulez-vous répéter votre interruption ? Je ne l'ai pas entendue.

M. Lelièvre. Je vous demanderai de me dire où est l'intérêt de permettre de faire des choses que la conscience réprouve.

M. Clémenceau. Mon honorable collègue, M. Lelièvre, me demande quel intérêt il peut y avoir à permettre de faire impunément des choses que la conscience réprouve.

La conscience de qui ?... La conscience de M. Lelièvre ?... (Exclamations sur divers bancs.)

Plusieurs membres. La conscience de tous !

M. Clémenceau. Non, pas la conscience de tous ; la conscience des républicains. Mais ce n'est pas des républicains seulement qu'il s'agit ; vous légiférez pour tous les Français. (Interruptions diverses.)

Véritablement, messieurs, je ne pourrai pas suivre mon argumentation, si, quand j'essaie de discuter avec calme, les interruptions viennent couper ma parole à chaque instant. Je vous prie de m'écouter. (Parlez ! parlez !)

Je prétends que je ne suis pas suspect, quand je viens demander qu'on puisse impunément outrager la République. Je suis républicain depuis que je respire...

A droite. Oh ! oh !

A gauche. Mais certainement !

M. Clémenceau. J'ai été élevé dans l'amour de la République. J'ai vu mon père frappé au Deux-Décembre. Plus tard, je l'ai vu partir pour l'Afrique, enchaîné comme un malfaiteur ; il n'y a pas un acte de ma vie politique par où je n'aie vivement cherché à servir la cause républicaine. Et je viens ici défendre le principe de la République, la liberté, contre — je ne parle ni du ferme républicain qui m'a précédé à cette tribune, ni de mon honorable interrupteur — contre quelques-uns de ceux qui ont aujourd'hui la prétention de défendre la République mieux que nous ne le saurions faire, et qui pourtant servaient Bonaparte quand les républicains étaient proscrits. (Marques d'approbation sur divers bancs à gauche.)

M. Plessier. Je n'ai jamais servi l'empire !

M. Clémenceau. Je répète que cela ne peut s'adresser à vous, monsieur Plessier ! (Bruit.)

M. le président. Messieurs, je vous invite au silence. Je rappellerai à l'ordre le premier qui interrompra. Il n'y a pas de discussion possible, si, quel que soit l'orateur qui est à la tribune, quelle que soit la thèse qu'il soutient, il est assailli par les interruptions. (C'est vrai ! — Très bien !)

DÉLITS CONTRE LA CHOSE PUBLIQUE.

M. Clémenceau. Messieurs, l'honorable M. Marcou nous a dit que si nous repoussions son amendement, nous allions tuer la République. Je lui réponds : La République vit de liberté ; elle pourrait mourir de répression... (Applaudissements à gauche.)... comme tous les gouvernements qui l'ont précédé et qui ont compté sur le système répressif pour les protéger. Car enfin elle existe votre loi, et depuis longtemps. A-t-elle sauvé le gouvernement de Louis-Philippe ? A-t-elle sauvé le gouvernement de Napoléon III ? Est-ce que ce n'est pas, sinon cette loi elle-même, du moins le système général auquel elle se rattache, le système de compression et de répression, qui a puissamment contribué à soulever l'opinion publique contre ces gouvernements ? (Mouvements divers.) Vous ne voulez pas qu'on outrage le gouvernement de la République. Je ne le veux pas plus que vous, mais il ne s'agit pas de savoir ce que nous désirons : Il faut examiner ce qu'on vous propose de faire.

On veut vous faire décréter que l'outrage à la République est punissable. Soit. Et puis qu'arrivera-t-il ? Il y aura des magistrats qui siégeront dans le prétoire et qui auront pour mission de dire où finit la discussion et où commence l'outrage. Vous vous en remettrez à la magistrature, qui, — je ne préjuge pas l'avenir, — n'est assurément pas aujourd'hui une magistrature républicaine, du soin de tracer cette limite et d'établir ce qu'aucun orateur ne pourrait établir à cette tribune : à quel moment précis la discussion devient outrageante. En vérité, je vous le demande, qu'est-ce qu'une pareille loi peut bien avoir de commun avec la liberté républicaine ?

Qu'est-ce donc, en effet, que la République ? sinon un gouvernement d'opinion, c'est-à-dire un gouvernement fondé sur le principe du respect de la volonté nationale, et reposant par conséquent sur le principe de la liberté complète de discussion.

Eh bien ! je vous le demande, de quel droit, au nom de quels principes, prétendez-vous jamais empêcher quelqu'un d'apprécier, non pas seulement un des actes d'un tel gouvernement, mais ce gouvernement lui-même, par des procédés de polémique qui relèvent assurément de sa conscience, comme on le disait tout à l'heure, mais qui relèvent aussi et par-dessus tout de ce souverain : l'opinion publique ? (Mais non ! mais non !)

Un membre au centre. Il ne s'agit pas de discussion, mais d'outrage !

M. Clémenceau. Vos interruptions me prouvent que vos intentions sont libérales. Pour ma part, je ne l'ai jamais mis en doute, mais j'entreprends précisément de vous démontrer qu'avec les intentions les plus libérales du monde vous allez directement contre le principe de la liberté. Vous voulez permettre la discussion et interdire l'outrage. Eh bien, je défie qui que ce soit, — et il ne manque pas de jurisconsultes dans cette Chambre, — de venir à cette tribune vous dire à quel signe le magistrat pourra reconnaître que la discussion cesse et que l'outrage commence. Et si personne ici ne peut répondre, je dis que vous faites une loi d'arbitraire, non de liberté, une loi de monarchie, non de République. (Approbation sur divers bancs à gauche.)

Ce qu'on vous demande de faire est possible dans un gouvernement monarchique, où le principe c'est le roi ou l'empereur. On peut à la rigueur déterminer ce que c'est que l'outrage à la personne du roi ou de l'empereur, qui se confond avec le principe. Mais aujourd'hui, où est le roi, où est l'empereur ?

A gauche. Très bien ! Très bien !

M. Clémenceau. Le souverain, c'est le suffrage universel, c'est la nation, gouvernant dans sa liberté et trouvant dans la forme républicaine la seule garantie de cette liberté.

M. Victor Plessier. Respectez-la !

M. Clémenceau. Comment le législateur pourrait-il entreprendre contre cette même liberté, sans porter atteinte au principe primordial de la République.

Ainsi qu'il arrive sous tous les régimes, l'opposition revendique aujourd'hui la liberté. Donnez-lui le pouvoir, et elle s'empressera de réclamer des lois répressives. C'est aux seuls républicains que peut être réservée la gloire d'instituer, quand ils sont au Gouvernement, la liberté qu'ils revendiquaient dans l'opposition. Et cela, par la raison que la liberté est le principe de leur gouvernement et qu'il ne se peut concevoir de république démocratique sans liberté.

Vous n'y songez pas, vous avez vaincu vos ennemis, les ennemis de la République, et cependant vous aviez contre vous toutes les puissances de ce pays, l'administration, la magistrature, l'armée elle-même spécialement organisée contre le pays, l'argent lui-même, l'oligarchie financière ; vous aviez contre vous toutes les puissances sociales, armées de toutes les lois de répression dirigées par toutes les monarchies contre la liberté. Et cependant vous avez vaincu ! Et ces lois de répression ont été impuissantes, et votre victoire a consacré à jamais le triomphe de la liberté et l'impuissance du système répressif. (Applaudissements à gauche.)

Et c'est quand votre victoire est assurée, quand vous êtes les plus forts, quand vous avez une majorité immense non seulement dans le Parlement mais dans le pays, quand votre victoire prouve l'inefficacité de ces mêmes lois qu'on vous propose d'édicter aujourd'hui, quand vous avez pris sur ces bancs la place de ceux qui défendaient ces lois. C'est aujourd'hui qu'on vous propose de les imiter, d'abandonner le principe de liberté qui vous a donné la victoire, qui vous a donné le pouvoir, qui vous le conservera, c'est aujourd'hui qu'on vous propose de vous inspirer dans l'établissement du gouvernement nouveau du principe où vos prédécesseurs avaient mis tout leur espoir et qui les a perdus !

Messieurs, si vous accédiez à la proposition qui vous est faite, ce serait en quelque sorte comme par un retour inconscient à l'esprit monarchique. Eh bien, les monarchistes ont été impuissants ; vous seriez impuissants ; vous seriez impuissants à votre tour ! (Applaudissements sur quelques bancs à gauche.)

Si sous le nom de République vous essayez de faire je ne sais quelle transaction bâtarde entre la République et la monarchie, votre loi sera impuissante à vous défendre. Si vous faites la République, c'est-à-dire un gouvernement de liberté, qu'avez-vous à craindre des monarchistes, c'est-à-dire des vaincus ?

Il faut avoir le courage de faire son choix ; vous vous trouvez en présence de deux systèmes : celui de la répression et celui de la liberté.

A gauche. Oui, il n'y en a pas d'autre !

M. Clémenceau. Je sais bien que la tentation est très grande pour ceux qui, arrivant au pouvoir, ont sous la main les armes de défense dont les gouvernements précédents ont fait usage. Je sais bien que la tentation est très grande d'employer au service de la République les instruments de répression qui devaient servir à protéger la monarchie. Mais, messieurs, rappelez-vous donc que toutes ces armes ont été impuissantes dans les mains qui les ont maniées : ayez le courage de les jeter loin de vous. Répudiez l'héritage de répression qu'on vous offre, et, fidèles à votre principe, confiez-vous courageusement à la liberté. (Très bien ! très bien ! et applaudissements répétés sur divers bancs à gauche.)

M. le président. Il y a trois demandes de scrutin...

Plusieurs membres. L'avis de la commission !

M. le président. Je ferai observer que la commission a fait déjà connaître son opinion en rayant dans son article 29 les mots : « outrages envers la République ».

Plusieurs membres. Qu'elle défende son opinion !

M. le président. Quelqu'un demande-t-il la parole ? Je suis prêt à la lui donner. (Bruit.) Je vous en prie, permettez-moi de poser les questions... Monsieur le rapporteur, voulez-vous la parole ?

M. le rapporteur. Oui, monsieur le président.

M. le président. La parole est à M. le rapporteur. Je prie ses collègues de vouloir bien l'écouter.

DÉLITS CONTRE LA CHOSE PUBLIQUE.

M. le rapporteur. C'est une simple explication que j'apporte à la tribune pour qu'il n'y ait ni de doute ni équivoque. La commission avait introduit dans le projet une disposition qui visait l'outrage envers la République. Par suite du renvoi à la commission du contre-projet de l'honorable M. Floquet, la commission a cru devoir, en considération du vote de la Chambre, supprimer du projet définitif le délit d'outrage envers la République.

M. le président. Le paragraphe 2 de l'article 29.

M. le rapporteur. La commission croit devoir persister dans cette suppression. (Mouvements en sens divers.)

M. Noël Parfait. Ce n'est pas l'avis de toute la commission.

M. le président. La Chambre va statuer, au scrutin public, sur la rédaction qui lui est proposée par M. Marcou, et qui est ainsi conçue :

« Tout outrage commis par l'un des moyens énoncés en l'article 24 (ancien article 26), envers la République, sera puni d'un emprisonnement de trois mois à un an. »

Il y a trois demandes de scrutin.

Ces demandes sont signées :

La première, par MM. d'Ariste, de La Bassetière, de Baudry-d'Asson, le vicomte de Kermenguy, Azémar, Laroche-Joubert, Desloges, Keller, Rauline, Charlemagne, Hamille, de Soland, comte de Bélizal, Bergerot, d'Aulan, Huon de Penanster, Ganivet, de Saint-Martin, de Partz, de Perrien, de La Grange, etc. ;

La seconde, par MM. Barodet, Georges Perin, Ed. Lockroy, Clémenceau, Germain Casse, le comte de Douville-Maillefeu, Madier de Montjau, Louis Blanc, Vernhes, Bizarelli, Talandier, Rathier, Marion, Guillot (Isère), Saint-Martin (Vaucluse), Jouffrault, Ménard-Dorian, Audiffred, etc. ;

La troisième, par MM. Marcou, Talandier, Achard, Rathier, Margue, J. Maigne, Turigny, Cotte, Moreau, Bernard Lavergne, Le Monnier, Nadaud, Barodet, Sallard, Dethou, Mir, Forné, etc.

Il va être procédé au scrutin.

(Les votes sont recueillis ; MM. les secrétaires en opèrent le dépouillement.)

M. le président. Voici le résultat du scrutin :

ONT VOTÉ POUR :

MM. Agniel. Amat. Anthoard. Armez. Arnoult.

Baïhaut. Bamberger. Barbedette. Barthe (Marcel). Beausire. Bel (François). Belle. Bellissen (de). Belon. Benoist. Bernard. Bernier. Bienvenu. Bizot de Fonteny. Blanc (Pierre) (Savoie). Bonnaud. Borriglione. Bouthier de Rochefort. Bravet. Bresson. Brice (René). Bruneau.

Caurant. Cavalié. Caze. Chaix (Cyprien). Chalamet. Chaley. Chanal (général de). Chantemille. Charpentier. Chevallay. Chevandier. Chiris. Choron. Corentin-Guyho. Cornil. Costes.

Danelle-Bernardin. Defoulenay. Deluns-Montaud. Desseaux. Deusy. Devade. Devaux. Develle (Meuse). Devès. Diancourt. Dreux. Dreyfus (Ferdinand). Drumel. Ducroz. Dupont. Durand (Ille-et-Vilaine). Durieu.

Escanyé. Escarguel. Even.

Faure (Hippolyte). Folliet. Forné. Fouquet. Fourot.

Galpin. Ganne. Garrigat. Gasté (de). Gaudy. Germain (Henri). Girard (Alfred). Girault (Cher). Girot-Pouzol. Godin (Jules). Grollier. Gros-Gurin. Guichard. Guillemin. Guyot (Rhône).

Horteur. Hovius. Hugot.

Jametel. Janzé (baron de). Jeanmaire. Jenty. Journault. Jozon.

Labadié (Bouches-du-Rhône). La Caze (Louis). Laffite de Lojoannenque (de).

Lalanne. Lanel. Langlois. Laumond. Laurençon. Lavergne (Bernard). La Vieille. Lebaudy. Lecherbonnier. Lecomte (Mayenne). Legrand (Pierre) (Nord). Lelièvre (Adolphe). Le Maguet. Le Monnier. Lepouzé. Leroux (Aimé) (Aisne). Levêque. Level (Georges). Liouville. Lombard. Loubet. Loustalot.

Magniez. Mahy (de). Maigne (Jules). Maillé (d'Angers). Marcère (de). Marcou. Masure (Gustave). Maunoury. Mayet. Méline. Mercier. Mestreau. Mingasson. Moreau. Morel (Hippolyte) (Manche). Mougeot.

Nédellec. Neveux. Noël-Parfait. Noirot.

Osmoy (comte d'). Oudoul.

Parry. Patissier. Paulon. Penicaud. Péronne. Peulevey. Philippe (Jules). Philippoteaux. Picard (Arthur) (Basses-Alpes). Plessier. Pénlevoy (Frogier de). Pouliot Pradal.

Rameau. Récipon. Renault-Morlière. Riban. Ribot. Riotteau. Roger. Rollet. Roudier. Royer.

Sallard. Salomon. Savary. Senard. Simon (Fidèle). Sonchu-Servinière. Sourrigues. Soye.

Tallon (Alfred). Teissèdre. Tézenas. Thiessé. Thomas. Tondu. Trouard-Riolle. Truelle.

Vignancour. Villain.

Waddington (Richard). Waldeck-Rousseau.

ONT VOTÉ CONTRE :

MM. Abbatucci. Allain-Targé. Allègre. Allemand. Ancel. André (Jules). Anisson-Duperron. Arenberg (prince d'). Ariste (d'). Arrazat. Audiffred. Aulan (marquis d'). Azémar.

Baduel d'Oustrac. Ballue. Barascud. Bardoux. Barodet. Bastid (Adrien). Baudry d'Asson (de). Beauchamp (de). Beauquier. Bélizal (vicomte de). Benazet. Berger. Bergerot. Berlet. Bert (Paul). Bertholon. Bianchi. Biliais (de La). Bizarelli. Blachère. Blanc (Louis) (Seine). Blin de Bourbon (vicomte). Bonnet-Duverdier. Bosc. Bouchet. Boudeville. Boulard (Cher). Boulart (Landes). Bouquet. Bourgeois. Bousquet. Bouteille. Boyer (Ferdinand). Boysset. Brame (Georges). Brelay, Breteuil (marquis de). Brierre, Brisson (Henri). Brossard. Buyat.

Cantagrel. Casabianca (vicomte de). Casimir Périer (Paul) (Seine-Inférieure). Casse (Germain). Castaignède. Cazeaux. Charlemagne. Chavanne, Chavoix. Chevreau (Léon). Cibiel. Clémenceau. Clercq (de). Colbert-Laplace (comte de). Combes. Corneau. Cossé-Brissac (comte de). Cotte. Couturier. Crozet-Fourneyron.

Daguilhon-Pujol. Daron. Datas. Daumas. David (Jean) (Gers). David (baron Jérôme) (Gironde). Debuchy. Delafosse. Deniau. Desloges. Dethou. Douville-Maillefeu (comte de). Dréo. Dréolle (Ernest). Du Bodan. Dubois (Côte-d'Or). Dubost (Antonin). Du Douët. Dufour (baron) (Lot). Duportal. Durfort de Civrac (comte de). Duvaux.

Eschasseriaux (baron). Eschasseriaux (René). Espeuilles (comte d').

Farcy. Favand. Feltre (duc de). Ferrary. Flandin. Fleury. Floquet. Fousset. Franconie. Frébault. Freppel.

Gagneur. Ganivet. Gaslonde. Gassier. Gastu. Gatineau. Gaudin. Gauthier (René). Gavini. Gent (Alphonse). Gilliot. Ginoux de Fermon (comte). Girardin (Emile de). Giroud. Goblet. Godelle. Godissart. Gonidec de Traissan (comte Le). Granier de Cassagnac (Georges). Granier de Cassagnac (Paul). Greppo. Guillot (Louis).

Haentjens. Hamille (Victor). Harcourt (duc d'). Haussmann (baron). Havrincourt (marquis d'). Hérisson. Hermary. Huon de Penanster.

Jacques. Janvier de la Motte (père) (Eure). Joigneaux. Jolibois. Joubert. Jouffrault. Juignô (comte de).

Keller. Kermenguy (vicomte de). Klopstein (baron de).

DÉLITS CONTRE LA CHOSE PUBLIQUE.

Labadié (Aube). La Bassetière (de). Labat. Labitte. Labuze. Ladoucette (de). La Grange (baron de). Lanauve. La Porte (de). Largentaye (de). Laroche-Joubert. La Rochette (Ernest de). Larrey (baron). Lasbaysses. Latrade. Leconte (Indre). Legrand (Arthur) (Manche). Le Marois (comte). Lenglé. Léon (prince de). Le Peletier d'Aunay (comte). Lepère. Le Provost de Launay (Calvados). Le Provost de Launay (Côtes-du-Nord). Leroy (Arthur). Levert. Livois. Lockroy. Loqueyssie (de). Lorois (Morbihan).

Mackau (baron de). Madier de Montjau. Maillé (comte de). Maréchal. Margue. Marion. Marmottan. Marquiset. Mathé. Mathieu. Maze (Hippolyte). Médal. Ménard-Dorian. Mention (Charles). Michaut. Mir. Montané. Monteils.

Nadaud (Martin). Naquet (Alfred). Niel.

Ollivier (Auguste). Ordinaire (Dionys). Ornano (Cuneo d').

Padoue (duc de). Partz (marquis de). Passy (Louis). Pellet (Marcellin). Perin (Georges). Perras. Perrien (comte de). Perrochel (marquis de). Petitbien. Plichon. Prax-Paris. Proust (Antonin).

Raspail (Benjamin). Rauline. Réaux (Marie-Emile). Reille (baron). Reymond (Francisque) (Loire). Reyneau. Richarme. Rivière. Roissard de Bellet (baron). Roques. Rotours (des). Rougé. Rouher. Rouvier. Roux (Honoré). Roy de Loulay (Louis).

Saint-Martin (de) (Indre). Saint-Martin (Vaucluse). Sarlande. Sarrette. Sarrien. Savoye. Scrépel. Seignobos. Sentenac. Septenville (baron de). Serph (Gusman). Soland (de). Soubeyran (baron de). Spuller. Swiney.

Taillefer. Talandier. Telliez-Béthune. Thirion-Montauban. Thoinnet de la Turmelière. Thomson. Tirard. Tron. Trubert. Trystram. Turigny.

Vacher. Valfons (marquis de). Valon (de). Varambon. Vendeuvre (général de). Vernhes. Viette. Villiers.

N'ONT PAS PRIS PART AU VOTE.

MM. Achard. Andrieux. Baury. Bethmont. Binachon. Boissy d'Anglas (baron). Bouville (le comte de). Caduc. Carnot (Sadi). Casimir-Perier (Aube). Chauveau (Franck). Choiseul (Horace de). Christophle (Albert). Cirier. Cochery. Constans. Dautresme. Desbons. Develle (Eure). Duchasseint. Fallières. Ferry. Gambetta) Gasconi. Gévelot. Girerd. Guyot-Montpayroux. Janvier de la Motte (Louis). Lacretelle (Henri de). Lamy (Etienne). La Rochefoucauld, duc de Bisaccia. Le Vavasseur. Lisbonne. Malézieux. Martin-Feuillée. Menier. Mitchell (Robert). Morel (Haute-Loire). Murat (comte Joachim). Papon. Pascal-Duprat. Picart (Alphonse). (Marne). Poujade. Rathier (Yonne). Raynal. Rubillard. Sée (Camille). Sonnier (de). Tardieu. Tassin. Teilhard. Tiersot. Trarieux. Turquet. Vaschalde. Versigny. Wilson.

N'ONT PAS PRIS PART AU VOTE
comme ayant été retenus à la commission du budget.

MM. Blandin. Fréminet. Legrand (Louis) (Valenciennes, Nord). Logerotte. Renault (Léon).

N'ONT PAS PRIS PART AU VOTE
comme ayant été retenus à la commission d'enquête sur les actes de M. le général de Cissey pendant son ministère.

MM. Le Faure. Margaine. Roys (comte de).

ABSENTS PAR CONGÉ :

MM. Cadot (Louis). Cesbron. David (Indre). Descamp (Albert). Duclaud. Fauré

Giraud (Henri). Guilloutet (de). Harispe. Hémon. Hérault. Laisant. Lasserre. Mas. Pinault. Riondel. Rouvre.

> Nombre de votants.................... 428
> Majorité absolue...................... 215
> Pour l'adoption............. 182
> Contre................... 246

La Chambre n'a pas adopté l'amendement de M. Marcou.

CHAMBRE DES DÉPUTÉS. PRÉSIDENT M. GAMBETTA.

Deuxième délibération décidée le 5 février 1881. — Séance du lundi 14 février 1881.

M. le président lit l'article 26.

« Art. 26. — Tous cris ou chants séditieux proférés dans des lieux ou réunions publics seront punis d'un emprisonnement de six jours à six mois et d'une amende de 16 francs à 500 francs, ou de l'une de ces deux peines seulement. »

M. le président. MM. Marcou, Roudier et Fourot proposent de faire précéder l'article 26 de la disposition suivante :

« L'outrage à la République, à la Chambre des députés, au Sénat et au Président de la République par l'un des moyens énoncés dans l'art. 24, est puni d'un emprisonnement de trois mois à un an et d'une amende de 100 fr. à 3,000 fr. »

M. Marcou a la parole.

M. Marcou. Messieurs, lors de la première délibération, j'ai eu l'honneur de vous proposer un amendement ayant pour objet la répression de l'outrage à la République.

Plusieurs de mes amis, avec lesquels j'avais longtemps marché d'accord dans toutes les questions, ont constaté un dissentiment profond ; ils ont exprimé la crainte que le mot République n'ait pas une signification assez claire, assez nette, assez précise, pour que cette institution pût être l'objet d'un outrage et par conséquent, pût donner lieu à des pénalités.

Je persiste à croire que le mot République est compris de tout le monde, que ce n'est plus une entité métaphysique, politique, que ce n'est pas une pure abstraction, une sorte de mirage voyageant à travers les espaces. Non ! la République, c'est la réalité présente, vivante, agissante, se manifestant par son gouvernement ; la République, c'est, en d'autres termes, le gouvernement républicain. C'est ainsi que nous l'entendons ; il ne peut en être différemment. (Rires ironiques à droite.)

Néanmoins, pour ne laisser aucune espèce de prétexte, pour éviter toute controverse sur cette question, j'ai développé, détaillé mon amendement ; et bien que, primitivement, j'y eusse compris implicitement, mais nécessairement, le Président de la République, la Chambre des députés et le Sénat, j'ai exprimé nommément tout ce qui était renfermé sous ce mot : la République. C'est pour cela que j'ai l'honneur de vous proposer, aujourd'hui un amendement qui porte à la fois sur l'outrage à la République, à la Chambre, au Sénat et au Président de la République.

Messieurs, tous les gouvernements ont reconnu la nécessité de se protéger contre les attaques violentes, dangereuses auxquelles ils peuvent être exposés de la part de leurs ennemis.

Un membre à droite. Cela leur a beaucoup servi !

M. Marcou. La liberté, dont je suis un partisan passionné, trouve sa limite dans la liberté d'autrui. La République, le Gouvernement actuel, c'est notre bien ; de sorte que toutes les fois que l'on porte atteinte à la République, on porte atteinte à

DÉLITS CONTRE LA CHOSE PUBLIQUE.

notre bien personnel. On ne peut donc avoir le droit de violenter le Gouvernement de la République, de déchaîner toutes les colères, tous les outrages, toutes les insultes sur elle, sans qu'immédiatement on ne produise au sein de la société républicaine, parmi les masses républicaines, un trouble profond, un mal considérable. Dès lors, il y a nécessité de réprimer l'outrage envers la République.

D'ailleurs, messieurs, est-ce que tous les gouvernements précédents ne se sont pas protégés ? ...

M. Clémenceau. Cela leur a bien réussi !

M. Marcou. Je répondrai à votre interruption... Est-ce qu'ils ne se sont pas protégés, non seulement en France, mais chez nos voisins ? Est-ce que l'Angleterre, dont on parle tant, ne possède pas encore, à l'heure qu'il est, des lois atrocement protectrices de son gouvernement ? Elle n'en fait pas usage, parce que la nécessité ne s'en fait pas sentir ; mais il n'en est pas moins vrai que l'Angleterre, après la chute des Stuarts, voulant réprimer les manifestations des partisans du Prétendant, fit voter une loi aux termes de laquelle ceux qui auraient nié dans une conversation privée le droit du roi à la couronne étaient punis, alors même que cette négation était faite sans préméditation, de la peine de l'emprisonnement ; et si cette contestation se produisait publiquement dans les journaux, elle était punie de l'emprisonnement perpétuel ; dans certains cas même, la peine de mort était appliquée.

M. Clémenceau. J'espère que ce n'est pas ce que vous proposez !

M. Marcou. Voilà ce que le gouvernement de l'Angleterre a fait.

M. Ribot. Il y a quelque temps !

M. Marcou. Trouvez-vous que ces précautions n'ont pas servi à l'Angleterre et ne l'ont pas protégée contre des désordres, contre des excitations venant précisément des partisans de la dynastie déchue ?

Vous me dites que ces précautions n'ont point été utiles aux gouvernements de la Restauration, de Louis-Philippe et de l'Empire !

Il faut s'expliquer à cet égard. Est-ce que la Restauration est tombée pour avoir fait la loi de 1819 ou de 1822 ? La Restauration est tombée pour des causes que nous connaissons tous : son origine d'abord, ses tendances ensuite, et, finalement, les ordonnances de juillet qui déterminèrent la révolution de 1830.

Quant à Louis-Philippe, nous savons qu'il est tombé, non pas parce qu'il a fait la loi de 1835 : il est tombé parce que le système parlementaire qu'il avait inauguré était le résultat de la corruption, parce que le peuple frappait à la porte et voulait entrer dans le corps électoral. Voilà pourquoi la question de la réforme électorale a été la pierre d'achoppement de ce gouvernement et l'a fait succomber.

Est-ce que l'Empire, qui s'était entouré d'une forte cuirasse, qui s'était environné de toute sorte de précautions, qui avait multiplié les répressions, qui avait été jusqu'aux mesures de transportation, de proscription, est-ce que l'Empire, alors même qu'il s'était départi des moyens de coercition et d'intimidation qu'il avait longtemps mis en usage, est tombé à cause de la répression de la presse, à cause des avertissements préalables, et du droit qu'il s'était attribué de supprimer les journaux qui lui déplaisaient ? Non : l'Empire est tombé sur le champ de bataille de Sedan, et non pas sur les barricades de Paris ! (Très bien à gauche.)

Vous voyez donc, messieurs, à quoi se réduit cet argument : les lois de répression n'ont servi en rien aux gouvernements antérieurs. D'abord ce serait à démontrer ; car je crois, pour ma part, que ces lois protectrices ont contribué à garantir ces gouvernements de bien des attaques. Nous avons été et nous sommes encore froissés par ces lois ; nous ne nous en plaignons pas : c'était alors une bataille, malheur au soldat qui reçoit des blessures et qui tombe sur le champ de bataille de la presse. Mais, d'un autre côté, nous reconnaissons que le gouvernement de la Restauration, celui de Louis-Philippe et celui de l'Empire, avaient leurs raisons pour se défendre et repousser nos attaques.

M. Georges Perin. Vous attaquez le projet de loi et vous défendez la loi de 1852!

M. Marcou. C'est le principe du droit seul à la protection que je proclame ici pour tous les gouvernements nouveaux. Je n'examine pas leur nature, je ne justifie pas les moyens, à mon point de vue libéral, qu'ils ont adoptés, puisque j'ai été leur antagoniste et que j'ai été leur victime. Mais, en parcourant l'histoire, je vois que, quand un gouvernement s'élève, il cherche à se défendre contre ses ennemis. Est-ce que la République, aujourd'hui, n'a pas également des précautions à prendre? Est-ce que la République n'est pas entourée d'adversaires? Songez-y : la République est à peine naissante! Ce n'est guère que depuis trois ou quatre ans que nous ne tremblons plus pour son avenir; ces alarmes que nous avons éprouvées, à l'époque de l'entreprise criminelle du 16 mai, sont encore présentes à vos mémoires. La République a besoin de protection et c'est pour cela que j'insiste.

Il me semblait que le mot république devait suffire pour envelopper, pour embrasser toutes les parties de la sphère gouvernementale; mais, afin qu'il n'y ait plus de doute, je propose, par mon amendement actuel, de réprimer aussi les outrages à la Chambre des députés, au Sénat, au Président.

Messieurs, en 1848, l'Assemblée nationale, vous me l'accorderez bien, était composée de républicains; elle fit une loi qui n'est pas reproduite par la commission, tant s'en faut. Permettez-moi de vous lire le texte même des dispositions de la loi du 12 août 1848 :

« Toute attaque par l'un des moyens énoncés en l'article 1er de la loi du 17 mai 1819 contre les droits et l'autorité de l'Assemblée nationale, contre les droits et l'autorité que les membres du pouvoir exécutif tiennent des décrets de l'Assemblée, contre les institutions républicaines et la Constitution, contre le principe de la souveraineté du peuple et du suffrage universel sera puni d'un emprisonnement de trois mois à cinq ans et d'une amende de 300 francs à 6,000 francs. »

Je ne vous demande pas tout cela. Je n'admets pas que l'on réprime les attaques. Je veux, au contraire, que la discussion soit large, profonde, que la lumière se fasse sur tous les problèmes politiques et sociaux de notre époque, et tel est l'avantage de notre Constitution, qu'elle porte dans son sein le germe du progrès; elle est essentiellement perfectible. En effet, au moyen de la clause de révision nous avons le droit de tout contrôler, de fouiller dans le passé, d'interroger l'avenir, de comparer les divers systèmes; mais c'est là la discussion sincère, utile, honnête, et ce n'est pas « l'outrage ».

L'outrage commence lorsque l'attaque devient grossière, indécente ; alors, cette attaque se convertit en insulte, en outrage. Voilà où est la limite. L'outrage peut être plus dangereux que l'attaque elle-même; il déverse le mépris et la déconsidération : c'est l'avilissement de la Constitution et de toutes nos institutions. C'est la décomposition du principe par le venin et la bave de nos insulteurs.

Oui, c'est la mort du principe républicain lui-même et des institutions que ce principe a engendrées et qui sont faites uniquement pour protéger, pour soutenir et faire vivre la République.

Voilà la différence que je fais entre l'attaque et l'outrage.

Tant que vous discutez, vous usez de votre droit; mais, du jour où vous dépassez les limites de la pudeur et des convenances, du jour où vous devenez grossier, insolent, provocateur, et où vous jetez l'invective et le mépris sur les institutions que vous prétendez juger et apprécier, dès ce moment-là l'outrage apparaît ; c'est un délit que vous commettez.

C'est pourquoi je vous conjure de ne pas légitimer l'outrage, de ne pas le sanctionner par votre vote. La grande portée du vote que vous allez émettre, je voudrais vous la faire sentir. La question ayant surgi du travail de la commission, vous devez la résoudre.

DÉLITS CONTRE LA CHOSE PUBLIQUE.

Je comprendrais qu'on pût dire : nous n'avons pas fait de loi là-dessus, nous n'y avions pas songé, nous avons laissé passer l'insulte à la République par un oubli involontaire, parce que nous n'avions pas pensé qu'il y aurait des gens assez audacieux pour porter la main sur elle, pour l'insulter. Mais il n'en est pas ainsi. La commission a posé la question, et alors il faut la résoudre, par oui ou par non.

Eh bien, si vous repoussez mon amendement, vous élevez l'outrage à la hauteur d'une institution (Mouvements divers), vous faites l'apologie de l'outrage, vous l'autorisez. Vous donnez alors carrière à tous nos ennemis, à toutes leurs souillures, et par là vous faites un mal énorme au suffrage universel des campagnes. (Marques d'approbation sur divers bancs. — Interruptions à droite.)

Il ne faut pas se le dissimuler, le tempérament des campagnes n'est pas le même que celui des Parisiens, les mœurs, les idées, les sentiments sont différents. (Très bien! très bien! sur plusieurs bancs à gauche.)

Et j'insiste à cet égard; j'ajoute qu'il y a dans les campagnes, dans les petites localités, dans les villes très peu importantes, une foule de petits journaux appartenant aux partis hostiles ; eh bien, ces feuilles, sans valeur littéraire, répandent le fiel, le venin, l'insulte et l'outrage contre la République et ses institutions.

Les journaux se colportent de hameau en hameau ; ah ! ne croyez pas qu'à côté de cette presse prétendue conservatrice on trouve, dans les campagnes, le contrepoison que nous trouvons dans la presse de Paris, lorsque tels ou tels journaux attaquent, soit les institutions, soit les agents qui mettent en fonction ces institutions. En d'autres termes, à Paris, à côté des critiques que nous lisons dans un journal, nous ne manquons pas de lire dans un autre des contradictions qui détruisent l'effet produit par le premier. Voilà ce qui se passe à Paris.

Aussi a-t-on pu dire qu'en quelque sorte la presse est impuissante. Oui, cela paraît un paradoxe, cela est un paradoxe vrai, non pas pour la province, où l'on croit encore à la lettre moulée, mais pour Paris, où on lit tous les journaux.

Savez-vous à quoi mène cette habitude de tout lire? à un véritable scepticisme politique sur les questions courantes ; on ne prend pas, en effet, ses opinions dans le journal, on les puise dans sa raison, dans ses propres réflexions. Mais, dans les campagnes, la presse jouit encore d'une grande autorité, de quelque côté qu'elle vienne. Aussi, je prétends que, si vous ne punissez pas l'outrage, vous découragerez les électeurs des campagnes. Et prenez garde, messieurs! c'est là qu'est le danger de l'avenir ! C'est de là que tout au moins le péril peut venir menaçant notre conquête. Si nous venions à dégoûter, à décontenancer les électeurs ruraux, si les sympathies, l'enthousiasme que manifestent les campagnes pour la République, si tous ces sentiments s'évanouissaient à la suite de la guerre incessante que font les partis dynastiques à nos institutions, eh bien ! dès ce moment, soyez persuadés que la République serait sérieusement menacée. Si nous perdons, en effet, le gros de notre armée, nous perdrons la bataille électorale.

Il faut prévoir cela, et pour cela préserver de toute atteinte la sympathie, l'esprit, la confiance, l'amour des campagnes pour la République. Si au contraire vous y entretenez un foyer de déconsidération, de décomposition en permettant l'outrage à jet continu, je le déclare, la République vous rendra responsables des conséquences fatales qui en découleront.

Messieurs, des élections législatives vont venir ; si vous ne réprimez pas l'outrage, soyez bien sûrs que les adversaires de la République ne se feront pas faute de se servir de cette arme que vous aurez mise vous-mêmes en leurs mains.

On a dit : Il y a aujourd'hui un débordement d'injures, et on le tolère, et la République n'en meurt pas pour cela. Croyez-vous qu'elle s'en porte mieux? Je ne le pense pas. Mais du jour où vous déclarerez qu'on ne peut punir l'outrage, il y aura un redoublement d'insultes, un dévergondage de paroles et d'outrages. Ce que nous voyons n'est rien à côté de ce que nous verrons. Les lois répressives existent, tant que la loi nouvelle n'est pas votée. Or, ne l'oubliez pas, les lois répressives produisent toujours leur effet préventif.

A l'heure qu'il est, ceux qui jettent la boue à la République, à nos institutions procèdent avec beaucoup de ménagements et de précautions, parce qu'ils saven qu'il y a sur leur tête une loi qui pourrait les atteindre. Du jour où vous aurez déclaré l'impunité de l'outrage, de ce jour-là vous serez assaillis, assourdis par toutes les clameurs qui s'élèveront contre la République et qui, puisant leur inspiration dans les instincts les plus haineux, feront usage des termes les plus odieux et les plus révoltants. (Très bien! très bien! sur divers bancs.)

Ainsi, j'estime que les arguments qu'on a fait valoir n'ont aucun fondement véritable. On nous a dit : La République est si haute. Ah! oui, la République peut longtemps résister à cette espèce de guerre; mais elle finira par y perdre une partie de sa force morale, en perdant le respect de tous. La République n'est pas si haute qu'elle plane dans les nuages; je la vois ici sur cette terre, susceptible de sentir les coups, les blessures. Toutes les fois que vous l'outragez, que vous l'insultez, il y a une répercussion de l'insulte dans nos cœurs, il y a, par l'action d'une cause réflexe, une humiliation profonde dans notre âme, dans nos consciences. (Marques d'approbation sur plusieurs bancs.)

L'outrage, pour me résumer, ne peut pas vous paraître une chose indifférente, légitime. L'outrage permis, c'est la guerre déclarée à la République, et la pire de toutes les guerres. Voyez comme vous seriez inconséquents : vous punissez les outrages faits aux monarques étrangers et à leurs ambassadeurs. Puisque vous employez le mot outrage, vous devez évidemment savoir ce qu'il signifie et comment on peut le juger, l'absoudre ou le condamner.

Je n'ai donc pas besoin de revenir sur sa définition. Vous punissez, dis-je, l'outrage envers les ambassadeurs, les rois et les empereurs de l'Europe, et, mieux encore, vous autorisez les membres du cabinet, qui se croiraient insultés, à saisir les tribunaux et à appeler la répression sur l'auteur des insultes qu'on leur aurait adressées. Ainsi donc, d'un côté, monarques étrangers, les ministres eux-mêmes seront protégés, défendus, garantis contre les injures et les outrages, et, d'un autre côté, la République, la Chambre des députés, le Sénat et le Président de la République pourront être impunément diffamés, vilipendés, outragés. Cela est-il logique? Cela peut-il être? (Très bien! très bien! sur plusieurs bancs.)

Je n'insiste pas davantage. Il est incontestable que l'outrage ne peut pas être considéré comme un acte de liberté dans un État civilisé. Ce serait, au contraire, faire le plus grand mépris de la liberté que de l'abandonner sans protection à tous les hasards, à toutes les violences de nos anciens persécuteurs. Ne lui refusez pas votre protection, elle en a besoin, car nous sommes encore obligés de nous défendre contre les attaques des anciens partis qui semblent se désagréger, mais qui, sous le coup d'événements possibles, peuvent facilement se recomposer et constituer des coalitions.

Croyez-moi, messieurs, protégez nos institutions, protégez la République, la Chambre des députés, le Sénat et le Président de la République; là est le salut, là est la digue contre la réaction. Si vous livrez ces institutions aux coups de nos ennemis, quelle sera l'attitude des républicains? Que nous faudra-t-il faire? Ou bien nous devrons renoncer à nous dire républicains, ou bien il nous faudra prendre nous-mêmes les armes pour repousser l'insulte. (Mouvements divers.)

M. Émile de Girardin. Vous avez les journaux pour vous défendre.

M. Marcou. Vous ne voudrez pas cela. Vous voudrez la paix, le maintien de la sécurité et le développement progressif de l'idée républicaine. Vous voudrez aussi que nos institutions soient respectées, honorées. Vous repousserez donc le droit à l'outrage qu'on veut vous faire reconnaître. S'il en était autrement, nous ne formerions plus une société civilisée, nous retournerions à l'état barbare. (Très bien! et applaudissements sur divers bancs.)

DÉLITS CONTRE LA CHOSE PUBLIQUE.

M. le président. La parole est à M. Clémenceau.

M. Clémenceau. L'honorable M. Marcou présente pour la seconde fois l'amendement qu'il vient de défendre à cette tribune. A une précédente séance, il s'était trouvé dans un véritable embarras. Comme il soutenait cette thèse qu'il fallait interdire l'outrage à la République, nous lui avions demandé en quoi consistait l'outrage à la République.

M. Marcou n'a pas répondu. Après avoir consacré un nombre de jours à réfléchir sur cette question, il a trouvé que la République se personnifiait dans le Président de la République et dans les deux Chambres. Eh bien, je viens faire une objection de principe à mon honorable contradicteur et lui dire que la République ne se personnifie pas du tout dans le Président de la République et dans les deux Chambres.

M. Marcou. Je n'ai pas dit cela.

M. Clémenceau. J'ai recueilli vos paroles.

M. Marcou. J'ai demandé qu'on interdise l'outrage à la République en elle-même, et c'est accessoirement que j'ai indiqué le Président de la République, le Sénat et la Chambre des députés comme devant être également protégés contre lui.

Je persiste dans ma première pensée, que la République doit être respectée et mise à l'abri des outrages.

M. le comte de Douville-Maillefeu. Qu'appelez-vous la République ? la monarchie n'a jamais été protégée.

M. Clémenceau. Si vous voulez que j'emploie une autre expression, pour traduire votre pensée, je dirai que vous êtes venu soutenir cette thèse que la République était représentée par le Président de la République et par les deux Chambres. Eh bien, je prends la liberté de contredire cette assertion : il y a, au-dessus des Chambres, le suffrage universel de qui elles tiennent leurs pouvoirs. (Très bien ! très bien ! à gauche.)

Le souverain dans ce pays n'est pas le Président de la République ni le Parlement ; le souverain, c'est le peuple : nous sommes sous le régime de la souveraineté populaire ! Je vous demande alors pourquoi vous ne poussez pas la logique jusqu'à interdire l'outrage à la souveraineté nationale, outrage infiniment plus grave et plus dangereux que l'outrage à la personne du Président de la République ou aux deux Chambres. (Très bien ! à gauche.)

Vous ne le faites pas et vous ne pouvez pas le faire, car ce n'est pas par des lois répressives qu'il vous serait possible de protéger le libre exercice de la souveraineté populaire. La seule protection qu'elle attende de vous et que vous puissiez lui donner, c'est de lui permettre de s'exprimer librement par la presse, par les réunions publiques, par le scrutin quand le souverain maître, le peuple, est convoqué dans ses comices. C'est ainsi que la liberté, loin d'être un danger, est la condition même de l'exercice de la souveraineté populaire, qui n'a que faire de la protection précaire que vous lui offrez et qui n'a besoin, pour se défendre, que de la liberté, non pas de telle ou telle portion de la liberté que vous lui mesurerez d'une main plus ou moins avare, mais de la liberté sans épithète, de toute la liberté. Voilà en deux mots la réponse à toute votre argumentation.

Que voulez-vous protéger en effet, et qui voulez-vous que nous protégions ? La République ? Je ne veux pas plus que vous la livrer sans défense aux attaques de ses ennemis ; mais je prétends que la véritable manière de la mettre en mesure de se défendre avec succès contre les attaques de ses ennemis, c'est de lui permettre de les affronter face à face, avec part égale de champ de soleil, et de livrer au grand jour, devant le peuple qui doit nous juger tous, la suprême bataille de la République contre la monarchie. (Applaudissements sur divers bancs à gauche.)

Et maintenant, mon cher collègue, répondant aux objections que nous avions apportées à cette tribune, vous avez essayé de passer en revue les causes pour lesquelles les gouvernements précédents sont tombés.

Nous avions dit : les armes dont vous nous proposez de nous saisirsont restées impuissantes à protéger tous les gouvernements qui en ont fait usage. Vous nous avez répondu : Croyez-vous que Louis-Philippe soit tombé pour avoir refusé la liberté de la presse ? Non, c'est pour n'avoir pas voulu consentir à l'élargissement du corps électoral par l'adjonction des capacités. Et vous avez ajouté : Croyez-vous que Napoléon III soit tombé pour avoir refusé la liberté de la presse? Non, il est tombé sur le champ de bataille de Sedan !

Mais pourquoi Louis-Philippe a-t-il refusé d'élargir le corps électoral ? et pourquoi Napoléon III est-il tombé sur le champ de bataille de Sedan ? C'est qu'il y a eu là une situation générale qu'il ne dépendait pas d'eux de changer. C'est que tout se tient dans la politique ; et qu'un gouvernement de répression est condamné par cela même qu'il met obstacle à la libre manifestation de l'opinion publique, non seulement à méconnaître l'opinion publique, mais encore à ignorer jusqu'à l'état, jusqu'à la valeur des forces dont il peut disposer. Ces gouvernements n'avaient pas d'intérêt à commettre les actes qui les ont perdus : Napoléon III avait même un intérêt vital à connaître l'état de l'armée française, à organiser la défense du territoire ; il semblait qu'il disposât de tous les moyens d'informations nécessaires, et malgré cet intérêt si évident, il s'est grossièrement trompé. Il a livré la France dans les conditions que nous savons; pourquoi cela ? C'est qu'il avait organisé un gouvernement sans liberté, c'est qu'il exerçait un pouvoir sans contrôle. (Très bien ! très bien ! sur plusieurs bancs à gauche.) Saisissez-vous maintenant le danger de votre proposition ?

A votre tour, vous voulez défendre la République comme Napoléon III avait entrepris de défendre l'Empire, par des lois de répression qui, loin de protéger les régimes précédents, n'ont servi qu'à les abuser grossièrement, à les aveugler sur leur propre intérêt, à les perdre en compromettant de la façon la plus grave les intérêts primordiaux du pays.

Voilà pourquoi nous vous disons : Quand vous voulez connaître la cause véritable de la chute de nos différents régimes monarchiques, ne vous arrêtez pas aux causes occasionnelles, aux faits qui peuvent frapper les yeux du vulgaire ; allez jusqu'à la cause profonde de l'effondrement de ces régimes, et vous la trouverez infailliblement dans la méconnaissance de l'opinion, dans la défiance de la liberté.

Car enfin, si la France a subi la défaite de Sedan, il y a eu d'autres pays qui ont été vaincus ; l'empereur d'Autriche aussi a été battu et il est rentré acclamé dans sa capitale ! Si le régime du 2 décembre est tombé, c'est parce qu'il était fondé sur la répression, sur l'irresponsabilité du pouvoir, et qu'il lui manquait, pour être viable, cet élément de vie, la liberté. (Très bien ! très bien !)

Voilà pourquoi ce régime est tombé ! Voilà pourquoi il s'est effondré, sans qu'il rencontrât personne pour le défendre.

Sommes-nous donc si loin, mon cher collègue, du temps où M. Jules Simon venait à cette tribune, à cette même tribune où je suis, réclamer la liberté de l'outrage ; et M. Jules Simon ne réclamait pas moins que la liberté d'outrager la religion, d'outrager Dieu, que par une inexplicable contradiction vous laissez insulter, alors que vous prétendez défendre le chef de l'Etat. Car il y avait un article dans ces anciennes lois sur la presse que vous avez codifiée avec tant de soin, il y avait, dis-je, un article qui protégeait Dieu, la morale religieuse, contre l'outrage. Cet article, vous l'avez supprimé; vous livrez Dieu aux plus sanglants outrages et vous entreprenez de protéger le Président de la République ! (Rires à droite et sur plusieurs bancs à gauche.)

Ah ! vous voulez proscrire l'outrage de nos polémiques quotidiennes! Écoutez là-dessus M. Jules Simon ; c'est une citation qui ne sera pas longue :

« Maintenant j'irai bien plus loin, et je demanderai, sans ambages, le droit d'outrager une religion. Je sais bien qu'on peut affecter de prendre le change sur un prétention pareille. Mais ici comme dans tout ce qui précède, je me mets à l'abr

DÉLITS CONTRE LA CHOSE PUBLIQUE.

derrière un homme dont assurément je n'épouserais pas toutes les doctrines, mais que je trouve devant moi dans le chemin de la liberté, et dont il est naturel et utile que je me fasse une égide : c'est encore M. de Serre.

« M. de Serre ne voulut pas admettre cette distinction entre l'outrage et la discussion pure et simple ; il lui sembla avec raison que, quand la conviction était entière sur les questions religieuses et philosophiques, elle était nécessairement accompagnée d'un peu de passion ; et laissez-moi dire qu'en parlant d'un peu de passion, je ne vais pas jusqu'au bout de ma pensée.

« Non, non, quand sur de pareilles matières on a une de ces convictions inébranlables qui font partie de la vie d'un homme, une fois qu'elles ont pénétré dans son esprit, ce n'est pas un peu de passion qu'on y apporte, c'est une passion véhémente : et quand on entreprend d'apporter sa doctrine au milieu des autres hommes et de la faire partager par eux, ce n'est pas avec douceur qu'on la prêche, ce n'est pas en respectant les erreurs de ses adversaires ; c'est en les heurtant de front, en les accablant, en les outrageant ; c'est en mettant dans ses paroles, dans ses arguments, et jusque dans ses maximes, cette vigueur, cette âpreté, cette verve d'ironie et de sarcasme qui disparaissent sans doute quand la raison a repris tout son empire, mais qui donnent à la discussion, il faut bien le dire, cette force et cet éclat sans lesquels la vérité toute nue serait trop souvent impuissante. »

M. Laroche-Joubert. Voilà du véritable libéralisme.

M. Clémenceau. Voilà la théorie libérale, voilà la vraie doctrine de la liberté. Quoi donc ! Il y a ici des hommes qui ont défendu les régimes qui ont précédé dans notre pays le régime républicain, ils les ont défendus avec sincérité, avec conviction ; il en est quelques-uns qui, restés fidèles aux opinions de toute leur vie, n'aiment pas la République, que dis-je, qui la haïssent, qui, loin de préparer une évolution plus ou moins savante (rires à droite), s'attachent d'autant plus à leur cause vaincue. (Très bien ! à droite.)

Eh bien, ces hommes n'ont-il pas le droit d'apporter de la passion dans la défense de leurs doctrines, si le régime que la nation leur impose est le régime de la République, le régime de la liberté ? La liberté que nous demandons, ce n'est pas seulement la liberté du parti qui est au pouvoir, ce n'est pas notre liberté à nous républicains, c'est la liberté des autres, c'est la liberté de nos adversaires, c'est la liberté de tous (Applaudissements à droite et sur plusieurs bancs à gauche).

A-t-on jamais vu, et pourra-t-on voir jamais un gouvernement qui refuse la liberté à ses amis ?

Cette liberté-là, les monarchistes l'ont connue, c'est le privilège ; ce que nous réclamons, c'est la liberté des ennemis comme des amis de la République ; car c'est notre force d'avoir confiance dans la puissance de la vérité sur la raison humaine jugeant et prononçant alors en souveraine liberté. Cette liberté, c'est l'intérêt suprême de la République, ou plutôt c'est la République elle-même.

M. Laroche-Joubert. C'est de la loyauté ; c'est très bien !

M. Clémenceau. Croyez-le bien, ce qui importe, ce n'est pas ce qu'on dit, mais c'est ce qu'on pense. C'est pour avoir méconnu cette vérité que les régimes sont tombés.

Ils avaient entrepris d'empêcher la libre manifestation de la pensée humaine ! Ils pouvaient sans doute empêcher cette manifestation ; ils pouvaient faire, pour un temps, le silence, mais ils n'avaient pas d'action sur la pensée elle-même, sur l'opinion, et quand ils la blessaient, rien ne les venait avertir de la faute commise. C'est ainsi qu'un jour est venu, — et ce jour devait fatalement venir, — où l'opinion indignée s'est soulevée contre eux, et ils ont été renversés, anéantis.

Un membre à gauche. Il ne s'agit pas de la manifestation de la pensée, il s'agit de l'outrage !

M. Clémenceau. Oui, je sais bien que vous avez la prétention de ne punir que l'outrage. Mais le pouvez-vous? Il ne suffit pas, pour justifier votre loi, d'établir que vous proposez de réprimer ce que votre conscience particulière, votre conscience politique condamne avec raison.

La conscience condamne beaucoup de choses que la loi ne peut pas réprimer.

M. le comte de Douville-Maillefeu. Le mensonge par exemple.

M. Clémenceau. Vous êtes des hommes politiques : considérez le résultat politique de votre loi. Voulez-vous punir l'outrage au Président de la République. aux Chambres ? Prenez garde, messieurs, car, grâce à cette loi, il pourra se faire que les tribunaux aboutissent, contre votre intention formelle, à porter l'atteinte la plus grave à la considération des pouvoirs publics en acquittant ceux qui auront paru les outrager. (Applaudissements à gauche.)

M. le comte de Douville-Maillefeu. C'est ce qui nous arrivera toujours avec la magistrature que nous avons.

M. Clémenceau. Car, il faut bien l'admettre, l'accusation n'entraînera pas nécessairement la condamnation ! Il y a là une question d'appréciation sur laquelle les juges pourront différer avec les parquets, avec l'opinion publique elle-même ; et, dans ce cas, je vous demande — cela s'est vu sous l'Assemblée nationale, — si cet outrage, qui résultera de la décision de quelques juges, représentants de la justice nationale, ne sera pas bien autrement cruel pour ceux que vous voulez défendre. (Très bien ! très bien ! à gauche.)

Non ! non ! Tout est danger pour vous, pour le pays, dans la loi qu'on vous propose. Il n'y a de sécurité vraie que dans la liberté. Laissez tout attaquer, comme disait M. Jules Simon, à condition qu'on puisse tout défendre... (C'est cela ! c'est cela ! sur plusieurs bancs à gauche.) Je dirai même : laissez tout attaquer, afin qu'on puisse tout défendre ; car on ne peut défendre honorablement que ce qu'on peut attaquer librement. (Nouvelles marques d'approbation sur les mêmes bancs).

Pour ma part, en défendant dans la mesure de mes forces les principes républicains, je me sentirais gêné, amoindri, je croirais faire injure à la République elle-même si j'avais conscience que mes adversaires ne sont pas absolument libres de me répondre. (Applaudissements répétés à gauche.)

M. le président. La parole est à M. Maigne.

M. Jules Maigne. Messieurs, ce n'est pas sans quelque étonnement, sans quelque tristesse, sans quelque regret, que, dès le début de cette discussion, j'ai constaté la séparation momentanée qui s'est faite entre nos amis de l'extrême gauche et quelques-uns d'entre nous. J'ai été surtout étonné de voir que nous nous séparions lorsqu'il s'agissait d'empêcher qu'on injuriât, qu'on insultât, qu'on outrageât la République.

Je ne serais pas étonné qu'une pareille tolérance pour l'outrage se fût élevée de ce côté (la droite).

Je comprends très bien que ces messieurs, qui défendaient par des peines qui allaient jusqu'à cinq ans de prison et 10,000 francs d'amende l'auguste personne de leur roi ou de leur empereur, et le gouvernement si honorable de ces despotes, n'aient pas la même sollicitude pour la République. (Très bien ! à gauche et au centre.) Je comprends parfaitement que ceux de nos collègues qui pensent qu'on diminue, qu'on avilit, qu'on renverse, pour une part, un gouvernement quand on l'outrage, quand on le déconsidère, soit aux yeux des citoyens, soit aux yeux des nations étrangères, veuillent une pleine liberté d'outrage contre la République. (Très bien ! très bien !)

Mais je ne puis le comprendre de la part de mes amis, et il m'est permis de m'en étonner et même de m'en attrister. Non, certes, qu'il ait pu jamais entrer dans ma pensée d'attribuer de près ni de loin à mes honorables amis les sentiments et les idées qui font agir nos collègues de la droite; leurs sentiments ne sont suspects à personne. Il se sont illustrés longtemps dans les luttes qui nous

DÉLITS CONTRE LA CHOSE PUBLIQUE.

ont valu la République ; et je n'ai pas la prétention d'avoir fourni, à cet égard, des services plus efficaces que les leurs, bien moins encore celle d'avoir acquis la juste illustration dont plusieurs d'entre eux sont entourés et qui est une des gloires du parti républicain.

Il faut donc ici mettre de côté leurs intentions, ainsi que leurs sentiments, et chercher ailleurs ce qui nous divise un moment. Pour moi, ce ne peut être qu'une erreur d'appréciation, de méthode d'un côté ou de l'autre, et pas autre chose. Cette erreur, je la trouve dans une idée, presque dans un seul mot que j'ai eu occasion de combattre déjà une fois à cette tribune.

Mes amis croient à la liberté absolue, à la liberté illimitée; ils y croient et ils la demandent. Je leur demande la permission de leur dire en peu de mots, qui ne les offenseront pas, j'espère, parce qu'ils ne s'adressent en aucune manière à leurs sentiments, ce que je pense de la liberté absolue.

Au point de vue philosophique, c'est un non-sens... (Marques d'assentiment sur quelques bancs au centre), la liberté absolue, au point de vue politique, c'est un non-sens et un contresens.

M. Clémenceau. Ce n'est pas cela qu'on discute !

M. Jules Maigne. C'est un non-sens au point de vue ontologique, au point de vue des facultés de l'homme... (Exclamations sur divers bancs.)

Ah ! messieurs, soyez tranquilles, rassurez-vous, nous n'irons pas loin dans cette voie; je ne veux pas vous entraîner dans des digressions philosophiques; mais la politique sérieuse, élevée, repose évidemment sur des données philosophiques ; au moins faut-il les poser en quelques mots.

Je dis que c'est un non-sens au point de vue de l'humanité. La liberté ne consiste pas dans une déclaration qu'on est libre, dans une conception de ce droit ; non, elle consiste dans le pouvoir de faire ou de ne pas faire. Eh bien, je demande s'il y a un homme, ayant réfléchi, sérieusement, à ce que nous sommes, qui puisse dire que nous pouvons tout ce que nous voulons; et, si nous ne pouvons pas tout ce que nous voulons...

M. Clémenceau. Qui est-ce qui a dit cela ?

M. Jules Maigne... je vous demande comment nous pourrons être libres dans une mesure illimitée. Si votre pouvoir est limité, votre liberté est limitée.

M. Clémenceau. Mais il ne s'agit pas de cela !

M. Jules Maigne. Permettez, mon cher collègue, je ne vous ai pas interrompu...

M. Clémenceau. C'est juste ! Je vous fais mes excuses.

M. Jules Maigne. Cela touche précisément à la question; elle est là, et non pas ailleurs.

Je dis qu'au point de vue humain, la liberté absolue, illimitée, est un non-sens, et qu'au point de vue politique la liberté illimitée est un contre sens et un non-sens. Je dis que, quand on fait partie d'une société humaine, d'une nation, on a des droits, mais on a aussi des devoirs... (Très bien ! sur divers bancs à gauche et au centre.) Et quiconque se reconnaît des devoirs reconnaît des limites à sa liberté.

Comment ! comprendriez-vous un homme qui entrerait dans une association, dans une société quelconque, industrielle, politique ou autre, et qui aurait la prétention de n'avoir que des droits, de donner une libre et entière expansion à ses prétentions, à ce qu'il appelle ses droits, une carrière absolue à sa liberté? mais à côté de vous, il y a des libertés qui valent la vôtre ; et si la vôtre les heurte, les blesse, elle cesse d'être juste et légitime. (Applaudissements sur plusieurs bancs au centre.)

Nous arrivons ainsi, messieurs, à la liberté de l'outrage. Mais auparavant je dirai encore un mot qui répond à une des premières pensées que j'ai émises à cette tribune.

J'ai dit que ce qui nous divisait, c'était une erreur de méthode de votre part. Je crois l'avoir démontré en partie sous le rapport de l'utopie de la liberté illimitée. Je vais compléter ma pensée en considérant votre erreur sous un autre rapport.

Je comprends qu'on réclame la liberté illimitée, plutôt qu'on se campe sur la liberté illimitée et sur quelque chose d'équivalent à la liberté illimitée, c'est-à-dire sur le terrain de la critique souveraine et non moins illimitée quand on veut faire à un gouvernement une guerre systématique ; quand son principe vous répugne, quand vous ne voulez rien accepter de lui qui découle de ce principe. Je comprends qu'alors vous demandiez la liberté de le frapper toujours, sans cesse, de ne rien trouver de bon dans ce qu'il fait, de tout critiquer, de tout rejeter, de ne vous trouver jamais assez libre, de rien trouver qui mérite votre approbation. Mais si, au lieu de cela, vous avez affaire à un gouvernement dont le principe est le même que le vôtre, si à ce gouvernement vous voulez donner votre concours comme vous l'avez fait souvent, comme vous le ferez encore, je l'espère, comme nous l'avons fait tous ensemble de grand cœur, si, à certain moment, vous voulez défendre son principe avec lui, ne pas lui faire une opposition systématique, je dis que vous devez renoncer à la critique quand même, à la critique souveraine, et que vous ne devez pas lui demander une liberté utopique, la liberté illimitée.

Est-ce à dire, messieurs, que nous renoncions à une large liberté, que nous voulions vous en priver pour cela ? Est-ce que les hommes qui ne veulent pas que l'on outrage, que l'on insulte ce qu'on respecte, ce qu'ils servent avec amour et dévouement, est-ce que ces hommes-là refusent la liberté de discuter, même le gouvernement de leur choix ? Pas le moins du monde ; au contraire, je vous y convie : discutez tout ce que vous voudrez, jusqu'à la forme et au principe même de nos institutions. Montrez les rapports qu'elles peuvent avoir avec les différents besoins de la société ou de la civilisation ; prouvez qu'elles y répondent mal, qu'elles leur sont contraires, si tel est votre avis ; scrutez, analysez, jugez, condamnez ; je le veux bien et je ne le crains pas, car je suis comme vous sous ce rapport, mes chers collègues de l'extrême gauche, je tiens pour certain que l'arme la plus puissante de la République, c'est la vérité et la discussion ; et, loin de vouloir restreindre ou gêner cette discussion, je l'appelle, je lui donne tout le champ que vous pouvez désirer. Mais est-ce que vous confondez, par exemple, la liberté de la discussion avec la liberté de l'outrage, de l'injure ? (Très bien ! très bien ! au centre.)

M. Édouard Lockroy. Marquez les limites alors !

M. le comte de Douville-Maillefeu. Qui sera juge ?

M. Jules Maigne. Le jury !

C'est ici que nous nous séparons, car, contrairement à votre opinion, je pense qu'il n'y a rien de plus opposé à la liberté de discussion que la liberté de l'outrage et de l'injure. Ce n'est plus de la discussion, c'est la dispute, la rixe et souvent la violence matérielle. Je défie que deux hommes qui ont quelque sens, quelque valeur, puissent discuter au moyen d'injures pendant quelques instants, avec quelque fruit.

Je ne fais point ici de conjectures, je ne m'abandonne pas à des déductions plus ou moins vagues, à des aperçus plus ou moins risqués, quand je dis que la liberté de l'injure est contraire à la liberté de discussion. Est-ce que nous n'avons pas vu tout récemment encore quelque chose de déplorable dans la presse ? Est-ce qu'on discutait ? Je vous le demande, est-ce qu'à la discussion on n'avait pas substitué l'insulte, l'injure, l'outrage ? Et comment voulez-vous que des hommes qui s'outragent puissent discuter ? Quand on discute, c'est que l'on veut convaincre son adversaire, l'attirer à son opinion, et il faut l'aimer, l'estimer, pour l'attirer à ses convictions. Mais celui qu'on outrage, qu'on insulte, c'est un homme qu'on méprise et qu'on ne craint pas de surexciter contre soi.

DÉLITS CONTRE LA CHOSE PUBLIQUE.

Je crois que j'énonce des faits qui ne souffrent guère de contradiction ; et si quelqu'un en doutait, je m'adresserais particulièrement au témoignage de ceux qui ont déjà vécu un certain temps, comme moi, dans la vie politique ; je leur demanderais si, depuis le temps où l'injure s'est substituée aux arguments, le journalisme a gagné beaucoup en profondeur, en lumière, en fécondité. (Applaudissements sur quelques bancs au centre.)

M. Edouard Lockroy. Ce n'est pas la question !

M. le comte de Douville-Maillefeu. Tant pis pour les journalistes !

M. Jules Maigne. M. de Douville-Maillefeu me dit : Tant pis pour les journalistes ! Et moi je lui réponds : Tant pis aussi pour la discussion ! tant pis pour la presse, que je ne méprise pas, que je ne hais pas, et que je ne voudrais pas voir s'avilir, car je verrais ainsi s'éteindre un des flambeaux qui éclairent l'humanité ! (Très bien ! très bien !)

Et si j'avais l'honneur de me trouver à la tête d'un de ces grands journaux, comme il y en a dans tous les partis, qui discutent sérieusement, qui élaborent avec sincérité, avec loyauté et compétence, avec le désir de trouver la vérité, les questions sociales, philosophiques ou autres, je serais fortement désolé de voir le journalisme dégénérer en une arène, en une espèce de pugilat moral. (Très bien ! très bien ! au centre.)

Messieurs, cela est si vrai que les partisans de la liberté illimitée, en fait de presse, en sont conduits à de singulières contradictions, quand ils défendent cette liberté illimitée. Ils vous disent : Vous croyez que la presse a quelque influence, quelque action sur les esprits, vous croyez qu'elle est efficace ? Mais ce n'est rien du tout, absolument rien ! Personne n'y fait attention.

Qui est-ce qui dit cela ? Ce sont les hommes qui doivent tout, ou à peu près tout, à la presse, qui sans elle seraient sans influence, sans situation dans la politique. Cela rend leurs arguments un peu contradictoires et les affaiblit singulièrement. (Rires.)

Si vous voulez les affaiblir encore davantage, vous n'avez qu'à attaquer un peu la presse, et aussitôt ces mêmes voix qui disaient tout à l'heure : Ce n'est rien, n'écoutez pas, c'est un bruit de la rue !... (Nouveaux rires et applaudissements) ces mêmes voix s'élèvent en un chœur formidable pour dire — ce que je dirais volontiers avec eux, moi qui ne suis pas suspect au moment où je repousse la liberté illimitée de la presse, — ces voix s'élèvent dans un formidable unisson pour dire : La presse est la garantie de toutes nos libertés, c'est elle qui nous sauvegarde du despotisme, depuis celui du plus petit fonctionnaire jusqu'à celui du premier magistrat de la République. La presse, c'est l'instrument sacré du progrès, de l'avancement de l'esprit humain, etc. Malheur à qui touche la presse !

Et je serais assez tenté de dire encore avec eux, pour célébrer la puissance de la presse : qu'elle est le quatrième pouvoir de l'État !

Qui reconnaîtrait là cette presse qu'on voulait à l'instant nous faire considérer comme impuissante, comme nulle, comme étant sans influence sur la marche de l'opinion, sans nocuité pour ce qu'elle attaque !

M. Émile de Girardin. Si elle était puissante, elle serait libre ! La preuve qu'elle n'est pas puissante, c'est qu'elle n'est pas libre.

M. Jules Maigne. Il faudrait d'abord qu'elle n'abusât pas de la liberté qu'on lui accorde, et qu'elle ne la demandât pas dans une mesure où aucun gouvernement ne peut l'accorder. Je vous l'ai dit et je n'ai pas besoin de le démontrer à chaque instant, ce que je combats, ce n'est pas la liberté de la presse, une large liberté ; c'est ce que vous appelez une liberté illimitée.

Un membre. La licence !

M. Jules Maigne. Ce que je combats, ce n'est pas la liberté de discussion, c'est la liberté de l'injure, c'est la liberté de provocation, la liberté de ces luttes odieuses, infâmes, qui déshonorent le pays et la presse elle-même. (Applaudissements sur divers bancs.)

Après l'argument général tiré de l'impuissance de la presse, il y en a un autre plus particulier tiré de l'innocuité et de l'impuissance de l'injure et de l'outrage.

Nous entendions tout récemment, ici, à cette place, un des hommes dont je m'honore d'être l'ami, nous dire : Que craignez-vous des injures et des outrages ? Vous êtes au-dessus par vos œuvres, et, si vous le voulez, vous serez toujours au-dessus par votre mépris !

Par nos œuvres, mon cher et honoré collègue ? Oui ! mais à une condition d'abord, c'est que la presse ne les dénaturera pas ; à une autre condition, c'est qu'elle ne formulera pas ses jugements en injures et en outrages.

Pour savoir si la presse est vraiment aussi inoffensive qu'on le dit, surtout pour savoir si l'outrage et l'injure sont aussi dénués de toute puissance fâcheuse, nous n'avons pas à remonter bien loin ; et je pourrais bien demander à l'estimable ami auquel je fais allusion comment il explique qu'au 2 décembre les représentants du peuple, lorsqu'ils ont appelé ce peuple à défendre sa liberté et sa souveraineté, ont été reçus en beaucoup d'endroits avec indifférence et plus d'une fois par l'injure et l'outrage ; comment il se fait que l'on a vu passer avec indifférence les voitures qui conduisaient les représentants du peuple à Mazas et au Mont-Valérien.

N'est-ce pas par suite des outrages incessants dont cette Assemblée avait été l'objet ?...

M. Madier de Montjau. C'est par sa faiblesse et par ses votes que l'Assemblée de 1851 a été tuée et non par les attaques de la presse bonapartiste.

M. Clémenceau. Elle est tombée parce qu'elle n'a pas institué la liberté.

M. le président. N'interrompez pas, messieurs, tout à l'heure vous serez à la tribune et vous réclamerez le silence de vos collègues. Je vous prie de vous préparer à le mériter en écoutant M. Maigne.

M. Jules Maigne. Mes amis me disent : Ce n'est pas seulement par suite des outrages dont elle a été l'objet que cette Assemblée a trouvé le peuple indifférent aux violences qui étaient exercées contre elle !

Je suis d'accord avec mes honorables collègues, et je reconnais que c'est bien aussi par ses œuvres qu'elle s'est compromise, surtout par ses œuvres, par ce qu'elle a fait et par ce qu'elle n'a pas fait. Sur ce terrain, vous ne trouverez pas en moi un contradicteur.

Non, je ne dis pas que ce sont uniquement les outrages dont elle a été accablée souvent, sans distinction des bons et des mauvais, qui ont amené ce résultat ; mais si je vous montre des Assemblées qui ont fait de grandes et nobles choses et qui ploient, qui succombent encore sous la masse des outrages dont on les a accablées, il faudra bien reconnaître la puissance, l'efficacité nuisible de l'outrage.

Reportez-vous en arrière, au temps de notre grande Révolution, si vous voulez. Vous trouverez là des Assemblées qui ont fait un monde nouveau, des Assemblées qui, dans l'ordre religieux, ont établi la liberté et la tolérance où régnaient le despotisme et la persécution ; des Assemblées qui, dans l'ordre international, ont montré sur la terre des familles humaines, des sœurs dans l'humanité à la place de ces groupes, de ces familles que tous les historiens, que tous les publicistes représentaient comme systématiquement, fatalement hostiles, qui ont révélé l'humanité à elle-même, qui ont posé les premiers fondements de cet édifice de paix et de fraternité que nous ne désespérons pas d'avancer à notre tour, si nous devons renoncer à le voir jamais.

Dans l'ordre de la patrie et des relations sociales, voyez ce qu'elles ont fait ! D'une foule dédaignée, asservie, méprisée, exploitée, grugée, mangée par quelques milliers de parasites ; d'une patrie ainsi déchirée, affaiblie par cette division

DÉLITS CONTRE LA CHOSE PUBLIQUE.

de castes, elles ont fait la patrie une, puissante, un peuple de citoyens libres dans une complète égalité de droits.

Dans l'ordre économique, elles ont fait la plus grande révolution qui ait jamais peut-être été accomplie, en substituant le respect du travail, l'honneur du travail à l'honneur et au respect de la paresse, en déclarant que désormais ce serait le travail qui serait le premier titre de noblesse, qu'il n'y aurait plus qu'une honte dans ce monde industrieux, libre, éclairé, fécond : la fainéantise et le parasitisme !

Et ce n'est pas là toute leur œuvre, ce ne sont pas tous leurs titres. Quand, après avoir proclamé ou réalisé en grande partie les nobles et féconds principes, il a fallu les défendre contre la coalition de l'Europe entière ; se pénétrant du véritable génie de la France, ne craignant pas de demander à ce noble pays avide, insatiable des sacrifices les plus généreux, tout ce qu'il pouvait donner pour la défense de la patrie, elles ont soutenu victorieusement la guerre, et la guerre civile et la guerre étrangère, abritant derrière les victoires les généreuses semences de la civilisation nouvelle et portant aux nations étrangères qui étaient venues nous ramener à l'oppression, les germes de la liberté dont elles jouissent aujourd'hui ; œuvre si grandiose, si bienfaisante et si décisive que les mêmes historiens d'au delà du Rhin, qui dans leur jalousie ou leur haine n'ont pas craint de dénigrer presque systématiquement notre pays, n'ont pu s'empêcher de parler de cette œuvre avec enthousiasme et de fixer au 14 juillet la quatrième ère de l'humanité, l'ère de l'égalité, du droit, la plus grande et la plus belle de toutes à leurs yeux.

Mes honorables collègues se flatteraient-ils d'accomplir de pareilles œuvres ? Cette pensée est-elle jamais venue à quelqu'un d'entre nous ?

Et, si elle se présentait, ne la repousseriez-vous pas comme une pensée de présomption et d'orgueil ? Et cependant, ces grandes assemblées encore aujourd'hui sont méconnues, outragées par les calomnies répandues sur elles, et dont l'effet n'a pas été un des moindres obstacles pour ceux qui ont travaillé à l'établissement de la République.

L'outrage, l'injure, la calomnie ne sont donc pas impuissantes pour la déconsidération ; et si les grandes assemblées, si leur renommée, leur gloire en souffrent encore après de telles œuvres, vous vous flattez, nous pourrions nous flatter d'échapper à cette déconsidération !

A mon honorable collègue qui a prétendu que c'était par ses œuvres qu'on pouvait se défendre, je crois avoir prouvé que les œuvres les plus grandes, les plus sublimes ne vous défendent pas toujours contre les conséquences d'outrages voulus, suivis, persistants. Mais il pense si bien comme moi sur ce point que dans la guerre que nous avons faite ensemble dernièrement à ces écoles de corruption, à ces écoles qui ont amené la jeunesse française à une véritable dégénérescence, ce n'est pas seulement la morale jésuitique, cette morale qui sollicite toutes les capitulations de conscience, qu'il a poursuivie, mais aussi l'injure, l'outrage déversés sur la Révolution française et sur ses grandes assemblées.

Mais, si l'on vous outrage, a dit l'honorable M. Madier de Montjau, vous avez un autre moyen de vous défendre, c'est le mépris.

Le mépris ! Vous mépriserez ceux qui vous outrageront. Je ne pense pas que ce soit parce qu'ils vous estiment qu'ils vous outragent ; et je ne pense pas non plus qu'ils veuillent vous outrager pour vous faire estimer. En sorte que le résultat auquel conduirait un pareil système, de mépris réciproque, serait une espèce de mépris général régnant dans tous les rangs, dans tous les partis de la société française. Sans confiance, sans estime les uns pour les autres, nous resterions, sans nous unir, les uns à côté des autres, comme des gens méfiants, ne pouvant pas s'allier sans crainte d'une perfidie, d'une trahison. Alors, vous auriez enlevé à notre pays le respect, l'estime réciproque qui seuls peuvent faire l'union, la concorde, les moyens les plus puissants pour qu'un pays puisse marcher fermement dans la voie qui lui est tracée par son passé et ses aspirations.

Et remarquez que le mépris est un sentiment tout contraire à celui qui forme le véritable ressort d'une république.

Qu'est-ce que c'est que la république ? (Oh ! oh ! à droite.)

M. Jules Maigne. Nous y viendrons, messieurs.

Voix à droite. Vous êtes très libéral !

M. de Baudry-d'Asson. C'est la mort du pays, la République ! (Exclamations à gauche et au centre.)

M. le président. M. de Baudry-d'Asson, je vous prie de ne pas interrompre.

M. Jules Maigne. Quel est le grand ressort de la République? C'est l'opinion. Qu'est-ce que nous devons désirer tous ? C'est que cette opinion soit la mieux éclairée, la plus vraie possible. Or, je vous le demande, si nous ne pouvions nous soustraire à un système d'injures, d'outrages, conduisant à un mépris réciproque, à quoi aboutirions-nous? Comment feriez-vous vos élections si on ne voyait dans chaque candidat qu'un intrigant, un ambitieux? Qui mettriez-vous dans vos chambres, dans vos ministères, à la tête de votre gouvernement? Comment feriez-vous pour faire obéir à vos lois ? Il y a sans doute une manière de faire obéir aux lois : la manière des despotes... (Bruit de conversations), la menace, la coercition. Mais cette manière déshonore et celui qui commande et celui qui obéit.

M. le président. Veuillez faire silence, messieurs...

M. Jules Maigne. Il n'en est pas de même de l'obéissance due à la confiance et au respect.

Messieurs, je coupe court, devant l'impatience de la Chambre, à ces considérations sur l'influence qu'un mépris général peut exercer dans le jeu des institutions républicaines; il ne me siérait pas d'abuser de votre attention, et, d'autre part, je suis sûr que, pour les hommes réfléchis, pour les hommes sérieux, il suffit d'avoir signalé cet écueil. Mais je vous demanderai, si nous ne nous respectons pas les uns les autres, si nous nous injurions mutuellement, quelle idée donnerons-nous de nous à l'étranger, et l'estime de l'étranger est une force qu'il ne faut pas mépriser ? Savez-vous que, dans un pays voisin, on a employé près d'un siècle à vous outrager, à vous faire considérer comme méprisables, afin d'amener une guerre nationale qui sans cela eût pu être impossible, savez-vous qu'on a fait de ce mépris un moyen de relever le moral des troupes qui devaient marcher contre vous? Qui ne sait qu'à la guerre on aborde toujours avec plus d'audace l'ennemi qu'on méprise que celui qu'on est obligé d'estimer? (Interruptions et bruit.)

Mais pourquoi recourir à ces considérations élevées de la politique pour savoir si l'outrage, si l'injure ont véritablement une action fâcheuse dans le pays où on les souffre, et pour ceux qui en sont l'objet? Pour bien être convaincu, il suffit simplement d'interroger le sentiment populaire. En France, on aime les gouvernements qui se respectent et qui se font respecter. (Très bien ! au centre.)

Le jour où il serait établi pour tous, dans les provinces surtout, qu'on peut insulter impunément la République elle-même et les trois grands pouvoirs de l'État, notre gouvernement et nous-mêmes tomberions dans le mépris public. Non, jamais le peuple français n'accordera sa confiance, jamais il ne donnera son appui à un gouvernement qui ne saura pas se faire respecter. Il ne comprend pas du tout qu'un homme, pas plus qu'un gouvernement, puisse subir longtemps, sans les vouloir réprimer, l'injure et l'outrage qui tendent à l'avilir, à le déshonorer.

J'abrège, messieurs, et, laissant tous ces considérations, je m'adresse aux sentiments de chacun. Je demande à qui d'entre nous il serait donné d'entendre sans frémissement, sans colère et sans envie de les réprimer, de les punir, l'insulte, l'outrage ? Non, non, ici, en réponse à ces insultes, le mépris ne suffit pas toujours. Et si je ne craignais pas de commettre une inconvenance, d'introduire ici un ordre de considérations qu'il ne faut aborder qu'avec précaution et réserve, je demanderais à ceux qui veulent la liberté illimitée, la liberté de l'outrage, s'ils pourraient voir avec calme, avec indifférence et de sang-froid insulter, outrager à leur bras la compagne des bons et des mauvais jours; à ceux qui ont longtemps lutté et souffert pour la République, s'ils conçoivent que cette digne et noble compagne de toutes leurs luttes pourrait être impunément insultée devant eux.

Et c'est celle à qui vous avez subordonné, à qui vous avez offert en holocauste jusqu'à ces saintes et chères affections, c'est la République que vous voulez voir livrée à la dérision, à l'injure, à l'outrage!

Voilà ce que je ne puis croire, ce qui m'étonne et m'attriste; et si je suis forcé de l'entendre, je ne ferai pas à mes amis l'injure de penser qu'ils y aient été conduits autrement que par une cruelle erreur. (Bruit.)

M. le président. Veuillez écouter, messieurs!

M. Jules Maigne. Je puis avouer sans effort que l'orateur n'est peut-être pas à la hauteur de sa tâche, mais véritablement, quand on traite des questions de cet ordre, les tronquer, les mutiler, les écourter comme à plaisir, je trouve que ce n'est ni digne de la question ni digne de la tribune.

Cependant j'abrégerai encore.

J'en ai fini avec la première partie de ma tâche. (Exclamations à droite.)

Voix diverses. A demain! — Parlez! parlez!

M. Jules Maigne. Je n'en ai plus que pour quelques minutes.

J'en ai fini avec la partie la plus ingrate de cette tâche, avec celle qui me mettait en contradiction avec des amis dont j'estime et j'honore le caractère.

J'arrive à un autre ordre d'objections, et ce que je fais ici, c'est tout simplement une réponse aux objections qui ont été opposées dans d'autres parties de cette Assemblée à l'amendement de MM. Marcou, Fourot et Roudier.

Lorsque M. Marcou a proposé son amendement, quelques personnes lui ont conseillé d'en retrancher les mots « outrage à la République » et lui ont dit : Nous vous appuierions plus volontiers si vous vous borniez à viser l'outrage au Président de la République. M. Marcou a répondu — avec beaucoup de sens, selon moi : — Si je laissais la République de côté et si je ne visais que le Président de la République, je croirais obéir à des traditions monarchiques beaucoup plus qu'à des sentiments républicains, car il me semble, comme le disait tout à l'heure mon honorable ami M. Clémenceau, avec qui je suis heureux d'être d'accord en ce point, qu'au-dessus du Président de la République et des Chambres il y a la République elle-même...

M. Clémenceau. Non, je n'ai pas dit cela. J'ai dit qu'il y avait le peuple, la souveraineté populaire.

M. Jules Maigne. Parfaitement; vous allez voir que vous êtes absolument d'accord avec moi.

Outre que cela me semblerait un peu trop monarchique, j'y verrais aussi quelque danger.

J'ai pleinement confiance dans la République; j'ai confiance dans sa solidité et dans sa durée; les élections répétées qui viennent de la consacrer de nouveau m'affirment suffisamment qu'elle plonge profondément ses racines dans la masse populaire. Mais je serais bien oublieux des temps où j'ai vécu, si je ne me disais pas qu'il n'est pas impossible qu'à un moment donné cette République soit néanmoins exposée à quelques dangers. Il en est un que je ne crois guère probable, mais qui n'est pas hors des choses possibles : c'est celui qui pourrait lui venir d'une candidature présidentielle, qui, si elle réussissait, amènerait à la tête du gouvernement quelqu'un des prétendants, un membre des familles qui ont régné sur la France.

Et si, dans ces circonstances, vous laissiez impuni l'outrage à la République;

si vous couvriez seulement le Président, il en résulterait qu'on pourrait outrager tout à son aise la République, on pourrait la vilipender, mais il ne serait pas permis d'outrager un seul instant, et pour peu que ce fût, le Président en question. Ce qui arriverait alors, je crois pouvoir le dire, sans être prophète : c'est que le peuple, voyant qu'on protège non pas la République, mais le Président de la République, se dirait : c'est à lui qu'est dû le respect, c'est chez lui qu'est la puissance qui sait se faire respecter ; et par cette simple préférence, par ce privilège, vous auriez singulièrement avancé son triomphe.

C'est ce qui s'est passé en 1851. Ceux qui ont vécu alors peuvent se le rappeler. Oui, la République était abandonnée à tous les outrages des feuilles de la réaction ; mais il était défendu de toucher de près ou de loin à cet auguste personnage qu'on appelait le prince-président. (Oh! oh! à gauche.)

Personne ne se trompe sur le sens que je donne à ce mot « auguste ».

On m'a répondu : Mais, permettez ; le Président de la République est une personne vivante, agissante, que l'on peut saisir, que l'on peut insulter, que l'on peut outrager ; mais votre République n'est pas une personne vivante, agissante, et le droit criminel n'admet la nocuité qu'à l'égard de telles personnes.

Lors même que la République ne serait, — ce que je n'accorde pas, — que le gouvernement seul, ce gouvernement de suffrage universel qui nous élève tous à la dignité de citoyens libres ; lorsqu'elle ne serait que le gouvernement qui, au moyen du suffrage universel, peut réaliser successivement par des évolutions suivies et pacifiques tous les progrès conçus par l'esprit de la nation, je dis qu'il faudrait encore la protéger contre l'outrage et contre l'injure.

Mais pour moi la République est bien autre chose ; la République n'est pas seulement le gouvernement de la patrie, c'est la patrie elle-même, et non pas la patrie muselée, humiliée, déshonorée par le despotisme, traînée sur les champs de bataille qu'elle rougit de son sang pour la plus grande gloire de son oppresseur ; ce n'est pas la patrie rétrécie, comprimée sous un pouvoir bigot ou spéculateur, — la République, pour moi, c'est la France en pleine possession d'elle-même et de sa souveraineté, pouvant donner un libre essor à son noble et puissant génie, pour nous ravir avec elle dans cette voie du progrès indéfini qui est la voie lumineuse et féconde ouverte aux destinées humaines. Non, ce n'est pas là une abstraction, ce n'est pas un pur symbole, c'est une réalité vivante ; c'est la France républicaine, la France de nos rêves et de nos espérances. (Très bien! très bien!)

Et c'est là, messieurs, ce qu'on nous propose de livrer à la dérision, à l'insulte, à l'outrage, tous les jours, à toute heure! Représentants du peuple, vous qui êtes l'expression et les interprètes de son sentiment, vous à qui il a confié pour une large part la garde de la République, le voulez-vous aussi? Voulez-vous que cette France libre, glorieuse, fière, puisse être impunément injuriée, outragée dans des polémiques inspirées par une haine impie? Vous qu'on a envoyés ici pour défendre la République, vous que le peuple a sacrés à cet effet à travers toutes les luttes, tous les sacrifices que lui imposait un gouvernement infidèle à sa mission, voulez-vous qu'il puisse dire quand vous retournerez devant lui : « Je vous avais envoyés pour assurer et constituer la République ; c'est autour de ce nom sacré que vous deviez vous rallier comme nous et lui faire un rempart de respect et d'honneur ; et tout le monde peut tous les jours pousser à sa déconsidération, à son avilissement. Je ne puis reconnaître en vous ceux qui m'ont appelé si longtemps à cette République, qui m'en ont prêché le respect et l'enthousiasme, ceux qui ont rempli dignement la mission que je leur avais confiée. » (Très bien! très bien! sur divers bancs au centre et à gauche.)

M. Clémenceau. Messieurs, il est bien entendu que je ne veux pas, à l'exemple de mon honorable contradicteur, instituer une discussion métaphysique pour définir ce que c'est que la patrie, la liberté limitée, la liberté illimitée, la licence. Je n'entre pas dans ces distinctions qui ne sont pas du domaine du

DÉLITS CONTRE LA CHOSE PUBLIQUE.

débat actuel; je demande à me cantonner dans l'amendement de M. Marcou.

Sur ce point, je n'ai qu'un mot à dire. L'argument principal de mon honorable collègue se résume en ceci : La République a été instituée, le parti républicain a le plus grand respect, la plus grande vénération pour elle; peut-il permettre que les ennemis de la République puissent outrager impunément ce qu'il respecte, ce qu'il vénère au suprême degré? C'était bien là, n'est-il pas vrai, l'argumentation de l'honorable M. Maigne?

M. Jules Maigne. Une partie seulement!

M. Clémenceau. C'est au moins ce qui m'a paru en être le point capital.

Eh bien, je demande à M. Maigne ce qu'il répondrait à M. l'évêque d'Angers, M. Freppel, si celui-ci montait à la tribune pour lui dire : Nous sommes dans ce pays 10 millions de catholiques. (Interruptions à droite.)

M. Maigne. Je demande la parole.

M. Freppel. 84 millions!

M. Clémenceau. Je crois que vous forcez un peu le chiffre!

M. Freppel. Vous n'avez qu'à vous reporter au recensement officiel.

M. Clémenceau. Permettez, monsieur l'évêque d'Angers ; il faut au moins en retrancher un, car je suis compté comme catholique dans le recensement que vous invoquez. (Nouvelles interruptions.)

M. le président. Messieurs, veuillez ne pas interrompre. Ce sont des questions de calcul, et nous ne pourrions pas les vider ici. (Rires.)

M. Clémenceau. Je dis donc : Que répondrait M. Maigne à M. Freppel, si l'évêque d'Angers venait lui dire: Nous sommes une majorité de catholiques dans ce pays, nous avons le plus profond respect pour la religion catholique, nous vénérons les dogmes du catholicisme; vous ne pouvez pas, vous ne devez pas les laisser outrager?

Je prétends que notre honorable collègue n'aurait absolument rien à répondre. (Applaudissements sur quelques bancs à gauche.)

Quant à moi, cette objection ne m'embarrasserait guère, car je dirais à M. Freppel : Si je vous donne la liberté, que me demandez-vous de plus? Laissons tout dire, tout critiquer, quelque vive que soit la critique. Le respect que vous demandez n'a de valeur que s'il est librement consenti. Que catholiques et anti-catholiques fassent librement appel à la raison humaine, qu'ils se contredisent en toute liberté. Défendez-vous librement contre moi qui use de ma liberté en vous attaquant, et que l'opinion juge entre nous. Mais vous qui prétendez, au nom de la majorité, protéger vos dogmes contre la liberté, que répondrez-vous à celui qui viendra à son tour, au nom d'une majorité de citoyens français, vous demander de protéger les siens? (Très bien ! très bien ! à l'extrême gauche.)

Vous nous avez ensuite démontré de la manière la plus probante et avec une très grande abondance d'arguments, que les hommes avaient tort de se lancer des outrages : qu'il vaudrait beaucoup mieux discuter pacifiquement, et que rien n'était plus fâcheux que de voir les journalistes s'injurier.

Je suis absolument de votre avis; je regrette comme vous les discussions véhémentes et passionnées de la presse; je conviens que les injures et les outrages ne prouvent rien. Mais qui donc ici ne s'est jamais laissé entraîner par la passion, au delà des limites de la discussion méthodique et composée? Les journalistes sont des hommes, — ce ne sont pas des anges, — et je crains fort que la loi que vous proposez d'édicter ne réussisse pas à changer la nature humaine.

On discute d'abord avec modération, puis le feu de la lutte échauffe l'argumentateur, la passion l'entraîne d'autant plus aisément que son opinion est plus profondément enracinée chez lui; il veut vaincre à tout prix, blesser au moins son adversaire, il le harcèle; il l'outrage. Cela est infiniment regrettable, mais il se produit tous les jours dans la société un grand nombre de choses regrettables que la loi n'atteint pas parce qu'elle ne peut pas, parce qu'elle ne doit pas les atteindre.

Vous ne pouvez pas plus interdire aux journalistes de se laisser entraîner jusqu'à l'outrage, que vous ne pouvez l'interdire aux hommes qui discutent quelque question, que ce soit aussi bien dans une réunion publique que dans un salon.

Il s'agit de savoir s'il y a un plus grand intérêt politique à laisser se produire ces outrages qu'à essayer de les réprimer. (Très bien! très bien! sur plusieurs bancs.)

Vous voulez interdire ces outrages? Sachez que vous n'atteindrez pas votre but. S'il y a une chose qui ne porte pas dans la discussion, c'est l'outrage direct, l'outrage grossier, celui dont M. Marcou, celui-là retombe de tout son poids sur celui qui l'a proféré. (C'est vrai! -- Très bien! à gauche.)

L'outrage le plus dangereux, c'est l'insinuation calomnieuse, perfidement cachée dans une phrase à double entente. Celui-là, vous ne pouvez pas l'atteindre : que dis-je, vous obligez le journaliste à renoncer au premier qui est inoffensif, pour faire exclusivement usage du second, seul nuisible, seul dangereux, et d'autant plus dangereux, que répondre à une accusation détournée, c'est quelquefois s'accuser soi-même. (Très bien! à gauche.)

Vous voulez faire respecter la République. Je le veux comme vous, mais je le veux autrement que vous. La meilleure manière pour nous d'obliger nos ennemis au respect de la République, c'est de tenir les promesses que nous avons faites à nos commettants... (Très bien! sur divers bancs à gauche.) C'est de faire des lois républicaines... (Rumeurs et rires sur plusieurs bancs.)

Messieurs, je ne crois pas que ce que je dis soit très risible, et je n'ai pas la prétention, quand je parle de nos commettants, de parler seulement des miens et de ceux de mes amis, je parle du parti républicain tout entier sans distinction de nuances. Je dis que la meilleure manière pour les républicains de faire respecter la République, c'est de donner à ce pays les institutions et les lois qu'il attend de ses mandataires, c'est de substituer aux institutions monarchiques actuelles, et au premier rang desquelles je mets les dispositions répressives dont vous laissez subsister un si grand nombre dans cette loi, des lois républicaines, libérales, conformes à l'esprit du régime que vous avez mission de fonder. Faites cela et vous serez acclamés par le pays. (Applaudissements à gauche.) Et si l'outrage se produit alors, si quelque insulteur essaie de vous lancer l'injure, comme l'esclave antique escortant le triomphateur, il ne fera que rehausser votre triomphe! (Très bien! très bien! à gauche.)

Savez-vous, au contraire, ce que vous faites avec votre loi sur l'outrage? Je vais prendre un exemple. Pendant la période du 16 mai M. Gambetta a prononcé ces paroles : « Le Président de la République devra se soumettre ou se démettre. » Ce n'est pas là l'attaque grossière dont parlait M. Marcou, essayant, mais en vain de définir l'outrage.

M. Lepère. Ce n'était même pas une attaque!

M. Clémenceau. Et cependant, monsieur Marcou, vous avez vu les bons juges que nous avons encore, l'excellente magistrature qui fait l'ornement de notre République... (Très bien! très bien! à gauche) condamner M. le président de la Chambre, qui était alors un simple citoyen, à un nombre respectable de mois de prison et de milliers de francs d'amende.

M. Marcou. Mais en vertu d'une loi qui n'existera plus! (Exclamations ironiques à gauche.)

M. Clémenceau. Eh bien, voulez-vous me permettre, à ce sujet, de vous rapporter ce que me disait un honorable magistrat hier soir?

Quelques membres. Ah! un honorable magistrat!

M. Clémenceau. J'ai dit qu'il était honorable, mais je n'ai pas dit qu'il fût républicain.

Il me disait : « Vous pouvez supprimer le délit d'outrage dans votre loi, cela n'a pas d'importance ; je m'engage avec le seul délit d'injures, s'il est maintenu, à prononcer exactement les mêmes condamnations. »

DÉLITS CONTRE LA CHOSE PUBLIQUE.

Je sais bien que vous vous dites : Nous aurons quelque jour une magistrature républicaine, et ces lois de répression que nous édictons ne seront plus appliquées qu'à nos seuls ennemis. S'il en devait être ainsi, je n'en protesterais pas moins, car vous n'en auriez pas porté un dommage moins grave à la République. En manquant gravement au principe républicain par excellence, au principe de liberté, vous n'en auriez pas moins entraîné la République dans la voie la plus périlleuse et la plus funeste. Je ne veux pas, pour ma part, qu'une magistrature républicaine, des parquets républicains entreprennent de faire au profit de la République ce qu'une magistrature réactionnaire a tenté au profit de M. de Mac-Mahon, vous savez avec quel succès. La liberté protègera la République mieux que vos magistrats ne sauraient le faire. La seule protection qu'elle réclame de vous, c'est la liberté, toute la liberté. (Vive approbation et applaudissements sur divers bancs à gauche et au centre.)

M. Marcou. Je demande la parole.

M. Jules Maigne. Je demande à répondre à M. Clémenceau. (Non ! — Aux voix ! — La clôture !)

M. le président. La clôture est demandée.

M. Jules Maigne. Je demande la parole contre la clôture.

M. le président. Vous avez la parole contre la clôture, mais uniquement contre la clôture.

M. Jules Maigne. Messieurs, vous avez tous entendu l'appel qui m'a été fait par M. Clémenceau.

De divers côtés. Mais non ! mais non ! — On ne vous a adressé aucun appel !

M. Jules Maigne. Je vous demande pardon messieurs, M. Clémenceau m'a dit : Que répondriez-vous si l'on vous disait telle ou telle chose ? Il me semble que c'est bien là une provocation directe à une réponse. (Bruit.)

Si la Chambre...

De divers côtés. Assez ! La clôture ! — Non ! Parlez ! parlez !

M. le président. Les uns disent : Parlez ! parlez ! Les autres disent : La clôture. Le plus simple est de consulter la Chambre. (Assentiment sur un grand nombre de bancs.)

Je mets aux voix la clôture de la discussion sur l'amendement de M. Marcou.

(La Chambre, consultée, prononce la clôture.)

M. le président. Il y a une demande de scrutin...

M. Camille Sée. Je demande la division.

M. le président. Messieurs, permettez-moi de présider, je vous prie. Je ne puis pas prononcer une phrase sans être immédiatement interrompu ; veuillez me laisser poser la question. (Très bien ! — Ecoutez ! écoutez !)

Il y a, sur divers articles du projet de loi, plusieurs amendements qui sont relatifs à ce même délit d'outrage au Président de la République.

L'amendement de M. Marcou, actuellement soumis au vote de la Chambre, a cela de particulier qu'il réunit, en spécifiant chacun d'eux, tous les délits d'outrages possibles contre tous les pouvoirs constitués.

En cet état, on ne pourrait pas passer au vote sur l'ensemble de l'amendement de M. Marcou, sans statuer implicitement et d'une façon définitive sur les amendements de nos autres collègues. (C'est vrai ! c'est vrai !)

En conséquence, il faut de deux choses l'une, ou procéder par division sur chacun des termes de l'amendement de M. Marcou, ou bien, statuant en bloc sur cet amendement, déclarer préalablement que le vote à intervenir, quel qu'il soit, mettra fin à toute discussion sur les points auxquels il s'applique.

Quelle est, à cet égard, l'opinion de la commission qui a rétabli dans un nouveau texte le délit d'outrage au Président de la République ?

M. le rapporteur. Nous acceptons la division.

Un membre à droite. Et l'article 35 ?

M. le président. Il y a, en effet, l'article 35 ; mais si on statue sur l'amendement de M. Marcou, et s'il n'est pas adopté, l'article 35 disparaîtra *ipso facto*.

Je demande à la commission quelle est son opinion sur la division et comment elle désirerait qu'elle fût opérée.

M. Franck Chauveau. Je demande la parole sur la position de la question.

M. le président. Vous avez la parole.

M. Franck Chauveau. Messieurs, voici dans quelles conditions la question se présente devant la Chambre.

Vous connaissez l'amendement de M Marcou, il est inutile d'y revenir. Il y a un autre amendement déposé par l'honorable M. Louis Legrand, qui comprend simplement l'outrage au Président de la République, et qui rétablit certaines peines relatives à ce délit, supprimées en bloc par la Chambre dans sa première délibération.

M. le président. Ce n'est plus un amendement, c'est actuellement le texte nouveau soumis à la Chambre par la commission.

M. Franck Chauveau. C'est ce qui en fait la gravité, car si la Chambre veut accepter la division, la question sera définitivement résolue. (C'est cela ! — Très bien !)

En conséquence, nous nous rallions à la proposition de M. Camille Sée, et nous appuyons sa demande de division.

Maintenant, monsieur le président, puis-je ajouter un mot sur le fond ?

M. le président. Vous ne pouvez rien ajouter.

M. Franck Chauveau. Ce serait pour expliquer...

M. le président. Mais vous ne le pouvez pas : la discussion est close.

Maintenant, il s'agit de savoir à quel endroit précis du texte de l'amendement de M. Marcou la Chambre entend pratiquer la division.

Voici d'abord le texte de l'amendement :

Faire précéder l'article 26 de la disposition suivante :

« L'outrage à la République, à la Chambre des députés, au Sénat et au Président de la République, par l'un des moyens énoncés dans l'article 24, est puni d'un emprisonnement de-trois mois à un an et d'une amende de 100 francs à 3,000 francs. »

Je ferai remarquer à M. Marcou que, pour ne pas commencer à commettre un des délits d'outrage qu'il veut réprimer, il faut suivre l'ordre hiérarchique... (On rit) et dire : « L'outrage à la République, au Président de la République, au Sénat et à la Chambre des députés. »

La Chambre entend-elle arrêter la division à la première ligne, c'est-à-dire à « L'outrage à la République » ?

Voix nombreuses. Oui ! oui !

M. le président. Il est donc bien entendu que le scrutin ne portera d'abord que sur cette partie de l'amendement : « L'outrage à la République. »

Il est également bien entendu que, s'il y a lieu à d'autres votes, à chacun de ces votes la Chambre aura adopté ou rejeté ces mots qui terminent l'amendement : « ... par l'un des moyens énoncés dans l'article 24, est puni d'un emprisonnement de trois mois à un an, et d'une amende de 100 francs à 3,000 francs. »

Il y a, ainsi que je l'ai annoncé déjà, une demande de scrutin sur l'amendement de M. Marcou, signée par MM. Marion, Dreyfus, Durand, Achard, Roudier, Moreau, de Laffitte, Villain, Fouquet, Rollet, Tiersot, Sallard, Reyneau, Maigne, Hugot, Jacques, Chaix, Maze, Belon, etc.

Cette demande, dans l'intention des membres qui l'ont signée, est applicable aux diverses parties de l'amendement de M. Marcou. (Oui ! oui ! — Très bien !)

Il va être procédé au scrutin sur ces mots : « L'outrage à la République », ainsi que je viens de l'expliquer.

DÉLITS CONTRE LA CHOSE PUBLIQUE.

(Il est procédé au scrutin, puis au dépouillement.)
M. le président. Voici le résultat du dépouillement du scrutin :

ONT VOTÉ POUR :

MM. Achard. Agniel. Allemand. Amat. Anthoard. Armez. Arnoult.

Baïhaut. Barbedette. Barthe (Marcel). Baury. Beaussire. Bel (François). Belle. Belissen (de). Belon. Benoist. Bernard. Bernier. Bienvenu. Binachon. Bizot de Fonteny. Blanc (Pierre) (Savoie). Blandin. Bonnaud. Borriglione. Boulard (Cher). Bouthier de Rochefort. Bravet. Bresson. Brice (René). Bruneau.

Caduc. Caurant. Cavalié. Caze. Chaix (Cyprien). Chalamet. Chaley. Chanal (général de). Chantemille. Charpentier. Chevallay. Chevandier. Chiris. Choron. Corentin-Guyho. Costes.

Danelle-Bernardin. Daron. David (Indre). Defoulenay. Deniau. Desseaux. Devade. Devaux. Develle (Eure). Develle (Meuse). Dreux. Dreyfus (Ferdinand). Drumel. Duchasseint. Ducroz. Dupont. Durand (Ille-et-Vilaine). Durieu.

Escanyé. Escarguel. Even.

Faure (Hippolyte). Folliet. Forné. Fouquet. Fourot. Fousset.

Galpin. Ganne. Garrigat. Gaudy. Germain (Henri). Gévelot. Girard (Alfred). Giraud (Henri). Girault (Cher). Girot-Pouzol. Godin (Jules). Grollier. Gros-Gurin. Guichard. Guillemin.

Hémon. Hovius. Hugot.

Jacques. Jametel. Janzé (baron de). Jeanmaire, Jenty. Joubert. Journault. Jozon.

Labadié (Bouches-du-Rhône). Labitte. La Caze (Louis). Laffitte de la Joannenque (de). Lalanne. Lanel. Langlois. Lasserre. Laurençon. Lavergne (Bernard). La Vieille. Lebaudy. Lecherbonnier. Lecomte (Mayenne). Lelièvre (Adolphe). Le Maguet. Le Monnier. Lepouzé. Leroux (Aimé) (Aisne). Levet (Georges). Liouville. Lisbonne. Lombard. Loubet. Loustalot.

Magniez. Mahy (de). Maigne (Jules). Maillé (d'Angers). Marcou. Masure (Gustave). Mathé. Mannoury, Mayet. Méline. Mercier. Mestreau. Mingasson. Moreau. Morel (Haute-Loire). Morel (Hippolyte). Morel (Manche). Mougeot.

Nédellec. Neveux. Noël-Parfait. Noirot.

Ordinaire (Dionys). Osmoy (comte d'). Oudoul.

Parry. Pascal-Duprat. Patissier. Paulon. Penicaud. Péronne. Peulevey. Philippe (Jules). Philippoteaux. Picard (Arthur) (Basses-Alpes). Picart (Alphonse) (Marne). Pinault. Plessier. Ponlevoy (Frogier de). Poujade. Pouliot. Pradal.

Rameau. Récipon. Renault-Morlière. Riban. Riotteau. Roger. Rollet. Roudier. Rougé. Royer. Rubillard.

Sallard. Salomon. Savary. Scrépel. Seignobos. Senard. Simon (Fidèle). Sonnier (de). Souchu-Servinière. Sourigues. Soye. Swiney.

Tallon (Alfred). Tassin. Teilhard. Teissèdre. Tézenas. Thiessé. Thomas. Tondu. Trouard-Riolle. Truelle.

Varambon. Versigny. Villain.

Waddington (Richard). Waldeck-Rousseau.

ONT VOTÉ CONTRE :

MM. Abbattucci. Allain-Targé. Allègre. Ancel. André (Jules). Anisson-Duperron. Arenberg (prince d'). Ariste (d'). Arrazat. Audiffret. Aulan (marquis d'). Azémar.

Baduel d'Oustrac. Ballue. Bamberger. Barascud. Bardoux. Barodet. Bastid

(Adrien). Baudry d'Asson (de). Beauchamp (de). Beauquier. Bélizal (vicomte de). Benazet. Berger. Bergerot, Berlet. Bianchi. Biliais (de La). Bizarelli. Blachère. Blanc (Louis) (Seine). Blin de Bourdon (vicomte). Bonnet-Duverdier. Bosc. Bouchet. Bouquet. Bourgeois. Bousquet. Boyer (Ferdinand). Boysset. Brame (Georges). Brelay. Breteuil (marquis de). Brierre. Brisson (Henri). Brossard. Buyat.

Cantagrel. Casabianca (vicomte de). Casimir-Perier (Aube). Casimir-Perier (Paul) (Seine-Inférieure). Castaignède. Cazeaux. Charlemagne. Chauveau (Franck). Chevreau (Léon). Cibiel. Cirier. Clémenceau. Colbert-Laplace (comte de). Combes. Corneau, Cossé-Brissac (comte de). Cotte. Couturier. Crozet-Fourneyron.

Daguilhon-Pujol. Datas. Daumas. Dautresme. David (Jean) (Gers). David (baron Jérôme) (Gironde). Debuchy. Delafosse. Deluns-Montaud. Desloges. Diancourt. Douville-Maillefeu (comte de). Dréolle (Ernest). Du Bodan. Dubois (Côte-d'Or). Dubost (Antonin). Du Douët. Dufour (baron) (Lot). Duportal. Durfort de Civrac (comte de). Duvaux.

Eschasseriaux (baron). Eschasseriaux (René). Espeuilles (comte d').

Farcy. Fauré. Favand. Feltre (duc de). Ferrary. Flandin. Fleury. Floquet. Franconie. Frébault. Freppel.

Gagneur. Ganivet. Gaslonde. Gassier. Gasté (de). Gastu. Gatineau. Gaudin. Gautier (René). Gavini. Gent (Alphonse). Ginoux de Fermon (comte). Girardin (Emile de). Giroud. Goblet. Godelle. Godissart. Gonidec de Traissan (comte le). Granier de Cassagnac (Georges). Granier de Cassagnac (Paul). Greppe. Guillot (Louis). Guyot (Rhône).

Haëntjens. Hamille (Victor). Haussmann (baron). Havrincourt (marquis d'). Hérisson. Hermary. Huon de Penanster.

Janvier de la Motte (père) (Eure). Joigneaux. Jolibois. Jouffrault. Juigné (comte de).

La Bassetière (de). Labat. Labuze. Ladoucette (de). La Grange (baron de). Laisant. Lamy (Etienne). Lanauve. La Porte (de). Largentaye (de). La Rochefoucauld, duc de Bisaccia. Laroche-Joubert. La Rochette (Ernest de). Larrey (baron). Lasbaysses. Latrade. Legrand (Arthur) (Manche). Legrand (Louis) (Valenciennes, Nord). Le Marois (comte). Léon (prince de). Le Peletier d'Aunay (comte). Lepère. Le Provost de Launay (Calvados). Le Provost de Launay (Côtes-du-Nord). Leroy (Arthur). Le Vavasseur. Lévêque. Levert. Livois. Lockroy. Loqueyssie (de). Lorois (Morbihan).

Mackau (baron de). Madier de Montjau. Maillé (comte de). Marcère (de). Maréchal. Marion. Marmottan. Marquiset. Mathieu. Maze (Hippolyte). Médal. Ménard-Dorian. Michaut. Mir. Mitchell (Robert). Montané. Murat (comte Joachim).

Nadaud (Martin). Naquet (Alfred). Niel.

Ollivier (Auguste). Ornano (Cuneo d').

Padoue (duc de). Partz (marquis de). Passy (Louis). Perin (Georges). Perras. Perrien (comte de). Perrochel (marquis de). Petitbien. Plichon. Prax-Paris. Proust (Antonin).

Raspail (Benjamin). Rauline. Réaux (Marie-Emile). Reille (baron). Reymond (Francisque) (Loire). Reyneau. Richarme. Rivière. Roissard de Bellet (baron). Roques. Rotours (des). Rouher. Roux (Honoré). Roy de Loulay (Louis).

Saint-Martin (de) (Indre). Saint-Martin (Vaucluse). Sarlande. Sarrien. Savoye. Sentenac. Septenville (baron de). Serph (Gusman). Soland (de). Soubeyran (baron de).

Taillefer. Talandier. Tardieu. Telliez-Béthune. Thirion-Montauban. Thoinnet de la Turmelière. Thomson. Tiersot. Tron. Trubert. Trystam.

Vacher. Valfons (marquis de). Valon (de). Vendeuvre (général de). Vernhes. Villiers.

N'ONT PAS PRIS PART AU VOTE :

MM. Andrieux. Bert (Paul). Bertholon. Bethmont (Paul). Boissy-d'Anglas (baron). Boulart (Landes). Bouteille. Carnot (Sadi). Casse (Germain). Chavanne. Chavoix. Choiseul (Horace de). Christophle (Albert) (Orne). Cochery. Constans. Cornil. Desbons. Dethou. Deusy. Duclaud. Fallières. Ferry (Jules). Gambetta. Gasconi. Gilliot. Girerd. Guyot-Montpayroux. Harcourt (duc d'). Horteur. Janvier de la Motte (Louis). Labadié (Aude). Lacretelle (Henri de). Laumond. Leconte (Indre). Lenglé. Logerotte. Malézieux. Margue. Martin-Feuillée. Menier. Monteils. Papon. Pellet (Marcellin). Rathier (Yonne). Raynal. Ribot. Sarrette. Sée (Camille). Spuller. Tirard. Trarieux. Turigny. Turquet. Vaschalde. Vignancour. Wilson.

N'ONT PAS PRIS PART AU VOTE
comme ayant été retenus à la commission du budget :

MM. Dréo. Fréminet. Renault (Léon). Rouvier.

N'ONT PAS PRIS PART AU VOTE
comme ayant été retenus à la commission d'enquête sur les actes de M. le général de Cissey pendant son ministère :

MM. Le Faure. Margaine. Roys (comte de). Viette.

ABSENTS PAR CONGÉ :

MM. Boudeville. Bouville (comte de). Cadot (Louis). Cesbron. Clercq (de). Descamps (Albert). Devès. Guilloutet (de). Harispe. Hérault. Legrand (Pierre) (Nord). Mas. Mention (Charles). Riondel. Rouvre.

Nombre des votants..	451
Majorité absolue...	226
Pour l'adoption.. 205	
Contre.. 246	

La Chambre des députés n'a pas adopté la première partie de l'amendement de M. Marcou à l'article 26 du projet (outrage à la République).

M. le président. Je consulte maintenant la Chambre sur les mots : «.. à la Chambre des députés, au Sénat. »

(Cette partie de l'amendement, mise aux voix, n'est pas adoptée.)

M. le président. Maintenant, il ne subsiste plus, dans l'amendement de M. Marcou, que les mots : «... au Président de la République par l'un des moyens, etc.... »

A cette partie de l'amendement on réclame l'application de la demande de scrutin public, qui a été déposée tout à l'heure sur l'ensemble.

M. Cuneo d'Ornano. Je demande la parole sur la position de la question.

M. le président. Comment ! vous trouvez que la question n'a pas été suffisamment posée ?...

Sur un grand nombre de bancs. Mais si ! mais si !

M. Cuneo d'Ornano. Je voulais dire que la commission proposait un autre article, l'article 35. (Aux voix !)

M. le président. Il va être procédé au scrutin.

(Le scrutin est ouvert ; les votes sont recueillis. — MM. les secrétaires en opèrent le dépouillement.)

M. le président. Voici le résultat du dépouillement du scrutin :

ONT VOTÉ POUR :

MM. Agniel. Allain-Targé. Allègre. Allemand. Amat. Andrieux. Anthoard. Armez. Arnoult. Audiffred.

Bailhaut. Bamberger. Barbedette. Bardoux. Barthe (Marcel). Bastid (Adrien). Baury. Beaussire. Bel (François). Belle. Bellissen (de). Belon. Benoist. Berlet. Bernard. Bernier. Bert (Paul). Bethmont (Paul). Bienvenu. Binachon. Bizot de Fonteny. Blanc (Pierre) (Savoie). Blandin. Bonnaud. Borriglione. Boulard (Cher). Bouthier de Rochefort. Bravet. Bresson. Brice (René). Brossard. Bruneau. Buyat.

Caduc. Carnot (Sadi). Casimir-Périer (Aube). Casimir-Périer (Paul) (Seine-Inférieure). Caurant. Cavalié. Caze. Chaix (Cyprien). Chalamet. Chaley. Chanal (général de). Chantemille. Charpentier. Chauveau (Franck). Chavoix. Chevandier. Chiris. Choiseul (Horace de). Choron. Christophle (Albert) (Orne). Cochery. Colbert-Laplace (comte de). Constans. Corentin-Guyho. Corneau. Costes. Couturier. Crozet-Fourneyron.

Danelle-Bernardin. Caron. David (Indre). Defoulenay. Deluns-Montaud. Deniau. Desseaux. Deusy. Devade. Devaux. Develle (Eure). Develle (Meuse). Diancourt. Dréo. Dreux. Dreyfus (Ferdinand). Drumel. Dubois (Côte-d'Or). Dubost (Antonin). Dupont. Durand (Ille-et-Vilaine). Durieu. Duvaux.

Escanyé. Escarguel. Even.

Fallières. Faure (Hippolyte). Ferry (Jules). Folliet. Forné. Fouquet. Fourot, Fousset.

Galpin. Ganne. Garrigat, Gassier. Gatineau. Gaudy. Germain (Henri). Grévelot. Girard (Alfred). Giraud (Henri). Girerd. Girot-Pouzol. Giroud. Goblet. Godin (Jules). Grollier. Gros-Gurin. Guichard. Guillemin.

Hémon. Hérisson. Horteur. Hovius. Hugot.

Jametel. Janvier de la Motte (Louis) (Maine-et-Loire). Janzé (baron de). Jeanmaire. Jenty. Joubert. Jozon.

Labadié (Bouches-du-Rhône). Labitte. La Caze (Louis). Laffitte de Lajoannenque (de). Lalanne. Lamy (Etienne). Lanel. Langlois. La Porte (de). Lasserre. Latrade. Laumond-Laurençon. Lavergne (Bernard). La Vieille. Lebaudy. Lecherbonnier. Lecomte (Mayenne). Legrand (Louis) (Valenciennes, Nord). Lelièvre (Adolphe). Le Maguet. Le Monnier. Lepouzé. Leroux (Aimé) (Aisne). Leroy (Arthur). Le Vavasseur. Levêque. Liouville. Lisbonne. Logerotte. Lombard, Loubet. Loustalot.

Magniez. Mahy (de), Maillé (d'Angers). Marcère (de). Marion. Marmottan. Marquiset, Martin-Feuillée. Masure (Gustave). Mathé. Mathieu. Maunoury. Mayet. Maze (Hippolyte). Médal. Méline. Mercier. Mestreau. Mingasson. Montané. Montelis. Moreau. Morel (Haute-Loire). Morel (Hippolyte) (Manche). Mougeot.

Nédellec. Neveux. Noël-Parfait. Noirot.

Ordinaire (Dionys). Osmoy (comte d'). Oudoul.

Papon. Parry. Pascal-Duprat. Passy (Louis). Patissier. Paulon. Penicaud. Péronne. Petitbien. Peulevey. Philippe (Jules). Philippoteaux. Picard (Arthur) (Basses-Alpes). Picart (Alphonse) (Marne). Pinault. Plessier. Ponlevoy (Frogier de). Poujade. Pouliot. Pradal. Proust (Antonin).

Rameau. Raynal. Réaux (Marie-Émile). Récipon. Renault-Morlière. Riban. Ribot. Richarme. Riotteau. Rivière. Roger. Roudier. Rougé. Roux (Honoré). Royer, Rubillard.

Sallard. Salomon. Sarrien. Savary. Scrépel. Sée (Camille). Seignobos. Senard. Sonnier (de). Souchu-Servinière. Soye. Swiney.

Tallon (Alfred). Tassin. Teissèdre. Thiessé. Thomas. Tirard. Tondu. Trarieux. Trouard-Riolle. Truelle. Trystram. Turquet.

Varambon. Versigny. Vignancour. Villain.

ONT VOTÉ CONTRE :

MM. Abbatucci. Ancel. André (Jules). Anisson Duperron. Arenberg (prince d'). Ariste (d'). Aulan (marquis d'). Azémar.

Baduel d'Oustrac. Ballue. Barascud. Barodet. Baudry-d'Asson (de). Beauchamp (de). Beauquier. Bélizal (vicomte de). Benazet. Berger. Bergerot. Bertholon. Blanchi. Biliais (de La). Bizarelli. Blachère. Blanc (Louis) (Seine). Blin de Bourdon (vicomte). Bonnet Duverdier. Bosc. Bouchet. Bouquet. Bourgeois. Bousquet. Boyer (Ferdinand). Boysset. Brame (Georges). Brelay. Bréteuil (marquis de). Brierre. Brisson (Henri).

Cantagrel. Casabianca (vicomte de). Casse (Germain). Castaignède. Cazeau, Charlemagne. Chevreau (Léon). Cibiel. Cirier. Clémenceau. Combes. Cossé-Brissac (comte de). Cotte.

Daguilhon-Pujol. Datas. Daumas. Dautresme. David (Jean) (Gers). David (baron Jérôme) (Gironde). Debuchy. Delafosse. Desloges. Douville-Maillefeu (comte de). Dréolle (Ernest). Du Bodan. Du Douët. Dufour (baron) (Lot). Duportal. Durfort de Civrac (comte de).

Eschasseriaux (baron). Eschasseriaux (René). Espeuilles (comte d').

Farcy. Fauré. Favand. Feltre (duc de). Ferrary. Flandin. Floquet. Franconie. Frébault. Freppel.

Gagneur. Ganivet. Gaslonde. Gasté (de). Gastu. Gaudin. Gautier (René). Gavini. Gent (Alphonse). Ginoux de Fermon (comte). Girardin (Emile de). Girault (Cher). Godelle. Godissart. Gonidec de Traissan (comte le). Granier de Cassagnac (Georges). Granier de Cassagnac (Paul). Greppo. Guillot (Louis).

Haentjens. Harcourt (duc d'). Haussmann (baron). Havrincourt (marquis d'). Hermary. Huon de Penanster.

Jacques. Janvier de la Motte (père) (Eure). Jolibois. Jouffrault. Juigné (comte de). Keller. Kermenguy (vicomte de). Klopstein (baron de).

La Bassetière (de). Labat. Labuze. Ladoucette (de). La Grange (baron de). Laisant. Lanauve. Largentaye (de). La Rochefoucauld, duc de Bisaccia. Laroche-Joubert. La Rochette (Ernest de). Larrey (baron). Lasbaysses. Leconte (Indre). Legrand (Arthur) (Manche). Le Marois (comte). Léon (prince de). Le Peletier d'Aunay (comte). Le Provost de Launay (Calvados). Le Provost de Launay (Côtes-du-Nord). Levert. Livois. Lockroy. Loqueyssie (de). Lorois (Morbihan).

Mackau (baron de). Madier de Montjau. Maillé (comte de). Ménard-Dorian. Michaut. Murat (comte Joachim).

Nadaud (Martin). Naquet (Alfred). Niel.

Ollivier (Auguste). Ornano (Cuneo d').

Padoue (duc de). Partz (marquis de). Perin (Georges). Perrien (comte de). Perrochel (marquis de). Plichon. Prax-Paris.

Rauline. Reille (baron). Reyneau. Roissard de Bellet (baron). Rollet. Roques. Rotours (des). Rouher. Roy de Loulay (Louis).

Saint-Martin (de) (Indre). Saint-Martin (Vaucluse). Sarlande. Savoye. Sentenac. Septenville (baron de). Serph (Gusman). Soland (de). Soubeyran (baron de).

Taillefer. Talandier. Teilhard. Telliez-Béthune. Thoinnet de la Turmelière. Thomson. Thiersot. Trubert. Turigny. Turquet.

Valfons (marquis de). Valon (de). Vandeuvre (général de). Vernhes. Viette. Villiers.

N'ONT PAS PRIS PART AU VOTE.

MM. Achard. Arrazat. Boissy-d'Anglais (baron). Boulart (Landes). Bouteille. Chavanne. Chevallay. Cornil. Desbons. Dethou Duchasseint. Duclaud. Ducroz.

Fleury. Gambetta. Gasconi. Gilliot. Guyot (Rhône). Guyot-Montpayroux. Hamille (Victor). Joigneaux. Journault. Labadié (Aude). Lacretelle (Henri de). Lenglé. Lepère. Levet (Georges). Maigne (Jules). Malézieux. Marcou. Maréchal. Margue. Menier. Mir. Mittchel (Robert). Pellet (Marcellin). Perras. Raspail (Benjamin). Rathier (Yonne). Reymond (Francisque) (Loire). Sarrette. Simon (Fidèle). Spuller. Tardieu. Thirion-Montauban. Trou. Vacher. Vaschalde.

N'ONT PAS PRIS PART AU VOTE.

comme ayant été retenus à la commission du budget :

MM. Fréminet. Renault (Léon). Rouvier.

N'ONT PAS PRIS PART AU VOTE.

comme ayant été retenus à la commission d'enquête sur les actes de M. le général de Cissey pendant son ministère :

MM. Le Faure. Margaine. Roys (comte de). Tézenas.

ABSENTS PAR CONGÉ.

MM. Boudeville. Bouville (comte de). Cadot (Louis). Cesbron. Clercq (de). Descamps (Albert). Devès. Guilloutet (de). Harispe. Hérault. Legrand (Pierre) (Nord). Mas. Mention (Charles). Riondel. Rouvre. Sourigues.

> Nombre des votants 459
> Majorité absolue 230
>   Pour l'adoption 269
>   Contre 190

La Chambre des députés a adopté le paragraphe 3 de l'amendement de M. Marcou à l'article 26 du projet (outrage au Président de la République).

Séance du mardi 15 février.

M. le président. Nous reprenons la suite de la discussion.

La Chambre avait adopté, à titre de premier paragraphe de l'article 26 du projet de loi, la dernière partie de l'amendement de M. Marcou, ainsi conçue :

« L'outrage au Président de la République par l'un des moyens énoncés dans l'article 24, est puni d'un emprisonnement de trois mois à un an et d'une amende de 100 fr. à 3,000 fr. »

Nous passons au paragraphe 2e :

« Tous cris ou chants séditieux proférés dans les lieux ou réunions publics seront punis d'un emprisonnement de six jours à un mois et d'une amende de 16 fr. à 500 fr., ou de l'une de ces deux peines seulement. »

Ce paragraphe est maintenu par la commission.

M. Ribot. Il y a une erreur matérielle : dans la première délibération, on a voté : « six jours à un mois ».

M. le rapporteur. C'est vrai. Le paragraphe 2 doit être ainsi rectifié : « ... six jours à un mois. »

M. le président. La rectification est faite.

M. Gatineau. Je demande la parole contre l'article.

M. le président. Vous avez la parole.

M. Gatineau. Messieurs, je viens demander à la Chambre de ne pas voter l'article 26 du projet de loi qui frappe les cris et chants séditieux, proférés dans les lieux ou réunions publics, de peines assez fortes.

DÉLITS CONTRE LA CHOSE PUBLIQUE.

Je trouve les raisons de la suppression que je vous demande, que je demande à votre libéralisme, dans l'histoire même du cri séditieux.

J'ai dû, et c'était une curiosité légitime, interroger le cri séditieux sur son origine et sur ses antécédents. Son origine, dans notre droit moderne, est très aristocratique.

M. Georges Perin. C'est une recommandation !

M. Gatineau. Ce n'est pas certainement une recommandation...

M. Charles Abbatucci. Pas pour vous, mais pour d'autres.

M. Gatineau. Et, en effet, c'est dans la loi du 11 novembre 1815 que se trouve son acte de naissance.

Un membre à gauche, ironiquement. Bonne date !

M. Gatineau. Voici quelques-unes des considérations que je dois mettre sous les yeux de la Chambre et qui expliquent pourquoi la Chambre et le Gouvernement d'alors ont frappé le cri séditieux.

« La justice prévôtale, dit le roi, a en sa faveur l'expérience des temps passés, et nous promet les heureux résultats » (Rires ironiques) « qu'elle a produits sous les rois nos ancêtres. Mais tandis que notre conseil prépare avec maturité les dispositions de la loi qui doit la rétablir, nous avons cru devoir chercher un remède momentané dans une législation provisoire. »

Voici le remède.

En ce qui touche le cri séditieux, le remède est formulé dans l'article 3, dont je dois vous rappeler le texte :

« Art. 3. — Seront punies de la déportation toutes personnes qui feront entendre des cris séditieux dans le palais du roi, ou sur son passage. »

Si la loi prononce une peine plus sévère, en revanche elle a l'avantage de préciser, quant aux circonstances de lieu et de personne, le cri séditieux. Le futur délinquant peut se rendre compte des périls auxquels il s'expose dans telles circonstances données.

L'article 5 fait mieux encore : il définit complètement le cri séditieux. En voici les passages, que vous devez connaître, c'est à peu près la totalité du texte :

« Sont déclarés séditieux tous cris, tous discours proférés dans des lieux publics, toutes les fois que, par ces cris, ces discours, on aura tenté d'affaiblir, par des calomnies et des injures, le respect dû à la personne ou à l'autorité du roi, ou à la personne des membres de sa famille, que l'on aura invoqué le nom de l'usurpateur » (On rit) « ou d'un individu de sa famille... » Vous remarquerez que la famille de l'usurpateur se compose d'individus, tandis que la famille du roi se compose de personnes (Hilarité). « ... ou de tout autre chef de rébellion ; toutes les fois que l'on aura, à l'aide de ces cris, de ces discours... excité à désobéir au roi et à la Charte constitutionnelle. »

Comme je l'ai dit tout à l'heure, la peine prononcée est formidable par rapport à celle dont on vous demande le vote, mais cette loi est mieux faite au point de vue juridique, au point de vue législatif, en ce qui concerne les cris séditieux, que celle qui vous est proposée.

En effet, le texte actuel se contente de dire que le cri séditieux sera puni, mais il ne l'indique pas, il ne le définit pas, il ne le décrit pas, de telle sorte que le cri séditieux, qui est un Protée, je le reconnais, échappant à l'analyse et à la description, sera le délit le plus vague du monde. L'histoire nous montre que le cri qui est séditieux à certains moments devient louable à une autre époque, et que le cri qui aura été inoffensif à une date deviendra, plus tard, séditieux, c'est-à-dire dangereux.

Sur ce terrain, je n'ai pas besoin de remonter bien haut pour rencontrer des énormités, énormités qui se reproduiront très certainement si vous votez l'article 26 que je combats.

N'avons-nous pas vu, il y a quelques années à peine, condamner comme cri sé-

ditieux sous la République le cri de « Vive la République ! » ? (Très bien ! —
C'est cela ! à gauche.) N'avons-nous pas vu pourchasser comme cri séditieux, à
presque toutes les époques de notre histoire, le cri de « Vive la liberté ! » ? N'avons-
nous pas vu, en un mot, selon les dates et les gouvernements, les cris changer de
nature et être tantôt exécrables et exécrés, et tantôt louables et dignes de l'approbation de tous les honnêtes gens, suivant l'expression consacrée ? Et quand je
vous demande la suppression de l'article 26, ce n'est pas le moins du monde pour
faciliter le désordre. Tous les cris qui sont poussés par une minorité ou par des
individus en désaccord avec la majorité des citoyens se produisent dans des circonstances qui les rendent délictueux en dehors d'eux-mêmes. En effet, si les cris
sont poussés dans une réunion publique, ils seront accompagnés d'un désordre,
d'un trouble punis par les lois ; si ces cris sont poussés sur la voie publique, il y
aura tapage injurieux, et, selon l'heure, il y aura tapage nocturne. Sur tous ces
points, les lois nous donnent satisfaction entière.

M. Paul de Cassagnac. Monsieur Gatineau, voulez-vous bien me permettre une interruption ?...

M. Gatineau. Volontiers.

M. Paul de Cassagnac. Voulez-vous ajouter à votre argumentation, qui
est excellente, ceci : qu'il est impossible de comprendre que, dans une loi sur la
presse, il soit question de cris et de chants séditieux. Ce n'est plus seulement
une loi sur la presse qui nous est présentée.

A gauche. La loi vise les délits de presse et de parole.

M. Agniel. La loi qui est en discussion s'occupe, à la fois, des délits commis
par la voie de la parole et des délits commis par la voie de la presse.

M. Gatineau. Je répondrai à l'honorable collègue auquel j'ai avec empresse-
ment accordé l'autorisation de m'interrompre, que la loi en discussion porte, en
effet, ce titre général de loi sur la liberté de la presse, mais qu'elle comprend aussi
tous les délits de parole, tous les délits de langage ; ici il ne faut pas s'en rapporter à l'étiquette mise sur la loi.

Un membre à gauche. L'étiquette est mauvaise.

M. Gatineau. C'est possible, mais je n'ai pas mis l'étiquette sur le sac, pas
plus que je n'ai mis ce qui est au fond du sac.

Il est certain que le cri séditieux, en lui-même, qui n'entraîne aucune espèce de
conséquence, ne doit pas être considéré comme un désordre social suffisant pour
mériter une répression pénale. En le maintenant comme délit, c'est forcer la police à une intervention presque toujours fâcheuse. En somme, je demande que
vous laissiez à chacun la liberté de faire connaître son opinion, même par des exclamations ou par des cris désagréables. (Vive approbation sur plusieurs bancs.)

M. le président. M. le rapporteur a la parole.

M. Lisbonne, *rapporteur.* Messieurs, je vous demande la permission de vous
présenter quelques courtes observations à l'appui du texte adopté par la commission.

Lors de votre première délibération, l'article qui est en ce moment en discussion
donna lieu à deux amendements : l'un de M. Trarieux, l'autre de M. Ribot.

L'honorable M. Trarieux proposa d'ajouter aux cris séditieux *les chants* séditieux.

M. Cuneo d'Ornano. C'est une innovation illibérale !

M. le rapporteur. L'honorable M. Ribot proposa de réduire le maximum de
six mois à un mois de prison.

Qu'est-ce que ce délit de cris séditieux ? L'honorable M. Gatineau a cru devoir
rapporter son acte de naissance à l'année 1815, il est moins jeune, car il date de
1810.

M. Paul de Cassagnac. Dressez son acte de décès, cela vaudra mieux.
(Rires approbatifs à droite.)

DÉLITS CONTRE LA CHOSE PUBLIQUE.

M. le rapporteur. Le délit que vous nous proposez de repousser est, en effet, un délit de droit commun. Il a sa source, son origine, sa justification dans l'article 479 du Code pénal : c'est un tapage, mais un tapage d'une gravité particulière.

Le Code pénal distingue le vol simple du vol qualifié ; eh bien, il y a le tapage simple et le tapage qualifié. C'est de ce dernier que nous nous occupons. (Rires ironiques à droite. — Interruptions.)

Ce tapage qualifié, la loi du 17 mai 1819 en avait fait un délit de provocation dont la pénalité était prévue par l'article 8. La peine prononcée s'élevait à deux années d'emprisonnement. La loi de 1822 en fit, plus tard, un délit spécial ; et cette loi de 1822, qui aggravait dans une certaine mesure la rigueur de la loi de 1819, a trouvé crédit en 1848. En effet, la loi du 11 août 1848 n'a pas effacé le délit de cris séditieux, et cette loi du 11 août précédait de trois mois la Constitution républicaine.

Si nous avons maintenu dans le projet de loi le délit de cris séditieux, c'est qu'il constitue un trouble matériel, une agression plus ou moins violente qui peut être suivie de désordres et de collisions plus ou moins regrettables, selon le temps et le lieu, par la surexcitation qu'elle peut occasionner.

M. Gatineau. Messieurs, si le cri séditieux était une agression violente et constituait un péril, il serait défini avec la ou les circonstances qui feraient de lui un véritable délit ou simplement une contravention à l'ordre public : voilà ce qui est, ce semble, clair comme le jour ; mais comme la loi se tait, qu'elle parle de cris séditieux isolément, sans même les rattacher à aucune conséquence, je déclare que l'article me paraît absolument inutile.

Voulez-vous maintenant me permettre de rappeler deux anecdotes qui ont le mérite de nous avoir été racontées par un de nos anciens collègues, Crémieux?

Plusieurs membres. Parlez ! parlez !

M. Gatineau. Sous la Restauration, dans sa jeunesse, rappelait-il très souvent, on poursuivait partout les cris séditieux, en vertu, soit de la loi de 1815, soit de la loi de 1819. C'était un cri séditieux de dire dans les danses de village : En avant deux ! C'était se prononcer pour Napoléon II (Hilarité), et si le ménétrier — il paraît qu'il y a eu procès, et procès plaidé par Crémieux, par conséquent c'est de la jurisprudence que je vous expose — et si le ménétrier, au lieu de crier aux danseurs : Balancez 8, disait : Balancez 18, c'était un ennemi du roi et de la dynastie. (Nouvelle hilarité.) Il y a eu, je vous le répète, un procès que Crémieux a plaidé, et je ne suis pas sûr qu'il n'y ait pas eu condamnation.

Mais de mon temps, qui malheureusement remonte déjà un peu... (Sourires.)

Sur divers bancs. Mais non !

M. Gatineau. Nous avons eu à plaider sous l'empire, avant la guerre d'Italie, pour défendre des gens coupables de cris séditieux, pour avoir crié : Vive Garibaldi ! (Interruptions à droite.)

A l'époque de la guerre d'Italie, au contraire, c'étaient les agents de police qui donnaient le signal du cri : Vive Garibaldi ! sous le même gouvernement, sous la même administration...

M. Viette. Et sous la même magistrature.

M. Gatineau. Crémieux, dont je parlais tout à l'heure, a eu, un autre jour, à défendre des prévenus coupables d'avoir chanté la *Marseillaise.*

Crémieux, avec son talent inimitable, ne chanta pas la *Marseillaise ;* il la lut, et tout l'auditoire d'écouter et d'applaudir. Savez-vous, messieurs, quel jugement répondit à cette démonstration, dont le sentiment avait été partagé par les juges eux-mêmes ? Un jugement qui déclare qu'il faut tenir compte, dans l'appréciation du cri séditieux, non pas du cri lui-même, mais de l'attitude de celui qui le prononce ! Votez maintenant l'article 26 si vous le jugez convenable. (Applaudissements sur divers bancs à gauche.)

M. le président. Je consulte la Chambre sur le paragraphe 2 de l'article 26.

(Le vote a lieu par main levée.)

M. le président. Le paragraphe 2 est adopté. (Réclamations sur quelques bancs.)

M. le président. Messieurs, il faudrait s'abstenir de ces réclamations, surtout quand le bureau est unanime dans l'appréciation du vote. Il ne peut pas y avoir de discussion sur le vote.

M. Paul de Cassagnac. Nous avons des yeux, pourtant !

M. le président. Oui, mais vous n'occupez pas une place aussi commode pour voir que celle de MM. les secrétaires. Du reste, comme il ne faut pas qu'il y ait d'hésitation sur le sens du vote, si vous voulez, nous allons procéder à une seconde épreuve.

Sur divers bancs. Non ! non ! — Si ! si !

M. Clémenceau. Ce n'est pas nous qui contestons le vote !

M. le président. Une seconde épreuve va avoir lieu par assis et levé.

(À cette seconde épreuve la Chambre adopte le paragraphe 2 de l'article 26. — L'ensemble de l'article 26 est ensuite mis aux voix et adopté, en ces termes :)

« Tous cris ou chants séditieux proférés dans des lieux ou réunions publics seront punis d'un emprisonnement de six jours à un mois et d'une amende de 16 fr. à 500 fr., ou de l'une de ces deux peines seulement (1). »

M. le président. Lit le texte de l'article 27.

Art. 27. — La publication ou reproduction de nouvelles fausses, de pièces fabriquées, falsifiées ou mensongèrement attribuées à des tiers, sera punie d'un emprisonnement d'un mois à un an, et d'une amende de 50 fr. à 1,000 fr., ou de l'une de ces deux peines seulement, lorsque la publication ou reproduction aura troublé la paix publique et qu'elle aura été faite de mauvaise foi. »

La parole est à M. Gatineau.

M. Gatineau. Je n'ai qu'un seul mot à dire à la Chambre. L'article 27 punit la publication et la reproduction des nouvelles fausses. Or, tous les hommes du métier, tous les journalistes que j'ai consultés, déclarent hautement qu'à l'heure présente, dans les conditions où la presse fonctionne, il n'y a vraiment plus de fausses nouvelles. (Exclamations et rires à droite.)

Les journaux du soir corrigent les erreurs des journaux du matin, et réciproquement.

M. Paul de Cassagnac. C'est évident !

M. Gatineau. En outre, il y a l'agence Havas. Supposez n'importe quelle fausse nouvelle paraissant dans un journal du soir, à l'heure où je parle ; je ne serais peut-être pas encore descendu de la tribune, que le démenti serait déjà parvenu aux bureaux des journaux. (Interruptions sur divers bancs au centre.)

M. Paul de Cassagnac. C'est évident ! C'est un fait matériel ! ·

M. Gatineau. Eh bien, je me demande comment, dans de pareilles conditions, vous pourriez maintenir une semblable restriction, ou plutôt une prescription qui répond à d'autres besoins, qui correspond à un autre temps. J'ajoute que si vous faites disparaître l'article, la fausse nouvelle n'aura plus aucune influence sur le public ; comme le public ne sentira plus derrière elle une responsabilité directe,

(1) Le Sénat, dans sa séance du 15 juillet 1881, a transposé cet article à la fin de l'article 28 *bis* nouveau devenu le 24 de la loi.

DÉLITS CONTRE LA CHOSE PUBLIQUE.

effective, il écartera facilement la fausse nouvelle, et elle n'aura aucun crédit, soyez en convaincus. (Mouvements divers.)

M. le président. La parole est à M. Agniel.

M. Agniel. Messieurs, si l'article 27 avait la prétention de punir la fausse nouvelle que définissait l'honorable M. Gatineau, il devrait être supprimé. (Marques d'approbation au banc de la commission.)

Mais ce n'est pas ce que prévoit et punit l'article 27 ; il prévoit et punit la publication et la reproduction de nouvelles fausses, et en outre la publication et la reproduction de pièces fabriquées, falsifiées, ou mensongèrement attribuées à des tiers. De plus la punition n'est encourue qu'à la double condition : 1° que la publication aura été faite de mauvaise foi ; 2° qu'elle aura troublé la paix publique. Voulez-vous, messieurs, qu'il soit permis impunément de lancer dans le public, de mauvaise foi, des nouvelles fausses qui auraient, je ne dis pas, été seulement de nature à troubler la paix publique, mais qui l'auront effectivement troublée? (Très bien ! très bien!) Nous ne l'avons pas pensé.

M. le président. La parole est à M. Gatineau.

M. Gatineau. Messieurs, la circonstance de mauvaise foi, étant du domaine de l'appréciation pure, ne me rassure pas du tout sur les conséquences de l'article.

Maintenant ce n'est pas moi qui répondrai à mon honorable collègue M. Agniel, c'est le journal le *Temps*, dont je vous demande la permission de mettre un extrait sous vos yeux :

« Il est une modification, toutefois, qui pourrait être utilement apportée au projet de loi, à savoir la suppression du délit de fausse nouvelle. C'est encore là un de ces délits élastiques qui laissent la porte ouverte à l'arbitraire des poursuites et des condamnations. L'article relatif à ce délit a été, à la vérité, heureusement amendé, puisque la poursuite ne pourra avoir lieu que dans le cas où la fausse nouvelle aura troublé la paix publique; mais, même avec cette atténuation, l'existence d'un délit pouvant aussi aisément se prêter à toutes les interprétations que celui de fausse nouvelle n'en est pas moins regrettable. On comprend combien il sera facile, dans certains cas, et avec un gouvernement peu scrupuleux, — ce qu'il faut toujours prévoir quand on fait une loi de garantie... » (Rumeurs au centre.)

M. Paul de Cassagnac. Mais c'est votre cas ! C'est votre histoire !

M. Gatineau.. « de rattacher le moindre petit désordre qui aura pu se produire dans un temps indéterminé, sur un point quelconque du territoire, à une nouvelle donnée, même sous forme hypothétique, par un journal dont les tendances déplaisent. C'est au public qu'il appartient de se défendre par son discernement contre les fausses nouvelles... » (Murmures sur divers bancs au centre) « ... et c'est une habitude qu'il prendra vite lorsqu'il saura qu'il n'a plus à compter sur l'autorité pour le garantir contre ses trop gran des crédulités. La suppression du délit de fausses nouvelles complètera l'œuvre si réellement libérale de la Chambre, et il serait vraiment dommage que cette dernière tache subsistât dans une loi qui va consacrer en droit cette liberté de fait dont jouit actuellement la presse. »

Après cette lecture, je descends de la tribune en demandant à M. le président de vouloir bien faire voter par division sur l'article.

M. le président. Je mets aux voix l'article 27 par division :

Je consulte d'abord la Chambre sur le premier membre de phrase de l'artible :

« La publication ou la reproduction de nouvelles fausses... »

(Cette première partie de l'article, mise aux voix, est adoptée.)

La Chambre adopte ensuite les autres parties de l'article, et l'ensemble, dans les termes suivants :

« La publication ou reproduction de nouvelles fausses, de pièces fabriquées, falsifiées ou mensongèrement attribuées à des tiers, sera punie d'un emprisonnement d'un mois à un an et d'une amende de 50 fr. à 1,000 fr., ou de l'une de ces deux peines seulement lorsque la publication ou reproduction aura troublé la paix publique et qu'elle aura été faite de mauvaise foi. »

M .e président. lit l'article 28.

« Art. 28. — L'outrage aux bonnes mœurs commis par l'un des moyens énoncés en l'article 24, ou par la mise en vente, la distribution ou l'exposition de dessins, gravures, peintures, emblèmes, images quelconques, sera puni d'un emprisonnement de un mois à deux ans et d'une amende de 16 fr. à 2,000 fr.

« Si l'outrage est commis par des dessins, figures, images, ou emblèmes, les exemplaires obscènes exposés aux regards du public, mis en vente, colportés ou distribués, seront saisis. » — (Maintenu sans débat.)

SÉNAT. PRÉSIDENT M. LÉON SAY.

Neuvième suite du rapport du 18 juin 1881.

Art. 26. — Il porte le mot *outrage* au lieu du mot *offense*. L'offense est le terme consacré et par cela seul qu'il est exceptionnel il convient mieux à la situation exceptionnelle du chef de l'État.

§ 2. — *Délits contre la chose publique.*

Propositions adoptées par la Chambre des députés.	Texte proposé par la Commission du Sénat.
ART. 26.	ART. 25.
L'outrage au Président de la République par l'un des moyens désignés dans l'article 24 et dans l'article 28, est puni d'un emprisonnement de trois mois à un an et d'une amende de 100 fr. à 3,000 fr.	L'*offense* au Président de la République par l'un des moyens énoncés dans l'article 23 et dans l'article 27, est punie d'un emprisonnement de trois mois à un an et d'une amende de 100 francs à 3,000 francs.
Tous cris ou chants séditieux proférés dans les lieux ou réunions publics seront punis d'un emprisonnement de six jours à un mois et d'une amende de 16 fr. à 500 fr., ou de l'une de ces deux peines seulement.	

Suite de la séance du lundi 11 juillet 1881.

M. le président. Nous passons à l'article 25.

DÉLITS CONTRE LA CHOSE PUBLIQUE.

« Art. 25 — L'offense au Président de la République par l'un des moyens énoncés dans l'article 23 et dans l'article 27, est puni d'un emprisonnement de trois mois à un an et d'une amende de 100 francs à 3,000 francs. ».

(L'article 25, mis aux voix, est adopté.)

M. Robert de Massy, *président de la commission.* Monsieur le président, nous demanderions de réserver l'article 26 à cause du paragraphe 2 qui est relatif aux cris séditieux qui rentrerait dans le cadre de la délibération à laquelle se livre la commission.

M. le président. Il n'y a pas d'opposition ?...

Nous passons à l'article 27.

M. de Voisins Lavernière. Monsieur le président, M. Jules Simon, qui est absent, et qui a déposé un amendement sur l'article 27, m'a prié de demander au Sénat de vouloir bien ajourner la discussion sur cet article.

M. le président. C'était l'ancien article 27 qui est devenu l'article 26 nouveau dont le Sénat vient de décider l'ajournement.

M. Robert de Massy, *président de la commission.* Il a été réservé tout à l'heure.

(Le Sénat délibère dans sa séance du 11 juillet, sur divers articles jusqu'au n° 59, dont nous donnerons la discussion suivant leur ordre et nous plaçons à son rang l'article 26.)

M. le président, lit l'article 26 :

« La publication ou reproduction de nouvelles fausses, de pièces fabriquées, falsifiées ou mensongèrement attribuées à des tiers, sera punie d'un emprisonnement d'un mois à un an et d'une amende de 50 fr. à 1,000 francs, ou de l'une de ces deux peines seulement, lorsque la publication ou reproduction aura troublé la paix publique et qu'elle aura été faite de mauvaise foi. »

Plusieurs membres de la commission. Arrêtez-vous là, M. le Président.

M. Robert de Massy, *président de la commission.* Nous demandons que l'on discute seulement ce premier paragraphe, qui vise les nouvelles fausses, et qu'on réserve le second qui est relatif aux cris séditieux.

M. le président. La seconde partie de l'article 26 est donc réservée ; le Sénat n'est appelé à délibérer que sur le premier paragraphe dont je viens de donner lecture et dans lequel M. Jules Simon demande, par amendement, la suppression des mots « nouvelles fausses ».

La parole est à M. Jules Simon.

M. Jules Simon. Messieurs, je voudrais bien faire comprendre au Sénat le but et les motifs de l'amendement que je propose.

L'article en délibération punit la publication et la reproduction de nouvelles fausses, de pièces fabriquées, falsifiées ou mensongèrement attribuées à des tiers. Je ne propose pas la suppression de tout l'article, je propose seulement la suppression des mots : « nouvelles fausses ». Ce délit particulier, je n'ai pas besoin de dire au Sénat de quelle importance il est pour la presse de le voir maintenir ou supprimer ; mais peut-être apprendrai-je à quelques personnes que ce délit est assez récemment établi par la loi.

Il a paru pour la première fois dans la loi du 27 juillet 1849. Cet article est à peu près celui de la commission qui n'a fait que le reproduire avec un changement dont je reconnais l'importance, et dont je parlerai tout à l'heure.

Jusqu'à la loi du 27 juillet 1849, des gouvernements assez difficultueux, tenant beaucoup à leur sécurité et à la sécurité publique, n'avaient pas admis la nécessité de punir les fausses nouvelles, et on ne voit pas que jusqu'à cette date des émeutes, des événements considérables aient eu pour cause la publication d'une fausse nouvelle.

Lorsque la loi du 27 juillet 1849 fut votée, le rapporteur, M. Combarel de Léval, ne donna pour motiver cet article, que les raisons que je vais avoir l'honneur de vous rappeler, en citant textuellement ses paroles :

« Dans une société où les droits politiques appartiennent à tous, la publication de pièces fausses... » — il ne prend que ce point dans l'article, il ne prend pas les fausses nouvelles. — «.., peut exercer une influence... (Le bruit des conversations couvre la voix de l'orateur.) Les personnes qui parlent tout haut, dans ce moment-ci, rendent, en vérité, la discussion bien difficile.

Je reprends :

« Dans une société où les droits politiques appartiennent à tous, la publication de pièces fausses peut exercer une influence capable de fausser dans son principe la souveraineté populaire qui n'a pas le moyen de les contrôler. »

Cette raison ne paraîtra pas au Sénat péremptoire ; c'est à peine si on peut s'empêcher de dire qu'on donne de telles raisons, quand on n'en a pas de bonnes à donner. L'auteur du rapport, au lieu de parler des fausses nouvelles, parle des pièces fausses, parce que c'est là seulement que l'idée de contrôle pouvait à peu près s'appliquer. Par conséquent, il ne parle pas précisément de ce qui fait l'objet de ma discussion.

J'avoue que, pour ma part, j'ai été assez étonné de voir maintenir le délit de fausses nouvelles, dans une loi qui abandonne tant de lignes de défense. On a abandonné beaucoup de délits, et j'en suis charmé parce que pour moi, messieurs je ne connais que deux façons d'agir avec la presse : Ou bien s'en charger, la prendre dans ses mains, en devenir responsable ; ou bien lui donner la liberté pleine et entière. Nous avons vu le premier système et nous avons déployé contre lui tout ce que nous avions d'énergie. Le système mixte, intermédiaire, qui n'est pas la liberté absolue, qui n'est pas la compression absolue, c'est un système d'une efficacité douteuse et d'une justice aussi douteuse que son efficacité. (Interruptions.)

Si on me fait des observations je voudrais que l'on le fît assez haut pour que je puisse les entendre, ou bien assez bas pour que je puisse parler. (Sourires approbatifs.) Je dis donc que je ne comprends que deux systèmes en matière de presse : le premier, que je condamne absolument, et le second, qui est le mien, celui de la liberté.

Quand le projet de loi, qui est en ce moment soumis à vos délibérations, a abandonné, comme je l'ai dit tout à l'heure, tant de lignes de défense que l'on avait abusivement gardées, j'en ai été charmé sans doute, mais j'ai été étonné que le délit de fausses nouvelles fût un de ceux qu'on avait jugé à propos de conserver. Lorsque le projet est arrivé en discussion à la Chambre des députés, tous ceux des députés qui ont le maniement de la presse, qui y sont accoutumés, qui savent ce que c'est que la presse, ont été préoccupés du maintien de ce délit de fausses nouvelles et je dois dire au Sénat que si j'avais devant moi une assemblée de journalistes, il me serait très facile d'expliquer mon amendement, mais que c'est un peu plus difficile à faire devant des personnes qui n'ont pas fait du journal une étude approfondie.

Vous avez vu à la Chambre un homme qui, toute sa vie, a été journaliste, qui était la personnification même du journal et que l'on invoquait toujours quand il était question de la presse, je veux parler de M. Emile de Girardin.

Eh bien, il a à peine pris la parole dans la discussion de la loi. Cependant il a fait une demande, il a prié la Chambre de supprimer le délit de fausses nouvelles. Il en a donné pour principale raison, comme je le dirai moi aussi tout à l'heure, que c'est un délit impossible.

La Chambre des députés a eu, à ce sujet, une longue discussion.

On me disait tout à l'heure que j'avais mis mon amendement — qui a échoué à mon profond chagrin — sous la protection du nom de quelques députés. Je ne m'en cache pas, ce sont des hommes de talent et de grand talent et des hommes d'honneur, quoique ce ne soient pas des hommes de mon opinion.

M le rapporteur. Je le sais aussi, ce sont mes amis.

M. Jules Simon. Cela ne m'a pas été dit d'une façon malveillante ; mais, je le rappelle, parce que je veux recommencer et que, de nouveau, je veux rappeler que le délit de fausses nouvelles a été discuté à la Chambre des députés dans des discours que j'ai trouvés excellents et qui ont été faits par des journalistes qui sont aussi aujourd'hui des représentants du pays, tels que M. Lockroy, que j'ai cité tout à l'heure, qui est un journaliste de grand talent, M. Floquet qui a été pendant longtemps un des premiers journalistes. que nous ayons eus. Je ne sais pas si M. Gatineau est journaliste !..

M. Griffe. Il est avocat.

M. Jules Simon. Les paroles qu'il a prononcées étaient dignes de l'être par un ancien journaliste. De même M. Allain Targé ; enfin, toutes les personnes qui ont l'habitude de la presse, qui savent ce que c'est, ont trouvé étonnant et regrettable le maintien du délit de fausses nouvelles dans la loi. Même les journaux les plus autorisés et les plus modérés ont combattu cet article, et il ne faut pas dire : ce sont les journaux, ils plaident pour leur saint !

Non, messieurs, ceux qui ont l'habitude de lire les polémiques savent très bien qu'en matière de presse, les articles de loi, même sévères, trouvent très souvent des apologistes dans la presse. Les journaux, il faut. le dire, discutent les questions pour les questions et non pas au point de vue particulier, restreint que l'on pourrait aupposer.

Ici, pour cette disposition ce n'est pas seulement leur intérêt, c'est l'intérêt de la presse, et un intérêt bien supérieur, celui de la liberté, qui les a poussés à demander que les mots : « fausses nouvelles » disparussent de la loi.

Vous pouvez le constater ; vous le savez, messieurs, les journaux les plus importants sont entrés dans la polémique en faveur de la suppression que je propose. On pourrait dire qu'il y a une raison toute particulière à cela : c'est le rôle qu'ont pris, — je ne dirai pas les fausses nouvelles, mais les nouvelles, dans la rédaction actuelle des journaux. Je dirai très simplement au Sénat que je le regrette. M. Pelletan rappelait tout à l'heure que j'ai été longtemps journaliste, eh bien, à cette époque-là, les journaux étaient surtout des tribunes où l'on discutait, on y discutait avec une grande autorité, — on savait non seulement ce qu'était un journal, mais qui il était, et nous pouvions, à cette époque-là, citer les noms de grands journalistes qui avaient, dans le pays autant d'autorité — le même genre d'autorité — que les grands orateurs de la tribune.

Puisque j'ai parlé tout à l'heure des hommes qui ne pensent pas comme moi, mais à qui, cependant, je rends justice en cette occasion, je rends justice à M. Peyrat, qui était un des directeurs des journaux dont je parle.

Dans ce temps-là, messieurs, un journal, dis-je, était une tribune ; on pouvait dire que c'était une école ; et on se demandait si tel journal désigné par son nom prendrait tel ou tel parti dans une discussion. L'influence était considérable.

Peu à peu la situation des journaux s'est modifiée, le journaliste de doctrine a un peu disparu. Il a été d'abord remplacé par le journaliste d'agrément, faisant des articles que nous étions assurément très incapables de faire. Nous n'avions pas le talent, — il faut beaucoup de talent pour faire ces articles-là ; ce n'est pas le même que celui qui consiste à soutenir une doctrine par des raisons philosophiques.

Les articles que l'on fait à présent dans beaucoup de journaux et qui excitent, messieurs, notre admiration, en même temps qu'ils nous font infiniment de plaisir, ne pourraient pas être portés à la tribune, tandis que les articles des hommes dont je parlais tout à l'heure, auraient pu être transformés en discours et auraient été écoutés sérieusement par n'importe quelle assemblée.

Et puis, à côté de ces articles attrayants, — ce ne sont pas les seuls, il y a à côté des articles solides, je n'en disconviens pas — on est allé à un autre genre d'attraction, c'est le récit de faits très importants, de faits moins importants, de faits qui ne sont pas du tout importants, et dont on remplit une grande partie des journaux.

Cette information de toute nature a pris une telle place que nous avons vu s'établir entre les journaux une espèce de lutte à qui donnerait le plus tôt la nouvelle la plus singulière.

Il en est résulté un être nouveau, intéressant, doué de beaucoup de qualités, audacieux, imperturbable, insinuant, spirituel, qu'on appelle un reporter. Le reporter, messieurs, va à la guerre, il va dans les ministères, dans les bureaux ; il va sur le *turf*, on le trouve partout. Il y a quelques jours, — je ne fais pas là une grande indiscrétion, — un membre du cabinet, — ce n'est pas M. le ministre des affaires étrangères... (Rires.)

M. Barthélemy Saint-Hilaire, *ministre des affaires étrangères*. Non!

M. Jules Simon. — ... me racontait, à ce sujet, qu'il a envoyé une personne chargée d'une certaine mission dans un pays civilisé appartenant à l'Europe, mais, enfin, qui n'est pas une des grandes puissances de l'Europe.

L'envoyé demande une audience au premier ministre qui la lui accorde sur-le-champ. Il se rend à cette audience, trouve le ministre ; à côté de lui il y avait une table et quatre personnes ayant devant elles tout ce qu'il faut pour écrire. Et le savant, un peu étonné, dit au ministre : Qu'est-ce que c'est? — Ne faites pas attention, répond le ministre, c'est la presse ; ces messieurs sont venus pour entendre ce que vous allez me dire et ce que je vais vous répondre. (Sourires.)

Voilà où nous en sommes. Et je me rappelle moi-même, qu'ayant un jour présidé à la réunion d'un groupe de la Chambre, ce groupe décida un peu naïvement qu'il garderait le secret sur ses diverses opérations (Rires sur divers bancs) et chargea le président de dire à la presse qui était à la porte qu'il n'y avait rien à lui dire. Je sors, je trouve les journalistes ; je leur dis en riant : Mes chers amis, — car ils étaient presque tous mes amis personnels — la décision première de la commission, c'est qu'on ne vous dira rien du tout. Aussitôt, toutes les plumes écrivent sur le calepin qu'on ne dirait rien à la presse. Après avoir écrit cela, ils me disent : Après? monsieur (Nouveaux rires), tant il semblait naturel à ces messieurs qu'on ne prît pas une résolution, qu'on n'eût pas un avis sans le leur faire savoir, afin qu'ils le fissent savoir à tout le monde! Les journaux vivent de cela. La primeur, la nouvelle est pour eux un besoin, une nécessité; il leur faut cela ! par conséquent, quand ils voient que le délit de fausses nouvelles est maintenu, ils sont très préoccupés.

J'entends qu'on me dit : De quoi vivent-ils? En effet, ce n'est pas de la fausse nouvelle, c'est de la vraie, mais surtout de la nouvelle.

Pour qu'on puisse donner une nouvelle, il faut qu'au moment où on l'apporte à la rédaction le directeur du journal puisse dire en la regardant : Il y a un degré de probabilité suffisant, on peut annoncer cela : il ne fait pas une enquête. Du moment qu'il y a possibilité d'être poursuivi pour une nouvelle qui se trouvera être fausse, il y a matière et matière considérable à inquiétude pour les journalistes.

Maintenant, les auteurs de la loi ont une réponse que vous devinez, messieurs, et qui saute immédiatement aux yeux, pour ainsi dire, c'est qu'ils n'admettent pas qu'on soit puni pour le simple fait qu'on a donné une nouvelle fausse. Il faut deux conditions : la première, c'est qu'on ait fait cette publication d'un fait faux, avec mauvaise foi, première condition. La seconde, c'est, si je prends les termes de l'article 4 de la loi du 27 juillet 1849, que cette nouvelle soit de nature — je lis le texte — à troubler la paix publique.

Voilà ce qu'il y avait dans la loi...

M. Parent. Il faut qu'elle ait été troublée !

DÉLITS CONTRE LA CHOSE PUBLIQUE.

M. Batbie. Le texte de la commission dit : « aura troublé la paix publique ».

M. Jules Simon. C'est ce que je vais dire. Les auteurs de la loi actuelle disent qu'ils ont pris à l'article 4 de la loi du 27 juillet 1849, la nécessité, pour être puni, de n'avoir pas fait la publication de bonne foi; mais qu'ils n'ont pas pris la seconde condition dans les termes où elle était formulée. Ils l'ont considérablement modifiée. Je ne [suis pas ici pour faire la guerre à la commission; au contraire, je l'ai remerciée et la remercie encore de ce qu'il y a de libéral dans son article. La modification est considérable. Il ne s'agit plus d'une nouvelle de nature à troubler la paix publique, il faut que cette nouvelle ait troublé la paix publique pour qu'une condamnation soit possible. Ces messieurs peuvent ajouter aussi à leur actif une troisième circonstance, c'est que jusqu'à ces derniers temps on était condamné par les tribunaux sans assistance du jury, tandis qu'à présent, c'est le jury qui prononcera.

Voilà les raisons telles qu'elles peuvent être données. Quant au jury, je vous en dirai un mot, qu'il faudra, s'il vous plaît, que vous me pardonniez : Je suis charmé que vous ayez remplacé les magistrats par le jury. Nous avons demandé cela constamment autrefois, et nous avons eu bien raison ; vous le faites, c'est très bien fait. Dernièrement quand nous avons été saisis d'un projet de loi sur la réforme judiciaire, le Sénat doit avoir oublié que j'avais présenté un contre-projet. Dans ce contre-projet qui a passé en grande partie dans le projet de la commission, j'ai demandé que tous les délits de presse fussent jugés par le jury.

Je suis donc d'accord avec la commission en principe ; je tiens beaucoup à ce que les délits de presse soient jugés par le jury, beaucoup pour la presse, et beaucoup pour la magistrature. Je crois que c'est un très grand service à rendre à la magistrature que de la débarrasser des délits de presse, de même que je crois que si tout à l'heure vous aviez adopté mon amendement, vous auriez rendu un véritable service à la magistrature en mettant de la précision et de la clarté dans la loi qu'elle sera chargée d'appliquer. Mais enfin quoique ce soit une très bonne chose d'avoir remis le jugement des délits de presse au jury, il ne faut pas cependant s'imaginer que le jury va toujours juger d'une façon parfaite. Le jury est indépendant du Gouvernement.

Voilà sa qualité principale ; mais il n'en est pas moins sous l'influence des passions du moment. Il est évidemment très passionné et, si nous n'avions pas le droit de récusation qui, souvent, ne porte pas sur le caractère, ni sur les résolutions des personnes, mais sur leurs opinions générales qui sont connues, le jury serait une juridiction inquiétante, et il arrivera très souvent que la passion politique aura sa place dans la détermination du jury. Je crois que cela arrivera au moins aussi souvent que pour la magistrature.

Je le répète, on ne gagne qu'une chose, c'est que le jury est indépendant vis-à-vis du Gouvernement, il ne l'est pas vis-à-vis de l'opinion publique.

Ainsi cette circonstance du jury ne me rassure pas complètement ; l'exception de bonne foi ne me rassure presque pas ; elle me rassurerait si vous pouviez être sûrs que vous jugerez bien qu'il y a ou qu'il n'y a pas bonne foi, mais l'on n'est jamais sûr d'une pareille chose ! Pour moi, je trouve que l'adversaire politique sera toujours de mauvaise foi et que l'ami politique sera toujours de bonne foi ou presque toujours.

La bonne foi est une chose purement d'appréciation, et l'on est bien hardi quand on déclare que des hommes assemblés ne se trompent pas sur une question pareille ! Maintenant, je sais qu'on peut dire : il y a la conséquence ! — Oh ! pour la conséquence, en effet, ceci est très précis à ce qu'il semble, car on dit : ayant occasionné « un trouble dans la rue », quand on disait autrefois « de nature à troubler la paix publique ». C'était encore une appréciation ; c'était comme pour la bonne foi, les uns disaient : Ceci est de nature à troubler la paix publique ! les autres disaient : Comment voulez-vous que cela trouble la paix publique ? Mais vous,

qui exigez qu'elle ait été troublée. Voilà un fait, voilà quelque chose de précis, je
le reconnais, notez bien ; je reconnais surtout votre bonne foi et votre bonne
intention.

Mais, cependant, est-ce que ce n'est pas un peu abusif? Qu'est-ce que c'est
qu'un trouble? Est-ce qu'un carreau brisé sera un trouble, un soufflet donné,
une querelle dans un café? Ou bien faudra-t-il un trouble sur la voie publique?
Faudra-t-il une blessure? Faudra-t-il que le trouble ait duré longtemps, qu'il se
soit produit dans la journée? Faudra-t-il qu'on établisse la relation directe entre
le trouble produit et la fausse nouvelle dont il est question? Faudra-t-il que ce
soit dans la ville où la fausse nouvelle a été publiée? Y aura-t-il une prescription? Est-ce qu'au bout de huit jours ou quinze jours l'article sera encore en suspicion si les troubles se produisent?

Je dis que pour tout cela vous avez devant vous la passion, et que la passion interviendra dans la décision qui sera prise.

C'est un peu la même querelle que je faisais tout à l'heure.

Je disais, il y a un instant : Vous n'êtes pas assez précis pour une loi. Eh bien,
je le dis encore. Vous avez cherché la précision, vous ne l'avez pas trouvée.
Pourquoi des esprits excellents, libéraux, animés des meilleures intentions, n'ont-
ils pas trouvé la précision dans cette question-là? C'est parce qu'elle ne peut pas
se trouver ; c'est parce que la difficulté est inhérente à la nature du délit et que
vous n'arriverez jamais à rien de précis dans une question pareille.

Maintenant, messieurs, je vous prie de remarquer qu'il ne s'agit pas pour moi
de protéger les coupables, car dans une discussion de cette nature on fait souvent
la réflexion que vous me permettrez de rappeler. On dit : Mais qui donc défendez-vous dans ce moment-ci? C'est un homme de mauvaise foi qui a fait sciemment un mensonge et qui avec ce mensonge a troublé la paix publique. Et j'entends déjà M. le garde sceaux dire : Mais, est-ce qu'il n'y a pas perversité? Oui,
certainement il y a perversité !

Est-ce qu'il n'y a pas un délit rigoureusement défini, un dommage pour la
paix publique? Oui, il y a un délit rigoureusement défini, un dommage pour la paix
publique; oui, tout cela est vrai, sauf, peut-être, la définition ; car, si l'homme
est coupable, il est bien heureux qu'on le punisse.

Mais ce n'est pas lui qui me préoccupe, c'est celui qui, étant innocent, va
être déclaré coupable, et je me demande si, quand vous faites une loi pénale,
c'est du coupable que vous pouvez vous préoccuper exclusivement et non pas
aussi de l'innocent.

Je prétends que vous devez aussi vous préoccuper de l'innocent.

Il ne vous est pas permis de dire : La sécurité a besoin de protection et par
conséquent, au risque de faire condamner un innocent, je vais établir cette loi.
Je réponds : S'il arrive que l'innocent soit victime de passions politiques, vous
aurez édicté une loi injuste et vous aurez malgré vous, sans le vouloir et même
sans le savoir, attenté à la liberté de la presse. Comment! dans une loi où, comme
je le disais tout à l'heure, vous abandonnez toutes les lignes de défense, où vous
permettez l'outrage à la morale publique et religieuse, où vous permettez l'outrage aux corps constitués, où vous permettez tout ce qu'hier, aujourd'hui, ce
matin, était et est encore un délit punissable, vous conservez un délit qui, très
fréquemment, certainement, fera punir des innocents ; vous le savez, vous ne
pouvez pas le nier, c'est absolument évident. Je dis qu'il y a là une difficulté
considérable.

Et si nous regardions dans le passé, combien encore trouverions-nous de preuves
de ce que nous disons !

Je sais très bien les différences, cependant cela ne m'empêchera pas de citer
l'exemple si connu de M. Forcade. Tout le monde se souvient en quelles circonstances M. Forcade a été, non pas condamné, mais averti.

DÉLITS CONTRE LA CHOSE PUBLIQUE.

En ce temps-là, être averti, c'était une grave pénalité, parce que quand on était averti deux fois, on n'avait plus de libertés quelconques ; on tombait entre les mains de la police qui pouvait faire tout à fait ce qu'elle voulait. Par conséquent, M. Forcade averti deux fois, l'existence de la *Revue des Deux Mondes* ne tenait plus qu'à un fil. Le vendredi, il publie la fausse nouvelle ; le lundi, la fausse nouvelle s'est trouvée vraie et elle était annoncée, au nom du Gouvernement, dans le *Moniteur*. De telle sorte que si, au lieu d'un avertissement, il y ·eût eu une condamnation, elle eût été bel et bien prononcée. La nouvelle était considérée comme fausse le vendredi et elle était donnée pour vraie le lundi...

Voix à gauche. Il n'a pas été condamné.

· **M. Jules Simon.** M. Forcade était de la plus parfaite bonne foi.

Est-ce que je ne cite pas là un exemple très frappant de ce qu'est une fausse nouvelle et de ce qu'on peut faire avec une fausse nouvelle, avec un peu de passion ? C'est l'évidence même ! Vous sentez bien que je suppose un mauvais gouvernement. Si vous voulez que je comble d'éloges le Gouvernement qui est devant moi, je vais le faire ! D'abord j'y suis obligé par les convenances. (Hilarité à droite et au centre).

Je n'ai pas le droit de me dire ministériel, quoique je le sois bien souvent. Mais supposez que je sois le plus ministériel des hommes, nous ne faisons pas une loi pour durer autant qu'un gouvernement qui nous plaît. Je dis une chose, que tout homme de bon sens acceptera ; je dis qu'il peut arriver qu'un gouvernement ait intérêt à faire passer pour fausse une nouvelle vraie. Eh bien, un gouvernement qui voudrait qu'une nouvelle vraie fût fausse, pourrait faire poursuivre le journaliste qui aurait fait connaître cette nouvelle. Il pourrait faire déclarer qu'il a été de mauvaise foi, quoiqu'il ait été de bonne foi, et il pourrait trouver certainement des conséquences se rattachant à la fausse nouvelle, car c'est à cause de ces conséquences qu'il aura faussé lui-même la vérité, en faisant passer pour fausse une nouvelle qui était vraie. Cela est sérieux et ne peut être contesté.

Eh bien, on a cité, à propos de cette discussion, dans l'autre Chambre, un article que, par conséquent, tout le monde a entendu deux fois ; mais il est si excellent que je le demanderai au Sénat de vouloir bien en entendre les parties principales pour la troisième fois. C'est un article du journal le *Temps*. (Bruit de conversations à gauche.)

· Qui est-ce que j'attaque ? Je vous en prie, messieurs, veuillez m'accorder quelques minutes d'attention. C'est un article du journal le *Temps*, qui est d'autant meilleur qu'il est d'une modération parfaite. *Le Temps* ne s'irrite pas, il ne dit pas : Voilà une loi qui va détruire la presse. Il n'y met aucune exagération, il dit tranquillement et sincèrement ce qui lui paraît être la vérité. C'est ce que j'essaie de faire aussi dans ce moment. Voici l'article du *Temps :*

« Il est une modification toutefois qui pourrait être utilement apportée au projet de loi : à savoir la suppression du délit de fausses nouvelles.

« C'est encore là un de ces délits élastiques qui laissent la porte ouverte à l'arbitraire des poursuites et des condamnations. L'article relatif à ce délit a été, à la vérité, heureusement amendé, puisque la poursuite ne pourra avoir lieu que dans le cas où la fausse nouvelle aura troublé la paix publique ; mais, même avec cette atténuation, l'existence d'un délit pouvant aussi aisément se prêter à toutes les interprétations de la fausse nouvelle, n'en est pas moins regrettable. On comprend combien il sera facile, dans certains cas, et avec un gouvernement peu scrupuleux, — ce qu'il faut toujours prévoir quand on fait une loi de garantie (Rires approbatifs à droite) — de rattacher le moindre petit désordre qui aura pu se produire dans un temps indéterminé, sur un point quelconque du territoire, à une nouvelle donnée, même sous forme hypothétique, par un journal dont les tendances déplaisent. C'est au public qu'il appartient de se défendre par son discernement contre les fausses nouvelles, et c'est une habitude qu'il prendra vite lorsqu'il saura qu'il n'a plus à compter sur l'autorité pour le garantir contre ses trop grandes crédulités. La suppression du délit de fausses nouvelles complètera l'œuvre si réellement libérale de la Chambre et il serait vraiment dommage que cette dernière tache subsistât dans une loi qui va consacrer en droit cette liberté de fait dont jouit actuellement la presse. »

La dernière remarque du journal est aussi excellente que toutes les autres.

Il faut nous habituer à juger un peu, par nous-mêmes. Il ne faut pas nous dire : cela est écrit, donc cela est. Si l'on sait que le Gouvernement est là par derrière, surveillant les nouvelles, quand on verra une nouvelle paraître et le Gouvernement se taire, on dira : La nouvelle est vraie. Si le Gouvernement a renoncé à ce droit abusif avec lequel il peut entraver plus qu'il ne pense la liberté de la presse, eh bien, le public se dira : Je n'ai pas de garantie, il faut que je sache ce qui en est.

Je dis que la liberté, que le droit des journaux, que la vérité, imposent la suppression du délit de fausses nouvelles. Maintenant je sais qu'on trouve devant soi cette objection : « Mais si vous permettez le délit de fausses nouvelles, nous allons être exposés à tous les malheurs possibles par la mauvaise volonté d'un journal ! » Eh bien, c'est ici que je retrouve M. Emile de Girardin qui, en matière de presse, avait certaines opinions qui ne sont pas du tout les miennes. Ainsi, il pensait qu'un journal ne peut pas faire de mal ; moi je pense qu'il en peut faire beaucoup, et je demande la permission de dire au Sénat que les journaux qui sont en ce moment mes clients m'en ont fait beaucoup et m'en font encore tous les jours ; quoique je ne sois pas un fonctionnaire public, ils me calomnient tous les jours : ils m'adressent des imputations, me prêtent des intentions qui ne sont pas les miennes. Je suis un homme public, je trouve qu'ils sont dans leur droit !

Je reviens à mon raisonnement et je dis que les journaux peuvent faire du mal aux personnes et même au pays. M. de Girardin croyait à l'impunité absolue. Je ne l'ai jamais demandée, l'impunité, mais j'ai demandé, comme la commission, comme les vrais libéraux, la suppression du délit d'opinion. Ce que nous voulons est juste, raisonnable, et permet toutes les discussions théoriques possibles.

Je crois donc que les journaux peuvent faire du mal. M. de Girardin, quand la question est venue devant la Chambre, a dit : La fausse nouvelle ! mais elle ne peut faire aucun mal ! il est impossible qu'elle en fasse ! Si on l'avait poussé, il aurait dit qu'il n'y avait pas de fausse nouvelle, c'est-à-dire que dès qu'une nouvelle était donnée, elle était vraie. (Rires.) Je n'irai pas jusque-là, mais je pense, comme lui, que le mal fait par ces fausses nouvelles est une illusion qu'on se forge. Il n'est pas aussi grand que se l'imaginent les non-journalistes.

Les journalistes sont de mon avis. Je le répète, il n'est pas aussi facile que se l'imaginent les non-journalistes de faire du mal avec les nouvelles fausses. Je vous disais en commençant que les nouvelles remplissent à présent les journaux. Mais aujourd'hui aussi les journaux remplissent les rues. Si on avait dit, dans le temps où personne ne pensait à créer le délit de fausses nouvelles et où il n'y avait à Paris que six ou sept grands journaux, représentant les six ou sept grandes opinions du pays, si on avait dit, dans ce temps-là : Il faut prendre garde à la fausse nouvelle, il y aurait eu une espèce de raison, parce qu'une fausse nouvelle donnée par le *Journal des Débats* de ce temps-là, par le *National* de ce temps-là — et je dis cela, sans rien vouloir dire contre le *National* de notre époque, que j'aime beaucoup, — une nouvelle donnée par ces journaux acquérait une importance considérable à cause de leur gravité, à cause de leur très petit nombre et à cause du temps qu'il fallait laisser passer avant de rectifier. Mais aujourd'hui, messieurs, la rectification vient en même temps que l'allégation.

M. Faye. Même dans les campagnes.

M. Jules Simon. Oui, même dans les campagnes.

J'ai cherché, pour Paris, combien il y avait de grands journaux politiques, je n'ai trouvé que quatre-vingts journaux politiques quotidiens. (Mouvement.)

DÉLITS CONTRE LA CHOSE PUBLIQUE.

J'ai été surpris de ce faible nombre, et je reste persuadé que le ministère de l'intérieur, qui m'a fourni ce chiffre, en a oublié quelques-uns. Mais enfin quatre-vingts journaux paraissent tous les jours à Paris.

Dans les campagnes dont se préoccupe l'honorable M. Faye, il arrive des journaux. J'ai vu le temps, M. Faye est trop jeune pour l'avoir vu; moi, je suis un vieillard et je me rappelle le temps où dans des chefs-lieux de départements, on ne savait pas ce que c'était qu'un journal. Dans le chef-lieu de mon département nous n'avions pas de journaux : on faisait venir un journal de Paris, et on se le passait de mains en mains, et quand on était favorisé, on lisait le journal de la quinzaine précédente. (Hilarité.)

Mais à présent ce chef-lieu de département a un journal légitimiste, un journal républicain avancé, un journal républicain modéré, on y reçoit 7 ou 8,000 exemplaires de petits journaux qui arrivent par la poste, sans compter d'autres publications à un sou dont il est inondé de toutes parts. Je dis que nous vivons dans l'atmosphère des journaux ; et quand il plaît à un journal d'inventer une nouvelle, on dit : Cela est peut-être vrai, tel journal le dit, mais allons voir les autres; et si la nouvelle est dans un seul journal on sait quelle en est la valeur. (Interruptions à gauche).

M. Dupouy. Tous les autres journaux reproduisent la nouvelle intéressante donnée par le premier !

M. Jules Simon. Vous croyez cela ! Vous croyez que si un journal donne une nouvelle fausse, les autres vont s'amuser à la répéter le lendemain ? Allez un peu prendre connaissance des journaux pour voir ce qu'a de vrai votre observation !

Je dis donc que les fausses nouvelles, à l'heure qu'il est, sont immédiatement jugées pour telles par cette circonstance, qu'elles sont données isolément ou qu'elles sont immédiatement démenties. Et si la nouvelle est de nature à troubler la paix publique, est-ce que nous manquons de directeurs de la presse? Est-ce que nous manquons à Paris de préfets ? Est-ce que nous manquons de préfet de police? Est-ce que nous manquons de ministres? Est-ce que nous manquons en France de préfets, de sous-préfets et de maires ?

Si la nouvelle est dangereuse, non seulement elle ne sera pas reproduite le lendemain, mais à moins que vous supposiez que tous nos fonctionnaires sont des prévaricateurs, elle sera démentie non pas le lendemain, mais dans la journée. Il faudra la démentir : si, en réalité, elle est dangereuse il faut que le démenti en quelque sorte l'accompagne. Cela est facile et sera certainement fait. Il y a des journaux, il y en a trois ou quatre — je ne veux pas apporter de noms propres à cette tribune, — qui se sont fondés sur l'exploitation de la nouvelle fausse et qui se sont dit : J'aurai toujours des nouvelles à sensation, vraies ou fausses. Eh bien, oui, cette spéculation a étonné quelques personnes pendant quelques jours, puis elle a abouti au déshonneur du journaliste et à la déconfiture du journal. Quelle est donc la nouvelle fausse de mauvaise foi, troublant la paix publique, que vous avez devant les yeux et qui vous pousse à faire une loi embarrassante, gênante, restrictive pour la liberté de la presse ? C'est la nouvelle qui produira une émeute ayant une certaine gravité. Mais alors, vous supposez que le directeur du journal se dirait : Je vais mensongèrement faire telle déclaration de nature à provoquer demain une émeute ? Vous parlez d'une amende et d'un emprisonnement : il y a des peines de différentes sortes. Oui, l'amende est une peine : oui, l'emprisonnement en est une aussi. Je crois que votre maximum est de mille francs pour l'amende et d'un an pour l'emprisonnement; mais l'anéantissement du journal, est-ce que ce n'est pas aussi quelque chose ? Vous ne mettrez pas dans la loi : suppression du journal par voie administrative ou judiciaire. Mais un journaliste qui publie une fausse nouvelle importante, avec préméditation, sait à n'en pas douter, le coup qu'il porte à son journal et à sa prospérité.

J'ai parlé de la nécessité pour les journaux d'avoir un très grand nombre de nouvelles et d'informations ; mais la nécessité de ne pas se tromper est la première des nécessités pour le journal. Si un journal énonce un fait évidemment faux le lendemain, qui produit du trouble dans la rue, il sera toujours le journal qui aura produit ce trouble par ce mensonge, c'est-à-dire que ce ne sera plus un journal ; ce sera un journal perdu, déshonoré, flétri, sans avenir. — Il n'y a pas de journaliste qui ne le sache. — Par conséquent, il y a une peine que la nature des choses attache à la nouvelle fausse, peine qui est au moins aussi considérable que celle que vous édictez. (Bruit de conversations.)

Si le Sénat est fatigué et désire que je descende de la tribune, je vais la quitter. (Non ! non ! parlez ! parlez !)

J'ai demandé à défendre une opinion qui est la mienne, à laquelle je tiens essentiellement, que je crois parfaitement juste, et je demande au Sénat de vouloir bien m'écouter. Je dis donc, messieurs, qu'il y a une peine attachée à la publication de la fausse nouvelle, et que cette peine encourue par le faussaire est plus considérable que la peine que vous voulez édicter.

Mais il y en a une autre : elle est dans le Code pénal. Vous entendez que je parle des articles 419 et 420 du Code pénal, articles qui punissent la fausse nouvelle quand elle a pour conséquence une modification dans les fonds publics ou dans le prix des denrées.

Croyez-vous que la fausse nouvelle qui aura produit une rixe ou une émeute ne produira pas aussi une modification sur les fonds publics et une modification sur le prix des denrées ? Il ne faut pas vous en flatter, directeurs de journaux qui voulez mentir ; soyez persuadés que cette conséquence-là viendra plus vite que la première.

Eh bien, la loi ne la punit pas légèrement, elle la punit de deux ans de prison ou de 20,000 fr. d'amende pour le maximum. C'est une pénalité bien autrement grave : croyez-vous que vous allez garantir la société en menaçant le journaliste d'un an de prison ou de 1,000 francs d'amende ?

Le journaliste qui voudra faire une émeute, croyez-vous que cela l'arrêtera ? Celui qui veut faire une émeute sait bien qu'il risque sa vie ; il risquera par conséquent 1,000 fr. d'amende et un an de prison.

Vous le voyez, messieurs, vous ne gagnez rien, vous ne faites rien, vous luttez contre une chimère, vous vous exposez à condamner des innocents, et tout cela pour respecter un ancien texte de loi. Cet homme, je vous le déclare, messieurs, il ne m'inspire aucun intérêt s'il est menteur ; mais si, au contraire, c'est un honnête homme, frappé par des ennemis politiques, je vous demande ce que vous penserez, vous libéraux, vous partisans de la loi qui permettra cette iniquité sans aucune utilité.

J'ajoute, tout en rendant justice aux intentions de la commission à laquelle je me plais à rendre hommage que la substitution qu'elle a faite du mot « ayant troublé » est très libérale, mais en même temps qu'elle condamne tout à fait cet article.

Comment ! avant de pouvoir poursuivre et appliquer votre pénalité, il faut que le délit ait été commis, que la conséquence ait eu lieu ; et alors, pourquoi faites-vous votre article ? Au moins ceux qui punissaient l'intention disaient : Je vais prévenir ; mais vous, vous ne venez qu'après, quand le mal est fait, quand l'émeute est produite. Et, messieurs, je ne crois pas à cette émeute.

Un article, un mot dans un journal ne produit pas une émeute. Quand donc un mot dans un journal ou une fausse nouvelle ont-ils produit une émeute ? C'est quand l'émeute s'est préparée depuis longtemps, quand elle est là toute prête, quand les forces de l'insurrection existent, et quand vous, Gouvernement, vous avez abusivement fermé les yeux pendant qu'elle se développait, c'est alors qu'une fausse nouvelle peut devenir l'étincelle ; mais ne nous punissez pas de la

DÉLITS CONTRE LA CHOSE PUBLIQUE.

faute d'un gouvernement inattentif ; respectez davantage, je vous en prie, la liberté. J'ai l'air de plaider cette cause contre des libéraux ; voilà le désavantage de ma situation, et c'est toujours le désavantage des hommes qui défendent la liberté de la presse.

Oui, la presse a fait et fait encore beaucoup de mal. Oui, certainement, le délit dont il s'agit ici, quand il est prouvé, est un crime abominable. Mais, encore une fois, ce n'est pas le coupable que je défends, c'est l'innocent que l'on condamnera pour le coupable.

Voilà pourquoi je demande au Sénat de voter mon amendement et de faire une loi libérale sur la presse.

M. le président. La parole est à M. le rapporteur.

M. le rapporteur. Messieurs, je ne suivrai pas l'honorable M. Jules Simon dans tous les développements qu'il vient de donner à son amendement. Il a d'ailleurs, lui-même beaucoup simplifié ma tâche, car il a exposé les arguments qui, selon moi, combattaient sa thèse, et il suffira de les reproduire pour démontrer au Sénat d'abord, — et toute la discussion la prouve, — que son amendement vise beaucoup plus le passé que le présent, et que, sous ce rapport, il est un anachronisme.

Il a invoqué la loi de 1849. La loi de 1849 punissait en effet toutes les fausses nouvelles qui étaient de nature à troubler la paix publique ; c'était par conséquent un délit de tendance, un délit par induction, et je suis de l'avis de l'honorable M. Jules Simon que ces délits n'existent pas et ne peuvent pas exister parce qu'au lieu d'aller de l'acte à l'intention, ils vont de l'intention à l'acte, et que, par conséquent, ils procèdent par hypothèse. Je reviens simplement à l'article de la loi actuelle.

Dans quelles conditions la loi actuelle punit-elle le délit de fausse nouvelle ? D'abord, il faut qu'elle soit fausse ; ensuite il faut qu'elle soit faite de mauvaise foi, et enfin qu'elle ait troublé la paix publique, oh ! non pas qu'elle ait abouti à un petit tapage des rues, à casser les vitres d'un café, comme dit l'honorable M. Jules Simon : ce n'est pas là troubler la paix publique. Le trouble de la paix publique est beaucoup plus profond.

Ainsi, voilà les trois conditions. Mais il y en a une autre.

Il y a une autre garantie pour la liberté de la presse. C'est probablement le jugement par le jury, et tout à l'heure j'ai été un peu étonné d'entendre M. Jules Simon nous dire : « Mais le jury sera ou pourra être un mauvais juge ; le Gouvernement pourra être un mauvais gouvernement ; et c'est contre les mauvais juges, contre les mauvais gouvernements que je prends mes précautions. » Dès lors, il faut faire comparaître tous les délits, tous les crimes du Code pénal, parce que vous trouverez toujours cette objection. (Très bien ! c'est cela ! à gauche.)

Maintenant, messieurs, voyons : n'y a-t-il aucun danger aux fausses nouvelles ? Il y a un danger, vous l'avez reconnu. Vous voulez même renvoyer les journalistes à ce danger, la baisse et la hausse des fonds publics. D'après ce que j'ai pu entendre à cette tribune, il est évident que vous ne voulez pas abolir l'article du Code pénal qui punit les fausses nouvelles qui auront agité les fonds publics et les auront fait hausser ou baisser arbitrairement.

Vous y renvoyez les journalistes et vous dites que nécessairement, ils feront hausser ou baisser les fonds publics ; qu'alors vous reprendrez sous cette forme le délit de fausses nouvelles et que vous enverrez en police correctionnelle le journaliste, précisément pour avoir fait baisser ou hausser les fonds.

Ah ! il y a des dangers bien plus grands. Il y a une hypothèse qui est vraisemblable. Nous avons vu avec douleur les tristes événements qui ont ensanglanté, il y a quelque temps, les rues de Marseille.

Supposez, — ce qui s'est fait ailleurs en sens inverse — qu'au milieu de cette agitation de nationalités qui sont faites pour s'estimer et pour s'aimer (Très bien !

très bien ! à gauche), supposez, dis-je, qu'une fausse nouvelle vienne tomber,
comme une étincelle sur la poudre ; que quelqu'un vienne dire qu'à Naples, qu'à
Palerme, on a massacré cinq ou six cents Français ! Cette nouvelle assurément
aurait troublé la paix publique et vous auriez vu exercer à Marseille des représailles. Et, par conséquent, qu'arriverait-il alors ? C'est que le principal coupable de
ces crimes, de ces malheurs, resterait impuni.

Ah ! il aurait mieux valu pour lui faire hausser ou baisser les fonds publics par
sa fausse nouvelle. Sans doute, vous ne mettrez pas ce délit, je pourrais dire ce
crime, au même niveau. Vous ne voulez pas le poursuivre ! je ne le comprends
pas et ne saurais jamais le comprendre.

Je suis pour la liberté de la presse, je n'ai pas besoin de faire ici de profession
de foi. Je suis, comme vous, pour les polémiques les plus étendues, je veux laisser
passer toutes les nouvelles qu'on pourra répandre, les calomnies même, — vous
les méprisez, vous avez raison.

Je dirai plus, c'est l'hygiène de la liberté, c'est ce qui trempe les mœurs des
peuples, et c'est la condition même, plus encore, c'est l'honneur de la presse.
C'est à ces débats quotidiens, incessants, où nous pouvons nous attaquer, nous
méconnaître même les uns les autres, c'est à ce signe qu'on reconnaît un peuple
libre et que la liberté prospère dans un pays ! Oui, la vie politique est une lutte,
je le reconnais, une lutte de tous les jours, et c'est là, je le dirai, un titre de
gloire pour elle.

M. le président. Le premier paragraphe de l'article 26, qui est en discussion, a été amendé par M. Jules Simon, en ce sens que M. Jules Simon demande
la suppression des mots « nouvelles fausses ».

Pour qu'il n'y ait pas de confusion, je vais mettre d'abord aux voix le premier
paragraphe de l'article 26, en y comprenant les mots « nouvelles fausses » ; et on
votera ensuite sur la conservation ou la suppression de ces mots.

« Art. 26. — La publication ou reproduction de nouvelles fausses, de pièces fabriquées, falsifiées ou mensongèrement attribuées à des tiers, sera punie d'un emprisonnement d'un mois à un an et d'une amende de 50 fr. à 1,000 fr., ou de l'une
de ces deux peines seulement, lorsque la publication ou reproduction aura troublé
la paix publique et qu'elle aura été faite de mauvaise foi. »

(Le paragraphe est adopté.)

M. le président. M. Jules Simon demande la suppression des mots : « nouvelles fausses » et la commission demande qu'ils soient conservés : comme il faut
décider par voie d'affirmation, je vais consulter le Sénat sur le maintien de la
rédaction de la commission. Ceux qui voudront que les mots « fausses nouvelles »
ne soient pas maintenus, voteront contre le texte proposé par la commission.

Par conséquent, les partisans de l'amendement de M. Jules Simon voteront
contre cette rédaction.

(Le Sénat, consulté, décide que les mots « nouvelles fausses » sont maintenus.)

M. le président. La commission a demandé de réserver le deuxième paragraphe de l'article, relatif aux cris séditieux.

M. le président. Je donne lecture de l'article 27 nouveau, qui est ainsi
conçu :

« Art. 27. — L'outrage aux bonnes mœurs commis par l'un des moyens énoncés en l'article 23, ou par la mise en vente, la distribution ou l'exposition de dessins, gravures, peintures, emblèmes, images quelconques, sera puni d'un emprisonnement de un mois à deux ans et d'une amende de 16 francs à 2,000 francs.

« Si l'outrage est commis par des dessins, figures, images ou emblèmes, les
exemplaires obscènes exposés aux regards du public, mis en vente, colportés ou
distribués, seront saisis. »

M. de Gavardie. Je demande la parole, monsieur le président.

M. le président. La parole est à M. de Gavardie.

DÉLITS CONTRE LA CHOSE PUBLIQUE.

M. de Gavardie. Messieurs, je ne viens pas faire un discours ; je viens tout simplement présenter de très simples observations et vous demander d'établir, dans l'espace de dix minutes seulement, qu'on a eu tort, et gravement tort, de supprimer de l'article 27, un délit qui, jusqu'à présent, n'avait pas — nous le verrons — soulevé de protestations véritablement justifiées : je veux parler de l'outrage à la morale religieuse. (Rumeurs à gauche.)

M. le président. Veuillez faire silence, messieurs.

M. de Gavardie. On est véritablement étonné et affligé, à mesure qu'on voit le développement de la société contemporaine, de voir qu'une société qui doit toute sa grandeur au christianisme (Exclamations à gauche), s'efforce de chasser Dieu des institutions...

A gauche. Allons donc !

M. de Gavardie..... de chasser Dieu de la loi. (Interruptions à gauche.)

M. le président. Veuillez faire silence, messieurs.

M. de Gavardie. Je laisse de côté les intentions ; je crois que c'est avec d'excellentes intentions qu'on vous demande la suppression de ce délit d'outrage à la morale religieuse. Je sais bien qu'on dit : Est-ce que Dieu, dans sa majesté infinie, a besoin d'être protégé par les hommes ? Mais nous savons bien qu'il n'a pas besoin de notre protection ; ce n'est pas pour lui que nous demandons une protection, c'est pour nous, c'est pour nos enfants, c'est pour tous ceux qui n'ont pas la force de se conduire sans les hautes influences religieuses, c'est pour nous tous, nous législateurs, peut-être les premiers. (Très bien ! très bien ! à droite.)

Eh bien ! je m'étonne qu'on ne maintienne pas ce délit. Je sais bien que d'excellents esprits ont dit : Nous voulons faire disparaître cette confusion qui s'est accusée dans la jurisprudence, et qui résulte de ces mots vagues de « morale religieuse ». Mon Dieu ! messieurs, c'est une question bien simple qui a été obscurcie par des polémiques de parti, et je crois que quelques mots d'explication dissiperont cette prétendue confusion.

De quoi s'agissait-il dans l'article 8 de la loi de 1819 que vous voulez abroger ? Il s'agissait de l'outrage non pas aux dogmes ou aux vérités d'une religion proprement dite, mais à ces principes généraux qui sont communs à toutes les religions, que tous les philosophes, que tous les hommes d'intelligence, de bon sens avaient adoptés sans contestation. Il s'agissait, par exemple, de la croyance à l'existence de Dieu et à l'immortalité de l'âme ; il s'agissait de la nécessité, d'une façon générale, d'un culte, sans entrer dans les détails de ce culte ; il s'agissait simplement de la nécessité de cette manifestation extérieure d'une croyance qui ne peut pas rester dans le fond de la conscience humaine. (Rumeurs à gauche.)

Vous contestez cela ? qui le conteste ?

Je voudrais bien savoir qui pourrait contester ici, comme vérités devant être sanctionnées par la loi, l'existence de Dieu, l'immortalité de l'âme et la nécessité d'un culte d'une façon générale ? Personne ne peut contester cela. Et remarquez, messieurs, qu'il ne s'agit pas d'empêcher des discussions philosophiques, des discussions calmes, sans injures et sans outrages.

Non, les discussions philosophiques sont permises. Il y a un très grand nombre d'écrits qui ont abordé ces questions, et que jamais personne n'a songé à poursuivre. Mais l'outrage ! dans quel but le permettrait-on ? Quel intérêt y a-t-il à laisser outrager ces vérités salutaires et nécessaires, fondement de tout ordre social.

Pourquoi donc vous opposez-vous alors à l'introduction dans cet article de ces mots « morale religieuse » ? Vous n'avez qu'une objection à faire : Le mot est vague. Le mot n'est pas vague, je viens de l'expliquer. Vous me direz : Mais la jurisprudence ne l'a pas toujours entendu ainsi ! — Est-ce que c'est d'après la jurisprudence seule que de telles questions peuvent être résolues ?

La jurisprudence peut se tromper, et tous vos articles peuvent donner lieu à une discussion juridique.

L'outrage ! Est-il quelque chose de plus vague que l'outrage ?

Vous avez l'article relatif aux outrages envers le pouvoir exécutif. Est-ce qu'on ne peut pas dire que, très souvent, la jurisprudence a vu des outrages là où il n'y avait que l'expression de l'opinion libre d'un citoyen sur les actes du pouvoir ?

Vous voyez donc bien qu'on peut discuter sur tout, même sur les articles de votre loi.

Ce n'est donc pas parce que la jurisprudence a pu se tromper quelquefois, que vous devez écarter ces termes, quelque généraux qu'ils paraissent au premier abord, de « morale religieuse ». D'ailleurs, je les ai expliqués et j'attendrai qu'on me cite des arrêts de jurisprudence ayant fait une fausse application de l'article 8 de la loi de 1819.

Ah ! je sais bien la confusion qui s'est produite : on a placé quelquefois, sous le titre relatif à la morale religieuse, des condamnations intervenues en vertu de l'article 1er de la loi de 1822.

Il ne faut pas confondre : nous ne vous demandons pas de reproduire l'outrage à une religion légalement reconnue, l'outrage aux vérités et aux dogmes d'une religion reconnue ; il peut y avoir en effet là de l'arbitraire, jusqu'à un certain point de vue effrayant.

Nous vous demandons de sanctionner l'outrage à ces vérités primordiales que personne n'a contestées, que tout le monde, à quelque religion et à quelque opinion philosophique que l'on appartienne, a reconnues, c'est-à-dire à la croyance en Dieu, à l'immortalité de l'âme, à la nécessité d'un culte quel qu'il soit. Il n'y a personne ici qui conteste de telles vérités.

M. Schœlcher. Je le conteste.

M. de Gavardie. Vous le contestez, monsieur ; eh bien, vous êtes seul dans ce monde.

M. Peyrat. Je le conteste aussi.

M. Baragnon. Cela fait deux !

M. Corbon. Comptez-en même trois ! (Rires à droite.)

M. de Gavardie. Eh bien, oui, heureusement qu'il n'y en a que deux. (Rires et protestions à gauche.)

Nous vivons sous l'empire du suffrage universel, les deux ou trois ne valent pas l'immense majorité contre laquelle ils osent s'élever.

M. Griffe. Les dix minutes sont écoulées.

M. de Gavardie. Non ! les dix minutes ne sont pas écoulées. Du reste, j'ai fini à l'instant. Je dis qu'il y a lieu de maintenir un délit qui est parfaitement caractérisé par la définition que je viens de donner de la morale religieuse qui est l'ensemble des devoirs de l'homme envers Dieu. Ces devoirs généraux, personne, je le répète, ne peut sérieusement les méconnaître ni les contester. Il ne s'agit pas d'outrage aux vérités ni aux dogmes d'une religion légalement reconnue dans le pays ; non, il s'agit de l'atteinte portée à ces principes universels de morale que je rappelais tout à l'heure. Dans ces conditions-là j'attendrai les objections qui me seront faites !

M. Pelletan. Proposez un amendement !

M. de Gavardie. Voici mon amendement, mettre : « l'outrage à la morale religieuse et aux bonnes mœurs... » le reste comme à l'article.

M. le président. L'amendement de M. de Gavardie est soumis à la prise en considération.

La parole est à M. le rapporteur.

M. Pelletan. L'amendement de l'honorable M. de Gavardie a supprimé un mot qui figurait dans la loi de 1819, « la morale publique ». Je dirai même que la morale publique figurait seule dans le projet de loi présenté par M. de Serres et si éloquemment défendu par lui, lorsqu'il a repoussé l'introduction de la morale religieuse dans la loi de 1819, parce qu'elle pouvait prêter par sa formule vague

DÉLITS CONTRE LA CHOSE PUBLIQUE.

et indéfinie à trop d'interprétations. Les observations de l'honorable M. de Gavardie n'ont pas éclairci la question.

Il nous dit bien que la morale religieuse découle de Dieu, que, sans Dieu, il n'y a pas de morale, que la morale disparaît avec la notion de Dieu et la croyance à l'immortalité.

Assurément tous ceux qui connaissent ce que j'ai pu dire ou écrire sur cette question savent que je partage cette croyance en Dieu (Très bien! très bien! à droite), en Dieu, en l'immortalité. J'ai assez souvent, dans ma modeste vie d'écrivain, traité ce problème de la destinée humaine, pour qu'il n'y ait de doute dans l'esprit d'aucun de mes amis.

Mais ces idées n'appartiennent qu'à la conscience, qu'à l'opinion individuelle, elles ne relèvent pas de loi pénale, et c'est le grand progrès que consacre le projet de loi actuel. Il a éliminé tous les délits d'opinion. (Rumeurs à droite.) Attendez, attendez, messieurs, je n'ai pas achevé la démonstration.

Vous parlez de l'outrage, de l'outrage à Dieu. Mais à quel Dieu? à votre propre Dieu, à votre Dieu catholique, qui n'est, quoi qu'on en dise, ni le Dieu du juif, ni le Dieu du philosophe.

M. de Gavardie. De l'outrage d'une façon générale!

Un sénateur à droite. Au Dieu des catholiques comme à celui des protestants.

M. le rapporteur. Non, le Dieu des catholiques n'est pas toujours le Dieu du protestantisme, puisqu'une partie du protestantisme, la secte unitairienne, par exemple, nie la divinité de Jésus. Je trouve M. de Gavardie trop modeste; ce n'est pas seulement la peine de l'outrage qu'il devrait rétablir dans la loi de la presse, c'est encore la peine du blasphème, c'est la peine de l'hérésie, qui sont l'un et l'autre l'outrage à votre notion de la divinité, plus qu'un outrage, un sacrilège; vous savez comment vous avez emprunté en d'autre temps le bras séculier pour les punir. Vous savez comment la liberté des anciens qui n'est que la pensée humaine a dû passer à travers une double rangée de bûchers depuis le moyen âge jusqu'à la Révolution française.

M. le baron de Ravignan. Vous, vous avez les crocheteurs!

M. le rapporteur. C'est ce que nous voulons éviter à l'avenir; c'est pour cela que nous avons éliminé l'outrage à la morale religieuse. Permettez-moi de vous le dire, nous croyons beaucoup mieux la défendre que vous! La morale publique, aussi bien que la morale religieuse, est au-dessus de toutes les atteintes; vous l'affaiblissez au lieu de la fortifier en croyant que des attaques peuvent en diminuer le respect dans les esprits. (Très bien! très bien! à gauche.) Mais quoi qu'il en soit, par conséquent, nous repoussons l'amendement de M. de Gavardie. Nous le repoussons parce qu'il ressuscite un de ces délits d'opinion que la loi actuelle a voulu définitivement abolir.

M. le président. Je consulte le Sénat sur la prise en considération de l'amendement de M. de Gavardie.

(L'amendement n'est pas pris en considération.)

M. le président. « Art. 27. — L'outrage aux bonnes mœurs commis par l'un des moyens énoncés en l'art. 23, ou par la mise en vente, la distribution ou l'exposition de dessins, gravures, peintures, emblèmes, images quelconques, sera puni d'un emprisonnement de un mois à deux ans et d'une amende de 16 fr., à 2,000 fr.

« Si l'outrage est commis par des dessins, figures, images ou emblèmes, les exemplaires obscènes exposés aux regards du public, mis en vente, colportés ou distribués, seront saisis. »

M. de Gavardie. Je demande la parole.

M. le président. M. de Gavardie a la parole.

M. de Gavardie. Messieurs, vous venez d'écarter mon amendement comme impliquant des termes trop vagues, « morale religieuse », bien que cependant tout le monde soit d'accord sur le sens de ces mots. Et les « bonnes mœurs », qu'est-ce que c'est ?

M. Bozérian. Le contraire des mauvaises ! (Rires.)

M. de Gavardie. Si vous trouvez la morale religieuse vague, je trouve le délit d'outrage aux bonnes mœurs très vague aussi.

Messieurs, voyez si vous vous entendez sur le sens de « bonnes mœurs ». Tous les jours, vous pouvez parcourir les rues de cette capitale ; vous voyez des exhibitions véritablement obscènes, au moins pour moi ; seulement elles ne le sont pas pour la police ; la police n'entend pas les mots « bonnes mœurs » comme je les entends.

Qu'est-ce que vous entendez par « bonnes mœurs » ? Qu'est-ce que la morale dont vous demandez une sanction pénale ? Mais si je prétends, moi, que c'est une convention sociale ; si vous voulez écarter Dieu, parce qu'en définitive il dépend purement ou simplement de l'intimité de la conscience, je puis vous dire que ce que vous entendez par « bonnes mœurs » est une convention, que vous ne pouvez imposer à ma conscience. Et du moment que vous sortez de ce domaine qui a été consacré par l'assentiment de tous les nobles esprits, vous restez nécessairement dans le vague ; il s'était fait, jusqu'à un certain point, une séparation que je n'ai pas à apprécier ici entre les idées religieuses proprement dites, et ce qu'on appelle « les idées laïques ». Mais il était resté au bénéfice de la société laïque un certain nombre de vérités communes à la religion et à la conscience universelle. On a vécu jusqu'à présent sur ce compromis.

Vous parliez de violence. Oh ! messieurs, si on voulait faire le compte des violences, on en trouverait tout autant du côté de l'opinion que vous représentiez tout à l'heure à la tribune, monsieur le rapporteur, et il me semble que Calvin n'était certainement pas plus tolérant que les inquisiteurs... (Très bien ! à droite.)

M. Testelin. Nous ne sommes pas de l'opinion de Calvin !

M. de Gavardie. Servet n'était pas plus tolérant que les inquisiteurs en général...

Plusieurs sénateurs à gauche. Il a été brûlé !

M. de Gavardie. Précisément par Calvin.

Laissons de côté ces vaines récriminations. Il ne s'agit pas d'aller chercher dans le passé ce qui peut nous diviser et nous passionner, il s'agit de rechercher ce patrimoine de vérités qui étaient admises par tous les esprits philosophiques, qui disaient : Il y a une somme de vérités empruntée à la fois à la religion et à la raison naturelle qu'il s'agit de sanctionner par les lois humaines, alors même qu'elles peuvent jusqu'à un certain point vivre sans le secours de ces lois.

Voilà ce que je vous demandais, mais si vous repoussez ces justes considérations par la crainte des interprétations arbitraires de la jurisprudence, je vous demande de vous expliquer sur ces mots de « bonnes mœurs ». Qu'est-ce que c'est que les bonnes mœurs ? Mais les bonnes mœurs n'étaient pas dans l'antiquité ce qu'elles sont aujourd'hui ! Elles ne sont pas dans les pays chrétiens ce qu'elles sont dans les autres pays. Vous aurez le même arbitraire à craindre lorsqu'il s'agira d'appliquer votre article.

M. le rapporteur. Je n'ai qu'un mot à dire....

A gauche. Aux voix ! aux voix !

M. de Gavardie. Comment ! aux voix ? (Oui ! oui ! à gauche.) Mais enfin il faudrait répondre !

M. Robert de Massy. Si M. de Gavardie veut bien se reporter à l'article 287 du Code pénal, il y trouvera l'expression de « bonnes mœurs » qui a été, d'ailleurs, consacrée dans toutes les lois spéciales sur la presse. (Très bien ! très bien ! à gauche.)

M. le président. Je mets aux voix l'article 27.

(L'article 27 est adopté.)

DÉLITS CONTRE LA CHOSE PUBLIQUE.

Extrait de la séance du 16 juillet 1881.

M. Robert de Massy. Je viens demander au Sénat un redressement, dans un intérêt de haute moralité, à deux dispositions de la loi que nous avons votée. C'est donc une simple observation que j'ai à présenter au Sénat au nom de la commission.

Nous avons voté l'article 27 relatif à l'outrage aux bonnes mœurs, dans lequel se trouve compris un cas particulier d'outrage aux bonnes mœurs, la mise en vente, l'exposition des dessins, gravures, emblèmes obscènes ; nous avons renvoyé à la juridiction des cours d'assises, par l'article 43, tous les outrages aux bonnes mœurs. On nous a fait observer, et notre honorable collègue, M. le procureur général près la cour de Paris, me permettra d'invoquer son autorité et le désir qu'il a manifesté à la commission, on nous a fait observer qu'il y a presque partout, et particulièrement à Paris, tant de délits d'outrages aux bonnes mœurs par dessins et images obscènes, que renvoyer ces cas particuliers devant les assises, c'est rendre la répression presque impossible.

La commission vous propose donc, dans l'article 27, de faire deux paragraphes particuliers : 1° l'outrage aux bonnes mœurs ; puis, 2° un paragraphe à part pour l'outrage aux bonnes mœurs par la voie des emblèmes dont je vous parlais ; et alors dans l'article sur la compétence, l'article 43, la commission vous manifeste le désir de comprendre cet outrage particulier aux bonnes mœurs parmi les délits qui sont de la compétence de la police correctionnelle. (Très bien ! très bien !)

Voilà, messieurs, la correction que nous avons l'honneur de vous proposer. Ainsi, nous rédigerions en deux paragraphes ce qui était en un seul dans l'article 27 ; et, à l'article 43, paragraphe 2, nous comprendrions le paragraphe relatif aux emblèmes obscènes, énoncés en l'article 27, au nombre des cas qui ne vont pas aux assises, mais à la police correctionnelle.

M. le président. L'article 27 serait ainsi rédigé :

« l'outrage aux bonnes mœurs commis par l'un des moyens énoncés en l'article 23, sera puni d'un emprisonnement de un mois à deux ans, et d'une amende de 16 à 2,000 francs.

« Les mêmes peines seront applicables à la mise en vente, à la distribution ou à l'exposition de dessins, gravures, peintures, emblèmes ou images obscènes. Les exemplaires de ces dessins, gravures, peintures, emblèmes ou images obscènes exposés aux regards du public, mis en vente, colportés ou distribués, seront saisis. »

(L'article 27, ainsi modifié, est mis aux voix et adopté.)

M. le président. Quant à l'article 43, il serait ainsi modifié :

« Sont exceptés et déférés aux tribunaux de police correctionnelle les délits et infractions prévus par les articles 3, 4, 9, 10, 11, 12, 13, 14, 17, paragraphes 2 et 4, 27, paragraphes 2, 29, 32, paragraphes 2, 36, 37 et 38 de la présente loi. »

(Cette modification est mise aux voix et adoptée.)

(Voir l'article 43 à son numéro.)

XXVI

§ 3. — *Délits contre les personnes.*

Ici encore et ici surtout le projet de loi ne prévoit et ne punit que des actes délictueux d'après le droit commun.

Le § 3 ne traite en effet que de la diffamation et de l'injure.

L'article 33 qui ouvre ce paragraphe définit la diffamation et l'injure. Cette définition est empruntée à l'article 13 de la loi du 17 mai 1819. On ne saurait mieux dire.

La loi générale réprimait déjà, dans une certaine mesure, et dans certaines conditions, l'abus de la parole ou de la presse commis au détriment des personnes, par exemple, les articles 222 et suivants du Code pénal, si l'abus intéresse une catégorie déterminée de fonctionnaires publics, les articles 367 et suivants, ainsi que les articles 471 et 474 du même Code, si les intéressés sont de simples particuliers, et 5, § 5, de la loi du 25 mai 1838 sur les justices de paix, qui règle un point de juridiction.

Ces diverses dispositions suffisent-elles à protéger les citoyens contre les écarts de la presse ou de la parole? Évidemment non.

En effet, l'article 222 du Code pénal ne prévoit que le cas où un magistrat de l'ordre administratif ou judiciaire ou bien un juré a reçu dans l'exercice de ses fonctions ou à l'occasion de cet exercice, quelque outrage par paroles, par écrit, ou dessin non rendus publics, tendant à inculper leur honneur ou leur délicatesse.

Le délit s'aggrave, aux termes du § 2 de cet article, si l'outrage a eu lieu à l'audience d'une cour ou d'un tribunal. Il devient public dans ce cas-là; la publicité de l'outrage ajoute à la gravité du délit.

L'article 223 est relatif à l'outrage par gestes ou menaces commis envers les mêmes personnes, dans les mêmes conditions.

L'article 224 punit l'outrage fait par paroles, gestes ou menaces, à tout officier ministériel ou agent dépositaire de l'autorité publique, ou à tout citoyen chargé d'un service public, dans l'exercice ou à l'occasion de l'exercice de ses fonctions.

L'article 226 prévoit l'outrage qui serait, dans les mêmes circonstances, dirigé contre un commandant de la force publique.

Il n'est question, dans ces dispositions, que de l'outrage par écrit non public, ou de l'outrage par paroles, gestes ou menaces, public ou non public, tendant à inculper l'honneur ou la délicatesse de personnes désignées et reçu par elles dans l'exercice ou à l'occasion de l'exercice de leurs fonctions.

28

DÉLITS CONTRE LES PERSONNES.

Les articles 222 et surtout 223, 224 et 225 supposent la présence de la personne insultée.

Si l'outrage, l'injure ou la diffamation, ont été commis en dehors de l'exercice des fonctions ou dans toute autre occasion s'il s'agit d'un outrage, d'une injure, d'une diffamation par écrit, par dessin, rendus publics, ou ne rentrant pas dans la catégorie des outrages, des injures, des diffamations qui inculpent l'honneur ou la délicatesse, les articles 222, 223, 224 et 225 ne sont pas applicables.

Les articles 367, 368, 369, 370, 371, 372, qui ont été abrogés par l'article 26 de la loi du 17 mai 1819, et qui revivraient par le fait de l'abrogation de cette loi elle-même, ne sont pas moins insuffisants.

En effet, l'article 367, qui punit le délit de calomnie, n'est relatif qu'à l'imputation de faits qui, s'ils étaient vrais, exposeraient la personne à qui ces faits seraient reprochés à des poursuites criminelles ou correctionnelles, ou l'exposeraient au mépris ou à la haine des citoyens.

Bien que la calomnie ainsi définie se rapproche de la diffamation, il n'y a pas néanmoins identité de caractères :

1° Les seuls faits que retienne l'article 367 sont ceux qui exposent la personne calomniée à des poursuites criminelles ou correctionnelles, ou bien au *mépris ou à la haine* de ses concitoyens.

Sans aller jusque-là, le tort, le dommage causé par une imputation peut être encore assez grave, et l'auteur de cette imputation condamnable, si la personne contre laquelle elle est dirigée en souffre dans son crédit, dans sa considération, dans sa renommée.

La diffamation délictueuse va jusque-là;

2° La calomnie suppose la vérité de l'imputation. La diffamation existe, que le fait imputé soit vrai ou faux; elle est punissable en principe, parce qu'elle suppose, de la part de l'auteur de l'imputation, l'intention de nuire à la personne diffamée.

M. de Serres n'avait fait que rajeunir l'opinion de Dareau, quand, dans l'exposé des motifs de sa loi, il s'exprimait ainsi :

« Un seul point dans ce chapitre nous paraît exiger quelques observations particulières, c'est la substitution du mot *diffamation* au mot *calomnie* jusqu'ici employé par nos lois. Les motifs qui nous y ont déterminé sont simples. Le terme de calomnie, dans son sens vulgaire, qu'il est impossible d'effacer dans l'esprit des hommes, emporte avec soi l'idée de la fausseté des faits imputés. Une publication n'est donc réellement calomnieuse que lorsque les faits qu'elle contient sont faux. Cependant tous les législateurs ont senti qu'il est impossible d'autoriser tout individu à publier, sur le compte d'un autre, des faits dont la publication causerait à ce dernier un dommage réel, fussent-ils d'ailleurs vrais. Pour remédier à cet inconvénient, ils ont attribué au mot calomnie un sens légal autre que son sens naturel et vulgaire, en déclarant que quiconque ne pourrait fournir par actes authentiques la preuve légale des faits par lui attribués à autrui serait réputé calomniateur; mais comme en attribuant aux mots un certain sens, on ne change pas celui qu'ils ont réellement dans le langage, il est souvent résulté de là, entre la loi et l'opinion, entre le droit et le fait, une discordance fâcheuse. La substitution du mot diffamation au mot calomnie fait disparaître, du moins en partie, cet embarras. La diffamation n'implique pas nécessairement la fausseté des faits, elle dénote, d'une part, l'intention de nuire, de l'autre, le dommage causé ! Ainsi, aux termes de la définition contenue dans l'article, une publication qu'il y aurait une sorte de contre-sens à déclarer calomnieuse pourra fort bien et très justement être condamnée comme diffamatoire. »

L'article 368 admet comme motif d'absolution la vérité de l'imputation ; mais cette vérité ne peut résulter que de la preuve légale, c'est-à-dire celle qui résulterait d'un jugement ou de tout autre acte authentique (art. 370). Cette disposition est trop large et trop restrictive à la fois. Elle est trop large quand l'auteur de l'imputation a agi non dans un intérêt public, mais dans l'intérêt exclusivement de ses rancunes et de ses passions.

La disposition de l'article 368 est trop restrictive, au contraire, quand l'imputation est dirigée contre un fonctionnaire public et a pour but ou pour résultat de dévoiler des faits d'infidèle gestion.

Si la loi du 17 mai 1819 à laquelle notre projet a emprunté la définition de ce délit, si cette loi en indique, ainsi que le fait observer M. Chassan, les caractères constitutifs, on trouve l'expression de diffamation dans la législation antérieure, dans les articles 41 et 73 du décret du 15 novembre 1811, relatif au régime universitaire. Elle figure aussi, dit M. Chassan, dans notre ancienne jurisprudence et dans un projet de loi de l'an V. Elle y est employée à peu près dans le même sens que lui attribue l'article 13 de la loi du 17 mai 1819.

« Diffamation, dit Dareau (1), c'est l'action de diffamer quelqu'un, de porter atteinte à son honneur et à sa réputation. Elle peut s'exercer de différentes manières par des propos, par des écrits, par des peintures. *La médisance et la calomnie peuvent être l'une et l'autre la base de la diffamation*, car on peut nuire à quelqu'un en publiant le mal qu'on sait comme en publiant celui qu'on imagine. »

L'article 369 est inutile.

L'article 370 restreint, ainsi que nous venons de le voir, les moyens de prouver la vérité de l'imputation diffamatoire, même alors qu'elle est dirigée contre des fonctionnaires publics à raison d'actes de leurs fonctions.

L'article 371 est la conséquence de l'article 370.

L'article 372 est reproduit par l'article 25 de la loi du 26 mai 1819.

L'article 38 de notre projet y fait une modification importante que nous nous réservons de signaler à l'occasion de cette disposition.

Les articles 373 et 374 ne sont relatifs qu'à la dénonciation calomnieuse.

Ils supposent : 1° le fait d'une dénonciation écrite, régulièrement et directement adressée aux officiers de justice et de police administrative ou judiciaire.

(1) Dareau a publié, en 1775, un *Traité des injures dans l'ordre judiciaire.*

DÉLITS CONTRE LES PERSONNES.

2° Une décision définitive constatant la fausseté de la dénonciation.

Il ne s'agit plus là d'outrage, d'injure, de diffamation.

Quant aux articles 375 et 376 du Code pénal, ils sont relatifs aux injures que punit aussi l'article 471 du même Code.

La loi du 17 mai 1819 les a plutôt remplacés par les articles 19 et 20 qu'elle ne les a abrogés par l'article 26.

Ces dispositions déjà maintenues par la loi du 17 mai 1819, sont maintenues par notre projet de loi. Elles n'ont rien de contraire, ni à la loi d'hier, ni à celle de demain.

Notre projet en accepte le principe, mais il en simplifie le système en réduisant les classifications.

Enfin, en ce qui concerne l'article 5 de la loi du 25 mai 1838, sur les justices de paix, cette disposition ne règle que l'action civile, et lorsqu'il s'agit du fait de diffamation verbale seulement ou lorsqu'il s'agit d'injures publiques ou non publiques, verbales ou par écrit, mais autrement que par la voie de la presse.

Il est manifeste que cette disposition toute juridictionnelle ne touche qu'un côté très restreint de la question.

Ainsi se trouve justifiée la nécessité juridique de pourvoir à la répression de la diffamation et de l'injure, nécessité à laquelle ni les articles 367, 368, 369, 370, 371, 372, 375 et 471 du Code pénal, ni l'article 5 de la loi du 25 mai 1838 sur les justices de paix, qui n'est qu'une application spéciale et réduite de l'article 1382 du Code civil, n'ont donné satisfaction.

C'est à cette nécessité que répondent les articles 33, 34, 35, 36, 37, 38 de notre projet de loi (§ 3 du chapitre IV).

Art. 33. Cet article définit la diffamation et l'injure.

Il est emprunté à la loi du 17 mai 1819, au § 1er de l'article 13 pour la diffamation, au § 2 pour l'injure. Pas d'observation.

Art. 34, 35, 36, 37. Ces dispositions édictent les peines applicables.

Nous nous sommes demandé si la diffamation, telle qu'elle est définie par notre projet de loi, doit encourir des peines correctionnelles, c'est-à-dire une autre responsabilité que celle de l'article 1382 du Code civil, ainsi que certains l'ont soutenu. Nous n'avons pas hésité à le penser ainsi.

L'injure est punissable, selon la loi commune, article 471, n° 15 du Code pénal, même quand elle n'est pas publique.

La calomnie l'était selon les articles 367 et 368 du même Code.

Pourquoi la diffamation ne le serait-elle pas ?

La loi commune punit les coups et blessures, elle les punit alors même qu'ils ne sont que le résultat de l'imprudence; elle complète ainsi, dans ce cas, par des réparations pénales, la réparation civile dont le principe général est posé dans les articles 1382 et 1383 du Code de 1807.

Comment la diffamation qui blesse un citoyen dans son honneur, dans la considération dont il peut jouir, dans son crédit, dans l'honneur, dans la considération, dans le crédit dont jouissent les siens, pourrait-il n'encourir que des réparations civiles, négatives, s'il est insolvable !

« Il y a souvent peu de différence, écrivait, en 1775, l'auteur du *Traité des injures judiciaires*, entre assassiner quelqu'un et lui ravir l'honneur. » (Dareau, *Répertoire de jurisprudence*, vº DIFFAMATION, p. 589.)

Toutes les législations ont sévi et sévissent contre la diffamation, que la diffamation soit orale ou qu'elle soit écrite, pourvu qu'elle ait été publique.

La loi belge, par son article 444, la punit de huit jours à un an de prison et d'une amende de 20 à 200 francs : le projet de révision, article 11, élève à 500 francs le maximum de l'amende.

Cet article fait consister la publicité dans la seule communication d'un écrit à plusieurs personnes.

D'après la loi anglaise, l'écrit injurieux qui, avec intention mauvaise, attaque les autorités, qui outrage la religion et les bonnes mœurs, et même *qui diffame un particulier* constitue un délit contre la paix publique. Il est qualifié de *libel* (1).

C'est de certains auteurs de *libel* que l'historien de la *Révolution française* a dit :

« Pendant les années qui précédèrent la Révolution, il existait à Londres un amas d'hommes impurs, aux mains de qui la plume était un stylet, rebut de peuples divers, vils lansquenets de la littérature qui, se nourrissant du fiel des libelles, avaient toujours des scandales à mettre en vente et vivaient de la lâcheté de ceux que menaçaient leurs diffamations et leurs calomnies. » (Louis Blanc, *Histoire de la Révolution française*.)

Au lieu d'absoudre la diffamation écrite, la loi anglaise innocente la diffamation par la parole et ne condamne que la diffamation par l'écriture ou par la presse.

L'impuissance de la parole ne lui a pas encore apparu comme une vérité expérimentale.

« Les Anglais, dit M. Bertrand, ne pensent pas que la parole soit, à cet égard, un instrument de publication aussi redoutable que l'écriture ou la presse ; ils la laissent impunie, si elle ne rentre pas dans les catégories établies par la loi en matière d'offense verbale, l'injure qui constituerait un délit ou fonderait une action si elle était écrite ; qui vous appelle escroc n'a rien à craindre, qui vous l'écrit s'expose à des dommages-intérêts, voire même à l'amende et à la prison. Tomlin, vº *Libel*, cite le procès intenté en 1793 par une jeune dame de qualité qui obtint 4,000 livres sterlings de dommages-intérêts pour réflexions sur sa chasteté, publiées dans un journal, elle qui n'avait pu intenter une action pour les plus grossières injures proférées verbalement contre elle quelques jours auparavant. »

En Angleterre, la diffamation est le délit qui sollicite le plus la sévérité

(1) Bertrand, *Régime légal de la presse en Angleterre*.

du législateur, à en juger par les distinctions et les sous-distinctions admises dans la pratique.

— « Celui qui déclare avoir entendu dire par une personne qu'il nomme qu'un tel a fait telle chose n'est pas condamné, dit Chassan, s'il est poursuivi en justice, lorsqu'il prouve que l'individu qu'il a nommé le lui a dit effectivement. Mais s'il affirme ou allègue, d'une manière générale, qu'il a ouï tenir le propos, sans en nommer l'auteur, il doit être condamné lors même qu'il prouverait que le propos a été réellement tenu.

« Toutefois le moyen pris de la désignation de l'auteur du propos et de la preuve qu'il l'a tenu n'est pas admis, s'il est prouvé que le propagateur de l'imputation en connaissait la fausseté lorsqu'il l'a communiquée. Il n'est plus admissible lorsque l'indication de l'auteur de l'imputation a eu lieu après les poursuites.

« S'il s'agissait d'un libelle, il ne suffirait pas d'en nommer l'auteur pour être justifié. Cette manière de décider peut être rationnelle en Angleterre où la loi distingue entre la diffamation parlée et la diffamation écrite.

« Il ne peut en être ainsi dans notre législation.

« Dans le système de notre législation, en effet, le délit consiste dans la publication, et c'est dès lors celui qui publie le fait ou le propos qui est coupable légalement et non celui qui a raconté le fait ou tenu le propos sans les publier (1). »

La législation anglaise est moins concise que la législation belge, mais plus juste peut-être, parce qu'elle distingue la diffamation publique parlée, de la diffamation publique écrite.

Notre projet est, nous osons dire, plus clair sans être plus sévère que l'une ou l'autre de ces deux législations.

Pas plus que les Anglais et les Belges, nous n'absolvons la diffamation et nous n'établissons en principe aucune distinction entre la diffamation parlée (*Stander*) et la diffamation écrite. *Scribere est agere.*

Nous laissons la justice faire son œuvre dans la limite et avec la latitude que lui offre la gradation des pénalités qu'édicte notre loi.

Ces pénalités varient selon certaines distinctions qui nous ont paru des plus rationnelles.

Les articles 34, 35 et 36 répriment la diffamation seulement.

L'article 37 punit l'injure.

La diffamation est plus ou moins grave selon qu'elle est dirigée contre des corps constitués, parmi lesquels nous avons compris, pour faire cesser toute controverse dans la pratique, l'armée et les administrations publiques, ou qu'elle s'adresse à certains fonctionnaires publics, à des ministres des cultes, à des citoyens chargés d'un service ou d'un mandat public, temporaire ou permanent, un juré ou un témoin à raison de sa déposition, ou qu'elle ne concerne que des particuliers.

Dans la première hypothèse, prévue par l'article 34, comme dans la seconde, prévue par l'article 35, la peine est celle d'un emprisonnement de huit jours à un an et d'une amende de 100 à 3,000 francs, ou de l'une de ces deux peines seulement.

(1) Chassan, t. I, p. 337, 378.

Dans la troisième, celle de l'article 36, la peine prononcée est réduite de cinq jours à six mois d'emprisonnement, et d'une amende de 25 à 2,000 francs, ou l'une de ces deux peines seulement.

La peine est celle de six jours à trois mois d'emprisonnement si l'injure est commise publiquement envers les corps ou les personnes désignés par les articles 34 et 35 ; elle est réduite de cinq jours à deux mois et d'une amende de 16 à 300 francs, si elle est commise envers les particuliers (1).

Quand l'injure n'est pas publique, la peine est celle de l'art. 471 du Code pénal.

1re *Observation.* — Le projet ne punit que la *diffamation* ou l'*injure* dans les cas prévus par le § 3. — Il n'emploie l'expression d'outrage que dans le § 2, dont nous avons déjà exposé les motifs, et dans le § 4 qui va suivre.

Nous avons obéi à l'intention de simplifier sans cesser d'être méthodique.

2e *Observation.* — Nous avons fait disparaître en fait d'injure toutes distinctions entre l'injure qui renferme l'imputation d'un vice déterminé et celle qui ne la renferme pas.

La seule différence que nous avons voulu établir en fait d'injure, c'est celle résultant de la publicité.

3e *Observation.* — Nous avons admis, en matière d'injure commise envers les particuliers, l'excuse de la provocation, même alors que l'injure serait publique ; la législation actuelle n'admet cette excuse que lorsque l'injure n'est pas publique (art. 471).

La publicité de la provocation nous a paru compenser la publicité de l'injure : *parva delicta mutua compensatione tolluntur.*

4e *Observation.* — L'injure non publique, sans autre distinction, n'est punie que des peines de simple police, prévues par l'article 471, n° 11 du Code pénal.

XXVII

Art. 38. — Cet article du projet renferme trois dispositions liées les unes aux autres, et qui règlent un des points les plus importants de la législation en matière d'injure, d'outrage ou de diffamation, la question d'admissibilité de la preuve de la vérité de l'imputation.

(1) Les peines édictées par les lois de 1819 et 1822 étaient les suivantes : Diffamation ou injure envers les corps constitués, 15 jours à 2 ans de prison, 150 à 5,000 francs d'amende. (25 mars 1822. art. 5.)

Diffamation envers tout dépositaire ou agent de l'autorité publique, 8 jours à 18 mois de prison, 50 à 3,000 francs d'amende. (17 mai 1819, art. 16.) Injure envers les mêmes, 5 jours à un an de prison 25 à 2,000 francs d'amende (17 mai 1819, art. 19).

Diffamation envers les particuliers, 5 jours à un an de prison, 25 à 2,000 francs d'amende. (17 mai 1819, art. 18.) Injures envers les mêmes, 16 à 200 francs d'amende.

La question n'a d'intérêt que s'il s'agit de diffamation, non d'injure ou d'outrage.

L'injure ne renferme, de sa nature, l'imputation d'aucun fait précis; il n'y a, dans ce cas, rien à prouver que l'injure elle-même.

L'outrage a, avec l'injure, la plus grande analogie, il est seulement plus grave, il implique une sorte de violence dans l'acte ou dans l'expression. La vérité du fait auquel il ferait allusion ne fait pas disparaître entièrement le délit, que la vérité du fait, en matière de diffamation, doit, dans notre système, absolument effacer.

Reste la diffamation proprement dite; c'est en cette matière que la question se présente et qu'elle doit être résolue.

Nous avons accepté le système adopté par la loi du 26 mai 1819.

On sait que les articles 20, 21, 22, 23 et 24 de cette loi furent abrogés par l'article 18 de la loi du 25 mars 1822, remis en vigueur par celle du 27 juillet 1849, abrogés de nouveau par le décret du 17 février 1852, rétablis par l'article 3 de la loi du 15 avril 1871 et maintenus par l'article 6 de la loi du 29 décembre 1875.

Dans ce système, la preuve de la vérité des faits diffamatoires est admise dans le cas où la diffamation est commise envers les corps constitués ou les citoyens qui exercent des fonctions publiques ou qui ont agi dans un caractère public. Elle est, au contraire, refusée, hormis dans certains cas fort restreints et que nous allons préciser, quand la diffamation est commise envers des particuliers.

C'est l'admissibilité de la preuve dans cette dernière hypothèse qui seule a fait, la plupart du temps, difficulté.

La question préoccupa vivement l'auteur de l'exposé des motifs de la loi du 26 mai 1819.

M. de Serres, que nous citons souvent parce qu'il avait devancé en libéralisme les hommes les plus avancés de son temps (1), ne se dissimulait pas tout ce que l'interdiction de faire la preuve avait d'étroit et d'anormal.

« Le système de la preuve, dit l'exposé des motifs, est, dans le vrai, le seul qui soit capable de satisfaire pleinement l'honnête homme calomnié. Le calomniateur, prié inutilement de prouver ses imputations, n'a plus la ressource de ces subterfuges ordinaires. Il ne peut plus dire qu'il a cédé trop inconsidérément à la force de la vérité, à un juste sentiment d'indignation et que si le jugement devait dépendre de l'exactitude des faits, il lui serait facile de montrer son innocence en prouvant beaucoup plus devant les juges qu'il n'a avancé contre la partie qui le poursuit. Il ne peut alléguer mille présomptions dont la malignité ne manque jamais de s'emparer et de faire son profit. En un mot, forcé dans son dernier retranchement, la justice éclatante et non équivoque de sa condamnation

(1) Crémieux disait de M. de Serres, à la tribune de la Chambre en 1870 : « J'ai connu M. de Serres, il était aussi libéral que moi et je l'étais beaucoup ! » Crémieux faisait allusion à 1819 plus qu'à 1822.

répare entièrement l'honneur de l'offensé, au lieu d'y ajouter une nouvelle atteinte, comme il arrive dans ces sortes de cause.

«... Avouons-le, messieurs, continue l'auteur de l'exposé des motifs, ce système suppose des mœurs plus fortes, plus mâles, de véritables mœurs publiques enfin. Mais serait-il accueilli par un peuple doué d'une susceptibilité jalouse sur tout ce qui touche à l'honneur et à la considération, par un peuple qui aime la liberté mais qui abhorre le scandale? Supporterions-nous l'idée de mettre au jour notre vie privée, de dévoiler nos relations les plus intimes, souvent nos plaies les plus douloureuses et les plus secrètes, à la première parole offensive? Ne verrions-nous pas là un appât présenté à la médisance, une arène ouverte à la licence et à la malignité? Telle est la crainte qui nous a déterminé à vous proposer d'interdire la preuve. »

Votre Commission vous le propose également.

Si la faculté de faire la preuve tient au droit de défense; si la preuve testimoniale n'est restreinte qu'en matière civile; si, en matière criminelle, elle doit être la règle générale, il faut cependant reconnaître qu'en matière de diffamation, c'est, au contraire, l'exception qui doit devenir la règle. La raison en est bien simple, c'est que la diffamation, à la différence de la calomnie, n'implique pas la fausseté du fait diffamatoire.

Or, si, malgré la vérité du fait, la diffamation est un délit, ce que nous avons admis déjà, la preuve de la vérité du fait ne saurait être autorisée; ce serait diffamer deux fois que de prouver que le fait diffamatoire est constant.

L'admissibilité de la preuve est tellement anormale, en cette matière délicate, que le Code de 1810 ne l'admettait que si elle résultait d'un jugement ou d'un acte authentique; c'était presque l'interdire (1).

Constatons en terminant, contrairement à une des observations de l'exposé des motifs de 1819, que l'admissibilité de la preuve n'est pas un principe qui se cantonne dans la législation de tel ou tel peuple, selon que les mœurs y sont plus ou moins vigoureuses et fortes.

La législation anglaise, la législation belge, interdisent, comme le faisaient partiellement le Code de 1810 et la loi du 26 mai 1819, la preuve des faits diffamatoires quand la diffamation ne concerne que de simples particuliers.

En principe, la loi anglaise est extrêmement sévère contre le *libel* qui représente absolument l'idée que nous avons, en France, de la diffamation. *Le libel, c'est la diffamation par écrit*. Les mêmes éléments constituent le délit : 1° l'expression ; 2° l'intention ; 3° la publication.

_____

(1) Dans tout État bien policé, disait Dareau, il n'est nullement permis, comme on peut le penser, aux citoyens de se diffamer les uns les autres. La tranquilité publique exige qu'ils se respectent entre eux; autrement, l'injure deviendrait la source des excès et des désordres les plus grands. *N'importe que la diffamation ait la vérité pour principe : si, sous prétexte qu'on ne dit que la vérité, il était libre de divulguer ce qu'on sait sur le compte d'autrui, ce prétexte donnerait lieu à des discordes et à des haines perpétuelles.* » (Merlin. — *Répertoire de Jurisprudence*, v° *Diffamation*, t. IV, page 589.

Quant à la pénalité, la loi dispose (section 3) : « Quiconque, directement ou indirectement, aura publié *ou menacé de publier* un écrit diffamatoire contre un individu... ou lui aura proposé de s'abstenir d'imprimer ou publier ledit écrit... ou offert d'en prévenir l'impression ou la publication... dans l'intention d'extorquer de lui ou d'un autre, de l'argent ou un billet... ou un profit quelconque... sera condamné à l'emprisonnement, avec ou sans travail forcé, pour trois ans au plus. »

Section 4. — « Quiconque publiera un écrit diffamatoire sachant que les imputations qu'il contient sont fausses, sera condamné à une peine d'emprisonnement qui ne pourra dépasser deux ans et *à l'amende, à la discrétion de la Cour.* »

Section 5. — « Quiconque publiera méchamment un écrit diffamatoire sera condamné à l'amende ou à l'emprisonnement, ou aux deux peines à la fois : celle de l'emprisonnement ne pourra dépasser un an. » (M. Bertrand, *Régime légal de la presse en Angleterre.*)

Les deux dispositions qui précèdent répondent aux deux idées de *calomnie et de diffamation.*

Elles indiquent déjà que la preuve de la vérité du fait diffamatoire n'est pas admise par la loi anglaise, d'une façon générale et absolue.

Nous lisons en effet dans l'excellente monographie que nous venons de citer :

« Aujourd'hui, le défendeur d'une poursuite criminelle peut se faire autoriser à produire la preuve de la vérité des faits. Mais il faut qu'auparavant il articule le fait déterminé ou la raison de laquelle il résulte que la *société était intéressée à ce que les faits fussent publiés.* »

« Le plaignant a le droit de répliquer en niant le tout. En cas de condamnation, la Cour, délibérant sur l'application de la peine, peut examiner si la faute de l'écrivain *a été atténuée ou aggravée par son système de défense.* »

« En ce qui concerne l'action civile, aujourd'hui comme autrefois, le particulier n'obtient pas de dommages-intérêts contre celui qui l'a simplement diffamé. Il ne peut obtenir de réparation que si la diffamation l'a calomnié. »

Le plaignant a l'option entre l'action civile et l'action criminelle, il ne peut demander des dommages-intérés que par l'action civile.

C'est dans cette hypothèse que le prévenu peut soutenir et prouver que les faits sont vrais pour échapper à toute condamnation en des dommages-intérêts.

En résumé, d'après la loi anglaise, la preuve des faits diffamatoires n'est autorisée que si le plaignant a mis en mouvement l'action civile et demandé des dommages-intérêts.

En matière de poursuites criminelles, la preuve n'est autorisée que si la société était intéressée à ce que les faits diffamatoires fussent publiés.

Nous reviendrons dans un instant sur ces distinctions.

La loi belge s'écarte de la loi anglaise et se rapproche de la nôtre.

La preuve n'est autorisée que s'il s'agit de diffamation envers toute autre personne qu'un simple particulier.

Le Code pénal autorise dans ce dernier cas la preuve légale, celle qui résulterait d'un jugement ou de tout autre acte authentique, absolument comme notre Code de 1810 ; mais le projet de révision tend à modifier cette disposition et à adopter purement et simplement le système de la loi du 26 mai 1819, art. 20.

« Le prévenu, dit l'article 447 du Code pénal belge, d'un délit de calomnie pour imputations dirigées, à raison de faits relatifs à leurs fonctions soit contre les dépositaires ou agents de l'autorité ou contre toute personne ayant un caractère public, soit contre tout corps constitué, sera admis à faire, par toutes les voies ordinaires, la preuve des faits imputés, sauf la preuve contraire par les mêmes voies.

« S'il s'agit d'un fait qui rentre dans la vie privée, l'auteur de l'imputation ne pourra faire valoir pour sa défense aucune autre preuve que celle qui résulte d'un jugement ou de tout autre acte authentique. »

Le projet de révision, art. 12, dit :

« Nul ne sera admis à prouver la vérité des faits diffamatoires ou injurieux : néanmoins les imputations dirigées, à raison de faits relatifs à leurs fonctions contre toute personne ayant agi dans un caractère public ou contre tout corps constitué, pourront être prouvées par toutes les voies ordinaires, sauf la preuve contraire par les mêmes voies. »

C'est la reproduction, sinon dans la forme, tout au moins dans le fond, de l'article 21 de la loi du 26 mai 1819.

C'est notre article 38 :

« La vérité du fait diffamatoire pourra être établie par toutes sortes de preuves, dans le cas où la diffamation est commise, soit envers l'un des corps indiqués dans l'article 34, soit envers les personnes indiquées dans l'article 35, mais seulement dans les cas où elle porte sur des faits relatifs à leurs fonctions, ministère, mandat, service ou déposition. »

Il y va d'un intérêt de premier ordre que toute personne, qu'il s'agisse de personnalités collectives ou d'individualités, exerçant une fonction publique ou chargées d'un mandat ou d'un service public, réponde de sa fidélité, de sa loyauté dans la gestion de cette fonction, dans l'accomplissement de ce mandat, ou dans l'exécution de ce service.

C'est dans cette hypothèse que la loi anglaise considère l'auteur du *libel* comme ayant agi dans l'intérêt de la société et qu'elle autorise la preuve de la vérité des faits en matière criminelle.

C'est dans cette hypothèse que la loi belge l'autorise comme nous l'autorisons.

Il a fallu la réaction de 1814 et celle de 1852 pour que le pouvoir d'alors ait fait échec à ces règles d'intérêt public, dans la crainte que ses agents ne fussent contrôlés par l'opinion publique.

XXVIII

— En dehors des cas prévus par le § 1er de notre article 38, nous ne proposons d'autre exception à l'interdiction de la preuve que celle du § 2 ainsi conçue :

« *La vérité du fait diffamatoire* pourra être également établie à l'égard de toute personne lorsque le fait est passible, en le supposant prouvé, d'une peine quelconque et que le prévenu aura été lésé par le fait imputé. »

Quelques explications sont ici nécessaires.

La loi du 26 mai 1819, par son article 25, encore en vigueur, et que nous abrogeons comme tout le reste, dispose :

« Lorsque les faits imputés seront punissables selon la loi, et qu'il y aura des poursuites commencées à la requête du ministère public, ou que l'auteur de l'imputation aura dénoncé ces faits, il sera, durant l'instruction, sursis à la poursuite et au jugement du délit de diffamation. »

Cette disposition ne nous a pas paru devoir être conservée pour plusieurs raisons :

1° Les poursuites commencées à la requête du ministère public ne doivent pas autoriser la diffamation, c'est-à-dire la publication des faits qui y donnent lieu. Ces poursuites doivent, au contraire, imposer la réserve que commandent les premières investigations des informations criminelles.

2° Quant à la dénonciation de la part de l'auteur de l'imputation, de deux choses l'une : ou elle aura précédé la divulgation ou elle l'aura suivie. Si elle l'a précédée, la divulgation était de reste, elle ne peut plus être qu'un prétexte à diffamation ; ou elle l'aura suivie, et, dans ce cas, en quoi peut-elle atténuer la diffamation elle-même ?

Si l'auteur de l'imputation avait obéi au seul mobile de l'intérêt général, aux susceptibilités d'un sentiment généreux, au désir de provoquer une répression, il n'aurait eu qu'à dénoncer régulièrement les faits délictueux ou criminels au lieu de les jeter préalablement au vent de la renommée, de les livrer en pâture à l'animadversion ou à la malignité publiques.

Alors qu'il peut suffire à qui est animé de l'intention de nuire, d'être diffamateur ou dénonciateur, il est difficile de comprendre que celui-là prenne à tâche d'être diffamateur et dénonciateur tout à la fois.

3° Mauvaise en principe, la disposition de l'article 25 de loi du 26 mai 1819 a rencontré dans la pratique les plus grandes difficultés, les plus vives controverses.

Ainsi, par exemple, la personne diffamée a porté plainte contre le diffamateur ; elle a saisi la justice civile et criminelle. Le prévenu excipe de poursuites commencées par le ministère public.

Le tribunal surseoit. Très bien ; mais pendant combien de temps ? nul ne le sait, nul ne peut le savoir. Le sursis peut durer toujours, car la prescription de l'action est suspendue par le sursis lui-même, et la prescription de l'action engagée par le ministère public contre le demandeur en diffamation, qui devient prévenu, peut être interrompue par des actes de poursuites successifs.

Si au contraire des poursuites n'ont pas été commencées et que le prévenu du délit de diffamation dénonce les faits qu'il a divulgués au public, le tribunal surseoit encore. Parfaitement. Pendant combien de temps ? nul ne le sait, nul ne peut le savoir ; · le ministère public peut refuser d'agir (1) ou, s'il agit, il peut agir mollement, se hâter avec lenteur. Le sursis sera indéfini sans que le demandeur et le défendeur en diffamation même en se concertant, puissent fermer cette parenthèse judiciaire.

Supposons maintenant que le ministère public ait agi, soit d'office, soit sur la dénonciation de la partie, quelles sont les garanties que l'information donne au demandeur en diffamation et à son adversaire, à son adversaire surtout ? Le demandeur, lui, est poursuivi. Il peut, dans une certaine mesure, en indiquant ses témoins, les faire entendre par le juge d'instruction si le magistrat le veut bien : mais le prévenu en diffamation n'a aucune espèce de moyen d'éclairer la religion du magistrat instructeur ; il n'est pas partie dans l'instruction qui se poursuit. Il peut même n'avoir aucune qualité pour se constituer partie civile si le fait criminel ou délictueux ne l'intéresse pas.

Supposons enfin l'information terminée et qu'il y ait lieu à jugement, le tribunal saisi acquitte ou condamne. S'il condamne, il y a, il est vrai, chose jugée profitant au prévenu de diffamation ; mais s'il y a acquittement, comment et en vertu de quel principe cet acquittement pourrait-il lui être opposé ?

Que de difficultés, que de troubles ! et pourtant il s'agit de matière criminelle où la clarté devrait éclater à tous les regards !

4° Ce n'est pas tout, le sursis est vidé par un jugement de condamnation qui a, par cela même, constaté la vérité des faits diffamatoires. L'acquittement du prévenu de diffamation sera-t-il la conséquence de la condamnation prononcée au criminel contre son adversaire ? La loi se tait. Qu'en est-il de la doctrine et de la jurisprudence ? Oui, d'après Chassan, t. II, p. 471, de Grattier, 1, p. 498, Bordeaux, 14 av. 1833, s'il n'y a pas eu intention coupable. — Non, C. c., 20 avril 1821 ; Montpellier, 22 novembre 1841 ; Dalloz, v° *Presse*, n° 1760.

---

(1) Question controversée. Oui. Montpellier, 22 novembre 1841. Sirey, 42, 2-160 ; Bordeaux, 2 juillet 1846. *Journal du Palais*, 48, 1, 51 ; C, cass. 8 déc. 1837. Sirey, 38, 1, 380 ; Dalloz, v. Presse, 1351 ; Chassan, t. II, p. 37 ; — Non. C. cass. déc. 1876 ; Parent, p. 108 ; de Grattier, t. I, p. 492, et la raison aussi.

DÉLITS CONTRE LES PERSONNES.

Le projet de révision du Code pénal belge, qui a emprunté son article 12, § 2 à l'article 25 de la loi du 26 mai 1819, n'est pas plus explicite à cet égard que cette dernière disposition. Il est même à remarquer que, dans le projet de révision de la loi belge, la preuve légale de la vérité des faits imputés, même aux fonctionnaires publics, ne met l'auteur de l'imputation à l'abri de condamnation que s'il a agi dans un intérêt public (1).

Ainsi se trouve justifiée l'abrogation que nous avons cru devoir faire de l'article 25 de la loi du 26 mai 1819 ; nous y avons substitué une règle bien simple : elle tient compte, dans une certaine mesure de l'intérêt public, elle le concilie avec l'intérêt privé. Ces deux intérêts, bien entendu, ne sont-ils pas liés l'un à l'autre ?

D'après cette règle, quand le fait diffamatoire sera passible d'une peine quelconque, c'est-à-dire quand il constituera un crime, un délit ou une contravention, exposant son auteur à une condamnation criminelle, ou correctionnelle, ou de simple police ; quand, par conséquent, l'action publique ne sera pas prescrite, le prévenu de diffamation pourra établir, devant le tribunal saisi de la plainte, la vérité du fait diffamatoire.

Le juge de l'action sera, selon les principes généraux, juge de l'exception.

Mais pour que les choses se passent ainsi, il faudra que le fait diffamatoire lèse les intérêts du prévenu de diffamation.

Cette restriction est des plus équitables et des plus juridiques, en ce que l'auteur du fait qui a été divulgué, et qui constitue un crime ou un délit a, pour ainsi dire, provoqué, par le préjudice qu'il lui a causé, la partie qu'il poursuit pour délit de diffamation.

Si la provocation est admise, dans ce cas, à titre d'excuse, c'est qu'elle a son principe dans un fait qui intéresse l'ordre public, c'est-à-dire un crime ou un délit. Deux intérêts s'élèvent alors contre un seul : l'intérêt du prévenu de diffamation et l'intérêt social représenté par la vindicte publique, contre l'intérêt du plaignant.

XXIX

Un de nos collègues de la commission avait fait admettre une autre exception à l'interdiction de la preuve des faits diffamatoires (2). La preuve devait être reçue quand le plaignant aurait autorisé le prévenu à la rapporter.

Cette disposition exceptionnelle était rendue nécessaire, parce que, dans le système de la législation sur la presse, l'inadmissibilité de la preuve est l'ordre public, dans les cas où elle n'est pas autorisée par la loi.

(1) Laurent, *Etude sur les délits de presse*, p. 354.
(2) M. Hérisson.

L'auteur de cet amendement faisait valoir à l'appui, diverses considérations qui entraînèrent tout d'abord l'opinion de la majorité. L'intention de faire la preuve des faits diffamatoires était considérée par notre collègue comme n'intéressant, à vrai dire, et au point de vue pratique, dans la réalité des choses, que la personne diffamée. L'ordre public est désintéressé dans la question; s'il en était différemment, il serait d'un intérêt public que la preuve de la vérité du fait diffamatoire fût établie plutôt que refusée.

La conséquence de l'inadmissibilité absolue de la preuve est de faire tourner au préjudice de la partie diffamée une disposition qui a évidemment été édictée dans son intérêt; il n'y a que le prévenu qui tire profit d'un procès en diffamation; il satisfait ses rancunes, et il peut se dire, quoi qu'il arrive, le champion de la vérité et, en quelque sorte, le martyr. L'exception proposée moraliserait la loi nouvelle.

Cette exception, avons-nous dit, fut d'abord accueillie par la majorité de la commission; elle avait été introduite dans un des projets primitifs.

La Commission s'en est ensuite départie.

Elle a obéi à cette considération qu'autoriser la preuve du fait diffamatoire, quand le plaignant la requiert, c'était l'obliger moralement à la requérir toujours, et c'était faire de l'exception la règle générale.

Il y a d'ailleurs telles circonstances où le demandeur en diffamation n'aurait pas la liberté de son initiative, quand, par exemple, le fait diffamatoire ne lui est pas exclusivement personnel.

XXX

« La preuve des faits imputés, dit l'article 20 de la loi du 26 mai 1819, met l'auteur de l'imputation à l'abri de toute peine, *sans préjudice des peines prononcées contre toute injure qui ne serait pas nécessairement dépendante des mêmes faits.* »

Notre article 38 décide purement et simplement que si la preuve autorisée par cette disposition est rapportée, le prévenu sera renvoyé de la plainte.

En résumé :

Plus de sursis, par l'effet du § 2 de l'article 38 de notre loi. L'article 24 de la loi du 26 mai 1819 cesse d'être.

Et quant au § 2 de l'article 20, il nous a paru inutile ou périlleux.

Inutile, si la disposition fait allusion à toute injure indépendante du délit de diffamation que purge la preuve du fait diffamatoire, parce que, dans ce cas, la plainte a pour objet deux délits parfaitement distincts qui ont chacun leur règle et leur sanction; périlleux, s'il est nécessaire de se livrer à une sorte de dissection judiciaire pour détacher un pré-

DÉLITS CONTRE LES PERSONNES.

tendu délit d'injure d'un délit de diffamation que vient d'effacer le magistrat.

Nous devons faire observer que pour l'admissibilité de la preuve dans le cas prévu par les §§ 1 et 2 de l'article 38, nous ne faisons aucune distinction entre la diffamation écrite et la diffamation verbale ; il suffit qu'elle ait été rendue publique.

La seule condition consiste dans la publicité donnée à l'imputaton.

CHAMBRE DES DÉPUTÉS. PRÉSIDENT M. GAMBETTA.—
Suite de la séance du 1ᵉʳ février 1881. Première délibération.

M. le président. Nous reprenons la discussion du projet de loi sur la liberté de la presse.

« ART. 29 (ancien 33). — Toute allégation ou imputation d'un fait qui porte atteinte à l'honneur et à la considération de la personne ou du corps auquel le fait est imputé, est une diffamation.

« Toute expression outrageante, terme de mépris ou invective qui ne renferme l'imputation d'aucun fait est une injure. »

(L'article 29 est mis aux voix et adopté.)

M. le président. M. Truelle avait déposé une disposition additionnelle à l'article 29.

M. Truelle. Je la retire.

M. le président, lit l'article 30.

« ART. 30. — La diffamation commise par l'un des moyens énoncés en l'article 24 envers les cours d'appel, les tribunaux, les armées de terre ou de mer, les corps constitués et les administrations publiques, sera punie d'un emprisonnement de huit jours à un an et d'une amende de 100 à 3,000 fr., ou de l'une de ces deux peines seulement. »

L'article est adopté.

M. le président lit l'article 31.

« ART. 31. — Sera punie de la même peine la diffamation commise par les mêmes moyens, à raison de leurs fonctions ou de leurs qualités, envers un ou plusieurs membres du ministère, un ou plusieurs membres de l'une ou de l'autre Chambre, un fonctionnaire public, un dépositaire ou agent de l'autorité publique, un ministre de l'un des cultes salariés par l'Etat, un citoyen chargé d'un service ou d'un mandat public temporaire ou permanent, un juré ou un témoin à raison de sa déposition. »

Adopté.

M. le président. M. Trarieux propose par amendement d'ajouter à la fin de l'article, ces mots : « un candidat à une fonction élective ».

M. Trarieux a la parole.

M. Trarieux. Messieurs, en votant l'article 31 (ancien article 35), vous revenez aux traditions libérales des lois de 1819 et de 1871 ; vous déférez à la cour d'assises la connaissance des délits de diffamation commis envers les fonctionnaires publics, et vous admettez comme excuse légale de ce délit, la preuve du fait diffamatoire.

Je vous demande de faire un pas de plus et d'assimiler, soit au point de vue de la répression, soit au point de vue de la compétence, soit au point de vue de la preuve entraînant excuse légale, le candidat à une fonction élective. (Très bien ! sur divers bancs.)

Un membre au centre. Même quand il s'agit de la vie privée?

M. Trarieux. Il est impossible que cette disposition ne vous paraisse pas conforme à nos mœurs électorales actuelles, et aux nécessités nouvelles de la politique. Le législateur de 1819 n'avait pu en concevoir la pensée, car on était alors sous un régime qui n'était pas, comme le nôtre, dominé par les institutions électorales ; mais elle me paraît aujourd'hui s'imposer à notre examen.

Nous votons une loi de liberté ; nous voulons que le droit de parler, d'écrire, de discuter, s'exerce de la manière la plus large dans tous les domaines. Or, je vous le demande, existe-t-il une matière dans laquelle il pourrait être plus important de garantir la liberté de la presse que dans la matière électorale ?

Si la liberté électorale ne doit pas rester un droit simplement théorique, il est évident qu'il faut que la franchise la plus complète, que la latitude la plus grande existe dans la discussion des titres des candidats qui, en se présentant aux fonctions électives, sollicitent les suffrages de leurs concitoyens.

Quand on permet à un peuple de décider des intérêts les plus graves du pays par le choix de ses mandataires, il n'est pas possible qu'on restreigne ses moyens d'information sur les causes diverses et multiples qui peuvent influencer ses votes.

Les luttes électorales réclament les discussions au grand jour. Il peut, sans doute, en résulter des inconvénients dont certains intérêts particuliers sont exposés à souffrir, mais l'important n'est pas tant d'éviter les inconvénients que de rendre impossible toute surprise.

Le point essentiel, c'est que les électeurs puissent se renseigner, sans aucune crainte de se heurter à une loi répressive, sur le passé des candidats; il faut qu'ils puissent interroger leur vie, rechercher leurs tendances, contrôler leurs opinions, discuter leurs actes, examiner, en un mot, et sacrifier tout ce qui peut influencer leurs choix.

Dans le passé, cette faculté a-t-elle été complète ?

Elle n'existait qu'à demi, car la presse se trouvait menacée et contenue, dans la discussion des candidatures, par une loi qui, définissait la diffamation « toute allégation d'un fait susceptible de porter atteinte à l'honneur ou à la considération et qui, en même temps, assimilant le candidat à une fonction élective au simple particulier, ne permettait pas, sans qu'il y eût délit, de lui imputer le fait le plus officiellement établi, ce fait fût-il de nature à le rendre absolument indigne.

Evidemment il y avait là une restriction du droit de discussion, une atteinte à la liberté et aux franchises que l'exercice du suffrage universel implique.

M. Cuneo d'Ornano. Très bien ! très bien !

29

DÉLITS CONTRE LES PERSONNES.

M. Trarieux. Qu'en est-il résulté, messieurs ? Une situation tellement incorrecte, tellement illogique, qu'il s'est trouvé des cours — la cour de Chambéry notamment — qui ont cru pouvoir élargir les termes de la loi et qui en ont cherché une abrogation implicite dans la constitution organique de notre droit électoral nouveau. L'effort n'était pas moins généreux que hardi. Mais la Cour de cassation a été appelée à se prononcer, à son tour, et nous nous trouvons en présence du principe inflexible de la jurisprudence, d'après laquelle la presse périodique, même au cours de la période électorale, demeure soumise comme en temps ordinaire, à l'égard des candidats et autres citoyens, aux lois qui protègent les particuliers contre les injures et diffamations.

D'autres tribunaux, malgré cette jurisprudence, ont bien essayé, pour faire prévaloir l'équité des faits, d'établir des distinctions entre le cas où la diffamation aurait pu être inspirée par une intention manifeste, incontestable, de nuire, et ceux, au contraire, dans lesquels elle pourrait être légitimée par les nécessités de la lutte électorale ; mais ils sont tombés, comme il était inévitable, dans des appréciations où les entraînements politiques ont été trop souvent la règle d'un discernement abandonné à l'arbitraire ! (Très bien ! sur divers bancs.)

C'est à cette anomalie que mon amendement vient apporter remède. Ne jugerez-vous pas opportun de rétablir l'harmonie là où règne le désaccord ?

Deux libertés sont en présence : la liberté de la presse d'un côté, et la liberté électorale de l'autre. Ces deux libertés doivent-elles, lorsqu'elles se rencontrent, continuer à se combattre et à s'exclure ? Je demande qu'à l'inverse, elles se combinent et se prêtent un mutuel concours.

S'il est vrai que nous constituons la liberté de la presse, il faut qu'à ses risques et périls, la presse puisse devenir l'auxiliaire de la liberté électorale. Dans la coopération qu'elle est appelée à lui fournir, il importe qu'elle ne rencontre aucune entrave. Elle doit pouvoir tout dire, tout examiner, tout discuter, ne rencontrant d'autre limite à son droit que la calomnie et le mensonge. Cette limite extrême, c'est la possibilité de prouver ce qu'elle aura mis en avant !

Quels inconvénients, messieurs, pourrait-il, du reste, résulter d'une telle innovation ? Pour ma part, je les cherche. Qui se plaindrait ? Ce ne sont pas les corps électoraux, dans l'intérêt desquels je songe en première ligne ; ce ne sont pas non plus les candidats, car je crois aussi ne point travailler contre eux.

Le système actuel de la loi que je combats ne les livre-t-il pas en quelque sorte à des luttes, au milieu desquelles la répression du délit de diffamation ne leur offre trop souvent qu'une protection dérisoire ?

Mettez-vous en face de la réalité des faits : quand un candidat affronte ces luttes...

M. Agniel. Et s'il ne les affronte pas volontairement ?

M. Trarieux. Comment ! un candidat malgré lui !

M. Agniel. J'ai connu des candidats qui ne voulaient pas l'être !

M. Trarieux. Permettez-moi, mon cher collègue, de ne point me placer en face d'hypothèses absolument chimériques.

M. Agniel. Mais cela n'a rien de chimérique ! Nous voyons tous les jours des candidats portés malgré eux sur la liste électorale.

M. Trarieux. Eh bien, si le fait est raisonnablement supposable, je vous réponds encore que votre candidat involontaire ne me paraît guère exposé, car lorsqu'on est à ce point désigné par le suffrage de ses concitoyens pour devenir leur mandataire, on ne peut que s'imposer à leur respect !

Mais je poursuis mon raisonnement. Est-ce que, sous l'empire de la loi de 1819, dont vous voulez le maintien dans l'intérêt du candidat livré à la discussion électorale, vous lui évitez les attaques, les calomnies, le mensonge ? Je demande à vos souvenirs de me répondre.

Vous savez bien, comme moi, que non seulement la loi que je veux abroger ne prévient pas lès excès qui vous préoccupent, mais qu'elle n'offre pas même au candidat l'abri qu'elle offre au simple particulier. Les mœurs étant, en effet, plus fortes que la loi, les candidats ont trop souvent plus à perdre qu'à gagner à des répressions inefficaces qui laissent debout dans l'opinion des imputations dont il n'est pas permis d'établir la fausseté,

Ce qu'il faut au candidat, c'est pouvoir confondre le mensonge et la calomnie. Il ne lui suffira jamais d'établir, pour venger son honneur, qu'une intention malveillante s'est attachée à sa personne. Il est perdu, s'il n'obtient que le droit au silence; ce qui peut le relever, c'est la faculté de produire la lumière, de démasquer ses calomniateurs. Alors il est plus que réhabilité; il trouve, dans la réprobation que soulève toujours la vue de l'injustice, une force nouvelle qui le grandit. (Très bien !)

Et d'ailleurs, messieurs, si les candidats étaient tentés de se plaindre, est-ce donc qu'ils pourraient accuser d'inégalité une loi qui ne les aurait pas soumis aux mêmes règles de droit que les simples particuliers ?

Ah ! je comprends très bien qu'on puisse maintenir à l'égard de ces derniers ce que Royer-Collard a si bien appelé le mur de la vie privée. Je comprends qu'à l'abri de ce mur protecteur, on se trouve défendu contre toute recherche; qu'on puisse braver toutes les imputations, même celle des faits officiellement établis. C'est le bénéfice de la vie privée ; mais est-ce que le candidat à une fonction élective, qui sollicite les suffrages de ses concitoyens, qui fait appel à leur confiance, peut se réclamer de pareilles immunités ? Est-ce qu'il est un simple particulier, lorsqu'il descend dans l'arène publique? Non seulement son caractère se transforme, et nous sommes en droit de l'assimiler au représentant de l'autorité publique dont il aspire à exercer les fonctions, mais je dis que c'est par une sorte d'*a fortiori* qu'il relève de la libre discussion, car il a encore moins droit aux ménagements lorsqu'il postule que lorsque ses électeurs l'ont investi d'un mandat ! La preuve de la diffamation peut être établie...

M. Paul de Cassagnac. Trop tard ! La preuve arrive après l'élection.

M. Trarieux. Vous dites que la preuve arrive après l'élection. Je vous réponds qu'il en est ainsi avec la loi de 1819.

Je fais, mon cher collègue, appel à votre expérience, qui est peut-être en ces matières plus grande que la mienne ; car chaque jour vous avez pu suivre dans la presse des faits qui n'ont pas manqué d'échapper à mon attention. N'est-il pas à votre connaissance que les délits de diffamation ont été plus d'une fois impunément commis ; et que non seulement il n'a pas été possible d'obtenir en période électorale des répressions dont l'efficacité immédiate eût été, comme je l'ai montré, douteuse, mais que, même les élections faites, on a dédaigné de poursuivre des procès qui n'auraient rien prouvé?

Avec ce que je vous propose, au contraire on aurait au moins une arme défensive, ne pût-on qu'en user un peu tard. Il ne s'agirait plus simplement de réprimer des diffamations, mais d'appliquer des peines sévères à la calomnie. — La sécurité, bien comprise des candidats, n'y gagnerait pas moins que l'intérêt évident des électeurs !

Au surplus, je vous place en face de ce dilemme auquel il serait bien difficile de répondre : Ou le candidat est absolument invulnérable, et, n'ayant rien à craindre, il peut se présenter à visage découvert ; ou bien il aurait des hontes secrètes à cacher, et alors il n'est point à protéger. Qu'il reste, dans ce dernier cas, derrière les lois protectrices de la vie privée. Tant pis pour l'imprudent qui vise à la vie publique sans en avoir compris les premières conditions. (Très-bien ! très-bien ! sur quelques bancs.)

M. le président. La parole est à M. le rapporteur.

M. Paul de Cassagnac. Je désirerais dire quelques mots seulement avant M. le rapporteur.

DÉLITS CONTRE LES PERSONNES.

(M. le rapporteur fait un signe d'assentiment.)

M. le président. M. Paul de Cassagnac a la parole.

M. Paul de Cassagnac. Je demande à la Chambre de me permettre une simple réflexion qui m'a été suggérée par quelques mots du discours de l'honorable M. Trarieux.

En matière électorale, je trouve qu'il y a une lacune considérable. Cette lacune consiste dans la non-protection accordée au candidat. Nous avons assisté depuis quelques années à des luttes électorales qui ont dépassé comme violence et vivacité, de part et d'autre, tout ce qu'on a pu voir depuis qu'on vote.

Eh bien, lorsqu'on vient dire que le candidat doit être assez fort dans sa vie privée et dans sa vie publique pour braver n'importe quelle attaque pendant la période électorale, je prétends que c'est aller trop loin et que cela peut jusqu'à un certain point compromettre la sincérité du suffrage universel.

Il n'y a pas parmi nous un seul candidat, quelle que soit la loyauté, quelle que soit la pureté de sa vie publique et privée, qui ne puisse être exposé pendant la période électorale à voir peser sur sa vie, sur son existence, une calomnie ou un mensonge, de nature à modifier complètement les résultats du suffrage universel, et la répression à laquelle on peut avoir recours arrive toujours trop tard, c'est-à-dire après l'élection.

M. Trarieux. Mais je propose de les atteindre !

M. Paul de Cassagnac. Vous proposez de les atteindre par une loi qui n'est pas encore édictée, une loi sur la calomnie, et je ne la vois pas ; en attendant je préfère encore la législation actuelle, quoiqu'elle soit insuffisante.

M. Trarieux. C'est l'article 35 !

M. Paul de Cassagnac. Ce n'est pas suffisant, j'estime que nous devons, chaque fois que nous en avons l'occasion, arriver à protéger la candidature, parce que c'est le seul moyen pour moi de protéger la sincérité du suffrage universel, et vos théories vont à l'encontre de ce principe.

Voilà les seules observations que j'avais à soumettre à la Chambre. (Très bien ! très bien ! à droite.)

M. le rapporteur. Messieurs, nous faisons une loi de liberté ; mais nous faisons aussi une loi de raison. Il me suffira de trois considérations pour répondre à l'amendement de M. Trarieux et en faire justice :

La première est prise des articles 33 et 38, qui font l'objet précisément de l'amendement de M. Trarieux. Dans le système du projet de loi, nous distinguons la diffamation qui s'adresse à un simple particulier de celle qui s'adresse à un fonctionnaire public, et nous autorisons la preuve des seuls faits diffamatoires qui se rattachent à cette qualité de fonctionnaire public. Il serait impossible de diviser ainsi la personnalité du candidat. Cette division est toute naturelle quand il s'agit d'un fonctionnaire public, pourquoi ? Parce que nous pouvons laisser dans l'ombre discrète de la vie privée les faits qui s'y rapportent et ne faire la lumière que sur ceux qui sont relatifs aux actes de la vie publique. Il serait impossible de faire cette distinction quand il s'agira d'un candidat à une fonction élective.

La seconde raison est qu'on peut être candidat à son insu et malgré soi. (Exclamations sur quelques bancs.)

Oui, messieurs, j'en connais qui ont été candidats à leur insu et malgré eux pendant vingt-quatre heures.

Il pourrait arriver, dans le système de l'honorable M. Trarieux, que, dans un intérêt inavouable, le diffamateur fît un candidat de sa victime pour éluder ainsi le principe de l'inadmissibilité de la preuve diffamatoire, principe que peut revendiquer le simple particulier.

Enfin, il y a une troisième raison :

Le but de votre amendement, mon honorable collègue, est d'obtenir que la

clarté la plus grande se fasse et rayonne autour de la personnalité du candidat ;
c'est pour cela que vous voulez autoriser la preuve. Mais il arrivera plus souvent
que la preuve ne sera faite qu'après les élections. (Très bien ! au banc de la
commission.)

M. Paul de Cassagnac. Il serait trop tard !

A gauche et au centre. Aux voix ! aux voix !

M. Trarieux. Je demande à répondre un mot (Aux voix ! aux voix !)

Je ne veux point insister, si la Chambre est fixée. (Parlez ! parlez !)

Je trouve, messieurs, que les objections qui m'ont été faites par l'honorable
M. Paul de Cassagnac et par l'honorable rapporteur M. Lisbonne, ne viennent
pas le moins du monde répondre à l'idée et à l'intention de mon amendement.

Que m'ont-ils dit l'un et l'autre ? Leur pensée peut ainsi se résumer : Loin
qu'il y ait à affaiblir la situation du candidat, en période électorale, il faudrait
plutôt, si on le pouvait, la renforcer.

La question est donc de savoir si mon amendement enlève une protection, ou,
au contraire, s'il crée une situation préférable. Enlève-t-il une protection ? On le
prétend, et on me rappelle que maintes fois, en période électorale, des mensonges et des calomnies abominables ont été déversés contre des candidats...

M. Paul de Cassagnac. C'est ce qu'on appelle la manœuvre de la dernière heure !

M. Trarieux..... sans qu'ils eussent le temps matériel d'obtenir la réparation
à laquelle ils avaient droit.

Je réponds à mes honorables contradicteurs par l'exemple même qu'ils me
donnent. Vous voyez bien, puisque vous les rappelez, que la loi de 1819 permettait les excès qui vous alarment, et je ne puis par conséquent détruire une
protection qui n'existait pas. Loin que je la détruise, c'est un remède à l'inconvénient même qu'on signale que j'ai la prétention de proposer.

Qu'est-ce que je mets dans la loi ? Je ne lui fais pas dire seulement qu'on sera
admis à prouver des faits diffamatoires quand ils seront exacts. J'ajoute en même
temps que, s'il y a calomnie, la pénalité s'aggrave, ce qui ne peut être, sans
doute, qu'un frein plus énergique contre les écarts qui peuvent être à redouter.
Je n'affaiblis pas la situation du candidat, mais je la fortifie.

M. Lelièvre. Après que l'élection est faite !

M. Versigny. Il a un droit qui appartient à tous les citoyens !

M. Paul de Cassagnac. Il faudrait des délais plus rapides.

M. Trarieux. Permettez, vous dites : Après que l'élection est faite ! D'abord
est-ce que je dois vous faire cette concession ? Il y a des périodes électorales qui
peuvent être longues, des réparations qui peuvent être rapides, et, enfin, nous
ne sommes pas encore arrivés à la réglementation et au fonctionnement de la
juridiction qui aurait à exercer la répression.

Et puis, je ne puis que vous le répéter, il me paraît extraordinaire que vous
signaliez à l'encontre de ma disposition un inconvénient qui existe, comme je l'ai
établi, sous l'empire même de la loi que vous voulez maintenir. Votre objection
ne détruit pas les exemples qu'elle invoque.

Cette objection définitivement réfutée, je n'aurais plus rien à ajouter, s'il ne me
venait une réflexion dernière qui me paraît avoir aussi sa gravité.

Si vous maintenez, messieurs, le projet de la commission tel qu'il vous est soumis, c'est-à-dire si vous assimilez le candidat aux fonctions électorales, au simple
particulier, à quelle conséquence aboutissez-vous ? Le délit da diffamation ordinaire vis-à-vis des simples particuliers ressort de la juridiction correctionnelle,
de telle sorte que vous allez faire juger par des tribunaux ordinaires, par les
tribunaux correctionnels, des délits qui, le plus souvent, affecteront un caractère
politique. Les diffamations, les calomnies mêmes qui peuvent être adressées à
un candidat, en période électorale, ont le plus souvent pour mobile des intérêts

DÉLITS CONTRE LES PERSONNES.

qu'il faut apprécier, quand des procès s'engagent. Ne vous laisserez-vous pas
arrêter par le danger de laisser à la magistrature régulière la solution de pareils
procès? Ne trouvez-vous pas, avec moi, que ce serait une amélioration considérable
que de saisir, en pareil cas, le jury?

Pour ma part, j'y verrais avantage, non pas seulement au point de vue des
garanties de bonne justice que réclame l'intérêt du justiciable, mais encore, et
surtout peut-être, au point de vue de la situation qui est faite aux tribunaux.

Croyez-le bien, messieurs, il n'y aurait pas eu une question de la magistrature
si la loi n'avait placé dans ses attributions des affaires empreintes d'un caractère
politique. Rappelez-vous la discussion solennelle qui s'est engagée, il y a quelque
temps, à ce sujet. C'est, il me semble, le vice capital de notre organisation
judiciaire qui s'en est clairement dégagé.

M. Agniel. C'est pour cela que nous avons créé les assises correctionnelles.

M. Trarieux. Personne n'a porté une accusation contre les traditions de la
justice civile, et ce n'est que dans le domaine de la politique que nos magistrats
ont été attaqués. Là, en effet, quelle que soit la droiture des intentions, il y a
toujours à côté des décisions rendues des passions qui ne sont pas satisfaites,
des rancunes qui attendent. Il y a aussi les entraînements du juge (ce qui est le
fait humain); il peut y avoir, même, sa faiblesse et sa complaisance. Enfin, il
y a toujours l'inévitable soupçon.

Dans l'intérêt même de la magistrature, je vous demande de soustraire à sa
juridiction des délits dont l'examen ne peut que compromettre sa dignité, son
caractère, l'autorité de ses arrêts. Vous songerez à elle en ajoutant aux réformes
déjà votées une nouvelle liberté !

M. le rapporteur. Cela viendra dans la discussion d'un article postérieur.

M. Trarieux. Quand viendra la discussion de cet article, il ne sera plus temps.

M. Lelièvre. Vous n'avez pas répondu aux deux objections qui vous étaient
faites.

Plusieurs membres. C'est inutile.

M. Trarieux. Je crois avoir répondu à tout ce qui a été dit, et je veux espérer avoir été compris ! (Aux voix ! aux voix !)

M. Sourigues. Je demande la parole. (La clôture ! la clôture !)

M. le président. La clôture est demandée, je la mets aux voix.

(La clôture est mise aux voix et prononcée.)

M. le président. Je mets aux voix la disposition additionnelle de M. Trarieux.

(La disposition additionnelle mise aux voix n'est pas adoptée.)

« ART. 32. — La diffamation commise envers les particuliers par
l'un des moyens énoncés en l'article 24 sera punie d'un emprisonnement de cinq jours à six mois et d'une amende de 25 fr. à
2,000 fr., ou de l'une de ces deux peines seulement. »

(L'article 32 est mis aux voix et adopté.)

ART. 33. — L'injure commise par les mêmes moyens envers les
corps ou les personnes désignés par les articles 30 et 31 de la présente loi, sera punie d'un emprisonnement de six jours à trois mois
et d'une amende 16 à 500 francs.

« L'injure commise de la même manière envers les particuliers,
lorsqu'elle n'aura pas été précédée de provocation, sera punie d'un

emprisonnement de cinq jours à deux mois et d'une amende de 16 à 300 francs.

« Si l'injure n'est pas publique, elle ne sera punie que de l a peine prévue par l'article 471 du Code pénal. » — (Adopté.)

« Art. 34. — La vérité du fait diffamatoire pourra être établie par toutes sortes de preuves, dans les cas où la diffamation est commise, soit envers l'un des corps indiqués dans l'article 30, soit envers les personnes indiquées dans l'article 31, mais seulement dans les cas où elle porte sur des faits relatifs à leurs fonction, ministère, mandat, service ou déposition.

« Elle pourra l'être également à l'égard de toute personne, lorsque le ait est passible, en le supposant prouvé, d'une peine quelconque et que le prévenu aura été lésé par le fait imputé.

« Dans tous ces cas, si la preuve est rapportée, le prévenu sera renvoyé de la plainte. »

M. le président. Il a été déposé plusieurs amendements sur cet article : le premier par MM. Bardoux et Durand, le deuxième par M. Sourigues, et le troisième par M. Trarieux.

Par ordre logique, la priorité appartient à celui de MM. Bardoux et Durand, qui est ainsi conçu :

« La vérité du fait diffamatoire, mais seulement quand il est relatif aux fonctions, pourra être établie par les voies ordinaires, dans le cas d'imputations contre les corps constitués, les armées de terre ou de mer, les administrations publiques et contre toutes les personnes énumérées dans l'article 31, sauf la preuve contraire.

« Si la preuve est rapportée, le prévenu sera renvoyé de la plainte.

« Dans toute autre circonstance et vis-à-vis de toute autre personne non qualifiée, lorsque le fait imputé est l'objet de poursuites commencées à la requête du ministère public, sur la plainte du prévenu, il sera, durant l'instruction, sursis à la poursuite et au jugement du délit de diffamation. »

M. Bardoux a la parole.

M. Bardoux. Je ne veux présenter à la Chambre que de très brèves observations. Le péril, en effet, de cette discussion, est qu'on se heurte à chaque instant à de grands souvenirs d'éloquence.

Vous savez, messieurs, que le parti libéral s'était donné rendez-vous pendant de longues années, n'étant point au pouvoir, sur le terrain de la discussion de la presse ; et parmi toutes les dispositions, il en est peu qui aient donné lieu à un débat plus complet et plus intéressant que celle qui est relative à l'admissibilité de la preuve en cas de diffamation. Ce fut une vraie conquête que celle qui fut faite en 1819. Le code de 1810, vous le savez, ne punissait que la calomnie. M. de Serres crut qu'il était nécessaire de substituer à ce principe un autre : il voulut que, quelle que fût la vérité ou la fausseté du fait, la diffamation fût punie. On supprima le système du code de 1810 et on introduisit le droit nouveau qui nous régit aujourd'hui.

Une grosse question se posait : celle de savoir si la preuve des faits pourrait

CHAMBRE DES DÉPUTÉS.

DÉLITS CONTRE LES PERSONNES.

être admise vis-à-vis de tous les citoyens. La science était d'accord avec la juris-prudence pour l'écarter.

Le projet que vous discutez propose une innovation grave. Il n'admet pas en principe, dans l'exposé des motifs, la preuve vis-à-vis de tous, et pourtant, il l'accepte dans le second paragraphe. C'est contre ce second paragraphe que je viens essayer de défendre, en peu de mots, les idées qui jusqu'ici ont triomphé au nom du bon sens et de la raison publique.

Je ne parle pas de l'admissibilité de la preuve des faits diffamatoires, lorsqu'il s'agit de fonctionnaires, d'agents de l'autorité, ou de toute personne qui, à une heure donnée, est déléguée de la puissance publique. L'opinion de la Chambre est faite à cet égard. La commission s'est conformée, dans le paragraphe 1er, à cette opinion. Je m'associe absolument à cette disposition ; mais le second paragraphe, pour moi, ne répond aucunement à la vérité de notre état social.

On aurait compris que la commission adoptât nettement le système de 1810 ; on aurait compris qu'elle essayât de développer un système logique et se tenant tout d'une pièce. Mais la commission n'a pas voulu cela. Elle a essayé de faire une distinction, et cette distinction ne repose sur aucun principe. Vous allez en être juges.

La vérité du fait diffamatoire pourrait être établie à l'égard de toute personne, à une double condition : lorsque le fait est passible, en le supposant prouvé, d'une peine quelconque, et que le prévenu aura été lésé par le fait imputé.

Eh bien, messieurs, je considère que si la Chambre venait à admettre cette disposition, elle jetterait une grande perturbation, non seulement dans les principes du droit — ce qui pourrait lui être indifférent, — mais dans le repos des familles, et sans bénéfice quelconque pour la liberté de la presse.

N'est-il pas vrai que cette double condition se réalisera quand le diffamateur le voudra ? Et n'est-ce pas, d'une façon indirecte, faire la brèche la plus profonde dans le célèbre mur de la vie privée que Royer-Collard avait proclamé indestructible dans les débats de la loi même de 1819 ?

Lorsque M. de Serres eut à examiner cette question, il se demanda si les mœurs publiques étaient suffisamment mâles et fortes pour qu'on pût admettre la preuve d'un fait diffamatoire concernant la vie privée ; il se demanda si, avec le tempérament de la nation, avec l'éducation que sa littérature et son passé lui avaient donnée, il n'y avait pas dans l'amour du scandale de redoutables périls qui devaient interdire cette preuve à tout jamais.

Il conclut résolûment, — lors même que le fait serait punissable par la loi, et que le diffamateur eût été lésé, — il conclut au rejet de la preuve par le diffamateur.

Depuis cinquante ans, y a-t-il eu dans les caractères et dans l'état social des modifications assez grandes, un relèvement assez notable dans les mœurs publiques pour que nous puissions porter atteinte à un principe protecteur du repos de la vie intime et fermée ?

L'intérêt n'existe pas, et le droit ici naît de l'intérêt ; par conséquent, vous ne pouvez pas admettre une dérogation semblable à des traditions que le bon sens a conservées. Vous troubleriez la sécurité des familles.

Je vous demande de voter mon amendement, qui n'est que la reproduction, à quelques mots près, de la loi de 1819. Cette loi admettait seulement une dérogation lorsqu'il y avait eu dénonciation et poursuites à la requête du ministère public ; un sursis était alors prononcé avant de statuer sur le délit de diffamation.

Nous avons substitué à la dénonciation la plainte ; nous trouvons que c'est beaucoup plus équitable, et nous donnons ainsi satisfaction à quelques-unes des observations de M. le rapporteur. (Très bien ! très bien ! à gauche et au centre.)

M. le rapporteur. La divergence qui existe entre M. Bardoux et la commission porte seulement sur le paragraphe 3 de son amendement. Je presserai autant que possible ma réponse.

Il y a dans le système de la loi en vigueur — celle du 26 mai 1819, — un article 25 dont voici l'économie :

Le diffamateur a allégué ou imputé un fait passible d'une peine quelconque. Il se présente devant le juge; il soutient que le fait constitue un crime ou un délit prévu par la loi, et en conséquence, il le dénonce ou s'engage à le dénoncer.

Il peut se faire également que ce fait soit déjà l'objet d'une poursuite de la part de la vindicte publique. Dans le système de la loi de 1819, c'est alors le cas du sursis, et quand le sursis a été prononcé, une information doit s'ouvrir.

Cette information se fait, elle se termine soit par l'acquittement du plaignant, soit par sa condamnation. La décision rendue, le tribunal qui a sursis reprend l'examen de la question et statue définitivement sur le procès en diffamation.

Les inconvénients de ce système sont nombreux ; ce sont ces inconvénients que nous avons tâché de faire disparaître au moyen de l'article 34.

Le fait diffamatoire constitue un crime ou un délit; il a été dénoncé ; il y a des poursuites ; l'information est ouverte. Quelle sera la durée de cette information ? Cette durée est illimitée ! Il y a plus ; si cette information qui doit se faire ne se fait pas, si elle n'est pas requise par le parquet, ce qui arrivera surtout quand ce sera le prévenu qui aura dénoncé le fait pour échapper à la condamnation pour diffamation, le parquet sera-t-il obligé de poursuivre ou ne sera-t-il pas obligé ? La question est controversée et le sera longtemps.

Ce n'est pas tout. L'information se fera : quelles seront les garanties qu'y trouvera le plaignant ? Aucune, puisqu'il n'y est pas plus partie que son adversaire.

Troisième inconvénient : l'information se termine par la condamnation du plaignant. Le prévenu de diffamation, qui a prouvé ainsi juridiquement la vérité du fait, sera-t-il acquitté ?

Il faudra, d'après la jurisprudence, examiner à quel mobile a obéi le diffamateur, etc. Que de difficultés, messieurs !

Notre système est infiniment plus simple ; il s'appuie essentiellement sur le droit commun, il n'en est qu'une application spéciale.

Une diffamation se produit : le fait diffamatoire constitue un fait punissable selon la loi, et ce fait punissable intéresse le diffamateur qui est lésé par ce fait punissable ; celui-ci va devant la justice, le juge de l'action est le juge de l'exception : le prévenu de diffamation soutient que le fait diffamatoire qui le lèse personnellement constitue un délit, il demande à en faire la preuve. La preuve se fait devant le tribunal sans autre procédure. Si cette preuve est faite, le prévenu est acquitté, sinon il est condamné. Quoi de plus simple ?

Il faut, remarquez-le bien, que le diffamateur soit lésé par le fait imputé ; c'est là un des éléments essentiels de sa défense. Hors de là, il n'est qu'un diffamateur ordinaire qui n'a pas eu d'autre mobile que l'intention de nuire. Il doit succomber, c'est justice, s'il ne peut démontrer sa parfaite bonne foi.

M. Bardoux. Voulez-vous me permettre de répondre un mot?

M. le président. M. Bardoux a la parole.

M. Bardoux. L'honorable rapporteur n'a pas du tout répondu aux principales objections que j'ai présentées au système du projet de loi.

Il y avait deux choses dans l'amendement que j'ai eu l'honneur de défendre très sommairement devant vous. La première de ces choses, et de beaucoup la plus importante, était une critique de la disposition fondamentale de l'article 38 ancien, article 33 nouveau, qui admet la preuve à l'égard de toute personne, à l'égard de tout simple citoyen, toutes les fois que deux conditions sont réunies : lorsque le fait est passible d'une peine, et lorsque le prévenu aura été lésé. Je disais au rapporteur que c'était là une véritable violation du principe de la loi de 1819. Je constate que mes objections n'ont pas été réfutées.

DÉLITS CONTRE LES PERSONNES.

Pourquoi une pareille modification aux principes fondamentaux du droit? Qui la demande? Et dans quel but la demanderait-on? C'est une innovation perfide, bien entendu contrairement à toute intention de la part de la commission. — Vous ne m'avez pas répondu, tant au point de vue de l'utilité sociale qu'au point de vue des principes.

Vous avez examiné une seule hypothèse : celle prévue par l'article 25 de la loi de 1819, lorsque le fait dénoncé par le diffamateur est poursuivi à la requête du ministère public — la loi de 1819 prononçait alors un sursis au jugement sur la diffamation. — Il était nécessaire de maintenir cette disposition.

Mais c'est une seconde question bien différente, et moins grave.

Je reconnais, comme vous, les inconvénients, quand il y a eu une poursuite, de laisser indéfiniment planer le sursis. Mais nous avons modifié, dans notre amendement, cette disposition peu importante.

Nous faisons disparaître la dénonciation et nous lui substituons la plainte.

Que le diffamateur qui se croit lésé se plaigne d'abord; qu'il adresse cette plainte aux autorités judiciaires, on sursoiera, dans ce cas seulement, au jugement sur la diffamation; mais ne détruisez pas une garantie nécessaire, indispensable sans profit pour la liberté (Approbation sur plusieurs bancs).

M. le rapporteur. Il est incontestable que le projet de loi est une innovation à la loi de 1819. Nous avons voulu, c'est très vrai, faire une exception pour le cas où le fait diffamatoire constitue un délit, à la répression duquel l'ordre public est intéressé, et où le prévenu est lésé par le délit lui-même.

Voilà les deux conditions que nous exigeons au cas prévu par notre nouvelle disposition; ces conditions sont morales, elles ne font en aucune façon échec au principe, que la vie privée doit être murée, seulement la vie privée ne doit pas être murée quand il s'agit d'y rechercher, et de faire condamner régulièrement un crime, un délit ou une contravention. (Assentiment sur plusieurs bancs.)

Voilà ce que nous avons voulu, la réponse de la commission à l'argumentation de l'honorable M. Bardoux.

Oui, je le répète, nous avons voulu faire une innovation. La Chambre décidera si cette innovation est correcte, juridique et libérale. Nous avons voulu rendre la preuve possible lorsque le fait diffamatoire constitue un crime ou un délit qualifié par la loi et qu'il lèse le prévenu de diffamation. Les tribunaux auront à apprécier si le préjudice existe avant d'ordonner la preuve du fait qui est le fondement de l'action en diffamation.

M. Agniel. Veuillez préciser en citant un exemple.

M. le rapporteur. Parfaitement. Je suis victime d'un vol. J'impute ce vol à la partie, qui se prétend diffamée à raison de cette imputation.

M. Bardoux. Déposez une plainte, c'est bien plus simple!

M. le rapporteur. Je fais mieux que de déposer une plainte. Je viens devant la justice et je demande à faire judiciairement et régulièrement la preuve du fait criminel ou délictueux qu'on prétend être diffamatoire.

M. Lorois. Messieurs, permettez-moi de poser une question à la commission. Je dénonce un vol dont je prétends avoir été victime; je demande à faire la preuve, et j'y suis autorisé; je fais cette preuve; le tribunal me donne raison et me renvoie de la plainte, il est probable que le ministère public poursuivra celui que j'ai accusé de vol : s'il est acquitté sur cette poursuite, quelle sera ma situation?

Un membre. S'il y a acquittement; c'est qu'il aura été reconnu que vous n'aviez pas raison ou que les preuves de culpabilité n'ont pas été suffisantes.

M. Lorois. Mais, alors, il se produira cette étrange situation que, d'un côté, il y aura un individu qui sera déchargé de la prévention de diffamation parce qu'il aura fait la preuve du fait diffamatoire, et, d'un autre côté, un individu qui sera acquitté pour ce même fait dont la preuve avait été acceptée. En d'autres termes, on se trouvera en présence de deux jugements dont le premier a déclaré coupable l'individu que le second a déclaré innocent. Et remarquez, messieurs, que ce second jugement n'est pas un appel du premier : ce sont deux instances différentes; les jugements sont contraires; mais ils subsistent tous deux.

Trouvez-vous que ce soit là une situation judiciaire admissible? Faudra t-il aller devant la Cour de cassation pour qu'elle annule ces jugements?

Il faut donc adopter l'amendement de M. Bardoux ; il faut, lorsqu'il y a une plainte, suspendre l'action en diffamation.

Un membre. C'est une affaire de droit commun!

M. Lorois. On peut toujours faire une demande en dénonciation ou assigner directement en certains cas; mais je demande s'il est admissible que l'on puisse être à la fois condamné et acquitté pour le même fait par deux juridictions différentes. (Approbation sur plusieurs bancs.)

M. le président. Il m'a été remis une demande de scrutin public sur l'amendement de M. Bardoux.

Cette demande est signée de MM. Bergerot, du Bodan, Livois, Rauline, de La Bassetière, le marquis de Perrochel, Hamille, Azémar, Lorois, Charlemagne, Le Peletier d'Aunay, le vicomte de Bélizal, Jolibois, Arthur Legrand, Huon de Penanster, de Kermenguy, Abbatucci, etc.

Il va être procédé au scrutin.

(Il est procédé au scrutin, puis au dépouillement.)

M. le président. Le dépouillement du scrutin donne les résultats suivants :

ONT VOTÉ POUR :

MM. Abbatucci. Amat. Ancel. André (Jules). Anisson-Duperron. Arenberg (prince d'). Ariste (d'). Arnoult. Aulan (marquis d'). Azémar.

Baduel d'Oustrac. Barascud. Barbedette. Bardoux. Barthe (Marcel). Baudry-d'Asson (de). Beauchamp (de). Beaussire. Belizal (vicomte de). Belle. Bellisen (de). Benazet. Berger. Bergerot. Bernier. Bianchi. Bienvenu. Biliais (de La). Bizot de Fonteny. Blachère. Blanc (Pierre) (Savoie). Blin de Bourdon (vicomte). Bonnaud. Borriglione. Bourgeois. Bouthier de Rochefort. Boyer (Ferdinand). Brame (Georges). Bresson. Breteuil (marquis de). Brice (René). Brière. Bruneau.

Cantagrel. Casabianca (vicomte de). Castaignède. Caurant. Cavalié. Caze. Cazeau. Chaix (Cyprien). Chaley. Chanal (général de). Charlemagne. Charpentier. Chevandier. Chevreau (Léon). Chiris. Cibiel. Clercq (de). Combes. Corentin-Guyho. Cossé-Brissac (comte de). Costes.

Daguilhon-Pujol. Danelle-Bernardin. David (baron Jérôme) (Gironde). Debuchy. Defoulenay. Delafosse. Deluns-Montaud. Desloges. Deusy. Devade. Devaux. Develle (Meuse). Diancourt (Ernest). Dréolle (Ernest). Dreux. Dreyfus (Ferdinand). Drumel. Du Bodan. Dubois (Côte-d'Or). Du Douët. Dupont. Durand (Ille-et-Vilaine). Durfort de Civrac (comte de).

Eschasseriaux (baron). Eschasseriaux (René). Espeuilles (comte d').

Faure (Hippolyte). Feltre (duc de). Flandin. Folliet. Forné. Fourot. Freppel. Ganivet. Garrigat. Gaslonde. Gatineau. Gaudin. Gaudy. Gautier (René). Gavini. Gévelot. Ginoux de Fermon (comte). Girard (Alfred). Girardin (Émile de). Giroud. Goblet. Godelle. Godin (Jules). Gonidec de Traissan (comte le). Granier de Cassagnac (Georges). Granier de Cassagnac (Paul). Grollier. Gros-Gurin. Guichard.

Haentjens. Hamille (Victor). Harcourt (duc d'). Haussmann (baron). Havrincourt (marquis d'). Hermary. Horteur. Hovius. Hugot. Huon de Penanster.

Jametel. Janvier de la Motte père (Eure). Jeanmaire. Jolibois. Journault. Juigné (comte de).

DÉLITS CONTRE LES PERSONNES.

Keller. Kermenguy (vicomte de). Klopstein (baron de).
La Bassetière (de). Labat. Labitte. La Caze (Louis). Lacretelle (Henri de).
Ladoucette (de). Laffitte de Lajoannenque (de). La Grange (baron de). Lanauve.
Lanel. Langlois. Largentaye (de). Laroche-Joubert. La Rochette (Ernest de).
Larrey (baron de). Laumond. Laurençon. Lavergne (Bernard). La Vieille. Lebaudy.
Lecherbonnier. Lecomte (Mayenne). Legrand (Arthur) (Manche). Legrand (Louis)
(Valenciennes, Nord). Le Marois (comte). Léon (prince de). Le Peletier d'Au-
nay (comte). Le Provots de Launay (Calvados). Le Provost de Launay (Côtes-du-
Nord). Leroux (Aimé) (Aisne). Leroy (Arthur). Levêque. Levert. Livois. Loge-
rotte. Lombard. Lorois (Morbihan). Loubet.
Mackau (baron de). Magniez. Maillé (comte de). Marcère (de). Maréchal. Mar-
mottan. Maunoury. Mayet. Méline. Mercier. Mestreau. Michaut. Mitchell (Robert).
Morel (Hippolyte) (Manche). Mongeot. Murat (comte Joachim).
Nédellec. Neveux. Niel. Noël-Parfait.
Ollivier (Auguste).
Padoue (duc de). Parry. Partz (marquis de). Passy (Louis). Patissier. Perrien
(comte de). Perrochel (comte de). Philippe (Jules). Philippoteaux. Picard (Arthur)
(Basses-Alpes). Pinault. Plichon. Ponlevoy (Frogier de). Pradal. Prax-Paris.
Rameau. Rauline. Récipon. Reille (baron). Renault-Morlière. Riban. Ribot. Riot-
teau. Roissard de Bellet (baron). Roques. Rotours (des). Rouher. Roux (Honoré).
Roy de Loulay (Louis). Royer.
Saint-Martin (de) (Indre). Salomon. Sarlande. Sarrette. Sarrien. Savary. Savoye.
Senard. Septenville (baron de). Serph (Gusman). Simon (Fidèle). Soland (de). Sou-
beyran (baron de). Souchu-Servinière. Soye.
Taillefer. Telliez-Béthune. Tézenas. Thirion-Montauban. Thoinnet de la Turme-
lière. Tondu. Trubert. Truelle.
Valfons (marquis de). Valon (de). Vendeuvre (général de). Vignancour. Villiers.

ONT VOTÉ CONTRE :

MM. Achard. Agniel. Allègre. Allemand. Anthoard. Armez. Arrazat. Audiffred.
Baïhaut. Bamberger. Barodet. Baury. Beauquier. Belon. Benoist. Berlet. Ber-
nard. Bertholon. Binachon. Bizarelli. Blanc (Louis) (Seine). Bonnet-Duverdier.
Bosc. Bouchet. Boudeville. Bouquet. Bousquet. Bouteille. Boysset. Bravet. Brelay.
Brisson (Henri). Brossard. Buyat.
Caduc. Casimir-Perier (Aube). Casimir-Perier (Paul) (Seine-Inférieure). Casse
(Germain). Chantemille. Chauveau (Franck). Chavanne. Chavoix. Chevallay. Cho-
ron. Christophle (Albert) (Orne). Clémenceau. Corneau. Cornil. Cotte. Couturier.
Crozet-Founeyron.
Daron. Datas. Daumas. Dautresme. David (Jean) (Gers). Deniau. Douville-Mail-
lefeu (comte de). Dréo. Dubost (Antonin). Ducroz. Duportal. Duvaux.
Escanyé. Even.
Farcy. Favand. Ferrary. Fleury. Floquet. Fouquet. Fousset. Franconie. Frébault.
Fréminet.
Gagneur. Galpin. Ganne. Gassier. Gasté (de). Gent (Alphonse). Gilliot. Girault
(Cher). Girot-Pouzol. Godissart. Greppo. Guillemin. Guillot (Louis). Guyot (Rhône).
Hérisson.
Jacques. Janzé (baron de). Joigneaux. Joubert. Jouffrault.
Labadié (Aude). Labadié (Bouches-du-Rhône). Labuze. Lalanne. La Porte (de).
Lasbaysses. Latrade. Leconte (Indre). Legrand (Pierre) (Nord). Le Maguet. Le
Monnier. Lepère. Lepouzé. Le Vavasseur. Levet (Georges). Liouville. Lisbonne.
Lockroy. Loustalot.
Madier de Montjau. Mahy (de). Maillé (d'Angers). Marquiset. Mazure (Gustave).

Mathé. Mathieu. Maze (Hippolyte). Ménard-Dorian. Mention (Charles). Mingasson. Mir. Montané. Morel (Haute-Loire).

Nadaud (Martin). Naquet (Alfred). Noirot.

Ordinaire (Dionys). Ornano (Cuneo d'). Osmoy (comte d').

Papon. Pellet (Marcellin). Penicaud. Perin (Georges). Perras. Petitbien. Poudiot.

Raspail (Benjamin). Rathier (Yonne). Réaux (Marie-Emile). Reymond (Francisque) (Loire). Reyneau. Richarme. Rivière. Rollet. Roudier. Rougé. Rouvier. Rubillard.

Saint-Martin (Vaucluse). Sallard. Scrépel. Sée (Camille). Seignobos. Sentenac. Sonnies (de). Sourigues Spuller. Swiney.

Talandier. Tallon (Alfred). Tassin. Teilhard. Thiessé. Thomas. Thomson. Trarieux. Trouard-Riolle. Trystram. Turigny.

Vacher. Varambon. Vernhes. Viette. Villain.

Waddington (Richard). Waldeck-Rousseau.

N'ONT PAS PRIS PART AU VOTE :

MM. Allain-Targé. Andrieux. Ballue. Bastid (Adrien). Bel (François). Bert (Paul). Bethmont (Paul). Boissy d'Anglas (baron). Boulard (Cher). Boulart (Landes). Bouville (comte de). Carnot (Sadi). Chalamet. Choiseul (Horace de). Cirier. Cochery. Colbert-Laplace (comte de). Constans. Desbons. Desseaux. Dethou. Develle (Eure). Devès. Duchasseint. Dufour (baron). Durieu. Escarguel. Fallières. Ferry (Jules). Gambetta. Gasconi. Gastu. Germain (Henri). Girerd. Guyot-Montpayroux. Janvier de la Motte (Louis). Jenty. Jozon. Lamy (Etienne). La Rochefoucauld, duc de Bisaccia. Lenglé. Loqueyssie (de). Maigne (Jules). Malézieux. Marcou. Marion. Martin-Feuillée. Médal. Menier. Monteils. Moreau. Oudoul. Pascal-Duprat. Paulon. Péronne. Picart (Alphonse) (Marne). Plessier. Poujade. Raynal. Tardieu. Teissèdre. Tiersot. Tirard. Tron. Turquet. Vaschalde. Versigny. Wilson.

N'ONT PAS PRIS PART AU VOTE :
comme ayant été retenus à la commission du budget :

MM. Blandin. Lelièvre (Adolphe). Proust (Antonin). Renault (Léon).

N'ONT PAS PRIS PART AU VOTE :
comme ayant été retenus à la commission d'enquête sur les actes du général de Cissey pendant son ministère :

MM. Le Faure. Margaine. Peulevey. Roger. Roys (comte de).

ABSENTS PAR CONGÉ :

MM. Cadot (Louis). Cesbron. David (Indre). Descamps (Albert). Duclaud. Fauré. Giraud (Henri). Guilloutet (de). Harispe. Hémon. Hérault. Laisant. Lasserre. Margue. Mas. Riondel. Rouvre.

Nombre des votants	436
Majorité absolue	219
Pour l'adoption	255
Contre	181

M. le président. La Chambre a adopté l'amendement de M. Bardoux.

DÉLITS CONTRE LES PERSONNES.

Par suite de l'adoption de l'amendement de M. Bardoux, qui se trouve substitué au texte de l'article 34, les divers amendements qui étaient déposés sur cet article deviennent caducs.

CHAMBRE DES DÉPUTÉS : DEUXIÈME DÉLIBÉRATION DÉCIDÉE LE 5 FÉVRIER 1881.

Séance du mardi 15 février 1881.

M. le président lit l'article 29.

« Art. 29. — Toute allégation ou imputation d'un fait, qui porte atteinte à l'honneur ou à la considération de la personne ou du corps auquel le fait est imputé, est une diffamation.

« Toute expression outrageante, terme de mépris ou invective qui ne renferme l'imputation d'aucun fait est une injure. »

(L'article 29 est maintenu sans discussion.)

« Art. 30. — La diffamation commise par l'un des moyens énoncés en l'article 24 envers les cours d'appel, les tribunaux, les armées de terre ou de mer, les corps constitués et les administrations publiques, sera punie d'un emprisonnement de huit jours à un an et d'une amende de 100 fr. à 3,000 fr., ou de l'une de ces deux peines seulement. »

M. Ribot. Monsieur le président, la commission devait, je crois, proposer une modification de rédaction sur l'article 30.

M. le président. Il faudrait alors que la commission s'expliquât...

M. le rapporteur. Il y a en effet ici une omission.

M. le président. Vous avez la parole.

M. le rapporteur. Messieurs, je disais qu'en ce qui concerne l'article 30 il faut réparer une omission. Cet article porte : « La diffamation commise par l'un des moyens énoncés en l'article 24... » Or l'article 24 est ainsi conçu :

« Art. 24. — Seront punis comme complices d'une action qualifiée crime ou délit ceux qui, soit par des discours, cris ou menaces proférés dans des lieux ou réunions publics, soit par des écrits, des imprimés vendus ou distribués, mis en vente ou exposés dans des lieux ou réunions publics, soit par des placards ou affiches exposés aux regards du public, auront directement provoqué à commettre ladite action, si la provocation a été suivie d'effet. »

Il est nécessaire d'ajouter dans l'article 30 ces mots : « La diffamation commise par l'un des moyens énoncés en l'article 24..... et en l'article 28... » Cet art. 28 dispose :

« L'outrage aux bonnes mœurs, commis par l'un des moyens énoncés en l'article 24, ou par la mise en vente, la distribution ou l'exposition de dessins, gravures, peintures, emblèmes, images quelconques, sera puni, etc. »

Nous vous proposons donc d'ajouter à l'article 30 : « La diffamation prévue dans l'article 24 et les dispositions de l'article 28... »

Il faudra modifier de même l'article 32.

M. le président. Il n'y a pas d'opposition ?...

L'article 30 ainsi modifié...

M. Clémenceau. Je voudrais poser une question à M. le rapporteur.

M. le président Vous avez la parole.

M. Clémenceau. Messieurs, M. le rapporteur nous présente une loi qui donne, paraît-il, la liberté de la presse, mais il ne permet la diffamation ni envers les cours d'appel, ni envers les tribunaux, ni envers les armées de terre ou mer, ni envers les corps constitués, ni envers un ou plusieurs membres du ministère, ni envers un ou plusieurs membres de l'une ou de l'autre Chambre, ni envers un fonctionnaire public, ni envers un dépositaire ou agent de l'autorité publique, ni envers un ministre de l'un des cultes salariés par l'État, ni envers un citoyen chargé d'un service ou d'un mandat public temporaire ou permanent... (Rires sur un grand nombre de bancs.)

Plusieurs membres à gauche. C'est comme dans la scène de Figaro !

M. Clémenceau. ni envers un juré ou un témoin à raison de sa déposition. Moyennant qu'on ne parle jamais des personnes que je viens d'indiquer, on aura la liberté de tout dire. (Rires et exclamations diverses.)

M. le rapporteur. C'est la diffamation qu'on atteint !

M. Clémenceau. Qu'est-ce que c'est que la diffamation ? C'est l'imputation de tout fait de nature à porter atteinte à l'honneur et à la considération des personnes ou des corps que je viens d'indiquer...

M. Paul de Cassagnac. Et qui peut être vrai !

M. Clémenceau. Je n'examine pas si le fait est vrai, cela importe peu à ma discussion. Il s'agit seulement de savoir comment je puis critiquer tous les corps constitués de l'État, le Gouvernement, les Chambres, le conseil d'État, tout ce qui représente quelque chose dans ce pays sans porter atteinte à leur considération. Voilà la question que je pose à M. Lisbonne.

M. le comte de Douville-Maillefeu *et d'autres membres.* Très bien ! — C'est évident !

M. le président. La parole est à M. rapporteur.

M. le rapporteur. Messieurs, ce n'est pas à M. Lisbonne que M. Clémenceau devait poser cette question, mais à la commission...

M. Clémenceau. Est-ce que vous en déclinez la responsabilité ?

M. le rapporteur. Je ne décline, mon cher collègue, aucune espèce de responsabilité ; je suis seulement très exact quand je fais observer que la question aurait dû être posée à la commission et aussi à la Chambre ; puisque la Chambre vient de voter l'article 29, dans lequel je lis : « Toute allégation ou imputation d'un fait qui porte atteinte à l'honneur ou à la considération de la personne ou du corps auquel le fait est imputé est une diffamation. »

Voilà ce que vous venez de décider sans même aucun débat.

Vous avez, par conséquent, accepté d'avance implicitement, mais virtuellement, le principe de l'article 30, c'est-à-dire le délit de diffamation envers les corps constitués.

L'article 30 ne dit rien de plus.

M. Clémenceau. Nous le supprimons !

M. le rapporteur. Tardivement !

Est-ce qu'il s'agit d'ailleurs, en ce moment, de protéger la liberté de la presse ? Il ne faut pas confondre cette liberté que nous sauvegardons, avec la liberté de diffamer.

Ce n'est pas l'outrage que défend l'article en discussion, ce n'est pas l'outrage, c'est la diffamation, ce qui ne se ressemble pas ; nous disons qu'il n'est pas plus permis de diffamer un corps constitué que de diffamer un particulier (Très bien ! très bien !) Ce sont des faits déterminés, précis, qu'impute le diffamateur et que retient le juge. J'ajoute en terminant que le juge c'est le jury ; c'est à son patriotisme que nous nous en rapportons. (Exclamations en sens divers.)

Un membre du centre. Et la preuve ? La preuve ?

M. Haentjens. Vous seriez plus logique de voter le décret de 1852 (Bruit.)

M. Laroche-Joubert prononce quelques paroles qui se perdent dans le bruit.

M. le président. N'interrompez pas ! si vous voulez parler, demandez la parole !

M. Laroche-Joubert. On ne peut pas demander la parole pour dire un seul mot !

M. le rapporteur. Cette interruption m'amène à rappeler une considération que j'oubliais et qui a son importance.

DÉLITS CONTRE LES PERSONNES.

Comme il s'agit, dans l'article 30, de diffamation, c'est-à-dire d'imputation de faits circonstanciés, non seulement c'est la cour d'assises qui jugera, mais le diffamateur aura le droit absolu de faire devant cette juridiction, la preuve de l'exactitude de ses imputations.

Que voulez-vous de plus?

Est-ce que nous violentons, dans ce système, la liberté de la presse? Non, l'article 30 est une disposition de toute moralité, de haute dignité. (Très bien! au centre.)

M. Clémenceau adresse quelques paroles à MM. les membres de la commission.

M. le président. Monsieur Clémenceau, vous continuez la discussion même à votre place! On ne peut pas discuter de banc à banc.

M. Clémenceau. Je réponds aux objurgations des membres de la commission.

M. Edouard Lockroy. Messieurs, le délit de diffamation, comme les délits d'outrage, d'injure, est toujours ce que les juges veulent qu'il soit. (Très bien! sur plusieurs bancs à gauche.)

Un membre au centre. Ce sont les jurés qui sont juges!

M. Edouard Lockroy. On vous l'a dit hier, messieurs, on vous l'a répété, dans le cours de toute cette discussion vous n'avez jamais pu définir d'une façon nette et précise ce que c'était que l'injure et l'outrage; vous ne pouvez pas plus définir la diffamation. M. Lisbonne, dans son rapport, a essayé de définir l'outrage et il est arrivé à dire :

« C'est un peu moins que l'insulte et un peu plus que l'injure. »

Qu'est-ce à dire, messieurs? C'est le juge, jury ou magistrat, qui décidera, en réalité, ce que c'est que l'outrage, ce qu'il entend par ce mot et ce qu'il veut qui soit outrage.

On nous a cité déjà trois ou quatre fois, au cours de la discussion, ce qui est arrivé à M. le président de la Chambre, pour avoir dit, après le 16 mai, avant les élections du 14 octobre 1877 : « Se soumettre ou se démettre. » Il a été condamné pour outrage au Président de la République; mais on a oublié de vous citer une foule de journaux qui avaient publié des phrases tout aussi inoffensives et qui ont été condamnés pour outrage au Président de la République.

Un membre du centre. Il s'agit de la diffamation et non de l'outrage!

M. Edouard Lockroy. Sans doute; mais le délit de diffamation ne peut pas plus se définir que le délit d'outrage.

Si je dis, par exemple : « La Chambre des députés n'obéit pas fidèlement à son mandat, » je la diffame.

M. Clémenceau. Parfaitement! vous portez atteinte à sa considération.

M. Edouard Lockroy. Si j'écris : « Le Sénat empêche la Constitution de fonctionner, » je diffame le Sénat.

Si je dis : « L'armée n'est pas suffisamment disciplinée, » je diffame l'armée. (Dénégations au centre.)

Et si je dis : « La magistrature est cléricale, elle fait continuellement de l'opposition au Gouvernement, » je diffame la magistrature. (Très bien! sur divers bancs à gauche. — Nouvelles dénégations au centre).

Vous voyez donc bien, messieurs, que vous organisez l'arbitraire.

En voulez-vous la preuve, messieurs?... Rappelez-vous qu'autrefois, en 1791, si je ne me trompe, quand cette question a été posée devant la Chambre, elle ne l'a pas traitée aussi légèrement que vous le faites ; elle l'a discutée, étudiée pendant trois jours, et elle a voté une rédaction que j'avais tout à l'heure sous les yeux et qui écartait celle que vous avez adoptée. (Très bien! sur divers bancs à gauche.)

M. le président. Je mets aux voix l'article 30.

(L'article 30 est mis aux voix et adopté avec l'addition des mots « et en l'article 28 ».)

« Art. 31. — Sera punie de la même peine la diffamation commise par les mêmes moyens, à raison de leurs fonctions ou de leur qualité, envers un ou plusieurs membres du ministère, un ou plusieurs membres de l'une ou de l'autre Chambre, un fonctionnaire public, un dépositaire ou agent de l'autorité publique, un ministre de l'un des cultes salariés par l'État, un citoyen chargé d'un service ou d'un mandat public temporaire ou permanent, un juré ou un témoin à raison de sa déposition. » — (Maintenu.)

« Art. 32. — La diffamation commise envers les particuliers par l'un des moyens énoncés en l'article 24, sera punie d'un emprisonnement de cinq jours à six mois et d'une amende de 25 fr. à 2,000 fr., ou de l'une de ces deux peines seulement. »

M. le président. Il y a lieu d'ajouter après ces mots « en l'article 24 », ceux-ci « et en l'article 28 ».

(L'article ainsi modifié est mis aux voix et adopté.)

« Art. 33. — L'injure commise par les mêmes moyens envers les corps ou les personnes désignés par les articles 30 et 31 de la présente loi, sera punie d'un emprisonnement de six jours à trois mois et d'une amende de 16 fr. à 500 fr.

« L'injure commise de la même manière envers les particuliers, lorsqu'elle n'aura pas été précédée de provocation, sera punie d'un emprisonnement de cinq jours à deux mois et d'une amende de 16 fr. à 300 fr.

« Si l'injure n'est pas publique, elle ne sera punie que de la peine prévue par l'article 471 du code pénal. »

M. le président. M. Azémar a présenté sur cet article un amendement qu'il propose d'ajouter à la fin de chacun des deux premiers paragraphe : « ou de l'une ou l'autre de ces deux peines seulement. »

La parole est à M. Azémar.

M. Azémar. Messieurs, M. le président vient de vous donner lecture du texte de l'article 33... (Bruit de conversations.)

M. le président. Messieurs, si ce bruit continue il vaudrait mieux lever la séance et déclarer qu'on ne continuera pas la discussion. S'il s'en trouve parmi vous qui ne peuvent dominer leur besoin de parler, il y a des endroits dans le palais qui ont été destinés à la conversation.

M. Clémenceau. Et notamment la tribune.

M. le président. Il y a la tribune d'abord, et la salle des conférences.

M. Paul de Cassagnac. Sans compter le petit local !

M. le président. Je réclame le silence. M. Azémar est à la tribune et il lui est impossible de faire connaître à la Chambre quelle est la portée de l'amendement qu'il propose.

Je vois même que les membres de la commission sont obligés de recourir à des communications sténographiques.

M. Azémar. Dans l'article 33, édictant les peines de l'emprisonnement et de l'amende contre le délit d'injures publiques, la commission n'a pas ajouté les mots « ou de l'une de ces deux peines seulement ». Je viens vous demander qu'ils soient ajoutés à chacun des deux premiers paragraphes de cet article.

Ces mots se trouvent dans tous les articles qui précèdent, et qui punissent la diffamation. Or, la diffamation est un fait infiniment plus grave que l'injure. La diffamation consiste dans l'imputation d'un fait précis qui porte atteinte à l'honneur et à la considération de la personne à laquelle il est imputé. L'injure est simplement un terme de mépris, une invective, une expression outrageante qui ne contient l'imputation d'aucun fait. — C'est la définition qu'en donne l'article 29.

Et cependant, si l'article 33 était adopté tel qu'il est, le juge serait toujours obligé d'appliquer la peine de l'emprisonnement et la peine de l'amende à l'injure, tandis que, lorsqu'il s'agirait de la diffamation, il pourrait se borner à appliquer l'une ou l'autre de ces peines.

L'addition que je propose de faire à l'article 33 me semble d'autant plus nécessaire qu'il s'agit ici d'une loi spéciale, et qu'il est de principe que, dans les lois spéciales, les tribunaux n'ont pas le droit d'appliquer les dispositions de l'article 463 du Code pénal, à moins que, par une disposition spéciale, cette faculté ne leur ait été laissée, et, si je ne me trompe, il n'y a dans la loi qui vous est en ce moment proposée aucune disposition qui autorise l'application de cet article. (Si ! si !)

Dans tous les cas, alors même que cette disposition s'y trouverait, il faudrait que les tribunaux admissent des circonstances atténuantes pour n'appliquer qu'une simple amende, tandis que, lorsqu'il s'agit de diffamation, cela n'est pas nécessaire, puisqu'il leur appartient de n'appliquer que l'une ou l'autre des peines de l'emprisonnement ou de l'amende.

J'ai donc pensé que c'est par suite d'une inadvertance que les mots « ou de l'une ou de l'autre de ces peines seulement « n'avaient point été insérés dans l'article 33 ; ils doivent y trouver place, et je demande que cette addition y soit faite. (Très bien ! à droite.)

M. Drumel. Je demande la parole.

M. le président. M. Drumel a la parole.

M. Drumel. Messieurs, le point de départ de l'argumentation de l'honorable collègue qui descend de la tribune n'est pas complètement exact.

M. Azémar semble croire que la loi que la Chambre est en train de voter ne prévoit pas l'application de l'article 463 du Code pénal. Or l'article 63 de la loi commence ainsi :

« L'article 463 est applicable dans tous les cas prévus par la présente loi. »

Par conséquent, les juges pourront toujours, par application de ce texte, diminuer la peine ; et, dans ces conditions, je crois que la Chambre n'a pas à prendre l'amendement en considération. (Très bien ! sur divers bancs au centre.)

M. Jolibois. — Les observations présentées par notre honorable collègue M. Azémar sont très fondées, et je suis certain qu'après une courte explication elles seront acceptées par la commission elle-même.

En effet, si dans aucune des dispositions de la loi en discussion, quand on prononce la peine de l'emprisonnement et de l'amende, on n'avait ajouté ces mots : « ou de l'une de ces deux peines seulement », je comprends qu'on pourrait se réfugier derrière la prescription générale qui permet d'appliquer les dispositions de l'article 463 du Code pénal.

Mais pour la diffamation on a dit :

« Le diffamateur sera puni d'une amende de... ou d'un emprisonnement de... ou de l'une de ces deux peines seulement. »

Pourquoi ne le dit-on pas pour l'injure, qui est un délit moindre, et pourquoi forcer les tribunaux qui ne voudront punir l'injure que d'une amende, à déclarer qu'il y a des circonstances atténuantes et à déclarer cela quand ils auront une opinion contraire, mais dans le but seulement d'appliquer une peine adoucie? (Très bien ! très bien !)

M. le rapporteur. La commission accepte cette modification pour les deux paragraphes de l'amendement.

M. Jolibois. J'en étais bien sûr.

M. le président. Par conséquent nous ajouterons au 1er et au 2e paragraphe de l'article : « ou de l'une de ces deux peines seulement. »

(L'article 33 ainsi modifié est mis aux voix et adopté.)

M. Lisbonne, *rapporteur.* (Voir sous l'article 7 du projet, page 73, le commencement du rapport de la commission sur la deuxième délibération. Ce rapport continue ainsi sur l'article 34 (38 du projet.)

Sur l'article 34, j'insisterai davantage.

D'après la rédaction que vous avez votée, cet article n'était autre que l'amendement présenté par mes honorables collègues MM. Bardoux et Durand, qui était emprunté à l'article 25 de la loi du 26 mai 1819. Toutefois, cet amendement, tel que vous l'avez adopté, renchérissait sur la rigueur de l'article 25 de la loi du 26 mai 1819, et surtout sur la disposition que nous proposions nous-mêmes et qui était beaucoup plus large et beaucoup plus libérale.

L'article 34 était rédigé en ces termes :

« La vérité du fait diffamatoire, mais seulement quand il est relatif aux fonctions, pourra être établie par les voies ordinaires, dans le cas d'imputations contre les corps constitués, les armées de terre ou de mer, les administrations publiques, et contre toutes les personnes énumérées dans l'article 31, sauf la preuve contraire.

« Si la preuve est rapportée, le prévenu sera renvoyé de la plainte.

« Dans toute autre circonstance et vis-à-vis de toute autre personne non qualifiée, lorsque le fait imputé est l'objet de poursuites commencées à la requête du ministère public, sur la plainte du prévenu, il sera, durant l'instruction, sursis à la poursuite et au jugement du délit de diffamation. »

Nous avons soumis à M. Bardoux et à M. Durand une première observation. L'article exigeait, pour que le sursis fût ordonné, des poursuites commencées sur la plainte des prévenus, tandis que l'article 25 de la loi du 26 mai 1819 n'exigeait que l'alternative de poursuites commencées ou de la plainte des prévenus. Nous avons substitué à cette partie du paragraphe 3 de l'article 34 cette alternative, de poursuites commencées, ou d'une plainte de la part du prévenu de diffamation. Nous avons, en outre, signalé à MM. Bardoux et Durand cet autre inconvénient, que, dans le système de leur amendement devenu l'article 31, il y avait doute sur le point de savoir si l'information, conséquence du sursis, était ou non obligatoire.

Nous avons tranché la question dans un sens libéral en introduisant dans le texte de l'article 34 le principe de l'obligation de l'information judiciaire. Nous disons : « Il sera, durant l'instruction qui devra avoir lieu, sursis à la poursuite et au jugement du délit de diffamation. »

A l'avenir, si vous acceptez notre nouvelle rédaction, il ne pourra se faire qu'une information ne soit pas ouverte quand le tribunal ou la cour d'appel aura ordonné le sursis. Nous élargissons ainsi l'admissibilité de la preuve du fait diffamatoire quand le fait combattu est un crime ou un délit. Telle est la portée de la modification que nous avons introduite à la rédaction de l'article 34, que vous avez adoptée en première lecture.

« Art. 34. — La vérité du fait diffamatoire, mais seulement quand il est relatif aux fonctions, pourra être établie par les voies ordinaires, dans le cas d'imputations contre les corps constitués, les armées de terre ou de mer, les administrations publiques et contre toutes les personnes énumérées dans l'article 31, sauf la preuve contraire.

« Si la preuve est rapportée, le prévenu sera renvoyé de la plainte.

« Dans toute autre circonstance et envers toute autre personne non qualifiée, lorsque le fait imputé est l'objet de poursuites commencées à la requête du ministère public, ou d'une plainte de la part du prévenu, il sera, durant l'instruction qui devra avoir lieu, sursis à la poursuite et au jugement du délit de diffamation. »

M. le président. M. Ballue a la parole.

M. Ballue. Messieurs, j'ai l'honneur de proposer à la Chambre de substituer à la rédaction de la commission la rédaction suivante :

« La vérité du fait diffamatoire pourra toujours être établie. Si la preuve est rapportée, le prévenu sera renvoyé des fins de la plainte. »

Messieurs, vous savez à quel sentiment louable la commission a obéi, en n'admettant pas que la preuve des faits diffamatoires pût toujours être établie. Elle a dit ceci :

DÉLITS CONTRE LES PERSONNES.

Si l'imputation porte sur un fait exact, est-ce que vous admettez qu'on puisse venir troubler la vie privée d'un citoyen, lui rappeler, par exemple, une condamnation qu'il aura pu subir, faire revivre un fait oublié qui, peut-être exact au fond, n'en portera que plus encore atteinte à son honneur et à sa considération? Ainsi, on aura troublé l'existence d'un homme complètement étranger à la vie publique, n'exerçant ni mandat, ni fonction, ne relevant en rien de l'opinion. Où est l'intérêt à ménager le diffamateur?

Il est incontestable que la précaution prise contre cet abus est des plus légitimes, et je suis le premier, je le répète, à rendre hommage au sentiment de la commission. Mais qu'elle me permette de lui faire remarquer — et j'appelle sur ce point l'attention de la Chambre — quelle est la situation que vous faites au simple citoyen pur de toute tache, celui-là qui a été victime d'une diffamation, c'est-à-dire contre lequel on a porté une accusation reposant sur un fait faux, et qui ne peut pas établir la fausseté de cette imputation. Je pourrais vous citer de nombreux exemples. En voici un : Un simple citoyen, qui n'était investi d'aucun mandat ni d'aucune fonction, avait été accusé par un journal d'avoir commis un vol; la diffamation était bien caractérisée. Ce citoyen saisit les tribunaux et le journaliste est condamné. Mais, en sortant du tribunal, ce journaliste disait, et il avait le droit de le dire au point de vue de la législation actuelle : Je suis condamné, parce que la loi m'interdit de pénétrer dans la vie privée de ce citoyen, mais cette condamnation ne prouve nullement que mon imputation est fausse, et je maintiens que c'est un voleur.

Voilà la situation que vous faites à l'honnête homme ; il lui est impossible de prouver qu'il a été calomnié.

Si je mets en regard ces inconvénients si graves, si considérables, des inconvénients, que je ne méconnais pas, résultant des dispositions de la rédaction nouvelle que je vous soumets, — c'est-à-dire l'impossibilité où celui qui a réellement commis une action condamnable sera nécessairement d'exiger de son adversaire la preuve, parce qu'il sait que cette preuve se tournerait contre lui, — entre ces deux intérêts : sauvegarder la situation d'un homme qui a failli une fois dans sa vie, ou de l'homme qui n'a jamais été coupable, entre ces deux intérêts, puisqu'il faut choisir, il me paraît naturel de sauvegarder l'intérêt de l'honnête homme d'abord.

Je le répète et j'y insiste, je reconnais parfaitement combien sont fondés les scrupules de la commission. Je reconnais que dans tous les cas il y a une difficulté considérable à surmonter, que s'il y avait possibilité de concilier ces deux intérêts contraires, il faudrait chercher une solution dans ce sens. Mais nous en sommes réduits ou à repousser toujours la preuve ou à toujours l'admettre. En la repoussant toujours, vous laissez l'honnête homme désarmé en face de la diffamation. Si vous l'admettez toujours, vous n'atteignez, somme toute, qu'un homme assurément moins digne d'intérêt que celui qui a commis une faute. Entre celui qui a failli et celui qui n'a jamais failli, le choix ne saurait être douteux.

Je demande donc à la Chambre d'accepter mon amendement.

M. le président. M. Lelièvre à la parole.

M. Lelièvre. La commission repousse l'amendement qui vient d'être présenté. On demande en effet de dire que, toutes les fois qu'un fait diffamatoire aura été produit, il sera loisible au diffamateur de faire la preuve de la vérité de ce fait. Pour faire accepter cette thèse, l'honorable M. Ballue dit : Si un journal peut traiter un citoyen de voleur, lui imputer des faits qui portent atteinte à son honneur, à sa considération, et si celui à qui il l'a imputé est un simple citoyen, il se trouvera en vertu de la loi qu'on nous propose dans l'impossibilité de se justifier complètement des faits qu'on lui impute.

C'est là une erreur profonde que commet l'honorable M. Ballue. Si celui à qui on impute un fait diffamatoire veut faire la preuve ou la laisser faire, qu'il actionne au civil et la preuve sera admissible.

Un membre à gauche. C'est contestable.

M. Lelièvre. Ce n'est pas contestable.

M. Cuneo d'Ornano. En vertu de l'article 1382.

M. Lelièvre. Précisément. On vous dit maintenant : Lorsque ce fait sera vrai, quel inconvénient y a-t-il à ce qu'on puisse dire à un homme qui a été condamné pour vol : vous êtes un voleur ?

Nous trouvons qu'il y a là un inconvénient très grand.

M. Ballue. Je n'ai pas dit qu'il n'y en avait pas !

M. Lelièvre. Quand un homme a, dans sa vie, commis une faute qui l'a rendu justiciable des tribunaux, les tribunaux lui ont appliqué la répression dans la mesure que la faute commise leur paraît comporter. Mais il n'est pas qoisible, il serait contraire à l'ordre public, disons même un mot plus gros, à la justice, que le premier citoyen venu pût, sans y être provoqué, sans y être amené, mais seulement pour le malin plaisir de relever dans la vie d'un de ses semblables un fait fâcheux, il serait injuste, dis-je, que le premier venu pût venir lui rappeler sa faute, et imputer à cet homme qui a failli le fait pour lequel il a été condamné ?

M. Georges Périn. Et s'il n'a pas été condamné ?

M. Lelièvre. Je ne comprends pas l'objection.

M. Georges Périn. Si on appelle voleur une personne qui n'a pas été condamnée, mais qui n'en est pas moins un voleur.....

M. Lelièvre. Si vous m'aviez suivi, mon cher collègue, vous auriez vu que, quand le fait n'est pas vrai, on a un moyen de prouver sa fausseté : c'est d'actionner au civil. Mais quand le fait est vrai, je dis qu'il est contraire à l'ordre public de permettre que le premier citoyen venu puisse réveiller une condamnation et ajouter, en la rappelant, une peine que le tribunal n'a point prononcée. Il n'y aurait alors ni sécurité ni justice, il n'y aurait plus proportionnalité entre le châtiment et la faute. Un homme une fois frappé serait dans l'impossibilité de revenir à des sentiments meilleurs, il n'aurait plus d'intérêt à se réhabiliter par une conduite meilleure, s'il était exposé à s'entendre reprocher sans cesse la faute qu'il aurait commise. (Très bien !)

Un membre à droite. Ce serait une condamnation perpétuelle !

M. le président. Je consulte la Chambre sur la prise en considération de l'amendement de M. Ballue.

(L'amendement, mis aux voix, n'est pas pris en considération.)

L'article 34 est ensuite mis aux voix et adopté.

SÉNAT : PRÉSIDENT M. LÉON SAY.

Suite de la séance du vendredi 11 juillet 1881.

M. le Président lit l'article 28.

« Art. 28. — Toute allégation ou imputation d'un fait qui porte atteinte à l'honneur ou à la considération de la personne ou du corps auquel le fait est imputé, est une diffamation.

« Toute expression outrageante, terme de mépris ou invective qui ne renferme l'imputation d'aucun fait, est une injure. »

M. Jules Simon. Monsieur le président, j'ai un amendement là-dessus !

M. Robert de Massy. Pardon, monsieur Jules Simon, votre amendement porte sur l'article 31. Votre premier amendement était sur l'article 26 qui a été réservé à la demande de la commission, pour vous conserver le droit de soutenir votre amendement...

DÉLITS CONTRE LES PERSONNES.

M. Jules Simon. J'en remercie la commission.

M. Robert de Massy. Votre autre amendement s'applique à l'article 31.

M. Jules Simon. Oui, mais comme je modifie la définition de la diffamation, il serait peut-être à propos de discuter mon amendement dès à présent.

M. Robert de Massy. On peut réserver l'article 29.]

M. le président. Si votre amendement, monsieur Jules Simon, était adopté sur l'article 31, est-ce qu'il modifierait l'article 28 ?

M. Jules Simon. Mon amendement porte uniquement sur les délits relatifs aux personnes publiques; mais il a deux caractères : il permet l'injure, il ne permet pas la diffamation ; seulement, il explique la diffamation, et, au lieu de la définir, comme le fait la commission, par l'imputation d'un fait portant atteinte à la considération ou à l'honneur, il la définit en disant « l'imputation d'un fait puni par la loi. » Par conséquent, si on avait une fois admis la définition, on pourrait peut-être m'opposer ensuite qu'il y a chose jugée.

M. le rapporteur. Non !

M. Jules Simon. S'il est entendu qu'on ne fera pas cela...

M. le rapporteur. Mais, non ! on réserve la définition.

Il est évident, messieurs, que si on acceptait l'amendement de M. Jules Simon, il faudrait modifier la rédaction de la définition de l'injure et de la diffamation ; par conséquent cet article est réservé.

M. Griffe. Mais non ! Ce n'est pas nécessaire !

M. Paris. Monsieur le président, si M. Jules Simon est d'accord pour discuter la question principale, pourquoi réserver cet article ?

M. Griffe. Il vaut mieux discuter maintenant !

M. Ninard. L'article 31 de M. Jules Simon ne modifie pas la définition du délit et de la diffamation donnée par la commission, vous ne voulez pas faire tomber sous les dispositions des articles 30 et 31 certains faits délictueux ?...

M. le président. Le Sénat veut-il discuter en ce moment l'article 31 en réservant les autres articles ? (Oui ! oui !)

Il n'y a pas d'opposition ?...

Nous passons à l'article 31.

M. Jules Simon a déposé sur l'article 31 un amendement ainsi conçu :

« Ne tombera pas sous l'application des articles 30 et 31 la censure d'un acte commis ou d'une opinion exprimée dans l'exercice de son mandat ou de sa fonction, soit par un corps politique ou administratif, soit par un mandataire politique ou administratif ou par un fonctionnaire public, lorsque cette censure ne contiendra pas l'imputation d'un fait condamné par les lois de droit commun. »

M. Jules Simon a la parole.

M. Jules Simon. Messieurs, je demande à exposer au Sénat le sens exact de mon amendement, pour qu'il n'y ait de confusion dans l'esprit de personne. Je ne m'occupe pas du tout ni de la diffamation ni de l'injure en tant qu'elles concernent les personnes privées. J'accepte, sur ce point, les décisions de la commission. Mon amendement a uniquement pour but de rendre la nouvelle loi plus conforme à elle-même, c'est-à-dire au principe qui a été adopté par la Chambre des députés et par notre commission et qui consiste à supprimer absolument les délits d'opinion et à laisser une liberté complète d'appréciation en matière politique. C'est là le but général de mon amendement. Je ne vous cacherai pas que si le projet de loi sur la presse avait été d'abord discuté par le Sénat, j'aurais apporté ici mon ancienne opinion sur la presse et j'aurais demandé la liberté absolue de la presse. (Très bien ! à gauche.) Par conséquent, en prenant le texte du projet tel qu'il est, j'aurais eu beaucoup d'amendements à vous soumettre. Mais nous venons après la longue et remarquable discussion de la Chambre des députés ; j'estime dès lors que nous n'avons pas notre liberté complète et je me résigne à n'apporter que deux ou trois amendements que je regarde comme les plus importants.

Celui-ci, à mes yeux a une gravité considérable, pour que vous en voyiez bien, sur-le-champ, toute la portée, je demande à vous montrer qu'il se rapporte à trois des articles de la loi, — c'est pour cela que je faisais tout à l'heure mes observations : — d'abord, mon amendement touche au prragraphe 1er de l'article 28 en ce qu'il modifie la définition de la diffamation, mais seulemsnt pour ce qui concerne les personnes publiques. Si l'on veut conserver la définition, j'y adhérerai, s'il est bien entendu que, quand il s'agit de faits commis dans la vie publique, on consent à entendre la diffamation comme je vais la définir tout à l'heure.

Maintenant, mon amendement toucherait aussi à l'article 30, si le mot « corps constitués », qui est un mot très général, ne devait pas s'entendre, en effet, d'une manière très générale.

Je vois, dans la plupart des articles, et notamment dans l'article 39, que, quand on parle des « corps publics », il s'agit des deux Chambres ou des cours et tribunaux. Ce n'est qu'aux membres des Chambres et des cours et tribunaux que l'on accorde, par exemple, l'impunité pour les paroles qu'ils prononcent dans l'exercice de leurs fonctions. Ainsi, l'on dit : Un député, un sénateur, un juge ne peuvent être poursuivis d'une façon quelconque pour les opinions émises par eux dans les corps dont ils font partie.

Je voudrais étendre cela plus loin. Je voudrais que les membres des conseils généraux, des conseils municipaux et même de certains autres conseils, ayant des attributions juridiques, comme, par exemple, le conseil de l'instruction publique, les conseils académiques et les conseils départementaux, je voudrais, dis-je, que les membres de ces conseils puissent jouir d'une impunité absolue non seulement quand ils votent, cela n'est contesté par personne, mais lorsqu'ils prennent la parole.

Enfin, mon amendement touche plus particulièrement l'article 31, puisqu'il en supprime le paragraphe 1er.

Je voudrais, à présent, vous lire le texte de mon amendement.

M. le président en a donné lecture tout à l'heure ; je désire cependant vous le relire, parce que, messieurs, ce qui importe le plus en pareille matière, c'est de bien voir ce dont il s'agit.

Voici mon amendement auquel je voudrais ajouter trois mots :

« Ne tombera pas sous l'application des articles 30 et 31, la censure d'un acte commis... » Il faudra ajouter là le paragraphe 1er de l'article 32. Vous voyez clairement, messieurs, ce que je demande «... la censure d'un acte commis ou d'une opinion exprimée dans l'exercice de son mandat ou de sa fonction, soit par un corps politique ou administratif, soit par un mandataire politique ou administratif, ou par un fonctionnaire public, lorsque cette censure ne contiendra pas l'imputation d'un fait condamné par les lois de droit commun. »

Tel est le texte de l'amendement.

De même que j'ai fait une remarque sur l'article 30 en rappelant l'article 39, j'ai aussi une remarque à faire, toujours pour expliquer ma pensée, sur le 1er paragraphe de l'article 32.

Voici, messieurs, ce 1er paragraphe :

« L'injure commise par les mêmes moyens envers les corps ou les personnes désignés par les articles 30 et 31 de la présente loi, sera punie d'un emprisonnement de six jours à trois mois et d'une amende de 18 fr. à 500 fr., ou de l'une de ces deux peines seulement. »

Il résulterait du texte de cet article — mais je présume que l'interprétation que je vais en donner n'est pas celle que lui donne la commission, cependant, je voudrais un peu plus de clarté — il résulterait de ce texte que toutes les fois que l'injure s'adresse à une personne publique, l'on appliquera la peine comprise dans

DÉLITS CONTRE LES PERSONNES.

le paragraphe 1er. Je ne pense pas, je le répète, que ce soit le sens que lui donne la commission. Elle veut dire : à une personne publique agissant ou parlant en son caractère public.

Un sénateur à gauche. Parfaitement.

M. Jules Simon. N'est-ce pas ? Il est bien entendu que du moment que cette personne fait un acte en dehors de ses fonctions publiques, elle est traitée comme tout le monde.

Un sénateur à gauche. C'est évident.

M. Jules Simon. Je le crois ; je suis persuadé que c'est l'avis de la commission, et si je dis cela, c'est parce que je désire apporter dans ce débat la plus grande clarté.

Je propose de supprimer toute espèce de peine, de responsabilité, quand il s'agit d'un acte public, et de donner toute espèce de droit de critique jusqu'à l'injure, dans ce cas-là. Dans les autres cas, la personne publique sera traitée comme une personne ordinaire, sans aucune différence. (Très bien ! sur plusieurs bancs.) Je crois que sur ce point le sens de mon amendement est parfaitement clair.

Voix à gauche. Nous l'avions très bien compris.

M. Jules Simon. Je suis bien persuadé que vous m'avez compris, mais comme tout le monde n'a pas délibéré sur mon amendement, qu'il n'est peut-être pas sous les yeux de tout le monde, j'ai cru utile d'expliquer à mes collègues quelle est la demande que je leur fais en ce moment.

Messieurs, vous voyez qu'il y a deux choses dans mon amendement : il y a les modifications en ce qui concerne les personnes publiques, la définition de la diffamation ; et puis il y a l'autorisation de discussion véhémente pouvant aller jusqu'à l'injure par paroles. Je vais parler d'abord, s'il vous plaît, de la diffamation. Je propose, en ce qui concerne les personnes publiques, de remplacer la définition de la commission de la Chambre des députés qui est celle-ci : « Allégation d'un fait portant atteinte à l'honneur ou à la considération, » par ces mots : « imputation d'un fait tombant sous la loi pénale. »

Vous voyez sur-le-champ qu'il s'agit pour moi d'arriver à une clarté plus complète. Je regarde comme très dangereuse cette définition de la diffamation, qui permet de punir un citoyen pour avoir imputé à un homme public un fait portant atteinte à son honneur ou à sa considération, parce que nous n'avons pas dans nos formules, nous ne pouvons pas avoir un moyen très précis de faire connaître ce qui porte atteinte à l'honneur ou à la considération.

Il est parfaitement évident que deux personnes sages, également sages, également sensées, peuvent différer d'avis sur ce qui porte atteinte à l'honneur et à la considération d'un homme. Non seulement vous pouvez trouver deux personnes sages, calmes, qui diffèrent sur cette mesure, mais si vous supposez une différence d'opinion entre la personne qui est juge et la personne qui est jugée, il est clair que vous ne pouvez pas vous arrêter à des expressions aussi vagues et que ce qu'on trouvera très innocent de la part d'une personne dont on partage les opinions, sera au contraire très coupable, digne de punition, de la part d'une personne qui soutient l'avis opposé ; et cela sans aucune malveillance, sans aucune perversité d'esprit, simplement par le fait de la situation dans laquelle on se place.

Cette opinion, messieurs, que je soutiens en ce moment a été toujours défendue par les amis de la liberté de la presse, toutes les fois qu'une discussion sur la presse s'est élevée dans les Chambres ; mais je n'ai pas voulu vous apporter ici de nombreuses citations. Je me borne à vous rappeler ce qui s'est passé à la Chambre des députés lorsque l'opinion que je soutiens y a été défendue avec beaucoup de talent. Et je dis, sur-le-champ, que tous les amendements que je présente sur la loi sont des amendements que j'ai pris à la discussion de la Chambre des députés ; je n'en ai inventé aucun.

Voici ce que disait M. Lockroy à la séance du 16 février dernier pour démontrer précisément que ces expressions « imputation de faits portant atteinte à l'honneur ou à la considération » étaient extrêmement vagues et prêtaient à l'arbitraire :

A droite. C'est vrai !

M. Jules Simon. « Si je dis : la Chambre des députés n'obéit pas fidèlement à son mandat, je la diffame, c'est-à-dire que je porte atteinte à son honneur et à sa considération. »

« Si je dis : le Sénat empêche la Constitution de fonctionner, je diffame le Sénat ; si je dis : l'armée n'est pas suffisamment disciplinée, je diffame l'armée. » (Très bien ! sur divers bancs. — Interruptions à gauche.)

M. Bozérian. Ce ne sont pas là des diffamations punissables.

M. Jules Simon. Vous dites que ce ne sont pas des diffamations punissables. Savez-vous, monsieur Bozérian, ce que j'en conclus ? c'est que, si vous étiez juge, vous jugeriez avec indulgence, même si l'accusé était un de vos ennemis politiques ; mais vous qui avez une telle expérience du barreau, est-ce que vous pouvez répondre que tout juge ou tout juré y apportera la même modération ? Vous ne le pouvez pas et il est impossible que vous le puissiez.

Ces expressions « portant atteinte à l'honneur ou à la considération » sont des expressions faites exprès pour que le juge ou le juré se laissent aller à l'interprétation qu'ils peuvent faire de la conduite de l'accusé. C'est pour cela que je veux une expression plus précise et que je propose les mots : « imputation d'un fait puni par la loi pénale. » Je trouve qu'il n'y a pas de réponse à l'argument de M. Lockroy et que les exemples qu'il a cités sont tout à fait péremptoires. Quand il s'est servi de cet exemple : « Si je dis que la Chambre des députés n'obéit pas fidèlement à son mandat, je la diffame », il a été interrompu par M. Clémenceau, qui lui a répondu : « Parfaitement, vous portez atteinte à sa considération. » Il n'a pas été interrompu lorsqu'il a cité cet autre exemple : « Si je dis que le Sénat fait obstacle à la Constitution, etc... », personne n'a interrompu (Mouvements divers), parce qu'il est clair que c'est une diffamation.

Quand il a dit enfin : « Si je dis que l'armée n'est pas suffisamment disciplinée, je la diffame », il y a eu une interruption, parce que dire que l'armée n'est pas suffisamment disciplinée, cela peut sembler dire qu'elle n'obéit pas à la discipline.

Et, en effet, cela est une imputation précise. Mais s'il avait dit : L'armée ne connaît plus la discipline, n'en a plus le sentiment, il aurait porté atteinte à son honneur et à sa considération ; il n'aurait pas allégué un fait puni par la loi pénale ; et par conséquent il aurait pu assurément rencontrer beaucoup de personnes qui auraient jugé différemment sur un point pareil.

« Si je dis, continue M. Lockroy, la magistrature est cléricale, je diffame la magistrature. »

Voix diverses. Non ! non ! c'est le contraire, c'est un compliment.

Un sénateur à gauche. Il faut alléguer un fait.

M. Jules Simon. Si je dis : la magistrature est cléricale, ce n'est pas alléguer un fait puni par la loi pénale ; par conséquent, tout le monde peut, suivant moi, dire que la magistrature est cléricale.

Un sénateur à gauche. Suivant la loi !

M. Jules Simon. Suivant la loi, me dites-vous.

Voix à droite. Parlez au Sénat.

M. Jules Simon. Ne vous plaignez pas, messieurs, que je parle de ce côté. (L'orateur désigne la gauche.) Mais je n'ai pas prononcé une parole qui n'ait été contestée tout haut — je ne dis pas par malveillance, je constate simplement le fait — et j'ai répondu. (Très bien ! à droite.)

Je pensais que, défendant ici la liberté de la presse, la liberté absolue de la discussion, surtout en matière politique, je pensais que l'on contesterait peut-être mes idées, mais qu'on ne m'interromprait pas mot par mot et syllabe par syllabe.

Eh bien, je prends cet exemple — ce n'est pas moi qui le choisis, c'est M. Loc-kroy. — Vous dites : Ce n'est pas une injure de dire : La magistrature est cléricale. C'est possible ; dans l'esprit de certaines personnes, ce sera un éloge, mais avouez que, dans l'esprit de certaines autres, ce sera une injure. Tout dépendra de la façon dont on interprétera ce mot : ce sera ou ce ne sera pas une injure.

Il n'y a qu'une chose certaine, c'est qu'il n'y a pas de peine édictée par la loi pour le crime d'être clérical ; par conséquent, ma définition s'applique là d'une façon très claire. Mais la définition de la loi s'applique d'une façon si diffé-rente que, suivant que vous prendrez un juge ou un juré, à droite ou à gauche, ils décideront différemment.

Eh bien, messieurs, je demande que nous ne laissions pas cet arbitraire dans la détermination du délit de diffamation ; je dis que dans un pays agité comme le nôtre par les passions politiques, suivant que l'on appartient à tel ou tel parti, on est jugé de telle ou telle façon ; je dis que l'on peut considérer comme attentatoire à l'honneur et à la considération tel propos qui, pour d'autres, est au contraire un éloge.

Voulons-nous faire une loi qui assujettisse les écrivains, obligés de juger jour par jour les actes politiques de leurs concitoyens, à se demander non pas ce qui est attentatoire à l'honneur et à la considération, mais ce qui pourra paraître à tel juge ou tel juré particulier attentatoire à l'honneur et à la considération ? Nous les mettons à chaque instant dans le cas de redouter un jugement ; par con-séquent, ils n'ont plus la liberté de leur plume ; ils ne sont pas maîtres de leurs jugements, ou du moins de l'expression de leurs jugements. Si, au contraire, vous dites comme moi : On ne pourra pas imputer à une personne politique un acte tombant sous la définition de la loi pénale, vous dites une chose précise ; l'écrivain est averti, il sait ce qu'il peut et ce qu'il ne peut pas faire ; il dépend de la loi et non pas de l'arbitraire du juge. Or, que demandons-nous quand nous faisons une loi politique ? Nous demandons qu'on dépende de la loi ; nous demandons qu'on ne dépende à aucun degré de l'arbitraire du juge ; nous deman-dons qu'on ne dépende pas des courants d'opinion ; nous demandons qu'on ne dépende pas du moment où l'on est jugé.

Je vous ai montré que les impressions du juge pourraient différer suivant qu'il appartiendrait à tel ou tel parti ; mais est-ce que le délit ne pourra pas dépendre du moment et presque de l'heure ?

Il y a telle expression qui, à une certaine époque, sera considérée comme atten-tatoire à l'honneur et à la considération, et qui cessera d'avoir ce caractère quelque temps après.

Nous n'avons pas besoin pour cela de recourir à des époques séparées de nous par des révolutions ou par de longues années. Non ; de notre temps même, nous avons vu condamner des écrivains pour des expressions qui, plus tard, avaient été louées par les mêmes juges. Personne ne peut nier cela.

Un sénateur à gauche. C'est vrai.

M. Jules Simon. Je ne crois pas qu'on puisse nier cela ; je ne crois par conséquent pas qu'on puisse nier que nous mettons une certaine élasticité dans la définition du délit et que, par conséquent, la liberté politique de l'écrivain n'est pas entière, si nous n'en revenons pas à une expression précise, déterminée, littérale, qui ôte toute espèce de puissance au juge et qui l'enchaîne absolument à la réalité des faits. Remarquez bien que je demande cela seulement pour les hommes politiques et pour les actes politiques, quoique assurément il puisse arriver qu'on diffère aussi dans le jugement des personnes privées, suivant le parti auquel on appartient et suivant l'époque à laquelle on juge. Je n'y vois pas les mêmes inconvénients ; je n'y vois pas la même probabilité.

Je compte beaucoup sur l'impartialité des juges quand il s'agit simplement d'un citoyen; mais est-ce que vous comptez sur l'impartialité des juges, — que ce soient des magistrats ou des jurés, — sur leur impartialité absolue, quand il s'agira d'un adversaire politique? Non seulement vous n'y comptez pas, mais vous savez bien qu'on fait des lois pour ne pas compter sur cette impartialité; on fait les lois aussi précises que possible pour que la liberté soit la plus grande possible. Eh bien, je crois absolument nécessaire que celui qui entreprend dans un article de juger la conduite d'un homme politique le puisse faire en toute liberté; je ne dis pas en toute sécurité, car il peut très bien arriver que l'écrivain ait l'intention de courir un danger, il arrive à un écrivain de se dire : en écrivant ceci, je cours un danger, je le sais; mais il faut qu'il le sache ; il le saura très clairement s'il sait qu'on lui interdit d'imputer à un homme politique un acte puni par la loi. Il ne le saura jamais si vous vous bornez à cette expression : « un acte qui puisse porter atteinte à son honneur ou à sa considération. »

Remarquez bien que je rends hommage non seulement à la composition du Sénat, mais à la Chambre des députés, et je conviens que cette loi est extrêmement libérale ; mais une loi libérale et qui veut l'être doit l'être complètement; or, ce n'est pas l'être complètement que d'introduire dans son contexte, en matière politique, une expression aussi peu claire que celle que vous avez employée.

Je demande donc que, pour la diffamation en ce qui concerne les personnes publiques, elle ne puisse être considérée comme réelle que quand il y aura imputation d'un fait puni par la loi.

Tenez, je prendrai un exemple. Il est une injure que l'on est porté à adresser à ses adversaires, on y est tellement porté qu'elle est entrée dans la polémique courante et qu'on s'en sert bien souvent, je ne dirai pas à tort, mais à contre sens : c'est l'imputation d'apostasie. On dit : « Vous soutenez aujourd'hui telle doctrine et vous avez autrefois soutenu la doctrine contraire : vous êtes un apostat. » Vous pouvez trouver là une injure, mais vous n'y trouverez pas une diffamation aux termes de la loi. Eh bien, si vous dites : « Ce qui porte atteinte à l'honneur et à la considération, » on pourra très bien considérer l'imputation d'apostasie comme portant atteinte à l'honneur et à la considération. Quant à moi, je veux qu'on puisse accuser un homme d'avoir changé d'avis, d'avoir abandonné sa doctrine et d'être un apostat. Il n'y a pas de loi qui condamne l'apostasie. Par conséquent, il n'y a pas de loi qui empêche un écrivain de dire d'un homme politique que cet homme est un apostat.

En résumé, je voudrais que le droit pour les personnes publiques de se plaindre d'une diffamation fût uniquement circonscrit à l'imputation d'un acte tombant sous le coup de la loi pénale.

Je vais parler maintenant de l'injure. Je crois, messieurs, qu'il faut permettre l'injure, lorsqu'elle s'adresse aux pouvoirs publics et aux personnes publiques. J'ai, autrefois, soutenu cette thèse que l'on devait pouvoir injurier même les doctrines et les principes. J'ai perdu ma cause devant le Corps législatif, je ne crois pas l'avoir perdue devant l'opinion, et je l'ai certainement gagnée devant la commission du Sénat et devant la commission de la Chambre des députés.

Quand je dis que je l'ai gagnée, vous entendez bien, monsieur Pelletan, que je parle de tous ceux qui, avec moi, avaient présenté le même amendement que nous avons défendu tous de toutes nos forces.

Je ne cherche pas du tout à me donner un rôle particulier dans cette affaire.

M. le rapporteur. Les doctrines, mais non les personnes.

M. Jules Simon. J'ai, dis-je, soutenu cette thèse pour les doctrines, et j'ai gagné entièrement ma cause, puisque, dans la loi, on renonce à punir le délit d'ou-

DÉLITS CONTRE LES PERSONNES.

trage, et l'injure pour les doctrines. Eh bien, messieurs, pouvez-vous admettre que la discussion ira jusqu'à l'outrage pour les doctrines, et qu'en même temps vous réservez aux personnes qui les exposeront la protection que vous donnez à la personne privée. Cela est impossible. On ne peut discuter une doctrine sans parler de celui qui l'a soutenue ou de celui qui l'applique ; et si un écrivain, après avoir discuté librement les doctrines, discute la personne, il peut être poursuivi et est passible d'une condamnation pour injure.

Du temps de l'Empire, on nous disait sans cesse : Vous pouvez nous discuter tant que vous voudrez ; la discussion est permise, mais pas l'injure. Il s'agissait alors de savoir, lorsque l'on discutait la doctrine politique ou la conduite politique d'un ministre ou d'un agent de l'autorité publique, si on allait à ce degré d'exagération qui paraissait être une injure. Mais, messieurs, on la trouvait toujours, l'injure. Toutes les fois que la puissance publique voudra soutenir qu'une discussion contre ses agents est injurieuse, elle en trouvera les moyens.

Parmi ceux qui m'interrompaient le plus au commencement de mes courtes observations, je voyais un grand nombre d'avocats. Je n'ai pas suivi la carrière du barreau, et il m'est arrivé très rarement d'assister à une audience. Cependant, j'ai quelquefois assisté à des procès politiques et entendu l'organe du ministère public lire un article de discussion que moi, dans ma... comment dirai-je ?... dans mon innocence... (Rires)... j'aurais regardé comme un article absolument acceptable qui pouvait peut-être exciter un peu la bile de la personne incriminée, mais qui ne sortait pas du ton d'une discussion animée, véhémente. Mais, quand j'entendais l'avocat général relire cet article, en faire le commentaire, en montrer toute l'horreur, en faire ressortir le venin, il y avait des moments où je me disais : « Mais c'est un affreux scélérat qui a fait cet article ; il est rempli des intentions les plus détestables ; non seulement il attaque le Gouvernement, les doctrines, mais il attaque la personne. »

Puis, après m'être laissé aller à ces moments d'émotion, je me retrouvais, parce qu'avec votre permission je suis un sage.... (Sourires).... et je me disais : « Mais non ; c'est l'éloquence de l'avocat général qui m'a troublé une minute. »

Et je pensais : Les juges ou les jurés, les jurés sont-ils capables de résister comme je le fais à cette pompe, à cette habileté ? Je n'en sais rien, je ne le crois pas. Si je citais des noms et des procès... j'aurais pu le faire, j'aurais pu apporter ici des articles et vous en donner lecture ; vous les trouveriez absolument honnêtes, raisonnables, vous n'y verriez que des articles de discussion, et ce serait un fort argument pour moi, après les avoir lus, que de dire : Pour celui-ci, condamnation à deux ans de prison ; pour celui-là, condamnation à dix-huit mois de prison, et vous voyez que je le pourrais.

Je m'en garderai bien, car je n'en finirais pas ; tant il est vrai qu'avec l'habileté oratoire, avec les procédés ordinaires du parquet, avec la violence qu'inspirent les passions politiques, il est toujours facile de dénaturer les paroles, d'y trouver autre chose que ce qu'elles contiennent.

Allons-nous laisser ce pouvoir à l'autorité, nous qui déclarons que notre loi fait disparaître tous les délits d'opinion, nous qui voulons que désormais la discussion soit libre ? Eh bien, si vous voulez qu'elle soit libre, il faut le vouloir sérieusement, sincèrement, complètement ! Faites donc ce qu'il faut pour qu'elle le soit. Ne permettez pas qu'on puisse, avec cette facilité, confondre la discussion avec l'injure. Qu'en résulterait-il ? La personne publique que l'on injurie, est-elle dans la même situation que la personne privée ? Je comprends parfaitement la loi protégeant un citoyen privé ; mais quand il s'agit d'une personne publique, agissant en cette qualité, est-ce qu'il n'est pas nécessaire que tout le monde puisse discuter sa conduite sans restriction, ni réserve ? Est-ce que nous ne rencontrons pas là un intérêt public ? Est-ce que l'intérêt de la personne privée peut l'emporter sur l'intérêt général ?

Plus tard, au moment où cet homme sera candidat, vous aurez le droit de parler ; pourquoi ne pas l'avoir auparavant ?

Ce personnage, qui est dépositaire d'une portion de l'autorité publique, il en a les avantages, il a l'éclat, il a la puissance ; qu'il ait aussi les inconvénients de sa situation : et l'inconvénient principal, pour un homme de combat, c'est de recevoir des coups.

Empêchez que l'on porte des coups à une personne privée, mais n'empêchez pas qu'on en porte à la personne publique, qui est personne publique précisément pour en recevoir, et qui a plus d'un moyen de se défendre : non seulement elle se défend par l'autorité publique, mais elle se défend par ses actes.

Après tout, messieurs, qu'est-ce qu'un homme public? C'est un homme dont la vie n'est pas murée. Je parle ici de l'homme public et de ses actes en tant qu'homme public. Eh bien, ses actes, ils sont connus de tout le monde. Il serait bien malheureux, si, à force de droiture et de loyauté, ayant en outre la faculté de parler et d'agir publiquement, il ne parvenait pas à défendre son honneur contre les accusations véhémentes, de qui ? Non seulement de ses ennemis, mais des ennemis de ses doctrines. Je ne redoute pas cela pour lui ; mais ce que je redoute pour la chose publique, c'est qu'on n'arrive à enchaîner la presse, à intimider l'écrivain et à le punir uniquement parce que, ayant dans l'âme une passion un peu vive, il se laisse aller en matière publique à certains entraînements.

Si vous voulez comprendre et appliquer la liberté, messieurs, il faut que vous fassiez disparaître le droit pour le dépositaire de la puissance publique d'être défendu contre l'injure. Je dirais volontiers que le fonctionnaire a droit à être injurié et à être défendu par ses actes, par sa droiture, et non pas par la puissance de la loi.

Voilà, messieurs, le sens de mon amendement ; je le confie à tous les esprits libéraux.

Je n'ajoute pas, parce que cela paraîtrait peut-être excessif, que je compte sur ceux qui ont longtemps tenu une plume, et qui savent ce que c'est que le journalisme, sur ceux qui ont lutté autrefois contre le pouvoir quand ils étaient en minorité et qui, dans ce temps, approuvaient et partageaient la doctrine que je viens de défendre ici au nom de la liberté de la pensée. (Très bien ! sur divers bancs.)

M. le président. La parole est à M. le rapporteur.

M. le rapporteur. Je le reconnais, messieurs, et je l'avoue sans difficulté, je suis un de ceux que M. Jules Simon vient de désigner, un de ceux qui ont longtemps combattu dans les rangs de la presse à côté de mon vieux compagnon d'armes, M. Peyrat, et comme lui je suis un de ces vétérans.

J'ai toujours défendu la liberté ; je l'ai soutenue avec M. Jules Simon au corps Législatif.

M. Jules Simon. C'est vrai !

M. le rapporteur. Par conséquent, je ne suis pas suspect quand je viens repousser, au nom de la commission, l'amendement qu'il vous propose.

M. Baragnon. Alors vous avez changé.

M. le rapporteur. Nous allons voir si j'ai changé, mon honorable collègue ! Je n'ai jamais soutenu le droit à la diffamation, pas plus envers les particuliers qu'envers les fonctionnaires ; et si j'avais à faire une distinction, je ferais la distinction inverse de celle que vient de faire l'honorable M. Jules Simon.

Que demande son amendement ? Il demande l'impunité absolue pour la diffamation et pour l'invective !

M. Jules Simon. Mais non !

M. le rapporteur. Permettez-moi d'achever ; je ne puis pas tout dire à la fois. Notre honorable collègue ne demande pas l'impunité pour la diffamation quand elle s'adresse aux particuliers, — celle-là pour lui est toujours punissable, — mais quand elle s'adresse aux fonctionnaires, sous la réserve toutefois que

DÉLITS CONTRE LES PERSONNES.

l'acte qui leur est imputé ait été accompli dans l'exercice de leurs fonctions, et que cet acte ne tombe pas sous le coup de la loi pénale.

Je crois avoir traduit exactement sa pensée. (Oui! oui!) Et pour la préciser encore mieux par un exemple, on ne pourra pas dire d'un fonctionnaire qu'il a commis en tant que fonctionnaire un acte de vol, parce que le vol est passible d'une pénalité, mais on pourra dire, dans le système de l'amendement, que le fonctionnaire a commis, toujours en sa qualité de fonctionnaire, un acte de scélératesse, parce que la scélératesse ne figure dans aucun article du Code pénal.

M. Baragnon. C'est un terme trop vague pour signifier quoi que ce soit. Il est inoffensif par son excès même.

M. le président. N'interrompez pas, monsieur Baragnon.

M. le rapporteur. Attendez, mon honorable collègue, je vous ai compris.

Ainsi encore, on ne pourra pas dire d'un juge qu'il a commis un acte de forfaiture, parce que la forfaiture est inscrite dans la loi criminelle, mais on pourra dire qu'il a prostitué sa conscience au pouvoir, parce que la prostitution de la conscience ne fait pas partie de la nomenclature des crimes et des délits. (Rumeurs à droite.)

M. Jules Simon met donc hors la loi tous les fonctionnaires; que dis-je, tous les fonctionnaires? tous les dépositaires de l'autorité publique, tous les mandataires élus du suffrage universel, tous les membres du Sénat, tous les membres de la Chambre, tous les membres des conseils généraux, tous les membres des conseils municipaux, tous les membres des tribunaux de commerce, et les jurés eux-mêmes, pour les verdicts qu'ils auraient prononcés.

M. Jules Simon. Seulement dans l'exercice de leurs fonctions!

M. le rapporteur. Oui, sans doute, dans l'exercice de leurs fonctions.

Ainsi, M. Jules Simon accorde aux particuliers même les moins méritants, même aux repris de justice, le droit de venger l'atteinte portée à leur considération, et il le refuse à qui? A des hommes investis de la confiance du Gouvernement ou du suffrage universel, qui par la nature même de leurs fonctions sont plus exposés que les autres citoyens aux ressentiments ou aux invectives de l'esprit de parti, et n'en seront par conséquent que plus outragés ou plus diffamés. Vous l'avez dit : Ils sont là pour recevoir des coups et pour servir en quelque sorte de plastrons. Et c'est là l'idée que vous vous faites de l'autorité?

M. Baragnon. De l'autorité d'aujourd'hui!

M. le rapporteur. Oui, ce n'est pas votre autorité, je le sais bien.

Quelle raison peut invoquer M. Jules Simon pour justifier son amendement? Il vient de vous le dire, messieurs : la liberté de discussion, qui ne sera jamais garantie tant que la menace d'une poursuite en diffamation planera sur la tête de l'écrivain. Mais cette liberté de discussion nous la voulons comme lui pleine et entière; qu'elle soit âpre, qu'elle soit violente, qu'elle soit passionnée, injuste même; qu'elle travestisse les intentions, qu'elle dénature les actes du pouvoir, c'est le jeu de la discussion, cela. Il peut choquer parfois notre délicatesse, notre amour de la justice; il faut savoir l'accepter et le proclamer. Le droit de critiquer va jusque-là, doit-il aller au delà? doit-il aller jusqu'à l'insulte et jusqu'à la diffamation?

Eh bien, messieurs, je ne crains pas de le dire, de toutes les injures qu'on pourrait faire à la presse, la plus cruelle à coup sûr serait de supposer qu'elle ne saurait critiquer librement qu'à la condition de pouvoir diffamer; mais l'histoire de la presse n'est pas chose ignorée; nous connaissons son passé comme son présent, nous connaissons les hommes qui l'ont honorée et qui l'honorent encore aujourd'hui. Je n'aurais pas besoin d'aller bien loin pour les trouver. Vous pouvez les voir assis sur les bancs du Sénat, à commencer par M. Jules Simon, qui a été lui aussi dans son temps un vaillant journaliste, comme il est aujourd'hui un brillant orateur. Eh bien! demandez-leur s'ils ont jamais réclamé le droit à la diffa-

mation comme corollaire indispensable de la liberté de discussion. Ce droit, on
eût voulu le leur donner, qu'ils l'auraient repoussé comme indigne du respect
qu'ils avaient d'eux-mêmes. Ils savaient que la diffamation, que l'invective n'est
qu'une manière grossière d'avoir de l'esprit ; ils abandonnaient ces armes de
mauvais aloi aux aventuriers de la presse qui ne pouvant se faire un nom par le
talent, cherchent à s'en faire par le scandale. (Vive approbation à gauche.)

L'amendement de M. Jules Simon, qu'il le sache ou non, fait plus que permettre la diffamation contre les fonctionnaires, il la provoque ; car l'impunité est
une provocation, et alors à quel spectacle serons-nous condamnés ? Les fonctionnaires publics, sans cesse vilipendés et impunément outragés, ne seront plus que
des parias d'un nouveau genre, les patients de la calomnie, et leur fonction ne
sera plus qu'un pilori où chaque jour le dernier venu pourra venir leur jeter la
boue à la figure, et pour peu qu'ils veuillent protester, on leur répondra : De quoi
vous plaignez-vous ? n'est-il pas entendu que pour vous, l'outrage est un nouveau
salaire dont on doit payer votre dévouement à servir votre pays ?

Mais ces hommes que vous livrez ainsi en pâture à toutes les brutalités, à toutes
les colères des partis, ne sont pas des hommes de marbre probablement, ce sont
des hommes de chair et de sang comme nous ; et vous croyez, et vous pouvez croire
que lorsqu'on viendra toucher à ce qu'il y a de plus sacré en eux, à leur honneur,
ils courberont la tête comme pour acquiescer par l'humilité de leur attitude à
l'ignominie dont on a cherché à les couvrir ? Non, messieurs, pour peu qu'ils
aient du sang dans les veines, ils voudront venger la tache qu'on a essayé de faire
à leur nom, ils le voudront pour les leurs, pour leurs enfants, car l'honneur du
nom est le premier de tous les patrimoines.

Mais où et comment ? Vous les avez désarmés du droit commun, et à qui pour-
ront-ils s'adresser ? A la justice ordinaire ? Sa porte leur est fermée.

Ils ne pourront donc qu'en appeler au jugement de Dieu (Mouvement), au sort
des armes, pour laver l'insulte de la calomnie dans leur propre sang ou dans le
sang de leur calomniateur ; toutes les fois que vous retirez à un citoyen le droit de
recourir à la justice régulière de son pays pour obtenir la réparation qui lui est
due, vous le rendez au droit de nature, vous l'obligez à se faire justice lui-même
et à demander au duel la protection que la loi lui refuse. (Rumeur sur quelques
bancs.)

Voilà, messieurs, à quelle extrémité l'amendement de M. Simon réduit le fonctionnaire. Il nous dit, pour justifier sa thèse, qu'il est difficile, pour ne pas dire
impossible, de distinguer entre ce qui est, et ce qui n'est pas la diffamation ; mais
si cette distinction est impossible à faire, il me permettra de trouver son discours
bien illogique, car la même difficulté existe pour la diffamation contre les particuliers
que pour la diffamation contre les fonctionnaires (Très bien ! à gauche. — C'est évident !) Par conséquent, ne venez pas dire : Ah ! pour les fonctionnaires, pour les
hommes publics, la politique interviendra et faussera la justice. Mais, aujourd'hui,
est-ce qu'avec le suffrage universel les particuliers ne sont pas plus ou moins des
hommes politiques ? Est-ce qu'ils n'appartiennent pas à un parti ? Donc la logique
de votre raisonnement vous condamne à supprimer tous les délits de diffamation
sans exception. Non ! vous ne les supprimez qu'à l'égard des fonctionnaires, et à
l'appui de cette contradiction, vous citez des exemples bien peu concluants.

Vous nous avez dit : On reprochera à un homme l'apostasie. Mais l'apostasie n'a
jamais été une diffamation, ni même une injure. L'apostasie n'est, après tout,
qu'un changement d'opinion : le changement d'opinion est, en vertu de la loi du
progrès, le premier droit de l'intelligence, il est même en honneur, quand on
apostasie en avant. Si on a appelé Julien l'apostat, c'est parce qu'il avait apostasié
en arrière.

Mais il n'y a aucune raison de voir dans l'apostasie un délit de diffamation ou
même une apparence de délit. (Mouvement.)

DÉLITS CONTRE LES PERSONNES.

Je ne veux pas, messieurs, retenir plus longtemps l'attention du Sénat ; j'aurais certainement à suivre pas à pas l'honorable M. Jules Simon. Tout ce qu'il a dit, en mettant même son discours sous l'autorité de l'honorable M. Lockroy et de l'honorable M. Clémenceau, ne me prouve pas que la diffamation ne doive pas être punie de la même façon, soit qu'elle atteigne des fonctionnaires, soit qu'elle frappe de simples particuliers.

L'honorable M. Jules Simon nous a cité des procès d'un autre temps. Ah ! je les connais, car lorsqu'il assitait à l'audience en simple curieux, j'y assistais, moi aussi, mais sur le banc des accusés. (Très bien ! très bien ! à gauche.) Mais, enfin, vous nous parlez d'un temps où probablement il n'y avait pas la garantie du jury. Vous savez bien qu'alors être cité devant la sixième chambre, c'était être condamné d'avance ; car il n'y a pas eu sous l'empire un seul exemple d'acquittement.

Nous n'en sommes plus là, Dieu merci ; le Gouvernement le prouve chaque jour, d'abord par cette loi de la presse qu'il accepte, et par la façon dont il comprend son droit de poursuite, et ses fonctionnaires voulussent-ils multiplier les procès en diffamation comme on semble le redouter, le jury serait là, et je ne crois pas qu'avec lui il sera aisé de faire violence à son bon sens et de transformer une simple critique ou simple censure en diffamation ou en insulte.

Vous le savez bien vous-même, vous avez voulu faire des procès à la presse quand vous étiez ministre, et vous avez vu avec quelle difficulté les jurés consentent à condamner ces délits vagues et abstraits comme l'excitation à la haine et au mépris du Gouverment.

Il y a enfin une dernière considération qui nous engage à repousser l'amendement de M. Jules Simon.

Toute société humaine bien organisée repose sur deux principes, le respect de la liberté et le respect de l'autorité, qui n'est et ne peut être autre chose chez un peuple libre que la gardienne de la liberté. Que le respect de l'autorité vienne à disparaître et sa liberté disparaîtra du même coup, elle retombera fatalement dans l'anarchie ou dans la tyrannie.

Quel respect pourra-t-on avoir de l'autorité, si du haut en bas de la hiérarchie, depuis le ministre jusqu'au garde champêtre, depuis le président de la cour de cassation jusqu'au juge de paix, tous les fonctionnaires peuvent être impunément diffamés, outragés, quelque honorables qu'ils soient. Croyez-vous que l'ignominie des accusations dont on les couvrira sans cesse ne finira pas par déteindre sur leur caractère d'agent de l'autorité et leur enlever le prestige indispensable à l'exercice de leur fonction ? Alors ce n'est plus leur personne seulement qui est atteinte, c'est l'État qui est frappé en leur personne. Certes M. Jules Simon est trop attaché à la République pour avoir jamais songé à déconsidérer le Gouvernement républicain ; mais si jamais un ennemi de nos institutions avait cherché à les déshonorer, il n'eût pas trouvé un meilleur moyen que l'amendement de M. Jules Simon.

C'est pour cette raison, plus peut-être que pour toute autre, que nous demandons au Sénat de vouloir bien le repousser. (Très bien ! très bien ! et vive approbation à gauche.)

M. **Jules Simon**, *de sa place.* Je ne veux pas faire de réplique, parce que je ne veux pas prolonger la discussion ; cependant j'ai deux observations à présenter (A droite : Parlez ! parlez !)

Un sénateur. L'amendement est-il sujet à la prise en considération ?

M. **Jules Simon.** Non, car mon amendement a été distribué, et la commission en a délibéré.

M. **le rapporteur.** La commission a, en effet, délibéré sur cet amendement.

M. **Jules Simon.** Je ne veux pas faire de réponse, mais je veux simplement rétablir deux faits. M. Pelletan a parlé sans cesse comme si j'autorisais la diffamation ; je ne l'autorise pas du tout, je la définis, c'est une grande différence.

M. le rapporteur. Mais je l'ai dit !

M. Jules Simon. Il n'y a assurément pas plus de malveillance dans ma réplique que vous n'en avez mis dans votre réponse. Seulement il pourrait arriver que quelques-uns de ceux qui vous ont entendu pussent croire que, d'après mon amendement, la diffamation envers les fonctionnaires publics est permise. Eh bien, cela ne serait pas exact : je la définis d'une façon différente de celle de la commission, mais je ne la permets pas.

De même quand vous avez parlé de ces calomnies que l'on pourrait déverser sur les fonctionnaires, vous avez supposé que j'autorisais la diffamation ou la calomnie contre eux en dehors de leurs fonctions. J'entends que les juges les protègent, et ce mot m'avertit d'un autre dissentiment qui existe entre nous.

Je crois les protéger en les affranchissant de la loi qui leur permet, en beaucoup de cas, d'interdire la discussion de leurs actes. Vous, au contraire, vous dites que les fonctionnaires républicains vont perdre toute espèce de considération, s'ils se soumettent à toutes les accusations que l'on pourra diriger contre eux. Pour moi, vous avez raison de le dire ; je tiens autant que qui que ce soit au maintien du gouvernement républicain et j'y tiens surtout par les moyens honorables que vous indiquiez. Plus les fonctionnaires seront respectés, plus j'en serai charmé, parce que je saurai que la République devient de plus en plus solide. Mais j'entends qu'ils se fassent respecter par leur considération, par leur attachement aux lois, par la noblesse de leur conduite et non pas par les amendes qu'ils seront toujours sûrs d'obtenir si votre article de loi passe tel qu'il est.

M. le rapporteur, *de sa place.* Je veux simplement rectifier...

Plusieurs voix. A la tribune !

M. le rapporeur, *à la tribune.* Messieurs, je veux simplement rectifier...

M. Victor Lefranc. La question de droit n'a pas même été indiquée jusqu'à présent ; il faudrait pourtant la discuter. On parle de diffamation et d'injure, et on ne s'occupe pas plus de l'article 30 que si on ne l'avait pas lu.

M. Jules Simon. M. le rapporteur l'a lu et je l'ai lu aussi.

M. le rapporteur. Je ne veux faire qu'une simple observation. M. Jules Simon vient de me reprocher d'avoir parlé de la diffamation contre les fonctionnaires d'une façon absolue. Je dois dire que, dès le commencement des quelques paroles que j'ai prononcées, j'ai bien précisé la portée de son amendement. J'ai dit qu'il admet la diffamation contre les fonctionnaires et dans l'exercice de leurs fonctions et pour des actes qui tombaient sous les coups du code pénal. Non seulement je l'ai dit, mais je l'ai démontré par des exemples. Par conséquent, le reproche qu'il vient de m'adresser tombe de lui-même.

J'ai oublié d'ajouter à la démonstration que je faisais contre lui — et je demande la permission de réparer cette omission — j'ai oublié d'ajouter qu'on a beaucoup protégé les fonctionnaires autrefois, qu'on les a protégés par l'article 75 de la constitution de l'an VIII, qu'on les a protégés par l'article 18 du décret de février 1852, qui n'admet pas la preuve des faits diffamatoires contre les fonctionnaires.

Aujourd'hui, la preuve des faits diffamatoires contre les fonctionnaires est admise.

L'article 75 a été aboli par M. Jules Simon lui-même ; et qu'il me permettre de dire que j'ai pu mettre ma signature à côté de la sienne.

Vous avez donc, avec cela, toutes les garanties imaginables contre les abus de pouvoir des fonctionnaires. Vous avez toutes les garanties ; si vous en voulez d'autres, alors, permettez-moi de vous le dire, nous ne pouvons pas les accepter. (Très bien ! très bien ! à gauche. — Aux voix !)

M. Bertauld. Messieurs, je ne veux pas suspecter, encore moins accuser les intentions de mon honorable et éloquent collègue M. Jules Simon,

DÉLITS CONTRE LES PERSONNES.

Ses intentions ne peuvent être qu'excellentes. Il n'incrimine pas le but, mais qu'il me permettre de condamner le résultat que je prévois. Si son système était adopté, il aboutirait fatalement à la flétrissure, à la dégradation, non seulement des fonctionnaires, mais des fonctions publiques.

Son amendement a le tort de supposer que l'honneur et la considération des hommes privés ne sont pas l'honneur et la considération des hommes publics. Pour l'homme privé, on ne porte pas seulement atteinte à son honneur et à sa considération quand on l'accuse d'avoir commis un crime ou un délit prévu par le code pénal; il peut ne pas être un voleur, un faussaire, un assassin et cependant être un homme parfaitement déconsidéré; on autorise la partie privée à se plaindre de l'imputation de tout fait qui porte atteinte à son honneur et à sa considération, ce fait-là ne tombât-il pas sous la peine de la pénalité. (Très bien! c'est cela! à gauche.) Dans le système de l'honorable M. Jules Simon, il en serait tout autrement pour le fonctionnaire; à la seule condition qu'on ne lui imputât pas un crime ou un délit prévu par le code pénal, quelle que fût la gravité des indélicatesses qu'on lui imputât dans l'exercice de ses fonctions, il serait obligé de subir l'imputation, l'accusation, sans même avoir le droit de dire à son calomniateur: Vous en avez menti! Je vous autorise à faire la preuve des faits que vous m'imputez! (Très bien! très bien! à gauche.)

Messieurs, je crois, moi, que l'honneur des fonctionnaires est un honneur plus jaloux, plus susceptible, plus ombrageux que celui des hommes privés, et la loi, notre loi libérale, a admis cette idée; car pour l'homme privé, quand on lui a imputé des faits qui portent atteinte à sa considération, il n'a pas la charge de prouver que ces faits-là sont des faits mensongers, il lui suffit qu'on l'ait accusé d'un fait qui tendait à le flétrir, pour qu'il soit sûr d'obtenir une condamnation. (Nouvelle approbation sur les mêmes bancs.) Au contraire, le fonctionnaire, lui, quand il se plaint d'une imputation qui blesse son honneur, sa considération, sa dignité, il ne lui suffit pas de déposer sa plainte, il ne franchit le seuil du prétoire qu'en autorisant celui qui l'a attaqué à prouver la vérité des faits diffamatoires; son accusateur, celui qui a tenté de le flétrir, est irresponsable, il n'a quoi que ce soit à craindre s'il peut prouver la vérité du fait imputé. C'est donc que notre loi a admis que l'honneur et la considération du fonctionnaire appelaient, mais à de certaines conditions, une réparation plus sûre, offrant plus de garanties à l'opinion publique, en n'astreignant ce fonctionnaire à en demander la répression qu'autant qu'il serait en face d'une calomnie.

Dans le système de mon honorable collègue, M. Jules Simon, on ne vous demande pas seulement d'accorder l'impunité aux accusations contre les opinions, aux accusations et aux condamnations plus ou moins flétrissantes contre les doctrines; sous ce rapport je suis pleinement et entièrement de l'avis de l'auteur de l'amendement; mais il ne s'agit pas de la réfutation et de la condamnation trop sévère d'une opinion ou d'une doctrine, quand on impute à un fonctionnaire un de ces faits qui seraient de nature à l'avilir.

Or, messieurs, est-ce qu'il n'y a pas dans notre société, dans l'état de nos mœurs, des faits qui sans tomber sous la prise de la loi pénale, sont la flétrissure et la condamnation d'un homme, d'un fonctionnaire surtout quand ces faits sont avérés?

Voix à gauche. Très bien! c'est évident!

M. Bertauld. Le système de M. Jules Simon établit une distinction entre deux sortes d'honneur et de considération, l'honneur et la considération des personnes privées, l'honneur et la considération des hommes publics.

M. Robert de Massy. Oui! très bien!

M. Jules Simon. Non!

M. Bertauld. Comment! non! Voilà un fonctionnaire auquel on impute ce fait qui serait très grave, qu'il aurait commis dans l'exercice de ses fonctions, par l'abus de ses fonctions et de son autorité, un fait de corruption, de séduction, si vous voulez, sur une jeune femme majeure ; ce fait-là échappe à la répression pénale ; l'imputation de ce fait sera-t-elle réputée inoffensive ? Pour conserver légalement son honneur et sa considération, il suffirait, dans le système que je combats, qu'un fonctionnaire se bornât à côtoyer la loi pénale pourvu qu'il ne la violât pas ; on aurait beau lui faire des reproches, s'attaquant à sa délicatesse, sa dignité, il n'aurait pas le droit de démontrer qu'ils sont dénués de fondement et de vérité ; il serait privé des moyens de se justifier ; les portes de la justice lui seraient fermées ; on lui dirait, comme M. Jules Simon le disait tout à l'heure si exactement en traduisant toutes les conséquences de son sytème : Vous êtes fonctionnaire, eh bien, vous êtes là pour recevoir des coups !

Des coups mérités, oui, des coups, quand on s'y est exposé ; sans doute, en acceptant des fonctions, on s'est exposé à la critique, à la censure, à la condamnation de l'opinion quand on a des défaillances, quand on commet des fautes. Mais si, au contraire, on s'est conduit honorablement, si on n'a encouru aucun reproche, comment ! il sera permis de dire que le fonctionnaire a l'habitude de tous les vices ? L'ivresse publique est un délit ; mais l'ivresse secrète, l'ivresse dans le foyer domestique, elle ne tombe pas sous la répression.

Voix à gauche. Et l'inceste ?

M. **Bertauld....** L'inceste, comme le fait si bien remarquer un de mes honorables collègues, M. Victor Lefranc, n'est pas considéré en lui-même comme un délit, mais je ne veux pas faire allusion à une pareille souillure.

Comment ! il sera permis à un journal de répéter quotidiennement qu'un magistrat, tous les soirs, est obligé de fermer sa porte, qu'il ne peut pas recevoir de visites parce qu'il est dans un état d'ivresse tel que le lendemain, si le fait était connu, il ne pourrait pas monter honorablement sur son siège ? Comment ! on pourra dire d'un fonctionnaire qu'on trouve son nom dans toutes les spéculations de mauvais aloi, dans les mauvaises spéculations de finances, qu'il abuse des secrets qu'il a comme fonctionnaire pour jouer à la bourse, et ce fonctionnaire qui aura la certitude, la conscience absolue que jamais il n'a mis la main dans une affaire, même des plus honorables, sera réduit, sera condamné à subir la calomnie ! Non ! non ! l'imputation d'un délit de chasse causerait moins de souci à un fonctionnaire qu'une imputation d'une indélicatesse légalement impunissable. Messieurs, je ne crains pas de le dire, un pareil système, le système que je repousse, ne s'est jamais produit dans aucune législation, et il serait condamné par la conscience publique ! (Très bien ! très bien ! et vifs applaudissements à gauche.)

M. **Robert de Massy.** La commission n'a rien à ajouter aux paroles de l'honorable M. Bertauld.

M. **Jules Simon.** Personne n'a jamais considéré l'habitude d'ivresse comme un acte de la fonction.

M. **Bertauld.** L'habitude de l'ivresse, même secrète, est au moins un vice ; et la séduction d'une jeune femme par un fonctionnaire dans l'exercice de ses fonctions est une immoralité déshonorante pour le fonctionnaire.

M. **le président.** Je consulte le Sénat sur l'amendement de M. Jules Simon.

Il a été déposé sur le bureau une demande de scrutin. Elle est signée de MM. Bozérian, Schœlcher, Tolain, Mathey, Le Blond, Peyrat, Bonnet, Dupouy, Thurel, Laurent-Pichat.

Il va être procédé au scrutin.

(Le scrutin a lieu. — MM. les secrétaires opèrent le dépouillement des votes.)

M. **le président.** Voici le résultat du scrutin sur l'amendement de M. Jules Simon ;

DÉLITS CONTRE LES PERSONNES.

ONT VOTÉ POUR :

MM. Alexandry (baron d'). Ancel. Andigné (général marquis d'). Audiffret-Pasquier (duc d'). Audren de Kerdrel.

Baragnon (Louis-Numa). Barante (baron de). Bertrand. Bocher. Boisse. Bondy (comte de). Bosredon (de). Brémond d'Ars (général marquis de).

Caillaux. Carné (marquis de). Cazalas. Chabaud-Latour (général baron de). Champagny (vicomte Henri de). Chantemerle (de). Cissey (général de). Cornulier (comte de). Cornulier-Lucinière (comte de).

Daguenet. Daussel. Delbreil (Isidore). Delsol. Dieudé-Defly. Dompierre-d'Hornoy (amiral de). Douhet (comte de). Dubrulle. Du Chaffaut (comte). Dufournel. Dumon. Duval.

Espinasse. Espivent de la Villesboisnet (général comte).

Flers (comte de). Fourichon (amiral). Fournier (Henry) (Cher).

Galloni d'Istria. Gaudineau. Gontaut-Biron (vicomte de). Granier (Vaucluse). Halgan (Stéphane). Hébrard.

Joubert (Achille).

Lacave Laplagne. Ladmirault (général de). Lambert de Sainte-Croix. Larcy (baron de). Lareinty (baron de) Lavrignais (de). Le Guay (baron). Lestapis (de). Lorgeril (vicomte de).

Martenot. Mayran. Mérode (comte de). Michel. Monjaret de Kerjégu. Monnet. Pajot. Paris, Poriquet.

Rainneville (vicomte de). Raismes (de). Rivière (duc de). Robert (général). Rosamel (de).

Saisy (Hervé de). Soubigou.

Taihand. Taillefert. Talhouët (marquis (de). Théry. Tréveneuc (comte de).

Veauce (baron de). Vétillart. Viellard-Migeon.

ONT VOTÉ CONTRE :

MM. Adam (Seine-et-Marne).

Barne. Barthélemy Saint Hilaire. Béraldi. Bertauld. Billot (général). Blanc (Xavier). Bonnet. Bozérian. Brun (Charles).

Calmon. Camparan. Carnot. Cazot (Jules). Chabron (général de). Chadois (colonel de). Challemel-Lacour. Chardon. Charton (Edouard). Chaumontel. Chavassieu. Claude. Corbon. Cordier. Cuvinot.

Dauphin. Delacroix. Delord. Deschanel. Desmazes. Duboys-Fresney (général). Duclerc (E). Dufresne. Dumesnil. Dupouy. Dutilleul (Jules).

Eymard-Duvernay,

Faidherbe (général). Farre (général). Faye. Ferrouillat. Foubert. Foucher de Careil. Fourcand. Fournier (Casimir).

Garnier (Joseph). Gayot (Émile). Gazagne. Gresley (général). Grévy (Albert). Grévy (général). Griffe. Guillemaut (général). Guinot. Guyot-Lavaline.

Hérold. Huguet (A). Humbert.

Issartier (Henri).

Jobard.

Krantz.

Labiche (Emile). Laboulaye. Lacomme. La Fayette (Edmond de). Lagache (Célestin). Laget. Lamorte. Laserve. Laurent-Pichat. Le Bastard. Le Blond. Le Lièvre. Lemoinne (John). Lenoël (Emile). Le Royer. Lucet. Lur-Saluces (comte Henri de).

Magnin. Malens. Mangini. Martin (Henri). Massé. Massiet du Biest. Masson de

Morfontaine. Mathey (Alfred). Mazeau, Meinadier (colonel), Merlin (Charles). Michal-Ladichère. Millaud (Edouard).

Ninard.

Oudet.

Palotte. Parent (Savoie). Parieu (de). Paulmier. Pélissier (général). Pelletan (Eugène). Perret. Peyrat. Pomel. Pons.

Rampon (comte). Rampont (Yonne). Rémusat (Paul de). Ribière. Robin. Roger-Marvaise. Ronjat. Roussel (Théophile). Rozière (de).

Salneuve, Scherer. Schœlcher.

Testelin. Thurel. Tolain. Toupet des Vignes. Tribert.

Varroy. Victor Hugo. Vissaguet. Vivenot.

N'ONT PAS PRIS PART AU VOTE :

MM. Adnet. Andlau (général comte d'). Anglade. Arago (Emmanuel). Arbel. Arnaudeau (général). Barrot (Ferdinand). Batbie. Bazile (Gaston). Bernard. Boffinton. Broglie (duc de). Brun (Lucien). Brunet (Joseph). Buffet. Callen. Canrobert (maréchal). Carayon-Latour (Joseph de). Chanzy (général). Cherpin. Chesnelong. Combescure (Clément). Corne). Dauphinot. Demôle. Denis (Gustave). Denormandie. Desbassayns de Richemont (comte). Didier (Henri). Dufay. Dupuy de Lôme. Forsanz (vicomte de). Fournier (Indre-et-Loire). Fourtou (de). Fresneau. Freycinet (de). Gailly. Gaulthier de Rumilly. Gavardie (de). George. Gilbert-Boucher. Gouin. Guiffrey (Georges). Haussonville (comte d'). Honnoré. Jauréguiberry (amiral). Jaurès (amiral). Jouin. Kolb-Bernard. Labiche (Jules). La Sicotière (de). Lasteyrie (Jules de). Lefranc (Victor). Luro. Maleville (marquis de). Martel. Monneraye (comte de la). Montagnac (amiral) marquis de). Piétri. Pin (Elzéar). Pothuau (amiral). Pouyer-Quertier. Preissac (comte de). Ravignan (baron de). Robert de Massy. Roques. Roy de Loulay. Say (Léon). Scheurer-Kestner. Simon (Jules). Teisserenc de Bort. Tenaille-Saligny. Tréville (comte de). Vallée (Oscar de.) Vallier. Vast-Vimeux (baron). Vigarosy. Voisins-Lavernière (de). Waddington. Wallon. Wurtz.

ABSENTS PAR CONGÉ :

MM. Béranger. Clément (Léon). Fayolle. Feray. Frébault (général). Grandperret. Lafond de Saint-Mûr (baron). La Jaille (général vicomte de). Saint-Pierre (vicomte de). Saint-Vallier (comte de).

Nombre des votants	203
Majorité absolue	102
Pour l'adoption	79
Contre	124

Le Sénat n'a pas adopté l'amendement de M. Jules Simon sur l'article 31.

M. le président. Nous revenons à l'article 28, qui avait été ajourné jusqu'à ce que le Sénat ait statué sur l'amendement de M. Jules Simon.

J'en donne lecture :

« Art. 28. — Toute allégation ou imputation d'un fait qui porte atteinte à l'honneur ou à la considération de la personne ou du corps auquel le fait est imputé, est une diffammation.

« Toute expression outrageante, terme de mépris ou invective qui ne renferme l'imputation d'aucun fait, est une injure. » — (Adopté.)

« Art. 29. — La diffamation, commise envers les particuliers par l'un des moyens énoncés en l'article 23 et en l'article 27, sera punie d'un emprisonne-

DÉLITS CONTRE LES PERSONNES.

ment de cinq jours à six mois et d'une amende de 20 francs à 2,000 francs, ou de l'une de ces deux peines seulement. » — (Adopté.)

« Art. 30. — La diffamation commise par l'un des moyens énoncés en l'article 23 et en l'article 27, envers les cours, les tribunaux, les armées de terre ou de mer, les corps constitués et les administrations publiques, sera punie d'un emprisonnement de 8 jours à un an et d'une amende de 100 francs à 3,000 francs, ou de l'une de ces deux peines seulement. » — (Adopté.)

« Art. 31. — Sera punie de la même peine la diffamation commise par les mêmes moyens, à raison de leurs fonctions ou de leur qualité, envers un ou plusieurs membres du ministère, un ou plusieurs membres de l'une on de l'autre Chambre, un fonctionnaire public, un dépositaire ou agent de l'autorité publique, un ministre de l'un des cultes salariés par l'État, un citoyen chargé d'un service ou d'un mandat public temporaire ou permanent, un juré ou un témoin, à raison de sa déposition. »

Il y a sur l'article 31 un amendement de M. Bozérian qui propose d'ajouter à l'énumération faite dans cet article « un candidat à une fonction élective. »

Je consulte le Sénat sur l'article 31, sous réserve de l'amendement présenté par M. Bozérian.

(L'article 31 est mis aux voix et adopté.)

M. le président. La parole est à M. Bozérian.

M. Bozérian. Messieurs, les articles 29, 30 et 31, que vous venez de voter, punissent les diffamations à l'égard de personnes différentes. La pénalité à l'égard des unes et des autres est à peu près la même ; elle varie très peu pour la durée de l'emprisonnement et très peu aussi pour la quotité de l'amende.

Mais entre l'article 29 et les articles 30 et 31, voici la différence capitale, essentielle : lorsqu'il s'agit de simples particuliers, la preuve du fait diffamatoire ne peut pas être faite, et en conséquence, sauf la question d'intention, de criminalité, le diffamateur doit toujours être puni. Au contraire, à l'égard des personnes énumérées, soit dans l'article 30, soit dans l'article 31, la preuve des faits diffamatoires peut être faite. Si elle est faite, la diffamation est à l'abri de toute peine. Quelles sont les personnes à l'égard desquelles la preuve peut être faite, aux termes de l'article 31 ?

Et d'abord remarquez que la preuve des faits diffamatoires n'est possible que lorsque la publication de ces faits peut être utile pour permettre l'appréciation de l'homme public, du fonctionnaire et de ses actes. Car, si cette publication est absolument étrangère à ces actes, elle ne peut pas trouver d'excuses devant les tribunaux ; et la preuve des faits diffamatoires ne peut pas, ne doit pas être permise. La preuve n'est admissible que lorsque les allégations touchent plus ou moins directement à la qualité ou à la fonction de la personne diffamée.

Quelles sont maintenant les personnes contre lesquelles la preuve peut être faite ?

Ce sont, d'après l'article 31, les membres des ministères, les membres de l'une ou de l'autre Chambre, les fonctionnaires publics, les dépositaires ou agents de l'autorité publique, les ministres de l'un des cultes salariés par l'État, les citoyens chargés d'un service ou d'un mandat public, temporaire ou permanent, enfin les jurés ou les témoins à raison de leur déposition.

Elargissant ce cercle, dans l'article 33, et se rendant à de pressantes observations, la commission a admis, pour la première fois, la preuve du fait diffamatoire dans un cas absolument nouveau.

« La vérité », dit l'article 33, « des imputations diffamatoires et injurieuses pourra être également établie contre les directeurs ou administrateurs de toute entreprise industrielle, commerciale ou financière, faisant publiquement appel à l'épargne ou au crédit. »

En faisant cela, je pense, quant à moi, que la commission a très sagement agi.

M. Paris. C'est très moral !

M. Bozérian. C'est parce que cela est moral que je viens vous demander de faire un nouvel acte de moralité. Je viens vous demander de permettre la preuve des imputations diffamatoires, quand ces imputations sont dirigées contre un candidat à une fonction élective.

Pour qu'il en soit ainsi, les raisons abondent.

Raisons de mots, d'abord ; ces raisons ont souvent leur mérite et leur valeur.

Dans l'article 31 du projet de loi, vous autorisez la preuve des faits diffamatoires, et, par conséquent, vous admettez l'impunité possible du délinquant, en cas de preuve faite, lorsque ces faits atteignent un individu chargé d'un mandat public.

Eh bien, au lieu d'être en présence d'un homme chargé de ce genre de mandat, nous sommes en présence d'un homme qui aspire à l'honneur d'être chargé d'un mandat pareil.

Pourquoi donc, si la preuve peut être faite vis-à-vis de la première personne, ne pourrait-elle pas l'être vis-à-vis de la seconde ?

J'ai rappelé tout à l'heure que d'après l'article 33, la preuve pouvait être faite à l'égard des directeurs ou administrateurs de toute entreprise financière. Or, voici un individu, qui prétend à une entreprise bien plus élevée que celle-là, il prétend à celle de manier, ou au moins d'avoir droit parlementairement au maniement, non des finances privées, mais des finances publiques.

Pourquoi donc ne permettriez-vous pas, vis-à-vis de celui-là, la preuve des faits, qu'il peut être utile de porter à la connaissance des électeurs ?

Quant à moi, je ne comprends pas cela ; je suis de ceux qui pensent que le livre de la vie des hommes qui aspirent à devenir des hommes publics, doit être ouvert et lisible pour tout le monde ; je pense qu'il n'est pas permis d'en supprimer ni d'en faire disparaître une seule page ; je pense que l'on n'est sûr d'avoir un honnête homme public, que lorsque l'on est certain d'avoir affaire à un honnête homme privé. (Marques d'approbation.)

Voilà pourquoi il me semble que c'est faire un acte de haute justice, de haute moralité, que d'admettre l'individu qui allègue contre un candidat à des fonctions électives des faits qui sont de nature à éclairer les électeurs sur la valeur de l'éligible à prouver la vérité, la réalité de ces faits ; je pense, en effet, que ce diffamateur, pour l'appeler de son nom légal, accomplit un strict et impérieux devoir lorsqu'il révèle à ses concitoyens des faits qui sont de nature à leur faire refuser leur vote à celui qui les sollicite.

Je le répète, il me semble que, dans ce cas, la preuve est de toute justice, et que si la preuve est faite, le diffamateur doit être exonéré de toute peine.

Mais on me dit ; où allez-vous ? allez-vous autoriser la preuve de tous les faits quelconques qui sont de nature à porter atteinte à l'honneur et à la considération ?

Rassurez-vous, messieurs, mon amendement ne conduit pas à de semblables conséquences.

Il y a, en effet, au début de l'article 31, des mots qui doivent vous rassurer. Les seuls faits diffamatoires dont la preuve soit admissible sont ceux qui ont trait à la fonction ou à la qualité de la personne diffamée. Pour les autres, la preuve n'est pas permise. Il y a donc un travail de sélection, d'appréciation, qui doit être fait par les tribunaux devant lesquels les affaires sont portées. Il est certain qu'il peut y avoir dans la vie d'un homme, fonctionnaire ou candidat, dans son passé, dans sa vie personnelle ou dans la vie de ceux qui lui sont le plus chers ou le plus proches, des faits douloureux et regrettables. Mais, de même que ces faits n'ont rien à faire avec la fonction, de même ils n'ont rien à faire avec l'élection ; par conséquent ce serait vainement, si ces faits étaient pro-

DÉLITS CONTRE LES PERSONNES.

duits, que le diffamateur demanderait à en faire la preuve. Le tribunal le repousserait justement en lui disant : C'était absolument étranger à la lutte électorale ; vous n'avez pas besoin, pour essayer de discréditer cet homme vis-à-vis de ses électeurs, de livrer ces faits à la publicité ; vous ne ferez pas la preuve.

Mais, au contraire, il y a des faits qui, tout en ne tombant pas sous le coup de la loi pénale, peuvent toucher à la délicatesse, à la dignité, à l'honneur du candidat, et dont la publication en temps d'élection est véritablement un devoir, puisque c'est leur publication qui seule peut éclairer le corps électoral.

Pourquoi donc interdiriez-vous la preuve de ces faits? Et pourquoi donc, si la preuve était faite, regretteriez-vous de voir innocenter le citoyen courageux qui a peut-être empêché, par ses révélations, l'élection d'un candidat suspect ou indigne ?

Je dis, messieurs, qu'en vérité, lorsque vous avez permis la preuve, vis-à-vis de toutes les personnes qui sont énumérées dans l'article 31, lorsque vous l'avez vue admise vis-à-vis des personnes indiquées dans l'article 33, je ne comprendrais pas que vous la défendiez vis-à-vis d'un candidat à une fonction élective.

Il importe, en effet, au plus haut point, à la moralité publique d'écarter de l'arène électorale ceux qui, comme je le disais tout à l'heure, peuvent être considérés comme suspects ou comme indignes de la confiance des électeurs.

Voilà, messieurs, les motifs de mon amendement.

Voix diverses. Très bien ! Très bien !

M. le président. La parole est à M. Robert de Massy.

M. Robert de Massy. Messieurs, la commission est très sympathique à l'amendement qui a été déposé sur l'article 31 par l'honorable M. Bozérian. Elle aurait aimé à l'adopter. Il est juste, en effet, que le citoyen qui sollicite un mandat électif, qui se présente à la confiance de ses concitoyens puisse être discuté.

On ne peut cependant pas faire au candidat à une fonction élective une situation autre et pire que celle du fonctionnaire. Le vote que vous venez d'émettre en repoussant l'amendement de l'honorable M. Jules Simon ne fait que fortifier l'objection qui s'est produite dans la commission.

La diffamation est, en droit, l'imputation d'un fait qui peut être vrai.

Vis-à-vis d'un fonctionnaire, si l'imputation diffamatoire qui rentre dans l'exercice de ses fonctions est vraie, le diffamateur est justifié; il apporte la preuve de la vérité de l'imputation, et le fonctionnaire reste confondu sans obtenir ni répression, ni réparation. Eh bien, vis-à-vis du fonctionnaire, on peut distinguer l'imputation qui concerne l'exercice de la fonction de ce qui est de la vie privée.

Mais, messieurs, qu'est-ce que c'est qu'un candidat à un mandat électif? Il n'a pas de fonction. Quels sont donc les faits qui ne seront pas de sa vie privée? Il peut arriver que, pendant la période électorale, il ait, par exemple, commis quelques actes de corruption ; mais, à part un fait comme celui-là, qui tombe sous l'application de la loi pénale, tout sera de la vie privée.

Pourra-t-on contre le candidat, fouillant sa vie privée, lancer dans la lutte électorale un débordement d'injures contre lui? Sera-t-il obligé de supporter toutes les imputations que ne supporterait pas un fonctionnaire ?

C'est à cause de la difficulté de préciser, pour les candidats comme pour les fonctionnaires, ce qui ne serait pas de la vie privée, que, malgré les tendances de la commission à admettre le principe de l'amendement présenté par l'honorable M. Bozérian, nous n'avons pas cru pouvoir l'accepter. (Très bien ! à gauche.)

M. le président. Je consulte le Sénat sur l'amendement de M. Bozérian.

(L'amendement, mis aux voix, n'est pas adopté.)

M. le président. L'article 31 reste rédigé tel qu'il vient d'être voté.

Dixième suite du rapport du 18 juin 1881.

ART. 33 du projet, 32 de la commission. — Peut-on, en fait de diffamation, assimiler les morts aux vivants, les ressusciter dans la personne de
leurs descendants, pour permettre à ceux-ci, n'importe à quelle date et
quel que soit leur degré de parenté, de venir demander, en vertu de la
procuration du sang, à venger la mémoire de leur généalogie ?

La jurisprudence a essayé de résoudre ce problème.

La plupart des cours d'appel, et entre autres la cour de Paris, repousse
le délit de diffamation au delà de l'existence.

La loi de 1819, a-t-elle dit, *a défini la diffamation, l'imputation d'un
fait portant atteinte à l'honneur et à la considération d'une personne. Or, le
mot personne dans le langage du droit, et surtout dans le langage du droit
répressif, ne désigne jamais qu'une personne vivante... Pour l'entendre dans
un autre sens, il faudrait dépasser toutes les limites de l'interprétation en
matière criminelle.*

Telle était la doctrine de la Cour de Paris ; la Cour de cassation professe une opinion contraire.

Attendu, dit-elle, *que le mot employé dans l'article 13 de la loi du
24 mai 1819 comprend les vivants et les morts, la loi ne distinguant pas, et
que le silence d'une loi ne s'interprète pas contre son esprit et le but qu'elle
a voulu atteindre.*

Et la Cour de Cassation, en vertu de cette théorie de migration du
mort dans le vivant et d'identité de l'un avec l'autre, annule l'arrêt de
la cour de Paris.

Attendu, dit l'arrêt de la Cour suprême, *que la loi ne distingue pas les
vivants et les morts...* Mais si la loi ne distingue pas, la nature elle-même
avait fait d'avance la distinction. Confondre ce qui sent avec ce qui ne
sent plus, ce qui veut avec ce qui ne veut plus, c'est faire violence à
la langue aussi bien qu'à la réalité.

La loi exige pour un procès en diffamation la volonté formelle du diffamé. Lui seul de son vivant a le droit de l'intenter, et la loi supposerait
qu'à sa mort il a repassé son droit personnel à un homme souvent encore
à naître, et qu'il revit, bon gré malgré, dans la personne de cet héritier,
et qu'il veut, par la volonté de cet héritier, afin de tirer vengeance à un
siècle de distance, d'une diffamation qu'il a connue pendant sa vie et
qu'il a dédaignée !

Et si par hasard un héritier veut poursuivre, et qu'un autre héritier au
même degré fasse opposition à la poursuite parce qu'elle peut nuire plutôt
que servir à la mémoire du défunt, auquel des deux le tribunal donnera-
t-il raison ? On dédouble ainsi la personnalité humaine ; on fait de deux
personnes une seule et même personne, à la fois morte et vivante :

morte, pour ressentir une injure posthume, et vivante pour la venger; et
on ne voit pas qu'on pourra compromettre ce qu'on cherche à réhabiliter.

Un homme a passé sur la scène du monde; il y a joué bien ou mal
son rôle et, après une vie agitée, il a enfin conquis ce premier repos du
cercueil, et cet autre repos non moins précieux quelquefois de l'oubli, et
il pourra dépendre d'un arrière-cousin de le tirer de son tombeau et de
traîner son spectre à l'audience d'un tribunal, uniquement pour fournir
une occasion à un demandeur et à un défendeur de fouiller au fond d'une
fosse et de remuer de la poussière.

Nous comprenons sans doute la solidarité de famille, et nous voudrions
la resserrer plutôt que la relâcher. L'homme ne commence pas au berceau et ne finit pas au tombeau; il vit encore dans le passé et dans l'avenir par la paternité et par la descendance. La famille constitue ainsi, d'une
génération à l'autre, une association à la fois renouvelée et perpétuée
par le principe d'hérédité; mais il n'y a pas que le patrimoine qui fasse
partie de l'héritage, il y a aussi le nom, et, chaque fois qu'on porte atteinte à son honneur, tout membre de la famille a le droit de le défendre.

Mais au-dessus du droit de la famille privée, il y a le droit de la famille universelle que représente l'histoire. L'histoire ne serait qu'une
lanterne magique, si elle n'était en même temps une leçon. Quelle leçon
pourrait-elle nous donner, si la loi de la diffamation vient étendre son
voile sur les morts pour les cacher à la postérité? On veut qu'une pierre
scellée sur une tombe couvre la vie antérieure aussi bien que leur dé-
pouille; mais une pareille prétention ne serait rien moins que la suppression de l'histoire; et qu'aurait donc à faire la postérité et pourquoi
en appellerait-on à son jugement si elle n'avait le droit de venger la victime et de flétrir le bourreau?

Et à quel titre, d'ailleurs, et en vertu de quelle compétence un tribunal
de police correctionnelle viendra-t-il citer l'histoire à sa barre et lui faire
sa part? La connaît-il aussi bien que l'historien soumis à sa juridiction?
et, à supposer qu'il la connaisse, ne la juge-t-il pas, lui aussi, à son point
de vue? et son point de vue ne sera-t-il pas souvent un esprit de parti?

Votre Commission n'a pas voulu qu'on mît l'histoire au greffe, comme
on le disait autrefois, de la couronne; elle n'admet le délit de diffamation des morts qu'autant qu'elle passe par-dessus leur tombe pour aller frapper des vivants. La loi n'a plus alors devant elle des ombres de
personnes, elle a des personnes réelles qui ont pu subir un dommage et
qui ont droit à une réparation.

Tel est le sens de la disposition additionnelle suivante que nous avons
l'honneur de vous proposer :

*Les articles 28, 29 et 31 ne seront applicables aux diffamations ou inju-
res dirigées contre la mémoire des morts, que dans les cas où les auteurs de*

ces diffamations ou injures auraient eu l'intention de porter atteinte à l'honneur ou à la considération de l'un des héritiers survivants.

Ceux-ci pourront toujours user du droit de réponse prévu par l'article 13.

L'article ainsi complété donne à la fois satisfaction au respect qu'on doit à la famille et celui qui est dû à l'histoire.

ART. 34 du projet, 33 de la Commission. — Il interdit la preuve des faits diffamatoires contre les particuliers. Il la permet uniquement à l'égard des fonctionnaires et pour les actes relatifs à leur fonction.

Notre honorable collègue Bozérian nous a proposé, par voie d'amendement, l'admission de la preuve quand c'est le diffamé qui la réclame. Le diffamé lui paraît le meilleur juge de son honneur. Il ne veut pas seulement être vengé par une condamnation, il veut encore être pleinement justifié. Et comment le sera-t-il s'il n'a pas le droit de démontrer que la diffamation est une calomnie ?

Le diffamateur, qui sera peut-être un calomniateur, pourra dire au sortir de l'audience : « J'ai été condamné, il est vrai, je devais être condamné, il est vrai encore, mais je ne l'ai été qu'en vertu de la loi qui interdit la preuve du fait allégué. » Il donne ainsi à entendre que si la preuve eût été permise, elle fût retombée de tout son poids sur la tête du diffamé ; et tout condamné qu'est le diffamateur, il laisse encore planer sur celui qui l'a fait condamner le plus dangereux des soupçons, le soupçon du sous-entendu.

Ainsi l'interdiction de la preuve découvre l'honnête homme en l'empêchant de prouver la seule chose qu'il ait intérêt à démontrer, c'est-à-dire que son adversaire l'a calomnié et elle couvre, au contraire, le calomniateur de profession qui tire de l'interdiction même de la preuve une preuve indirecte à l'appui de la calomnie.

La Commission a examiné soigneusement la proposition de M. Bozérian ; mais malgré tout ce qui peut militer en sa faveur, elle a pensé qu'il fallait ou permettre ou interdire la preuve dans tous les cas, car du moment où le diffamé renonce à la demander, il crée contre lui la présomption de la vérité des faits allégués ; il aura donc à subir, bon gré mal gré, à l'audience, la nécessité d'une preuve qui serait une descente de justice dans son intérieur et une visite domiciliaire de ce qu'il y a de plus sacré dans l'intimité.

Le respect du foyer nous a fait rejeter l'amendement de M. Bozérian.

Ainsi donc le projet de loi le dit, et nous le redisons après lui : preuve interdite en matière de diffamation contre le particulier, mais autorisée contre le fonctionnaire.

N'y a-t-il pas toutefois à côté des agents de l'autorité, qui doivent compte à tous de l'usage de leurs fonctions, d'autres hommes qui revêtent, en quelque sorte, un caractère public par cela seul qu'ils font appel à la fortune publique. Il ne saurait nous convenir de nous élever et en-

DÉLITS CONTRE LES PERSONNES.

core moins de chercher à réagir contre les associations de capitaux qui sont les forces vives de la richesse. La plupart de ces entreprises sont, à coup sûr, loyales, elles sont fécondes, et ce qui l'atteste c'est le niveau toujours ascendant de la prospérité. Mais il en est d'autres qui ne sont que des spéculations, des maisons de jeu qui voient les cartes, comme on l'a dit. On reprocha un jour à la presse, du haut de la tribune, de ne pas signaler ces détournements de l'épargne nationale, mais elle ne les eût dénoncés que pour courir à une condamnation certaine, par l'interdiction de la preuve en matière de diffamation.

Votre Commission a voulu autoriser cette preuve pour mettre la crédulité à l'abri de l'exploitation. Elle propose d'insérer entre le deuxième et le troisième paragraphe la disposition additionnelle suivante :

La vérité des imputations diffamatoires et injurieuses pourra être également établie contre les directeurs ou administrateurs de toute entreprise industrielle, commerciale ou financière, faisant publiquement appel à l'épargne ou au crédit.

Suite de la séance du 11 juillet 1881.

« Art. 32. — L'injure, commise par les mêmes moyens envers les corps ou les personnes désignés par les articles 30 et 31 de la présente loi, sera punie d'un emprisonnement de six jours à trois mois et d'une amende de 16 francs à 500 francs, ou de l'une de ces deux peines seulement.

« L'injure commise de la même manière envers les particuliers, lorsqu'elle n'aura pas été précédée de provocation, sera punie d'un emprisonnement de cinq jours à deux mois et d'une amende de 16 fr. à 300 fr., ou de l'une de ces deux peines seulement.

« Si l'injure n'est pas publique, elle ne sera punie que de la peine prévue par l'article 471 du Code pénal.

« Les articles 28, 29 et 31 ne seront applicables aux diffamations ou injures dirigées contre la mémoire des morts, que dans le cas où les auteurs de ces diffamations ou injures auraient eu l'intention de porter atteinte à l'honneur ou à la considération des héritiers vivants.

« Ceux-ci pourront toujours user du droit de réponse prévu par l'article 13. » — (Adopté.)

« Art. 33. — La vérité du fait diffamatoire, mais seulement quand il est relatif aux fonctions, pourra être établie par les voies ordinaires, dans le cas d'imputations contre les corps constitués, les armées de terre ou de mer, les administrations publiques et contre toutes les personnes énumérées dans l'article 31, sauf la preuve contraire.

« Si la preuve est rapportée, le prévenu sera renvoyé de la plainte.

« La vérité des imputations diffamatoires et injurieuses pourra être également établie contre les directeurs ou administrateurs de toute entreprise industrielle, commerciale ou financière, faisant publiquement appel à l'épargne ou au crédit.

« Dans toute autre circonstance et envers toute autre personne non qualifiée, lorsque le fait imputé est l'objet de poursuites commencées à la requête du ministère public, ou d'une plainte de la part du prévenu, il sera, durant l'instruction qui devra avoir lieu, sursis à la poursuite et au jugement du délit de diffamation. »

M. Griffe, *membre de la commission.* Je demande la parole pour une rectification de texte.

M. le président. La parole est à M. Griffe.

M. Griffe. Le second paragraphe, indiqué comme le troisième, est celui-ci :
« La vérité des imputations diffamatoires et injurieuses pourra être également établie contre les directeurs ou administrateurs de toute entreprise industrielle, commerciale ou financière, faisant publiquement appel à l'épargne et au crédit. »

Troisième paragraphe : « Dans les cas prévus aux deux paragraphes précédents, la preuve contraire est réservée. »

Quatrième paragraphe : « Si la preuve du fait diffamatoire est rapportée, le prévenu sera renvoyé de la plainte. »

Vient ensuite le quatrième paragraphe de la rédaction primitive qui, dans le texte actuel, devient le cinquième.

M. le président. Je vais relire l'article :

« Art. 33. — La vérité du fait diffamatoire, mais seulement quand il est relatif aux fonctions, pourra être établie par les voies ordinaires, dans le cas d'imputations contre les corps constitués, les armées de terre ou de mer, les administrations publiques et contre toutes les personnes énumérées dans l'article 31, sauf la preuve contraire.

« La vérité des imputations diffamatoires et injurieuses pourra être également établie contre les directeurs ou administrateurs de toute entreprise industrielle, commerciale ou financière faisant publiquement appel à l'épargne ou au crédit. »

M. Bozérian. Je demande la parole sur ce paragraphe.

M. le président. Voulez-vous que je fasse voter paragraphe par paragraphe ?

M. Griffe. Vous pourriez lire l'article en entier, monsieur le président ; nous serons ainsi bien d'accord sur la rédaction.

M. le président. Je continue :

« Dans les cas prévus aux deux paragraphes précédents, la preuve contraire est réservée.

« Si la preuve du fait diffamatoire est rapportée, le prévenu sera renvoyé de la plainte.

« Dans toute autre circonstance et envers toute autre personne non qualifiée, lorsque le fait imputé est l'objet de poursuites commencées à la requête du ministère public, ou d'une plainte de la part du prévenu, il sera, durant l'instruction qui devra avoir lieu, sursis à la poursuite et au jugement du délit de diffamation. »

La parole est à M. Bozérian.

M. Bozérian. Je demanderai une explication à messieurs de la commission à l'occasion du second paragraphe de l'article 33, celui dans lequel on admet la possibilité de prouver les imputations diffamatoires et injurieuses dirigées contre les directeurs ou administrateurs de toute entreprise commerciale, industrielle ou financière, faisant publiquement appel à l'épargne ou au crédit. Voici pourquoi je demande cette explication.

Tout à l'heure, lorsque nous avons discuté la question de savoir si l'on pouvait prouver les faits diffamatoires à l'encontre des candidats à une fonction élective, vous avez rejeté l'amendement, par le motif que, pour que la preuve d'un fait pût être admise, il fallait qu'il fût relatif à la fonction ou à la qualité ; que, lorsqu'un individu n'est qu'à l'état de candidat, qu'il n'est pas encore fonctionnaire ou mandataire public, on ne pourrait pas distinguer suffisamment les faits touchant la vie privée et ceux qui devraient être considérés comme ne s'y rattachant pas. Alors je viens demander à la commission ceci :

Vous me dites qu'à l'encontre des directeurs d'entreprises industrielles, commerciales ou financières, on pourra prouver les faits diffamatoires. Quels faits ?

M. le président. La parole est à M. Laboulaye.

DÉLITS CONTRE LES PERSONNES.

M. Laboulaye. Messieurs, vous avez tous été frappés des abus qui se révèlent tous les jours dans des spéculations qui sont fondées sur les brouillards de la Seine. (Rires.) Je me souviens notamment d'une société qui a été arrêtée par le bon sens du conseil municipal, et qui devait mettre en actions la vacherie, c'est-à-dire les vaches qu'on amènerait dans les promenades publiques.

Le conseil municipal a eu le bon esprit de couper dans sa racine cette spéculation étrange.

Maintenant, on nous demande sur quel fait on pourra faire porter l'accusation. Mais, sur le fait de la mise en société elle-même.

On pourra dire, par exemple : Le premier versement n'est pas fait, le premier versement est fictif. On a prêté un chèque que vous avez rendu le lendemain. En un mot, nous voulons que la conscience publique puisse se prononcer sur certains spéculateurs qui ont fait un voyage en Angleterre ou qui ont eu des malheurs à Poissy. (Nouveaux rires.) Nous voulons qu'on puisse dire : Votre premier versement n'est pas fait, votre spéculation ne repose sur rien.

Nous demandons qu'on introduise, autant que possible, l'honnêteté dans ces entreprises.

Je sais bien qu'on a dit : les affaires sont l'argent des autres, et qu'on abuse singulièrement de cette définition. Nous voudrions tâcher, je le répète, de mettre, autant qu'il est en notre pouvoir, un peu d'honnêteté dans ces affaires-là.

M. le président. Je mets aux voix l'article 33.

(L'article 33 est adopté.)

M. le président. M. Bozérian a proposé un paragraphe additionnel.

M. Bozérian. Je le retire.

OBSERVATION.

L'article 29, qui définit la diffamation et l'injure, reproduit textuellement l'article 18 de la loi du 17 mai 1819.

Malgré les efforts de M. Lockroy à la Chambre des députés, et de M. Jules Simon au Sénat, cette définition a été maintenue sans débat par l'une et l'autre assemblée.

M. Jules Simon (on l'a vu à propos de l'article 32) demandait qu'au lieu de définir la diffamation « *l'imputation d'un fait portant atteinte à l'honneur ou à la considération* », on la définît « l'imputation d'un fait *puni par la loi.* »

Cette proposition fut repoussée.

Nous restons donc en présence des éléments fort complexes de ce double délit, tel que l'a défini la loi de 1819 ; et la loi actuelle ne fait que confirmer les caractères que lui avaient attribués la doctrine et la jurisprudence.

Comme par le passé, peu importera que le fait soit vrai ou faux. S'il atteint l'honneur ou la considération, il constituera le délit.

N'y a-t-il pas là quelque chose qui offense la saine raison ?

On conçoit la calomnie, c'est-à-dire l'imputation d'un fait inexact; on ne conçoit pas la diffamation telle qu'elle demeure définie.

- Pour la calomnie on admet toutes les sévérités de la loi et de l'opinion publique; à l'égard de la diffamation, on comprend l'indifférence ou la curiosité maligne qui accueillent les procès de ce genre.

Lors de la discussion de la loi de 1819, M. Bignon disait : « C'est à tort qu'on prend toujours en mauvaise part le mot *diffamation*. La diffamation est quelquefois condamnable et odieuse, quelquefois louable et généreuse. Caton était un noble diffamateur. C'était aussi un illustre diffamateur que Cicéron accusant les Clodius et les Catilina. »

Peut-on en dire autant de la calomnie ? Assurément non. L'histoire est là pour attester combien d'idées et de têtes elle a livrées à la vengeance des gouvernements comme à la fureur des multitudes.

Si elle se produit, la revendication individuelle devant les justices ordinaires n'est-elle pas de droit et permanente ?

Le Code pénal de 1810 l'avait ainsi compris en ne punissant que la calomnie.

Une législation libérale devait faire disparaître la diffamation et la remplacer par la calomnie, délit qui, par ses caractères et sa nature, implique, pour le prévenu, le droit de faire la preuve des faits allégués ou imputés.

Quelle garantie peut présenter une loi qui punit également la vérité et le mensonge, sans que la preuve de l'un ou de l'autre puisse être rapportée par le plaignant ou par le prévenu ?

Si ce que nous avançons est vrai, lorsqu'il s'agit de la diffamation envers les particuliers, que dire lorsqu'elle s'adresse aux fonctionnaires ou dépositaires de l'autorité publique ?

M. de Serre demandait énergiquement, en 1819, que les hommes publics ne pussent soustraire leur vie privée aux investigations du public, et M. Royer-Collard disait: « Réduite à ses véritables termes, la controverse n'est autre que celle de savoir si vous abolirez l'histoire, si les matériaux en seront mis sous scellés, si enfin cette source de l'instruction des gouvernements et des peuples sera fermée pour le repos des hommes publics. »

N'est-ce pas là l'expression la plus éclatante de la vérité, et ne sommes-nous pas autorisés à dire que la diffamation, telle que la définit la loi de 1881, n'est point une incrimination rationnelle ?

Il faut bien le reconnaître, en présence de cette distinction,

basée sur la qualité des personnes, qui les traduit devant des juridictions différentes, en présence surtout de ces dispositions qui
rendent la preuve des faits à peu près impossible.

A la vérité la loi actuelle autorise cette preuve contre les directeurs ou administrateurs de toute entreprise industrielle, commerciale ou financière, faisant publiquement appel à l'épargne ou au
crédit,

On n'a plus à redouter de vives attaques, sous prétexte de diffamation envers la mémoire des morts, tant que l'on n'aura pas eu
l'intention de porter atteinte à l'honneur et à la considération des
héritiers vivants.

Dans le cas où le fait imputé sera l'objet de poursuites commencées à la requête du ministère public, ou d'une plainte de la part
du prévenu, la loi ordonne qu'il sera sursis, durant l'instruction, à
la poursuite et au jugement du délit de diffamation.

Ce sont là autant d'innovations, dont on doit savoir gré au législateur, mais elles n'atténuent en rien les principes que nous
essayons d'indiquer.

Tout au plus diminuent-elles la grave atteinte portée par les législations antérieures à la libre manifestation de la pensée, et
maintenue à tort par la loi actuelle.

De l'injure nous n'avons rien à dire, sinon que l'article 33 fait
avec raison disparaître toutes distinctions entre l'injure qui renferme l'imputation d'un vice déterminé et celle qui ne la renferme
pas.

En outre il admet, en matière d'injure commise envers les particuliers, l'excuse de la provocation même alors que l'injure serait
publique, à la différence de l'ancienne législation qui n'admettait
cette excuse que lorsque l'injure n'était pas publique.

A part ces quelques modifications, la loi nouvelle n'a rien innové.
L'exemple du passé n'a pas semblé inspirer le législateur. La presse
en peut avoir quelque légitime regret.

Neuvième suite du rapport général.

XXXI

§ 4. *Délits contre les chefs d'État et les agents diplomatiques étrangers.*

Les articles 39 et 40 du projet prévoient et punissent le délit d'outrage envers les chefs d'État étrangers, envers les ambassadeurs et ministres plénipotentiaires, envoyés, chargés d'affaires ou autres agents diplomatiques accrédités près du Gouvernement de la République.

Les peines varient selon que l'outrage s'adresse aux chefs d'État ou aux ambassadeurs, ministres ou agents.

La peine est d'un emprisonnement de trois mois à deux ans et d'une amende de 100 à 2,000 francs ou de l'une des deux peines seulement, dans le premier cas.

La peine de l'emprisonnement est réduite de huit jours à un an et à une amende de 50 à 2,000 francs dans le second cas.

Ces dispositions ne nous semblent devoir faire l'objet d'aucune observation.

L'expression d'outrage remplace ici celle d'injure ou de diffamation par les raisons que nous avons déjà données à l'occasion de l'article 29 du projet.

L'outrage peut s'entendre d'ailleurs et de l'injure et de la diffamation.

Disons en terminant que la disposition du § 4 de notre projet est conforme à toutes les traditions du droit international.

CHAMBRE DES DÉPUTÉS. PRÉSIDENT M. GAMBETTA.

Première délibération. — Séance du mardi 1er février 1881.

« Art. 35. — L'*outrage* commis publiquement envers les chefs d'État étrangers sera puni d'un emprisonnement de *six mois à deux ans* et d'une amende de 100 à 3,000 fr., ou de l'une de ces deux peines seulement. »

M. Ballue. Je viens demander à la Chambre d'être conséquente avec elle-même. Elle a décidé hier qu'il n'y avait plus de personne sacrée, qu'aucun individu, en raison de son titre ou de ses fonctions, ne pourrait être l'objet, en France, d'une protection spéciale. Il serait dès lors souverainement illogique d'admettre dans notre loi que les souverains étrangers jouissent en France d'une protection spéciale, alors que cette protection est refusée au Président de la République. Je demande donc la suppression de l'article en discussion.

M. Paul de Cassagnac. Et alors aussi celle des armées étrangères tout de suite !

M. le président. Je mets aux voix l'article 35.

(La Chambre, consultée, adopte l'article 35.)

M. le président. M. Louis Legrand a la parole.

M. Louis Legrand. Messieurs, l'honorable M. Ballue vient de convier la Chambre à être conséquente avec elle-même et de l'engager, puisqu'elle avait supprimé le délit d'outrages envers le Président de la République, à le supprimer également pour le délit d'outrages envers les souverains étrangers.

J'ai l'intention de lui proposer, pour ma part, d'être conséquente avec le nouveau vote qu'elle vient d'émettre. Elle a décidé qu'elle considérait comme punissables les délits d'outrage envers les chefs d'État étrangers. Il me paraît que la conséquence logique et inévitable de ce vote, c'est que nous ne pouvons pas traiter le chef de l'État français autrement que nous traitons les chefs d'État étrangers.

Un membre à gauche. C'est absolument juste !

32

DÉLITS CONTRE CHEFS D'ÉTATS ET DIPLOMATES.

M. Louis Legrand. Dans ces conditions, et si M. le président de la Chambre croit qu'il n'y a pas un obstacle réglementaire à ce qu'un amendement visant la répression du délit d'outrage envers le Président de la République soit rédigé immédiatement, je le déposerai sur le bureau ; mais si la Chambre juge que le règlement s'y oppose, je me réserve de proposer dans ce sens un amendement lors de la seconde délibération. (Très bien ! très bien ! sur divers bancs.)

M. le président. Puisqu'on me demande mon opinion au point de vue du règlement, j'estime qu'il est impossible, dans l'état de notre délibération, de reprendre en ce moment une proposition tendant à frapper les délits d'outrage envers le Président de la République, par cette excellente raison que, dans sa dernière séance, lorsque cette disposition a été mise aux voix, elle a été rejetée ; elle ne peut donc pas renaître avant la seconde délibération. (C'est vrai ! très bien !)

« Art. 36. — L'outrage commis *par les moyens énoncés en l'article 24 de la présente loi,* envers les ambassadeurs et ministres plénipotentiaires, envoyés, chargés d'affaires ou autres agents diplomatiques accrédités près du Gouvernement de la République, sera puni d'un emprisonnement de huit jours à un an et d'une amende de 50 à 2,000 fr., ou de l'une de ces deux peines seulement. »

M. Ballue. Je demande à faire une observation de ma place. Les mêmes considérations que j'avais eu l'honneur de soumettre à la Chambre pour la suppression de l'article 35, ancien article 39, militent en faveur de la suppression de l'article 36. Je n'ose espérer que la Chambre se déjugera, quoiqu'elle soit dégagée par son vote d'aujourd'hui de son vote d'hier... (Mais non ! mais non !)

M. le président. Je vous demande pardon. Ce n'est pas la même chose. Je suis obligé, au point de vue de la correction du débat, de dire que la Chambre ne s'est pas déjugée, puisque je n'ai pas laissé poser la question. Ce n'est pas prendre une décision sur la même question que de se prononcer sur l'outrage aux souverains étrangers et sur l'outrage au Président de la République. (C'est cela ! aux voix !)

Je consulte la Chambre sur l'article 36.

(L'article 36 est mis aux voix et adopté.)

CHAMBRE DES DÉPUTÉS. DEUXIÈME DÉLIBÉRATION DÉCIDÉE LE 5 FÉVRIER 1881.

Séance du 14 février 1881.

M. Lisbonne, *rapporteur,* donne connaissance de la délibération de la Commission en vue de la deuxième délibération de la Chambre.

Art. 35. — Outrage envers le Président de la République.

Voici comment la commission a été amenée à vous proposer d'ériger ce méfait en délit :

Dans le projet primitif, nous avions introduit une disposition qui punissait l'outrage envers le Président de la République, l'outrage envers la Chambre et le Sénat, et aussi l'outrage envers la République. Sur le renvoi à la commission du contre-projet de M. Floquet, nous crûmes devoir ne retenir que le délit d'outrage envers le Président de la République, le Sénat et la Chambre. Cette nouvelle rédaction vous fut soumise et, dans la séance du 31 janvier, vous rejetâtes en entier l'article proposé.

Mais dans la séance suivante, quand vint en discussion l'article 35, punissant l'outrage envers les chefs d'État étrangers, le débat qui se produisit à cette occasion donna lieu à l'intervention de M. Louis Legrand qui proposa l'amendement que nous nous sommes approprié. Je crois qu'il est utile de placer sous vos yeux cette discussion, qui fut fort courte d'ailleurs, mais dans laquelle votre commission a puisé un enseignement essentiel.

L'article 35, qui vous fut proposé, était conçu en ces termes :

« Art. 35. — L'outrage commis publiquement envers les chefs d'État étrangers sera puni d'un emprisonnement de six mois à deux ans et d'une amende de 100 fr. à 3,000 fr., ou de l'une de ces deux peines seulement. »

Je lis dans le compte-rendu in extenso inséré au Journal officiel :

« M. Ballue a la parole

« M. Ballue. Je n'ai que deux mots à dire. Je viens simplement demander à la Chambre d'être conséquente avec elle-même. Elle a décidé hier qu'il n'y aurait plus de personne sacrée, qu'aucun individu, en raison de son titre ou de ses fonctions, ne pourrait être l'objet, en France, d'une protection spéciale. Il serait dès lors souverainement illogique d'admettre dans notre loi que les souverains étrangers jouissent en France d'une protection spéciale, alors que cette protection est refusée au Président de la République. Je demande donc la suppression de l'article en discussion.

« M. Paul de Cassagnac. Et alors aussi celle des armées étrangères tout de suite !

« M. le Président. Je mets aux voix l'article 35.

« (La Chambre, consultée, adopte l'article 35.)

« M. le Président. M. Louis Legrand a la parole.

« M. Louis Legrand. Messieurs, l'honorable M. Ballue vient de convier la Chambre à être conséquente avec elle-même et de l'engager, puisqu'elle avait supprimé le délit d'outrage envers le Président de la République, à le supprimer également pour le délit d'outrages envers les souverains étrangers.

« J'ai l'intention de lui proposer, pour ma part, d'être conséquente avec le nouveau vote qu'elle vient d'émettre. Elle a décidé qu'elle considérait comme punissables les délits d'outrages envers les chefs d'État étrangers. Il me paraît que la conséquence logique et inévitable de ce vote, c'est que nous ne pouvons pas traiter le chef de l'État français autrement que nous traitons les chefs d'État étrangers.

« Un membre à gauche. C'est absolument juste ! »

Messieurs, M. Louis Legrand tint parole, il déposa l'amendement suivant :

« L'outrage commis publiquement envers le Président de la République et les chefs d'État étrangers sera puni d'un emprisonnement de six mois à deux ans et d'une amende de 100 fr. à 3,000 fr., ou de l'une de ces deux peines seulement. »

Il nous a semblé que vous nous aviez conviés, vous-mêmes, par le vote du 1er février, à adopter l'idée de M. Louis Legrand ; c'est pourquoi nous vous proposons l'article 35 ainsi modifié :

« L'outrage commis publiquement envers le Président de la République ou envers les chefs d'État étrangers sera puni d'un emprisonnement de six mois à deux ans et d'une amende de 100 fr. à 3,000 fr., ou de l'une de ces deux peines seulement. »

M. le président lit l'article 35 tel qu'il a été voté dans la première délibération.

« Art. 35. — L'outrage commis publiquement envers les chefs d'État étrangers sera puni d'un emprisonnement de six mois à deux ans et d'une amende de 100 fr. à 3,000 fr., ou de l'une de ces deux peines seulement. » — (Maintenu.)

M. le président lit l'article 36.

« Art. 36. — L'outrage commis publiquement envers les ambassadeurs et ministres plénipotentiaires, envoyés, chargés d'affaires ou autres agents diplomatiques accrédités près du Gouvernement de la République, sera puni d'un emprisonnement de huit jours à un an, et d'une amende de 50 fr. à 2,000 fr. ou de l'une de ces deux peines seulement. » — (Maintenu.)

SÉNAT. PRÉSIDENT M. LÉON SAY.

Suite de la séance du lundi 11 juillet 1881.

M. le président lit l'article 34.

« Art. 34. — L'*offense* commise publiquement envers les chefs d'État étrangers sera puni d'un emprisonnement de *trois mois à un an* et d'une amende de 100 fr. à 3,000 fr., ou de l'une de ces deux peines seulement. » — (Adopté.)

M. le président lit l'article 35.

« Art. 35. — L'outrage commis *publiquement* envers les ambassadeurs et ministres plénipotentiaires, envoyés, chargés d'affaires ou autres agents diplomatiques accrédités près du Gouvernement de la République, sera puni d'un emprisonnement de huit jours à un an et d'une amende de 50 fr. à 2,000 fr., ou de l'une de ces deux peines seulement. » — (Adopté.)

OBSERVATION.

Il y a lieu de remarquer les modifications apportées au texte des articles 39 et 40 du projet, par la Chambre des députés et le Sénat.

Nous constatons, en effet, que, dans l'article 39 (35 de la discussion à la Chambre, 34 de la discussion au Sénat) le mot « outrage » adopté par la Chambre des députés est remplacé, lors de la discussion au Sénat, par le mot « *offense* », qui a été inscrit dans l'article 36 de la loi.

D'autre part la peine de l'emprisonnement, fixée par la Chambre de *six mois à deux ans*, est réduite par le Sénat à la peine de *trois mois à un an* seulement.

En ce qui touche l'article 40 (36 de la discussion à la Chambre, 35 de la discussion au Sénat) les mots « l'outrage commis *par les moyens énoncés en l'article* 24 *de la présente loi* » sont remplacés, lors de la deuxième délibération à la Chambre, et dans la délibération au Sénat par les suivants « l'outrage commis *publiquement.* »

La Chambre des députés, en modifiant ainsi le texte primitif, paraît avoir voulu généraliser la partie de cette dernière disposition et préciser davantage la pensée du législateur.

L'article 24, en effet (26 du projet de loi et 23 de la loi), est énonciatif et indique spécialement divers moyens, à l'aide desquels la provocation peut avoir lieu.

Le mot « *publiquement* » au contraire n'est pas limitatif et s'applique, d'une façon non équivoque, à tous les modes de publicité que l'outrage ou l'offense peut affecter pour devenir punissable.

Ces diverses modifications, qui résultent des textes inscrits dans le compte rendu du *Journal officiel*, ne sont l'objet d'aucune explication dans les débats.

OBSERVATION.

Les deux dispositions relatives aux chefs d'État étrangers et aux agents diplomatiques accrédités près le gouvernement de la République ont été adoptées, comme on le voit, sans discussion.

M. Ballue en demandait la suppression, sous un prétexte qui, vrai d'abord, a cessé de l'être par la suite.

On se souvient que la Chambre des députés avait, en première délibération, supprimé le délit d'offense envers le Président de la République. En conséquence, M. Ballue demandait pourquoi la loi faisait une situation plus favorisée aux chefs d'État étrangers.

L'argument n'était pas, à notre avis, bien fondé. Il n'y a, en effet, aucune assimilation à établir entre le chef du gouvernement français et les souverains des autres puissances sur ce point de la répression des offenses.

Il serait peu compréhensible que l'on conviât les nations étrangères à se faire représenter chez nous, sans que leurs souverains ou agents diplomatiques puissent, le cas échéant, se défendre contre d'injustes attaques.

S'il en était autrement, les relations diplomatiques ne tarderaient pas à être rompues.

Puffendorf a dit (1) : « Dans l'indépendance de l'état de nature, on ne peut en venir à la guerre contre personne que pour les injures qu'on a reçues de lui-même. Mais, dans les sociétés civiles, on s'en prend quelquefois à tout le corps de l'État ou au souverain, du mal qui a été fait, même sans son ordre, par quelqu'un de ses sujets. »

De là des causes de mésintelligence pénible, qui devaient attirer la prudente attention du législateur.

On voit donc que l'argument fourni par M. Ballue ne pouvait être pris en sérieuse considération.

Dans une certaine mesure, on aurait admis qu'il demandât que la réparation ne pût être accordée aux souverains étrangers et à

(1) *Devoirs de l'homme et du citoyen*, liv. II, chap. XVI.

leurs agents, par la voie judiciaire, que si dans la législation de leurs nations il y avait une disposition permettant la réciprocité.

Mais la réponse eût été facile. Nos mœurs et nos lois prennent chaque jour un caractère plus élevé de civilisation. Elles suivent, plus que partout ailleurs, la marche de la raison et de l'équité. Elles n'ont donc pas à prendre mesure sur des législations étrangères qui, au contraire, tendent à atteindre le même degré d'urbanité que la nôtre.

Aussi le législateur a-t-il été bien inspiré en passant outre aux observations de M. Ballue, et en décidant que les personnes, visées par les articles 36 et 37, pourront désormais faire procéder à des poursuites, soit à leur requête directe, soit d'office sur leur demande adressée au ministre des affaires étrangères et par celui-ci au ministre de la justice (voir article 47, § 5).

Dixième suite du Rapport général.

XXXII

§ 5. *Publications interdites. Immunités de la défense.*

L'interdiction de publier les actes d'accusation ou tous autres actes de procédure criminelle ou correctionnelle, avant qu'ils aient été lus en audience publique, a été considérée comme une garantie due à ceux qui sont appelés à se défendre devant la justice répressive (art. 41).

D'autre part, c'est la pensée de protéger tout autant, sinon davantage le plaignant que le prévenu contre les atteintes d'une bruyante et funeste publicité, qui a fait introduire dans notre législation l'interdiction de rendre compte des procès en diffamation dans lesquels la preuve des faits diffamatoires n'est pas autorisée. Le plaignant a voulu l'ombre et le silence. Il faut que sa volonté soit respectée et qu'on ne fasse pas entendre, au dehors et au loin, le bruit du scandale qu'on n'aura pas évité dans l'enceinte du tribunal.

Des raisons analogues devaient faire donner la faculté d'interdire le compte rendu dans les affaires civiles, sans que le huis clos ait été prononcé, lorsque les cours et tribunaux penseraient que le compte rendu des débats pourrait porter atteinte à la considération des parties ou des tiers.

Cette seconde interdiction se justifie encore plus facilement que la première, puisqu'il ne s'agit ici que des débats d'une nature intime et que la juridiction devant laquelle ils sont portés n'est appelée qu'à juger des affaires dans lesquelles n'est pas en jeu l'intérêt de la société.

C'est pour cette raison que notre article 42 limite la faculté pour les tribunaux d'interdire le compte rendu des procès aux matières civiles et ne l'étend pas aux matières criminelles et correctionnelles.

L'interdiction de rendre compte en matière civile n'est qu'une application de la règle générale édictée par l'article 87 du Code de procédure civile, mais que ne reproduisent pas les articles 153, 190 et 519 du Code d'instruction criminelle. Voilà pourquoi l'article 42 n'autorise pas les tribunaux à interdire le compte rendu des procès en matière criminelle ou correctionnelle, sauf, bien entendu, le cas où le huis clos est requis et ordonné. Les jugements pourront d'ailleurs être toujours publiés.

Il est une troisième interdiction, prévue par le paragraphe 2 du même article 42, c'est celle du compte rendu des délibérations intérieures soit des jurys soit des tribunaux.

Cette inhibition ne fait que sauvegarder le secret des délibérations.

La peine édictée par l'article 42 est celle de 100 à 2,000 fr.

ART. 43. — Ce n'est pas le fait d'ouvrir une souscription ayant pour objet d'indemniser des frais des condamnations encourues en cours d'assises ou en police correctionnelle qui peut, par lui-même, constituer une action punissable. Chacun est libre de disposer à son gré de ses sympathies et de son argent. C'est la publicité donnée à l'ouverture de la souscription ou à l'annonce de cette ouverture que la loi a entendu prohiber et punir. On a craint que ces manifestations ne prissent le caractère d'une protestation contre les décisions judiciaires et que leur autorité ne s'en trouvât infirmée. Nous n'avons pas cru pouvoir renoncer à cette prévoyante disposition.

ART. 44. — Nous n'avons rien à dire des immunités de la défense. L'expérience a prouvé que les dispositions de l'article 44, que nous empruntons à la loi du 17 mai 1819, concilient, dans une juste mesure, les droits de la défense avec le respect qui est dû aux intérêts des parties et des tiers.

Quant aux immunités parlementaires, qui couvrent les opinions et les votes émis par les membres des deux Chambres dans l'exercice de leurs fonctions, elles ont pris place dans l'article 13 de la loi constitutionnelle du 15 juillet 1875, et il nous suffit de leur consacrer cette simple mention.

CHAMBRE DES DÉPUTÉS. PRÉSIDENT M. GAMBETTA.

Première délibération. — Séance du mardi 1er février 1881.

« Art. 37. — Il est interdit de publier les actes d'accusation et tous autres actes de procédure criminelle ou correctionnelle avant qu'ils aient été lus en audience publique, sous peine d'une amende de 50 à 1,000 fr. »

PUBLICATIONS INTERDITES. DÉFENSE.

M. le président. M. Sourigues a déposé à titre d'amendement une série de dispositions dont la première est ainsi conçue :

« Sous peine d'engager sa responsabilité, tout journal qui publiera une réclame devra la placer sous un titre indiquant clairement qu'elle n'émane pas de la rédaction. »

La parole est à M. Sourigues.

M. Sourigues. Messieurs, la question soulevée par mon amendement est à la fois très importante et très délicate. Vous êtes trop clairvoyants pour ne pas le reconnaître. Aussi, je n'insisterai pas sur ce point. Le Parlement, qui saura la résoudre de façon à atteindre le but où je tends, en sera récompensé par la reconnaissance publique.

Si on l'eût ainsi résolue, il y a vingt ou vingt-cinq ans, c'est par milliards qu'on compterait la somme conservée à l'épargne des masses et des classes moyennes ; c'est par centaines de mille qu'on compterait le nombre des individus et même des familles qu'on aurait préservés de la ruine.

Pour porter à la tribune des questions de politique pure, si passionnantes qu'elles soient, les orateurs ne manquent jamais. Ils savent que, en se montrant de bonne foi, ils n'exciteront d'animosités que contre leur doctrine, de la part même des individus et des journaux des partis adverses.

Il n'en est pas de même pour certaines questions d'affaires étrangères à l'intérêt de parti, mais pouvant malheureusement toucher à l'intérêt privé de quelques individus dans tous les camps, trop abstraites d'ailleurs pour que les effets oratoires y suppléent à la justesse du raisonnement. Dans cet ordre d'idées, il est, vous le savez, des propositions de nature à exciter, contre ceux qui en prennent l'initiative, l'animosité de personnes très influentes, intéressées au maintien des abus qu'on voudrait détruire, et à provoquer contre leurs auteurs, si elles sont mal comprises, l'inimitié d'une puissance d'autant plus redoutable qu'elle dispose de mille moyens de nuire à autrui, sans qu'on puisse la saisir elle-même d'une manière efficace, ni se préserver de ses coups. C'est pourquoi des amis me disent que je ne puis rien gagner à entreprendre une tâche aussi ingrate, tandis que je pourrais trouver à y perdre beaucoup. Mais notre mandat n'aurait aucun prix, à vos yeux, s'il devait seulement donner satisfaction à notre amour-propre ou à notre intérêt personnel. Nous avons une mission plus haute à remplir : celle de donner satisfaction à l'intérêt général. Aussi, quand l'occasion s'en présente et que la conscience l'ordonne, il n'est aucun de nous qui ne sache se dévouer pour accomplir son devoir.

Toutefois, messieurs, pour pouvoir soutenir mon amendement sans trop de désavantage, j'ai besoin de toute votre indulgence.

J'en ai d'autant plus besoin que, pour donner plus de précision à mes arguments, je serai amené à signaler des faits auxquels j'ai été mêlé. Or, je sais combien le *moi* est haïssable dans un discours, et combien, par cela même, il donne de désavantage à celui qui parle.

Mais si, d'un côté, je dois ainsi nuire à ma thèse, je sais que, d'un autre côté, je lui donnerai plus de force en empêchant mes contradicteurs d'amoindrir la portée de mes citations ; car, s'ils les taxaient d'hypothèses, je serais là pour en affirmer la véracité et en donner la preuve.

Et puis comme, par la nature des faits sur lesquels j'aurai à raisonner, vous reconnaîtrez facilement la nécessité où je vais me trouver de me mettre quelquefois en cause, vous me le pardonnerez, j'en suis persuadé, en sachant bien que, si je l'avais pu, j'aurais préféré l'éviter.

Messieurs, la question visée par mon amendement n'est pas nouvelle.

La thèse que je vais soutenir, je l'ai, pour ma part, soulevée, il y a quinze ans, dans diverses publications.

J'ai combattu pour elle pendant plusieurs années dans des brochures, des cir-

-culaires, dans un journal financier, et l'ai portée devant le Sénat de l'empire, en 1870, dans une pétition accompagnée de 871 adhésions, la plupart motivées spécialement par leurs auteurs, au nombre desquels figurent des magistrats de l'ordre judiciaire et de l'ordre administratif, des professeurs de l'Université et autres, des notaires, des instituteurs, des membres du clergé, des officiers en activité de service ou en retraite, des fonctionnaires, des commerçants, des employés, des petits rentiers et des personnes appartenant à d'autres classes de la société ; tous .adhérents épars sur les différents points du territoire, d'où, sans se connaître entre eux et par conséquent sans avoir pu se concerter, ils ont envoyé leur déclaration.

Toutes leurs lettres ont été jointes à ma pétition et doivent se trouver aux archives du Sénat, si on les y a conservées.

Je me suis borné à publier un imprimé contenant des extraits de cent vingt-cinq d'entre elles, et j'ai ici un exemplaire de cet imprimé qui a été pendant plusieurs jours, ainsi qu'un exemplaire de ma pétition, entre les mains de l'honorable M. Fallières, lorsqu'il était rapporteur de la commission chargée de préparer le projet de loi que nous discutons.

La pétition signalait un certain nombre de sociétés ou d'affaires dans lesquelles le public avait été entraîné à apporter ses épargnes, à l'aide de mensonges et de réticences calculées, et où il devait, selon moi, perdre son argent.

Il est vrai que je raisonnais en partie sur l'avenir, et que, en ne se donnant pas la peine de peser mes arguments, on pouvait se dire que je n'avais peut-être pas absolument raison.

On ne pourrait plus le dire aujourd'hui, les faits étant venus justifier depuis lors, et pour la plupart, devant les tribunaux, toutes les prévisions que j'avais osé exprimer. Ma discussion devant vous sera donc plus facile, parce que, en prenant mes exemples dans les opérations déjà citées dans la pétition, je pourrai, quant à la vérité et la nature des faits sur lesquels j'appuierai mes arguments, défier toute contradiction.

Comment ma pétition fut-elle accueillie par le Sénat ?

L'honorable M. de Marnas en fut le rapporteur.

J'ai son rapport entre les mains. Si vous voulez bien me le permettre, je vais vous en lire la partie essentielle. Ce ne sera pas long.

Après avoir constaté que la pétition a été présentée en mon nom et en celui de 871 adhérents, M. le rapporteur ajoute :

« Des abonnés — le pétitionnaire affirme qu'il en existe un certain nombre — attendent de leur feuille une direction, et pour leurs opinions et pour leurs intérêts ; induits facilement en erreur, ils voient leurs épargnes disparaître et leur mince patrimoine chaque jour amoindri.

« Le pétitionnaire cite plusieurs affaires dans lesquelles la vérité a été ainsi gravement altérée et indique certaines mesures propres, suivant lui, à mettre un terme à cet état de choses.

« Votre commission, messieurs, reconnaît ce qu'ont de juste et d'honorable les observations du pétitionnaire et, sans grossir le danger signalé, elle comprend que les annonces répétées puissent agir sur les esprits crédules et amener des capitaux à des opérations plus que douteuses ; mais si la plaie lui paraît certaine, le remède, à ses yeux, n'est pas encore indiqué.

« Le pétitionnaire voudrait que tout journal ayant annoncé une opération financière fût tenu d'insérer immédiatement les rectifications, contre-réclames, -contre-annonces qui lui seraient adressées à ce sujet, aux frais et sous la responsabilité de l'auteur de ces documents.

« Votre commission pense qu'à l'erreur et la tromperie possibles c'est substituer la confusion ; les concurrents, les rivaux, les spéculateurs, soit à la hausse, soit à la baisse, viendront contredire, et, si la vérité ne se rencontre pas dans la première publication, quelle espérance y a-t-il de la trouver dans les démentis, et quelle possibilité plus grande de contrôle dans un cas que dans l'autre ? Laissons agir la liberté ; on a souvent comparé la presse à la lance d'Achille ; qu'elle guérisse les blessures qu'elle fait.

« Le sieur Sourigues voudrait encore qu'au cas de refus d'insertion, une action en dommages intérêts pût être intentée contre les journaux ou les auteurs d'articles qui, par leur influence, ont concouru à égarer les tiers intéressés.

« Votre commission estime qu'il n'est pas besoin d'une loi nouvelle pour atteindre le but que se propose le pétitionnaire, et que le principe général de responsabilité écrit dans l'article 1382 du code Napoléon s'applique en matière de presse comme ailleurs ; si, mal et méchamment, un journaliste a exercé une influence fâcheuse, il en répondra, et si l'on démontrait la collusion frauduleuse d'un journal, la loi ne serait pas désarmée.

« Du reste, messieurs, et en dehors de ces observations, les mesures proposées par le sieur Sourigues pourraient peut-être faire l'objet d'un examen au cas de présentation d'une nouvelle loi sur la presse ; mais il n'en est pas ainsi ; un projet, que vous discuterez prochainement sans doute, modifie la procédure et règle la compétence, mais sa portée se réduit à cette double réglementation.

« En cette situation, votre 2e commission m'a chargé de vous proposer de passer à l'ordre du jour sur la pétition n° 365. »

En résumé, cela se traduit par un peu d'eau bénite de cour, et puis... le passage à l'ordre du jour, c'est-à-dire l'enterrement.

Cependant, je dois retenir quelques points de ce rapport, notamment celui où il est dit que : « Les mesures proposées pourraient faire l'objet d'un examen au cas de présentation d'une nouvelle loi sur la presse. » D'où il résulte que ces mesures n'ont pas été examinées sérieusement par le Sénat et que le cas où il jugeait qu'elles pourraient l'être se présente aujourd'hui, puisque nous sommes précisément occupés à faire une nouvelle loi sur la presse.

Quant à prétendre « qu'il n'est pas besoin d'une loi nouvelle pour atteindre le but que je me propose », c'est une amère dérision, en présence des faits dont nous avons été témoins. Si, pour remédier au mal, on n'a que l'article 1382 du code Napoléon, et si « pour que la loi ne soit pas désarmée, » il faut que la collusion frauduleuse d'un journal soit démontrée, avec les moyens dont dispose ou plutôt dont ne dispose pas le public, je ne crains pas d'affirmer que c'est l'impunité absolue du mensonge et de la tromperie qui existe pour la presse.

Combien il y a loin du texte des lois à leur application !

J'en ai vu faire, en maintes occasions, l'expérience. Et, à ce propos, permettez-moi de vous citer un cas où je l'ai faite moi-même. L'exemple que je vais signaler viendra à l'appui de mon amendement.

Une souscription est annoncée par les journaux. Il s'agit de tirer du public dix millions. On fait miroiter à ses yeux la valeur considérable et l'avenir des terrains et autres immeubles appartenant à la société qui émet les obligations; car il s'agit d'obligations garanties, dit-on, par le capital social, et, en première hypothèque, par une propriété immobilière. Et, sur des titres si bien garantis, on promet un rendement de 7 p. 100 l'an et le remboursement du capital dans sept ans.

Tout est donc combiné de façon à séduire le lecteur dans les annonces et réclames que publient les journaux.

Un seul d'entre eux fait entendre une note discordante, en publiant dès le 3 avril 1869 un article intitulé : « Un danger public. »

Que dit-il ? — Simplement : Que la société qui a été constituée en Angleterre, sous la forme de société à responsabilité limitée, n'a pour capital social, en actions, que la somme infime de 50,000 fr., c'est-à-dire quarante ou cinquante fois moins qu'il ne faudra payer aux journaux et aux lanceurs de l'affaire pour faire réussir la souscription; que les terrains offerts pour gage aux obligataires n'ont pas été payés; que le prétendu gage étant acheté avec l'argent des obligataires, on aurait pu leur promettre un revenu de 8 ou 9 p. 100 aussi bien que 7 p. 100, puisque en réalité, c'est comme s'ils se le garantissaient eux-mêmes sur leur propre argent.

Un fait important c'est que, dans le même numéro du journal où paraissent ces déclarations, paraît immédiatement à leur suite une réponse ou explication d'un des principaux fondateurs de la société aux observations du journaliste. De telle sorte que les lecteurs de ce journal ayant eu à la fois le pour et le contre sous les yeux, ont pu juger l'affaire en connaissance de cause. Et quoi qu'en puisse penser M. le rapporteur de ma pétition au Sénat, cela n'a fait naître aucune confusion dans leur esprit; car je n'ai jamais ouï dire qu'aucun d'eux se soit laissé prendre aux réclames des lanceurs de l'affaire.

Naturellement, aucun des journaux payés par ces derniers n'a fait la moindre allusion à ce qui a été publié par le journal dont je parle. Aussi, les dix millions appelés ont-ils été souscrits et, comme bien vous pensez, perdus aux neuf dixièmes pour les souscripteurs.

Mais, ne croyez-vous pas, avec moi, que, si les journaux qui ont publié les annonces et réclames de la société avaient, comme leur confrère, dit en même temps la vérité, le public se serait abstenu de souscrire, comme l'ont fait les lecteurs de ce dernier, et aurait, lui aussi, conservé son argent?...

Vous voyez donc bien que, dans ce cas, le moyen que je propose aurait empêché le mal et sauvegardé les intérêts du public.

Les annonciers le savent bien. La preuve en est qu'ils ont refusé d'insérer, même à la quatrième page des journaux, malgré sommation judiciaire, une simple annonce ainsi conçue :

« TROUVILLE-SUR-MER.

« Il est du plus grand intérêt qu'on lise sans retard les détails sur l'affaire de Trouville, qui sont contenus dans le (ici le nom du journal) du 3 avril et encore ignorés du public. »

Annonce dont l'auteur offrait de payer l'insertion.

Eh bien, quelle garantie, quelle protection le public trouve-t-il dans nos lois contre le danger d'une tromperie de ce genre? J'ai le droit de dire : aucune! J'ai voulu en avoir la preuve et je l'ai eue.

Un procès fait aux annonciers, qui s'est plaidé en 1872 devant le tribunal civil de la Seine, trois ans après la souscription et quand il n'était plus temps de rien empêcher ni de rien réparer, mais que, pour en avoir le cœur net, en faisant trancher judiciairement la question de principe, j'ai tenu à soutenir jusqu'au jugement, a démontré : que la loi ne me donnait pas le droit d'exiger, même en payant, l'insertion d'une annonce aussi simple, appelant l'attention sur un journal qui était ma propriété.

De telle sorte que la quatrième page d'un journal n'est pas, comme le commun des mortels le pense, une place neutre où chacun, en payant, peut afficher sa marchandise ou ses communications au public, même en se conformant au prix du tarif publié par les entrepreneurs ou marchands d'annonces.

Cependant, un légiste éminent, dont l'opinion faisait autorité parmi ses confrères, lorsqu'il exerçait encore la profession d'avocat, et dont la haute situation qu'il occupe actuellement dans l'État me détermine à ne pas citer le nom à cette tribune, croyait alors ma prétention bien fondée ; car il avait accepté avec plaisir de plaider cette affaire, qui l'a été plus tard par un de nos anciens collègues des plus estimés et des plus sympathiques dans cette Chambre, l'honorable M. Leblond, aujourd'hui sénateur, et par un autre avocat du barreau de Paris.

Vous voyez donc bien que si nos lois ont été faites pour offrir au public les

PUBLICATIONS INTERDITES. DÉFENSE.

garanties dont parlait M. de Marnas, elles ne sont pas assez claires, puisque des légistes comme ceux dont je viens de parler les interprètent autrement que les tribunaux.

Pourtant, le tribunal correctionnel de Paris, en août 1870, après avoir constaté que « des annonces absolument fausses » sur la société Trouville avaient paru dans certains journaux, prononça un jugement dont je citerai seulement un attendu, celui-ci visant l'annonce du gage hypothécaire dont j'ai parlé tout à l'heure :

« Attendu que cette allégation a pu et a dû déterminer un certain nombre de souscripteurs, confiants dans l'exactitude d'un gage solide, à verser des fonds qui ont été employés à créer la matière hypothécaire qui était censée les garantir. »

D'où il suit que c'est la publicité faite par ces journaux qui a seule attiré des souscriptions, par la confiance qu'ils inspiraient au public. Et cela démontre combien j'ai raison de dire que, s'ils avaient admis dans leurs colonnes la réfutation des mensonges annoncés, le public n'aurait pas apporté son argent à l'affaire.

Mais un fait de plus qui démontrera sans doute, à vos yeux comme aux miens, la nécessité de faire une loi ou de modifier les lois actuelles sur cette matière spéciale : c'est que le premier des légistes, dont je parlais tout à l'heure, en acceptant de plaider mon procès, se promettait d'aller au delà de ce que je demande.

Mon amendement, messieurs, tend, entre autres choses, à établir l'irresponsabilité du journal au sujet des erreurs commises, non seulement dans les annonces qu'il publie, mais encore dans ses réclames et ses appréciations, à la condition cependant qu'il ne refuse pas d'insérer, moyennant payement, la contre-annonce, contre-réclame ou contre-appréciation contenant la réfutation de ses erreurs.

J'estime que cette thèse, quoique incontestablement des plus libérales, est équitable et juste à l'égard du journaliste qui, dans la pratique, peut agir de très bonne foi en insérant des annonces mensongères, sans avoir ni le temps d'étudier les affaires dont elles traitent, ni même les connaissances spéciales nécessaires pour les bien apprécier.

Cependant le légiste en question entendait que le journaliste fût, en tout état de cause, responsable des dommages causés à autrui par le fait de ses publications.

« Tant pis pour lui, disait-il, s'il n'a pas le temps d'examiner les annonces qu'on lui porte ou s'il est incapable d'en apprécier la portée. S'il n'en veut pas être responsable, eh bien, qu'il ne les insère pas. Mais le public ne doit pas être victime des erreurs qu'elles contiennent. »

On voit combien cette thèse est moins libérale que la mienne.

Cependant, si elle est conforme au droit et à la loi, les journaux n'ont-ils pas le plus grand intérêt à demander qu'on modifie cette dernière et à me venir en aide pour l'obtenir ?

Mais, ce n'est pas seulement vis-à-vis du public trompé par les annonces ou réclames que les journaux peuvent être rendus responsables : ils sont menacés d'encourir une responsabilité encore bien plus grave à l'égard de toute société dont, pour rendre précisément service au public, ils examinent la situation et montrent les côtés faibles.

Ainsi, pour m'être permis de signaler dans un journal spécial les mensonges énoncés dans les annonces et réclames que les lanceurs de l'affaire dite du « Chemin de fer Transcontinental-Memphis-Pacific » faisaient publier par tous les journaux de province et, avec accompagnement de cartes, par ceux de Paris, j'ai été assigné devant le tribunal civil de la Seine en payement d'un million de dommages et intérêts au profit de ladite société et de ses banquiers. (Aux voix ! aux voix !)

Ces messieurs, comme vous le voyez, n'y allaient pas de main-morte.

Au reste, leur assignation était encore de leur part un nouveau moyen de réclame. Et quand, plus tard, dans un procès dont je parlerai tout à l'heure, M. le président du tribunal me demandait : « Combien donc eussent-ils donné pour payer votre silence, s'ils avaient dû l'obtenir ? » — Je n'en sais rien, répondis-je ; peut-être bien l'eussent-ils payé davantage, car ma polémique leur faisait perdre plus que cela.

Quoi qu'il en soit, sans les événements de 1870 et 1871, qui ont fait reculer l'arrivée du procès en rang utile, j'aurais probablement été condamné ; car j'eusse été impuissant, dans un procès purement civil, à fournir la preuve juridique de la vérité de toutes mes assertions. Mais, deux ans s'étant écoulés, le temps est arrivé où la débâcle est apparue, et, à la suite de plaintes nombreuses, un procès correctionnel ayant eu lieu, tout ce que j'avais annoncé a été confirmé par les faits. Les fraudes que j'avais signalées ont été démontrées.

Ceux qui auraient voulu me faire payer un million pour m'obliger à me taire ont été condamnés à quelques années de prison. Mais les malheureux souscripteurs des *bons* émis par la société n'en ont pas moins perdu une vingtaine de millions ! tout l'argent qu'ils ont apporté à l'affaire.

Eh bien ! messieurs, je vous le demande, n'est-il pas utile et même nécessaire de donner au journaliste honnête une garantie contre le danger auquel j'ai été exposé pour avoir voulu dire la vérité au public ? N'est-ce pas là une question d'intérêt général ?

Avec les mesures proposées dans mon amendement, le journaliste honnête serait à l'abri du danger que je viens de signaler, à la condition de se montrer de bonne foi en ne dissimulant pas volontairement à ses lecteurs la réfutation qu'on lui aurait adressée des erreurs qu'il aurait commises.

Par le même moyen, toute société en butte à des critiques injustes et à des tentatives de chantage serait mise en situation de se défendre et de rétablir la vérité devant les mêmes lecteurs qui auraient connu l'attaque.

Est-il réforme plus utile et plus juste ?

Le mal contre lequel je m'élève est très réel. Il n'est pas un de vous qui ne le déplore et n'en désire la fin. Il va pourtant s'aggravant chaque jour, grâce à l'impunité de ceux qui le font. Plus nous allons, plus il se crée de journaux, et plus les exigences et la hardiesse de la presse grandissent.

Telle société qui, pour se constituer, il y a vingt ans, en eût été quitte avec la publicité moyennant une centaine de mille francs, devrait, sous peine d'échouer dans ses appels aux souscripteurs, y consacrer un million aujourd'hui. Divers procès ont établi officiellement la vérité de ce que j'écrivais à cet égard dans ma pétition au sénat de l'empire et dans les polémiques que je soutenais alors dans la presse.

J'ai révélé, dans une assemblée générale des actionnaires du Comptoir d'escompte et dans divers écrits, sans que personne osât me contredire, le montant de la somme importante prélevée dans la première émission de 500,000 obligations de l'emprunt mexicain, pour frais de publicité et autres dépenses inconnues. Il est vrai que la différence entre le prix accordé aux concessionnaires de l'emprunt et celui payé par les souscripteurs s'est élevée à treize millions, ce qui, vous le voyez, permettait aux concessionnaires de l'emprunt de se montrer très larges pour la publicité et très généreux envers leurs auxiliaires.

Dans le procès du Transcontinental, il a été établi que, sur une souscription d'environ 20 millions, il en a été attribué plus de moitié pour commissions ou remises faites au banquier de la compagnie, à quatre autres personnes connues et à quelques-unes qu'on n'a pas fait connaître ; ce qui a pu permettre aux intéressés de payer à haut prix le concours des journaux, indépendamment des 636,000 fr. payés aux fermiers d'annonces et autres entrepreneurs de publicité dont le concours pouvait être utile au succès de la souscription.

PUBLICATIONS INTERDITES. DÉFENSE.

Vous savez que, dans l'émission des emprunts du Honduras, les lanceurs et concessionnaires de l'affaire se sont partagé entre eux et leurs auxiliaires ou ont gaspillé 90 p. 100 de la somme demandée aux souscripteurs, 140 millions sur 157.

D'autres procès ont constaté ce dont on connaissait déjà l'existence, à savoir : que, dans certains journaux, le rédacteur du bulletin financier, au lieu d'être payé de son travail par le propriétaire du journal où il écrit, est payé par un entrepreneur particulier dudit bulletin, qui achète le droit d'en disposer à sa guise ou partager les profits qu'il en retire avec le propriétaire du journal, quand ce n'est pas le rédacteur lui-même du bulletin qui l'exploite dans des conditions analogues. (Aux voix ! aux voix !)

Un procès récent n'a-t-il pas fait connaître la somme considérable que perçoit notamment l'un des journaux les plus répandus de Paris, le *Figaro*, pour avoir concédé sa rédaction financière à une maison de banque ? Dans les comptes de gestion de divers journaux on a même inscrit les sommes perçues par la gérance en outre du prix des annonces et réclames ordinaires. Tout cela est tellement passé dans la pratique journalière, que des fondateurs de nouveaux journaux, dans leurs appels aux souscripteurs d'actions, font apparaître comme une chose toute naturelle le bénéfice à recueillir sous la forme « de mensualités payées par les banquiers, ou pour prix de l'affermage complet de la partie financière à quelque grande société. » Tels sont les termes mêmes du prospectus que j'ai en mains d'un journal intitulé : *Journal populaire, organe de la paix religieuse.*

Les mensualités dont il s'agit font partie de ce que, en termes du métier, on appelle des bénéfices latéraux du journal ; et aujourd'hui, tant la chose est passée en habitude, on peut voir distribuer ouvertement ces mensualités devant le public, sous le péristyle de la Bourse, où les agents de certaines maisons financières remettent, avec le même sans-façon, aux rédacteurs des journaux, le canevas, souvent autographié ou même imprimé, de ce que ces derniers auront à insérer dans le bulletin de Bourse.

Quant aux journaux de province, la plupart d'entre eux, sans même qu'ils s'en doutent, sont les instruments de ce commerce entre lanceurs d'affaires et entrepreneurs de réclames. Ils n'en profitent guère : exploités qu'ils sont par des maisons qui, pour disposer de leur rédaction financière, leur fournissent nonseulement pour rien la copie des bulletins de bourse et de la revue financière, mais encore les payent pour qu'ils l'insèrent. Ces maisons ajoutent, toutefois, dans leur traité : « que ces publications sont obligatoires et exclusives. » Il s'ensuit que le journal, lié par un pareil contrat, devra s'interdire de publier aucun autre article financier que ceux émanant de son cocontractant. J'ai justement en mains le spécimen autographié d'un traité de ce genre, offert à un journal de province qui me l'a envoyé pour avoir mon avis. (Assez ! — Aux voix ! Aux voix !)

M. le président. Monsieur Sourigues, on ne peut pas vous enlever la parole, mais vous pourriez peut-être abréger un peu pour tenir compte du sentiment manifeste de la Chambre.

M. Sourigues. Je prends en considération, et même en très grande considération, le sentiment de la Chambre, et, dans cette pensée, je resserre autant que possible mes arguments, et je fais le sacrifice de nombre d'exemples que je pourrais invoquer encore à l'appui de ma thèse. Mais je manquerais à mon devoir et serais indigne du mandat qu'on m'a confié si, connaissant comme je la connais la question dont je traite, je n'avais pas l'énergie de poursuivre ma discussion jusqu'au bout. Voilà pourquoi je demande à continuer.

Entre autres maisons qui cherchent à conclure le plus qu'elles peuvent de contrats de ce genre, un établissement financier, fondé au capital de plusieurs millions, qui possède déjà, dit-on, près de mille à douze cents contrats de ce genre et, de son propre aveu, au moins trois cent cinquante sans compter les journaux politiques et autres dont il a la propriété, et qui exploite ainsi ce que, dans la conversation entre gens du métier, on appelle : la contre-publicité. D'ailleurs, ce genre d'industrie, dans la pratique du moins, n'est aucunement gêné par l'existence de la loi contre les coalitions entre commerçants ou entre producteurs. Or, les fameux accaparements de denrées ou autres marchandises dont il est parlé dans l'histoire et qui ont occasionné parfois des émeutes et de cruelles représailles de la part du peuple, suivies de répressions sévères ou terribles de la part du pouvoir, étaient loin, en admettant même qu'ils fussent réels, de pouvoir procurer à leurs auteurs le moyen de faire au pays autant de mal et surtout de s'enrichir autant que pourraient le faire aujourd'hui les détenteurs ou accapareurs de la publicité financière des journaux coalisés. (Aux voix ! aux voix !)

On dirait vraiment que ma discussion contrarie des membres de la Chambre qui m'interrompent en criant : Aux voix ! aux voix ! pour me déterminer à y mettre fin. Mais le public qui est trompé chaque jour, lui, et ruiné par les mensonges des réclames de la presse et des lanceurs d'affaires, saura apprécier qui, des interrupteurs ou de moi, sait le mieux comprendre ses intérêts et les défendre. Au lieu de crier aux voix, mieux vaudrait, si je ne me trompe, relever mes erreurs ; si l'on approuve ce que je blâme, oser le venir dire à cette tribune ; dans le cas contraire, avoir un peu plus de patience et m'écouter.

Savez-vous à quelles conséquences déplorables aboutit infailliblement la tolérance de cette industrie ?

A ceci :

Premièrement, que tout journal honnête, refusant d'y participer, c'est-à-dire de percevoir le prix qu'on lui offre, à de semblables conditions, pour acheter son concours ou même simplement son silence, se voyant dès lors impuissant à soutenir la concurrence avec ceux qui réalisent de si gros profits en dehors du prix des abonnements et des annonces ordinaires, est condamné à disparaître de la scène, à moins de sacrifier une somme considérable pour pouvoir vendre ses numéros au même prix que ses concurrents.

Secondement, qu'aucune société honnête, à moins de rouler sur un capital social considérable, ne saurait parvenir à se constituer par un appel public aux petits capitalistes ; parce que la marge de ses bénéfices ne lui permettrait pas de satisfaire aux exigences de la presse ; car, s'ils y satisfaisaient, les fondateurs de la société rendraient d'avance leur entreprise mauvaise, en la constituant, dès son début, en grande perte.

Troisièmement, enfin, comme plus une affaire est véreuse ou un État emprunteur besoigneux et plus est considérable la marge accordée aux lanceurs de l'opération entre les prix de la souscription publique et celui réellement perçu par la société ou l'État emprunteur, il s'ensuit que les lanceurs d'une mauvaise affaire peuvent à leur tour consacrer à la presse une plus large part de leur bénéfice que si l'affaire était sérieuse, et obtenir ainsi une publicité plus grande, plus élogieuse et plus durable, c'est-à-dire plus efficace.

Ajoutez que, tout se perfectionnant avec le temps, on en est arrivé à pouvoir tenter le lancement d'une valeur en ne dépensant qu'une somme relativement minime pour payer en argent le menu fretin des journaux et la partie matérielle de la publicité. Quant aux autres, ils se contentent, pour la plupart, de recevoir, sous forme d'actions à option, des parts plus larges, il est vrai, sur le bénéfice éventuel de l'opération, ce qui les intéresse naturellement à la faire mousser davantage, afin de mieux assurer la souscription des titres par le public ou leur vente avec prime par les administrateurs du syndicat auquel ces journaux deviennent ainsi associés.

Pensez-vous qu'il y ait intérêt pour une nation à favoriser de pareils compromis ? Croyez-vous que cela puisse faciliter le développement des affaires sérieuses et l'amélioration des mœurs. (Aux voix ! aux voix !)

PUBLICATIONS INTERDITES. DÉFENSE.

M. le président. Je répète qu'on ne peut pas enlever la parole à M. Sourigues. C'est à lui de voir s'il ne peut pas faire un sacrifice volontaire. (On rit.) Quant à la Chambre, elle n'a qu'à l'écouter.

M. Sourigues. Je fais un sacrifice en resserrant, en réduisant mes arguments le plus qu'il m'est possible; mais je croirais manquer à mon devoir si, connaissant les faits dont je parle, je n'avais pas le courage d'aller jusqu'au bout. Du reste, je n'en ai plus pour longtemps.

Vous voudriez qu'on fondât en France des sociétés de crédit agricole, des banques populaires et autres institutions destinées à venir en aide au développement des associations ouvrières et des entreprises à la portée des ouvriers, des artisans et des petits commerçants sans fortune. Or, les débuts des sociétés de ce genre sont pénibles, vous le savez, et peu lucratifs. L'avortement du Crédit agricole constitué sous l'empire, les débuts du Crédit foncier lui-même dont les actions restèrent longtemps au-dessous du pair et qui aurait cessé d'être sans le secours de la subvention dont l'État l'avait gratifié, sont des exemples à ne pas oublier. Dès lors, vous voyez bien que la création des sociétés de crédit et de banque dont je parle serait impossible, si leurs fondateurs, pour pouvoir attirer l'argent des actionnaires et des obligataires, étaient forcés de subir la loi des journaux et des monopoleurs de publicité afin d'obtenir leur appui ou même simplement leur silence, en faisant ainsi d'avance une mauvaise affaire d'une entreprise qu'ils auraient pu sans cela rendre viable et peut-être bonne.

Et qu'on ne dise pas que j'exagère. J'ai plutôt atténué le mal dans les faits que j'ai signalés.

Voici, par exemple, comment le tribunal correctionnel de la Seine s'exprime à cet égard, dans son jugement du 27 mars 1873, relatif au Transcontinental :

« Attendu, dit-il, que les traités avec les fermiers des annonces des journaux contenaient cette clause : « Que tout journal qui se livrerait à une critique serait exclu du bénéfice de la publicité.

« Que, la parole des journaux ainsi acquise et la parole payée, la publicité devint entre les mains de la compagnie et des prévenus un véritable monopole de mensonges et une odieuse spéculation sur la crédulité publique. »

Quant à M. le substitut du procureur de la République, il fut encore plus précis ; son réquisitoire, sur ce point, est tellement instructif et vient si bien corroborer mes assertions que je ne puis m'empêcher de vous en citer quelques courts extraits, d'après la sténographie :

« Le tribunal, dit-il, se rappelle avec quel étonnement il a entendu M. Norbert-Billard dire que tel article avait été payé 2,000 fr. au *Journal officiel*, parce que c'était une annonce. Les offices de publicité, je le répète, ont transformé les annonces proprement dites de la 4ᵉ page en articles qui expriment une opinion et engagent les lecteurs du journal à suivre cette opinion.

« Comme les agences ne veulent pas que leurs opérations soient gênées, elles excluent la critique ; et il est arrivé ce fait qu'elles ont vendu le silence comme la parole, qu'elles ont vendu la défense comme l'attaque. Aussi, il n'est pas de scandale financier, l'affaire Trouville, la Société forestière, le Transcontinental, qui n'ait passé par leurs mains.

« Je pourrais prendre chacun des journaux et vous montrer les plus respectables, ceux qui nous inspirent le plus de confiance, engagés dans cette publicité mensongère à l'occasion du Transcontinental.

. . . .

« Le dernier coup qui fut donné en faveur de l'affaire fut un article très bienfait, très habile, paru dans le *Journal officiel*, et les lecteurs, qui pensaient avec raison que ce journal n'aurait pas patronné une affaire véreuse, soit au point de vue politique, soit au point de vue financier, étaient nécessairement entraînés.

« Cependant, il y eut quelques dissidents.

« Un ancien chirurgien-major des armées des États-Unis ayant fait une brochure contre le chemin de fer de Memphis el Paso, on acheta sa brochure 1,000 dollars et, je crois, un certain nombre de bonds.

« La *Réforme* ayant fait un article très net dans lequel, etc..., elle fut immédiatement citée en diffamation devant le tribunal correctionnel.

« Enfin, on assigna aussi le..... et on lui demanda un million de dommages-intérêts pour terrifier les autres. »

Dans ce passage je supprime à dessein le titre de mon journal, ne voulant pas le citer parce que ce titre, après que je l'ai eu laissé tomber dans le domaine public, a été repris par un autre journal qui existe et avec lequel je n'ai ni n'ai jamais eu aucun rapport, ayant préféré ne vendre à personne celui à l'aide duquel j'ai accompli une œuvre sans précédent, à laquelle j'ai sacrifié plus de cent cinquante mille francs, ma tranquillité, la possibilité de constituer ou de lancer alors aucune entreprise, en présence des inimitiés que je soulevais contre moi; œuvre, je le déclare, que je ne me sentirais plus de force à recommencer aujourd'hui.

Puis-je reprendre la lecture du réquisitoire? (Aux voix! aux voix!)

. . . .

« Ces traités » — il s'agit ici des traités avec les annonciers — « c'était l'exclusion de toute critique contre l'opération.

« La presse française, dans la partie de publicité, était livrée pieds et poings liés. De pareils traités sont une infamie pour celui qui les a proposés et pour ceux qui les ont acceptés! Et je vis dans cette espérance que les parties civiles auront le courage de saisir le tribunal civil de la question et de lui démontrer le préjudice que de pareils traités ont causé à leurs intérêts, et de se faire indemniser « au moyen des bénéfices scandaleux gagnés par les Compagnies d'annonces. »

Messieurs, vu le grand nombre des journaux intéressés dans la question, on comprend pourquoi M. le procureur de la République ne mit en cause que les Compagnies d'annonces.

Mais ces dernières n'auraient pas pu se lier par les engagements signalés, si elles n'eussent été assurées de les voir ratifier par les journaux qui, d'ailleurs, à l'occasion, reçoivent directement les annonces que le public leur apporte.

Eh bien, cette infamie, qui aurait été autrefois la très grande exception, était déjà devenue, vous le voyez, il y a dix ans, la règle générale, grâce à l'impunité dont on les laissait jouir.

Que s'est-il produit depuis lors? Vous avez entendu, il y a peu de jours, notre honorable collègue, M. Allain-Targé, dire en stigmatisant la conduite d'une certaine presse, qu'il y a des journaux faisant exception à cette règle. Mais, le lendemain, un journaliste qui doit savoir ce qui se passe, rédacteur du compte rendu de la Chambre dans l'un des organes les plus répandus de la grande presse parisienne, le *Figaro*, écrivait : « Que M. Allain-Targé serait bien en peine de citer un seul des journaux, même où il ne compte que des amis, qui soit à l'abri de ces spéculations condamnables. »

Qui donc a raison de l'honorable M. Allain-Targé ou du journaliste en question? Je crois que c'est notre collègue M. Allain-Targé. Je crois, et je le dis pour l'honneur de la presse, qu'il y a des journaux faisant exception à la règle devenue aujourd'hui trop générale. Mais combien sont-ils et quels sont-ils? — J'avoue mon impuissance à répondre.

Toutefois, il est certain que si, dans le procès correctionnel relatif au Transcontinental, le ministère public eût mis en cause directement, non pas un de ces journaux financiers ayant sur le public le peu d'autorité dont parlait M. Allain-Targé, mais bien un de ces grands journaux politiques, choisi parmi les plus respectables auxquels faisait allusion M. le substitut du procureur de la République, dans son réquisitoire ; il est certain, dis-je, que le mal existant aurait diminué au lieu d'aller en s'accroissant.

Quand plus tard on lira ces faits, on restera confondu à l'idée que cela ait pu exister sous un gouvernement parlementaire et surtout sous une république avec le suffrage universel!

Mais n'y a-t-il pas aussi, dans l'existence de semblables traités, la preuve que les propriétaires de journaux ne croient pas eux-mêmes à l'impuissance de la presse, et qu'ils croient au contraire à l'efficacité de sa publicité, pourvu que leurs énonciations ne soient pas contredites dans le journal même où elles ont été produites? Et cette opinion n'est-elle pas partagée par des journalistes choisis parmi les plus renommés d'entre eux?

Lorsque le directeur de la *Justice*, par exemple, a attaché tant d'importance à faire connaître au public que son journal s'est fondé sans la participation d'aucun établissement financier, ne déclarait-il pas implicitement qu'il répudiait toute solidarité avec les journaux à la dévotion des lanceurs d'affaires? Il y a mieux : un homme connaissant parfaitement les secrets du métier, et qui est en même temps l'un des journalistes les plus militants de la presse parisienne, M. Henri de Rochefort, allant bien plus avant que moi, qui admets très bien la publication de réclames par les journaux, à condition toutefois de garantir le public contre le danger d'énonciations mensongères, exprime son avis, dans ses *Lanternes de l'exil*, d'une façon si énergique et si précise, que je demande la permission de vous le faire connaître :

« Quand je fondai, dit-il, la *Lanterne*, en 1868, je refusai péremptoirement toutes les propositions d'annonces qui m'assaillirent. Plus tard, dès le début de la *Marseillaise*, dont le tirage dépassa souvent cent cinquante mille, il fut convenu qu'aucune réclame financière n'y entrerait jamais... » — Ici un jugement porté sur les sociétés qui me semble trop général et que je supprime ; puis, je reprends : — « Nous avons mieux aimé, mes rédacteurs et moi, priver le journal d'un casuel considérable que de participer, même inconsciemment, à la ruine possible de quelques-uns de nos concitoyens. »

N'y a-t-il pas, dans cette citation, un aveu de la puissance de la presse et un argument très puissant en faveur de la thèse que j'ai l'honneur de soutenir devant vous? Et n'y a-t-il pas, enfin, dans l'ensemble des faits que j'ai déjà relevés, la preuve incontestable que la liberté de la presse, comme l'entendent aujourd'hui certains journaux, ne saurait guérir elle-même les blessures qu'elle fait, et que la comparaison avec la fameuse lance d'Achille, dont parlait le rapporteur de ma pétition au Sénat, ne saurait être juste qu'à la condition de donner au public, comme je le demande, le droit de faire insérer, à ses frais, la contre-annonce ou la contre-réclame dans le journal même où les annonces et les réclames ont paru? (Très bien ! sur quelques bancs à gauche.)

Un membre à gauche. Ils inséreraient les réfutations si on les leur payait au tarif des annonces!

M. Sourigues. C'est ce qu'ils ne font pas ; je viens de vous le montrer par un procès jugé par le tribunal civil de la Seine. Voilà pourquoi je prétends qu'il y a lieu de modifier la loi.

Est-ce que les nombreuses opérations dont j'ai, pendant cinq ou six ans, signalé les côtés faibles dans une circulaire répandue jusqu'à 60,000 exemplaires par numéro et un journal tiré pourtant à plusieurs milles d'exemplaires, parfois jusqu'à 25,000, n'ont pas réussi à attirer l'argent du public malgré cette publicité? Or, n'est-il pas cent fois vrai de dire que si ce que j'écrivais alors dans cette circulaire ou ce journal eût été inséré dans les journaux qui avaient publié les mensonges que je signalais, surtout quand ils étaient aussi énormes que celui, par exemple, d'une garantie d'intérêt de 6 p. 100 l'an attribuée par le gouvernement des États-Unis en faveur des bonds du Transcontinental-Memphis-Pacific, garantie dont je niais l'existence affirmée par tous les autres journaux et qui, réellement, n'a jamais existé ; n'est-il pas, dis-je, mille fois certain que si j'avais eu le droit de démentir le fait dans un de ces journaux, aucun de ses lecteurs n'aurait souscrit un bond de ce soi-disant chemin de fer qui est encore à naître?

N'est-il pas vrai que le lecteur d'un journal auquel il s'est abonné parce qu'il a plus de confiance en lui qu'en tout autre, et qui, le plus souvent, dans la province, ne reçoit et ne lit que celui-là, croira que ce journal dit la vérité quand, à propos d'une souscription publique, il affirmera qu'un gouvernement comme celui des États-Unis, par exemple, garantit un intérêt de 6 p. 100 sur les titres en souscription? Ne tombe-t-il pas sous le sens que, plus un tel fait est facile à démentir, s'il n'est pas vrai, plus le lecteur intelligent, honnête et de bonne foi doit le prendre au sérieux et y croire quand son journal le lui confirme en le répétant? C'est exactement ce qui s'est produit pour les bonds du Transcontinental.

N'est-il pas admissible qu'en voyant un fait aussi considérable et si facile à vérifier démenti par un seul journal et affirmé par tous les autres, c'est ce journal isolé qui, aux yeux des gens les plus intelligents et honnêtes ne le connaissant pas, a dû passer pour être seul dans le faux et peut-être même de mauvaise foi?

Or, n'est-il pas certain que les journaux qui annonçaient cette prétendue garantie d'intérêt auraient cessé immédiatement de la certifier si, sous peine de devenir responsables de la tromperie commise à l'égard de leurs lecteurs, ils eussent été obligés d'insérer dans leurs propres colonnes la rectification du mensonge, c'est-à-dire la vérité?

Voulez-vous une preuve de la conduite qu'ils auraient tenue? Je vais la fournir. Elle servira, en même temps, à démontrer, par un nouvel exemple, l'efficacité du moyen que je propose pour remédier au mal signalé.

Lors de la souscription des obligations de l'Union métallurgique de France, qui sont tombées en peu de temps à 5 ou 6 francs, où le public a perdu une douzaine de millions et dont le banquier de la société, deux ou trois ans plus tard, a été condamné, je publiai ce que je savais de l'affaire.

Les journaux annonçaient que cette société qui allait émettre pour 17 millions de francs en obligations hypothécaires avait, en outre, des mines et autres établissements, un capital de 25 millions non seulement souscrit, mais versé en totalité : « Les obligations ainsi garanties, disaient-ils, par un gage dix fois supérieur, rapporteraient plus de 8 p. 100. »

En réalité, les prétendus 25 millions du capital social se réduisaient à 200,000 fr. versés en espèces, 24,800,000 fr. d'apport.

Tout le reste de l'annonce n'était que mensonges ou dissimulations calculées. Je me gênai pas pour le dire, et, trois ans plus tard, en février 1872, le tribunal correctionnel rendit un jugement dont la citation d'un seul de ses attendus suffira pour démontrer combien j'étais dans le vrai :

« Attendu — y est-il dit — que les souscripteurs se sont trouvés, en réalité, en présence, non pas d'un gage dix fois supérieur, mais exagéré outre mesure, n'offrant, au lieu de 25 millions représentés hardiment comme versés, que des concessions non libérées ou du moins réputées pour la plupart improductives par les documents officiels du ministère des travaux publics et portées, dans l'évaluation des apports, à vingt fois le prix d'achat. »

Au cours même de la souscription, je publiai un article et l'envoyai à tous les grands journaux de Paris, avec une signification par huissier, signalant cet article à leur attention.

Qu'arriva-t-il?

M. Delescluze, dont personne, à quelque opinion qu'il appartienne, ne contestera le désintéressement personnel, fit publier mon article in extenso dans son journal le Réveil, sans se préoccuper de la perte qui en pourrait résulter pour lui par le retrait des annonces. Quelques autres journaux cessèrent la publication des annonces et réclames de la compagnie. D'autres, enfin, continuèrent pendant quelques jours encore cette publicité; mais, à la suite d'un nouvel article que je leur envoyai, contenant une déclaration du préfet et de l'ingénieur des mines d'un département où se trouvaient des mines citées dans les annonces, ils gardèrent le silence.

Et l'on apprit plus tard que la plupart des journaux qui s'étaient engagés à publier tout ce qui leur serait adressé pendant un temps déterminé, par le lanceur de la souscription, ayant cessé leur publicité avant le délai prévu, le banquier ne voulut pas payer les publications déjà faites, en se fondant sur ce qu'ils n'avaient pas tenu leurs engagements.

Vous voyez donc bien que mon moyen serait efficace !

Et une nouvelle preuve qu'il ne donnerait pas lieu à la prétendue confusion dont parlait le rapporteur de ma pétition au Sénat, c'est que, dans le même numéro, contenant le second article dont j'ai parlé, se trouvait une lettre d'un administrateur de la société essayant, non de contester l'existence des documents que j'avais produits, mais d'en expliquer et atténuer la portée.

Comme je l'avais fait pour la Société des terrains Trouville, j'avais admis l'Union métallurgique de France à répondre à mon article dans le même numéro où je devais le publier : et cela n'empêcha pas les autres journaux de cesser leurs annonces et leurs réclames à la suite de cette publication, qui ne fit naître, vous le voyez, aucune confusion dans leur esprit. (Bruit. — Aux voix ! aux voix !)

J'arrête là ma discussion.

Un membre. Vous avez tort de vous arrêter là.

M. Sourigues. J'y suis contraint par les interruptions et les cris : aux voix !

Je pourrais citer bien d'autres exemples de souscriptions où le public s'est laissé tromper par les annonces et les réclames de la presse. Dans la pétition au Sénat et dans mon journal, j'en ai signalé un très grand nombre dont aucun n'a pu être contredit.

Combien, depuis cette époque et même à une époque très récente, ne s'en est-il pas produit que je pourrais relever ? Mais à quoi bon poursuivre ces citations ? Celles que j'ai faites suffisent pour justifier ma demande.

Je n'ai pas la prétention de présenter mon amendement comme le seul remède au mal que j'ai signalé. Moins encore, aurais-je la témérité de vouloir arrêter les termes d'une loi dans une Chambre où se trouvent tant de légistes et d'hommes éminents, devant l'autorité desquels j'ai le bon sens de m'incliner et de reconnaître mon insuffisance. Mais la conviction que j'ai d'accomplir une œuvre utile, en portant devant cette Chambre la question qui nous occupe, m'a donné le courage de dire la vérité à cette tribune, au risque de soulever contre moi et le mécontentement des journaux qui, ne saisissant pas bien la portée de mon amendement, verraient leurs intérêts atteints par son adoption, et les rancunes de certains financiers devant la puissance desquels les gouvernements eux-mêmes ont trop souvent la faiblesse de se courber.

La mise en pratique de mon amendement sauvegarderait l'épargne de milliers d'individus et rendrait à la presse française le renom d'honnêteté, d'indépendance et de désintéressement dont elle jouissait au temps des Carrel, des Marrast, des de Genoude, des Ribeyrolles. Le principe de l'association des capitaux y gagnerait, en même temps que le monde des affaires et les mœurs du pays. (Assez ! assez ! — Aux voix ! aux voix !)

Moins heureux que leurs devanciers, mais aussi bien intentionnés, ceux des journalistes actuels qui envisagent leur profession comme une sorte de sacerdoce éprouveraient une véritable satisfaction à pouvoir l'exercer dans un journal constitué en vue de faire prévaloir une opinion. Ils souffrent, au contraire, de la nécessité où ils se trouvent trop souvent de n'écrire point ou d'écrire dans des journaux commandités par des financiers et gens d'affaires, pour qui la politique n'est qu'un moyen d'attirer une clientèle de lecteurs appartenant à toutes les opinions et dont ils comptent se faire une clientèle d'acheteurs et de souscripteurs pour les titres qu'ils auront à leur vendre ou à leur offrir.

Le nombre des journaux fondés exclusivement par des hommes politiques et pour servir un parti politique, comme étaient, il y a trente ou quarante ans, la *Tribune*, le *National*, la *Gazette de France*, la *Réforme*, devient, en effet, de plus en plus réduit de nos jours. Pour les journaux de ce genre, et pour les journalistes qui les voudraient tous dans ces conditions, l'adoption des mesures que je réclame serait un bienfait... (Bruyantes interruptions. — Aux voix ! aux voix !).. J'ai fini.

M. le président. Vous avez déjà annoncé plusieurs fois à la Chambre que vous alliez terminer.

M. Sourigues. Je conjure la Chambre d'adopter mon amendement, sinon dans son texte, au moins dans son esprit, en le renvoyant à la commission, pour qu'elle en modifie le texte, s'il y a lieu.

Mais, si vous vous déclariez impuissants à légiférer pour opposer une barrière aux abus scandaleux que j'ai signalés et que vous déplorez comme moi, eh bien, proclamez, au profit de la presse vénale et des lanceurs d'affaires, l'impunité du mensonge !

Vous en rendrez ainsi les effets moins dangereux pour le public, en lui apprenant à se montrer moins confiant et à chercher en lui-même une protection que nos lois sont impuissantes à lui accorder.

L'appât des bénéfices que cette impunité rapporte à ceux qui l'exploitent, comme si elle existait déjà réellement, doublera, triplera le nombre des journaux et des lanceurs d'affaires ; de telle sorte que l'impossibilité d'acheter le concours de tant de journaux en laissera quelques-uns pour dire la vérité, et que la concurrence entre tant de lanceurs d'affaires les obligera à se contenter d'un profit un peu moindre. Alors de l'excès même du mal résultera peut-être un peu de bien. Ce sera toujours autant de gagné pour le public.

Mais je préférerais vous voir adopter mon amendement. Le résultat en serait meilleur et plus sûr.

Dans tous les cas, comme correctif à l'impuissance des lois, aux défaillances de la jurisprudence ou à la tolérance des tribunaux relativement aux réclames financières de la presse, il importe de proclamer la plus large liberté possible des réunions publiques, pour permettre aux particuliers de s'éclairer réciproquement sur la valeur des affaires qu'on propose au public ; de se protéger, s'ils le peuvent, contre le danger des réclames mensongères, et de déjouer le silence calculé des journaux. Mais si vous vous déclarez indifférents au mal que j'ai signalé, et dont vous ne sauriez nier l'existence, alors ne parlez plus d'égalité et moins encore de démocratie ! Dites que la liberté de propager ouvertement sa pensée en matière de questions financières, le pouvoir de la communiquer au public et la possibilité de former des associations, par un appel aux petits capitalistes, n'existent que pour les propriétaires de journaux, les accapareurs de la publicité, les lanceurs de grosses affaires et l'aristocratie de l'argent. (Aux voix ! aux voix !)

M. le président. Je consulte la Chambre sur l'amendement de M. Sourigues.

(L'amendement, mis aux voix, n'est pas adopté.)

M. le président. Je mets aux voix l'article 37 dont j'ai donné lecture.

(L'article 37 est mis aux voix et adopté.)

« Article 38. — Il est interdit de rendre compte des procès en diffamation où la preuve des faits diffamatoires n'est pas autorisée. La plainte seule pourra être publiée par le plaignant. Dans toute affaire civile, les cours et tribunaux pourront interdire le compte rendu des procès. Ces interdictions ne s'appliqueront pas aux jugements qui pourront tonjours être publiés.

« Il est également interdit de rendre compte des délibérations intérieures, soit des jurys, soit des cours et tribunaux.

« Toute infraction à ces dispositions sera punie d'une amende de 100 fr. à 2,000 fr. »

M. le président. M. Trarieux a présenté un amendement sur cet article.

M. Trarieux. Je retire cet amendement, monsieur le président, et ce retrait est la conséquence des votes qui ont eu lieu précédemment.

M. le président. L'amendement étant retiré, je consulte la Chambre sur l'article 38.

(L'article 38, mis aux voix, est adopté.)

« ART. 39. — Il est interdit d'ouvrir ou annoncer publiquement des souscriptions ayant pour objet d'indemniser des amendes, frais et dommages-intérêts prononcés par des condamnations judiciaires, en matière criminelle et correctionnelle, sous peine d'un emprisonnement de huit jours à six mois et d'une amende de 100 fr. à 1,000 fr. ou de l'une de ces deux peines seulement. » (Adopté.)

« Art. 40. — Ne donneront lieu à aucune action en diffamation, injure ou outrage, les discours prononcés ou les écrits produits devant les tribunaux.

« Pourront néanmoins les juges, saisis de la cause et statuant sur le fond, prononcer la suppression des discours injurieux, outrageants ou diffamatoires, et condamner qui il appartiendra à des dommages-intérêts. Les juges pourront aussi, dans le même cas, faire des injonctions aux avocats et officiers ministériels, ou même les suspendre de leurs fonctions. La durée de cette suspension ne pourra excéder six mois ; en cas de récidive, elle sera d'un an au moins et de cinq ans au plus.

« Pourront toutefois les faits diffamatoires étrangers à la cause donner ouverture soit à l'action publique, soit à l'action civile des parties, lorsque ces actions leur auront été réservées par les tribunaux et, dans tous les cas, à l'action civile des tiers. »

M. le président. Il y a, sur cet article, deux amendements : un de M. Ribot et un de M. Sourigues. (Exclamations.)

L'amendement de M. Ribot est ainsi conçu:

« § 1er. — Ne donneront lieu à aucune action en diffamation, injure ou outrage :

« 1° Les comptes fidèles des séances publiques des Chambres ;

« 2° Les discours prononcés ou les écrits produits devant les tribunaux. »

La parole est à M. Ribot.

M. Ribot. Messieurs, mon amendement est, je crois, accepté par la commission ; il a pour but de réparer une omission.

La Constitution accorde aux représentants de la nation une immunité complète pour leurs discours, mais cette immunité ne s'étend pas nécessairement aux journaux qui reproduisent les débats des Chambres. La loi de 1819 avait cru nécessaire d'accorder cette immunité à la presse ; je crois qu'il n'y a aucune raison de ne pas conserver cette disposition dans notre loi. (Marques d'assentiment.)

M. le rapporteur. La commission accepte l'amendement !

M. le président. Je mets aux voix l'amendement de M. Ribot.

(L'amendement est mis aux voix et adopté.)

M. le président. Monsieur Sourigues, maintenez-vous votre amendement ?

M. Sourigues. Je le retire !

M. le président. L'amendement étant retiré, je mets aux voix l'ensemble de l'article 40.

(L'ensemble de l'article 40 est mis aux voix et adopté.)

Nous extrayons de la séance du 5 février 1881 un fragment du compte rendu qui touche à l'article 40.

M. le président. Avant de mettre aux voix l'article 67 (ancien article 1er), ermettez-moi, messieurs, de vous soumettre une observation.

Lors de la discussion de l'article 40, un membre de la Chambre, — je crois que 'est l'honorable M. Ribot, — a proposé à la commission de rédiger ainsi le paragraphe 1er de cet article :

« Ne donneront lieu à aucune action en diffamation, injure ou outrage, les comptes fidèles des séances publiques des Chambres. »

Cette rédaction a été acceptée par la commission et votée par la Chambre.

Je ferai observer que l'honorable M. Ribot, en empruntant à la loi de 1819 cette disposition, qui y constitue l'article 22, a laissé de côté l'article 21, que la Chambre voudra, je crois, s'approprier également.

Voici le texte de cet article 21 :

« Ne donneront ouverture à aucune action les discours tenus dans le sein de l'une des deux Chambres, ainsi que les rapports ou toutes autres pièces imprimées par ordre de l'une des deux Chambres.

En présence de l'article 67, qui abroge toutes les dispositions antérieures sans qu'on puisse les faire revivre par voie d'interprétation jurisprudentielle, le fait d'avoir reproduit l'article 22 de la loi de 1819 dans l'article 40 en exclurait l'article 21, et alors les membres des deux Chambres pourraient être actionnés pour les discours ou les rapports qu'ils auraient faits dans l'une ou l'autre Chambre.

M. Sénard. C'est évident !

M. le président. Par conséquent, je crois que la commission pourra s'approprier l'article 21 de la loi de 1819...

M. le rapporteur. Parfaitement, la commission accepte !

M. le président. Le nouveau paragraphe de l'article 40 serait donc ainsi rédigé :

« Ne donneront ouverture à aucune action les discours tenus dans le sein de l'une des deux Chambres, ainsi que les rapports ou toutes autres pièces inprimées par ordre de l'une des deux Chambres... »

(Ce paragraphe est mis aux voix et adopté.)

M. le président. Viendrait ensuite le paragraphe additionnel adopté sur la proposition de M. Ribot, et qui serait ainsi conçu :

« Ne donnera lieu à aucune action le compte rendu des séances publiques des deux Chambres fait de bonne foi dans les journaux. »

Le reste comme à l'article primitif de la commission.

Je mets aux voix maintenant l'ensemble de l'article 40 ainsi modifié.

(L'ensemble de l'article 40, ainsi modifié, est mis aux voix et adopté en ces termes :)

Art. 40. — Ne donneront ouverture à aucune action les discours tenus dans le sein de l'une des deux Chambres, ainsi que les rapports ou toutes autres pièces imprimées par ordre de l'une des deux Chambres.

PUBLICATIONS INTERDITES. DÉFENSE.

Ne donnera lieu à aucune action le compte rendu des séances publiques des deux Chambres, fait de bonne foi dans les journaux.

Ne donneront lieu à aucune action en diffamation, injure ou outrage, ni le compte rendu fidèle fait de bonne foi des débats judiciaires, ni les discours prononcés ou les écrits produits devant les tribunaux.

Pourront néanmoins les juges, saisis de la cause et statuant sur le fond, prononcer la suppression des discours injurieux, outrageants ou diffamatoires, et condamner qui il appartiendra à des dommages-intérêts. Les juges pourront aussi, dans le même cas, faire des injonctions aux avocats et officiers ministériels et de même les suspendre de leurs fonctions. La durée de cette suspension ne pourra excéder deux mois, et six mois en cas de récidive, dans l'année.

Pourront toutefois les faits diffamatoires étrangers à la cause donner ouverture, soit à l'action publique, soit à l'action civile des parties, lorsque ces actions leur auront été réservées par les tribunaux et, dans tous les cas, à l'action civile des tiers.

CHAMBRE DES DÉPUTÉS. DEUXIÈME DÉLIBÉRATION DÉCIDÉE LE 5 FÉVRIER 1881.

Président M. Gambetta. Séance du 14 février 1881.

M. Lisbonne, rapporteur, continue son rapport supplémentaire.

Un amendement de l'honorable M. Gatineau nous a amenés à modifier le paragraphe de l'article 40 relatif aux injonctions qui peuvent, au cours d'un débat judiciaire, être prononcées contre des avocats et des officiers ministériels. M. Gatineau proposait de réduire la durée de cette suspension à deux mois et, en cas de récidive dans l'année, à six mois. Nous avons adopté l'amendement de M. Gatineau ; la suspension ne sera plus que de deux mois dans le premier cas et de six mois dans le second.

M. le président lit l'article 37.

« Art. 37. — Il est interdit de publier les actes d'accusation et tous autres actes de procédure criminelle ou correctionnelle avant qu'ils aient été lus en audience publique, et ce, sous peine d'une amende de 50 francs à 1,000 francs. » — (Maintenu.)

« Art. 38. — Il est interdit de rendre compte des procès en diffamation où la preuve des faits diffamatoires n'est pas autorisée. La plainte seule pourra être publiée par le plaignant. Dans toute affaire civile, les cours et tribunaux pourront interdire le compte rendu du procès. Ces interdictions ne s'appliqueront pas aux jugements, qui pourront toujours être publiés.

« Il est également interdit de rendre compte des délibérations intérieures, soit des jurys, soit des cours et tribunaux.

« Toute infraction à ces dispositions sera punie d'une amende de 100 francs à 2,000 francs. » — (Maintenu.)

« Art. 39. — Il est interdit d'ouvrir ou d'annoncer publiquement des souscriptions ayant pour objet d'indemniser des amendes, frais et dommages-intérêts prononcés par des condamnations judiciaires, en matière criminelle et correctionnelle, sous peine d'un emprisonnement de huit jours à six mois et d'une amende de 100 francs à 1,000 francs, ou de l'une de ces deux peines seulement. »

M. Clémenceau. Je demande la parole sur l'article 39.

M. le président. Vous avez la parole.

M. Clémenceau. Messieurs, j'ai demandé la parole pour une simple citation. Au début de la Restauration, des hommes subversifs qui s'appelaient le duc de Broglie, l'ancien, Manuel, Benjamin Constant, Laffite, avaient formé une société pour défendre la liberté de la presse.

Un journaliste, M. Chevalier, ayant été condamné pour délit de presse, ces messieurs lui adressèrent la lettre que je vous demande la permission de vous lire et qui était signée, ne l'oubliez pas, par le duc de Broglie :

« Monsieur, je suis chargé par un grand nombre de citoyens qui, sans connaître plus que moi votre personne, honorent votre caractère et partagent vos principes, de vous prier de ne pas mettre obstacle au désir qu'ils ont formé.

« La procédure que vous avez subie leur paraît si étrange, l'état de notre législation si défectueux, les décisions des tribunaux si menaçantes, qu'ils doivent partager avec les écrivains qui consacrent leur plume à défendre les droits de la nation le poids d'un ordre de choses qui ne peut durer.

« Vous êtes le premier en ordre de date qui ait encouru, sans motif apparent, une condamnation personnelle et pécuniaire. Souffrez que nous prenions notre quote part de la peine; veuillez me faire connaître à combien se montent l'amende et les frais de justice que vous devez payer : je vous prierai de vouloir bien disposer d'une somme égale sur les fonds qui sont entre nos mains.

« En accueillant la proposition que j'ai l'honneur de vous faire, vous servirez utilement votre patrie, et vous aurez de nouveaux droits à la reconnaissance publique; car il ne peut y avoir rien de plus avantageux qu'une manifestation sage, régulière et constitutionnelle de l'opinion dans des matières de cette importance. »

A gauche. Très bien !

M. Clémenceau. Ce que MM. le duc de Bloglie, Manuel, Laffite, Benjamin Constant, estimaient une manifestation sage, régulière, et constitutionnelle, la commission le trouve condamnable.

Plusieurs membres de la commission. Pas du tout ! C'est une erreur !

M. le rapporteur. Voyez l'article 39.

M. Clémenceau. Cet article est ainsi conçu :

« Il est interdit d'ouvrir ou d'annoncer publiquement des souscriptions ayant pour objet d'indemniser des amendes, frais et dommages-intérêts prononcés par des condamnations judiciaires, en matière criminelle et correctionnelle, sous peine d'un emprisonnement de huit jours à six mois et d'une amende de 100 francs à 1,000 francs, ou l'une de ces deux peines seulement. »

La lettre que je viens de lire ayant été publiée dans les journaux, je prétends que la souscription était publique. Permettez-moi de vous dire que je ne comprends pas votre objection; je doute que vous puissiez l'apporter à cette tribune. J'ai donc le droit de dire que ce que vous défendez, c'est ce que M. le duc de Broglie et ses amis estimaient être une manifestation licite, régulière et constitutionnelle; vous, vous en faites un délit.

Plus tard, sous Louis-Philippe, le journal la *Tribune* ayant été condamné pour avoir traité la Chambre des députés de prostituée, Chateaubriand souscrivit publiquement pour 50 francs et put le faire sans être poursuivi ; vous n'aviez pas encore passé par là !

Messieurs, vous êtes moins libéraux que le gouvernement de la Restauration...

M. de la Rochefoucault, duc de Bisaccia. C'est bien sûr !

A droite. C'est très vrai !

M. Clémenceau. Vous êtes moins libéraux !

M. le comte de Douville-Maillefeu. C'est bien connu, tout le monde le voit. (Rires.)

M. Clémenceau. Il est vrai que vous venez de démontrer tout à l'heure que vous êtes aussi libéraux que l'auteur du coup d'État de décembre, l'auteur du décret dictatorial de 1852 !

M. le comte de Douville-Maillefeu. Ils sont enchantés ! (Nouveaux rires.)

M. le président. Monsieur de Douville-Maillefeu, je vous prie de ne pas faire vos réflexions à aussi haute voix. (Rires d'assentiment.)

Je consulte la Chambre sur l'article 39.

(*L'épreuve et la contre-épreuve ont lieu par mains levées.*)

M. le président. L'article 39 est adopté. (Réclamations à droite.)

M. le président. C'est un système que ces réclamations ! Comment voulez-vous juger de votre place mieux que le bureau ?

M Laroche-Joubert. Il nous a paru y avoir plus du double de votes contre que pour l'article.

M. Paul de Cassagnac. Voilà deux fois qu'un article est repoussé ainsi et qu'on le déclare adopté.

M. le président. Je vous demande pardon.

M. Paul de Cassagnac. Mais si !

M. le président. Vous avez des secrétaires que vous choisissez pour apprécier les votes.

M. de la Rochette. Il aurait fallu un scrutin sur une question de cette importance !

M. le président. Ce n'est pas ma faute, s'il n'y a pas eu de demande de scrutin. (Rumeurs à droite.)

M. de la Biliais. On n'a pas le temps de la faire.

M. le président. Il faudrait cependant, messieurs, apprendre à respecter les décisions de votre bureau, quand il n'y a pas l'ombre d'un doute.

M. Laroche-Joubert. Vous n'avez pas consulté le bureau !

M. Paul de Cassagnac. Vous n'avez rien demandé aux secrétaires !

M. le président. Je vous demande pardon.

M. le baron Dufour. Vous avez consulté les secrétaires de gauche.

M. le président. Je ne peux pas laisser mettre en question à chaque moment l'autorité du bureau. (Bruit à droite.)

Je vous ferai observer, messieurs, que vous manquez au respect que vous devez et à vos amis qui siègent à droite et aux secrétaires qui sont nommés par la gauche, et qu'il leur serait impossible de pouvoir continuer l'exercice de leur mandat s'ils sont soumis à de pareils soupçons.

M. Laroche-Joubert. Je persiste à dire que nous n'avez pas consulté le bureau.

M. le président. Monsieur Laroche-Joubert, je vous rappelle à l'ordre, vous n'avez pas la parole. (Marques d'approbation.) Comment ! est-ce qu'il sera nécessaire, maintenant, à chaque décision, de rappeler à la Chambre que son bureau est unanime pour dire que tel vote a été rendu ?

C'est un scandale que je ne tolérerai pas. (Très bien ! très bien ! à gauche et au centre.)

M. Laroche-Joubert. C'est la première fois que je suis rappelé à l'ordre. Vous en avez l'étrenne. (Bruit.)

M. le président. Le rappel à l'ordre vous est infligé. Vous vous en expliquerez si vous le voulez à la fin de la séance.

M. Laroche-Joubert. Je m'en garderai bien ; j'ai mon premier rappel à l'ordre et je le garde.

M. le président. Eh bien, gardez-le, c'est ce que vous avez de mieux à faire.

« ART. 40. — Ne donneront ouverture à aucune action, les discours tenus dans le sein de l'une des deux Chambres, ainsi que les rapports ou toutes autres pièces imprimées par ordre de l'une ou l'autre des deux Chambres. Ne donnera lieu à aucune action le compte fidèle des séances publiques des deux Chambres, rendu de bonne foi dans les journaux.

« Ne donneront lieu à aucune action en diffamation, injure ou outrage, les discours prononcés ou les écrits produits devant les tribunaux.

« Pourront néanmoins les juges, saisis de la cause statuant sur le fond, prononcer la suppression des discours injurieux, outrageants ou diffamatoires, et condamner qui il appartiendra à des dommages-intérêts. Les juges pourront aussi, dans le même cas, faire des injonctions aux avocats et officiers ministériels, et même les suspendre de leurs fonctions. La durée de cette suspension ne .pourra excéder deux mois et six mois en cas de récidive dans l'année.

« Pourront toutefois les faits diffamatoires étrangers à la cause donner ouverture soit à l'action publique, soit à l'action civile des parties, lorsque ces actions leur auront été réservées par les tribunaux et, dans tous les cas, à l'action civile des tiers. »

M. Gatineau a déposé entre la 1re et la 2e délibération un amendement ainsi conçu :

« Remplacer la disposition finale du paragraphe 4 par la rédaction ci-après :

« La durée de cette suspension ne pourra excéder deux mois ; en cas de réci-
« dive, elle pourra être de six mois au plus.

« Il ne pourra être tenu compte de la récidive une année après l'expiration de
« la suspension précédemment prononcée. »

M. le rapporteur. Nous avons donné satisfaction à l'amendement.

M. le président. L'amendement a été accepté par la commission ?

M. Drumel. Le principe seulement. Nous avons mis dans l'article: « La durée de cette suspension ne pourra excéder deux mois et six mois en cas de récidive dans l'année. »

M. le président. Je consulte la Chambre.

(L'article 40 ainsi modifié est mis aux voix et adopté.)

SÉNAT. PRÉSIDENT M. LÉON SAY.
Suite de la séance du lundi 11 juillet 1881.

M. le président lit l'article 36 correspondant à l'article 37 voté par la Chambre des députés.

« Art. 36. — Il est interdit de publier les actes d'accusation et tous autres actes de procédure criminelle ou correctionnelle avant qu'ils aient été lus en audience publique, et ce sous peine d'une amende de 50 francs à 1,000 fr. » — (Adopté.)

« Art. 37. — Il est interdit de rendre compte des procès en diffamation où la preuve des faits diffamatoires n'est pas autorisée. La plainte seule pourra être publiée par le plaignant. Dans toute autre affaire civile, les cours et tribunaux pourront interdire le compte rendu du procès. Ces interdictions ne s'appliqueront pas aux jugements, qui pourront toujours être publiés.

« Il est également interdit de rendre compte des délibérations intérieures, soit des jurys, soit des cours et tribunaux.

PUBLICATIONS INTERDITES. DÉFENSE.

« Toute infraction à ces dispositions sera punie d'une amende de 100 fr. à 2,000 fr. » — (Adopté.)

« Art. 38. — Il est interdit d'ouvrir ou d'annoncer publiquement des souscriptions ayant pour objet d'indemniser des amendes, frais et dommages-intérêts prononcés par des condamnations judiciaires, en matière criminelle et correctionnelle, sous peine d'un emprisonnement de huit jours à six mois et d'une amende de 100 fr. à 1,000 fr., ou de l'une de ces deux peines seulement. » — (Adopté.)

Onzième suite du rapport du 18 juin 1881.

Art. 40. — Faut-il étendre l'immunité que cet article accorde aux sénateurs et aux députés, et l'appliquer aux membres des Conseils généraux et des Conseils municipaux? Votre commission a pensé que l'intérêt d'ordre majeur, qui avait engagé le législateur à soustraire les discours prononcés dans l'une ou l'autre Chambre, ne saurait exister au même degré pour les délibérations d'un Conseil général ou d'un Conseil municipal ; elles restent donc sous l'empire du droit commun; elles peuvent donner lieu à une poursuite en diffamation.

Cette responsabilité, néanmoins, ne saurait être absolue : un conseiller général, un conseiller municipal, est appelé, par l'obligation de sa charge, à donner son opinion sur tel ou tel autre individu ; il la donne, non dans un sentiment personnel de haine, mais dans l'intérêt général du département ou de la commune dont il est le représentant. Celui-là aura-t-il ensuite à répondre en justice de l'accomplissement de son devoir? Non, assurément. Ce qu'on viendrait lui reprocher n'est plus un acte diffamatoire, mais un acte administratif, et, par conséquent, ne peut être incriminé.

Mais qui aura compétence pour résoudre la question? Un membre de la Commission inclinait à ce que ce fût le Conseil d'État; un autre membre, au contraire, l'honorable M. Demôle, a demandé qu'on renvoyât la décision au tribunal des conflits; il a rédigé dans ce sens l'amendement suivant :

Si les discours ou les rapports faits dans le sein d'un Conseil général, d'un Conseil d'arrondissement ou d'un Conseil municipal, ou encore les délibérations de ces assemblées donnent lieu à une plainte ou à une demande en dommages-intérêts, soit devant la juridiction civile, soit devant les tribunaux de répression, la partie défenderesse pourra exciper, préalablement à toutes défenses au fond, du caractère administratif des discours ou des pièces incriminés.

Sur cette exception, le juge saisi sera tenu de surseoir jusqu'à ce que le tribunal des conflits en ait, à la diligence de l'une ou l'autre des parties, apprécié le mérite.

Si le tribunal des conflits déclare l'exception fondée, l'effet de cette décision

*est de dessaisir le juge devant lequel la plainte aura été portée, ou l'action
introduite.*

*Dans le cas contraire, les parties seront renvoyées de plein droit devant
cette juridiction pour être suivi et statué ainsi qu'il appartiendra.*

Votre Commission, tout en acceptant l'idée de M. Demôle, qui tend
à concilier l'intérêt particulier avec l'intérêt général, n'a pu accepter
la proposition de notre collègue. Le tribunal des conflits est bien haut
placé, bien rarement appelé à juger, pour qu'on puisse le saisir à tout
propos d'une question souvent insignifiante de diffamation ou d'injure.

Dans la plupart des cas d'ailleurs, le conseiller général, le conseiller
municipal poursuivi à la requête d'un particulier, s'empressera de soulever le conflit, ne fût-ce que pour traîner le procès en longueur et pour
faire tomber la poursuite de lassitude.

Ce mode de procédure lointaine, dispendieuse, équivaudrait à une
véritable immunité. Votre Commission a préféré laisser au juge ordinaire le soin de décider ce qui pourra constituer, selon les cas, un fait
diffamatoire ou l'exercice légitime de la fonction.

(Dans l'annexe au rapport, la commission a proposé de remplacer les
mots : « Le compte *fidèle* des séances », par ceux-ci : Le compte *rendu*
des séances.)

Suite de la séance du 11 juillet 1881.

M. le président lit l'article 39, rédaction de la commission.

« Art. 39. — Ne donneront ouverture à aucune action les discours tenus dans
le sein de l'une des deux Chambres, ainsi que les rapports ou toutes autres pièces
imprimées par ordre de l'une des deux Chambres.

« Ne donnera lieu à aucune action, le compte *rendu* des séances publiques des
deux Chambres, fait de bonne foi dans les journaux.

« Ne donneront lieu à aucune action en diffamation, injure ou outrage les discours prononcés ou les écrits produits devant les tribunaux.

« Pourront néanmoins les juges, saisis de la cause et statuant sur le fond, prononcer la suppression des discours injurieux, outrageants ou diffamatoires, et condamner qui il appartiendra à des dommages-intérêts. Les juges pourront aussi,
dans le même cas, faire des injonctions aux avocats et officiers ministériels et
même les suspendre de leurs fonctions. La durée de cette suspension ne pourra
excéder deux mois, et six mois en cas de récidive dans l'année.

« Pourront toutefois les faits diffamatoires étrangers à la cause donner ouverture, soit à l'action publique, soit à l'action civile des parties, lorsque ces actions
leur auront été réservées par les tribunaux et, dans tous les cas, à l'action civile
des tiers. »

M. Paris. Je demande la parole.

M. le président. La parole est à M. Paris.

M. Paris. Messieurs, je voudrais présenter au Sénat une observation au sujet
du paragraphe 2 de l'article 39. Le texte adopté par la Chambre des députés est
ainsi conçu : « Ne donnera lieu à aucune poursuite le compte *fidèle* des séances
publiques des deux Chambres, rendu de bonne foi dans les journaux. » C'est, je
crois, la reproduction de l'article 22 de la loi du 17 mai 1819.

PUBLICATIONS INTERDITES. DÉFENSE.

La commission a modifié ainsi cette rédaction :

« Ne donnera lieu à aucune action le compte *rendu* des séances publiques des deux Chambres, *fait* de bonne foi dans les journaux... »

Si je comprends bien la modification proposée, la commission ne veut pas que le journaliste qui publie le compte rendu des séances publiques des Chambres soit inquiété, soit au point de vue de la responsabilité civile, soit au point de vue de l'action publique. C'est une extension à la presse de l'immunité parlementaire.

Mais si le journaliste rend librement compte de ce qui s'est passé dans les séances du Sénat ou de la Chambre des députés, il agit à ses risques et périls, il rentre dans le droit commun. La question de bonne foi ne se présente même pas dans la première hypothèse, puisque la publication faite par le journaliste n'est que la reproduction pour ainsi dire officielle.

Le paragraphe 2 ne devrait donc s'appliquer qu'à un véritable compte rendu, en donnant à ce mot le sens que la législation et les règlements en vigueur y attachent : compte rendu *in extenso*, compte rendu analytique, compte rendu sommaire, ce sont là les trois formes des comptes rendus officiels.

Je demanderai donc à la commission de rédiger ainsi le paragraphe : « Ne donnera lieu à aucune action le compte rendu des séances publiques des deux Chambres. » (Très bien ! très bien ! sur divers bancs.)

M. Émile Lenoël, *membre de la commission.* Messieurs, je viens, au nom de la commission, répondre en quelques mots à la question très simple posée par l'honorable M. Paris.

Le paragraphe qu'il critique est ainsi conçu :

« Ne donnera lieu à aucune action le compte rendu des séances publiques des deux Chambres, fait de bonne foi dans les journaux. »

M. Paris voudrait qu'on s'arrêtât avant les mots : « fait de bonne foi. » Mais ce que nous voulons atteindre par ce paragraphe, — et tel est le sens et le but de la disposition votée par la Chambre des députés — c'est non pas la reproduction *in extenso* ou analytique des séances, mais bien le compte rendu fait par un journal qui a apprécié la séance à sa manière, et qui en rend compte.

M. Paris. Alors, ce n'est pas un compte rendu. (Mais si ! à gauche.) C'est une appréciation.

M. Émile Lenoël. Je vais mettre tout de suite le Sénat au courant de ce qui s'est passé et dit dans la commission. Le texte adopté par la Chambre des députés était ainsi conçu : « Ne donnera lieu à aucune action, le compte *fidèle* des séances publiques des deux Chambres, rendu de bonne foi dans les journaux. » Il est bien clair que si ce compte rendu est fidèle, quand même il aurait été de mauvaise foi, on ne peut pas le considérer comme un délit. Voilà pourquoi nous avons été amenés à supprimer le mot : « fidèle »; il est bien entendu que nous ne nous attachons plus maintenant qu'à cette seule idée : on doit rendre compte de la séance d'une Chambre de bonne foi ; et le fait de la bonne foi empêche qu'aucune action soit dirigée contre l'auteur de ce compte rendu. (Très bien ! très bien ! à gauche.) Voilà quelle a été la pensée de la commission ; et il me semble qu'il suffit de l'exposer pour répondre à l'observation de l'honorable M. Paris. C'est évidemment aux tribunaux à apprécier si le compte rendu a été fait de bonne foi ou de mauvaise foi. S'il a été fait de bonne foi, l'auteur est indemne; s'il a été fait de mauvaise foi, l'écrivain peut être poursuivi.

M. Paris. Alors, je le répète, ce n'est plus un compte rendu, c'est une appréciation.

M. Lenoël. Mais non ! c'est le récit d'un fait.

M. Paris. Quelque système que vous adoptiez, il faudrait tâcher de rendre plus clair le texte du projet de loi, afin d'éviter que diverses interprétations ne donnent lieu à des procès.

M. le rapporteur. Il faut, pour bien comprendre cet article, se reporter à la législation de l'empire. Cette législation n'admettait que le compte rendu officiel qui avait été fourni aux journaux par le Corps législatif ou par le Sénat. Tout journal qui ne se bornait pas à reproduire textuellement ce compte rendu commettait un délit.

Aujourd'hui, les journalistes ne sont pas tenus de reproduire le compte rendu officiel que le Sénat et le Corps législatif communiquent à la presse.

Ils ont pleine liberté de faire leur compte rendu comme ils l'entendent; mais ce compte rendu peut travestir les discours des orateurs; il peut prêter aux orateurs des paroles qu'ils n'ont pas prononcées, et c'est précisément l'abus que la commission a voulu prévenir en mettant dans la disposition qu'elle a acceptée ces mots : « le compte rendu fait de bonne foi. » Rien de plus ni de moins. Le Sénat comprend la différence.

M. Buffet. Mais si on travestit de bonne foi ?

M. Paris. Je demande à faire une observation.

M. le président. La parole est à M. Paris.

M. Paris. Nous devons chercher une solution pratique, toute infraction à la loi donne naissance à une action. Le journaliste qui aura rendu compte sans bonne foi d'une séance du Sénat ou de la Chambre des députés, pourra être poursuivi. Mais comment s'exercera la poursuite? Le ministère public agira-t-il spontanément? L'autorisation du Sénat ou de la Chambre des députés sera-t-elle nécessaire ?

Voilà, messieurs, la première question que je pose. En voici une autre : quelle pénalité appliquerez-vous? Le projet n'en prescrit aucune, vous reconnaîtrez donc légalement l'existence d'un délit et vous omettrez de donner à votre loi une sanction ? (Mouvements divers.)

M. Cazot, garde des sceaux, ministre de la justice. L'observation qui vient d'être produite à la tribune par l'honorable M. Paris est fondée. Le compte rendu de mauvaise foi ne trouve pas de sanction dans la loi. Je demande, par conséquent, que l'article soit réservé et renvoyé à l'examen de la commission.

M. Paris. Je m'unis à la demande de renvoi faite par M. le ministre.

M. le rapporteur. La commission accepte le renvoi.

M. le président. La commission acceptant le renvoi, il est de droit. L'article 39 est renvoyé à la commission.

Séance du 15 juillet 1881.

M. Ninard. L'article 39 avait été renvoyé à la commission ; il y avait sur le second paragraphe un amendement de M. Paris, mais il paraît qu'il est retiré.

M. Paris. Je demande la parole.

M. le président. L'amendement de M. Paris, ainsi que le deuxième paragraphe de l'article, avait été renvoyé à la commission....

M. le baron de Larcy. L'article tout entier avait été réservé.

M. le président. Parfaitement ! L'amendement a été renvoyé à la commission; a-t-elle à faire un rapport ?

M. Robert de Massy. Non, la commission maintient simplement sa rédaction.

M. le président. La parole est à M. Paris.

M. Paris. Messieurs, en demandant au Sénat le renvoi à la commission de l'article 39 et de l'amendement que j'ai eu l'honneur de déposer au cours de la discussion, j'ai eu pour but de provoquer ainsi des explications que je n'avais point trouvées dans le rapport.

Vous le savez, messieurs, en matière de presse, la question que soulève le compte rendu des travaux parlementaires est très importante.

PUBLICATIONS INTERDITES. DÉFENSE.

Sous l'empire de la législation actuelle, le compte rendu des journaux jouit du bénéfice de l'immunité qui s'attache à nos débats eux-mêmes, à la condition qu'il soit fidèle et rédigé avec bonne foi.

Mais à côté de la loi de 1819, qui a créé cet avantage au profit de la presse, il convient de placer la loi de 1822, qui a fait du compte rendu infidèle et de mauvaise foi un délit spécial, et l'a puni de peines sévères, sans qu'il y ait lieu de rechercher s'il renferme un délit de droit commun. L'infidélité et la mauvaise foi constatées, on les punit d'une amende de 1,000 fr. à 6,000 fr. et, en cas de récidive, d'un emprisonnement d'un mois à trois ans.

En présence du deuxième paragraphe de l'article 39 du projet qui est ainsi conçu : « Ne donnera lieu à aucune action le compte rendu des séances publiques des deux Chambres, fait de bonne foi dans les journaux », je m'étais demandé s'il n'était pas à craindre que, d'une manière implicite, les dispositions de la loi de 1822 fussent maintenues, et si, par conséquent, les journalistes n'étaient pas exposés à des poursuites, lorsque les conditions visées par le deuxième paragraphe de l'article 39 ne se rencontreraient pas dans leurs comptes rendus.

Des explications qui m'ont été données par les membres de la commission, il résulte que la commission n'a pas songé à faire revivre le délit spécial, qualifié autrefois de « compte rendu infidèle et de mauvaise foi. »

La commission est entrée dans la voie libérale où je m'étais engagé moi-même, lorsque j'avais déposé mon amendement, et sur ce premier point j'obtiens entière satisfaction. (Très bien ! très bien !)

J'arrive au second point. Vous savez, messieurs, que l'article 21 de la loi de 1819 a créé, dans l'intérêt de la liberté de la tribune, l'immunité parlementaire : Les discours tenus dans le sein de l'une des deux Chambres ainsi que les rapports ou toutes autres pièces imprimées par leur ordre, ne peuvent donner lieu à aucune action soit publique, soit privée.

Naturellement, le législateur, après avoir édicté cette disposition au profit des membres du parlement, a été amené à l'étendre aux journaux qui rendent compte d'une manière fidèle et avec bonne foi des séances des Chambres ; l'article 22 les a couverts de la même immunité.

En agissant autrement, on aurait fait tomber la presse dans un véritable piège ; on l'aurait exposée à des procès sans nombre pour avoir simplement reproduit des discours librement prononcés.

La liberté de la presse est, en cette matière, un corollaire de la liberté de la tribune.

On ne connaissait pas en 1819 le compte rendu officiel : chaque journal rendait compte des débats des Chambres en vertu de sa seule initiative. Aussi le législateur a-t-il dû préciser les caractères du compte rendu qu'il voulait protéger par l'immunité parlementaire.

« Le compte devait être fidèle et rendu de bonne foi. »

La commission n'a modifié l'article 22 de la loi de 1819 que pour lui donner une correction plus grande : « Ne donnera lieu à aucune action le compte rendu des séances publiques des deux Chambres, fait de bonne foi dans les journaux. »

Mais depuis que la loi de 1819 a été édictée, il s'est introduit des améliorations considérables en matière de compte rendu. Les Chambres se sont efforcées de rendre facile la tâche de la presse en communiquant aux journaux, d'une manière aussi prompte que possible, un compte rendu officiel présenté sous trois formes différentes : le compte rendu in extenso, le compte rendu analytique et enfin le compte rendu sommaire qui est expédié par voie télégraphique au syndicat de la presse. Avec le système du compte rendu officiel, les questions de fidélité et de bonne foi, à mon avis, ne peuvent plus être posées. Elles résultent du caractère même du compte rendu, sans que l'on ait à rechercher dans quel but agit le journaliste qui reproduit tout ou partie des débats d'une séance. L'immunité parlementaire doit être acquise de plein droit à tout compte rendu officiel. Aussi, dans l'intérêt même de la presse, et afin que cette question de bonne foi fût nécessairement écartée, avais-je proposé de rédiger ainsi l'article 39, paragraphe 2 :

« Ne donnera lieu à aucune action le compte rendu officiel des séances publiques des deux Chambres, soit *in extenso*, soit analytique, soit sommaire. »

Mais depuis que l'amendement a été déposé, j'ai eu l'honneur d'avoir des conférences à ce sujet avec quelques représentants de la presse et, en même temps, de discuter la question avec plusieurs des membres de la commission. On a reconnu que nous donnons à la presse, au point de vue des comptes rendus, de grandes facilités qui, je crois, sont approuvées par nous tous, car nous devons tous désirer que la presse puisse discuter librement tout ce qui se dit à la tribune et que son contrôle se manifeste à côté du contrôle du Parlement : nous ne voulons plus de compte rendu obligatoire, comme celui qui a existé sous l'empire, mais nous voulons un compte rendu facile, mis immédiatement à la disposition de la presse pour qu'elle puisse, à son tour, le mettre rapidement à la disposition des lecteurs. Malgré ces améliorations, comme la presse a besoin aujourd'hui d'une telle rapidité, que le télégraphe est le premier rédacteur des journaux de province, il arrive que, dans l'intérêt de la célérité, et afin de porter plus vite à la connaissance du public ce qui se dit à la tribune des Chambres, la presse revient au compte rendu libre. Au cours même des séances, des dépêches sont expédiées dans tous les sens, pour fournir un aliment aux journaux des départements.

Dès lors, le système que je croyais plus libéral et qui consistait à affranchir le compte rendu officiel de toute action publique ou privée, manquait son effet, parce qu'il n'était plus applicable. On m'a fait observer qu'il serait préférable de maintenir purement et simplement la rédaction de la commission, pour que la question de bonne foi devant nécessairement être discutée, comme préliminaire de tout débat, on laissât à la presse, en matière de compte rendu, une liberté plus grande. J'ai partagé cette manière de voir, et comme je suis désireux de faire une œuvre libérale et non d'apporter des restrictions à la liberté du journalisme, je retire mon amendement.

M. le président. Dans ces conditions, je consulte le Sénat sur l'article 39, dont je donne lecture :

« Art. 39. — Ne donneront ouverture à aucune action les discours tenus dans le sein de l'une des deux Chambres, ainsi que les rapports ou toutes autres pièces imprimées par ordre de l'une des deux Chambres.

« Ne donnera lieu à aucune action, le compte rendu des séances publiques des deux Chambres, fait de bonne foi dans les journaux.

« Ne donneront lieu à aucune action en diffamation, injure ou *outrage* les discours prononcés ou les écrits produits devant les tribunaux.

« Pourront néanmoins les juges, saisis de la cause et statuant sur le fond, prononcer la suppression des discours injurieux, *outrageants* ou diffamatoires, et condamner qui il appartiendra à des dommages-intérêts. Les juges pourront aussi, dans le même cas, faire des injonctions aux avocats et officiers ministériels et même les suspendre de leurs fonctions. La durée de cette suspension ne pourra excéder deux mois, et six mois en cas de récidive dans l'année.

« Pourront toutefois les faits diffamatoires étrangers à la cause, donner ouverture, soit à l'action publique, soit à l'action civile des parties, lorsque ces actions leur auront été réservées par les tribunaux et, dans tous les cas, à l'action civile des tiers. »

M. le baron de Larcy. Je demande la parole.

M. le président. La parole est à M. de Larcy.

34

PUBLICATIONS INTERDITES. DÉFENSE.

M. le baron de Larcy. Messieurs, je n'ai qu'une très courte observation à faire.

Je ne demande pas de modifications aux deux premiers paragraphes qui viennent de vous être lus. Je tiens seulement à constater que les mots « outrage » et « outrageants » qui s'y trouvent mentionnés ne peuvent s'appliquer qu'aux discours et écrits atteignant les agents diplomatiques étrangers ou les bonnes mœurs, mais ne peuvent pas concerner les corps constitués, les fonctionnaires publics et même les particuliers à l'égard desquels la loi nouvelle n'admet que le délit de diffamation ou d'injure.

C'est là ce qu'il importait de préciser. Je crois qu'il n'y a aucune objection possible à ce que je viens de dire.

M. le rapporteur. L'observation de M. de Larcy est parfaitement juste. Il n'y a qu'à supprimer les mots « outrage » et « outrageants. »

M. le baron de Larcy. Je n'osais pas le demander, mais cela vaut beaucoup mieux.

M. le président. Vous supprimez le mot « outrage? »

M. le rapporteur. « Outrage » et « outrageants. » (Réclamations sur quelques bancs à gauche.)

M. le baron de Larcy. Messieurs, il n'y a rien de plus simple. La commission propose de supprimer le mot « outrage » dans le premier paragraphe et le mot « outrageant » dans le suivant.

M. Dupouy. Il n'y a rien à supprimer !

M. Ninard. Je demande la parole.

M. le président. La parole est à M. Ninard.

M. Ninard. Messieurs, l'honorable M. de Larcy me paraît avoir obéi à une préoccupation qui n'est pas légitime. L'article en discussion, en ce qui touche les deux paragraphes qui ont été visés par lui, s'exprime de la sorte : « Ne donneront lieu à aucune action en diffamation, injure ou outrage les discours prononcés ou les écrits produits devant les tribunaux. »

Il s'agit uniquement des discours ou écrits produits devant les tribunaux, c'est-à-dire des plaidoiries publiquement prononcées ou des mémoires publiés dans l'intérêt des parties. Lorsque ces discours ou écrits ont été produits devant les tribunaux, les tribunaux en sont les juges : ils ont le droit, quelquefois le devoir, d'ordonner la suppression de ces écrits s'ils sont injurieux, outrageants ou diffamatoires.

Aussi le second paragraphe s'exprime-t-il dans les termes que voici :

« Pourront néanmoins les juges saisis de la cause et statuant sur le fond, prononcer la suppression des discours injurieux, outrageants ou diffamatoires et condamner qui il appartiendra à des dommages-intérêts. »

Les intérêts de toutes parties victimes d'écrits ou de discours réunissant les caractères que je viens d'indiquer sont donc sauvegardés par le tribunal lui-même qui est investi de la plénitude d'appréciation et de juridiction.

M. Griffe. C'est la législation existante qui est maintenue.

M. Ninard. La loi va plus loin et on ajoute :

« Les juges pourront aussi, dans le même cas, faire des injonctions aux avocats et officiers ministériels et même les suspendre de leurs fonctions. »

C'est encore le droit du tribunal d'adresser des injonctions aux officiers ministériels ou aux avocats qui plaident, et leur pouvoir va jusqu'à leur permettre de les suspendre par mesure disciplinaire.

Maintenant, les discours tenus devant les tribunaux et les écrits ne peuvent être l'objet d'une poursuite, même de la part des tiers lésés, si l'action n'a pas été réservée par le tribunal au profit de ces tiers, sur la demande qui en est faite par eux.

Nous n'avons fait, d'ailleurs, messieurs, que reproduire les dispositions de la législation existante en cette matière, et nous restons, si vous me permettez cette expression, dans les conditions mêmes du droit commun. (Très bien !)

Il n'y a donc rien dans la disposition de l'article en discussion de relatif à ce qui a fait l'objet des observations de l'honorable M. de Larcy, dont les scrupules peuvent être parfaitement rassurés. (Très bien ! très bien !)

M. le baron de Larcy. Je n'avais pas demandé la suppression des mots « outrage » et « outrageants » ; par conséquent, je m'en rapporte à la commission sur ce point. Mais s'ils sont maintenus, je tiens à bien constater qu'ils ne peuvent s'appliquer, d'après la loi nouvelle, celle que nous faisons, qu'aux discours et écrits qui atteindront les agents diplomatiques étrangers ou les bonnes mœurs. (Dénégations à gauche.) Ce sont les deux seules catégories auxquelles, d'après la loi nouvelle, le délit d'outrage serait applicable.

Le mot *outrage* est exclusivement applicable à ces deux catégories.

M. Griffe. Il n'y a rien de changé à la législation existante qui demeure maintenue.

M. Batbie. Je demande la parole.

M. le président. M. Batbie a la parole.

M. Batbie. Messieurs, j'ai une observation à faire. J'aurais, il est vrai, dû la produire dans la commission dont je suis membre, mais bien qu'elle soit tardive, le Sénat m'excusera si je la fais au moment où elle me vient à la pensée.

L'article 39 du projet établit l'immunité pour les discours prononcés dans les deux Chambres ; après avoir protégé les orateurs dans le premier paragraphe, il accorde dans le deuxième l'immunité pour la publication des débats parlementaires dans les journaux.

Pour les tribunaux, les paragraphes qui suivent couvrent les discours prononcés à l'audience, mais il n'est rien dit pour la reproduction de ces discours par la presse.

Il n'y aurait donc pas d'immunité pour la publication, dans les journaux, des débats des cours et tribunaux. Cette question était prévue dans la loi du 25 mars 1822, article 7, qui punissait l'infidélité et la mauvaise foi du compte rendu des débats des cours et tribunaux, ce qui impliquait l'autorisation du compte rendu fidèle et de bonne foi. Mais la loi de 1822 est abrogée par un article du projet en discussion et, par conséquent, vous n'aurez plus de texte qui protège les comptes rendus des débats judiciaires ; il y a là, je crois, une lacune qu'il était bon de signaler et sur laquelle il serait utile que la commission fût appelée à se prononcer.

M. Griffe, *membre de la commission.* Messieurs, l'un des articles de la loi en discussion abroge expressément toutes les dispositions existantes en matière de presse : La loi de 1819, la loi de 1822 et spécialement l'article 7 de cette loi qui punit l'infidélité et la « mauvaise foi dans le compte que rendent les journaux des cours et tribunaux » et dont parlait M. Batbie, seront donc abrogés si la loi est votée par le Parlement. Dans ces conditions que restera-t-il de la législation ancienne sur le point spécial en discussion ? Donc, en vertu du principe que tout ce qui n'est pas défendu par la loi est permis, principe libéral que personne ne peut contester, les comptes rendus que feront les journaux des débats devant les tribunaux rentreront dans le droit commun.

L'infidélité et la mauvaise foi ne pourront être relevés à titre de délit spécial, mais bien entendu il restera le principe protecteur de l'article 1882 du Code civil : Tout fait de l'homme qui cause à autrui préjudice, oblige celui par la faute duquel il a été occasionné à le réparer ; ainsi que les dispositions spéciales édictées par le projet de loi en discussion touchant la diffamation, l'injure ou autres délits spéciaux relevés dans ce projet.

Si donc quelqu'un est lésé par la production d'un fait, d'un acte qui constituerait vis-à-vis de lui une diffamation ou un fait dommageable, il trouvera son arme et sa protection dans le droit commun et dans la législation que nous élaborons en ce moment et que le Sénat votera, je l'espère.

M. Paris. Et la reproduction des plaidoiries?

M. Le Royer. Il y a évidemment une lacune !

M. Griffe. Nous établissons dans un article spécial du projet l'immunité pour la reproduction des débats des Chambres. Cela, messieurs, sera presque inutile, car ce que la loi ne punit pas est parfaitement licite. Eh bien, il en sera de même pour les discours qui seront prononcés devant les tribunaux, pour les débats qui auront lieu devant ces tribunaux et qui seront reproduits par la presse... (Interruptions sur divers bancs)... les débats des Chambres peuvent être reproduits; si le compte rendu est fait de bonne foi, il ne tombe sous le coup d'aucune loi pénale ; seulement, il est bien entendu que si la reproduction d'un discours prononcé dans une Chambre ou des débats de cette Chambre, était faite d'une façon perfide, pour atteindre tel ou tel citoyen, ou si elle constituait un fait diffamatoire ou injurieux, comme notre loi punit la diffamation et l'injure, le particulier lésé pourrait parfaitement se plaindre et obtenir réparation devant les tribunaux.

Il en sera de même pour le compte rendu des débats qui auront lieu devant les tribunaux. (Dénégations sur un certain nombre de bancs.)

Un sénateur à droite. Ce n'est pas du tout la même chose.

M. Griffe. C'est la pensée de la commission et c'est incontestablement ce qui sera la conséquence de l'abrogation des lois restrictives en cette matière.

M. Mazeau. Il y a des raisons générales qui permettent l'immunité parlementaire. Ces raisons n'existent pas pour la reproduction des plaidoiries.

M. Cazot, *garde des sceaux, ministre de la justice.* Les débats des Chambres intéressent le public, ceux des tribunaux n'intéressent que quelques particuliers.

M. Griffe. Je constate quelle sera la situation légale si le projet de loi qui vous est soumis est voté. Que si le Sénat pense qu'il y a une lacune à combler, qu'un membre présente une rédaction spéciale et la commission pourra l'examiner. Mais je dis et je maintiens que si la loi de 1822, qui faisait, dans l'article 7, un délit spécial de la reproduction des débats qui avaient eu lieu devant les tribunaux dans les conditions indiquées par cet article, est abrogée, on pourra reproduire les débats qui auront lieu devant les cours et tribunaux, et que l'auteur de cette reproduction ne sera assujetti à aucune espèce de pénalité, sauf l'application des règles du droit commun. Voilà quelle sera la législation ; si quelqu'un d'entre vous, messieurs, pense que cette législation peut présenter des dangers, qu'il fasse une proposition spéciale et la commission l'examinera.

M. Paris. Messieurs, il me paraît incontestable que le texte de la commission renferme une lacune et, puisque la loi n'est pas encore votée, il est encore temps de la combler.

Lorsque les journaux rendent compte des discussions des Chambres ou des débats judiciaires, dont la publicité n'a pas été interdite par le tribunal, il est clair qu'ils ne font pas un article : ils portent simplement à la connaissance du public des faits qu'il est intéressé à connaître, car, à des points de vue différents, on a organisé la publicité de la tribune et de l'audience. Il faudrait, par conséquent, que le texte de la loi que vous allez voter répondît à cet ordre de considérations et qu'on ajoutât au paragraphe 2 les mots suivants : « Ne donneront lieu à aucune action le compte rendu des débats des deux Chambres et des tribunaux, faits de bonne foi dans les journaux. » Alors la lacune disparaît. (Approbation.)

Vous avez en effet mis sur le même pied le journaliste qui rend compte des discussions des Chambres et celui qui porte à la connaissance du public ce qui se passe à la barre ; et du moment que la bonne foi existe, personne ne peut se plaindre, si le tribunal n'a pas interdit la publication des débats, qu'un procès soit rendu public. Sans confondre d'une manière absolue les règles de l'immunité parlementaire et de celle qui se rattache aux débats judiciaires, je crois cependant bon de les comprendre dans une même disposition. (Très bien !)

M. Cazot, *garde des sceaux, ministre de la justice.* Je demande le parole.

M. le président. La parole est à M. le garde des sceaux.

M. le garde des sceaux. Messieurs, l'honorable M. Paris voudrait mettre sur un pied d'égalité les immunités qui protègent la reproduction des débats parlementaires et celles qui protègent la reproduction des débats qui ont lieu devant les tribunaux.

Cette assimilation n'est pas exacte. (Très bien ! à gauche.)

Les débats parlementaires regardent l'intérêt public ; de plus, nous avons un compte rendu officiel, il y a là une garantie. Au contraire, quand il s'agit de discours prononcés ou d'écrits produits devant les tribunaux, il s'agit d'un intérêt purement privé auquel le public n'est pas intéressé.

On ne saurait donc accorder à la reproduction d'écrits ou de discours devant les tribunaux la même immunité qu'aux discours prononcés devant le Parlement. Il n'y a pas là d'assimilation possible. (Approbation à gauche.) Si un journal en reproduisant un plaidoyer prononcé, ou un mémoire produit devant un tribunal commet l'un des délits prévus par la loi que nous faisons en ce moment, pourquoi ne tomberait-il pas sous le coup de cette loi ? (Approbation à gauche.)

M. Paris. Je demande la permission de répondre un mot.

M. Le Royer. Comment voulez-vous que le journaliste se fasse juge ?

M. le président. M. Paris a la parole.

M. Paris. Il est bien évident que l'assimilation dont vient de parler M. le garde des sceaux n'est pas complète, j'avais pris soin moi-même de l'indiquer. La règle à établir en ce qui concerne l'immunité parlementaire étendue aux journaux et celle que nous proposons d'établir au point de vue des débats judiciaires peut être en principe matière à discussion ; mais, en fait et dans la pratique, si vous laissez le journalisme protégé seulement par l'immunité parlementaire, et si vous dites aux journaux : C'est à vos risques et périls que vous rendrez compte des plaidoiries, ce compte rendu est impossible. (Approbation à droite.)

Un sénateur à gauche. Parfaitement.

M. Paris. Il arrivera neuf fois sur dix que la publicité donnée aux débats aura un caractère ou injurieux ou diffamatoire, sauf la question d'intention, vis-à-vis des parties ou des tiers, et pourra donner lieu à l'application de l'article 1382. Alors, le journaliste sera obligé de fermer complètement ses colonnes à toute espèce de compte rendu.

Quelle est la règle ? J'espère être d'accord avec M. le garde des sceaux : les tribunaux peuvent, quand ils le jugent convenable au point de vue de l'intérêt général ou de l'intérêt des particuliers, interdire le compte rendu. (Approbation sur divers bancs.) Du moment où ils n'usent pas de ce droit, ils le permettent.

Il importe, notez-le bien, que les débats judiciaires soient portés à la connaissance du public et contrôlés par lui. Cependant, si vous déclarez que les journalistes ne pourront même pas faire un compte rendu sans s'exposer à l'application de l'article 1382...

M. Griffe. C'est le droit commun.

M. Paris... la publicité des débats judiciaires devient impossible.

M. Dupouy. Il ne faut pas confondre la publicité de l'audience et celle du journal.

Voix à gauche. Pour quelles raisons ?

M. Paris. Pour des raisons bien simples.

Lorsqu'on agira par voie d'action en diffamation, alors l'intention sera à examiner, et le journaliste qui aura agi avec bonne foi, pourra être déclaré indemne ; mais, lorsqu'on voudra agir contre lui en vertu de l'article 1382, la question d'intention n'étant plus en cause, il sera très exposé à une condamnation ; vous rendrez donc impossible, je le répète, la publicité des débats judiciaires, si vous ne comblez pas la lacune signalée dans la loi. (Marques d'approbation sur divers bancs.)

M. le président. La parole est à M. Le Royer.

M. Le Royer. Messieurs, je ne crois pas du tout qu'il puisse être établi une assimilation entre l'immunité parlementaire et le droit de reproduire ce qui se passe devant les tribunaux. Mais ce qui, à mes yeux, est tout aussi précieux que l'immunité parlementaire, c'est la publicité des débats devant les tribunaux.

A gauche. Parfaitement ! très bien !

M. Le Royer. Pour moi, il n'y a pas de sécurité devant les tribunaux, s'il n'y a pas de publicité, non seulement du jugement qui intervient, mais encore des débats qui ont donné lieu à la sentence des magistrats. (Très bien ! à gauche.)

Si ce principe est exact, messieurs, il en résulte cette conséquence qu'un journal ne pourra rendre compte, non d'un jugement, — il n'y a aucun risque, en ce cas à courir, c'est un acte officiel, un acte authentique qui est déposé au greffe et dont tous les citoyens peuvent venir prendre connaissance — mais des débats, sans avoir à encourir une responsabilité, quand même ce journal a été de bonne foi et fidèle dans son compte rendu ; je dis que c'est aboutir à une défense pour la presse de rendre compte des débats judiciaires. (Très bien ! très bien ! sur divers bancs.)

M. le baron de Lareinty. Parfaitement !

M. Le Royer. Si c'est cette conséquence que vous voulez, dites-le ; si ce n'est pas cela, si, au contraire, vous voulez la publicité, cette garantie pour le plaideur, la seule sécurité, je le répète, pour lui, si vous la voulez dans l'intérêt de la justice aussi, vous devez forcément, comme vous l'avez fait pour la reproduction des débats parlementaires, déclarer qu'il y a impunité pour le journal, quel que soit l'acte commis par le plaideur, dans sa plaidoirie, impunité toutes les fois que dans son compte rendu il a été fidèle ou de bonne foi. Voilà la vérité, voilà le principe. Autrement, vous condamnez la presse à ne rendre compte en aucune façon des débats judiciaires ; car, je vous le demande, est-il possible à un reporter, à un sténographe, à un journaliste en un mot, de pouvoir distinguer dans les débats passionnés d'une audience, s'il y a injure ou diffamation de la part d'un colicitant à l'égard de l'autre colicitant ? Cela est impossible ; c'est amener les journalistes à ne donner connaissance que des jugements, à ne jamais rendre compte des débats. (Nouvelles marques d'approbation.)

La garantie qu'ont les plaideurs contre la publicité des débats, se trouve dans la loi. Si la cour juge que la défense a outrepassé ses droits, elle impose silence à la publicité. Si elle n'a pas cru devoir le faire, la diffamation, en effet, l'outrage commis peuvent être, de la part de la victime, l'occasion, l'origine et la cause d'une action en réparation ; mais imposer cela à la presse, lui donner cette charge d'examiner s'il y a injure ou diffamation, je le répète, c'est fermer la publicité des débats judiciaires aux journaux.

Pour moi, je n'accepterai jamais cette conséquence, et comme garantie, je demande qu'il soit inséré dans la loi que l'impunité sera acquise pour les journaux toutes les fois que leur compte rendu aura été fidèle, lorsque le journaliste aura été de bonne foi... (Très bien ! très bien ! sur plusieurs bancs.)

Voix diverses. Le renvoi à la commission.

M. Batbie. Je demande la parole. (A gauche : Aux voix ! aux voix !)

M. le président. M. Batbie a la parole.

M. Batbie. Messieurs, il y a des différences, comme l'a dit l'honorable orateur qui descend de cette tribune, et comme l'a dit aussi M. le ministre de la justice, entre l'immunité parlementaire et celle de la presse judiciaire. Il n'en est pas moins vrai que, d'après la législation actuelle, — d'après la législation que vous allez abroger, — il y a aussi une certaine protection pour les journaux qui publient les débats judiciaires. La loi du 25 mars 1822, article 7, ne punit que la reproduction infidèle et faite de mauvaise foi des audiences des cours et tribunaux, ce qui implique l'autorisation des comptes rendus fidèles et de bonne foi; mais comme vous abrogez cette loi, si vous laissez le texte de l'article 39 du projet de loi tel qu'il est, il y aura moins de protection pour la presse judiciaire, qu'il n'y en avait sous l'empire de la loi actuelle. La loi de 1822 accorde, en effet, plus de protection à la presse sur ce point que votre système ne lui en donnera, si vous ne le modifiez pas.

L'honorable M. Griffe ne trouve pas de difficulté dans l'application de l'article 39. Mais il sait ce que devient un texte de loi lorsqu'il tombe sous la main des jurisconsultes. On ne manquera pas de dire : la loi sur la presse établit une immunité pour les discours tenus dans les Chambres et aussi pour la reproduction de ces débats par la presse. En ce qui concerne les cours et les tribunaux, la loi n'établit de protection que pour les défenses et plaidoiries. Mais elle ne dit rien en ce qui concerne la publication par la presse des débats judiciaires... donc, *a contrario*... Certainement, c'est ainsi qu'on raisonnera pour conclure qu'il n'y a pas, relativement aux audiences, de protection pour les journaux.

Il y a donc évidemment une lacune dans le projet de loi, et je demande au Sénat de renvoyer de nouveau l'article 39 à la commission. (Approbation.)

M. le président. Il n'y a pas d'opposition ?...

M. Paris L'amendement que j'avais eu l'honneur de présenter répond, je crois, complètement à l'idée qui vient d'être exprimée.

Voix diverses à gauche. Non ! non ! Le renvoi à la commission !

M. Paris. En tous cas, messieurs, je ne m'oppose pas au renvoi à la commission.

M. le président. Il n'y a pas d'opposition pour le renvoi de l'article 39 à la commission ?...

(L'article est renvoyé à la commission.)

Un sénateur à gauche. Avec l'amendement de M. Paris.

M. le président. La commission s'éclairera des amendements qui ont été présentés.

Suite de la séance du samedi 16 juillet 1881.

M. le président. L'ordre du jour appelle la suite de la discussion de la proposition de loi, adoptée par la Chambre des députés, sur la liberté de la presse.

Il reste à discuter l'*article 3*, qui a été renvoyé à la commission, l'*article additionnel* proposé par M. Jules Simon.

M. Robert de Massy, *président de la commission.* Je demande la parole. La commission propose un autre *paragraphe additionnel.*

M. le président. La parole est à M. Robert de Massy.

M. Robert de Massy. Messieurs, la commission a délibéré sur le renvoi que vous lui avez fait de l'article 39 ; elle avait estimé que la liberté du compte rendu des débats qui ont lieu devant les tribunaux et les cours, consacrée en tous temps, ne devait pas être entravée par la nouvelle loi, qui précisément est faite pour étendre la liberté.

L'article 38, qui précède celui que nous discutons, contenait le principe de la liberté du compte rendu ; il disait :

« Il est interdit de rendre compte des procès en diffamation où la preuve des faits diffamatoires n'est pas autorisée. La plainte seule pourra être publiée par le plaignant. Dans toute affaire civile, les cours et tribunaux pourront interdire le compte rendu du procès. Ces interdictions ne s'appliqueront pas aux jugements, qui pourront toujours être publiés. »

C'était une exception ; dire que, dans des cas particuliers, les tribunaux pourront interdire le compte rendu, c'est admettre par cela même qu'en principe le compte rendu est de droit. Cependant, comme des préoccupations se sont manifestées hier à cet égard et qu'il n'y a jamais qu'avantage à affirmer un principe de liberté, nous proposons au Sénat, pour donner satisfaction aux observations qui ont été présentées par l'honorable M. Batbie, et surtout par l'honorable M. Le Royer, d'ajouter à l'article 39 la disposition que je vais lire.

M. le garde des sceaux a fait remarquer, avec raison, que les immunités du compte rendu pour les débats des chambres politiques ont une raison d'être d'un ordre plus élevé, et qu'il ne faut pas confondre avec la liberté du compte rendu des audiences des cours et tribunaux. Nous laissons donc en tête de l'article 39 les deux dispositions qui concernent les immunités assurées à la presse pour les débats parlementaires ; et, abordant la question des immunités à attribuer à la publicité en ce qui concerne les cours et tribunaux, nous prenons le *troisième paragraphe de l'article* 39, ainsi conçus :

« Ne donneront lieu à aucune action en diffamation, injure ou outrage les discours prononcés ou les écrits produits devant les tribunaux. » — C'est l'ancienne rédaction : et nous proposons d'y ajouter ; « ni les comptes rendus fidèles, faits de bonne foi, des débats judiciaires. » (Très bien ! très bien ! à gauche.)

C'est précisément pour rentrer absolument, presque textuellement dans la voie qui avait été ouverte par l'honorable M. Le Royer, qui d'ailleurs a résumé sa pensée à peu près dans les termes que nous employons, que nous proposons de voter l'article 39 avec la disposition que j'ai l'honneur de vous soumettre. (Nouvelle approbation à gauche.)

M. Cazot, *garde des sceaux, ministre de la justice.* Je demande la parole.

M. le président. La parole est à M. le garde des sceaux.

M. le garde des sceaux. Messieurs, je demande au Sénat la permission de lui présenter quelques observations très brèves sur le paragraphe qui est en ce moment soumis à ses délibérations. Je ne viens pas contester le système qui a été présenté par la commission. Je suis d'accord avec elle pour dire que le compte rendu des débats judiciaires doit être libre, comme le compte rendu des débats parlementaires.

Je suis également d'accord avec la commission pour dire que le compte rendu doit être exact et fidèle ; mais il faut prévoir le cas où le compte rendu serait inexact et fait de mauvaise foi.

Dans cette hypothèse, je pense comme la commission qu'il faut écarter l'action publique, à moins que le compte rendu ne contienne un délit ordinaire d'injure, de diffamation, d'outrage, etc. Mais j'écarte l'action publique, comme l'a fait la commission elle-même, lorsqu'il s'agit du compte rendu en tant que compte rendu.

Seulement, il y a une question de compétence sur laquelle je voudrais appeler l'attention du Sénat et qui n'a pas été traitée par l'honorable président de la commission.

Un compte rendu est présenté comme étant inexact et de mauvaise foi ; il y a là deux questions : la question d'exactitude et la question de bonne foi. Eh bien, je demande à la commission quel est le tribunal qui, d'après elle, devra juger la question d'inexactitude.

Prenons un exemple. Je suppose que des débats judiciaires aient eu lieu devant le tribunal de la Seine, que le compte rendu qui en ait été fait soit taxé d'infidélité, d'inexactitude, et que l'action civile des tiers qui se prétendent lésés par ce compte rendu inexact et infidèle soit portée devant le tribunal de Perpignan. Comment veut-on que le tribunal de Perpignan puisse apprécier l'exactitude ou l'inexactitude du compte rendu ? Cela me paraît absolument impossible. Appellera-t-on devant le tribunal de Perpignan les magistrats devant lesquels se sont déroulés les débats judiciaires ? Il ne faut pas y penser. Décidera-t-on que le tribunal de

Perpignan doit surseoir à statuer sur la question d'exactitude jusqu'à ce que le tribunal de la Seine ait, au préalable, statué sur cette même question ?

Mais alors on se trouve en présence de deux objections, que je demande au Sénat la permission de formuler. La première est tirée d'un principe de droit commun, à savoir que le juge de l'action est juge de l'exception. (Très bien ! à gauche.) Ou bien, si l'on veut faire exception à cette règle, et si l'on décide que le tribunal de Perpignan surseoira à statuer jusqu'à ce que la question d'exactitude du compte rendu ait été préalablement jugée par le tribunal de la Seine, à quel rôle allez-vous réduire ce dernier tribunal ?

Il devra se borner à dresser purement et simplement un procès-verbal d'exactitude ou d'inexactitude, sans pouvoir rendre un jugement.

Dans cette situation, messieurs, mon avis est que l'action civile en dommages-intérêts contre les auteurs des comptes rendus inexacts ou infidèles, devrait être portée devant le tribunal même, devant lequel se sont déroulés les débats judiciaires dont il a été rendu compte. Telle est, messieurs, l'observation que je soumets à la commission. (Très bien ! très bien ! sur divers bancs.)

M. Le Royer. Je demande la parole.

M. le président. La parole est à M. Le Royer.

M. Le Royer. Messieurs, touché des observations que vient de vous soumettre M. le garde des sceaux et désirant m'y rendre, je viens de rédiger et je soumets au Sénat ce paragraphe additionnel à l'article 39 :

« Dans le cas où le compte rendu des débats judiciaires donnerait ouverture à une action en justice, cette action sera portée devant le tribunal qui a connu de l'affaire. (Très bien !)

M. Paris. N'y aurait-il pas lieu de compléter votre rédaction, monsieur Le Royer ? Le compte rendu, en effet, peut être relatif à un débat porté devant une cour d'assises, par exemple.

M. Le Royer. Le tribunal, c'est un mot générique.

M. Paris. Il vaudrait mieux, je pense, mettre : « ... devant le tribunal ou la cour, » etc.

M. Ninard. « Devant la juridiction qui a connu de l'affaire. »

M. Le Royer. Ce n'est pas tout à fait la même chose. La cour d'assises, ce sera la cour jugeant sans jury.

M. Léon Clément. Mettez : « Devant le juge. »

M. Le Royer. Je préférerais, en effet : « Devant le juge qui a connu de l'affaire. »

M. Audren de Kerdrel. Il faut renvoyer le paragraphe additionnel à la commission. (Non ! non !) On ne peut pas voter au hasard sur un pareil mot ; il faut que la commission réfléchisse.

M. le président. Si la commission s'approprie ou propose elle-même une rédaction, le Sénat pourra statuer sur-le-champ.

Plusieurs sénateurs. Qu'on mette : « Devant le juge. »

M. Parent. Et s'il s'agit d'un tribunal de commerce ?

M. Paris. Il faut un terme général qui puisse s'appliquer à tous les cas.

M. Griffe. Je demande la parole.

M. le président. La parole est à M. Griffe.

M. Griffe. Messieurs, la question qui vient d'être soulevée incidemment a une importance considérable, et permettez-moi de vous montrer quelles seraient les difficultés d'application de la règle que l'on vous propose d'insérer dans la loi.

Le juge qui a connu de l'affaire, dont le compte rendu donne lieu au litige nouveau, connaîtra de l'action des tiers intéressés : c'est ainsi que cette règle peut être formulée.

Eh bien, je suppose qu'on ait rendu compte d'un débat qui a eu lieu devant un tribunal administratif ou devant une cour d'assises, en un mot devant une juridiction d'exception, où les tiers lésés par ce compte rendu porteront-ils leur action ? Devant une juridiction d'exception ? Devant un tribunal de commerce ? Devant une cour d'assises, qui ne se réunit que dans des cas particuliers et suivant des formes spéciales ? Devant la juridiction administrative ?

M. Parent. Ou devant un conseil de guerre ?

M. Griffe. Non, messieurs, le principe qui conduit à de telles conséquences ne peut être exact : le compte rendu dont se plaindra la partie lésée, constituera une diffamation, une injure ou bien un fait dommageable ; une action sera ouverte à cette partie ; — mais où doit être portée cette action ? Devant la juridiction compétente suivant les règles ordinaires de la procédure. Devant le tribunal du domicile du défendeur.

On vous propose, messieurs, de déroger à la fois aux principes ordinaires de juridiction et de compétence et de désigner comme seul tribunal compétent celui qui a jugé l'affaire dont le compte rendu a donné naissance au litige nouveau.

Cette dérogation aux règles de la procédure n'a d'autre motif que le désir de trouver un juge qui puisse apprécier l'infidélité ou l'inexactitude du compte rendu, cause du litige.

Pour mon compte, messieurs, je ne trouve pas ce motif suffisant pour porter une atteinte aussi grave aux règles élémentaires de juridiction et de compétence.

Notre projet de loi supprime le délit spécial de compte rendu infidèle et inexact prévu par l'article 7 de la loi de 1822.

Les comptes rendus non prohibés par l'article 37 du projet sont donc permis.

Si ces comptes rendus lèsent les droits des tiers ou des parties intéressées, quelle sera l'action qui leur appartiendra ? ce sera une action en dommages, dont ils poursuivront la réparation ou par la voie civile ou par la voie correctionnelle, si le fait constitue un délit prévu par notre loi.

Mais où sera portée cette action ?

Elle devra être portée, conformément au code de procédure, devant le tribunal du domicile du défendeur.

M. le garde des sceaux. Alors, supprimez l'action civile !

M. Griffe. Permettez ! voilà le principe général. Maintenant, je comprends très bien qu'il y a une certaine difficulté...

M. le garde des sceaux. Une impossibilité.

M. Griffe..... une certaine difficulté, mais non une impossibilité, à apprécier le litige.

Les tribunaux auront, en effet, à décider si le compte rendu est inexact ou infidèle, s'il est diffamatoire ou injurieux, si, en tous cas, il est dommageable, à raison de la mauvaise foi et de la faute de son auteur. De telles questions ne sont pas plus délicates et difficiles à juger que la plupart de celles qui, tous les jours, sont portées devant eux, et qu'ils jugent et doivent juger.

La difficulté pour le juge d'apprécier et de juger une nature spéciale de faits ne peut motiver une dérogation aux règles de notre droit.

Les juridictions sont la garantie des justiciables et l'on ne peut y toucher que pour des motifs graves. Le défendeur ne peut être cité que devant le tribunal de son domicile. Le demandeur est tenu de justifier sa demande.

Ces principes élémentaires seront appliqués dans le cas dont il s'agit.

Le juge de l'action sera le juge de l'exception ; si le demandeur ne fait pas la preuve qui est à sa charge, le défendeur sera relaxé.

Je ne méconnais pas que celui qui se plaindra d'un compte rendu inexact et de mauvaise foi éprouvera certaines difficultés à justifier l'inexactitude, la mauvaise foi, le fait dommageable. Mais trouvera-t-il une garantie meilleure et une sécurité plus complète, s'il doit agir devant le tribunal ordinaire ?

Le tribunal devant lequel il portera son action, qu'il s'agisse d'une juridiction ordinaire ou exceptionnelle, sera-t-il composé des mêmes juges que ceux qui ont assisté au débat originaire ?

Il faudrait qu'il en fût ainsi pour que la juridiction exceptionnelle que l'on veut créer ait une aptitude spéciale.

Le roulement dans les tribunaux et les cours ne permet pas d'insérer que tel ou tel magistrat qui aura connu des débats originaires, pourra connaître du litige auquel donne lieu le compte rendu.

Et puis, s'il s'agit de tribunaux d'exception, de tribunaux criminels, de tribunaux administratifs, de tribunaux de commerce, porterez-vous devant ces tribunaux l'action ou civile ou correctionnelle à laquelle donnera lieu le compte rendu?

S'il s'agit, par exemple, du compte rendu du débat d'un procès civil jugé par une cour d'appel, porterez-vous devant cette cour d'appel l'action en dommages, basée sur ce compte rendu prétendu inexact et infidèle?

Que deviendra, dans ce cas, le droit du justiciable à deux degrés de juridiction?

M. le garde des sceaux. Le demandeur a le choix.

M. Griffe. Je ne veux pas insister, messieurs; le principe nouveau qui vous est proposé bouleverse l'ordre des juridictions, les principes de compétence, les règles de la procédure, sans nécessité : et, pour une action spéciale, j'estime que cette action doit être soumise aux règles du droit commun.

Je ne connais dans notre législation aucun texte qui, par analogie, puisse autoriser une pareille exception aux règles générales.

Sous l'ancienne loi, celle que notre projet abroge, le compte rendu infidèle constituait un délit.

Si ce délit n'était pas relevé par le ministère public, si les tiers étaient lésés, où pouvaient-ils porter leur action?

Était-ce uniquement devant le tribunal qui, à l'origine, avait été saisi du litige ou du débat? Non, l'action était portée devant le tribunal correctionnel ou civil, compétente suivant le droit commun.

Or, aujourd'hui que nous édictons une loi plus large et plus libérale, on vous propose de donner un *tribunal spécial* aux auteurs des comptes rendus infidèles ou inexacts.

Lorsque nous voulons faire rentrer la presse dans le droit commun, on vous propose d'établir en sa faveur ou contre elle, en matière de compte rendu, une compétence exceptionnelle.

Je ne puis pour mon compte m'associer à la proposition qui vous est faite et qui bouleverse les règles du code de procédure

Je prie le Sénat de maintenir pour l'action dont il s'agit les règles ordinaires, en rejetant la proposition qui a pour but de les changer.

M. le président. Il s'agit d'une prise en considération.

M. Le Royer a présenté un amendement; M. le rapporteur a fait connaître son opinion. Je vais consulter le Sénat.

M. le Royer. Mais je voudrais répondre un mot...

M. le président. C'est impossible; le règlement interdit toute discussion.

Je donne de nouveau lecture de l'amendement de M. Le Royer :

« Dans le cas où le compte rendu des débats judiciaires donnerait ouverture à une action en justice, cette action sera portée devant le tribunal qui a connu de l'affaire. »

Je consulte le Sénat.

(L'article additionnel n'est pas pris en considération.)

M. le président. Nous revenons au texte de la commission.

Demande-t-on la division ? (Non! non !)

Je vais alors mettre aux voix l'article entier, après en avoir donné lecture :

« Art. 39. — Ne donneront ouverture à aucune action les discours tenus dans le sein de l'une des deux Chambres, ainsi que les rapports ou toutes autres pièces imprimées par ordre de l'une des deux Chambres.

PUBLICATIONS INTERDITES. DÉFENSE.

« Ne donnera lieu à aucune action le compte rendu des séances publiques des deux Chambres, fait de bonne foi dans les journaux.

« Ne donneront lieu à aucune action en diffamation, injure ou outrage, ni les discours prononcés ou les écrits produits devant les tribunaux, *ni le compte rendu fidèle fait de bonne foi des débats judiciaires.*

« Pourront néanmoins les juges, saisis de la cause et statuant sur le fond, prononcer la suppression des discours injurieux, outrageants ou diffamatoires, et condamner qui il appartiendra à des dommages-intérêts. Les juges pourront aussi, dans le même cas, faire des injonctions aux avocats et officiers ministériels et même les suspendre de leurs fonctions. La durée de cette suspension ne pourra excéder deux mois, et six mois en cas de récidive dans l'année.

« Pourront toutefois les faits diffamatoires étrangers à la cause donner ouverture, soit à l'action publique, soit à l'action civile des parties, lorsque ces actions leur auront été réservées par les tribunaux et, dans tous les cas, à l'action civile des tiers.»

M. Paris. Je demande la parole.

M. le président. La parole est à M. Paris.

M. Paris. Messieurs, lorsque l'amendement de l'honorable M. Le Royer vous a été présenté, je me suis borné à vous faire observer que l'expression par lui employée : « les tribunaux » manquait peut-être de la généralité nécessaire pour répondre à toutes les hypothèses.

Mais réflexion faite, j'ai pensé avec la majorité du Sénat qu'il était préférable de ne rien changer à l'ordre des juridictions.

L'attribution de compétence au sujet de l'action civile intentée pour compte rendu infidèle, donnée au juge qui aurait connu de l'instance dont on aurait rendu compte, n'aurait souffert aucune difficulté, lorsque le juge aurait été investi des pouvoirs ordinaires de juridiction.

M. le garde des sceaux. L'amendement vient d'être repoussé !

M. Paris. Je le sais, monsieur le ministre, c'est sur l'article du projet de loi que va s'appliquer, vous le verrez, mon observation.

Mais l'affaire au sujet de laquelle le compte rendu est taxé d'inexactitude et de mauvaise foi peut avoir été soumise à un tribunal d'exception, à un conseil de préfecture ou à un conseil de guerre, par exemple. Evidemment, l'action civile en dommages intérêts ne pouvait être soumise à cette juridiction exceptionnelle. Je partage à ce sujet l'opinion exprimée par l'honorable M. Griffe.

Cependant mes craintes ne sont pas les mêmes en ce qui concerne la difficulté de la preuve devant le juge ordinaire devant qui sera portée l'action en dommages-intérêts pour compte rendu infidèle ; le demandeur fera la preuve comme il pourra, disait notre honorable collègue, et, s'il ne la fait pas, il succombera dans sa demande.

Je crois, messieurs, qu'il sera facile de trouver le moyen de donner à la preuve toutes les garanties désirables et de concilier à cet effet les deux opinions qui viennent de se faire jour à la tribune et qui ont peut-être laissé subsister dans vos esprits un certain embarras. Lorsque l'action en dommages-intérêts sera introduite, et que le défendeur contestera le caractère de son compte rendu taxé à tort, suivant lui, de mauvaise foi et d'inexactitude, pourquoi ne pas mettre dans le projet de loi que la question soulevée sera considérée comme préjudicielle, et donnera lieu à un renvoi devant le juge qui aura connu de l'instance dont le compte rendu donne lieu à contestation ?

M. Parent. Mais si les juges sont changés ?

M. Paris. Seul, en effet, ce juge sera à même de dire si le journaliste actionné aura été de bonne foi, et s'il aura fidèlement exposé les débats qui ont eu lieu à sa barre. Si vous n'usiez pas de ce moyen de procédure, je crois que la preuve rencontrerait de plus grandes difficultés, et que l'intérêt des parties en cause serait livré à tous les hasards. (Interruptions à gauche.)

Vous craignez sans doute, messieurs, d'introduire une innovation dans nos lois. Mais les questions préjudicielles amenant un renvoi se présentent fréquemment devant les tribunaux. Je pourrais vous en citer de nombreux exemples. Mais je crains d'étendre ainsi le débat avant que vous ne passiez au vote de l'article; il me suffit d'attirer sur ce point votre attention et celle de la commission.

Vous voulez protéger le compte rendu des débats judiciaires fait avec fidélité et bonne foi, ne pas exposer les journaux à des procès dans lesquels la preuve de la mauvaise foi et de l'infidélité seraient aléatoires. Je crois vous indiquer un moyen pratique d'éviter toute difficulté. Le juge qui a connu de l'affaire est seul capable, ainsi que le faisait observer M. le garde des sceaux, d'apprécier le caractère du compte rendu des débats dont il a été le témoin. Attribuez à ce juge, non pas la connaissance de l'action en dommages-intérêts, mais l'examen préjudiciel du point de savoir si les conditions auxquelles vous soumettez cette action se rencontrent, si le compte rendu a été infidèle et fait avec mauvaise foi. La question tranchée, l'affaire reviendra devant la juridiction de droit commun qui lui donnera sa solution. Je ne crois pas qu'il existe un autre moyen que celui-là de sortir d'embarras. (Approbation sur divers bancs.)

M. Griffe. Messieurs, ce que dit l'honorable M. Paris transforme en exception préjudicielle ce qui est véritablement le fond du débat. Dans les conditions ordinaires du droit, dans notre législation, lorsque devant les tribunaux d'exception... (Bruit) — je prie le Sénat de me prêter quelques minutes d'attention — lorsque devant les tribunaux d'exception se présente une difficulté qui nécessite l'examen préalable d'une question de propriété ou autre, qui n'est pas de la compétence de ce tribunal exceptionnel, le tribunal d'exception doit surseoir jusqu'à ce que cette question spéciale ait été portée devant une autre juridiction, seule compétente, et ait été jugée par elle. Voilà ce qu'on appelle en droit une exception préjudicielle.

Tel n'est pas le cas du litige auquel peut donner lieu le compte rendu dont il s'agit.

Le juge, quel qu'il soit, doit juger le procès dans son entier, il est juge de l'action et de l'exception. Il appréciera si le compte rendu est inexact, diffamatoire, injurieux ou dommageable.

Le moyen proposé par l'honorable M. Paris ferait renaître les mêmes inconvénients et les mêmes difficultés que les propositions déjà rejetées par le Sénat.

Le principe qui doit être admis est, d'après moi, celui-ci : *le juge de l'action est le juge de l'exception.* (A gauche : Très bien! très bien! Aux voix! aux voix!)

M. le président. Je mets aux voix l'article 39.

(L'article 39, mis aux voix, est adopté.)

OBSERVATION.

Les trois premiers articles du § 5, chapitre IV, énumèrent plusieurs interdictions, sur lesquelles nous n'avons aucune observation à formuler.

Comme on l'a constaté, par la lecture des débats parlementaires, les articles 38, 39 et 40 ne sont que la reproduction, à peu près littérale, des dispositions contenues dans la loi du 27 juillet 1849.

Le respect dû à l'autorité des décisions judiciaires dictait nécessairement le texte de l'article 40, dont M. Lisbonne a pris soin de bien préciser le sens.

Ce que la loi entend interdire, ce n'est pas le fait d'ouvrir une souscription, c'est la publicité donnée à l'ouverture de la souscription ou à l'annonce de cette ouverture, quel que soit le mode de publicité.

On pourrait craindre, en effet, comme l'a dit M. Lisbonne, que ces manifestations ne prissent le caractère d'une protestation contre les décisions de justice.

Nul ne saurait critiquer cette prévoyante disposition.

Mais il n'en est pas dé même de celle qu'édicte l'article 41.

Aux termes de cet article les discours prononcés ou les écrits produits devant les tribunaux ne peuvent donner lieu à aucune action en diffamation, injure ou outrage.

Les immunités de la défense faisaient au législateur un devoir de maintenir sur ce point les prescriptions de la loi du 17 mai 1819

Cependant le même article donne pouvoir aux tribunaux de faire des injonctions aux avocats et officiers ministériels et même de les suspendre pendant un délai de six mois.

Nous admettons, sans réserve, le droit primordial qui appartient au président d'un tribunal, relativement à la police de ses audiences, même à l'égard des défenseurs, que la passion peut entraîner.

Mais lui accorder la faculté exorbitante d'infliger à ceux-ci une peine disciplinaire aussi grave, pour des paroles ou discours au sujet desquels elle refuse à la partie intéressée l'action en diffamation, injure ou outrage, voilà en quoi la loi actuelle nous paraît avoir maintenu une des plus graves atteintes contre la libre émission de la pensée, et contre la libre défense.

Encore une fois nous reconnaissons que le législateur a entendu codifier et non innover ; là seulement nous croyons rencontrer son excuse; mais nous tenons à signaler cette anomalie dont les circonstances favorisaient si bien la suppression.

XXXIII

CHAPITRE V

DES POURSUITES ET DE LA RÉPRESSION.

§ 1. — *Des personnes responsables des crimes et délits commis par la voie de la presse et de tout autre moyen de publication.*

Avant de rechercher à quelle juridiction on déférera la connaissance des délits, on doit se demander contre quelles personnes on en poursuivra la répression : c'est l'objet des articles 45, 46 et 47 du projet de loi.

S'il s'agit d'un délit commis par la parole, l'application du droit commun ne présentera aucune difficulté ; sa perpétration ne révèle, en général, que l'idée d'un seul coupable, et ce n'est que par exception qu'à l'action principale se rattachent des faits de complicité.

Il n'en est pas de même pour les délits commis par la voie de la presse.

La pensée, pour être publiée, donne lieu à trois ordres de faits distincts ; la rédaction, l'impression, la publication ; et à chacun de ces faits correspond, d'habitude, l'intervention de trois personnes différentes : l'écrivain, l'imprimeur et le publicateur, qu'il s'appelle *gérant*, s'il publie un journal ; *éditeur*, libraire-éditeur ou de toute autre dénomination, s'il publie un livre ou une brochure.

Quant aux vendeurs, colporteurs ou distributeurs, ils propagent le délit, si l'on peut ainsi parler, ils en étendent l'action ; mais, à aucun point de vue, ils ne concourent à sa perpétration.

Comment se partagera la responsabilité entre ces diverses personnes ?

La responsabilité morale retombe tout entière sur l'écrivain, tout le monde le sent. Voilà pourquoi on a pu soutenir qu'il était seul coupable et qu'il devait être seul puni.

Mais, au point de vue des principes de la législation, les choses changent d'aspect. Si c'est la publication qui fait le délit, c'est le publicateur qui devient l'auteur principal, et l'écrivain qui lui a fourni les moyens de le commettre ne doit être considéré que comme son complice.

Ce n'est pas là une fiction, c'est une réalité qui s'impose.

PERSONNES RESPONSABLES DES CRIMES ET DÉLITS.

Le publicateur et l'écrivain seront poursuivis tous les deux.

Quant à l'imprimeur, peut-on le considérer comme un véritable complice? Sans doute, il a fourni les presses; mais les a-t-il fournies avec l'intention de les faire servir au délit qui va se commettre? A-t-il même lu l'écrit qu'il a imprimé? L'ayant lu, l'a-t-il compris?

Questions délicates qu'il faudrait résoudre nécessairement contre l'imprimeur, pour le déclarer et le punir comme complice; questions de fait, a-t-on dit, qui doivent être souverainement décidées par les juges. C'est pour leur en soumettre l'appréciation que l'imprimeur a presque toujours accompagné l'écrivain et le publicateur sur les bancs de la cour d'assises et de la police correctionnelle.

De tous temps, cette pratique a soulevé d'énergiques protestations. Que n'a-t-on pas fait observer, au simple point de vue de l'équité? Pourquoi impliquer tant de personnes dans des procès de cette nature? La conscience publique ne sera-t-elle satisfaite que par la condamnation de l'imprimeur? La personne offensée n'aura-t-elle pas satisfaction lorsque son offenseur sera puni? Est-il juste d'exposer inutilement aux rigueurs de la loi une personne dont la coopération intentionnelle à l'accomplissement du délit ne sera jamais démontrée avec une certitude suffisante? Si l'on parle de fiction, le mot ne s'applique-t-il pas à la prétendue complicité de l'imprimeur? Comment ne pas voir, enfin, que la responsabilité de l'imprimeur, c'est une menace perpétuelle contre la liberté de l'écrivain?

Ces considérations nous paraissent devoir l'emporter sur celles qui leur sont opposées. Nous vous proposons, en conséquence, de décider que l'imprimeur ne pourra être poursuivi comme complice de l'écrivain. Le bénéfice de cette disposition s'étendra également aux vendeurs, distributeurs, ou colporteurs, qui ne sont, à vrai dire, que de simples marchands de volumes ou de papiers imprimés, et aux afficheurs, dont l'industrie est beaucoup plus infime.

Une exception cependant était nécessaire : elle était recommandée par le souci de la sécurité publique et le devoir de ne pas paralyser entre les mains des agents de l'autorité les moyens de prévenir ou de réprimer le désordre de la rue. L'article 60 du Code pénal restera applicable dans le cas et les conditions prévus par l'article 6 de la loi du 7 juin 1848 sur les attroupements.

Il en sera également ainsi, mais non plus en vertu d'une exception, dans les cas où l'imprimeur et les autres personnes que nous venons de désigner auraient participé au délit par des actes étrangers à leur industrie ou à leur profession. Ce n'est plus alors comme imprimeurs, vendeurs, distributeurs ou afficheurs qu'ils seraient poursuivis; et ils cesseraient d'être protégés par les dispositions de l'article 46 de la loi.

En résumé, des trois personnes dont les actes concourent à la publication de la pensée, deux seulement devront être poursuivies : le publicateur et l'écrivain. L'imprimeur ne sera pas recherché. Voilà la règle générale qu'une seule exception pourra faire fléchir.

Mais il peut arriver que les faits ne se présentent pas avec cette simplicité, et que certaines des personnes qui ont concouru à la perpétration du délit échappent à la justice, soit parce qu'elles seront inconnues, soit parce qu'elles résideront à l'étranger.

Qui poursuivra-t-on? A défaut du gérant ou de l'éditeur, l'auteur; à défaut, tout à la fois, du publicateur et de l'auteur, l'imprimeur; et enfin, si l'on ne rencontre devant soi, ni publicateur, ni auteur, ni imprimeur, la justice ou les personnes lésées s'adresseront, suivant les cas, ou au vendeur, ou au distributeur, ou à l'afficheur.

Grâce à ces dispositions, il n'y aura guère de délit qui puisse échapper à la répression et, à part le cas où l'on pourra mettre éditeur et auteur en cause, il n'y aura jamais qu'une personne à traduire en justice; quelle qu'elle soit, elle n'aura à exciper ni de sa qualité ni de sa bonne foi. En se refusant à faire connaître les coupables ou en prêtant son concours à des personnes résidant à l'étranger, n'aura-t-elle pas volontairement assumé la responsabilité de la publication?

Ajoutons pour terminer, sur ce point, que les mots ne sauraient changer les choses, et que c'est la nature du concours prêté à la perpétration du délit et non la qualité ou la profession de la personne qui l'a prêté, qui détermine sa responsabilité. Un imprimeur, par exemple, qui serait l'éditeur d'un livre ou le gérant d'un journal, ne pourrait exciper de sa qualité d'imprimeur pour échapper aux poursuites auxquelles l'exposerait le fait de la publication. Ainsi du libraire, ainsi des autres.

« Art. 47. — Les propriétaires des journaux ou écrits périodiques seront civilement responsables des condamnations pécuniaires prononcées contre les personnes désignées dans les deux articles précédents. »

La disposition de l'article 47 a sa raison d'être dans des considérations de fait et des considérations de droit.

En point de fait, elle n'a rien de préventif; si elle remplace, à certains points de vue, le cautionnement que nous supprimons, elle a cela de plus libéral que le cautionnement et de plus logique à la fois; le cautionnement est une mesure préalable, c'est la garantie éventuelle de l'exécution d'une condamnation qui peut ne jamais intervenir, tandis que la responsabilité civile des propriétaires de journaux ne doit recevoir d'application que dans l'hypothèse où une condamnation a été prononcée. Elle ne devance pas la condamnation, elle la suit; elle ne peut être que théorique, si le journal ne commet pas de délit ou si la condamnation s'exécute directement. Elle n'empêche pas ce délit de se commettre, elle empêche l'impunité de s'accomplir.

En point de droit, elle a également sa justification; elle est en harmonie avec la règle de droit commun édictée par les articles 1382, 1383 et 1384 du Code civil.

L'article 1384 place en effet, à côté de la responsabilité directe de l'article 1382, la responsabilité indirecte. Il y a certaines situations dans lesquelles on est exposé à répondre de la faute d'autrui et même du dommage causé par le fait des choses que l'on a sous sa garde.

En vous proposant de déclarer les propriétaires des journaux ou écrits périodiques responsables civilement des condamnations pécuniaires prononcées contre le gérant comme auteur principal, contre l'écrivain comme complice, ou bien contre le gérant seul, si l'écrivain n'est pas connu ou s'il échappe à la poursuite, ou bien contre l'écrivain comme auteur principal, s'il peut être poursuivi, et si le gérant ne peut l'être, soit parce que le journal n'aurait pas de gérant, soit parce que le gérant se serait mis hors des atteintes de la justice, ou bien, à défaut du gérant et de l'écrivain, contre l'imprimeur, etc., nous ne faisons qu'étendre l'application de l'article 1384 au cas particulier d'un délit commis par la presse périodique.

Le droit commun sert ici de guide. Nous ne le créons pas, nous en appliquons les règles à une matière spéciale. *C'est, pour ainsi dire, une application nouvelle d'un principe connu.*

Nous sommes encore dans le droit commun quand nous rendons les propriétaires de journaux responsables civilement, non seulement des dommages-intérêts et des dépens, mais encore des amendes.

En effet, si la responsabilité civile est restreinte par l'article 1384 aux dommages-intérêts et aux dépens, et si elle ne s'étend pas, en général, aux amendes, ainsi que le décide la jurisprudence (Cour cass., 14 juillet 1814, 11 septembre 1818, 14 janvier 1819, 8 août 1823, 4 septembre 1823, 21 avril 1847, 9 juin 1832, 24 mars 1855), cette règle reçoit exception dans certains cas déterminés par des lois spéciales, par exemple en matière de douanes (Cour cass., 6 juin 1811, 20 mai 1828, 5 septembre 1828), en matière de contravention aux lois sur les contributions indirectes (Cour cass., 11 octobre 1834), en matière de délit de chasse (Cour cass., 5 juin 1850).

Nous ne faisons violence à aucune règle de droit en étendant, dans la matière qui nous occupe, la responsabilité civile des propriétaires de journaux aux amendes, non moins qu'aux dommages-intérêts et aux frais.

Rien n'est plus légitime. Les propriétaires doivent connaître le gérant du journal qui leur appartient. C'est de ce gérant qu'ils répondent. Ils ne répondent de l'auteur et des personnes désignées dans l'article 46, que s'il n'y a pas de gérant, circonstance qui est leur fait et qui engage presque directement leur responsabilité.

Si le propriétaire du journal est une société en nom collectif, en commandite ou anonyme, ces sociétés sont tenues de la responsabilité civi le au même titre et dans les mêmes conditions qu'elles sont tenues de leurs dettes envers les tiers.

En d'autres termes, notre article 47 n'est pas une innovation, c'est une interprétation , une extension si l'on veut, de l'art. 1384 du Code civil ; interprétation ou extension qui, dans maintes circonstances, aurait soulagé la conscience des magistrats forcés de condamner un gérant inconscient et insolvable au lieu d'un propriétaire très conscient et très solvable à la fois.

« Attendu, a dit un jour le tribunal correctionnel de Montpellier, que s'il a été établi que S... est propriétaire du journal le Travailleur, comme il l'a avoué à l'audience ;

« Que les rédacteurs étant ses employés, il disposait à son gré de la gérance du journal ; que, par son intervention et moyennant toutefois une somme de 500 fr donnée dans ce but par une personne très honorable, il a pu empêcher la publication d'un feuilleton annoncé à grand bruit pour faire appel à la sollicitude, et conséquemment à la bourse d'une famille très justement alarmée par la menace d'un scandale ;

« Qu'il ne dépendait, en un mot, que de S... d'épurer son bureau de rédaction devenu une boutique de chantage; cependant il n'a point paru aux juges que sa responsabilité légale fût insuffisamment engagée, le gérant seul, d'après la législation sur la presse, devant être responsable des articles publiés et ne pouvant être considéré comme le préposé du propriétaire du journal.........., par ces motifs, le tribunal dit n'y avoir lieu à déclarer la responsabilité civile de S... (19 novembre 1879). — L... contre S..., et Varé, gérant du journal le Travailleur (prés., M. Vedel). »

Sur l'appel, ce jugement fut confirmé.

Nous abrogeons le cautionnement, nous abrogeons la faculté pour les tribunaux de prononcer la suspension ou la suppression des journaux, faculté donnée en dernier lieu par la loi du 11 mai 1868 ; mais, pour ne pas ériger l'impunité en règle générale, nous proposons d'édicter la responsabilité civile des propriétaires.

En Angleterre, dont les adeptes de la liberté absolue en matière de presse citent souvent le libéralisme, la loi faite aux propriétaires de journaux laisse bien loin derrière elle la responsabilité civile à laquelle nous nous arrêtons.

« Indépendamment du cautionnement exigé par l'acte 60, George III et George IV, chapitre IX, les propriétaires peuvent être poursuivis pour répondre, non pas civilement, mais directement des condamnations qu'encourt la publication incriminée.

« Ils ont seulement la faculté (acte de lord Campbell, 6 et 7 Victoria, ch. 96), lorsqu'ils sont poursuivis devant la juridiction civile par un individu qui se prétend diffamé dans leur journal, de se justifier, en démontrant : 1° que l'insertion de l'article ne peut être attribuée ni à une intention de nuire, ni à une faute lourde (grosse négligence) ; 2° que, avant que l'instance ne fût engagée, ou au moins dès qu'ils en ont eu la possibilité, ils ont inséré des excuses satisfaisantes dans une livraison de leur publication ou qu'ils ont offert au demandeur de publier des excuses dans un journal ou une publication périodique choisi par lui. L'effet de cette justification est de permettre au défendeur de payer en cour.

DE LA JURIDICTION.

Elle l'autorise à apporter devant la Cour une certaine somme d'argent suffisante, à ce qu'il croit, pour satisfaire le demandeur, et à se déclarer prêt à la lui payer. Si le demandeur n'accepte pas cette offre et passe outre, il s'expose à ce que, après les débats, le jury trouvant qu'elle était suffisante, ne lui fasse perdre son procès (1). »

Le système de responsabilité que nous vous proposons est-il moins libéral que celui de la législation de la libre Angleterre ?

XXXIV

§ II. — De la juridiction.

Le projet de loi que nous avons l'honneur de vous soumettre, ayant écarté, d'une façon absolue, les délits d'opinion, de doctrine, de tendance, tous ceux qu'on est convenu d'appeler jusqu'à présent les délits de presse, le projet n'aurait eu qu'à s'approprier en matière de juridiction les dispositions du Code d'instruction criminelle, si nous avions dû nous en référer uniquement aux règles du droit commun.

En effet ce Code, combiné avec les principes généraux posés par le Code pénal, fixe la juridiction en matière criminelle.

Ces deux monuments de notre législation classent les infractions en trois catégories, les crimes, les délits et les contraventions, selon qu'il s'agit de méfaits punis de peines afflictives ou infamantes, de peines correctionnelles ou de peines de simple police (C. pén., 1).

Il résulte, des articles 137, 138 — 179 et 194 du Code de procédure criminelle, que les contraventions sont jugées par les tribunaux de simple police, les délits par les tribunaux de police correctionnelle et les crimes par le jury et la cour d'assises.

Sans nous attarder dans la recherche de l'origine du jury, sans nous demander ce qu'il en était de cette institution sous la législation romaine, sous la législation intermédiaire, et avant le Code de 1818, investigations fort intéressantes sans doute et qui font l'honneur et la renommée d'un livre (2), il nous suffit et nous avons le droit de dire au point de vue de notre sujet, *propter subjectam materiam,* que, en droit commun, dans notre législation française, par l'effet d'une tradition bientôt séculaire, le jury connaît des crimes et les tribunaux correctionnels, au moins jusqu'à présent, connaissent des délits (3).

Il suit de là que les tribunaux de police correctionnelle devraient juger toutes les infractions prévues par le projet de loi, qui sont passibles de

(1) Ed. Bertrand, *Régime légal de la presse en Angleterre,* p. 48.
(2) Faustin Hélie, *Instr. crim.,* t. VIII, p. 206.
(3) Nous faisons ici allusion à la proposition de M. Versigny, assises correctionnelles.

peines correctionnelles et les juges de paix, de toutes celles qui n'encourent que des peines de simple police. Le jury, dans ce système, ne connaîtrait que du seul crime défini par l'article 26 du projet.

Ce n'est pas cette règle juridictionnelle que nous vous proposons de suivre.

Désertant ici le droit commun, pour être plus favorables à la liberté, nous appelons le jury à connaître de toute une série d'infractions qui nous ont paru s'adapter davantage au caractère spécial de cette institution.

Nous avons voulu nous rapprocher du droit commun, de son application, quand il s'est agi de qualifier, de classer les délits ; nous voulons nous en écarter, maintenant qu'il s'agit de déterminer la compétence.

L'essentiel, dans toute loi qui demande un juge, c'est la juridiction : *primo de judice.*

Voici la règle que nous avons adoptée :

Nous déférons au jury la connaissance de la généralité des délits commis par la voie de la presse et de la parole, indifféremment, qui impliquent l'appréciation plus spéciale des intentions des prévenus, ou que la politique a plus ou moins occasionnés.

Nous disons, a plus ou moins occasionnés, parce qu'ainsi que nous avons eu le soin de le faire observer, et que le prouvent d'ailleurs les dispositions pénales de notre projet, nous n'avons pas retenu un seul de ces délits que les lois actuelles qualifient des délits politiques.

L'injure, la diffamation, la provocation à commettre des crimes ou des délits, l'outrage aux bonnes mœurs, l'outrage envers les personnes, quelles que soient leurs qualités et leur situation, ne passeront jamais pour des délits politiques, parce que ce sont là de mauvaises actions, considérées ainsi, de tous les temps, sous tous les régimes, par tous les législateurs, qu'elles soient commises par le presse ou par la parole.

Aussi n'avons-nous pu poser comme règle générale, à l'exemple du législateur du 8 octobre 1830 ou du 10 novembre 1848, que la connaissance des délits politiques est déférée aux cours d'assises. Le projet de loi n'en renferme pas !

D'autre part, nous étant attachés à qualifier les délits, abstraction faite du procédé à l'aide duquel ils ont été perpétrés, ne puisant qu'aux sources du droit commun, nous n'avons pu dire que le jury connaîtrait de tous les délits commis par la voie de la presse (1), à l'exemple de la même loi du 8 octobre 1830; de l'article 1er de la même Constitution du 10 novembre 1848 ; de la loi du 15 avril 1871, article 1er, et de celle du 29 décembre 1875, article 4.

La loi du 29 décembre 1875 pouvait d'autant moins nous servir de mo-

_____

(1) Nous aurions ainsi enlevé au jury tous les délits de la parole, ce que nous ne voulons pas.

DE LA JURIDICTION.

dèle à cet égard, qu'après avoir posé comme règle générale la juridiction du jury, elle y fait de telles exceptions, que c'est l'exception qui devient la règle.

Nous avons, en conséquence, adopté un *à priori* différent.

Abandonnant les voies tracées jusqu'à ce jour, nous avons procédé non plus par dispositions générales, mais par voie d'attributions particulières.

Nous avons repris les diverses infractions que le projet de loi qualifie de crimes, de délits, ou de contraventions : en faisant la part de la nature spéciale de chacune d'elles, nous les avons nominativement attribuées aux tribunaux correctionnels ou aux juges de simple police, selon qu'elles se rapprochent davantage de l'une ou de l'autre de ces trois juridictions.

Les partisans du droit commun, en matière de liberté de la presse, nous sauront gré d'avoir dérogé à ses règles, de les avoir fait fléchir, relativement à la juridiction, et de les avoir fait fléchir dans le sens de la compétence du jury.

Quant à leurs adversaires, nous nous bornerons à répondre à leur critique, si elle se produit, que nous n'avons pas hésité, dans la distribution juridictionnelle à laquelle nous venons de faire allusion, à incliner fortement en faveur du jury, par la seule mais excellente raison du caractère essentiellement démocratique de son institution.

Pourquoi, se demande M. Faustin Hélie, dans son traité magistral de l'*Instruction criminelle*, pourquoi cette grande institution du jury a-t-elle paru en 1789 constituer le plus sûr instrument de la justice pénale? Pourquoi depuis cette époque a-t-elle résisté à tant d'efforts déployés pour la renverser? Pourquoi au milieu des vicissitudes politiques que notre législation a subies, est-elle demeurée debout, au moins en principe, sinon avec une complète application?

Ce n'est pas seulement parce qu'elle assure la vérité des jugements criminels, c'est surtout parce qu'elle donne à la liberté civile son plus énergique appui... Il en résulte, en effet, qu'en matière criminelle le pouvoir judiciaire se trouve placé, non seulement en dehors des mains du pouvoir exécutif, mais en dehors des juges eux-mêmes. Il est placé entre les mains du peuple ; il est exercé par des hommes pris dans son sein, qui ne forment aucune assemblée permanente, qu'aucun lien ne resserre les uns avec les autres, que le sort a réunis et qui se dispersent aussitôt leur fonction accomplie. Il n'y a lieu de craindre ni les préventions injustes ni les persécutions (1).

Nous aurions voulu prolonger cette citation, elle est la plus éloquente justification des dispositions que nous venons vous soumettre.

(1) Faustin Hélie. *Instruction criminelle*, t. VIII, p. 200.

XXXV

Notre article 48 se divise en trois parties :

La première énumère les diverses infractions, crimes ou délits que nous déférons au jury ;

La seconde, celles que nous attribuons aux tribunaux de police correctionnelle ;

La troisième énumère celles que nous renvoyons devant le tribunal de simple police.

A. — *Cour d'assises.*

Nous déférons au jury :

1° La provocation par la voie de la presse ou de la parole, à commettre un crime, alors que la provocation a été suivie d'effet. C'est la complicité.

La provocation, dans ce cas, est punie comme le crime lui-même (art. 26 du projet).

Pas de difficulté. — Nous n'avons à faire ici aucun commentaire.

2° La provocation au crime, non suivie d'effet.

Bien que ce ne soit là qu'un délit puni de peines correctionnelles (art. 27), il prend sa source dans une intention plus que délictueuse, puisqu'il n'a pas dépendu de la volonté du provocateur que le crime ait été accompli.

3° L'outrage envers la République (art. 29).

Gouvernement du pays par le pays, la République outragée ne doit demander la réparation de ses injures qu'à des hommes pris dans le sein du peuple, pour nous servir de la vigoureuse expression de M. Faustin Hélie.

C'est à ces magistrats d'un jour, d'un moment, mais du jour et du moment où l'outrage vient de se commettre, qu'il appartient de s'imprégner des nécessités, des convenances de la situation, d'y puiser les raisons de leur verdict en même temps que son autorité.

4° L'outrage envers le Sénat et la Chambre des députés (art. 29).

Issus du suffrage universel, le Sénat et la Chambre sont responsables devant l'opinion. Ils doivent donc déférer leurs griefs à cette magistrature nationale. Les jurés sont leurs pairs.

5° Le délit de nouvelles et de pièces fausses.

Ce délit n'existe, d'après notre projet de loi, que si la publicité ou reproduction de la fausse nouvelle ou de la fausse pièce a été faite de mauvaise foi et si elle a été de nature à troubler la paix publique (art. 31).

DE LA JURIDICTION.

Il est manifeste que les douze jurés venus de tous les points du département seront les meilleurs appréciateurs de ce second mais essentiel élément de délit.

Ils sauront mieux qu'aucune de ces compagnies judiciaires, vivant dans une retraite austère et l'isolement de l'étude, si la paix publique a été troublée par la publication prétendue délictueuse ou même si cette publication était de nature à la troubler.

6° Le délit d'outrage aux bonnes mœurs.

Le jury n'a jamais encouru, en matière d'attentat aux mœurs, le reproche d'indulgence ou de faiblesse : pourquoi ne serait-il pas juge de l'outrage aux bonnes mœurs? L'outrage n'est-il pas une variété de l'attentat.

7° Le délit de diffamation ou d'injures envers les corps constitués ou les personnes revêtues d'un caractère public indiquées aux articles 34 et 35.

De tous les temps, sauf aux deux époques de réaction violente de 1822 et 1852 qui marquent les deux phases les plus tyranniques dont la presse ait gardé le souvenir, le délit d'injure ou de diffamation envers les agents de l'autorité a été déféré au jury.

C'est l'article 13 de la loi du 26 mai 1819 qui inaugura cette juridiction.

Quand fut discutée la loi du 25 mars 1822, M. de Serres opposa la plus vive résistance à l'abrogation de son œuvre du 26 mai 1819.

Répondant au reproche d'indulgence adressé au jury :

J'oppose à ce qu'on dit de cette prétendue indulgence, disait M. de Serres, le tableau de toutes les décisions que rendent en France, depuis l'introduction du jury parmi nous, les jurés ou les juges, et je déclare, peut-être contre l'opinion de beaucoup, non sans preuves, mais avec la certitude du fait, que c'est dans les décisions du jury que l'on trouve le plus de sévérité. J'invite les personnes qui ont des doutes sur ce point à consulter les magistrats qui ont comparé le plus assidûment les décisions des juges et les décisions du jury.

Répondant à la prétendue impressionnabilité des jurés :

C'est là leur mérite, disait-il, car, ainsi que le dit Royer-Collard, les délits de la presse sont mobiles. Ils réclament un tribunal également mobile qui, se renouvelant perpétuellement, exprime sans cesse les divers états des esprits et des besoins changeants de la société!

Nous déférons donc à la juridiction du jury les délits d'injure ou de diffamation envers les personnes publiques et autres, désignées dans les articles 34 et 35 de notre loi.

Nous disons : les délits d'injure ou de diffamation, car il importe peu que le délit ait été commis verbalement ou par écrit, pourvu qu'il ait été public.

Nous allons par conséquent plus loin, à cet égard, que la loi du 26 mai 1819.

Nous allons plus loin que le projet présenté en mars 1870, dont M. Genton avait été le rapporteur.

. Nous allons plus loin surtout que la loi du 29 décembre 1875 qui aurait dû devancer la loi de 1819, au lieu de rester en arrière : elle n'aurait pas encouru le reproche de réagir contre l'œuvre de M. de Serres.

« Le jury est à mes yeux, écrivait le rapporteur de la Constitution du 10 novembre 1848, une institution animée de la liberté, une magistrature d'équité et de bon sens, imprégnée des sentiments populaires d'où elle sort, où elle se retrempe sans cesse. Nous aurions voulu la développer et l'étendre progressivement au jugement des matières correctionnelles et de quelques procès civils. C'était notre premier projet. Il a rencontré, dans tous vos bureaux, nous sommes forcés de l'avouer, une opposition si générale, et si radicale que nous avons dû nous résigner au silence de la défaite ; nous n'en conservons pas moins la confiance qu'il viendra un jour moins dur pour le jury, moins propice au praticien, et où la loi simplifiant, abrogeant, élaguant les broussailles souvent épaisses de la procédure, donnera raison à notre opinion que nous sommes forcés d'ensevelir provisoirement dans la solitude de nos espérances. » (Dalloz 1848, 3e partie, p. 199.)

Nous sommes séparés depuis plus d'un quart de siècle des espérances qu'exprimait ainsi Armand Marrast. Serait-ce trop aventureux de les réaliser en partie ?

Nous ne l'avons pas pensé. Nous n'avons, en conséquence, fait aucune distinction, quant aux délits à renvoyer au jury, entre les divers modes de leur perpétration. De quelque façon que la publication ait eu lieu, la juridiction doit être la même, puisqu'il s'agit de la même pénalité.

8o Le délit de provocation aux militaires pour les détourner de leurs devoirs, est, d'après notre projet, le dernier délit qui se trouve déféré à la cour d'assises.

Il est prévu par l'article 28.

Il a cela de particulier, qu'il se rapproche beaucoup d'actes qualifiés crimes par la loi commune et que réserve notre disposition.

Aujourd'hui que tout citoyen est soldat, le jury est la magistrature dont la compétence s'adapte le mieux à la connaissance de ce délit spécial dont la répression importe à la stabilité de l'armée. L'armée et le jury sont solidaires.

B. — Police correctionnelle.

Nous attribuons aux tribunaux de police correctionnelle :

1o Les provocations au délit, suivies d'effet.

Elles sont un délit ordinaire, — pas de difficulté.

2o Le délit d'outrage au Président de la République.

Votre commission en avait, de prime abord, saisi la cour d'assises

DE LA JURIDICTION.

(projet du 6 août 1879). Elle a cru devoir revenir sur cette résolution après avoir entendu les observations de M. le garde des sceaux.

L'irresponsabilité du chef de l'État, l'inadmissibilité de la preuve des faits outrageants, l'opportunité, la convenance d'une décision prompte justifient à nos yeux et par dérogation au principe posé au § 1 de l'article 38, l'attribution aux tribunaux de police correctionnelle du délit d'outrage envers le Président de la République. .

3° L'outrage aux chefs d'État ou agents diplomatiques étrangers.

Nous n'avons pas voulu établir de différence entre les chefs d'État étrangers et le Président de la République française.

Quant aux agents diplomatiques, il n'y avait pas lieu de distinguer non plus. Il suffisait de cette seule raison que le projet de loi n'admet pas plus la preuve du fait outrageant quand il s'agit d'un outrage commis envers leurs personnes qu'il ne l'admet quand l'outrage concerne le Président de la République et les chefs des États que représentent ces agents.

Ils n'exercent d'ailleurs aucune fonction publique française.

4° Le délit de cris séditieux.

Ce délit n'implique d'ordinaire que la constatation d'un fait. La poursuite est en général celle d'un délit flagrant.

5° Les délits de diffamation ou d'injure envers les particuliers.

Il n'y a aucun intérêt à déférer ces sortes de délits à la cour d'assises. L'ordre général, la sécurité publique n'y sont que très secondairement intéressés.

La preuve des faits diffamatoires n'est pas d'ailleurs admise en cette matière, tout au moins d'une façon absolue.

6° Le délit de lacération d'affiches, dans les cas prévus par les §§ 2 et 4 de l'article 20.

C'est là un fait, en quelque sorte matériel, dont la répression doit être aussi instantanée que possible.

Nous ajoutons : dans les cas prévus par les §§ 3 et 4 de l'article 20, parce qu'en effet les §§ 1 et 3 ne prévoient que des peines de simple police.

7° Enfin toutes les infractions prévues et punies par les articles 5, 11, 12, 13, 14, 15, 16, 17, 41, 42 et 43 de la loi.

Ce sont là autant de contraventions matérielles, exclusives, pour la plupart, de toute faute intentionnelle.

Nous avons tenu à les préciser par l'indication des articles eux-mêmes au lieu de nous contenter de ces expressions : *les contraventions prévues par la présente loi.*

Le justiciable n'aura pas ainsi à recourir aux lumières d'un jurisconsulte pour savoir à quoi s'en tenir. Les tribunaux n'auront pas à se préoccuper de faire jurisprudence. La cour de cassation n'aura pas à intervenir.

C. — *Tribunaux de simple police.*

Nous renvoyons devant les tribunaux de simple police uniquement les contraventions prévues par les articles 4, 20 §§ 1 et 3, et par l'article 15 de la loi nouvelle. Ce sont les infractions qui ne sont passibles que de peines de simple police.

XXXVI

Le § 2 se termine par une disposition d'ordre, qui n'est que le corollaire de l'article 48. L'action civile dérivant d'un crime, d'un délit ou d'une contravention, dit l'article 2 du Code d'instruction criminelle, peut être poursuivie en même temps et devant les mêmes juges que l'action publique; elle peut l'être aussi séparément.

Qu'était-il arrivé? Pour échapper aux dispositions des lois qui autorisent, devant le jury, la preuve des faits diffamatoires, les fonctionnaires diffamés saisissaient de leurs plaintes les tribunaux civils par voie d'action civile. Là ils soutenaient et ils faisaient juger que la preuve n'était pas recevable. C'était l'inverse de ce qui se passe en Angleterre où la preuve n'est, en général, recevable qu'en matière civile.

Le décret du 22 mars 1848, article 2, et, plus tard, la loi du 14 avril 1871, article 4, déjouèrent ce stratagème.

L'article 4 de cette loi est ainsi conçu : « L'action civile résultant des délits à l'occasion desquels la preuve est permise par l'article ci-dessus ne pourra, sauf dans le cas de décès de l'auteur du fait incriminé, ou d'amnistie, être poursuivie séparément de l'action publique. »

Voulant atteindre le même but que le législateur du 15 avril 1871, nous reproduisons la disposition de l'article 4.

Elle a sa place dans notre article 49.

L'article 4 de la loi du 15 avril 1871 dispose, en terminant, que dans tous les autres cas l'action civile s'éteindra de plein droit par le seul fait de l'extinction de l'action publique.

Nous avons jugé inutile de reproduire cette dernière disposition qui aurait fait double emploi avec les règles que nous posons en matière de prescription (v. art. 68).

CHAMBRE DES DÉPUTÉS. PRÉSIDENT M. GAMBETTA.

Première délibération. — Suite de la séance du mardi 1ᵉʳ février 1881.

M. le Président donne lecture de l'article 41 (du projet).

PERSONNES RESPONSABLES DES CRIMES ET DÉLITS.

« Art. 41. — Seront passibles, comme auteurs principaux, des peines qui constituent la répression des crimes et délits commis par la voie de la presse, à l'exclusion ou à défaut les uns des autres et dans l'ordre ci-après, savoir : 1° les gérants ou éditeurs. quelles que soient leurs professions ou leurs dénominations ; 2° les auteurs ; 3° les imprimeurs ; 4° les vendeurs, distributeurs ou afficheurs. » — (Adopté.)

« Art. 42. — Seront poursuivis, comme complices les auteurs, quand il y aura gérants ou éditeurs en cause. Pourront l'être, au même titre et dans tous les cas, toutes personnes auxquelles l'article 60 du code pénal pourrait s'appliquer. Ledit article ne pourra s'appliquer aux imprimeurs pour fait d'impression, ni aux vendeurs, distributeurs ou afficheurs pour faits de vente, distribution ou affichage, sauf dans le cas et les conditions prévus par l'article 6 de la loi du 6 juin 1848 sur les attroupements. »

M. Ribot. Il y a une contradiction manifeste entre l'article 42 tel qu'il est rédigé et un autre article déjà voté, l'article 23. Par l'article 23, vous avez décidé en termes exprès que je remets sous vos yeux, que « les colporteurs et distributeurs pourront être poursuivis, conformément au droit commun, s'ils ont sciemment colporté ou distribué des livres ou écrits présentant un caractère délictueux » ; en d'autres termes, que l'article 60 du code pénal est applicable, suivant le cas, aux colporteurs et distributeurs. Maintenant l'article 42 porte que l'article 60 du code pénal ne pourra s'appliquer aux vendeurs, distributeurs ou afficheurs pour faits de vente, distribution ou affichage.

Il y a là, je le répète, une contradiction qu'il me suffit de signaler. Ma conclusion est qu'il faut supprimer de l'article 42 les mots : « ni aux vendeurs, distributeurs ou afficheurs pour faits de vente, distribution ou affichage. »

M. Paul de Cassagnac. Ni les vendeurs ni les distributeurs ne sont coupables !

M. le rapporteur. La commission accepte la suppression.

M. le président. Je mets aux voix l'article 42 avec la modification proposée.

(L'article 42 modifié, mis aux voix, est adopté.)

« Art. 43. — Les propriétaires des journaux ou écrits périodiques seront civilement responsables des condamnations pécuniaires prononcées contre les personnes désignées dans les deux articles précédents. » — (Adopté.)

« Art. 44. — Sont déférés :

« 1° A la cour d'assises, outre les provocations au crime suivies d'effet, les délits de provocation au crime non suivie d'effet, d'outrage envers la République, le Sénat ou la Chambre des députés, de nouvelles ou pièces fausses, d'outrage aux bonnes mœurs, de diffamation ou d'injures envers les corps constitués ou les personnes revêtues d'un caractère public indiquées aux articles 30 et 31, de provocation aux militaires pour les détourner de leurs devoirs ;

« 2° Aux tribunaux de police correctionnelle, outre les provocations au délit suivies d'effet, les délits d'outrage au Président de la République, aux chefs d'État ou agents diplomatiques étrangers, de cris ou chants séditieux, de diffamation ou d'injure envers les particuliers, de lacération d'affiches dans les cas prévus par les §§ 2 et 4 de l'article 18, ainsi que toutes les infractions prévues et punies par les articles 3, 9, 10, 11, 12, 13, 15, 37, 38 et 39 ;

« 3° Aux tribunaux de simple police les contraventions prévues et punies par les articles 2, 18 § 1er et § 3, et 23. »

M. le président. Dans le paragraphe premier la commission retranche les mots « d'outrage à la République, au Sénat ou à la Chambre des députés » ; dans le second paragraphe, elle supprime également les mots « au Président de la République ». Elle intercale, dans ce second paragraphe, les mots « ou chants » ; cette modification est la conséquence d'un amendement précédemment adopté.

Sur cet article 44, plusieurs amendements ont été déposés...

Plusieurs membres. A jeudi !

M. le président. Nous trouvons d'abord un amendement de M. Guillot (Isère)...

A gauche. M. Guillot est absent !

M. le président. L'amendement n'est pas appuyé ?... Je n'ai pas à le mettre aux voix.

Il y a un amendement de M. Ribot...

M. Ribot. Je le retire, monsieur le président, il s'agit d'une question de rédaction, je m'entendrai avec la commission d'ici à la seconde lecture.

M. le président. Il y a enfin un amendement de M. Cuneo d'Ornano...

A droite. L'auteur de l'amendement n'est pas ici !

M. Gatineau. Certains auteurs d'amendements ne sont pas présents...

M. le président. La Chambre est présente.

M. Gatineau. Je demande la remise de la discussion à jeudi. (Réclamations.) Cet article a une très grande importance et il y a un grand intérêt pour le sort de la loi à ce qu'il soit examiné avec attention.

M. le président. La Chambre ne peut pas se mettre à la disposition des auteurs d'amendements. (Très bien ! très bien !) D'ailleurs, l'honorable M. Gatineau doit avoir fixé son attention sur quelques-uns de ces amendements, et il est certainement en état d'appuyer ceux qu'il aura choisis.

M. Gatineau. Monsieur le président, je ne suis pas chargé de développer les amendements, mais leurs auteurs devraient le faire.

M. le président. Eh bien, alors, vous n'êtes pas chargé davantage de la défense d'office des auteurs d'amendements qui ne sont pas présents. (On rit.)

Je mets aux voix l'article 44.

M. Trarieux. Monsieur le président, j'ai présenté un amendement...

M. le président. Votre amendement a été accepté par la commission en conséquence de l'introduction des mots « ou chants » dans un article précédemment voté. J'en ai averti la Chambre lorsque j'ai donné lecture de l'article. Vous avez donc doublement satisfaction. (On rit.)

(L'article 44 est mis aux voix et adopté avec les modifications indiquées par M. le président.)

« Art. 45. — L'action civile résultant des délits d'outrage ou de diffamation prévus et punis par les articles 30 et 31 ne pourra, sauf dans le cas de décès de l'auteur du fait incriminé, ou d'amnistie, être poursuivie séparément de l'action publique. » — (Adopté.)

CHAMBRE DES DÉPUTÉS. DEUXIÈME DÉLIBÉRATION DÉCIDÉE LE 5 FÉVRIER.

Suite de la séance du mardi 15 février 1881.

M. Lisbonne continue son rapport spécial.

L'article 42 doit également, selon nous, être rectifié. Cet article se relie à l'article 41, qui définit les responsabilités. Vous connaissez, messieurs, le système que vous a proposé votre commission.

Nous considérons comme auteurs principaux les gérants ou éditeurs ; à défaut de gérant ou d'éditeur, les auteurs ; à défaut d'auteurs, les imprimeurs, et à défaut d'imprimeurs, les vendeurs ou distributeurs.

Nous considérons comme complices les auteurs quand il y a gérant en cause.

L'article 42, qui le décide, se termine par une sorte de réserve de la complicité telle que la définit le Code pénal :

PERSONNES RESPONSABLES DES CRIMES ET DÉLITS.

« Seront poursuivis comme complices les auteurs, dit l'article 42, quand il y aura gérants ou éditeurs en cause. Pourront l'être, au même titre et dans tous les cas, toutes personnes auxquelles l'article 60 du Code pénal pourrait s'appliquer. Ledit article ne pourra s'appliquer aux imprimeurs pour faits d'impression, sauf dans le cas et les conditions prévus par l'article 6 de la loi du 7 juin 1848 sur les attroupements. »

Nous vous proposons de supprimer cette dernière partie, n'admettant d'autre complicité en matière de délits de la presse et de la parole que celle de l'article 42 tel que nous vous le proposons aujourd'hui. Nous nous écartons par conséquent d'une façon absolue, en cette matière spéciale, des dispositions générales de l'article 60 du Code pénal.

L'article 43 a été l'objet d'une modification qui nous a paru nécessaire ; il prévoit la responsabilité civile des propriétaires de journaux. Nous avons cru devoir vous proposer une restriction à cette responsabilité en la renfermant dans le cercle du droit commun.

En droit commun, la responsabilité civile ou indirecte ne s'entend que des dommages-intérêts, elle ne s'étend pas aux amendes d'une façon générale, parce qu'il s'agit là d'une responsabilité civile et non pénale.

Nous disons en conséquence :

« Les propriétaires des journaux ou écrits périodiques seront civilement responsables des condamnations pécuniaires prononcées au profit des tiers contre les personnes désignées dans les deux articles précédents. »

Ainsi se trouve limité le principe de la responsabilité civile.

L'article 44 est relatif à la juridiction.

Nous avions, dans le projet que vous avez adopté en première délibération, attribué, par une sorte de nomenclature nominale, certains crimes ou délits à la cour d'assises, d'autres aux tribunaux de police correctionnelle, et les infractions punies de peines de simple police aux juges de paix. Nous avons cru devoir, après mûre délibération, procéder autrement.

Nous adoptons comme juridiction de règle générale la cour d'assises, nous bornant à spécialiser les exceptions ; le jury devient donc, en quelque sorte, juge d'attribution en matière de délits commis par la presse ou par la parole.

Ce système procède d'un principe, au lieu d'une classification.

Tel est le nouvel article 44. Il constitue une des dérogations les plus libérales au droit commun en matière de compétence, et l'une des améliorations les plus larges des règles des juridictions.

M. le président lit l'article 41 :

« Art. 41. — Seront passibles, comme auteurs principaux, des peines qui constituent la répression des crimes et délits commis par la voie de la presse, à l'exclusion ou à défaut les uns des autres et dans l'ordre ci-après, savoir : 1° les gérants ou éditeurs, quelles que soient leurs professions ou leurs dénominations ; 2° les auteurs ; 3° les imprimeurs ; 4° les vendeurs, distributeurs ou afficheurs. »
— (Maintenu.)

OBSERVATION.

L'institution du gérant, nous l'avons dit plus haut (page 64), est la cause principale de la difficulté que l'on rencontre dans la constitution de la loi actuelle.

Il en est de même, à notre avis, en ce qui concerne la responsabilité exorbitante que la loi fait encourir aux afficheurs et colporteurs.

Pas plus que les gérants, ceux-ci ne sont et ne peuvent être les auteurs d'un crime dont l'écrivain seul, même anonyme, est le véritable instrument.

Ceux qui ont admis sans discussion le maintien du gérant devaient, pour rester conséquents avec eux-mêmes, laisser subsister la législation de 1819, à l'égard des afficheurs et des colporteurs.

Il est vrai que le législateur de 1881 n'a pas entendu abolir mais codifier la plupart des textes qu'il abroge.

Nous ne pouvons l'oublier.

Mais ce qu'il nous est impossible d'accepter juridiquement, c'est que le même fait, soit criminel soit délictueux, puisse avoir comme auteurs principaux, *à défaut les uns des autres* : 1° les gérants ou éditeurs ; 2° les auteurs ; 3° les imprimeurs ; 4° les vendeurs, distributeurs ou afficheurs.

On comprendrait que la loi édictât, à l'égard de ces diverses personnes, une responsabilité collective, qu'elle les déclarât coupables au même degré ; mais qu'elle ne les considère comme coupables et responsables qu'à défaut les unes des autres, voilà ce qui nous paraît inadmissible.

La même personne ne peut être à la fois coupable et innocente, suivant le caprice du législateur.

La fiction de l'article 42 nous semble donc tout à fait incompatible avec la liberté accordée aux professions de colporteur et d'afficheur.

L'article 22 contient, à notre avis, une sanction juste et suffisante. Il était superflu d'en créer une autre essentiellement antijuridique et le plus souvent inefficace (*Voir notre observation sur les articles 23 et suivants*, pages 335 à 338).

« Art. 42. — Lorsque les gérants ou les éditeurs seront en cause, les auteurs seront poursuivis comme complices. Pourront l'être, au même titre et dans tous les cas, toutes personnes auxquelles l'article 60 du Code pénal pourrait s'appliquer. Ledit article ne pourrait s'appliquer aux imprimeurs pour faits d'impression, sauf dans le cas et les conditions prévus par l'article 6 de la loi du 7 juin 1848 sur les attroupements. »

(L'article 42 est mis aux voix et adopté.)

« Art. 43. — Les propriétaires des journaux ou écrits périodiques seront civilement responsables des condamnations pécuniaires prononcées au profit des tiers contre les personnes désignées dans les deux articles précédents. »

M. Floquet a la parole.

PERSONNES RESPONSABLES DES CRIMES ET DÉLITS.

M. Charles Floquet. Je demande la suppression de l'article 43. (Très bien ! à l'extrême gauche.)

Je ne comprends en aucune manière comment vous introduisez dans la loi la responsabilité civile des propriétaires de journaux ou écrits périodiques. Si nous n'avions pas été si avancés dans la discussion, et si la Chambre n'avait pas désiré clore au plus vite ce débat, je me serais opposé à la rédaction des deux articles précédents. Je ne comprends pas très bien pourquoi vous organisez légalement les responsabilités diverses que vous étagez dans ces articles.

Aux termes du droit commun, ceux-là sont auteurs ou complices qui ont participé sciemment à une publication délictueuse. La profession d'écrivain, d'imprimeur, d'éditeur, de distributeur, ne fait rien à l'affaire. La seule chose à considérer est l'intervention personnelle et volontaire à la divulgation et à la propagation de l'écrit délictueux. C'est là une observation qui avait été faite d'ailleurs par M. le duc de Broglie, — l'ancien, comme on disait tout à l'heure, — dans son rapport à la Chambre des pairs, à propos de la loi de 1819. Il disait : « Je ne comprends pas cette énumération légale de personnes qui doivent être nécessairement amenées devant la cour d'assises, auteurs, éditeurs, imprimeurs, etc. Il faut tout simplement traduire devant les tribunaux les personnes, quelles que soient leurs qualité et profession, qui se sont rendues coupables du délit de publication. C'est à l'instruction à les rechercher, et il n'est pas correct d'établir des présomptions légales. »

Mais je laisse de côté cette question, qui est vidée ; et je me demande comment, faisant un pas de plus, accentuant le système des anciennes lois sur la presse, qui établissait ainsi la responsabilité tirée des fonctions particulières des individus, vous allez établir ici une nouvelle présomption légale, infligeant au propriétaire du journal la responsabilité de ce qui aura été écrit dans un journal.

Je soutiens que l'article qui établit cette responsabilité civile est contraire au droit politique que vous voulez inaugurer dans votre loi, car c'est le rétablissement indirect du cautionnement.

Cet article que je combats est en second lieu contraire à notre droit civil, car notre droit civil a déterminé d'une façon très nette les personnes civilement responsables d'actes qui ne leur sont pas personnels. Ce sont les parents qui sont civilement responsables des actes de leurs enfants, les maîtres qui sont responsables des actes de leurs serviteurs, — le propriétaire qui était responsable, dans le droit romain, de son esclave, mais qui avait du moins la faculté de l'abandonner en dédommagement du préjudice causé par cet esclave, — enfin le propriétaire dont la maison, tombant en ruine, compromet la sécurité publique ou la vie de ses voisins.

Vous ne direz pas sans doute que le propriétaire d'un journal est, vis-à-vis de ses rédacteurs, dans la situation des parents vis-à-vis de leurs enfants, du maître vis-à-vis de l'esclave ou d'un propriétaire qui est tenu à la réparation du dommage qu'il a directement causé par sa faute et son incurie.

Cette responsabilité civile que vous voulez instaurer dans la loi est donc contraire aux règles de notre droit civil comme aux vues politiques de la commission elle-même et au sentiment qui animait la Chambre lorsqu'elle a supprimé le cautionnement.

Elle est enfin absolument en contradiction avec la nature des choses. Qu'est-ce que c'est que le propriétaire d'un journal ? Est-ce lui qui exerce une surveillance active, quotidienne, sur la direction et les actes successifs du journal, qui est de son domaine purement matériel ? En aucune façon.

M. Ganivet. Ce sont quelquefois des mineurs !

M. Floquet. Il a pu louer sa chose, ce journal, à une entreprise financière, à un groupe d'hommes politiques, qui sont responsables de ce qu'ils font. Il n'y a aucun lien de responsabilité quotidienne entre ce propriétaire et les rédacteurs et l'entreprise auxquels il a pu louer l'instrument qui lui appartient, pas plus que le propriétaire d'une maison n'est civilement responsable de ce qui se passe dans un appartement qu'il a loué.

En très court résumé et à ces trois points de vue : comme contraire au droit politique, au droit civil et à la nature des choses, je repousse la responsabilité civile du propriétaire.

Est-ce à dire que je vous propose de créer encore ici l'impunité, et que, selon qu'on le répète, des hommes puissants par les richesses, des financiers intéressés, pourront fonder des journaux pour diffamer leurs adversaires ou pour commettre sans responsabilité les délits que vous avez malheureusement conservés ? En aucune façon. La responsabilité s'exercera selon le droit commun. S'il est vrai que le propriétaire a été l'agent d'inspiration ; si c'est lui qui a choisi ou dirigé les rédacteurs, qui a conduit l'entreprise ou qui a conseillé de publier les articles ou les agressions coupables que vous voulez frapper, aux termes du droit commun, comme complice, il sera atteint. Quant à établir comme présomption légale dans la loi, à titre de menace permanente et inévitable, sur la tête des propriétaires de journaux, quelles que soient les conditions dans lesquelles ces journaux seront constitués, cette responsabilité civile qui lie aux aventures judiciaires de ces journaux des hommes qui peuvent être absolument étrangers à leur direction et à leur action, c'est faire, je le répète, une chose triplement contraire à tous les principes : contraire au droit politique, contraire au droit civil, contraire à la nature des choses ; contraire, par conséquent, je n'en doute pas, à vos intentions. Je pense donc que vous supprimerez l'article 43. (Applaudissements sur divers bancs à gauche.)

M. Agniel. Messieurs, avant de justifier l'article 43, permettez-moi d'en préciser le caractère et la portée. L'article 43 n'édicte pas une responsabilité pénale, il n'édicte qu'une responsabilité civile, et une responsabilité civile limitée à la réparation des condamnations pécuniaires obtenues par les tiers.

Le caractère et la portée de cet article ainsi précisés et limités, est-il vrai qu'il mérite les reproches qui lui sont adressés par l'honorable M. Floquet ? est-il vrai qu'il soit exorbitant du droit commun, ou rentre-t-il, au contraire, dans le droit commun ?

Je suis complètement de l'avis de mon collègue : si cet article n'a pas sa justification absolue dans le droit commun, il doit être rayé de la loi ; mais si la suppression de cet article doit avoir pour résultat de créer au bénéfice de la presse un droit spécial dérogatoire au droit commun, un droit privilégié, cet article doit être maintenu.

Je dis que cet article n'est que la consécration des principes généraux du code civil en matière de responsabilité civile ; je vous le démontrerai — je l'espère du moins — dans un instant. Mais permettez-moi tout d'abord de répondre à l'objection qui m'a été le plus sensible.

Notre honorable collègue nous a dit : L'article 43, c'est la résurrection, sous une forme déguisée, du cautionnement !

Il n'est pas exact, messieurs, que l'article 43 mérite ce reproche, et en voici la preuve :

Le cautionnement reposait sur l'association de deux idées, l'une juste, l'autre absolument inique et fausse. L'idée juste, c'était la responsabilité des propriétaires de journaux, — quand je parle de responsabilité, j'entends toujours parler de la responsabilité civile ; il n'y aura pas de malentendu ; — l'idée fausse, c'était la responsabilité anticipée et imposée aux journaux, à titre de mesure préventive.

Je dis, messieurs, que la première idée était juste. Elle était juste, car elle était l'application aux journaux d'un principe de droit commun contenu dans les articles 1382 et 1384 du code civil : l'article 1382, qui veut que chacun soit responsable civilement de ses fautes, l'article 1384 qui veut que le commettant

36

PERSONNES RESPONSABLES DES CRIMES ET DÉLITS.

soit responsable non seulement de ses fautes personnelles mais des fautes de son préposé.

Mais ce qu'il y avait d'absolument faux dans le système du cautionnement, ce qu'il y avait d'inique, ce qui ne pouvait être maintenu que par une disposition contraire au droit commun, c'était, à raison des terreurs qu'inspirait la presse, l'obligation imposée aux propriétaires de journaux de verser par anticipation un capital qui devait, en cas de délit ou de quasi-délit, satisfaire aux condamnations qui seraient prononcées contre la presse. Voilà ce qui était exorbitant du droit commun. Effectivement, messieurs, lorsqu'il s'agit d'une industrie quelconque. qui est responsable aux termes des principes du droit commun, a-t-on jamais eu l'idée d'en soumettre le propriétaire à la nécessité de déposer préalablement un capital pour assurer le public contre les conséquences préjudiciables possibles de l'exploitation? Non, assurément. Eh bien, messieurs, si vous vous rendez compte de ce qu'était le cautionnement, vous reconnaîtrez, comme je l'ai dit, que le cautionnement était le résultat de l'association de deux idées : l'une très vraie, ressortissant du droit commun, la responsabilité civile du propriétaire du journal, l'autre absolument fausse, absolument inique, c'est-à-dire l'obligation imposée au journaliste de fournir une garantie contre les inconvénients et les préjudices qui résultent de la presse, et c'est parce que cette association comprenait un élément absolument inique, dérogatoire au droit commun, que votre commission a refusé d'accepter le cautionnement.

Qu'a donc fait votre commission ? En brisant le cautionnement, elle a brisé cette association inexacte, perfide et contraire aux règles du droit commun. Mais, en appréciant l'élément inique, c'est-à-dire l'anticipation dans la responsabilité, pouvait-elle aller jusqu'à supprimer la responsabilité elle-même? — Non ! Elle a remis les choses en leur place, et elle a remis la presse sous l'empire du droit commun. Ne voulant pas contre la presse de droit spécial, elle n'a pas voulu pour elle des immunités particulières. Si elle avait maintenu le système du cautionnement, c'est-à-dire l'obligation de verser par anticipation un capital de garantie, elle aurait fait à la presse une situation en dehors du droit commun. Mais, si à votre tour vous supprimiez non seulement ce qui est contraire au droit commun, l'anticipation de la garantie, mais la responsabilité elle-même, vous iriez au delà des limites du droit commun, et, en sens inverse, vous mériteriez le reproche qui était adressé à bon droit aux auteurs du système de cautionnement : vous feriez sortir la presse d'un régime qui lui était exceptionnellement défavorable pour la placer sous l'empire d'un régime qui lui serait exceptionnellement favorable...

M. Paul de Cassagnac. Ce n'est pas le cas !

M. Agniel. Si ! qui lui serait exceptionnellement favorable — laissez-moi achever ma phrase — en l'arrachant à la responsabilité du droit commun.

Est-ce que cette responsabilité du droit commun — et je crois avoir répondu au premier reproche formulé par l'honorable M. Floquet contre l'article 43, — est-ce que cette responsabilité peut être contestée en présence des dispositions de notre code civil? — Je vous demande pardon, messieurs, d'être obligé de vous rappeler des textes, mais il est évident que, lorsque la question se pose devant vous de savoir si une disposition spéciale rentre ou non dans le droit commun, il faut bien préciser en quoi consiste le droit commun. — Vous avez pu remarquer l'insistance avec laquelle, dans cette discussion, alors qu'il s'agissait de responsabilité pénale, on revendiquait pour la presse la responsabilité de droit commun. Eh bien, peut-on décliner cette responsabilité lorsqu'il s'agit de régulariser et d'organiser la responsabilité civile de la presse ? Quel est donc le droit commun? Est-ce qu'il est vrai, comme le disait l'honorable M. Floquet, qu'on ne soit responsable que de son propre fait, qu'on ne le soit que des faits des domestiques et des serviteurs? Que chacun soit responsable de son propre fait, c'est incontestable en vertu de l'article 1382; mais, en vertu de l'article 1384, que personne ici ne compte modifier, chacun est responsable civilement des fautes et du préjudice commis par son préposé : le commettant — c'est le langage de la loi — est responsable de son préposé. Ne me reprochez pas de me servir de termes que je n'ai pas le mérite d'avoir inventés.

M. Cazeau. Et l'indépendance de l'écrivain ?... Vous en faites un domestique !

M. Ernest Dréolle. L'écrivain n'est pas un préposé !

M. Agniel. Si vous pouviez avoir un peu de patience, vous verriez que j'apprécie non moins que vous la dignité et l'indépendance de l'écrivain. On m'a même reproché, d'un côté de l'Assemblée, d'avoir été un peu trop naïf, en ayant une idée trop élevée de la dignité de la presse. Laissez-moi achever ma phrase, et vous verrez que je ne méritais pas vos critiques anticipées. (Parlez ! parlez !)

Je disais donc qu'on était responsable — c'est le droit civil, et nous arriverons tout à l'heure à l'assimilation — de ses fautes personnelles et des fautes du préposé.

Quelle est la situation du propriétaire du journal ? De deux choses l'une : ou le propriétaire du journal l'exploitera lui-même, ou il le fera exploiter, gérer par un tiers. S'il l'exploite lui-même, pas la moindre difficulté : il sera personnellement responsable des réparations civiles, puisque, s'il y a eu crime ou délit, il aura commencé par encourir une responsabilité pénale. Mais s'il exploite par l'intermédiaire d'un tiers, — et remarquez que la situation serait absolument la même s'il s'agissait de l'exploitation d'une industrie quelconque, — s'il exploite par l'intermédiaire d'un tiers, ce tiers qu'il aura choisi pour le substituer à lui-même, dans son propre intérêt, sera son gérant, son préposé. Serait-il possible d'admettre qu'il suffirait au propriétaire du journal d'avoir confié à ce gérant, à ce préposé, la direction et l'exploitation de son journal, pour supprimer sa propre responsabilité et lui substituer la responsabilité solitaire et le plus souvent inutile du gérant ? Je dis que si vous le pensiez, vous commettriez une erreur réprouvée par les dispositions de l'article 1384, qui rend le propriétaire responsable des fautes commises par son préposé.

Et, maintenant, au point de vue juridique, et, en ce qui concerne cette industrie particulière du journal, n'est-il pas évident que le gérant a tous les caractères que la loi et la jurisprudence exigent pour constituer la personnalité du préposé ?

Qu'est-ce, en effet, qu'un préposé ? D'après la loi et d'après la jurisprudence, le préposé est celui qui gère une industrie pour le compte d'un tiers ; d'où la conséquence que, si le propriétaire d'un journal trouve utile ou prudent de substituer à sa direction, à son exploitation personnelle la direction et l'exploitation d'un gérant, sans doute il atteint déjà un résultat considérable pour sa sécurité, celui de supprimer sa responsabilité pénale, mais il ne peut pas supprimer — l'article 1384 le lui interdit — sa responsabilité civile.

Voilà, messieurs, la démonstration que je voulais tenter devant vous.

Je vais répondre maintenant à l'observation qui m'a été faite de ce côté de la Chambre. (L'orateur désigne la droite.)

On me disait : Est-ce que vous allez considérer les auteurs et les écrivains comme des préposés du propriétaire du journal ?

Non, messieurs. J'ajoute qu'il n'est nullement nécessaire, pour légitimer l'article 43, d'établir cette assimilation qui pourrait paraître injurieuse.

Que dit effectivement l'article 43 ? — et nous ne saurions trop, quand nous discutons une dispositions de loi, revenir au texte lui-même, — que dit cet article ? Il dit que les propriétaires des journaux ou écrits périodiques seront civilement responsables des condamnations pécuniaires prononcées au profit des tiers contre les personnes désignées dans les deux articles précédents. Or, messieurs, si on relit l'article 41, quel est, au point de vue de la responsabilité pénale, le premier délinquant? C'est le gérant du journal. Or, forcément, nécessairement, de deux choses l'une : le propriétaire du journal fera exploiter avec ou sans gérant. S'il fait exploiter sans gérant sa responsabilité personnelle et civile est incontestable. S'

PERSONNES RESPONSABLES DES CRIMES ET DÉLITS.

fait exploiter par un gérant, c'est-à-dire par un préposé, au point de vue de la responsabilité civile-il tombe, lui propriétaire du journal, sous le coup de l'article 1384 du code civil, et il est civilement responsable, non pas parce qu'il a commis un fait personnel qui peut entraîner contre lui une responsabilité pénale, mais parce qu'il est, d'après le droit commun, responsable de son préposé, c'est-à-dire de celui qu'il a substitué à sa gestion personnelle. Eh! mon Dieu, messieurs, est-ce qu'il pourrait entrer dans la pensée de quiconque de favoriser, par une brèche faite au droit commun, ces manœuvres frauduleuses qui auraient pour but, au grand détriment de la loi et du sens moral, de porter atteinte au principe qui exige que les véritables responsabilités soient proclamées et consacrées?

Comment! messieurs, lorsque le propriétaire du journal aurait sa responsabilité engagée *ab initio*, ne suffira-t-il pas qu'il puisse échapper aux conséquences pénales de son exploitation, si elle a un caractère délictueux, et voudrez-vous encore consacrer, au bénéfice de ce propriétaire de journal, une dérogation au droit commun en matière civile?

Vous ne pouvez le faire sans grand détriment pour le droit civil, et sans grand détriment à la fois pour les tiers et pour le journal lui-même. Pour les tiers, dis-je, dont il faut bien se préoccuper quelque peu. Préoccupons-nous de la liberté de la presse, je le veux bien, mais aussi de la sécurité et de la tranquillité des citoyens ; vous avez déjà voté des articles qui punissent les délits de diffamation et d'injures publiques commis envers les particuliers ; lorsque ces délits sont commis, quel est le seul, le plus efficace moyen de réparation qui soit accordé aux tiers?

On l'a dit, messieurs, dans des circonstances exceptionnelles, et avec une autorité spéciale, au cours d'un procès correctionnel qui ne remonte pas à une époque assez lointaine pour que nous en ayons perdu le souvenir, il n'y a qu'un moyen d'assurer la répression et d'accorder une juste réparation aux personnes publiques ou privées, violemment troublées par la diffamation et l'injure publique, c'est la réparation pécuniaire, et ce qu'il faut atteindre, c'est la caisse du journal, la caisse de l'exploitation. (Très bien! très bien! sur plusieurs bancs.)

Je vais droit à la difficulté, et je dis à la Chambre : examinons franchement et nettement la question. Voulez-vous, oui ou non, le droit pour les propriétaires d'un journal de diffamer, d'injurier, d'encaisser au besoin les bénéfices de la diffamation? et, en même temps, voulez-vous pour ce spéculateur immoral et prudent, voulez-vous le droit d'être à l'abri, non seulement de la responsabilité pénale, mais encore de la responsabilité civile?

Vous avez à opter entre le droit du propriétaire du journal et le droit qu'ont tous les citoyens d'être respectés, de n'être pas diffamés, de n'être pas injuriés, et, lorsqu'ils ont subi diffamation ou outrage, d'obtenir une réparation pécuniaire contre celui qui a la responsabilité primordiale et qui doit la supporter.

Et qu'on ne me dise pas que je fais au propriétaire du journal une situation dans laquelle je l'attire violemment en dehors de toutes prévisions, en dehors des nécessités prévues de la création d'un journal. Comment, lorsqu'un tiers, un industriel crée un journal, ignore-t-il à quelle responsabilité il va se soumettre? Il substituera un préposé à sa propre administration, et il éludera ainsi les conséquences de la responsabilité pénale! Soit, mais ce préposé, il a le droit, il a le devoir de le choisir dans les conditions d'aptitude, de capacité, d'honnêteté nécessaires ; il a le droit et le devoir de le surveiller pendant la durée de l'exploitation ; s'il ne le surveille pas et si le public souffre des fautes commises par le préposé, il serait étrange que les conséquences de ces fautes pussent retomber exclusivement et lourdement sur le public qui n'a pas été consulté dans cette substitution de responsabilité et qui doit toujours avoir le droit, non pas en vertu de privilèges particuliers, mais en vertu des principes du droit commun, de laisser de côté la responsabilité artificielle qui est placée devant lui, et d'aller droit pour atteindre à la responsabilité du propriétaire. (Très bien! très bien ! sur plusieurs bancs.)

Permettez-moi, messieurs, d'ajouter que si vous vous préoccupez de l'indépendance des journaux, il faut admettre l'article 43, car de deux choses l'une — et j'appelle sur ce point toutes les réflexions et toutes les méditations de la Chambre ; — ou vous voulez que les tiers, c'est-à-dire les victimes les plus intéressantes du délit de diffamation et d'injures soient privées et destituées de tout recours utile : ou vous entendez que le diffamé puisse obtenir la réparation effective du préjudice qui lui a été occasionné par la diffamation et l'injure.

Mais si la responsabilité civile du propriétaire du journal n'est pas reconnue, demandez-vous à quelle responsabilité civile aboutira fatalement la jurisprudence : elle arrivera à la responsabilité civile de ces industriels auxquels nous avons voulu, dans la loi, faire une situation exceptionnellement favorable, aux imprimeurs, toujours irresponsables, à moins qu'il ne soit démontré qu'ils ont agi en connaissance de cause. Mais si vous faites disparaître la responsabilité civile du propriétaire, vous obligez les tiers lésés à mettre en jeu la responsabilité civile de l'imprimeur, non pas en vertu des principes du code pénal, mais en vertu des principes du droit commun civil, et par cela même vous aurez reconstitué, au détriment de la presse et contre elle, la plus intolérable, la pire de toutes les censures, c'est-à-dire la censure de l'imprimeur qui, se trouvant placé en présence de l'éventualité d'une responsabilité civile, s'arrogera le droit d'examiner, de discuter le sens et les termes de chaque article qui lui sera remis.

Ainsi donc, et me résumant, l'article 43 n'est pas une dérogation au droit commun, il en est la consécration formelle ; il fait l'application aux journaux du principe formellement posé par l'article 1384 ; et j'ai le droit de dire que, si vous maintenez l'article 43, vous maintenez l'application, à la presse, du droit commun.

J'ai le droit d'ajouter que vous ne pouvez le supprimer qu'en faisant brèche au droit commun dans l'intérêt de la presse, et en lui accordant une immunité, une irresponsabilité que la loi civile refuse à n'importe quelle autre profession. (Très bien ! très bien ! sur plusieurs bancs.)

M. Charles Floquet. Je n'ai qu'un seul mot de réponse à faire au discours de M. le rapporteur.

Ce discours se résume dans cette pensée que l'article 43 est seulement la reproduction, dans la loi spéciale que nous discutons, des principes de droit commun, c'est-à-dire la simple répétition de l'article 1384 du code civil. Ainsi, les propriétaires des journaux se trouvent tout uniment dans la condition de ceux qui, ayant des commettants, sont responsables des actes de ces commettants. Mais si c'est seulement le droit commun, si c'est seulement l'article 1384 du code civil qui pèse sur les propriétaires de journaux, pourquoi insérer dans la loi nouvelle un article nouveau et spécial édictant la responsabilité civile de ces propriétaires ?

M. Agniel. Nous le disons pour qu'il n'y ait pas doute.

M. Charles Floquet. Pourquoi introduire dans votre loi un article inattendu ? Pourquoi venir, s'il ne s'agit que de ce que vous dites, introduire solennellement dans un texte nouveau la responsabilité civile des propriétaires de journaux, alors que, dans le code civil, vous avez, d'une manière générale, la responsabilité des mandants vis-à-vis de leurs mandataires ? Il est bien certain que si cet article a été introduit, c'est parce que vous voulez aller plus loin...

M. Clémenceau. C'est évident ! Très bien !

M. Charles Floquet..... c'est parce que vous voulez atteindre le propriétaire, alors que dans des hypothèses nombreuses ou rares, — je veux bien qu'elles soient rares, — la propriété a été livrée, par exemple, en vertu d'un traité de longue durée, à l'exploitation d'un certain nombre d'hommes qui se sont rendus responsables de cette exploitation, et que vous voulez aller derrière ces hommes qui dirigent le journal en vertu d'un traité que le propriétaire ne peut pas rom-

PERSONNES RESPONSABLES DES CRIMES ET DÉLITS.

-pre, qu'il ne peut pas changer (Très bien ! très bien ! sur plusieurs bancs), et à cause duquel, par conséquent, il ne peut pas être responsable des accidents de la gestion de ses locataires. (Nouvelles marques d'approbation sur les mêmes bancs.)

Vous voulez rendre, même dans cette hypothèse, qui est en dehors de l'article 1384, vous voulez rendre les propriétaires responsables par une fiction légale et par l'établissement d'une hypothèse légale.

C'est là ce que nous refusons. Si c'est le droit commun seul que vous voulez appliquer, nous nous en référons à l'article 1384 du code civil, qui n'est pas abrogé. Et alors les responsabilités civiles se dérouleront devant les tribunaux ; elles seront appliquées par eux, elles seront jugées par eux dans l'indépendance de leur conscience.

Ce que je vous demande, messieurs, c'est de ne pas, dans une loi spéciale, par une disposition spéciale, dépasser les termes de cet article 1384. Est-ce que nous ne savons pas — on me le rappelait tout à l'heure — que la propriété d'un journal peut reposer sur la tête d'une personne absolument étrangère à l'exploitation des journaux ? On reçoit quelquefois cette propriété ou une part de cette propriété dans des successions.

MM. Clémenceau, Cuneo d'Ornano. Elle peut se trouver entre les mains de mineurs.

M. Charles Floquet. Il est donc absolument impossible que vous établissiez, dans votre loi spéciale, un article qui ne serait pas l'application du droit commun, mais qui serait l'extension abusive des apparences du droit commun. (Marques d'approbation sur un certain nombre de bancs à gauche.)

M. le rapporteur. Messieurs, ce que nous avons voulu édicter, c'est une responsabilité civile qui a sa source dans une disposition du droit ordinaire. Est-ce à dire par là qu'il soit inutile de la formuler ? Non. C'est une application spéciale du principe général posé dans l'article 1384 du code civil. S'il pouvait y avoir doute, il ne serait pas oiseux de nous en expliquer dans la loi que nous votons en ce moment ; c'est toujours une chose excellente que de prévenir par une déclaration législative expresse toute controverse et toute interprétation. (Très bien ! très bien ! au centre.)

M. le président. Il y a une demande de scrutin public sur l'article 43.

Cette demande est signée de MM. Germain Casse, Naquet, Gatineau, Bousquet, Lockroy, Clémenceau, G. Perin, Madier de Montjau, Louis Blanc, Leconte, Nadaud, Gent, Jouffrault, Turigny, Bosc, Bizarelli, B. Raspail, Favand, Ballue, etc.

Le scrutin est ouvert et les votes sont recueillis.

Voici le résultat du dépouillement du scrutin sur l'article 43 :

ONT VOTÉ POUR :

MM. Achard. Agniel. Allègre. Allemand. Amat. Andrieux. Anthoard. Armez. Arnoult. Audiffred.

Baïhaut. Bamberger. Barbedette. Bardoux. Barthe (Marcel). Bastid (Adrien). Baury. Beaussire. Belle. Bellisen (de). Belon. Benoist. Berlet. Bernier. Bethmont (Paul). Bienvenu. Binachon. Bizot de Fontcny. Blanc (Pierre) (Savoie). Blandin. Bonnaud. Borriglione. Boulard (Cher). Bouthier de Rochefort. Bravet. Bresson. Brice (René). Brossard. Bruneau. Buyat.

Caduc. Carnot (Sadi). Casimir-Perier (Aube). Casimir-Perier (Paul) (Seine-Inférieure). Caurant. Cavalié. Caze. Chaix (Cyprien). Chalamet. Chaley. Chanal (général de). Charpentier. Chauveau (Franck). Chavoix. Chevandier. Chiris. Choiseul (Horace de). Choron. Christophle (Albert) (Orne). Cirier. Cochery. Constans. Corentin-Guyho. Costes. Crozet-Fourneyron.

Danelle-Bernardin. Daron. David (Indre). Defoulenay. Deluns-Montaud. Deniau.

Deusy. Devade. Devaux. Develle (Eure). Develle (Meuse). Diancourt. Dreux. Dreyfus (Ferdinand). Drumel. Duclaud. Dupont. Durieu. Duvaux.

Escanyé. Escarguel. Even.

Fallières. Faure (Hippolyte). Ferry (Jules). Folliet. Fourot. Fousset. Fréminet.

Galpin. Ganne. Garrigat. Gassier. Gaudy. Germain (Henri). Gévelot. Girard (Alfred). Giraud (Henri). Girerd. Girot-Pouzol. Giroud. Goblet. Godin (Jules) Grollier. Grosgurin. Guichard. Guillemin.

Hémon. Horteur. Hovius. Hugot.

Jacques. Jametel. Janzé (baron de). Jeanmaire. Joubert. Journault. Jozon.

Labadié (Bouches-du-Rhône). Labitte. La Caze (Louis), Laffitte de Lajoannenque (de). Lanel. Langlois. Lasserre. Latrade. Laumond. Laurençon. Lavergne (Bernard). La Vieille. Lebaudy. Lecherbonnier. Lecomte (Mayenne). Legrand (Louis) (Valenciennes, Nord). Lelièvre (Adolphe). Le Maguet. Le Monnier. Lepouzé. Leroux (Aimé) (Aisne). Leroy (Arthur). Le Vavasseur. Liouville. Lisbonne. Logerotte. Lombard. Loubet. Loustalot.

Magniez. Mahy (de). Maillé (Angers). Marcère (de). Margaine. Marquiset. Martin-Feuillée. Masure (Gustave). Mathieu. Maunoury. Mayet. Maze (Hippolyte). Méline. Mercier. Mestreau. Montané. Moreau. Morel (Haute-Loire). Morel (Hippolyte) (Manche). Mongeot.

Nédellec. Neveux. Noël-Parfait. Noirot.

Ordinaire (Dionys). Osmoy (comte d'). Oudoul.

Papon. Parry. Patissier. Paulon. Pellet (Marcellin). Penicaud. Péronne. Perras. Petithien. Peulevey. Philippe (Jules). Philippoteaux. Picard (Arthur) (Basses-Alpes). Picart (Alphonse) (Marne). Pinault. Plessier. Ponlevoy (Frogier de). Poujade. Pouliot,

Raynal. Récipon. Renault-Morlière. Riban. Ribot. Richarme, Riotteau. Rivière. Roger. Roudier. Roux (Honoré). Royer.

Salomon. Sarrette. Sarrien. Savary. Scrépel. Sée (Camille). Seignobos. Senard. Sentenac. Simon (Fidèle). Sonnier (de). Souchu-Servinière. Soye. Swiney.

Tallon (Alfred). Tassin. Teissèdre. Tézenas. Thiessé. Thomas. Tirard. Tondu, Trarieux. Trouard-Riolle. Truelle. Turquet.

Versigny. Vignancourt.

Waddington (Richard). Waldeck-Rousseau. Wilson.

ONT VOTÉ CONTRE :

MM. Abbatucci. Allain-Targé. Ancel. André (Jules). Anisson-Duperron. Arenberg (prince d'). Aristе (d'). Arrazat. Aulan (marquis d'). Azémar.

Baduel d'Oustrac. Ballue. Barascud. Barodet. Baudry-d'Asson (de). Beauchamp (de). Beauquier. Bélizal (vicomte de). Benazet. Berger. Bergerot. Bertholon. Bianchi. Billais (de La). Bizarelli. Blachère. Blanc (Louis) (Seine). Blin de Bourdon (vicomte). Bonnet-Duverdier. Bosc. Bouchot. Bouquet. Bourgeois. Bousquet. Bouteille. Boyer (Ferdinand). Boysset. Brame (Georges). Brelay. Breteuil (marquis de). Brierre. Brisson (Henri).

Cantagrel. Casabianca (vicomte de). Casse (Germain). Castaignède. Cazeaux. Charlemagne. Chavanne. Chevreau (Léon). Cibiel. Clémenceau. Colbert-Laplace (comte de). Combes. Corneau. Cossé-Brissac (comte de). Cotte. Couturier.

Daguilhon-Pujol. Datas. Daumas. Dautresme. David (Jean) (Gers). David (baron Jérôme) (Gironde). Debuchy. Delafosse. Desloges. Douville-Maillefeu (comte de). Dréolle (Ernest). Du Bodan. Dubois (Côte-d'Or). Dubost. (Antonin). Du Douët. Dufour (baron) (Lot). Duportal. Durfort de Civrac (comte de).

Eschasseriaux (baron). Eschasseriaux (René). Espeuilles (comte d').

PERSONNES RESPONSABLES DES CRIMES ET DÉLITS.

Farcy. Fauré. Favand. Feltre (duc de). Ferrary. Flandin. Fleury. Floquet. Fou-quet. Franconie. Frébault. Freppel.

Gagneur. Ganivet. Gaslonde. Gatineau. Gaudin. Gautier (René). Gavini. Ginoux de Fermon (comte). Girardin (Émile de). Godelle. Godissart. Gonidec de Traissan (comte le). Granier de Cassagnac (Georges). Granier de Cassagnac (Paul). Guillot (Louis). Guyot (Rhône).

Hamille (Victor). Harcourt (duc d'). Havrincourt (marquis d'). Hermary. Huon de Penanster.

Janvier de la Motte (père) (Eure). Jenty. Joigneaux. Jolibois. Jouffrault. Juigné (comte de).

Keller. Kermenguy (vicomte de). Klopstein (baron de).

La Bassetière (de). Lebat. Labuze. Lacretelle (Henri de). Ladoucette (de). La Grange (baron de). Laisant. Lenauve. La Porte (de), Largentaye (de). La Roche-foucauld, duc de Bisaccia. Laroche-Joubert. La Rochette (Ernest de). Larrey (baron). Lasbaysses. Leconte (Indre). Legrand (Arthur) (Manche). Le Marois (comte). Léon (prince de). Le Peletier d'Aunay (comte). Lepère. Le Provost de Launay (Calvados). La Provost de Launay (Côtes-du-Nord). Levert. Levet (Georges). Livois. Lockroy. Loqueyssie (de). Lerois (Morbihan).

Mackau (baron de). Madier de Montjau. Maigne (Jules). Mailhé (comte de). Maréchal. Margue. Mathé. Ménard Dorian. Michaut. Mingasson. Murat (comte Joachim).

Nadaud (Martin). Naquet (Alfred). Niel.

Ollivier (Auguste).

Padoue (duc de). Partz (marquis de). Passy (Louis). Perin (Georges). Perrien (comte de). Perrochel (marquis de). Plichon. Pradal. Prax-Paris. Proust (Antonin).

Raspail (Benjamin). Rauline. Réaux (Marie-Émile). Reille (baron). Reyneau. Roissard de Bellet (baron). Rollet. Roques. Rotours (des). Rouher. Rouvier. Roy de Loulay (Louis). Rubillard.

Saint-Martin (de) (Indre). Saint-Martin (Vaucluse). Sarlande. Septenville (baron de). Serph (Gusman). Soland (de). Soubeyran (baron de). Spuller.

Talandier. Telliez-Béthune. Thirion-Montauban. Thoinnet de la Turmelière. Thomson. Tron. Trubert. Turigny.

Vacher. Valfons (marquis de). Valon (de). Vendeuvre (général de). Vernhes. Viette. Villain. Villiers.

N'ONT PAS PRIS PART AU VOTE :

MM. Bel (François). Bernard. Bert (Paul). Boissy-d'Anglas (baron). Boulart (Landes). Chevallay. Cornil. Desbons. Dessaux. Dethon. Duchasseint. Ducroz. Durand (Ille-et-Vilaine). Forné. Gambetta. Gasconi. Gasté (de). Gastu. Gent (Alphonse). Gilliot. Girault (Cher). Greppo. Guyot-Montpayroux. Haentjens. Haussmann (baron). Hérisson. Janvier de la Motte (Louis). Labadié (Aude). Lalanne. Lamy (Étienne). Lenglé. Levêque. Malézieux. Marcou. Marion. Marmottan. Médal. Ménier. Mir. Mitchell (Robert). Monteils. Ornano (Cuneo d'). Pascal Duprat. Rameau. Rathier (Yonne). Reymond (Francisque) (Loire). Rougé. Savoye. Sourigues. Taillefer. Tardieu. Teilhard. Tiersot. Trystram. Vaschalde.

N'ONT PAS PRIS PART AU VOTE
comme ayant été retenus à la commission du budget :

MM. Dréo. Renault (Léon). Sallard. Varambon.

N'ONT PAS PRIS PART AU VOTE
comme ayant été retenus à la commission d'enquête sur les actes de M. le général de Cissey pendant son ministère:

MM. Le Faure. Roys (comte de).

ABSENTS PAR CONGÉ :

MM. Boudeville. Bouville (comte de). Cadot (Louis). Cesbron. Chantemille. Clercq (de). Descamps (Albert). Devès. Guilloutet (de). Harispe. Hérant. Legrand (Pierre) (Nord). Mas. Mention (Charles). Riondel. Rouvre.

Nombre de votants	453
Majorité absolue	223
Pour l'adoption	241
Contre	212

La Chambre a adopté l'article 43 du projet (44 de la loi).

OBSERVATION.

Nous nous sommes expliqués, page 558, sur la sanction donnée par l'article 42 aux dispositions du chapitre III de la loi nouvelle. Nous n'entendons pas y revenir.

Il nous suffira d'indiquer très sommairement l'erreur étrange dans laquelle le législateur a cru devoir persister en déclarant (art. 43) que si les gérants ou les éditeurs sont en cause, les auteurs seront poursuivis comme *complices.*

Encore une fois, celui sur qui doit tomber la véritable responsabilité de l'écrit, c'est l'*auteur*, sans le consentement duquel l'écrit ne peut pas être publié.

Le gérant ou l'éditeur ne sont que les instruments de la publication. C'est donc eux, tout au plus, qui pourraient être considérés comme complices de l'auteur, si l'on veut absolument trouver des complices alors que l'on a l'auteur sous la main.

Toute autre solution est contraire au sens juridique et résiste à la vérité.

Il en est autrement de l'article 44 qui déclare les propriétaires des journaux ou écrits périodiques responsables des condamnations pécuniaires prononcées au profit des tiers désignés dans les deux articles précédents.

On ne peut sérieusement méconnaître que la publication, plus ou moins étendue, d'un journal ou d'un écrit périodique, soit la véritable cause du préjudice qui peut être causé à des tiers.

S'il en est ainsi, on devra faire justement remonter la responsabilité du dommage causé par l'instrument à celui qui en dispose, suivant sa volonté, qui en recueille les bénéfices, c'est-à-dire au propriétaire ?

En thèse générale, les principes contenus dans les articles 1382 et suivants du Code civil sont applicables à quiconque, soit directement soit indirectement, cause un dommage à autrui.

Nous considérons donc les termes de l'article 44 comme une garantie rationnelle et sérieuse, et comme la ratification inattaquable d'un principe qui, à notre avis, n'aurait jamais dû cesser d'être applicable en matière de presse.

C'est déjà trop que la responsabilité des propriétaires puisse encore d'après l'article 6 de la loi s'abriter derrière la personnalité d'un gérant ; n'était-ce pas le moins qu'elle se trouvât engagée, dans les termes du droit commun, lorsqu'il s'agit de réparations pécuniaires ?

Suite de la séance du 15 février 1881.

M. le président donne lecture de l'article 44 du projet, modifié comme suit par la commission :

« Art. 44. — Les crimes et délits prévus par la présente loi sont déférés à la cour d'assises.

« Sont exceptés et déférés aux tribunaux de police correctionnelle, les délits et infractions prévus par les articles 3, 4, 9, 10, 11, 12, 13, 15, 18 paragraphes 2 et 4, 32, 33 paragraphe 2, 35, 36, 37, 38 et 39 de la présente loi... »

M. Paul de Cassagnac. Tous alors !

M. le président... Sont encore exceptées et renvoyées devant les tribunaux de simple police, les contraventions prévues par les articles 2, 16, 18 paragraphes 1 et 3, 22 et 33 paragraphe 3 de la présente loi. »

A droite, ironiquement. Tous ! tous !

M. Drumel. Lisez-les donc ! Vous verrez ce que c'est !

M. Paul de Cassagnac. Ah ! elle est libérale votre loi !

M. le président. M. Marcou a déposé un amendement ainsi conçu :

« Ajouter au paragraphe 1er les mots suivants : « Y compris le délit d'outrage au Président de la République. »

Je ferai observer à l'auteur de l'amendement, pour l'ordre de la discussion, que le fait d'avoir voté le rétablissement du délit d'outrage envers le Président de la République à l'article 26, paragraphe 1er, implique la dévolution aux cours d'assises de ce délit... (Interruptions à gauche.)

M. Paul de Cassagnac. Mais évidemment !

M. le président. Permettez-moi d'expliquer...

M. Cuneo d'Ornano. Il était bon que cela fût déclaré.

M. le président. Permettez ! je ne déclare rien. Je pose la question pour qu'il n'y ait pas d'ambiguïté.

Je dis que du moment où l'article 26, dans lequel est insérée la partie de l'amendement de M. Marcou qui a été votée, ne figure pas dans le paragraphe 2 de l'article 44 à l'état d'article réservé, il s'ensuit que le paragraphe 1er de l'article 44 s'applique au délit d'outrage, et que, par conséquent, la compétence appartient au grand criminel. (Très bien ! très bien !)

La commission est-elle de cet avis ?

M. le rapporteur. Non, monsieur le président. (Exclamations sur divers bancs à gauche. — Interruptions ironiques et rires à droite.)

M. Georges Perin. Ce sera alors le tribunal correctionnel ? C'est complet !

M. le président. Il ne faut pas qu'il y ait d'erreur. Je n'ai pas la prétention de donner une opinion, je pose simplement la question.

La parole est à M. le rapporteur.

M. le rapporteur. Messieurs, quand la commission vous a proposé la nouvelle rédaction de l'article 44, la Chambre avait déjà supprimé le délit d'outrage envers le Président de la République. Il ne pouvait pas alors être question, dans ce nouvel article 44, de la juridiction qui devait connaître de ce même délit. Mais je fais remarquer à la Chambre que, d'après la rédaction primitive de la commission, le délit était renvoyé devant le tribunal correctionnel. C'est là ce que la commission vous avait proposé avant la suppression du délit d'outrage envers le Président de la République. Depuis cette suppression, nous n'avons pas remanié l'article 44, mais il était toujours dans l'intention de la commission de renvoyer la connaissance du délit aux tribunaux correctionnels, ainsi que le délit d'outrage envers les chefs d'État étrangers et les agents diplomatiques.

M. Clémenceau. Vous êtes moins libéraux que la Restauration. La loi de 1819 renvoyait devant le jury les faits que vous déférez à la police correctionnelle. Vous faites ce que les lois de septembre elles-mêmes n'ont pas osé faire. C'est prodigieux !

M. le président. La parole est à M. Marcou pour développer son amendement.

M. Marcou. Messieurs, quand hier j'ai proposé la répression du délit d'outrage envers le Président de la République, j'étais convaincu que la dévolution de ce délit serait renvoyée devant la cour d'assises. J'étais convaincu qu'un républicain ne voudrait déroger à la tradition libérale qui a consacré... (Rires à droite.)

M. le duc de Feltre. Ne parlez pas de cela ! C'est vous qui avez ouvert la voie !

M. Clémenceau. Vous avez donné l'exemple !

M. Marcou... qui a consacré l'institution du jury en matière de presse.

Que fait la commission ? La commission vous propose de renvoyer devant la cour d'assises les provocations au crime, qu'elles soient suivies ou non d'effet, les délits de nouvelles ou de pièces fausses, d'outrage aux bonnes mœurs, de diffamation ou d'injures envers les corps constitués ou les personnes revêtues d'un caractère public, etc...

C'est l'ancienne rédaction, mais qui a été conservée.

Ainsi donc, d'après l'article 44, si un ministre est diffamé et insulté, il n'aura qu'à déposer une plainte ou qu'à provoquer l'action du ministère public pour que l'auteur de ces injures soit traduit devant qui ? devant quelle juridiction ? Devant la cour d'assises !

Et, lorsqu'il s'agit du premier magistrat de la République, vous voulez nous dépouiller de la garantie que nous trouvons dans le jury, alors que nous sommes obligés précisément de lutter contre le personnage le plus considérable de l'État, alors que nécessairement il y aura dans ce procès les questions les plus irritantes, les plus hautes, touchant à la politique... (Rires sur divers bancs), et vous pourriez consacrer cette contradiction ! Quelle raison en donnerez-vous ?

PERSONNES RESPONSABLES DES CRIMES ET DÉLITS.

Ah! je crois l'avoir compris d'après quelques petites confidences. Savez-vous, messieurs, ce qu'on va me répondre? On me dira : Mais le Président de la République est irresponsable! Le Président ne pourra pas faire la preuve du fait diffamatoire qu'on lui imputera!

D'abord distinguons, s'il vous plaît. Il ne s'agit pas ici de diffamation, mais d'un outrage, d'une insulte, d'une injure. Il ne s'agit pas de l'articulation d'un fait, il s'agit d'une expression blessante, grossière.

Eh bien, messieurs, est-ce que le Président de la République ne pourra pas descendre de sa hauteur.....

M. Lelièvre. La commission se rallie à l'amendement. (Exclamations sur divers bancs.)

M. Marcou. Si la commission accepte mon amendement, je n'ai plus à insister.

M. Émile Beaussire. L'amendement est rendu inutile par le texte même de l'article 44.

M. le président. C'est ce que j'ai eu l'honneur d'expliquer.

M. Marcou. C'était l'opinion de M. le président, et je n'aurais pas pris la parole si la commission avait fait tout de suite sa déclaration. (Très bien! très bien! à gauche.)

M. Madier de Montjau. Je demande la parole.

M. le président. M. Madier de Montjau a la parole.

M. Madier de Montjau. Messieurs, vous mettez la dernière main à une loi dont, à mon grand regret, je n'ai pu voter la plupart des articles. Hier, je vous voyais avec une véritable douleur rétablir dans cette loi, à la seconde délibération, un article que je croyais, qu'il m'est permis encore de déclarer contraire aux intérêts du pays et à la liberté, et que nous étions parvenus à faire écarter lors de la première délibération.

Aujourd'hui, depuis le commencement de la séance, vous faites échec aux revendications les plus légitimes et les plus sages de mes amis.

M. Georges Perin. Très bien!

M. Madier de Montjau. Force nous est de nous résigner à votre volonté souveraine...

M. le comte de Douville Maillefeu. Vous oubliez le Sénat!

M. Madier de Montjau. Mais au moins ne pouvez-vous évidemment vouloir que votre loi porte des fruits pires que ceux que nous redoutons d'elle. Vous ne pouvez vouloir que les qualifications criminelles que vous y introduisez embrassent dans une extension. infinie des faits auxquels elles ne se rapporteraient pas : que les pénalités que vous édictez soient appliquées non seulement avec rigueur mais contrairement à votre pensée et au droit. C'est le contraire que vous voulez, sans doute. Vous souhaitez que les juges, par une atténuation sage, restreignent autant que possible la sévérité de vos textes ; qu'en cas de doute — et ce cas peut se présenter souvent — le prévenu bénéficie du doute.

Eh bien, pour atteindre ce but, qui doit être et est certainement celui de la commission et du Gouvernement, comme il est le nôtre, je viens vous demander de supprimer, de biffer purement l'article 44 de votre loi, l'attribution aux tribunaux de police correctionnelle, non pas seulement de l'outrage au Président de la République, mais de tous les autres délits, de toutes les infractions même qu'elle prévoit, énumère et punit.

Messieurs, je suis étonné, — il faut bien que je le dise, car dans l'expression de ce sentiment que j'éprouve il y a peut-être pour vous un salutaire avis, — je suis attristé autant qu'étonné d'avoir à soutenir ici la thèse que je viens y défendre.

Il n'y a donc, à aucune époque de notre vie politique, quelque chose de définitivement gagné, d'irrévocablement acquis à la liberté, au droit, à la justice? Ce que nous croyions à nous pour jamais nous est contesté, disputé, non pas seulement par les gouvernements de fait et de violence, mais par ceux qui s'honorent du nom de

parlementaires ; il faut sans cesse revenir péniblement sur le chemin déjà parcouru ; pour atteindre un but que l'on croyait depuis longtemps touché, il faut se
remettre en route en s'avouant que l'on en est encore séparé par une distance infinie !

Quand les hommes de ma génération se rappellent ce qu'on leur a fait lire dans
leur jeunesse et ce que plus tard ils ont eux-mêmes entendu, ces grandes délibérations sur la presse, ses droits, sa liberté, qui, commencées en 1819, reprises en
1830, en 1849, même sous l'empire, continuèrent en 1875, ils se demandent s'il
est bien possible que la juridiction que défendaient les de Serre, les Laisné, les
Martignac, les ministres de la Restauration, à combien plus forte raison, les Foy,
les Benjamin Constant, les Perier, cette juridiction que n'ont pas osé attaquer et
entamer, aux plus mauvaises heures de la monarchie de Juillet, les conseillers
réactionnaires de Louis-Philippe, les promoteurs même de la législation de 1835,
soit aujourd'hui l'effroi de nos amis de la Commission et du Gouvernement, amis
loyaux, sincères, mais égarés à leur tour par les mêmes éternelles et puériles vani-
tés qui trompèrent leurs devanciers à cette place où je vois les auteurs de la loi
actuelle, à celle où, à côté d'eux siège M. le ministre de la justice, républicain de
vieille date, que je savais tel il y a plus de trente ans, et qui tout à l'heure très-
probablement me remplacera à la tribune pour me combattre. (On rit.)

Est-ce bien possible ? après tout ce qui s'est passé, que vous avez vu ; après
tout ce qui a été dit, écrit, que vous avez entendu, que vous avez lu, vous ne tenez
pas encore pour certain qu'il n'est de juge honnêtement, politiquement, invariablement possible pour la presse, pour tout ce qui vient d'elle, pour tout ce qui
se rattache à elle, que le jury, c'est-à-dire l'opinion publique, le sentiment public,
et pour tout dire en un mot : le pays.

Vous voulez qu'aux juges — inamovibles, me dira-t-on. Ah ! oui, belle garantie !
— aux juges que nous connaissons, appartienne encore le soin de déclarer la
presse coupable ou non coupable, de mesurer entre le minimum et le maximum
de la pénalité légale, le quantum du châtiment qui lui revient ?

Faut-il — il le faudrait, paraît-il ! mais vraiment il me semble qu'il doit suffire
de faire appel à votre mémoire, — faut-il vous répéter tout ce qui a été dit tant
de fois sur les tendances fatales de ces magistrats, par situation, par instinct,
par tradition, ennemis plus ou moins de la presse ? Faut-il vous redire que mettre son sort entre leurs mains, c'est la vouer à la persécution et à la mort, c'est
la frapper au cœur ? (Très bien ! à gauche.)

Oh ! je sais bien d'avance ce qu'à cette protestation au nom du droit politique,
au nom de la sécurité de la presse opposeront l'orateur de la commission et le
Gouvernement, s'il entre dans le débat. Je l'ai lu dans le savant rapport de notre
ami Lisbonne, je l'entendrai reproduire ici : on me dira qu'on a soigneusement
enlevé à la juridiction correctionnelle tous les vrais délits de presse, tous les délits politiques, tous ceux dont le caractère et la portée sont déterminés par l'intention, qu'on n'a laissé à la juridiction correctionnelle que ceux en quelque sorte
matériels qui sont incontestables, indéniables, qu'il n'y a plus lieu dès lors d'apprécier qu'au point de vue de la pénalité.

Que du point de vue de la pénalité ! Rien que cela ! mais qui seul serait
énorme, messieurs.

Pour l'outrage au Président de la République, il est laissé, par exemple, à
opter entre un minimum de six mois et un maximum de deux années d'emprisonnement, entre une amende de 100 francs et une amende de 2,000 fr.

N'y eût-il que cela à considérer pour déterminer la juridiction, il y aurait lieu,
certes, d'y regarder.

Mais ce n'est pas tout : je nie absolument ce qu'on nous affirme, que l'on ait ravi
à la police correctionnelle tous les délits politiques, tous les délits de presse proprement dits, et qu'on ne lui ait livré que des délits en quelque sorte matériels,

PERSONNES RESPONSABLES DES CRIMES ET DÉLITS.

précis, positifs, sur la nature desquels il n'y a pas de contestation possible.

Comment ! pour ne parler que de ce qui vient d'être examiné par les orateurs qui m'ont immédiatement précédé, vous déclarez — j'ai là votre rapport ; je ne veux pas le lire, je me borne à l'analyser, — vous déclarez que la moindre atteinte au Président de la République est un fait si grave, si délictueux, que pour l'indiquer ni le mot d'injure, ni celui d'offense ne vous ont pas suffi ; qu'en adoptant celui d'outrage vous avez voulu que dans sa vaste circonférence il embrassât tout ce qui pourrait, de près ou de loin, blesser, froisser, effleurer le Président de la République : écrits, emblèmes, signes.... vous iriez volontiers jusqu'à dire « grimaces » (On rit), et vous ne voulez pas laisser au jury l'appréciation du plus ou moins de gravité...

Au banc de la commission. Mais si ! mais si ! C'est accepté !

M. Madier de Montjau. Eh ! oui, je le sais bien, cela vient d'être accepté, et au lieu de dire : « vous ne voulez pas », j'aurais dû dire : « vous ne vouliez pas » ; mais je tenais à rappeler que, pour vous amener à cette acceptation, il a fallu un débat, une lutte, et j'en tire argument pour le reste.

M. Lelièvre. La commission l'avait accepté avant que vous fussiez à la tribune.

M. Clemenceau. Mais elle avait d'abord dit le contraire.

M. Madier de Montjau. Vous appliquiez encore la jurisprudence des tribunaux aux cris séditieux.

M. le rapporteur. Également renvoyés à la cour d'assises !

A gauche. Mais non ! mais non ! — (Bruit.)

M. Madier de Montjau. A merveille ! et si vous voulez tout abandonner ainsi, je descendrai volontiers de la tribune ; mais vous conservez aux tribunaux correctionnels : l'outrage aux souverains étrangers, aux chefs d'État, pour me servir de vos expressions. Et celui à leurs représentants diplomatiques, l'avez-vous repris à la police correctionnelle ?

Sur divers bancs. Non ! non !

M. Madier de Montjau. Ah ! vous croyez, messieurs, qu'en ces matières il n'y a pas place assez ample pour les appréciations du jury ? Vous estimez... (Bruit.)

M. le rapporteur prononce quelques mots qui se perdent dans le bruit.

M. Madier de Montjau. Permettez-moi, messieurs, j'accepte volontiers des rectifications comme celles que vous avez cru tantôt nécessaires à propos des articles qui viennent d'être votés, qu'une énonciation incomplète de ma pensée vous faisait croire que j'ignorais ; mais je ne peux pas continuer un véritable dialogue avec la commission.

Je dis donc que vous ne trouvez pas que, dans les cas que je viens d'énoncer, il y ait lieu de s'adresser au jury pour juger de la culpabilité, parce que la culpabilité, selon vous, ne peut être douteuse.

Mais pour moi, au contraire, l'outrage, tel surtout que vous l'avez défini, est chose si vague ; ses limites ont une telle élasticité ; il est si difficile de dire où il commence et où il finit ; on a pu voir si souvent, à quelques lieues de distance, tel tribunal reconnaître le délit là où tel autre ne l'apercevait pas, que je ne comprends pas que vous repoussiez l'intervention et l'appréciation du jury.

Ce n'est pas tout. Que de cas où les circonstances seront la justification du prévenu et dicteront son acquittement au jury chargé d'apprécier, non seulement l'existence du fait, mais sa moralité relative !

Je ne veux pas faire l'histoire — toujours délicate à la place où je suis — des gouvernements étrangers contemporains ; vous la connaissez, d'ailleurs, comme moi ; quelques indications suffiront assez à vous la rappeler pour que, sans difficulté, vous puissiez saisir ce que j'en vais déduire.

Nous avons vu, sous le règne de Louis-Philippe, puis pendant la durée de la

République de 1848, d'abominables choses s'accomplir en Europe. C'étaient de grandes et généreuses nationalités écrasées, broyées sous les pieds de maîtres impitoyables. Si, à ce spectacle, emporté par l'indignation qui n'eût été que justice, un journaliste, de l'appréciation des faits passant à celle des hommes, avait franchi les limites de votre loi, croyez-vous qu'il eût été bon qu'un tribunal strictement asservi au respect du texte eût, je ne dis pas écrasé sous le maximum de la pénalité, mais frappé d'une peine quelconque cet élan généreux du cœur, ce cri involontaire de la conscience en révolte ?

A une autre époque, nous vîmes organiser, par une politique abominable, une sorte de jacquerie contre une noblesse que soulevait la tyrannie, le respect d'elle-même et son éducation plus libérale que celle du peuple ennemi qui l'entourait.

Qu'indigné de ce machiavélisme, un écrivain en eût flétri non seulement les actes, mais les moteurs, eût-il été désirable, équitable encore qu'il succombât sous la vindicte d'une loi faite pour d'autres temps, dans d'autres conditions ?

Non, les délits de presse, quels qu'ils soient, changent d'aspect et de nature selon les lieux, selon l'heure où ils se produisent, selon les personnes à propos desquelles ils ont été commis, ou pour mieux dire ils sont ou cessent d'être des délits. Votre élastique outrage sera, à bon droit, innocenté aujourd'hui par le jury, sauf à être demain très légitimement condamné par le même juge.

Ce que je dis par rapport à l'outrage aux souverains, je le dis, à plus forte raison, par rapport à celui dont peuvent avoir à se plaindre leurs représentants. Vous avez voulu qu'une pénalité redoutable, considérable, dont vous avez augmenté sinon le maximum, au moins le minimum, fût appliquée à ces délits; au moins n'aggravez pas la condition de la presse par le choix des juges que vous lui donnez. Souffrez que devant le jury elle puisse exposer tout ce qui peut atténuer, que dis-je, anéantir sa faute : les conditions spéciales dans lesquelles elle se trouvait, l'indignité de ceux auxquels elle a osé s'attaquer.

Que l'écrivain puisse dire à ses concitoyens, à ses pairs de la veille, devant ses juges du lendemain : A ma place, n'auriez-vous pas parlé comme moi ? ne sentez-vous pas à présent même comme moi ? n'avez-vous pas été indignés, ne l'êtes-vous pas encore, et ne comprenez-vous pas que ma plume ait lancé des flammes au risque de brûler ma main ?

Voilà ce que veut le législateur, quand il défère les délits de presse au jury : que ce tribunal civique juge tout, non seulement le fait accusé, poursuivi lui-même, mais tout son entourage, et qu'il le juge avec l'esprit du moment, les impressions du moment.

Et vous, vous confiez la tâche délicate, essentiellement politique de ce jugement, peut-être de cette répression, à la magistrature que nous avons, que vous connaissez, rigoureuse, sans miséricorde, quand il s'agit de nous; malléable, flexible et sans bornes indulgente quand elle tient sous la main nos ennemis, ceux de la République ! (Très bien ! très bien !)

Oui, voilà les juges que vous voulez donner à la presse, et les juges contre lesquels je proteste de toutes mes forces !

Et je ne suis pas seul à protester. Et qui proteste avec moi ? Je ne veux, messieurs, ajouter à ce que j'ai dit qu'une page de chronologie légale; mais cette chronologie, laissez-moi vous le dire, est écrasante pour le projet de la commission.

En 1819, quatre ans après la Restauration, tous les délits de presse appartiennent au jury, sauf les diffamations et les injures verbales et les attaques contre les particuliers; on lui livre tout, et c'était trop déjà de réserver aux tribunaux ordinaires toutes les attaques contre les particuliers; car, à certains moments, il en est qui, sans être entrés encore dans la vie publique, y touchent de si près que les attaques contre eux peuvent être justifiées par la position qu'ils se sont faite, par celle à laquelle ils ont aspiré.

Eh bien, donc, sous le ministère de Serres, tout au jury : offenses au roi, cris séditieux publiquement proférés... (Dénégations au banc de la commission.)

M. Emile Beaussire. Mais non, jamais !

M. Madier de Montjau... qu'avant les très récentes modifications auxquelles nous venons d'applaudir, la commission actuelle voulait renvoyer à la police correctionnelle.

En 1822, la loi du 25 mars rend les délits aux juges correctionnels, mais remarquez une chose : en appel, elle constitue une garantie spéciale pour la presse, elle veut que là ses délits soient jugés par la première chambre de la cour, présidée par qui ? par le premier président, c'est-à-dire par l'homme arrivé au faîte de sa carrière, dont l'ambition est satisfaite, qui n'a guère plus rien à attendre du pouvoir.

Et à la première chambre on en adjoint une autre. Ce n'est pas trop de deux chambres réunies, pour la solennité de semblables arrêts ! En 1822 ! en pleine réaction !

1830 rend à la loi de 1819 force et vigueur, 1830, une révolution ! Cela, direz-vous, ne vous surprend pas ; les révolutionnaires sont si imprudents ; ils ouvrent si facilement la porte aux nouveautés périlleuses, aux expériences compromettantes, au désordre, à la violation du repos public !

On pourrait répondre que les révolutionnaires de 1830 ne furent pas bien téméraires ; mais supposez-les tous des artisans de troubles, des fauteurs d'anarchie, vous ne ferez pas, je suppose, le même reproche aux amis de l'ordre de 1835, aux législateurs de septembre, à ces rigoureux et à ces sages qui déclarèrent que l'offense au roi constituait un attentat contre la sécurité de l'État, — scandale monstrueux ! — qui voulaient qu'à bref délai, dans les trois jours, sans avoir eu même le temps de préparer sa défense, l'accusé fût cité devant la cour d'assises.

Eh bien, messieurs, les législateurs de 1835, les promoteurs fameux des lois non moins fameuses de septembre n'osèrent pas revenir sur ce qu'avaient décidé leurs prédécesseurs de 1830 ; ils n'osèrent pas toucher à la juridiction du jury sur la presse. Ils laissèrent à celle-ci cette juridiction traditionnelle. Au moment où ils inventaient contre elle leur abominable machine de guerre législative, du moins ils ne lui enlevèrent pas son juge naturel. Et l'on put voir que c'était sans péril pour l'État.

1848 confirma 1830.

1848 alla plus loin. La question s'était élevée de savoir si, quand on demande à la presse des dommages et intérêts, rien que des dommages-intérêts, sans lui intenter, en se portant partie civile, une action criminelle, on pouvait l'actionner devant la juridiction civile.

Après de longs débats, M. Bourdeau, premier président ou président de Chambre à la cour de Limoges, avait finalement fait consacrer cette doctrine. 1848 la renversa, et par décret, je crois, du gouvernement provisoire. Il déclare qu'on n'attaque pas la presse par côté, de flanc, qu'il faut l'attaquer de face ; que, les dommages étant une sorte de pénalité en même temps qu'une réparation à la partie civile, c'était au jury, non à d'autres, qu'il la fallait demander.

Voilà le droit libéral, voilà l'histoire : 1819, 1830, 1835, 1848 ! Je les ai fait passer sous les yeux de la Chambre et c'est à regret que je constate qu'en ce qui touche les juridictions, la loi nouvelle ne vaut pas les lois de ces temps. Elle grossit, sous de vains prétextes, la part de délits soumis aux tribunaux. Elle amoindrit celle du jury. De ce chef, au lieu d'avancer, nous reculons.

Messieurs, mes amis et moi nous n'avons pas — nous nous en apercevons ici trop souvent — l'autorité, le don de persuasion suffisants pour vous convaincre ; depuis deux jours surtout nous n'avons pu le constater, soit que vous nous repprissiez ce que vous nous aviez donné, soit que nous ne pussions rien obtenir de vous en échange.

Je m'efface donc et je me tais, mais pour donner la parole à un plus autorisé auprès de vous que moi, à un homme que je ne nommerai qu'après que vous l'aurez entendu.

Voici ce qu'il disait à la tribune en 1822, je crois, en s'opposant à la transformation réactionnaire de la loi de 1819 :

« Il n'y a de nations politiquement libres que celles qui participent sans relâche et au pouvoir législatif et au pouvoir judiciaire.

« ... Députés et jurés, vous avez même origine et vous êtes marqués du même sceau ; le même nœud vous rassemble, le même dépôt vous est confié ; députés, vous êtes le pays qui concourt aux jugements. C'est pourquoi le jugement par jurés s'appelle en Angleterre le jugement du pays, ou par le pays, *per patriam.*

« Puisque, dans nos institutions, le jury est la garantie constitutionnelle de la juste application des lois et de l'impartialité des jugements, il est donc parmi nous le principe fondamental de la justice criminelle et, en quelque sorte, sa définition ; d'où il suit, messieurs, que l'attribution des délits, qui sont une division de la matière criminelle, à des juges permanents, que cette attribution, dis-je, est une exception au principe et non un autre principe et, qu'ainsi, dans la rigueur des termes, la police correctionnelle est une juridiction d'exception.

« Et l'exception ne dérive point de la nature des choses..., elle est uniquement fondée sur la différence des peines et la moindre gravité du délit. La sûreté est moins protégée, parce qu'elle est moins compromise. L'exception, qui emporte une moindre protection, est donc une imperfection qu'il faut avouer quand on confesse, ou plutôt quand on professe le jury.

« Elle est excusable, je le sais, mais elle a besoin de se faire excuser, parce qu'elle est une dégénération de la justice.

« Maintenant, messieurs, l'excuse de l'exception, qui est le moindre intérêt, s'applique-t-elle aux délits de la presse comme aux autres débats ? Oui, si l'écrivain seul est en jugement ; il n'a pas droit, en cette qualité, à un privilège. Non, si la liberté de la presse est jugée avec l'écrivain, car il y a ici un intérêt suprême.

« Or j'ai fait voir qu'il en est ainsi, et que dans le délit comme dans le crime, l'écrivain représente la liberté de la presse. Refusez à l'écrivain, vous le pouvez, les garanties sacrées de la liberté individuelle, quand il n'est exposé qu'à l'amende ou à la prison ; mais les refuserez-vous, ces garanties, à la liberté de la presse, qui fait la sûreté de tous, quand il s'agit de son existence ? »

Qui parle ainsi ? Est-ce un révolutionnaire ? Est-ce un tribun ? Est-ce un homme seulement de vive opposition ? Est-ce Foy ? Est-ce Benjamin Constant ? ou Garnier-Pagès ? ou Ledru-Rollin ?

C'est le chef de l'école doctrinaire ; c'est le type de la modération austère et systématique ; mais c'est un homme qui avait vécu dans les hautes et sereines régions de la philosophie, qui avait appris là à se défendre, sinon de toutes les influences réactionnaires, au moins de celles qui lui auraient fait oublier le grand siècle où il était né et la grandeur de la Révolution qu'il avait vue ; un homme qui avait à un haut degré le sentiment de la justice et du droit dans ce qu'ils ont de plus élevé : c'était Royer-Collard ! C'est Royer-Collard, c'est la chronologie légale qui vous condamne. Commission et Gouvernement que j'ai devant moi, si bons citoyens et honnêtes gens que vous êtes, serviteurs anciens et dévoués de la Révolution, vous cessez d'être ses auxiliaires, pour continuer, même à votre insu, la réaction ! (Applaudissements sur plusieurs bancs à gauche.)

M. le rapporteur. L'article 44 du projet de loi, messieurs, n'est que l'application la plus exacte des déclarations qui viennent de vous être faites en un langage que je ne saurais trop admirer. Nous faisons une œuvre législative...

M. Keller. Pas libérale !

M. le rapporteur... Faisant cette œuvre législative, et étant amenés à

37

nous expliquer sur l'importante question des juridictions, que devions-nous décider?

Si nous avions suivi les règles du droit commun, tous les délits énumérés dans l'article 44 auraient dû être déférés à la police correctionnelle. Nous avons dérogé au droit commun : nous y avons dérogé en faveur de la liberté et dans le sens de la juridiction des cours d'assises ; voilà en quoi l'œuvre que nous vous proposons est encore plus libérale qu'elle n'est législative.

Nous avons posé comme règle la juridiction de la cour d'assises, la compétence du jury. Par cette déclaration de principes et les applications que nous en avons faites, nous avons outrepassé les limites de la loi de 1819...

M. Charles Floquet. Mais non !

M. le rapporteur... les limites de la loi de 1830, les limites de la loi de 1848, les limites de la loi de 1849, les limites de la loi de 1871.

En effet, nous renvoyons devant le jury tous les délits, à l'exception de ceux que mentionne le paragraphe 2. (Exclamations ironiques sur divers bancs.)

Ces exceptions sont rationnelles ; elles ne sont pas, à proprement parler, des exceptions au principe posé ; elles en seraient plutôt la conséquence.

M. Keller. Il y a 22 exceptions !

M. Lelièvre. Vous avez mal compté !

M. le rapporteur. Il ne s'agit pas de compter ; ce n'est pas une question d'arithmétique, c'est une question de droit et d'application.

Je disais que nous avions renvoyé au jury tous les délits dans le sens juridique de l'expression, et parmi ces délits la diffamation et l'injure même verbales à l'encontre des fonctionnaires publics, ce que n'ont pas fait les lois de 1819, de 1830, de 1848, de 1849 et du 15 avril 1871. J'ai donc le droit de dire que nous sommes allés au delà des législations antérieures les plus libérales que vous puissiez connaître.

Nous renvoyons au jury tous les délits qui, jusqu'à un certain point, pouvaient se rapprocher des délits politiques : Je dis : se rapprocher, car à proprement parler, nous n'avons pas retenu dans notre loi de délits purement politiques comme ceux que visait celle du 8 octobre 1830 ; nous n'y avons conservé que des délits de droit commun.

Voilà la règle générale. Maintenant, quelles sont les exceptions ?

Un membre à droite. Ah ! ah ! voyons !

M. le rapporteur. Oh ! vous ne m'embarrassez pas par vos interruptions. Vous savez bien d'ailleurs déjà ce que je vais vous dire. Nous aurions pu ne pas déterminer ces exceptions par un dénombrement des articles qui les concernent, et nous contenter de dire comme l'ont fait les législateurs qui nous ont précédés : Les contraventions en matière de presse sont déférées à la police correctionnelle. Mais il y aurait eu place au doute, à l'interprétation, à l'arbitraire. Nous avons préféré nous expliquer catégoriquement sur ce que nous entendions par contravention en matière de presse, en les désignant par les articles mêmes de la loi. Ce sont en effet ces contraventions, dont le dénombrement se trouve dans les paragraphes 2 et 3, qui tout à l'heure ont provoqué votre surprise momentanée.

Voulez-vous que je vous cite quelques-unes de ces infractions punies de peines correctionnelles ? Nous verrons bien si ce sera sérieusement que l'on revendiquera la juridiction de la cour d'assises pour les juger. Est-ce sérieusement, par exemple, que l'on prétendrait renvoyer au jury l'infraction à la formalité du dépôt, de la part de l'imprimeur, d'un certain nombre d'exemplaires ? ou encore le défaut de déclaration du gérant ? ou bien encore la contravention à l'article 11 qui exige que le nom du gérant soit imprimé au bas de tous les exemplaires ? ou bien encore l'infraction de la part de ce gérant, à l'obligation d'insérer gratuitement les réponses qu'auraient provoquées les attaques de son journal ?

Dans toute l'énumération qui a passé tout à l'heure sous vos yeux, il n'est fait

qu'une seule dérogation véritable au principe que nous avons posé, c'est celle qui
concerne le délit d'outrage envers les souverains étrangers; car ce n'est pas une
dérogation que d'attribuer au tribunal correctionnel le délit de diffamation et
d'injures envers les simples particuliers, hypothèse qui exclut l'admissibilité de
la preuve des faits diffamatoires ou injurieux.

M. Clémenceau. Et les diplomates ?

M. le rapporteur. Oui, les outrages envers les souverains étrangers et les
diplomates également étrangers sont renvoyés devant la police correctionnelle.

J'ai constaté, dans le rapport qui vous a été distribué, quelle avait été la pensée de la commission. Vous avez pu y lire que la commission avait été, dès l'origine, d'avis de renvoyer ce délit d'outrage devant la cour d'assises ; c'est sur l'insistance du Gouvernement et les considérations qui nous furent présentées, que
nous avons, en dernière analyse, proposé de déférer ce délit à la police correctionnelle. Il nous a semblé qu'il y avait là des raisons d'une nature toute particulière qui devaient nous amener, sans abandonner le terrain des principes généraux, à renvoyer ce délit spécial devant cette juridiction. Vous apprécierez.

M. Charles Floquet. Messieurs, je m'associe complètement aux paroles éloquentes et aux pensées généreuses développées ici tout à l'heure par mon ami
M. Madier de Montjau. Mais je demande la permission de restreindre un peu ses
conclusions.

Je me borne à demander que les délits prévus par les articles 35 et 36 soient
déférés, comme tous les autres délits de presse, à la cour d'assises. (C'est cela !
à gauche.) Ce sont les délits d'outrage aux souverains et ambassadeurs étrangers
dont a parlé, en descendant de la tribune, l'honorable rapporteur M. Lisbonne, et
que la commission a, par exception, réservés à la police correctionnelle.

Je n'ai que très peu de mots à dire pour justifier ma proposition.

Les délits d'outrage, d'offense, soit au roi, soit aux souverains étrangers, soit aux
ambassadeurs étrangers, soit au chef de l'État français quand l'État est devenu républicain, ont toujours été déférés à la cour d'assises. La loi de 1819 les déférait à
la cour d'assises ; la loi de 1830 les déférait à la cour d'assises ; la loi de septembre 1835 les déférait à la cour d'assises ; la loi de 1849 les déférait à la cour d'assises.

C'est qu'en effet, messieurs, dans l'appréciation de ce délit d'outrage ou d'offense
— c'était le mot « offense » qu'on employait autrefois ; maintenant, c'est le mot
« outrage » ; il est peut-être un peu plus précis, — dans l'appréciation de ce délit
d'outrage, il entre nécessairement une grande somme d'arbitraire ; car dans un
pays libre, le droit de critiquer, d'examiner, de censurer la conduite des fonctionnaires publics étant un droit constitutionnel, il faut fixer pour chaque cas
particulier la limite indécise entre le droit de critique et de censure autorisé, favorisé par le droit politique, et l'outrage et l'offense punis par la loi pénale.

C'est pour cela, messieurs, uniquement pour cela, qu'aucune des législations
précédentes n'a soustrait la question d'outrage ou d'offense à la juridiction de la
cour d'assises.

En 1849, un homme qui présidait alors le conseil du Gouvernement présentait à
l'Assemblée nationale une loi que je ne compare pas à la loi actuelle, sur laquelle la loi actuelle réalise assurément un immense progrès...

M. Émile Beaussire. A la bonne heure !

M. Charles Floquet... Une loi qui contenait une série considérable de délits importants que la loi actuelle supprime ; une loi, en un mot, qui était une
œuvre d'énergique réaction.

Lorsque dans la discussion de cette loi de réaction on en vint à s'expliquer sur
la question d'offense au Président de la République ; lorsqu'après un long débat
l'on parvint à insérer dans le texte légal le délit d'offense au Président de la République, quel était l'argument principal, j'oserais dire le seul argument non de

PERSONNES RESPONSABLES DES CRIMES ET DÉLITS.

M. Odilon Barrot, — non pas de M. Odilon Barrot, l'ancien membre de l'opposition libérale, mais de M. Odilon Barrot le chef de ce gouvernement de réaction qui présentait la loi de 1849, cette loi qui fut soutenue au sein de l'Assemblée législative par un discours terrible de M. de Montalembert auquel je faisais allusion dans une circonstance récente ?

Toutes les fois qu'un orateur de l'opposition montait à la tribune et protestait en disant : Vous allez tomber dans les excès de l'appréciation judiciaire ; qu'est-ce que c'est que l'offense ? — comme nous pouvons dire aujourd'hui : qu'est-ce que c'est que l'outrage ? — quelle est la limite entre la censure, l'attaque constitutionnellement permise et l'outrage ou l'offense défendue ? — De son banc, M. Odilon Barrot répétait toujours : « C'est le jury qui en décidera ! » et chaque fois qu'on insistait en répétant : Cette appréciation est impossible, M. Odilon Barrot répondait de son côté : « Le jury, c'est le pays, et le bon sens du pays décidera. » (Très bien ! très bien !)

Enfin, lorsqu'il monta à son tour à la tribune, le président du conseil de ce temps de réaction, M. Odilon Barrot, fit entendre ces paroles, qui sont caractéristiques :

« ... Et c'est ici que j'ai été vraiment étonné d'entendre l'honorable M. Charamaule me contester l'influence inévitable et nécessaire du jury. C'est précisément toutes les fois qu'un fait peut varier selon sa portée, selon son intention, que cette intervention du jury, dans son appréciation consciencieuse et souveraine, non seulement est utile, mais inévitable ; vous ne pouvez pas faire des lois de la presse sans que cette intervention du jury, cette appréciation souveraine ne soit une nécessité impérieuse ; et c'est pour cela que dans toutes les circonstances, et toutes les fois que des lois sur la presse ont été discutées, tous les amis de la liberté ont toujours mis au premier rang la conservation de cette juridiction du jury, de cette appréciation souveraine du jury, parce que là sont toutes les garanties, et au profit de la société et au profit de la liberté. (Approbation à gauche.) »

Voilà ce que disait M. Odilon Barrot ; il lui semblait impossible, dans cette loi de réaction dont je vous parle, qu'on pût insérer un article punissant l'outrage ou l'offense sans mettre à côté le jury, car si on avait introduit dans la loi ce délit d'opinion, l'outrage ou l'offense, sans mettre à côté le jugement consciencieux du pays, représenté par le jury, on aurait livré à l'appréciation de tribunaux qui peuvent être dans les mains des partis qui gouvernent, la conscience même des citoyens. (Très bien ! très bien ! et applaudissements à gauche.)

Quelle est donc la raison qui a pu vous décider à déférer à la juridiction correctionnelle ces délits d'outrage et d'injure, après que les ministres de 1819, les ministres affolés de septembre 1835, les législateurs réacteurs de 1849 avaient inscrit ou maintenu dans notre législation la juridiction du jury pour connaître seule de ces mêmes délits, comme étant la seule capable d'offrir réellement des garanties sérieuses contre les abus auxquels devaient donner lieu les diverses lois qu'ils avaient édictées ? Quel esprit de vertige vous agite ? Qui vous pousse à arracher de notre législation ces garanties suprêmes successivement réclamées et conquises par tant de législateurs qui vous ont précédés ? Serait-ce qu'il vous faut la certitude de faire condamner en toute occurrence les hommes qui seraient accusés d'avoir offensé ou outragé les souverains étrangers ou les ambassadeurs ? Serait-ce donc que vous pensez avoir meilleur marché des attaques dirigées contre ces souverains étrangers et ces ambassadeurs devant les tribunaux correctionnels que devant le jury, et que, dès lors, vous satisferez plus facilement aux demandes qui pourront vous être adressées par les personnages qui se croiront attaqués ? Oui, ce sera facile une fois, ce sera possible deux fois ! Mais pensez aussi à l'importance d'un acquittement qui, une fois, pourrait aussi être prononcé par des juges ordinaires. (Applaudissements sur divers bancs.)

C'est alors que se produiraient, naturellement, des réclamations ardentes des

parties intéressées, réclamations auxquelles il serait facile de répondre, si le verdict avait été rendu par la justice ordinaire de la presse, par le jury ! (Nouveaux
applaudissements.)

Dans une circonstance analogue à celles que vous prévoyez, dans une circonstance où il s'agissait, non pas seulement d'un outrage, mais d'un fait plus grave,
à la suite d'un attentat commis dans notre pays en 1859, il y eut ici contre l'Angleterre un grand courant de colère; des cris césariens s'élevèrent demandant
qu'on franchît la Manche pour châtier dans l'île de la liberté les conspirateurs qui
y trouvaient refuge. Pour répondre à cette grande colère de l'empire, alors tout-
puissant, un homme fut saisi à Londres, qui avait été de plus ou moins loin affilié
au complot, et, conformément aux vieilles lois de l'Angleterre, traduit devant un
jury qui prononça sans hésiter l'acquittement du docteur Bernard. Il sortit de l'enceinte judiciaire innocenté et indemne, malgré ce flot d'opinion qui venait de
Paris et malgré les ardentes provocations du gouvernement impérial. Et personne
n'osa réclamer contre la justice nationale du jury ! Je vous le demande, messieurs,
si trois juges d'un tribunal correctionnel, commissionnés par le gouvernement,
avaient prononcé cette sentence d'acquittement, combien de sommations hautaines,
combien de réclamations dangereuses le jugement n'aurait-il pas soulevées ! (Vifs
applaudissements à gauche.)

M. Cazot, *garde des sceaux, ministre de la justice.* Messieurs, vous avez
entendu les deux éloquents discours qui viennent d'être prononcés, l'un par l'honorable M. Madier de Montjau, l'autre par l'honorable M. Floquet ; vous avez entendu les considérations très éloquentes qu'ils ont développées sur la liberté de la
presse en général, et sur la nécessité de traduire devant la cour d'assises, devant
le jury, des délits que vous avez retenus dans votre projet de loi. L'honorable orateur qui descend de cette tribune a reconnu que, en principe, vous aviez donné
satisfaction sur ce point à toutes les exigences. Et, en effet, le projet de loi défère
à la cour d'assises ce que nous appelons, nous, des délits de droit commun commis
par la voie de la presse, et ce qu'il lui plaît encore, malgré le vote de cette Chambre, de qualifier des délits spéciaux de presse. Nous ne réservons la compétence
des tribunaux correctionnels que pour ces contraventions purement matérielles
consistant dans des faits exclusifs de la recherche de l'intention.

Maintenant, messieurs, le projet de loi, tel qu'il a été adopté par la commission,
fait exception pour l'outrage commis envers les souverains étrangers et les agents
diplomatiques de l'étranger en France.

Sur ce point le Gouvernement est complètement d'accord avec la commission et
il vient vous demander de vouloir bien maintenir l'exception. Vous n'attendez pas
de moi que je la justifie par des considérations purement juridiques. Les considérations juridiques n'ont rien à faire dans la question. En ce qui touche les souverains étrangers et les agents diplomatiques, vous devez vous décider par des
considérations purement politiques.

Un membre à gauche. Ou impolitiques !

M. le garde des sceaux. Vous avez à vous demander si les souverains étrangers sont justiciables de la nation française représentée par le jury. Vous avez à
vous demander, malgré les considérations éloquentes que vous avez entendues, si
vous voulez affaiblir dans votre esprit le sentiment des convenances et des nécessités diplomatiques qui ont inspiré la solution adoptée par la commission et par le
Gouvernement. (Rumeurs sur quelques bancs à gauche. — Approbation sur un
grand nombre d'autres.)

La Chambre comprendra que, sur ce point, je suis tenu à la plus grande réserve
et je descends de cette tribune en vous demandant de voter l'article. (Très bien ! —
Aux voix !)

M. Floquet. On vient d'invoquer des considérations politiques, des nécessités
diplomatiques.

PERSONNES RESPONSABLES DES CRIMES ET DÉLITS.

Je répondrai bien brièvement à M. le ministre de la justice.

Il nous a demandé si les souverains et les ambassadeurs étrangers étaient justiciables des tribunaux français. Je lui répondrai qu'il ne s'agit pas de juger des souverains ou des diplomates étrangers ; il s'agit de juger des citoyens français qui auraient outragé un souverain ou un ambassadeur étranger, ou plutôt qui seraient soupçonnés de l'avoir fait. (Applaudissements à gauche.)

Il s'agit de juger des citoyens français ; et je ne vois aucune raison de soustraire ces citoyens à la loi française qui doit être égale pour tous. (Nouveaux applaudissements du même côté.)

Quelles sont donc les nécessités politiques qui pèsent sur vous et qui n'avaient pesé ni sur le législateur de 1819, ni sur le législateur de 1835, ni sur le législateur de 1849 ? Avez-vous demandé aux nations qui vous environnent la réciprocité ? (Très bien ! très bien ! à gauche.) Vous, monsieur le ministre de la République française, en même temps que vous demandez à une Chambre française de supprimer le jury sur le territoire français, vous, ministre républicain, avez-vous demandé aux rois et aux souverains étrangers de vous garantir de leurs outrages, avant de dépouiller ceux qui les possèdent de la liberté de la défense et de la suprême garantie du jury ? (Vifs applaudissements à gauche.)

M. Clémenceau. Très bien ! il s'agit de la dignité de la France !

M. le président. Il y a deux demandes de scrutin.

L'une est signée de MM. Lockroy, Perin, Barodet, Turigny, Talandier, Clémenceau, Beauquier, Lecomte (Indre), Ballue, Jouffrault, Raspail, Saint-Martin (Vaucluse), Germain Casse, Rathier, Bory, etc.

L'autre est signée par MM. Ganivet, le vicomte de Bélizal, de La Rochefoucauld, duc de Bisaccia, le prince d'Arenberg, Louis Le Provost de Launay, le vicomte de Kermenguy, le duc de Feltre, Le Provost de Launay (Calvados), le vicomte de Casabianca, de Largentaye, etc.

La première porte sur l'ensemble du paragraphe 2 de l'article 44, la deuxième sur les numéros 35 et 36 : les signataires de la première consentent-ils à la faire porter uniquement, comme l'autre, sur les numéros 35 et 36 ?

M. Clémenceau. Nous voudrions faire porter seulement la demande de scrutin sur les numéros 35 et 36.

M. le président. En conséquence, je consulte la Chambre sur l'amendement de M. Floquet tendant à soustraire les délits indiqués par les numéros 35 et 36 aux tribunaux correctionnels (1).

Il va être procédé au scrutin.

(Il est procédé au scrutin, puis au dépouillement.)

Le dépouillement du scrutin public donne les résultats suivants :

ONT VOTÉ POUR :

MM. Abattucci. Achard. Allain-Targé. Allègre. Ancel. André (Jules). Anisson-Duperron. Anthoard. Arenberg (prince d'). Ariste (d'). Armez. Arrazat. Audiffred. Aulan (marquis d').

Baïhaut. Ballue. Bamberger. Barascud. Barbedette. Bardoux. Barodet. Bastid (Adrien). Baudry-d'Asson (de). Beauchamp (de). Beauquier. Bel (François). Bélizal (vicomte de). Bellissen (de). Belon. Benazet. Bergerot. Berlet. Bernard. Bertholon. Bianchi. Biliais (de La). Bizarelli. Blachère. Blanc (Louis) (Seine). Blanc (Pierre) (Savoie). Blin de Bourdon (vicomte). Bonnaud. Bonnet-Duverdier. Bosc. Bouchet. Boudeville. Boulard (Cher). Bouquet. Bourgeois. Bousquet. Bouteille. Boyer (Fer-

(1) Ces 35 et 36 correspondent aux articles qui sont devenus dans la loi les 36 et 37.

dinand). Boysset. Brame (Georges). Bravet. Brelay. Breteuil (marquis de). Brierre. Brisson (Henri). Brossard. Buyat.

Caduc. Cantagrel. Casabianca (vicomte de). Casse (Germain). Castaignède. Cavalié. Caze. Cazeaux. Chaix (Cyprien). Chalamet. Chaley. Charlemagne. Chavanne. Chevallay. Chevandier. Chevreau (Léon). Cibiel. Cirier. Clémenceau. Colbert-Laplace (comte de). Combes. Corneau. Cossé-Brissac (comte de). Costes. Cotte. Couturier. Crozet-Fourneyron.

Daguilhon-Pujol. Daron. Datas. Daumas. Dautresme. David (Jean) (Gers). David (baron Jérôme) (Gironde). Debuchy. Defoulenay. Delafosse. Deluns-Montaud. Deniau. Desloges. Desseaux. Deusy. Diancourt. Douville-Maillefeu (comte de). Dréo. Dréolle (Ernest). Du Bodan. Dubois (Côte-d'Or). Dubost (Antonin). Duchasseint. Ducroz. Du Douët. Dufour (baron) (Lot). Dupont. Duportal. Durfort de Civrac (comte de). Duvaux.

Escanyé. Eschasseriaux (baron). Eschasseriaux (René). Espeuilles (comte d'). Farcy. Fauré. Favand. Ferrary. Flandin. Fleury. Floquet. Forné. Franconie. Frébault. Freppel.

Gagneur. Ganivet. Gaslonde. Gassier. Gasté (de). Gastu. Gatineau. Gaudin. Gautier (René). Gavini. Gent (Alphonse). Germain (Henri). Gévelot. Ginoux de Fermon (comte). Girardin (Émile de). Giraud (Henri). Girault (Cher). Giroud. Goblet. Godelle. Godissart. Gonidec de Traissan (comte le). Granier de Cassagnac Georges). Granier de Cassagnac (Paul). Greppo. Grosgurin. Guillot (Louis). Guyot (Rhône).

Hamille (Victor). Harcourt (duc d'). Havrincourt (marquis d'). Hérisson. Hermary. Hugot. Huon de Penanster.

Jacques. Jametel. Janvier de la Motte (père) (Eure). Joigneaux. Jolibois. Joubert. Jouffrault. Journault. Juigné (comte de).

Keller. Kermenguy (vicomte de). Klopstein (baron de).

Labadié (Bouches-du-Rhône). La Bassetière (de). Labat. Labitte. Labuze. Lacretelle (Henri de). Ladoucette (de). Laffite de Lajoannenque (de). La Grange (baron de). Lalanne. Lanauve. Lanel. La Porte (de). Largentaye (de). La Rochefoucauld, duc de Bisaccia. Laroche-Joubert. La Rochette (Ernest de). Larrey (baron). Lasbaysses. Laumond. Laurençon. Lebaudy. Lecherbonnier. Leconte (Indre). Legrand (Arthur) (Manche). Lelièvre (Adolphe). Le Maguet. Le Marois (comte). Léon (prince de). Le Peletier d'Aunay (comte). Lepère. Lepouzé. Le Provost de Launay (Calvados). Le Provost de Launay (Côtes-du-Nord). Levert. Livois. Lockroy. Lombard. Loqueyssie (de). Lorois (Morbihan). Loubet.

Mackau. Madier de Montjau. Magniez. Maigne (Jules). Maillé (d'Angers). Maillé (comte de). Marcou. Maréchal. Margue. Marion. Marmottan. Marquiset. Masure (Gustave). Mathé. Mathieu. Mayet. Ménard-Dorian. Mercier. Mestreau. Michaut. Mingasson. Montané. Murat (comte Joachim).

Nadaud (Martin). Naquet (Alfred). Neveux. Niel. Noirot.

Ollivier (Auguste). Ordinaire (Dionys). Ornano (Cuneo d').

Padoue (duc de). Partz (marquis de). Patissier. Paulon. Pellet (Marcellin). Penicaud. Perin (Georges). Péronne. Perrien (comte de). Perrochel (marquis de). Petitbien. Peulevey. Philippe (Jules). Philippoteaux. Picart (Alphonse) (Marne). Plichon. Pouliot. Pradal. Prax-Paris. Proust (Antonin).

Rauline. Réaux (Marie-Émile). Reille (baron). Reyneau. Rivière. Roissard de Bellet (baron). Rollet. Rotours (des). Roudier. Rouher. Rouvier. Roux (Honoré). Roy de Loulay (Louis). Roys (comte de). Rubillard.

Saint-Martin (de) (Indre). Saint-Martin (Vaucluse). Sarlande. Sarrien. Seignobos. Sentenac. Septenville (baron de). Serph (Gusman). Soland (de). Sonnier (de). Soubeyran (baron de). Spuller.

Taillefer. Talandier. Tassin. Telliez-Béthune. Thiessé. Thirion-Montauban. Thoinmet de la Turmelière. Thomson. Tiersot. Tondu. Trarieux. Tron. Trubert. Trystram. Turigny.

PERSONNES RESPONSABLES DES CRIMES ET DÉLITS.

Vacher. Valfons (marquis de). Valon (de). Varambon. Vendeuvre (général de). Vernhes. Versigny. Viette. Villain. Villiers. Waddington (Richard). Waldeck-Rousseau.

ONT VOTÉ CONTRE :

MM. Agniel. Allemand. Andrieux. Arnoult.

Barthe (Marcel). Beaussire. Benoist. Bernier. Bethmont (Paul). Bienvenu. Binachon. Bizot de Fonteny. Borriglione. Bouthier de Rochefort. Bresson. Brice (René). Bruneau.

Carnot (Sadi). Casimir-Perier (Aube). Casimir-Perier (Paul) (Seine-Inférieure). Caurant. Chanal (général de). Charpentier. Chauveau (Franck). Chavoix. Chiris. Choiseul (Horace de). Christophle (Albert) (Orne). Cochery. Constans. Corentin-Guyho.

Danelle-Bernardin. David (Indre). Devade. Devaux. Develle (Eure). Develle (Meuse). Dreux. Dreyfus (Ferdinand). Drumel. Durand (Ille-et-Vilaine). Durieu. Even.

Fallières. Faure (Hippolyte). Ferry (Jules). Fouquet. Fourot. Fousset. Fréminet. Galpin. Ganne. Garrigat. Gaudy. Girred. Girot-Pouzol. Godin (Jules). Guichard. Guillemin.

Hémon. Horteur. Hovius.

Janzé (baron de). Jeanmaire.

Langlois. Lasserre. Latrade. Lavergne (Bernard). La Vielle. Lecomte (Mayenne). Le Monnier. Leroux (Aimé) (Aisne). Leroy (Arthur). Le Vavasseur. Levêque. Leve (Georges). Lisbonne. Logerotte. Loustalot.

Mahy (de). Margaine. Martin-Feuillée. Maunoury. Maze (Hippolyte). Méline. Mitchell (Robert). Monteils. Moreau. Morel (Haute-Loire). Morel (Hippolyte) (Manche). Mougeot.

Nédellec. Noël-Parfait.

Parry. Perras. Picard (Arthur) (Basses-Alpes). Pinault. Ponlevoy (Frogier de). Poujade.

Rameau. Raynal. Récipon. Renault-Morlière. Reymond (Francisque) (Loire). Riban. Riotteau. Royer.

Savary. Scrépel. Senard. Simon (Fidèle). Sourigues. Swiney.

Tallon (Alfred). Teilhard. Tézenas. Thomas. Tirard. Trouard-Riolle. Truelle. Turquet.

Vignancour.

Wilson.

N'ONT PAS PRIS PART AU VOTE :

MM. Amat. Azémar. Baduel d'Oustrac. Baury. Belle. Berger. Bert (Paul). Boissy-d'Anglas (baron). Boulard (Landes). Choron. Cornil. Desbons. Dethou. Duclaud. Escarguel. Feltre (duc de). Folliet. Gambetta. Gasconi. Gilliot. Girard (Alfred). Grollier. Guyot-Montpayroux. Haentjens. Haussmann (baron). Janvier de la Motte (Louis). Jenty. Jozon. Labadié (Aude). La Caze (Louis). Lamy (Étienne). Legrand (Louis) (Valenciennes, Nord). Lenglé. Liouville. Malézieux. Marcère (de). Médal. Menier. Mir. Osmoy (comte d'). Oudoul. Papon. Pascal-Duprat. Passy (Louis). Plessier. Raspail (Benjamin). Rathier (Yonne). Ribot. Richarme. Roques. Rougé. Salomon. Sarrette. Savoye. Sée (Camille). Souchu-Servinière. Sourigues. Soye. Tardieu. Teissèdre. Vaschalde.

N'ONT PAS PRIS PART AU VOTE

comme ayant été retenus à la commission du budget :

MM. Blandin. Renault (Léon). Sallard.

comme ayant été retenus à la commission d'enquête sur les actes de M. le général de Cissey, pendant son ministère :

MM. Le Faure. Roger.

ABSENTS PAR CONGÉ :

MM. Bouville (comte de). Cadot (Louis). Cesbron. Chantemille. Clercq (de). Descamps (Albert). Devès. Guilloutet (de). Harispe. Hérault. Laisant. Legrand (Pierre) (Nord). Mas. Mention (Charles). Riondel. Rouvre (1).

Nombre des votants	448
Majorité absolue	225
Pour l'adoption	326
Contre	122

En conséquence, les n° 35 et 36 ne figureront pas dans l'article 44.

M. Cuneo d'Ornano. Je demande la parole pour adresser une question à la commission.

M. le président. Vous avez la parole.

M. Cuneo d'Ornano. Je voudrais adresser une simple observation à la commission. Parmi les exceptions qui renvoient les délits à la police correctionnelle, on a mis les paragraphes 2 et 4 de l'article 18. Je crois, au contraire, que la commission devait avoir l'intention de ne renvoyer à la police correctionnelle que les paragraphes 1 et 3 de ce même article...

M. le président. Lisez les paragraphes 1 et 3 de l'article 18, et vous constaterez qu'ils visent de simples contraventions qui sont du ressort des tribunaux de simple police.

M. Cuneo d'Ornano. Il me semble que les exceptions des paragraphes 2 et 4 de l'article 18 devraient être déférées au jury, car il y a là l'intervention de fonctionnaires publics, et, au point de vue de la liberté des citoyens, il est préférable de déférer les fonctionnaires publics au jury plutôt qu'au tribunal correctionnel dont les membres sont nommés par le Gouvernement qui désigne également les fonctionnaires. Je demande donc à la commission de consentir à la suppression des paragraphes 2 et 4 de l'article 18 dans les exceptions indiquées à l'article 44.

M. le rapporteur. La commission ne peut admettre cette demande. (Marques d'assentiment au banc de la commission.)

M. Cuneo d'Ornano. Devant la résistance de la commission, je n'insiste pas et je retire mon observation.

M. le président. Je mets aux voix l'article 44 qui, après l'adoption de l'amendement de M. Floquet, est ainsi rédigé :

« Les crimes et délits prévus par la présente loi sont déférés à la cour d'assises.

(1) M. Jouffrault, porté comme s'étant abstenu dans le scrutin sur le maintien de l'article 25 de la proposition de la loi sur la presse, déclare avoir voté « contre ».

M. Etienne Lamy, porté comme ayant voté « pour » dans le scrutin sur l'amendement de M. Marcou au 3ᵉ paragraphe de la proposition de loi sur la presse « outrage au Président de la République », déclare qu'il était absent et qu'il n' « a pas pris part au vote ».

PERSONNES RESPONSABLES DES CRIMES ET DÉLITS.

« Sont exceptés et déférés aux tribunaux de police correction-nelle, les délits et infractions prévus par les articles 3, 4, 9, 10, 11, 12, 13, 15, 18 § 2, 37, 38 et 39 de la présente loi.

« Sont encore exceptées et renvoyées devant les tribunaux de simple police, les contraventions prévues par les articles 2, 16, 18 §§ 1 et 3, 22 et 53 § 3 de la présente loi. »

(L'article 44, mis aux voix, est adopté.)
M. le président. La Chambre veut-elle s'arrêter ici ? (Oui ! oui !)
La suite de la délibération est renvoyée à jeudi.

Séance du jeudi 17 février 1881.

M. le président. L'ordre du jour appelle la suite de la 2e délibération sur la proposition de loi relative à la liberté de la presse.
La Chambre s'est arrêtée dans sa dernière séance à l'article 45. J'en donne lecture :

« Art. 45. — L'action civile résultant des délits d'outrage ou de diffamation prévus et punis par les articles 30 et 31, ne pourra, sauf dans le cas de décès de l'auteur du fait incriminé ou d'am-nistie, être poursuivie séparément de l'action publique. »

Personne ne demande la parole ?...
Je consulte la Chambre.
(L'article 45, mis aux voix, est adopté.)

SÉNAT. PRÉSIDENT M. LÉON SAY.

Douzième suite du rapport du 18 juin 1881.

ART. 41. — Simple changement de rédaction ; au lieu des mots *à défaut ou à l'exclusion les uns des autres,* nous avons mis pour plus de clarté : *les gérants ou éditeurs, ou, à leur défaut, les auteurs, ou, à défaut de ces der-niers, les imprimeurs, ou, à défaut des imprimeurs, les vendeurs, les distri-buteurs ou afficheurs.*

ART. 43. — La Commission a substitué à la rédaction primitive de la Chambre le texte suivant :

« Les propriétaires des journaux ou écrits périodiques sont responsables des condamnations pécuniaires prononcées au profit des tiers, contre les personnes désignées dans les deux articles précédents, conformément aux dispositions des articles 1382, 1383 et 1384 du Code civil. »

Le projet de loi n'a pas voulu, du moins la Commission le suppose, créer à la charge des propriétaires de journaux une responsabilité nou-velle et plus étendue que celle qui résulte du droit commun.

La propriété d'un journal peut se constituer de bien des façons diverses ; elle peut appartenir à un ou plusieurs individus, à des sociétés de caractères différents dans lesquelles la participation des intéressés, tant à la propriété elle-même qu'à la direction et au contrôle, sera plus grande ou plus restreinte, plus active ou plus effacée. Dans tous ces cas divers, la responsabilité prévue par cet article sera celle qui résulte du droit commun, et elle se mesurera conformément aux règles de nos lois civiles ou commerciales.

Le propriétaire ou les propriétaires ont-ils commis une faute ou une négligence dommageable, les articles 1382 et 1383 du Code civil les atteindront. Ils répondront aussi des condamnations prononcées au profit des tiers contre le gérant dans le cas où celui-ci aurait le caractère de préposé dans le sens de l'article 1384 du Code civil.

C'est pour préciser la portée du principe de responsabilité posé par la Chambre, que votre Commission a ajouté ces mots : « conformément aux articles 1382, 1383, 1384 du Code civil. »

Annexe au rapport au Sénat du 18 juin 1881.

CHAPITRE V

DES POURSUITES ET DE LA RÉPRESSION.

§ 1. — *Des personnes responsables des crimes et délits commis par la voie de la presse.*

Proposition adoptée par la Chambre des députés.	Texte proposé par la commission du Sénat.
ART. 41. — Seront passibles, comme auteurs principaux des peines qui constituent la répression des crimes et délits commis par les voies de la presse, à l'exclusion ou à défaut les uns des autres et dans l'ordre ci-après, savoir :	ART. 40. Seront passibles, comme auteurs principaux des peines qui constituent la répression des crimes et délits commis par la voie de la presse, ou à défaut les uns des autres et dans l'ordre ci-après, savoir :
1° les gérants ou éditeurs, quelles que soient leurs professions ou leurs dénominations ;	1° *Les gérants ou éditeurs ;*
2° les auteurs ;	2° *à leur défaut,* les auteurs ;

3° les imprimeurs ;

4° les vendeurs, distributeurs ou afficheurs.

Art. 42. — Lorsque les gérants ou les éditeurs seront en cause, les auteurs seront poursuivis comme complices.

Pourront l'être au même titre et dans tous les cas, toutes les personnes auxquelles l'article 60 du Code pénal pourrait s'appliquer. Ledit article ne pourra s'appliquer aux imprimeurs pour faits d'impression, sauf dans le cas et les conditions prévus par l'article 6 de la loi du 7 juin 1848, sur les attroupements.

Art. 43. — Les propriétaires de journaux ou écrits périodiques seront civilement responsables des condamnations pécuniaires prononcées au profit des tiers contre les personnes désignées dans les deux articles précédents.

Art. 44. — Les crimes et délits prévus par la présente loi sont déférés à la Cour d'assises.

Sont exceptés et déférés aux tribunaux de police correctionnelle, les délits et infractions prévus par les articles 3, 4, 9, 10, 11, 12, 13, 15, 18 paragraphes 2 et 4, 32, 33 paragraphe 2, 37, 38 et 39 de la présente loi.

Sont encore exceptées et renvoyées devant les tribunaux de simple police les contraventions prévues par les articles 2, 16, 18 paragraphes 1 et 3, 22 et 33 paragraphe 3, de la présente loi.

3° à défaut des auteurs, les imprimeurs ;

4° à défaut des imprimeurs, les vendeurs, distributeurs, ou afficheurs.

Art. 41. — Sans changement.

Art. 42. — Les propriétaires des journaux ou écrits périodiques sont responsables des condamnations pécuniaires prononcées au profit des tiers contre les personnes désignées dans les deux articles précédents, conformément aux dispositions des articles 1382, 1383, 1384 du Code civil.

Art. 43. — Les crimes et délits prévues par la présente loi sont déférés à la Cour d'assises.

Sont exceptés et déférés aux tribunaux de police correctionnelle les délits et infractions prévus par les articles 3, 4, 9, 10, 11, 12, 13, 14, 17 paragraphes 2 et 4, 29, 32 paragraphe 2, 36 37 et 38 de la présente loi.

Sont encore exceptées et renvoyées devant les tribunaux de simple police les contraventions prévues par les articles 2, 15, 17 paragraphes 1 et 3, 21 et 32 paragraphe 3, de la présente loi.

Art. 45. — L'action civile résultant des délits d'outrage ou de diffamation prévus et punis par les art. 30 et 31 ne pourra, sauf dans le cas de décès de l'auteur du fait incriminé ou d'amnistie, être poursuivi séparément de l'action publique.

Art. 44. — *Sans changement.*

Séance du lundi 11 juillet 1881.

« Art. 40. — Seront passibles, comme auteurs principaux, des peines qui constituent la répression des crimes et délits commis par la voie de la presse, dans l'ordre ci-après, savoir : 1° les gérants ou éditeurs, quelles que soient leurs professions ou leurs dénominations ; 2° à leur défaut, les auteurs ; 3° à défaut des auteurs, les imprimeurs ; 4° à défaut des imprimeurs, les vendeurs, distributeurs ou afficheurs. » — (Adopté.)

« Art. 41. — Lorsque les gérants ou les éditeurs seront en cause, les auteurs seront poursuivis comme complices.

« Pourront l'être, au même titre et dans tous les cas, toutes personnes auxquelles l'article 60 du code pénal pourrait s'appliquer. Ledit article ne pourra s'appliquer aux imprimeurs pour faits d'impression, sauf dans les cas et les conditions prévus par l'article 6 de la loi du 7 juin 1848 sur les attroupements. » — (Adopté.)

« Art. 42. — Les propriétaires des journaux ou écrits périodiques sont responsables des condamnations pécuniaires prononcées au profit des tiers contre les personnes désignées dans les deux articles précédents, conformément aux dispositions des articles 1382, 1383, 1384 du Code civil. »

Il y a sur cet article un amendement de M. Bozérian.

M. Bozérian. La nouvelle rédaction de l'article me donnant satisfaction, je retire mon amendement.

M. le président. L'amendement étant retiré, je consulte le Sénat sur l'article 42.

(L'article 42 est adopté.)

M. le président. « Art. 43. — Les crimes et délits prévus par la présente loi sont déférés à la cour d'assises.

« Sont exceptés et déférés aux tribunaux de police correctionnelle les délits et infractions prévus par les articles 3, 4, 9, 10, 11, 12, 13, 14, 17 paragraphes 2 et 4, 29, 32 paragraphe 2, 36, 37 et 38 de la présente loi.

« Sont encore exceptées et renvoyées devant les tribunaux de simple police les contraventions prévues par les articles 2, 15, 17 paragraphes 1 et 3, 21 et 32 paragraphe 3, de la présente loi. » — (Adopté.)

« Art. 44. — L'action civile résultant des délits d'outrage ou de diffamation prévus et punis par les articles 30 et 31, ne pourra, sauf dans le cas de décès de l'auteur du fait incriminé ou d'amnistie, être poursuivie séparément de l'action publique. » — (Adopté.)

OBSERVATION.

Quelles que soient les critiques nombreuses qui peuvent être formulées contre la loi actuelle, il faut reconnaître qu'à certains points de vue elle a fait ses efforts pour se montrer aussi libérale que possible.

Déjà, on l'a vu, la loi du 29 décembre 1875 déférait au jury presque tous les délits qui peuvent être commis par la voie de la presse, et par exception elle en déférait quelques-uns à la juridiction correctionnelle.

La loi nouvelle a consacré la même méthode, en attribuant toutefois à la compétence du jury certains délits que la loi de 1875 déférait aux tribunaux correctionnels, tels que l'offense envers les chefs d'États étrangers et les agents diplomatiques, les délits relatifs au compte rendu des Chambres, au compte rendu des audiences des cours ou tribunaux, l'offense envers la Chambre des députés, etc., etc.

Si nous suivons la nomenclature, indiquée par l'article 45 de la loi, nous pouvons établir ainsi le tableau des crimes, délits et peines dont la connaissance appartient à chacune des juridictions.

Cours d'assises.

ART. 23. — Provocation à commettre un crime ou un délit, lorsqu'elle a été suivie d'effet ou seulement d'une tentative pour les crimes. — Peines de la complicité.

ART. 24. — Provocation non suivie d'effet à commettre les crimes de meurtre, incendie et pillage, ou l'un des crimes énumérés par les articles 75 à 101 du Code pénal. — Emprisonnement de trois mois à deux ans et amende de 100 à 3,000 francs.

— § 2. — Cris et chants séditieux. — Emprisonnement de six jours à un mois. Amende de 16 à 500 francs, ou de l'une de ces deux peines seulement.

ART. 25. — Provocation à des militaires dans le but de les détourner de leurs devoirs. — Emprisonnement d'un à six mois et amende de 16 à 100 francs.

ART. 26. — Offense au Président de la République. — Emprisonnement de trois mois à un an, et amende de 100 à 3,000 francs, ou l'une de ces deux peines seulement.

ART. 27. — Publications de nouvelles fausses et de pièces falsifiées. — Emprisonnement d'un mois à un an, amende de 50 à 1,000 francs ou l'une de ces deux peines seulement.

Art. 28, § 1er. — Outrage aux bonnes mœurs. — Emprisonnement d'un mois à deux ans et amende de 16 à 2,000 francs.

Art. 30. — Diffamation envers les cours, les tribunaux, les armées de terre ou de mer, les corps constitués et les administrations publiques. — Emprisonnement de huit jours à un an. Amende de 100 à 3,000 francs, ou de l'une de ces deux peines seulement.

Art. 31. — Diffamation envers les membres du ministère de l'une et de l'autre Chambre, les agents de l'autorité publique. — Même pénalité.

Art. 33, § 1er. — Injures commises envers les personnes énumérées dans les articles 30 et 31. — Emprisonnement de six jours à trois mois. Amende de 18 à 500 francs, ou de l'une de ces deux peines seulement.

Art. 36. — Offense publique envers les chefs d'État étrangers. — Emprisonnement de trois mois à un an. Amende de 100 à 3,000 francs, ou l'une de ces deux peines seulement.

Art. 37. — Outrage public envers les ambassadeurs et ministres plénipotentiaires ou autres agents diplomatiques. — Emprisonnement de huit jours à un an. Amende de 50 à 2,000 francs, ou l'une de ces deux peines seulement.

Tribunaux correctionnels.

Art. 3. — Défaut de dépôt par l'imprimeur de deux exemplaires. — De 16 à 300 francs d'amende.

Art. 4. — Défaut de dépôt de trois exemplaires pour les estampes et la musique. — Même pénalité.

Art. 9. — Infraction aux articles 6, 7 et 8, relatifs au gérant et à la déclaration préalable à la publication des journaux. — De 50 à 500 francs d'amende. Suspension du journal. Amende de 100 francs par chaque numéro publié irrégulièrement après le jugement.

Art. 10. — Défaut de dépôt. Dépôt tardif des écrits périodiques, au parquet et à la Préfecture. — Amende de 50 francs contre le gérant pour chaque omission de dépôt.

Art. 11. — Défaut d'impression, au bas de tous les exemplaires, du nom du gérant. — De 16 à 50 francs d'amende par chaque numéro contre l'imprimeur.

Art. 12. — Défaut d'insertion des rectifications adressées par un dépositaire de l'autorité publique. — De 100 à 1,000 francs d'amende contre le gérant.

Art. 13. — Défaut d'insertion des réponses adressées par les particuliers. — De 50 à 500 francs contre le gérant.

Art. 14. — Mise en vente ou distribution, faite sciemment, au mépris d'une interdiction, des écrits périodiques publiés à l'étranger. — De 50 à 500 francs d'amende.

Art. 17, § 2. — Enlèvement, altération ou lacération par un fonctionnaire ou agent de l'autorité des affiches apposées par ordre de l'autorité. — Amende de 16 à 100 francs. Emprisonnement facultatif de six jours à un mois.

— § 4. — Enlèvement, altération ou lacération par les mêmes personnes des affiches électorales émanant de simples particuliers. — Amende de 16 à 100 francs.

Art. 28, § 2. — Mise en vente, distribution ou exposition des objets obscènes. — Emprisonnement d'un mois à deux ans et amende de 16 à 2,000 francs. Saisie des objets.

Art. 32. — Diffamation commise envers les particuliers par les moyens énoncés dans les articles 23 et 28. — Emprisonnement de cinq jours à six mois. Amende de 20 à 2,000 francs; ou l'une de ces deux peines seulement.

Art. 33, § 2. — Injure commise envers les particuliers, non précédée de la provocation. — Emprisonnement de cinq jours à deux mois. Amende de 16 à 300 francs, ou de l'une de ces deux peines seulement.

Art. 38. — Publication des actes d'accusation ou actes de procédure criminelle ou correctionnelle, avant leur lecture en audience publique. Amende de 50 à 1,000 francs.

Art. 39. — Compte rendu des procès en diffamation où la preuve n'est pas autorisée. Compte rendu des délibérations intérieures, soit des jurys, soit des cours et tribunaux. — Amende de 100 à 2,000 francs.

Art. 40. — Ouverture publique ou annonce de souscriptions ayant pour objet d'indemniser des condamnations criminelles ou correctionnelles. — Emprisonnement de huit jours à six mois. Amende de 100 à 1,000 francs, ou de l'une de ces deux peines seulement.

Tribunaux de simple police.

ART. 2. — Défaut d'indication du nom et du domicile de l'imprimeur. — De 5 à 15 francs d'amende. — Emprisonnement facultatif en cas de récidive dans les 12 mois.

ART. 15. — Affichage dans les endroits exclusivement destinés à recevoir les affiches des lois et autres actes de l'autorité publique. — Même pénalité qu'en l'article 2.

ART. 17, § 1er. — Enlèvement, lacération ou altération des affiches apposées par ordre de l'administration. — De 4 à 15 francs d'amende contre les particuliers.

— § 3. Enlèvement, lacération ou altération des affiches électorales émanant des simples particuliers, apposées ailleurs que sur les propriétés de ceux qui auront commis cette lacération ou altération. — Même pénalité.

ART. 21. — Infraction aux articles 18-19-20, relatifs au colportage habituel, absence de déclaration préalable, fausse déclaration, déclaration incomplète. — De 5 à 15 francs d'amende, et emprisonnement facultatif de un à cinq jours. — En cas de récidive ou de déclaration mensongère, emprisonnement nécessairement prononcé.

ART. 33, § 3. — Injure non publique. — Peines édictées par l'article 470 du Code pénal.

Douzième suite du rapport général

XXXVII

§ III. — *De la procédure.*

Il ne suffisait pas de codifier, dans la législation relative aux crimes et délits commis par la presse et par la parole, les dispositions qui qualifient et qui classent ces diverses infractions et celles qui concernent la juridiction ; il fallait codifier la procédure à suivre ; il fallait aussi ramener à des règles également uniformes tout ce qui touche à l'aggravation ou à l'atténuation des peines ; il fallait, enfin, régler la prescription.

PROCÉDURE.

Tel est l'objet des §§ 3 et 4 du chapitre V, dont le dernier article est le dernier du projet de loi, sauf deux dispositions transitoires.

A. — Cours d'assises.

Art. 50. — Cette disposition consacre le droit pour le ministère public de saisir les cours d'assises par voie de citation directe, c'est-à-dire sans qu'il soit nécessaire de provoquer une information par un réquisitoire adressé au juge d'instruction.

Cette règle, d'une simplicité extrême et qui permet une décision prompte, ne pouvait souffrir aucune difficulté.

La pratique l'a depuis longtemps consacrée. Le délit qui résulte d'une publication n'implique d'ordinaire aucune nécessité d'information (v. L., 26 mai 1819, art 1er; 27 juillet 1849, art. 16 — même après saisie, dit cette loi ; — 15 avril 1871, art. 1er, et 29 décembre 1875, art. 4).

Les seules restrictions que nous ayons apportées à cette première règle ont trait à la nécessité d'une plainte de la part d'une certaine catégorie de personnes outragées ou diffamées.

Ces restrictions reproduites des lois du 26 mai 1819 (art. 1, 2, 3, 4, 5, et 29 décembre 1875, art. 5) sont favorables à la liberté. En effet, si elles ont pour objet de ménager les susceptibilités de la partie qui a à se plaindre, elles sont surtout une garantie pour la partie qui a à se défendre contre la poursuite.

Elles ont encore un avantage, celui de modérer l'ardeur de la vindicte publique.

Les § 2, 3, 4, 5, 6, 7 et 8 de l'article 50 enseignent comment l'action du ministère public doit être mise en mouvement, selon la situation, la qualité, le titre des personnalités diverses, collectives ou individuelles qui peuvent avoir à demander justice contre l'outrage, l'injure ou la diffamation.

Le numéro 8 exige une mention et une explication particulières. — Nous vous proposons de donner au plaignant, dans le cas où, d'après l'article 38, le jury est compétent, le droit de citer directement devant la cour d'assises; c'est là une innovation dont vous apprécierez la justice et l'utilité; elle rend au plaignant toute sa liberté d'action, en même temps qu'elle engage sa seule responsabilité.

XXXVIII

La faculté que notre article 50 donne au ministère public de citer directement ne fait pas obstacle au droit de requérir une information, s'il la juge nécessaire.

C'est ce qu'a décidé la Cour de cassation sous l'empire de la loi du 27 juillet 1849, qui est encore en vigueur; et il n'y a aucune raison pour déroger à cette règle.

Nous avons dû nous préoccuper, à ce point de vue, du droit que les articles 37, 38, 87, 88, 89 et 90 du Code d'instruction criminelle confèrent aux procureurs de la République et aux juges d'instruction, de saisir les papiers et effets qui peuvent servir à la manifestation de la vérité, et nous demander si nous devions rendre ces dispositions applicables à la poursuite des crimes et délits commis par la voie de la presse ou de la parole.

Nous avons été amenés à l'examen de cette question par la raison qu'une des lois que nous abrogeons, celle du 26 mai 1819, en édictant des règles spéciales en matière de saisie, a dérogé, dans un sens favorable à la liberté de la presse, aux règles du droit commun. Ce sont les dispositions des articles 7, 8, 9, 10, 11 de la loi du 26 mai 1819, abrogées par la loi du 25 mars 1822, rétablies par celle du 27 juillet 1849, abrogées de nouveau par le décret du 17 février 1852 et de nouveau rétablies par les lois des 15 avril 1371 et 29 décembre 1875. Dans sa proposition de loi, notre honorable collègue M. Naquet en demande le maintien ; c'est une de celles qu'il ne supprime pas.

Dans le système de cette loi, le droit de saisie est maintenu ; il n'est assujetti qu'à certains délais impartis aux magistrats instructeurs pour notifier l'ordonnance de saisie et pour statuer sur les résultats de l'information.

Nous n'avons pas cru devoir adopter ces dispositions qui peuvent, dans la pratique, donner lieu à de graves abus. La saisie illimitée de toute une édition, s'il s'agit d'écrits imprimés ordinaires, de tout un tirage s'il s'agit de journaux, à l'occasion de la prévention d'un simple délit qui peut même dégénérer en une contravention, est une mesure exorbitante, quelles que soient les précautions que l'on prenne pour accélérer la marche de la procédure. Nous avons voulu interdire d'une façon absolue le droit de saisie.

Nous ne faisons qu'une seule exception à cette interdiction, c'est au cas où le dépôt prescrit par les articles 5 et 12 de la loi nouvelle n'aurait pas été effectué.

Et même dans ce cas, la saisie devra se borner à quatre exemplaires de l'écrit, ou quatre numéros du journal incriminés (art. 52).

Nous concilions ainsi les règles du droit commun avec les légitimes revendications de la liberté.

XXXIX

Art. 53. — Cette disposition, qui n'est que la reproduction, à peu près textuelle, de l'article 6 de la loi du 26 mai 1819, abrogée par l'article 27 du décret du 17 février 1852, est encore dictée par l'intérêt de la défense ; il faut que le prévenu soit mis à même de pouvoir repousser la prévention ; il faut donc qu'il la connaisse.

L'article 53 exige en conséquence que la citation, soit à la requête du ministère public, soit à la requête de la partie plaignante, contienne l'indication précise des écrits, des imprimés, placards, dessins, affiches, etc., qui seront l'objet de la poursuite ainsi que la qualification des faits ; et pour éviter toute équivoque, nous exigeons que la citation indique les textes de loi invoqués à l'appui de la demande.

Comme le projet de loi donne au plaignant la faculté de saisir la Cour d'assises, ainsi que nous venons de le voir, et qu'il doit seulement se pourvoir d'une ordonnance du président, l'article 53 décide que la citation, dans ce cas-là, doit porter copie de cette ordonnance.

La citation donnée au nom du plaignant doit énoncer, en outre, l'élection de domicile dans le lieu où siège la Cour d'assises. — Elle doit être notifiée tant au prévenu qu'au ministère public.

L'article 53 n'a rien de comminatoire ; les formalités qu'il exige sont prescrites à peine de nullité de la poursuite.

Les articles 53 et 54 fixent le délai qui doit s'écouler entre la citation et la comparution en Cour d'assises.

S'il ne s'agit pas de diffamation, le délai sera de cinq jours.

S'il s'agit au contraire de diffamation, comme dans ce cas-là il peut y avoir lieu à faire la preuve de la vérité des imputations, nous avons cru meilleur de fixer un délai plus long, celui de douze jours.

Le paragraphe 2 de notre article 53 fait connaître comment ce délai doit être employé.

Le prévenu qui veut faire la preuve de la vérité des faits diffamatoires aura cinq jours à partir de la notification de la citation pour signifier au ministère public près la Cour d'assises et au plaignant, au domicile par lui élu, selon qu'il est assigné par l'un ou par l'autre :

1° Les faits articulés et qualifiés dans la citation, desquels il entend prouver la vérité ;

2° La copie des pièces ;

3° Les noms, professions et demeures des témoins qu'il entend appeler.

L'article exige que l'exploit de signification contienne élection de domicile près de la Cour d'assises.

A défaut de remplir les formalités qui viennent d'être indiquées, le prévenu sera déchu du droit de faire la preuve.

Nous avons pensé que le délai de cinq jours était suffisant d'autant mieux qu'un pareil délai doit être accordé à la partie adverse, et que celui de la comparution ne doit être que de douze jours, en vue de la célérité qu'exige la solution de semblable procès, devant une juridiction qui n'est pas permanente.

Si la loi du 26 mai 1819, art. 21, a fixé un délai de huit jours, c'est qu'à cette époque les communications étaient moins faciles et moins rapides qu'au temps où nous vivons.

L'article 55 n'est que la contre-partie de l'article 54.

Il accorde également cinq jours au plaignant pour répondre à la notification que lui a fait signifier le prévenu.

Art. 57. — Si le prévenu a été présent à l'appel des jurés, il devra formuler toute demande en renvoi, et soulever tout incident de procédure avant le tirage au sort des jurés, à peine de forclusion. Pas d'observation.

Le prévenu présent à l'appel des jurés pourrait, selon le résultat du tirage au sort des douze jurés de jugement, ou même pendant cette opération, selon la nature de ses appréhensions, chercher à éviter un débat contradictoire, ce qui retarderait la solution.

La loi du 27 juillet 1849 a pourvu à cet inconvénient, en décidant, par son article 19, qu'après l'appel et le tirage au sort des jurés, le prévenu ne pourra plus faire défaut. L'arrêt qui intervient ensuite est considéré comme définitif, et il est procédé avec le concours du jury, comme si le prévenu était présent. Nous avons adopté cette règle avec cette légère modification, que le prévenu ne pourra plus faire défaut, quand bien même il se fût retiré, pendant le tirage au sort, et non pas seulement après l'accomplissement intégral de cette opération.

En conséquence, l'arrêt qui interviendra, soit sur la forme, soit sur le fond, sera définitif, quand bien même le prévenu se retirerait de l'audience ou refuserait de se défendre. Dans ce cas, il sera procédé avec le concours du jury et comme si le prévenu était présent.

Si le prévenu n'a nullement comparu, l'arrêt qui intervient est alors par défaut.

L'article 59 règle cette hypothèse.

Nous avons reproduit, à cet égard, la disposition de l'article 17 de la loi du 27 juillet 1849.

Nous y avons introduit deux modifications que nous avons empruntées au nouvel article 187 du Code d'instruction criminelle.

En premier lieu, le délai pour l'opposition sera de cinq jours, au lieu de trois, à partir de la signification de l'arrêt.

En second lieu, le délai ne courra que si cette signification a été faite à la personne même du prévenu, ou s'il résulte d'actes d'exécution de l'arrêt que le prévenu en a eu connaissance. Dans le cas contraire, l'opposition sera recevable jusqu'à l'expiration des délais de la prescription.

Adoptant une règle consacrée par l'usage en matière civile, nous donnons à la Cour d'assises la faculté de laisser à la charge du prévenu demandeur en opposition les frais de l'expédition, de la signification de l'arrêt et de l'opposition.

PROCÉDURE.

Il peut arriver que le prévenu forme ou ne forme pas opposition à l'arrêt qui l'a condamné par défaut.

Si le prévenu ne forme pas opposition ou qu'ayant formé opposition, il ne comparaisse pas, l'arrêt déjà rendu par défaut devient définitif.

Ce sont là les principes généraux du droit.

Il est également de règle que l'opposition, en matière criminelle, vaut citation à la première audience. En cas de non comparution, l'arrêt rendu par défaut sera également définitif.

Le tout est réglé par les articles 59 et 60.

XL

L'article 61 du projet constitue une innovation ort importante dans la législation.

On sait qu'aux termes de l'article 358 du Code d'instruction criminelle, l'accusé même acquitté peut être condamné à des dommages-intérêts par la cour d'assises quand il y a partie civile en cause.

On sait aussi à quelles critiques et à quels abus a donné lieu, même en matière ordinaire, la pratique de cette règle de droit commun.

Le souvenir n'est pas encore éloigné de cet arrêt rendu par la Cour d'assises des Bouches-du-Rhône qui, après un verdict négatif sur une question de blessures faites et de coups volontairement portés, condamna néanmoins à des dommages-intérêts en déclarant qu'il était résulté des débats que l'accusé avait maladroitement porté un coup qui pouvait lui être imputé à faute. Il est vrai que cet arrêt, *peu adroit*, fut cassé le 7 mai 1864.

Eh bien, une jurisprudence récente applique l'article 358 aux délits jugés par la Cour d'assises, délits qui ne sont autres que ceux qui peuvent avoir été commis par la presse ou par la parole.

Il est arrivé que des journalistes acquittés par le jury ont expié le délit, qu'ils n'avaient pas commis, par des condmnations à des dommages-intérêts, qui excédaient le maximum des amendes prononcées par la loi.

C'est, peut-être, une application rigoureusement exacte de la loi criminelle.

Mais nous avons pensé qu'il était difficile, dans la matière qui nous occupe, de ne pas abroger cet usage, de laisser subsister un quasi-délit, après l'acquittement du délit, et surtout de supposer que le jury, en répondant *non* sur la question de culpabilité intentionnelle, n'a pas eu la volonté d'absoudre entièrement le prévenu.

D'ailleurs, c'est par une sorte de prorogation de juridiction que la Cour d'assises connait des délits commis par la voie de la presse ou de la parole.

Or, en matière de délits, les tribunaux correctionnels ne peuvent condamner à des dommages-intérêts le prévenu acquitté. C'est le plaignant seul qui, dans ce cas, y est exposé.

Telles sont les raisons qui nous ont portés à décider par notre article 61 :

« En cas d'acquittement par le jury, s'il y a partie civile en cause, la cour ne pourra statuer que sur les dommages-intérêts réclamés par le prévenu. Ce dernier devra être renvoyé de la plainte sans dépens ni dommages-intérêts au profit du plaignant. »

XLI

Le jury devenant compétent en matière de délits commis par la voie de la presse ou par tout autre moyen de publication, et pouvant être saisi directement par la partie plaignante elle-même dans les cas prévus par notre projet de loi, ce qui peut charger le rôle, il arrivera souvent que les sessions ordinaires des Cours d'assises appelées à statuer seront terminées, et la session qui doit suivre, assez éloignée pour que la partie publique, la partie civile, ou le prévenu ait à souffrir de cet ajournement.

Notre article donne satisfaction à ces divers intérêts.

Il décide qu'il pourra être formé une Cour d'assises extraordinaire, par ordonnance motivée du premier président. C'est une application spéciale des articles 259 du Code d'instruction criminelle et 81 du décret du 6 juillet 1810 (1).

L'article 62 est ainsi conçu :

« Si, au moment où le ministère public ou le plaignant exerce son action, la session de la cour d'assises est terminée et s'il ne doit pas s'en ouvrir d'autre à une époque rapprochée, il pourra être formé une cour d'assises d'extraordinaire, par ordonnance motivée du premier président. Cette ordonnance prescrira le tirage au sort des jurés conformément à la loi.

L'article 81 du décret du 6 juillet 1810 sera applicable aux cours d'assises extraordinaires formées en exécution du paragraphe précédent. »

XLII

B. — *Tribunaux de police correctionnelle et de simple police.*

La procédure à suivre devant les tribunaux de police correctionnelle et

_____

(1) 259. — La tenue des assises aura lieu tous les six mois. Elles pourront se tenir plus souvent, si le besoin l'exige.

81. — Dans les cas prévus par l'article 259 du Code d'instruction criminelle d'une tenue extraordinaire d'assises, les présidents de la dernière assise sont nommés de droit pour présider les assises extraordinaires. En cas de décès ou empêchement légitime, le président de l'assise sera remplacé à l'instant où la nécessité de la tenue de l'assise extraordinaire sera connue : le remplacement sera fait par le premier président. L'ordonnance du remplacement contiendra l'époque fixe de l'ouverture de cette assise.

PROCÉDURE.

de simple police, c'est la procédure ordinaire, telle qu'elle est réglée par le Code d'instruction criminelle.

Le paragraphe 1er de l'article 63 du projet y renvoie purement et simplement.

Par le paragraphe 2, nous nous bornons à rappeler que la citation doit, à peine de nullité, préciser et qualifier le fait incriminé et indiquer le texte de loi applicable à la poursuite.

C'est l'extension à la poursuite devant les tribunaux, de la règle que nous avons déjà posée pour la poursuite devant le jury.

C. — *Pourvois en cassation.*

Nous donnons au prévenu ainsi qu'à la partie civile, quant à ses intérêts civils, le droit de se pourvoir en cassation. Le même droit ne pouvait être attribué au ministère public, ç'aurait été déroger aux règles du droit commun au préjudice de la liberté. (Art. 64.)

Il est certains cas où le pourvoi en cassation est subordonné pour être recevable à la mise en état du prévenu.

Il est également nécessaire, hors le cas d'indigence constatée, de consigner l'amende, qui est de 150 fr.

La mise en état du prévenu nous a paru exceptionnellement rigoureuse, d'autant mieux que les tribunaux ont la faculté discrétionnaire d'en dispenser. Quant à la consignation de l'amende, c'est une sorte de cautionnement.

Nous avons supprimé l'une et l'autre de ces mesures. Il y avait d'autant moins lieu d'hésiter, quant à la seconde, que la même dispense existe en fait de pourvoi contre les décisions du jury en matière d'expropriation pour utilité publique.

ART. 65. — Cette disposition règle les délais du pourvoi et de la transmission des pièces à la Cour de cassation, ainsi que celui dans lequel la Cour suprême doit régulièrement statuer.

CHAMBRE DES DÉPUTÉS. PRÉSIDENT M. GAMBETTA.

Première délibération. Suite de la séance du 1er février 1881.

M. le président lit l'article 46.

« Art. 46. — La poursuite des crimes et délits commis par la voie de la presse ou par tout autre moyen de publication aura lieu d'office à la requête du ministère public, sous les modifications suivantes :

« 1° Le ministère public aura la faculté de saisir la cour d'assises par voie de citation directe.

« 2° Dans le cas d'outrage envers les chambres, la poursuite n'aura lieu qu'avec leur autorisation.

« 3° Dans le cas d'injure ou de diffamation envers les cours, tribunaux et autres corps indiqués en l'article 30, la poursuite n'aura lieu que sur une délibération prise par eux, en assemblée générale, et requérant les poursuites, ou, si le corps n'a pas d'assemblée générale, sur la plainte du chef de corps ou du ministre duquel ce corps relève.

« 4° Dans le cas d'injure ou de diffamation envers un ou plusieurs membres de l'une ou l'autre Chambre, la poursuite n'aura lieu que sur la plainte du ou des membres intéressés.

« 5° Dans le cas d'injure ou de diffamation envers les fonctionnaires publics, les dépositaires ou agents de l'autorité publique autres que les ministres, envers les ministres des cultes salariés par l'État et les citoyens chargés d'un service ou d'un mandat public, la poursuite aura lieu, soit sur leur plainte, soit d'office, sur la plainte du ministre dont ils relèvent.

« 6° Dans le cas d'injure ou de diffamation envers un juré ou un témoin et envers les particuliers, la poursuite n'aura lieu que sur la plainte de la personne qui se prétendra outragée ou diffamée.

« 7° Dans le cas d'outrage envers les chefs d'État ou agents diplomatiques étrangers, la poursuite aura lieu soit à leur requête, soit d'office, sur leur demande adressée au ministre des affaires étrangères et par celui-ci au ministre de la justice.

« 8° Dans les cas prévus par les §§ 4, 5 et 6 du présent article, le droit de citation directe devant la cour d'assises appartiendra à la partie lésée.

« Sur sa requête, le président de la cour d'assises fixera les jour et heure auxquels l'affaire sera appelée. »

M. le président. En conséquence d'un vote précédent, le paragraphe 2ᵉ doit être supprimé.

M. Ribot. Je demande la suppression, dans le paragraphe 6, des mots : « envers un juré ou un témoin ». Il me semble que dans ce cas il y a intérêt général à ce que le ministère public poursuive d'office l'auteur du délit, sans attendre la plainte du juré ou du témoin offensé.

M. le rapporteur. Cette plainte est nécessaire, c'est la règle générale du projet de loi.

M. Ribot. Non ! la règle générale est que la plainte n'est pas nécessaire lorsqu'il s'agit d'une personne publique, d'un fonctionnaire.

M. le rapporteur. C'est le contraire.

M. le président. Je vais consulter la Chambre par division.

Je mets aux voix l'article 46 jusqu'au paragraphe 6.

(Cette première partie de l'article 46 est mise aux voix et adoptée.)

M. le président. Nous passons au paragraphe 6 :

« Dans le cas d'injure ou de diffamation envers un juré ou un témoin... »

M. Ribot propose de supprimer les mots : « envers un juré ou un témoin ».

Je mets aux voix la rédaction de la commission.

(La rédaction de la commission est mise aux voix et adoptée.)

M. le président. Je mets aux voix les dernières dispositions de l'article 46.

(Les dernières dispositions de l'article 46 sont mises aux voix et adoptées.)

L'ensemble de l'article est ensuite mis aux voix et adopté.

« Art. 47. — Si le ministère public requiert une information, il sera tenu, dans son réquisitoire, d'articuler et de qualifier les provocations, outrages, diffamations et injures à raison desquels la poursuite est intentée, avec indication des textes dont l'application est demandée, à peine de nullité du réquisitoire et de ladite poursuite. »

« Art. 48. — Immédiatement après avoir reçu le réquisitoire, le juge d'instruction pourra ordonner la saisie des écrits, imprimés, placards, dessins, gravures, peintures, emblèmes et autres instruments de publicité, dans le cas seulement où le dépôt prescrit par les articles 3 et 10 de la présente loi n'aurait pas été effectué ; dans ce cas, la saisie de quatre exemplaires de l'écrit ou de dix numéros du

PROCÉDURE.

journal incriminé pourra être ordonnée. Ces dispositions sont communes au procureur de la République et au juge d'instruction. »

M. le président. Je donne la parole à M. Ribot qui présente un amendement, sur l'article 48.

M. Ribot. Messieurs, j'ai présenté sur cet article un amendement, mais, à l'heure avancée où nous sommes et ne voulant pas retarder le vote de la loi en première délibération, je n'en demande pas la discussion, me réservant de le reproduire lors de la seconde lecture.

Je me bornerai à faire remarquer à la commission que cet article contient une lacune évidente. Il n'y a aucun article dans la législation qui permette, même après une condamnation, de saisir les écrits ou dessins qui auront fait l'objet de cette condamnation.

Un membre. Pardon !

M. Ribot Mais si, parfaitement.

Lorsque vous avez fait une exception pour des écrits ou images obscènes, vous ne l'avez pas étendue à tous les écrits et à toutes les gravures. C'est une lacune si importante qu'il me suffit de la signaler. Je crois, — sans vouloir entrer dans plus de développements, — que, après les dispositions que nous avons votées, il est indispensable de maintenir le droit de saisie entre les mains de l'autorité judiciaire sous certaines garanties que j'ai essayé d'établir.

Je signale, en outre, à la commission une autre omission d'une nature également très grave.

La commission a voulu limiter le droit de saisir et elle a oublié d'accorder aux personnes la protection que la loi de 1819 leur accordait. Ainsi, la détention préventive ne peut, d'après la loi de 1819, être maintenue que dans des cas exceptionnels, quand il s'agit d'un simple délit. Vous avez fait disparaître cette disposition : voulez-vous que les auteurs soient moins protégés qu'ils ne l'étaient et que les juges d'instruction puissent les maintenir indéfiniment en détention préventive, alors que vous ne pouvez pas mettre la main sur les écrits ?

En dernier lieu, je demande à la commission comment elle interprète les mots qui terminent l'article et dont je n'ai pu parvenir à trouver le sens :

« Ces dispositions sont communes aux procureurs de la République et aux juges d'instruction. »

Je ne crois pas que la commission ait voulu donner aux procureurs de la République le droit d'ordonner des saisies ; cependant, si ce n'est pas là le sens de ces mots, je la prie de vouloir bien me les expliquer.

M. le rapporteur. Oui, le procureur de la République a le droit d'ordonner la saisie en cas de flagrant délit.

M. Ribot. Si c'est ainsi que vous entendez ces mots, je protesterai.

Sur divers bancs. Nous demandons le renvoi de l'article à la commission.

M. Ribot. Je ne m'oppose pas au renvoi.

M. le rapporteur. Nous maintenons l'article tel qu'il est.

M. Versigny. A la seconde lecture, on l'examinera.

M. Jolibois. On demande à la commission quel motif l'a guidée pour ajouter les mots « procureur de la République » à ceux de « juge d'instruction. »

M. le président. Une réponse a déjà été faite : on a parlé du cas de flagrant délit.

M. le rapporteur. Nous avons voulu que, en cas de flagrant délit, le procureur de la République n'eût le droit de requérir la saisie que d'un certain nombre d'exemplaires ou de numéros déterminé, restreignant ainsi la faculté que lui donne l'article 37 du Code d'instruction criminelle.

M. Ribot. Ce n'est pas possible !

M. le président. Je vais consulter la Chambre sur le renvoi de l'article à la commission.

(Le renvoi est mis aux voix et prononcé.) (1)

« Art. 49. — La citation contiendra l'indication précise des écrits, des imprimés, placards, dessins, gravures, peintures, médailles, emblèmes, des discours ou propos publiquement proférés qui seront l'objet de la poursuite, ainsi que la qualification des faits. Elle indiquera les textes de la loi invoquée à l'appui de la demande.

« Si la citation est à la requête du plaignant, elle portera, en outre, copie de l'ordonnance du président : elle contiendra élection de domicile dans la ville où siège la cour d'assises et sera notifiée tant au prévenu qu'au ministère public.

« Toutes ces formalités seront observées à peine de nullité de la poursuite. »

(L'article 49, mis aux voix, est adopté.)

« Art. 50. — Le délai entre la citation et la comparution en cour d'assises sera de cinq jours francs, outre un jour par cinq myriamètres de distance. — (Adopté.)

« Art. 51. — En matière de diffamation, ce délai sera de douze jours, outre un jour par cinq myriamètres.

« Quand le prévenu voudra être admis à prouver la vérité des faits diffamatoires, conformément aux dispositions des articles 30 et 31 de la présente loi, il devra, dans les cinq jours qui suivront la notification de la citation, faire signifier au ministère public près la cour d'assises ou au plaignant, au domicile par lui élu, suivant qu'il est assigné à la requête de l'un ou de l'autre :

1° Les faits articulés et qualifiés dans la citation, desquels il entend prouver la vérité ;

« 2° La copie des pièces ;

« 3° Les noms, professions et demeures des témoins par lesquels il entend faire sa preuve. Cette signification contiendra élection de domicile près la cour d'assises, le tout à peine d'être déchu du droit de faire la preuve. » — (Adopté.)

« Art. 52. — Dans les cinq jours suivants, le plaignant ou le ministère public, suivant le cas, sera tenu de faire signifier au prévenu, au domicile par lui élu, la copie des pièces et les noms, professions et demeures des témoins par lesquels il entend faire la preuve contraire, sous peine d'être déchu de son droit. » — (Adopté.)

« Art. 53. — Toute demande en renvoi, pour quelque cause que ce soit, tout incident sur la procédure suivie devront être présentés avant l'appel des jurés, à peine de forclusion.» — (Adopté.)

« Art. 54. — Si le prévenu a été présent à l'appel des jurés, il ne pourra plus faire défaut, quand bien même il se fût retiré pendant le tirage au sort.

« En conséquence, tout arrêt qui interviendra, soit sur la forme, soit sur le fond, sera définitif, quand bien même le prévenu se retirerait de l'audience ou refuserait de se défendre. Dans ce cas, il sera procédé avec le concours du jury et comme si le prévenu était présent. » — (Adopté.)

Art. 55. — « Si le prévenu ne comparaît pas au jour fixé par la citation, il sera jugé par défaut par la cour d'assises, sans assistance ni intervention des jurés.

«La condamnation par défaut sera comme non avenue si, dans les cinq jours de la signification qui en aura été faite au prévenu ou à son domicile, outre un jour par cinq myriamètres, celui-ci forme opposition à l'exécution de l'arrêt et notifie son opposition tant au ministère public qu'au plaignant. Toutefois, si la signification n'a pas été faite à personne, ou s'il ne résulte pas d'actes d'exécution de l'arrêt que le prévenu en a eu connaissance, l'opposition sera recevable jusqu'à l'expiration des délais de la prescription de la peine. L'opposition vaudra citation à la première audience utile. Les frais de l'expédition, de la signification de l'arrêt, de

(1) Voir la séance du 5 février 1881.

PROCÉDURE.

l'opposition et de la réassignation pourront être laissés à la charge du prévenu. »
— (Adopté.)

« Art. 56. — Faute par le prévenu de former son opposition dans le délai de
l'article 55 et de la signifier aux personnes indiquées par cet article, ou de comparaître par lui-même au jour fixé par l'article précédent, l'opposition sera réputée
non avenue et l'arrêt par défaut sera définitif. » — (Adopté.)

« Art. 57. — En cas d'acquittement par le jury, s'il y a partie civile en cause,
la cour ne pourra statuer que sur les dommages-intérêts réclamés par le prévenu.
Ce dernier devra être renvoyé de la plainte sans dépens ni dommages-intérêts au
profit du plaignant. » — (Adopté.)

« Art. 58. — Si, au moment où le ministère public ou le plaignant exerce son
action, le session de la cour d'assises est terminée et s'il ne doit pas s'en ouvrir
d'autre à une époque rapprochée, il pourra être formé une cour d'assises extraordinaire, par ordonnance motivée du premier président. Cette ordonnance prescrira le tirage au sort des jurés conformément à la loi.

« L'article 81 du décret du 6 juillet 1810 sera applicable aux cours d'assises extraordinaires formées en exécution du paragraphe précédent. » — (Adopté.)

« Art. 59. — La poursuite devant les tribunaux correctionnels et de simple police aura lieu conformément aux dispositions du chapitre 2 du titre Iᵉʳ du livre II
du Code d'instruction criminelle.

« La citation précisera et qualifiera le fait incriminé ; elle indiquera le texte de
loi applicable à la poursuite, le tout à peine de nullité de la poursuite. » —
(Adopté.)

M. Lorois. Messieurs, je vous demande la permission de vous soumettre un
projet d'amendement, ou plutôt d'article additionnel que la commission, je n'en
doute pas, est disposée à accepter.

Voici ce que je propose :

« En cas de diffamation ou d'injure, pendant la période électorale, contre un
candidat à une fonction élective, ce candidat pourra, pendant la même période,
donner assignation à comparaître dans un délai franc de vingt-quatre heures. »

Vous comprenez, messieurs, quel inconvénient sérieux il y aurait à ce qu'un candidat diffamé n'obtînt la réparation à laquelle il a droit, que lorsque la période
électorale serait terminée.

Il y a donc intérêt à abréger les délais de la procédure en cette matière, et je
pense que la commission acceptera la disposition que je propose.

M. le rapporteur. La commission demande le renvoi de la disposition additionnelle.

M. le président. La commission demandant le renvoi, il est de droit (1).

M. le président lit les articles 60 et 61 ainsi conçus :

« Art. 60. — Le droit de se pourvoir en cassation appartiendra au prévenu et à
la partie civile, quant aux dispositions relatives à ses intérêts civils. L'un et l'autre seront dispensés de consigner l'amende, et le prévenu de se mettre en état. »
— (Adopté.)

« Art. 61. — Le pourvoi devra être formé dans les trois jours au greffe de la cour
ou du tribunal qui aura rendu la décision. Dans les vingt-quatre heures qui suivront, les pièces seront envoyées à la cour de cassation, qui jugera d'urgence, dans
les dix jours à partir de leur réception. » — (Adopté.)

Séance du 5 février 1881.

M. le président. La parole est à M. le rapporteur.

(1) Voir la séance du 5 février 1881.

M. Lisbonne, *rapporteur*. Messieurs, vous avez renvoyé à un nouvel examen, de la part de votre commission, l'article 48 (ancien article 52 du projet); vous l'avez fait sur les observations de l'honorable M. Ribot.

Vous avez également saisi votre commission d'un amendement de M. Lorois : enfin vous aviez réservé la rédaction définitive des articles 1 et 2, qui devaient être les articles 67 et 68 de la loi nouvelle.

Votre commission en a délibéré; elle a arrêté définitivement le texte de l'article 48 ; elle a statué, en l'acceptant, sur l'amendement de M. Lorois qui se rattache à l'article 59 (ancien article 63), et elle a fixé le sort des articles 1 et 2, que remplacera l'article 67.

La commission m'a chargé de faire un rapport verbal très sommaire sur ces diverses dispositions.

Le texte modifié de l'article 48 (ancien article 52) sera ainsi conçu :

« Immédiatement après le réquisitoire, le juge d'instruction pourra, mais seulement en cas d'omission du dépôt prescrit par les articles 3 et 10 ci-dessus, ordonner la saisie de quatre exemplaires de l'écrit, du journal ou dessin incriminé. Cette disposition ne déroge en rien à ce qui est prescrit par l'article 30 de la présente loi.

« Si le prévenu est domicilié en France, il ne pourra être arrêté préventivement, sauf en cas de crime.

« En cas de condamnation, le jugement ou arrêt pourra ordonner la saisie et la suppression ou la destruction de tous les exemplaires qui seraient mis en vente, distribués ou exposés aux regards du public.

« Toutefois la suppression ou la destruction pourra ne s'appliquer qu'à certaines parties des exemplaires saisis. »

Voici les quelques observations que j'ai à présenter sur cette rédaction.

L'article dont il s'agit fait partie de la procédure que nous avons dû régler entièrement, puisque nous faisons une loi unique et complète.

L'article 48 se divise en quatre paragraphes ; j'insiste surtout sur les paragraphes 1, 2 et 3.

Les deux premiers règlent certains effets de la poursuite ; le troisième, certains effets de la condamnation.

Au point de vue de la poursuite, nous avons dû nous préoccuper du droit de saisir l'œuvre incriminée, et du droit de détenir préventivement l'auteur de l'œuvre elle-même.

Quant à l'œuvre, nous décidons, par une dérogation libérale, soit au droit commun, soit au droit spécial, nous décidons que la saisie ne pourra avoir lieu que dans l'hypothèse où le dépôt prescrit par les articles 3 et 10 de la loi nouvelle n'aurait pas été effectué.

Quand le dépôt aura été fait, la saisie ne sera pas autorisée ; dans le cas contraire, la saisie sera restreinte à quatre exemplaires seulement ; nous n'avons pas voulu que cette saisie dégénérât en une mesure préventive ; nous n'en avons fait qu'un moyen de constater le corps du délit. C'est là une dérogation réfléchie aux articles 37, 39, 47 et 61 du Code d'instruction criminelle, ainsi qu'aux articles 7 et suivants de la loi du 26 mai 1819.

Tels sont les motifs du premier paragraphe de l'article 48 ; ils se résument en une modification libérale des règles du droit commun et du droit spécial : plus de saisie préventive dans le sens juridique de cette expression, mais une simple mesure pour constater l'identité de l'objet incriminé.

J'aurai tout dit, à cet égard, quand j'aurai signalé à votre attention l'exception que nous avons faite pour le cas prévu par l'article 30, relatif aux œuvres obscènes. Ce ne sont pas là des écrits dont la publication puisse intéresser la liberté de la presse; ce sont des immondices qui déshonorent la voie publique. (Très bien !)

Voici maintenant, messieurs, ce que décide le paragraphe 2 en ce qui concerne

PROCÉDURE.

l'auteur de l'œuvre inculpée. Nous dérogeons encore en ce point, fidèles à notre programme libéral, et au droit commun et à la législation spéciale. En droit commun, la mise en liberté provisoire peut être ordonnée par le juge et en toute matière ; mais c'est là une faculté purement discrétionnaire. La mise en liberté est quelquefois de droit, mais cinq jours après l'interrogatoire du prévenu et quand il s'agit d'une certaine pénalité déterminée ; elle est, dans d'autres cas, subordonnée au versement d'un cautionnement. D'après certaines des lois sur la presse, la mise en liberté provisoire n'a lieu que sous cette dernière condition.

Dans le système de la loi nouvelle, plus de détention préventive, sauf le cas de crime.

Telles sont, messieurs, les explications que je devais vous fournir sur les deux premiers paragraphes de l'article 48, relatif à la poursuite.

Voici comment nous avons réglé certains effets de la condamnation :

« En cas de condamnation, avons-nous dit, le jugement ou arrêt pourra ordonner la saisie et la suppression ou la destruction de tous les exemplaires qui seraient mis en vente, distribués ou exposés aux regards du public. »

Il est bien évident que, sans cette proscription, le délit accidentel dégénérerait en délit successif ; aussi la suppression ou la destruction ne doit s'appliquer exclusivement qu'aux écrits mis en vente ou qui affrontent la voie publique, par leur distribution ou leur exposition.

Dans la partie finale de l'article 48, nous restreignons la suppression ou la destruction à la partie de l'œuvre que la décision a définitivement déclarée criminelle ou délictueuse.

Quant à l'amendement de M. Lorois, nous l'avons accepté. Cette disposition n'a pour but que de permettre, dans le cas de diffamation ou d'injure pendant la période électorale, un débat à bref délai ; simple question d'urgence. L'amendement de M. Lorois formera un des paragraphes de l'article 59 (ancien article 63).

Cet article se composera de trois paragraphes ; le premier et le troisième ont été adoptés par la Chambre.

Le deuxième paragraphe sera l'amendement de l'honorable M. Lorois.

M. le président. Personne ne demande la parole ?...

Je mets aux voix l'article 48, ainsi conçu :

« Immédiatement après le réquisitoire, le juge d'instruction pourra, mais seulement en cas d'omission du dépôt prescrit par les articles 3 et 10 ci-dessus, ordonner la saisie de quatre exemplaires de l'écrit, du journal, ou du dessin incriminé. Cette disposition ne déroge en rien à ce qui est prescrit par l'article 30 de la présente loi.

« Si le prévenu est domicilié en France, il ne pourra être arrêté préventivement, sauf en cas de crime.

« En cas de condamnation, le jugement ou arrêt pourra ordonner la saisie et la suppression ou la destruction de tous les exemplaires qui seraient mis en vente, distribués ou exposés aux regards du public.

« Toutefois, la suppression ou la destruction pourra ne s'appliquer qu'à certaines parties des exemplaires saisis. »

(L'article 48 est mis aux voix et adopté.)

M. le président. L'article 59 avait donné lieu à un renvoi à la commission après la présentation, par M. Lorois, d'un paragraphe additionnel.

Les deux paragraphes adoptés par la Chambre sont ainsi conçus :

« La poursuite devant les tribunaux correctionnels et de simple police aura lieu conformément aux dispositions du chapitre 2 du titre Ier du livre II du Code d'instruction criminelle. »

« La citation précisera et qualifiera le fait incriminé ; elle indiquera le texte de loi applicable à la poursuite, le tout à peine de nullité de la poursuite. »

Entre ces deux paragraphes serait intercalé l'amendement de M. Lorois, que la commission adopte, et qui est ainsi conçu :

« Toutefois, en cas de diffamation ou d'injure pendant la période électorale, contre un candidat à une fonction élective, le délai de la citation sera réduit à vingt-quatre heures, outre les délais de distance. »

Je mets aux voix ce paragraphe 2.

(Le paragraphe 2 est mis aux voix et adopté.)

(L'ensemble de l'article 59 est mis aux voix et adopté.)

CHAMBRE DES DÉPUTÉS. DEUXIÈME DÉLIBÉRATION DÉCIDÉE LE 5 FÉVRIER.

Séance du jeudi 17 février 1881.

Le rapport supplémentaire lu au nom de la Commission le 14 février porte : « Les modifications aux articles 46, 48 et 59 sont affaire de simple coordination. Je passe. »

M. le président lit l'article 46.

« Art. 46 (Nouvelle rédaction). — La poursuite des crimes et délits commis par la voie de la presse ou par tout autre moyen de publication aura lieu d'office et à la requête du ministère public, sous les modifications suivantes :

«1° Dans le cas d'injure ou de diffamation envers les cours, tribunaux et autres corps indiqués en l'article 30, la poursuite n'aura lieu que sur une délibération prise par eux, en assemblée générale, et requérant les poursuites, ou, si le corps n'a pas d'assemblée générale, sur la plainte du chef du corps ou du ministre duquel ce corps relève.

« 2° Dans le cas d'injure ou de diffamation envers un ou plusieurs membres de l'une ou de l'autre Chambre, la poursuite n'aura lieu que sur la plainte de la personne ou des personnes intéressées.

« 3° Dans le cas d'injure ou de diffamation envers les fonctionnaires publics, les dépositaires ou agents de l'autorité publique autres que les ministres, envers les ministres des cultes salariés par l'État et les citoyens chargés d'un service ou d'un mandat public, la poursuite aura lieu soit sur leur plainte, soit d'office, sur la plainte du ministre dont ils relèvent.

« 4° Dans le cas de diffamation envers un juré ou un témoin, délit prévu par l'article 31, la poursuite n'aura lieu que sur la plainte du juré ou du témoin qui se prétendra diffamé.

« 5° Dans les cas prévus par les paragraphes 3 et 4 du présent article, le droit de citation directe devant la cour d'assises appartiendra à la partie lésée.

« Sur sa requête, le président de la cour fixera les jour et heure auxquels l'affaire sera appelée. » — (Adopté).

« Art. 47. — Si le ministère public requiert une information, il sera tenu, dans son réquisitoire, d'articuler et de qualifier les provocations, outrages, diffamations et injures à raison desquels la poursuite est intentée, avec indication des textes dont l'application est demandée, à peine de nullité du réquisitoire et de ladite poursuite. » — (Maintenu.)

« Art. 48 (Nouvelle rédaction). — Immédiatement après le réquisitoire, le juge d'instruction pourra, mais seulement en cas d'omission du dépôt prescrit par les articles 8 et 10 ci-dessus, ordonner la saisie de quatre exemplaires de l'écrit, du journal ou du dessin incriminé. Cette disposition ne déroge en rien à ce qui est prescrit par l'article 28 de la présente loi.

« Si le prévenu est domicilié en France, il ne pourra être arrêté préventivement, sauf en cas de crime.

« En cas de condamnation, l'arrêt pourra ordonner la saisie et la suppression ou la destruction de tous les exemplaires qui seraient mis en vente, distribués ou exposés aux regards du public.

« Toutefois la suppression ou la destruction pourra ne s'appliquer qu'à certaines parties des exemplaires saisis. » — (Adopté.)

« Art. 49. — La citation contiendra l'indication précise des écrits, des imprimés, placards, dessins, gravures, peintures, médailles, emblèmes, des discours ou propos publiquement proférés qui seront l'objet de la poursuite, ainsi que la qualification des faits. Elle indiquera les textes de la loi invoquée à l'appui de la demande.

Si la citation est à la requête du plaignant, elle portera, en outre, copie de l'ordonnance du président ; elle contiendra élection de domicile dans la ville où siège la cour d'assises, et sera notifiée tant au prévenu qu'au ministère public.

« Toutes ces formalités seront observées à peine de nullité de la poursuite. » — (Maintenu.)

« Art. 50. — Le délai entre la citation et la comparution en cour d'assises sera de cinq jours francs, outre un jour par cinq myriamètres de distance. » — (Maintenu.)

« Art 51. — En matière de diffamation, ce délai sera de douze jours, outre un jour par cinq myriamètres.

« Quand le prévenu voudra être admis à prouver la vérité des faits diffamatoires, conformément aux dispositions des articles 30 et 31 de la présente loi, il devra, dans les cinq jours qui suivront la notification de la citation, faire signifier au ministère public près la cour d'assises ou au plaignant, au domicile par lui élu, suivant qu'il est assigné à la requête de l'un ou de l'autre :

« 1° Les faits articulés et qualifiés dans la citation, desquels il entend prouver la vérité ;

« 2° La copie des pièces ;

« 3° Les noms, professions et demeures des témoins par lesquels il entend faire sa preuve. Cette signification contiendra élection de domicile près la cour d'assises, le tout à peine d'être déchu du droit de faire la preuve. »

M. Drumel. Monsieur le président, il y a une rectification à faire dans l'article 51. Il faut mettre « conformément à l'article 34 seulement » : c'est l'article qui prévoit les cas où la preuve est permise.

M. le président. Cette rectification sera faite, on mettra : « de l'article 34 » seulement.

(L'article 51, ainsi modifié, est mis aux voix et adopté.)

« Art. 52. — Dans les cinq jours suivants, le plaignant ou le ministère public, suivant les cas, sera tenu de faire signifier au prévenu, au domicile par lui élu, la copie des pièces et les noms, professions et demeures des témoins par lesquels il entend faire la preuve contraire, sous peine d'être déchu de son droit. » — (Maintenu.)

« Art. 53. — Toute demande en renvoi, pour quelque cause que ce soit, tout incident sur la procédure suivie devront être présentés avant l'appel des jurés, à peine de forclusion. » — (Maintenu.)

« Art. 54. — Si le prévenu a été présent à l'appel des jures, il ne pourra plus faire défaut, quand bien même il se fût retiré pendant le tirage au sort.

« En conséquence, tout arrêt qui interviendra, soit sur la forme, soit sur le fond, sera définitif, quand bien même le prévenu se retirerait de l'audience ou refuserait de se défendre. Dans ce cas, il sera procédé avec le concours du jury et comme si le prévenu était présent. » — (Maintenu.)

« Art. 55. — Si le prévenu ne comparaît pas au jour fixé par la citation, il sera jugé par défaut par la cour d'assises, sans assistance ni intervention des jurés.

« La condamnation par défaut sera comme non avenue si, dans les cinq jours de la signification qui en aura été faite au prévenu ou à son domicile, outre un jour par cinq myriamètres, celui-ci forme opposition à l'exécution de l'arrêt et notifie son opposition tant au ministère public qu'au plaignant. Toutefois, si la signification n'a pas été faite à personne, ou s'il ne résulte pas d'acte d'exécution de l'arrêt que le prévenu en a eu connaissance, l'opposition sera recevable jusqu'à l'expiration des délais de la prescription de la peine. L'opposition vaudra citation à la première audience utile. Les frais de l'expédition, de la signification de l'arrêt, de l'opposition et de la réassignation pourront être laissés à la charge du prévenu. » — (Maintenu.)

« Art. 56. — Faute par le prévenu de former son opposition dans le délai fixé en l'article 55, et de la signifier aux personnes indiquées dans cet article, ou de comparaître par lui-même au jour fixé en l'article précédent, l'opposition sera réputée non avenue et l'arrêt par défaut sera définitif. » — (Maintenu.)

« Art. 57. — En cas d'acquittement par le jury, s'il y a partie civile en cause, la cour ne pourra statuer que sur les dommages-intérêts réclamés par le prévenu. Ce dernier devra être renvoyé de la plainte sans dépens ni dommages-intérêts au profit du plaignant. » — (Maintenu.)

« Art. 58. — Si, au moment où le ministère public ou le plaignant exerce son action, la session de la cour d'assises est terminée et s'il ne doit pas s'en ouvrir d'autre à une époque rapprochée, il pourra être formé une cour d'assises extraordinaire, par ordonnance motivée du premier président. Cette ordonnance prescrira le tirage au sort des jurés conformément à la loi.

« L'article 81 du décret du 6 juillet 1810 sera applicable aux cours d'assises extraordinaires formées en exécution du paragraphe précédent. » — (Maintenu.)

« Art. 59. — La poursuite devant les tribunaux correctionnels et de simple police aura lieu conformément aux dispositions du chapitre II du titre Ier du livre II du code d'instruction criminelle, sauf les modifications suivantes :

« 1° Dans le cas de diffamation envers les particuliers, prévu par l'article 32, et dans le cas d'injure, prévu par l'article 33, paragraphe 2, la poursuite n'aura lieu que sur la plainte de la personne diffamée ou injuriée.

« 2° Dans le cas d'outrage envers les chefs d'État ou agents diplomatiques étrangers, la poursuite aura lieu soit à leur requête, soit d'office, sur leur demande adressée au ministre des affaires étrangères, et par celui-ci au ministre de la justice.

« 3° En cas de diffamation ou d'injure pendant la période électorale contre un candidat à une fonction élective, le délai de la citation sera réduit à vingt-quatre heures outre les délais de distance.

« 4° La citation précisera et qualifiera le fait incriminé, elle indiquera le texte de loi applicable à la poursuite, le tout à peine de nullité de ladite poursuite.

« Sont applicables aux cas de poursuite et de condamnation les dispositions de l'article 48 de la présente loi. »

M. Lelièvre. Le paragraphe 3 de l'article doit disparaître, par suite du vote de l'autre jour qui renvoie ce délit en cour d'assises.

M. le président. Alors vous supprimez ce troisième paragraphe ?

M. Lisbonne, *rapporteur.* Il y aurait lieu de le placer ailleurs.

M. Ribot. Il n'y a qu'à le transporter dans l'article 46.

M. le président. Dans la nouvelle rédaction de l'article 59, le paragraphe 2 disparaîtrait par suite de l'adoption par la Chambre de l'amendement qui a eu pour but de donner au jury la connaissance des délits commis envers les chefs d'État ou agents diplomatiques étrangers, et ce même paragraphe serait reporté à l'article 46. (Marques d'adhésion.)

Personne ne demande la parole ? Je mets aux voix l'article 59 ainsi modifié.

(L'article 59, ainsi modifié, est mis aux voix et adopté.)

« Art. 60. — Le droit de se pourvoir en cassation appartiendra au prévenu et à la partie civile, quant aux dispositions relatives à ses intérêts civils. L'un et l'autre seront dispensés de consigner l'amende, et le prévenu de se mettre en état. » — (Maintenu.)

« Art. 61. — Le pourvoi devra être formé dans les trois jours au greffe de la cour ou du tribunal qui aura rendu la décision. Dans les vingt-quatre heures qui suivront, les pièces seront envoyées à la cour de cassation, qui jugera d'urgence dans les dix jours à partir de leur réception. » — (Maintenu.)

SÉNAT. — PRÉSIDENT, M. LÉON SAY.

Suite de la séance du vendredi 15 juillet 1881.

M. le président lit l'article 45 de la commission.

« Art. 45. — La poursuite des crimes et délits commis par la voie de la presse ou par tout autre moyen de publication aura lieu d'office et à la requête du ministère public, sous les modifications suivantes :

« 1° Dans les cas d'injure ou de diffamation envers les cours, tribunaux et autres corps indiqués en l'article 30, la poursuite n'aura lieu que sur une délibération prise par eux en assemblée générale, et requérant les poursuites, ou, si le corps n'a pas d'assemblée générale, sur la plainte du chef de corps ou du ministre duquel ce corps relève ;

« 2° Dans le cas d'injure ou de diffamation envers un ou plusieurs membres de l'une ou de l'autre Chambre, la poursuite n'aura lieu que sur la plainte de la personne ou des personnes intéressées ;

« 3° Dans le cas d'injure ou de diffamation envers les fonctionnaires publics, les dépositaires ou agents de l'autorité publique autres que les ministres, envers les ministres des cultes salariés par l'État et les citoyens chargés d'un service ou d'un mandat public, la poursuite aura lieu, soit sur leur plainte, soit d'office, sur la plainte du ministre dont ils relèvent ;

« 4° Dans le cas de diffamation envers un juré ou un témoin, délit prévu par l'article 31, la poursuite n'aura lieu que sur la plainte du juré ou du témoin qui se prétendra diffamé ;

« 5° Dans le cas d'*offense* envers les chefs d'État ou agents diplomatiques étrangers, la poursuite aura lieu soit à leur requête, soit d'office, sur leur demande adressée au ministre des affaires étrangères et par celui-ci au ministre de la justice ;

« 6° Dans les cas prévus par les paragraphes 3 et 4 du présent article, le droit de citation directe devant la cour d'assises appartiendra à la partie lésée.

« Sur sa requête le président de la cour d'assises fixera les jours et heures auxquels l'affaire sera appelée. » — (Adopté.)

« Art. 46. — Si le ministère public requiert une information, il sera tenu, dans son réquisitoire, d'articuler et de qualifier les provocations, outrages, diffamations et injures à raison desquels la poursuite est intentée, avec indication des textes dont l'application est demandée, à peine de nullité du réquisitoire de ladite poursuite. » — (Adopté.)

« Art. 47. — Immédiatement après le réquisitoire, le juge d'instruction pourra, mais seulement en cas d'omission du dépôt prescrit par les articles 3 et 10 ci-dessus, ordonner la saisie de quatre exemplaires de l'écrit, du journal ou du dessin incriminé. Cette disposition ne déroge en rien à ce qui est prescrit par l'article 2 de la présente loi.

« Si le prévenu est domicilié en France, il ne pourra être arrêté préventivement, sauf en cas de crime.

« En cas de condamnation, l'arrêt pourra ordonner la saisie et la suppression ou la destruction de tous les exemplaires qui seraient mis en vente, distribués ou exposés aux regards du public.

« Toutefois la suppression ou la destruction pourra ne s'appliquer qu'à certaines parties des exemplaires saisis. » — (Adopté.);

« Art. 48. — La citation contiendra l'indication précise des écrits, des imprimés, placards, dessins, gravures, peintures, médailles, emblèmes, des discours ou propos publiquement proférés qui seront l'objet de la poursuite, ainsi que de la qualification des faits. Elle indiquera les textes de la loi invoquée à l'appui de la demande.

« Si la citation est à la requête du plaignant, elle portera, en outre, copie de l'ordonnance du président ; elle contiendra élection de domicile dans la ville où siège la cour d'assises et sera notifiée tant au prévenu qu'au ministère public.

« Toutes ces formalités seront observées, à peine de nullité de la poursuite. » — (Adopté.)

« Art. 49. — Le délai entre la citation et la comparution en cour d'assises sera de cinq jours francs, outre un jour par cinq myriamètres de distance. » — (Adopté.)

« Art. 50. — En matière de diffamation, ce délai sera de douze jours, outre un jour par cinq myriamètres.

« Quand le prévenu voudra être admis à prouver la vérité des faits diffamatoires, conformément aux dispositions de l'article 33 de la présente loi, il devra, dans les cinq jours qui suivront la notification de la citation, faire signifier au ministère public près la cour d'assises ou au plaignant, au domicile par lui élu, suivant qu'il est assigné à la requête de l'un ou l'autre :

« 1° Les faits articulés et qualifiés dans la citation, desquels il entend prouver la vérité ;

« 2° La copie des pièces ;

« 3° Les noms, professions et demeures des témoins par lesquels il entend faire sa preuve. Cette signification contiendra élection de domicile près la cour d'assises, le tout à peine d'être déchu du droit de faire la preuve. » — (Adopté.)

« Art. 51. — Dans les cinq jours suivants, le plaignant ou le ministère public, suivant les cas, sera tenu de faire signifier au prévenu, au domicile par lui élu, la copie des pièces et les noms, professions et demeures des témoins par lesquels il entend faire la preuve contraire, sous peine d'être déchu de son droit. » — (Adopté.)

« Art. 52. — Toute demande en renvoi, pour quelque cause que ce soit, tout incident sur la procédure suivie devront être présentés avant l'appel des jurés, à peine de forclusion. » — (Adopté.)

« Art. 53. — Si le prévenu a été présent à l'appel des jurés, il ne pourra plus faire défaut, quand bien même il se fût retiré pendant le tirage au sort.

« En conséquence, tout arrêt qui interviendra, soit sur la forme, soit sur le fond, sera définitif, quand bien même le prévenu se retirerait de l'audience ou refuserait de se défendre. Dans ce cas, il sera procédé avec le concours du jury et comme si le prévenu était présent. » — (Adopté.)

« Art. 54. — Si le prévenu ne comparaît pas au jour fixé par la citation, il sera jugé par défaut par la cour d'assises, sans assistance ni intervention des jurés.

« La condamnation par défaut sera comme non avenue si, dans les cinq jours de la signification qui en aura été faite au prévenu ou à son domicile outre un jour par cinq myriamètres, celui-ci forme opposition à l'exécution de l'arrêt et notifie son opposition tant au ministère public qu'au plaignant. Toutefois, si la signification n'a pas été faite à personne ou s'il ne résulte pas d'acte d'exécution de l'arrêt que le prévenu en a eu la connaissance, l'opposition sera recevable jusqu'à l'expiration des délais de la prescription de la peine. L'opposition vaudra citation à la première audience utile. Les frais de l'expédition, de la signification de l'arrêt, de l'opposition et de la réassignation pourront être laissés à la charge du prévenu. » (Adopté.)

« Art. 55. — Faute par le prévenu de former son opposition dans le délai fixé en l'article 54 et de la signifier aux personnes indiquées dans cet article, ou de comparaître par lui-même au jour fixé en l'article précédent, l'opposition sera réputée non avenue et l'arrêt par défaut sera définitif. » — (Adopté.)

PROCÉDURE.

« Art. 56. — En cas d'acquittement par le jury, s'il y a partie civile en cause, la cour ne pourra statuer que sur les dommages-intérêts réclamés par le prévenu. Ce dernier devra être renvoyé de la plainte sans dépens ni dommages-intérêts au profit du plaignant. » — (Adopté.)

« Art. 57. — Si, au moment où le ministère public ou le plaignant exerce son action, la session de la cour d'assises est terminée et s'il ne doit pas s'en ouvrir d'autre à une époque rapprochée, il pourra être formé une cour d'assises extraordinaire, par ordonnance motivée du premier président. Cette ordonnance prescrira le tirage au sort des jurés conformément à la loi.

« L'article 81 du décret du 6 juillet 1810 sera applicable aux cours d'assises extraordinaires formées en exécution du paragraphe précédent. » — (Adopté.)

Treizième suite du rapport du 18 juin 1881.

ART. 59 (58 de la Commission). — M. Bozérian nous a proposé, sur cet article, l'amendement suivant : *le désistement du plaignant arrêtera la poursuite commencée.* Cet amendement a été adopté par la Commission. Il est de toute justice que celui qui a lancé la poursuite dans un intérêt essentiellement privé reste toujours maître de la retirer ou de la maintenir.

Suite de la séance du vendredi 15 juillet 1881.

M. le président lit l'article 58 de la commission.

« Art. 58. — La poursuite devant les tribunaux correctionnels et de simple police aura lieu conformément aux dispositions du chapitre 2 du titre 1er du livre II du Code d'instruction criminelle, sauf les modifications suivantes :

« 1° Dans le cas de diffamation envers les particuliers, prévu par l'article 29, et dans le cas d'injure prévu par l'article 32, paragraphe 2, la poursuite n'aura lieu que sur la plainte de la personne diffamée ou injuriée ;

« 2° En cas de diffamation ou d'injure pendant la période électorale contre un candidat à une fonction élective, le délai de la citation sera réduit à vingt-quatre heures, outre les délais de distance ;

« 3° La citation précisera et qualifiera le fait incriminé ; elle indiquera le texte de loi applicable à la poursuite, le tout à peine de nullité de ladite poursuite.

« Sont applicables au cas de poursuite et de condamnation les dispositions de l'article 47 de la présente loi.

« Le désistement du plaignant arrêtera la poursuite commencée. » — (Adopté.)

Je mets aux voix l'article 59 :

« Art. 59. — Le droit de se pourvoir en cassation appartiendra au prévenu et à la partie civile, quant aux dispositions relatives à ses intérêts civils. L'un et l'autre seront dispensés de consigner l'amende, et le prévenu de se mettre en état. »

(L'article 59, mis aux voix, est adopté.)

M. le président. « Art. 60. — Le pourvoi devra être formé dans les trois jours, au greffe de la cour ou du tribunal qui aura rendu la décision. Dans les vingt-quatre heures qui suivront, les pièces seront envoyées à la cour de cassation, qui jugera d'urgence dans les dix jours à partir de leur réception. » — (Adopté.)

OBSERVATION.

L'article 45 de la délibération du Sénat, 47 de la loi, relatif à la procédure devant la cour d'assises, donne lieu à une remarque relative au paragraphe portant le numéro 5 touchant la poursuite dans le cas d'offense envers les chefs d'État ou agents diplomatiques étrangers.

Dans l'article 45 de la loi, qui règle la *juridiction* en matière de presse, il est dit d'abord que les crimes et délits prévus *par la présente loi seront déférés à la Cour d'assises ;* puis deux paragraphes spéciaux énumèrent les articles qui, par exception, seront soumis à des jugements par les tribunaux correctionnels ou de simple police.

Lors de la discussion à la Chambre des députés, l'article du projet était numéroté 44 et comprenait dans le paragraphe des exceptions correctionnelles les articles 35 et 36 sur les cas d'offenses envers les chefs d'États et les diplomates. Lors de la deuxième délibération de la chambre, séance du 15 février, un amendement de M. Floquet, adopté au scrutin par 326 voix contre 122, fit rayer de l'exception ces articles 35 et 36 de manière à faire rentrer les délits par eux définis sous la *juridiction* de la Cour d'assises. (voir page 585.)

La question se représentait, séance du 17 février, à propos de la *procédure* réglant les formes de la poursuite devant les tribunaux correctionnels, article 59 du projet (60 de la loi), paragraphe 2. A cette occasion M. le Président donna l'explication suivante : « Dans la nouvelle rédaction de l'article 59, le paragraphe 2 dispa- « raîtra par suite de l'adoption par la chambre de l'amendement « qui a eu pour but de donner au jury la connaissance des délits « commis envers les chefs d'Etat ou agents diplomatiques étrangers, « et ce même paragraphe sera reporté à l'article 46 (45 au sénat, « 47 de la loi). » (voir page 609.)

En conséquence le projet transmis de la chambre des députés au sénat, qu'on lit dans l'annexe au rapport du 18 juin, a introduit dans l'article 46 le paragraphe 5. La commission a changé le mot *outrage* et l'a remplacé par le mot *offense*. Dans le projet de la commission l'article est placé sous le numéro 45. (voir page 610.)

Enfin parmi quelques corrections qui ont été adoptées dans la dernière séance du Sénat sur la proposition de M. Edouard Millaud, on lit :

« La loi ne prévoyant pas le délit d'*offense* envers les agents di- « plomatiques, le paragraphe doit être ainsi modifié : dans les cas « d'*offense* envers les chefs d'Etat ou d'*outrage* envers les agents di- « plomatiques étrangers... »

Voilà comment l'article 47 de la loi a reçu sa rédaction définitive.

Il convient de remarquer également les deux importantes innovations contenues dans l'article 60 de la loi (58 de la Commission).

Désormais la citation doit, à peine de nullité, préciser et qualifier le fait incriminé, et indiquer le texte de la loi applicable à la poursuite.

A la vérité, l'article 183 du code d'Instruction criminelle, visé dans le préambule de l'article 60, ordonne que la citation contiendra les faits, mais aucune disposition ne rend obligatoire l'indication du texte de la loi applicable à la poursuite. De là souvent des erreurs préjudiciables au droit de la défense. C'est pourquoi dans notre article, comme précédemment dans l'article 50, le législateur de 1881 a décidé qu'il en serait autrement désormais.

La seconde innovation est celle qui concerne la diffamation et l'injure proférées contre un candidat à une fonction élective. Nos lecteurs ont vu, sous l'article 31, que malgré l'amendement de M. Trarieux, la protection accordée aux membres de l'une et l'autre chambre a été refusée aux candidats. (Page 454.)

Il était juste cependant de leur fournir le moyen de se justifier rapidement des attaques, le plus souvent calomnieuses, qui se dirigent contre eux à la dernière heure.

La dignité du suffrage universel le voulait ainsi.

On ne peut donc qu'applaudir à cette heureuse innovation.

Treizième suite du rapport général.

XLIII

§ IV. — *Récidive. Circonstances atténuantes. Prescription.*

Devions-nous conserver, dans une législation que vous nous avez chargés de reviser dans un sens libéral, la disposition du droit commun qui commande au juge d'aggraver les peines encourues, en cas de récidive ? (Art. 57 et 58 du Code pénal.)

Nous ne l'avons pas pensé.

Sans aller jusqu'à exclure les conséquences pénales de la récidive, et, contrairement à l'article 25 de la loi du 17 mai 1819, nous disons que l'aggravation prévue par la loi ne sera pas obligatoire.

Nous nous bornons à la rendre facultative.

La question d'aggravation des pénalités nous amenait à nous expliquer sur leur atténuation.

Nous n'avons pas hésité à rendre l'article 463 du Code pénal applicable à tous les cas prévus par la loi nouvelle.

L'article 463 du Code pénal, dit notre article 67, est applicable à tous les cas prévus par la présente loi.

Nous avons évité de nous servir de l'expression *délits* pour ne pas donner lieu à l'équivoque et laisser supposer que nous refusions le bénéfice des circonstances atténuantes aux infractions qui sont plutôt des contraventions matérielles que des délits intentionnels. Nous avons profité, à cet égard, de l'expérience du passé et avons été avertis par les controverses qu'avaient provoquées les dispositions des articles 8 du décret du 11 août 1848, 23 de la loi du 27 juillet 1849 et qu'avait voulu faire cesser l'article 16 de la loi du 11 mai 1868. Comme il n'y aura plus d'autre loi en matière de crimes, de délits ou de contravention commis par la voie de la presse ou de la parole, que celle-ci, l'application de l'article 463 *à tous les cas prévus par cette loi* ne permettra plus aucune espèce de doute.

ART. 67. — Vous savez qu'à la différence du cas où la condamnation prononcée est une peine afflictive ou infamante, lorsque la peine est une peine correctionnelle, l'article 463 n'oblige pas le juge à graduer.

La peine est une, c'est l'amende ou l'emprisonnement.

L'admission des circonstances atténuantes, de la part du jury, a seulement pour effet de donner à la cour la faculté de se mouvoir entre le minimum et le maximum de la peine elle-même, de telle sorte que la cour d'assises peut ne tenir aucun compte de cette partie du verdict.

Nous avons voulu faire disparaître cette anomalie qui a si souvent surpris les jurés, affecté l'opinion publique et causé dommage au prévenu.

Notre article 67 décide que, lorsqu'il y aura lieu de faire l'application de l'article 463, la peine prononcée ne pourra excéder la moitié de celle édictée par la loi ; c'est une sorte de graduation que nous avons introduite dans les pénalités correctionnelles.

Le droit commun pourra plus tard emprunter à notre loi cette libérale et logique innovation.

XLIV

La dernière disposition de notre projet fixe le délai de la prescription.

Nous appliquons la même règle à l'action publique et à l'action civile.

L'une et l'autre seront prescrites après trois mois révolus (art. 68).

L'article 29 de la loi du 26 mai 1819 fixait à six mois la prescription de l'action publique et à trois ans celle de l'action civile.

Le décret du 17 février 1852 a abrogé cette disposition, et par l'article 27, il applique implicitement à l'une et l'autre action la prescription établie par le Code d'instruction criminelle, c'est-à-dire celle de 3 ans.

RÉCIDIVE. CIRCONSTANCES ATTÉNUANTES. PRESCRIPTION.

L'article 27 de ce décret est encore en vigueur ; il n'a été abrogé ni par la loi du 15 avril 1871, ni par la loi du 29 décembre 1875.

Il cessera d'être, par l'effet de la loi nouvelle. La prescription de 3 mois s'appliquera à l'action civile non moins qu'à l'action publique.

Ce délai ne courra pas, en cas d'outrage envers les chambres, dans l'intervalle des sessions et des prorogations.

Il pourrait arriver qu'au moment de la promulgation de la loi nouvelle, certaines prescriptions fussent commencées sous l'empire des lois existantes, c'est-à-dire, l'article 27 du décret du 17 février 1852.

Or, le délai prévu par cet article est de trois ans, au lieu de trois mois.

Pas de difficulté si, à l'époque de la publication de la loi nouvelle, le délai restant à courir pour l'accomplissement de ces prescriptions était moindre de trois mois ; notre article 68 pourvoirait à la situation, sans qu'il fût besoin de s'en expliquer autrement ; mais si le délai restant à courir était de plus de trois mois, serait-ce la prescription de trois ans qui serait applicable, ou bien celle de trois mois édictée par notre article 68 ?

Pourrait-on invoquer pour le décider affirmativement le principe de la non-rétroactivité ? (Code civil, art. 2.)

Nous disons non, par le dernier paragraphe de notre article 68. La non-rétroactivité est une disposition favorable, elle ne doit pas dégénérer en résultat contraire.

C'est ce que décide, dans sa partie finale, notre article 68. L'idée en est empruntée à l'article 2281 du Code civil :

« Les prescriptions commencées à l'époque de la publication de la présente loi, et pour lesquelles il faudrait encore, suivant les lois existantes, plus de trois mois à compter de la même époque, seront, par ce laps de trois mois, définitivement accomplies. »

Si la prescription de trois mois efface les délits et les contraventions prévus par la loi nouvelle, il en est différemment des crimes, ils restent soumis aux règles de la prescription ordinaire, telle qu'elle est réglée par l'article 627 du Code d'instruction criminelle.

CHAMBRE DES DÉPUTÉS. PRÉSIDENT, M. GAMBETTA.

Première délibération. — Suite de la séance du mardi 1er février 1881.

.M le président lit l'article 62.

« Art. 62. — En cas de récidive des crimes et délits prévus et punis par la présente loi, l'aggravation des peines prononcées par le chapitre 4, livre Ier du Code pénal, ne sera pas obligatoire. »

(Adopté.)

« Art. 63. — L'article 463 du Code pénal est applicable dans tous les cas prévus par la présente loi. Lorsqu'il y aura lieu de faire cette application, la peine prononcée ne pourra excéder la moitié de celle édictée par la loi. »

M. le président. M. Durand a déposé un amendement pour demander la suppression du dernier paragraphe de l'article.

La parole est à M. Durand.

M. Durand (Ille-et-Vilaine). Messieurs, l'amendement que nous avons déposé, mon honorable collègue M. Bardoux et moi, a pour objet de réduire l'article 63 à la formule du droit commun, et, par suite, de dire simplement que l'article 463 du Code pénal est applicable à tous les cas prévus par la présente loi. Nous demandons donc purement et simplement la suppression d'une disposition additionnelle qui constitue, à tous les points de vue, une anomalie dans notre législation.

En effet, que vous propose la commission ? De décider que, dans le cas d'admission de circonstances atténuantes, le juge sera lié, qu'il ne pourra appliquer une peine supérieure à la moitié de la peine prononcée par la loi.

Or, quel est le principe posé par notre Code pénal ? C'est que les circonstances atténuantes font descendre la peine d'un degré et non d'un demi-degré. La dérogation que l'on sollicite de la Chambre est une dérogation à une règle générale, qui est en même temps une règle fort sage.

Ajoutez qu'elle constituerait une véritable singularité ; car il n'y aurait que les délits de presse qui seraient soumis à cette législation particulière et vraiment contraire, il faut le dire, aux principes qui gouvernent les circonstances atténuantes.

Permettez-moi, messieurs, de faire encore observer à la Chambre que ces circonstances sont au fond des choses essentiellement de fait, et que par conséquent le juge doit avoir une latitude absolue, une liberté complète, pour apprécier s'il convient, et dans quelle mesure il convient de les appliquer au prévenu ou à l'accusé.

Que la commission me permette même de le lui dire, la disposition qu'elle veut ainsi introduire, dans un esprit évident de bienveillance, a ses dangers pour le prévenu, et il pourrait arriver qu'elle allât à l'encontre du but qu'elle a voulu atteindre. Ne serait-il pas à craindre que, dans certains cas, les juges s'abstinssent de reconnaître l'existence de circonstances atténuantes, parce que tout en jugeant que l'atténuation est possible dans une certaine mesure, ils pensaient cependant que cette atténuation ne doit pas aller jusqu'à réduire de moitié la peine prononcée par la loi ?

Par tous ces motifs, j'ai la confiance, messieurs, que la Chambre voudra bien accepter la suppression que nous avons l'honneur de demander. (Très bien ! sur divers bancs. — Aux voix !)

M. le président. M. le rapporteur a la parole.

M. le rapporteur. Messieurs, la commission a entendu déroger à la règle générale en faveur de la liberté de la presse et de la parole. Notre projet déroge déjà aux principes généraux dans plusieurs dispositions, et notamment dans l'article 62 que vous venez de voter et qui est conçu en ces termes :

« En cas de récidive des crimes et délits prévus et punis par la présente loi, l'aggravation de peines prononcées par le chapitre 4, livre 1er du Code pénal, ne sera pas obligatoire. »

C'est bien une dérogation aux principes généraux du droit criminel, mais c'est une dérogation en faveur de la liberté.

Je dis que la dérogation que constitue l'article 63 est tout aussi favorable à la liberté de la presse et de la parole ; elle est de plus une règle de saine justice et d'impérieuse équité.

Je m'explique.

RÉCIDIVE. CIRCONSTANCES ATTÉNUANTES. PRESCRIPTION.

Il faut distinguer en matière de répression les peines criminelles et les peines correctionnelles. Les premières sont graduées, échelonnées pour ainsi dire ; aussi, quand le jury a admis des circonstances atténuantes, la cour est obligée de se conformer à cette graduation.

Quand il s'agit, au contraire, de peines correctionnelles, il n'y a plus de degrés ; ces peines sont : pour l'emprisonnement, de 6 jours à 5 ans et à 10 ans en cas de récidive, pour l'amende, de 16 fr. à un chiffre plus élevé.

Dans cette dernière hypothèse, si le jury a admis les circonstances atténuantes, il a voulu par cela même que la peine fût modérée, le juge n'a pas à tenir compte de cette partie du verdict, parce que la loi n'a pas marqué de degrés en matière correctionnelle.

La peine est du minimum au maximum : le juge pourra, en conséquence, appliquer au prévenu même le maximum de la peine, sans tenir compte de la déclaration du jury, ce qui est souverainement inique. (Très bien ! très bien !)

M. le président. Je mets aux voix la rédaction de la commission.

(La rédaction de la commission est mise aux voix et adoptée. — L'article 63 est ensuite mis aux voix et adopté.)

« Art. 64. — Les délits et contraventions prévus par la présente loi se prescriront après trois mois révolus, à compter du jour où ils auront été commis, ou du jour du dernier acte de poursuite, s'il en a été fait.

« Les prescriptions commencées à l'époque de la publication de la présente loi, et pour lesquelles il faudrait encore, suivant les lois existantes, plus de trois mois à compter de la même époque, seront, par ce laps de trois mois, définitivement accomplies. »

(Adopté.)

M. Lorois. Je demande la parole.

M. le président. La parole est à M. Lorois.

M. Lorois. Messieurs, il y a deux natures de délits de presse. Pour les uns, d'après l'article 24, on est poursuivi pour complicité d'actions qualifiées crimes ou délits. Je voudrais demander à la commission si, dans ce cas, la prescription sera de trois mois, comme la porte l'article 64, ou si le délit de presse, n'étant qu'une complicité, ne se prescrira qu'avec le délit principal.

M. le rapporteur. Il ne reste plus que la prescription de trois mois.

M. Lorois. De sorte que si, trois mois après le jour où un délit de presse par complicité aurait été commis, il y a poursuite pour le fait principal, le délit de presse ne pourra plus être poursuivi pour complicité ; il sera prescrit. C'est bien entendu ?

M. le rapporteur. Parfaitement.

CHAMBRE DES DÉPUTÉS. DEUXIÈME DÉLIBÉRATION DÉCIDÉE LE 5 FÉVRIER.

Séances des lundi 14 et jeudi 17 février 1881.

M. Lisbonne continue en ces termes son rapport spécial :

Vient, en dernière analyse, l'article 62 de notre loi.

Nous avons voulu nous expliquer sur cette disposition sur le cumul ou le non cumul des peines, ne voulant rien laisser dans l'ombre ou dans l'oubli, de ce qui peut intéresser la législation que nous avons voulu codifier.

Nous avons encore ici adopté une décision favorable à la liberté. Nous avons répudié les dispositions spéciales de l'article 9 de la loi du 10 juillet 1850, qui dérogeait, dans un sens rigoureux, à l'article 365 du code d'instruction criminelle. Nous repoussons absolument le cumul qu'acceptait, dans une certaine mesure, cette loi de 1850.

Art. 62, § 2 : « En cas de conviction de plusieurs crimes ou délits prévus par la présente loi, les peines ne se cumuleront pas, et la plus forte sera seule prononcée. »

M. le président lit l'article 62 du projet.

« Art. 62. (Nouvelle rédaction.) — En cas de récidive des crimes et délits prévus et punis par la présente loi, l'aggravation des peines prononcées par le chapitre IV, livre I du code pénal, ne sera pas obligatoire.

« En cas de conviction de plusieurs crimes ou délits prévus par la présente loi, les peines ne se cumuleront pas, et la plus forte sera seule prononcée. »

M. le président. Sur cet article M. Lorois a déposé un amendement.

M. Lorois. Messieurs, je crois que la commission adopte cet amendement, et je n'ai pas alors à le développer.

M. le rapporteur. Oui, la commission adopte cet amendement, et l'autre amendement que M. Lorois a proposé devient inutile. (Bruit de conversations.)

M. le président. Je ferai observer qu'il n'est plus possible d'entendre ni les orateurs ni la commission.

M. Lorois avait déposé un amendement qui disait :

« Rédiger ainsi le 1er paragraphe :

« Les dispositions du chapitre IV du livre Ier du code pénal ne sont point applicables aux crimes et délits prévus par la présente loi.

« Le reste comme au projet. »

M. le rapporteur. C'est accepté par la commission.

M. le président. C'est cet amendement que la commission accepte ?

M. le rapporteur. Oui, monsieur le président.

M. le président. Alors le premier paragraphe de votre rédaction disparaîtrait et serait remplacé par le texte que j'ai lu.

M. le rapporteur. Parfaitement.

M. le président. Je mets aux voix l'amendement de M. Lorois, qui deviendrait le paragraphe premier de l'article 62.

(Le paragraphe 1er de l'article 62, ainsi rédigé, est mis aux voix et adopté.)

M. le président. Je consulte la Chambre sur le deuxième paragraphe du même article 62, dont je viens de donner lecture.

(Le 2e paragraphe est mis aux voix et adopté.)

L'ensemble de l'article 62 est ensuite mis aux voix et adopté, en ces termes :

L'aggravation des peines résultant de la récidive ne sera pas applicable aux infractions prévues par la présente loi.

En cas de conviction de plusieurs crimes ou délits prévus par la présente loi, les peines ne se cumuleront pas et la plus forte sera seule prononcée.

« Art. 63. — L'article 463 du code pénal est applicable dans tous les cas prévus par la présente loi. Lorsqu'il y aura lieu de faire cette application, la peine prononcée ne pourra excéder la moitié de la peine édictée par la loi. »

Maintenu.

« Art. 64. — L'action publique et l'action civile résultant des crimes, délits et contraventions prévus par la présente loi se pres-

RÉCIDIVE. CIRCONSTANCES ATTÉNUANTES. PRESCRIPTION.

criront après trois mois révolus, à compter du jour où ils auront été commis, ou du jour du dernier acte de poursuite, s'il en a été fait.

« Les prescriptions commencées à l'époque de la publication de la présente loi, et pour lesquelles il faudrait encore, suivant les lois existantes, plus de trois mois à compter de la même époque, seront, par ce laps de trois mois, définitivement accomplies. »

M. le président. M. Cuneo d'Ornano a présenté sur cet article un amendement ainsi conçu :
« Supprimer les mots : « et l'action civile. »
A droite. M. Cuneo d'Ornano est absent !
M. le président. La commission accepte-t-elle l'amendement ?
M. le rapporteur. La commission repousse l'amendement !
M. le président. Je mets aux voix l'article 64 tel qu'il est proposé par la commission.
(L'article 64 est mis aux voix et adopté.)

SÉNAT. PRÉSIDENT, M. LÉON SAY.

Suite de la séance du vendredi 15 juillet 1881.

M. le président lit l'article 62 qui prend le n° 61.
« Art. 61. — L'aggravation des peines résultant de la récidive ne sera pas applicable aux infractions prévues par la présente loi.
« En cas de conviction de plusieurs crimes ou délits prévus par la présente loi, les peines ne se cumuleront pas, et la plus forte sera seule prononcée. » — (Adopté.)
« Art. 62. — L'article 463 du code pénal est applicable dans tous les cas prévus par la présente loi. Lorsqu'il y aura lieu de faire cette application, la peine prononcée ne pourra excéder la moitié de la peine édictée par la loi. » — (Adopté.)
« Art. 63. — L'action publique et l'action civile résultant des crimes, délits et contraventions prévus par la présente loi se prescriront après trois mois révolus, à compter du jour où ils auront été commis, ou du jour du dernier acte de poursuite s'il en a été fait.
« Les prescriptions commencées à l'époque de la publication de la présente loi, et pour lesquelles il faudrait encore, suivant les lois existantes, plus de trois mois à compter de la même époque, seront, par ce laps de trois mois, définitivement accomplies. » — (Adopté.)

OBSERVATION.

Il convient de remarquer les importantes innovations que contiennent les articles 63, 64 et 65 de la loi.

On peut dire qu'en cette circonstance les législateurs ont tenu parole, et ont tout fait pour rendre sinon la loi du moins ses conséquences moins rigoureuses que celles des législations précédentes.

Autant celles-ci se montraient sévères et cumulaient, comme à plaisir, la série des peines encourues en cas de récidive, autant la loi actuelle s'est attachée à édicter des pénalités restreintes.

L'application de l'article 463 à tous les cas prévus par elle, ainsi que la rapide prescription édictée par l'article 65, en sont un témoignage éclatant.

Nous ne pouvons que rendre hommage à la modération et au véritable libéralisme qui ont ici inspiré les auteurs de la loi.

Toutefois, nous aurions été heureux de les voir compléter leur œuvre, en stipulant, pour l'avenir, un mode de réhabilitation qui ne laissât pas ceux que la loi actuelle pourra atteindre sous l'empire du droit commun, c'est-à-dire d'un pouvoir discrétionnaire le plus souvent illusoire.

Il eût été facile de rompre, en faveur des représentants de la presse, avec les traditions rigoureuses du Code pénal.

Quatorzième suite. Fin du rapport général de M. Lisbonne.

XLV

DISPOSITIONS TRANSITOIRES.

Elles sont au nombre de deux et n'ont besoin que d'être signalées.

ART. 69. — La première invite les journaux ou écrits périodiques qui existeront au jour de la promulgation de la loi à se conformer aux règles établies par les articles 9 et 10, sous peine de tomber sous l'application de l'article 11.

ART. 70. — La seconde est relative au remboursement des cautionnements. Elle accorde un délai au Trésor public.

C'est une mesure d'ordre.

Ni l'une ni l'autre de ces deux dispositions transitoires n'ont besoin d'explication.

XLVI

La tâche de votre Commission est maintenant remplie.

Nous croyons avoir fait une œuvre complète, simple et libérale.

Elle est complète, en ce sens qu'elle se suffit à elle-même; elle est simple ou tout au moins simplifiée, en ce sens qu'elle remplace par une seule loi, en soixante-huit dispositions, quarante-deux lois au moins, formant environ trois cent vingt-cinq articles.

DISPOSITIONS TRANSITOIRES.

Elle est libérale autant et plus que celle d'aucune autre législation, sans excepter surtout la législation anglaise qu'invoquent si souvent les partisans de la liberté.

« La presse anglaise, dit M. Cucheval-Clarigny, est, de nos jours, celle qui a le plus de crédit sur les lecteurs auxquels elle s'adresse ; aucune pourtant n'a eu à lutter *contre des entraves plus fortes et une persécution plus longue.*

. . . .

. . . .

A l'école d'une longue persécution et sous le joug d'une législation rigoureuse, la presse anglaise a appris la modération et la réserve ; elle apporte dans sa polémique sur les affaires intérieures une grande mesure et beaucoup de dignité ; s'abstenant de toute attaque violente contre les personnes et les institutions, elle donne à vrai dire peu de prise contre elle.

L'abus inouï qui a été fait jusqu'en 1830 des poursuites judiciaires contre les journaux a mis du côté de la presse l'opinion publique, qui s'alarmerait et s'irriterait d'un retour à la violence des Liverpool et des Castlereagh. La politique a donc commandé au gouvernement de fermer les yeux sur quelques écarts accidentels, en même temps que la tolérance lui était rendue facile par la modération habituelle des journaux.

« Si donc il n'y a pas eu depuis quelques années de procès de presse en Angleterre, cela tient à l'état de l'opinion et aux mœurs publiques du pays, non à une législation plus libérale qu'ailleurs. Ce n'est pas, comme lord Palmerston semblait le faire entendre, que l'Angleterre concède aux opinions plus de liberté que les autres États : c'est qu'on y abuse moins de la liberté limitée, mais suffisante, qu'on y accorde. La limite imposée par les mœurs et les habitudes empêche seule de rencontrer et de voir la limite imposée par la loi. »

La loi que nous avons l'honneur de vous proposer n'a pas à dissimuler les limites qu'elle impose ; elle peut les laisser apercevoir.

Ces limites ne sont autres que celles qu'impose à tout citoyen d'un pays libre et bien réglé le devoir absolu de ne troubler ni la sécurité publique ni la sécurité privée.

Aussi avons-nous la ferme persuasion que cette loi, dans toutes ses parties, est digne de vous qui en avez pris l'initiative, et du Gouvernement qui l'accepte.

CHAMBRE DES DÉPUTÉS. PRÉSIDENT M. GAMBETTA.

Première délibération. Suite de la séance du mardi 1er février 1881.

M. le président donne lecture de l'article 65.

« Art. 65. — Les gérants et propriétaires de journaux existant au jour de la promulgation de la présente loi seront tenus de se conformer, dans un délai d quinzaine, aux prescriptions édictées par les articles 7 et 8, sous peine de tomber sous l'application de l'article 9. » — (Adopté.)

« Art. 66. — Le montant des cautionnements versés par les journaux ou écrits périodiques, actuellement soumis à cette obligation, sera remboursé à chacun d'eux, par le Trésor public, dans un délai de..., à partir du jour de la promulgation de la présente loi, sans préjudice des retenues qui pourront être effectuées au profit de l'État et des particuliers, pour les condamnations à l'amende et les réparations civiles auxquelles il n'aura pas été autrement satisfait à l'époque du remboursement. » — (Adopté.)

M. le président. Restent maintenant trois dispositions additionnelles...

MM. Drumel et **Ribot.** Et les articles 1 et 2 !

M. le président. J'entends bien ; mais je dis qu'il reste à statuer, après l'article 66, sur trois dispositions additionnelles, dont deux émanées des députés de l'Algérie et l'autre des représentants des colonies.

La première, émanant de MM. Jacques et Gastu, porte :

« La présente loi est applicable à l'Algérie. »

La seconde, présentée par MM. Émile Réaux, de Mahy, Franconie, Godissart, Jules Godin, Mathieu, Achard, Trystram, Fleury, Germain Casse, Bizarelli, Spuller, Varambon, Charles Mention, Pouliot, Penicaud, Floquet, Lelièvre, est ainsi conçue :

« La présente loi est applicable aux colonies. »

Il n'y a pas d'opposition ?... (Non ! non ! — Appuyé ! appuyé !)

Ces deux dispositions peuvent être réunies et votées dans les termes suivants :

« La présente loi est applicable à l'Algérie et aux colonies. » (Oui ! oui !)

(La disposition additionnelle, ainsi rédigée, est mise aux voix et adoptée.)

M. le président. Enfin, il y a une disposition additionnelle déposée par l'honorable M. Villiers. Elle est ainsi conçue :

« A dater de la promulgation de la présente loi, une amnistie est accordée à tous les délits politiques commis par la voie de la presse... »

M. le rapporteur. Il faudrait ajouter « et de la parole. »

M. le président. Je ne puis rien ajouter. Si vous avez des propositions à présenter, vous les ferez connaître ; mais je ne peux donner lecture du texte que tel qu'il m'a été remis.

Je reprends :

« A dater de la promulgation de la présente loi, une amnistie est accordée à tous les délits politiques commis par la voie de la presse et réprimés en vertu de la législation antérieure.

« Les amendes déjà perçues ne seront pas restituées ; les amendes non perçues ne seront pas exigées. »

Si la Chambre y consentait, nous pourrions ajourner la discussion de cet article additionnel à la seconde délibération. (Oui ! oui !)

Maintenant, je ne crois pas que la Chambre veuille aborder dès à présent l'examen des articles 1 et 2, et surtout de ce dernier. (Non ! non !) Alors nous remettons à jeudi la suite de la discussion ; d'ici là, la commission examinera les articles qui lui sont renvoyés.

Séance du jeudi 3 février 1881.

M. le président. Il serait à désirer que la commission de la presse nous renseignât sur l'état de ses travaux ; car, suivant sa réponse, il y aura ou il n'y aura pas séance demain.

M. Lisbonne, *rapporteur.* La commission a délibéré sur les articles qui lui avaient été renvoyés ; elle a terminé son travail, la rédaction est absolument arrêtée ; mais il me semble qu'il serait utile que le nouveau rapport pût vous être distribué avant toute discussion. La distribution pourrait avoir lieu demain.

Voix diverses. A demain ! A samedi !

M. le président. On propose, d'une part, que la prochaine séance ait lieu demain ; d'autre part, qu'elle soit renvoyée à samedi.

Je consulte la Chambre d'abord sur le jour le plus éloigné, qui est samedi.

DISPOSITIONS TRANSITOIRES.

(La Chambre, consultée, décide que la prochaine séance aura lieu samedi.)

M. le président. Samedi, à deux heures, séance publique :

Suite de la discussion des propositions de loi relatives à la presse.

Il n'y a pas d'opposition?

L'ordre du jour est ainsi réglé.

Séance du samedi 5 février 1881.

M. le président. L'ordre du jour appelle la suite de la 1re délibération sur les diverses propositions de loi relatives à la liberté de la presse.

La Chambre a réservé les articles 1er et 2 et a renvoyé à la commission les articles 48 et 59 (anciens 52 et 63).

La parole est à M. le rapporteur.

M. Lisbonne, *rapporteur.* Messieurs, vous avez renvoyé à un nouvel examen, de la part de votre commission, l'article 48 (ancien article 52 du projet) ; vous l'avez fait sur les observations de l'honorable M. Ribot.

Vous avez également saisi votre commission d'un amendement de M. Lorois ; enfin vous avez réservé la rédaction définitive des articles 1 et 2, qui devaient être les articles 67 et 68 de la loi nouvelle.

Votre commission en a délibéré ; elle a arrêté définitivement le texte de l'article 48 ; elle a statué, en l'acceptant, sur l'amendement de M. Lorois qui se rattache à l'article 59 (ancien article 63), et elle a fixé le sort des articles 1 et 2, que remplacera l'article 67.

La commission m'a chargé de faire un rapport verbal, très sommaire, sur ces diverses dispositions.

Le texte modifié de l'article 48 (ancien article 52) sera ainsi conçu:

« Immédiatement après le réquisitoire, le juge d'instruction pourra, mais seulement en cas d'omission du dépôt prescrit par les articles 3 et 10 ci-dessus, ordonner la saisie de quatre exemplaires de l'écrit, du journal ou dessin incriminé. Cette disposition ne déroge en rien à ce qui est prescrit par l'article 30 de la présente loi.

« Si le prévenu est domicilié en France, il ne pourra être arrêté préventivement, sauf en cas de crime.

« En cas de condamnation, le jugement ou arrêt pourra ordonner la saisie et la suppression ou la destruction de tous les exemplaires qui seraient mis en vente, distribués ou exposés aux regards du public.

« Toutefois la suppression ou la destruction pourra ne s'appliquer qu'à certaines parties des exemplaires saisis. »

Voici les quelques observations que j'ai à présenter sur cette rédaction.

L'article dont il s'agit fait partie de la procédure que nous avons dû régler entièrement, puisque nous faisons une loi unique et complète.

L'article 48 se divise en quatre paragraphes ; j'insiste surtout sur les paragraphes 1, 2 et 3.

Les deux premiers règlent certains effets de la poursuite ; le troisième, certains effets de la condamnation.

Au point de vue de la poursuite, nous avons dû nous préoccuper du droit de saisir l'œuvre incriminée, et du droit de détenir préventivement l'auteur de l'œuvre elle-même.

Quant à l'œuvre, nous décidons, par une dérogation libérale, soit au droit commun, soit au droit spécial, nous décidons que la saisie ne pourra avoir lieu que dans l'hypothèse où le dépôt prescrit par les articles 3 et 10 de la loi nouvelle n'aurait pas été effectué.

Quand le dépôt aura été fait, la saisie ne sera pas autorisée ; dans le cas contraire, la saisie sera restreinte à quatre exemplaires seulement ; nous n'avons pas voulu que cette saisie dégénérât en une mesure préventive ; nous n'en avons fait qu'un moyen de constater le corps du délit. C'est là une dérogation réfléchie aux articles 37, 39, 47 et 61 du Code d'instruction criminelle, ainsi qu'aux articles 7 et suivants de la loi du 26 mai 1819.

Tels sont les motifs du premier paragraphe de l'article 48 ; ils se résument en une modification libérale des règles du droit commun et du droit spécial : plus de saisie préventive dans le sens juridique de cette expression, mais une simple mesure pour constater l'identité de l'objet incriminé.

J'aurai tout dit, à cet égard, quand j'aurai signalé à votre attention l'exception que nous avons faite pour le cas prévu par l'article 30, relatif aux œuvres obscènes. Ce ne sont pas là des écrits dont la publication puisse intéresser la liberté de la presse ; ce sont des immondices qui déshonorent la voie publique. (Très bien !)

Voici maintenant, messieurs, ce que décide le paragraphe 2 en ce qui concerne l'auteur de l'œuvre inculpée. Nous dérogeons encore en ce point, fidèles à notre programme libéral, et au droit commun et à la législation spéciale. En droit commun, la mise en liberté provisoire peut être ordonnée par le juge et en toute matière ; mais c'est là une faculté purement discrétionnaire. La mise en liberté est quelquefois de droit, mais cinq jours après l'interrogatoire du prévenu et quand il s'agit d'une certaine pénalité déterminée ; elle est, dans d'autres cas, subordonnée au versement d'un cautionnement. D'après certaines des lois sur la presse, la mise en liberté provisoire n'a lieu que sous cette dernière condition.

Dans le système de la loi nouvelle, plus de détention préventive, sauf le cas de crime.

Telles sont, messieurs, les explications que je devais vous fournir sur les deux premiers paragraphes de l'article 48, relatif à la poursuite.

Voici comment nous avons réglé certains effets de la condamnation :

« En cas de condamnation, avons-nous dit, le jugement ou arrêt pourra ordonner la saisie et la suppression ou la destruction de tous les exemplaires qui seraient mis en vente, distribués ou exposés aux regards du public. »

Il est bien évident que, sans cette prescription, le délit accidentel dégénérerait en délit successif ; aussi la suppression ou la destruction ne doit s'appliquer exclusivement qu'aux écrits mis en vente ou qui affrontent la voie publique, par leur distribution ou leur exposition.

Dans la partie finale de l'article 48, nous restreignons la suppression ou la destruction à la partie de l'œuvre que la décision a définitivement déclarée criminelle ou délictueuse.

Quant à l'amendement de M. Lorois, nous l'avons accepté. Cette disposition n'a pour but que de permettre, dans le cas de diffamation ou d'injure pendant la période électorale, un débat à bref délai ; simple question d'urgence. L'amendement de M. Lorois formera un des paragraphes de l'article 59 (ancien article 63).

Cet article se composera de trois paragraphes ; le premier et le troisième ont été adoptés par la Chambre.

Le deuxième paragraphe sera l'amendement de l'honorable M. Lorois.

J'arrive aux articles 1 et 2 ; ils ont une extrême importance, et j'appelle sur cette partie du projet l'attention particulière de la Chambre : c'est le point capital de notre œuvre législative.

D'après le projet mis en délibération, deux articles vous étaient d'abord proposés, l'article 1er et l'article 2 : l'article 1er édictant l'abrogation ; l'article 2 énumérant des exceptions à l'abrogation elle-même. La tâche que la Chambre nous a confiée consistait à réviser et codifier les lois relatives à la liberté de la presse et autres moyens de publications. La révision et la codification impliquaient l'obligation de faire une loi unique et une loi complète. Il y avait, par conséquent, nécessité absolue de ne pas adopter ici cette formule qui d'ordinaire termine les

40

DISPOSITIONS TRANSITOIRES.

lois qui se succèdent en réglant un même point de législation, et qui, pour la plupart du temps, est ainsi conçue : « Sont abrogée s les dispositions des lois antérieures contraires à la présente loi. » Comme nous devions faire une loi nouvelle, une seule loi, il n'était pas possible d'accepter cette formule, qui rassure beaucoup plus le législateur qu'elle ne satisfait le jurisconsulte. Nous ne pouvions procéder de cette façon, sans nous exposer au reproche de ne vous avoir pas compris.

Il fallait donc abroger d'une façon absolue, radicale, toute la législation, c'est-à-dire toutes les lois relatives à la liberté de la presse ou de la parole, toutes les lois, sans en excepter aucune. (Très bien !)

Nous devions asseoir la loi nouvelle sur un sol devenu libre, déblayé de toute espèce de précédents. C'est ce que nous avons voulu faire, c'est ce que nous avons fait.

Nous avons abrogé d'une façon intégrale, sans rien excepter ni réserver, toutes les codifications législatives, plus ou moins partielles, relatives aux crimes et aux délits commis par la presse ou autres moyens de publication. C'est ce qu'exprimait avec une suffisante netteté l'article 1er que vous avez réservé et qui, moyennant certaine variante, deviendra l'article 67 de la loi nouvelle. Nous vous proposons de le formuler en ces termes :

« Sont abrogés les édits, lois, décrets, ordonnances, arrêtés, règlements, décla-
« rations générales quelconques, relatifs à l'imprimerie, à la librairie, à la
« presse périodique ou non périodique, au colportage, à l'affichage, à la vente sur
« la voie publique, et aux crimes et délits prévus par les lois sur la presse et les
« autres moyens de publication, sans que puissent revivre les dispositions abro-
« gées par les lois antérieures. »

Ce dernier projet va être l'objet d'une explication particulière.

Telle est l'expression du principe d'abrogation. Ce principe est absolu ; il ne fait grâce à rien. L'article 2, que vous avez réservé, avait pour objet de déterminer ce que nous n'abrogions pas.

Comme nous n'abrogeons que la législation relative à la presse et autres moyens de publication, mais entièrement, — comme c'est à cette législation que nous devions exclusivement nous attacher, — l'article 2 devenait inutile.

Cette disposition exceptait en effet de l'abrogation des lois, des arrêtés, des dispositions qui sont étrangers à la législation sur la presse. Nous avons considéré cette formule comme superflue.

Elle n'était même pas sans inconvénients, en ce sens que si, dans l'énumération des textes non sujets à l'abrogation, nous eussions fait quelque omission, il aurait semblé que les dispositions simplement omises rentraient implicitement dans le cadre des dispositions abrogées. C'était là un danger qu'il fallait éviter, et nous l'avons évité en généralisant d'une façon plus large la formule de l'article 1er, de manière à faire de l'article 2 une superfétation. (Bruit de conversations.)

M. le président. Messieurs, vous êtes arrivés au point le plus essentiel de la loi ; il s'agit de savoir ce qui disparaît et ce qui est conservé de l'ancienne législation, et on n'écoute pas le rapporteur qui expose les vues de la commission !

M. le rapporteur. Je vais, si vous le permettez, vous signaler quelques exemples à l'appui des considérations qui précèdent.

L'article 2 réserve les articles 1er et 3 de la loi du 18 germinal an X ; c'est inutile. Cette loi a pour titre : « Loi relative à l'organisation des cultes » : c'est le Concordat. Nous n'avons pas à la codifier, elle ne fait pas partie de la législation sur la liberté de la presse et de la parole ; par conséquent, il n'y avait pas à la mentionner dans les exceptions énumérées dans l'article 2.

M. Freppel. Il est entendu que ces articles ne s'appliquent en aucune façon à la presse ?

M. le rapporteur. En aucune façon. Cette loi, qui est étrangère aux lois sur la presse, n'est pas abrogée ; elle reste ce qu'elle est.

Autre exemple. L'article 36 de la loi du 21 germinal an XI et l'article 1er de la loi du 29 pluviôse an XIII sont tout aussi différents des textes que nous avons à reviser ; ils font partie d'une loi qui réglemente la pharmacie.

Il est vrai qu'il y a dans cette loi spéciale un article relatif aux annonces de remèdes secrets ; mais c'est là un texte accessoire qui se lie à des dispositions principales que nous n'avions pas à reprendre. La réserve de l'article 2 devenait inutile.

Autre exemple. Nous exceptons encore de notre abrogation les articles 1er et 2. (Bruit de conversations.)

M. le président, *s'adressant à quelques membres qui se tiennent debout à gauche de l'hémicycle.* Messieurs, veuillez cesser vos conversations et regagner vos places, ou bien, poussant plus loin votre excursion, allez jusqu'aux couloirs. (Rires et marques d'approbation.)

M. le rapporteur. Nous exceptons encore, disais-je il y a un instant, les articles 1er et 2 du décret du 7 germinal an XIII. Quel est l'objet de ce décret ? Il concerne l'impression des livres d'église et détermine l'autorité des évêques diocésains. Nous n'avons pas à remanier cette législation ; il est donc inutile de dire que nous ne l'abrogeons pas.

Vous le voyez, messieurs, je passe en revue en ce moment les détails de l'ancien article 2.

Je cite encore, à titre d'exemple, si vous le voulez bien, les articles 1er et 2 du décret du 20 février 1809. Qu'est-ce que ce décret ? Quel en est le titre ? « Décret concernant les manuscrits des bibliothèques et autres établissements publics. »

Nous n'avons pas à toucher au régime des bibliothèques et autres établissements publics.

Je poursuis l'analyse de l'article 2.

Voici l'article 4 de la loi du 21 mai 1836 ; c'est la loi qui prohibe les loteries; ce n'est pas une loi sur la presse.

Viennent l'article 9 de la loi du 24 mai 1834, l'article 6 de la loi du 16 juin 1848, les articles 7 et 8 de la loi du 27 juillet 1879, qui a suivi la loi constitutionnelle qui décida le retour à Paris.

Ces dispositions qui se combinent entre elles sont, en général, relatives aux attroupements. La dernière défend les provocations à des rassemblements ayant pour objet la discussion, la rédaction ou l'apport de pétitions aux Chambres. Nous n'avions pas à légiférer à cet égard.

Vient ensuite, dans les énumérations de l'article 2, réservé, l'article 45 du décret du 2 février 1852. C'est le décret organique pour l'élection des députés au Corps législatif.

Je puis me borner à ces quelques citations pour ne pas abuser de votre attention bienveillante ; il doit me suffire de constater qu'il en est de même des autres dispositions que mentionne l'article. Elles se réfèrent à d'autres parties de la législation que celle qui régit les crimes ou délits de la presse ou de la parole.

M. Cuneo d'Ornano. Et la publicité des comptes rendus des séances des conseils généraux ?

M. le rapporteur. Nous n'avons pas à nous en préoccuper. Cela rentre dans le domaine de la loi organique de ces assemblées départementales.

Telles sont en substance les raisons pour lesquelles nous avons pu et dû, après mûre réflexion, nous dispenser de placer à côté de l'article 67 un article 68.

Il y aurait peut-être lieu de faire ceci :

Le rapport qui nous a été distribué renferme, à la page 205, un tableau des lois relatives aux crimes et délits commis par la voie de la presse et de la parole, qui ont fait l'objet de nos études et de notre travail de codification.

Vous verrez s'il ne serait pas utile, après avoir revu, avec beaucoup de soin, ce tableau, et l'avoir complété de manière à ne laisser dans l'ombre aucune des nom-

DISPOSITIONS TRANSITOIRES.

breuses lois qui ont réglementé la publication, de l'annexer à la loi elle-même, comme indication formelle des textes abrogés. Vous verrez si vous devez le faire, dans le cours de la deuxième délibération. Mais je crois qu'il suffit des termes généraux employés dans l'article 1er, tel que nous vous le proposons, pour que vous soyez dispensés et d'inscrire dans la loi les exceptions énumérées dans l'article 2 et de faire à la loi elle-même aucune espèce d'annexes.

Je termine, messieurs, par une observation essentielle. Nous devions nous préoccuper de l'effet juridique de l'abrogation qu'édicte l'article 68, à un point de vue particulier.

Parmi certaines lois que nous abrogeons, il en est qui elles-mêmes abrogent des textes de lois antérieures.

La loi du 17 mai 1819, par exemple, dans son article 26, abroge les articles 102 et 217, du Code pénal. Pour quels motifs? Non pas parce qu'elle adoptait un système contraire, mais bien parce qu'elle se substituait à ces dispositions, qui devenaient en quelque sorte superflues.

La même loi abroge également les articles 367 et suivants du même Code pénal, mais, cette fois, par la raison qu'elle remplaçait le délit de calomnie par le délit de diffamation, — c'est un tout autre système.

Or, messieurs, que décidons-nous aujourd'hui ? nous abrogeons précisément cette loi de 1819 qui abrogeait elle-même.

Cette situation fait naître la question de savoir si, par l'effet de l'abrogation de la loi qui abrogeait les articles 102, 217 et autres, ces articles-là devaient revivre; cette question est fort délicate; elle ne peut se résoudre qu'à l'aide de certaines distinctions. Cependant la Cour de cassation, par un arrêt du 13 février 1836, revenant sur sa jurisprudence antérieure, a jugé que les lois pénales ne revivaient pas par le fait de l'abrogation des lois qui les avaient abrogées. Il ne saurait y avoir aujourd'hui, en matière, bien entendu, de lois pénales proprement dites, aucune incertitude.

C'est surabondamment que nous avons dit dans notre texte : « Sans que puissent revivre les dispositions abrogées par les lois antérieures. »

Nous ne doutions pas, mais si nous avions douté un seul instant, nous aurions, fidèle à notre programme et au vôtre, tranché le doute en faveur de la liberté ! (Très bien ! très bien ! et applaudissements à gauche.)

M. le président. Personne ne demande la parole?...

Je mets aux voix l'article 48 ainsi conçu :

« Immédiatement après le réquisitoire, le juge d'instruction pourra, mais seulement en cas d'omission du dépôt prescrit par les articles 3 et 10 ci-dessus, ordonner la saisie de quatre exemplaires de l'écrit, du journal, ou du dessin incriminé. Cette disposition ne déroge en rien à ce qui est prescrit par l'article 30 de la présente loi.

« Si le prévenu est domicilié en France, il ne pourra être arrêté préventivement, sauf en cas de crime.

« En cas de condamnation, le jugement ou arrêt pourra ordonner la saisie et la suppression ou la destruction de tous les exemplaires qui seraient mis en vente, distribués ou exposés aux regards du public.

« Toutefois, la suppression ou la destruction pourra ne s'appliquer qu'à certaines parties des exemplaires saisis. »

(L'article 48 est mis aux voix et adopté.)

M. le président. L'article 59 avait donné lieu à un renvoi à la commission après la présentation, par M. Lorois, d'un paragraphe additionnel.

Les deux paragraphes adoptés par la Chambre sont ainsi conçus :

« La poursuite devant les tribunaux correctionnels et de simple police aura lieu conformément aux dispositions du chapitre 2 du titre 1er du livre II du Code d'instruction criminelle. »

DÉCISION SUR UNE DEUXIÈME DÉLIBÉRATION.

« La citation précisera et qualifiera le fait incriminé ; elle indiquera le texte de loi applicable à la poursuite, le tout à peine de nullité de la poursuite. »

Entre ces deux paragraphes serait intercalé l'amendement de M. Lorois, que la commission adopte, et qui est ainsi conçu :

« Toutefois, en cas de diffamation ou d'injure pendant la période électorale contre un candidat à une fonction élective, le délai de la citation sera réduit à vingt-quatre heures, outre les délais de distance. »

Je mets aux voix ce paragraphe 2.

(Le paragraphe 2 est mis aux voix et adopté.)

(L'ensemble de l'article 59 est mis aux voix et adopté.)

M. le président. Avant de mettre aux voix l'article 67 (ancien article 1er), permettez-moi, messieurs, de vous soumettre une observation.

(Cette observation de M. le président est relative à l'article 40. Elle est rapportée avec ses détails à l'occasion de cet article 40, page 519 ci-dessus.)

M. le président. Je mets aux voix maintenant l'article 67 (ancien article 1er réservé). Il est ainsi conçu :

« Sont abrogés, les édits, lois, décrets, ordonnances, arrêtés, règlements, déclarations généralement quelconques relatifs à l'imprimerie, à la librairie, à la presse périodique ou non périodique, au colportage, à l'affichage, à la vente sur la voie publique, et aux crimes et délits prévus par les lois sur la presse et les autres moyens de publication, sans que puissent revivre les dispositions abrogées par les lois antérieures. »

(L'article 67 est mis aux voix et adopté.)

Décision sur une deuxième délibération.

M. le président. Je consulte la Chambre pour savoir si elle entend passer à une deuxième délibération.

Il y a une demande de scrutin signée de MM. Lelièvre, Fleury, Bastid, Hugot, Durand, Plessier, Favand, Gros-Gurin, Noirot, Horteur, Buyat, Trarieux, Agniel, Drumel, Labuze, Loubet, Loustalot, Waldeck-Rousseau, etc.

(Les votes sont recueillis.)

Le dépouillement du scrutin donne les résultats suivants :

ONT VOTÉ POUR :

MM. Abbatucci. Achard. Agniel. Allain-Targé. Allègre. Allemand. Amat. André (Jules). Andrieux. Anisson-Duperron. Anthoard. Ariste (d'). Armez. Arnoult. Arrazat. Audiffred. Azémar.

Baduel d'Oustrac. Baïhaut. Ballue. Bamberger. Barbedette. Bardoux. Barodet. Barthe (Marcel). Baury. Beauchamp (de). Beauquier. Beaussire. Bel (François). Belle. Belissen (de). Belon. Benazet. Benoist. Berger. Bergerot. Berlet. Bernard. Bernier. Bert (Paul). Bertholon. Bethmont (Paul). Bianchi. Bienvenu. Binachon. Bizarelli. Bizot de Fonteny. Blanc (Louis) (Seine). Blanc (Pierre) (Savoie). Blin de Bourdon (vicomte). Bonnaud. Bonnet-Duverdier. Borriglione. Bosc. Bouchet. Boudeville. Boulard (Cher). Bouquet. Bousquet. Bouteille. Bouthier de Rochefort. Bravet. Brelay. Bresson. Breteuil (marquis de). Brisson (Henri). Brossard. Bruneau. Buyat.

Caduc. Cantagrel. Carnot (Sadi). Casimir-Périer (Aube). Casimir-Périer (Paul)

DÉCISION SUR UNE DEUXIÈME DÉLIBÉRATION.

(Seine-Inférieure). Casse (Germain). Castaignède. Cavalié. Caze. Chaix (Cyprien). Chalamet. Chaïey. Chanal (général de). Chantemille. Charpentier. Chauveau (Franck). Chavanne. Chavoix. Chevallay. Chevandier. Chiris. Choiseul (Horace de). Choron. Christophle (Albert) (Orne). Cibiel. Clémenceau. Clercq (de). Cochery. Combes. Constans. Corentin-Guyho. Corneau, Cornil. Coste. Couturier. Crozet-Fourneyron. Danelle-Bernardin. Daron. Datas. Daumas. Dautresme. David (Jean) (Gers). David (baron Jérôme) (Gironde). Debuchy. Defoulenay. Delafosse. Deluns-Montaud. Denian. Desloges. Desseaux. Dethon. Deusy. Devade. Devaux. Develle (Eure). Develle (Meuse). Devès. Dréo. Dreux. Dreyfus (Ferdinand). Drumel. Du Bodan. Dubois (Côte-d'Or). Dubost (Antonin). Ducroz. Dupont. Duportal. Durieu. Duvaux. Escanyé. Eschasseriaux (baron). Eschasseriaux (René). Espeuilles (comte d'). Even. Fallières. Farcy. Fauré. Favand. Ferrary. Ferry (Jules). Fleury. Floquet. Folliet. Forné. Fouquet. Fourot. Fousset. Franconie. Frébault. Fréminet. Gagneur. Galpin. Ganivet. Ganne. Garrigat. Gaslonde. Gassier. Gasté (de). Gastu. Gatineau. Gaudin. Gaudy. Gautier (René). Gavini. Gent (Alphonse). Germain (Henri). Gévelot. Ginoux de Fermon (comte). Girard (Alfred). Girault (Cher). Girerd. Girot-Pouzol. Goblet. Godelle. Godin (Jules). Godissart. Granier de Cassagnac (Paul). Greppo. Grollier. Gros-Gurin. Guichard. Guillot (Louis). Guyot (Rhône). Hamille (Victor). Harcourt (duc d'). Havrincourt (marquis d'). Hérisson. Hermary. Horteur. Hugot. Jacques. Jametel. Janzé (baron de). Jeanmaire. Jenty. Joigneaux. Jolibois. Joubert. Jouffrault. Journault. Jezon. Keller. Klopstein (baron de). Labadié (Aude). Labadié (Bouches-du-Rhône). Labat. Labitte. Labuze. La Caze (Louis). Laffite de Lajoannenque (de). Laisant. Lalanne. Lanauve. Lanel. Langlois. Larrey (baron). Lasbaysses. Latrade. Laumond. Laurençon. Lavergne (Bernard). La Vieille. Lebaudy. Lecherbonnier. Lecomte (Mayenne). Leconte (Indre). Legrand (Arthur) (Manche). Legrand (Louis) (Valenciennes, Nord). Lelièvre (Adolphe). Le Maguet. Le Marois (comte). Le Peletier d'Aunay (comte). Lepère. Lepouzé. Le Provost de Launay (Louis) (Calvados). Le Provost de Launay (Côtes-du-Nord). Leroux (Aimé) (Aisne). Leroy (Arthur). Le Vavasseur. Levêque. Levert. Liouville. Lisbonne. Livois. Lockroy. Logerotte. Lombard. Loqueyssie (de). Lorois (Morbihan). Loubet. Loustalot. Mackau (baron de). Madier de Montjau. Magniez. Mahy (de). Maigne (Jules). Marcère (de). Marcou. Maréchal. Marion. Marquiset. Martin-Feuillée. Masure (Gustave). Mathé. Mathieu. Maunoury. Mayet. Médal. Méline. Ménard-Dorian. Mention (Charles). Mercier. Mestreau. Michaut. Mingasson. Mir. Mitchell (Robert). Montané. Monteils. Moreau. Morel (Haute-Loire). Morel (Hippolyte) (Manche). Mougeot. Murat (comte Joachim). Nadaud (Martin). Naquet (Alfred). Nedellec. Neveux. Noël-Parfait. Noirot. Ollivier (Auguste). Ordinaire (Dionys). Osmoy (comte d'). Oudoul. Padoue (duc de). Papon. Parry. Pascal-Duprat. Patissier. Paulon. Pellet (Marcellin). Penicaud. Perin (Georges). Péronne. Perras. Petitbien. Peulevey. Philippoteaux. Picard (Arthur) (Basses-Alpes). Pinault. Plichon. Ponlevoy (Frogier de). Poujade. Pouliot. Pradal. Prax-Paris. Proust (Antonin). Rameau. Raspail (Benjamin). Rathier (Yonne). Rauline. Raynal. Réaux (Marie-Emile). Récipon. Reille (baron). Renault-Morlière. Reymond (Francisque) (Loire). Reyneau. Ribot. Richarme. Riotteau. Rivière. Roger. Roissard de Bellet (baron). Rollet. Roques. Roudier. Rougé. Rouvier. Roux (Honoré). Roy de Loulay (Louis). Rubillard. Saint-Martin (de) (Indre). Saint-Martin (Vaucluse). Salomon. Sarrette. Sarrien. Savary. Savoye. Sée (Camille). Seignobos. Senard. Sentenac. Serph (Gusman). Simon (Fidèle). Sonnier (de). Soubeyran (baron de). Souchu-Servinière. Soye. Spuller. Taillefer. Talandier. Tallon (Alfred). Tassin. Teilhard. Teissèdre. Telliez-Bé-

DÉCISION SUR UNE DEUXIÈME DÉLIBÉRATION.

thune. Tézenas. Thiessé. Thirion-Montauban. Thomson. Tiersot. Tirard. Tondu. Trarieux. Trouard-Riolle. Trubert. Truelle. Turigny. Turquet. Vacher. Valfons (marquis de). Varambon. Vaschalde. Vendeuvre (général de). Vernhes. Versigny, Viette. Villain. Waddington (Richard). Waldeck-Rousseau. Wilson.

A VOTÉ CONTRE :

M. Cotte.

N'ONT PAS PRIS PART AU VOTE :

MM. Ancel. Aremberg (prince d'). Aulan (marquis de). Barascud. Bastid (Adrien). Baudry d'Asson (de). Bélizal (vicomte de). Biliais (de La). Blachère. Boissy d'Anglas (baron). Boulart (Landes). Bourgeois. Bouville (comte de). Boyer (Ferdinand). Boysset, Brice (René). Brierre. Casabianca (vicomte de). Caurant. Cazeaux, Chevreau (Léon). Cirier. Colbert-Laplace (comte de). Cossé-Brissac (comte de). Daguillon-Pujol. Desbons. Diancourt. Dauville-Maillefeu (comte de). Dréolle. Duchasseint. Du Douët. Dufour (baron). Durand (Ille-et-Vilaine). Durfort-Civrac (comte de). Escarguel. Faure (Hyppolyte). Feltre (duc de). Flandin. Freppel. Gambetta. Gasconi. Gilliot. Girardin (Emile de). Gonidec de Traissan (comte le). Guillemin. Guyot-Montpayroux. Haentjens. Haussmann (baron). Hovius. Huon de Penanster. Janvier de la Motte (père) (Eure). Janvier de la Motte (Louis) (Maine-et-Loire). Juigné (comte de). Kermengny (vicomte de). La Basse-tière (de). Lacretelle (Henri de). Ladoucette (de). La Grange (baron de). Lamy (Etienne). La Porte (de). Largentaye (de). La Rochefoucauld, duc de Bisaccia. Laroche-Joubert. La Rochette (Ernest de). Le Monnier. Langlé. Léon (prince de). Levet (Georges). Maillé (d'Angers). Maillé (comte de). Malézieux. Marmottan. Maze (Hippolyte). Menier. Niel. Ornano (Cuneo d'). Partz (marquis de). Passy (Louis). Perrien (comte de). Perrochel (marquis de). Picart (Alphonse) (Marne). Plessier. Riban. Rouher. Sarlande. Scrépel. Septenville (baron de). Soland (de). Swiney. Tardieu. Thoinnet de la Turmelière. Thomas. Tron. Valon (de). Vignancour. Villiers.

N'ONT PAS PRIS PART AU VOTE

comme ayant été retenus à la commission du budget :

MM. Blandin. Le Faure. Renault (Léon). Sallard.

N'ONT PAS PRIS PART AU VOTE

comme ayant été retenus à la commission d'enquête sur les actes de M. le général de Cissey pendant son ministère :

MM. Margaine. Royer. Roys (comte de).

ABSENTS PAR CONGÉS

MM. Brame (Georges). Cadot (Louis). Cesbron. David (Indre). Descamps. Duclaud. Giraud (Henri). Giroud. Guilloutet (de). Harispe. Hémon. Hérault. Lasserre. Legrand (Pierre). Margue. Mas. Riondel. Rotours (des). Rouvre. Sourigues. Trystram.

Nombre des votants............ 406
Majorité absolue 204
Pour l'adoption.............. 405
Contre 1

La Chambre des députés a adopté l'ouverture d'une deuxième délibération.

OBSERVATION.

La Chambre des députés, à l'unanimité moins une voix, a décidé qu'elle passerait à une seconde délibération sur la loi de la Presse. D'ailleurs, pendant le cours du débat sur sa première délibération, elle avait souvent manifesté son intention à cet égard en ajournant à une seconde lecture le complément de la discussion ou des renseignements sur divers articles.

Aussi la commission des 22 membres qui avait été chargée de préparer une loi devant codifier l'importante matière de la Presse, a-t-elle prié son rapporteur, M. Lisbonne, de présenter à la chambre des explications sur l'étude nouvelle qu'elle a faite de la loi dans les huit jours qui se sont écoulés entre la décision du 5 février et la séance de la deuxième délibération, 14 février. On lit les divers fragments de ce supplément de Rapport en tête des comptes rendus de la deuxième délibération qui sont répartis suivant les sections du travail composant le livre de *la Presse en 1881*, indiquées par les sudivisions des chapitres de la loi promulguée le 29 juillet, comme formant chacune un sujet spécial.

Les éléments constitutifs de la production de la loi pour chacun de ces sujets ou sections, dont l'objet est signalé dans le titre courant en tête de chaque page, sont :

1° Le *Rapport général* de la commission de 22 membres, premier créateur de la loi, présenté à la *Chambre des députés ;*

2° La première délibération de la *Chambre des députés ;*

3° La deuxième délibération de la même chambre ;

4° Le Rapport de la commission du *Sénat ;*

5° La délibération du *Sénat.*

C'est ainsi que, pour réunir tous les éléments du travail législatif sur un même objet, le rapport supplémentaire dressé du 5 au 14 février a été divisé comme la deuxième délibération elle-même. Il commence à la page 73 avec la section qui traite *du droit de publication, de la gérance, de la déclaration et du dépôt* relatifs à la presse périodique ; et il continue avec les autres sections aux pages indiquées dans la table à la fin du livre.

CHAMBRE DES DÉPUTÉS. DEUXIÈME DÉLIBÉRATION DÉCIDÉE LE 5 FÉVRIER.

Séance du lundi 14 février 1881.

M. Lisbonne continue ainsi son rapport spécial.

Plus qu'une observation et je termine. Nos honorables collègues MM. Villiers, Anisson-Duperron, Maréchal et plusieurs autres avaient déposé avant la première délibération un amendement ainsi conçu :

« A dater de la promulgation de la présente loi, une amnistie est accordée à tous les délits politiques commis par la voie de la presse et réprimés en vertu de la législation antérieure. »

Messieurs, notre loi ne prévoit aucun délit politique. Elle ne prévoit et ne punit que des délits de droit commun. Dès lors, ce n'était pas assez que de s'en tenir à l'amendement de ces messieurs. Nous avons été au delà de leurs intentions en vous proposant la rédaction suivante :

« *Article additionnel.* — Amnistie est accordée pour tous les crimes et délits commis par la voie de la presse ou autres moyens de publication et non punis par la présente loi, sans préjudice du droit des tiers.

« Les amendes déjà perçues ne seront pas restituées, les amendes non perçues ne seront pas exigées. »

Nous définissons ainsi d'une façon logique et juridique l'amnistie, telle qu'il nous était donné de vous la proposer.

M. Clémenceau. C'est juridique, mais pas politique !

M. le rapporteur. A cet égard, des observations vous seront peut-être présentées par M. Villiers. Nous les attendrons.

M. Villiers. Permettez ! L'amendement que j'ai déposé avant-hier annule le premier, puisque je me rallie à votre article additionnel.

M. le rapporteur. Je ne demande pas mieux que d'être d'accord avec mon honorable collègue. J'en suis heureux plus que je n'en suis surpris.

Telle sont, messieurs, les explications que j'avais à vous présenter au nom de la commission.

Le dernier article clôt dignement une loi qui est une loi de progrès et d'affranchissement. (Applaudissements sur divers bancs.)

Séance du mardi 15 février 1881.

M. le président lit l'article 65.

« Art. 65. — Les gérants et propriétaires de journaux existants au jour de la promulgation de la présente loi seront tenus de se conformer, dans un délai de quinzaine, aux prescriptions édictées par les articles 7 et 8, sous peine de tomber sous l'application de l'article 9. » — (Maintenu.)

« Art. 66. — Le montant des cautionnements versés par les journaux ou écrits périodiques actuellement soumis à cette obligation sera remboursé à chacun d'eux, par le Trésor public, dans un délai de.... à partir du jour de la promulgation de la présente loi, sans préjudice des retenues qui pourront être effectuées au profit de l'Etat et des particuliers, pour les condamnations à l'amende et les réparations civiles auxquelles il n'aura pas été autrement satisfait à l'époque du remboursement. » — (Maintenu.)

« Art. 67. — Sont abrogés les édits, lois, décrets, ordonnances, arrêtés, règlements, déclarations généralement quelconques, relatifs à l'imprimerie, à la librairie, à la presse périodique ou non périodique, au colportage, à l'affichage, à la

DISPOSITIONS TRANSITOIRES.

vente sur la voie publique, et aux crimes et délits prévus par les lois sur la presse et les autres moyens de publication, sans que puissent revivre les dispositions abrogées par les lois antérieures. »

M. Freppel. Je demande la parole.

M. le président. M. Freppel à la parole.

M. Freppel. Messieurs, je n'avais aucunement l'intention de prendre la parole au cours de ce débat ; mais, à l'occasion, ou pour mieux dire à cause de l'article 67, qui abroge plusieurs lois estimées jusqu'ici nécessaires ou utiles, il ne me paraît pas possible de me taire complètement sur la loi soumise à vos délibérations. Je vous demande donc la permission de vous dire en peu de mots pourquoi je ne la voterai pas.

Je ne voterai pas la loi parce que, d'un bout à l'autre et surtout dans cet article 67, elle repose sur un principe qui me paraît absolument faux, à savoir qu'il n'y a pas, légalement parlant, de délits de doctrine. (Exclamations et applaudissements ironique à gauche.)

M. Germain Casse. Vous levez le masque !

M. Freppel.,. tandis qu'aux yeux de toute saine philosophie, ce sont précisément les doctrines qui gouvernent toute l'activité humaine, que le fait est l'expression de l'idée, et que la parole, soit parlée, soit écrite, équivaut à une action, suivant l'adage consacré par la législation anglaise, la plus libérale de toutes :

« *Scribere est agere.* »

Je ne voterai pas la loi...

M. Émile Bouchet. Nous nous y attendons bien !

M. Freppel... parce qu'en supprimant le délit d'attaque au principe de la propriété et aux droits de la famille, elle livre l'ordre social à la merci de tous ceux qui voudront le détruire.

A gauche. Mais vous avez voté les articles !

M. Freppel. Je ne voterai pas la loi... (Interruptions à gauche) parce qu'en supprimant, comme le fait l'article 67 — je suis bien dans la question, — le délit d'outrage à la morale publique et religieuse... (Ah ! ah ! à gauche), aux religions reconnues par l'État, c'est-à-dire à Dieu, à tout ce qu'il y a de plus auguste et de plus sacré dans le monde, elle livre, elle abandonne, elle sacrifie ce qu'elle a le devoir et la mission de protéger et de défendre. (Très bien ! très bien ! à droite.)

M. Clémenceau. Dieu se défendra bien lui-même ; il n'a pas besoin pour cela de la Chambre des députés !

M. Freppel. Dieu n'a pas besoin d'être défendu par l'homme, mais l'homme a le devoir de le défendre.

Je ne voterai pas la loi parce que, après avoir effacé le délit d'outrage à la majesté et à la souveraineté divines, elle le réserve pour un pouvoir devenu purement humain, appliquant ainsi à l'homme ce qu'elle a le tort de refuser à Dieu.

M. Lelièvre. On ne fait pas des lois pour le bon Dieu !

M. Freppel. Je ne voterai pas la loi... (Exclamations à gauche) parce qu'en réservant le délit d'outrage envers l'un des pouvoirs publics, par une contradiction manifeste, elle le supprime à l'égard des deux autres, le Sénat et la Chambre des députés...

M. Jametel. Mais vous avez voté tout cela en détail ! (Rires approbatifs à gauche.)

M. Freppel... dont, soit dit avec tout le respect dû à sa personne et à sa haute fonction, M. le Président de la République est après tout l'élu...

M. le comte de Roys. Il est irresponsable.

M. Freppel... et à certains égards le mandataire.

M. Georges Perin. A tous égards !

M. Freppel. Je ne voterai pas la loi... (Nouvelles exclamations à gauche et au centre) parce qu'après avoir livré l'ordre social et l'ordre religieux, elle réserve ses sévérités pour l'ordre politique, c'est-à-dire précisément pour l'ordre de choses où la liberté a le plus de sens, d'utilité et de raison d'être. (Très bien à droite.)

Voilà les motifs pour lesquels je ne voterai pas le projet de loi, tout en rendant hommage au talent et aux bonnes intentions de ses auteurs. (Sourires à gauche.) A mes yeux, la loi ne résout en aucune façon la question difficile, délicate, je le reconnais, de la conciliation de l'autorité avec la liberté.

A de meilleurs temps, de meilleures solutions ! (Mouvements divers.)

M. Agniel. Messieurs, votre commission était convaincue qu'elle vous avait proposé une loi qui excluait tous les délits d'opinion et ne retenait que les délits de droit commun ; à cette heure, elle ne peut conserver à cet égard le moindre doute.

Notre collègue M. Freppel vous a dit quels étaient les motifs pour lesquels il ne voterait pas la loi, et il a énuméré les reproches qu'il lui adresse.

Je suis convaincu que la loi mérite tous ces reproches, et c'est pourquoi j'ai la certitude que la Chambre n'hésitera pas à la voter. (Très bien ! très bien ! et applaudissements à gauche et au centre. — Applaudissements ironiques sur plusieurs bancs à droite.)

M. le président. La parole est à M. Marcel Barthe, qui a déposé, de concert avec M. Gaslonde, un amendement consistant en un paragraphe additionnel à l'article 67 et ainsi conçu :

« Est également abrogé le second paragraphe de l'article 31 de la loi du 10 août 1871 sur les conseils généraux, relatif à l'appréciation de leurs discussions par les journaux. »

M. Marcel Barthe. Messieurs, l'amendement que j'ai eu l'honneur de déposer, de concert avec mon honorable collègue M. Gaslonde, a été accepté par la commission. J'ajoute que la garde des sceaux a bien voulu me dire que le Gouvernement ne s'opposait pas à ce qu'il soit adopté.

Dans ces conditions, je crois que, pour épargner le temps de la Chambre, je n'ai à entrer dans aucun développement. (Très bien ! très bien !)

M. Agniel. La commission accepte l'amendement de M. Marcel Barthe.

M. le président. En conséquence, l'amendement de MM. Marcel Barthe et Gaslonde devra faire corps avec le nouveau texte de l'article 67.

M. le président. La parole est à M. Bonnet-Duverdier.

M. Bonnet-Duverdier. La déclaration qui vient d'être faite m'impose le devoir d'expliquer mon vote.

Étant décidé à voter contre la loi sur la presse, je déclare que j'ai pris cette résolution pour une raison diamétralement opposée à celle que vient d'exposer M. l'évêque Freppel. Je voterai contre cette loi uniquement parce que j'estime qu'il n'y a pas lieu de faire une loi sur la presse. (Mouvements en sens divers.)

M. le président. Je consulte la Chambre sur l'article 67 qui comprend, par addition, l'amendement dont je viens de donner lecture.

(L'article 67, modifié par l'amendement de MM. Marcel Barthe et Gaslonde, est mis aux voix et adopté.)

« Art. 68. — La présente loi est applicable à l'Algérie et aux colonies. » — (Maintenu.)

M. le président. La commission propose un article additionnel ainsi conçu, et qui prendrait le n° 69 :

« Amnistie est accordée pour tous les crimes et délits commis par la voie de la presse ou autres moyens de publication, et non punis par la présente loi, sans préjudice du droit des tiers.

« Les amendes déjà perçues ne seront pas restituées, les amendes non perçues ne seront pas exigées. »

MM. Villiers et Godelle ont déposé un amendement dont voici les termes :

DISPOSITIONS TRANSITOIRES.

« Remplacer les mots : « non punis par la présente loi », par :

« Sauf l'outrage aux bonnes mœurs puni par l'article 28 de la présente loi. »

M. Villiers. Messieurs, l'amendement que nous avons l'honneur de soumettre à la Chambre, et dont la commission a adopté le principe sinon le texte, me paraît le complément si naturel et si nécessaire d'une loi qui a pour titre et pour objet la liberté de la presse, que je craindrais de méconnaître le sentiment libéral qui vous anime si je développais notre proposition d'amnistie dans un long discours. Un simple exposé des motifs suffira, et j'espère, dans une question si claire, si limpide, ne rencontrer aucun contradicteur.

La loi que vous venez de voter ne ressemble à aucune de celles qui ont antérieurement réglé la matière. Les gouvernements qui se sont succédé en France depuis 1789 ont accumulé sur la presse, ou plutôt contre la presse, une effroyable quantité de lois, ordonnances et décrets qui subsistaient tous ensemble, sans s'entre-détruire, malgré leurs contradictions.

La législation de la presse était un véritable arsenal, une sorte de conservatoire des armes qui avaient servi aux régimes les plus divers pour prévenir les écarts de la pensée. On y trouvait ce qu'on voulait ; on y prenait ce qu'on pouvait. Peu importait que les armes fussent démodées, de forme antique ou surannée ; tout était bon contre la presse. La République bombardait les journaux avec l'artillerie qui avait tonné au temps de la Restauration, du gouvernement de Juillet ou du second Empire. Votre commission a pensé qu'il était temps de mettre au rebut un armement qui s'était un peu usé à force de servir ; et ce qu'elle vient de vous apporter, ce n'est pas une loi nouvelle, mais une loi unique, un code qui abroge toute la législation antérieure.

Il est bien évident que si votre commission avait adopté purement et simplement les propositions radicales de M. Naquet, ou les doctrines de son honorable président, M. Emile de Girardin, il n'était pas besoin d'un article spécial édictant l'amnistie. L'amnistie était de plein droit, les prisons étaient ouvertes, et il fallait démolir immédiatement Sainte-Pélagie, comme on a démoli, au temps de l'Empire, Clichy, la prison pour dettes.

Vous n'en êtes pas encore là. Cependant, M. le rapporteur l'a déclaré lui-même, la loi est une « loi d'affranchissement et de liberté ». Et il ajoute : « La liberté de la presse, vous la trouverez dans les dispositions qui abrogent comme dans celles qui maintiennent. » Eh bien, n'est-il pas naturel que l'amnistie accompagne, comme un don de joyeux avènement, le régime nouveau que vous accordez à la presse, et que les prisons s'ouvrent en vertu de la loi « d'affranchissement et de liberté, » pour les journalistes qu'a frappés une législation condamnée et abrogée par vous ? (Approbation sur plusieurs bancs.)

En matière de presse, vous avez bien voulu supprimer toutes les lois existantes, et nous vous en remercions. Inaugurez donc la liberté de la pensée par la mise en liberté des journalistes !

L'article 67 déclare abrogés « les lois, ordonnances, décrets, arrêtés, règlements, déclarations, articles ou dispositions généralement quelconques, relatifs à l'imprimerie, à la librairie, à la presse périodique, etc. »

Donc, la cause par laquelle la presse a été condamnée jusqu'à ce jour, a cessé d'exister ; il faut que l'effet disparaisse. *Sublata causa, tollitur effectus.*

L'amnistie, et une amnistie absolue, large, complète, effective, est le corollaire nécessaire, indispensable, de votre loi. Car, les délits mêmes que la loi retient seront réprimés à l'avenir en vertu d'une législation nouvelle, avec des qualifications autres, par des motifs souvent différents et par des pénalités modifiées.

Vous avez attribué à la cour d'assises des délits qui ressortissaient autrefois de la police correctionnelle ; notamment ceux que vos tribunaux ont si souvent frappés, en ces derniers temps, les délits d'outrage aux corps constitués. Ce changement dans la juridiction n'implique-t-il pas une ère absolument nouvelle pour la presse et l'abolition des effets entraînés par l'application des lois antérieures?

De même, vous avez établi une répartition nouvelle des responsabilités qui incombent aux personnes associées à une publication délictueuse. Il peut se rencontrer telle personne qui se trouve actuellement sous le coup de condamnations récemment prononcées, et que votre loi aurait laissée hors de cause, si elle était venue en délibération quelques semaines plus tôt. Il peut se rencontrer aussi telle personne frappée, comme auteur principal, qui eût dû être frappée comme complice ou réciproquement.

Ainsi, la qualification des délits a été changée, et, dans un grand nombre de cas, vous avez changé la juridiction à laquelle les délits étaient déférés. Que reste-t-il donc de la législation précédente, et que doit-il rester des pénalités infligées en vertu de cette législation?

Il est donc logique de faire table rase de toutes les condamnations antérieures et d'ajouter l'amnistie aux dispositions libérales que contient votre loi. (Très bien! très bien! à droite.)

Faut-il appuyer de considérations politiques les considérations de sens commun que je viens d'avoir l'honneur de vous soumettre?

Au lendemain du Seize Mai, alors que des condamnations très nombreuses avaient frappé la presse républicaine, vous avez pensé que le meilleur moyen d'inaugurer l'ère d'apaisement était d'effacer toutes ces condamnations. M. Dufaure, l'honorable garde des sceaux qui avait proclamé cette ère d'apaisement, justifiait la nécessité de l'amnistie par deux considérations principales, toutes deux empruntées à l'ordre le plus élevé. Il ne permettait pas qu'on accusât la magistrature qui avait appliqué à la presse d'opposition, des lois en vigueur. Il la défendait contre plusieurs d'entre vous, messieurs, du reproche de sévérité inique qui lui avait été adressé. Il décidait qu'elle avait bien appliqué la loi, sur les réquisitions qui lui en avaient été faites. Mais, en même temps, il affirmait que les circonstances exceptionnelles qui avaient marqué la crise politique, traversée alors par la France, rendaient explicable, sinon excusable, l'irritation extraordinaire des esprits opposés au ministère du 16 Mai. Il estimait qu'il était d'une bonne politique de tenir compte des circonstances où les délits avaient été commis, des passions que les divisions avaient semées dans les âmes et d'ensevelir le passé dans l'oubli.

Telle était aussi l'opinion de l'honorable M. Goblet, rapporteur, en 1878, de la commission d'amnistie sur les délits de presse, dont vous avez adopté les conclusions, et dont je me permets d'invoquer le témoignage. Son sentiment était absolument conforme à celui de M. Dufaure.

Me sera-t-il permis d'appliquer à la situation présente, la doctrine de l'éminent garde des sceaux, qui avait alors votre confiance?

La presse a été frappée, en ces derniers temps, avec une rigueur qui ne le cède en rien à celle dont vous accusiez la magistrature sous le 16 Mai. A la suite d'événements que je ne veux pas rappeler, des procès multipliés ont été intentés à des journaux d'opinions diverses, et votre Gouvernement a obtenu de la magistrature 53 condamnations dans l'espace d'un seul mois. Je ne récrimine pas: je n'accuse ni le Gouvernement ni la magistrature; je constate. Ne puis-je aussi constater que des condamnations si nombreuses, si sévères, indiquent une surexcitation extraordinaire de l'esprit public? Il est incontestable que des discordes graves ont passionné les esprits, et que les violences de la presse pendant la période qui s'est écoulée du 30 juin à la fin de novembre, ont été aussi explicables, sinon plus excusables que les violences amnistiées par M. Dufaure après la période du 16 Mai. (Approbation à droite.)

Les journalistes, messieurs, ne sont pas des historiens. Ils ne jugent pas les événements avec la sérénité, avec l'impartialité qui appartient à l'histoire. Jules Janin définissait ainsi l'œuvre quotidienne du journaliste : « C'est un cri de plaisir ou

DISPOSITIONS TRANSITOIRES.

de colère. » Le journaliste est le témoin passionné des faits que chaque jour nous apporte. Il écrit sous l'empire de sentiments passionnés. Il obéit aux mouvements de son cœur plutôt qu'aux suggestions de la froide raison. Les temps troublés, ceux qui accusent des divisions dans le pays, apportent toujours une circonstance atténuante aux écarts de la plume. S'il y a parfois nécessité, dans l'intérêt général, d'une prompte répression, toujours aussi, quand le calme est revenu, il y a nécessité d'un sage oubli.

Vous avez voulu que votre fête nationale du 14 juillet fût accompagnée d'une amnistie pour tous les délits ayant un caractère politique. Faites aussi que la promulgation de votre loi soit une fête pour tous les journaux, et donnez une première satisfaction au libéralisme qui vous anime à l'égard de la presse. (Très bien! à droite.)

Notre amendement a cependant limité l'amnistie aux délits qui n'intéressent ni la morale publique, ni les droits des tiers. Beaucoup de publications ont été frappées pour délits d'outrage aux bonnes mœurs. Nous ne pensons pas que ces publications aient le moindre titre à votre indulgence, pas plus que l'industrie honteuse qui exploite l'immoralité et le scandale ne mérite d'être assimilée à la presse. Les délits de cette prétendue presse que l'opinion a flétrie d'un arrêt spécial, sont des délits de droit commun, des délits d'indécence publique, qui doivent demeurer sérieusement châtiés pour l'honneur de notre pays.

Messieurs, votre loi est un acte de haute politique; vous adopterez notre amendement qui, dans la pensée de ses auteurs, sera un acte de justice et de bonne politique. (Applaudissements à droite.)

M. Drumel. Messieurs, je n'ai pas l'intention de suivre l'honorable orateur qui descend de la tribune dans toutes les considérations auxquelles il s'est livré; mon rôle est beaucoup plus simple : je tiens à expliquer comment la commission a entendu la mission qui lui avait été donnée par la Chambre, d'examiner l'amendement primitif de l'honorable M. Villiers. Cet amendement demandait une amnistie générale pour tous les délits politiques. La commission a accepté le principe de l'amnistie; elle a reconnu que, du moment où l'on supprimait de nombreux délits politiques ou autres, — et, pour vous rendre compte de l'importance de cette suppression, il vous suffirait de vous reporter à un passage, peut-être trop oublié, du rapport de M. Lisbonne, — et vous verriez, pages 59 et suivantes, que quinze ou seize délits sont supprimés.

Au moment, disais-je, où la commission supprimait certains crimes ou délits, elle devait logiquement pour ces crimes ou ces délits admettre l'amnistie, mais elle a considéré que, de sa part, il y avait quelque chose d'illogique à maintenir certains délits spéciaux et à accorder une amnistie pour les mêmes délits commis avant la promulgation ou plutôt le vote de la loi.

M. Cuneo d'Ornano. Mais il y a changement de juridiction.

M. Drumel. Vous savez que le changement de juridiction n'empêche pas la nouvelle loi de s'appliquer. Par conséquent, cela importe peu à l'amnistie. Je dis donc quelles ont été les raisons de la commission pour ne pas accepter l'amendement de M. Villiers, et pour exclure de l'amnistie les délits réservés par la nouvelle loi sur la presse. Nous avons pensé, je le répète, qu'il y aurait quelque inconséquence à frapper de certaines peines des délits commis depuis cette loi, alors que des délits de même nature, commis antérieurement, seraient amnistiés.

Voilà une des raisons pour expliquer la solution que nous proposons à la Chambre. Et, messieurs, il y a encore une autre considération. La commission a été chargée de codifier les lois sur la presse, c'est-à-dire de faire une œuvre juridique, nous n'avions pas à accomplir un acte politique. Or, l'amnistie est un acte essentiellement politique, il était difficile à la commission de vous proposer une amnistie générale qui serait une mesure politique. C'est ainsi qu'elle a compris son rôle. L'honorable M. Clémenceau l'a reconnu en interrompant M. Lisbonne. Lorsqu'il expliquait pourquoi la commission avait repoussé l'amendement de M. Villiers, il lui disait : c'est juridique...

M. Clémenceau. J'ai dit : c'est juridique, ce n'est pas politique.

M. Drumel. Ce sont bien vos paroles que je voulais répéter.

M. Villiers a ajouté : en 1878 la Chambre a voté une amnistie pour les délits de presse, et vous ne pouvez faire autrement en 1881. Je réponds à M. Villiers que la situation n'est pas la même. En 1878, nous sortions d'une lutte électorale dans laquelle il y avait eu des violences de plume et de parole. On comprend donc parfaitement, à ce moment, une amnistie intervenant après la victoire, pour tous les délits de presse ; mais cette amnistie n'a été votée par vous qu'avec des réserves ; on en a exclu l'outrage aux bonnes mœurs et le délit de diffamation envers les particuliers. Mais aujourd'hui sommes-nous dans la même situation qu'au mois d'avril 1878 ? Nous ne le croyons pas ; l'argument ne porte pas. En résumé, la commission n'avait pas à proposer une amnistie générale ; elle devait proposer une amnistie spéciale, portant sur les actes et sur les délits qu'elle ne réservait pas. C'est ce qu'elle a fait.

Si, cependant, la Chambre croit devoir, par une mesure toute politique, voter l'amnistie plénière, la commission ne s'y opposera pas. (Très bien ! très bien !)

M. Edouard Lockroy. Deux mots seulement, messieurs. Je m'étonne, je l'avoue, de voir la commission se défendre, avec une telle énergie, d'avoir voulu faire un acte politique. (Très bien ! sur plusieurs bancs à gauche.) Elle veut rester sur le terrain juridique. Tous les représentants, lorsqu'ils sont venus à la tribune, ont tenu à parler, non en journalistes, en hommes politiques, mais purement et simplement en jurisconsultes, et, pour la dernière fois qu'ils y montent, ils continuent les traditions qu'ils avaient observées jusqu'ici.

Pour moi, je viens demander à la Chambre, qui n'est pas une réunion de jurisconsultes, mais une réunion d'hommes politiques, de faire un acte politique, c'est-à-dire de prononcer une amnistie pleine, entière et complète pour les délits de presse. (Très bien ! très bien ! applaudissements sur un grand nombre de bancs à gauche et à droite.)

Si vous faites cela, messieurs, vous continuerez les traditions de vos devanciers. Toujours, toutes les fois que les Chambres françaises ont voté une loi sur la presse, elles ont demandé l'amnistie, et, quand elles ne l'ont pas demandée, c'est l'initiative gouvernementale qui s'est chargée de ce soin. J'espère qu'aujourd'hui le Gouvernement ne s'opposera pas à une amnistie pleine et entière et que la Chambre la votera. (Applaudissements sur les mêmes bancs.)

M. Clémenceau. Nous demandons la suppression, dans l'article 69, des mots : « et non punis par la présente loi... »

M. Villiers. C'est là un second amendement.

M. le président. Comme le dit M. Villiers, il y a maintenant deux amendements : celui de M. Villiers et celui de MM. Lockroy et Clémenceau, mais comme ce dernier est plus extensif que celui de M. Villiers, je le mettrai d'abord aux voix.

M. Villiers. Je me rallie sur ce point à l'amendement de MM. Lockroy et Clémenceau.

M. Ribot. Je demande la parole.

M. le président. M. Ribot a la parole.

M. Ribot. Je veux dire simplement à la Chambre que je m'associe, pour ma part, à l'amendement de M. Villiers.

Je suis prêt à voter l'article qui accorde une amnistie générale, en exceptant le délit d'outrage public aux bonnes mœurs. Seulement je demande à la Chambre de vouloir bien inscrire dans l'article qu'il n'aura d'effet que pour les crimes et les délits commis jusqu'à ce jour. La raison en est simple. Nous ne pouvons pas

DISPOSITIONS TRANSITOIRES.

désarmer le Gouvernement pour tout le temps qui s'écoulera depuis le vote de la loi jusqu'à la ratification par le Sénat. (Approbation à gauche.)

M. Edouard Lockroy. Messieurs, pas plus que mon honorable collègue M. Ribot, je n'ai d'indulgence pour les tristes polissonneries qui ont été publiées et justement punies par les tribunaux, et auxquelles il a fait allusion.

Je veux seulement soumettre une petite difficulté à M. Ribot ainsi qu'aux membres de la commission.

La commission a conservé, dans la loi sur la presse qu'elle nous présente, l'article 8 de la loi de 1819, mais elle l'a conservé en le modifiant : cet article 8 de la loi de 1819 disait : « Sont punis d'une amende ou d'un emprisonnement, etc.., ceux qui se seront rendus coupables d'outrages à la morale publique et religieuse, ou aux bonnes mœurs. » La commission actuelle a supprimé l'outrage à la morale publique et religieuse, et conservé l'outrage aux bonnes mœurs.

Qu'arrivera-t-il donc avec les exceptions que vous proposez à la loi d'amnistie?

Il vous faudra faire des catégories parmi les personnes qui auront été condamnées en vertu de l'article 8 de la loi de 1819. Première catégorie : seront exceptés et amnistiés ceux qui auront été condamnés pour outrage à la morale publique et religieuse ; et, seconde catégorie, ne seront pas amnistiés ceux qui auront été condamnés pour outrages aux bonnes mœurs.

Dans la pratique, cette division sera-t-elle possible? Je ne le crois pas. Je sais bien que mon honorable collègue, M. Drumel, va m'objecter qu'en 1878, dans l'amnistie, qui d'ailleurs n'est pas venue à la suite d'une loi générale sur la presse, les délits contre les mœurs ont été exceptés. Mais qu'a-t-on fait ? On a excepté de l'amnistie tous ceux qui avaient été frappés par l'article 8 de la loi de 1819. (Dénégations sur plusieurs bancs.)

Je vous demande pardon, j'en connais, et nous en connaissons tous, qui, ayant été frappés par l'article 8 de la loi de 1819, n'ont pas du tout été amnistiés en 1878 : ils continuent aujourd'hui à être privés de leurs droits civils et politiques.

J'ajouterai que, parmi eux, il s'en trouve de très intéressants qui avaient été condamnés en vertu de cet article, pour les délits purement politiques, pendant les périodes funestes du 24 mai et du 16 mai, dont les condamnations ont été maintenues malgré votre amnistie, et qui sont aujourd'hui sous le coup d'une condamnation humiliante pour eux.

Eh bien! la Chambre peut remédier à cette situation, en faisant — ce qui est dans son rôle — un acte de bonne politique. Elle rendra ainsi à la vie politique des hommes qui méritent d'y être rendus. (Très bien! très bien! et applaudissements sur un grand nombre de bancs.)

M. le président. M. le rapporteur a la parole.

M. Lisbonne, *rapporteur*. Messieurs, j'ai une simple observation à vous présenter, ou plutôt un texte à rappeler à vos souvenirs.

L'article 2 de la loi du 2 avril 1878, qui était une loi d'amnistie générale en matière de presse, réservait cependant les délits d'outrage aux bonnes mœurs et de diffamation.

Ceci répond suffisamment aux prétendues difficultés d'application que vous signalait M. Lockroy.

La disposition qui excepterait de l'amnistie, que vous allez voter, le délit d'outrage aux bonnes mœurs n'embarrasserait pas plus l'interprétation judiciaire que ne l'embarrasserait celle de l'article 2 de la loi du 2 avril, votée par vous-mêmes.

M. Edouard Lockroy. Prenez garde qu'il n'arrive aujourd'hui ce qui est arrivé pour votre amnistie en 1878. Cela arrivera nécessairement, malgré votre volonté et malgré les paroles que vient de prononcer à la tribune l'honorable M. Lisbonne. Des hommes qui avaient été condamnés pour certains délits d'outrage à la morale publique et religieuse, qui ne sont au fond et en réalité que des délits politiques, seront condamnés malgré l'amnistie. (Vives protestations sur divers bancs.)

Messieurs, je ne croyais pas à des protestations aussi vives, alors que j'ai expliqué tout à l'heure que les condamnations auxquelles je faisais allusion avaient été prononcées pendant la période des 24 et 16 mai. Je ne pensais pas le moins du monde à certaines condamnations qui sont peut-être en ce moment présentes à l'esprit de nos collègues. Ainsi il va se passer aujourd'hui ce qui s'est passé en 1878, c'est-à-dire qu'on exceptera absolument et complètement de l'amnistie des hommes qui méritent absolument d'en bénéficier. (Très bien ! très bien ! à gauche.)

M. le président. Messieurs, voici qu'elle serait la rédaction de l'article 69 : « Amnistie est accordée à tous les crimes et délits commis antérieurement au 16 février 1881, » si l'on acceptait la rédaction de M. Ribot ; « ... par la voie de la presse ou autres moyens de publication, sans préjudice du droit des tiers », si l'on acceptait l'amendement de MM. Clémenceau et Lockroy ; et, en troisième lieu : « sauf l'outrage aux bonnes mœurs puni par l'article 28 de la présente loi, » ce qui est l'amendement de M. Villiers.

Je ne crois pas qu'il y ait discussion sur la première addition proposée par M. Ribot (Non ! non !)

(La première partie de l'article est mis aux voix et adoptée.)

Il y a maintenant à statuer sur la proposition de MM. Clémenceau et Lockroy, qui n'est autre chose que la suppression de ces mots : « et non punis par la présente loi. »

Il y a une demande de scrutin...

MM. Edouard Lockroy et **Clémenceau.** Elle est retirée, monsieur le président.

M. le président. Il ne reste donc que l'amendement de M. Villiers.

M. Edouard Lockroy. Pardon ! C'est la demande de scrutin qui est retirée, mais je maintiens mon amendement.

M. le président. Alors je consulte la Chambre. (Bruit.)

Quelques membres. On n'a pas compris !

M. le président. On a statué jusqu'à ces mots : « et non punis par la présente loi. » C'est maintenant sur ces mots : « et non punis par la présente loi. » que je vais consulter la Chambre.

M. Drumel. Il vaudrait mieux voter sur l'amendement.

M. le président. L'amendement consiste à demander la suppression des mots : « et non punis par la présente loi. » Je ne puis mettre aux voix une suppression.

Je consulte la Chambre.

(La Chambre, consultée, n'adopte pas les mots : « et non punis par la présente loi. »)

M. le président. Nous passons maintenant à l'addition proposée par M. de Villiers.

Il y a une demande de scrutin.

M. Villiers. Je la retire, monsieur le président.

M. le président. M. Villiers propose d'ajouter : « sauf l'outrage aux bonnes mœurs, puni par l'article 28 de la présente loi. » Je mets cette disposition aux voix.

(La disposition proposée par M. Villiers est mise aux voix et adoptée.)

M. le président. Je mets aux voix l'ensemble de l'article 69.

(L'article 69, mis aux voix, est adopté dans son ensemble.)

M. le président. Avant de passer au scrutin public qui a été demandé sur l'ensemble de la loi, je donne la parole à M. Floquet.

M. Charles Floquet. Messieurs, après la double déclaration qui a été faite tout à l'heure par deux membres de la Chambre qui sont venus vous expliquer

41

DISPOSITIONS TRANSITOIRES.

pourquoi ils ne voteront pas le projet de loi, je vous demande la permission de vous dire à mon tour, pour mon compte personnel, et aussi, je l'espère, pour le compte d'un certain nombre de mes amis, pourquoi nous voterons la loi. (Applaudissement sur divers bancs à gauche.)

Mes amis et moi, la Chambre a pu le constater, nous avons lutté d'abord à un point de vue pour tâcher d'obtenir que dans cette loi sur la presse on ne soumît les écrivains qu'aux responsabilités de droit commun et qu'on établît ainsi la liberté la plus complète. Nous avons ensuite lutté pied à pied pour obtenir que les diverses incriminations que nous voulions supprimer de la loi fussent retranchées par vous.

Nous avons subi plusieurs revers ; nous avons remporté quelques avantages ; nous arrivons maintenant au vote sur l'ensemble.

Dans ces conditions, n'ayant pas ménagé nos critiques de détail, j'espère, je le répète, pour mon compte personnel et pour celui d'un certain nombre de mes amis, que nous voterons l'ensemble de la loi. (Très bien ! très bien ! à gauche.)

Je le voterai, messieurs, parce que le rejet laisserait la presse sous le coup de l'ancienne législation... (C'est cela ! c'est cela ! à gauche), celle de 1819 et celle de 1852 ; je le voterai, parce qu'il est incontestable que la nouvelle loi supprime, en même temps que le cautionnement, toute une série d'articles qui constituaient des délits d'opinion, et qu'ainsi elle se rapproche du droit commun, parce qu'elle supprime, par exemple, le délit de provocation non suivie d'effet... (Interruptions au centre.)

A gauche. Laissez donc parler !

M. Charles Floquet. Messieurs, il est extrêmement curieux que, après avoir écouté avec la plus grande attention l'honorable M. Freppel, lorsqu'il est venu vous expliquer pourquoi il ne voterait pas la loi, après avoir écouté un autre membre qui est venu ici déclarer qu'il ne voterait pas la loi, il est étrange, messieurs, qu'on ne veuille pas me permettre d'expliquer en deux mots ma pensée. (Parlez ! parlez !)

Assurément, la supériorité de talent de l'honorable M. Freppel explique l'attention qui lui a été accordée... (Interruptions à gauche) ; mais la conscience que j'apporte dans l'exécution de mon mandat, en vous disant pourquoi je vote l'ensemble de la loi après l'avoir combattue dans certains de ses détails, pourrait aussi me concilier votre bienveillance.

M. Paul de Cassagnac. Vous avez combattu, plus que personne ici, pour la liberté de la presse, et c'est un honneur qui vous appartient !

M. le président. Messieurs, je réclame votre attention pour l'orateur, et je n'ai qu'une observation à faire, c'est qu'elle doit être accordée à tout le monde ici, aussi bien à droite qu'à gauche.

M. Charles Floquet. Je dis donc que je voterai la loi, parce qu'elle a supprimé une série d'incriminations et notamment l'incrimination relative à la morale publique et religieuse, — suppression dont se plaignait l'honorable M. Freppel, — c'est-à-dire un délit qui était nécessairement attentatoire à la liberté de conscience dans un pays qui ne connaît ni religion ni philosophie d'État. (Exclamations à droite. — Très bien ! très bien ! à gauche.)

Une voix à droite. Vous avez une morale d'État !

M. Charles Floquet. Je voterai la loi parce que j'espère que l'avenir prouvera qu'en supprimant ces incriminations dont je vous parle, nous n'avons en aucune façon compromis l'ordre républicain, et que, cette épreuve étant faite, nous arriverons à des améliorations ultérieures et de nouvelles suppressions ; que, même dans le présent, l'Assemblée à laquelle cette loi va être renvoyée, le Sénat voudra peut-être bien y apporter, avec l'attention qu'il consacre à toutes les lois, de nouvelles modifications libérales. (Exclamations sur divers bancs. — Très bien ! très bien ! sur d'autres.)

M. Georges Perin. La discussion de la loi sur le droit de réunion en est la preuve !

M. Charles Floquet. Je m'en rapporte donc à l'avenir pour l'amélioration de la loi, et à un avenir prochain. Ce n'est pas à dire que je m'associe en aucune façon à M. Freppel, quand il dit : un jour viendra où nous ferons la véritable loi qui conciliera la vraie liberté de la presse et la sécurité sociale. Les espérances de M. Freppel sont jugées par les souvenirs du passé. Nous l'avons vue dans le passé, sa doctrine sur la liberté d'écrire et de parler, non seulement dans les lois de la Restauration, qui avaient installé la censure incessante contre la pensée...

M. Georges Perin. Et la loi du sacrilège...

M. Charles Floquet. Nous l'avons vue au seuil même de notre société moderne, au moment où se sont réunis les états généraux de 1789.

Lorsque nous relisons ces cahiers dont nous parlait l'autre jour M. Freppel, où il nous disait qu'étaient inscrites les véritables aspirations de la France, nous trouvons que le premier article de tous les vœux de l'ordre du clergé, et dans toutes les assemblées électorales chargées de nommer les représentants de ce clergé catholique, le premier article des mandats était pour que ce clergé fût maintenu à l'état d'ordre privilégié dans la nation et pour qu'on instituât, ou plutôt qu'on rétablît à son profit, dans la constitution régénérée, le droit de censurer légalement la liberté des écrits dans ce pays. (Applaudissements à gauche.)

M. le Président. M. Paul de Cassagnac a la parole.

M. Paul de Cassagnac. Je demande à mon éminent collègue, Mgr l'évêque d'Angers, la permission de ne pas partager l'opinion qu'il a apportée à cette tribune, au sujet de la loi que vous allez édicter sur la presse. Évidemment cette loi n'est pas un idéal, surtout pour ceux qui avaient promis la liberté complète de la presse sous la République.

Mais il serait injuste, il serait souverainement déloyal de méconnaître les efforts qui ont été tentés dans cette Chambre par une fraction du parti républicain pour s'acheminer vers ce qui est la réalisation de vos programmes les plus chers.

Je voterai votre loi, un grand nombre de mes amis la voteront... (Très bien ! très bien !) et je crois que la minorité vous devait pour ce progrès sensible sur l'ancienne législation qui n'était pas supportable plus longtemps, un réel et sincère hommage (Très bien ! très bien ! sur divers bancs.)

M. le président. Une demande de scrutin a été déposée sur le vote d'ensemble de la loi.

Cette demande est signée par MM. Lelièvre, E. de Girardin, Mannoury, Latrade, Varambon, Galpin, Godin, Baïhaut, Noël Parfait, Niel, Émile Lobuet, Logerotte Garrigat, Dreyfus, Fouquet, Pradel, Papon, Henry, etc.

Il va être procédé au scrutin.

(Le scrutin est ouvert et les votes recueillis. — MM. les secrétaires en opèrent le dépouillement.)

M. le président. Voici le résultat du dépouillement du scrutin :

ONT VOTÉ POUR :

MM. Abbatucci. Achard. Agniel. Allain-Targé. Allègre. Allemand. Amat. André (Jules). Andrieux. Anisson-Duperron. Anthoard. Ariste (d'). Armez. Arrazat. Audiffred. Azémar.

Baduel d'Oustrac. Baïhaut. Ballue. Bamberger. Barascud. Barbedette. Bardoux. Barodet. Barthe (Marcel). Bastid (Adrien). Baury. Beauchamp (de). Beauquier Beaussire. Bel (François). Belle. Bellissen (de). Belon. Benazet. Benoist. Berger. Bergerot.

DISPOSITIONS TRANSITOIRES.

Berlet. Bernard. Bernier. Bert (Paul). Bertholon. Bethmont (Paul). Bianchi. Bienvenu. Binachon. Bizarelli. Bizot de Fonteny. Blanc (Louis) (Seine). Blanc (Pierre) (Savoie). Blandin. Blin de Bourdon (le vicomte). Bonnaud. Borriglione. Bosc. Bouchet. Boulard (Cher). Bousquet. Bouteille. Bouthier de Rochefort. Boysset. Brame (Georges). Bravet. Brelay. Bresson. Brice (René). Brierre. Brisson (Henri). Brossard. Bruneau. Buyat.

Caduc. Cantagrel. Carnot (Sadi). Casabianca (vicomte de). Casimir-Périer (Aube). Casimir-Périer (Paul) (Seine-Inférieure). Casse (Germain). Castaignède. Cavalié. Caze. Cazeaux. Chaix (Cyprien). Chalamet. Chaley. Chanal (général de). Charlemagne. Charpentier. Chauveau (Franck). Chavanne. Chavoix. Chevallay. Chevandier. Chevreau (Léon). Chiris. Choiseul (Horace de). Choron. Christophle (Albert) (Orne). Cibiel. Cirier. Clémenceau. Cochery. Combes. Constans. Corneau. Cornil. Cossé-Brissac (comte de). Costes. Couturier. Crozet-Fourneyron.

Daguilhon-Pujol. Danelle-Bernardin. Daron. Datas. Daumas. Dautresme. David (Jean) (Gers). David (baron Jérome) (Gironde). David (Indre). Debuchy. Defoulenay. Delafosse. Deluns-Montaud. Deniau. Desbons. Desloges. Desseaux. Dethou. Deusy. Devade. Devaux. Develle (Eure). Develle (Meuse). Devès. Diancourt. Douville-Maillefeu (comte de). Dréo. Dréolle (Ernest). Dreux. Dreyfus (Ferdinand). Drumel. Dubois (Côte-d'Or). Dubost (Antonin). Duchasseint. Duclaud. Ducroz. Dupont. Durand (Ille-et-Vilaine). Durieu. Duvaux.

Escanyé. Eschasseriaux (baron). Eschasseriaux (René). Even.

Fallières. Farcy. Faure (Hippolyte). Fauré. Favand. Ferrary. Ferry (Jules). Flandin. Fleury. Floquet. Folliet. Forné. Fouquet. Fourot. Fousset. Frébault. Fréminet.

Gagneur. Galpin. Ganivet. Ganne. Garrigat. Gaslonde. Gassier. Gasté (de). Gastu. Gatineau. Gaudin. Gaudy. Gautier (René). Gavini. Gent (Alphonse). Germain (Henri). Gévelot. Ginoux de Germon (comte). Girard (Alfred). Girardin (Emile de). Giraud (Henri). Girault (Cher). Girerd. Girot-Pouzol. Giroud. Goblet. Godelle. Godin (Jules). Godissart. Granier de Cassagnac (Georges). Granier de Cassagnac (Paul). Greppo. Grollier. Gros-Gurin. Guillemin. Guillot (Louis). Guyot (Rhône).

Haentjens. Hamille (Victor). Harcourt (duc d'). Haussmann (baron). Havrincourt (marquis d'). Hérisson. Hermary. Horteur. Hovius. Hugot. Huon de Penanster.

Jacques. Jametel. Janvier de la Motte (père) (Eure). Janvier de la Motte (Louis) (Maine-et-Loire). Janzé (baron de). Jeanmaire. Jenty. Joigneaux. Jolibois. Joubert. Jouffrault. Journault. Jozon.

Keller. Klopstein (baron de).

Labadié (Aude). Labadié (Bouches-du-Rhône). Labat. Labitte. Labuze. La Caze (Louis). Lacretelle (Henri de). Laffitte de Lajoannenque (de). Laisant. Lalanne. Lamy (Etienne). Lanauve. Lanel. Langlois. La Porte (de). Laroche-Joubert. Larrey (baron). Lasbaysses. Lasserre. Latrade. Laumond. Laurençon. Lavergne (Bernard). La Vieille. Lebaudy. Lecherbonnier. Lecomte (Mayenne). Leconte (Indre). Le Faure. Legrand (Arthur) (Manche). Legrand (Louis) (Valenciennes, Nord). Lelièvre (Adolphe). Le Maguet. Le Marois (comte). Le Monnier. Lenglé. Lepère. Lepouzé. Le Provost de Launay (Calvados). Le Provost de Launay (Côtes-du-Nord). Leroux (Aimé) (Aisne). Leroy (Arthur), Le Vavasseur. Levêque. Levert. Levet (Georges). Liouville. Lisbonne. Livois. Lockroy. Logerotte. Lombart. Loqueyssie (de). Lorois (Morbihan). Loubet. Loustalot.

Mackau (baron de). Madier de Montjau. Magniez. Mahy (de). Maigne (Jules). Maillé (d'Angers). Marcère (de). Marcou. Maréchal. Margue. Marion. Marmottan. Marquiset. Martin-Feuillée. Masure (Gustave). Mathé. Mathieu. Maunoury. Mayet. Maze (Hippolyte). Médal. Méline. Ménard-Dorian. Mercier. Mestreau. Michaut. Mingasson. Mitchell (Robert). Montané. Monteils. Morel (Hippolyte) (Manche). Mougeot. Murat (comte Joachim).

Nadaud (Martin). Naquet (Alfred). Neveux. Niel. Noël-Parfait. Noirot.

Olivier (Auguste). Ordinaire (Dionys). Ornano (Cuneo d'). Osmoy (comte d'). Oudoul.

Padcue (duc de). Papon. Parry. Pascal-Duprat. Passy (Louis). Patissier. Paulon. Pellet (Marcellin). Penicaud. Perin (Georges). Péronne. Perras. Perrochel (marquis de). Petitbien. Peulevey. Philippe (Jules). Philippoteaux. Picart (Alphonse) (Marne). Pinault. Plessier. Plichon. Ponlevoy (Frogier de). Poujade. Pouliot. Pradal. Prax-Paris. Proust (Antonin).

Rameau. Raspail (Benjamin). Rauline. Raynal. Réaux (Marie-Emile). Récipon. Reille (baron). Renault-Morlière. Reymond (Francisque) (Loire.) Reyneau. Riban. Ribot. Richarme. Riotteau. Rivière. Roger. Roissard de Bellet (baron). Rollet. Roques. Rotours (des). Roudier. Rougé. Rouvier. Roux (Honoré). Roy de Loulay (Louis). Royer. Roys (comte de). Rubillard.

Saint-Martin (de) (Indre). Saint-Martin (Vaucluse). Sallard. Salomon. Sarlande. Sarrette. Sarrien. Savary. Screpel. Sée (Camille). Seignobos. Senard. Sentenac. Serph (Gusman). Sonnier (de). Soubeyran (baron de). Souchu-Servinière. Sourigues. Soye. Spuller.

Taillefer. Tallon (Alfred). Tardieu. Tassin. Teilhard. Teissèdre. Telliez-Béthume. Tézenas. Thiessé. Thirion-Montauban. Thomas. Thomson. Tiersot. Tirard. Tondu. Trarieux. Trouard-Riolle. Trubert. Truelle. Trystram. Turigny. Turquet.

Valon (de). Varambon. Vaschalde. Vendeuvre (général de). Vernhes. Versigny. Viette. Vignancour. Villain.

Waddington (Richard). Waldeck-Rousseau. Wilson.

ONT VOTÉ CONTRE :

MM. Bonnet-Duverdier. Bouquet.
Cotte.
Duportal.

N'ONT PAS PRIS PART AU VOTE :

MM. Ancel. Arenberg (prince d'). Arnoult. Aulan (marquis d'). Baudry-d'Asson (de). Bélizal (vicomte de). Biliais (de La). Blachère. Boissy d'Anglas (baron). Boulart (Landes). Bourgeois. Boyer (Ferdinand). Breteuil (marquis de). Caurant. Colbert-Laplace (comte de). Corentin-Guyho. Du Bodan. Du Douët. Dufour (baron). Durfort de Civrac (comte de). Escarguel. Espeuilles (comte d'). Feltre (duc de). Franconie. Freppel. Gambetta. Gasconi. Gilliot. Gonidec de Traissan (comte le). Guichard. Guyot-Montpayroux. Hémon. Hérault. Juigné (comte de). Kermenguy (vicomte de). La Bassetière (de). Ladoucette (de). La Grange (baron de). Largentaye (de). La Rochefoucauld, duc de Bisaccia. La Rochette (Ernest de). Léon (prince de). Le Peletier d'Aunay (comte). Maillé (comte de). Malézieux. Mir. Moreau. Morel (Haute-Loire). Nédellec. Partz (marquis de). Perrien (comte de). Picard (Arthur) (Basses-Alpes). Rathier (Yonne). Rouher. Savoye. Septenville (baron de). Simon (Fidèle). Soland (de). Swiney. Thoinnet de la Turmelière. Tron. Vacher. Villiers.

N'A PAS PRIS PART AU VOTE

comme ayant été retenu à la commission du budget :

M. Renault (Léon).

N'ONT PAS PRIS PART AU VOTE

comme ayant été retenus à la commission d'enquête sur les actes de M. le général de Cissey pendant son ministère :

MM. Margaine. Talandier. Valfons (marquis de).

DISPOSITIONS TRANSITOIRES.

ABSENTS PAR CONGÉ :

MM. Boudeville. Bouville (comte de). Cadot (Louis). Cesbron. Chantemille. Clercq (de). Descamps (Albert). Guilloutet (de). Harispe. Legrand (Pierre) (Nord). Mas. Mention (Charles). Riondel. Rouvre.

Nombre des votants.................... 448
Majorité absolue....................... 225
Pour l'adoption................ 444
Contre.. :..................... 4

La Chambre des députés a adopté l'ensemble de la proposition de loi relative à la liberté de la presse.

SÉNAT. PRÉSIDENT M. LÉON SAY.

Quatorzième suite. Fin du rapport du 18 juin 1881, par M. Eugène Pelletan.

ART. 69. — Le projet, adopté par la Chambre des députés, dispense les personnes condamnées pour crime ou délit de presse de payer les amendes non perçues ; elle n'accorde pas la restitution des amendes payées.

Nous vous proposons de maintenir cette distinction, mais avec une modification par laquelle nous avons jugé qu'il serait convenable de compléter une mesure de clémence ; nous avons cru qu'il était équitable de rendre les amendes qui ont été payées depuis le 16 février 1881, date à laquelle le vote de la Chambre des députés arrête les effets de l'amnistie. Les condamnés ont, après le vote de la loi par la Chambre des députés, conçu le légitime espoir d'être affranchis de la peine pécuniaire ; il ne faut pas que cette attente soit détruite par un fait d'exécution postérieur. Ceux qui auraient obéi à la loi auraient, en quelque sorte, à regretter de s'être spontanément soumis aux ordres de la justice, ceux qui auraient différé de les suivre seraient mieux traités ; et nous croyons qu'il serait plus juste de leur faire, aux uns et aux autres, une situation égale.

Enfin, l'honorable M. Jules Simon nous a proposé un article additionnel qui supprime l'impôt sur le papier. Le nouveau Budget l'abolit en principe. Le Ministre des Finances accepte la suppression. Il a même présenté à ce sujet une loi à la Chambre des députés.

Voilà, Messieurs, les modifications de détail à la loi de la presse votée par la Chambre, que votre Commission, après un mûr examen, a l'honneur de proposer à l'approbation du Sénat.

Cette loi était attendue depuis longtemps et nous pouvons ajouter méritée par le pays.

Pour l'ajourner indéfiniment, on a pu dire que le jour où un gouvernement laissait mettre son principe en discussion, il signait son arrêt de déchéance. Ce qu'on disait du Gouvernement, on le disait de la société elle-même. Qu'on permette au parti du néant de toucher au principe de la propriété, cette première assise de la civilisation, et c'en est fait du Code civil ; il n'y a plus qu'à rompre les rangs et à reprendre le chemin des forêts. Voilà ce qu'on a longtemps répété aux esprits qui éprouvent le besoin d'être effrayés. On invoquait l'argument d'un danger possible, et on ne pouvait lui opposer la preuve contraire de l'expérience.

Aujourd'hui, l'expérience a prononcé ; depuis plus d'une année, il n'a pas été intenté de procès de presse, si ce n'est pour délit d'outrage aux bonnes mœurs ou d'attaque à un souverain étranger. On a pu tout dire, tout imprimer impunément. On a nié avec fracas le droit de propriété ; le propriétaire n'en a pas moins continué de labourer en paix son champ et de toucher le prix de sa récolte ; on a fait appel à la guerre civile ; le peuple a tourné la tête et il a souri ; on a contesté le principe de la République ; la République a regardé la nation et elle a passé.

On a jeté l'outrage à pleines mains au Gouvernement. Il n'a pas relevé l'injure, il l'a bravée. Il y trouvait plus le compte de sa dignité. Il n'a pas si petite opinion de lui-même qu'il croie son honneur à la merci d'un article de journal.

Un gouvernement faible fait taire la presse, un gouvernement fort la laisse parler ; c'est la meilleure preuve qu'il puisse donner de sa force et de la sagesse de la Nation. Nous voyons la République plus attaquée, plus injuriée que ne l'a jamais été aucune autre forme de gouvernement, et cependant elle grandit sans cesse, et chaque fois qu'elle interroge le pays du regard, le pays lui répond par le spectacle toujours croissant de sa prospérité, et, chaque fois que le Gouvernement fait appel au suffrage universel, la Nation lui répond par un vote de confiance.

Séance du vendredi 15 juillet 1881.

M. le président, lit l'article 64 de la commission.

« Art. 64. — Les gérants et propriétaires de journaux existant au jour de la promulgation de la présente loi seront tenus de se conformer, dans un délai de quinzaine, aux prescriptions édictées par les articles 7 et 8, sous peine de tomber sous l'application de l'article 9. » — (Adopté.)

« Art. 65. — Le montant des cautionnements versés par les journaux ou écrits périodiques, actuellement soumis à cette obligation, sera remboursé à chacun d'eux, par le trésor public, dans un délai de trois mois, à partir du jour de la promulgation de la présente loi, sans préjudice des retenues qui pourront être effectuées au profit de l'État et des particuliers, pour les condamnations à l'amende et les réparations civiles auxquelles il n'aura pas été autrement satisfait à l'époque du remboursement. »

M. le président. Le délai pour le remboursement du cautionnement n'est pas fixé sur le texte de l'article dont je viens de donner lecture.

DISPOSITIONS TRANSITOIRES.

M. Paris. Il me semble qu'on ne peut pas laisser en blanc le délai de remboursement; il doit être fixé par la loi.

M. le président. Monsieur le rapporteur, le délai pour le remboursement est resté en blanc; y a-t-il lieu de le fixer?

M. Robert de Massy, *président de la commission.* La Chambre des députés l'a laissé en blanc et la commission, avant de se prononcer, désire connaître l'avis de M. le ministre des finances.

M. Wilson, *sous-secrétaire d'État au ministère des finances.* Le Gouvernement propose un délai de trois mois.

M. le président. Le Gouvernement propose un délai de trois mois.

M. Griffe. La commission accepte ce délai de trois mois.

M. le président. Je consulte le Sénat sur l'article 65.

(L'article 65 est adopté.)

M. le président. « Art. 66. — Sont abrogés les édits, lois, décrets, ordonnances, arrêtés, règlements, déclarations généralement quelconques relatifs à l'imprimerie, à la librairie, à la presse périodique ou non périodique, au colportage, à l'affichage, à la vente sur la voie publique et aux crimes et délits prévus par les lois sur la presse et les autres moyens de publication, sans que puissent revivre les dispositions abrogées par les lois antérieures.

« Est également abrogé le second paragraphe de l'article 31 de la loi du 10 août 1871 sur les conseils généraux, relatif à l'appréciation de leurs discussions par les journaux. — (Adopté.)

« Art. 67. — La présente loi est applicable à l'Algérie et aux colonies. » — (Adopté.)

« Art. 68. — Amnistie est accordée pour les crimes et délits commis antérieurement au 16 février 1881, par la voie de la presse ou autres moyens de publication, sauf l'outrage aux bonnes mœurs puni par l'article 27 de la présente loi, et sans préjudice du droit des tiers.

« Les amendes non perçues ne seront pas exigées. Les amendes déjà perçues ne seront pas restituées, à l'exception de celles qui ont été payées depuis le 16 février 1881. »

Il y a sur cet article un amendement de M. Jules Simon.

Il est ainsi conçu :

« Amnistie est accordée pour tous les crimes et délits commis par la voie de la presse ou tout autre moyen de communication, sans préjudice des droits des tiers. » (A demain ! à demain !)

M. Jules Simon. La commission est d'accord avec moi.

M. le président. L'amendement est-il accepté par la commission ?

M. Jules Simon. Monsieur le président, je ne crois pas que cela donne matière à un débat, je n'ai qu'un mot à dire.

M. le président. — La parole est à M. Jules Simon.

M. Jules Simon. Messieurs, je demande simplement au Sénat de prononcer l'amnistie complète. Je comprends très bien le sentiment auquel a obéi la Chambre en exceptant de l'amnistie les délits pour outrages aux mœurs. Le Sénat, quelle que soit la solution qu'il donne à mon amendement, ne sera pas suspect d'avoir de l'indulgence pour ce genre de délits. Pour moi, messieurs, je n'aime pas beaucoup, je l'avoue, les peines perpétuelles, les exclusions perpétuelles ; j'aimerais mieux que le tribunal fût chargé, appréciant les circonstances de la cause, de mesurer la durée de l'interdiction suivant le caractère du délit.

Mais il n'est pas ici question de modifier la loi qui existe et qui, quelle que soit notre solution, restera telle qu'elle est. Nous n'y changeons rien du tout. Le motif qui me fait demander que l'amnistie soit étendue à tous les délits, sans exception, c'est que la loi que nous faisons modifie les juridictions ; du moment que nous modifions les juridictions, il semble naturel de ne pas laisser subsister les effets d'une condamnation prononcée par une juridiction que nous n'admettons plus. Voilà pourquoi je vous demande d'adopter mon amendement. (Marques d'approbation sur plusieurs bancs.)

M. le rapporteur. Messieurs, la commission partage, dans une certaine mesure, l'opinion de l'honorable M. Jules Simon. Jusqu'à présent, les amnisties ont été entières, sans exception de délits. On a fait une innovation à la Chambre des députés, et cela par un motif très respectable.

Nous avons été inondés, dans ces derniers temps, de certains écrits ou gravures qui étaient jusqu'à un certain point un déshonneur. (Très bien ! très bien !)

On a voulu réagir contre ces écrits-là. Mais l'honorable M. Jules Simon a très bien fait sentir qu'à côté de la condamnation qui a été toujours sévère, nous devons le dire à l'honneur des tribunaux, il y a d'autres peines accessoires qui sont perpétuelles.

La commission a examiné l'amendement de M. Jules Simon et elle laisse au Sénat le soin de décider la question.

M. Paris. La réhabilitation peut effacer le caractère perpétuel de la peine.

M. le rapporteur. La réhabilitation a des règles particulières, tandis que l'amnistie efface les conséquences de la peine.

M. le président. Demandez-vous que le Sénat se prononce?

M. le rapporteur. Oui, monsieur le président.

M. le président. L'amendement de M. Jules Simon s'applique au paragraphe 1er. Le paragraphe 2 resterait tel qu'il est.

Voici la rédaction proposée par M. Jules Simon :

« Amnistie est accordée pour tous les crimes et délits commis par la voie de la presse ou autres moyens de publication, sans préjudice du droit des tiers. »

(Après une épreuve déclarée douteuse, le Sénat n'adopte pas l'amendement. — Bruit.)

M. Jules Simon. L'amendement paraissait cependant bien adopté !

M. le comte de Tréveneuc. Le vote n'a pas été compris; il faudrait l'expliquer !

M. le président. On dit que le vote n'a pas été compris? (Si ! si ! à gauche.) L'amendement a été lu deux fois, le vote a dû être compris.

Je donne lecture de l'article 68 :

« Art. 68. — Amnistie est accordée pour tous les crimes et délits commis antérieurement au 16 février 1881, par la voie de la presse ou autres moyens de publication, sauf l'outrage aux bonnes mœurs puni par l'article 27 de la présente loi, et sans préjudice du droit des tiers.

« Les amendes non perçues ne seront pas exigées. Les amendes déjà perçues ne seront pas restituées, à l'exception de celles qui ont été payées depuis le 16 février 1881. »

M. Jules Simon. Tout cela est conservé.

M. Le Royer. Si les condamnations qu'ont subies les pornographes avaient produit un effet, je comprendrais l'amnistie ; mais quand les faits se reproduisent tous les jours, je ne la comprends pas.

M. Lambert de Sainte-Croix. « Celles payées », n'est pas français ! Il faudrait dire : celles qui auront été payées. » (Oui ! oui ! à droite.)

Plusieurs sénateurs à gauche. C'est voté !

M. le président. Demande-t-on la division ? (Oui! oui ! à droite.)

M. le président. La division étant demandée, je consulte le Sénat sur le paragraphe 1er; il est ainsi conçu :

Amnistie est accordée pour tous les crimes et délits commis antérieurement au 16 février 1881, par la voie de la presse ou autres moyens de publication ; sauf l'outrage aux bonnes mœurs puni par l'article 27 de la présente loi, et sans préjudice du droit des tiers. »

DISPOSITIONS TRANSITOIRES.

M. Jules Simon. Messieurs, mon amendement consiste à demander que l'amnistie soit générale comme l'ont été l'amnistie de 1818, celle de 1829, comme l'ont été toutes les amnisties, ainsi que le rappelait tout à l'heure l'honorable M. Pelletan.

M. le président. Mais on a voté sur l'amendement.

M. Jules Simon. Si l'on avait voté sur l'amendement, il n'y aurait plus de difficulté.

M. le président. Le Sénat, tout à l'heure, a voté sur votre amendement et il l'a repoussé. (Dénégations à droite.) Ce que je mets aux voix, c'est le premier paragraphe de la commission. (Aux voix ! aux voix ! à gauche.)

(La rédaction de la commission, mise aux voix, est adoptée.)

M. le président. Dernier paragraphe :

« Les amendes non perçues ne seront pas exigées. Les amendes déjà perçues ne seront pas restituées, à l'exception de celles qui auront été payées depuis le 16 février 1881. » — (Adopté.)

(L'ensemble de l'article 68, mis aux voix, est adopté.)

M. Jules Simon. Pardon, monsieur le président, j'ai présenté un article additionnel.

M. le président. Nous arrivons à l'article additionnel proposé par M. Jules Simon. Cet article soulève une question assez délicate. M. Jules Simon, dans son article additionnel, propose de supprimer une loi d'impôt :

« Sont abrogés les paragraphes 5 et 11 de l'article 7 de la loi du 4 septembre 1871. »

Cette proposition ne pouvait être introduite au Sénat avant d'avoir été introduite à la Chambre des députés.

M. Jules Simon. Je vous demande pardon, monsieur le président.

M. le président. Mais depuis, la question a été traitée à la Chambre des députés, à l'occasion du budget. Il semble donc que cet article additionnel devrait être transporté à la discussion du budget.

M. Jules Simon. Je demande la parole.

M. le président. La parole est à M. Jules Simon.

M. Jules Simon. Messieurs, j'ai du malheur avec tous mes amendements devant la commission et devant le Sénat.

J'avais cru comprendre, par les déclarations de la commission, qu'elle admettait celui que j'ai présenté tout à l'heure. Si j'avais pensé qu'elle ne l'admît pas, je l'aurais expliqué et défendu à cette tribune. Voilà comment il a été rejeté après n'avoir pas été bien compris.

Quant à celui-ci, messieurs, c'est un amendement que je crois parfaitement constitutionnel. (Interruptions.)

M. le président. N'interrompez pas, messieurs.

M. Jules Simon. Je répète que j'entends dire que mon amendement n'est pas constitutionnel. J'apprends cela au moment où il revient en discussion. Je ne puis l'admettre ; si l'on voulait soutenir cette doctrine, je crois qu'on pouvait m'en avertir, ne fût-ce que par le rapport de la commission qui n'a pas même soulevé cette question ; le droit d'un sénateur ne peut pas être forclos de cette manière.

Il s'agit de deux choses ici : 1° d'un droit constitutionnel qui est considérable ; il s'agit, en second lieu, de l'impôt sur le papier, qui est l'impôt le plus regrettable que jamais une assemblée ait voté, et sur lequel je voudrais avoir le droit de m'expliquer. Quant à la question constitutionnelle, c'est la première que je traite.

Je prie le Sénat de rappeler ses souvenirs ; ceux de ses membres qui ont fait partie de l'Assemblée nationale ne peuvent avoir oublié de quelle manière l'impôt relatif aux journaux a été autrefois accepté. Ils savent que la discussion était entre l'impôt sur le timbre et le nouvel impôt sur le papier, et que l'on disait sans cesse à l'Assemblée :

Voulez-vous conserver l'impôt sur le timbre ? N'aimez-vous pas mieux l'impôt sur le papier ? Et comme l'impôt sur le papier est de près des deux tiers inférieur à l'impôt du timbre, et qu'on se trouvait en situation de choisir l'un ou l'autre, on a subi, pour un temps, à cause des nécessités de l'époque, parce que nous nous trouvions sans argent, un impôt qui, par sa nature, est quelque chose d'odieux. Voilà dans quelles conditions nous l'avons accepté. Il a été considéré comme une partie maintenue de l'impôt du timbre. Dans une situation pareille, si le Sénat se déclarait impuissant pour discuter la question de savoir si cet impôt ne doit pas être maintenu, on pourrait, de la même façon, dans le cas où l'impôt du timbre aurait été maintenu, lui dire : Vous n'avez pas le droit de discuter l'impôt du timbre, parce que, la suppression de cet impôt entraînant une diminution de recettes, c'est à la Chambre qu'il appartient de l'examiner et non au Sénat.

Ce serait à mes yeux, messieurs, exagérer singulièrement les prérogatives de la Chambre des députés, qui a le droit d'initiative en matière d'impôts, ce qui ne nous empêche pas le moins du monde de demander la suppression d'une taxe quand nous considérons qu'elle n'est pas conforme à la nature des choses. (Très bien ! à droite.) Le Sénat, à mes yeux, abandonnerait une de ses prérogatives les plus essentielles, s'il m'empêchait de discuter mon amendement : il l'abandonnerait gratuitement, car on ne trouverait dans la loi constitutionnelle rien qui autorise une pareille décision.

Je vais jusqu'à dire, parce que je crois ne pas être démenti, que j'ai conversé à ce sujet avec un des membres du Gouvernement ; qu'il m'a paru très étonné qu'on discutât le droit du Sénat, et qu'il m'a dit que bien certainement le Sénat pouvait discuter mon amendement en toute liberté. Si le Sénat avait demandé la suppression du cautionnement avant que la Chambre ne l'eût édictée, est-ce qu'on nous aurait dit aussi : Vous n'avez pas le droit de supprimer le cautionnement, car il s'agit d'une diminution de recettes pour le Trésor ?

Donc, au point de vue constitutionnel, je regarde cette question comme une question qui ne devait pas être posée, et je regrette qu'elle l'ait été.

Je demande maintenant au Sénat s'il m'autorise ou non à discuter mon amendement.

Voix nombreuses. Oui ! oui !

A droite. A demain !

M. le président. Messieurs, j'entends que l'on demande le renvoi de la discussion à demain. (Non ! non ! à gauche.)

Plusieurs sénateurs à droite. Mais si ! Il y a un article réservé.

M. Paris. Est-ce que M. Jules Simon désire la remise ?

M. Jules Simon. Je voulais dire précisément que, s'il n'y avait pas eu un article renvoyé à la commission, j'aurais demandé à parler sur-le-champ. Mais, puisqu'il y a un article réservé, je ne vois pas la nécessité absolue de discuter immédiatement. (Approbation.) Cependant, quant à moi, je n'exprime aucune opinion à cet égard. Je me borne à prier le Sénat de voter ; s'il désire que je parle immédiatement, je le ferai ; s'il désire renvoyer le débat à demain, cela m'est indifférent.

A gauche. Parlez ! parlez ! — (Non ! non ! à droite. — A demain !)

M. le président. On demande la remise de la discussion.

Je consulte le Sénat.

(La suite de la discussion est renvoyée à demain.)

Séance du samedi 16 juillet 1881.

M. le président. Nous arrivons à l'article additionnel présenté par M. Jules Simon.

DISPOSITIONS TRANSITOIRES.

M. Paris. Mais la question posée n'a pas reçu sa solution !

M. Millaud. Le Sénat s'est prononcé deux fois !

M. Audren de Kerdrel. Pas sur la question de juridiction ! Ce sera un nid à procès.

M. le président. La parole est à M. Jules Simon.

M. Jules Simon. Messieurs, l'amendement dont je vais vous entretenir un instant est ainsi conçu : « Sont abrogés les paragraphes 5 et 11 de l'article 7 de la loi du 4 septembre 1881. » Je vous demande, messieurs, à cause de l'importance de la question, de m'accorder votre bienveillante attention pour un quart d'heure on vingt minutes tout au plus. Je me propose de vous expliquer dans quelle situation se trouvait la presse relativement à la loi dont il s'agit, au moment où j'ai présenté mon amendement, et dans quelle situation elle se trouve aujourd'hui; car il y a une différence, et vous verrez que j'en tiens largement compte.

Je commencerai, s'il vous plaît, par vous rappeler le sens réel de mon amendement, parce que la forme que je lui ai donnée ne dit pas immédiatement à tous les esprits de quoi il s'agit.

Cette loi de 1871 est la loi que nous avons été obligés de voter pour faire face aux nécessités que vous connaissez. A ce moment-là, on a émis beaucoup de votes que l'on gémissait d'émettre. Il n'y en a pas un qui ait été plus regrettable que celui qui avait pour objet l'impôt sur le papier.

Veuillez vous rappeler que cet impôt avait trois objets. Il y en avait un pour l'impôt qui frappait les papiers cartons, les papiers enveloppes ; ceux-là étaient moins frappés que les autres ; naturellement, je n'ai pas à vous en parler ici, puisque c'est la question générale de l'industrie du papier ; je voudrais bien pouvoir vous en parler, parce qu'il n'y en a pas qui intéresse au plus haut degré l'industrie nationale, la prospérité de notre industrie, mais enfin, elle ne vient pas naturellement, je le reconnais, à propos d'une loi sur la presse.

Le second impôt frappé par cette loi était beaucoup plus lourd : il frappait de 10 francs par 100 kilogr. différentes sortes de papiers, entre autres tout papier destiné à l'impression.

Vous voyez d'ici les conséquences d'une loi pareille. Tout papier livré à l'impression est frappé d'un droit de 10 francs par 100 kilogrammes. C'est littéralement un impôt frappé sur les œuvres de l'esprit humain : le livre, le journal, et je mets en fait qu'excepté dans l'année 1871 on n'aurait jamais obtenu un pareil impôt d'une assemblée française. Cet impôt de 10 francs regarde la presse, car comme la presse est une impression sur du papier, elle paye l'impôt de 10 francs.

Il y a un troisième impôt qui lui est tout à fait particulier.

Lorsque le papier est destiné à être imprimé en journal, il acquitte d'abord l'impôt de 10 fr. et ensuite un impôt de 20 fr. Par conséquent, tout journal qui se publie paye un impôt de 30 fr. qui se trouve être en réalité un impôt de 31 fr., parce que les chiffres exacts sont 10 fr. 40 et 20 fr. 80.

Au moment de la discussion on ne manqua pas de dire : Vous rétablissez le timbre ! Evidemment, messieurs, cet impôt rétablissait le timbre, et je me rappelle encore que M. le ministre des finances et le rapporteur de la commission, en défendant cet impôt, furent obligés de dire : Si vous ne le votez pas, nous allons maintenir le timbre. Entre deux maux on choisit le moindre, parce que, tout lourd qu'il est, l'impôt de 31 fr. est inférieur à l'impôt du timbre.

Cependant, quoiqu'il ne s'agisse pas spécialement de la presse, veuillez remarquer que le timbre ne frappait que les journaux ou les publications périodiques, tandis que l'impôt du papier frappe le livre. On ne manqua pas de le remarquer, et deux de nos collègues prirent la parole avec beaucoup de force et de talent. J'ai grand plaisir à les citer, c'est notre cher collègue, M. Charton, et notre ancien collègue, M. Bardoux. Ils ont été soutenus, dans la discussion, par un homme que tout le monde doit regretter et qui jetait un grand éclat sur les discussions parlementaires, en France, c'est M. Ernest Picard. Je puis dire que la discussion fut admirable. Et cependant, à ce moment-là, on ne prévoyait pas, on ne savait pas encore à quel point cet impôt serait funeste aux lettres françaises.

On ne pouvait pas le savoir. Ce n'est qu'à l'user qu'on s'est aperçu des conséquences, et les conséquences sont véritablement déplorables.

Le Gouvernement, le ministre des finances, qui était alors M. Pouyer-Quertier, le rapporteur de la commission, dirent à cette époque : Mais c'est un impôt provisoire, soyez-en sûrs ; ce sera le premier qu'on fera disparaître. Mais il ne faut jamais, messieurs, se fier à de pareilles déclarations. (Sourires à droite.) Les impôts qui seront les premiers à disparaître sont très souvent les derniers qui restent, et vous en avez bien la preuve par l'impôt sur le papier ; car tous les ans, depuis, on lui a dit : Quant à toi, ton tour viendra l'année prochaine, et cette année, il a été autorisé à croire qu'il allait être supprimé. Cependant, vous savez que d'autres amendements sont venus qui ont eu la priorité sur lui, de façon que voilà encore le papier ajourné.

Combien de temps cela durera-t-il ? Si j'étais parfaitement certain que cet ajournement sera le dernier, je ne vous demanderais pas pour cette question qui est capitale même le quart d'heure que je vous prie de m'accorder. Mais comme je crois qu'il est absolument nécessaire de faire la lumière sur cette question et d'habituer les esprits à la comprendre, j'insiste auprès du Sénat.

Je prends d'abord l'impôt de 10 francs, tout à l'heure je prendrai les 20 francs qui font l'impôt de 30 fr. sur le journal.

Je prends les dix francs qui frappent sur le livre. Je ne vous répéterai pas les arguments de M. Charton et de M. Bardoux, qui frappent tous les yeux : l'impôt sur la pensée..., je n'en parle pas, parce que tout le monde le sait, les devine, les voit. Je veux seulement dire un mot plus spécial, plus pratique : 1° c'est que l'impôt a pour conséquence de nous donner le mauvais papier ; 2° c'est qu'il a pour conséquence de nous faire payer les livres plus cher... et quels livres ! Non pas les livres de luxe, mais les livres d'enseignement, d'enseignement primaire !

Je dis, messieurs, d'abord, qu'il nous donne de plus mauvais papier. Vous devinez bien pourquoi ; on a mis nos fabricants de papiers dans une situation terrible, d'abord en leur imposant cette taxe, ensuite en leur imposant l'exercice.

Qu'avaient-ils à faire pour soutenir la concurrence des trente-deux pays qui, avec nous, sont producteurs de papier ? Ils pouvaient ou augmenter leurs prix, ou diminuer leur qualité. Mais augmenter leurs prix, ils ne le pouvaient pas, parce que les usages de la presse et ceux de la librairie rendaient impossible l'augmentation. Nous en étions venus à mettre les journaux à 15, à 10 et à 5 centimes, les livres d'enseignement populaire à 40, à 50, à 75 centimes, rarement à 1 fr. 25 centimes. — La librairie et les directeurs de journaux ne pouvaient pas augmenter leurs prix. Par conséquent, les fabricants de papier ne le pouvaient pas non plus. Qu'ont-ils fait ? Ils ont détérioré le papier. Au lieu de fabriquer le papier avec nos excellents chiffons, ils ont introduit des matières terreuses qui ont alourdi le papier et qui l'ont rendu fragile...

Un sénateur à droite. Ils en ont fait avec du bois.

M. Jules Simon..... Ils y ont introduit du bois... Les succédanés sont trop nombreux pour que je les cite, il y en a 17 parmi ceux qui sont les plus connus. Ce papier est devenu tellement mauvais que je lisais il y a trois jours les épreuves du rapport sur la 10° classe de l'exposition de 1878 qui est la papeterie. C'est un rapport admirable qui a été fait par M. Hazo, rapporteur du jury international, et il raconte un mot très curieux de notre confrère M. Léopold Delisle qui est, vous le savez, directeur de la Bibliothèque nationale.

Vous avez voté dans la loi qui nous occupe l'obligation pour tout auteur, éditeur ou publicateur de livres, de faire le dépôt de deux exemplaires à la Bibliothèque nationale. M. Léopold Delisle disait : Il faudrait exiger que ce dépôt fût fait dans

DISPOSITIONS TRANSITOIRES.

un papier particulier, car le papier qu'on nous donne à présent n'existera plus dans cinquante ans; de façon qu'au moment où la librairie française fait de tels progrès que nous avons à présent des libraires qui sont de vrais bibliophiles, — nous avons des maisons d'imprimerie qui rappelleront la gloire des grands imprimeurs français ; il ne faut pas que nous laissions de côté cette gloire qui est une de nos grandes gloires nationales ; — au moment où l'on imprime de si beaux livres, on est obligé de les imprimer sur papier étranger, ou, si on les imprime sur papier français, c'est le papier qui va disparaître.

Voilà l'inconvénient ; je vous le signale ; je ne vous signale pas l'autre qui consiste à faire périr toute cette grande industrie, une des plus importantes de la France, dans laquelle nous pouvions avoir le premier rang, à cause de l'excellence de nos chiffons et des nombreux cours d'eau ; c'est une industrie qui occupe des ouvriers par centaines de mille, et qui les occupe à la campagne ; je le répète encore, nous sommes le seul peuple, je le dis en passant, qui ayons frappé un impôt sur les œuvres de l'esprit ; l'Angleterre l'avait fait un instant ; elle avait frappé un penny par livre. C'est M. Gladstone qui a fait revenir le Parlement sur cet impôt en disant ce que M. Edouard Charton et M. Bardoux nous ont dit en 1871, en faisant remarquer aussi que c'était une industrie qui s'exerçait à la campagne parce qu'elle recherche les cours d'eau. J'ajoute que c'est une industrie d'autant plus précieuse pour nous qu'elle empêcherait l'agglomération constante des ouvriers dans les centres urbains, et que nous n'avons pas besoin pour cela d'avoir autant de charbon que nos concurrents, puisque c'est l'eau que la papeterie recherche.

Mais je laisse le côté industriel, parce que ce sujet me conduirait trop loin et parce que je n'ai pas le droit d'en parler dans la question spéciale ; j'ai, au contraire, le droit de parler de la qualité du papier, puisque, je le répète, la précaution que vous avez prise d'exiger le dépôt de deux exemplaires à la Bibliothèque nationale, est une précaution qui deviendra caduque dans quelques années parce que les livres périront avec leur papier.

Si je voulais même — en revenant à la question spéciale de la presse périodique — je pourrais faire observer qu'on ne pense ordinairement en matière de presse périodique qu'à la presse politique ; ce n'est pas tout ; il y a la presse d'art, et celle-là a besoin de beau papier. L'honorable M. Charton me rappelle le *Magasin pittoresque*, le *Tour du monde*. Nous avons en France la *Gazette des beaux-arts* qui est une collection de chefs-d'œuvre. Tout cela est imprimé sur du mauvais papier. Si on les avait imprimées sur du papier pareil, on n'aurait pas à présent les œuvres des Robert Etienne, des Henri Etienne, des Valconsin et des autres grands imprimeurs de France ; elles auraient péri avec leur papier. Il y a donc là un intérêt considérable.

Maintenant, messieurs, pour montrer par un autre côté combien cet impôt, — je parle de celui de 10 fr. qui frappe la presse et les livres, — combien, dis-je, cet impôt est regrettable, j'appelle un moment votre attention sur la situation de l'instruction primaire et de l'instruction populaire relativement à cet impôt.

Messieurs, il y a un grand mouvement en France, dans ce moment-ci, en faveur de l'instruction populaire. Il se fonde partout des associations pour créer des bibliothèques ; de plus, le Sénat vient de voter une loi qu'il a sans doute regardée comme étant nécessaire pour propager l'instruction primaire.

C'est pendant que nous faisons cela, messieurs, que nous frappons les livres d'un impôt qui porte presque exclusivement sur les livres à bon marché. J'ai fait, à ce sujet, une étude très circonstanciée, dont j'épargnerai les détails au Sénat, et, cependant, je vous assure qu'elle est remplie d'intérêt. Je l'ai faite avec le président de la chambre de la librairie et de l'imprimerie, M. Georges Hachette, l'homme qui honore le plus la librairie et qui est, en même temps, un bibliophile et un éditeur. Nous avons examiné quels sont les livres qui acquittent l'impôt. Cet impôt n'est pas du tout payé proportionnellement par les grands et par les petits livres. J'ai là, dans mon portefeuille, une liste de grands livres, coûtant 150 francs, 100 francs, 10 francs et même 7 fr. 50.

Ces livres étaient à ce prix-là avant l'impôt. Ils se vendent le même prix à présent, par une raison très simple. Vous avez un livre qui coûtait 100 fr.; on le frappe d'un impôt de 1 fr. 50. Vous n'irez pas le vendre au public 101 fr. 50, vous le vendez aujourd'hui comme avant, 100 fr. Le bénéfice se trouve donc considérablement diminué. Mais le marchand ne veut pas perdre, et le bénéfice qui lui échappe d'un côté, il veut le rattraper de l'autre. Voici ce qu'il fait. Les livres qu'il vendait 40 centimes sont vendus par lui aujourd'hui 60 centimes. Ceux qui se vendaient 75 centimes, il les vend 1 fr. et ceux de 1 fr. 25, il les vend 1 fr. 50. Je vous le répète, messieurs, ce ne sont pas là des allégations, ce sont des faits matériels. Le résultat de ce calcul est celui-ci, c'est que l'impôt de 10 francs est acquitté pour 75 p. 100 par l'instruction primaire, pour 25 p. 100 par la librairie ordinaire et, remarquez-le, 75 p. 100 par la librairie populaire !

Voilà la situation.

Il est bien étrange, en vérité, messieurs, que nous fassions de tels efforts pour mettre l'instruction primaire à la portée de tout le monde et que nous laissions subsister en même temps un impôt qui porte sur l'alphabet et les cahiers d'écriture dont se servent les enfants. Cependant c'est là ce que nous faisons et, je l'avoue, nous ne pouvons pas faire un plus grand paralogisme, car vous venez d'établir la gratuité. Or, vous savez que dans beaucoup de nos villages la scolarité est peu de chose, que ce n'est qu'une petite somme à payer; mais il y a une chose qu'il faut toujours payer, ce sont les fournitures d'école.

Il arrive que les communes se chargent de donner gratuitement les fournitures d'école. Mais ces fournitures ne sont pas nécessairement comprises dans la gratuité. A Paris, depuis longtemps, l'école est gratuite et les fournitures pour les élèves le sont aussi. Je me suis informé des prix des fournitures scolaires à Paris et je le sais :

La fourniture, pour les garçons, est de 6 fr. 32 par an ; pour les filles, de 8 fr. 02. Pour les filles, le prix est plus élevé parce qu'il y a la couture ; c'est elle qui produit cette différence. Mais, les prix que je donne là sont les prix d'adjudication d'une grande maison de librairie, qui fait les fournitures de toutes les écoles de la ville de Paris. Les enfants qui achètent, chez un libraire individuellement ou chez leur maître d'école, les fournitures dont ils ont besoin, au lieu de 6 et 8 fr., paient 10 et 12 francs. Cette malheureuse denrée intellectuelle avec laquelle on apprend à lire et à penser aux petits enfants est atteinte par le fisc d'un impôt de 2 ou 3 francs.

Voilà quels sont les contribuables de cet impôt sur le papier.

Ainsi, premièrement, cet impôt ruine une industrie où nous pourrions être les premiers. Il ne faut pas dire qu'il ne la ruine pas, parce que la production du papier est un peu supérieure à présent à ce qu'elle était il y a six ans.

Nous avons augmenté notre production, mais pendant que nous l'avons augmentée de 15 millions de kilogrammes, nos concurrents ont doublé et triplé la leur.

Il n'en est pas des livres comme du pain. On peut ne pas avoir assez de pain, et alors il faut augmenter la production du pain jusqu'à ce que tout le monde en ait et ait ce qu'il lui en faut; à ce moment-là, il n'y a plus ni besoin ni possibilité de l'augmenter, ou il faudrait le porter ailleurs. Mais quand l'humanité tout entière aura autant de pain qu'il lui en faut, il ne faudra pas en faire davantage ; le jour, au contraire, où l'humanité aura autant de livres qu'il lui en faut, le jour où elle aura autant de lumière qu'il lui en faudra, ce jour-là il n'en viendra jamais, et, par conséquent, à mesure que nous marchons dans la voie de la civilisation et que nous répandons l'instruction, nous avons besoin de multiplier les livres, d'augmenter la production du papier.(Marques d'approbation sur un grand nombre de bancs.)

Et c'est à ce moment-là que nous l'entravons et que nous la rendons chez nous presque impossible.

Maintenant, jusqu'ici je ne parle que du livre. J'ai aussi un mot à dire du journal.

Je le répète, le journal paye d'abord le même impôt que le livre, 10 fr. 40, puis en outre on le charge de cet impôt de 20 fr. 80, ce qui fait 31 francs.

Messieurs, cet impôt de 31 fr. n'est pas aussi lourd que l'ancien impôt du timbre ; je vais de suite vous en donner les chiffres.

Pour les petits journaux, les deux impôts réunis qui font 31 fr. représentent 7 fr. 50 par 1,000 exemplaires. On payait autrefois, pour le timbre, 20 fr. ; c'est donc beaucoup plus que le tiers, mais ce n'est pas la moitié. Par conséquent, on peut dire que l'impôt du timbre n'est aboli qu'en partie. Il y a là une conséquence politique que je me permets de vous signaler. Il se fonde beaucoup de petits journaux dans les départements; étudiez la situation financière de ces journaux, les conditions de leur existence et vous vous convaincrez qu'ils ne peuvent pas vivre. Les petits journaux qui se font à Paris vivent et font de grands bénéfices parce qu'ils alimentent d'abord une grande population et qu'on les envoie par ballots, grâce à une amélioration qui a été faite et qui permet ce genre d'envoi dans tous les coins de la France; mais si ces petits journaux ainsi expédiés intéressent les personnes, ils n'éclairent pas les citoyens sur leurs droits. Ce n'est pas un journal amusant que l'on fera à Paris et qui sera envoyé à deux cents ou à deux cent cinquante lieues d'ici, qui servira de point de repère aux citoyens pour s'entendre sur les intérêts politiques. Il faut pour cela un journal local et, dans la situation présente, le journal local ne peut pas vivre. Cette circonstance que le journal local est trop surchargé d'impôts et ne peut pas vivre a des conséquences politiques très sérieuses.

Elle détruit pour beaucoup l'autonomie départementale. Je sais bien qu'il y a presque partout des journaux, mais à quelles conditions ?

A la condition ou de végéter jusqu'au moment de l'élection, et, au jour de l'élection, de se transformer en machine électorale, pour un candidat riche, ou bien de se mettre à la solde d'un financier. Le financier trouve alors, dans ce journal, des annonces permanentes ; il fait des dépenses. Mais où est l'intégrité de la presse ? Où est son indépendance, où est sa véritable action dans le département, où est sa force? (Très bien ! très bien !)

Vous voyez d'ici la conséquence que je ne fais qu'indiquer. Si j'avais pu traiter la question, — mais ce n'est pas dans un quart d'heure que j'aurais pu le faire, je vous aurais demandé une séance tout entière, — j'aurais apporté des chiffres qui auraient frappé les esprits les moins attentifs. Je vous aurais aussi démontré jusqu'à l'évidence que nous sacrifions volontairement une industrie excellente qui fait vivre, même à présent, des centaines de mille hommes, et qui pourrait en faire vivre beaucoup plus ; que nous avons six cents fabriques, que nous pourrions en avoir douze cents ; que nous sommes outillés de façon à être les premiers à cause de nos cours d'eau et surtout à cause de nos chiffons, et que nous perdons à plaisir cette grande industrie, que nous la sacrifions, que nous l'abandonnons; je vous aurais démontré enfin que nous frappons d'un impôt sur la pensée, ce qui fait rougir tout le monde, et que nous frappons particulièrement un impôt sur les indigents de la pensée, sur ceux qui ont besoin qu'on les initie au mouvement intellectuel, sur les malheureux qui achètent un cahier de deux sous pour écrire leurs leçons en classe. (Nouvelles marques d'approbation.) Je vous aurais démontré cela et j'aurais en même temps appelé votre attention sur la situation de la presse des départements et sur ce qu'elle gagnerait en indépendance le jour où vous supprimeriez les charges fiscales qui l'oppriment. Je le répète, j'ai fait plutôt des têtes de chapitres que des démonstrations. Puissé-je avoir contribué à appeler l'attention publique sur une question pareille ! (Très bien ! très bien !)

Quand j'ai présenté, au début de la discussion, mon amendement, je ne cache pas le but que j'avais, qui était de provoquer une discussion approfondie ; mais voici la première aventure qui est arrivée. (Sourires.)

La commission du budget de la Chambre des députés, pendant que je proposais de supprimer la surtaxe de 20 fr., proposait de supprimer la totalité de l'impôt sur le papier. Dès lors, je disparaissais complètement.

Quelle joie c'eût été pour moi de venir à cette tribune glorifier l'Assemblée qui aurait rendu la liberté à l'instruction populaire, à la presse, en supprimant un impôt, que nous seuls maintenons dans toute l'Europe civilisée ! (Mouvement.) Je n'ai pas cette joie, mais je me donne au moins celle de féliciter, hautement et de tout mon cœur, la commission du budget de la Chambre des députés de la résolution qu'elle avait prise.

Quelques jours après, l'honorable M. Magnin, ministre des finances — je le nomme — a fait une proposition à la Chambre des députés, aboutissant au même résultat. Je lui adresse, de cette tribune, mes félicitations les plus sincères et les plus cordiales. Malheureusement, messieurs, est venu un amendement qui nous a littéralement coupé l'herbe sous le pied ! On est venu dire : Nous ne sommes plus assez riches pour faire l'aumône à l'instruction primaire, nous ne sommes plus assez riches pour émanciper le livre, il faut encore attendre.... Attendons, messieurs, attendons... ! Mais la situation de mon amendement a changé par différents motifs ; d'abord cette décision de la commission du budget, puis ce projet déposé par le Gouvernement, enfin les intentions personnelles que je connais, et dont sont animés M. le ministre des finances et M. Wilson, l'honorable sous-secrétaire d'État, me font penser que, cette fois-ci, nous sommes au dernier ajournement.

Permettez-moi, messieurs, de vous dire en passant que ces promesses, quand elles ne sont pas suivies d'effet à bref délai, sont fatales ; ainsi, après la présentation du projet du Gouvernement, tout le monde pouvait croire que c'en était fait de l'impôt sur le papier.

Or, qu'est-il arrivé ?

Personne n'a plus fait de commandes ; on a attendu que la loi fût votée pour faire des commandes ; dans la papeterie le travail s'est arrêté partout (A droite : C'est évident !), excepté dans une maison qui a réuni ses actionnaires et qui a publié qu'on pouvait toujours faire des commandes parce que, une fois que la loi serait votée, on rendrait la différence.

Il faut cependant qu'on aboutisse ; je suis convaincu qu'on aboutira et que la lumière se fera. Le mouvement est général dans les esprits. Beaucoup de personnes qui, au fond, ne savaient pas de quoi il s'agissait, commencent à présent à le savoir. J'ajoute, messieurs, que la loi sur la gratuité de l'instruction primaire nous mettrait dans une telle contradiction avec nous-mêmes, si nous n'arrivions pas à affranchir les alphabets, qu'il est impossible qu'un grand pays persiste dans une voie aussi contradictoire.

Et enfin, quant à la surtaxe relative aux journaux, je n'ai plus à insister pour elle ; elle est tombée ; la loi portait que les journaux soumis au cautionnement payeraient une surtaxe de 20 fr. 40. Il n'y a plus de journaux soumis au cautionnement et, par conséquent, plus de surtaxe. C'est un côté de la question qui disparaît ; mon amendement doit disparaître avec lui.

Je n'ai pas reçu, tant s'en faut, satisfaction complète ; toutefois j'ai maintenant la certitude que l'année prochaine ne se passera pas sans que le Parlement fasse disparaître des lois françaises un article qui est honteux pour elles.

Dans ces conditions, messieurs, je n'insiste pas pour demander un vote au Sénat. (Très bien ! très bien ! — Marques nombreuses d'approbation.)

M. Edouard Millaud. Je demande la parole.

M. le président. La parole est à M. Millaud.

M. Edouard Millaud. Messieurs, comme secrétaire de la commission, je

42

SUR LA TROISIÈME DÉLIBÉRATION DE LA CHAMBRE.

viens, avant le vote de l'ensemble de la loi, présenter quelques dernières observations au Sénat.

D'abord, conformément au règlement, je viens vous prier de nous autoriser à modifier le *numérotage* des articles de la loi. Cette modification est rendue nécessaire par l'interversion de quelques paragraphes et par l'introduction dans la loi d'un article 23 *bis*.

Ensuite, j'ai à vous demander la permission d'introduire dans le texte quelques corrections.

La première a pour objet de réparer l'*omission d'un paragraphe à l'article* 25. Il faut lire à la fin de cet article : « ou de l'une de ces deux peines seulement, » afin de mettre la pénalité prévue dans ce cas en harmonie avec celle de l'article 34 : « Offenses aux souverains étrangers. »

La seconde correction que je propose au nom de la commission, d'accord avec plusieurs de nos collègues, et notamment M. de Larcy, est la suivante : nous demandons que le mot « *outrage* » soit supprimé à l'*article* 44. En effet, les articles 30 et 31, cités dans l'article 44, ne prévoient que l'action civile résultant de la diffamation.

Enfin, ma dernière observation porte sur le *paragraphe* 5 *de l'article* 45, relatif à la procédure. Le paragraphe 5 était rédigé ainsi : « Dans le cas d'offense envers les chefs d'État ou agents diplomatiques étrangers... »

La loi ne prévoyant pas le délit d'offense envers les agents diplomatiques, le paragraphe doit être ainsi modifié : « Dans le cas d'offense envers les chefs d'État ou d'outrage envers les agents diplomatiques étrangers... »

Je n'ai rien à ajouter.

M. le président. Vous avez entendu les corrections proposées par la commission.

Il n'y a pas d'opposition ?...

Les corrections proposées seront faites.

Je mets aux voix l'ensemble de la loi.

(L'ensemble de la loi, mis aux voix, est adopté.)

OBSERVATION.

Si nous avions, pour le compte rendu ci-dessous de la séance du 21 juillet à la Chambre des députés, suivi la méthode qui a été appliquée dans notre livre à toutes les séances de la Chambre en première et deuxième délibérations, et à toutes les séances du Sénat, il aurait fallu diviser par groupes tous les articles lus le 21 juillet par M. le président, et placer chacun d'eux à la suite des articles de même numéro dont la discussion les a précédés dans les séances de la chambre et du Sénat.

Nous avons préféré le compte rendu complet de la séance du 21 juillet 1881, parce que la Chambre des députés a adopté toutes les modifications introduites par le Sénat, et voté l'ensemble du projet qui a dû ainsi devenir la loi.

De cette manière la séance du 21 juillet 1881 forme le final du livre consacré à présenter au lecteur l'histoire textuelle de la confection de la loi par les rapports et par les débats des deux chambres. Le lecteur voit dans cette séance du 21 juillet, et dans le texte promulgué qui la suit, l'ensemble de la loi. En effet, la séance commence par un rapport supplémentaire de M. Lisbonne qui explique avec détails les modifications significatives introduites par le Sénat dans le projet tel que l'avait adopté la Chambre des députés dans ses séances du 24 janvier au 15 février 1881.

Il exprime l'opinion que la Chambre ne se déjugera pas en préférant accepter ces modifications, plutôt que voter un refus qui aurait obligé le pouvoir législatif à recommencer tout son travail, la chambre nouvelle qui va être élue le 21 août ne devant pas hériter d'un projet émané de l'initiative de la Chambre qui va finir.

L'avis du rapporteur a été suivi et les 70 articles ont été successivement adoptés, ainsi que l'ensemble du projet de loi.

Il n'y a eu que deux protestations, l'une de M. Clémenceau et l'autre de M. Anatole de La Forge, sans discussion. M. Gatineau a proposé un amendement sur l'article 70 relatif à l'amnistie accordée pour les délits de presse dont il voulait prolonger les effets au delà du 16 février 1881 et qui a été rejeté au scrutin. Mais il faut reconnaître que dans le débat un mot avait été prononcé par M. le baron Reille sur la convenance de faire une loi spéciale à cet égard.

En effet, entre le vote définitif du 21 juillet par la Chambre des députés de la loi sur la liberté de la presse, et la promulgation en date du 29, le gouvernement a présenté, le Sénat et la Chambre des députés ont adopté, et le Président de la République a promulgué, à la suite de la loi de la presse, celle dont suit la copie :

Loi relative à l'amnistie des crimes et délits de presse.

Le Sénat et la Chambre des députés ont adopté,

Le Président de la République promulgue la loi dont la teneur suit :

Article unique. — L'amnistie prévue par la loi sur la liberté de la presse sera appliquée à tous les crimes et délits commis antérieurement au 21 juillet 1881.

La présente loi, délibérée et adoptée par le Sénat et par la Chambre des députés, sera exécutée comme loi de l'État.

Fait à Paris, le 29 juillet 1881.

JULES GRÉVY.

Par le Président de la République,

Le président du conseil, ministre de l'instruction publique et des beaux-arts,

JULES FERRY.

Le ministre de l'intérieur et des cultes,

CONSTANS.

CHAMBRE DES DÉPUTÉS : PRÉSIDENT M. GAMBETTA.

Séance du jeudi 21 juillet 1881.

M. le président. M. Lisbonne a la parole pour le dépôt d'un rapport.

M. Lisbonne. Messieurs, j'ai l'honneur de déposer un rapport au nom de la commission chargée d'examiner les diverses propositions de loi relatives à la *liberté de la presse* et de la parole, propositions adoptées par la Chambre et *renvoyées avec modifications par le Sénat.* (Lisez ! lisez !)

M. le président. Je consulte la Chambre pour savoir si elle entend qu'il soit donné lecture du rapport.

(La Chambre, consultée, décide qu'il sera donné lecture du rapport.)

M. Lisbonne, *rapporteur.* Messieurs, dans son remarquable rapport au Sénat, l'honorable M. Pelletan caractérisait en ces termes l'œuvre législative sortie de vos délibérations sur la liberté de la presse et de la parole :

« C'est pour répondre au besoin d'une codification de la presse mieux coordonnée, mieux appropriée à un régime de démocratie que la Chambre des députés a élaboré, qu'elle a voté le projet de loi dont nous sommes saisis... »

Après avoir passé en revue tous les prétendus écarts d'opinion que la législation actuellement en vigueur a érigés en délits et que vous avez également supprimés, l'éminent rapporteur de la commission du Sénat s'exprime en ces termes :

« Le projet écarte résolument tous ces dangers imaginaires, tous ces délits arbitraires, qui n'étaient que des réminiscences du moyen âge égarées dans la législation moderne... Le gouvernement de la Défense nationale avait aboli les brevets : la loi actuelle ne pouvait que confirmer sa décision ; mais elle a fait quelque chose de plus ; elle limite la responsabilité des imprimeurs et des éditeurs. La justice y trouve son profit aussi bien que la pensée... Telle est la loi ; elle marque un pas de plus dans la voie de la liberté, elle ouvre une ère nouvelle...

« Votre commission, ajoutait M. Pelletan, a examiné le projet de la Chambre dans l'esprit de libéralisme qui l'avait inspiré ; elle l'adopte dans son ensemble ; elle a pu y introduire quelques modifications de détail, mais nous osons affirmer que ce n'est pas au détriment de la liberté. »

Le Sénat a ratifié le projet délibéré par sa commission, à l'exception toutefois de quelques dérogations qui ont apporté un certain correctif à cette généreuse déclaration de son éloquent rapporteur.

Retrouvant dans le projet qui nous a été renvoyé, les principes, les doctrines libérales, qui nous avaient servi de règle à nous-mêmes, votre commission ne peut que le recommander, en ce moment surtout, à votre adhésion définitive.

Les amendements qu'il a fait subir à votre œuvre personnelle ne consistent, pour la plupart, que dans des différences de rédaction qui n'en altèrent pas le sens et qui n'ont qu'une importance très secondaire.

Telles sont les modifications relatives aux articles 2, 3, 4, 10, 11, 12, 15, 18, 23, 35, 40, 62 et 69, que nous nous bornons à mentionner, sans y insister.

Il en est différemment des textes qui vont suivre et qui, à raison de ce qu'ils s'éloignent davantage de ceux que vous avez votés, exigent de notre part quelques courtes observations.

I

Art. 17. — (16 du projet voté par le Sénat.)

Le Sénat, contrairement aux conclusions de sa commission, a cru devoir excepter des lieux où pourront être apposées les affiches électorales, les murs des édifices consacrés au culte; on serait en droit de se demander, en présence d'une disposition aussi anormale, comment pourra s'effectuer cet affichage essentiel dans les petites communes, si, d'une part, les maires réservent, ainsi que l'article 16 leur en donne le droit, les murs des mairies et des écoles publiques, et si, d'autre part, la loi nouvelle réserve les murs des églises.

On serait en droit de se le demander, si on ne comptait, pendant les périodes électorales, sur la tolérance, l'esprit conciliant et le patriotisme des municipalités.

II

Art. 24. — (23 et 24 du projet voté par le Sénat.)

Cette disposition répressive est une des plus importantes de la loi nouvelle ; elle a trait à la provocation publique aux crimes et aux délits.

Le Sénat l'a divisée en trois parties, formant deux articles dont un a deux paragraphes.

La première partie (art. 23, § 1er) prévoit et réprime la provocation directe au crime ou au délit, suivie d'effet. Dans le système de la loi, le provocateur est assimilé au complice ; il est passible des pénalités qu'encourt l'auteur principal. A cet égard, le Sénat, d'accord avec sa commission, rejetant un amendement de M. Lenoël, a maintenu intégralement la disposition que vous aviez votée vous-mêmes.

La seconde partie (art. 23, § 2) prévoit et réprime la provocation suivie de ce commencement d'exécution que la loi pénale qualifie de tentative ; seulement, au lieu d'incriminer la provocation au délit dans les cas où, d'après le Code pénal, la tentative du délit est punissable, le projet qui nous est renvoyé ne punit la provocation suivie d'une tentative coupable que lorsqu'il s'agit d'un crime. Le projet laisse parmi les méfaits impunis, contrairement à ce que vous aviez été amenés à décider par une rigoureuse logique, la provocation suivie d'une tentative d'un de ces délits graves à l'occasion desquels le droit commun assimile le commencement d'exécution à la consommation effective du fait délictueux.

Mais, par contre, la troisième partie de la disposition (art. 24) prévoit et réprime la provocation, même non suivie de tentative ou de commencement d'exécution si la provocation, bien que demeurée impuissante, a eu pour but le meurtre, le pillage, l'incendie ou l'un des crimes contre la sûreté de l'État prévus par les articles 75 à 101 du Code pénal.

C'est là une réminiscence législative des art. 1 et 2 de la loi du 18 juillet 1791. Le Sénat n'a pas accepté, à cet égard, la libérale interprétation que vous aviez cru devoir adopter, après un débat approfondi. Vous aviez déclaré indemne, au point de vue pénal, la provocation, par la presse ou par la parole, lorsqu'elle n'a été suivie ni d'un méfait, ni d'une tentative de méfait délictueux ou criminel.

Hâtons-nous de constater que la peine prévue par le nouvel article 24 n'est que correctionnelle.

Le caractère spécial que doit avoir la provocation, qui, pour être punissable, doit être directe et avoir pour but de pousser à ces crimes d'une gravité exceptionnelle, nous a amenés à penser, quelque grave qu'elle puisse être, que vous ne repousseriez pas la modification proposée.

D'ailleurs, le renvoi au Sénat ferait plus que remettre en question les dispositions contestées, il compromettrait, à raison des circonstances pressantes où nous nous trouvons, le sort de la loi tout entière.

III.

Art. 26. — Après un long débat et divers incidents, vous aviez voulu atteindre le délit d'outrage envers le Président de la République.

L'expression d'outrage, qui n'est, dans le système de la loi nouvelle, que l'injure s'adressant à des fonctionnaires publics, vous avait semblé, par cela même, mieux définie, moins vague que celle d'offense, dont l'interprétation discrétionnaire des tribunaux a maintes fois abusé.

Le Sénat a substitué l'expression d'offense à celle d'outrage.

La seule raison de cet amendement, qui n'a donné lieu à aucune discussion, se trouve dans le rapport.

« L'offense est le terme consacré, dit l'honorable rapporteur ; par cela seul qu'il est exceptionnel, il convient mieux à la situation exceptionnelle du chef de l'État. »

Si tel est l'unique motif de la substitution, il doit être bien entendu que, pour qu'elle puisse tomber sous le coup de la loi, l'offense devra réunir, dans l'application, les mêmes conditions et caractères que l'outrage, tel que le prévoit l'article 29, paragraphe 2, de la loi nouvelle.

La nécessité de bien définir le délit se conciliera, par cette interprétation, avec la tradition législative que le Sénat a voulu sauvegarder.

IV

Art. 33 (34 du projet voté par le Sénat).

Une disposition additionnelle introduite dans cet article traite des diffamations ou injures dirigées contre la mémoire des morts.

Vous ne vous en étiez pas expliqués dans le projet que vous avez voté, vous en référant, à cet égard, aux applications de la jurisprudence.

L'honneur de ceux qui ne sont plus fait partie de leur héritage. La mésestime qui s'attache à la mémoire de celui qui a cessé de vivre rejaillit, dans une certaine mesure, sur son héritier. Diffamer l'un, c'est, en quelque sorte, diffamer l'autre.

Le projet du Sénat ne se met pas en opposition avec ces vérités sociales; il les proclame, au contraire, en déclarant délictueuses les diffamations et les injures contre la mémoire des morts, dans le cas où les auteurs de ces méfaits auront eu l'intention d'outrager les héritiers vivants.

Cette restriction due à des préoccupations par trop exclusives pour les immunités de l'histoire, et qui cesse de protéger les personnalités modestes auxquelles l'histoire ne songe pas, a un grave inconvénient : c'est de créer un texte dont l'application pratique est de nature à donner lieu aux plus sérieuses difficultés et aux décisions les plus contradictoires. Votre commission, en vous proposant cependant de l'adopter, s'est déterminée par cette seule considération, qu'en se bornant à refuser le caractère du délit aux diffamations et injures envers les morts dans le cas où le diffamateur n'a pas eu l'intention d'attaquer les héritiers vivants, la disposition nouvelle laisse dans le droit commun l'action civile, de la part de ces derniers, en dommages-intérêts.

Ce n'est, en effet, que la répression pénale que dénie le texte nouveau, ce n'est pas la réparation qui prend sa source dans la simple faute et le préjudice causé, abstraction faite de toute intention criminelle.

V

Art. 34 (35 du projet voté par le Sénat).

Le Sénat a cru devoir admettre la preuve de la vérité des imputations diffamatoires contre les directeurs et administrateurs de toute entreprise industrielle, commerciale ou financière, faisant appel à l'épargne et au crédit. Cette disposition ne fait qu'étendre l'admissibilité de la preuve à un cas déterminé, dans un intérêt d'ordre public, elle n'a été l'objet d'aucune observation dans le sein de votre Commission.

VI

Art. 43 (44 du projet voté par le Sénat).

La loi nouvelle supprime le cautionnement ; elle ne rétablit aucune des anciennes dispositions qui, pour mieux assurer l'exécution des condamnations encourues, enjoignaient aux journaux condamnés de cesser de paraître, faute de libération du cautionnement dans un délai déterminé. Ce délai était de quinzaine, d'après l'article 5 de la loi du 15 avril 1871.

Vous avez abrogé toutes ces précautions, même à l'égard des tiers, ne maintenant d'autres sanctions que celles des responsabilités qu'édicte le droit commun, articles 1382, 1383 et 1384 du Code civil.

Les articles 1382 et 1383 se bornent à rendre chacun responsable de ses fautes personnelles qui causent préjudice à autrui. Vous aviez jugé inutile de rappeler, par un texte spécial du projet, cette règle élémentaire de notre droit.

L'article 1384 proclame une responsabilité différente ; cette disposition oblige à réparer les fautes d'autrui si le dommage est causé par les personnes ou les choses dont on doit répondre soi-même.

Vous n'avez fait qu'appliquer cette dernière règle par votre article 43, en rendant les propriétaires de journaux civilement responsables des condamnations prononcées au profit des tiers contre les auteurs principaux visés par l'article 42.

. Le projet, qui nous est renvoyé, reconnaît le principe de cette responsabilité ; mais, tandis que la disposition votée par vous déclarait les propriétaires responsables d'une façon absolue, celle que le Sénat propose fait dégénérer la règle en une question d'espèce.

« Les propriétaires, dit le rapport, répondent aussi des condamnations prononcées au profit des tiers, contre le gérant, dans le cas où celui-ci aurait le caractère de préposé, dans le sens de l'article 1384 du Code civil. »

En conséquence, l'article 44 nouveau renvoie expressément, mais uniquement, aux règles posées par les articles 1382 et 1384 du Code civil.

Pour qu'une semblable disposition ne soit pas considérée comme superflue, il faut que ses auteurs y aient attaché une portée juridique quelconque ; les gérants seront considérés, à moins de circonstances exceptionnelles, comme étant les préposés des propriétaires de journaux dans le sens qu'a voulu donner à cette expression le législateur de 1804.

Dès l'instant que le projet voté par le Sénat admet, sauf les espèces, la responsabilité des propriétaires de journaux, l'article 7 aurait dû exiger, comme vous l'aviez exigé vous-mêmes, que la déclaration imposée au gérant fît mention des noms des propriétaires autres que les commanditaires ou actionnaires.

Dans le silence de la loi nouvelle, la recherche en sera faite désormais selon les règles du droit commun.

VII

Art. 44 (45 du projet du Sénat).

Le projet qui nous est renvoyé distingue, au point de vue de la juridiction, le délit d'outrage aux bonnes mœurs commis par la distribution ou l'exposition de gravures, peintures, emblèmes ou images obscènes, du même délit commis par tous autres moyens de publication; cette distinction fait l'objet de deux paragraphes dans l'art. 28.

Le délit d'outrage par les dessins, gravures, peintures, emblèmes ou images est renvoyé devant les tribunaux de police correctionnelle ; s'il est commis par les autres moyens de publications, il rentre dans les règles générales de la compétence du jury.

VIII

Art. 59 (60 du projet voté par le Sénat).

La loi nouvelle subordonne, en thèse générale, la poursuite pour délit de diffamation ou d'injure, à la plainte de la partie diffamée ou injuriée.

Le dernier paragraphe de l'article 60 décide que le désistement du plaignant éteindra la poursuite. Votre Commission n'a fait à cet égard aucune observation.

Telles sont les seules dispositions nouvelles sur lesquelles votre Commission a cru devoir appeler particulièrement votre attention. Elles ne lui ont pas paru de nature à provoquer un nouveau renvoi qui n'aurait été qu'un ajournement indéfini.

La loi que vous allez consacrer par votre vote constitue, de l'aveu de tous, un progrès considérable sur les dispositions confuses et tyranniques dont elle prononce l'abrogation radicale et absolue. Votre Commission a pensé que vous tiendriez à honneur de l'enregistrer sans délai dans les annales des derniers jours de votre législature républicaine.

En conséquence nous avons l'honneur de vous proposer d'adopter le projet dont les dispositions viennent de vous être distribuées.

M. Emile Beaussire *et plusieurs autres membres.* Nous demandons la discussion immédiate.

M. Clémenceau. Nous demandons le renvoi à samedi.

M. le président. Messieurs, vous avez à choisir entre deux dispositions : la discussion immédiate ou le renvoi à samedi.

Je consulte la Chambre.

(La Chambre, consultée, décide qu'elle passera immédiatement à la discussion des articles.)

M. le président donne lecture, en consultant la Chambre sur chaque article,

TROISIÈME DÉLIBÉRATION.

des articles nᵒˢ 1 à 15 tels qu'ils ont été adoptés par le Sénat. Chacun de ces arti
cles est adopté sans aucun débat.

M. le président lit l'art. 16 ainsi conçu :

« Art. 16. — Les professions de foi, circulaires et affiches électorales pourront
être placardées, à l'exception des emplacements réservés par l'article précédent,
sur tous les édifices publics autres que les édifices consacrés aux cultes, et particulièrement aux abords des salles de scrutin. »

M. Clémenceau. Je demande la parole.

M. le président. La parole est à M. Clémenceau.

M. Clémenceau. Messieurs, la Chambre laisse passer sans protestation des
articles qui sont véritablement en contradiction avec l'esprit qui a inspiré la délibération précédente.

M. Gatineau. Vous avez parfaitement raison.

M. Clémenceau. On prétend, à la veille des élections, nous faire voter que
les affiches ne pourront être apposées sur les murs des églises, et, comme les
municipalités demeurent maîtresses d'interdire l'affichage sur les murs des mairies, des écoles et des bâtiments communaux, il y a là un danger qu'il faut signaler. Il pourra résulter, en effet, de cette décision que le droit d'affichage sera
supprimé pour certaines communes. Nous ne pouvons pas, au moment de retourner devant les électeurs, prendre la responsabilité d'une iniquité pareille.

C'est toujours le même système. Lorsque, après deux longues délibérations,
après avoir étudié, discuté des amendements, des articles additionnels, nous
avons réussi à voter un projet de loi, il est renvoyé au Sénat, et le Sénat, après
une discussion le plus souvent très superficielle, bouscule — pardonnez-moi le
mot — ce que nous avons fait, et prend des décisions contraires aux nôtres et prétend nous imposer son œuvre ! (Interruptions.)

Je le démontrerai tout à l'heure. Je dis que, lorsqu'une loi ainsi modifiée revient devant cette Chambre, la majorité a pris l'habitude de se soumettre sans
dire un mot ! C'est ce qui arrive précisément aujourd'hui. M. le Président donne
lecture des articles. Personne n'écoute !

Au centre. Mais si, nous écoutons !

M. Clémenceau. Il n'en est pas moins vrai que vous n'avez pas voulu
donner à ceux d'entre nous qui le réclamaient le temps de lire au *Journal Officiel*
le rapport de M. Lisbonne.

Je me soumets à votre décision ; mais, puisque nous n'avons pas eu le temps
de lire le rapport, permettez-nous, tout au moins, de saisir au passage quelques
articles qu'il nous paraît tout à fait impossible de voter. (Très bien ! sur plusieurs
bancs à gauche.)

Messieurs, l'article qui vous est soumis est au premier rang de ceux-là. Le
pays va être consulté dans un petit nombre de semaines; il me paraît impossible
que la Chambre accepte une disposition législative sanctionnée dans une autre
enceinte par une majorité cléricale et aux termes de laquelle il sera interdit d'apposer des affiches électorales sur les murs des églises. Cela peut plaire aux curés,
mais cela peut en même temps porter une grave atteinte à la liberté électorale,
s'il arrive dans certaines communes que des municipalités réactionnaires interdisent l'affichage sur les bâtiments municipaux. (Marques d'approbation à gauche.)

Il est impossible que vous puissiez vous associer au vote par lequel le Sénat a
essayé d'entreprendre, par ce moyen détourné, sur la liberté des électeurs. Ce
n'est pas au moment de vous soumettre au jugement du suffrage universel que
vous pouvez émettre un vote qui serait un véritable déni de justice pour les électeurs. (Très bien ! très bien ! sur divers bancs à gauche.)

M. le président. Je consulte la Chambre sur l'article 16.

(Une première épreuve par mainlevée est déclarée douteuse. — A la suite
d'une seconde épreuve, par assis et levé, l'article est adopté.)

M. le président donne lecture des art. 17 à 22 qui sont successivement adoptés sans débat.

M. le président donne lecture de l'art. 23 ainsi conçu :

« Art. 23. — Seront punis comme complices d'une action qualifiée crime ou délit ceux qui, soit par des discours, cris ou menaces proférés dans des lieux ou réunions publics, soit par des écrits, des imprimés vendus ou distribués, mis en vente ou exposés dans des lieux ou réunions publics, soit par des placards ou affiches exposés aux regards du public, auront directement provoqué l'auteur ou les auteurs à commettre ladite action si la provocation a été suivie d'effet.

« Cette disposition sera également applicable lorsque la provocation n'aura été suivie que d'une tentative de crime prévue par l'article 2 du Code pénal. »

M. Anatole de La Forge. Je demande la parole.

M. le président. Vous avez la parole.

M. Anatole de La Forge. Messieurs, mon premier devoir, comme nouvel arrivé dans cette Chambre, est d'être bref ; je le serai, je vous le promets, mais, en même temps, je vous demande la permission d'être sincère.

Je suis de ceux qui sont partisans de la liberté absolue de la presse, et à ce titre je combats l'article 23. Je suis de ceux qui trouvent que la loi qu'on vous propose est absolument illibérale. (Exclamations au centre. — Très bien ! très bien ! sur divers bancs à gauche.)

On dit que c'est un progrès sur les lois antérieures, c'est possible, mais alors c'est un progrès sur les lois les plus détestables de la Restauration et de l'Empire. (Très bien ! à gauche.)

M. le rapporteur de la commission, et avant lui l'honorable rapporteur du Sénat, ont été naturellement satisfaits de leur œuvre : c'est dans la nature des fonctions de rapporteur depuis l'abbé Sieyès jusqu'à l'honorable M. Lisbonne. (On rit.)

Ce projet ne donne pas du tout satisfaction à mes amis ni à moi : le projet dans son ensemble est un étranglement de la liberté de la presse. (Protestations au centre.)

Oui, je le répète, c'est un étranglement de la liberté de la presse. On se sert de mots élastiques et vagues pour la confisquer.

M. Cunéo d'Ornano. L'opposition s'en contente !

M. Anatole de la Forge. Je le regrette pour ceux qui s'en déclarent satisfaits.

En tous cas, je proteste contre la loi qui nous revient du Sénat. Je la trouve illibérale, mauvaise et indigne d'un gouvernement républicain. (Applaudissements sur plusieurs bancs à gauche.)

M. le président. Monsieur Anatole de La Forge, vous auriez pu présenter vos observations sur l'ensemble de la loi.

Que proposez-vous de mettre à la place de l'article 23 ?

M. Anatole de La Forge. Je demande la suppression de la loi.

M. le président. Par quoi la remplacez-vous ?

M. Anatole de La Forge. Par le droit commun, c'est-à-dire par l'article 1382 du Code civil.

M. le président. Je mets aux voix l'article 23, dont j'ai donné lecture.

(L'article 23, mis aux voix, est adopté.)

M. le président lit les articles 24 et 25 qui sont successivement adoptés sans débat.

M. le président lit l'article 26 ainsi conçu :

« Art. 26. — L'offense au Président de la République par l'un des moyens énoncés dans l'article 23 et dans l'article 28 est punie d'un emprisonnement de 3 mois à un an et d'une amende de 100 fr. à 3,000 fr. ou de l'une de ces deux peines seulement. »

M. Clémenceau. Messieurs, je ne veux dire que quelques mots.

Je trouve que cet article contient une des deux ou trois dispositions qui caractérisent cette loi. Pendant tout le règne de Louis-Philippe, on a pu introduire en France des journaux étrangers sans la censure préalable du Gouvernement.

Le 2 Décembre a rétabli la censure préalable, et cette Chambre républicaine a fait sienne l'œuvre du 2 Décembre et a maintenu la censure préalable! (Très bien ! à gauche.)

Second exemple : Dans les élections, les curés, jusqu'à ces derniers temps, ne se sont pas gênés pour déchirer les affiches des candidats désagréables au clergé qui avaient apposé leurs placards sur les murs des églises.

Un membre à droite. Et les instituteurs?

M. Clémenceau. Le Sénat a légitimé et sanctionné, par son vote, cette attitude des curés, et la Chambre a ratifié tout à l'heure cette décision d'une majorité réactionnaire et cléricale.

M. Victor Plessier. C'est voté!

M. Clémenceau. C'est, je crois, M. Janvier de la Motte qui défend le vote du Sénat...

M. Janvier de la Motte (Eure). Pardon, je n'ai pas dit un mot.

M. Clémenceau. Excusez-moi. Il me paraissait si naturel de vous voir au premier rang des défenseurs de cette loi.

M. Janvier de la Motte (Eure). Moi, je suis plus libéral que tous les républicains qui siègent dans cette Chambre. (Exclamations.) Je n'ai, du reste, pas grand mérite à cela.

M. Clémenceau. Dernier exemple : [La Chambre avait décidé, non sans hésitation, et après une longue discussion, que l'outrage au Président de la République serait punissable. Il est vrai qu'on avait été fort embarrassé de définir avec précision l'outrage au Président de la République. Les jurisconsultes, comme il leur arrive quelquefois, n'étaient pas d'accord. On avait essayé plusieurs définitions, et M. le rapporteur se vantait d'en avoir trouvé une qui, d'après lui, devait limiter l'arbitraire du juge. Mais voici que le Sénat trouve que l'outrage n'est pas une expression assez élastique pour permettre de condamner à coup sûr l'écrivain qui se serait livré à des appréciations déplaisantes sur la conduite du Président de la République, et il nous envoie une rédaction qui vient d'être lue.

Qu'est-ce que c'est que l'offense au Président de la République? Personne, au Sénat, n'a eu la curiosité de le rechercher : il n'y a pas eu de discussion sur ce point. Il me semble que la Chambre doit se montrer plus curieuse, et qu'il lui appartient de rechercher en quoi le texte du Sénat diffère du sien. Puisqu'il doit y avoir des gens qui seront punis de trois mois à un an de prison et payeront une amende de 100 à 3,000 fr. pour avoir commis ce délit, il serait peut être utile de se demander en quoi il consiste.

Vous avez la prétention de faire une loi libérale, une loi qui est un grand progrès sur les législations de la Restauration et de l'Empire. Dites-nous donc ce que c'est que votre liberté et prenez au moins la peine d'en déterminer les limites.

M. Lelièvre. Lisez le rapport du Sénat.

M. Clémenceau. Dans le rapport du Sénat, il n'y a absolument rien là-dessus. C'est dans le rapport de M. Lisbonne que je trouve quelques explications à ce sujet. Ce rapport, nous venons de l'entendre lire, mais vous nous avez refusé le temps de le méditer; cependant, j'ai très bien saisi que M. Lisbonne essayait de donner une définition de l'offense. Cette définition fait assurément le plus grand honneur à l'ingéniosité de M. Lisbonne, mais elle ne suffit pas. M. le rapporteur n'a pas fait difficulté de reconnaître qu'il était dangereux de dire que l'offense serait punissable sans la définir préalablement. Il a également reconnu qu'il n'existait aucune définition de l'offense; mais comme il voulait à tout prix vous faire voter le texte du Sénat, il a essayé de se tirer d'affaire en disant que ce qui constituerait l'offense, ce seraient les conditions mêmes de l'outrage. (Mouvements divers.)

Cette bizarre explication suffit peut-être à rassurer M. Lisbonne, et, si j'étais certain que tous les accusés fussent jugés par M. le rapporteur, je saurais au moins que l'offense et l'outrage, qui sont deux choses distinctes pour le Sénat, n'en font qu'une pour lui.

Mais ce n'est pas l'opinion de M. Lisbonne qui importe en cette affaire; il n'y a que le texte législatif qui compte. En créant un délit vague, non défini, vous livrez les citoyens à l'arbitraire du parquet et du juge.

Est-ce là ce que vous oserez appeler une loi républicaine? (Applaudissements sur quelques banc à gauche.)

M. le président. Je consulte la Chambre sur l'article 26.

(L'article 26 est mis aux voix et adopté.)

M. le président lit les articles 27 à 69 qui sont successivement adoptés sans débat.

Sur l'article 70 relatif à l'amnistie pour les crimes et délits de presse, **M. Gatineau,** propose un amendement ainsi conçu:

« Remplacer les mots: « 16 février » par les mots: « 20 juillet. » (Exclamations.)

M. Gatineau. Messieurs, un grand nombre d'entre nous n'ont accepté les dispositions de la loi sans protestations ou en faisant des protestations qui se trouvent platoniques, qu'à raison de l'époque avancée de nos travaux. Je crois cependant qu'il est nécessaire, pour bien faire connaître à la presse que nos sentiments sont favorables à la liberté, de modifier, par l'adoption de l'amendement que je viens de vous présenter, l'article 70 de la loi. (Rumeurs diverses.)

L'article 70 dispose qu'amnistie est accordée aux délits de presse jusqu'au 16 février 1881. Je demande que cette amnistie s'étende jusqu'au 20 juillet 1881.

Un membre à gauche. Jusqu'à la promulgation de la loi!

M. Gatineau. Je ne demande pas jusqu'à la promulgation de la loi, parce qu'il s'écoulerait d'ici là trois ou quatre jours pendant lesquels on pourrait craindre que certains journalistes n'abussassent de la latitude qui leur serait donneé. (Mouvements divers.)

M. Laroche-Joubert. Vous ne leur faites pas beaucoup d'honneur !

M. Gatineau. La modification que je propose ne peut pas entraîner un retard serieux dans le vote de la loi, parce qu'elle est certainement dans les intentions du Sénat. (Interruptions.)

Il n'est pas admissible que des condamnations qui ont été prononcées en vertu d'articles de loi qui n'existent plus ne soient pas effacées au moment où la loi nouvelle va entrer dans le domaine de la législation.

Je crois donc que la Chambre acceptera cet amendement qui, je le répète, ne peut pas retarder de plus de vingt-quatre heures le vote de la loi. (Très bien ! sur plusieurs bancs — Mouvements divers.)

M. Lelièvre. Messieurs, je viens, au nom de la commission, prier la Chambre de repousser l'amendement de M. Gatineau. Nous avons discuté longtemps dans la commission la question de savoir si nous apporterions des modifications au texte adopté par le Sénat, et nous avons discuté cette question surtout au point de vue des principes. Car nous devons déclarer qu'il y a eu de nombreux dissentiments parmi les membres de votre commission, sur le point de savoir si nous accepterions, sans y faire de modifications, le texte qui nous était rapporté. Mais nous nous sommes inclinés, même en ce qui concerne les modifications portant sur les questions de principe, par cette raison, que nous avons cru être d'ordre supérieur : c'est que le temps ferait matériellement défaut pour que la loi pût être renvoyée au Sénat, et nous être transmise de nouveau. (Très bien ! très bien ! sur plusieurs bancs.) A plus forte raison pensons-nous qu'il n'y a pas lieu, pour de simples questions de fait ou de dates, de retarder, de compromettre peut-être le vote de la loi.

D'ailleurs, sur quel point M. Gatineau fait-il porter son amendement ? Nous demande-t-il la modification d'un texte changé par le Sénat ? Pas le moins du monde.

Un membre à droite. C'est cela !

M. Lelièvre. L'amendement de M. Gatineau porte sur le texte tel que la Chambre l'a adopté, et tel que le Sénat l'a maintenu. Il ne vient donc pas à sa place. D'ailleurs, le moment n'est pas bien choisi pour venir proposer une modification de ce genre.

J'aurais compris que cette demande eût été présentée au cours de la 1re ou de la 2e délibération, mais je ne puis l'admettre aujourd'hui.

Mon contradicteur commet encore, selon moi, une autre erreur. Il nous disait tout à l'heure qu'il ne voulait pas fixer la date de l'amnistie à la promulgation de la loi ; qu'il préférait indiquer la date fixe du 20 juillet, parce que dans les trois ou quatre jours qui s'écouleront entre le vote de la loi et sa promulgation, il craignait que les journalistes pussent, de propos prémédité, commettre de nouveaux délits.

Mais alors, pour être conséquent avec lui-même, il faudra, lorsque la loi reviendra, que notre honorable collègue nous propose encore une autre date, et la loi, ballottée entre la Chambre et le Sénat, ne pourra être définitivement adoptée. (C'est cela ! — Très bien ! très bien !)

Je n'ajoute rien de plus, le sentiment manifesté par la Chambre semblant m'en dispenser en me donnant raison.

M. Gatineau. Je demande la parole. (La clôture ! la clôture ! aux voix !) Je demande la parole contre la clôture.

M. le président. La parole est à M. Gatineau contre la clôture.

M. Gatineau. Messieurs, je n'ai pas souvenir que la Chambre ait jamais refusé la parole à un orateur qui demandait à répondre à un ministre ou à un rapporteur. (Interruptions.)

M. le président. A cela près que M. Lelièvre n'est ni ministre ni rapporteur, vous êtes dans le vrai. (On rit.)

M. Gatineau. M. Lelièvre est membre de la commission et la repsésente : il faut voir la chose telle qu'elle est. (Nouvelles interruptions.) M. Lelièvre a parlé au nom de la commission et c'est pour cela que je vous demande la permission de répondre, en deux mots, à ce qu'il a dit. Vous êtes libres de me refuser la parole, mais ce sera un procédé peu ordinaire, même en tenant compte de la façon peu ordinaire dont cette loi est votée. (Parlez ! parlez ! — Non ! — La clôture !)

M. le président. La clôture est-elle appuyée?...

Sur quelques bancs. Oui ! oui !

M. le président. Alors je vais consulter la Chambre.

(Le vote a lieu par main levée.)

M. le président, *après avoir consulté le bureau.* En cas de doute, la discussion continue. (Sourires.)

Monsieur Gatineau, vous avez la parole.

M. Gatineau. Messieurs, mon contradicteur m'a reproché d'avoir touché à une disposition qui était sortie telle quelle de vos délibérations et revenue sans modifications du Sénat.

Il m'a reproché de ne pas avoir demandé, lors des premières lectures, une autre date d'amnistie. Il me suffit de formuler cette prétention pour en faire justice. Comment! quand nous discutions la loi, il y a quelques mois, je devais demander pour l'amnistie une fixation de date postérieure de quatre ou cinq mois à la discussion? Est-il raisonnable, est-il juridique de soutenir une telle prétention?

La vérité sur la question, la voici : Vous allez, avant de vous séparer, donner au pays une loi sur la presse qui a de grandes qualités, et qui a aussi de très grands défauts. (Mouvements divers.)

M. de Gasté. C'est vrai !

M. Gatineau. Eh bien, je crois qu'il est fort important que vous montriez pour la presse vos sentiments, qui ne sont point suffisamment reproduits dans la loi, et que vos votiez une amnistie dont les effets s'étendront presque jusqu'au jour de votre séparation. Quant à l'impossibilité du renvoi de la loi par le Sénat, c'est une objection qui n'est pas sérieuse. Nous sommes réunis encore pour huit ou dix jours, et l'examen de la modification que je vous propose n'exigera pas cinq minutes.

Voix nombreuses. Et le budget ! — Aux voix !

M. le baron Reille. Il serait plus simple de faire une loi !

M. le président. Je vais consulter la Chambre.

Il y a une demande de scrutin.

Cette demande est signée de MM. Gatineau, Janvier de La Motte (Eure), E. Dréolle, de Lacretelle, de Loqueyssie, Farcy, Perras, Benoist, Brelay, Neveux, Chavoix, Seignobos, Le Vasseur, Cavalié, Laroche-Joubert, Waldeck-Rousseau, G. Casse, etc.

J'indique à la Chambre que le vote porte sur la prise en considération de l'amendement de M. Gatineau.

(Le scrutin est ouvert, et les votes sont recueillis. MM. les secrétaires en opèrent le dépouillement.)

M. le président. Voici le résultat du dépouillement du scrutin :

ONT VOTÉ POUR :

MM. Armez,

Barodet. Beauquier. Bizarelli. Blanc (Louis) (Seine). Bonnet-Duverdier. Bosc. Bouchet. Boudeville. Bouquet. Bouteille. Boisset. Brelay. Brisson (Henri). Brossard.

Casse (Germain). Cavalié. Cesbron. Chalamet. Chavoix. Chevandier. Choiseul (Horace de). Clémenceau. Corneau. Cotte.

Datas. Daumas. Deniau. Desloges. Desmons. Dethomas. Diancourt. Dréo. Dubois (Côte-d'Or). Duclaud. Duportal.

Even.

Farcy. Fleury. Frébault.

Gagneur. Gassier. Gatineau. Gent (Alphonse). Giraud (Henri). Girot-Pouzol. Greppo. Guillot (Louis). Guyot (Rhône).

Hugot.

Jacques. Janvier de la Motte (Louis) (Maine-et-Loire). Janzé (baron de). Joigneaux. Jouffrault. Jullien.

Labuze. Lacretelle (Henri de). Laffitte de Lajoannenque (de). Laisant. La Porte (de). Laroche-Joubert. Leconte (Indre). Leroy (Arthur). Levêque. Lockroy.

Madier de Montjau. Maillé (d'Angers). Masure (Gustave). Ménard-Dorian. Mingasson. Mir. Montané.

Nadaud (Martin). Naquet (Alfred).

Pascal Duprat. Paulon. Pellet (Marcellin). Perin (Georges). Perras. Pradal.

Raspail (Benjamin). Réaux (Marie-Emile). Reyneau. Roque (de Filhol). Rougé. Rouvier.

Saint-Martin (Vaucluse). Sarrien. Sonnier (de). Spuller.

Talandier. Tardieu.

Verlhes. Villain.

ONT VOTÉ CONTRE :

MM. Abbatucci. Amat. André (Charente). Andrieux. Arnoult.

Bamberger. Bansard des Bois. Barbedette. Bardoux. Barthe (Marcel). Bastid

TROISIÈME DÉLIBÉRATION.

(Adrien). Beaussire. Bel (François). Belle. Bellisen (de). Benazet. Benoist. Bernier. Bienvenu. Binachon. Bizot de Fonteny. Blanc (Pierre) (Savoie). Blandin. Boissy d'Anglas (baron). Bonnaud. Borriglione. Bouthier de Rochefort. Bravet. Bresson. Brice (René). Brierre. Bruneau. Buyat.

Casimir-Périer (Aube). Casimir-Périer (Paul) (Seine-Inférieure). Caurant. Caze. Chaix (Cyprien). Chaley. Chanal (général de). Charlemagne. Charpentier. Chauveau (Franck). Chevallay. Chiris. Choron. Christophle (Albert) (Orne). Cirier. Colbert-Laplace (comte de). Cossé-Brissac (comte de). Costes. Couturier.

Daguilhon-Pujol. Danelle-Bernardin. Daron. Dautresme. David (Indre). Delafosse. Deluns-Montaud. Desbons. Deusy. Devade. Devaux. Develle (Eure). Develle (Meuse). Devès. Dreux. Dreyfus (Ferdinand). Drumel. Dubost (Antonin). Ducroz. Dupont. Durand (Ille-et-Vilaine). Durieu. Duvaux. Duvivier.

Escanyé. Eschasseriaux (baron). Eschasseriaux (René).

Faure (Hippolyte). Feltre (duc de). Ferrary. Flandin. Follet. Forné. Fouquet. Fourot. Fousset. Fréminet.

Galpin. Ganivet. Ganne. Garrigat. (Gasté (de). Gaudy. Gautier (René). Gavini. Germain (Henri). Gévelot. Ginoux de Fermon (comte). Giroud. Goblet. Godelle. Godin (Jules). Granier de Cassagnac (Georges). Granier de Cassagnac (Paul). Grollier. Gros-Gurin. Guichard.

Harispe. Haussmann (baron). Havrincourt (marquis d'). Hémon. Hérault. Hermary.

Janvier de La Motte (père) (Eure). Janmaire. Jenty. Jolibois. Journault.

Labat. La Caze (Louis). Lalanne. Lamy (Etienne). Lanauve. Lanel. Langlois. Lasbaysses. Lasserre. Latrade. Laumond. Laurençon. Lavergne (Bernard). La Vieille. Lebaudy. Lecomte (Mayenne). Legrand (Louis) (Valenciennes, Nord). Legrand (Pierre) (Nord). Lelièvre (Adolphe). Le Monnier. Lepère. Lepouzé. Le Provost de Launay (Calvados). Le Provost de Launay (Côtes-du-Nord). Leroux (Aimé) (Aisne). Le Vavasseur. Levert. Liouville. Lisbonne. Livois. Logerotte. Lombard. Loqueyssie (de).

Magniez. Mahy (de). Marcère (de). Margaine. Marion. Maunoury. Maze (Hippolyte). Médal. Méline. Mercier. Mestreau. Moreau. Mougeot.

Neveux. Niel. Noël Parfait.

Orneo (Cuneo d'). Osmoy (comte d').

Padoue (duc de). Papon. Parry. Patissier. Pelisse. Penicaud. Péronne. Petitbien. Philippe (Jules). Philippoteaux. Picard (Arthur). (Basses-Alpes). Pinault. Plessier. Ponlevoy (Frogier de). Poujade. Pouliot. Prax-Paris.

Rameau. Rathier (Yonne). Récipon. Renaud (Léon). Renault-Morlière. Riban. Ribot. Richarme. Riondel. Roudier. Rouher. Roux (Honoré). Roy de Loulay (Louis). Royer. Roys (comte de).

Saint-Martin (de) (Indre). Sallard. Salomon. Sarlande. Sée (Camille). Seignobos. Senard. Sentenac. Simon (Fidèle). Souchu-Servinière. Sourigues. Soye. Swiney.

Teissèdre. Tézenas. Thiessé. Thomas. Tiersot. Tondu. Trarieux. Trouard-Riolle. Truelle.

Versigny. Vignancour.

Waddington (Richard). Waldeck-Rousseau.

N'ONT PAS PRIS PART AU VOTE :

MM. Achard. Agniel. Allain-Targé. Allègre. Ancel. Anisson-Duperron. Aremberg (prince d'), Ariste (d'). Arrazat. Aulan (marquis d'). Azémar. Baduel d'Oustrac. Ballue. Barascud. Baudry-d'Asson (de). Baury. Beauchamp (de). Bélizal (vicomte de). Belon. Berger. Bergerot. Bernard. Bert (Paul). Bertholon. Bethmont (Paul). Bianchi. Biliais (de La). Blachère. Blin de Bourdon (vicomte). Boulart (Landes).

Bouquet. Bourgeois. Boyer (Ferdinand). Brame (Georges). Breteuil (marquis de).
Caduc. Cantagrel. Carnot (Sadi). Casabianca (vicomte de). Castaignède. Cazeaux.
Chantemille. Chavanne. Cibiel. Clercq (de). Cochery. Combes. Constans. Corentin-
Guyho. Cornil. David (Jean) (Gers). David (baron Jérôme) (Gironde). Debuchy.
Defoulenay. Descamps (Albert). Dethou. Dréolle (Ernest). Du Bodan. Duchasseint.
Du Douët. Dufour (baron). (Lot). Dufort de Civrac (comte de). Escarguel. Fallières.
Fauré. Ferry (Jules). Floquet. Franconie. Freppel. Gambetta. Gasconi, Gaslonde.
Gastu. Gaudin. Gilliot. Girard (Alfred). Girerd. Godissart. Gonidec de Traissan
(comte le). Guillemin. Guilloutet (de). Guyot-Montpayroux. Hamille (Victor). Har-
cour (duc d'). Hérisson. Horteur. Huon de Penanster. Joubert. Juigné (comte de).
Keller. Kermenguy (vicomte de). Klopstein (baron de). Labadié (Bouches-du-
Rhône). Labitte. Ladoucette (de). La Forge (Anatole de). La Grange (baron de).
Largentaye (de). Larochefoucauld duc de Bisaccia. La Rochette (Ernest de). Larrey
(baron). Lecherbonnier. Legrand (Arthur) (Manche). Le Maguet. Le Marois
(comte). Lenglé. Léon (prince de). Le Peletier d'Aulnay (comte). Lesguillier. Levet
(Georges). Lorois (Morbihan). Loustalot. Maigne (Jules). Maillé (comte de). Marcou.
Maréchal. Margue. Marquiset. Martin-Feuillée. Mathé. Mathieu. Michaut. Mitchell
(Robert). Monteils. Morel (Haute-Loire). Nédellec. Ollivier (Auguste). Ordinaire
(Dionys). Partz (marquis de). Passy (Louis). Perrochel (marquis de). Peulevey.
Picart (Alphonse) (Marne). Rauline. Raynal. Reille (baron). Riotteau. Rivière.
Roissard de Bellet (baron). Rollet. Roques (Camille). Rotours (des). Rubillard.
Savary. Savoye. Scrépel. Septenville (baron de). Serph (Gusman). Soland (de).
Soubeyran. Taillefer. Teilhard. Teillez-Béthune. Thirion-Montauban. Thomson.
Tirard. Trubert. Trystam. Turigny. Turquet. Vacher. Valfons (marquis de). Va-
rambon. Vaschalde. Vendeuvre (général de). Viette. Villiers. Wilson.

N'ONT PAS PRIS PART AU VOTE :

comme ayant été retenus à la commission du budget :

MM. Baïhaut. Crozet-Fourneyron. Jametel. Le Faure. Proust (Antonin).

ABSENTS PAR CONGÉ

MM. Allemand. Anthoard. Audiffred. Berlet. Boulard (Cher). Bouville (comte de).
Cadot (Louis). Chevreau (Léon). Douville-Maillefeu (comte de). Espeuilles (comte d').
Girault (Cher). Haentjens. Hovius. Labadié (Aude). La Bassetière (de). Loubet.
Mackau (baron de). Malézieux. Marmottan. Mas. Mayet. Mention (Charles).
Morel. (Hippolyte) (Manche). Murat (comte Joachim). Noirot. Oudoul. Perrien
(comte de). Plichon. Raymond (Francisque). Roger. Sarrette. Tallon (Alfred).
Tassin. Thoinnet de la Turmelière. Valon (de).

Nombre des votants...................... 324
Majorité absolue........................ 163
   Pour l'adoption................. 95
   Contre......................... 229

La Chambre des députés n'a pas adopté l'amendement de M. Gatineau.
Je donne une nouvelle lecture de l'article.
« Art. 70. — Amnistie est accordée pour tous les crimes et délits commis antérieurement au 16 février 1881, par la voie de la presse ou autres moyens de
publication, sauf l'outrage aux bonnes mœurs puni par l'article 28 de la présente
loi, et sans préjudice du droit des tiers.

TROISIÈME DÉLIBÉRATION.

« Les amendes non perçues ne seront pas exigées. Les amendes déjà perçues ne seront pas restituées, à l'exception de celles qui ont été payées depuis le 16 février 1881. » — (Adopté.)

Je mets aux voix l'ensemble du projet de loi.

(L'ensemble du projet de loi, mis aux voix, est adopté.)

FIN DES DÉBATS PARLEMENTAIRES.

OBSERVATION.

Avant de reproduire d'après le Bulletin des lois le texte officiel de la loi telle qu'elle résulte du projet voté ci-dessus par la Chambre des députés, conformément à celui que lui avait renvoyé le Sénat, loi promulguée le 29 juillet 1881 par le président de la République française, nous complétons les documents fournis par la commission d'initiative en transcrivant l'annexe, placée à la suite du rapport général de M. Lisbonne, qui n'a pas pu être divisée comme l'a été le rapport lui-même conformément au plan du livre.

Cette annexe comprend : — n° 1, fragments de législation étrangère ; — n° 2, textes des délits supprimés par le projet de loi ; — n° 3, nombre et dates des lois actuelles, au 5 juillet 1880, sur la presse.

ANNEXE AU RAPPORT GÉNÉRAL

FAIT LE 5 JUILLET 1880 PAR M. LISBONNE A LA CHAMBRE DES DÉPUTÉS
AU NOM
DE LA COMMISSION CHARGÉE D'EXAMINER LES DIVERSES PROPOSITIONS DE LOI
RELATIVES A LA LIBERTÉ DE LA PRESSE.

N° 1

Fragments de législation étrangère.

I

ALLEMAGNE

D'après la loi allemande de fin avril 1874, qui régit la Prusse, la Bavière, le Wurtemberg et autres États formant l'Allemagne du Nord :

Tout imprimé, excepté les formulaires, prix courants, bulletins de vote, cartes de visite, etc., doit porter le nom et le domicile de l'imprimeur.

Tout journal ou revue périodique doit indiquer le lieu et la date de la publication et le nom d'un *rédacteur responsable*.

Les correspondances lithographiques, autographiques, etc., destinées à alimenter les rédactions ne sont pas soumises à ces prescriptions.

La responsabilité d'un article incriminé incombe :

1° Au rédacteur responsable;

2° A l'éditeur;

3° A l'imprimeur;

4° A l'expéditeur;

5° Au propagateur.

Mais ni le rédacteur, ni l'éditeur, ni l'imprimeur ne sont tenus d'indiquer l'auteur de l'article incriminé.

Si l'une des personnes susindiquées est poursuivie, aucune des autres ne pourra l'être, sauf les délits *connexes et de droit commun*.

Aucune d'elles ne sera poursuivie, si elles indiquent l'auteur de l'article incriminé et si cet auteur peut être atteint par la justice.

Les délits commis par la presse sont frappés d'une amende de 1,250 francs ou de six mois au plus d'emprisonnement.

La presse est soumise au droit commun. Tous les délits poursuivis d'office sont soumis au *jury*.

La prescription est acquise pour les délits au bout de six mois et pour les contraventions au bout de trois.

Ni *cautionnement,* ni *timbre.* (Extrait de Larousse : v° *Presse à l'étranger.*)

II

ANGLETERRE (1)

§ 1er.

« Les mesures destinées à préparer et à assurer la répression des excès commis par la presse périodique sont multipliées. Elles furent, pour la plupart, introduites dans la loi quelques années avant que l'impression des livres et des publications non périodiques fût réglementée; à l'origine, elles furent établies uniquement dans l'intérêt du Gouvernement. Dans la suite, elles furent étendues de façon à pouvoir servir à la protection plus active accordée aux particuliers, trop souvent et trop violemment attaqués dans leur vie privée. Actuellement, les principales obligations imposées dans ce double dessein, aux propriétaires, éditeurs et imprimeurs de journaux, sont : le cautionnement; la déclaration, le dépôt, l'indication, sur chaque exemplaire, du nom d'imprimeur et d'éditeur.

§ 2.

« La responsabilité des propriétaires et des éditeurs de journaux, relativement aux excès commis par les feuilles qu'ils publient, fut, jusqu'en 1844, bien plus lourde et plus étendue qu'elle ne l'est aujourd'hui. A cette époque, en effet, l'acte de lord Campbell (6 et 7, ch. LXLV) est venu améliorer la situation difficile que la loi leur créait. Cet acte leur donne la faculté, lorsqu'ils sont poursuivis devant la juridiction civile par un individu qui se prétend diffamé dans leur journal, de se justifier en démontrant :

« 1° Que l'insertion de l'article ne peut être attribuée ni à une intention de nuire, ni à une faute lourde (*grosse négligence*) ;

« 2° Que, avant que l'instance fût engagée, ou au moins dès qu'ils en ont eu la possibilité, ils ont inséré des excuses satisfaisantes dans une livraison de leur publication, ou qu'ils ont offert au demandeur de publier des excuses dans un journal (ou une publication périodique choisie

---

(1) Les fragments de la législation anglaise, que nous reproduisons ici, sont empruntés à l'excellente monographie : *Le régime légal de la Presse en Angleterre,* par M. Edmond Bertrand, avocat à la Cour de Paris. Édit. de 1868.

par lui). L'effet de cette justification est de permettre au défendeur de *payer en cour*. Elle l'autorise à apporter devant la Cour une certaine somme d'argent, suffisante, à ce qu'il croit, pour satisfaire le demandeur et à se déclarer prêt à la lui payer. Si le demandeur n'accepte pas cette offre et passe outre, il s'expose à ce que, après les débats, le jury, trouvant qu'elle était suffisante, lui fasse perdre son procès. » (Regl. gen. 1853.)

§ 3.

... « Une autre disposition de l'acte de 1844 a encore amélioré la situation des éditeurs et des propriétaires de journaux poursuivis devant la juridiction criminelle.

« Les actes 6 et 7 Vict., ch., LXLVI, leur donnent la faculté de démontrer, en cas de poursuite, que la publication de l'article a été faite sans leur autorisation ni leur consentement, à leur insu, et sans faute de leur part. Autrement, ils eussent été quotidiennement exposés à être condamnés sans être coupables. En effet, le fait de la publication, par un des nombreux employés qui leur sont nécessaires, est tout d'abord, et sans plus ample informé, mis à leur charge. »

§ 4.

... « La loi permet de discuter et de critiquer les mesures adoptées par le souverain et par ses ministres, concernant la direction des affaires du pays, pourvu que la discussion soit loyale et la critique tempérée, décente, respectueuse. Mais les intentions ne doivent jamais être mises en suspicion. C'est se rendre coupable, que d'imputer les actes du Gouvernement à des calculs perfides ou à des desseins pervers. (Rex c. Lambert et Perry — 2 Campb. 398.)

« Tout écrit, toute parole qui dépasse cette limite, sont considérés comme *séditieux;* mais tout écrit qui n'est outrageant, ni par l'expression, ni par les intentions qu'il prête, obtient la pleine franchise de discussion. Ainsi l'imputation d'une « erreur de jugement » adressée même à la personne du Souverain, ne constitue pas une critique punissable. (2 Campb. 402.)

« L'imputation contenue dans l'écrit séditieux est poursuivie sous quelque forme qu'elle se présente : directe (1 Vent. 276); détournée (*ibid.*, E. 1); interrogative (E. 2); conjecturale (E. 3); exclamative (E. 6); ironique (1 Hawkins, chap. LXXIII S. 4)..... »

§ 5.

« Mais *l'écrit séditieux* n'est pas la plus coupable des attaques que la presse peut diriger contre le Gouvernement. Il est des écrits qui sont considérés comme actes déclarés de trahison, càr *scribere est agere*. A proprement parler, cependant, ce ne sont pas les mots eux-mêmes qui constituent la trahison, c'est le fait de les avoir écrits. Peuvent constituer des actes de trahison les écrits qui conspirent la mort du souverain; ceux qui conspirent avec les ennemis du Roi, qui leur prêtent aide et assistance, etc. »

§ 6.

« A l'écrivain coupable de trahison, on peut joindre l'écrivain coupable d'excitation à la révolte. Ce dernier, cependant, est puni de peines particulières qu'il convient d'indiquer dès à présent, parce qu'elles sont spéciales à ce délit. Aux termes des statuts 37, Geo. III, ch. LXX, s. 1 et 1 Vict., ch. XIC, ss. 1, 2, ils sont condamnés à la transportation pour la vie, ou quinze ans au moins, ou à la prison avec travail forcé pour trois ans au plus, sans que le coupable puisse se prévaloir du bénéfice de clergie. »

§ 7.

La loi anglaise punit trois autres sortes d'écrits :

« 1° Les écrits tendant à diffamer ou à injurier des personnages qui occupent une grande situation par leur noblesse ou par leurs fonctions dans un pays étranger, sont punissables lorsqu'ils sont de nature à amener la rupture des relations pacifiques existant entre les deux Gouvernements. (Lord Ellenborough dans le procès de Peltier. *Holton libel*.)

« 2° Les écrits répandant de fausses nouvelles, de nature à semer la discorde entre le Roi et la noblesse, ou sur le compte d'un grand personnage du royaume, sont punissables, d'après la loi commune.

« 3° Enfin, l'écrit dirigé contre les lois existantes (4 state trials, 672-903). »

§ 8.

« Aux termes du statut 39 Geo. III, ch. LXXIX, toute personne qui possède une presse à imprimer ou des caractères d'impression, doit en adresser un avis, certifié par un témoin, au *clerc de paix* du comté.

« Cet avis doit être rédigé selon la formule indiquée dans le tableau annexé à l'acte. Semblable notification doit être faite par toute personne qui a l'intention de prendre la profession de fondeur en caractères ou de fabricant de presses à imprimer. » (S. 25.)

« Toute personne qui détient des presses à imprimer et des caractères, ou qui en fait usage, ou qui en vend, sans avoir donné cet avis et obtenu le certificat exigé par l'acte, encourt une amende de 20 liv. sterl. Sous la même peine, tout individu qui vend des presses, etc., doit tenir, par écrit, la liste de ceux auxquels il a vendu et produire cette liste à la première réquisition de tout juge de paix. » (S. 26.)

« Quiconque imprime pour la vente et le commerce, doit garder un exemplaire au moins de chaque publication, écrire sur cet exemplaire le nom et le domicile des personnes qu'il a employées pour l'imprimer, et le produire à la première réquisition de tout juge de paix. » (S. 29.)

§ 9.

« L'écrit injurieux qui, avec intention mauvaise, attaque le Gouvernement, qui outrage la religion et les bonnes mœurs, et même qui diffame un particulier, constitue un délit contre la paix publique. Sa qualification légale est *libel*. »

§ 10.

« La justice anglaise procède à la répression de ces délits par voie d'*information* ou d'*indictment* (accusation).

« Ces deux modes de poursuite donnent lieu à l'arrestation et à la détention préventive, à moins que caution ne soit donnée.

« Les pairs et les membres du Parlement peuvent être arrêtés quand il y a charge de trahison, et par conséquent, quand ils sont accusés de *libel* constituant un acte de trahison; même ils ne sont pas inviolables quand ils sont accusés de *seditious libel* (Chitty, *ibid.*). »

§ 11.

... « Le *seditious libel* est puni de l'amende ou de la prison, ou des deux peines à la fois, à la discrétion de la cour, et sans qu'aucune limite lui soit imposée.

« Les mêmes peines frappent le *libel* dirigé contre l'administration publique de la justice, et même le *libel* diffamatoire qui attaque la vie privée d'un particulier. Quant aux écrits excitant à la rébellion, et qui *étaient punis de mort* par l'art. 35 Geo. III, ch. LXX, s. 1, on a déjà vu qu'ils sont aujourd'hui punis de la servitude pénale ou d'un emprisonnement de trois ans au plus. »

§ 12.

Blasphème.

« Blasphémer », en niant l'existence ou la providence du Tout-Puissant, en injuriant Notre Seigneur et Sauveur le Christ; en se raillant des saintes Écritures, en les exposant au mépris ou au ridicule, constitue un délit punissable, aux termes de la loi commune, de l'amende et de l'emprisonnement, ou d'un autre châtiment corporel infamant (Hawkins, P. C., ch. v, s. 5), « parce que le christianisme fait partie des lois d'Angleterre ». (Stephen, t. IV, p. 287.)

III

AUTRICHE

Les crimes et délits déférés au jury.

Cautionnement, dont le maximum est de 20,000 fr. En 1873, il a été question de l'abolir. (Larousse, v° *Presse à l'étranger*.)

IV

BELGIQUE

Code de pénal de 1867.

ART. 66. — « Seront punis comme auteurs d'un crime ou d'un délit..

. . . .

Ceux qui, soit par des discours tenus dans des réunions ou dans des lieux publics, soit par des placards affichés, soit par des écrits imprimés ou non et vendus ou distribués, auront provoqué directement à le commettre, sans préjudice des peines portées par la loi contre les auteurs de provocations à des crimes ou à des délits, même dans le cas où ces provocations n'ont pas été suivies d'effet. »

ART. 449. — « Lorsqu'il existe au moment du délit une preuve légale des faits imputés, s'il est établi que le prévenu a fait l'imputation sans aucun motif d'intérêt public ou privé, et dans l'unique but de nuire, il sera puni, comme coupable de divulgation méchante, d'un emprisonnement de 8 jours à 2 mois et d'une amende de 26 francs à 400 francs, ou d'une de ces peines seulement. »

Projet de révision du Code pénal de 1867.

ART. 1er. — Seront punis comme auteurs d'une infraction, ceux qui ont provoqué directement à la commettre, soit par des paroles proférées dans des lieux ou réunions publics, soit par des écrits ou des imprimés, soit par des images ou des emblèmes distribuées, exposées en vente ou aux regards du public.

ART. 2. — Quiconque, par un des moyens énoncés en l'article précédent, aura provoqué directement à la désobéissance à une loi d'ordre public, sera puni d'un emprisonnement de 6 mois à 3 ans.

Attaques contre le Roi et contre les Chambres.

Art. 3. — Quiconque, par un des mêmes moyens, aura méchamment attaqué les droits constitutionnels du roi, ceux de sa dynastie ou ceux des Chambres, sera puni d'un emprisonnement de 6 mois à 3 ans.

Art. 4. — Tout outrage commis par un des moyens énoncés en l'article 1er, envers la personne du roi, sera puni d'un emprisonnement de 3 mois à 2 ans.

Art. 5. — L'outrage envers la personne du régent ou des ministres, exerçant les pouvoirs constitutionnels du roi sera puni des mêmes peines.

Attaques contre les chefs des gouvernements étrangers et les agents diplomatiques.

Art. 6. — Quiconque, par un des moyens énoncés en l'article 1er, aura commis un outrage envers la personne du chef d'un Gouvernement étranger reconnu, sera puni d'un emprisonnement de 3 mois à 2 ans et d'une amende de 100 francs à 2,000 francs.

Art. 7. — Quiconque, par un des mêmes moyens, aura outragé, à raison de ses fonctions, un agent diplomatique accrédité près le gouvernement belge, sera puni d'un emprisonnement de 2 mois à 18 mois et d'une amende de 500 francs à 1,000 francs.

Art. 8. — La poursuite des délits prévus par les deux articles précédents, n'aura lieu en Belgique que si les législations étrangères renferment des dispositions analogues.

Outrages publics aux mœurs.

Art. 9. — Tout outrage aux mœurs, commis par un des moyens énoncés en l'article 1er, sera puni d'un emprisonnement de 8 jours à 1 an et d'une amende de 26 francs à 500 francs.

Atteintes portées à l'honneur.

Art. 11. — Seront punies d'un emprisonnement de 8 jours à 1 an et d'une amende de 26 francs à 500 francs, les diffamations commises, soit par des paroles proférées devant plusieurs individus dans des lieux ou réunions quelconques, soit par des écrits, des imprimés, des images ou des emblèmes distribués, exposés en vente ou aux regards du public ou communiqués à plusieurs personnes.

Art. 12. — Nul ne sera admis à prouver la vérité des faits diffamatoires ou injurieux.

Néanmoins les imputations dirigées, à raison de faits relatifs à leurs fonctions, contre toute personne ayant agi dans un caractère public ou contre tout corps constitué, pourront être prouvées par toutes les voies ordinaires, sauf la preuve contraire par les mêmes voies.

Art. 13. — Quiconque aura injurié une personne ou un corps constitué, dans une des circonstances indiquées à l'article 11, sera puni d'un emprisonnement de 8 jours à 2 mois et d'une amende de 26 francs à 200 francs, ou d'une de ces peines.

Dispositions générales.

Art. 17. — Tout condamné à un emprisonnement d'un an au moins, pour un délit prévu par la présente loi, qui en aura commis un nouveau avant l'expiration de 5 ans, depuis qu'il a subi ou prescrit sa peine, pourra être condamné à une peine double du maximum porté contre le délit.

Contraventions de presse.

Art. 22. — Quiconque aura imprimé ou sciemment distribué un imprimé quelconque, qui ne porte pas l'indication vraie du nom et du domicile de l'auteur ou de l'imprimeur, sera puni d'un emprisonnement de 8 jours à 2 mois et d'une amende de 26 francs à 200 francs, ou d'une de ces peines.

L'amende seule sera prononcée, si l'imprimé fait partie d'une publication dont l'origine est connue par son apparition antérieure.

Art. 23. — Quiconque fera connaître l'imprimeur, ou la personne dont il tient l'écrit imprimé, sera exempté de la peine portée par l'article précédent.

V

BRÉSIL 1878

« Le délit, d'après le Code pénal, ne provient que de la publication ; d'un autre côté, on n'y cherche qu'*un seul coupable*, c'est d'abord l'*imprimeur*, s'il ne présente l'engagement par écrit de responsabilité de l'éditeur ; puis celui-ci, s'il ne présente un pareil engagement de l'auteur ; et enfin l'auteur, qui se sera obligé de la même manière. Tel est, en général, le système consacré par le Code, dans le but de garantir une entière liberté dans la manifestation de la pensée. Ajoutons que, sauf l'obligation des typographes, lithographes ou graveurs de déclarer devant le Conseil communal qu'ils vont s'établir, et pour les Imprimeurs en gravures, de quel établissement ils sont sortis et à quelle date, il n'y a ni caution ni aucune autre disposition d'un caractère préventif en matière de presse dans la législation *brésilienne*.

« Une proposition, due à l'initiative parlementaire et plus sévère que le Code pénal, a été adoptée en première lecture (10 mars) par la Chambre des Députés.

« Elle tend à rendre *l'auteur de l'article* responsable par le seul fait de sa signature, qu'il ait ou non pris l'engagement de responsabilité pour la publication. On voulait éviter ainsi qu'un individu quelconque, un homme de paille, n'endossât la responsabilité de la publication de l'écrit. »

(*Annuaire de la Législation étrangère*, page 847.)

VI

ESPAGNE

Loi sur la presse (7 janvier 1879).

TITRE PREMIER. — Des différentes sortes d'imprimés.

ART. 3. — Tout imprimé qui ne portera pas le nom de l'imprimerie, ou qui portera un nom supposé, sera considéré comme clandestin, et ses auteurs, directeurs, éditeurs ou imprimeurs seront soumis à la responsabilité indiquée par l'article 202 du Code pénal.

....

TITRE II. — Des journaux.

ART. 4. — Il ne pourra se publier aucun journal sans que son fondateur se soit adressé préalablement au gouverneur de la province, si le journal doit paraître dans la capitale, ou à l'alcade s'il doit paraître dans tout autre lieu, en faisant connaître le titre que le journal doit porter, l'imprimerie dans laquelle il doit s'imprimer et le nom du fondateur propriétaire ou de la société légalement constituée qui doit le fonder, et, en ce cas, le nom du gérant.

Le fondateur propriétaire ou le gérant, à sa place, qui se propose de publier un journal, doit être citoyen espagnol, majeur, avoir au moins deux années de domicile dans l'endroit où se publie le journal, payer 250 piécettes d'impôt foncier ou depuis deux années 500 piécettes pour l'impôt industriel et avoir le libre exercice de ses droits civils et politiques.

Personne ne pourra publier plus d'un journal politique quotidien.

....

Art. 8. — Deux heures avant la distribution du journal, le propriétaire fondateur, ou celui qui a été dûment autorisé en son lieu et place, devra remettre deux exemplaires au parquet du tribunal de presse et un autre à la présidence du Conseil des ministres, au Ministère de l'Intérieur et au Gouverneur de la province, si le journal se publie dans la résidence royale.

....

Art. 11. — Tout journal est obligé d'insérer dans un des trois premiers numéros qui suivent toute communication à lui adressée par un particulier, un tribunal, une corporation ou une association autorisée par la loi, qui se croient offensés ou à qui on a attribué dans le journal des faits faux ou défigurés, à l'effet de défendre, de dénier, de rectifier, redresser ou expliquer lesdits faits.

Cette communication devra être insérée à la première page du journal ou au moins à la même page et à la même colonne que celle où a été publié l'article qui donne lieu à réclamation ou à protestation ; l'insertion sera gratuite toutes les fois qu'elle n'excédera pas le double de l'article ; dans le cas contraire, le réclamant devra payer pour le surplus le prix ordinaire du journal ; la communication sera insérée intégralement et sans qu'il soit permis de rien intercaler dans son texte.

....

TITRE III. — Des délits.

Art. 16. — Constituent un délit de presse :

1° Le fait d'attaquer directement ou de tourner en ridicule les dogmes de la religion de l'État, son culte ou ses ministres ou la morale chrétienne ;

2° Le fait de railler ou de bafouer toute autre religion qui compte des adeptes en Espagne ;

3° L'offense, en dehors des cas prévus par le Code pénal, à la personne inviolable du Roi, au moyen d'allusions irrespectueuses, soit directes, soit indirectes, à ses actes, à ses opinions ; le fait de propager des doctrines ou des maximes qui tendent à le supposer responsable ou qui contiennent en quelque manière la négation ou la méconnaissance de ses droits, dignités et prérogatives ; le fait de publier des nouvelles relatives à sa personne, ou rendre compte des faits et actes qui le concernent, lui ou un membre quelconque de la famille royale, si cette publication a été faite avec l'intention de porter atteinte à son prestige ;

4° L'attaque directe ou indirecte à la forme du gouvernement ou aux institutions fondamentales ; la proclamation de maximes ou de doctrines contraires au régime de la monarchie constitutionnelle ; la conspiration directe ou indirecte contre l'ordre légal, en supposant impossibles sa continuation ou son exercice ou en encourageant en quelque manière les espérances des ennemis de la paix publique;

5° Le fait d'injurier ou de tourner en ridicule les assemblées législatives ou quelqu'une de leurs Commissions, ou de nier et de mettre en doute la légitimité des élections générales pour les Députés aux Cortès ou pour les Sénateurs.

Les délits prévus aux trois paragraphes précédents seront poursuivis et punis, encore que pour les commettre on ait eu recours à des allégories de personnes ou de pays supposés, ou qu'on se soit servi de souvenirs historiques, de fictions, ou qu'on ait employé quelque autre moyen;

6° Le fait d'altérer méchamment les sessions ou les discours des députés ou des sénateurs dans les cas prévus par le Code pénal, en les attaquant ou en les dénigrant pour les opinions ou les doctrines qu'ils soutiennent ou les votes qu'ils émettent dans l'exercice de leur mandat;

7° Le fait d'attribuer à un sénateur ou à un député, après la publication du compte rendu des sessions, des paroles ou des opinions qui ne se trouvent pas rapportées dans ce compte rendu;

8° La publication de nouvelles qui peuvent favoriser les opérations de l'ennemi en temps de guerre civile ou étrangère, ou de découvrir celles que doivent exécuter les troupes de terre ou de mer, ou encore qui sont de nature à provoquer la discorde, et la rivalité entre les différents corps ou qui peuvent ébranler d'une manière ou l'autre la discipline militaire;

9° Le fait de soutenir et exposer des doctrines contraires à l'organisation de la famille et de la propriété, ou qui tendent à exciter certaines classes contre d'autres ou à provoquer des coalitions dans le même but;

10° La publication de fausses nouvelles de nature à alarmer les familles, à mettre en péril l'ordre public ou à causer un dommage grave et évident aux intérêts et au crédit de l'État, au moyen, par exemple, de l'insertion de documents officiels dont le sens est défiguré;

11° La provocation à la désobéissance aux lois et aux autorités constituées, ou l'apologie de faits qualifiés par les lois crimes ou délits.

12° L'injure ou l'offense aux monarques ou chefs des autres États amis, ou aux pouvoirs constitués de ces États, ainsi qu'à leurs représentants diplomatiques accrédités près la Cour d'Espagne, toutes les fois que cette offense ou injure est punie dans les pays dont s'agit;

13° L'attaque à l'autorité de la chose jugée, ou le fait de chercher à entraver par des menaces ou des insultes la liberté des juges, magistrats et fonctionnaires publics chargés de poursuivre et de punir les délits.

. . . .

ART. 17. — Les journaux qui, au moyen de la gravure ou de la lithographie, se rendent coupables des faits prévus par l'article précédent, commettent le délit de presse et sont soumis aux dispositions de la présente loi.

. . . .

TITRE IV. — **Des peines.**

ART. 22. — Les délits compris aux numéros 1, 2, 3, 4, 5, 6 et 7 de l'article 16 de la présente loi seront punis de la suspension de la publication du journal, pendant un temps qui ne pourra être moindre de vingt jours, ni supérieur à soixante, pour les journaux quotidiens, ou, pour ceux qui paraissent à des intervalles plus éloignés pendant le temps nécessaire à la publication de vingt à soixante numéros.

. . . .

ART. 23. — Les délits prévus aux numéros 8, 9, 10, 11, 12 et 13 de l'article 16, aux articles 17 et 18 et au § 2 de l'article 20, seront punis de la suspension du journal, pendant un délai de quinze à trente jours ou pendant le temps nécessaire à la publication de quinze à trente numéros, selon que le journal est quotidien ou non.

. . . .

ART. 25. — Le journal qui aura subi, dans l'espace de deux années, trois condamnations aux peines portées à l'article 22, sera supprimé, et on ne pourra en reprendre la publication.

Celui qui aura été frappé six fois, dans le même espace de temps, des condamnations portées par l'article 23, sera pareillement supprimé, et s'il encourt à la fois les deux sortes de condamnation, deux condamnations de la seconde classe équivaudront, au point de vue de la suppression, à une de la première.

. . . .

TITRE V. — **De l'inexécution de la condamnation et peines encourues dans ce cas.**

ART. 28. — Les peines applicables aux différents cas d'inexécution de la condamnation indiquées dans l'article précédent sont les suivantes :

Au premier cas, la saisie du numéro et la suspension pour un espace de temps égal à celui de la condamnation ;

Au second cas, la saisie du journal et une amende de 1,000 piécettes pour le fondateur-propriétaire, ou le gérant à sa place ;

Au troisième cas, la suspension du journal qui a servi l'abonnement du journal condamné, pour un espace de temps égal à celui de la suspension prononcée contre ce dernier ;

Au quatrième cas, en outre de la saisie du numéro, le journal sera condamné à la même peine de la suspension ou de la suppression qui avait été prononcée contre celui dont il a servi l'abonnement.

. . . .

TITRE VI. — **Des tribunaux de presse.**

Art. 31. — Tous les délits de presse seront portés devant un tribunal composé d'un président de chambre et de deux magistrats du tribunal dans le ressort duquel se publie le journal. La nomination sera faite par le Gouvernement.

Art. 32. — Les magistrats qui composent le tribunal de la presse à Madrid toucheront, en dehors de leur traitement, une gratification annuelle de 2,500 piécettes. Ceux qui composent le tribunal de Barcelone recevront une gratification de 2,000 piécettes.

TITRE VIII. — **De la procédure.**

Art. 44. — L'action pénale pour poursuivre devant les tribunaux les délits de presse doit être intentée dans les huit jours de la publication de l'imprimé.

. . . .

TITRE IX. — **Des livres et brochures.**

Art. 68. — La publication d'un livre n'est soumise à d'autres conditions que l'indication de l'imprimerie, ainsi qu'il est dit à l'article 3.

. . . .

TITRE X. — **Des feuilles détachées et des affiches.**

Art. 77. — La publication des feuilles détachées et des affiches ne pourra avoir lieu sans la permission préalable de l'autorité.

Au cas de refus, on pourra faire appel dans les délais fixés par l'article 73.

. . . .

TITRE XIII. — **Des impressions qui se publient à l'étranger.**

Art. 94. — Le Gouvernement pourra prohiber l'introduction et la circulation, sur le territoire espagnol, de tout imprimé prévu par la présente loi.

Sont exceptés de cette disposition les livres imprimés en langue étrangère dont l'introduction et la circulation ne pourront être prohibées par le Gouvernement tant qu'il n'y aura pas eu contre eux une plainte ou une poursuite criminelle; ces livres restent d'ailleurs soumis, comme ceux imprimés et publiés en Espagne, à la législation ordinaire et à la sanction établie par le Code pénal pour les délits commis par ces derniers ; en ce qui concerne les livres imprimés à l'étranger, seront considérés comme éditeurs, pour les effets de l'article 14 du Code, ceux qui les expédient ou les font circuler sur le territoire espagnol.

VII

ÉTATS-UNIS

Acte du 3 mars 1863. — Il punit d'un emprisonnement avec travail forcé de 6 mois à 5 ans, pour chaque délit, ou d'une amende de 100 à 2,000 dollars la vente, la distribution, le colportage, l'annonce de toute *publication obscène* par le dessin ou l'impression, de tout objet d'un usage immoral, de toute drogue destinée à prévenir la conception ou à procurer l'avortement. (*Annuaire de la législation étrangère*, 1874, p. 493.)

VIII

HOLLANDE

Ni autorisation, ni cautionnement, et, depuis 1869, le timbre est aboli.

IX

ITALIE

Loi du 26 mars 1848, modifiée par la loi du 20 juin 1858.
Ni autorisation, ni cautionnement. — Jury. — Prescription 3 mois.

X

PRUSSE

Loi du 7 mai 1874.

Art. 6. — Tout imprimé paraissant dans l'étendue du territoire où la présente loi est en vigueur, doit porter l'indication du nom et de la demeure de l'imprimeur, et si cet écrit est destiné à la librairie ou à tout autre mode de diffusion, celle du nom et de la demeure de l'éditeur, ou, au cas de publication sans intermédiaire, de l'auteur ou de celui qui publie...

Sont seuls exceptés de cette prescription les imprimés ne servant qu'aux besoins de l'industrie.

ART. 7. — Chaque numéro (journaux) doit porter en outre la mention du nom et domicile du *rédacteur responsable.*

(*Annuaire de la législation étrangère*, 1875, p. 76.)

ART. 8. — Il faut être en possession de ses droits civiques.

XI

SUISSE

Ni autorisation, ni cautionnement, ni timbre. Jury. Prescription 3 mois.

N° 2

Textes des délits supprimés par le projet de loi.

A

17 mai 1819. ART. 3. — Quiconque aura, par l'un des mêmes moyens, provoqué à commettre un ou plusieurs délits, sans que ladite provocation ait été suivie d'aucun effet, sera puni d'un emprisonnement de 3 jours à 2 années, d'une amende de 30 à 4,000 francs, ou de l'une de ces deux peines seulement, selon les circonstances, sauf les cas dans lesquels la loi prononcerait une peine moins grave contre l'auteur même du délit, laquelle sera alors appliquée au provocateur.

B

17 mai 1819. ART. 6. — La provocation par l'un des mêmes moyens à la désobéissance aux lois, sera punie des peines portées en l'article 3.

C

17 mai 1819. ART. 8. — Tout outrage à la morale publique et religieuse par l'un des moyens énoncés en l'article 1er sera puni d'un emprisonnement d'un mois à un an et d'une amende de 16 à 500 francs.

D

25 mars 1822. ART. 1er. — Quiconque par l'un des moyens énoncés en

44

l'article 1ᵉʳ de la loi du 17 mai 1819 aura outragé ou tourné en dérision la religion de l'État sera puni d'un emprisonnement de 3 mois à 5 ans et d'une amende de 300 à 6,000 francs.

Les mêmes peines seront prononcées contre quiconque aura outragé ou tourné en dérision toute autre religion dont l'établissement est légalement reconnu en France.

E

25 mars 1822. Art. 7. — L'infidélité et la mauvaise foi dans le compte que rendent les journaux et écrits périodiques des séances des Chambres et des audiences des Cours et Tribunaux seront punies d'une amende de 1,000 à 6,000 francs.

En cas de récidive ou lorsque le compte rendu sera offensant pour l'une ou l'autre des Chambres, ou pour l'un ou l'autre des pairs et des députés, ou injurieux pour la Cour, le Tribunal, ou l'un des magistrats, des jurés ou des témoins, les éditeurs du journal seront, en outre, condamnés à un emprisonnement d'un mois à 3 ans.

Dans les mêmes cas, il pourra être interdit, pour un temps limité ou pour toujours, aux propriétaires et éditeurs du journal ou écrit périodique condamné, de rendre compte des débats législatifs ou judiciaires. La violation de cette défense sera punie de peines doubles de celles portées au présent article.

F

11 août 1848. Art. 1ᵉʳ. — Toute attaque, par l'un des moyens énoncés en l'article 1ᵉʳ de la loi du 17 mai 1819, contre les droits et l'autorité de l'Assemblée nationale, contre les droits et l'autorité que les membres du pouvoir exécutif tiennent des décrets de l'Assemblée, contre les institutions républicaines et la Constitution, contre le principe de la souveraineté du peuple et du suffrage universel, sera punie d'un emprisonnement de 3 mois à 5 ans et d'une amende de 300 à 6,000 francs (modifié).

G

11 août 1848. Art. 3. — L'attaque, par l'un de ces moyens, contre la liberté des cultes, le principe de la propriété et les droits de la famille, sera punie d'un emprisonnement d'un mois à 3 ans et d'une amende de 100 à 4,000 francs.

H

11 août 1848. Art. 4. — Quiconque, par l'un des moyens énoncés en l'art. 1ᵉʳ de la loi du 17 mai 1819, aura excité à la haine ou au mépris du gouvernement de la République, sera puni d'un emprisonnement d'un mois à 4 ans et d'une amende de 150 à 5,000 fr.

La présente disposition ne peut porter atteinte au droit de discussion et de censure des actes du pouvoir exécutif et des ministres.

I

11 août 1848. ART. 6. — Seront punis d'un emprisonnement de 15 jours à 2 ans et d'une amende de 100 fr. à 4,000 fr. :

1° L'enlèvement ou la dégradation des signes publics de l'autorité du Gouvernement républicain, opéré en haine ou en mépris de cette autorité ;

2° Le port public de tous signes extérieurs de ralliement, non autorisés par la loi ou par des règlements de police ;

3° L'exposition dans des lieux ou réunions publics, la distribution ou la mise en vente de tous signes ou symboles propres à propager l'esprit de rébellion ou à troubler la paix publique.

K

11 août 1848. ART. 7. — Quiconque, par l'un des moyens énoncés en l'art. 1er de la loi du 17 mai 1819, aura cherché à troubler la paix publique en excitant le mépris ou la haine des citoyens les uns contre les autres, sera puni des peines portées en l'article précédent.

L

27 juillet 1849. ART. 3. — Toute attaque par l'un des mêmes moyens contre le respect dû aux lois et l'inviolabilité des droits qu'elles ont consacrés, toute apologie de faits qualifiés crimes ou délits par la loi pénale, sera punie d'un emprisonnement d'un mois à 2 ans et d'une amende de 16 fr. à 1,000 fr.

M

17 février 1852. ART. 15. — La publication ou la reproduction de nouvelles fausses, de pièces fabriquées, falsifiées ou mensongèrement attribuées à des tiers, sera punie d'une amende de 50 à 1,000 fr.

Si la publication ou reproduction est faite de mauvaise foi, ou si elle est de nature à troubler la paix publique, la peine sera d'un mois à un an d'emprisonnement et d'une amende de 500 fr. à 1,000 fr.

Le maximum de la peine sera appliqué si la publication ou la reproduction est tout à la fois de nature à troubler la paix publique et faite de mauvaise foi (art. modifié).

N

17 février 1852. ART. 17. — Il est interdit de rendre compte des procès

AU RAPPORT GÉNÉRAL.

pour délits de presse. La poursuite pourra seulement être annoncée; dans tous les cas, le jugement pourra être publié.

Dans toutes affaires civiles les cours et tribunaux pourront interdire le compte rendu du procès. Cette interdiction ne pourra s'appliquer au jugement, qui pourra toujours être publié (art. modifié).

O

17 février 1852. Art. 21 — La publication de tout article traitant de matières politiques ou d'économie sociale, et émanant d'un individu condamné à une peine afflictive et infamante, ou infamante seulement, est interdite.

Les éditeurs, gérants, imprimeurs, qui auront concouru à cette publication, seront condamnés solidairement à une amende de 1,000 fr. à 5,000 fr.

P

17 février 1852. Art. 22. — Aucuns dessins, aucunes gravures, lithographies, médailles, estampes ou emblèmes, de quelque nature ou espèce qu'ils soient, ne pourront être publiés, exposés ou mis en vente sans l'autorisation préalable du ministre de la police à Paris, ou des préfets dans les départements.

En cas de contravention, les dessins, gravures, lithographies, médailles, estampes ou emblèmes, pourront être confisqués, et ceux qui les auront publiés seront condamnés à un emprisonnement d'un mois à un an et à une amende de 100 fr. à 1,000 fr.

R

11 mai 1868. Art. 8. — Aucun journal ou écrit périodique ne pourra être signé par un membre du Sénat ou du Corps législatif en qualité de gérant responsable. En cas de contravention, le journal sera considéré comme non signé, et la peine de 500 à 3,000 fr. sera prononcée contre les imprimeurs et propriétaires.

S

11 mai 1868. Art. 9. — La publication par un journal ou écrit périodique d'un article signé par une personne privée de ses droits civils et politiques, ou à laquelle le territoire de France est interdit, est punie d'une amende de 1,000 à 5,000 fr. qui sera prononcée contre les éditeurs ou gérants dudit journal ou écrit périodique.

T

11 mai 1868. Art. 11. — Toute publication dans un écrit périodique

relative à un fait de la vie privée constitue une contravention punie d'une amende de 500 fr.

La poursuite ne pourra être exercée que sur la plainte de la partie intéressée.

U

11 mai 1868. Art. 12. — Une condamnation pour crime commis par voie de la presse entraine de plein droit la suppression du journal dont le gérant a été condamné.

Pour le cas de récidive, dans les deux années à partir de la première condamnation pour délits de presse autres que ceux commis contre des particuliers, les tribunaux peuvent, en réprimant un nouveau délit de même nature, prononcer la suspension du journal ou écrit périodique, pour un temps qui ne sera pas moindre de 15 jours ni supérieur à deux mois.

Une suspension de 2 à 6 mois peut être prononcée pour une troisième condamnation dans le même délai.

Elle peut l'être également par un premier jugement ou arrêt de condamnation, si la condamnation est encourue pour provocation à l'un des crimes prévus par les articles 86, 87 et 91 du Code pénal, ou pour délit prévu par l'article 9 de la loi du 17 mai 1819.

Pendant toute la durée de la suspension, le cautionnement demeurera déposé au Trésor et ne pourra recevoir une autre destination.

V

11 mai 1868. Art. 13. — L'exécution provisoire du jugement ou de l'arrêt qui prononce la suspension ou la suppression d'un journal ou écrit périodique pourra, par une disposition spéciale, être ordonnée, nonobstant opposition ou appel en ce qui touche la suspension ou la suppression.

Il en sera de même pour la consignation de l'amende, sans préjudice des dispositions des articles 29, 30 et 31 du décret du 17 février 1852.

Toutefois, l'opposition ou l'appel suspendront l'exécution, s'ils sont formés dans les vingt-quatre heures de la signification du jugement ou arrêt par défaut ou de la prononciation du jugement contradictoire.

L'opposition ou l'appel entraîneront de plein droit citation à la plus prochaine audience.

Il sera statué dans les trois jours.

Le pourvoi en cassation n'arrêtera en aucun cas les effets des jugements et arrêts ordonnant l'exécution provisoire.

Nombre et dates des lois actuelles, au 5 juillet 1880, sur la Presse.

NOMBRE DES LOIS.	DATE DES LOIS.	NOMBRE D'ARTICLES.
1	10 mai 1728..............................	1
2	10 septembre 1735........................	1
3	18 germinal an X....	3
4	7 germinal an XII.	2
5	20 février 1809..........................	2
6	5 février 1810..........................	8
7	6 juillet 1810..........................	2
8	21 octobre 1814.........................	11
9	24 octobre 1814.........................	10
10	8 octobre 1817..........................	2
11	17 mai 1819.............................	26
12	26 mai 1819.............................	29
13	9 juin 1819.............................	13
14	12 janvier 1820.........................	1
15	25 mars 1822............................	18
16	9 janvier 1828..........................	1
17	18 juillet 1828.........................	17
18	29 juillet 1828.........................	1
19	8 octobre 1830..........................	7
20	14 décembre 1830........................	1
21	6 mai 1841.............................	1
22	13 décembre 1842........................	8
23	22 mars 1848............................	2
24	7 juin 1848.............................	1
25	11 août 1848............................	8
26	27 juillet 1849.........................	23
27	16 juillet 1850.........................	28
28	17 février 1852.........................	33
29	25-28 février 1852......................	4
30	22 mars 1852............................	7
31	5 janvier 1853.........................	2
32	1er mars 1854...........................	1
33	5 mai 1855.............................	1
34	25 juin 1856............................	4
35	11 mai 1868.............................	16
36	10 septembre 1870.......................	4
37	15 avril 1871..........................	6
38	6 juillet 1871..........................	8
39	10 août 1871............................	1
40	4 septembre 1871........................	1
41	12 février 1872.........................	1
42	29 décembre 1875........................	9
42	TOTAL.....................	325

RÉCAPITULATION

Lois... 42
Articles... 325

TEXTE DE LA LOI

D'APRÈS LE BULLETIN DES LOIS DE LA RÉPUBLIQUE FRANÇAISE N° 637.

RÉPUBLIQUE FRANÇAISE.

N° 10,850. — *Loi sur la liberté de la presse*
DU 29 JUILLET 1881.
(Promulguée au *Journal officiel* du 30 juillet 1881.)

LE SÉNAT ET LA CHAMBRE DES DÉPUTÉS ONT ADOPTÉ,
LE PRÉSIDENT DE LA RÉPUBLIQUE PROMULGUE LA LOI dont la teneur suit :

CHAPITRE PREMIER
DE L'IMPRIMERIE ET DE LA LIBRAIRIE.
— Pages 46 à 54 —

ART. 1er. — L'imprimerie et la librairie sont libres.
— Pages 48 — 50, 51 —

ART. 2. — Tout imprimé rendu public, à l'exception des ouvrages dits *de ville* ou *bilboquets*, portera l'indication du nom et du domicile de l'imprimeur, à peine, contre celui-ci, d'une amende de cinq francs à quinze francs.

La peine de l'emprisonnement pourra être prononcée si, dans les douze mois précédents, l'imprimeur a été condamné pour contravention de même nature.
— Pages 48 — 49 à 51 — 660 —

ART. 3. — Au moment de la publication de tout imprimé, il en sera fait, par l'imprimeur, sous peine d'une amende de seize francs à trois cents francs, un dépôt de deux exemplaires, destinés aux collections nationales.

Ce dépôt sera fait au ministère de l'intérieur, pour Paris; à la préfecture, pour les chefs-lieux de département; à la sous-préfecture, pour les chefs-lieux d'arrondissement, et, pour les autres villes, à la mairie.

L'acte de dépôt mentionnera le titre de l'imprimé et le chiffre du tirage.

Sont exceptés de cette disposition les bulletins de vote, les circulaires commerciales ou industrielles et les ouvrages dits *de ville* ou *bilboquets*.

— Pages 48 — 49 à 52 — 660 —

Art. 4. — Les dispositions qui précèdent sont applicables à tous les genres d'imprimés ou de reproductions destinés à être publiés.

Toutefois le dépôt prescrit par l'article précédent sera de trois exemplaires pour les estampes, la musique et en général les reproductions autres que les imprimés.

— Pages 48, 49 — 52 à 54 — 660 —

CHAPITRE II

DE LA PRESSE PÉRIODIQUE.
— Pages 54 à 116 —

§ 1er. — DU DROIT DE PUBLICATION, DE LA GÉRANCE, DE LA DÉCLARATION ET DU DÉPÔT AU PARQUET.
— Pages 55 à 86 —

Art. 5. — Tout journal ou écrit périodique peut être publié, sans autorisation préalable et sans dépôt de cautionnement, après la déclaration prescrite par l'article 7.

— Pages 54 à 63 — 63, 64 —

Art. 6. — Tout journal ou écrit périodique aura un gérant.

Le gérant devra être Français, majeur, avoir la jouissance de ses droits civils, et n'être privé de ses droits civiques par aucune condamnation judiciaire.

— Pages 54 à 63 — 63, 64 —

Art. 7. — Avant la publication de tout journal ou écrit périodique, il sera fait, au parquet du procureur de la République, une déclaration contenant:

1° Le titre du journal ou écrit périodique et son mode de publication ;

2° Le nom et la demeure du gérant ;

3° L'indication de l'imprimerie où il doit être imprimé.

Toute mutation dans les conditions ci-dessus énumérées sera déclarée dans les cinq jours qui suivront.

— Pages 54 à 63 — 65 à 73 — 73, 74 — 74, 76 — 76, 77 —

ART. 8. — Les déclarations seront faites par écrit, sur papier timbré, et signées des gérants. Il sera donné récépissé.

— Pages 54 à 63 — 77 à 81 — 83 —

ART. 9. — En cas de contravention aux dispositions prescrites par les articles 6, 7, 8, le propriétaire, le gérant, ou, à défaut, l'imprimeur, seront punis d'une amende de cinquante francs à cinq cents francs.

Le journal ou écrit périodique ne pourra continuer sa publication qu'après avoir rempli les formalités ci-dessus prescrites, à peine, si la publication irrégulière continue, d'une amende de cent francs, prononcée solidairement contre les mêmes personnes, pour chaque numéro publié à partir du jour de la prononciation du jugement de condamnation, si ce jugement est contradictoire, et du troisième jour qui suivra sa notification, s'il a été rendu par défaut; et ce, nonobstant opposition ou appel, si l'exécution provisoire est ordonnée.

Le condamné, même par défaut, peut interjeter appel. Il sera statué par la cour dans le délai de trois jours.

— Pages 54 à 63 — 81 à 84 — 85 —

ART. 10. — Au moment de la publication de chaque feuille ou livraison du journal ou écrit périodique, il sera remis au parquet du procureur de la République, ou à la mairie, dans les villes où il n'y a pas de tribunal de première instance, deux exemplaires signés du gérant.

Pareil dépôt sera fait au ministère de l'intérieur, pour Paris et le département de la Seine, et, pour les autres départements, à la préfecture, à la sous-préfecture ou à la mairie dans les villes qui ne sont ni chefs-lieux de département, ni chefs-lieux d'arrondissement.

Chacun de ces dépôts sera effectué sous peine de cinquante francs d'amende contre le gérant.

— Pages 54 à 63 — 84 — 84 à 86 — 660 —

Art. 11. — Le nom du gérant sera imprimé au bas de tous les exemplaires, à peine, contre l'imprimeur, de seize francs à cent francs d'amende par chaque numéro publié en contravention de la présente disposition.

— Pages 54 à 63 — 84 — 84 à 86 — 660 —

§ 2. — DES RECTIFICATIONS.
— Pages 86 à 112 —

Art. 12. — Le gérant est tenu d'insérer gratuitement, en tête du plus prochain numéro du journal ou écrit périodique, toutes les rectifications qui lui seront adressées par un dépositaire de l'autorité publique, au sujet des actes de sa fonction qui auront été inexactement rapportés par ledit journal ou écrit périodique.

Toutefois, ces rectifications ne dépasseront pas le double de l'article auquel elles répondront.

En cas de contravention, le gérant sera puni d'une amende de cent francs à mille francs.

— Pages 86 à 91 — 92, 93 — 108 — 111 à 113 — 660 —

Art. 13. — Le gérant sera tenu d'insérer dans les trois jours de leur réception ou dans le plus prochain numéro, s'il n'en était pas publié avant l'expiration des trois jours, les réponses de toute personne nommée ou désignée dans le journal ou écrit périodique, sous peine d'une amende de cinquante francs à cinq cents francs, sans préjudice des autres peines et dommages-intérêts auxquels l'article pourrait donner lieu.

Cette insertion devra être faite à la même place et en mêmes caractères que l'article qui l'aura provoquée.

Elle sera gratuite, lorsque les réponses ne dépasseront pas le double de la longueur dudit article. Si elles le dépassent, le prix d'insertion sera dû pour le surplus seulement. Il sera calculé au prix des annonces judiciaires.

— Pages 86 à 91 — 93 à 96 — 108 à 110 — 111 à 113 —

§ 3. — DES JOURNAUX OU ÉCRITS PÉRIODIQUES ÉTRANGERS.
— Pages 91 à 116 —

Art. 14. — La circulation en France des journaux ou écrits périodiques publiés à l'étranger ne pourra être interdite que par une décision spéciale délibérée en Conseil des ministres.

La circulation d'un numéro peut être interdite par une décision du ministre de l'intérieur.

La mise en vente ou la distribution, faite sciemment au mépris de l'interdiction, sera punie d'une amende de cinquante francs à cinq cents francs.

CHAPITRE III

DE L'AFFICHAGE, DU COLPORTAGE ET DE LA VENTE
SUR LA VOIE PUBLIQUE.

§ 1er. — DE L'AFFICHAGE.

Art. 15. — Dans chaque commune, le maire désignera, par arrêté, les lieux exclusivement destinés à recevoir les affiches des lois et autres actes de l'autorité publique.

Il est interdit d'y placarder des affiches particulières.

Les affiches des actes émanés de l'autorité seront seules imprimées sur papier blanc.

Toute contravention aux dispositions du présent article sera punie des peines portées en l'article 2.

Art. 16. — Les professions de foi, circulaires et affiches électorales pourront être placardées, à l'exception des emplacements réservés par l'article précédent, sur tous les édifices publics autres que les édifices consacrés aux cultes, et particulièrement aux abords des salles de scrutin.

Art. 17. — Ceux qui auront enlevé, déchiré, recouvert ou altéré, par un procédé quelconque, de manière à les travestir ou à les rendre illisibles, des affiches apposées par ordre de l'administration dans les emplacements à ce réservés, seront punis d'une amende de cinq francs à quinze francs.

Si le fait a été commis par un fonctionnaire ou un agent de l'autorité publique, la peine sera d'une amende de seize à cent francs et d'un emprisonnement de six jours à un mois, ou de l'une de ces deux peines seulement.

Seront punis d'une amende de cinq francs à quinze francs ceux qui auront enlevé, déchiré, recouvert ou altéré par un procédé quelconque, de manière à les travestir ou à les rendre illisibles, des affiches électorales émanant de simples particuliers, apposées ailleurs que sur les propriétés de ceux qui auront commis cette lacération ou altération.

La peine sera d'une amende de seize francs à cent francs et d'un emprisonnement de six jours à un mois, ou de l'une de ces deux peines seulement, si le fait a été commis par un fonctionnaire ou agent de l'autorité publique, à moins que les affiches n'aient été apposées dans les emplacements réservés par l'article 15.

§ 2. — DU COLPORTAGE ET DE LA VENTE SUR LA VOIE PUBLIQUE.

Art. 18. — Quiconque voudra exercer la profession de colporteur ou de distributeur sur la voie publique, ou en tout autre lieu public ou privé, de livres, écrits, brochures, journaux, dessins, gravures, lithographies et photographies, sera tenu d'en faire la déclaration à la préfecture du département où il a son domicile.

Toutefois, en ce qui concerne les journaux et autres feuilles périodiques, la déclaration pourra être faite soit à la mairie de la commune dans laquelle doit se faire la distribution, soit à la sous-préfecture. Dans ce dernier cas, la déclaration produira son effet pour toutes les communes de l'arrondissement.

Art. 19. — La déclaration contiendra les nom, prénoms, profession, domicile, âge et lieu de naissance du déclarant.

Il sera délivré immédiatement et sans frais au déclarant un récépissé de sa déclaration.

Art. 20. — La distribution et le colportage accidentels ne sont assujettis à aucune déclaration.

Art. 21. — L'exercice de la profession de colporteur ou de distributeur sans déclaration préalable, la fausseté de la déclaration, le défaut de présentation, à toute réquisition, du récépissé, constituent des contraventions.

Les contrevenants seront punis d'une amende de cinq francs à quinze francs et pourront l'être, en outre, d'un emprisonnement d'un à cinq jours.

En cas de récidive ou de déclaration mensongère, l'emprisonnement sera nécessairement prononcé.

Art. 22. — Les colporteurs et distributeurs pourront être poursuivis conformément au droit commun, s'ils ont sciemment colporté ou distribué des livres, écrits, brochures, journaux, dessins, gravures, lithographies et photographies présentant un caractère délictueux, sans préjudice des cas prévus à l'article 42.

CHAPITRE IV

DES CRIMES ET DÉLITS COMMIS PAR LA VOIE DE LA PRESSE OU PAR TOUT AUTRE MOYEN DE PUBLICATION.

§ 1er. — PROVOCATION AUX CRIMES ET DÉLITS.

Art. 23. — Seront punis comme complices d'une action qualifiée crime ou délit ceux qui, soit par des discours, cris ou menaces proférés dans des lieux ou réunions publics, soit par des écrits, des imprimés vendus ou distribués, mis en vente ou exposés dans des lieux ou réunions publics, soit par des placards ou affiches exposés aux regards du public, auront directement provoqué l'auteur ou les auteurs à commettre ladite action, si la provocation a été suivie d'effet.

Cette disposition sera également applicable lorsque la provocation n'aura été suivie que d'une tentative de crime prévue par l'article 2 du Code pénal.

Art. 24. — Ceux qui, par les moyens énoncés en l'article précédent, auront directement provoqué à commettre les crimes de meurtre, de pillage et d'incendie, ou l'un des crimes contre la sûreté de l'Etat prévus par les articles 75 et suivants, jusques et y compris l'article 101 du Code pénal, seront punis, dans le cas où cette provocation n'aurait pas été suivie d'effet, de trois mois à deux ans d'emprisonnement et de cent francs à trois mille francs d'amende.

— Pages 333, 334 — 661, 662 —

Tous cris ou chants séditieux proférés dans des lieux ou réunions publics seront punis d'un emprisonnement de six jours à un mois et d'une amende de seize francs à cinq cents francs, ou de l'une de ces deux peines seulement.

— Pages 333, 334 — 343, 344 — 366 — 383 — 409 à 413 —

Art. 25. — Toute provocation par l'un des moyens énoncés en l'article 23, adressée à des militaires des armées de terre ou de mer, dans le but de les détourner de leurs devoirs militaires et de l'obéissance qu'ils doivent à leurs chefs dans tout ce qu'ils leur commandent pour l'exécution des lois et règlements militaires, sera punie d'un emprisonnement d'un à six mois et d'une amende de seize francs à cent francs.

— Pages 275 à 283 — 283 à 298 — 335 —

§ 2. — DÉLITS CONTRE LA CHOSE PUBLIQUE.
— Pages 339 à 432 —

Art. 26. — L'offense au Président de la République par l'un des moyens énoncés dans l'article 23 et dans l'article 28 est punie d'un emprisonnement de trois mois à un an et d'une amende de cent francs à trois mille francs, ou de l'une de ces deux peines seulement.
— Pages 339 à 343 — 348 à 365 — 370 à 383 — 383 à 409 — 415, 416 — 658 — 662 — 667 à 669 —

Art. 27. — La publication ou reproduction de nouvelles fausses, de pièces fabriquées, falsifiées ou mensongèrement attribuées à des tiers, sera punie d'un emprisonnement d'un mois à un an et d'une amende de cinquante francs à mille francs, ou de l'une de ces deux peines seulement, lorsque la publication ou reproduction aura troublé la paix publique et qu'elle aura été faite de mauvaise foi.

— Pages 344 à 346 — 367 — 413 à 415 — 416 à 427 —

ART. 28. — L'outrage aux bonnes mœurs commis par l'un des moyens énoncés en l'article 23 sera puni d'un emprisonnement d'un mois à deux ans et d'une amende de seize francs à deux mille francs.

Les mêmes peines seront applicables à la mise en vente, à la distribution ou à l'exposition de dessins, gravures, peintures, emblèmes ou images obscènes. Les exemplaires de ces dessins, gravures, peintures, emblèmes ou images obscènes exposés aux regards du public, mis en vente, colportés ou distribués, seront saisis.

— Pages 346, 347 — 367 à 369 — 415 — 427 à 432 — 665 —

§ 3. — DÉLITS CONTRE LES PERSONNES.
— Pages 433 à 494 — 494 à 496 —

ART. 29. — Toute allégation ou imputation d'un fait qui porte atteinte à l'honneur ou à la considération de la personne ou du corps auquel le fait est imputé est une diffamation.

Toute expression outrageante, terme de mépris ou invective qui ne renferme l'imputation d'aucun fait est une injure.

— Pages 436 — 448 — 462 — 469 — 485 —

ART. 30. — La diffamation commise par l'un des moyens énoncés en l'article 23 et en l'article 28, envers les cours, les tribunaux, les armées de terre ou de mer, les corps constitués et les administrations publiques, sera punie d'un emprisonnement de huit jours à un an et d'une amende de cent francs à trois mille francs, ou de l'une de ces deux peines seulement.

— Pages 436 à 439 — 448 — 462 à 464 — 485 —

ART. 31. — Sera punie de la même peine la diffamation commise par les mêmes moyens, à raison de leurs fonctions ou de leur qualité, envers un ou plusieurs membres du ministère, un ou plusieurs membres de l'une ou de l'autre Chambre, un fonctionnaire public, un dépositaire ou agent de l'autorité publique, un ministre de l'un des cultes salariés par l'État, un citoyen chargé d'un service ou d'un mandat public, temporaire ou permanent, un juré ou un témoin, à raison de sa déposition.

— Pages 436 à 439 — 448 — 449 à 454 — 465 — 470 à 485 — 486 à 488 —

ART. 32. — La diffamation commise envers les particuliers par l'un des moyens énoncés en l'article 23 et en l'article 28 sera punie d'un emprisonnement de cinq jours à six mois et d'une amende de vingt-cinq francs à deux mille francs, ou de l'une de ces deux peines seulement.

— Pages 436 à 439 — 454 — 465 —

Art. 33. — L'injure commise par les mêmes moyens envers les corps ou les personnes désignés par les articles 30 et 31 de la présente loi sera punie d'un emprisonnement de six jours à trois mois et d'une amende de dix-huit francs à cinq cents francs, ou de l'une de ces deux peines seulement.

L'injure commise de la même manière envers les particuliers, lorsqu'elle n'aura pas été précédée de provocation, sera punie d'un emprisonnement de cinq jours à deux mois et d'une amende de seize francs à trois cents francs, ou de l'une de ces deux peines seulement.

Si l'injure n'est pas publique, elle ne sera punie que de la peine prévue par l'article 471 du Code pénal.

— Pages 436 à 439 — 454 — 465, 466 — 489 à 492 —

Art. 34. — Les articles 29, 30 et 31 ne seront applicables aux diffamations ou injures dirigées contre la mémoire des morts, que dans les cas où les auteurs de ces diffamations ou injures auraient eu l'intention de porter atteinte à l'honneur ou à la considération des héritiers vivants.

Ceux-ci pourront toujours user du droit de réponse prévu par l'article 13.

— Pages 466 à 469 — 489 à 492 — 663 —

Art. 35. — La vérité du fait diffamatoire, mais seulement quand il est relatif aux fonctions, pourra être établie par les voies ordinaires, dans le cas d'imputations contre les corps constitués, les armées de terre ou de mer, les administrations publiques et contre toutes les personnes énumérées dans l'article 31.

La vérité des imputations diffamatoires et injurieuses pourra être également établie contre les directeurs ou administrateurs de toute entreprise industrielle, commerciale ou financière, faisant publiquement appel à l'épargne ou au crédit.

Dans les cas prévus aux deux paragraphes précédents, la preuve contraire est réservée. Si la preuve du fait diffamatoire est rapportée, le prévenu sera renvoyé des fins de la plainte.

Dans toute autre circonstance et envers toute autre personne non qualifiée, lorsque le fait imputé est l'objet de poursuites commencées à la requête du ministère public ou d'une plainte de la part du prévenu, il sera, durant l'instruction qui devra avoir lieu, sursis à la poursuite et au jugement du délit de diffamation.

§ 4. — DÉLITS CONTRE LES CHEFS D'ÉTAT ET AGENTS DIPLOMATIQUES ÉTRANGERS.

ART. 36. — L'offense commise publiquement envers les chefs d'Etat étrangers sera punie d'un emprisonnement de trois mois à un an et d'une amende de cent francs à trois mille francs, ou de l'une de ces deux peines seulement.

ART. 37. — L'outrage commis publiquement envers les ambassadeurs et ministres plénipotentiaires, envoyés, chargés d'affaires ou autres agents diplomatiques accrédités près du Gouvernement de la République, sera puni d'un emprisonnement de huit jours à un an et d'une amende de cinquante francs à deux mille francs, ou de l'une de ces deux peines seulement.

§ 5. — PUBLICATIONS INTERDITES, IMMUNITÉS DE LA DÉFENSE.

ART. 38. — Il est interdit de publier les actes d'accusation et tous autres actes de procédure criminelle ou correctionnelle avant qu'ils aient été lus en audience publique, et ce, sous peine d'une amende de cinquante francs à mille francs.

ART. 39. — Il est interdit de rendre compte des procès en diffamation où la preuve des faits diffamatoires n'est pas autorisée. La plainte seule pourra être publiée par le plaignant. Dans toute affaire civile, les cours et tribunaux pourront interdire le compte rendu du procès. Ces interdictions ne s'appliqueront pas aux jugements, qui pourront toujours être publiés.

Il est également interdit de rendre compte des délibérations intérieures soit des jurys, soit des cours et tribunaux.

45

Toute infraction à ces dispositions sera punie d'une amende de cent francs à deux mille francs.

Art. 40. — Il est interdit d'ouvrir ou d'annoncer publiquement des souscriptions ayant pour objet d'indemniser des amendes, frais et dommages-intérêts prononcés par des condamnations judiciaires en matière criminelle et correctionnelle, sous peine d'un emprisonnement de huit jours à six mois et d'une amende de cent francs à mille francs, ou de l'une de ces deux peines seulement.

Art. 41. — Ne donneront ouverture à aucune action les discours tenus dans le sein de l'une des deux Chambres, ainsi que les rapports ou toutes autres pièces imprimées par l'ordre de l'une des deux Chambres.

Ne donnera lieu à aucune action le compte rendu des séances publiques des deux Chambres fait de bonne foi dans les journaux.

Ne donneront lieu à aucune action en diffamation, injure ou outrage, ni le compte rendu fidèle fait de bonne foi des débats judiciaires, ni les discours prononcés ou les écrits produits devant les tribunaux.

Pourront néanmoins les juges, saisis de la cause et statuant sur le fond, prononcer la suppression des discours injurieux, outrageants ou diffamatoires, et condamner qui il appartiendra à des dommages-intérêts. Les juges pourront aussi, dans le même cas, faire des injonctions aux avocats et officiers ministériels, et même les suspendre de leurs fonctions. La durée de cette suspension ne pourra excéder deux mois, et six mois en cas de récidive dans l'année.

Pourront toutefois les faits diffamatoires étrangers à la cause donner ouverture soit à l'action publique, soit à l'action civile des parties, lorsque ces actions leur auront été réservées par les tribunaux, et, dans tous les cas, à l'action civile des tiers.

CHAPITRE V

DES POURSUITES ET DE LA RÉPRESSION.

— Pages 543 à 621 —

§ 1ᶜʳ. — DES PERSONNES RESPONSABLES DE CRIMES ET DÉLITS
COMMIS PAR LA VOIE DE LA PRESSE.

— Pages 543 à 593 —

ART. 42. — Seront passibles, comme auteurs principaux, des
peines qui constituent la répression des crimes et délits commis par
la voie de la presse, dans l'ordre ci-après, savoir : 1° les gérants ou
éditeurs, quelles que soient leurs professions ou leurs dénominations ; 2° à leur défaut, les auteurs ; 3° à défaut des auteurs, les imprimeurs ; 4° à défaut des imprimeurs, les vendeurs, distributeurs
ou afficheurs.

— Pages 544, 545 — 556 — 557 — 558, 559 — 586 à 589 —

ART. 43. — Lorsque les gérants ou les éditeurs seront en cause,
les auteurs seront poursuivis comme complices.

Pourront l'être, au même titre et dans tous les cas, toutes personnes auxquelles l'article 60 du Code pénal pourrait s'appliquer.
Ledit article ne pourra s'appliquer aux imprimeurs pour faits
d'impression, sauf dans le cas et les conditions prévus par l'article 6
de la loi du 7 juin 1848 sur les attroupements.

— Pages 544 — 556 — 558 — 559 — 569 — 586 à 589 —

ART. 44. — Les propriétaires des journaux ou écrits périodiques
sont responsables des condamnations pécuniaires prononcées au
profit des tiers contre les personnes désignées dans les deux articles précédents, conformément aux dispositions des articles 1382,
1383 et 1384 du Code civil.

— Pages 545 à 548 — 556 — 558 — 559 à 569 — 569, 570 — 586 à 589 —
664 —

ART. 45. — Les crimes et délits prévus par la présente loi seront
déférés à la cour d'assises.

Sont exceptés et déférés aux tribunaux de police correctionnelle
les délits et infractions prévus par les articles 3, 4, 9, 10, 11, 12, 13,
14, 17, paragraphes 2 et 4 ; 28, paragraphe 2 ; 32, 33, paragraphe 2 ;
38, 39 et 40 de la présente loi.

Sont encore exceptées et renvoyées devant les tribunaux de simple police les contraventions prévues par les articles 2, 15, 17, paragraphes 1 et 3 ; 21 et 33, paragraphe 3, de la présente loi.

— Pages 548 à 555 — 556, 557 — 558 — 570 à 586 — 586 à 589 — 589 à 593 — 665 —

ART. 46. — L'action civile résultant des délits de diffamation prévus et punis par les articles 30 et 31 ne pourra, sauf dans le cas de décès de l'auteur du fait incriminé ou d'amnistie, être poursuivie séparément de l'action publique.

— Pages 557 — 586 à 589 — 658 —

§ 2. — DE LA PROCÉDURE.

— Pages 593 à 614 —

A. — *Cour d'assises.*

— Pages 594 à 614 —

ART. 47. — La poursuite des crimes et délits commis par la voie de la presse ou par tout autre moyen de publication aura lieu d'office et à la requête du ministère public, sous les modifications suivantes :

1° Dans le cas d'injure ou de diffamation envers les cours, tribunaux et autres corps indiqués en l'article 30, la poursuite n'aura lieu que sur une délibération prise par eux en assemblée générale, et requérant les poursuites, ou, si le corps n'a pas d'assemblée générale, sur la plainte du chef du corps ou du ministre duquel ce corps relève ;

2° Dans le cas d'injure ou de diffamation envers un ou plusieurs membres de l'une ou de l'autre Chambre, la poursuite n'aura lieu que sur la plainte de la personne ou des personnes intéressées ;

3° Dans le cas d'injure ou de diffamation envers les fonctionnaires publics, les dépositaires ou agents de l'autorité publique autres que les ministres, envers les ministres des cultes salariés par l'État et les citoyens chargés d'un service ou d'un mandat public, la poursuite aura lieu, soit sur leur plainte, soit d'office, sur la plainte du ministre dont ils relèvent ;

4° Dans le cas de diffamation envers un juré ou un témoin, délit prévu par l'article 31, la poursuite n'aura lieu que sur la plainte du juré ou du témoin qui se prétendra diffamé ;

5° Dans le cas d'offense envers les chefs d'État ou d'outrage en-

vers les agents diplomatiques étrangers, la poursuite aura lieu soit
à leur requête, soit d'office sur leur demande adressée au ministre
des affaires étrangères et par celui-ci au ministre de la justice ;

6° Dans les cas prévus par les paragraphes 3 et 4 du présent article, le droit de citation directe devant la cour d'assises appartiendra à la partie lésée.

Sur sa requête, le président de la cour d'assises fixera les jours
et heures auxquels l'affaire sera appelée.

— Pages 594, 595 — 600, 601 — 607 — 610 — 613, 614 — 658 —

Art. 48. — Si le ministère public requiert une information, il
sera tenu, dans son réquisitoire, d'articuler et de qualifier les provocations, outrages, diffamations et injures à raison desquels la
poursuite est intentée, avec indication des textes dont l'application
est demandée, à peine de nullité du réquisitoire de ladite poursuite.

— Pages 594, 595 — 601, 602 — 607 — 610 —

Art. 49. — Immédiatement après le réquisitoire, le juge d'instruction pourra, mais seulement en cas d'omission du dépôt prescrit par les articles 3 et 10 ci-dessus, ordonner la saisie de quatre
exemplaires de l'écrit, du journal ou du dessin incriminé. Cette
disposition ne déroge en rien à ce qui est prescrit par l'article 28
de la présente loi.

Si le prévenu est domicilié en France, il ne pourra être arrêté
préventivement, sauf en cas de crime.

En cas de condamnation, l'arrêt pourra ordonner la saisie et la
suppression ou la destruction de tous les exemplaires qui seraient
mis en vente, distribués ou exposés aux regards du public.

Toutefois, la suppression ou la destruction pourra ne s'appliquer
qu'à certaines parties des exemplaires saisis.

— Pages 595 — 601 à 603 — 605, 606 — 607 — 610 —

Art. 50. — La citation contiendra l'indication précise des écrits,
des imprimés, placards, dessins, gravures, peintures, médailles,
emblèmes, des discours ou propos publiquement proférés qui
seront l'objet de la poursuite, ainsi que de la qualification des faits.
Elle indiquera les textes de la loi invoqués à l'appui de la demande.

Si la citation est à la requête du plaignant, elle portera, en
outre, copie de l'ordonnance du président ; elle contiendra élection
de domicile dans la ville où siège la cour d'assises et sera notifiée
tant au prévenu qu'au ministère public.

Toutes ces formalités seront observées à peine de nullité de la poursuite.

— Pages 596 — 603 — 608 — 611 —

ART. 51. — Le délai entre la citation et la comparution en cour d'assises sera de cinq jours francs, outre un jour par cinq myriamètres de distance.

— Pages 596 — 603 — 608 — 611 —

ART. 52. — En matière de diffamation, ce délai sera de douze jours, outre un jour par cinq myriamètres.

Quand le prévenu voudra être admis à prouver la vérité des faits diffamatoires, conformément aux dispositions de l'article 34 de la présente loi, il devra, dans les cinq jours qui suivront la notification de la citation, faire signifier au ministère public près la cour d'assises ou au plaignant, au domicile par lui élu, suivant qu'il est assigné à la requête de l'un ou de l'autre :

1° Les faits articulés et qualifiés dans la citation, desquels il entend prouver la vérité ;

2° La copie des pièces ;

3° Les noms, professions et demeures des témoins par lesquels il entend faire sa preuve. Cette signification contiendra élection de domicile près la cour d'assises, le tout à peine d'être déchu du droit de faire la preuve.

— Pages 596 — 603 — 608 — 611 —

ART. 53. — Dans les cinq jours suivants, le plaignant ou le ministère public, suivant les cas, sera tenu de faire signifier au prévenu, au domicile par lui élu, la copie des pièces et les noms, professions et demeures des témoins par lesquels il entend faire la preuve contraire, sous peine d'être déchu de son droit.

— Pages 597 — 603 — 608 — 611 —

ART. 54. — Toute demande en renvoi pour quelque cause que ce soit, tout incident sur la procédure suivie devront être présentés avant l'appel des jurés, à peine de forclusion.

— Pages 597 — 603 — 608 — 611 —

ART. 55. — Si le prévenu a été présent à l'appel des jurés, il ne pourra plus faire défaut, quand bien même il se fût retiré pendant le tirage au sort.

En conséquence, tout arrêt qui interviendra, soit sur la forme,

soit sur le fond, sera définitif, quand bien même le prévenu se retirerait de l'audience ou refuserait de se défendre. Dans ce cas, il
sera procédé avec le concours du jury et comme si le prévenu était
présent.
— Pages 597 — 603 — 608 — 611 —

ART. 56. — Si le prévenu ne comparaît pas au jour fixé par la
citation, il sera jugé par défaut par la cour d'assises, sans assistance ni intervention des jurés.

La condamnation par défaut sera comme non avenue si, dans les
cinq jours de la signification qui en aura été faite au prévenu ou à
son domicile, outre un jour par cinq myriamètres, celui-ci forme
opposition à l'exécution de l'arrêt et notifie son opposition tant au
ministère public qu'au plaignant. Toutefois, si la signification n'a
été faite à personne ou s'il ne résulte pas de l'acte d'exécution de
l'arrêt que le prévenu en a eu connaissance, l'opposition sera receva-
vable jusqu'à l'expiration des délais de la prescription de la peine.
L'opposition vaudra citation à la première audience utile. Les frais
de l'expédition, de la signification de l'arrêt, de l'opposition et de la
réassignation pourront être laissés à la charge du prévenu.
— Pages 597 — 603 — 608 — 611 —

ART. 57. — Faute par le prévenu de former son opposition dans
le délai fixé en l'article 56 et de la signifier aux personnes indiquées
dans cet article, ou de comparaître par lui-même au jour fixé en
l'article précédent, l'opposition sera réputée non avenue et l'arrêt
par défaut sera définitif.
— Pages 598 — 604 — 609 — 611 —

ART. 58. — En cas d'acquittement par le jury, s'il y a partie
civile en cause, la cour ne pourra statuer que sur les dommages
intérêts réclamés par le prévenu. Ce dernier devra être renvoyé de
la plainte sans dépens ni dommages-intérêts au profit du plaignant.
— Pages 598, 599 — 604 — 609 — 612 —

ART. 59. — Si, au moment où le ministère public ou le plaignant
exerce son action, la session de la cour d'assises est terminée, et s'il
ne doit pas s'en ouvrir d'autre à une époque rapprochée, il pourra
être formé une cour d'assises extraordinaire, par ordonnance motivée du premier président. Cette ordonnance prescrira le tirage au
sort des jurés conformément à la loi.

L'article 81 du décret du 6 juillet 1810 sera applicable aux cours d'assises extraordinaires formées en exécution du paragraphe précédent.

— Pages 599 — 604 — 609 — 612 —

B. — Police correctionnelle et simple police.
— Pages 599, 600 à 614 —

ART. 60. — La poursuite devant les tribunaux correctionnels et de simple police aura lieu conformément aux dispositions du chapitre II du titre Ier du livre II du Code d'instruction criminelle, sauf les modifications suivantes :

1° Dans le cas de diffamation envers les particuliers prévu par l'article 32 et dans le cas d'injure prévu par l'article 33, paragraphe 2, la poursuite n'aura lieu que sur la plainte de la personne diffamée ou injuriée.

2° En cas de diffamation ou d'injure pendant la période électorale contre un candidat à une fonction élective, le délai de la citation sera réduit à vingt-quatre heures, outre le délai de distance.

3° La citation précisera et qualifiera le fait incriminé ; elle indiquera le texte de loi applicable à la poursuite, le tout à peine de nullité de ladite poursuite.

Sont applicables au cas de poursuite et de condamnation les dispositions de l'article 48 de la présente loi.

Le désistement du plaignant arrêtera la poursuite commencée.

— Pages 600 — 604 — 606 — 609 — 612 — 614 — 665 —

C. — Pourvois en cassation.
— Pages 600 à 612 —

ART. 61. — Le droit de se pourvoir en cassation appartiendra au prévenu et à la partie civile, quant aux dispositions relatives à ses intérêts civils. L'un et l'autre seront dispensés de consigner l'amende, et le prévenu de se mettre en état.

— Pages 600 — 604 — 609 — 612 —

ART. 62. — Le pourvoi devra être formé, dans les trois jours, au greffe de la cour ou du tribunal qui aura rendu la décision. Dans les vingt-quatre heures qui suivront, les pièces seront envoyées à la cour de cassation, qui jugera d'urgence dans les dix jours à partir de leur réception.

— Pages 600 — 604 — 609 — 612 —

§ 3. — Récidive, circonstances atténuantes, prescription.
— Pages 614 à 621 —

Art. 63. — L'aggravation des peines résultant de la récidive ne sera pas applicable aux infractions prévues par la présente loi.

En cas de conviction de plusieurs crimes ou délits prévus par la présente loi, les peines ne se cumuleront pas, et la plus forte sera seule prononcée.

— Pages 614 — 616 — 618, 619 — 620 —

Art. 64. — L'article 463 du Code pénal est applicable dans tous les cas prévus par la présente loi. Lorsqu'il y aura lieu de faire cette application, la peine prononcée ne pourra excéder la moitié de la peine édictée par la loi.

— Pages 615 — 617, 618 — 619 — 620 —

Art. 65. — L'action publique et l'action civile résultant des crimes, délits et contraventions prévus par la présente loi se prescriront après trois mois révolus, à compter du jour où ils auront été commis ou du jour du dernier acte de poursuite, s'il en a été fait.

Les prescriptions commencées à l'époque de la publication de la présente loi et pour lesquelles il faudrait encore, suivant les lois existantes, plus de trois mois à compter de la même époque, seront, par ce laps de trois mois, définitivement accomplies.

— Pages 615, 616 — 618 — 619, 620 — 620 —

DISPOSITIONS TRANSITOIRES.
— Pages 621 à 674 —

Art. 66. — Les gérants et propriétaires de journaux existant, au jour de la promulgation de la présente loi seront tenus de se conformer, dans un délai de quinzaine, aux prescriptions édictées par les articles 7 et 8, sous peine de tomber sous l'application de l'article 9.

— Pages 621 — 622 — 633 — 647 —

Art. 67. — Le montant des cautionnements versés par les journaux ou écrits périodiques actuellement soumis à cette obligation sera remboursé à chacun d'eux par le trésor public dans un délai de trois mois à partir du jour de la promulgation de la présente loi, sans préjudice des retenues qui pourront être effectuées, au profit de l'État et des particuliers, pour les condamnations à l'amende et les réparations civiles auxquelles il n'aura pas été autrement satisfait à l'époque du remboursement.

— Pages 621 — 622 — 633 — 647 — 650 à 657 —

ART. 68. — Sont abrogés les édits, lois, décrets, ordonnances, arrêtés, règlements, déclarations généralement quelconques, relatifs à l'imprimerie, à la librairie, à la presse périodique ou non périodique, au colportage, à l'affichage, à la vente sur la voie publique et aux crimes et délits prévus par les lois sur la presse et les autres moyens de publication, sans que puissent revivre les dispositions abrogées par les lois antérieures.

Est également abrogé le second paragraphe de l'article 31 de la loi du 10 août 1871 sur les conseils généraux, relatif à l'appréciation de leurs discussions par les journaux.

— Pages 625 à 628 — 629 — 633 à 635 — 648 —

ART. 69. — La présente loi est applicable à l'Algérie et aux colonies.

— Pages 623 — 635 — 648 —

ART. 70. — Amnistie est accordée pour tous les crimes et délits commis antérieurement au 16 février 1881 par la voie de la presse ou autres moyens de publication, sauf l'outrage aux bonnes mœurs puni par l'article 28 de la présente loi, et sans préjudice du droit des tiers.

Les amendes non perçues ne seront pas exigées. Les amendes déjà perçues ne seront pas restituées, à l'exception de celles qui ont été payées depuis le 16 février 1881.

— Pages 623 — 633 — 635 à 641 — 646, 647 — 648 à 650 — 669 à 674 —

La présente loi, délibérée et adoptée par le Sénat et par la Chambre des députés, sera exécutée comme loi de l'État.

— Pages 641 à 646 — 658 — 658 à 674 —

Fait à Paris, le 29 Juillet 1881.

Signé Jules GRÉVY.

Le Président du Conseil,
Ministre de l'instruction publique   *Le Ministre de l'intérieur et des cultes,*
et des beaux-arts,   Signé CONSTANS.

Signé Jules FERRY.

OBSERVATION

Bien que ce livre ait pour unique objet de réunir les éléments de la composition de la loi, ce qu'on pourrait appeler sa confection constitutionnelle, sans y rien ajouter d'emprunté aux opinions extérieures telles que commentaires et jurisprudence, cependant nous craindrions de commettre une omission préjudiciable à l'appréciation de la loi, si nous n'imprimions pas ici un document qu'on peut considérer comme faisant corps avec elle, c'est-à-dire la circulaire du ministre de la justice aux procureurs généraux.

CIRCULAIRE

On lit dans le *Journal officiel* du 10 novembre 1881 :

Le garde des sceaux, ministre de la justice, adresse aux procureurs généraux près les cours d'appel la circulaire suivante, relative à l'application de la loi sur la presse du 29 juillet 1881.

PARIS, le 9 novembre 1881.

.MONSIEUR LE PROCUREUR GÉNÉRAL,

La législation sur la presse a formé jusqu'ici un assemblage confus de lois de toutes les époques, d'origine et d'inspiration les plus diverses.

Les lois fondamentales de 1819 avaient défini méthodiquement les délits et réglé la procédure, mais elles avaient laissé en dehors de leurs prévisions toute la matière des instruments de publication : l'imprimerie et la librairie, le colportage, l'affichage, la vente sur la voie publique ; elles avaient été, d'ailleurs, bientôt elles-mêmes profondément modifiées. Depuis lors, les lois nouvelles se sont accumulées, elles se sont ajoutées les unes aux autres, subsistant toutes ensemble et ne s'abrogeant que dans leurs dispositions contraires. Nées, la plupart, des circonstances, elles ont presque toutes, sauf de rares retours à la liberté selon les régimes, étendu indéfiniment le domaine de la réglementation et de la répression.

L'opinion publique réclamait depuis longtemps, avec l'abrogation de cette législation surannée, une loi nouvelle et complète sur la matière. Il était réservé à notre dernière législature d'entreprendre et mener à fin cette œuvre considérable. La loi qui est sortie de ses délibérations a été définie d'un mot : c'est une loi de liberté, telle que la presse n'en a jamais eue en aucun temps. Elle a supprimé toutes les mesures préventives ; elle s'est conformée, dans la détermination des infractions en petit nombre qu'elle a retenues, aux règles du droit commun pour les incriminations pénales ; elle a rétabli dans son intégrité la juridiction du jury. Loin d'imposer à la presse un régime pénal exceptionnel, on peut dire qu'elle lui a fait, sous plusieurs rapports, une condition privilégiée. Elle déroge en sa faveur au droit commun en ce qui concerne la juridiction, la responsabilité pénale, la procédure, la saisie, la détention préventive, la récidive, les circonstances atténuantes, le cumul. L'expérience dira si cet ensemble de dispositions ne fait qu'apporter un tempérament utile aux rigueurs de la loi commune, sans préjudicier à l'exercice ferme et régulier de l'action publique.

Cette loi embrasse toute la matière de l'ancienne législation : l'imprimerie et la librairie, la presse périodique, l'affichage, le colportage et la vente sur la voie publique, les crimes et délits, la compétence et la procédure.

Imprimerie et librairie.

Le décret du 10 septembre 1870 du gouvernement de la Défense nationale avait déjà proclamé le principe de la liberté des professions d'imprimeur et de libraire ; il les avait ainsi définitivement affranchies de la tutelle administrative qui avait jusqu'alors pesé si lourdement sur elles et, notamment, de la nécessité de l'autorisation préalable qui leur était délivrée sous la forme du brevet. Il avait seulement exigé des personnes qui voulaient exercer ces professions une déclaration au ministère de l'intérieur. La loi nouvelle supprime cette formalité. Les articles 2 à 4 se bornent à assujettir les imprimeurs à l'accomplissement de deux obligations au moment de la publication de chaque imprimé : l'indication de leurs nom et domicile, et le dépôt.

Tout imprimé rendu public doit porter l'indication exacte du nom et du domicile de l'imprimeur (art. 2) ; la fausseté de la déclaration équivaudrait à la simple omission et serait punie comme elle.

Le dépôt est fait en deux ou trois exemplaires, selon qu'il s'agit d'imprimés ou de reproductions autres que les imprimés proprement dits, tels que musique, estampes, dessins, gravures, lithographies, etc. Le motif de cette distinction est dans la destination différente de ces ouvrages, qui doivent être conservés en plus ou moins grand nombre dans les collections nationales. Le ministère de l'instruction publique reçoit un exemplaire de chacun d'eux ; la Bibliothèque nationale, qui n'a qu'un exemplaire des imprimés et de la musique, en reçoit deux des estampes et autres ouvrages similaires, qui sont plus sujets à la détérioration ; le troisième exemplaire de la musique est destiné au Conservatoire.

Ce dépôt est fait, à Paris, au ministère de l'intérieur ; dans les départements, à la préfecture pour les chefs-lieux, à la sous-préfecture pour les chefs-lieux d'arrondissement, et, dans les autres villes, à la mairie. L'acte de dépôt mentionne le titre de l'imprimé et le chiffre du tirage.

Les dessins et autres ouvrages analogues sont publiés, comme les imprimés, sans aucune autre formalité ; l'autorisation administrative, à laquelle ils étaient restés soumis jusqu'ici, en vertu de l'article 22 du décret du 17 février 1852, disparaît avec la loi nouvelle.

Les imprimés destinés à des usages privés, qui sont désignés sous le nom d'*ouvrages de ville* ou *bilboquets*, sont affranchis par les articles 2 et 3 de l'indication du nom et du domicile de l'imprimeur et du dépôt, comme ils l'étaient déjà du dépôt sous la législation précédente, par suite d'une tolérance ancienne.

L'article 3 exempte encore du dépôt les bulletins de vote et les circulaires commerciales et industrielles, parce que ces imprimés ne sont pas conservés dans les collections publiques ; mais ils doivent porter, comme les autres, l'indication du nom et du domicile de l'imprimeur.

Le dépôt doit être fait au moment de la publication ; il peut donc être concomitant ; mais il faut qu'il soit opéré à l'instant même où le premier exemplaire est rendu public.

De la presse périodique. — Droit de publication. — Gérance, déclaration et dépôt au parquet.

La presse périodique a été placée pendant longtemps sous les régimes discrétionnaires de la censure ou de l'autorisation préalable. Supprimée en 1819, après la censure, l'autorisation préalable avait été rétablie en 1852, avec cet ensemble de mesures préventives et répressives qui avaient remis entièrement la presse entre les mains de l'administration. Elle a subsisté jusqu'en 1868. Depuis cette époque, la presse est revenue au régime de 1819 à 1852, qui écartait les mesures purement préventives en ne maintenant que le cautionnement, la déclaration préalable et la gérance. La loi nouvelle achève son émancipation en supprimant le cautionnement ; il présentait une utilité incontestable pour la garantie des condamnations judiciaires ; mais il constituait aussi une entrave pour la propagation de la presse, et c'est ce caractère qui en a motivé la suppression.

Les seules obligations qui soient imposées à la presse périodique sont celles de la gérance, de la déclaration préalable et du dépôt.

L'article 6 organise la gérance. Le gérant doit être Français, majeur, avoir la jouissance de ses droits civils et n'être privé de ses droits civiques par aucune condamnation judiciaire. La législation antérieure exigeait du gérant les conditions imposées par l'article 980 du Code civil aux témoins des testaments, qui doivent être du sexe masculin. Ces conditions n'ont pas été reproduites ; les femmes peuvent donc exercer aujourd'hui la gérance. Le rapporteur de la loi au Sénat en a fait la remarque expresse. Le doute pouvait provenir de ce que les femmes n'ont pas la jouissance des principaux droits civiques : mais cette circonstance ne les exclut pas de la gérance ; on devra seulement exiger d'elles qu'elles n'aient subi aucune des condamnations qui font perdre les droits civiques aux Français mâles et majeurs. C'est ce que la Cour de cassation avait déjà décidé pour le colportage, par interprétation d'une disposition analogue de la loi du 9 mars 1878.

La déclaration des journaux ou écrits périodiques, qui était reçue jusqu'ici par l'autorité administrative, est faite désormais, aux termes de l'article 7, au parquet du procureur de la République. Elle doit précéder la publication ; elle contient le titre du journal ou de l'écrit et son mode de publication, le nom et la demeure du gérant et l'indication de l'imprimeur ; elle est rédigée sur timbre et signée par le gérant. Les mutations doivent être déclarées de même, dans les cinq jours.

Le parquet donne un récépissé de la déclaration. Il ne peut pas le reuser, alors même que cette déclaration lui paraîtrait irrégulière ou inexacte ; mais il doit contrôler ensuite avec soin les énonciations qu'elle contient ; leur fausseté constituerait une contravention, aussi bien que l'omission de la déclaration.

Si l'autorité administrative ne reçoit plus elle-même les déclarations, elle n'en est pas moins intéressée à les connaître, quand ce ne serait que pour assurer l'exécution de l'article 10, qui prescrit le dépôt de deux exemplaires entre ses mains. La loi ne contient aucune prescription à cet égard, mais il vous appartient d'y suppléer. Vos substituts devront porter à la connaissance de MM. les préfets ou sous-préfets les déclarations et mutations. Dans les villes où ces actes seraient trop nombreux pour que des copies en puissent être transmises régulièrement sans surcharger, outre mesure, le service des parquets, vos substituts se concerteront avec l'autorité administrative pour qu'elle puisse en prendre elle-même communication sur place.

Les personnes responsables des infractions résultant du défaut de gérance et de déclaration sont le propriétaire, le gérant et, à leur défaut, l'imprimeur. Si la publication irrégulière continue après une première condamnation, ces trois personnes deviennent solidairement responsables.

Le dépôt des journaux ou écrits périodiques est double ; il est à la fois judiciaire et administratif. Le premier est fait au parquet ou à la mairie dans les villes où il n'y a pas de tribunal. Le second est fait au ministère de l'intérieur, à Paris ; et, dans les départements, à la préfecture, à la sous-préfecture ou à la mairie. Ils comprennent, l'un et l'autre, deux exemplaires signés du gérant. Dans les villes où il n'y a ni tribunal ni sous-préfecture, la mairie, centralisant les deux dépôts, devra donc recevoir quatre exemplaires ; ces exemplaires, reçus par l'autorité municipale pour le compte de l'administration et des parquets, seront transmis par elle à leurs destinations respectives. Ces dépôts, comme celui des imprimés, doivent être faits, au plus tard, au moment de la publication.

Les deux dépôts dont il s'agit ici sont indépendants de celui du journal, en tant qu'imprimé, prescrit par l'art. 3, qui doit être cumulé avec eux.

Ces dépôts ne sont pas imposés aux mêmes personnes ; et ils n'ont pas le même but. Le dépôt prévu à l'art. 3 est imposé aux imprimeurs pour tous les imprimés quelconques qui sortent de leurs presses pour être rendus publics, sans aucune exception autre que celle des ouvrages de ville ou bilboquets. Les journaux y demeurent donc assujettis. Ce dépôt a un but spécial bien défini par l'article même : il est destiné à enrichir nos collections nationales de tous les imprimés nouveaux qui méritent d'être conservés. Le dépôt administratif, prévu par l'art. 10, est mis, comme le dépôt judiciaire, non plus à la charge de l'imprimeur, mais à celle du gérant. Il a pour but de tenir l'administration au courant de la presse périodique, dont elle ne peut se désintéresser; il est fait pour son usage et non en vue de la destination spéciale prévue par l'art. 3. Or, il importe au plus haut degré que cette destination soit remplie en ce qui concerne la presse périodique et que la collection complète des journaux puisse être conservée dans nos dépôts publics.

Une quatrième et dernière formalité est imposée à l'imprimeur par l'art. 11 : il doit imprimer le nom du gérant du journal au bas de tous les exemplaires.

Rectifications.

L'article 19 du décret du 17 février 1852 avait imposé aux journaux le régime des insertions officielles connues sous le nom de *communiqués* ; il obligeait les gérants à insérer tous les documents officiels, relations authentiques, renseignements, réponses et rectifications qui leur étaient adressés par l'autorité.

Un droit aussi étendu avait engendré de nombreux abus. L'article 12 l'a restreint dans les limites légitimes du droit de défense. Les dépositaires de l'autorité publique ne pourront, aux termes de cet article, adresser aux journaux et autres écrits périodiques que des rectifications au sujet des actes de leurs fonctions qui auraient été inexactement rapportés; elles sont gratuites : mais elles ne doivent pas dépasser le double de l'article auquel elles répondent.

Cette disposition rend désormais impossibles toutes les communications abusives ou vexatoires ; mais elle laisse en même temps aux représentants de l'autorité dont les actes ont été méconnus ou travestis toute la latitude nécessaire pour les défendre en en rétablissant le véritable caractère. Vous devrez assurer en toute circonstance l'entier exercice de ce droit d'autant plus respectable que la loi nouvelle accorde à la presse plus de franchises. Vos substituts et vous-même pourrez avoir à en faire usage. Vous veillerez à ce que ces rectifications soient insérées exactement et, comme le prescrit l'article 12, en tête du plus prochain numéro.

L'article 13 règle le droit de réponse des particuliers, tel qu'il a été organisé par les lois antérieures. Il appartient à toutes les personnes qui ont été nommées ou désignées dans le journal ou écrit périodique. La ré-

ponse doit être insérée à la même place, et avec les mêmes caractères
que l'article qui l'a provoquée ; elle est gratuite, jusqu'à concurrence du
double de cet article. Une seule modification aux dispositions antérieures
a été introduite, pour le règlement plus équitable du prix de l'excédant,
lorsque la réponse dépasse le double. La loi du 9 septembre 1835 portait,
dans son article 17, que cet excédant serait payé suivant le tarif des annonces ; qu'est-ce que l'on entendait du tarif des annonces du journal ?
Il sera calculé, d'après l'article 13, au prix des annonces judiciaires. L'insertion doit avoir lieu dans les trois jours ou dans le plus prochain numéro.

Journaux ou écrits périodiques étrangers.

D'après l'article 2 du décret du 17 février 1852, les journaux politiques
ou d'économie sociale ne pouvaient circuler en France qu'en vertu d'une
autorisation. La loi nouvelle consacre le principe contraire. Désormais, la
circulation est libre, sauf les deux interdictions suivantes.

Une interdiction générale de circulation pourra être portée contre un
journal, par une décision du conseil des ministres ; la circulation d'un numéro pourra être interdite par une décision de M. le ministre de l'intérieur. Il est à remarquer, d'ailleurs, que cette réglementation spéciale s'applique à tous les journaux ou écrits périodiques étrangers, de quelque
matière qu'ils traitent, et non pas seulement aux journaux politiques ou
d'économie sociale. La mise en vente ou distribution de journaux interdits ne sera punie qu'autant qu'elle sera faite sciemment, au mépris de
l'interdiction.

Affichage.

La profession d'afficheur est entièrement libre ; elle n'est assujettie à
l'accomplissement d'aucune formalité. La déclaration à l'autorité municipale, que l'article 2 de la loi du 10 décembre 1830 exigeait de ceux qui
voulaient exercer, même temporairement, cette profession, est supprimée.
La loi supprime également les interdictions portées par les lois antérieures
relativement à certaines affiches et notamment à celles des écrits concernant des nouvelles politiques (article 1er, Loi du 10 décembre 1830).
Les articles 15 et suivants n'édictent qu'un petit nombre de dispositions pour protéger les affiches de l'autorité et les affiches électorales.
L'article 15 reproduit les prescriptions édictées par le décret des 18-22
mai 1791, pour distinguer les affiches des lois et autres actes de l'autorité
de celles des particuliers. Le maire désigne, par un arrêté, dans chaque
commune, les lieux ou emplacements qui sont destinés à recevoir ces
affiches ; il est interdit d'y placarder des affiches particulières. Les affiches de l'autorité peuvent seules être imprimées sur papier blanc. Les
imprimeurs doivent donc se servir exclusivement, pour les affiches des
particuliers, de papiers de couleur ; il résulte des termes dans lesquels

l'article 15 est rédigé que l'infraction à cette disposition est à leur charge, comme elle l'était déjà sous la législation antérieure.

Les professions de foi, circulaires et affiches électorales peuvent être placardées sur tous les édifices publics, en dehors des places réservées pour les affiches de l'autorité. Les édifices consacrés aux cultes sont seuls exceptés.

L'article 17 punit ceux qui enlèvent, déchirent, recouvrent ou altèrent par un procédé quelconque, de manière à les travestir ou à les rendre illisibles, les affiches de l'administration ou les affiches électorales régulièrement placardées. La peine varie selon que le fait a été commis par un particulier ou un fonctionnaire public ; c'est une peine de simple police dans le premier cas, correctionnelle dans le second.

Il n'y aurait pas de contravention si les affiches lacérées ou travesties avaient été placardées, sans droit et dans des lieux ou emplacements prohibés. Ainsi le fonctionnaire public n'encourt aucune peine lorsqu'il enlève les affiches électorales apposées sur les emplacements réservés à l'administration ; il en est de même du particulier qui enlève des affiches apposées sur sa propriété sans son autorisation. Les particuliers sont libres d'accorder ou de refuser l'autorisation de placarder des affiches quelconques, électorales ou autres, sur leurs propriétés. Le même droit n'appartient pas aux simples locataires ; une proposition qui avait été faite pour le leur accorder a été rejetée.

Colportage et vente sur la voie publique.

La loi affranchit les colporteurs et distributeurs de l'autorisation préalable ; elle supprime le catalogue et le livret. Elle astreint les colporteurs et distributeurs à la seule déclaration de leurs nom, prénoms, profession, domicile, âge et lieu de naissance. Il leur en est délivré un récépissé qui doit être présenté à toute réquisition. La distribution et le colportage accidentels sont entièrement libres ; ils sont exemptés de la formalité même de la déclaration. Il n'est pas nécessaire que le colporteur soit Français et jouisse de ses droits civils et politiques ; ces conditions, exigées par le projet de loi primitif, ont été supprimées au cours de la discussion, avec l'obligation du catalogue et du livret.

Crimes et délits.

La loi nouvelle ne reconnaît qu'un petit nombre de délits. Elle est restée en deçà de la nomenclature classique de 1819. Les seuls crimes ou délits qu'elle a retenus, parmi ceux qui étaient prévus par toute la législation antérieure sur la presse, sont :

1° La provocation aux crimes ou délits suivie d'effet ; 2° la provocation, non suivie d'effet, aux crimes de meurtre, de pillage ou d'incendie, aux

46

crimes contre la sûreté de l'État; 3° les cris ou chants séditieux ; 4° la provocation aux militaires pour les détourner de leurs devoirs ; 5° l'offense au Président de la République ; 6° la publication de fausses nouvelles ayant troublé la paix publique ; 7° l'outrage aux bonnes mœurs ; 8° la diffamation et l'injure ; 9° l'offense et l'outrage envers les chefs d'État ou agents diplomatiques étrangers.

La loi a prévu encore certaines interdictions de publications ou de comptes rendus ; mais les infractions qui en résultent, bien que punies de peines correctionnelles, ont plutôt un caractère contraventionnel.

Provocations aux crimes et délits.

La provocation aux crimes et délits n'a pas été maintenue dans les termes de la loi de 1819. Les articles 23 et 24 y ajoutent une condition : ils exigent, comme l'ancien article 102 du Code pénal, qu'elle ait été directe ; ils suppriment, en outre, la provocation par dessins, gravures, peintures et emblèmes.

Sous ces modifications, l'article 23, comme la loi de 1819, assimile à la complicité proprement dite la provocation à des crimes ou à des délits suivie d'effet, ou même à la tentative de crime lorsque cette tentative réunit les conditions de la tentative légale, c'est-à-dire lorsqu'elle n'a manqué son effet que par des circonstances indépendantes de la volonté de son auteur. La provocation à la tentative de simples délits, même dans les cas où cette tentative est assimilée par la loi au délit lui-même, n'est pas punie.

En ce qui concerne la provocation non suivie d'effet, la loi nouvelle s'est attachée au système du Code pénal (ancien article 102), complété par la loi du 17 juillet 1791. Elle ne la punit qu'autant qu'il s'agit de crimes de meurtre, de pillage et d'incendie ou des crimes contre la sûreté de l'État prévus par les articles 75 à 101 du Code pénal.

L'article 25 punit la provocation aux militaires pour les détourner de leurs devoirs et de l'obéissance qu'ils doivent à leurs chefs dans tout ce qu'ils leur commandent pour l'exécution des lois et règlements militaires. C'est la reproduction de l'article 2 de la loi du 27 juillet 1849, avec une définition plus rigoureuse du délit. La loi de 1849 réservait les peines plus graves de la tentative d'embauchage ; cette réserve a été omise dans l'article 25 comme inutile ; mais il a été entendu que les textes des codes de justice militaire relatifs à l'embauchage, subsistent en entier et qu'il n'était rien innové par la loi à cet égard.

L'article 24, 2e alinéa, punit les cris séditieux et les chants, que la jurisprudence leur assimilait déjà. La loi ne pouvait laisser ces actes impunis, lorsque le Code pénal réprime les simples bruits ou tapages injurieux ou nocturnes qui troublent la tranquillité publique.

Délits contre la chose publique.

Trois délits seulement ont été retenus dans cette catégorie : l'offense au Président de la République, les fausses nouvelles, l'outrage aux bonnes mœurs. Les outrages aux Chambres et l'outrage au gouvernement de la République, qui figuraient dans le projet primitif, ont été supprimés dans la discussion à cause de leur caractère politique. Les outrages au Président de la République sont qualifiés d'offenses. Cette dénomination comprend, comme l'outrage, la diffamation et l'injure ; elle a été conservée parce qu'elle était consacrée par la tradition législative et qu'elle a paru répondre, mieux que toute autre, à la situation exceptionnelle du chef de l'État. L'offense au Président de la République est punie lorsqu'elle est commise, non seulement par l'un des moyens de publicité admis pour la provocation, discours, cris ou menaces, mais aussi par des dessins, gravures, peintures, emblèmes ou images.

En ce qui concerne les fausses nouvelles, l'art. 27 n'a pas reproduit les distinctions du décret de 1852 sur les fausses nouvelles simples, de mauvaise foi ou de nature à troubler la paix publique. Il ne les punit qu'autant qu'elles ont été publiées de mauvaise foi et qu'elles ont apporté un trouble réel à la paix publique. La loi ne définit pas ce trouble ; ce sera aux tribunaux et à vous-mêmes à l'apprécier dans chaque espèce particulière.

L'article 28 punit l'outrage aux bonnes mœurs commis par tous les moyens de publication, discours, cris, menaces, dessins, gravures, peintures, emblèmes ou images. Le législateur a voulu atteindre tout particulièrement ce délit, pour lequel il a dérogé au système d'abaissement des pénalités anciennes, qu'il a suivi partout ailleurs ; il a élevé le maximum des peines qui lui sont applicables à deux ans d'emprisonnement et à 2,000 fr. d'amende, au lieu d'un an et 500 fr. Il déroge encore aux principes qu'il a établis en matière de saisie, en autorisant exceptionnellement, dans le cas d'outrage aux bonnes mœurs par dessins ou figures, la saisie préventive des dessins, gravures, peintures, emblèmes ou images qui ont été exposés ou mis en vente.

Délits contre les personnes.

Les délits contre les personnes sont l'offense envers les chefs d'État étrangers, l'outrage envers les agents diplomatiques accrédités près le Gouvernement de la République, la diffamation ou l'injure envers les corps constitués, les fonctionnaires, les citoyens chargés d'un service ou mandat public, les jurés et les témoins et les simples particuliers.

La loi nouvelle a conservé la définition classique de la diffamation et de l'injure, de la loi de 1819. Elle apporte, néanmoins, deux modifications légères à cette loi, en ce qui concerne l'injure. Elle supprime toute distinction entre l'injure simple et celle qui renferme l'imputation d'un vice déterminé; elle admet, en outre, l'excuse de la provocation pour l'injure, même publique.

L'article 30, qui prévoit la diffamation envers les cours et tribunaux et les corps constitués, a reproduit l'énumération de la loi de 1822; il y a seulement ajouté, pour faire cesser des hésitations qui s'étaient produites dans la jurisprudence, les armées de terre et de mer; il a supprimé le mot « autorités », comme inutile et faisant double emploi avec les corps constitués et les administrations publiques.

L'article 35 autorise la preuve des faits diffamatoires, non seulement contre les fonctionnaires publics, mais aussi contre les corps constitués, les armées de terre ou de mer, les administrations publiques et même contre les jurés et les témoins; l'interdiction de la preuve est rigoureusement restreinte aux diffamations commises envers les particuliers. Cet article contient une autre innovation importante : la vérité des faits pourra être établie aussi contre les directeurs ou administrateurs de toute entreprise industrielle, commerciale ou financière faisant publiquement appel à l'épargne. L'intérêt public exige en effet que les personnes qui exercent ces fonctions ou un mandat de cette nature répondent de la sincérité et de la fidélité de leur gestion devant le public auquel elles font appel.

Si la preuve des faits diffamatoires est rapportée, le prévenu sera renvoyé des fins de la plainte. L'article 20 de la loi du 26 mai 1819 ajoutait : « sans préjudice des peines prononcées contre toute injure qui ne serait pas nécessairement dépendante des mêmes faits. » Cette disposition a été supprimée comme dangereuse et inutile. On a voulu éviter par là que le juge ne se crût autorisé parfois à disqualifier les faits pour arriver à prononcer une condamnation malgré la preuve faite; mais il a été reconnu que l'injure qui serait véritablement indépendante des faits diffamatoires continuerait à être poursuivie et punie comme constituant un délit distinct.

L'article 34 résout législativement la question controversée de la diffamation envers les morts. La Cour de cassation a décidé que la diffamation pouvait résulter des seules imputations dirigées contre la mémoire des morts; la cour de Paris et d'autres cours d'appel repoussaient cette doctrine. Quelques arrêts admettaient cependant un système mixte, aux termes duquel il y avait diffamation punissable, dans les imputations contre les morts, toutes les fois que les héritiers étaient personnellement atteints par ces imputations, alors même qu'elles n'auraient pas été dirigées intentionnellement contre eux.

La loi a rejeté ces deux systèmes, comme étant de nature à porter atteinte aux droits de l'histoire. Elle n'autorise les héritiers à poursuivre les imputations diffamatoires ou injurieuses dirigées contre leurs auteurs qu'autant que les diffamateurs auront eu l'intention de porter atteinte à leur propre considération. Elle repousse donc entièrement la diffamation envers les morts. La réserve qu'elle fait, au profit des héritiers, ne consacre pas un droit nouveau ; elle aurait été inutile à formuler s'il n'avait fallu écarter les solutions antérieures de la jurisprudence. L'action n'est, en effet, dans ce cas, que l'action personnelle de l'héritier diffamé.

L'article 34 accorde cependant, par une disposition nouvelle, aux héritiers qui ne sont pas diffamés personnellement, lorsqu'il s'agit d'écrits périodiques ou de journaux, une faculté qui sauvegarde leurs intérêts, tout en respectant les franchises de l'écrivain. Ils pourront user du droit de réponse, réglé par l'article 13, pour repousser les imputations dirigées contre la mémoire de leurs auteurs, alors même qu'ils n'auront été ni nommés ni désignés personnellement.

Publications interdites. — Immunités de la défense.

Les dispositions qui figurent sous cette rubrique ne font que reproduire, avec de légères modifications, certaines interdictions de publications et de comptes rendus, édictées par les lois antérieures et notamment par celles du 17 mai 1819 (art. 21 à 23) et du 27 juillet 1849 (art. 5, 10 et 11).

Les articles 38 à 40 prononcent l'interdiction de publier les actes d'accusation et de procédure criminelle et correctionnelle avant qu'ils aient été lus en audience publique ; de rendre compte des procès en diffamation où la preuve n'est pas autorisée, ainsi que des délibérations intérieures des jurys, des cours et des tribunaux, et d'ouvrir ou annoncer publiquement des souscriptions ayant pour objet d'indemniser des condamnations judiciaires, criminelles ou correctionnelles.

L'article 39 autorise encore les tribunaux à interdire le compte rendu des procès dans toute affaire civile. Il n'étend pas cette interdiction aux matières criminelle ou correctionnelle, comme le faisait l'article 17, paragraphe 2, du décret du 17 février 1852 ; mais cette disposition ne porte pas atteinte au droit qui appartient toujours aux tribunaux d'ordonner le huis-clos dans tous les cas où la publicité constituerait un danger pour l'ordre et les mœurs, conformément à l'article 81, toujours en vigueur, de la Constitution du 4 novembre 1848.

L'article 41 consacre à nouveau l'immunité des débats parlementaires et des débats judiciaires. Il affranchit de toute poursuite, et notamment de toute action en diffamation, outrage ou injure, les comptes rendus des débats parlementaires ou judiciaires, et, à plus forte raison, les discours prononcés devant les Chambres, les rapports et autres pièces annexes des débats parlementaires, ainsi que les discours prononcés et les écrits produits devant les tribunaux. Mais il ne couvre de cette immunité que les comptes rendus de bonne foi. Les comptes rendus infidèles et de mauvaise foi ne peuvent en bénéficier à aucun titre. L'infidélité et la mauvaise foi ne tombent plus à elles seules sous le coup de la loi ; et l'article 7 de la loi du 25 mars 1822, qui en faisait un délit spécial, est entièrement abrogé. Mais une action pourra toujours être dirigée contre les auteurs des comptes rendus infidèles faits de mauvaise foi, dans le cas où ils contiendraient des imputations diffamatoires ou injurieuses ou quelqu'autre délit caractérisé.

Les poursuites qui seront dirigées contre eux seront d'ailleurs portées devant les tribunaux compétents, selon les règles ordinaires. La connaissance de ces affaires ne sera pas réservée aux corps des débats desquels il aura été rendu compte ; cette compétence exceptionnelle, que l'article 16 de la loi du 25 mars 1822 avait organisée pour la connaissance du délit spécial de compte rendu infidèle, n'existe plus ; on avait proposé, au cours de la discussion, de la rétablir pour le jugement des comptes rendus diffamatoires ou injurieux, afin que le tribunal saisi fût mieux à même d'apprécier l'excuse de la bonne foi que le prévenu ne manquera pas d'opposer aux poursuites ; mais cette proposition a été rejetée.

Des poursuites et de la répression. Des personnes responsables.

Les délits de presse exigent le concours de plusieurs agents. Les articles 42 à 44 indiquent quelles sont les personnes qui pourront en être déclarées responsables. Ils apportent sous plusieurs rapports des dérogations notables aux règles du droit commun qui étaient suivies jusqu'ici ; mais il est à remarquer qu'ils ne disposent que pour les délits commis par la voie de la presse. Ils ne s'appliquent ni aux délits de paroles, qui, ne comportant habituellement qu'un agent, devaient rester soumis aux règles ordinaires, ni aux contraventions prévues dans les chapitres I à III, pour chacune desquelles le législateur a désigné par une mention expresse les personnes responsables.

L'article 42 indique quels sont, parmi les agents qui ont concouru au délit, ceux qui doivent être considérés comme auteurs principaux, et l'ordre dans lequel ils seront poursuivis. Ce sont : 1° le publicateur, gérant ou éditeur ; 2° à défaut de publicateur connu, l'auteur ; 3° à défaut d'auteur, l'imprimeur ; 4° à défaut d'imprimeur, les vendeurs, distributeurs ou afficheurs.

L'article 43 règle la complicité. Il n'est rien innové en ce qui concerne les auteurs à cet égard ; ils sont toujours considérés comme complices, et ils doivent être poursuivis à ce titre, avec les gérants ou les éditeurs, lorsque ceux-ci sont en cause comme auteurs principaux.

En ce qui concerne les imprimeurs, au contraire, la loi contient une innovation considérable. Elle les affranchit de toute complicité à raison du fait de l'impression des écrits délictueux, sauf dans le cas de provocation à un attroupement, prévu par l'article 6 de la loi du 7 juin 1848 ; ils ne peuvent être retenus comme complices qu'à raison des faits étrangers à l'impression, pourvu que ces faits rentrent dans les conditions de la complicité légale prévues par l'article 60 du Code pénal. La rédaction primitive de l'article 43 étendait cette exception aux vendeurs, distributeurs ou afficheurs pour les faits de vente, de distribution et d'affichage. Mais cette mention a été supprimée. Il en résulte que ces agents du délit, lorsqu'ils ne seront pas poursuivis comme auteurs principaux, pourront l'être comme complices, conformément au droit commun, dans le cas où ils auront vendu, distribué ou affiché les écrits délictueux en connaissance de cause. C'est là d'ailleurs la disposition que l'article 22, qu'il faut combiner ici avec l'article 43, édicte formellement en ce qui concerne les colporteurs et distributeurs.

L'article 44 consacre une autre innovation. Il déclare les propriétaires des journaux responsables des condamnations pécuniaires au profit des tiers.

La jurisprudence hésitait à admettre, sauf dans certains cas exceptionnels, que le fait du gérant engageât la responsabilité des propriétaires du journal. D'après la disposition nouvelle de l'article 44, le gérant devra être réputé, en principe, le préposé des propriétaires, qui deviendront, en conséquence, responsables de son fait, dans les termes du droit commun. Cette responsabilité est d'ailleurs restreinte aux condamnations civiles : elle ne s'étend pas aux amendes. La propriété des journaux peut se constituer de bien des manières; les propriétaires responsables seront ceux auxquels la loi civile ou commerciale reconnaîtra cette qualité.

Les jugements de condamnations détermineront toutes les responsabilités; ils devront, en outre, fixer, conformément à la loi, la durée de la contrainte par corps. Il importe que les extraits délivrés aux comptables chargés du recouvrement portent toutes les mentions nécessaires pour l'exécution. Vous veillerez, en conséquence, à ce que les greffiers mentionnent exactement, sur tous ces extraits, les personnes responsables, avec l'indication de la solidarité, lorsqu'elle aura lieu, ainsi que la durée de la contrainte.

Juridiction.

Les crimes et délits de presse sont déférés à la cour d'assises. C'était déjà la règle posée par la loi du 26 mai 1819 ; c'était aussi celle de la loi du 15 avril 1871. La loi du 29 décembre 1875 l'avait maintenue ; mais elle disparaissait sous les exceptions nombreuses qui déféraient aux tribunaux correctionnels les délits les plus nombreux et les plus habituels. Les seules infractions qui échappent aujourd'hui à la juridiction de la cour d'assises sont les petites contraventions punies de simple police et un certain nombre d'infractions, la plupart matérielles, dont la connaissance a été attribuée au tribunal correctionnel.

Le tribunal de simple police connaît des contraventions qui suivent :
1° Omission du nom et du domicile de l'imprimeur (art. 2);

2° Affichage sur les lieux réservés aux affiches des actes de l'autorité publique (art. 15);

3° Impression d'affiches sur papier blanc (art. 15);

4° Lacération ou altération d'affiches administratives (art. 17, § 1er);

5° Lacération ou altération d'affiches électorales (art. 17, § 3);

6° Omission ou fausseté de la déclaration de colportage (art. 21);

7° Défaut de présentation du récépissé (art. 21);

8° Injures non publiques (art. 33, § 3).

Les infractions déférées aux tribunaux correctionnels sont les suivantes :

1° Omission du dépôt des imprimés (art. 3, 4 et 9);

2° Défaut de gérance (art. 6, 7 et 9);

3° Omission ou irrégularité de la déclaration des journaux ou écrits périodiques (art. 7, 8 et 9);

4° Omission ou irrégularité de la déclaration des mutations (art. 7 et 9);

5° Omission du dépôt des journaux ou écrits périodiques (art. 10);

6° Omission de l'impression du nom du gérant au bas des exemplaires (art. 11);

7° Défaut ou irrégularité de l'insertion des rectifications des dépositions de l'autorité publique (art. 12);

8° Défaut ou irrégularité de l'insertion des réponses des particuliers (art. 13);

9° Mise en vente ou distribution des journaux étrangers dont la circulation est interdite (art. 14);

10° Lacération ou altération d'affiches administratives par un fonctionnaire public (art. 17, § 2);

11° Lacération ou altération d'affiches électorales par un fonctionnaire public (art. 17, § 4);

12° Outrages aux bonnes mœurs par dessins, gravures, peintures, emblèmes ou images obscènes (art. 28, § 2);

13° Diffamations envers les particuliers (art. 32);

14° Injures envers les particuliers (art. 33, § 2);

15° Publication des actes de procédure criminelle et correctionnelle avant qu'ils aient été lus en audience publique (art. 38);

16° Comptes rendus des procès en diffamation où la preuve n'est pas autorisée (art. 39);

17° Comptes rendus interdits par les tribunaux (art. 39);

18° Comptes rendus des délibérations des jurys des cours et tribunaux (art. 39);

19° Ouverture ou annonce publique de souscriptions pour indemniser des condamnations criminelles ou correctionnelles (art. 40).

Compétence.

La loi ne s'explique pas sur la compétence ; c'est donc celle du droit commun. La loi de 1819 avait établi, dans son article 12, que les poursuites à la requête du ministère public seraient faites au lieu du dépôt des écrits poursuivis ou de la résidence du prévenu ; l'article 8 de la loi du 29 décembre 1875 avait reproduit expressément, pour les crimes ou délits déférés aux cours d'assises, la compétence du lieu du dépôt.

Ces dispositions n'ont pas été reproduites par la loi nouvelle. La compétence demeure donc celle de l'article 63 du Code d'instruction criminelle. La juridiction compétente est, avec celle de la résidence de l'inculpé, celle du lieu du délit, c'est-à-dire de tous les lieux dans lesquels l'ouvrage délictueux a été publié.

L'action civile pourra toujours être portée devant la juridiction criminelle ou correctionnelle avec l'action publique ; mais elle pourra aussi être exercée séparément, conformément à l'article 3 du Code d'instruction criminelle. L'article 46 contient cependant une exception à cette règle : l'action civile résultant des délits de diffamation, dans les cas où la preuve des faits diffamatoires est autorisée, ne peut être poursuivie séparément de l'action publique, sauf dans le cas de décès de l'auteur du fait incriminé, ou d'amnistie. Cette disposition n'est que la reproduction des articles 2 de la loi du 22 mars 1848 et 4 de la loi du 15 avril 1871. Elle a pour but d'empêcher que les corps constitués, les fonctionnaires publics et les autres personnes à l'égard desquelles la preuve est admise, dans un intérêt public, ne cherchent à s'y soustraire en substituant aux poursuites criminelles dans lesquelles cette preuve devrait être administrée une simple demande en dommages-intérêts devant les tribunaux civils.

Procédure. — Plainte préalable.

Les crimes et délits commis par la voie de la presse et les autres moyens de publication sont poursuivis d'office par le ministère public ou par les parties lésées. Le droit du ministère public est subordonné, en général, à la nécessité d'une plainte préalable de la partie lésée, en matière de diffamation et d'injure, d'offense et d'outrage, tant envers les corps constitués et les personnes publiques qu'envers les particuliers.

La loi du 29 décembre 1875 autorisait la poursuite d'office pour diffamation et injure envers les tribunaux et les corps constitués. La loi nouvelle revient au système de la loi du 26 mai 1819, qui exigeait une délibération de l'assemblée générale de ces corps ; dans le cas où le corps n'aura pas d'assemblée générale, la poursuite aura lieu sur la plainte de son chef ou du ministre duquel ce corps relève.

Dans les cas de diffamation ou d'injure envers les fonctionnaires publics, les dépositaires ou agents de l'autorité publique, les ministres des cultes, les citoyens chargés d'un service ou d'un mandat public, la plainte de la partie lésée pourra être suppléée par celle du ministre dont elle relève ; les fonctionnaires des divers ordres ne sont pas seuls intéressés à la poursuite, et leur chef hiérarchique doit pouvoir la provoquer lorsqu'il la juge nécessaire. Dans le cas d'offense ou d'outrage envers les chefs d'État et les agents diplomatiques étrangers, la plainte est portée sous la forme d'une demande au ministère des affaires étrangères, qui la transmet au ministère de la justice.

Il n'y a que deux exceptions à cette nécessité de la plainte préalable, pour le chef de l'État et les ministres. La première s'imposait ; la seconde résulte de la réserve contenue dans le paragraphe 3 de l'article 47, qui n'exige la plainte que des dépositaires de l'autorité publique « autres que les ministres ». La règle est générale en ce qui concerne les particuliers : la poursuite pour diffamation ou injure ne pourra avoir lieu, aux termes de l'article 60, que sur la plainte de la personne diffamée ou injuriée.

Procédure devant la cour d'assises.

La loi du 15 avril 1871, qui avait restitué aux cours d'assises la connaissance des délits de presse, avait remis en vigueur les articles de la loi du 27 juillet 1849, relatifs à la procédure que la jurisprudence complétait avec ceux de la loi du 17 mai 1819 concernant le même objet. La loi nouvelle emprunte ses principales dispositions à ces deux lois ; mais elle contient aussi plusieurs dispositions nouvelles. Cette procédure ne peut plus être combinée qu'avec les dispositions du Code d'instruction criminelle, dans les articles auxquels la loi nouvelle ne déroge pas soit expressément, soit tacitement.

Deux voies sont ouvertes au ministère public pour l'exercice des poursuites devant la cour d'assises : la voie ordinaire de l'information et celle de la citation directe.

Une information préalable était le plus souvent nécessaire, sous la législation antérieure, pour arriver à la saisie préventive des imprimés délictueux ; mais cette saisie n'est plus autorisée aujourd'hui, sauf dans un cas, et la voie de la citation directe pourra être prise, dès le début, dans la plupart des cas qui requerront célérité.

Le droit de saisie est réglé par l'article 49. La saisie préventive, ou saisie-séquestre, de l'édition ou du tirage de l'imprimé délictueux, est supprimée. L'article 7 de la loi du 17 mai 1819, qui consacrait ce droit en le réglementant, est entièrement abrogé.

L'article 49 de la loi nouvelle n'autorise d'autre saisie que celle de quatre exemplaires, et encore ne peut-elle avoir lieu que lorsque l'imprimé délictueux n'a pas été déposé. Cette saisie n'a rien de commun avec la saisie-séquestre ; elle n'a pour but que de mettre la justice en possession du corps du délit.

La saisie-séquestre n'est maintenue que dans un cas : c'est celui de l'outrage aux mœurs, lorsqu'il est commis par dessins, gravures, peintures, emblèmes ou images obscènes, dans les termes du paragraphe 2 de l'article 28. Tous les exemplaires exposés, distribués ou mis en vente peuvent alors être saisis préventivement.

La loi a prohibé la saisie préventive parce qu'elle cause, quelle que soit la célérité de la procédure, un préjudice irréparable ; mais elle n'a pas entendu laisser libre la circulation d'imprimés reconnus délictueux. — L'arrêt de condamnation pourra donc ordonner la saisie et même la destruction de tous les exemplaires qui seraient mis en vente. Il pourra d'ailleurs, lorsque la destruction totale ne sera pas nécessaire, se borner à prescrire la suppression des seules parties délictueuses.

Avec la protection des écrits, la loi assure la protection des personnes. L'article 49 interdit la détention préventive pour tous les prévenus des délits de presse ou de parole, pourvu qu'ils soient domiciliés ; les prévenus de crimes y demeurent seuls soumis.

Le droit de poursuivre devant la cour d'assises n'appartient pas seulement au ministère public ; il est conféré, dans certains cas, à la partie lésée, à laquelle l'article 47 accorde le droit de citation directe. C'est là une dérogation au droit commun et même à toute la législation antérieure sur la presse ; elle se justifie aisément ; les délits de presse sont déférés, par faveur, à la juridiction de la cour d'assises ; mais ils n'en constituent pas moins de simples délits, et il n'y avait pas de motifs de priver le plaignant du droit de saisir lui-même la justice comme en matière correctionnelle. Cette faculté est attribuée expressément aux fonctionnaires publics et aux dépositaires ou agents de l'autorité publique, autres que les ministres, aux ministres du culte, aux citoyens chargés d'un service ou d'un mandat public, aux jurés et aux témoins, et enfin aux chefs d'État et agents diplomatiques étrangers. Il ne pouvait être question de la conférer au chef de l'État, dont la dignité doit toujours être protégée par l'autorité publique.

Le plaignant qui veut exercer l'action directe devant la cour d'assises doit adresser une requête au magistrat désigné pour présider cette cour. Le président fixe sur cette requête les jours et heures auxquels l'affaire sera appelée, en tenant compte des délais impartis par la loi entre la citation et la comparution. Il peut se faire qu'il soit saisi à une époque trop tardive pour qu'il puisse indiquer un jour utile, et que la session doive être close, par suite de l'épuisement des affaires portées au rôle, avant l'expiration des délais prescrits pour la citation. Le président se bornera à constater l'impossibilité dans laquelle il se trouve de donner jour au plaignant, par suite de la tardivité de sa requête, et le renverra à se pourvoir ainsi qu'il avisera. Le plaignant n'aura qu'à attendre les prochaines assises, à moins qu'il ne préfère user du droit qui lui appartient de saisir toutes autres assises compétentes, c'est-à-dire celles de tous les autres lieux dans lesquels l'imprimé poursuivi aura été publié.

Il aura aussi la faculté de se pourvoir auprès du premier président pour provoquer une convocation d'assises extraordinaires ; mais il ne devrait être déféré à cette requête que dans des cas tout à fait exceptionnels. La loi n'a pas voulu priver le plaignant devant la cour d'assises de la faculté de citation qu'il avait devant le tribunal correctionnel ; mais il serait excessif, pour lui procurer l'exercice souvent téméraire de ce droit, d'imposer légèrement aux jurés la fatigue et au Trésor les frais de la tenue d'assises extraordinaires.

La loi n'impose pas au ministère public l'obligation d'adresser une requête au président pour la fixation du jour auquel seront portées à l'audience les affaires poursuivies à sa requête. Les rapports de ces magistrats entre eux rendaient cette formalité inutile. Il suffira donc que le ministère public se concerte, à cet effet, avec le président.

La citation donnée au prévenu doit définir avec exactitude l'objet de la poursuite, de manière à le mettre en mesure de préparer tous les éléments de sa défense ; elle doit contenir, aux termes de l'article 50, l'indication précise des écrits ou autres imprimés, placards, dessins, gravures, peintures, médailles ou emblèmes, et des discours incriminés, avec la qualification des faits et l'indication des textes. C'est la reproduction presque textuelle de l'article 6 de la loi de 1819.

Si la citation est à la requête du plaignant, elle doit, en outre, porter copie de l'ordonnance du président d'assises, pour la fixation du jour ; elle doit contenir aussi une élection de domicile dans la ville où siège la cour d'assises.

Le délai entre la citation et la comparution en cour d'assises est, en règle générale, de cinq jours francs, outre un jour par cinq myriamètres ; il est étendu à douze jours en matière de diffamation. Cette prolongation du délai est nécessitée par les notifications qui doivent être nécessairement échangées pour la preuve, dans les cas où elle est admise.

Le prévenu qui veut être admis à administrer la preuve des faits diffamatoires doit faire signifier, dans les cinq jours de la notification de la citation, au ministère public ou au plaignant, les faits dont il entend prouver la vérité, la copie des pièces et les noms, professions et demeures de ses témoins ; il doit faire, comme le plaignant, élection de domicile près la cour d'assises. Dans les cinq jours suivants, le ministère public ou le plaignant doivent faire signifier de leur côté la copie des pièces et des noms, professions et demeures des témoins avec lesquels ils entendent faire la preuve contraire. Ces dispositions sont empruntées aux articles 21 et 22 de la loi du 26 mai 1819.

Lorsque le ministère public prend la voie de l'information, il doit articuler et qualifier les faits, avec l'indication des textes, dans son réquisitoire introductif (art. 48). L'affaire doit suivre son cours selon les règles ordinaires, et être portée devant la chambre des mises en accusation.

Une jurisprudence ancienne, formée sous l'empire des lois de 1819 et 1849, et confirmée sous celles de 1871 et 1875, avait décidé qu'il n'était pas nécessaire de rédiger un acte d'accusation, sauf pour le cas de crime, et qu'il n'y avait pas lieu de remplir, dans le cas de simples délits, les formalités établies par les articles 241 et 242 touchant la rédaction et la notification de cet acte. Cette décision doit encore être suivie aujourd'hui. Tous les articles qui supposent la détention préventive sont nécessairement inapplicables aux prévenus des délits de presse et de parole ; il en est ainsi notamment de l'interrogatoire prescrit par l'article 293 et, en général, de tous les articles du Code d'instruction criminelle, qui ne peuvent, d'après l'ensemble des dispositions de ce Code, trouver leur application qu'à l'égard des individus accusés de crimes et placés dans les liens d'une ordonnance de prise de corps.

L'arrêt de renvoi devra être notifié, et la citation à comparaître devant la cour d'assises devra être donnée en vertu de cet arrêt. Il conviendra d'ailleurs de se conformer, pour cette citation, aux prescriptions générales de l'article 50.

Les dispositions des articles 51 à 53, relatifs aux délais de la citation et aux formes de la preuve, devront évidemment être observées, en cas de renvoi, en vertu de l'arrêt de la chambre d'accusation, aussi bien que dans le cas de citation directe.

Les articles 54 et suivants ont pour but de déjouer les moyens dilatoires que le prévenu pourrait être tenté d'opposer à une poursuite dans laquelle la célérité est requise, en abusant des incidents ou du droit de faire défaut. Ces dispositions ne font d'ailleurs que reproduire, sauf quelques modifications, les dispositions des lois antérieures.

Dès que le prévenu a assisté à l'appel des jurés, l'instance est liée contradictoirement avec lui ; il ne peut plus faire défaut, quand même il se serait retiré pendant le tirage au sort. L'arrêt rendu avec le concours du jury sera définitif.

Les demandes en renvoi et tous les incidents sur la procédure devront être présentés avant l'appel des jurés.

L'article 56 applique à l'arrêt par défaut qui est rendu sans l'assistance des jurés les règles posées par l'article 187 pour les condamnations par défaut prononcées par les tribunaux correctionnels.

Si le prévenu ne comparaît pas, son opposition est réputée non avenue, et l'arrêt par défaut devient définitif.

L'article 58 consacre une dérogation importante à l'article 358 du Code d'instruction criminelle, aux termes duquel l'accusé acquitté peut être condamné à des dommages-intérêts envers la partie civile. La cour n'aura pas cette faculté en matière de délits de presse ; elle ne pourra statuer que sur les dommages-intérêts réclamés par le prévenu, qui devra être renvoyé de la plainte sans dommages ni dépens.

L'article 59 règle la formation des cours d'assises extraordinaires qu'il pourrait y avoir lieu de convoquer exceptionnellement pour le jugement de poursuites urgentes après la clôture de la session ordinaire. C'est la reproduction textuelle de l'article 22 de la loi de 1849. Ces cours seront formées par une ordonnance du premier président. Le président des dernières assises les présidera de droit. Le ministère public ne devra évidemment provoquer la formation de ces assises que dans les cas d'absolue nécessité ; il aura d'ailleurs d'autant moins l'occasion d'y recourir qu'il a, comme le plaignant, la faculté d'exercer ses poursuites devant toutes les cours compétentes à raison du lieu du délit ; et qu'à défaut de celle du domicile, il pourra parfois porter l'affaire dans telle autre où s'ouvrirait une session prochaine, sans préjudice sérieux pour les personnes.

Police correctionnelle et simple police.

La poursuite a lieu conformément au Code d'instruction criminelle. L'article 60 contient néanmoins quelques dispositions nouvelles. Le délai de la citation est réduit à vingt-quatre heures, dans le cas de diffamation ou d'injure pendant la période électorale envers un candidat à une fonction élective. L'article étend à la matière correctionnelle l'obligation de préciser et qualifier les faits incriminés dans la citation et les réquisitions à fin d'instruction. Enfin, il déroge à la règle d'après laquelle l'action publique, une fois mise en mouvement par la partie lésée, ne peut plus être arrêtée par le désistement de la partie civile, ni même du ministère public. Le désistement du plaignant arrêtera la poursuite commencée.

Pourvois en cassation.

L'article 61 dispense le prévenu et la partie civile qui se sont pourvus en cassation de la consignation de l'amende, et le prévenu de la mise en état que la jurisprudence lui imposait. L'article 62 fixe les délais dans lesquels le pourvoi doit être formé et l'affaire jugée.

Récidive, circonstances atténuantes, prescription.

La loi de 1819 avait rendu facultative, en matière de presse, l'aggravation des peines résultant de l'état de récidive. L'article 63 la supprime entièrement.

Le deuxième paragraphe applique aux crimes et délits prévus par la loi les dispositions de l'article 365 du Code d'instruction criminelle, qui prohibent le cumul des peines.

L'article 64 reproduit la disposition de l'article 23 de la loi du 27 juillet 1849 qui réglait l'effet de la déclaration des circonstances atténuantes en faveur des prévenus ; la peine prononcée ne pourra excéder la moitié de la peine édictée par la loi ; cette graduation des peines a paru être la conséquence nécessaire de l'attribution des délits de presse au jury.

Dans le dernier état de la législation, la prescription en matière de délits de presse était celle du droit commun ; d'après la législation de 1819, l'action publique se prescrivait par 6 mois et l'action civile par 3 ans. La loi nouvelle assigne la même durée à l'action publique et l'action civile, et la limite à 3 mois.

La loi contient encore quelques dispositions transitoires qu'il est inutile de rappeler.

Abrogation de la législation antérieure.

La loi nouvelle abroge toute la législation antérieure sur la presse, édits, lois, décrets, ordonnances, arrêtés, règlements, déclarations quelconques, relatifs à l'imprimerie, la librairie, la presse périodique et non périodique, le colportage, l'affichage, la vente sur la voie publique, et aux crimes et délits prévus par les lois sur la presse et les autres moyens de publication (art. 68). Voici la liste des principaux délits abrogés :

1° Attaques contre la Constitution, le principe de la souveraineté du peuple et du suffrage universel (art. 1er du décret du 11 août 1848) ;

2° Attaques contre le respect dû aux lois et à l'inviolabilité des droits qu'elles ont consacrés (art. 3 du décret du 27 juillet 1849) ;

3° Attaques contre la liberté des cultes, le principe de la propriété et les droits de la famille (art. 3 du décret du 11 août 1848) ;

4° Provocations à la désobéissance aux lois (art. 6 de la loi du 17 mai 1819) ;

5° Excitation à la haine et au mépris du Gouvernement (art. 4 du décret du 11 août 1848) ;

6° Excitation à la haine et au mépris des citoyens (art. 7 du décret du 11 août 1848) ;

7° Enlèvement ou dégradation des signes publics de l'autorité en haine ou au mépris de cette autorité (art. 6 du décret du 11 août 1848) ;

8° Port public de signes de ralliement non autorisés (même article) ;

9° Exposition publique, distribution ou mise en vente de signes ou symboles séditieux (même article) ;

10° Apologie de faits qualifiés crimes ou délits (art. 3 de la loi du 27 juillet 1849) ;

11° Provocation aux crimes ou délits non suivie d'effet, en dehors des cas réservés par les articles 24 et 25 (art. 2 de la loi du 17 mai 1819) ;

12° Outrage à la morale publique et religieuse (art. 8 de la loi du 17 mai 1819) ;

13° Outrage à une religion reconnue par l'État (art. 1er de la loi du 25 mars 1822);

14° Offense envers les Chambres (art. 11 de la loi du 17 mai 1819 et 2 du décret du 11 août 1848);

15° Infidélité et mauvaise foi dans les comptes rendus des séances des Chambres et des tribunaux (art. 16 de la loi du 25 mars 1822);

16° Appréciation des discussions des conseils généraux sans la reproduction des comptes rendus y afférant (art. 31, §§ 2 et 3 de la loi du 10 août 1871);

17° Publication d'articles politiques ou d'économie sociale émanant d'individus condamnés à une peine afflictive ou infamante (art. 21 du décret du 17 février 1852);

18° Publication de faits relatifs à la vie privée (art. 11 de la loi du 11 mai 1868).

En résumé, tous les crimes ou délits prévus par les lois spéciales dites de presse qui n'ont pas trouvé place dans la loi actuelle sont abrogés sans exception.

Mais les lois de presse ne contiennent pas tous les délits de publication; il en est en petit nombre qui sont prévus par des lois spéciales.

Ces délits n'entrent pas dans les prévisions de la présente loi et doivent être considérés comme maintenus, à moins qu'ils ne se relient à ceux qui ont été abrogés, d'une manière si étroite qu'ils ne puissent en être séparés. C'est ce que l'article 68 exprime très clairement, lorsqu'il vise limitativement les crimes et délits *prévus par les lois sur la presse et les autres moyens de publication.* La loi nous donne, d'ailleurs, elle-même, deux exemples de cette distinction essentielle. Elle rappelle incidemment, à l'article 43, comme étant toujours en vigueur, l'article 6 de la loi du 7 juin 1848 qui punit les provocations publiques à des attroupements par des discours ou des imprimés, parce qu'il s'agit là d'une loi qui, n'ayant nullement la presse pour objet, demeure en vigueur dans toutes ses dispositions. De même, l'article 68 abroge, par une disposition spéciale, l'article 31 de la loi du 10 août 1871 qui interdit aux journaux d'apprécier la discussion des conseils généraux sans reproduire en même temps la portion du compte-rendu y afférente, parce que cette disposition, figurant dans une loi sur les conseils généraux, ne rentrait pas dans l'abrogation générale édictée par cet article.

Le projet de loi présenté primitivement à la Chambre des députés continuait, dans son article 2, une énumération de certains délits qui étaient expressément réservés. Cette énumération a été supprimée, comme inutile et dangereuse; elle aurait pu faire considérer comme abrogées des dispositions de lois spéciales qu'il ne serait nullement entré dans la pensée du législateur de supprimer.

Parmi les dispositions qui doivent être incontestablement considérées comme maintenues, figurent, en première ligne, les délits prévus par les articles 222 à 227, 201 à 206, 260 à 264, 419 à 240 du Code pénal; ils étaient d'ailleurs tout visés dans l'énumération du projet primitif.

Les articles 222 à 227 sont relatifs aux outrages par paroles, par écrits ou dessins non rendus publics, envers les dépositaires de l'autorité et de la force publique. Le doute pouvait d'autant moins exister en ce qui concerne ces délits que la publicité n'est pas un de leurs éléments constitutifs, et qu'ils ont toujours trouvé une application distincte de celle des outrages prévus par la législation antérieure sur la presse.

Les articles 201 à 206 sont relatifs aux critiques, censures ou provocations dirigées par parole ou par écrit, par les ministres des cultes, contre l'autorité publique. Ces délits, qui constituent bien des délits de publication, sont néanmoins maintenus ; ils sont entièrement étrangers à la matière de la presse et sont classés sous la rubrique des abus d'autorité ; ils ont été d'ailleurs expressément réservés, au cours de la discussion, comme ils l'étaient dans l'article 2 du projet.

Il en est de même des articles 260 à 264, qui prévoient les entraves apportées par les particuliers au libre exercice des cultes et les outrages contre les objets de ces cultes ; — des articles 419 et 420, qui punissent les fausses nouvelles à l'aide desquelles on a opéré la hausse ou la baisse des marchandises ou effets publics ; — des délits spéciaux prévus par les lois électorales, outrages envers les bureaux électoraux ou l'un de leurs membres ; fausses nouvelles ayant surpris ou détourné des suffrages ou déterminé des abstentions (art. 45 et 40 du décret du 2 février 1852) ; — des annonces ou affiches de remèdes secrets (art. 36 de la loi du 21 germinal an XI) ; — de la distribution de billets de loteries non autorisées (art. 4 de la loi du 25 mai 1836).

Les délits ainsi maintenus comme se rattachant à des lois spéciales échappent entièrement aux prévisions de la loi nouvelle et demeurent, en conséquence, soumis aux juridictions de droit commun.

L'abrogation générale de l'article 68 ne porte pas davantage atteinte aux lois qui régissent la propriété littéraire, artistique ou industrielle, non plus qu'aux nombreuses dispositions des lois fiscales concernant l'imprimerie et la presse.

Telle est, monsieur le procureur général, l'économie générale de la loi qui est aujourd'hui le code unique de la presse.

Le Gouvernement en avait, en quelque sorte, devancé l'application en répudiant depuis longtemps la plupart des délits qu'elle a abrogés.

Vous n'exerciez de poursuites de presse que lorsqu'elles vous paraissaient réclamées par un sérieux intérêt public. Vous observerez encore la même réserve.

La loi a affranchi de toutes les mesures préventives l'imprimerie et la presse ; elle n'a maintenu que quelques formalités dont le but unique est d'assurer la responsabilité des écrits délictueux, soit au regard de l'action publique, soit au regard des tiers. Ces formalités sont en assez petit nombre, elles sont assez peu coûteuses, assez faciles à remplir pour qu'elles doivent être exécutées rigoureusement. Vous tiendrez la main à leur en-

47

tier accomplissement. Vous pourrez adresser officieusement aux contrevenants, lorsque vous le jugerez convenable, un avertissement préalable ; mais vous n'hésiterez pas ensuite à les déférer aux tribunaux.

Vous poursuivrez rigoureusement toutes les contraventions de simple police et même toutes les infractions qui, bien que déférées aux tribunaux correctionnels, ont surtout un caractère contraventionnel.

En ce qui concerne les délits proprement dits, vous aurez à apprécier dans chaque cas particulier, l'intention, le préjudice, l'intérêt public en jeu. Vous m'en référerez, comme par le passé, chaque fois que l'affaire l'exigera, sauf à commencer les poursuites dans le cas d'urgence.

Vous pèserez les poursuites avec calme et maturité ; mais, lorsqu'elles seront résolues, vous devrez les conduire avec la plus grande célérité possible. Vous prendrez la voie rapide de la citation directe toutes les fois qu'une information préalable ne sera pas nécessaire.

Vous continuerez, au surplus, à me consulter dans tous les cas douteux soit quant à l'opportunité, soit quant aux qualifications, soit quant aux questions de procédure ou de compétence.

Je ne puis que vous recommander, dans cette épreuve d'une loi nouvelle, la conciliation des devoirs de modération et de prudence, dont vous vous êtes inspiré jusqu'ici, avec la protection qui est due aux grands intérêts dont vous avez la garde.

Recevez, monsieur le procureur général, l'assurance de ma considération très distinguée.

Le garde des sceaux, ministre de la justice.

Jules CAZOT.

TABLE ALPHABÉTIQUE
DES NOMS ET DES MATIÈRES

NOTA. — Les chiffres indiquent les numéros des pages.

M

Prières, 29.

Privation des droits, 124, 125, 126, 127, 129.

Prix des insertions, 97.

Procédure, 9, 15, 25, 26, 27, 31, 32, 36, 593.

Procureur de la République, 13, 62, 66, 71, 73, 75, 76.

Professions de foi, 119, 122, 135, 136, 138, 144, 145.

Projet de loi du 4 février 1870; 15.

Promulgation, 36.

Propriétaires, 24, 30, 48, 60, 61, 65, 67, 68, 69, 70, 71, 72, 73, 74, 75, 76, 77, 78, 81, 87, 94, 98, 104, 123, 135, 198, 545, 556, 558, 586, 622, 647.

Propriété industrielle, littéraire et artistique, 34, 38, 44, 50, 54.

Proust (Antonin), député, 167.

Provocation, 29, 34, 114. 149, 171, 175, 180, 182, 184, 206, 209, 212, 219, 221, 224, 226, 232, 233, 236, 238, 239, 240. 253, 256, 258, 263, 266, 270, 304, 305, 308, 315, 319, 321, 330, 446, 492, 607.

Provocation à commettre un crime ou un délit, 14, 28, 33, 38, 39, 149, 157, 160, 161, 163, 167, 175, 177, 188, 190, 206, 209, 221, 227, 230, 240, 243, 245, 246, 250, 251, 254, 298, 300, 301, 323, 661.

Provocation à des militaires, 164, 224, 252, 275, 277, 278, 283, 284, 287, 298, 335.

Provocation à la désobéissance aux lois, 27, 28, 29, 38, 39, 149, 154, 161, 190, 230, 254, 307, 334, 354.

Prusse, 688.

Publicateur, 65, 545.

Publication, 4, 8, 9, 10, 12, 14, 15, 29, 30, 44, 48, 50, 51, 54, 55, 56, 58, 60, 61, 65, 70, 73, 74, 75, 76, 84, 85.

Publications financières, 94.

Publications interdites, 14, 502.

Publication irrégulière, 76, 81.

Publications obcènes, 108, 223, 346.

Publicité, 343, 433, 533, 534, 535.

Q

Qualification des délits, 15.

R

Rabaud-Saint-Étienne, 6.

Rapport général, fait le 5 juillet 1880, au nom de la Commission de la Chambre des députés chargée d'examiner les diverses propositions de loi relatives à la liberté de la presse, par M. Lisbonne, député, 1 à 16, 43 à 44, 46 à 47, 54 à 63, 86 à 92, 116 à 122, 148 à 165, 339 à 347, 433 à 448, 496 à 497, 502 à 503, 543 à 555, 593 à 600, 614 à 616, 621 à 622.

Rapport fait le 29 janvier 1881 à la Chambre des députés au nom de la Commission de la presse sur l'amendement de M. Floquet et de plusieurs de ses collègues, par M. Lisbonne, député, 220 à 222.

Rapport supplémentaire de M. Lisbonne lors de la deuxième délibération, 73, 134, 466 à 467, 498 à 499, 520, 557 à 558, 607, 618 à 619, 624 à 628, 633.

Rapport fait au Sénat le 18 juin 1881, au nom de la Commission chargée d'examiner la proposition de loi adoptée par la Chambre des députés, sur la liberté de la presse, par M. Eugène Pelletan, sénateur, avec annexes, 17 à 22, 49 à 51, 64, 74 à 76, 84 à 85, 108, 135, 298 à 299, 334 à 385, 415, 489 à 492, 524 à 525, 586 à 589, 612, 646 à 647.

Rapport fait le 21 juillet 1881 à la Chambre des députés sur le projet de loi entier renvoyé par le Sénat, par M. Lisbonne, député, avant la troisième délibération, 660 à 665.

Robert (général), sénateur, 145.

Rassemblements, 44, 137, 145.

Ravignan, sénateur, 146, 429.

Rébellion, 158, 236, 238.

Récépissé, 66, 77, 131, 182.

Récidive, 15, 48, 50, 132, 133, 614, 616, 619, 620.

Récipon, député, 216.

Rectifications, 13, 54, 86, 88, 89, 90, 92, 93, 96, 108, 112.

Rédacteurs, 60, 87, 109.

Reille, député, 671.

Remèdes non autorisés, 30, 44, 627.

Réhabilitation, 649.

Renault (Léon), député, 1, 226, 242, 243, 245, 277.

Réparation, 4, 5.

Répliques, 93, 95.

Réponses, 87, 88, 89, 93, 95, 96, 108, 109, 110.